14., vollständig überarbeitete Auflage

Reiseziele und Routen

Travelinfos von A bis Z

Land und Leute

New South Wales

Australian Capital Territory

Queensland

Northern Territory

Western Australia

South Australia

Victoria

Tasmanien

Anhang

Corinna Melville, Anne Dehne

AUSTRALIEN

STEFAN LOOSE
TRAVEL HANDBÜCHER

Inhalt

Routenplaner 10

Highlights 10
Reiseziele und Routen 29
Klima und Reisezeit 45
Reisekosten 48

Travelinfos von A bis Z 50

Anreise 51
Barrierefreies Reisen 52
Botschaften und Konsulate 54
Einkaufen 54
Essen und Trinken 56
Fair reisen 59
Feste und Feiertage 60
Frauen 60
Geld 61
Gepäck und Ausrüstung 62
Gesundheit 64
Informationen 67
Jobben in Australien 69
Kinder 70
Maße und Elektrizität 71
Medien 71
Nationalparks und Naturreservate 72
Post 73
Reiseveranstalter 74
Sicherheit 74
Sport und Aktivitäten 75
Sprachkurse 78
Telefon und Internet 78
Transport 79
Übernachtung 86
Verhaltenstipps 92
Versicherungen 93
Visa 94
Zeit und Kalender 95
Zoll 95

Land und Leute 96

Australien in Zahlen 97
Geografie 97
Flora und Fauna 98
Geschichte 108
Die Ureinwohner 114
Regierung und Politik 120

New South Wales 122

Klima 125
Flora und Fauna 125
Praktische Tipps 126

Sydney 127

Circular Quay und The Rocks 128
Die Innenstadt 130
Darling Harbour 134
Stadtteile in Citynähe 134
Beach-Vororte 137
Die Umgebung von Sydney 152
Broken Bay 152
Northern Beaches 152
Featherdale Wildlife Park 154
Blue Mountains 154
Rundwanderung zu den Wentworth Falls 160
Kanangra Boyd National Park und Jenolan Caves 161
Mount Annan Botanic Garden 161
Royal National Park 162

◂ Letzter Check: Alles im Beutel für die Reise nach Down Under?

Die Südküste 162
Wollongong 163
Kiama 164
Southern Highlands 166
Jervis Bay 168
Ulladulla 170
Batemans Bay 170
Narooma und Umgebung 171
Bega und Umgebung 174
Merimbula 174
Eden und Umgebung 175

Die Nordküste 177
Central Coast 177
Newcastle 178
Hunter Valley 180
Port Stephens 182
Great Lakes 185
Taree und Umgebung 187
Nambucca Heads und Dorrigo National Park 189
Coffs Harbour 190
Lismore 193
Die Umgebung von Lismore 194
Byron Bay 195

New England Plateau 200
Tamworth 200
Armidale 201
Die Umgebung von Armidale 201
Glen Innes und Umgebung 202

Snowy Mountains 202
Cooma 203
Thredbo 203
Kosciuszko National Park 204

Country NSW 205
Bathurst 205
Die Umgebung von Bathurst 206
Dubbo 206
Warrumbungle National Park 207

Das Outback 208
Bourke 208
Lightning Ridge 209
Cobar 209
Wilcannia und White Cliffs 210
Broken Hill 210
Silverton 214
Mutawintji National Park 214
Mungo National Park 214

Australian Capital Territory .. **216**
Geschichte 218
Klima 218

Canberra 219
Die Innenstadt (Civic) 219
Regierungsviertel 221
In Zentrumsnähe 222
Die Umgebung von Canberra 227
Südlich von Canberra 227
Südwestlich von Canberra 227
Nördlich von Canberra 227

Queensland **228**
Klima und Reisezeit 230
Flora und Fauna 231
Wirtschaft 233
Geschichte 233
Praktische Tipps 233

Brisbane 236
Die Innenstadt 236
Nördlich und nordöstlich der Innenstadt 239

Der Südosten 249
Die Inseln der Moreton Bay 249
Bribie Island 249
Moreton Island 251
Stradbroke Islands 252

Gold Coast 254
Surfers Paradise 254
Von Broadbeach bis Burleigh Heads 255
Von Palm Beach bis Coolangatta 255
Coolangatta und Tweed Heads 256
Hochplateaus im Hinterland 261
Mount Tamborine 261
Springbrook Plateau 261
Lamington National Park 262
Nördlich von Brisbane 263
Glass House Mountains 263
Sunshine Coast 263
Caloundra 263
Mooloolaba und Maroochydore 263
Noosa 265
Entlang des Bruce Highways 269
Blackall Range 270
Great Sandy National Park 271
Fraser Coast 272
Tin Can Bay 274
Maryborough 274
Hervey Bay 275
K'gari (früher Fraser Island) 280

Die Zentrale Küste 282
Von Hervey Bay bis Rockhampton 283
Bundaberg 283
Agnes Water und Town of 1770 285
Lady Elliot Island 287
Weitere Inseln 288
Rockhampton und Umgebung 288
Great Keppel Island 291
Edelsteinfelder und Carnarvon National Park 291
Whitsunday Coast 293
Pioneer Valley und Eungella National Park 294
Cape Hillsborough National Park 296
Proserpine 297
Airlie Beach 298
Whitsunday Islands 303
Von Bowen bis Cairns 306
Townsville 306
Paluma Range National Park 314
Ingham 315
Cardwell 315
Hinchinbrook Island National Park 316
Mission Beach 316
Dunk Island 318

Cairns und der Norden 319
Cairns 319
Die Umgebung von Cairns 328
Inseln vor Cairns 328
Südlich von Cairns 332
Westlich von Cairns 333
Nördlich von Cairns 336
Atherton Tableland 337
Das nördliche Tafelland 337
Per Rad durch die Atherton Tablelands 338
Das zentrale Tafelland 341
Savannah Way 344
Undara Lava Tubes 344
Talaroo Hot Springs 344
Cobbold Gorge 345
Von Port Douglas zum Cape Tribulation 345
Mossman 349
Daintree Village 349
Daintree National Park und Cape Tribulation 350
Cape York Peninsula 353
Cooktown 356
Die Umgebung von Cooktown 358
Outback 359
Mount Isa 360

Northern Territory 362
Klima und Reisezeit 364
Wirtschaft 368
Praktische Tipps 369

Top End 372
Darwin 372
Die Außenbezirke 375
Die Umgebung von Darwin 382
Howard Springs und Berry Springs 382

Von Darwin zum Kakadu National Park 385
Mary River National Park 386
Kakadu National Park 387
Von Darwin nach Katherine 393
Katherine 393
Nitmiluk National Park 395
Victoria Highway 397
Von Katherine nach Süden 398
Elsey National Park 398
Tennant Creek und Umgebung 399

Zentral-Australien 400
Alice Springs 400
Die Innenstadt 401
Westlich des Zentrums 404
Südlich des Zentrums 406
MacDonnell Ranges 410
Die westlichen MacDonnell Ranges und der Larapinta Drive 411
Von Alice Springs zum Uluru 419
Ewaninga Rock Carvings und Chambers Pillar 419
Henbury Meteorites Conservation Reserve 420
Watarrka National Park (Kings Canyon) 420
Mount Conner 422
Yulara / Ayers Rock Resort 422
Uluru-Kata Tjuta National Park 426
Uluru 427
Kata Tjuta 429

Western Australia 430
Klima 432
Flora und Fauna 434
Wirtschaft 434
Praktische Tipps 435

Perth 438
Zentrum 439
Northbridge und East Perth 441
West Perth und Subiaco 442
South Perth 442
Strände vor Perth 442
Yanchep National Park 443
Die Umgebung von Perth 449
Fremantle 449

Der Südwesten 456
Bunbury 458
Cape Naturaliste – Cape Leeuwin 461
Yallingup und Umgebung 461
Margaret River 462
Tropfsteinhöhlen 463
Augusta 464
Southern Forests 464
Esperance 469

Weizengürtel und Goldfelder 471
Weizengürtel 471
Wave Rock 472
Goldfelder 472
Kalgoorlie-Boulder 472
Coolgardie 475
Eyre Highway 475
Von Norseman zum Border Village 475

In den Norden 476
Die Korallenküste 476
Greenough 477
Geraldton und Umgebung 477
Shark Bay Weltnaturerbe 481
Carnarvon 483
Cape Range Peninsula und Ningaloo Reef 483
Die Pilbara 487
Karratha und Dampier 488
Millstream-Chichester National Park 489
Karijini National Park 489
Port Hedland 492

Kimberley 493
Broome 497
Dampier Peninsula und Buccaneer Archipelago 503

Derby ... 505
Purnululu National Park (Bungle Bungle) ... 511
Kununurra ... 513
Lake Argyle ... 515

South Australia ... 516

Klima ... 518
Geschichte ... 520
Praktische Tipps ... 520

Adelaide ... 521
Die Innenstadt ... 522
Nördlich der Innenstadt ... 524
Südlich der Innenstadt ... 525
Strände und Strandvororte ... 526

Die Umgebung von Adelaide ... 533
Clare Valley ... 539
Adelaide Hills ... 540
Murray River ... 542
Fleurieu Peninsula ... 544
Victor Harbor ... 545
Cape Jervis ... 547
Goolwa ... 547
Kangaroo Island ... 548
Die Ostküste: Dudley Peninsula ... 549
Die Westküste ... 552
Die Nordküste und das Innere der Insel ... 552

Der Südosten ... 556
Coorong National Park ... 556
Robe ... 558
Beachport ... 559
Tantanoola Cave Conservation Park ... 560
Penola und das Coonawarra-Weinbaugebiet ... 562
Naracoorte Caves ... 563

Flinders Ranges ... 564
Südliche Flinders Ranges ... 565
Melrose ... 565
Port Augusta ... 566
Zentrale Flinders Ranges ... 567
Hawker ... 568
Ikara-Flinders Ranges National Park ... 568
Nördliche Flinders Ranges ... 570
Vulkatunha-Gammon Ranges National Park und Arkaroola ... 570

Outback ... 571
Woomera ... 572
Coober Pedy ... 572

Eyre Peninsula ... 575
Coffin Bay ... 576

Nullarbor-Ebene ... 577
Nullarbor ... 578

Victoria ... 580

Klima und Reisezeit ... 582
Flora und Fauna ... 584
Geschichte ... 584
Wirtschaft ... 584
Praktische Tipps ... 586

Melbourne ... 587
Die Innenstadt ... 587
Südlich des Yarra River ... 593
Interessante Vororte ... 594

Die Umgebung von Melbourne ... 612
Nach Osten ... 612
Nach Nordosten ... 615
Healesville ... 616
King Lake Ranges ... 617

Nach Nordwesten 618
Daylesford und Hepburn Springs 619
Nach Südwesten 621
Geelong 621
Bellarine Peninsula 622
Nach Süden 624
Phillip Island 630

Zentral- und West-Victoria 634
Die Goldstädte 636
Castlemaine 638
Ballarat 639
Das Hinterland von West-Victoria 641
Stawell 642
Grampians National Park 642
Horsham 646
Mount Arapiles und Little Desert National Park 646
Küste von West-Victoria mit Great Ocean Road 648
Torquay 648
Anglesea 650
Apollo Bay 652
Highlights des Great Ocean Walk 654
Great Otway National Park 656
Port Campbell National Park 657
Port Campbell 658
Von Portland bis Nelson 662

Ost-Victoria 663
Süd-Gippsland 663
Tarra-Bulga National Park und Umgebung 667
Wandern am rauen Südzipfel 668
Zentral- und Ost-Gippsland 670
Sale und Umgebung 670
Lakes Entrance und nördliches Hinterland 672
Orbost und Umgebung 673
Croajingolong National Park 674
Der Nordosten mit den Victorian Alps 676
Mansfield und Umgebung 677
Bright 678
Mount Buffalo National Park 679
Bogong High Plains 680

Murray River 681
Albury-Wodonga 682
Echuca und Umgebung 683
Mildura und Umgebung 685

Tasmanien 688
Routenvorschläge 690
Klima und Reisezeit 692
Flora und Fauna 692
Geschichte 694
Praktische Tipps 695

Hobart 698
Die Innenstadt 698
Battery Point 700
Nach Süden 700
Nach Norden 702
Kunanyi (Mount Wellington) 703
Strände 703
Zu Fuß zum Mount Wellington 705

Der Süden 709
Huon-Halbinsel 709
Geeveston und Tahune Forest Reserve 712
Dover und Southport 712
Bruny Island 713
Richmond 715
Tasman Peninsula 716
Mount Field National Park 719
Wanderrouten zu den Capes 720
Gordon River Road 722

Der Osten 722
Maria Island National Park 723
Freycinet Peninsula 724
Bicheno 725
St. Helens und Umgebung 726

Der Norden 727
Von St. Helens nach Launceston 727
Mount William National Park 729
Die Umgebung von Launceston 732
Westbury und Deloraine 734
Mole Creek 735
Devonport 735
Die Umgebung von Devonport 736
Burnie 737
Wynyard 738

Boat Harbour Beach und Sisters Beach 739
Stanley 739
Smithton und Umgebung 740

Das Landesinnere und der Westen 741
Queenstown 742
Zeehan 744
Tarkine 745
Cradle Mountain – Lake St Clair National Park 745

Anhang **748**
Sprachführer 748
Bücher 753
Index 766
Danksagung 777
Bildnachweis 778
Impressum 779
Kartenverzeichnis 780

Reiseatlas **781**

Was gibt es Neues?

Im **Stefan Loose Update Club Australien** (💻 https://www.stefan-loose.de/australien) posten wir nicht nur viele weitere Inspirationen, wir stellen auch aktuelle Informationen online und geben euch die Möglichkeit, eure Tipps und Erfahrungen zu posten. Direkte Links zu den Infos findet ihr mithilfe der **QR-Codes** und der **[eXTras]**. Wie das genau funktioniert, erklären wir auf S. 755. Wie ihr mitmachen könnt, erfahrt ihr dann online. Klickt euch rein, wir freuen uns auf euch. Die besten Updates werden mit einem Stefan Loose Travel Handbuch belohnt.

AUSTRALIEN
Die Highlights

Kaum eine Route wird alle Highlights des Roten Kontinents vereinen können. Macht nichts, denn Australien ist viel mehr als die Summe seiner Glanzstücke. Sternklare Nächte im Outback oder Wanderungen durch abgelegene Nationalparks gehören ebenso dazu wie ein Bier vor Sydneys Oper oder ein Surfkurs.

1 SYDNEY Traumhaft am Wasser gelegen, ist Sydney unbestreitbar eine der schönsten Städte der Welt. Für viele beginnt hier die Australienreise. S. 127

2 BLUE MOUNTAINS Die senkrecht aufragenden Sandsteinwände schienen den Siedlern einst unüberwindbar. Heute sind die Blue Mountains ein Wanderparadies für Touristen von nah und fern. Dabei liegt dieses Naturwunder nur eine Fahrtstunde von Sydney entfernt. S. 154

3 JERVIS BAY Traumbucht für Sonnenanbeter: türkisblaues Wasser, verspielte Delphine und der angeblich weißeste Sandstrand der Welt. S. 168

3

4

4 BYRON BAY Der östlichste Ort Australiens rühmt sich damit, weder Fastfood-Restaurants noch Verkehrsampeln zu haben. Stattdessen gibt es reichlich Sonnenschein und fast immer eine Party am Strand. S. 195

5 BROKEN HILL Die Wiege des weltgrößten Bergbaukonzerns ist Inspiration für zahlreiche Künstler – und diente schon als Kulisse für so manchen Blockbuster. S. 210

6 BRISBANE Die Hauptstadt Queenslands vibriert im Beat ihrer lebhaften Musikszene, die in unzähligen Clubs und Kneipen eine Bühne findet. S. 236

5

6

7

7 **WHITSUNDAY ISLANDS**
Die Whitsunday Island mit ihrem schneeweißen Sand und kristallklaren Wasser ist nur eine von 74 Trauminseln. Am besten erkundet man die Whitsundays mit dem Segelschiff, aus der Luft oder im Kajak. S. 303

8 **GREAT BARRIER REEF**
Die größte lebendige Struktur auf Erden erscheint Tauchern wie ein buntes Paralleluniversum. Gute Ausgangspunkte für einen unvergesslichen Tauchgang sind die Ferienzentren Port Douglas, Cairns oder Townsville. S. 330

8

9

10

9 **DAINTREE NATIONAL PARK**
In „The Daintree“ steht der älteste Regenwald der Welt unter Naturschutz – ein schwüles, surrendes Wirrwarr aus steinalten Baumriesen, Lianen, Moosen und Farnen. S. 350

10 **KAKADU NATIONAL PARK**
Die Felsen erzählen Geschichten aus einer tiefen Vergangenheit: Die traditionellen Eigentümer des Nationalparks leben hier seit Menschengedenken. S. 387

11 **ULURU** (Abb. Folgeseite)
Farbspiel in der Wüste: Der berühmte Felsmonolith ist Heiligtum der Ureinwohner und Wahrzeichen Australiens zugleich. S. 427

11

12
13

12 YALLINGUP Berühmt-berüchtigt für ihre Brandung: Die Surfküste Western Australias. S. 461

13 CAPE LE GRAND NATIONAL PARK Seine Abgelegenheit macht diesen Küstenstreifen umso atemberaubender. Mit etwas Glück teilt man den Strand nur mit Joey und Familie. S. 470

14 NINGALOO REEF In der grandiosen Unterwasserwelt ist selbst die Begegnung mit einem Walhai nicht ausgeschlossen. S. 483

14

15

15 PURNULULU NATIONAL PARK Labiles ökologisches Gleichgewicht: Der weiche Sandstein ist nur durch eine dünne Vegetationsschicht vor Erosion geschützt. S. 511

16 KANGAROO ISLAND Bizarre Felsformationen und eine einzigartige Tierwelt. Die Insel vor Adelaide blieb bislang von fremden Eindringlingen verschont. S. 548

17 IKARA-FLINDERS RANGES NATIONAL PARK (Abb. Folgeseite) Im gewaltigen Gebirgskoloss Wilpena Pound kommen Wanderer voll auf ihre Kosten. S. 568

16

17

18

18 MELBOURNE Ein urbanes Mosaik aus unzähligen Kulturen, Sprachen und Kunstrichtungen. Die besten Winkel der Stadt liegen in verborgenen Gassen. S. 587

19 GRAMPIANS NATIONAL PARK In dem Wanderparadies liegt der Großteil der Aborgine-Felsmalereien Victorias versteckt. S. 642

20 GREAT OCEAN ROAD Eine der schönsten Küstenstraßen der Welt führt durch urzeitliche Regenwälder und vorbei an berühmten Surfstränden und markanten Felsen. S. 648

21 TASMAN PENINSULA (Abb. Folgeseite) Die Halbinsel mit ihrer dramatischen Küste ist *das* Wanderparadies Tasmaniens. S. 716

20

21

Reiseziele und Routen

Das weltbekannte Opernhaus von Sydney, das surreale Rot des Uluru, der sich vor einem tiefblauen, riesigen Himmel erhebt, orange-weiße Clownfische, die an verschlungenen Korallen knabbern – das sind Bilder, die wir mit Australien verbinden. Dass zwischen diesen Kulissen tausende Kilometer oft geradezu faszinierender Eintönigkeit liegen, vergisst der Kurzstrecken-verwöhnte Europäer gern. Wer nach Australien reist ist gut beraten, sich ausgiebig vorzubereiten und Strecken und Reisezeiten realistisch zu berechnen oder sich von der australischen Sorglosigkeit anstecken zu lassen: statt rastlos Sehenswürdigkeiten abzuklappern lieber öfter mal ein kühles Bier im Pub, eine Wanderung in abgelegene Winkel eines Nationalparks oder einen Spaziergang am Strand genießen.

In den Genuss, ganz in den australischen *way of life* einzutauchen, kommen freilich nur Reisende, die sich mehrere Monate Auszeit gönnen. Aber auch wer weniger Zeit hat, bekommt einen Eindruck davon: Australier sind aufgeschlossen, humorvoll und kontaktfreudig und teilen gern ihre eigene Begeisterung für diesen gigantischen Kontinent.

Wer in Australien landet, wird zunächst das **Citylife** in einer der Metropolen wie Sydney, Brisbane, Perth oder Melbourne kennenlernen. Vor einer unverwechselbar australischen Kulisse zeigt sich das europäische Erbe hier in einer ausgeprägten Kunst- und Kulturszene. Viele Traveller zieht es in die weite und **beeindruckende Natur**: unter den sternenklaren Himmel im scheinbar menschenleeren Outback, in die tropische Idylle rund um Cairns oder an die traumhafte Küste im Westen Victorias mit ihren viel fotografierten Fels-Aposteln. Auch die Begegnung mit der einzigartigen Tier- und Pflanzenwelt, die aus wesentlich mehr besteht als Eukalyptus, Koalas, Kängurus und giftigen Schlangen, steht weit oben auf der Liste vieler Besucher.

Die junge Nation hat aber auch ein bedeutendes Stück Menschheitsgeschichte zu bieten. Jahrtausendealte **Felsmalereien** wie die im hohen Norden Queenslands, im Kakadu National Park oder im Grampians National Park in Victoria sind eine Hinterlassenschaft der Ureinwohner. Informationszentren, Ausstellungen und Museen führen Besuchern die uralten Lebens- und Glaubenswelten der Ureinwohner vor Augen. Dass die Kolonisierung des Landes durch die Europäer zu vielen sozialen Spannungen führte, ist noch immer deutlich sichtbar. Wie die Ureinwohner in der mehrheitlich weißen

In Victorias Great Otway National Park ist der Koala noch in freier Wildbahn zu finden.

? Fragen und Antworten

Schon als Rucksackreisende mit Working Holiday Visa faszinierte **Corinna Melville** die Offenheit und Leichtigkeit der Australier. Seit 2008 ist Australien ihr festes Zuhause; nach acht Jahren in Melbourne lebt sie heute mit ihrer Familie im Süden Adelaides. Die Wochenenden verbringt sie am liebsten an den langen Sandstränden und in den Weinbergen der Fleurieu Peninsula; wenn mehr Zeit ist, zieht es sie in die Weite des Outbacks, an die Westküste oder in die Nationalparks.

■ Lohnt es sich, für drei Wochen nach Australien zu reisen?

Machbar ist so eine „Kurzreise" schon. Allerdings sollte man daran denken, dass die An- und Abreise jeweils mindestens 24 Stunden dauert, dazu kommen mehrere Tage im Jetlag. Wer nur wenig Zeit hat, dem sei dringend empfohlen, sich auf zwei oder drei bestimmte Ziele oder Regionen zu konzentrieren und dazwischen eventuell Inlandflüge zu buchen. Auch kann ein Gabelflug sinnvoll sein, bei dem sich Ankunfts- und Abflugflughafen unterscheiden.

■ Was muss ich im Voraus buchen?

Je konkreter die Vorstellungen, desto sinnvoller die Vorbuchung. Vor allem in den australischen Schulferien (Mitte Dezember bis Ende Januar, um Ostern, Anfang Juli und Ende September bis Anfang Oktober) sind viele Unterkünfte in den Ferienzentren sowie Zeltplätze in den Nationalparks Monate im Voraus ausgebucht. Auch beliebte Wanderungen (z. B. der Three Capes Track oder der Overland Track in Tasmanien) müssen lange vorher gebucht werden, denn es ist täglich nur eine bestimmte Zahl von Wanderern zugelassen.

■ Kann ich mit öffentlichen Verkehrsmitteln reisen?

Ganz klar: Ein eigener fahrbarer Untersatz oder ein Mietfahrzeug ist das Mittel der Wahl für alle, die vor allem unabhängig und flexibel sein möchten. Das Bahnnetz ist in Australien bei Weitem nicht so dicht wie in Europa. Busgesellschaften wie Greyhound fahren die meisten touristischen Highlights und Großstädte an, lassen aber auch viele sehenswerte Orte links liegen. Wer etwas für das persönliche CO_2-Konto tun möchte, das durch die Anreise schon reichlich belastet ist, kann aber Aus-

Gesellschaft leben können, ohne ihre eigene Identität und Kultur zu verlieren, ist bis heute nicht hinreichend geklärt.

Reiseziele

Wer in wenigen Wochen viel sehen will, sollte einen guten Reiseplan ausarbeiten und Inlandflüge sowie einige Unterkünfte eventuell schon im Voraus buchen. Je konkreter die Vorstellungen, desto wichtiger die Reservierungen. Denn vor allem während der Schulferien sind viele Unterkünfte und Touren lange im Voraus ausgebucht. Selbst Wanderungen müssen teilweise vorab gebucht werden, da in manchen Nationalparks nur eine bestimmte Anzahl von Wanderern zugelassen wird. Ein weiteres Argument für einen Reiseplan sind die hohen Reisekosten in Australien: Bei Online-Buchung sind viele Hotels, Touren, Fahrkarten, Eintrittskarten etc. wesentlich günstiger als vor Ort.

Manch einer reist dagegen lieber ohne konkreten Plan und lässt sich gern treiben. Natürlich kann man Australien auch auf die langsame, spontane Art besichtigen, und vor allem entlang der Ostküste finden sich viele Gleichgesinnte.

Citylife

Sydney (S. 127) ist eine wunderschön gelegene Weltstadt, für die man sich mindestens ein paar Tage Zeit nehmen sollte. Das Opernhaus vor

tralien auch mit öffentlichen Verkehrsmitteln entdecken. Die Ostküste ist am besten frequentiert. Hin und wieder sollte man sich dann einer Tour anschließen, um z. B. in die vielen tollen Nationalparks zu gelangen.

■ Lässt sich Australien auch mit kleinem Geldbeutel bereisen?

Australien ist leider alles andere als günstig. Selbst für ein Bett im Dormitory legt man zwischen $25 und 40, in Sydney und Melbourne zwischen $30 und 55 hin. Wer wirklich auf den Cent achten muss, legt sich am besten einen Campervan, Kombi oder günstigen Mietwagen sowie Campingausrüstung zu und weicht so oft wie möglich auf die kostenlosen bis günstigen Zeltplätze der Nationalparkbehörden aus. Freicampen ist vielerorts verboten, doch es gibt zahlreiche ausgeschriebene Campingmöglichkeiten im ganzen Land. Gute, aktuelle Campingguides mit Karten erhält man in der Buchhandlung.

■ Wo kann ich surfen lernen?

Entlang der Ostküste zwischen der Sunshine Coast und Sydney gibt es zahlreiche Surfschulen. Viele bieten sogar mehrtägige Surf- und Reisetouren. Ein weiteres Zentrum für (angehende) Wellenreiter ist die Surfcoast in Victoria zwischen Torquay und Apollo Bay. Die Brandung der Westküste eignet sich dagegen eher für erfahrene Surfer. Die Strände um Adelaide (z.B. Moana) sind bei Reisenden aus Übersee weniger bekannt, eignen sich aber optimal zum Surfen lernen. Zudem sind Kurse hier etwas günstiger als in den bekannten Surfzentren im Osten des Landes.

■ Wie gefährlich sind australische Spinnen wirklich?

Okay, einige australische Spinnen wie die Sydney Funnel Web und Redback Spider haben Menschen tatsächlich schon das Leben gekostet. Aber der letzte Todesfall durch einen Spinnenbiss liegt einige Jahrzehnte zurück. Seit den frühen 1980er-Jahren sind wirksame Gegengifte verfügbar. Schwere oder gar tödliche Autounfälle, die auf das bloße Auftauchen einer großen Spinne z. B. auf der Windschutzscheibe zurückgeführt werden, gibt es dagegen immer wieder. Cool bleiben, links ranfahren, durchatmen – und dann viel Glück!

der Harbour Bridge, der Botanische Garten, der schicke Darling Harbour, das historische Viertel The Rocks und zahlreiche Pazifikstrände sind nur ein Teil der Highlights.

Brisbane (S. 236) wirkt trotz seines rasanten Wachstums cool und gelassen. Eine tropische Lagune und ein gepflegter botanischer Garten mit uralten Bäumen konkurrieren im Stadtbild mit futuristischen Hochhäusern und modernen Einkaufszentren. Brisbane bringt eine beachtliche Zahl junger Musiker hervor, die in den Clubs von Fortitude Valley oder New Farm ihr Debut geben.

Melbourne (S. 587) besticht durch eine lebendige Kunst- und Musikszene. In Vororten wie Fitzroy, Carlton oder Brunswick pulsiert das Leben, gemütliche Buchläden laden zum Schmökern ein, Konzerte von Jazz bis Rock findet man in Pubs und Nachtclubs zwischen authentischen Restaurants und alternativen Läden.

Darwin (S. 372) galt bis Ende des letzten Jahrtausends als raues Pflaster – wer es hier in der drückenden Hitze, Tausende von Kilometern von der nächsten Großstadt entfernt aushielt, der musste einfach einigermaßen dickhäutig sein. Doch Klimaanlagen, „zyklonfeste" Bauweisen und nicht zuletzt der Rohstoffboom ließen die Provinzstadt aus ihrem schmuddeligen Kokon schlüpfen, und heute präsentiert sie sich im schillernden Gewand einer modernen Metropole mit Luxusresorts, Jachten vor einer goldenen Sonne im Meer und einem tropischen Hafenbezirk.

Perth (S. 438) ist längst über ihren Ruf einer verschlafenen Provinzstadt hinausgewachsen. Trotz ihrer isolierten Lage – rund 4000 km von

Sydney entfernt – hat sich die Stadt in eine boomende Metropole verwandelt, deren Skyline sich bald mit dem futuristischen Antlitz arabischer Ölstädte messen kann. Perth ist eine Stadt der Reichen und Schönen und derer, die es werden wollen. Doch der geschäftige Ehrgeiz der Perthianer ist gepaart mit einer tiefen Verbundenheit zur Natur und einer großen Abenteuerlust.

Adelaide nimmt Jahr um Jahr einen der oberen Plätze auf den Weltranglisten der lebenswertesten Städte ein. Das liegt vor allem an ihrem Umfeld: 30 km Sandstrand liegen entlang der Küste und rings herum idyllische Weingebiete, in denen immer was geboten wird.

Hobart (S. 698) liegt traumhaft eingebettet zwischen malerischen Bergketten und dem Südpolarmeer. Verkehrschaos, Hektik und in Rekordgeschwindigkeit hochgezogene Wohnblöcke sucht man hier vergebens. Stattdessen besticht die zweitälteste Stadt Australiens mit einer lebhaften Kneipen- und Restaurantszene und seinem romantischen Hafenflair.

Küste, Strand und Meer

Australien – das bedeutet für viele kilometerlange weiße Sandstrände, gut gebaute Surfer und traumhafte Steilküsten, gegen die die Wellen schlagen. Eine Fahrt entlang der B100 – besser bekannt als **Great Ocean Road** (S. 648) – zählt mit ihren bizarren Felsformationen wie den Twelve Apostles zu den Highlights jeder Australientour. Weiter östlich entlang der Küstenstraße trifft man auf die Surf Coast, die alljährlich zu Ostern die besten Surfer der Welt beherbergt und mit einem großen Angebot an Surfschulen aufwartet. Auch der äußerste Südwesten Australiens ist unter Wellenreitern für seine Brandung bekannt. An den Traumstränden um **Yallingup** (S. 461) und **Margaret River** (S. 462) teilen Surfer die Wellen mit geselligen Delphinen.

Leere weiße Strände gibt es fast im Überfluss. Die gesamte Küste von New South Wales und dem südlichen Queensland eignet sich zum Schwimmen (und teilweise zum Surfen), weiter nördlich ist aufgrund gefährlicher Quallen Vorsicht geboten (S. 331). Wer Strand mit langen Partynächten und einer Portion Alternativkultur verbinden möchte, ist in **Byron Bay** (S. 195), stellenweise auch an der **Gold Coast** (S. 254) und der **Sunshine Coast** (S. 263) gut aufgehoben.

Ein Besuch des **Great Barrier Reefs** (S. 330), der weltweit größten von Lebewesen geschaffenen Struktur, steht für viele Besucher ganz oben auf dem Plan. Als Ausgangspunkt für Tauch- und Schnorchelexkursionen eignen sich **Airlie Beach** (S. 298) – das Tor zu den Whitsunday Islands – und **Cairns** (S. 319) hoch im tropischen Norden. Wer es weniger touristisch mag und auf die Annehmlichkeiten der Zivilisation verzichten kann, dem sei besonders das **Ningaloo Reef** (S. 483) ans Herz gelegt. Anders als am Great Barrier Reef braucht es hier keine langen Bootsfahrten, um die Wunder der Unterwasserwelt zu bestaunen – das Riff liegt teilweise nur wenige Meter vom Strand entfernt.

Tourismus im Ureinwohnerland

Lange Zeit blieben Besuchern die Schätze der Ureinwohnerkultur verborgen. Bis heute gibt es zahlreiche Felsgalerien, die entweder schwer zugänglich oder den Ureinwohnern heilig und für Nicht-Indigene daher tabu sind. Heute gibt es aber auch immer mehr Ureinwohner, die ihre Kultur und ihr Erbe mit Touristen teilen wollen. Manche bieten Touren in ihr Land an, in Gebiete also, die Touristen sonst nicht zugänglich sind. Touren mit Aborigines sind grundsätzlich ein eindrucksvolles und authentisches Erlebnis, das gar nicht warm genug empfohlen werden kann.

Solche Erlebnisse sind in diesem Buch mit dem **Boomerang-Symbol** markiert.

Outback und Aborigine-Kultur

Rote Erde und unendliche Weite: Das Outback übt auf viele Europäer eine starke Faszination aus. Eine von einem Ureinwohner geführte Wanderung um den **Uluru** (S. 426) gehört ebenso zum Outback-Erlebnis wie der Besuch der entlegenen Opal-Kommune von **Lightning Ridge** (S. 209)

© JAN DÜKER

Die Sunshine Coast bietet endlose Strände und ist (noch) längst nicht so überlaufen wie die Gold Coast.

oder **Coober Pedy** (S. 572), wo Glücksritter seit Jahrzehnten nach Edelsteinen graben.

Aber was für uns nach Abenteuer und Entdeckergeist klingt, hatte und hat für die indigene Bevölkerung oft verheerende Folgen. Nicht selten in der jungen Geschichte Australiens wurden Ureinwohner ihrer heiligsten Stätte enteignet, wurde ihre jahrtausendealte Kunst verschandelt, wurden ihre ungeschriebenen Gesetze ignoriert. Noch bis 2019 strömten täglich Tausende von Besuchern auf den Uluru hinauf. Die großen Hinweistafeln der Ureinwohner, die Touristen eindringlich darum baten, ihren heiligen Berg nicht zu besteigen, ließen sie völlig außer Acht. Seit November 2019 ist die Besteigung des Uluru nun gesetzlich verboten.

In Western Australia heißen die Ureinwohner seit 2016 Reisende auf ihrem Land willkommen. „Camping with Custodians" nennt sich das Konzept: Man nächtigt auf sauberen Zeltplätzen und am Abend sitzt man am Lagerfeuer beisammen und lauscht den Gesängen oder Erzählungen der Ureinwohner. 💻 www.tourism.wa.gov.au/About%20Us/Growing_tourism/Aboriginal-tourism/Camping_with_Custodians/Pages/Camping-with-Custodians.aspx#.

Tiere in freier Wildbahn

Beuteltiere

Manch ein Besucher fühlt sich erst dann so richtig in *Downunder* angekommen, wenn er das erste **Känguru** in freier Wildbahn erspäht hat. Die gute Nachricht: Kängurus kann man außerhalb der städtischen Zentren und des tropischen Nordens wirklich fast überall antreffen, vor allem in den unzähligen Nationalparks, die sich über alle Staaten verteilen. In Canberra leben wilde Kängurus sogar in den Stadtparks.

Schwieriger wird es da schon mit den **Koalas**. Die Brände im Sommer 2019/20 reduzierten die Koalabevölkerungen in manchen Nationalparks um mehr als 90 %. Seit 2022 steht das Beuteltier auf der Roten Liste gefährdeter Arten. Nicht nur Brände, auch zu hohe Temperaturen an sich sind bedrohlich, denn diese reduzieren den Nährstoffgehalt im Eukalyptus: So verhungert der Koala im Baum. Gute Chancen, eins der schläfrigen Beuteltiere vor die Kameralinse zu kriegen, bestehen noch immer entlang der Great Ocean Road, besonders um Kennet River und im Otway National Park, ebenso auf Kangaroo Island.

275·VYZ
DISCOVERY

Wombats sieht man in vielen Nationalparks in Queensland, New South Wales und Victoria, darunter z. B. im Wilsons Promontory NP und Grampians NP.

Vögel

Die bunte, faszinierende Vogelwelt bleibt keinem Reisenden verborgen. **Kakadus** finden Besucher unter anderem im Botanischen Garten in Sydney. Bunte **Lorikeets** lassen sich überall beobachten, ganze Schwärme bewohnen die Bäume der Gold Coast und Port Macquarie. **Fledermäuse** findet man ebenfalls in Sydneys Botanischem Garten sowie auf Susan Island in Grafton, beim Katherine Gorge, und entlang der gesamten Küste Queenslands. Schwärme von **Sturmtauchern** *(Mutton Birds)* nisten auf Phillip Island bei Melbourne und in der Nähe von Port Fairy an der Westküste von Victoria. Mit Glück kann man in den Dandenong Ranges bei Melbourne, besonders im Sherbrooke Forest, einen **Leierschwanz** hören, wenn nicht gar sehen. Männliche **Laubenvögel** *(Bower Bird)* schmücken ihre Laube mit bunten Gegenständen aus, um die Gunst eines Weibchens zu erwerben. Man kann die Vögel z. B. im Lamington NP in Queensland finden.

Feuchtgebiete sind auch Vogelparadiese: Das Mareeba Tropical Savanna and Wetlands Reserve (S. 340) sowie das Billabong Sanctuary bei Townsville eignen sich besonders gut zum Beobachten von Vögeln, ebenso die Feuchtgebiete entlang des Murray River, der auf lange Strecke die Grenze zwischen Victoria und New South Wales bildet.

Emus leben, abgesehen vom tiefsten Süden, fast über den ganzen Kontinent verteilt. In freier Wildbahn sind praktisch im gesamten Outback zu sehen, z. B. in den Flinders Ranges, aber auch im Cape Range National Park in WA und im Wilsons Promontory.

Zwergpinguine *(Little Penguins)* nisten an einigen Stellen der Küste Victorias und South Australias. Phillip Island bei Melbourne ist der bekannteste Ort. Man sieht sie aber auch am St Kilda Pier in Melbourne.

Meeresbewohner und Reptilien

Wale kann man an der gesamten Süd- und Ostküste beobachten. Zwischen Juni und August ziehen Buckelwale *(humpback whales)* die gesamte Küste von NSW hoch nach Queensland, um dort ihre Jungen zu gebären. Zwischen August und Oktober erreichen sie die Küste von Hervey Bay nordwestlich von Fraser Island in Queensland; im gleichen Zeitraum sind sie auch vor der Küste von Byron Bay im Norden von New South Wales zu sehen. Zwischen September und November kehren sie mit ihren Jungen an der Küste entlang zurück zur Antarktis. Entlang der gesamten Südküste von NSW gibt es gute Beobachtungsplattformen, und in ganz New South Wales und Queensland werden Bootstouren angeboten. Außerdem kann man zwischen Mai und Oktober mit etwas Glück vor der gesamten Südküste von Western Australia bis Victoria *Southern Right Whales* (Südkaper) beobachten, ebenso bei Eden an der Südküste von New South Wales. Am Ningaloo Reef an der Westküste haben Besucher zwischen April und Juli die einmalige Chance, mit einem Walhai *(whale shark)* zu schwimmen.

Delphine gibt es an der gesamten Ost-, Süd- und Westküste und an vielen Orten werden Beobachtungstouren angeboten. Mit Delphinen und teilweise auch mit Seelöwen schwimmen kann man u. a. an der Mornington Peninsula südlich von Melbourne, in Adelaide und Baird Bay in South Australia und in Port Stephens (NSW). Auch an der gesamten südlichen Küste von Western Australia, von Monkey Mia bis Yallingup, sieht man die verspielten Meeressäuger.

Jedes Jahr zwischen November und Februar legen in Queensland **Meeresschildkröten** am Strand von Mon Repos bei Bargara nahe Bundaberg ihre Eier ab, ebenso auf Heron Island und Lady Elliot Island.

In den Gewässern und Sümpfen der Cape York Peninsula und des tropischen Nordens um Darwin tummeln sich **Leistenkrokodile** (*saltwater* bzw. *estuarine crocodiles*). Wer sie sehen möchte, sollte sich lieber einer organisierten Tour anschließen als auf eigene Faust loszuziehen.

Zoos und Sanctuaries

Wer auf der Reise keine Tiere in freier Wildbahn gesehen hat oder interessante Biotope links liegen lassen musste, kann sich in einem

◂ Auf Fraser Island, der größten Sandinsel der Welt, wird Autofahren zum Abenteuer.

Gefahren im Wasser

Bei allem Spaß, den man in den Gewässern innerhalb Australiens und vor seiner Küste haben kann, sollte man in einigen Gebieten Vorsicht walten lassen.

Im tropischen Norden geht die größte Gefahr von den **Würfel- und Irukandji-Quallen** aus, auch **Leistenkrokodile** machen die Küste und einige Wasserwege im Inland dort unsicher. Hinweise, wo Gefahr besteht, stehen in den jeweiligen Kapiteln. Warnschilder an Stränden, Flüssen und Seen sollten auf jeden Fall beachtet werden! **Haie** können Surfern praktisch rund um die Küste gefährlich werden. Hier am besten die Einheimischen fragen, ob an bestimmten Stränden etwas zu befürchten ist. An beliebten Badestränden patrouillieren manchmal Hai-Spähtrupps – sogenannte *shark patrols* – im Boot oder im Flugzeug.

Die meisten Todesopfer fordern allerdings gefährliche Strömungen, die v. a. von Touristen und ungeübten Schwimmern unterschätzt werden. In den Orten markieren rot-gelbe Flaggen Zonen, die von Rettungsschwimmern patrouilliert werden. Wo sonst keiner im Wasser ist, ist besondere Vorsicht geraten.

der zahlreichen **Zoos** oder **Wildlife Sanctuaries** einen Eindruck verschaffen. Besonders zu empfehlen sind die Zoos von Melbourne und Sydney, der riesige Zoo von Dubbo, der Australia Zoo an der Sunshine Coast sowie viele kleine Privatzoos und Wildlife Parks wie das Moonlit Sanctuary auf der Mornington Peninsula, das Lone Pine Koala Sanctuary bei Brisbane, Devils @ Cradle in Tasmanien oder der Cleland Conservation Park bei Adelaide. Besonders ansprechend sind die Botanischen Gärten von Rockhampton und Sydney.

Tropen und Regenwald

Australien erstreckt sich über mehrere Klimazonen, von der gemäßigten Zone im Süden bis zu den Tropen im Norden Queenslands. Wer von Süden nach Norden die Küste entlang reist, muss sich auf das wechselnde Klima einstellen. Etwa auf der Höhe von Ingham in Queensland ist die Grenze zu den Feuchten Tropen erreicht. Hier fallen jährlich rund 4000 mm Regen, der Großteil zwischen Dezember und März. Ein schönes Ziel in den *Wet Tropics* ist der **Paluma**

Range National Park (S. 314), in dem die Bäume und Farne um das Sonnenlicht wetteifern. Wer die Schwüle erträgt, für den lohnt sich auch die Fahrt zum **Mossman Gorge** (S. 349), in den **Daintree National Park** (S. 349) und zum **Cape Tribulation** (S. 350). Wer den Weg in den hohen Norden auf sich nimmt, wird mit der spektakulären Schönheit der hier angelegten Nationalparks wie dem Kakadu National Park und der Kimberley Region belohnt.

Australien aktiv

Wandern

Australien ist ein Paradies für Trekkingfans, aber auch Reisende, die nicht so gut zu Fuß sind, sollten sich einen Ausflug in einen der zahlreichen Nationalparks nicht entgehen lassen. Von kurzen leichten Spaziergängen bis zu mehrtägigen Wanderungen mit Übernachtungen auf Zeltplätzen oder in Hütten ist für jeden etwas dabei.

Wanderwege sind meist gut ausgeschildert und die Informationszentren halten fast immer kostenlose Broschüren bereit, die die wichtigsten Wanderrouten mit Dauer und Schwierigkeitsgrad beschreiben. Manche Wanderungen und viele Zeltplätze müssen im Voraus gebucht werden, und zwar auf den Webseiten der Nationalparkbehörden des jeweiligen Bundesstaates (s. u.). Diese sind zugleich hervorragende Informationsquellen für Wanderungen, Übernachtungen und Attraktionen im Nationalpark.

Für praktisch alle Nationalparks gilt in den heißen Monaten absolutes Feuerverbot. Aktuelle Informationen findet man auf den Websites. Hier sind einige **Nationalparks** herausgegriffen, die sich besonders gut für Spaziergänge und Wanderungen eignen.

- **New South Wales** (🖳 www.nationalparks.nsw.gov.au): Blue Mountains National Park, das Hochland um Mt Koszciusco, die Nationalparks der Great Dividing Range im Hinterland der Küste – vor allem Barrington Tops nördlich des Hunter Valley, Mount Warning und Nightcap National Park an der Nordküste bei Murwillumbah.
- Im **ACT / Canberra** (🖳 www.parks.act.gov.au): Tidbinbilla Nature Reserve mit seinen Schnabeltieren, für schwierigere Bushwalks das Bergland des Namagdi National Parks.
- In **Victoria** (🖳 www.parks.vic.gov.au): Die Grampians in West-Victoria, das Hochland der Victorian Alps, insbesondere in der Umgebung von Bright; außerdem der Wilsons Promontory National Park in Süd-Gippsland.
- In **Queensland** (🖳 https://parks.des.qld.gov.au): Das Hinterland der Gold Coast, insbesondere der Lamington und Main Range National Park; Spaziergänge von Noosa und Tin Can Bay im Cooloola National Park sowie zu den Regenwäldern und Seen auf Fraser Island; der Eungella National Park bei Mackay.
- Auf **Tasmanien** (🖳 www.parks.tas.gov.au): Die Tasman Peninsula mit den höchsten Klippen Australiens, der herrliche Freycinet National Park und natürlich die Gegend um den Cradle Mountain und Lake St Clair.
- In **South Australia** (🖳 www.parks.sa.gov.au): Die gesamte Flinders-Ranges-Region und der Flinders Chase National Park auf Kangaroo Island.
- In **Western Australia** (🖳 http://parks.dpaw.wa.gov.au): Der Cape To Cape Walk vom Cape Naturaliste zum Cape Leeuwin entlang der Südostküste sowie der Bibbulmun Track zwischen Walpole und Albany.
- Im **Northern Territory** (🖳 https://nt.gov.au/parks): Die Kakadu und Litchfield National Parks und die Nationalparks der MacDonnell Ranges, das Palm Valley, der Kings Canyon, die Gegend bei Kata Tjuta (Olgas) und um Uluru (Ayers Rock).

Klettern und Abseilen

Wer hoch hinaus will, kann sich im Grampians National Park in Victoria im **Abseilen** oder **Klettern** versuchen. Auch am Mt Arapiles in Victoria, auf der Tasman Peninsula, in den Blue Mountains und in Brisbane (Kangaroo Point) gibt es Veranstalter solcher Touren.

Reiten

Reiten kann man u. a. im Daintree National Park oder bei Cairns (Queensland), in Anglesea an der Great Ocean Road (Victoria), im Royal National Park oder in den Blue Mountains (New South Wales).

Radsport

Mountainbiking und Rennradsport werden in Australien immer beliebter. In den Städten kommen ständig neue Radwege hinzu; dennoch ist hier Vorsicht geraten, denn die australischen Autofahrer sind im Vergleich zu europäischen noch wesentlich weniger an Radfahrer gewöhnt. Aggressives Verhalten der Autofahrer kann Radler zusätzlich gefährden. Fast alle Nationalparks haben ausgewiesene Mountainbiketracks.

Wassersport

Sonnenschein, kilometerlange Strände und eine faszinierende Unterwasserwelt sind die Zutaten, die Australien zu einem Eldorado für Wassersportler machen.

Taucher werden insbesondere am Great Barrier Reef und am Ningaloo Reef beeindruckende Erlebnisse sammeln können. Entlang der gesamten Ostküste sowie an einigen Orten in Victoria (u. a. Sorrento und Portsea an der Mornington Peninsula und Warrnambool) bieten Veranstalter Tauchkurse für Anfänger und Fortgeschrittene an. Das Yongala-Schiffswrack 13 km vor der Küste von Townsville gilt als eines der besten Taucherlebnisse Australiens.

Wer **Wellenreiten** lernen möchte, steht an der Ostküste Australiens vor einer riesigen Auswahl an Surfschulen. Man kann dort auch Surf- und Bodyboards mieten. Gute Surfstrände befinden sich bei Torquay in Victoria sowie an einigen Küstenabschnitten von New South Wales und Süd-Queensland, vor allem an der Gold Coast. An der Westküste ist die Brandung um Yallingup in Surfkreisen berühmt. Hier sollten sich allerdings nur erfahrene Surfer in die Wellen stürzen.

Wer **segeln** will, ist bei den Gippsland Lakes in Victoria, den Seen an der Central Coast und Port Stephens in New South Wales sowie auf den Whitsunday Islands in Queensland gut aufgehoben. Dort werden zahlreiche Boote vermietet.

Wildwasserfahrten, sogenannte *Rafting Tours*, werden im Nordosten von Queensland, etwa bei Mission Beach, und an der Nordküste von New South Wales angeboten.

Wer es lieber etwas gemächlicher mag, kann an vielen Gewässern **Kanus** mieten und die Natur auf eigene Faust erkunden, zum Beispiel auf Magnetic Island, in den Whitsundays oder an der Katherine Gorge. Auch Stand-Up Paddling (Stehpaddeln) wird allerorts immer beliebter.

Europäisches Erbe

In Australien wird vieles als historisch angepriesen, was den meisten Europäern nur ein müdes Schulterzucken entlockt. Einen sehenswerten Einblick in die Besiedlung Australiens durch die Weißen bieten Sydneys Stadtteil **The Rocks** (S. 128) sowie das Museum of Sydney. Auf Tasmanien stehen noch viele Relikte aus der Sträflingsvergangenheit, besonders in und um Hobart. Die australische Goldgräbervergangenheit lebt vor allem in **Bendigo** (S. 636) und **Ballarat** (S. 639) in Victoria wieder auf. In Ballarat lohnt sich ein Besuch des Freilichtmuseums **Sovereign Hill** (S. 639).

Reiserouten

Viele unterschätzen die riesigen Entfernungen und packen zu viele zu weit auseinanderliegende Sehenswürdigkeiten in die kurze Zeit, die ihnen zur Verfügung steht. Drei Wochen Australien, vielleicht noch eine Woche Neuseeland angehängt – machbar ist so ein Urlaub natürlich. Mehr als einen flüchtigen Eindruck vom Land und seinen Leuten bekommt man dann aber nicht. Wer ein Gefühl für die Gegensätze dieses Landes erhalten möchte, sollte mindestens vier, besser sechs Wochen Zeit haben. Selbst in diesem Fall plant man besser einen oder mehrere Inlandsflüge ein, um tagelanges Kilometerfressen zu verhindern.

Von allem etwas: Die klassische Route

Wer zum ersten Mal nach Australien fliegt, möchte meist von allem etwas mitbekommen: eine Hafenrundfahrt in Sydney, schnorcheln am Great Barrier Reef und ein Sonnenaufgang am

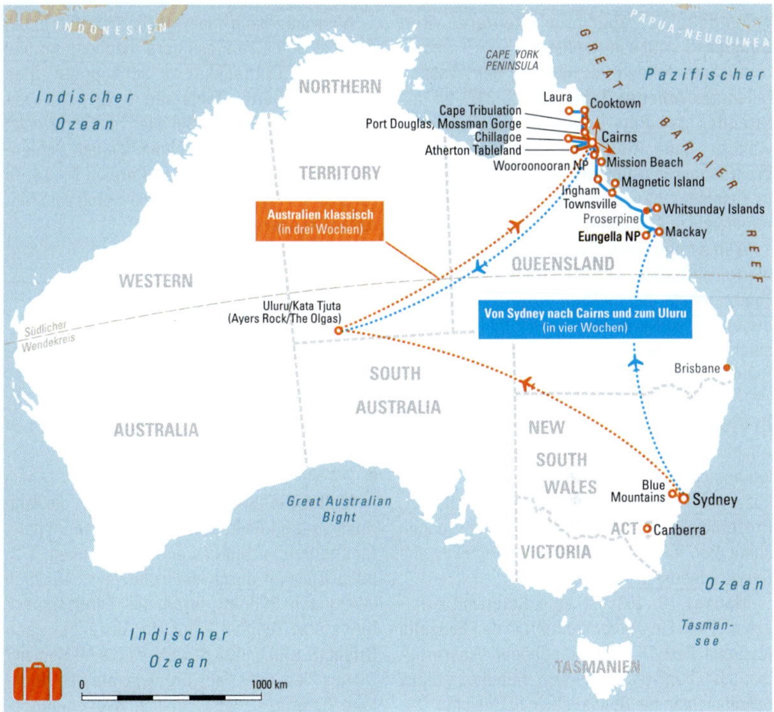

Uluru. Das klingt zwar nach simplem Abhaken von Touristenattraktionen, ist aber durchaus beeindruckend.

In drei Wochen

Traumhaft schön am südpazifischen Naturhafen Port Jackson gelegen bietet **Sydney** (S. 127) den idealen Einstieg in den australischen *way of life*. Selbst Kurzbesucher sollten sich mindestens drei bis vier Tage Zeit nehmen für Sydney. Highlights sind eine Hafenrundfahrt, der Besuch des Opera House und des Botanischen Gartens, ein Bummel oder eine Kneipentour durch das historische Stadtviertel The Rocks, ein Abstecher zu den Stränden von Manly, Bondi oder Coogee sowie ein Abendessen im stimmungsvollen Darling Harbour. Der Great Coastal Walk in Sydney ist eine der spektakulärsten, städtischen Wanderungen der Welt. Auch ein Tagesausflug in die Blue Mountains empfiehlt sich.

Weiter geht es mit dem Flugzeug zum **Uluru** (S. 426). Zwei Übernachtungen reichen aus, um den großen Felsmonolith bei Sonnenauf- und -untergang zu sehen und Kata Tjuta zu besichtigen. Wer auch zum King's Canyon möchte – ein lohnender Abstecher – sollte dort ein bis zwei weitere Übernachtungen einplanen. Weiter geht es nach Alice Springs. Von hier aus lohnen sich Ausflüge in die Macdonnell Ranges westlich und östlich der Stadt.

Ein weiterer Inlandsflug führt nun nach **Cairns** (S. 319). Das tropische Backpacker-Mekka ist Ausgangspunkt für Trips in den Regenwald oder zum **Great Barrier Reef** (S. 330). Nicht zuletzt hat Cairns das größte Angebot an Mietwagen, Touren und Transportmöglichkeiten. Wer dem Touristenrummel entfliehen möchte, kann in den Badeorten an der Coral Coast nördlich von Cairns (u. a. Trinity Beach, Palm Cove) oder im kleineren und gemütlicheren, aber auch teureren **Port Douglas** (S. 345) übernachten.

Ausflüge lohnen vor allem zu den Wasserfällen des **Atherton Tableland** (S. 337), zu den Stränden bei Port Douglas, in den Regenwald bei **Cape Tribulation** (S. 350) und in den **Wooroonooran National Park** (S. 332), das größte zusammenhängende Gebiet mit Hochlandregenwald in Australien.

Wen es zum Great Barrier Reef zieht, auf den warten in Cairns und Port Douglas unzählige Tourangebote, die meisten davon Tagestouren, die an den äußeren Rand des Riffs führen, mit einer ausgiebigen Gelegenheit zum Tauchen und Schnorcheln.

In vier Wochen

Ausgangspunkt ist wieder **Sydney** (S. 127), von wo aus es allerdings erst an die tropische Ostküste geht, am besten per Flieger nach Mackay, Proserpine oder Hamilton Island. Zwei Wochen sollte man für die Küste zwischen Mackay und Cairns mindestens einplanen.

Mackay (S. 293) ist eine Stadt mit tropischem Flair. Ein Abstecher führt in den **Eungella National Park** (S. 294) mit schönen Wasserfällen, umgeben von Regenwald. Mit etwas Glück bekommt man ein Schnabeltier zu Gesicht.

Von hier aus ist in zwei Stunden Airlie Beach erreicht, das Tor zu den paradiesischen **Whitsunday Islands** (S. 303). Segelfreunde, Taucher, Schnorchler und Sonnenhungrige kommen hier voll auf ihre Kosten.

Magnetic Island (S. 311) vor **Townsville** (S. 306) ist eine der wenigen Inseln Queenslands, die auch für Reisende mit schmalem Geldbeutel gute Unterkunftsmöglichkeiten bietet.

Dichter Regenwald markiert ab **Ingham** die feucht-tropische Zone. Am besten wählt man einen der Orte an der Küste als Basis und macht von dort Ausflüge zum **Great Barrier Reef** (S. 330) und ins Hinterland.

In **Mission Beach** (S. 316) geht es ruhiger zu als in Cairns. Dunk Island vor Mission Beach eignet sich gut für einen Tagesausflug. Die Möglichkeiten in und um Cairns sind oben beschrieben.

Nun geht es mit dem Flieger zum **Uluru** (S. 426) und von hier aus eventuell zum Kings Canyon (S. 420).

Alternativ kann man ab Cairns auch einen Abstecher ins Landesinnere machen, um mal ein wenig Outbackluft zu schnuppern. Eine Fahrt ins **Atherton Tableland** (S. 337) und weiter nach **Chillagoe** (S. 340) oder von Cairns nach **Cooktown** (S. 356), mit einem kleinen Schlenker zu den Aboriginal-Felsmalereien bei **Laura** (S. 359), sind Möglichkeiten, ein wenig vom Hinterland kennenzulernen.

Der Routen-Baukasten

Hier einige Tourenvorschläge, die beliebig kombiniert werden können.

Zauberhafte Küste: Von Melbourne nach Cairns

■ 2–3 Monate

In **Melbourne** (S. 587) gilt es zunächst, die rege Kneipen- und Restaurantszene und sehr vitale, facettenreiche Kulturszene zu erkunden, z. B. beim Bummel durch die Laneways. Auf dem Weg nach Sydney durch das Landesinnere (etwa eine Woche) lohnt ein Abstecher nach **Bright** (S. 678) und zu den Skiresorts Mt Hotham/ Dinner Plain oder Falls Creek im **alpinen Hochland Victorias** (S. 680). Ein oder zwei Übernachtungen in der Hauptstadt **Canberra** (S. 219) reichen zur Besichtigung des Parlaments, der Nationalgalerie und des Australian Museums.

Alternativ kann man von Melbourne nach Sydney auch die Küste entlangfahren (1–2 Wochen). Besonders schön – wenn auch etwas abgelegen – ist der Wilsons Promontory NP sowie die **Südküste von New South Wales**. Dieser Landstrich zeichnet sich durch herrliche, einsame Strände, Nationalparks und ein mildes Klima aus. Außerhalb der Sommerferien geht es selbst in den Zentren Ulladulla, Batemans Bay und Merimbula ruhig zu. Besonders idyllisch ist die Region um die **Jervis Bay**.

Drei Übernachtungen sollte man für **Sydney** (S. 127) mindestens einplanen (siehe oben).

Die subtropische **Nordküste von New South Wales** zwischen Coffs Harbour und Tweed Heads lohnt wegen der Strände und herrlichen Nationalparks im Hinterland etliche Zwischenstopps.

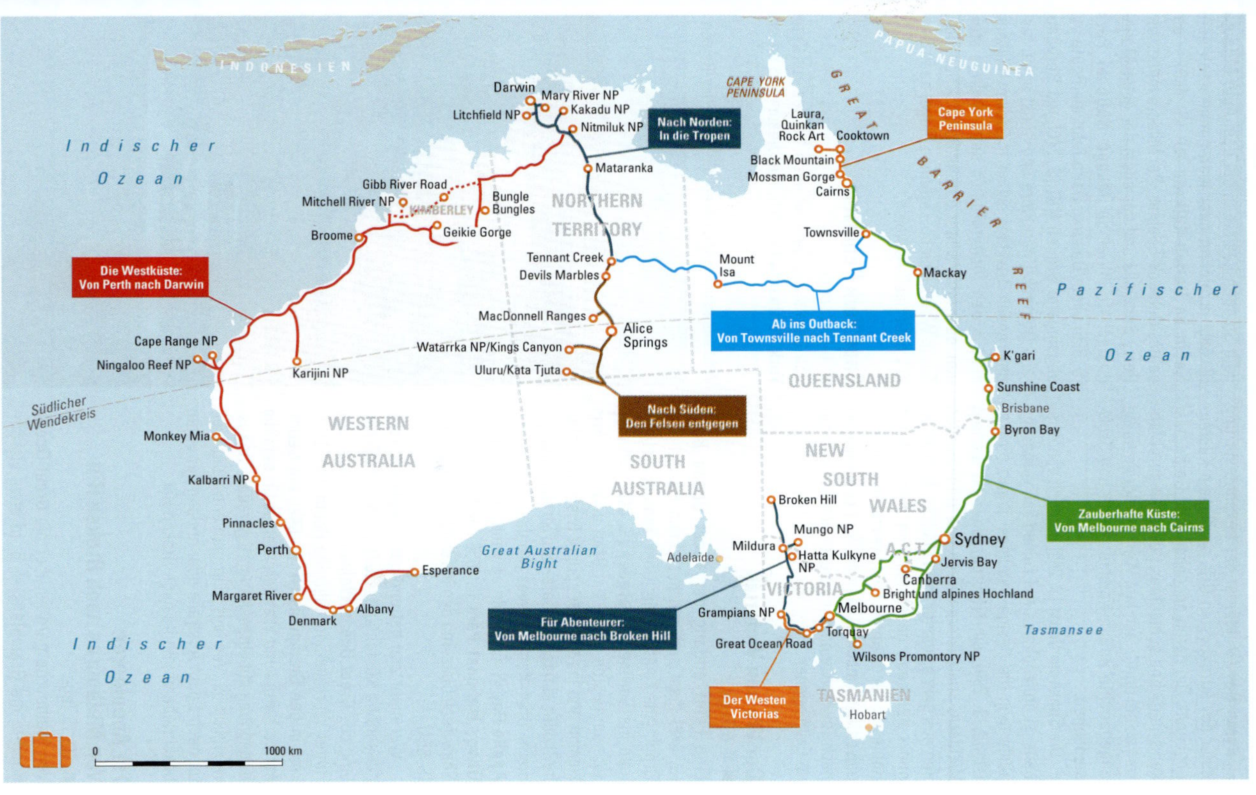

Cape York Peninsula
Nach Norden: In die Tropen
Ab ins Outback: Von Townsville nach Tennant Creek
Nach Süden: Den Felsen entgegen
Zauberhafte Küste: Von Melbourne nach Cairns
Der Westen Victorias
Für Abenteurer: Von Melbourne nach Broken Hill
Die Westküste: Von Perth nach Darwin
PAPUA-NEUGUINEA
INDONESIEN
GREAT BARRIER REEF
Pazifischer Ozean
Indischer Ozean
Tasmansee
Great Australian Bight
Südlicher Wendekreis
CAPE YORK PENINSULA
KIMBERLEY
NORTHERN TERRITORY
QUEENSLAND
NEW SOUTH WALES
A.C.T.
VICTORIA
SOUTH AUSTRALIA
WESTERN AUSTRALIA
TASMANIEN
Laura, Quinkan Rock Art
Cooktown
Black Mountain
Mossman Gorge
Cairns
Townsville
Mackay
K'gari
Sunshine Coast
Brisbane
Byron Bay
Sydney
Jervis Bay
Canberra
Bright und alpines Hochland
Melbourne
Wilsons Promontory NP
Torquay
Hobart
Great Ocean Road
Grampians NP
Adelaide
Mildura
Hatta Kulkyne NP
Mungo NP
Broken Hill
Mount Isa
Tennant Creek
Devils Marbles
MacDonnell Ranges
Alice Springs
Watarrka NP/Kings Canyon
Uluru/Kata Tjuta
Mataranka
Nitmiluk NP
Kakadu NP
Mary River NP
Darwin
Litchfield NP
Bungle Bungles
Geikie Gorge
Gibb River Road
Mitchell River NP
Broome
Karijini NP
Cape Range NP
Ningaloo Reef NP
Monkey Mia
Kalbarri NP
Pinnacles
Perth
Margaret River
Denmark
Albany
Esperance
0
1000 km

Byron Bay (S. 195) ist der bekannteste und einer der attraktivsten Orte an diesem Küstenabschnitt. Die daran anschließende Gold Coast kann man ohne schlechtes Gewissen durchfahren, es sei denn, man legt Wert auf floridamäßig angehauchte Beach-Kommerzkultur und Großstadtleben.

Die **Sunshine Coast** (S. 263) nördlich von Brisbane ist angenehmer. Auf keinen Fall verpassen sollte man die riesige Sandinsel **K'gari** (Fraser Island, S. 280), ein Naturparadies mit dichten Wäldern, kristallklaren Seen und Bächen. Von dort aus geht es weiter nach Mackay, Ausgangspunkt der oben beschriebenen vierwöchigen Route. Je nachdem, welchen weiteren Weg man einschlagen möchte, kann die Tour entweder bis nach Townsville oder ins weiter nördlich gelegene Cairns gehen.

Der Westen Victorias

■ 4–8 Tage

Eine Fahrt entlang der **Great Ocean Road** (S. 648) lässt sich gut mit einem Besuch der Grampians kombinieren: Über **Geelong** gelangt man ins Surfmekka **Torquay** (S. 648), wo man sich am besten selbst ein Brett unter den Arm klemmt und ins Wasser springt (viele Surfschulen!) oder einfach die Café- und Strandkultur genießt. Über **Kennet River** (Koalas, S. 652) und **Apollo Bay** (S. 652) geht es weiter in den **Great Otway National Park** (S. 656) und weiter zur Shipwreck Coast mit den berühmten **12 Apostles** (S. 654).

Wer mehr Zeit hat und gerne wandert, kann die schöne Küstenlandschaft auch zu Fuß entlang des **Great Ocean Walks** (S. 654) erkunden. Hinter Warrnambool führt die Route über Dunkeld in den **Grampians NP** (S. 642), ein traumhaftes Natur- und Wanderparadies, in dem die Begegnung mit einem Känguru geradezu unausweichlich ist. Von hier fährt man entweder weiter nach South Australia oder entlang der unten beschriebenen Route nach Broken Hill.

Für Abenteurer: Von Melbourne nach Broken Hill

■ 10–15 Tage

Von Melbourne geht es über die **Great Ocean Road** in die **Grampians**, s. o. In etwa viereinhalb Stunden kann man mit dem Auto **Mildura** (S. 685) erreichen oder man campt noch eine Nacht im **Hattah-Kulkyne NP** (S. 686) – ein echtes Outback-Erlebnis. Bei Mildura lohnen die Perry Sandhills und vor allem der einer Mondlandschaft ähnelnde **Mungo National Park** (S. 686) einen Besuch. Dann führt die Route ins abgelegene **Broken Hill** (S. 210), wo Bergbau, raue Outback-Charaktere und Kunst einen faszinierenden Dreiklang bilden. In Broken Hill kann man in den *Indian-Pacific* nach Sydney steigen, oder fährt weiter durchs Outback von New South Wales (Dubbo, Lightning Ridge) nach Sydney oder nach Adelaide.

Cape York Peninsula

■ 1–2 Wochen

Von Cairns aus geht es nach Norden zur **Cape York Peninsula** (S. 353). Für diesen Trip ist ein

Wild und kaum erschlossen: die Kimberley-Region

Geländewagen und gute Ausrüstung ein Muss. Zumeist geht es über Schotterpisten, und der tropische Norden ist alles andere als dicht besiedelt. Genügend Wasser-, Lebensmittel- und Benzinvorräte sind daher unerlässlich.

Nach einem Zwischenstopp an der **Mossman Gorge** (S. 349) geht es zum sagenumwobene **Black Mountain** (S. 354), drei pechschwarze Hügel, die aus vielen großen Felsbrocken bestehen. Ihnen werden magnetische und von den Aborigines sogar magische Kräfte zugeschrieben.

Cooktown (S. 356) ist die nördlichste „Stadt" Queenslands, mit 2600 Einwohnern. Die Glanzzeit erlebte der Ort um 1870 zur Zeit des Goldrauschs. Damals lebten dort 30 000 Menschen. Vom nahe gelegenen Mount Cook kann man einen tollen Ausblick über die ganze Bucht genießen. Ebenfalls einen Besuch wert ist **Quinkan Rock Art** (S. 359) am Split Rock, nahe Laura. Bis zu 15 000 Jahre alte Felsmalereien kann man dort entdecken.

Ab ins Outback: Von Townsville nach Tennant Creek

■ 1–2 Wochen

Von **Townsville** (S. 306) aus führt die Route nach Westen über den Barkly und Flinders Highway nach Charters Towers, wo man einen Eindruck von der Goldgräbervergangenheit Australiens gewinnen kann. Der größte Stopp wird genau auf halber Strecke bei der Bergwerkstadt **Mount Isa** (S. 360) eingelegt – nach der langen Fahrt durch die eintönige Outback-Landschaft eine wahre Oase. Dort kann man die Hard Times Underground Mine, eine Touristenmine, besichtigen oder sich im Outback Park, einer Lagune mit Wasserfall, entspannen.

Tennant Creek (S. 399) ist ein verschlafenes Nest, hier reicht ein kurzer Stopp. Wer in Mount Isa noch nicht genug von Bergbau bekommen konnte, kann dort das Battery Hill Mining Centre besuchen.

Viel wichtiger aber ist die Entscheidung, wie es weiter gehen soll: Nach Süden ins Rote Zentrum, wo der weltberühmte Uluru wartet? Oder in den tropischen Norden, wo die beeindruckende Landschaft des Kakadu National Parks und der Katherine Gorge warten?

Nach Süden: Den Felsen entgegen

■ 3 Wochen

Von Tennant Creek aus geht es über den Stuart Highway Richtung Alice Springs. Nach 105 km gelangt man zu den **Karlu Karlu** (Devils Marbles, S. 399), große runde Felsbrocken, die scheinbar auf kleineren Felsen und Steinen balancieren. Bei Sonnenauf- und Sonnenuntergang bieten diese natürlichen Skulpturen ein spektakuläres Panorama.

Alice Springs (S. 400) ist ein schickes Touristenzentrum mitten im Nirgendwo. Die 25 000 Einwohner zählende Stadt dient als Ausgangspunkt für Ausflüge in die **MacDonnell Ranges** (S. 410), die sich westlich und östlich der Stadt erstrecken. Vor langer Zeit haben Flüsse Schluchten in den verwitterten Gebirgsrücken gegraben. Auf zahlreichen Wander- und Spazierwegen kann man das Gebiet erkunden.

Auf dem Weg zum **Uluru** (S. 426) sollte man unbedingt einen Abstecher zum **Kings Canyon** (S. 420) im **Watarrka National Park** machen. Im Uluru-Kata Tjuta National Park dient der markante Felsmonolith jeden Tag Hunderten von Touristen als Fotomotiv. Am Abend erzählen die 1000 Drohnen der Lichtershow Wintjiri Wiru (S. 422) die Geschichte der hier beheimateten Mala. Die 36 riesigen, kuppelartigen Felsen **Kata Tjuta** (S. 429) liegen einige Kilometer weiter westlich.

Nach Norden: In die Tropen

■ 2 Wochen

Der erste lohnende Stopp entlang des Stuart Highways sind die Thermalquellen von **Mataranka** (S. 398). Hier lässt sich die Natur auch ohne Herden von Touristen genießen. In einer guten Stunde ist von hier aus **Katherine** (S. 393) erreicht, das Tor zur spektakulären **Nitmiluk** (Katherine Gorge, S. 395). Wer es sportlich mag, kann sich ein Kanu mieten und für einen oder mehrere Tage (mit eigener oder geliehener Campingausrüstung) die ganze Schönheit dieses Naturwunders erkunden.

Jetzt geht es in den **Kakadu National Park** (S. 387). Drei Tage sollte man sich für diese Landschaft aus Sümpfen, tropischen Wäldern und Termitenhügeln Zeit nehmen. Weniger touristisch, aber nicht weniger interessant ist der westlich von Kakadu gelegene **Mary River National Park** (S. 386). Auch hier lassen sich Krokodile, Wasservögel und andere Tiere in freier Wildbahn beobachten.

Auch ein Abstecher in den hübschen **Litchfield National Park** (S. 383) lohnt sich. Zu den Highlights **Darwins** (S. 372) gehören der Mindil Beach Sunset Market, ein Besuch des botanischen Gartens und ein Bummel durch den tropischen Hafenbezirk. Darwin eignet sich auch gut zur Vorbereitung einer Tour ins weite Western Australia.

Die Westküste: Von Perth nach Darwin

■ 5–10 Wochen

Wer sich unter dem „echten Australien" abgelegene Landnester und Fischerdörfer vorstellt, kilometerlange Sandstrände ohne einen einzigen Menschen, einsame Roadhouses, wie hingeworfen in eine immer gleich karge Landschaft bis zum Horizont, Wellblechpisten, Wasserfälle und Schluchten, rote Tafelberge und kuriose Flaschenbäume, für den ist diese Route das Richtige. Entlang der 4040 km langen Strecke zwischen Perth und Darwin befinden sich überwältigende landschaftliche Highlights, aber sie liegen weit auseinander, dazwischen gibt es – weitgehend Nichts: endlose Ebenen mit Spinifex-Gras und niedrigem Gesträuch.

Bei dieser Route ist eine sorgfältige Reiseplanung wichtig. Man muss sich im Voraus Gedanken machen: Was will ich sehen? Wie weit will ich kommen? Will ich zurück nach Perth, oder bis Darwin, oder von Darwin weiter „ab durch die Mitte" nach Adelaide? Die Auswahl bestimmt die Reisezeit und die Art des Transportmittels. Näheres im Kapitel Western Australia, S. 430.

In **Perth** (S. 438) startet die Rundreise durch den Südwesten. Die Umgebung von **Margaret River** (S. 462) bietet Weingüter, Surfstrände und dichte Wälder hoch wachsender Eukalypten, die nur in dieser Region vorkommen. Das nette Dorf **Denmark** (S. 466) prägt eine Prise Alternativkultur, die Kleinstadt **Albany** (S. 466) ist umgeben von wilder Küstenlandschaft aus Granitfelsen und Buchten, und wer die fünf bis sechs Stunden Autofahrt nach **Esperance** (S. 469) nicht scheut, wird mit einer noch ursprünglicheren Küste belohnt. Hier liegt der malerische Cape Le Grand National Park.

Must-see-Highlights auf dem Weg nach Norden sind die seltsamen Sandsteinformationen der **Pinnacles** (S. 447) nördlich von Perth und die Schluchten, Felsklippen und Strände des **Kalbarri National Park** (S. 479).

Weiter nördlich wartet die Küste mit einem Reigen von Naturattraktionen auf: die zutraulichen Delphine von **Monkey Mia** (S. 481) und das spektakuläre **Ningaloo Reef** (S. 483) bei Coral Bay – noch ist dieses Korallenriff weniger bekannt als das große Riffsystem auf der anderen Seite des Kontinents.

In der Saison kann man dort **Mantarochen** und **Walhaien** im Wasser begegnen. An einigen Stränden des Cape Range National Park, zugänglich von Exmouth, legen **Meeresschildkröten** ihre Eier ab – allerdings in der Regenzeit von November bis März.

Nun befinden wir uns in der tropischen Zone, in die sich schon mal ein Zyklon verirren kann. Ein Abstecher von der Küste führt zu den grandiosen Schluchten der Pilbara im **Karijini National Park** (S. 489). Die etwa 600 km lange Strecke zwischen Port Hedland und Broome ist eine der ödesten in ganz Australien; umso mehr freut man sich auf den herrlichen Cable Beach von **Broome** (S. 497). Das Städtchen mit seinem tropischen Flair und guter Gastronomie lädt zum Verweilen ein.

Von der unbefestigten **Gibb River Road** (S. 506) hat man Zugang zu vielen Schluchten der **Kimberley-Region**; mit viel Zeit kann man noch die holperige Piste nach Norden nehmen zum **Mitchell River National Park** (S. 508). Die **Danggu Geikie Gorge** (S. 510) bei Fitzroy Crossing lässt sich vom asphaltierten Highway aus erreichen. Die **Bungle Bungles** (S. 511), eng stehende, braun-orange-schwarz geringelte Felskegel im Purnululu National Park, sind eine Landschaft wie nicht von dieser Welt.

Ein Flug über die Bungle Bungles, mit dem Hubschrauber oder mit einer kleinen Maschine ab Kununurra mit Anflug über den Stausee Lake Argyle, zählt zu den Top-Aktivitäten in Australien.

Klima und Reisezeit

Klima

In Downunder verlaufen die Jahreszeiten genau entgegengesetzt zu denen in Europa. Nach dem australischen Kalender dauert der **Frühling** vom 1. September bis 30. November, der **Sommer** vom 1. Dezember bis 28./29. Februar, der **Herbst** dauert vom 1. März bis zum 31. Mai und der **Winter** beginnt am 1. Juni. Ganz so einfach ist es aber leider nicht: Da Australien einen ganzen Kontinent beiderseits des südlichen Wendekreises umfasst, gibt es verschiedene Klimazonen.

Als Faustregel gilt: Im **hohen Norden** herrscht tropisches Klima mit ausgeprägten Trocken- und Regenzeiten. Der Sommerregen macht in der Küstenregion zeitweilig riesige Gebiete unpassierbar; tropische Wirbelstürme (Zyklone) richten große Verwüstungen an. In der Trockenzeit kann man sich auf monatelangen Sonnenschein ohne einen Tropfen Regen verlassen.

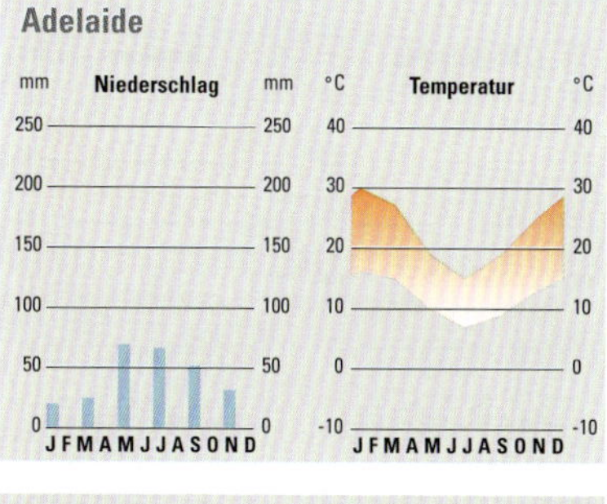

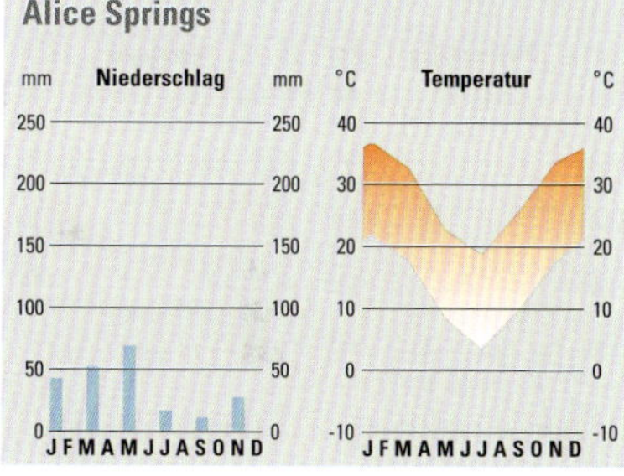

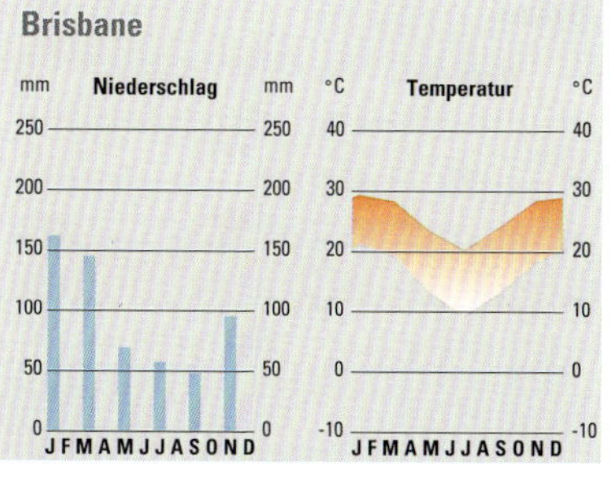

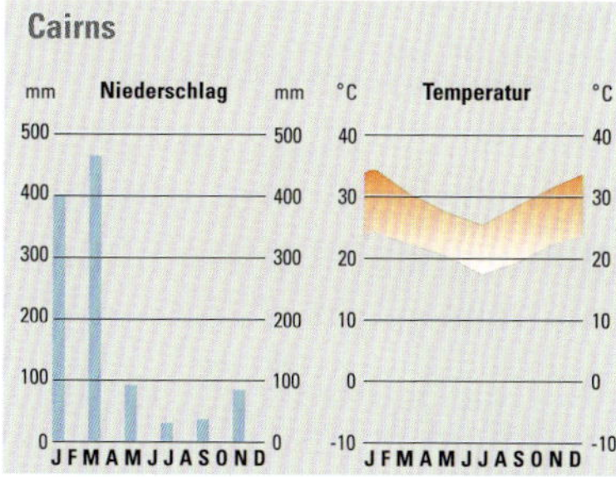

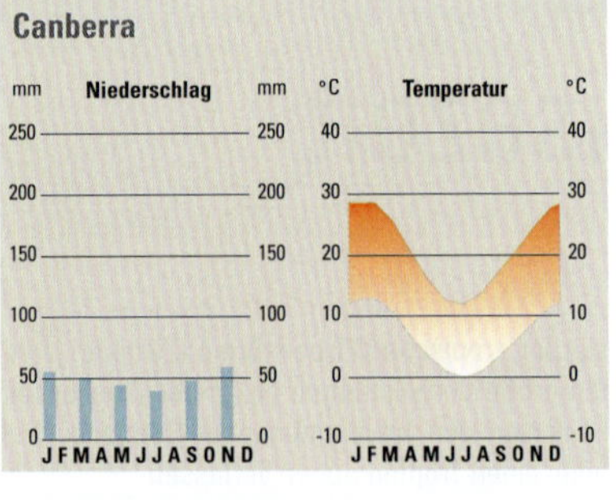
Canberra
mm Niederschlag mm
250 200 150 100 50 0
J F M A M J J A S O N D
°C Temperatur °C
40 30 20 10 0 -10
J F M A M J J A S O N D

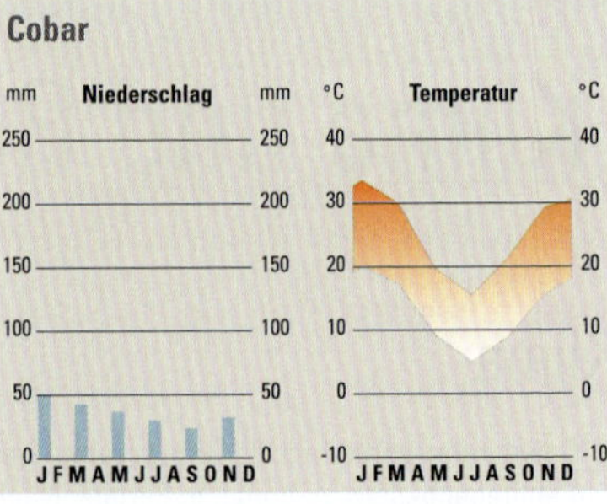
Cobar
mm Niederschlag mm
250 200 150 100 50 0
J F M A M J J A S O N D
°C Temperatur °C
40 30 20 10 0 -10
J F M A M J J A S O N D

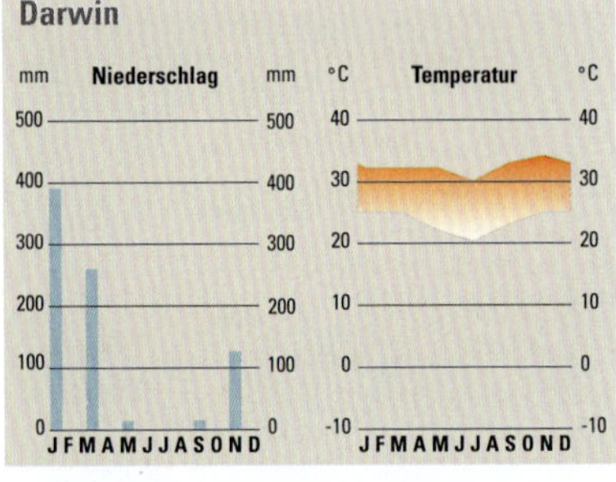
Darwin
mm Niederschlag mm
500 400 300 200 100 0
J F M A M J J A S O N D
°C Temperatur °C
40 30 20 10 0 -10
J F M A M J J A S O N D

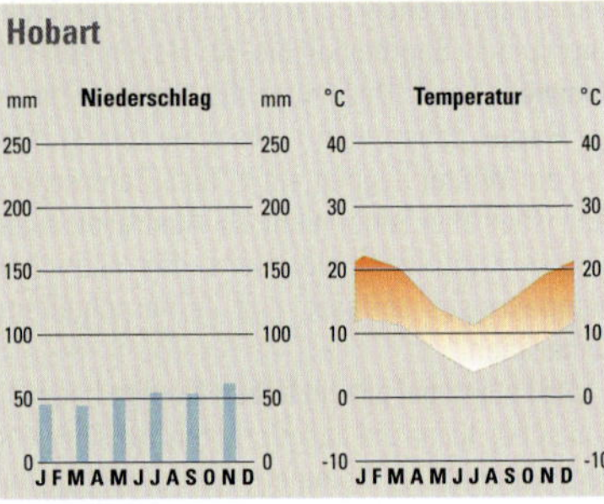
Hobart
mm Niederschlag mm
250 200 150 100 50 0
J F M A M J J A S O N D
°C Temperatur °C
40 30 20 10 0 -10
J F M A M J J A S O N D

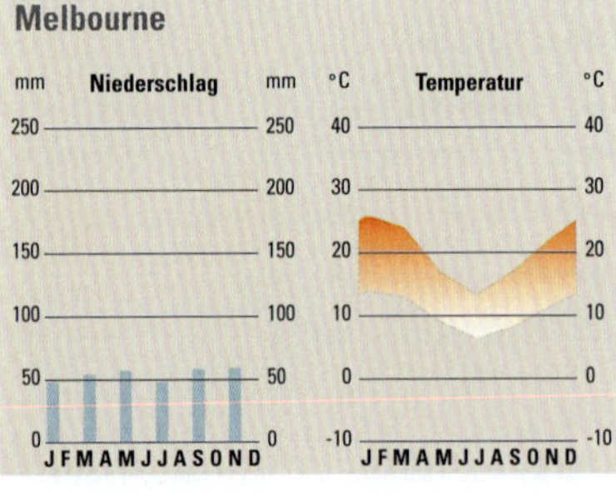
Melbourne
mm Niederschlag mm
250 200 150 100 50 0
J F M A M J J A S O N D
°C Temperatur °C
40 30 20 10 0 -10
J F M A M J J A S O N D

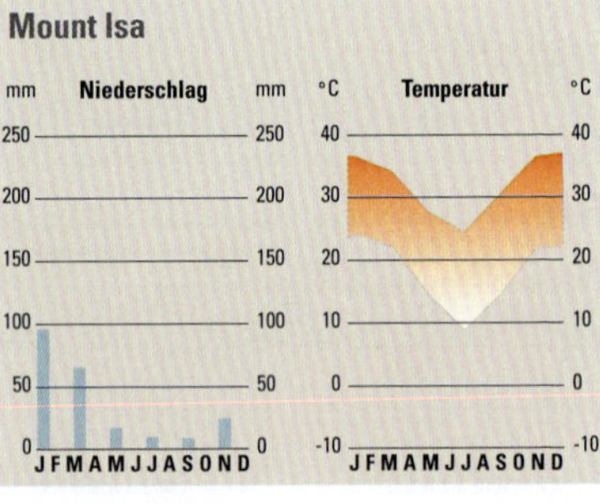
Mount Isa
mm Niederschlag mm
250 200 150 100 50 0
J F M A M J J A S O N D
°C Temperatur °C
40 30 20 10 0 -10
J F M A M J J A S O N D

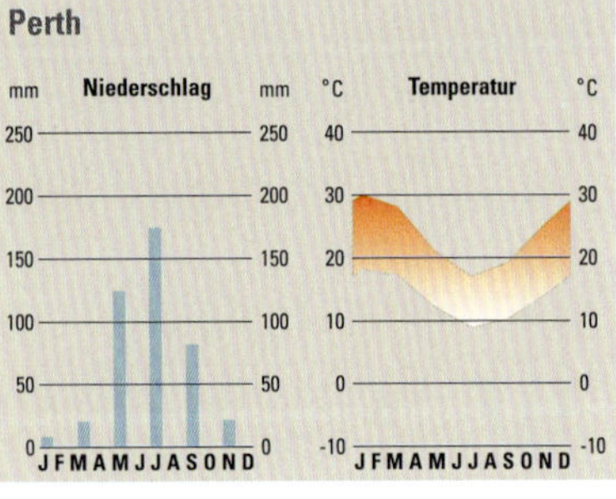
Perth
mm Niederschlag mm
250 200 150 100 50 0
J F M A M J J A S O N D
°C Temperatur °C
40 30 20 10 0 -10
J F M A M J J A S O N D

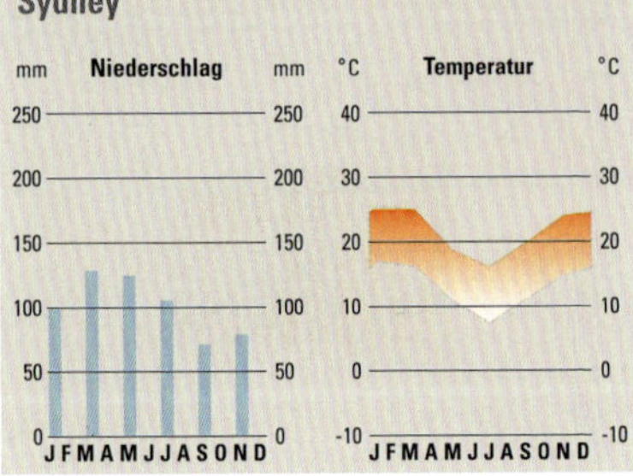
Sydney
mm Niederschlag mm
250 200 150 100 50 0
J F M A M J J A S O N D
°C Temperatur °C
40 30 20 10 0 -10
J F M A M J J A S O N D

Das **Landesinnere** ist durch ein ausgesprochenes Kontinentalklima geprägt, mit erheblichen Schwankungen zwischen Tages- und Nachttemperaturen. Im Sommer herrscht tagsüber unerträgliche Backofenhitze (40–50 °C), in Winternächten klirrende Kälte (unter 0 °C). Je weiter man ins Landesinnere kommt, desto geringer werden die Niederschläge. Plötzliche Regengüsse können ausgetrocknete Flussbetten dennoch im Nu in reißende Flüsse verwandeln.

Der **westliche Teil von Victoria** liegt im Gebiet der **Westwindzone**, was feuchte, kühle Winter und trockene, warme bis heiße Sommer bedeutet. An der gesamten **Ostküste** Australiens sind die Winter mild und trocken, die Sommer schwül-feucht und heiß. An der Küste zwischen Coffs Harbour und Rockhampton an der Ostküste herrscht **subtropisches Klima**.

Reisezeit

Im **tropischen Norden** ist die beste Reisezeit die **Trockenzeit** zwischen Mai und Oktober. Für Naturliebhaber sprechen einige Argumente durchaus auch für die Regenzeit, aber man muss berücksichtigen, dass abgelegene Gebiete nur in der Trockenzeit zugänglich sind.

Bei **Outback-Touren** vermeidet man am besten die Extreme des Sommers (unerträgliche Hitze) und des Winters (eisige Nächte) und reist im **Frühjahr**, ungefähr September–Anfang November, oder **Herbst**, ca. März und Mitte Mai.

Die beste Reisezeit in der **Küstenregion in der südlichen Hälfte des Festlandes** (südlich der Linie Brisbane–Geraldton) sind die Monate zwischen **Oktober und April**. Zwischen Mai und September kann es hingegen unwirtlich kühl, windig und regnerisch werden – dies gilt vor allem für die Südküste, die Winden und Meeresströmungen aus der Antarktis ausgesetzt ist. Die Wassertemperatur ist dort selbst im Sommer sehr „frisch" – 15–18 °C, je nach Ort und Monat. Die meisten Surfer tragen dort deshalb das ganze Jahr Neoprenanzüge.

Die **„Australischen Alpen"** im Südosten des Kontinents umfassen das „High Country" von Victoria mit Wintersportzentren wie Mt Hotham und Falls Creek, sowie die Snowy Mountains von New South Wales mit den Wintersportzentren Thredbo und Perisher Blue um den Mt Kosciuszko und anderen. Im **Sommer** kann man dort herrliche Wanderungen unternehmen; im Winter sind die meisten Unterkünfte maßlos überteuert.

Ein Leben ohne Brett – undenkbar für die Bewohner dieses Hauses in Pambula, NSW

Reisekosten

Australien ist eins der teuersten Reiseländer der Welt. Laut Statistik der australischen Tourismusbehörde ließen 2019 rund 207 000 Besucher aus Deutschland während eines durchschnittlichen Australienaufenthalts von 39 Nächten im Schnitt knapp $6000 im Land (Anreisekosten nicht eingeschlossen). Das entspricht einem Tagesschnitt von $154 pro Person, mit denen man bei mittleren Ansprüchen rechnen sollte. Eine hohe Notierung des australischen Dollars im Verhältnis zum Euro kann das Reisebudget zusätzlich strapazieren. Der Kurs schwankt stark; wer eine Reise plant, sollte den Kurs beobachten und ggf. in einem günstigen Moment „zuschlagen".

Angesichts dieser Fakten überrascht es nicht, dass das Land vorwiegend für Reisende mit mittlerem bis großem Budget interessanter wird. Denn nicht nur die Kosten steigen – Unterkünfte, Restaurants, Tourenangebote etc. werden immer besser, schicker, exklusiver. Selbst im Backpacker-Segment haben moderne, sichere und komfortable „Flashpacker"-Unterkünfte schäbige Hostels mit durchgelegenen Matratzen längst abgelöst.

Was kostet wie viel?	
Countermeal (Kneipe; Hauptgericht)	$17–30
kleines Glas Bier (Kneipe oder Bar)	$6–9
Glas Wein (Kneipe oder Bar)	$8–12
Tasse Kaffee	$4,50–6
Frühstück (Kaffee/Tee, Eier, Speck, Toast)	$12–19
Teller Pasta im Café	$15–20
Fish & Chips (Takeaway)	$10–16
Asiatisches Reis- oder Nudelgericht (Imbiss/Takeaway)	$10–16
Hauptgericht im Restaurant	$20–40
Softdrink oder Wasser 330 ml	$3–4
1 kg Rindfleisch	$20–45
1 kg Lammfleisch	$25–40
1 kg Hähnchenfleisch	$12–25
1 l Benzin (bleifrei)	$1,45–2,20
Verkehrsverbund Tageskarte	$7–16
Mietwagen pro Tag	$45–130
Wohnmobil oder Kleinbus pro Tag (je nach Größe und Alter)	$80–220

Tagesbudget

Ein Paar (oder zwei Leute, die zusammen reisen), das in preiswerten Unterkünften übernachtet, morgens frühstücken und abends warm essen geht, benötigt etwa $100–130 p. P./Tag. Kauft man Lebensmittel im Supermarkt und bereitet seine Verpflegung in der Unterkunft zu, lassen sich die Kosten auf $70–80 p. P./Tag senken, Transportkosten und Eintrittspreise jeweils ausgenommen. Alleinreisende leben teurer, da Einzelzimmer in der Regel kaum weniger kosten als Doppelzimmer; es sei denn, man übernachtet in Dormitorys.

Übernachtung und Essen

Ein **Doppelzimmer** in einem Mittelklasse-Hotel kostet $120–160, in den Großstädten oft mehr. Für alleinreisende Rucksacktouristen bietet sich als preiswertere Alternative die Übernachtung im **Dorm** (Schlafsaal) eines Backpacker-Hostels an. Ein Dorm-Bett kostet in Sydney, Melbourne und Perth $40–65, anderswo $30–45, abhängig von der Anzahl der Betten im Dorm, Ausstattung und Lage des Hostels, dem Ort und der Saison.

Einige Hostels haben auch billige **Einzelzimmer**; spartanisch und klein, aber separat.

Familien, Paare oder kleine Gruppen reisen mit einem **Wohnmobil** (in Australien *Campervan* oder kurz: *Camper*) am preisgünstigsten durch Australien, denn es ist Unterkunft und fahrbarer Untersatz in einem. Zur Not tut es auch ein **Kleinbus** (in Australien: *Van)* oder **Kombi** (in Australien: *Station Wagon)*, in dem man schlafen kann. Allerdings muss bedacht werden, dass Übernachten im Auto oder Camper an vielen Stellen verboten ist; am besten man kampiert auf den vielen kostenlosen bis günstigen Zeltplätzen in den Nationalparks.

Lebensmittel sind im Vergleich zu Mitteleuropa etwas teurer, v. a. was frisches Obst, Gemüse, Fleisch und Milchprodukte betrifft. Die beiden Supermarktgiganten Coles und Woolworths sind überall vertreten und meist günstiger als kleinere Läden. Billiger ist nur Aldi, der auch Filialen im ganzen Land hat.

Restaurants und Cafés sind im Schnitt auch teurer. Für ein Abendessen in einem Mittelklasse-Restaurant legt man $20–38 hin; oft gibt es preiswertere Mittagsangebote. Außerdem sind die Food Courts in den Shopping Malls eine gute Adresse für ein günstiges Mittagessen. Gut und günstig sind auch meistens Fish & Chips von einem Takeaway-Lokal.

Alkohol und Zigaretten sind erheblich teurer als in der Heimat. Selbst im Bottle Shop kostet ein Sixpack Bier $15–25. Eine günstige Flasche Wein gibt es ab $9, genießbaren Wein ab etwa $14. Raucher müssen mit mindestens $25–30 pro Schachtel (20 Zigaretten) rechnen. Es darf auch nicht mehr als eine Schachtel ins Land eingeführt werden.

Transport

Benzinpreise fluktuieren stark (innerhalb einer Woche kann der Preis um bis zu 15¢ pro Liter steigen oder fallen), außerdem variieren sie je nach Bundesstaat. Generell liegen die Benzinpreise aber deutlich unter deutschem Niveau.

Ein Busticket von Melbourne nach Cairns mit beliebigem Ein- und Ausstieg innerhalb von drei Monaten kostet rund $600.

Ermäßigungen

Eine ISIC Card (Internationaler Studentenausweis) ist nur beschränkt von Nutzen. Viele „Concession"-Preise gelten ausschließlich für Studenten und Rentner mit lokalen Ausweisen. Die Mitgliedschaft bei einer der Backpacker-Organisationen (YHA, VIP und Nomads, $15–47 im Jahr) bietet mehr, und es gibt keine Altersoder sonstige Beschränkung. Die Mitgliedskarten berechtigen zu zahlreichen Preisnachlässen, u. a. bei Übernachtungen in den Hostels der Kette, auf Touren, Campingausrüstung, Landkarten und Fotoartikel, Eintritt in Zoos, Museen etc. sowie auf Bus- und Zugfahrten. YHA bietet zudem ein Jobportal für Backpacker.

Man kann die Mitgliedschaft online oder vor Ort erwerben. Details auf S. 87. In Tasmanien, Sydney, Melbourne und an der Gold Coast kann man evtl. mit einer iventure-Card Geld sparen. Details in den jeweiligen Kapiteln.

Wer campt, spart – und nächtigt oft in bester Lage.

Travelinfos von A bis Z

Welches Visum eignet sich für meine Tour? Muss ich mich impfen lassen? Was muss ich beim Reisen mit Kindern beachten? Wo kann ich surfen lernen? Wer eine Reise nach Australien plant, sollte sich mit diesen Hinweisen von der Anreise bis hin zu den Zollbestimmungen vertraut machen.

NORTH HEAD, SYDNEY; © JAN DÜKER

Flugdauer Frankfurt – Sydney 21 Std. (via Asien, reine Flugzeit)

Einreise Ein ETA-Visum berechtigt zum Aufenthalt von bis zu drei Monaten und wird online beantragt.

Währung Australischer Dollar (AU$).

Zeitverschiebung MEZ plus 6–10 Stunden

Updates und eure **Kommentare** zu diesem Kapitel auf www.stefan-loose.de unter **eXTra [11415]**

Inhalt

Anreise ... 51
Barrierefreies Reisen ... 52
Botschaften und Konsulate ... 54
Einkaufen ... 54
Essen und Trinken ... 56
Fair reisen ... 59
Feste und Feiertage ... 60
Frauen ... 60
Geld ... 61
Gepäck und Ausrüstung ... 62
Gesundheit ... 64
Informationen ... 67
Jobben in Australien ... 69
Kinder ... 70
Maße und Elektrizität ... 71
Medien ... 71
Nationalparks und Naturreservate ... 72
Post ... 73
Reiseveranstalter ... 74
Sicherheit ... 74
Sport und Aktivitäten ... 75
Sprachkurse ... 78
Telefon und Internet ... 78
Transport ... 79
Übernachtung ... 86
Verhaltenstipps ... 92
Versicherungen ... 93
Visa ... 94
Zeit und Kalender ... 95
Zoll ... 95

Anreise

Einreisebestimmungen

Wer nach Australien reist, braucht ein gültiges Visum (Details S. 94). Darüber hinaus muss jeder Einreisende eine ausgefüllte „Incoming Passenger Card" einreichen. Sie wird im Flugzeug verteilt und liegt zudem im Flughafen aus. Auf diesem Formular müssen bestimmte mitgeführte Waren deklariert werden. Darunter: fast alle Lebensmittel (inkl. Snacks aus dem Flugzeug), Schmuck oder sonstige Gegenstände aus Pflanzenmaterial, Holzgegenstände sowie gebrauchte Wanderschuhe und Campingausrüstung. In den meisten Fällen werden diese Gegenstände kurz vom Zollpersonal geprüft und dann zurückgegeben. Im Zweifel gibt man lieber einen Gegenstand mehr an, denn bei Zuwiderhandlung muss man mit hohen Strafen rechnen.

Ausführliche Informationen gibt es unter 💻 www.abf.gov.au.

Flug

Der Flug von Europa nach Australien ist mit über 20 Flugstunden einer der längsten überhaupt. Direktflüge von/nach Deutschland gibt es nicht. Ein Zwischenstopp, beispielsweise in Dubai, Bangkok, Singapur oder Hongkong ist angenehm. Im Flughafen Singapur (Singapore Changi) gibt es an zwei Terminals Hotels mit einem Mindestaufenthalt von sechs Stunden. Gäste dürfen den Pool benutzen, während so eines Monsterflugs eine angenehme Entspannung. Der Flughafen Singapur ist ohnehin an Komfort und Übersichtlichkeit kaum zu übertreffen und landet Jahr für Jahr auf diversen Ranglisten der weltweit besten Flughäfen: Es gibt komfortable, kostenlose Liegen, Spielplätze, Restaurants und Cafés, gute Duty-free-Shops und sogar eine kostenlose zweistündige Busrundfahrt durch die Stadt.

Service und Komfort spielen bei einem langen Flug eine große Rolle. Zu den Vorreitern in Sachen Bequemlichkeit zählen unter anderem Cathy Pacific (via Hong Kong), Emirates (via Dubai), Qantas (via Dubai), Qatar (via Doha), Singapore Airlines (via Singapur) und Thai Airways (via Bangkok).

Nützliche Informationen zu den Themen Zwischenstopp, Serviceleistungen und Qualität der Fluglinien findet man unter 💻 www.stopover-info.de. Infos zu Sitzplatzabständen unter 💻 www.seatguru.com.

Weniger fliegen – länger bleiben! Reisen und Klimawandel

Der Klimawandel ist vielleicht das dringlichste Thema, mit dem wir uns in Zukunft befassen müssen. Wer reist, erzeugt auch CO_2: Der Flugverkehr trägt einen erheblichen Anteil zur globalen Erwärmung bei. Wir sehen das Reisen dennoch als Bereicherung: Es verbindet Menschen und Kulturen und kann einen wichtigen Beitrag zur wirtschaftlichen Entwicklung eines Landes leisten.

Reisen bringt aber auch eine Verantwortung mit sich. Dazu gehört, darüber nachzudenken, wie oft wir fliegen und was wir tun können, um die Umweltschäden auszugleichen, die wir mit unseren Reisen verursachen. Wir können insgesamt weniger reisen – oder weniger fliegen, länger bleiben und Nachtflüge meiden (da sie mehr Schaden verursachen). Und wir können einen Beitrag an ein Ausgleichsprogramm wie 💻 www.atmosfair.de leisten.

Dabei ermittelt ein Emissionsrechner, wie viel CO_2 der Flug produziert und was es kostet, eine vergleichbare Menge Klimagase einzusparen. Mit dem Betrag werden Projekte in Entwicklungsländern unterstützt, die den Ausstoß von Klimagasen verringern helfen. Weitere Infos zum Thema umweltbewusstes und sozial verträgliches Reisen auf S. 59.

Flugtickets

Da Flüge nach Australien während der Hauptsaison (australische Sommerferien) von Dezember bis Januar und Mai bis August oft schon Monate im Voraus ausgebucht sind, sollte man so früh wie möglich buchen. Die Flugpreise für ein Ticket in der Economy-Class schwanken je nach Reisesaison, Fluglinie und Reisebüro zwischen 900 und 2000 €.

Aktuelles zu Preisen und Flügen im **eXTra [11418]**.

Flugbuchung im Internet

Am besten beschränkt man sich bei der Online-Suche auf einige der etablierten Reiseportale. Auch die Seiten der Fluggesellschaften lohnen einen Blick, da es hier oft besondere Online-Tarife gibt. Grundsätzlich sollte man darauf achten, dass Kreditkartendaten verschlüsselt übertragen werden.

In verschiedenen Tests schnitten die folgenden Reiseportale gut ab:

- www.weg.de
- www.check24.de
- www.travelchannel.de
- www.expedia.de
- www.travelscout24.de

Meilenprogramme

Die meisten Airlines bieten ein Meilenprogramm, und die gesammelten Punkte spielen auf einer so langen Reise durchaus eine Rolle. Es lohnt sich Flugangebote auf Meilentauglichkeit zu prüfen und zu vergleichen, welche Möglichkeiten zum Einlösen der gesammelten Punkte bestehen. Für Reisende mit Kindern empfiehlt sich ein Programm, bei dem die Punkte auf ein gemeinsames Konto übertragen werden können *(family pooling)*.

Zwischenstopps

Wer einen Zwischenstopp einlegen möchte, muss sich mit den Visabedingungen und aktuellen Einreisebestimmungen des jeweiligen Landes vertraut machen. Hier einige beliebte Stopover-Destinationen:

Bangkok ist preiswert und reich an Einkaufsmöglichkeiten sowie kulturellen Highlights. Ein Visum ist für einen Aufenthalt von bis zu 30 Tagen nicht nötig; allerdings muss der Reisepass noch mindestens sechs Monate gültig sein.

Dubai trumpft mit tollen Einkaufsmöglichkeiten, supermoderner Architektur und der nahen Wüste. Außerdem gibt es hier fast das ganze Jahr über Sonnenschein. Ein kostenloses Visum mit einer Gültigkeit von 90 Tagen wird direkt bei der Einreise ausgestellt. Auch hier muss der Pass noch mindestens sechs Monate gültig sein.

In **Singapur** trifft Tradition auf Moderne und bildet einen faszinierenden Mix aus westlicher, chinesischer, indischer und malaiischer Kultur. Eine kostenlose Aufenthaltsgenehmigung wird bei der Einreise für bis zu 90 Tage ausgestellt.

Barrierefreies Reisen

Die riesigen Entfernungen zwischen den Städten und Touristenzentren bereiten Körperbehinderten zwar Probleme, aber insgesamt ist das Reisen in Australien wahrscheinlich müheloser und weniger aufreibend als in Europa. Da man in Australien eher in die Breite als in die Höhe baut, befinden sich viele Unterkünfte auf ebener Erde. Neu erbaute Unterkünfte müssen den Bauvorschriften gemäß behindertengerecht und Rollstuhlfahrern zugänglich sein. In australischen Unterkunftsverzeichnissen sind Unterkünfte, die diesem Standard entsprechen, als *independent* bezeichnet, während andere, die nicht hundertprozentig behindertengerecht sind, mit dem Kommentar *with assistance* versehen sind.

Flugzeuge bieten Körperbehinderten eine ausgezeichnete Transportmöglichkeit, lange Zugfahrten sind nur im Indian Pacific und The Ghan möglich – gegen Aufpreis, wenn man eine Kabine möchte. Lange Busfahrten sollte man sich in Australien hingegen nicht zumuten.

Die australische Bundesregierung bietet Informationen und Dienstleistungen durch National Disability Services (NDS, www.nds.org.au). Auch die Informationszentren erteilen Auskünfte.

Übernachtung

Die Vorschrift für eine behindertengerechte Unterkunft sieht Toiletten in angemessener Höhe vor, Raum zum Wenden eines Rollstuhls, Duschen, in die man mit dem Rollstuhl hineinfahren kann (einige sind mit zusammenklappbaren Duschsitzen ausgestattet, oder es wird ein Plastikstuhl zur Verfügung gestellt), sowie Handgriffe. Die Automobilclubs der Bundesstaaten geben jährlich aktualisierte Unterkunftsverzeichnisse *(Accommodation Guide* und *Tourist Park Guide)* heraus, die Tausende von Unterkünften mit genauer Angabe von Ausstattung und Preis auflisten, darunter auch behindertengerechte. Man kann sie in den Verkaufsstellen oder auf den Websites der Automobilclubs kaufen. Die Webseiten der einzelnen Automobilclubs listen außerdem zahlreiche Unterkünfte auf. Die Mitgliedschaft in einem ausländischen Automobilclub wird anerkannt. Weitere nützliche Dienstleistungen der Automobilclubs in Australien sind ein zentralisierter Buchungsservice und die Reparatur von motorisierten Rollstühlen.

In den Großstädten bieten die Hotels der mittleren und oberen Preisklasse behindertengerechte Zimmer, ebenso einige der kleineren Hotels. Motels haben normalerweise ein oder zwei behindertengerechte Zimmer, Jugendherbergen und Backpacker-Hostels ebenfalls. Außerhalb der Großstädte trifft man seltener behindertengerecht ausgestattete Hotels an, im Gegensatz zu vielen Motels, die zunehmend Units für Behinderte einrichten. Bei Motelketten wie Best Western wird man fast immer fündig. Auch Caravanparks können oft mit einer behindertengerecht ausgestatteten Cabin aufwarten – nachfragen lohnt.

Transportmöglichkeiten

Überlandbusse sind wenig bis gar nicht auf die Bedürfnisse von Rollstuhlfahrern ausgerichtet. Die transkontinentalen **Züge** *(The Ghan, Indian Pacific)* führen spezielle Rollstühle mit sich, die in die engen Korridore passen; der eigene Rollstuhl wird kostenlos transportiert, kann aber während der Zugfahrt nicht benutzt werden. Das Personal hilft beim Ein- und Aussteigen, und es gibt Rampen oder Lifts. Auf die Bedürfnisse von Rollstuhlfahrern zugeschnittene Kabinen *(Pullman Cabins)* gibt es im *Gold Service*.

Qantas führt auf **Flügen** mit Boeing 747- und 767-Maschinen besondere Rollstühle mit, die in das Flugzeug passen, und sowohl Qantas als auch Virgin Australia helfen Rollstuhlfahrern beim Ein- und Aussteigen und transportieren u. U. auch die Rollstühle der Kunden (unbedingt anmelden).

Unter den größeren **Autoverleihfirmen** bieten Hertz und Avis Wagen mit behindertengerechter, manueller Bedienung ohne Aufpreis. Diese Wagen gibt es in einigen Großstädten. Mit einem an der Windschutzscheibe festgemachten Schwerbehindertenausweis aus der Heimat oder erhältlich unter 🖳 https://acrod.org.au/interstate-overseas, kann man auf den Parkplätzen, die für Behinderte reserviert sind, parken. In einigen Hauptstädten, wie z. B. Melbourne, sind von den City Councils auch zeitlich beschränkte *Parking Permits* erhältlich. In verschiedenen Hauptstädten können Behinderte die Vorortzüge vergünstigt oder sogar kostenlos benutzen.

In fast allen größeren Orten werden von Access Commitees sogenannte *Mobility Maps* oder *Accessibility Maps* herausgegeben – Karten oder Stadtpläne, auf denen Rollstuhlwege, Behindertenparkplätze, Toiletten usw. verzeichnet sind. Man findet sie auf den Webseiten (meist unter dem Stichwort „Access" zu finden) der jeweiligen Councils.

Sehenswertes

Die meisten Attraktionen sind Rollstuhlfahrern mehr oder weniger zugänglich, und man ist Rollstuhlfahrern generell sehr gern behilflich. So ist es möglich, eine Tour um den Uluru zu unternehmen, im Great Barrier Reef zu schnorcheln, an einer Hafenkreuzfahrt in Sydney teilzunehmen oder die Pinguinparade auf Phillip Island mitzuerleben. Die Angestellten bei den jeweiligen Attraktionen erteilen Auskunft über die Einrichtungen und Möglichkeiten der Hilfe für Behinderte.

Einige Tourenveranstalter sind auch auf Rollstuhlfahrer eingestellt oder bieten Touren für

Körperbehinderte an. Tourism Australia hat eine Liste; das Stichwort lautet „Accessible Tourism", 🖳 www.tourism.australia.com/en/events-and-tools/industry-resources/building-your-tourism-business/accessible-tourism.html.

Informationen für Behinderte

Accessible Australia, 🖳 www.accessibleaustralia.com.au, listet barrierefreie Einrichtungen, von Unterkünften, Restaurants und Kulturveranstaltungen bis hin zu Museen und sogar Stränden.

Gute Informationsquellen sind auch folgende, in Australien bundesweit betriebene Organisationen, die die Interessen von Behinderten vertreten:

NDS (National Disability Services Ltd.), ✆ 02-6283 3200. Filialen in jeder Hauptstadt, 🖳 www.nds.org.au.

Para Quad Ass. (Paraplegic and Quadriplegic Association) hat Filialen in jeder Hauptstadt und vertritt die Interessen von Wirbelsäulenverletzten. Zahlreiche Informationen. In Sydney z. B. **ParaQuad NSW**, 🖳 www.paraquad.org.au.

Botschaften und Konsulate

Australische Botschaften

Deutschland

Australische Botschaft
Wallstr. 76-79
D-10179 Berlin
✆ +41 (0) 30-880 088-0
🖳 www.germany.embassy.gov.au
🕒 Mo–Fr 10–17 Uhr

Österreich

Australische Botschaft
Mattiellistr. 2-4
A-1040 Wien
✆ +41 (0) 1-506 740
🖳 https://austria.embassy.gov.au
🕒 Mo–Fr 8.30–16.30 Uhr

Schweiz

Australisches Generalkonsulat
Chemin des Fins 2
1211 Geneva 19
✆ +41 (0) 22-799 9100
🖳 https://geneva.mission.gov.au
🕒 Mo–Fr 9–17 Uhr

Einkaufen

Die Märkte in den Hauptstädten und in touristischen Orten wie Cairns, Noosa usw. sind eine ausgezeichnete Fundgrube für Mitbringsel aller Art. Einige sind reine Essensmärkte, andere bieten zusätzlich oder ausschließlich **Kleider**, **Schmuck, Kunsthandwerk** und andere Kleinigkeiten an. Das Sortiment vieler Souvenirläden besteht aus Ramsch made in China.

Traditionelle Aussie-Kleidung

Ein **Akubra-Hut** – wie von Paul Hogan im Film *Crocodile Dundee* getragen – ist die klassische Kopfbedeckung eines australischen Farmers und so etwas wie eine australische Ikone. Den gleichen Status haben **Driza-Bone („Dry as a bone") Jacken** – gewachste Jacken, die schon seit hundert Jahren Rinderhirten, v. a. im Bergland des Südostens, vor Wind und Wetter schützen. **Rossi-, Timberland-** oder **Blundstone-Lederboots** werden vor allem von Arbeitern getragen, aber auch im Alltag (nach dem Motto „Work hard, play hard").

Auch **Ugg-Boots**, mit weichem Schafsfell gefütterte, aber sehr klobig aussehende Schafslederstiefel, ursprünglich eher als Fußwärmer oder Hausschuhe getragen, sieht man noch immer häufig. In den USA sind die „hässlichen" Stiefel (von *ugly* = hässlich) seit Jahren schwer angesagt, und auch in Mitteleuropa sind sie noch immer nicht vom Straßenbild wegzudenken. In Australien findet man diese und andere uraustralische Produkte, dazu schöne T-Shirts

© SHUTTERSTOCK/REID DALLAND

Beliebtes Mitbringsel aus Australien: das Didgeridoo

und Wollpullover, in Fachgeschäften in größeren touristischen Orten oder in den Disposal Shops. Billigere Waren sind allerdings meist made in China!

Outback-Zubehör und andere typische Aussie-Produkte

Vor den allgegenwärtigen Fliegen des **Outbacks** schützt man sich am besten mit einem **Fliegennetz** *(fly net)*, das man über den Hut und vor das Gesicht zieht. Fliegennetze werden dort für ein paar Dollar in fast jedem Laden, auch von Tankstellen, verkauft. In den Großstädten gibt es sie in Disposal Shops, nebst allem anderem, was man zum Picknicken, Wandern und Zelten gebrauchen kann: einen **Esky** zum Kühlhalten von Bier und Vorräten; einen **Billy** (Topf mit Henkel, den man zum Teekochen auf dem Campfeuer benötigt) und einen **Camp Oven** (gusseiserner Topf) zum Zubereiten von Damper, Curry oder was auch immer.

Für die Reiseapotheke kann man sich *Emu Oil* oder *Tea Tree Oil* besorgen – beides hervorragende Hausmittel. **Emu-Öl** schützt und pflegt die Haut, unter anderem wird es bei Hautproblemen und zum Einreiben bei Prellungen, Gelenk- und Muskelschmerzen verwendet. Ähnlich vielseitig ist das **Teebaumöl**; es wird z. B. für das Desinfizieren von Wunden genutzt. Das Letztere ist für ein paar Dollar auch in vielen Supermärkten erhältlich.

Mode aus Australien

Die australische Modeszene ist sehr vital und kreativ; Designer aus Downunder sind international gefragt. Die bekanntesten Namen im Bereich **Haute Couture** sind Colette Dinnigan und der japanisch-stämmige Akira Isogawa, die beide seit Jahren auf der Internationalen Modewoche in Paris vertreten sind. Bekannte Labels für **Streetwear** sind Sass and Bide, Bettina

Steuerfrei shoppen

Wer in Australien Waren im Wert von über $300 erstanden hat (es gilt der Gesamtwert aller gekauften Waren aus einem Geschäft), kann sich die Mehrwertsteuer vor der Abreise am Flughafen erstatten lassen. Die Waren müssen innerhalb von 60 Tagen vor Abflug und nachweislich von der abreisenden Person z. B. per Kreditkarte gekauft worden sein; außerdem müssen sowohl die Ware an sich als auch der Kaufbeleg vorgezeigt werden. Erstattungen am TRS-Schalter (Tax Refund Scheme) aller internationalen Flughäfen (unbedingt Extra-Zeit dafür einplanen, die Schlangen können lang sein). Bei der Einreise nach Deutschland gilt derzeit eine Reisefreimenge von insgesamt 430 € für Erwachsene und 175 € für Kinder bis 15 Jahre. Mehr Infos unter www.abf.gov.au/entering-and-leaving-australia/tourist-refund-scheme.

Liano (tolle Jeans), Alex Perry, Frederick Fox, Nicky and Simone Zimmermann, State of Escape, Aje and State of Escape. Eher Mainstream, aber trotzdem interessant sind Cue Design, David Lawrence, Country Road und Witchery. Günstige Ketten sind Sportsgirl, Jigsaw, Katies und Supré. Die besseren Kaufhäuser **David Jones** und **Myer** führen Designerlabels. Filialen des Billig-Kaufhauses **Target** finden sich in jedem halbwegs großen Ort; viele Klamotten sind gar nicht mal übel, auch wenn sie nicht so lange halten.

In Sydney sind gute Adressen der Modewelt u. a. das Queen Victoria Building, das MLC Centre und die Stadtteile Woollahra/Paddington und Double Bay. In Melbourne wird man u. a. in der Innenstadt fündig: in der Collins St, in den Einkaufszentren QV und Melbourne Central, in den Outlets von DFO South Wharf und v. a. in den vielen versteckt gelegenen Arkaden und Gassen.

Aboriginal-Kunst und Didgeridoos

Gemälde im Röntgen- oder Punkt-Stil auf Leinwand oder Baumrinde; Skulpturen und Textilien, z. B. von den Tiwi-Künstlern und -Designern von Bathurst und Melville Island bei Darwin; Didgeridoos oder aus Holz geschnitzte Tierfiguren sind besonders schöne Mitbringsel. Günstig sind sie aber nicht, es sei denn, man kauft billige Massenware (made in China) aus dem Souvenirshop. Etwas preiswertere Andenken sind Clapsticks, Untersetzer, Kalender, Tischdecken und dergleichen. Wenn man solche Sachen in Aboriginal-Kooperativen oder in von Ureinwohnern geführten Läden kauft, unterstützt man lokale Ureinwohner statt ortsfremder Absahner. Einige dieser Geschäfte sind in den regionalen Kapiteln aufgeführt.

Opale

Diese herrlichen Edelsteine, die in allen Farben des Regenbogens schimmern können, sind ebenfalls ein typisch australisches Andenken. Australien produziert etwa 95 % aller Opale der Welt. Der Großteil davon ist White Opal, auch Heller oder Milch-Opal genannt, der v. a. in Coober Pedy in South Australia gefunden wird. Heller Opal ist am billigsten; oft wird er auch zu billigen Doubletten und Tripletten (zwei oder drei dünne, aufeinander geklebte Schichten) auf Ringen und Anhängern verarbeitet. Dunkler oder Schwarz-Opal sowie Boulder Opal sind viel seltener; diese Steine sprühen in einem Feuerwerk von Farben vor dunklem oder schwarzem Hintergrund. Ein bekannter Fundort für Schwarz-Opale ist Lightning Ridge im Outback von New South Wales.

Besucher aus Übersee können Opale gegen Vorlage ihres Reisepasses und Flugtickets bis zu maximal 30 Tagen vor der Abreise aus Australien steuerfrei einkaufen. In den Großstädten und touristischen Orten wie Cairns verkaufen und beraten kundige Fachgeschäfte. Vor Ort in Lightning Ridge bieten einige Händler die Opale billiger als in der Großstadt an, aber Vorsicht: Man kann dabei durchaus auch übers Ohr gehauen werden.

Essen und Trinken

Althergebrachtes und typisch Australisches

Die „klassische" australische Küche zeichnet sich nicht durch kulinarische Glanzleistungen aus. Dies ist mit der australischen Geschichte zu erklären: Lange Zeit war die Auswahl an Lebensmitteln beschränkt, darüber hinaus waren die meisten Siedler von den Koch- und Essgewohnheiten ihrer angelsächsisch-irischen Heimat geprägt. Das Resultat war in der Tat eine der schlechtesten und langweiligsten Küchen der Welt.

Die gute Nachricht: Heutzutage wetteifern sehr gute, authentische Restaurants aller Richtungen und Preisklassen um Kundschaft. Besonders gut und zahlreich vertreten sind asiatische Restaurants – vor allem thailändische, vietnamesische, indische und chinesische – oftmals mit wesentlich besserer Qualität als man sie in Europa findet. Gute italienische Lokale dagegen sind schwerer zu finden. Insbesondere Pizzen, aber auch Nudelspeisen erreichen kaum europäisches Niveau.

Der Hauptbestandteil der typisch australischen Ernährung ist **Fleisch**, v. a. Rind- und Lammfleisch. Es wird gern in Form von Steaks und Chops (Koteletts) auf den *barbie* (Abkürzung für Barbecue; Grill) gelegt oder in der klassischen Sonntagsmahlzeit Roast and three Veges (Braten mit dreierlei Gemüse) serviert. Die klebrige Füllung eines Traditional Aussie Meat Pie, einer Art Pastete, enthält mehr Mehl als Fleisch, das Gleiche gilt für *sausages* (Würstchen). Beliebt sind Fish & Chips – mit einer dicken Panade überzogener, frittierter Fisch mit Pommes. Fisch und Meeresfrüchte sind vielerorts sehr zu empfehlen.

Typisch australische **Spezialitäten** sind die **Pavlova**, ein Dessert aus Baisers mit süßem Überzug (Neuseeländer machen allerdings Australiern die Behauptung streitig, das Ursprungsland dieser Süßspeise zu sein); **Lamingtons**, viereckige, süße Kuchen mit von Kokosflocken bedecktem Schokoladenguss, und die **Chiko Roll**, eine Art Frühlingsrolle mit völlig undefinierbarer Füllung.

Erwähnenswert sind außerdem die **Devonshire Teas**. Zu starkem Tee (oder Kaffee) gibt es frisch gebackene *scones* (süße Teebrötchen) mit Schlagsahne und Erdbeermarmelade. Dieser stark britisch angehauchten Spezialität begegnet man meist in landschaftlich reizvoll gelegenen kleinen Teahouses in den kühleren Regionen des Südostens und Südwestens von Australien.

Australische Feinschmeckerkultur

Wie gut, dass die Immigranten kamen! Schon Chinesen, die während der Goldrauschzeiten Mitte bis Ende des 19. Jhs. ins Land kamen, bereicherten die australische Küche. Der heute breit gefächerte Speisezettel ist den Immigrantenwellen der Nachkriegszeit zu verdanken, die die australischen Ess- und Trinkgewohnheiten völlig umkrempelten und damit den Grundstein für eine florierende Gourmetkultur legten.

Die Kaffeekultur – im letzten Jahrhundert noch kaum existent – ist heute v. a. in Melbourne auf Weltklasseniveau gestiegen. Das Angebot reicht von Soy Latte, Chai Latte oder klassischem Cappuccino bis zum traditionellen Short Black (kleiner Espresso), Long Black (großer Espresso) und Flat White (starker Kaffee mit viel, aber nicht aufgeschäumter Milch) – um nur einige Variationen zu nennen. Die Espressos und Flat White werden oft im Glas mit Untertasse serviert.

Die Großstädte sind heutzutage Schlemmerparadiese, in denen man sich durch die Küchen aus aller Welt essen kann. Die Vielfalt des Angebots ist geradezu überwältigend. Bei einem Gang über die Wochenmärkte der großen Städte entdeckt man außer den auch bei uns gängigen Obst-, Gemüse- und Kräutersorten auch asiatisches Gemüse wie Bok Choy, Chye Sam usw.; Koriander, Zitronengras, Berge von Ingwer, roten und grünen Chilischoten, in der Saison grünen Spargel, Avocados oder Mangos sowie „Exoten", Choko (ein Paprika vergleichbares Gemüse) oder Zapote (eine ursprünglich aus Südamerika stammende Frucht) – ein wahres Fest für Augen und Nase.

Auf diesen Märkten finden sich auch immer Stände mit „kontinentalen" **Delikatessen**, wo man sich mit Grau- und Schwarzbrot, Gebäck, Salami, Schinken, europäischen Käsesorten, Oliven oder Heringen eindecken kann. Viele Tante-Emma-Läden (Milkbars oder Delis)

BYO – Bring's mit!

Ausschanklizenz für Alkohol zu bekommen, war früher in Australien nicht so leicht. Die praktische Lösung für viele Restaurants lautete **BYO** *(Bring Your Own)* – die Gäste bringen ihre alkoholischen Getränke selber mit. Jeder war zufrieden – die Inhaber ersparten sich Aufwand und Ärger, und die Gäste sparten Geld. Durch eine Erleichterung der vormals strengen Ausschankvorschriften ist BYO (leider) im Verschwinden begriffen. Die lizenzierten Restaurants, die BYO (meist nur für Wein) erlauben, verlangen eine Entkorkungsgebühr *(corkage fee)* von $2 p. P. bis zu $6–10 pro Flasche.

in den Großstädten werden von Griechen, Italienern oder Libanesen geführt und verkaufen entsprechende Spezialitäten. Die großen Lebensmittelsupermärkte wie u. a. Coles, Safeway oder Woolworths sind in den Städten alle gut bis ausgezeichnet sortiert. Aldi ist mittlerweile in ganz Australien mit zahlreichen Filialen vertreten.

Alkoholische Getränke

Eine Handvoll von Großbrauereien, darunter XXX (ausgeprochen *Four X*), VB (Victoria Bitter), Carlton und Coopers, hat den australischen Markt unter sich aufgeteilt und dabei auch traditionsreiche kleine Brauereien wie die tasmanischen Cascade Brewery (Hobart) und Boags (Launceston) aufgekauft – die Biere der Letztgenannten zählen zu den besseren unter den industriellen Gerstensäften. Die Erzeugnisse kleinerer Brauereien schmecken aber oft viel besser: Zu den beliebten Alternativen gehören Little Creatures, Mountain Goat oder Fat Yak. Zudem gibt es zahlreiche *Pub Breweries* oder *Micro Breweries*, die einen Besuch lohnen.

Australische **Weine** genießen weltweit einen guten Ruf und das zu Recht. Sie sind hervorragend, es gibt jedoch einige Geschmacksunterschiede im Vergleich zu europäischen Weinen. Australische Rotweine sind schwerer (ausgenommen einige Light-Red- oder Beaujolais-Style-Varianten), Weißweine vollmundiger und fruchtiger. Nach Anbaugebieten sortierte Qualitätskontrollen à la Appelation Controllée sind unbekannt. Ganz im Gegenteil: Australische Winzer mixen ungehemmt verschiedene Rebsorten aus verschiedenen Anbaugebieten zu einem Wein zusammen, meist mit überzeugendem Resultat. Bei der Auswahl orientiert man sich am Namen des Weinguts. Australische Weinkenner wissen, welches Weingut in welchem Jahr welche guten Weine produziert hat. Ein Etikett enthält folgende Angaben (nicht immer in der gleichen Reihenfolge): Jahr, Weingut und Name des Weins. Auf dem Aufkleber auf der Rückseite sind die Rebsorten aufgeführt. Die bekanntesten Weinanbaugebiete sind das Hunter Valley und die Gegend um Mudgee in New South Wales, das Yarra Valley bei Melbourne sowie das Clare und Barossa Valley in South Australia.

Alkoholische Getränke bekommt man aus Lizenzgründen meist nur im **Bottle Shop** (z. B. Dan Murphy's, BWS, Cellarmasters oder Thirsty Camel) – eine Ausnahme sind die Aldi-Supermärkte, allerdings nur in manchen Staaten.

Wo essen?

Der Begriff **Cafe** (in Australien oft ohne Akzent auf dem „e“ geschrieben) umfasst die ganze Bandbreite von Imbissbude bis Restaurant. Nur in den europäisch angehauchten Stadtteilen der Großstädte versteht man darunter manchmal ein Kaffeehaus mit Konditorei. Oft unterscheidet sich ein Cafe von einem Restaurant nur durch eine beschränktere Auswahl an Gerichten, die meist anstatt auf Speisekarten auf einer großen Wandtafel stehen, sowie eingeschränktere Öffnungszeiten.

In einem **Take away** wird den Kunden das Essen in Plastikbehälter verpackt in die Hand gedrückt. Das Angebot reicht vom Meat Pie bis zum Gourmet-Thai-Gericht. Viele Cafés und Restaurants bieten ebenfalls einen Take-away-Service.

Die „Hotels“, sprich **Kneipen**, hatten bis in die 1980er-Jahre praktisch das Monopol des Alkoholausschanks inne. Um Ausstattung und Gemütlichkeit brauchten sich die Kneipiers damals nicht weiter zu bemühen, denn die gesetzliche Sperrstunde von 18 Uhr (!) garantierte, dass sich die männlichen Kunden in der kurzen Zeit zwischen Feierabend und Kneipenschluss auf den Konsum von möglichst vielen Litern Bier konzentrierten – dem berüchtigten Six O'Clock Swill (Sechs-Uhr-Besäufnis). Seitdem ist man ein Stück weitergekommen, die Pubs dürfen ihr Bier (meistens) bis spätabends ausschenken.

Meist sind die Pubs sogar gemütlich – zumindest in den Lounge Bars. Hier oder in der Bistro-Abteilung bekommt man **Countermeals** – so genannt, weil man an der Theke bestellt; heutzutage wird das Essen dann aber meist an den Tisch gebracht. Oft werden ein günstiges Tagesessen, kostenlose Mahlzeiten für Kinder an bestimmten Tagen oder sonstige

Tee und Brot nach Outback-Art

In den Buschcamps der Pioniersiedler wurden **Billy Tea** und **Damper** erfunden: Man werfe ein oder zwei Handvoll Teeblätter in einen *billy* (einen rauchgeschwärzten Eimer mit Henkel, etwa von der Größe eines Honigeimers), fülle ihn mit Wasser und hänge ihn übers Lagerfeuer; erwärmen und ziehen lassen. Dann kommt der Trick: Man fasse den *billy* am Henkel (Vorsicht, heiß) und schleudere ihn mehrmals blitzschnell im Kreis, um die Teeblätter zu verteilen. Fertig ist der Billy Tea! Dann bereite man einen festen Teig aus Mehl, Backpulver, Salz und Wasser, fülle ihn in einen gusseisernen Topf mit Deckel (der sogenannte *Camp Oven*) und backe ihn im Lagerfeuer. Fertig ist der Damper! Sowohl Billy Tea als auch Damper kann man noch heute in Buschcamps begegnen.

Specials geboten. In der Provinz gibt's herzhafte Aussie-Küche, in Großstädten erreichen die Mahlzeiten zuweilen Feinschmeckerstandard. Unter *Tea* versteht man in Australien gewöhnlich das Abendessen, im Gegensatz zum Afternoon Tea.

Fair reisen

Reisen wirkt sich auf die Umwelt und die besuchten Menschen aus. Das fängt beim Flug an und hört bei der Nutzung lokaler Ressourcen auf. Touristen verbrauchen durchschnittlich mehr Strom und produzieren mehr CO_2 und Müll als die Einheimischen. Natürlich hat der Tourismus auch gute Seiten: Gerade in Australien trugen die Besucherströme aus Übersee nicht unwesentlich zum wirtschaftlichen Wachstum dieser mit unzähligen natürlichen Schätzen gesegneten Nation bei. Der Tourismus stimuliert lokale Investitionen und verbindet Kulturen. Außerdem hat er vielerorts Naturräume geschützt, die ohne Touristen dem Kommerz zum Opfer gefallen wären.

Als bewusst reisender Tourist kann man heute vieles bewirken. Anregungen hierzu gibt es in diesem Buch und bei den nachstehend genannten Initiativen.

Ecotourism Australia, 🖳 www.ecotourism.org.au. Die Non-Profit-Organisation will Reisende in Australien zu nachhaltigem und kulturell verantwortungsbewusstem Tourismus inspirieren. Die Mitglieder aus der Reisebranche – von der Unterkunft bis zum Tourenanbieter – müssen sich streng an die ökologischen Richtlinien halten, um das Siegel des Verbands tragen zu dürfen. Alle Anbieter sind im Green Travel Guide (online) zusammengefasst.

Forum anders reisen, 🖳 www.forumandersreisen.de. Im Forum anders reisen haben sich über 100 kleine und mittlere Reiseveranstalter zusammengeschlossen. Sie streben eine nachhaltige Tourismusform an, die laut eigenen Angaben „langfristig ökologisch tragbar, wirtschaftlich machbar sowie ethisch und sozial gerecht für ortsansässige Gemeinschaften sein soll".

Studienkreis für Tourismus und Entwicklung e. V., 🖳 www.studienkreis.org. Der Verein beschäftigt sich mit entwicklungsbezogener Informations- und Bildungsarbeit im Tourismus.

Tourism Watch, 🖳 www.tourism-watch.de. Auf der Website sind Hintergrundberichte zu den Themen Tourismuspolitik, Umwelt, Menschenrechte und Wirtschaft in Englisch und Deutsch verfügbar. Darüber hinaus findet man dort Links, Literaturkritiken, aktuelle Veranstaltungshinweise und Publikationen.

Tipps für umweltbewusstes und sozial verträgliches Reisen

Beim Umweltschutz ist jeder Einzelne gefordert, mit gutem Beispiel voranzugehen und die zwei goldenen Regeln anzuwenden:

a) Alle Plätze so zu verlassen, wie man sie selbst gerne vorfinden würde.

b) Take nothing but pictures, leave nothing but footprints.

Umweltbewusst reisen

- Den durch die **An- und Abreise** verursachten CO_2-Ausstoß mit Hilfe des Kompensationsprogramms einer nachweislich korrekt agierenden Klimaagentur (z. B. www.atmosfair.de oder www.myclimate.org) neutralisieren.

- **Klimaanlagen** vermeiden und in jedem Fall Licht und AC ausstellen, wenn man das Zimmer verlässt.
- Keine **Souvenirs** aus bedrohten Pflanzen oder Tieren kaufen! Das Washingtoner Artenschutzabkommen verbietet deren Import nach Europa.
- **Hotels, Fluggesellschaften, Reiseveranstalter** etc. auf ihre Umweltschutzmaßnahmen prüfen und auswählen (z. B. mit Hilfe von www.ecotourism.org.au).
- Statt mit **Batterien** mit aufladbaren Akkus reisen, und wenn Batterien sich nicht vermeiden lassen, diese vernünftig entsorgen. In den meisten großen Supermärkten Australiens wie Coles oder Woolworths stehen hierfür Behälter bereit.
- Beim Einkauf die Ware nicht in **Tüten** packen lassen.
- In vielen Gebieten Australiens ist **Wasser** vor allem zu Dürrezeiten äußerst knapp. Daher sparsam mit dem kostbaren Nass umgehen.

Sozial verantwortlich reisen

- Kleinen lokalen Hotels, Restaurants, Reiseveranstaltern, Guides etc. gegenüber großen nationalen und internationalen Ketten den Vorzug geben – das erhöht die Chance, zu **lokalen Einkommen** beizutragen.
- **Kunsthandwerk** soweit möglich direkt beim Produzenten bzw. Kleinunternehmer kaufen und große Zwischenhändler umgehen.

Fair und grün – gewusst wo

Einrichtungen, die sich durch besonders umweltfreundliches oder sozial verträgliches Verhalten auszeichnen, sind in diesem Buch mit einem Baum gekennzeichnet. Sie verwenden zum Beispiel Solarenergie, nutzen Trockentoiletten, um Kompost herzustellen, propagieren einen nachhaltigen Tourismus oder stellen Besuchern Informationen für umweltverträgliches Verhalten bereit.

Karfreitag und Weihnachten

Karfreitag sowie der 25.12. sind zwei Tage, an denen in Australien fast alles zumacht – von ganz wenigen Sehenswürdigkeiten in Großstädten oder touristischen Orten abgesehen. Aus Platzgründen wurde bei der Angabe von Öffnungszeiten nicht immer extra erwähnt, dass eine Sehenswürdigkeit an diesen Tagen geschlossen ist. An anderen Feiertagen sind die meisten Geschäfte zumindest zeitweise geöffnet.

- **Produkten** aus der Umgebung den Vorzug vor importierten Waren geben.
- Auf **fair gehandelte und biologisch erzeugte Waren** zurückgreifen.

Feste und Feiertage

Landesweit gelten folgende staatliche Feiertage *(Public Holidays)*:

Neujahr	1.1.
Australia Day	26.1.
Karfreitag	variiert
Ostermontag	variiert
Anzac Day	25.4.
Weihnachten	25.12.
Boxing Day	26.12.

Feiertage, die auf einen Samstag oder Sonntag fallen, werden meist auf den folgenden Montag verschoben. Die Feiertage einzelner Bundesstaaten sind unter „Sonstiges" bei den Hauptstädten der jeweiligen Staaten aufgelistet.

Frauen

Als Reiseland für Frauen – auch die, die allein unterwegs sind – ist Australien relativ problemlos. Der zu erwartende „Belästigungsfaktor" ist dem von Mitteleuropa oder Großbritannien vergleichbar. Das heißt, maskuline Überheblichkeit (vorzugsweise bei technischen Dingen), dumme, sexistische Sprüche, onkelhafte Bevormundung – eben die ganze Palette – kommen natürlich vor, und wenn frau an der Oberfläche kratzt, gelangt zuweilen ein erschreckend tiefer Chauvinismus ans Tageslicht. Aber das ist ja auch westeuropäischen Frauen nicht ganz unbekannt.

Handfeste Anmache und handgreifliche Belästigungen sind hingegen selten. Australier halten gern ein kurzes Schwätzchen mit AusländerInnen und fragen nach dem Woher und Wohin – in den seltensten Fällen ist das gleich als plumper Annäherungsversuch zu werten. Ein Fingerspitzengefühl für gefährliche Situationen ist zu entwickeln – letzten Endes muss jede Frau selbst entscheiden, welche Risiken sie eingehen will. Vom Trampen allerdings – selbst zu zweit, mit einem männlichen Begleiter – muss abgeraten werden.

Noch Mitte des vergangenen Jahrhunderts herrschte im gesellschaftlichen Leben rigide Geschlechtertrennung. Die Frau blieb zu Hause oder besuchte Nachbarinnen, während der Mann sich mit seinen *mates* im Pub, beim Pferderennen oder Angeln amüsierte. In Melbourne gab es sogar in der Straßenbahn eine Männer- und eine Frauenzone! Ein Überbleibsel aus jener Zeit ist die Public Bar, eine stehbierhallenartige Männerdomäne, in der sich ein Mann und seine *mates* keinerlei Zurückhaltung aufzuerlegen brauchen.

Wenn die Unterscheidung zwischen einer Lounge Bar und einer Public Bar gemacht wird, wählen „richtige Ladies" die Lounge Bar. In der Public Bar werden Frauen zwar geduldet, sollten sich aber nicht wundern, wenn sich die Herren der Schöpfung dort äußerst ungezwungen benehmen.

Geld

Bargeld

Kartenzahlung wird in vielen Läden bevorzugt. In großen Läden gilt dies selbst für die kleinsten Beträge, nur selten haben kleinere Läden noch einen Mindestbetrag für Kartenzahlungen. Etwas Bargeld ist natürlich trotzdem sinnvoll, man erhält es am Geldautomaten (ATM) oder beim Bezahlen an der Kasse *(cashout)*. Größere Beträge (ab $200) mit Bargeld zu bezahlen ist in Australien ungewöhnlich.

Bankkarten

Es ist sinnvoll, die Bankkarte mitzunehmen, sofern sie das Maestro- oder Cirrus-Symbol trägt. Mit der EC-Karte und der Geheimzahl kann man an den meisten Geldautomaten mit dem entsprechenden Symbol bis zu $1500 abheben – vorher bei der Hausbank nach den Gebühren erkundigen. Die örtlichen Banken kassieren u. U. auch noch mal eine Gebühr von etwa $5. Dies wird bei der Transaktion auf dem Bankautomaten angeschrieben.

Kreditkarten

Eine weitere Alternative sind Kreditkarten. Kreditkarten von American Express, Visa und MasterCard sind in Australien ein gängiges Zahlungsmittel. Diners Club wird hingegen selten akzeptiert. Mit der Karte kann man nicht nur Flugtickets, Mietwagen, Einkäufe, Hotel- und Restaurantrechnungen bargeldlos bezahlen, sondern auch Bargeld abheben. Für die Barauszahlung am Geldautomaten benötigt man die Kreditkarte und die Geheimzahl.

Verlust oder Diebstahl einer Karte sind **sofort zu melden**, damit man gegen Missbrauch der Karte abgesichert ist. Bei Mietwagen oder Flügen, die mit der Karte bezahlt werden, ist in der Regel automatisch eine Unfallversicherung inklusive. Auch bieten viele Kreditkarten eine kostenlose Auslands-Krankenversicherung, teilweise bedeutet dies aber, dass der Flug mit der Karte bezahlt werden muss. Es lohnt sich, sich hier im Voraus schlau zu machen.

Informationen und Notrufnummern

Visa Card, Mastercard: Sperr-Notruf Deutschland ✆ +49-116116 oder +49-30-40504050, 💻 www.sperr-notruf.de

American Express: 069-97971000 (auch bei Verlust für Ersatzkarten zuständig), www.americanexpress.com/germany.
Visa: Standorte der Geldautomaten: www.visa.com/atmlocator
Karte sperren: 0800-8118440 (in Deutschland), +1-800-125 440 (international gebührenfrei).
Mastercard: 069-79330, Standorte: www.mastercard.com.au/en-au/consumers/get-support/locate-an-atm.html
Karte sperren: +1-636-722 7111 (international gebührenfrei).

Währung

Die Währungseinheit ist der **australische Dollar** mit 100 Cents. Im Umlauf sind Banknoten zu $5, $10, $20, $50, $100, sowie Münzen zu 5, 10, 20, 50 Cents und $1 und $2. Die 1-Cent- und 2-Cent-Münzen werden seit 1990 nicht mehr geprägt. Bei Barzahlung werden die Preise deshalb auf glatte Fünfer- oder Dezimalbeträge auf- oder abgerundet.

Überweisungen

Wer sich ein paar Monate in Australien aufhält, kann ein **Konto bei einer australischen Bank** eröffnen und erhält somit auch eine Bankkarte, mit der man an den Automaten der Bank kostenlos Bargeld abheben sowie im Supermarkt oder an der Tankstelle bezahlen kann. Die Ausstellung einer Kundenkarte dauert rund eine Woche. In Frage kommen Banken mit einem möglichst ausgedehnten Netz von Filialen in Australien, beispielsweise Commonwealth Bank, Westpac, ANZ. Falls man Freunde in Australien hat, gibt man bei der Antragstellung lieber deren Adresse und nicht die einer Jugendherberge oder eines Hotels an. Allerdings muss es eine Adresse in dem Staat sein, in dem das Konto eröffnet wird.

Auch eine Geldüberweisung aus Europa wird dadurch erleichtert. Wer länger im Ausland bleibt, kann sich ein kostenloses Konto bei einer Organisation wie **CurrencyFair**, www.currencyfair.com, oder **Send**, www.sendpayments.com, einrichten. Geld, das auf diesem Zwischenkonto abgelegt wird, lässt sich zu reellen Wechselkursen direkt am Markt eintauschen; man erhält also einen wesentlich besseren Wechselkurs als bei den Banken. Nach dem Umtausch kann das Geld auf ein beliebiges Konto in der ganzen Welt gegen eine Gebühr von $4 überwiesen werden.

Wechselkurse

1 €	=	1,61 A$	1 A$	=	0,62 €
1 sFr	=	1,68 A$	1 A$	=	0,59 sFr

Aktuelle Kurse unter www.xe.com/ucc oder www.oanda.com

Gepäck und Ausrüstung

Kleidung

Die Auswahl der Kleidungsstücke für die Reise hängt davon ab, wann man wie lange wo hinfährt. Ein paar warme Sachen – ein Pullover, einige Sweatshirts, lange Hosen, evtl. eine leichte Jacke – sollten auf jeden Fall dabei sein. Grundsätzlich sind in der Sonne leichte, aber lange Sachen angemessen, denn sie schützen die Haut vor der gefährlichen UV-Strahlung.

Im Prinzip lässt sich alles, was man beim Packen vergessen hat, in den Städten kaufen. Viele Sachen sind etwas billiger als in Europa, v. a. Badekleidung, Shorts, T-Shirts und Wollpullover (Made in China). Auch schicke Sachen und Designerkleidung lassen sich in den Factory Outlets bekannter Marken in Sydney und Melbourne preiswert erstehen.

In den *Op Shops* genannten Secondhand-Läden karitativer Hilfsorganisationen wie Salvation Army, St Vincent de Paul („Vinnies") u. a. kann man für ein paar Dollar warme Sachen kaufen. Damit unterstützt man zudem die Aktivitäten dieser Organisationen. *Op Shops* findet man in allen Städten. Am Ende der Reise wirft man die Sachen in einen der hierfür vorgesehenen Container, damit sie wieder recycelt werden können.

Der Kleidungsstil in Australien ist im Allgemeinen salopp bis sogar schlampig. Bei der Arbeit, offiziellen Anlässen, Besuch von „feinen" Restaurants, Kasinos usw. macht sich jedoch die britische Tradition bemerkbar. Dann werfen sich vor allem die Damen in adrette Hosenanzüge oder schicke Kleider, die Männer dagegen sind auch hier meist eher *casual* gekleidet. In vielen Restaurants und Lokalen dürfen keine Flip-Flops *(thongs)* oder ärmellose Shirts für Männer *(singlets)* getragen werden.

Ein Regencape oder eine Wasser abweisende Jacke ist in den gemäßigten Zonen nützlich; für Victoria und Tasmanien ein Muss, besonders für Wanderungen.

Wäsche waschen

Praktisch jedes Hostel, viele Motels und alle Caravanparks stellen ihren Gästen Waschmaschinen und manchmal auch Trockner zur Verfügung, meist gegen Gebühr (etwa \$3–5 pro Maschine). Oft ist kein Waschmittel vorhanden, sodass es sinnvoll ist, sich zu Beginn der Reise ein gut verschließbares Paket zu kaufen. Hotels bieten teilweise einen Waschservice. Ansonsten findet man natürlich auch in jeder Stadt einen Waschsalon.

Schlafsack

In den allermeisten australischen Jugendherbergen und Backpacker-Hostels ist ein Dorm-Bett bereits bezogen. In einigen Hostels benötigt man jedoch für ein Dorm-Bett einen Schlafsack. Wer keinen hat, kann meist gegen Aufpreis einen vom Hostel leihen. Manche Cottages und Ferienwohnungen sowie On-site Vans und Cabins auf den Campingplätzen sind ebenfalls nicht mit Bettzeug ausgestattet. In all diesen Fällen ist es nützlich, einen (Daunen- oder Baumwoll-) Schlafsack zur Hand zu haben, um sich die Lakenmiete zu sparen. Im tropischen Norden ist ein leichter Schlafsack aus Nesselstoff am angenehmsten.

Wander- und Campingzubehör

Für Wanderungen sind feste, knöchelhohe Wanderschuhe mit Profilsohle ideal, denn Bushwalking Tracks führen über Stock und Stein. Zudem besteht vielerorts die (wenn auch geringe) Gefahr, einer Schlange über den Weg zu laufen. Badelatschen, Sandalen und leichte Trittchen hingegen sind nur etwas für den Strand bzw. die

Charlie's Camp in den West MacDonnell Ranges liegt am berühmten Larapinta Trail.

Stadt. Pullover und Regenschutz, im Sommer ein Hut und Sonnenschutzmittel, gehören im Süden zur Wanderausrüstung. Zu Details siehe einzelne Bundesstaaten.

Im tropischen Norden sind ein breitkrempiger Baumwoll- oder Strohhut, ein robustes kurz- oder langärmliges Hemd und Sonnenschutzmittel angebracht. Die Sonnenbrandgefahr wird von Mitteleuropäern immer unterschätzt. Eine große, gefüllte Wasserflasche gehört zur Standardausrüstung – im Wald oder Busch gibt es weder Gasthaus noch Supermarkt, noch nicht einmal einen Kiosk, und das Wasser aus den Bächen ist nicht überall trinkbar.

Zelte und andere schwere Campingausrüstung braucht man nicht unbedingt von Europa nach Australien zu schleppen. In allen Großstädten gibt es Fachgeschäfte oder sogenannte Disposal Shops. Sie verleihen auch Zelte und Campingzubehör, organisieren Trips, Wander- und Wildwasserfahrten. Adressen s. Regionalteil.

Gesundheit

Medizinische Versorgung

Das australische Gesundheitswesen ist halb öffentlich, halb privat. Besucher aus Mitteleuropa können die australische Krankenversicherung Medicare nicht in Anspruch nehmen. Ein Besuch beim Arzt wird normalerweise privat mit ähnlichen Preisen wie in Europa verrechnet. Wer auf Nummer sicher gehen will, sollte unbedingt eine Auslandsreise-Krankenversicherung abschließen (s. Versicherungen).

Heftpflaster, die gängigen Grippemittel, Kopfschmerztabletten usw. sind ohne Rezept im Supermarkt oder beim *chemist* erhältlich. Letzterer ist Drogerie und Apotheke in einem; rezeptpflichtige Medikamente werden dort an einer gesonderten Theke verkauft.

Der Royal Flying Doctor Service betreut Menschen in abgelegenen Siedlungen und *stations* im Outback. In leichteren Fällen diagnostizieren die „fliegenden Ärzte" per Funk Krankheiten und verordnen ein Medikament, das die Patienten ihrer Hausapotheke entnehmen. In schwerwiegenden Fällen wird der Patient ins nächste Krankenhaus geflogen. Die Niederlassungen des Royal Flying Doctor Service in größeren Städten stehen oft Besuchern offen. Für Touristen kann ein Besuch faszinierend sein.

Hygiene und sanitäre Einrichtungen in Australien entsprechen mindestens europäischem Standard. Die Gefahr, sich ansteckende Krankheiten einzufangen, ist allgemein nicht größer als in Europa.

Slip, slop, slap

Slip, slop, slap – so lautet ein allseits bekannter und von den meisten Australiern zum Glück sehr ernst genommener Werbespruch des australischen Krebsrates: „Slip on a shirt, slop on sunscreen and slap on a hat" (Zieh Dir ein Shirt über, schmier Dich dick mit Sonnencreme ein und setz Dir einen Hut auf!). Aufgrund der erhöhten **UV-Strahlung** hat Australien die höchste Hautkrebsrate weltweit. Ein einziger **Sonnenbrand** kann bereits ein potenziell tödliches Melanom verursachen. Daher ist mit der Sonne hier nicht zu spaßen. Die UV-Strahlung wird im Übrigen nicht von einem bewölkten Himmel abgeschwächt oder gar abgeblockt. Besser man checkt täglich die UV-Werte auf der Website der Wetterbehörde (Bureau of Meteorology), www.bom.gov.au/uv.

Klimatische Belastungen

Fliegt man von Europa direkt nach Cairns oder Darwin sollte man alles langsam angehen, denn der Körper braucht eine Weile, um sich an die tropische Hitze zu gewöhnen. Das Gleiche gilt, wenn man direkt aus dem europäischen Winter in den Sommer fliegt. Die feucht-heiße Schwüle von Sydney oder die trockene Backofenhitze des Outbacks können dann wie ein Schock wirken, und einen Hitzschlag bekommt man schneller als man denkt.

Im australischen Winter wiederum sollte man sich bei Reisen ins Landesinnere, ins Outback sowie in höhere Lagen (das kann auch eine nur 20–40 km von der Küste entfernte Gegend sein!) auf die nächtliche Eiseskälte einstellen und Wollpullover, eine warme Jacke und Hose, wärmende Unterwäsche und einen Daunenschlafsack mitnehmen. Wer im Campervan oder Zelt nächtigt, braucht eventuell zusätzliche Decken oder einen zweiten Schlafsack.

Aus europäischer Sicht mag die intensive Sonneneinstrahlung in Australien erfreulich sein, für Australier jedoch zeichnet sich seit Langem die Kehrseite dieser Segnung ab: Laut Prognose des Cancer Council erkranken zwei von drei Australiern im Laufe ihres Lebens an Hautkrebs. Frühzeitig diagnostizierter und behandelter Hautkrebs ist in der Regel nicht tödlich; die Prognose ist dennoch erschreckend. Am Strand zu brutzeln, ist längst nicht mehr angesagt; im Sommer tragen Aussies oft Hüte und lange Kleidung und reiben sich mit *sunblock* (Sonnenschutzmittel mit Schutzfaktor 30+) ein.

Gemäß den Aussagen australischer Mediziner sind Leute, die ihre Jugend und frühen Erwachsenenjahre im gemäßigten Klima der nördlichen Hemisphäre verbracht haben, weniger hautkrebsgefährdet. Mitteleuropäer sollten dennoch beim Sonnenbaden nicht übertreiben und auf ausreichenden Schutz achten.

Japanische Enzephalitis, Malaria, Dengue und Ross River Fever

Während der Überflutungen im Spätsommer 2022 in New South Wales und Queensland wurden in mehreren Bundesstaaten Fälle von Japanischer Enzephalitis gemeldet. Das Virus wird von Moskitos auf den Menschen übertragen und kann eine schwere oder gar tödliche Hirnentzündung auslösen. Eine Impfung ist möglich. Aktuelle Infos unter 💻 www.health.gov.au/diseases/japanese-encephalitis.

Insektenschutzmittel ist unverzichtbar, denn Moskitos können Malaria, Dengue-Fieber (in Australien *Dengie* ausgesprochen) sowie Ross River Fever (eine in Australien vorkommende Viruserkrankung) übertragen. Im Gegensatz zu Malaria und Dengue-Fieber, die hauptsächlich in tropischen Breiten vorkommen, kann das Ross River Fever in allen Küstenregionen Australiens auftreten – auch an der klimatisch gemäßigten Küste Victorias. Die das Dengue-Fieber und Ross River Fever verursachenden Viren werden von *Aedes-aegypti*-Stechmücken übertragen.

Die Symptome beider Erkrankungen ähneln denen einer Grippe: Fieber, starke Kopf- und Gliederschmerzen und Mattigkeit. Zudem können Hautausschläge auftreten. Typisch sind geschwollene Gelenke, v. a. Finger-, Handgelenke, Knie und Knöchel. Monate bis Jahre andauernde Depressionen, Antriebs- und Energielosigkeit werden ebenfalls mit dieser Erkrankung in Zusammenhang gebracht. Eine Impfung oder Therapie gibt es nicht; man kann nur die Symptome mit Bettruhe und Schmerzmitteln auskurieren.

Die wichtigsten Vorbeugungsmaßnahmen sind: den Körper so weit wie möglich bedeckt halten, den Rest mit Insekten abwehrenden Mitteln einreiben. *Citronella* hat sich in stark moskitoverseuchten Gebieten nicht bewährt. In Australien erhältliche, wirksamere (aber leider nicht ganz ungiftige) Mittel sind *Rid* oder *Bushman.* Beim Zelten in der Nähe von Feuchtgebieten unbedingt Moskitonetze benutzen und *Moscito Coils* (Räucherspiralen) abbrennen.

Gefährliche und giftige Tiere

Australien ist die Heimat einer stattlichen Anzahl giftiger Tiere. Ausführliche Informationen erteilen die Poison Information Centres der Staaten oder Krankenhäuser. Zur Beruhigung: Es kommt relativ selten vor, dass jemand von einer giftigen Schlange oder Spinne gebissen oder von einem Skorpion gestochen wird. Einige Vorsichtsmaßnahmen sollte man jedoch beachten.

Gefahren im Wasser

Entlang der nordaustralischen Küste, ungefähr ab der Höhe von Exmouth in Western Australia und Hervey Bay in Queensland, treten während der Regenzeit, etwa von Oktober bis Mai, *Box Jellyfish,* auch *Seawasps* genannt, oder allgemein als *Marine Stingers* (lat. Name *Chironex*) bezeichnete **Würfelquallen** auf. Sie kommen sowohl in küstennahen Gewässern als auch in brackigen Flussmündungen vor. Eine Berührung bloßer Haut mit ihren meterlangen, giftigen Fangarmen ist ungeheuer schmerzhaft und hinterlässt entstellende Narben, im allerschlimmsten Falle kann sie tödlich enden. Da sich diese Biester auch in unmittelbarer Nähe zum Strand aufhalten und zudem im Wasser so gut wie unsichtbar sind, ist es nicht ratsam, auch nur den großen Zeh ins Wasser zu stecken!

Die **Irukandji-Qualle** ist mit dem *Box Jellyfish* verwandt und wie dieser durchsichtig, aber nur etwa erbsengroß und weist vier kaum sichtbare, kurze Tentakel auf. Der Kontakt ist anfangs wenig schmerzhaft, aber 20–30 Minuten später, wenn sich das Gift durch den Kreislauf im Körper des Opfers verbreitet hat, setzen die Symptome ein und eine höllische Tortur beginnt. Das „Irukandji-Syndrom" umfasst stark erhöhten Blutdruck und Herzrasen, Atemnot, Erbrechen und Übelkeit, starke Bauch- und Rückenschmerzen, Krämpfe und Panikattacken, wobei die Symptome in zunehmend starken Wellen zurückkehren und zum Tode führen können. Ein Gegengift gibt es bisher nicht, und man weiß noch wenig über diese Quallenart – selbst ihre Existenz ist erst seit den 60er-Jahren bekannt. In manchen Jahren kommen sie vermehrt vor.

Während der *stinger season* werden einige Strände oder Buchten durch ein *stinger net* geschützt. Die im Wasser aufgespannten Netze halten aber nur die Würfelquallen fern, nicht die winzigen Irukandji. Man darf keinesfalls zu nah an das Netz heranschwimmen, da die Würfelquallen im Netz hängen können. Ihre hochgiftigen Tentakel reichen dann u. U. einige Meter in die umzäunte *swimming enclosure* hinein. Die Saison sowie das Vorkommen von *box jellyfish* und *irukandji* variieren von Ort zu Ort. Das Große Barriereriff weiter draußen soll frei von ihnen sein. Am besten hört man sich bei Einheimischen um.

Wer in der kritischen Zeit dennoch unbedingt ins Wasser gehen will, sollte zur Vorbeugung so gut wie alle Körperteile bedecken: einen *stinger suit* (die Haut bedeckender, enganliegender Anzug aus feinem Stoff, der an Hals, Hand- und Fußgelenken abgeschlossen ist) überstreifen, dazu Handschuhe, Boots und eine Maske. Einige Hotels und Tauchausrüstungsgeschäfte verkaufen oder verleihen diese Ausrüstung. Bei einem in tropischen Gewässern erlittenen Quallenstich wird dringend geraten, auf die betroffene Stelle Essig zu träufeln – dies bewirkt zwar keine Verbesserung der akuten Lage, verhindert aber die weitere Absorption von Quallengift und eine Verschlimmerung des Zustandes. In kühleren Gewässern erlittene Quallenstiche müssen anders behandelt werden. Details zur Behandlung unter 💻 http://conditions.health.qld.gov.au/HealthConditions/11/Accidents-Injuries-Poisonings.

Die aggressiven, bis zu 7 m langen **Salzwasserkrokodile** *(Crocodylus porosus)*, auf Deutsch auch **Leistenkrokodile**, mit ihren breiten, stumpfen Schnauzen fühlen sich in den tropischen Küstengewässern des australischen Nordens wohl – dazu zählen auch Flüsse und Wasserlöcher in Küstennähe, nicht nur Salz- und Brackwasser, sondern durchaus auch Süßwasser. Immer wieder bezahlen Leute die Missachtung dieser Warnung mit ihrem Leben – wie im Oktober 2002 eine junge deutsche Touristin im NT, die sich in einer lauen Mondnacht noch mal im Wasser erfrischen wollte. In Krokodilgewässern darf man weder schwimmen noch in Ufernähe zelten oder angeln. Das nur in Australien vorkommende **Süßwasserkrokodil** *(Crocodylus johnstonii)* hat eine lange, spitze Schnauze, lebt in Gewässern weiter landeinwärts und gilt als harmloser.

Weitere unangenehme, potenziell tödliche Bewohner nördlicher Meeresbreiten sind der **Steinfisch** *(stonefish)*, der als „Stein" getarnt am Meeresboden auf Opfer lauert, und die **Cone shell**, eine längliche, wie eine Eiscremetüte geformte, hübsch gezeichnete Muschel (oft schwarz-weiß oder braun-orange-weiß), deren „Harpune" ein tödliches Nervengift absondert. Tauchern sei unbedingt geraten, im Wasser nichts anzufassen – dies gilt sowohl zum Schutz der Meerestiere als auch zum eigenen! **Haie** tauchen überall auf, vor allem jedoch in südlicheren, kühleren Gefilden. Auch hier die Einheimischen fragen, bevor man sich in die Fluten stürzt!

Was krabbelt und kriecht

Um unliebsame Begegnungen mit **Giftschlangen** zu vermeiden, sollte man auf Wanderungen durch Wald und Busch feste, knöchelhohe Lederschuhe tragen, auf dem Pfad bleiben und fest auftreten, damit die Schlange durch die Vibration des Bodens gewarnt wird. Nachts sollte im Busch mit einer Taschenlampe der Boden abgeleuchtet werden. Die meisten Schlangen ziehen es vor, sich schleunigst aus dem Staub zu machen. Sie greifen nur an, wenn man ihr Liebesleben stört, sich ihren Nestern nähert oder gar auf sie tritt. Leider trifft diese Faustregel nicht auf alle Schlangen zu. Da gibt es auch die *death adder*, die im Dunkeln auf ihre Beute wartet …

Im Falle eines Falles sollte man sich, wenn irgend möglich, das Aussehen der Schlange merken. Nur wenn die Art bekannt ist, kann das richtige Gegenmittel bestimmt werden. Das Opfer sollte sich ruhig verhalten, damit der Blutkreislauf nicht beschleunigt wird und auf diese Weise mehr Gift in den Kreislauf gelangt. Die Bissstelle darf auf keinen Fall gewaschen, eingeschnitten oder eingeritzt werden, auch das Aussaugen sollte man unterlassen. Befindet sich die Bissstelle an den Gliedmaßen, sollte ein Druckverband so angelegt werden, dass er den Arm oder das Bein ruhigstellt, das Blut aber noch zirkulieren kann.

Zwei Giftspinnen sind auch in den Städten anzutreffen. Die **Rotrückenspinne** *(redback spider)* kommt in ganz Australien vor und ist durch die rötliche oder rot-braune Markierung auf dem Rücken zu erkennen. Die ziemlich kleine Spinne nistet mit Vorliebe in dunklen Winkeln, z. B. in alten Briefkästen, Geräteschuppen usw. Diese Spinne ist zum Glück nicht aggressiv; sie beißt nur, wenn man sie berührt.

Die **Trichterspinne** *(funnel web spider)* kommt hauptsächlich im Umkreis von Sydney vor; aber auch an der Ostküste bis in die Gegend von Cooktown sowie in Ost-Gippsland (Victoria) wurde sie gesichtet. Sie ist 25–50 mm lang, schwarz oder rötlich braun, unscheinbar und hauptsächlich am trichterförmigen Netz zu erkennen, das sie in dunklen Ecken spinnt. Die hochgiftige Trichterspinne greift an, wenn sie sich gestört fühlt. Mit ihrem Biss injiziert sie ein Nervengift, das auch bei Menschen zum Tode führen kann, wenn nicht schnell Hilfe zur Stelle ist. Nur mit Vorsicht sollte man deshalb in dunkle Ecken greifen.

Die weitaus größere Gefahr geht vom „Schreckfaktor" der Spinnen aus. Bereits seit den 80er-Jahren wurde kein Todesfall mehr gemeldet, der durch einen Spinnenbiss verursacht wurde. Fatale Autounfälle, die auf das plötzliche Erscheinen einer großen Spinne auf der Windschutzscheibe zurückgeführt werden, kommen dagegen immer wieder vor. Immer dran denken: Viele der gruseligen Langbeiner sind absolut harmlos, darunter z. B. die haarsträubende Riesenkrabbenspinne *(huntsman spider)*.

Ein **Skorpion-Stich** ist giftig und muss sofort vom Arzt behandelt werden. Das Gift australischer Skorpione ist jedoch nicht so stark wie das ihrer Artgenossen in anderen Ländern.

Informationen

Fremdenverkehrsämter

Das Fremdenverkehrsamt von Australien (Australian Tourist Commission) hat einen guten Webauftritt und gibt informative Prospekte heraus. Praktisch jeder Ort verfügt über ein Tourist Information Centre. Hier erhält man gute und meist kostenlose Karten sowie weitere Infos.

Australian Tourist Commission
🖳 www.australia.com (auch auf Deutsch)

Destination New South Wales
🖳 www.visitnsw.com
🖳 http://de.sydney.com (auf Deutsch)

Tourism Queensland
🖳 www.queensland.com/de-DE (auf Deutsch)

Tourism NT
🖳 www.tourismnt.com.au

Tourism Western Australia
🖳 www.westernaustralia.com/de (auf Deutsch)

South Australian Tourism Commission
🖳 www.tourism.sa.gov.au

Tourism Victoria
www.visitvictoria.com
https://de.visitmelbourne.com (auf Deutsch)

Tourism Tasmania
www.discovertasmania.com.au

Websites

Reiseinfos

Australia Shopping World
Limburger Str. 14, 50672 Köln
0221-121 617
www.australiashop.com
Dieser Service verschickt Visaformulare, informiert über das Land und verkauft Bücher und australische Artikel. Filiale in Berlin: Neue Grünstr. 9, 10179 Berlin, 030-97 00 52 51

Australien-Infos in Deutsch
www.australien-info.de

Ecotourism Australia
www.ecotourism.org.au
Die Non-Profit-Organisation zertifiziert Anbieter (Unterkünfte, Touren, Tierparks etc.), die sich durch besonderes Engagement im Umweltschutz oder auf sozialer Ebene auszeichnen.

Reiseforum
www.stefan-loose.de/globetrotter-forum
Reisende informieren Reisende

Kultur der Ureinwohner

www.diversetravel.com.au

Medien

ABC (Australian Broadcasting Corporation)
www.abc.net.au

SBS (Special Broadcasting Services)
www.sbs.com.au

Sydney Morning Herald
www.smh.com.au

The Age
www.theage.com.au

The Australian
www.theaustralian.news.com.au

The Canberra Times
www.canberratimes.com.au

Transport

Busse
www.greyhound.com.au (Busverbindungen in ganz Australien außer Tasmanien)
www.premierms.com.au (Busverbindung entlang der Ostküste, von Eden bis Cairns)
www.fireflyexpress.com.au (Busverbindung zwischen Adelaide, Melbourne und Sydney)

Fluglinien
www.qantas.com.au (Australiens größte Linienfluggesellschaft)
www.jetstar.com (Tochtergesellschaft von Qantas; Billigfluglinie)
www.virginaustralia.com (Verbindungen zwischen den meisten großen Städten)
www.rex.com.au (Flüge im Südosten)

Züge
https://journeybeyondrail.com.au (transkontinentale Züge)
https://transportnsw.info (Züge und Bahnbusse innerhalb von NSW)
www.queenslandrail.com.au (Züge in QLD)
www.vline.com.au (Züge und Bahnbusse innerhalb von Victoria)

Unterkünfte

Verzeichnisse und Reservierung
www.outbackbeds.com.au (Farm Stays in NSW und QLD)
www.wotif.com.au (Hotels)
www.airbnb.com (private Ferienwohnungen und -zimmer)
www.stayz.com.au (Ferienwohnungen)
www.starratings.com.au (von den Automobilclubs herausgegeben)
www.aant.com.au (Buchungsservice des Automobilclubs im Northern Territory)
www.mynrma.com.au (Buchungsservice des Automobilclubs von NSW)
www.racq.com.au (Buchungsservice des Automobilclubs von Queensland)

www.racv.com.au (Buchungsservice des Automobilclubs von Victoria)
www.big4.com.au (Caravanparks)
www.familyparks.com.au (Caravanparks)
www.toptouristparks.com.au (Caravanparks)

Backpacker-Hostels
www.hostelworld.com (Hostels weltweit)
www.vipbackpackers.com (Hostels der VIP-Kette)
www.nomadsworld.com (Hostels der Nomads-Kette)
www.yha.com.au (YHA-Hostels)

Jobben in Australien

Working Holiday Visa

Junge Leute mit einem *Working Holiday Visa* (S. 95) dürfen bis zu sechs Monate an einer Arbeitsstelle in Australien jobben. Wer mindestens drei Monate außerhalb der Großstädte *(Regional Australia)* gearbeitet hat, kann ein zweites Working Holiday Visa beantragen und dann weitere sechs Monate beim gleichen Arbeitgeber tätig sein. In den Großstädten, insbesondere in Sydney und Melbourne, finden sich in der Regel immer Gelegenheitsjobs, die je nach Ausbildung, Vor- und Sprachkenntnissen des Kandidaten mehr oder weniger gut bezahlt sind.

Insbesondere IT–Spezialisten, Facharbeiter und Köche werden keine Schwierigkeiten haben, in Australien einen Job zu finden. Die Nachfrage nach Krankenschwestern ist ebenfalls sehr groß, diese müssen aber bei der zuständigen Behörde irgendeines Bundesstaates registriert sein (im Internet suchen nach: *Nursing Board of Victoria; of New South Wales* usw.) – rechtzeitig vor der Reise beantragen, denn die Registrierung kann u. U. drei bis sechs Monate dauern.

Einige Work-and-Travel-Organisationen helfen beim Visumsantrag. Die Firma Backpacker-Pack, www.backpackerpack.de, bietet sogenannte Selbstorganisationspakete, die ein Infohandbuch mit Schritt-für-Schritt-Anleitung zum Visumsantrag und anderen hilfreichen Tipps und Services beinhalten.

Wo Jobs finden?

Die erste Anlaufstelle bei der Arbeitssuche sind Backpacker-Hostels. Einige in den Großstädten betreiben eine separate Jobvermittlungsagentur und verlangen dann Vermittlungsgebühren; bei anderen Hostels hingegen läuft die Vermittlung informell über den Manager und gehört sozusagen zum Service. Online gibt's Stellenausschreibungen u. a. bei www.worktravelcompany.com/jobs, www.backpackerjobboard.com.au, www.workstay.com.au oder unter www.seek.com.au.

Viele Reisende mit Working-Holiday-Visum finden Arbeit in der Provinz als Erntehelfer: Obst pflücken, Gemüse ernten und Wein lesen. In der Erntezeit werden Saisonarbeiter händeringend gesucht. Auf Erntehelfer spezialisierte „working hostels" vermitteln in solchen Regionen Jobs, bieten Transport zu den Feldern oder Plantagen sowie Unterkunft für einige Wochen oder Monate. Schwere körperliche Arbeit, noch dazu oft in brütender Hitze, ist sicher nicht jedermanns Sache, aber wer eine gute Kondition hat, geschickt und schnell arbeiten kann, verdient relativ gut. Obendrein lernt man so Australien von einer anderen Seite kennen. Über Erntearbeiten und alle damit verbundenen Aspekte informiert der National Harvest Labour Information Service, www.workforceaustralia.gov.au/individuals/coaching/careers/harvest.

Der von diesem Informationsdienst herausgegebene *National Harvest Guide* ist als gedruckte Broschüre erhältlich, steht aber auch als regelmäßig aktualisiertes PDF-Dokument auf der oben angegebenen Website.

Wwoofing

Wer sich unter die **Willing Workers on Organic Farms** (Wwoof) mischt, kann auf Farmen in ganz Australien vier bis sechs Stunden Arbeit am Tag gegen Unterkunft und Verpflegung tauschen. https://wwoof.com.au.

Kinder

Kinderfreundliches Australien

Wer mit einem oder mehreren Kindern reist, sollte erwägen, den langen Flug mit einem **Zwischenstopp** zu unterbrechen. Abgesehen von der langen Anreise (und je nach Reiseplan langen Reisezeiten im Land), ist Australien ideal für Familien. Australier sind kinderfreundlich; viele reisen selbst mit Kind und Kegel durch ihr Land. Die Geburtenrate liegt mit etwa 1,6 Kindern pro Frau über dem europäischen Durchschnitt. Dies schlägt sich auch in einer sehr **kinderfreundlichen Infrastruktur** nieder – im ganzen Land gibt es große, moderne Spielplätze – oft mit Picknicktischen oder sogar BBQ, Busse und Bahnen haben Stellplätze für Kinderwägen, und auch sonst kommt man mit dem Kinderwagen fast überall unbeschwert hin. In vielen **Restaurants** und in Pubs essen Kinder an bestimmten Tagen kostenlos; am besten man fragt im Info-Centre oder schaut sich die lokalen Broschüren an. In den meisten Städten fahren Kinder unter 6 Jahren im öffentlichen Nahverkehr kostenlos.

Zoos, Wildlife Parks und Aquarien sind natürlich auch für Kinder interessant. Auch die meisten technischen oder naturgeschichtlichen Museen sind kindgerecht gestaltet, oftmals wundert man sich, wie viele (auch kleine) Kinder man hier antrifft. Während der australischen Schulferien wenden sich die Ranger in den Nationalparks mit vielen Aktivitäten an Schulkinder. Mangelnde Englischkenntnisse müssen nicht unbedingt ein Hindernis sein.

Wer Badeferien am Meer macht, sollte sich erkundigen, welche Strände und Küstenabschnitte kindersicher sind, denn die Brandung und die Unterströmungen an der australischen Küste sind manchmal tückisch und werden von Nicht-Australiern meist unterschätzt. Am Strand sollte die empfindliche Kinderhaut immer mit Cremes, einem Badeshirt mit Ärmeln (*rashie*, erhältlich in jedem Department Store) und einem Hut vor der intensiven Sonneneinstrahlung geschützt werden.

Auto, Camper oder Flugzeug?

Achtung: in Australien müssen Kinder bis zu ihrem siebten Geburtstag im **Kindersitz** sitzen. Alle großen Mietwagenfirmen vermieten Kindersitze gegen Extragebühr ($7–11 pro Tag). Taxis dürfen aus hygienischen Gründen keine Kindersitze mitführen. Man darf den eigenen Kindersitz ins Taxi einbauen oder Kinder unter einem Jahr auf den Schoß nehmen. Kinder über einem Jahr müssen im Taxi angeschnallt auf einem eigenen Autositz sitzen.

Große **Campervans** sind auch für Familien geeignet. So müssen nicht ständig die Koffer neu gepackt werden, wenn man von einem Ort zum nächsten reist. Schöne Caravanparks sind in Australien nicht nur reichlich vorhanden, sie bieten auch fast alle einen Spielplatz. Viele haben auch Pool und Spielzimmer (mit Computerspielen oder Tischtennis etc.), einen Tennis- oder Basketballplatz oder sogar ein großes Hüpfkissen. Diese Anlagen sind außerdem sehr sicher, denn es darf nur Schritttempo gefahren werden. Moderne Caravanparks haben außerdem große Cabins mit zwei bis drei Schlafzimmern.

Übernachtung

Viele Hotels und Motels haben **Familienzimmer** mit drei bis fünf Betten, manche bieten auch zwei nebeneinanderliegende Zimmer, die durch eine Zwischentür verbunden sind. Für Extrapersonen werden $15–30 extra verlangt. Auch in vielen YHA-Jugendherbergen gibt's ein Familienzimmer, man sollte allerdings vorbuchen.

Ferienwohnungen kosten in der Regel kaum mehr als ein Familienzimmer in einem Motel oder Hotel, bieten jedoch mehr Platz und den Vorteil einer eigenen Küche und Waschmaschine. Wer sich vor – allem mit Kindern – länger irgendwo aufhält, sollte diese in Erwägung ziehen. Eine gute Quelle für Ferienwohnungen sind 💻 www.airbnb.com sowie 💻 www.stayz.com.au. Auf Anfrage stellen viele Unterkünfte, selbst Ferienwohnungen, ein **Babybett** zur Verfügung. Reisebettchen gibt es in vielen Department Stores wie Target oder BigW für rund $100.

Maße und Elektrizität

Das metrische System wurde Ende der 1960er-Jahre eingeführt und wird auch in allen offiziellen Angaben benutzt. Im alltäglichen Gebrauch beziehen sich jedoch v. a. ältere Leute noch immer auf die alten britischen Maßeinheiten und reden von *pounds, yards* und *feet*.

Australische Steckdosen sind dreipolig und eckig. Wer auf elektrische Geräte angewiesen ist, sollte einen Adapter mitnehmen. Die Stromspannung beträgt 240 Volt, d. h. alle in Deutschland, Österreich oder der Schweiz gekauften Geräte können genutzt werden.

Medien

Die Medienlandschaft

Die Konzentration der Besitzverhältnisse im australischen Medienbereich, insbesondere im Bereich der Printmedien, ist Besorgnis erregend. So befinden sich elf von zwölf Hauptstadt-Zeitungen in den Händen von nur zwei Medienkonzernen: News Corp (das auf den internationalen Medienzaren Rupert Murdoch zurückgeht) und Fairfax Media.

Murdoch begann ganz klein mit der zweitbesten Tageszeitung in Adelaide – ein Familienerbe, welches er zielstrebig ausbaute. 1987 tauschte er seine australische Staatsbürgerschaft gegen die US-amerikanische ein, um sich in den USA im großen Stil in die Medienlandschaft einzukaufen. Sein weltumspannendes Medienimperium umfasste nun alle nur denkbaren Medien in der ganzen Welt.

In Australien haben Tageszeitungen, die News Corp gehören, einen Anteil von knapp 70 %. Dazu gehören Australiens einzige überregionale Tageszeitung, *The Australian*, sowie die beiden meistverkauften Boulevardzeitungen Australiens: Melbournes *Herald Sun* und Sydneys *Daily Telegraph*.

Tageszeitungen aus dem Hause Fairfax machen 21 % der Gesamtzirkulation aus, die Sonntagszeitungen fast 23 %. Die Paradepferde aus diesem Stall sind die beiden liberalen Qualitätstageszeitungen der großen Metropolen: der *Sydney Morning Herald*, 🖳 www.smh.com.au, und Melbournes *The Age*, 🖳 www.theage.com.au, sowie die angesehene, ebenfalls täglich erscheinende Wirtschaftszeitung *The Australian Financial Review*, 🖳 www.afr.com.au.

Die kommerziellen **Rundfunk**- und **Fernsehsender** werden von ihren Besitzern primär als Geldanlage betrachtet, entsprechend kommerziell werden die Programme ausgerichtet, die Sender wie in einem Monopoly-Spiel wieder abgestoßen, wenn es opportun erscheint. Der inzwischen verstorbene Tycoon Kerry Packer, der in den 80er-Jahren mit dem Aufbau seines Medienkonglomerats begann, tat sich dabei besonders hervor.

Printmedien

Die endlosen Regale der *Newsagents* in den Großstädten sind mit einer schier unübersehbaren Menge an **Zeitschriften** und **Zeitungen** gefüllt. Viele der Zeitschriften sind Fachzeitschriften mit ziemlich niedrigen Auflagen, die sich zum Beispiel mit Hobbys wie Gartenbau oder Heimwerken, oder den vielen populären Sportarten in Australien befassen. Einige andere sind auf bestimmte Zielgruppen, z. B. Jugendliche, Hausfrauen, Viehzüchter, Computerspezialisten oder *Truckies* (Lastwagenfahrer) zugeschnitten.

Tageszeitungen

Weltnachrichten werden von **Sydney Morning Herald**, 🖳 www.smh.com.au, und Melbournes **The Age**, 🖳 www.theage.com.au, v. a. aber von **The Australian**, 🖳 www.theaustralian.com.au, relativ ausführlich behandelt; in den anderen Blättern ist die Berichterstattung in dieser Hinsicht eher spärlich.

In Bezug auf Australien dominiert weithin provinzieller Regionalismus – hiervon sind auch *Sydney Morning Herald* und *The Age* nicht ausgenommen. Die einzige überregionale Tageszeitung, die die wichtigsten Ereignisse und Entwicklungen in allen Bundesstaaten aufgreift und dadurch dem Trend zur regionalen Nabelschau entgegenwirkt, ist die konservative *The Australian.*

Nachrichtenmagazine: Print und E-Zines

Das amerikanische Nachrichtenmagazin **Time** bringt eine australische Ausgabe auf den Markt, die es auch im Zeitschriftenladen zu kaufen gibt. **E-Zines** (Online-Magazine) wie www.newmatilda.com und www.onlineopinion.com.au, die sich mit australienrelevanten Themen befassen, sind da ergiebiger.

Fernsehen und Radio

„Free-to-air"-TV, also gebührenfreies Fernsehen, bieten in Australien fünf Fernsehsender, die man in den meisten größeren Orten empfangen kann. Die höchsten Einschaltquoten haben zwei **Privatsender: Channel Nine** und **Channel Seven**. Der dritte Privatsender, **Channel Ten**, richtet sich besonders an junge Zuschauer. Die drei kommerziellen Sender strahlen v. a. US-amerikanische und australische Seifenopern, Fernsehspiele und Wiederholungen populärer Spielfilme aus, die im 10–15-Minutentakt von etwa dreiminütigen Werbepausen unterbrochen werden – eine Tortur für Zuschauer! Nachrichten werden ebenfalls im amerikanischen Stil präsentiert, wobei der Rummel um die Nachrichtensprecher wichtiger zu sein scheint als die Nachrichten selbst. In Anbetracht der grenzenlosen Sportbegeisterung der Australier – zumindest was Zuschauersport angeht – nimmt Sport ebenfalls eine wichtige Rolle ein. Pay-TV (Foxtel) ist ebenfalls verbreitet und bietet weitere Programme.

Die **staatliche Rundfunk- und Fernsehstation ABC** (Australian Broadcasting Corporation) sowie der aus Regierungsmitteln finanzierte **SBS** (Special Broadcasting Service) heben sich wohltuend von den Privatsendern ab. Der ABC produziert sowohl im Hörfunk als auch im Fernsehen viele ausgezeichnete Dokumentarsendungen, Hörspiele bzw. Fernsehspiele sowie informative Sendungen zu verschiedenen Wissensbereichen, Musik und aktuellen Themen, oft zu einem Bruchteil der Kosten, die den kommerziellen Sendern zur Verfügung stehen. Sie sind im Internet als Podcast (Radio) oder Videocast (TV) abrufbar: 💻 www.abc.net.au.

Seit der SBS im Jahre 1980 begann, sein **TV-Programm** auszustrahlen, das die vorher in den vorwiegend angelsächsisch orientierten Medien unterrepräsentierten „ethnischen" Minderheiten ansprechen sollte, hat sich der SBS zu einem der interessantesten Fernsehsender der Welt gemausert. Die abendlichen Weltnachrichten, übrigens oft vorgetragen von Nachrichtensprechern nicht-angelsächsischer Herkunft, werden ihrem Namen gerecht und tragen der Tatsache Rechnung, dass in Australien viele nicht-britische Europäer sowie viele Menschen aus Asien leben.

Die Nachrichten werden ergänzt durch ausgezeichnete Reportagen aus aller Welt und Dokumentarsendungen, die nicht zögern, heiße Eisen anzufassen, sowie ein regelmäßiges Spielfilmprogramm, das die neuesten Filme aus aller Welt im Originalton mit Untertiteln zeigt. So steht bei SBS-TV neben Filmen aus u. a. Frankreich, Schweden, Spanien, Mexiko und Hongkong meistens einmal wöchentlich ein neuerer deutscher Spielfilm auf dem Programm. Wochentags werden morgens nicht-englischsprachige Nachrichten ausgestrahlt.

SBS-Radio strahlt auf dem AM-Band und FM-Band im 60-Minutentakt Programme in 68 Sprachen aus, von Albanisch über Kantonesisch bis hin zu Türkisch. Das deutschsprachige Programm zählt mit vier bis neun Sendestunden pro Woche (je nach Ort) zu den besser repräsentierten Sprachen. Die Radiosendungen kann man in allen australischen Hauptstädten empfangen sowie über das Internet. **SBS online**, 💻 www.sbs.com.au, bietet sowohl Podcasts als auch Videocasts einiger Sendungen.

Nationalparks und Naturreservate

Die herrlichsten Landschaften Australiens stehen als **Nationalparks** unter Naturschutz. In den Bundesstaaten kommen noch weitere **Naturreservate** mit unterschiedlichem gesetzlichem

Tief in die Schluchten des Nitmiluk National Parks geht's im Kajak oder zu Fuß.

Status hinzu *(State Forests, State Reserves, Marine Parks, Conservation Zones und Nature Reserves)*. Sie alle sollen die Fauna und Flora bzw. ganze Ökosysteme bewahren, aber auch Erholungs- und Freizeitmöglichkeiten schaffen.

Die Nationalparks umfassen alle Klimazonen, Landschaftsformen und Vegetationsarten, vom Naherholungsgebiet bis zur Wildnis. Mit Ausnahme des Kakadu und Uluru, die einer Bundesbehörde unterstellt sind, fallen Reservate und Nationalparks unter die Verwaltung der Bundesstaaten. Die Nationalparkbehörden (S. 37) informieren umfassend online (u. a. Informationsblätter über einzelne Nationalparks und Karten als PDF-Dokumente zum Herunterladen). Fast alle Nationalparks haben ein Informationszentrum, in dem man Infomaterial und Karten bekommt, zusätzlich werden hier Wanderführer, Karten und Bücher zu Flora, Fauna und zum Umweltschutz verkauft. Auch die *Passes* sind dort erhältlich, falls Gebühren anfallen.

In manchen Nationalparks sind Eintrittsgebühren *(entry fee)* zu entrichten. Wenn der Besuch mehrerer Parks (und/oder ein längerer Aufenthalt dort) in einem Bundesstaat geplant ist, kommt ein Holiday Pass oder Annual Pass wesentlich billiger. Details findet man auf den Websites.

Fast überall findet man an den schönsten Stellen der Parks Picknickplätze mit Tischen, Bänken und Grillstellen, in denen oft schon das Feuerholz bereitliegt. Meist gibt es in der Nähe einen Campingplatz mit einfachen Waschräumen und Toiletten (z. T. ohne Wasserspülung). In entlegeneren Gegenden kann man an markierten Stellen im Busch zelten. Vorrichtungen wie Duschen oder Toiletten gibt es dort nicht.

Sowohl für Bushcamping als auch für das Zelten auf den Campingplätzen benötigt man in der Regel ein Camping Permit, erhältlich online, oder seltener vom Parkranger oder bei jeder Parkverwaltung gegen eine Gebühr (zusätzlich zur *entry fee*). Ein Zeltplatz in einem Nationalpark wird entweder pro Person berechnet oder pro Fahrzeug; manche sind kostenlos. Die meisten Nationalparks erreicht man nur mit eigenem Fahrzeug.

Informationen über Flora und Fauna s. S. 98, Wandern S. 76.

Post

Australia Post hat seit Beginn des Jahrtausends schwere Verluste einstecken müssen. Daher wurde der Service in den letzten zehn Jahren stark eingeschränkt und verteuert. Haushalte erhalten Briefpost heute nur noch 2- bis 3-mal pro Woche. Generell muss man für einen

Die wichtigsten Postleitzahlen	
Adelaide	SA 5000
Alice Springs	NT 0870
Brisbane	QLD 4000
Cairns	QLD 4870
Canberra	ACT 2060
Darwin	NT 0800
Hobart	TAS 7000
Melbourne	VIC 3000
Perth	WA 6000
Sydney	NSW 2000
Townsville	QLD 4810

Inlandsbrief mindestens eine Woche einplanen, Luftpostbriefe von Europa in die Hauptstädte und dicht bevölkerte Gebiete sollen theoretisch 10–14 Tage unterwegs sein; erfahrungsgemäß sind die Zeiten jedoch viel länger. Im Outback hängt es davon ab, wie weit der Ort vom Haupt-Highway entfernt ist.

Für Pakete nach Europa gibt es zwei Kategorien: Luftpost (Air Mail) und Seefracht (Sea Mail). Luftpost kann man auch als registrierte Post schicken, was oft nur ein paar Dollar mehr kostet. Damit ist das Paket versichert.

Reiseveranstalter

One-way-Touren

Eine ziemlich große Anzahl von Reiseveranstaltern in Australien bietet One-way-Touren zwischen den größeren Städten an. Kein Wunder eigentlich, denn sie sind für Alleinreisende und Leute, die den Zeitaufwand und/oder die Kosten scheuen, sich selbst einen fahrbaren Untersatz und alles andere drum herum zu organisieren, ideal, um viel vom Land zu sehen.

Manche sind auf jüngere Leute (bis Anfang 30) zugeschnitten. Man reist, wenn nicht anders erwähnt, in einer kleinen Gruppe in einem Minibus (max. 24 Sitzplätze) oder Geländewagen (max. 15 Sitzplätze) über Landstraßen und Pisten, dabei werden Abstecher zu kleinen Landstädtchen, Farmen, Nationalparks, Seen und Wasserfällen und vielen anderen Sehenswürdigkeiten gemacht, die man sonst nur mit einem Auto zu Gesicht bekommen würde. Übernachtet wird je nach Anbieter in Hostels, Motels, Caravanparks oder auf Nationalpark-Zeltplätzen, zum Teil auch oder ausschließlich Camping ohne jegliche Einrichtungen mitten im Busch (Bushcamping).

Zu den größten Veranstaltern zählen u. a. **Adventure Tours Australia**, 💻 www.adventuretours.com.au, **Autopia Tours**, 💻 https://autopiatours.com.au, und **Intrepid**, 💻 https://www.intrepidtravel.com. Details und weitere Veranstalter in den Regionalkapiteln.

Tagestouren

Das Angebot an Tagestouren reicht von Feinschmeckerausflügen zu den lokalen Weingütern im Luxusbus über abenteuergeladene Spritztouren im Geländewagen, per Bike, Quad, Pferd, Kamel oder zu Fuß bis hin zu aufschlussreichen Spaziergängen mit Parkrangern oder Aborigines durch Nationalparks. Viele dieser Touren bieten einmalige Einblicke in die Umgebung, ihre Geschichte und Besonderheiten – Einblicke, die dem individuell Reisenden oft verborgen bleiben. Es lohnt sich also, sich hin und wieder einer solchen Tour anzuschließen. Hinweise und besondere Empfehlungen in den Regionalkapiteln.

Einen Einblick der besonderen Art bieten **von Aborigines geführte Touren** durch ihr Land; diese authentischen Erlebnisse sind im Buch mit dem Bumerang-Symbol markiert.

Sicherheit

Die Gefahr, überfallen, ausgeraubt oder bestohlen zu werden, ist in Australien nicht größer als in Mitteleuropa. Im Großen und Ganzen sind Australier ehrliche Menschen, die einem vergessene oder verlorene Sachen eher noch nachtragen. Stadtviertel, in denen sich Auswärtige grundsätzlich nur unter Gefahr für Leib und Leben blicken lassen können, sind unbekannt.

Dennoch sollte man etwas gesunden Menschenverstand walten lassen. Im Gewühl der Wochen- und Touristenmärkte kommt schon mal ein Portemonnaie oder eine Kamera weg.

Leider passiert es immer wieder, dass in der Traveller-Szene gestohlen wird. Backpacker-Hostels mit lässig-lockerer Atmosphäre, in die jeder reinkommt, ermuntern die schwarzen Schafe unter den Travellern geradezu. Wenn man sich dort aufhalten muss oder will, sollte wenigstens die Möglichkeit bestehen, Wertsachen in einem vertrauenswürdig aussehenden Safe beim Manager wegschließen zu können. Moderne Hostels verfügen über Schließfächer in den Dorms; oftmals gibt es sogar Steckdosen in den Schließfächern, sodass Tablets und Handys sicher geladen werden können.

Vom Trampen ist sowohl Frauen als auch Männern dringend abzuraten, in manchen Bundesstaaten ist es sogar illegal. Es gibt einfach zu viele lange Strecken durch kaum oder nur dünn besiedelte Gebiete, wo Tramper dem Fahrer auf Gedeih und Verderb ausgeliefert sind. Hinzu kommt, dass Trampen in Australien sehr unüblich ist und sich die meisten ehrlichen Menschen scheuen, einen Anhalter mitzunehmen.

Sport und Aktivitäten

Australien ist eine sportbegeisterte, um nicht zu sagen sportverrückte Nation. Viele Sportarten, die in Europa und anderswo als Sportarten für die Hautevolee gelten, werden in Australien von jedermann ausgeübt, z. B. Golf, Tennis oder Reiten. Siehe auch Reiseziele, S. 37.

Drachenfliegen, Paragleiten

Drachenflieger trifft man überall an, wo es Hänge und günstige Aufwinde gibt. In Bright in Victoria werden im Sommer die Landesmeisterschaften im Paragleiten und Drachenfliegen ausgetragen. Dort gibt es auch Kurse für Anfänger und Fortgeschrittene. Näheres auf 💻 https://airtribune.com/bright-open-2024.

Radfahren

Radfahren gilt in Australien weniger als Fortbewegungsart, sondern als Sport, den man in neonfarbiger Lycra-Kleidung ausübt. Dementsprechend sind Autofahrer kaum auf Radfahrer eingestellt. Zwar nimmt die Zahl der Radfahrer zu, doch die Infrastruktur lässt noch immer zu wünschen übrig. Es gibt manchmal abgetrennte Radwege, wie wir sie aus Europa kennen, aber meist sind es nur durch weiße Linien markierte Spuren auf der Straße, die für Radfahrer vorgemerkt sind. Es kann vorkommen, dass Radfahrer zwischen zwei dicken Lkws eingeklemmt an der Ampel stehen müssen. Also äußerst vorsichtig fahren! Helmpflicht gilt für ganz Australien.

Einige Städte, z. B. Canberra oder einzelne Gegenden in größeren Städten, darunter der Bike Track entlang des Yarra River in Melbourne, eignen sich hervorragend zum Radfahren – dort findet man auch Fahrradvermietungen. Die Backpacker-Hostels vermieten häufig ebenfalls Fahrräder. **Bicycling Australia**, 💻 www.bicyclingaustralia.com.au, veröffentlicht ortsbezogene Routen, die online oder im Buchladen gekauft werden können.

Fischen und Angeln

Eine australische Männer-Passion. Fast überall ist etwas aus dem Wasser zu holen: aus Flüssen, Bächen oder aus dem Meer von der Bootsanlegestelle oder vom Steg aus. Bei Interesse erteilen lokale Fishermen's Associations genauere Infos, auch hinsichtlich Boots- und Anglerzubehörverleih.

Golf und Tennis

Beide Sportarten sind sehr populär in Australien und haben keineswegs denselben exklusiven Nimbus wie in Mitteleuropa. In allen Städten gibt es der Öffentlichkeit zugängliche, oft landschaftlich wunderschön gelegene Golfplätze und Tennisanlagen. Private Golfclubs erkennen unter Umständen die Mitgliedskarte eines ausländischen Clubs an.

Auf dem Weg zum Cradle Mountain – eine der schönsten Wanderungen Australiens

Reiten

Überall auf dem Land, v. a. in den Bergen von Victoria und New South Wales, bieten Reiterhöfe und Pferdefarmen Ausritte von einer Stunde, einem halben Tag oder von mehreren Tagen an; die meisten sind ihr Geld absolut wert. Kurze Ausritte sind in der Regel auch für Anfänger geeignet. In Zentral-Australien, wo viele wilde Kamele leben, werden Ausritte auf (gezähmten) Kamelen geboten.

Geführte Wanderungen

Empfehlenswerte Wanderungen bieten folgende Veranstalter an:

Echidna Walkabout, 🖳 www.echidnawalkabout.com.au. Hervorragend organisierte Wandertouren von einem halben Tag bis zu mehreren Wochen mit Schwerpunkt auf Natur und Wildlife. Hauptsächlich in Victoria, aber auch Touren im Mungo NP.

Trek Larapinta, 🖳 www.treklarapinta.com.au. Kürzere oder längere Wanderungen entlang des 232 km langen Larapinta Trail (westliche MacDonnell Ranges) in Zentral-Australien.

Willis's Walkabouts, 🖳 www.bushwalkingholidays.com.au. Umfangreiches Programm in Zentral-Australien und im tropischen Norden.

Wandern

In Australien spricht man von Bushwalking. Vor allem in Nationalparks findet man gut angelegte **Wanderwege** *(Bush Walking Tracks)* für Wanderungen von 15 Minuten bis hin zu mehreren Tagen, die ausgeschildert und beschrieben sind. Es gibt sowohl kurze, manchmal auch für Rollstuhlfahrer geeignete, breite Wege, als auch Pisten durch Busch und Dschungel. Da man sich außerhalb der bewohnten Gegenden schnell in der Wildnis befindet, kann Bushwalking unversehens zu einem richtigen Treck über Stock und Stein werden. Ist man mehrere Tage in den Nationalparks unterwegs, muss man die gesamte Ausrüstung schleppen, vom Zelt über Essen (manchmal auch Trinkwasser) bis zu den Klamotten.

Warnungen der Nationalparkbehörde sollten unbedingt beachtet werden, so z. B. bei Feuer- oder Flutwarnungen oder wenn die Temperaturen kritische Höhen erreichen. Wenn Ranger von **Wilderness** sprechen, meinen sie genau das: absolut abgelegenes, unwegsames, kaum besuchtes Terrain. In solchen Gegenden sollte man gut ausgerüstet, gut vorbereitet und nicht allein, sondern in einer kleinen Gruppe von mindestens drei Personen wandern.

Wenn man in abgelegenen Gegenden wandert, müssen die Parkranger zu Beginn der

Wanderung und nach der Rückkehr informiert werden. In den Ranger Stationen liegen dafür entsprechende Hefte bereit, in die man sich ein- und wieder austrägt. Bushwalking Clubs und National Parks Associations nehmen mitunter auch Gäste auf Bushwalks mit.

Dass man sich nach der **Buschetikette**: *Leave nothing but your footprints, take nothing but your rubbish* (hinterlasse nur deine Fußabdrücke, nimm nichts mit außer deinem Abfall) verhält, sollte sich von selbst verstehen.

Wassersport

In allen Ferienorten an der Küste und auch an Seen gibt es Surfbretter, Windsurfbretter, Boogie Boards, Segel- und Ruderboote zu mieten. Bevor man sich begeistert in die Fluten stürzt, ist zu berücksichtigen, dass es oft ungeheuer starke Unterströmungen *(currents, rips)* gibt, die **Schwimmer** buchstäblich in Windeseile aufs Meer hinausziehen. Auch die Gewalt der Brandung wird von Europäern oft unterschätzt. Immer wieder enden Unvorsichtige mit Wirbelsäulenverletzungen im Krankenhaus, im schlimmsten Fall mit einer Querschnittslähmung! In der Regenzeit kann man an der gesamten nordaustralischen Küste wegen der **lebensgefährlichen Quallen** (Würfel- und Irukandji-Quallen) nicht im Meer baden; mehr zu diesen S. 65, 105.

Surfer müssen mit der Gefahr von Haifischattacken leben, da Haie fast die ganze Küste, v. a. die der gemäßigten Zone, unsicher machen. Surfschulen gibt es an der Surf Coast in Victoria (besonders in Torquay) sowie an der gesamten Ostküste (z. B. in Byron Bay, an der Gold oder Sunshine Coast).

Kanu- und Kajakfahren ist ebenfalls sehr beliebt, und an vielen Stellen werden Touren und Verleih geboten. **Stand-up-Paddeln** (SUP) ist überall möglich, wo es einigermaßen ruhiges Wasser gibt, z. B. entlang der Mornington Peninsula bei Melbourne.

Ein Paradies zum **Schnorcheln** und **Tauchen** ist zweifellos das Great Barrier Reef, aber auch das Ningaloo Reef an der Westküste. Tauchschulen bieten Kurse für Anfänger und Fortgeschrittene an. Die Auswahl ist groß, man sollte Preise und Leistungen vergleichen und darauf achten, dass man nach dem Kurs ein international anerkanntes Zertifikat (z. B. PADI) bekommt. Wichtig ist auch die Anzahl der Tauchgänge und wo diese stattfinden (im Pool oder im Meer).

Passionierte **Segler** kommen an der durch zahlreiche Haffs gegliederten Küste auf ihre Kosten. *Das* Segelparadies Australiens sind die Whitsundays in Queensland, wegen der herrlichen Landschaft aus Inseln und Wasser und wegen der vom Großen Barriereriff geschützten Gewässer. In Airlie Beach vermieten zahlreiche Bootscharterfirmen Jachten zum Selbstsegeln *(Bareboat Charter)* oder mit Skipper; viele Veranstalter bieten ein- oder mehrtägige Segeltörns für kleine Gruppen.

Auch **Wildwasserfahrten** sind sehr beliebt. Anbieter findet man in diesem Buch oder bei den örtlichen Informationszentren.

Zuschauersport

Europäischer Fußball heißt in Australien *Soccer* und hat erst seit der australischen Beteiligung an den Fußballweltmeisterschaften 2006, 2010 und 2014 an Beliebtheit gewonnen. Das australische Pendant zur Bundesliga ist die A-League; viele australische Fußballfans verfolgen jedoch lieber die britische Premier League oder sogar die deutsche Bundesliga.

In New South Wales ist **Rugby** sehr beliebt. Die Victorianer haben den **Australian Rules Football** (AFL) erfunden, bei dem es ziemlich rau hergeht und auch Hände und Beine eingesetzt werden dürfen. Während der Saison im Winter grassiert v. a. in Victoria, aber auch anderswo in Australien, das Footy-Fieber (s. Kasten S. 596/597).

Die **Cricket Test Matches** und **Tennisturniere** im Sommer ziehen Zehntausende Besucher an. Dabei geht es manchen weniger um den Sport selbst, als um die Atmosphäre im Stadion.

Pferderennen sind ebenfalls sehr populär – umso mehr, als die Australier dabei ihrer Wettleidenschaft freien Lauf lassen können. Viele Orte halten einmal im Jahr ein Pferderennen ab (Cup). Das berühmteste von allen ist der **Melbourne Cup** am ersten Dienstag im November. Der Melbourne Cup ist Teil des **Spring Carnival**, der sich über mehrere Tage zieht. Er ist gleichzeitig Showground für Melbournes Haute Couture. Ausgefallener Kopfschmuck kommt hier besonders zum Tragen. Während des Melbourne Cup Rennens hält buchstäblich ganz Australien den Atem an. Achtzig Prozent der Australier haben dann Geld auf mindestens eins der Pferde gesetzt.

Sprachkurse

In Australien (ebenso wie im benachbarten Neuseeland) kann man nicht nur schön Urlaub machen; ein Aufenthalt dort lässt sich auch bestens mit einer Weiterbildung kombinieren. Die Kurse einiger Sprachschulen werden sogar als Bildungsurlaub anerkannt. In Melbourne, Sydney und an der Gold Coast gibt es zahlreiche Sprachschulen. Einige sind privat, andere Abteilungen von Universitäten, die Englischkurse für Ausländer (nicht nur für Universitätsstudenten) anbieten. Eine private Sprachschule sollte von der Regierung anerkannt sein. Einige Adressen sind bei den jeweiligen Städten unter „Sonstiges" aufgelistet.

Das Angebot reicht von Ferienkursen, in denen allgemeine Sprachkenntnisse vermittelt bzw. verbessert werden, bis zu Sonderkursen in Wirtschaftsenglisch, zur Vorbereitung auf ein Studium in englischsprachigen Ländern, zur Vorbereitung auf Prüfungen für die international anerkannten *Certificates* der University of Cambridge sowie für Lehrer von Englisch als Fremdsprache. Die meisten Schulen, insbesondere die in den Ferien- und Touristenorten Cairns und Sydney, kombinieren ihre Kurse mit einem umfangreichen Freizeitangebot, zum Teil sogar mit Tauchkursen. Fast alle arrangieren auf Wunsch auch eine Unterkunft bei Privatfamilien *(Homestay)* oder in preiswerten Guesthouses. Dauer der Kurse 2–50 Wochen. Ein Ferienkurs dauert idealerweise vier bis fünf Wochen. Die Kursgebühren hängen von der Anzahl der Unterrichtsstunden und den gebotenen Rahmenbedingungen ab.

Bei der Entscheidung für eine Schule sollte auch die Anzahl der Schüler pro Klasse eine Rolle spielen. Zudem sollte bedacht werden: Englischkurse in Australien werden sehr stark von asiatischen Kunden, v. a. von Japanern und Koreanern besucht. Einerseits bietet sich Europäern auf diese Weise eine tolle Gelegenheit, junge Leute aus Asien kennenzulernen, es könnte andererseits aber auch bedeuten, dass der Unterricht mehr auf die Sprachprobleme von Asiaten zugeschnitten ist. Wenn man in kurzer Zeit viel lernen will oder muss, wäre auf den individuellen Bedarf zugeschnittener Privatunterricht oder Unterricht in kleinen Klassen eine Alternative. Viele Sprachschulen arrangieren auch dies.

Telefon und Internet

Mobiltelefone

Zu beachten ist, dass das Mobilfunknetz nur in und um die großen Städte herum und in der Küstenregion Ostaustraliens wirklich flächendeckend ist. Der Netzstandard ist 4G, zunehmend auch 5G. Die Preise für Verbindungen mit einem europäischen Handy nach Deutschland können

Vorwahlen	
Central und West Region	
Western Australia, NT und SA	08
North-East Region	
ganz Queensland	07
Central East Region	
ganz New South Wales	02
South-East Region	
Victoria und Tasmanien	03
Internationale Ländervorwahlen	
Von Australien	
Deutschland	0011 49
Österreich	0011 43
Schweiz	0011 41
Von Europa nach Australien	0061

Notruf

Polizei, Feuerwehr, Ambulanz 000
(australienweit)

je nach Anbieter bei über einem Dollar pro Minute liegen. Billiger ist es, sich in Australien eine **SIM-Karte** oder ein Handy mit Prepaid-Karte zu besorgen. **Aldi Mobile**, 💻 https://www.aldimobile.com.au, bietet sehr günstige Verträge (ab $19 pro Monat). Bei den etwas teureren Verträgen (ab $25 pro Monat) sind Telefonate nach Deutschland unbegrenzt eingeschlossen.

Gratis-WLAN

Alle Unterkünfte bieten **WLAN**, und in manchen Hostels stehen Computer zur Verfügung. Manchmal ist die Benutzung des WLAN-Netzes für Besucher gratis, anderswo sind täglich ein paar Stunden inbegriffen oder man zahlt eine Tagesgebühr (meist $3–10 pro Tag). Zudem gibt es in den Städten vielerorts kostenlose WLAN-Bereiche, oft sind diese in den Regionalkapiteln erwähnt. Auch viele Cafés bieten WLAN für ihre Gäste. Zur Not findet man auch in sämtlichen öffentlichen Bibliotheken WLAN und Internetcomputer, meist sind diese kostenfrei. Wenn alle Stränge reißen, bleiben noch die McDonald's-Filialen, die alle über kostenloses WLAN verfügen.

Transport

Es kann nicht oft genug betont werden, dass bei einer Reise durch Australien ungeheure Entfernungen zu überwinden sind. Europäer neigen dazu, sich bei der Einschätzung der

Die wichtigsten Zugverbindungen

Von	nach	Zug	Frequenz	Preis
Perth	**Sydney**	*Indian Pacific*	1x wöchentl.	$2890
Perth	**Adelaide**	*Indian Pacific*	1x wöchentl.	ab $2230
Adelaide	**Brisbane**	*Great Southern*	nur Dez – Feb 2x wöchentl.	$2340
Adelaide	**Darwin**	*Ghan*	1x wöchentl.	$2480
Adelaide	**Alice Springs**	*Ghan*	1x wöchentl.	$1485
Adelaide	**Sydney**	*Indian Pacific*	1x wöchentl.	$2015
Melbourne	**Sydney**	*Melb.–Syd. XPT*	2x täglich	$120
Melbourne	**Adelaide**	*Overland*	2x wöchentl.	$135
Sydney	**Canberra**	*Xplorer*	4x täglich	$51
Sydney	**Brisbane**	*Syd.–Brisb. XPT*	2x täglich	$120
Brisbane	**Cairns**	*Spirit of Queensland*	5x wöchentl.	$390

Ungefähre Preise während der Hochsaison *one way*, billigste Fahrkarte (Economy, Sitzplatz, keine Mahlzeiten. Die Züge des *Indian Pacific* und des *Ghan* führen nur noch Schlafwagen).
Alle Züge sollte man unbedingt so früh wie möglich reservieren. Auf Langstrecken kann ein Auto mittransportiert werden (Motorail). Die Fahrpläne und Preise ändern sich; aktuelle Informationen im Internet unter:
💻 https://journeybeyondrail.com.au (transkontinentale Züge)
💻 www.countrylink.info (Züge und Bahnbusse innerhalb von NSW)
💻 www.queenslandrailtravel.com.au (Züge innerhalb von Queensland)
💻 www.vline.com.au (Züge und Bahnbusse innerhalb von Victoria)

Entfernungen zu verkalkulieren. Wer innerhalb von drei bis vier Wochen mehr als einen Küstenstreifen sehen will, muss einen Inlandsflug einplanen. Auch wer etwa die Ostküste von Sydney nach Cairns bereisen will, und vom Ankunftsflughafen zurückfliegt, sollte einen Inlandsflug nehmen. Die transaustralischen Busse von Greyhound Australia verkehren zwar täglich, aber eine Fahrt nach Alice Springs bedeutet Tausende von Kilometern im Überlandbus, eine Abkürzung „quer durch die Mitte" gibt es nicht – oder eben nur mit dem Flugzeug!

Aktuelles zum Thema Transport im **eXTra [11420]**.

Eisenbahn

Bahn fahren ist in Australien eigentlich nur etwas für Eisenbahnfans, denn die Züge fahren im Schneckentempo („Snail Rail"), und die Fahrkarten für Langstrecken sind, sobald Liegewagen und Verpflegung hinzukommen, verhältnismäßig teuer, mit Ausnahme von einigen **Railway Passes**. Eine aktuelle Liste findet man unter 💻 www.australiarailpass.com.

Die wichtigsten Bahnverbindungen sind *The Overland* zwischen Melbourne und Adelaide, der *Ghan* zwischen Adelaide quer durch das Northern Territory via Alice Springs nach Darwin und der *Indian Pacific* von Perth über Adelaide und Broken Hill nach Sydney. Queensland hat das längste Schienennetz von allen Bundesstaaten, mit einer Küstenverbindung von Brisbane nach Cairns, drei Strecken ins Landesinnere von Brisbane nach Quilpie/Cunnamulla, von Rockhampton nach Winton sowie von Townsville nach Mt Isa. Das zweitgrößte Schienennetz bietet New South Wales.

Grundsätzlich müssen alle Plätze sowohl für transaustralische Strecken als auch für kurze Strecken innerhalb der Bundesstaaten reserviert werden (Reservierung im Fahrpreis inbegriffen).

Informationen über den *Overland*, den *Ghan*, den *Indian Pacific* und den zwischen Brisbane und Adelaide verkehrenden *Great Southern* bei 💻 https://journeybeyondrail.com.au.

Rail Passes

Für die Regionalzüge in Queensland und NSW werden verschiedene *rail passes* geboten: Der **Discovery Pass** schließt das gesamte Netz von NSW sowie Zugfahrten nach Brisbane und Melbourne ein (14 Tage $232; 3 Monate $298). Der **Queensland Explorer Pass** ist auf QLD beschränkt (1 Monat $299; 2 Monate $389). Der **Queensland Coastal Pass** gilt dagegen nur für den Tilt Train zwischen Brisbane und Rockhampton (1 Monat $219, 2 Monate $299).

Busse

Überlandbusse

Busse sind das billigste und gebräuchlichste öffentliche Transportmittel in Australien. Die Busgesellschaft **Greyhound Australia** deckt große Teile des australischen Festlands ab. Die Busse verkehren in der Regel einmal täglich zwischen den meisten australischen Hauptstädten; an der Ostküste und im Südosten häufiger.

Bus Passes

Greyhound Australia, 💻 www.greyhound.com.au.
Whimit Passes erlauben das unbeschränkte Ein- und Aussteigen innerhalb einer Strecke oder Region. Das East Coast Network deckt die gesamte Küstenstrecke zwischen Melbourne und Cairns ab. Pässe gibt es für 7 Tage ($289), 15 Tage ($369) oder 30 Tage (449). Pässe für das gesamte Netzwerk (die Ostküst sowie Verbindungen zwischen Adelaide und Darwin, Alice Springs und der Küste Queenslands sowie Darwin und Broome) gibt es für 15 Tage ($399), 30 Tage ($505), 60 Tage ($569, 90 Tage ($710) und 120 Tage ($849).
Dazu kommen weitere Busunternehmen wie Premier MS (Ostküste), Staliner (South Australia) und Integrity Coaches (Western Australia) mit ähnlichen Travel Passes.

Zu so manchem Highlight, zum Beispiel in der Kimberley Region, geht's nur im Geländewagen.

Kleinere Busgesellschaften verkehren auf Teilstrecken: z. B. **Premier Motor Service** zwischen Eden, Sydney und Cairns, **Firefly**-Busse zwischen Melbourne und Sydney sowie zwischen Adelaide und Melbourne. Die YHA-Reisebüros, STA-Travel und andere auf Traveller spezialisierte Reisebüros geben eine ausführliche Beratung und verkaufen Tickets und Bus Passes. Studenten mit ISIC-Ausweis, Karteninhaber von YHA, VIP und Nomads usw. erhalten 10 % Ermäßigung *(concession)*. Wer hauptsächlich mit Greyhound-Australia-Bussen reisen möchte, fährt mit einem Bus Pass am preisgünstigsten.

Einige dieser Bus Passes sind etwas billiger, wenn man sie schon vor Abflug in Europa bei einem Reisebüro kauft.

Die Überlandbusse sind so komfortabel wie Reisebusse eben sein können: gepolsterte, relativ breite Sitze, Gepäckablage, Toiletten. Ihr Nachteil liegt auf der Hand: Ihr Zweck ist es, auf direktem Weg so schnell wie möglich so viele Passagiere wie möglich von A nach B zu transportieren. So reist man von Stadt zu Stadt – Nationalparks, schöne Küstenstrecken oder verträumte Goldgräberstädtchen liegen nicht auf der Route. Fazit: Um Geld zu sparen, kann man Langstrecken mit dem Bus fahren. Ab und zu sollte man sich dann aber den Luxus gönnen, ein Auto zu mieten oder sich einer organisierten Tour anzuschließen.

Flüge

Aufgrund der enormen Distanzen in Australien empfiehlt es sich einen oder mehrere Inlandsflüge zu buchen, vor allem wenn die Zeit knapp ist. Entlang der gesamten Ostküste gibt es viele Flughäfen; die meisten werden sowohl von **Qantas** als auch von der Tochtergesellschaft **Jetstar** sowie **Virgin Australia** angeflogen.

Kleinere Fluglinien sind Rex (Regional Express), die weniger große Orte im Südosten Australiens anfliegt, sowie Skywest, die Western Australia abdeckt. Der Name von Australiens erster internationaler Fluggesellschaft **Qantas** ist ein Akronym und steht für Queensland and Northern Territory Aerial Services. Australische Flugpioniere gründeten 1920 diesen Flugdienst, der die entlegenen Orte im Outback miteinander und mit der „Zivilisation" verbinden sollte.

Ende der 1930er-Jahre kamen die ersten Langstreckenflüge nach London hinzu, die Qantas-Flugboote mithilfe unzähliger Zwischenlandungen zurücklegten.

Auf einen Blick sieht man die günstigsten Angebote bei 🖳 www.flightcentre.com.au oder 🖳 www.helloworld.com.au.

Autos

Wer mehr von Australien sehen will, braucht ein eigenes Fahrzeug, denn öffentliche Transportmittel sind einfach zu zeitraubend und decken viele interessante Stellen kaum oder gar nicht ab.

Papierkram: Führerschein und Automobilclubs

In Australien unterliegt die Verkehrsordnung den Bundesstaaten, daher unterscheiden sich die Regeln etwas. Grundsätzlich dürfen Besucher in allen Staaten drei bis zwölf Monate lang mit einem nicht australischen Führerschein fahren. Danach muss ein Führerschein des jeweiligen Bundesstaates erworben werden, was gegen Vorlage des deutschen Führerscheins inkl. offiziell beglaubigter Übersetzung und Gebühr möglich ist.

Die Mitgliedschaft in einem deutschen, Schweizer oder österreichischen **Automobilclub** wird von den australischen Clubs anerkannt. Jeder Bundesstaat hat seine eigene Automobile Association. Man kann auch einem der australischen Automobilclubs beitreten – die Bezeichnungen sind von Staat zu Staat verschieden: RACV, RACQ, NRMA usw., die Leistungen aber übergreifend und relativ gleich. Die Pannenhilfe, Roadside Assistance, tut genau dies, und in Notfällen wird man abgeschleppt (je nach Anbieter ist eine bestimmte Anzahl von Kilometern in Stadtnähe unentgeltlich).

Man bekommt bei den Filialen auch preiswertes und recht brauchbares Kartenmaterial; auf andere Karten und Reiseführer erhält man in den Reisebuchhandlungen der Automobilclubs einen Rabatt. Außerdem reservieren die Automobilclubs kostenlos Unterkünfte; die Mitgliedschaft berechtigt zu Rabatten. Online-Reservierung: 🖳 www.aaa.asn.au, auf den Club des jeweiligen Bundesstaates klicken. Bei den großen Autovermietungen sind die Serviceleistungen der Clubs meist im Preis eingeschlossen. Wenn man länger mit einem Auto herumfahren will, lohnt sich die Mitgliedschaft.

Mietwagen

Grundsätzlich ist es bei den **internationalen Firmen** Avis, Hertz, Europcar, Thrifty und Sixt preisgünstiger, schon in Europa einen Mietwagen vorzubuchen. Zudem kann dann das Auto gleich nach der Ankunft am Flughafen abgeholt werden. Gute Deals bei diesen Mietwagenfirmen findet man aber auch unter 🖳 www.vroom vroomvroom.com.au.

Alle Firmen bieten One-way-Verleih, sodass man den Wagen im Ort A abholen und im Ort B abgeben kann. Manche Verleihfirmen erlauben allerdings nicht, im Northern Territory zu starten und den Wagen in einem anderen Bundesstaat abzugeben bzw. umgekehrt. Die Preise sind abhängig von der Saison und dem Ausgangsort. Da sie sich schnell ändern, sollte man in Europa aktuelle Infos einholen und Sondertarife erfragen. Beim Mieten in Australien muss man für einen mittelgroßen Pkw mit $45–70 pro Tag bei den renommierten, australienweit vertretenen Firmen rechnen, Versicherung nicht eingeschlossen. 100–200 km pro Tag sind meist frei, jeder zusätzliche Kilometer wird extra berechnet.

Mit einer Zusatzversicherung von ca. $25 pro Tag wird die Eigenbeteiligung im Schadensfall

Internationale Reservierungen

Avis in Deutschland ✆ 069 500 700 20, 🖳 www.avis.de
Budget in Deutschland ✆ 069 710 445 596, 🖳 www.budget.de
Europcar in Deutschland ✆ 040 520 188 000, 🖳 www.europcar.de
Hertz in Deutschland ✆ 01806-333 535, 🖳 www.hertz.de
Sixt in Deutschland ✆ 089 7444 40, 🖳 www.sixt.de
Thrifty in Deutschland ✆ 069 5098 5029, 🖳 www.thrifty.de

Entfernungen im km

Entfernungen Western Australia s. Tabelle S. 436

	Adelaide	Alice Springs	Uluru (Ayers Rock)	Brisbane	Broken Hill	Cairns	Canberra	Darwin	Mackay	Melbourne	Mount Isa	Perth	Gold Coast
Alice Springs	1555												
Uluru (Ayers Rock)	1597	446											
Brisbane	1992	3026	3472										
Broken Hill	513	1670	1712	1479									
Cairns	2858	2307	2753	1710	2345								
Canberra	1230	2785	2827	1315	1100	2938							
Darwin	3261	1706	2152	3672	3376	2953	4233						
Mackay	2100	2391	2837	1010	1783	700	2325	3037					
Melbourne	747	2302	2344	1718	861	3039	651	4008	2719				
Mount Isa	2734	1179	1625	1847	2105	1128	2724	1825	1212	2818			
Perth	2720	3639	3681	4314	2835	5180	3950	4206	4422	3467	4973		
Gold Coast	2028	3106	3552	80	1559	1790	1235	3752	1090	1822	1927	4393	
Sydney	1475	2831	2873	1031	1161	2636	302	4095	2061	889	2396	3996	933

(auch an Kratzer am Lack oder Beschädigungen der Windschutzscheibe denken!) von $3000–4000 auf $300–$400 reduziert. Günstiger und oft besser sind Angebote von speziellen **Mietwagenversicherungen** wie Hiccup Insurance, www.hiccup.com.au, oder der Mietwagenschutz von der Hanse Merkur, www.hmrv.de/reiseversicherungen/spezialversicherungen/mietwagen-schutz.

Lokale Firmen vermieten Autos zu wesentlich günstigeren Preisen. Discount-Firmen mit Namen wie Rent-a-Bomb vermieten ziemlich alte Gebrauchtwagen. Für Spritztouren rund um eine Großstadt sind diese Autos gerade noch geeignet. Für längere Touren besorgt man sich besser einen neueren Wagen einer renommierten Firma.

Alle Firmen bestehen darauf, als Sicherheit eine Kreditkarte mit der Kaution zu belasten; die Kaution wird darauf eingetragen, aber nicht abgebucht, falls nichts passiert ist. Bargeld wird nicht gern genommen. Die meisten Firmen erlauben mit normalen Mietwagen keine Fahrt auf unbefestigten Straßen – daher die Ausschlussklausel für das Northern Territory bei den meisten One-Way-Vermietungen.

Dafür, und v. a. für Outback-Touren, benötigt man einen **Geländewagen** (*Four Wheel Drive*, in Australien zu 4WD abgekürzt), am besten einen **4WD Camper** mit kompletter Campingausrüstung, die je nach Firma, Wagengröße und Ausstattung in Australien $140–270 pro Tag kosten (Discount in der Nebensaison und bei Langzeitmieten). Ein normaler Camper (Wohnmobil) kommt etwas günstiger. Besonders billig ist es, einen Kombi *(station wagon)* zu mieten und sich ein preiswertes Zelt in einem Disposal Shop anzuschaffen. Bei internationalen Autovermietungen können Camper ab einer Woche Mietdauer bereits von Europa aus vorgebucht werden.

An junge Leute unter 21 Jahren wird in Australien meist kein Auto vermietet. Von Fahrern zwischen 21 und 25 Jahren wird oft eine zusätzliche Gebühr verlangt.

Die **auf Traveller spezialisierten Firmen** Wicked Campers, www.wickedcampers.com.au, und Hippie Camper, www.hippiecamper.com, bieten besonders günstige Preise und Bedingungen.

Mitfahrgelegenheiten

Die Pinnwände in den YHA- und Backpacker-Hostels sind voll von Mitfahrangeboten. Ein gutes virtuelles Anschlagbrett ist **Gumtree**, Stichwort „Rideshare“: www.gumtree.com.au.

Autokauf

Ist man zu zweit oder als kleine Gruppe mindestens zwei Monate im Land unterwegs und möchte auf eigene Faust Natur und v. a. Unabhängigkeit erleben, dann ist ein eigenes Auto das praktischste und preiswerteste Transportmittel (vorausgesetzt, man hat nicht zu „billig“ gekauft und muss die Schrottkiste für viel Geld reparieren lassen). Bei der Planung zum Kauf sollten einige Dinge beachtet werden.

Preise und Automodelle

In Australien sind Neuwagen relativ teuer. Dementsprechend sind auch Gebrauchtwagen in der Regel teurer als in Deutschland. Die gängigen Marken kommen aus Japan und sind nicht schlecht. Holdens und Fords sind robuste Fahrzeuge und weit verbreitet, sodass Ersatzteile leicht zu bekommen sind. Europäische Wagen sind teurer. Beliebt sind Mercedes, BMW, Saab und Alfa Romeo. Von VW sieht man hauptsächlich Kleinbusse. Gebrauchte Fahrzeuge, wie die als Reisefahrzeuge beliebten *station wagons* (Kombis), gibt es von Travellern oder beim Gebrauchtwagenhändler teilweise ab ca. $3000 zu kaufen. Jedoch enthalten solche Schnäppchen meist weder Anmeldung, Registrierung noch das vage Versprechen, fahrtüchtig zu sein, dafür ist Papierkram und viel Organisation vor der Abfahrt inklusive.

Auf den Fahrzeugpreis kommen immer 10 % GST (Mehrwertsteuer). Beim ersten Blick in einen gebrauchten, Downunder-erprobten Wagen sollte man nicht über die immense Kilometerzahl auf dem Zähler erschrecken. Die durchschnittliche Kilometerzahl eines Fahrzeuges in Australien liegt bei 20 000 km im Jahr!

Autos sollten generell nicht unbesehen und ungecheckt gekauft werden. Eine gute Checkliste zum Autokauf findet man bei der Verbraucherschutzbehörde von NSW, 💻 www.fairtrading.nsw.gov.au/cars-and-other-vehicles/buying-and-selling-a-car/vehicle-inspections. Viele Autowerkstätten *(Mechanics)* bieten „Vehicle Inspections“, bei denen ein Wagen auf Herz und Nieren getestet wird. Viele Modelle australienweit listet 💻 www.carsales.com.au.

Kfz-Meldeämter (Motor Registration)

New South Wales
Service NSW, 💻 www.service.nsw.gov.au

Northern Territory
Dept. of Infrastructure, 💻 https://mvr.nt.gov.au

Queensland
Dept. of Transport and motoring, 💻 www.qld.gov.au/transport/registration

South Australia
Transport, Travel and Motoring, 💻 www.sa.gov.au/topics/driving-and-transport

Tasmanien
Transport Tasmania, 💻 www.transport.tas.gov.au

Victoria
VicRoads, 💻 www.vicroads.vic.gov.au

Western Australia
Department of Transport, 💻 www.transport.wa.gov.au/licensing/my-vehicle.asp

Wichtige Dokumente für den Gebrauchtwagenkauf

Achtung: Einige Bezeichnungen, Regelungen und Preise für Zulassung, Versicherung usw. sind von Bundesstaat zu Bundesstaat unterschiedlich. Der **Zulassungsnachweis** bzw. die Registrierung *(Certificate of Registration; kurz: Rego)*, womit der Wagen für die öffentlichen Straßen zugelassen ist, kann einfach bei dem staatlich zuständigen Kfz-Meldeamt abgeschlossen werden, sogar online. Die Preise unterscheiden sich von Staat zu Staat und berechnen sich nach dem Leergewicht des Fahrzeugs; als Faustregel gilt $600–900 pro Jahr. Ein Auto sollte idealerweise in dem Bundesstaat registriert sein, in dem es auch ver- oder gekauft wird. Andernfalls fallen Mehrausgaben und unendlich viel Bürokratie an, denn dann muss die Rego vom *Home State* zum Staat, in dem es verkauft werden soll, transferiert werden.

Ähnlich der deutschen TÜV-Plakette gibt es in Australien einen Schein, der die Sicherheit des Fahrzeugs für den Straßenverkehr bestätigen soll. In Victoria und Queensland heißt dieser **Road Worthy Certificate (RWC)**; in New South Wales wird er kurz *Pink Slip* genannt. Das

Tipps für Autofahrer

Freeways, die mitteleuropäischen Autobahnen entsprechen, gibt es hauptsächlich in den Hauptstädten und ihrer Umgebung. Ein australischer **Highway** ist meist eine zweispurige Landstraße, mehr oder weniger gut ausgebaut, mit regelmäßigen Möglichkeiten zum Überholen, manchmal aber auch nur eine elende, von tausenden Schlaglöchern durchsetzte Piste, vielleicht sogar eine unbefestigte *gravel road* (Sand- oder Schotterstraße)! Die wichtigen transaustralischen Highways sind erst seit Anfang der 80er-Jahre durchgehend asphaltiert.

Die **Geschwindigkeitsbegrenzung** beträgt 100–110 km/h. Man sollte sich daran halten: Schon kleine Überschreitungen sind äußerst teuer! Das Northern Territory hat offiziell keine Geschwindigkeitsbegrenzung, gerade dort sollte allerdings wegen teilweise sehr schlechten Straßenbelags, frei umherlaufenden Viehs und nachts die Fahrbahn kreuzender Kängurus nicht gerast werden.

2024 kostete **Benzin** etwa zwischen $1,70 und 2,50 pro Liter. In den großen Städten im Osten und Südosten ist Treibstoff wesentlich billiger als auf dem Land. Am teuersten ist er im Outback, v. a. im Northern Territory.

Nachtfahrten sind nicht zu empfehlen: Auf dem Lande und besonders im Outback ist dann die Gefahr eines Zusammenstoßes mit Kängurus oder Vieh zu groß. Outbacktüchtige Fahrzeuge sind zusätzlich mit breiten Stoßstangen ausgerüstet, die den Aufprall mit einem Känguru abfangen sollen *(roo bar)*. Bei einer Geschwindigkeit von 100 km/h entsteht dennoch erheblicher Schaden am Fahrzeug, wenn nicht gar Schlimmeres. Ein Schutzgitter vor der Windschutzscheibe schützt vor auffliegenden Steinen.

Über die Straßen des Northern Territory und des Westens von Queensland donnern **Roadtrains**: Riesige Sattelschlepper mit drei bis vier langen Anhängern. Vor diesen Monstern muss man sich in Acht nehmen, sowohl, wenn sie einem entgegenkommen, als auch, wenn sie einen überholen wollen.

Touren durchs Outback, abseits der Highways, erfordern eine gründliche Vorbereitung. Hier nur ein paar allgemeine Tipps, Automobilclubs geben detaillierte Hinweise. Unbedingt nötig ist ein Reservekanister für Benzin (möglichst aus Blech), denn selbst an den Highways liegen die Tankstellen und Raststätten (Roadhouses) manchmal 200–300 km auseinander. Zudem sind Wasservorräte – mindestens 20 l pro Person –, unverderblicher Proviant wie Trockenkekse, Konservendosen u. Ä. erforderlich. Zur Grundausstattung des Wagens sollten Ersatzreifen, Wagenheber, Abschleppseil und am besten auch Ersatzteile und Werkzeug gehören (bei Werkstätten oder Automobilclubs erfragen). Man sollte den Wetterbericht im Radio verfolgen oder sich bei Einheimischen erkundigen. Selbst in Gegenden, in denen es jahrelang nicht geregnet hat, kann es zu plötzlichen Regenfällen und Überschwemmungen *(flash floods)* kommen. Wo man sich gerade befindet, mag kein Wölkchen am Himmel zu sehen sein, während 100 km weiter eine wahre Sintflut niederprasselt. Es ist angebracht, sich bei der lokalen Polizei an- und auch wieder zurückzumelden, wenn man über entlegene Routen fährt. Im Falle einer Panne entfernt man sich besser nicht vom Auto, denn so ist die Chance, gefunden zu werden, am größten. Die beste Reisezeit im Outback ist Mai bis September; dann muss man jedoch mit eiskalten Nächten (Temperaturen unter dem Gefrierpunkt!) rechnen.

Gute Infoquellen vor dem Start sind auch die Internetseiten der Straßenbehörden.

RWC ist nicht überall zwingend zum Verkauf nötig, aber man braucht es, um den Namen in der Rego und in allen damit in Verbindung stehenden Formalitäten auf den Namen des Käufers umschreiben zu lassen. Um ein Fahrzeug in NSW zu registrieren, braucht man jährlich einen neuen *Pink Slip*. Um den RWC/Pink Slip von einer dazu legitimierten Werkstatt ausgehändigt zu bekommen, können hohe Kosten für Reparaturen anfallen, v. a. wenn man sich vor Ort als Laie outet. Aufgepasst also mit Mechanikern, die mit ihrer Liste anzufallender Reparaturen schnell mal gutes Geld machen wollen – lieber mehrere Meinungen einholen.

Der **Versicherungsnachweis**, die **Compulsory Third Party Insurance (CTP)**, auch *Green Slip* genannt, wird automatisch bei Zulassung des Fahrzeugs mit eingeschlossen. Ratsam ist es, über die Personenschäden abdeckende CTP hinaus noch eine Versicherung für Sachschäden *(Third Party Property Cover)* abzuschließen. Viele australische Versicherungsgesellschaften weigern sich, diese Versicherungen an Touristen zu verkaufen. Hier bieten die vielen eigens für Traveller eingerichteten Auto- und Touren-Anbieter Ausweichmöglichkeiten. Wer in Deutschland unfallfrei gefahren ist, bekommt bei der australischen **Vollkaskoversicherung** *(comprehensive car insurance)* einen Rabatt, deshalb Kopie der deutschen Versicherungspolice mitbringen!

Wenn man von einem Händler kauft, kann zusätzlich eine sogenannte **Warranty** (Garantie) auf ein Fahrzeug abgeschlossen werden. Das zuständige Vertragsunternehmen bürgt damit für den Erlass anfallender Kosten ganz bestimmter Ersatzteile und Schäden. In diesem Fall sollte man sorgfältig das Kleingedruckte lesen und die Bedingungen für den Kostenerlass abwägen.

Vor dem Autokauf sollte man sich unbedingt bei den **Kfz-Meldeämtern** nach den gesetzlichen Bestimmungen für die Autoregistrierung und die Umschreibung sowie nach den Verkaufsregelungen erkundigen. Jegliche Bußgelder und/oder fällige Raten auf ein Fahrzeug werden hier verzeichnet. Hat man schon ein Auto im Visier, kann man die Gültigkeit der Papiere checken lassen (Registriernummer, Motor- und Chassisnummer bereithalten). Im schlimmsten Falle muss nämlich der Käufer die offenen Bußgeldzahlungen übernehmen!

Um keine Übersichtlichkeit aufkommen zu lassen, werden die Kfz-Meldeämter in den Bundesstaaten mit verschiedenen Namen belegt.

Anbieter

Eine gute Quelle sind die Websites 💻 www.autotrader.com.au oder 💻 www.carsales.com.au.

In Traveller-Kreisen sind die zahlreichen Pinnwände eine beliebte Anlaufstelle, zu finden in Backpacker-Unterkünften. Hier hängen Selbstdrucke, auf denen die Gereisten ihre Vehikel zum Verkauf anbieten. Ein suchendes Auge kann gute Angebote zu fairen Preisen finden, die oft alles oder mehr enthalten, was einem der kommerzielle Autohändler bieten würde (RWC, Rego, Campingausrüstung). Campervans findet man bei Travel Wheels, 💻 https://www.travelwheels.com.au, und Travellers Autobarn, 💻 www.travellers-autobarn.com.au.

Es gibt aber auch gute Argumente gegen den Autokauf von anderen Reisenden und für den Deal mit einem Traveller-Autohändler: Man weiß nicht, in welchem Zustand die Wagen sind (einige sind in schon mehrmals um Australien gefahren) und wie schnell und für wie viel Geld das Vehikel wieder verkauft werden kann. Eine verlässliche Autowerkstatt, die in jeder größeren Stadt zu finden ist, verkauft überholte und geprüfte Gebrauchtwagen in technisch gutem Zustand an Reisende aus Übersee und erledigt alle Formalitäten. Auf Wunsch wird eine Rückkaufgarantie *(Buy Back-Guarantee)* ausgestellt, d. h. der Wagen wird, außer wenn ein Motor- oder Totalschaden vorliegt, nach der Tour vom Händler garantiert zurückgekauft.

Auf den Preis muss man sich einigen. Richtlinie: nach ein paar Monaten halber Preis, nach viermonatiger Tour 30–40 %. Auch hier sollte man auf das Kleingedruckte achten: wenn der Händler ein RWC *(Road Worthy Certificate)* sehen will, bevor er das Auto zurückkauft, ist die Rückkaufgarantie nicht viel wert. Alles in allem kann man aber mit solchen Deals eine Menge Zeit sparen, ist vor unliebsamen Überraschungen geschützt und man kommt dabei nicht notwendigerweise viel teurer weg als wenn man alles auf eigene Faust unternimmt. Gute Informationen zu weiteren Angeboten findet man unter 💻 www.drivenow.com.au und 💻 www.australien-info.de.

Übernachtung

Australien bietet Übernachtungsmöglichkeiten für jeden Geldbeutel, Geschmack und Bedarf. Dieses Buch führt Backpacker-Hostels, Bed-and-Breakfast-Unterkünfte, Hotels und Motels, Ferienwohnungen und Caravanparks auf. So weit in diesem Rahmen möglich, wurden auch Privatunterkünfte in historischen Häusern oder auf Bauernhöfen *(farm stay)* sowie schön gelegene Resorts berücksichtigt. Aktuelles zum Thema Unterkünfte im **eXTra [11421]**.

Für **Budgetreisende** gibt es ein weit verzweigtes Netz sogenannter Backpacker-Hostels, von denen sich viele in einem Verband wie Youth Hostelling Australia (YHA), Nomads oder VIP Backpacker zusammengeschlossen haben. Alle bieten hauptsächlich Betten in **Dormitories** (kurz Dorms = Schlafräume), aber auch Familien-, Dreibett-, Doppel- und manchmal Einzelzimmer. Man kann bei diesen Verbänden Mitglied werden und erhält dann neben einem Rabatt auf die Unterkunft viele weitere Ermäßigungen, v. a. bei Bus- und Zugfahrten, Touren, Tauchkursen, Eintrittspreisen zu Sehenswürdigkeiten, bei Campingausrüstern oder Dienstleistungen wie Jobvermittlung.

Preiskategorien

Die angegebene Kategorie gilt jeweils für das billigste Doppelzimmer während der Hauptsaison.

❶	bis $100
❷	bis $125
❸	bis $150
❹	bis $175
❺	bis $200
❻	bis $250
❼	über $250

Jugendherbergen und Backpacker-Hostels

In einer Herberge des australischen Jugendherbergsverbands **Australian Youth Hostels Association (YHA)** können auch Nicht-Mitglieder gegen einen kleinen Aufpreis nächtigen. Eine Mitgliedskarte gibt es bei einer ersten Buchung in einer der Herbergen kostenlos dazu, 💻 www.yha.com.au/membership. Hier kann man auch YHA-Unterkünfte, Touren und Transport buchen. Die YHA-Mitgliedschaft berechtigt zu vielen weiteren Rabatten, z. B. für Greyhound-Buspässe und Eintrittskarten für viele Attraktionen. Infos unter 💻 www.yha.com.au oder 💻 www.hihostels.com. Man kann erheblich Geld sparen.

In Australien besteht keine Altersbeschränkung für die Benutzung von YHA-Hostels, und viele bieten Übernachtungsmöglichkeiten für Familien an. Im Allgemeinen ist ein YHA-Hostel sauber, modern und gut bis hervorragend ausgestattet. Der übliche Standard umfasst eine große, funktionale Küche, Waschmaschinen und Trockner, Gemeinschaftsräume, meist einen separaten TV-Raum oder Heimkino, WLAN, Sitzgelegenheiten im Garten/Hinterhof/Dachgarten mit Grillstellen, im tropischen Norden einen Pool

Die zwei größten Backpacker-Verbände

VIP Backpackers International
💻 www.vipbackpackers.com
Die Mitgliedskarte (VIP Card) kostet $43 (1 Jahr) plus $10 Versandkosten bei Online-Bestellung. Sie enthält auch eine australische SIM-Karte, außerdem gibt es Rabatte auf verschiedene Touren und Aktivitäten. Außer in Australien sind VIP-Hostels auch in Neuseeland zahlreich vertreten.

Nomads Travel
💻 www.nomadsworld.com
Die Bandbreite der Unterkünfte umfasst traditionelle Pubs, Motels, Guesthouses und neu erbaute Jugendhotels. Vom Anspruch her sollen alle Unterkünfte saubere und komfortable Übernachtungsmöglichkeiten bieten. Da sie jedoch unabhängig voneinander betrieben werden, variiert der Standard sehr.

und Schließfächer im Zimmer (die modernen haben sogar eine Steckdose im Schließfach).

Neben den YHA-Hostels gibt es noch jede Menge unabhängige, spaßorientierte **Backpacker-Hostels**, die in erster Linie ein junges Publikum von Anfang oder Mitte 20 ansprechen sowie kleine, gemütliche Herbergen, die versuchen, die Partymeute abzuhalten. Sie sind in ganz Australien zu finden, vor allem entlang der Backpacker-Route an der Ostküste. Der einzige bemerkenswerte Unterschied ist vielleicht, dass die YHA-Hostels eher eine Mindestanforderung an guter Ausstattung, Organisation und Hygiene erfüllen, während die Bandbreite bei den Backpacker-Hostels sehr viel größer ist: Es gibt fantastische, mit allem erdenklichen Komfort ausgestattete Hostels – sie nennen sich dann gern „Backpacker Resort“ oder „Flashpacker“ –, es gibt aber auch eine Reihe locker gemanagter Schmuddel-Hostels, was manche Leute nicht stört (Hauptsache, das Dorm-Bett ist billig und die Atmosphäre stimmt). Unzumutbare, unsichere Drecklöcher sind zum Glück im Verschwinden begriffen.

Alle in diesem Buch beschriebenen Hostels waren bei der Recherche in puncto Ausstattung, Organisation und Sauberkeit zumindest akzeptabel. Stil und Atmosphäre sind allerdings subjektive Angelegenheiten – nicht jeder mag viel Entertainment. Am besten hört man sich unterwegs ein wenig um. Viele Backpacker-Hostels sind **Verbänden** angeschlossen, die mehr oder weniger nach dem gleichen Prinzip wie der YHA funktionieren und in vielen Ländern vertreten sind. Man erwirbt die Mitgliedschaft und bekommt dafür eine Mitgliedskarte, die zu Ermäßigungen berechtigt (Preisnachlass für die Unterkunft und zahlreiche andere Rabatte).

Wer sich nicht festlegen möchte, kann in allen Hostels für ein paar Dollar mehr übernachten, ohne Mitglied zu sein. Besonders bei Hostel-Übernachtungen sollte man nicht allzu sehr sparen. In Städten mit großer Konkurrenz, z. B. in Sydney und Cairns, werben Lockvogelangebote schon im Flughafenterminal, oder es werden Schlepper zum Busterminal geschickt. Bei einer Übernachtung zum absoluten Dumping-Preis braucht man sich nicht zu wundern, wenn man in einer *dump* (verlotterten Absteige) landet …

Die Dorms sind zwar nicht nach Geschlechtern getrennt, aber viele Hostels haben mindestens ein für Frauen reserviertes Dorm. Wer ein solches wünscht, sollte dies gleich bei der Reservierung angeben. Bettzeug und Decken sind normalerweise im Preis inbegriffen, ebenso Serviceleistungen wie Waschmaschinen und Trockner, Gepäckaufbewahrung, ein Safe für Wertsachen im Büro und Tourbuchungen.

Fast alle Hostels vermieten auch zumindest ein paar Doppelzimmer (*doubles* oder *twins*), die je nach Region, Ausstattung und Saison $70–150 kosten. Billige, halbwegs erträgliche Einzelzimmer sind rar und kosten meist fast genauso viel wie ein Doppelzimmer. Die meisten Dorms in den Hostels haben Etagenbetten, in Australien **Bunkbeds** oder kurz **Bunks** genannt. Einige Caravanparks, Outback-Hotels und Farmen bieten Bunkrooms für Backpacker – also Dorms mit Etagenbetten.

Pubunterkünfte, B&Bs u. a.

Pubunterkünfte sind in der Regel einfach (Bad auf dem Flur) und preiswert. Historische Pubs auf dem Land können recht gemütlich sein. In den meisten kann man preiswert Countermeals bekommen. Ein DZ in einem Landpub kostet $90–140, in einem luxuriös restaurierten historischen Grandhotel ab $170.

Im Gegensatz zu einem Hotel hat ein **Private Hotel** keine Schanklizenz, sondern nur Zimmer, ebenso **Guesthouses**, **Lodges** oder **Inns**, die meist kleiner sind. Einige haben nur zwei oder drei Zimmer und ähneln europäischen Pensionen. Für ein DZ werden je nach Region, Lage und Ausstattung $100–250 verlangt. Manchmal gilt dieser Preis für **Bed and Breakfast** (B&B). Das Frühstück kann *fully cooked* sein – dann gibt es Cornflakes, Eier und Speck *(bacon and eggs)*, Toast, Marmelade, Tee oder Kaffee – oder es ist ein *Continental Breakfast* mit Toast, Marmelade und Tee oder Kaffee, vielleicht noch mit Cornflakes. Vorsicht: Bei manchen sogenannten B&B-Unterkünften ist das Frühstück nicht im Preis inbegriffen.

Bed and Breakfast and Farmstay Australia
💻 www.australianbedandbreakfast.com.au
Dachverband der B&B- und Farmunterkünfte in den einzelnen Bundesstaaten. Links zu den Fremdenverkehrsämtern und anderen Websites für Internetbuchungen.

The Bed and Breakfast Site
💻 www.babs.com.au
Internetbuchungen von B&B-Unterkünften in Australien und Neuseeland nach diversen Kategorien.

Ozbedandbreakfast
💻 www.ozbedandbreakfast.com
Internetbuchungen von B&B-Unterkünften australienweit; viele Adressen.

Outback Beds
💻 www.outbackbeds.com.au
Authentische Unterkünfte in Outback NSW und Queensland.

Motels

Sie bieten standardisierten, wenn auch zuweilen sterilen Komfort in **Motelunits** – Zimmern mit Bad, die mit Teppich, Kühlschrank, Teekocher, Fernseher, AC (= Klimaanlage) bzw. Heizung ausgestattet sind, manchmal auch mit einer kleinen Kochecke. In heißeren Gegenden gibt es einen Swimming Pool. Ein Motelunit kostet je nach Region, Lage, Ausstattung und Saison $100–200.

Auf Anfrage bekommt man von der Rezeption der Motels der Kette Best Western eine kostenlose Clubkarte, bei deren Vorlage man bei jeder Übernachtung in einem Motel dieser Kette 10 % Rabatt erhält. Best Western ist in ganz Australien verbreitet. Andere Ketten wie Comfort Inn und Budget Motel bieten evtl. ähnliche Arrangements.

Camping

Wer motorisiert ist, kann in den zahlreichen **Caravanparks** (auch: *Holiday Park, Tourist Park, Holiday Village)* sein Zelt aufschlagen bzw. den Campervan abstellen. Oder man mietet sich dort einen **On-site Van** (Wohnwagen) oder **Cabin**. Letztere sind kleinere oder größere Hütten, die meisten bieten einer Familie mit zwei bis drei Kindern Platz, sind einfach, aber zweckmäßig eingerichtet und mit Bad, Kühlschrank und einer Kochecke, oft auch TV, AC und Heizstrahler o. Ä. ausgestattet. Die größeren haben ein oder zwei separate kleine Schlafzimmer. Manche Caravanparks haben sogar Ferienwohnungen. Für Paare und Familien, die nur ein Auto (keinen Bus oder Campervan) fahren und auch kein Zelt dabei haben, sind On-site Vans oder günstige Cabins die preiswerteste Übernachtungsmöglichkeit – und keineswegs die schlechteste.

Manche Caravanparks sind herrlich gelegen, z. B. direkt am Strand, und sogar am Rand der Großstädte sind sie zu finden – allerdings muss man dann mit bis zu 40 Minuten Fahrt in die City rechnen. Die besseren sind weitläufig angelegt, mit Schatten spendenden Bäumen, einem Pool, Kinderspielplatz, Grillstellen, Laden oder Kiosk, oft sogar einem Tennisplatz ausgestattet, dazu mit ausreichenden, sauberen sanitären Einrichtungen, Waschküchen sowie Campingküche innen oder außen.

Es gibt riesige Anlagen mit allem Drum und Dran, aber Massenbetrieb, und am anderen Ende der Skala kleine Parks, die von einer Familie geführt werden und vielleicht nicht so viele Extras bieten, dafür aber eine persönliche Atmosphäre. Zahlreiche Caravanparks gehören einer Kette an, die auf verlässlich guten Standard achtet. Zu diesen zählen Big4, Top Tourist Parks, Family Parks. Die Mitgliedschaft kann bei einem der Mitglieds-Parks oder online erworben werden und berechtigt zu einem Rabatt.

Big4, 💻 www.big4.com.au. Mitgliedschaft $50 für 2 Jahre – gilt auch für Top-10-Parks in Neuseeland, 10 % Rabatt auf Übernachtungen (insgesamt max. $40 pro Park) sowie viele weitere Vergünstigungen.

Discovery Holiday Parks, 💻 www.discoveyholidayparks.com.au. Mitgliedschaft $50 für 2 Jahre, 10 % Rabatt auf Übernachtungen (insgesamt max. $40 pro Park).

NRMA Parks and Resorts, 💻 https://www.nrmaparksandresorts.com.au. Ist der Versicherungsgesellschaft NRMA angeschlossen. Mitglieder erhalten in den vielen Parks im ganzen Land einen Rabatt von ca. 10 %.

Ein On-site van kostet $90–120, ein Cabin $110–300; beide bieten zwei bis acht Personen Platz. Die Preisspanne für einen Zeltplatz bzw. **Stellplatz** für einen Campervan ohne Stromanschluss liegt zwischen $30–65 für zwei Personen, abhängig von Saison sowie Lage und Ausstattung des Caravanparks. Ein Stellplatz mit Stromanschluss kostet etwa $5–10 mehr. Zudem bieten viele moderne Parks auch **Ensuite Sites**, also Stellplätze mit eigenem Bad (in einem kleinen Häuschen neben dem Stellplatz), diese kosten i. d. R. $70–85.

Glamping

„Glamping" (= Glamorous Camping) wird in Australien immer beliebter. Man „kampiert" in meist fest installierten Zelten oder zeltähnlichen Hütten in der Natur, aber doch mit allen Annehmlichkeiten eines Hotelzimmers. Diese Unterkünfte sind stets auf Nachhaltigkeit und maximale Einpassung in die natürliche Umgebung konzentriert.

Zu den luxuriösesten Glamping-Unterkünften zählt das Longitude 131° mit Blick auf den Uluru. Die schönsten Glamping-Unterkünfte sind in diesem Buch beschrieben.

Einen guten Überblick verschafft 💻 https://glampinghub.com/australia.

Ferienwohnungen

Ferienwohnungen *(Holiday Units, Holiday Flats* oder *Holiday Apartments)* und Ferienhäuser *(Cottages; Houses)* kommen für Gruppen ab drei Personen meist nicht viel teurer als Hotelzimmer und bieten deutlich mehr Komfort und Platz. Ein *Studio Apartment* bietet Kochecke *(Kitchenette)*, Sitzgelegenheiten und Bett in einem Raum, ein *1 Bedroom Apartment* hat Kochecke oder Küche, Wohnzimmer und ein separates Schlafzimmer. Die meisten Holiday Apartments haben ein bis zwei Schlafzimmer, aber auch bis zu vier Schlafzimmer sind zu finden.

Während der Schulferien werden fast alle Ferienwohnungen nur wochenweise vermietet; in beliebten Urlaubsorten sind sie schon lange vor den Ferien ausgebucht. Ein besonderes Australienerlebnis sind Ferien auf dem Bauernhof *(farm stays)*. Die Art der Unterbringung und die

Komfort in freier Natur: im „Ocean Pod" auf der York Peninsula, South Australia

Preise schwanken beträchtlich; die Bandbreite reicht von Doppelstockbetten für $30–50 pro Bett in Schafscherer-Unterkünften bis zu stilvollen Zimmern im Herrenhaus ab $180 pro Person. In der ersteren Kategorie sind Kinder willkommen, in letzterer selten.

Hervorragende Infoquellen für Ferienwohnungen und -häuser von privat sind 💻 www.airbnb.com.au sowie 💻 www.stayz.com.au.

Übernachtungsmöglichkeiten für Naturfreunde

Zeltplätze in den Nationalparks werden von den Nationalpark-Verbänden der Bundesstaaten verwaltet. Die beliebtesten müssen für die Zeit der australischen Schulferien, v. a. Ostern und Weihnachten, vorgebucht werden – einige sind allerdings so begehrt, dass sie z. B. für die Sommerferien ein Jahr im Voraus ausgebucht sind oder das Losverfahren entscheidet, wer einen Platz kriegt. Fast alle bieten mittlerweile Online-Buchung, die auf den Webseiten der Nationalparkbehörden erledigt wird. Vor Ort zu bezahlen, wird immer unüblicher. Vor allem in den weniger überlaufenen Nationalparks gibt es noch immer zahlreiche kostenlose Zeltplätze, die nach dem Motto *First-come-first-serve* belegt werden.

(Bio-)Farmen und Naturschutzprojekte

WWOOF (Willing Workers On Organic Farms)
📞 (03) 5155 0218
💻 www.wwoof.com.au
Die Organisation gibt es u. a. auch in Dänemark, Deutschland, Neuseeland, Österreich, USA und in der Schweiz. Man lebt als mithelfender Gast auf kleinen Farmen auf dem Land (dazu gehören auch Bio-Gemüseläden, Gärtnereien und alternative Schulen). Für 4–6 Arbeitsstunden pro Tag erhält man Verpflegung und Unterkunft. Alles andere ist Verhandlungssache. Da kein Geld bezahlt wird, ist keine Arbeitserlaubnis erforderlich. Alkohol und Drogen sind tabu; ein Grundinteresse an alternativer Landwirtschaft bzw. Alternativprojekten wird vorausgesetzt. Wer körperliche Arbeit nicht scheut, hat eine ausgezeichnete Gelegenheit, australisches Land- und Farmleben kennenzulernen.

Australian Trust for Conservation Volunteers (ATCV)
National Office
📞 1800 032 501 oder (03) 5330 0200
💻 www.conservationvolunteers.com.au
Der gemeinnützige Verein organisiert jährlich tausend Naturschutzprojekte (v. a. Anlegen von Wanderwegen in Nationalparks, Bäume pflanzen, Unkraut beseitigen, Maßnahmen zur Bekämpfung von Erosion und Landversalzung), die von freiwilligen Helfern unentgeltlich durchgeführt werden. Für Transport, Unterkunft und Verpflegung wird ein kleiner Unkostenbeitrag berechnet. Die Projekte dauern von einem Tag bis zu mehreren Wochen.

Homestay und Wohnungs- oder Haustausch

Die Idee, die eigenen vier Wände für einige Wochen oder Monate zum Tausch anzubieten und diese im Heim des Tauschpartners zu verbringen, ist keineswegs neu. Im Internet finden sich Adressen mit Angeboten aus aller Welt. Manche Websites funktionieren nach dem Prinzip des Gebens und Nehmens, d. h. man bekommt Adressen von potenziellen Gastgebern vermittelt, bei denen man umsonst wohnen kann. Dafür wird aber erwartet, dass man bereit ist, für eine etwa gleiche Anzahl von Tagen einen Gast (oder Gäste) bei sich wohnen zu lassen. Alles andere ist Verhandlungssache.

Andere Websites vermitteln „Homestay“, d. h. man wohnt bei einer Privatperson oder Familie und bezahlt dafür weniger als für ein kommerzielles Hotel oder B&B. Billig reisen und Geld sparen ist aber nur ein Aspekt; diese Websites richten sich explizit an Leute, die Kontakte knüpfen, Freundschaften aufbauen und ein Land oder eine Stadt aus der Perspektive von Insidern erfahren wollen. Die Vermittlung läuft über eine Mitgliedschaft (kostenlos oder gebührenpflichtig). Die Überprüfung von Mitgliedern bzw. Qualitätskontrollen werden unterschiedlich, d. h. mehr oder weniger lax gehandhabt – Details s. Websites.

Das System scheint im Großen und Ganzen sehr gut zu funktionieren, aber ein paar schwarze Schafe gibt es immer. Ein wenig Vorsicht (und die Anwendung gesunden Menschenverstandes) ist angeraten: ein Informationsaustausch per E-Mail und/oder ein Interview per Telefon, bei dem man auf evtl. auftretende Ungereimtheiten achtet, sowie das Hinterlassen der Kontaktdetails des/der Gastgeber bei Bekannten sind sinnvoll.

Adressen

Airbnb
www.airbnb.com.au
Hier werden nicht nur Ferienwohnungen und -häuser, sondern auch Zimmer bei Privatpersonen angeboten. Grundsätzlich wird die persönliche Betreuung bei Airbnb betont. Die Bewertungen sind oberstes Auswahlkriterium, deshalb sind Gastgeber redlich bemüht, ihren Gästen jeglichen Wunsch zu erfüllen. In Australien ist das Netz an Airbnb-Unterkünften riesig, und man kann getrost den ganzen Urlaub damit planen. Dabei lernt man das Land mit Sicherheit intensiver kennen als in anonymen Hotels und Motels.

Couchsurfing
www.couchsurfing.org
Die Couchsurfer-Community hat mittlerweile 15 Mio. Mitglieder. Ziel ist es, Menschen aus aller Welt miteinander zu verbinden und Reisenden die Möglichkeit zu geben, das Reiseziel aus Sicht der Einheimischen kennenzulernen. Nach der Anmeldung muss man zunächst an einem örtlichen Info-Event teilnehmen, bevor man sich auf die Suche nach einer (kostenlosen) Übernachtungsgelegenheit machen darf. Das Aufnehmen von Gästen in der eigenen Wohnung ist nicht zwingend nötig.

Global Freeloaders
www.globalfreeloaders.com
Gleiches Prinzip wie Couchsurfing. Wird von einem jungen Australier betrieben; die Mitgliedschaft ist kostenlos.

Intervac
http://au.intervac-homeexchange.com
Nach Abschließen der Mitgliedschaft ($100 pro Jahr) kann man sein eigenes Haus zum Tausch anbieten und nach Häusern im Gastland/Tauschpartnern suchen.

Verhaltenstipps

BBQ-Etikette

Gäste bringen zu einer Grillparty meist ihre eigenen Getränke mit. Jeder stellt dann seinen Esky (Kühlbox) mit Wein, Bier und Softdrinks auf der Terrasse oder im Garten ab und bedient sich daraus. *„Bring a plate"* bedeutet: „Bring auch was zu essen mit". Manchmal wird erwartet, dass die Gäste ihr Grillfleisch mitbringen, zuweilen sogar Stühle! Am besten fragt man vorher nach.

Schlange stehen

Wie in Großbritannien ist es auch in Australien üblich, sich überall ordentlich in eine Warteschlange einzureihen *(to queue; to join the line)* und zu warten, bis man an der Reihe ist, z. B. im Supermarkt, am Bahnsteig oder in der Bank. Zum guten Ton gehört es, von der vor einem stehenden Person etwas Abstand zu halten, anstatt ihr auf die Pelle zu rücken. Wer drängelt oder gar Ellenbogen benutzt, outet sich als ungehobelter Ausländer.

Small Talk

Small Talk spielt eine wichtige Rolle im australischen Alltagsleben. Ein kurzer Austausch gehört zum Ritual, wenn man Leuten begegnet, die man kennt. Ob gut oder nur ganz flüchtig tut nichts zur Sache: *How are you?*; vielleicht ein Kompliment: *You're looking well!* (= gesund

und munter) und, je nach Situation, eine Plauderei über das Wetter, über die Arbeit *(Are you / Have you been busy?)* oder über das vergangene oder kommende Wochenende. Wenn man weiß, dass das Gegenüber ein Tennis-, Cricket- oder Footy-Fan ist, umso besser! Es ist wohl dieser Hang zur unverbindlichen Plauderei, der Australier aus mitteleuropäischer Sicht so freundlich und zugänglich erscheinen lässt. Umgekehrt können Small-Talk-unerprobte Europäer, die es bei einem *Good morning* oder *G'Day* bewenden lassen (man kennt sich ja nicht richtig ...), auf Australier steif und zugeknöpft, ja geradezu unfreundlich wirken.

Umgang mit Lob und Kritik

Well done, gut gemacht, hört man viel öfter in Australien als bei uns. Was jemand geleistet hat, mag noch lange nicht perfekt sein, aber die Anstrengung wird honoriert. Erst mal das Positive herausstreichen, ist die Strategie bei Bewertungen aller Art. Auf diese Weise schafft man ein angenehmes zwischenmenschliches Klima und vermeidet unnötige Reibereien. Mit Kritik tut man sich hingegen schwerer.

Das hat zum einen mit einer Scheu vor Konfrontationen zu tun. Sich in einem Restaurant lauthals über schlechten Service zu beschweren oder deutlich zu sagen, dass die Suppe versalzen war, fällt den meisten Australiern nicht leicht. Sie sind lieber still, schimpfen auf dem Nachhauseweg – und besuchen das Restaurant nie wieder. Zum anderen hat es mit dem eingefleischten angelsächsischen Individualismus zu tun: Wer bin ich, dass ich meinem Nachbarn sagen kann/soll, wann er seine Musik hören darf? Wer bin ich, dass ich der Fußgängerin sagen kann, dass sie bei Rot nicht über die Straße gehen soll?

Sicher gibt es Grundregeln des Zusammenlebens, die eigentlich alle beherzigen sollten: Abends um elf Heavy Metal zu hören ist nicht sehr rücksichtsvoll, wenn man in einem Apartmentblock wohnt. „Rot“ für den Fußgänger bedeutet, dass jederzeit ein Auto um die Ecke fegen könnte. Dass ein Australier lautstark die Einhaltung von Regeln (oder gar Vorschriften oder Hausordnungen) einfordert, ist jedoch fast undenkbar. Man lässt die anderen lieber machen. Die werden schon sehen ...

Mit dem Eindruck, „Australier sind alle so herrlich locker und ungezwungen“ – basierend auf Small Talk und flapsigem Pub Talk, können Mitteleuropäer gehörig ins Fettnäpfchen treten. „Ehrlich seine Meinung sagen“, gilt bei uns als Tugend. In Australien kommt solche „Direktheit“ nur an, wenn man sie in eine gehörige Portion Humor und Selbstironie verpackt. Die korrekte Antwort auf die Frage *How do you like it here?* lautet erst mal: *It's a great country, mate.* Oder Ähnliches.

Leider kann man als Ausländer wiederholt in solche und andere Fettnäpfchen treten, ohne dass man von anderen diskret darauf hingewiesen wird. Schlimmstenfalls ziehen sich Kollegen oder flüchtige Bekannte von einem zurück, und man hat keine Ahnung warum.

Trinkgelder

Ein *tip* ist die Anerkennung für einen besonders guten Service. Es ist nicht allgemein üblich, ein Trinkgeld zu geben und wird daher auch nicht erwartet. Es kann sogar passieren, dass ein Taxifahrer das Fahrgeld abrundet.

Versicherungen

Reisekrankenversicherung

Wichtig ist eine ausreichende Reisekrankenversicherung. Nur wenige private Krankenkassen bieten weltweiten Schutz im Krankheitsfall, d. h. jeder muss für seine Reise nach Australien eine Auslandskrankenversicherung abschließen. Die meisten Reisebüros und viele Kreditkartenorganisationen bieten derartige Versicherungen an. Wer eine Kreditkarte besitzt, sollte vor der Reise prüfen, ob eine Auslandskrankenversicherung enthalten ist und was genau sie beinhaltet (z. B. auch Rücktransport). Auch sollte man checken, ob diese Versicherung nur greift, wenn man die Reise ganz oder zum Teil mit dieser Karte bezahlt hat. Bei Krankheit – speziell Krankenhausaufenthalten – kann sehr schnell eine erhebliche Summe zusammenkommen, die aus eigener Tasche bezahlt werden müsste. Ist man versichert, kann man die Kosten gegen Vorlage der Rechnungen zu Hause geltend machen. Einschränkungen gibt es natürlich auch hier, besonders bezüglich Zahnbehandlungen (nur Notfallbehandlung) und chronischen Krankheiten (Bedingungen durchlesen).

Die später bei der Versicherung einzureichende Rechnung sollte folgende Angaben enthalten:

- Name, Vorname, Geburtsdatum
- Behandlungsort und -datum
- Diagnose
- erbrachte Leistungen in detaillierter Aufstellung (Beratung, Untersuchungen, Behandlungen, Medikamente, Injektionen, Laborkosten, Krankenhausaufenthalt)
- Unterschrift des behandelnden Arztes und Stempel

Wer im Ausland schwer erkrankt, wird zu Lasten der Versicherung heimgeholt, wenn er plausibel darlegen kann, dass am Urlaubsort keine ausreichende Versorgung gewährleistet ist. Dann geht es mit Linienmaschinen oder auch mit eigens losgeschickten Ambulanzflugzeugen nach Hause.

Reiserücktrittskosten-versicherung

Bei einer pauschal gebuchten Reise ist die Reiserücktrittsversicherung meist im Preis inbegriffen. Es empfiehlt sich zur Sicherheit nachzufragen. Eine individuelle Reise kann ebenfalls versichert werden. Manche Reisebüros vermitteln derartige Versicherungen. Eine Reiserücktrittsversicherung muss kurz nach Buchung (normalerweise spätestens 14 Tage danach) abgeschlossen werden. Bei Krankheit oder Tod eines Familienmitglieds oder Reisepartners ersetzt die Versicherung in der Regel die anfallenden Stornokosten der Reise. Bei einer Reiseunfähigkeit wegen Krankheit ist ein ärztliches Attest vorzuweisen. Die Kosten der Versicherung richten sich nach dem Preis der Reise und der damit verbundenen Höhe der Stornogebühren, zum Teil mit Selbstbeteiligung.

Reisegepäckversicherung

Viele Versicherungen bieten auch eine Absicherung des Gepäcks. Die Bedingungen für den Ersatz der verlorenen Gegenstände sind sehr eng gefasst. Daher sollten die Versicherungsbedingungen genau gelesen werden. Gepäck darf z. B. nicht unbewacht in Fahrzeugen zurückgelassen werden und Kameras und Fotoapparate müssen quer über der Brust und nicht nur über der Schulter getragen werden. Bargeld ist nie versichert und auch bei Schmuck und Foto- und Videogeräten wird meist nur ein Bruchteil des Wertes ersetzt.

Wer sich für eine Reisegepäckversicherung entscheidet, sollte darauf achten, dass diese Weltgeltung besitzt und die Reisedauer in ausreichender Höhe absichert. Bei einem Schadensfall muss der Verlust bei der Polizei gemeldet werden. Hilfreich ist hierbei eine vorher angefertigte **Checkliste**, auf der alle Wertgegenstände verzeichnet und beschrieben sind. Alle wichtigen Gegenstände im Handgepäck befördern. Eine Reisegepäckversicherung mit einer Deckung von etwa 1000 € kostet für 24 Tage ca. 30 €.

Visa

Aktuelle Informationen und weiterführende Links im **eXTra [11417]**. Zur Einreise benötigt man einen Reisepass, der mindestens drei Monate über den geplanten Aufenthalt hinaus gültig sein muss. Je nach Länge des Aufenthalts und Absichten (Reise nur zu touristischen Zwecken oder will man in Australien auch arbeiten oder studieren?) gibt es verschiedene Visa-Optionen.

Wer sich als Tourist oder Geschäftsreisender maximal drei Monate in Australien aufhalten will, kann kostenlos ein sogenanntes **eVisitor-Visum** (subclass 651) beantragen. Dieses gilt für alle EU-Bürger (und andere europäische Länder) und berechtigt zur mehrfachen Einreise nach Australien innerhalb von zwölf Monaten für jeweils bis zu drei Monate. Das eVisitor kann kostenlos online beantragt werden unter 💻 https://www.homeaffairs.gov.au. In der Regel dauert die Ausstellung nur wenige Minuten, dann erhält man die Bestätigung per E-Mail.

Für längere Aufenthalte zu touristischen Zwecken bietet sich ein **Visitor Visa** (subclass 600) an. Auch dieses kann online beantragt werden, alålerdings ist der Antrag aufwendiger, die Bearbeitungszeit länger (normalerweise drei bis sechs Wochen) und das Visum kostenpflichtig (je nach Gültigkeit von 3–12 Monaten ab $190). Ein Visitor Visa gilt maximal zwölf Monate und schließt die Arbeitsaufnahme in Australien aus.

Junge Leute aus Deutschland im Alter von 18–30 Jahren können ein **Working Holiday Visa** (subclass 417) für $635 beantragen. Es wird von der australischen Botschaft in begrenzter Zahl ausgestellt, berechtigt zu einem Aufenthalt von bis zu einem Jahr und schließt die Möglichkeit ein, im Land mit einfachen Jobs (Obst ernten, Kelinern u. Ä., maximal sechs Monate pro Job) die Reisekasse aufzubessern. Da die Bearbeitungsdauer ca. vier bis sechs Wochen beträgt und nicht jeder Antrag genehmigt wird, sollte man das Flugticket erst nach der Visaerteilung kaufen. Inhaber eines Working-Holiday-Visa, die nachweislich mindestens drei Monate als Saisonarbeiter in Regional Australia (d. h. außerhalb des Großraums von Brisbane, Canberra, Melbourne, Perth, Sydney) gearbeitet haben, können in Australien ein **zweites Working-Holiday-Visa** beantragen. Dieses ist dann weitere zwölf Monate gültig. Interessante **Websites** für Reisende mit einem Working-Holiday-Visum sind 💻 www.bluecollarpeople.com, 💻 www.jobsearch.gov.au, 💻 www.anyworkanywhere.com, 💻 www.pickingjobs.com.

Impfzwang besteht nur für Personen, die sich sechs Tage vor der Einreise nach Australien in einem Land aufgehalten haben, in dem Gelbfieber oder Cholera herrschen. Dann ist ein gültiges Impfzeugnis vorzuweisen.

Alle Visa können online beantragt werden (💻 https://immi.homeaffairs.gov.au).

Zeit und Kalender

Zeitzonen

In Australien gibt es drei Zeitzonen: Die Western Standard Time (WST), die Central Standard Time (CST) und die Eastern Standard Time (EST).

Die **Western Standard Time** gilt für ganz Western Australia: MEZ plus 7 Stunden.

Die **Central Standard Time** gilt für South Australia und das Northern Territory: MEZ plus 7 1/2 Std. (CST-Sommerzeit plus 9 1/2 Std.).

Die **Eastern Standard Time** gilt für die Oststaaten Tasmanien, Victoria, New South Wales und Queensland: MEZ plus 8 Stunden (EST-Sommerzeit plus 10 Std.).

Meist liegt die Zeitumstellung von Sommer- auf Winterzeit (bzw. umgekehrt) in Deutschland und Australien um ein oder zwei Wochen versetzt. Während dieser Zeit beträgt die Differenz entsprechend eine Stunde mehr oder weniger.

Während des australischen Sommers stellen die meisten Bundesstaaten an einem Sonntag die Uhr für die **Sommerzeit** *(Daylight Saving Time)* eine Stunde vor; ausgenommen Queensland, Western Australia und das Northern Territory. Landesweit einheitliche Termine gibt es nicht. In New South Wales, Victoria, South Australia, Tasmanien und im Australian Capital Territory (Canberra) dauert die Sommerzeit von Oktober bis Ende März.

Zoll

Die Ein- und Ausfuhr von **Tieren** und **Pflanzen** (auch Obst!) ist strengstens verboten, das Gleiche gilt für **tierische** und **pflanzliche Produkte** (dazu gehören z. B. Wurst, Eier, aber auch Daunendecken). Auf die Einhaltung dieser Bestimmung wird sorgfältig geachtet, die Zollkontrollen sind mit Schnüffelhunden in der Regel äußerst gründlich. Siehe auch unter „Einreisebestimmungen“ S. 51.

Land und Leute

Der kleinste Kontinent ist gleichzeitig die größte Insel der Welt. Seine Ausmaße wirken noch unermesslicher, wenn man bedenkt, dass das Landesinnere durchschnittlich von weniger als einer Person pro Quadratkilometer besiedelt wird. Eine Leere voller Faszination.

SPIT TO MANLY WALK, SYDNEY; © TOURISM AUSTRALIA / ELLENOR ARGYROPOULOS

Inhalt

Australien in Zahlen 97
Geografie 97
Flora und Fauna 98
Geschichte 108
Die Ureinwohner 114
Regierung und Politik 120

Steckbrief Australien

Offizieller Name
Commonwealth of Australia

Staatsform
Konstitutionelle Monarchie

Hauptstadt Canberra

Staatsoberhaupt König Charles III., vertreten durch Generalgouverneurin Samantha Mostyn (seit 2024)

Regierungschef Anthony Albanese (seit 2022)

Fläche 7 692 030 km²

Einwohnerzahl 26,8 Mio.

Sprache Englisch

Religionen mehrheitlich Christen

Einkommen pro Haushalt
64 000 Australische Dollar (AU$)

Touristen pro Jahr 6,6 Mio. im Jahr 2023

Updates und eure **Kommentare** zu diesem Kapitel auf www.stefan-loose.de unter **eXTra [11415]**

Australien in Zahlen

Australien ist der fünfte und kleinste Kontinent und der einzige Staat der Welt, der eine gesamte Kontinentalmasse in Anspruch nimmt. Mit 7 692 030 km² **Fläche** ist Australien nach Russland, Kanada, der Volksrepublik China, den USA und Brasilien das sechstgrößte Land der Erde und rund 21-mal so groß wie Deutschland.

Australien erstreckt sich in Nord-Süd-Richtung von 10° (Spitze von Cape York) bis 43° südlicher Breite (South Cape in Tasmanien) und in Ost-West-Richtung von 153° (Cape Byron in New South Wales) bis 113° östlicher Länge (Steep Point in Western Australia). Die gesamte Küstenlinie des Kontinents (Tasmanien mitgerechnet) beträgt 36 735 km – fast so lang wie der Erdumfang. Vom tiefsten Süden bis zum nördlichsten Punkt sind es 3680 km, an der breitesten Stelle misst das Land 4000 km – Dimensionen, die man sich vergegenwärtigen sollte, wenn man eine Karte von Australien vor Augen hat! Der südliche Wendekreis *(Tropic of Capricorn)* verläuft fast durch die Mitte des Kontinents, 40 % von Australien liegen in den Tropen. Ein Blick auf den Globus zeigt: Melbourne liegt südlicher als Kapstadt und Buenos Aires.

Gerade mal 26,8 Mio. Menschen leben in diesem Riesenland (zum Vergleich: Niederlande 17,6 Mio.; Belgien 11,7 Mio.). Kaum ein Land ist dünner besiedelt: nur 3,5 Menschen pro km² leben hier; zwei Drittel davon in den Hauptstädten. Die Hälfte der australischen Landfläche wird von 0,3 % der Bevölkerung bewohnt und ist damit praktisch menschenleer.

Die australische Bezeichnung *Outback* für die fast menschenleeren Steppen und Wüsten hängt mit der dem Meer zugewandten Perspektive der Küstenbewohner zusammen. Für sie ist Outback alles *out there behind our back* – die unermessliche Weite hinter unserem Rücken. Dörfer, wie wir sie aus Europa kennen, gibt es in Australien kaum – von der Insel Tasmanien einmal abgesehen. Typisch für ländliche Gebiete sind einzelne Bauernhöfe *(farms)*, die v. a. in Queensland, Western Australia und im Northern Territory oft von riesigen Ländereien umgeben sind. In diesem Falle spricht man von einer *station*. Die Bewohner der *sheep* oder *cattle stations* führen ein einsames Leben, denn die nächste *station* kann zig Kilometer entfernt sein, von der nächsten Siedlung ganz zu schweigen. Die Orte im Outback sind Versorgungszentren für die umliegenden Höfe und bestehen oft nur aus einer langen Straße, an der Supermarkt, Tankstelle, Pubs und Polizeistation aufgereiht sind.

Die riesigen Entfernungen und die Isolation vieler Siedlungen und Städte haben einen ausgeprägten Regionalchauvinismus gefördert. Vom Dialekt, vom Aussehen oder von kulinarischen Spezialitäten her gibt es sehr wenige Unterschiede zwischen beispielsweise einem Queenslander und einem West-Australier. Dennoch bespötteln die einen die queensländischen Landsleute als *Banana Benders* (Bananenkrummbieger), was diese den West-Vettern mit der Bezeichnung *Sandgropers* (Sandwühler) heimzahlen.

Geografie

Fläche: 7 692 030 km²

Nord-Süd-Ausdehnung: 3700 km

Ost-West-Ausdehnung: 4000 km

Größte Städte: Sydney (5,45 Mio.), Melbourne (5,2 Mio.), Brisbane (2,7 Mio.), Perth (2,3 Mio.)

Längster Fluss: River Murray (2375 km)

Höchster Berg: Mount Kosciuszko (2228 m)

Australien ist der trockenste Kontinent, fruchtbar waren ursprünglich nur schmale Küstenstreifen. Ein Blick auf eine Reliefkarte verdeutlicht die Gründe: Es gibt kaum Berge, an denen sich Wolken abregnen können. Australien ist ein flacher Kontinent mit einer durchschnittlichen Höhe von nur 300 m. 90 % der Landmasse sind weniger als 500 m hoch. Der einzige nennenswerte Gebirgszug ist die durchschnittlich 600–1000 m hohe Great Dividing Range am Ostrand des Kontinents, die von der Cape-York-Halbinsel bis nach Victoria mehr oder weniger parallel zur Küste verläuft. Im Norden erreichen die Berge vereinzelt eine Höhe von 1500–1600 m. Nur im Südosten des Kontinents erheben sich 1800–2200 m hohe Gebirge von alpiner Höhe, die

Australian Alps. Hier, an der Grenze zwischen New South Wales und Victoria, befindet sich der höchste Berg Australiens, der 2228 m hohe Mt Kosciuszko.

Die **Great Dividing Range** bildet ein oft von engen, steilwandigen Schluchten und Tälern durchzogenes Hochplateau, das nach Westen hin in welliges Hügelland ausläuft, welches weiter im Westen in die flache Ebene der Großen Australischen Senke übergeht. Die Berge und der größte Teil der Küste waren bei der Ankunft der Europäer von dichten Wäldern bedeckt, die nach Westen hin in Savannen und Steppen übergingen. Der Boden unter der Großen Australischen Senke birgt ein riesiges Wasserreservoir. Bohrstellen, die artesische Brunnen anzapfen, ermöglichen die Existenz von Rinderherden und Schaffarmen selbst im trockensten Outback.

Das Zentrum des Kontinents durchzieht von Osten nach Westen die verwitterte, abgerundete Bergkette der **MacDonnell Ranges**, 400 km weiter südlich erheben sich der Monolithfelsen Uluru und die Felsgruppe Kata Tjuta. Der Rest ist topfeben, nur im Nordwesten wölben sich das Kimberley-Plateau und die Pilbara-Ranges zu einer Art Tellerrand, das südwestliche Pendant dazu bilden die Darling Ranges bei Perth.

In das ausgedehnte System von riesigen, verkrusteten **Salzseen** in der Mitte Australiens münden lange **Flüsse**, die die Seen nur drei- bis viermal in einem Jahrhundert mit frischem Wasser füllen. Ein Fluss im Outback besteht normalerweise aus einem ausgetrockneten Flussbett, durchsetzt von einigen Wasserstellen *(Billabongs)*. Nach ungewöhnlich heftigen, lang anhaltenden Monsunregenfällen im Nordosten erreichen die Wassermengen trotz hoher Verdunstung Monate später die Hunderte von Kilometern entfernten Salzseen im Zentrum. Solche „Geisterflüsse" mit einem meist ausgetrockneten Flussbett sind u. a. der Diamantina und Warburton Creek, Thomson und Barcoo River und Cooper Creek, die alle in den Salzsee Lake Eyre münden; der Darling River, der in den Murray River fließt; und viele andere, die im Nichts versanden, wie der zentralaustralische Finke River.

Der **Wassermangel** ist eines der größten Probleme für die australische Landwirtschaft. In den 1950er-Jahren wurden im Rahmen gigantischer Bewässerungssysteme, wie des Snowy-Mountains-Projekts, das ganze Flüsse der australischen Alpen umleitete, neue Landstriche im Landesinneren in ertragreiches Ackerland für den Obst- und Gemüseanbau umgewandelt. Die Probleme des damit verbundenen gewaltigen Wasserverbrauchs versucht man seit Beginn dieses Jahrtausends unter anderem durch den Bau von Entsalzungsanlagen *(desalination plants)* zu beheben.

Trockenheit und **Dürren** treten in Australien immer wieder auf, in halbwegs regelmäßigen Abständen, und hängen mit dem **El Niño** genannten, globalen klimatischen Phänomen zusammen (s. Kasten S. 100/101). Die Regulierung des Wasserverbrauchs ist prinzipiell Sache der Bundesstaaten, die allerdings in der Vergangenheit ihre Partikularinteressen zu vertreten pflegten und auf ihre Privilegien pochten.

Ein weiteres Problem der australischen Landwirtschaft ist die zunehmende Bodenversalzung *(soil salinity)*, die sich besonders stark im Westen und Süden des Kontinents bemerkbar macht. Die Salzböden entstehen zunehmend auch auf abgeholzten Flächen, die für die landwirtschaftliche Nutzung vorgesehen waren.

Flora und Fauna

Auch im Pflanzen- und Tierreich von *Downunder* finden Europäer eine verkehrte Welt vor. Anstatt in jahreszeitlichem Rhythmus ihre Blätter abzuwerfen, schälen Australiens Eukalypten regelmäßig, aber unkoordiniert ihre Rinde. Gräser und Farne kommen in Baumgröße vor, Bäume und Sträucher blühen in Form von grellfarbigen Knollen oder „Flaschenbürsten". Die Schwäne sind schwarz, und auch die beiden Wappentiere Australiens, das Känguru und der Emu, zeichnen sich durch Merkwürdigkeiten aus. Der Emu kann nicht fliegen, sondern flitzt – ähnlich wie der Vogel Strauß – in großen Laufschritten über die Steppe, und das Känguru macht große Sprünge, anstatt sich wie „normale" Säugetiere auf allen Vieren fortzubewegen. Auf dem Wappen symbolisieren sie eine gemeinsame Eigenschaft: Beide können nicht rückwärts gehen.

Den ersten europäischen Neuankömmlingen, die ja größtenteils nicht freiwillig nach Australien gekommen waren, erschien ihre neue Umwelt fremd und feindlich. Diese Einstellung der Pioniere gegenüber der Natur klingt bis heute in den australischen Wörtern *bush* und *scrub* nach. Beide Wörter sind undifferenzierte Bezeichnungen für jede Art von Land, das nicht zu Siedlungszwecken, als Viehweide oder Feld genutzt wird. Solcherart von Gräsern, Strauchwerk, Gehölz oder dichtem Wald bedecktes Land galt als nutzlose Wildnis. *Clearing the Scrub* – das Roden von Land – galt denn auch bis in die 1960er-Jahre als positive, zivilisatorische Aktivität. Erst in den 1970er-Jahren gab es erste grüne Bewegungen.

Lebende Fossilien

Nach der Abtrennung vom Urkontinent Gondwanaland vor etwa 200 Mio. Jahren hatte Australiens Fauna und Flora genügend Zeit, ihren eigenen Entwicklungsgang zu beschreiten. Einige wenige Pflanzen, z. B. die in Tasmanien wachsende Südbuche *(Southern beech, Nothofagus)*, die auch in Neuseeland, Madagaskar, Afrika und Südamerika vorkommt, weisen noch auf den gemeinsamen Ursprung hin. Zur Zeit der Abtrennung lebten in Australien Eier legende Kloakentiere und altertümliche Beuteltiere.

Australien war nicht immer so trocken wie heute. Bis vor 10 000 Jahren bestanden Landverbindungen nach Neuguinea. Breite Flüsse entwässerten Neuguinea und den Nordosten von Queensland; ihre Wassermassen speisten riesige Seen im Zentrum Australiens. Im feuchttropischen Klima wuchsen dichte Nadel- und Regenwälder sowie Palmenhaine, die – heute kaum vorstellbar – einst auch das wüstenähnliche Rote Zentrum bedeckten. Ausgrabungen förderten Fossilien von überdimensionaler Größe zutage: 3 m große Kängurus und Riesenkoalas, die diese prähistorischen Wälder und Savannen bevölkerten.

Einige prähistorische Tiere und Pflanzen haben als „lebende Fossilien" bis heute überlebt. Zu diesen zählt der Lungenfisch *(lungfish)*, der nur im Mary River und einigen Flüssen im Südosten Queenslands anzutreffen ist. Er ähnelt europäischen Vettern, die schon vor 200 Millionen Jahren ausstarben. Mit den in Südamerika und Südafrika beheimateten Lungenfischen verbindet ihn hingegen wenig. Weitere lebende Fossilien sind das Schnabeltier *(platypus)*, der Schnabeligel *(echidna)* und die Marienpalmen im Palm Valley sowie die Macrozamia-Palmen und Cycadeen in Zentral-Australien.

Vegetationszonen

Das heutige Australien kann man grob in drei unterschiedliche Vegetationszonen einteilen:

Die **tropische Zone** umfasst einen schmalen Streifen **tropischen Regenwaldes** an der Nordostküste sowie vereinzelte Flecken im Northern Territory. Der tropische Regenwald Australiens nimmt nur einen winzig kleinen Teil der australischen Landmasse ein, etwa ein Tausendstel, aber wie alle anderen tropischen Regenwälder der Erde zeichnet er sich durch eine ungeheure Artenvielfalt aus. Viele Tiere und Pflanzen kommen nur in dieser Region vor, einige Bewohner Nordost-Queenslands hingegen wie Kuskus, Baumkängurus und Kasuare sowie die insektenfressende Kannenpflanze sind auch in Neuguinea anzutreffen.

Vereinzelt gibt es an der Küste im tropischen Norden **Mangrovenwälder** und **Mangrovensümpfe**. Zum Landesinnern hin gehen die Wälder oder Mangrovensümpfe in von Hartlaubgehölz bewachsene **Savannen** über, im Top End des Northern Territorys sind sie durchsetzt von ebenen **Floodplains** (Feuchtgebieten), die sich in der Regenzeit in riesige Seen verwandeln. Weiter landeinwärts weichen die Savannen langsam dem Grasland und der Steppe.

Typisch australische Vegetationsformen sind in der **gemäßigten Zone** anzutreffen. Hier finden wir die weiten, trockenen Eukalyptusbusch-Ebenen vor, die in Australien **Mallee** heißen, sowie **Heiden**, trockene und feuchte **Hartlaubgehölze** wie *Tea Trees* und *Paperbark Trees*, lichte **Eukalyptuswälder**, stellenweise Sümpfe und Moore, und in der Küstenregion von New South Wales und Victoria sowie im Südwesten von Tasmanien **Regenwälder** der gemäßigten

Globale Klimaphänomene: Klimawandel und El Niño/La Niña

La Niña (das Mädchen) bezeichnet ungewöhnlich starke Winde über dem tropischen Pazifik, die das warme Wasser an der Meeresoberfläche aufwirbeln und von der Westküste Südamerikas über den Ozean an die Ostküste Südostasiens und Australiens treiben. Der östliche Teil des Pazifiks ist somit kühler als gewöhnlich, was für absinkende Luftbewegungen und trockenes Wetter sorgt. Im Westen (also an der Ostküste Australiens) bleibt das Wasser aber warm, die Luft steigt auf und sorgt für verstärkte Niederschläge über dem Festland. Die Folgen: erhöhte Trockenheit an der Westküste Südamerikas und sintflutartige Regenfälle und Überschwemmungen in Ost- und Nord-Australien.

La Niñas Zwillingsbruder **El Niño** hat den umgekehrten Effekt: Die Oberflächenwinde über dem tropischen Pazifik sind dann schwächer als gewöhnlich, was die Meerestemperaturen im östlichen Pazifik steigen lässt. Der Regen fällt auf Peru, während Australien unter wolkenlosem Himmel in der Sonne schmort und sich die Gewässer erhitzen. Massenkorallenbleichen treten oft – wenn auch nicht immer – während eines El-Niño-Jahres auf. Wenn plötzlich kaltes, nährstoffreiches Wasser durch warmes, nährstoffärmeres Wasser ersetzt wird, zieht dieses ein Algen- und Fischsterben nach sich.

Die entgegengesetzten Wetterphasen pendeln im Durchschnitt etwa alle 3–7 Jahre hin und her. El Niño Südliche Oszillation – oder kurz: ENSO – nennt man dieses meteorologische Wechselspiel. In der Regel beläuft sich La Niña auf ein oder zwei Jahre, zwischen 2020 und 2023 folgten drei dieser Wetterereignisse aufeinander, man spricht dann von einem **„Triple-Dip La Niña"**. Mit jedem La-Niña-Jahr verstärken sich die Auswirkungen, sind die Flussbetten doch bereits gefüllt. Dann können schon kleinere Regenschauer Überschwemmungen auslösen. Riesige Teile von New South Wales und Queensland versanken zwischen 2020 und 2023 im Hochwasser, manche Städte wurden sogar mehrfach überschwemmt (s. Kasten S. 232).

Menschliche Einflüsse

Wissenschaftler sind sich darüber einig, dass die Naturphänomene El Niño und La Niña seit langer Zeit existieren und unabhängig von den von Menschen verursachten Klimaveränderungen sind. In den letzten Jahrzehnten aber haben sich diese Wetterphasen nicht nur verstärkt, sondern treten auch gehäuft auf. Der negative Effekt eines El Niños potenziert sich durch insgesamt erhöhte Durchschnittstemperaturen (insbesondere öfter auftretende und länger andauernde Hitzewellen) und das Ausbleiben feuchterer Perioden nach dem Abklingen des El Niños. Zeugnis der verstärkten La-Niña-Events sind die verheerenden Fluten in Queensland und New South Wales in den Jahren 2010 bis 2013 sowie 2020 bis 2023.

Zone. In den feuchten Schluchten der Regenwälder des Südostens wachsen mannshohe Baumfarne und die höchsten Eukalypten Australiens, wie Victorias *Mountain Ash*, in Tasmanien *Swamp Gum* genannt (Rieseneukalyptus, *Eucalyptus regnans*). In den winzigen Überresten des Regenwaldes der gemäßigten Zone im Südwesten Western Australias überragt der Karri-Baum *(Eucalyptus diversicolor)* die Grasbäume (dickstämmige, gedrungene *Black Boys* oder hochgewachsene *Black Gins)*, die dort an die Stelle der Baumfarne treten. Mit 60–100 m Höhe sind Eukalypten die höchsten Laubbäume der Welt. Der Südwesten von Western Australia verdient wegen seines Reichtums an Pflanzenarten, die nur dort beheimatet sind, besondere Erwähnung.

Die **trockene oder eremäische Zone** umfasst die Wüsten, Halbwüsten und Trockensteppen des Landesinnern. Im Westen und Süden Australiens reicht die Zone bis an die Küste. Diese Gegenden sind von widerstandsfähigen Salzsträuchern *(Salt Bush)* und von den kugeligen Stachelbüscheln *(Hummocks)*

Die Auswirkungen anhaltender Dürreperioden

In Australien ziehen lang anhaltende Dürreperioden viele Probleme nach sich: Wenn die Pflanzen vertrocknen, bieten ihre Wurzeln dem fruchtbaren Humus keinen Halt mehr, der meist nur in einer sehr dünnen Schicht die ansonsten unfruchtbaren australischen Böden bedeckt. Er wird vom Wind abgetragen. **Sand- und Staubstürme** wehen Wolken rotbrauner Erde über Hunderte von Kilometern, lagern sie über Australiens Städten ab oder tragen sie ins Meer hinaus. Die Sommer im Süden Australiens sind in der Regel regenarm, und das Thermometer kann dann in einigen Regionen wochenlang bis auf über 40 °C ansteigen.

Aufgrund der hohen Temperaturen sind dann nicht nur die Wälder, sondern auch das Busch- und Grasland im Süden Australiens stark feuergefährdet. Wenn in dieser Phase noch eine anhaltende Trockenheit hinzukommt, erhöht sich die Gefahr immens. Brennbares Material findet sich überall, in den Wäldern trockenes Gestrüpp, Zweige, Äste und Blätter sowie die von den Eukalypten abgeworfene Baumrinde, im Weide- und Steppenland strohtrockene Grasstoppeln. Kommen in den heißen Tagen mit geringer Luftfeuchtigkeit noch starke Winde – oder sogar ein Wüstenwind aus Zentralaustralien – dazu, sind die Bedingungen für einen **Wald- oder Buschbrand** perfekt. Es bedarf dann nur noch eines Blitzeinschlags, und ein Wald oder Grasland geht in Flammen auf. Wenn mehrere Feuer nicht gelöscht oder eingedämmt werden können und sich vereinigen, entsteht eine Feuerwalze, die mit ungeahnter Geschwindigkeit durch das Land rast.

Seit dem 21. Jahrtausend treten immer mehr und immer heftigere Brände auf. Am *Black Saturday* im Februar 2009 fielen im Bundesstaat Victoria 171 Menschen den Flammen zum Opfer und eine Fläche von 4500 km^2 wurde dem Erdboden gleichgemacht. Hunderte von Bränden vereinten sich im Sommer 2019/20 zu einer Feuerfront von einem Ausmaß, wie es die Welt noch nie gesehen hatte: Schätzungen zufolge legten die Brände insgesamt ein Areal von 186 000 km^2 (etwa die halbe Fläche Deutschlands) in Schutt und Asche. 34 Menschen und mehr als eine Milliarde Säugetiere, Vögel und Reptilien verloren ihr Leben, einige ikonische Vertreter der australischen Tierwelt – darunter der Koala – sind seitdem vom Aussterben bedroht.

Wo zuvor die Wurzeln der Bäume das Wasser aus tieferen Erdschichten aufnahmen, dringt nun das stark salzhaltige Grundwasser durch feine Kapillare im Boden nach oben. Hier verdunstet das Wasser, aber das Salz bleibt zurück. Die sich ablagernde Salzschicht macht das Land zu völlig unfruchtbarem Ödland. Laut der australischen Forschungsorganisation CSIRO (Commonwealth Research and Scientific Organisation) sind australienweit bereits 5,7 Mio. Hektar von **Bodenversalzung** betroffen und ein Großteil davon gehört zu Australiens ertragsreichsten Böden. Potenziell kann sich das Problem bis 2050 auf bis zu 17 Mio. Hektar ausweiten.

des Spinifex-Grases bedeckt, bei den Bäumen und Sträuchern überwiegen Kasuarinen und Akazien. Vereinzelt sind auch hitze- und trockenheitsresistente Eukalypten wie der Puderrindenbaum *(Coolabah)* und der *Ghost Gum* anzutreffen.

Flora

Mit rund 600 Arten zählt der bekannteste Baum Australiens, der **Eukalyptus**, zu den artenreichsten Laubbaumgattungen der Erde. Der in Australien meist pauschal als *gum tree* bezeichnete Baum hat sich hervorragend an die gegensätzlichen klimatischen Bedingungen und unterschiedlichen Böden seines Heimatlandes angepasst. So treffen wir in den Australischen Alpen im Südosten den kälte- und schneefesten *Snow Gum* und im trocken-heißen Outback den *Coolabah* oder den *Ghost Gum*. In der Nähe von Flüssen oder Wasserläufen ragen die mächtigen *River Red Gums* oder die kleineren *Manna Gums* empor, weite Ebenen werden von dem *Mallee* genannten Eukalyptus-Strauchwerk bedeckt, und in den südöstlichen Regenwäldern ragt der Baumriese, *Mountain Ash*, bis zu 90 m in die Höhe. Eukalypten wie *Karri, Jarrah, Marri* und *Red Tingle* gibt es hingegen nur im Südwesten von Western Australia. Die Farbskala der ledrigen Eukalyptusblätter reicht von silbrig-olivgrün über blaugrün bis hin zu einem staubigen grünbraun. Eukalyptusbäume sind keine guten Schattenspender, da sie ihre Blätter wegen der intensiven Sonneneinstrahlung mit der Schmalseite nach der Sonne ausrichten.

Ebenso wie der Eukalyptus gehört die **Melaleuca**-Gattung zur Familie der Myrtengewächse. Fast überall in der gemäßigten Zone wachsen die Melaleuca-Arten *Tea Tree* (Teebaum, so genannt, weil die Pioniere aus der Rinde einen Tee brauten) oder *Paperbark* (Papierrindenbaum; die Rinde dieses Baumes wird von Aborigines für ihre Baumrindengemälde benutzt).

Akazien, in Australien *Wattle* genannt, sind ebenfalls zahlreich in Australien vertreten. Die Erscheinungsformen reichen vom struppigen **Mulga-Gebüsch** bis zu **Bäumen** wie der *Karri Wattle*. Die *Golden Wattle* ist Australiens nationales Blumenemblem. Von den rund 40 Arten der **Kasuarinen** *(Casuarina*, deutscher Name: Keulenbaum oder Kängurubaum) begegnet man in Australien häufig der Strandkasuarine *(Casuarina equisetifolia)*, ein immergrüner Baum mit dünnen, überhängenden Zweigen und Blättern, die fast wie Nadeln aussehen, und der oft zur Strandbefestigung angepflanzt wird.

Die Pflanzen mit den eigenartigen, knollenartig geformten Blüten, die oft noch in grellen Neonfarben leuchten, sind wie die Eukalypten typisch australisch. Sie gehören der Familie der **Proteaceen** an, der man vier Gattungen und viele Arten zuordnet. Die Sträucher oder Bäume mit den knollenförmigen Blüten sind **Banksia**, eine weitere Gattung mit meist großen, fleischigen Blüten heißt **Dryandra**, während die Pflanzen mit den hakenförmigen Blüten zu den Gattungen **Hakea** und **Grevillea** gehören. Einen eigenartigen Anblick bieten die **Grasbäume** *(Xanthorroea)*, von denen es in Australien drei Gattungen gibt.

Der Stamm der Grasbäume Western Australias *(X. preisii)* ist meist vom Buschfeuer ver-

Die rund 600 Arten von Eukalypten werden kurz als *gum trees* zusammengefasst.

kohlt, weshalb man sie dort auch *Black Boys* nennt. Nach jedem Buschfeuer machen diese Grasbäume einen Wachstumsschub durch. Bis sie ihre maximale Höhe von 5 m erreicht haben, können bis zu 200 Jahre vergehen. Der schlankere *Kingia Australis* ist ein weiterer Grasbaum.

Im Nordwesten Australiens trifft man auf Flaschenbäume (*Bottle Tree*, auch *Boab* genannt). In der Trockenzeit werfen die *Boabs* ihre Blätter ab. In ihren dicken Stämmen können diese Bäume bis zu 300 l Wasser speichern und so auch lange Trockenzeiten überstehen.

Fauna

Betrachten wir die Tierwelt Australiens, so sticht sofort der **Mangel an Säugetieren** ins Auge. Von Robben und Walen, Fledermäusen und Ratten einmal abgesehen, ist die einzige größere Säugetierart der australische Wildhund, der **Dingo,** den Aborigines vor etwa 10 000 Jahren bei ihrer Einwanderung auf das australische Festland mitbrachten.

Beuteltiere

Der Platz, den auf anderen Kontinenten die Säugetiere einnehmen, wird in Australien von den **Beuteltieren** *(Marsupialia)* ausgefüllt, einer altertümlichen Säugetierunterklasse. Die Marsupialia sind nicht direkt mit irgendeiner Spezies oder mit Fossilien anderer Kontinente verwandt. Die Jungen der Beuteltiere werden als unfertige Embryos geboren und kriechen nach der Geburt in den Beutel des Muttertieres, wo sie ihre Entwicklung fortsetzen.

Viele Besucher Australiens sind enttäuscht, wenn sie auf dem Lande nur eingewanderten Tieren wie Schafen oder Rindern begegnen, sich aber weit und breit kein Känguru oder wenigstens ein anderes Beuteltier blicken lässt. Die meisten Beuteltiere werden erst in der Abenddämmerung oder nachts aktiv und sind nur auf einer nächtlichen Spotlight-Tour zu erspähen.

Das bekannteste Beuteltier, das **Känguru**, ist so etwas wie ein australisches Wahrzeichen. Etwa 50 Känguruarten gibt es, vom Roten oder Grauen Riesenkänguru, das aufgerichtet bis zu 2 m messen kann, bis zu Tieren von Rattengröße. **Wallabies** zeichnen sich durch eine kleinere Körpergröße, einen langen, schmalen Kopf und große Ohren aus. **Baumkängurus** leben in den Baumkronen des tropischen Regenwaldes von Nordost-Queensland.

Das **Possum** gehört zur Familie der Kletterbeutler. Die etwa katzengroßen Possums leben auf Bäumen und sind vorwiegend nachts aktiv. Sie ernähren sich von Baumfrüchten, aber auch von kleineren Tieren und Vögeln.

Die putzig aussehenden **Koalas**, die unseren Teddybären Modell standen, haben mit Bären überhaupt nichts zu tun, sondern gehören zu den **Kletterbeutlern**. Die wählerischen Tiere ernähren sich von Eukalyptusblättern, aber nur etwa zwölf Sorten sind ihnen gut genug. Jeden Tag verputzen sie davon etwa ein Kilo. Die öligen, für andere Tiere giftigen Blätter verdauen sie in ihrem 2 1/2 m langen Magen-Darm-Trakt. Kein Wunder, dass die Koalas 18 Stunden täglich träge und schläfrig in einer Astgabel hocken! Die anhaltenden Dürreperioden und erhöhten Temperaturen machen den Beuteltieren schon seit Jahrzehnten zu schaffen. Während der Buschbrände im Sommer 2019/20 flüchteten sie in die hohen Astgabeln ihrer Eukalypten – eine tödliche Sackgasse. Einige Nationalparks in Victoria, Queensland und NSW wurden praktisch ihrer gesamten Koala-Bevölkerung beraubt. Experten schätzen, dass der landesweite Bestand auf nur 43 000–100 000 Tiere gesunken sein könnte.

Die **Gleit- oder Flugbeutler** haben eine Haut an den Körperseiten, die es ihnen ermöglicht, in lichten Eukalyptuswäldern von Baum zu Baum zu segeln. Der Rumpf der Riesengleitbeutler kann bis zu 50 cm lang sein; die kleinsten Gleitbeutler sind etwa mausgroß. Größere Tiere können bis zu 100 m weit „fliegen". Ein häufig anzutreffender Gleitbeutler ist der *sugar glider*.

Der **Plumpbeutler** (Wombat) hat etwa die Größe eines Dackels, kann aber bis zu 35 kg schwer werden. Mit langen Krallen graben diese Pflanzenfresser wie Maulwürfe lange Gänge unter der Erde und richten sich dort wohnlich ein. Weitere Angehörige der Beuteltierfamilie sind der **Bandicoot** (Nasenbeutler oder Beuteldachs), der **Numbat** (Ameisenbeutler), der nur in Süd- und Südwestaustralien vorkommt und der **Beutelmarder**, der in der australischen Fauna als Hühnerdieb gilt.

Nach dem Auftauchen des Dingos starben der **Tasmanische Teufel** *(Tasmanian Devil)* und der **Tasmanische Tiger** (*Thylacene*, auch Beutelwolf genannt) auf dem australischen Festland aus. Der Tasmanische Teufel lebt noch immer in Tasmanien, den Tasmanischen Tiger ereilte jedoch nach einer beispiellosen Jagd durch weiße Siedler Anfang des 20. Jhs. das Schicksal seiner Artgenossen auf dem Festland.

Kloakentiere

Die **Monotremata** gehören sicher zu den größten Absonderlichkeiten des an Kuriositäten nicht armen Kontinents: Sie sind Säugetiere, die Eier legen und einige Reptilienmerkmale besitzen. Auf Deutsch wurden sie mit dem unschönen Namen Kloakentiere bedacht, da sie nur einen einzigen Ausgang für Urin, Kot und Geschlechtsprodukte – die Kloake – besitzen.

Zu ihnen gehören die **Schnabeltiere** *(Platypus, Orithorhynchus anatinus)*. Diese Tiere mit dem Leib eines Fischotters, Schwimmflossen und einem breiten Entenschnabel sind in den Binnengewässern Ost-Australiens und Tasmaniens anzutreffen, sowohl in kühlen Klimazonen als auch in tropischen Breiten. Die Männchen haben einen Giftstachel an den Fußknöcheln, dessen Gift stark genug ist, um ein kleines Säugetier zu töten. Die **Schnabeligel** (*Echidna*, in Tasmanien *porcupine* genannt, *Tachyglossus*) kommen in ganz Australien vor. Sowohl das Schnabeltier als auch der Schnabeligel zählen zu Australiens lebenden Fossilien.

Vögel

Die Armut an Säugetieren kompensiert Australien mit seinem großen Reichtum an **Vogelarten**. Von 745 dort beheimateten Vogelarten brüten mindestens 600 auf dem Festland und den benachbarten Inseln. Der größte Vogel ist das zweite australische Wappentier, der flugunfähige **Emu**, ein 1,80 m großer Laufvogel, der über längere Zeit eine Laufgeschwindigkeit von 60 km/h durchhalten kann, sowie der **Kasuar** *(cassowary)*, der sowohl im Nordosten Queenslands als auch in Neuguinea und auf den östlichen indonesischen Inseln zu Hause ist. Sehr bekannt ist auch der **Kookaburra** (Lachender Hans), der den gesamten australischen Busch mit seinem meckernden, scheppernden Gelächter erfüllt. Der Kookaburra ist ein ziemlich großer, 40 cm langer Vertreter der Familie der Eisvögel.

Die **Bellbirds** sind mit ihrem glockenhellen Ton etwas wohlklingender als der Kookaburra. Die größte musikalische Begabung muss dem **Leierschwanz** *(lyrebird)* zugesprochen werden, der andere Vögel imitiert und bei der Balz sein silbernes Gefieder spreizt.

Australien ist ein Papageienland, über 300 **Papageienarten** sind hier heimisch: unzählige *cockatoos* (Kakadus) in allen Farben, wie *Pink Galah* (Rosenkakadu), *Corella* (weißer Kakadu), *Black Cockatoo* (Rabenkakadu), *Sulphur Crested Cockatoo* (Schwefelhaubenkakadu) und der imposante *Major Mitchell Cockatoo* mit seinem weiß, rot und gelb gestreiften Kamm. Europas beliebteste Stubenvögel, wie der **Wellensittich** und **Nymphensittich**, stammen ebenfalls aus Australien – dort nennt man sie *budgerigars*.

Die auch in Neuseeland, Neuguinea und Ozeanien lebenden **Honigfresser** sind die artenreichste Vogelfamilie Australiens; sie bestäuben Eukalyptusblüten.

Ibisse und **Pelikane** trifft man auf Wasserläufen in ganz Australien an, ebenso **Trauerschwäne**. Die monsunabhängigen Feuchtgebiete des Northern Territorys sind ein Vogelparadies. Am eindrucksvollsten sind dort der **Jabiru-Storch** und der tanzende **Brolgakranich**. An der Südostküste Australiens nisten die kleinen **Zwergpinguine** *(fairy penguins)*.

In den trockenen Mallee-Gebieten baut das **Thermometerhuhn** *(mallee fowl)* seinen „Brutofen" – eine tiefe Grube, die mit verrottenden Pflanzenteilen aufgefüllt wird. Dort legt das Weibchen seine Eier ab; das Männchen ist während der folgenden siebenmonatigen Brutzeit für Feuchtigkeits- und Temperaturregelung zuständig. Die Temperatur des Brutofens darf nicht mehr als 1 °C von der Idealtemperatur von 33,5 °C abweichen. Die unscheinbaren Männchen der **Laubenvögel** *(bower birds)* errichten eine kleine, mit Steinen, Zweigen, Gräsern und Blüten geschmückte Laube, um die Auserwählte für sich zu gewinnen.

Insekten und Frösche

Im trockenen Australien sind die feuchtigkeitsliebenden **Amphibien** nicht allzu zahlreich vertreten. Einige der 70 einheimischen Frosch- und Krötenarten graben sich in den Boden ein, um genügend Feuchtigkeit zu finden. Bei Korumburra in Südost-Gippsland in Victoria durchwühlen **Giant Earthworms** die Erde. Diese ellenlangen Regenwürmer können bis zu 3 m lang werden.

Leider sind in Australien giftige Tiere mehr als reichlich vertreten. Dazu zählen zwei Spinnen: die im ganzen Land beheimatete **Rotrückenspinne** (*redback spider*, eine australische Version der Schwarzen Witwe) und die **Trichterspinne** *(funnel web spider)*, die es nur in Sydney und Umgebung sowie in Südost-Victoria gibt. Andere sind harmlos, aber erschreckend groß, z. B. die handtellergroßen **Jägerspinnen** *(huntsmen)* mit ihren fleischigen, behaarten Beinen.

Das australische Wappentier ist fast im ganzen Land anzutreffen.

Von den Ameisenarten sind die etwa 3 cm langen **Bullants** (Bulldogameisen) zu fürchten. Ihr Biss ist zwar nicht gefährlich, aber er kann ganz schön schmerzhaft sein. Die Termiten hingegen brauchen Reisende nicht zu fürchten. Bemerkenswert sind die **Kompasstermiten** *(Antidermes meridionalis)* im tropischen Norden, die ihre großen, Grabsteinen gleichenden Bauten immer exakt in Nord-Süd-Richtung ausrichten.

Reptilien und Meeresbewohner

In den tropischen Gewässern und Sümpfen Nord-Australiens, vom Kimberley-Gebiet in Western Australia bis Rockhampton an der Ostküste sind **Krokodile** heimisch. Man unterscheidet zwischen dem kleineren, schmalschnauzigen Süßwasserkrokodil *(Crocodylus johnsonii)*, das als harmlos gilt, und dem Salzwasserkrokodil *(Crocodylus porosus)*. Mit dem Letzteren ist nicht zu spaßen: Salzwasserkrokodile können, trotz ihres Namens, auch in Brack- und Süßwasser leben. Sie wandern mit den Gezeiten flussaufwärts und verstecken sich in vom Meer weit entfernten Wasserlöchern, wo sie dann ihrer Beute auflauern. Man lasse sich von der scheinbaren Trägheit dieser Kolosse nicht täuschen. In einer blitzschnellen Attacke ergreifen sie ihre Beute, die nichtsahnend am Ufer weilt, ziehen sie ins Wasser und ertränken sie, bevor sie sie verzehren. Auch Menschen, ja sogar Rinder, gehören zur Beute der Salzwasserkrokodile. Bevor man im Norden im Meer, Fluss oder in einem Wasserloch badet, sollte man sich deshalb vorher bei Einheimischen danach erkundigen, ob es dort Krokodile gibt, und Warnungen und Warnschilder ernst nehmen. Auch Zelten, ein Spaziergang, Picknick oder Angeln an einem trüben Wasserlauf sind im Norden nicht anzuraten – auch wenn manche Einheimische das Schicksal herausfordern und diesen Grundregeln zuwiderhandeln.

Andere Tiere, vor denen man sich in Australiens Gewässern unbedingt hüten muss, sind hochgiftige **Quallen**, die in der Regenzeit, etwa von Oktober bis Mai, das Baden an der gesamten nordaustralischen Küste unmöglich machen. Das Gift der großen **Würfelqualle** *(box jellyfish)* löst sofort nach Kontakt intensive Schmerzen aus und kann schlimmstenfalls, wenn eine größere Körperfläche betroffen ist und nicht schnell genug ein Gegengift verabreicht wird, den Herzmuskel lähmen und damit zum Tode

Nicht zu überhören: der Gelbhaubenkakadu

führen. Die **Irukandji-Qualle** ist mit dem *box jellyfish* verwandt und wie dieser durchsichtig, aber nur etwa erbsengroß und weist vier kaum sichtbare, kurze Tentakel auf. Der Kontakt ist anfangs wenig schmerzhaft, aber 20–30 Minuten später, wenn sich das Gift durch den Kreislauf im Körper des Opfers verbreitet hat, setzen die Symptome ein und eine höllische Tortur beginnt. Die im Wasser aufgespannten Netze *(stinger nets)* halten nur die Würfelquallen fern, aber nicht die winzigen Irukandji.

Ebenfalls nicht zu spaßen ist mit **Stachelrochen** *(stingray)*, den potenziell tödlichen **Steinfischen** *(stonefish)* und den ebenso letalen, länglichen, schwarz-weiß gezeichneten Muscheln **Coneshell** sowie mit der **Blauringelkrake** *(blue ringed octopus)*. Die **Haifischarten** reichen von den nur 0,5 m langen *cat sharks* bis hin zu den 18 m langen *whale sharks*. Viele Arten sollen Menschen meiden, die *white pointer, blue pointer, whaler, tiger* und *hammerhead sharks* sind dafür bekannt, dass sie Menschen angreifen und schwer verletzen. Haiattacken kommen v. a. in den kühleren Gewässern der Ost- und Südküste vor. Australien hat weltweit die zweithöchste Anzahl an Haiattacken (nur die USA haben mehr), aber die höchste Anzahl an tödlichen Attacken.

Vier Fünftel aller Tiere der Gattung *Varanus*, etwa 20 Arten, sind in Australien beheimatet. Die **Goannas**, wie man sie dort nennt, gibt es sowohl im Miniformat von 20 cm (Kurzschwanzwaran) bis zu einer Länge von immerhin mehr als zwei Metern (Riesenwaran). Einige Arten leben auf dem Boden oder teilweise im Wasser. In Ost-Gippsland, im Osten Victorias, leben *tree goannas* in den Bäumen. Hinzu kommen **Agamen** wie die *frill necked lizard* (Kragenechse), die bei drohender Gefahr eine riesige Halskrause aufbläst, um Angreifer zu erschrecken, der harmlose, aber schrecklich anzusehende Dornenmoloch *(thorny devil)* sowie Skinke wie der *blue tongued lizard* (Blauzungenskink).

Schlangen

Knapp zwei Drittel aller australischen Schlangen gehören der Familie der **Giftnattern** an. Einige zählen zu den giftigsten der Welt. Die Taipan, die Tigerschlange *(tiger snake)*, die Braunschlange *(king brown)*, die Todesotter *(death adder)* und die Kupferkopfschlange *(copper head)* sind wegen ihres tödlichen Giftes besonders gefürchtet. Die *inland taipan* (auch bekannt unter den Namen *Western taipan, fierce snake, small-scaled snake* oder *Lignum snake*;

lat. Name *Oxyuranus microlepidotus*) ist die tödlichste Landschlange der Welt, eine Dosis ihres Giftes (ca. 40–50 mg) reicht aus, um etwa 218 000 Mäuse zu töten. (Zum Vergleich: eine Dosis der zweittödlichsten Schlange, der *taipan*, tötet 95 000 Mäuse, eine Dosis der an dritter Stelle stehenden *Reevesby Island tiger snake* tötet 18 000 Mäuse). Allerdings kommt die *inland taipan* nur in der abgelegenen Gegend um den Cooper Creek (extremer Nordosten von South Australia) und im Channel Country (extremer Südwesten von Queensland) vor.

Die Gefahr eines Schlangenbisses ist in Australien recht gering. Schlangen greifen i. d. R. nur an, wenn sie sich gestört fühlen. Etwas Vorsicht und angemessene Kleidung beim *bushwalking* sind dennoch angebracht.

Importierte Tiere und Pflanzen

Da sich Australien schon sehr früh von den anderen Erdteilen abgetrennt hatte, entwickelten sich in der dort entstandenen Isolation hoch spezialisierte Tier- und Pflanzenarten. Solche Arten sind in der Regel nicht sehr widerstandsfähig, wenn sie sich mit anderen, plötzlich eingeführten Formen auseinandersetzen müssen. Die weißen Siedler, denen ihre neue australische Umwelt von Anfang an nicht ganz geheuer gewesen war, waren sich bis in die Mitte des letzten Jahrhunderts nicht im Klaren darüber, wie sehr sie mit den aus ihrer Heimat mitgebrachten Tieren und Pflanzen die Umwelt verändert, oft sogar zerstört hatten. Viele Beuteltiere sind seitdem ausgestorben, andere vom Aussterben bedroht. Herden wilder Esel, Pferde, Dromedare, im Northern Territory auch Büffel, durchstreifen das Land. Die **Kamele** haben sich Anfang des dritten Jahrtausends zu einer wahren Landplage entwickelt. Füchse und entlaufene Katzen sind Wilderer ohne natürliche Feinde. Einige Tiere und Pflanzen gleichen den bösen Geistern, die, einmal gerufen, nur schwer wieder loszuwerden sind.

Das bekannteste Beispiel sind die **Kaninchen** und **Hasen**, die zu Jagdzwecken von einem Briten nach Australien gebracht wurden. Mangels natürlicher Feinde vermehrten sie sich explosionsartig; die Jäger kamen mit dem Schießen nicht mehr nach. Erst nach der Einführung des für diese Pelztiere tödlichen Myxomatose-Virus gelang es, der Landplage ein wenig Herr zu werden. Inzwischen nimmt die Zahl der Hasen und Kaninchen schon wieder zu, da sich langsam eine Resistenz gegen das Virus entwickelt hat.

Eine ähnlich tragisch-bizarre Geschichte lässt sich von der **Agakröte** *(cane toad, Bufo marinus)* erzählen, die 1935 in guter Absicht als Schädlingsbekämpfer in die queensländischen Zuckerrohrfelder gebracht wurde und sich stattdessen zu einer Landplage entwickelte, derer man sich noch immer nicht erwehren kann. Rasch breiteten sich die hochgiftigen Kröten aus, nach Süden und Norden entlang der Küste und seit den 80er-Jahren quer durch Queensland und das Northern Territory. Trotz des energischen Kampfs von Freiwilligenorganisationen wie den *Kimberley Toad Busters* ist der Invasion dieser Schädlinge in so fragilen Regionen wie dem Kakadu Nationalpark und der Kimberley-Region kaum Einhalt zu gebieten. 2024 erreichte die Agakröte die Stadt Derby an der Nordwestküste.

Eine eingeführte Kakteenart, die **Stachelbirne** *(prickly pear, Opuntia stricta)*, machte 1925 im Osten Australiens ein Gebiet von 240 000 km² nutzlos. Erst die Raupe des argentinischen Schmetterlings *Cactoplastis cactorum* brachte das enorme Wachstum der Stachelbirne unter Kontrolle.

Rinder, die Australien ernähren, wird man wohl nicht sofort als Schädlinge einstufen. Vor der Einführung von Mistkäfern, die den Dung beseitigen, bereitete die Viehhaltung der australischen Umwelt jedoch große Probleme, denn die Kuhfladen blieben jahrelang trocken auf den Weiden liegen. Die landesweit verbreitete, jeden irritierende Plage aufdringlicher Fliegen ist v. a. den Rindern zu verdanken.

Die scheinbar harmlosen europäischen **Hauskatzen** richten ebenfalls großen Schaden bei der australischen Tierwelt an, v. a. wenn sie (was oft vorkommt) verwildern und vom Aussterben bedrohte Vogel- oder Beuteltiere jagen. In manchen Städten gelten heute Ausgangssperren: Katzen müssen dann bei Nacht im Haus bleiben.

Geschichte

Die aufgezeichnete Geschichte Australiens beginnt mit der europäischen Besiedlung und umfasst nur eine kurze Periode von rund 250 Jahren. Die „neue australische Gesellschaft" trägt noch immer die Eierschalen hinter den Ohren. Das Land selbst ist jedoch uralt. Wahrscheinlich bildete sich Australien vor 2–3 Mrd. Jahren in der Erdurzeit, im Präkambrium. Damals war es noch ein Teil des Urkontinents Gondwanaland, der die Vorläufer des heutigen Südamerika, Afrika, Indien, Australien und der Antarktis umfasste. Granitgestein aus der präkambrischen Zeit findet man in ganz Australien, ausgenommen Victoria.

Zu Beginn des Mesozoikums, vor etwa 200 Mio. Jahren, brach Gondwanaland auseinander, Australien und die Antarktis spalteten sich von den anderen Kontinenten ab. Der mittlere Teil von Australien senkte sich langsam ab. Im Laufe seiner Entwicklung war die Große Australische Senke mehrmals vom Meer bedeckt, in das wasserreiche Flüsse mündeten. Gebirge und Erhebungen wurden im Laufe von Jahrmillionen durch Erosion abgetragen. Während der letzten Eiszeit vor etwa 50 000 Jahren bestanden Landbrücken nach Neuguinea und Tasmanien, da der Meeresspiegel wegen der Eiskappenbildung an den Polen einige Meter niedriger lag als heute.

Erste Kontakte der Europäer

Schon den Chinesen und Arabern war die Existenz einer großen Landmasse im Süden bekannt. In Europa spukte die Vermutung einer *Terra australis incognita* – einem unbekannten Südland – immerhin seit dem 12. Jh. herum. Die Portugiesen und nach ihnen die Spanier waren die ersten Europäer, die (wahrscheinlich ohne es zu wissen) die Nordküste des Südkontinents sichteten.

Anfang des 17. Jhs. gerieten holländische Handelsschiffe auf dem Weg um das Kap der Guten Hoffnung nach Java vom Kurs ab und gelangten zur Westküste Australiens. Der Holländer **Abel Tasman** „entdeckte" 1642 während einer Forschungsexpedition Tasmanien, das er nach einem holländischen Gouverneur Van Diemen's Land nannte – ohne zu merken, dass es sich um eine Insel handelte. Das neue Südland tauften die Holländer mit Blick auf eine etwaige spätere Verwendung auf den Namen Neu-Holland. Viel scheinen sie sich aber von ihrer „Entdeckung" nicht versprochen zu haben, denn bald hatten sie jegliches Interesse an Neu-Holland verloren.

Auch der erste britische Besucher der Region, **William Dampier**, fasste über seine Expedition entlang der Westküste 1699–1700 einen wenig begeisterten Bericht ab: Das Land erschien ihm *useless* – zu nichts zu gebrauchen.

Kolonisten

Nur 70 Jahre später sah die Lage ganz anders aus. **Captain Cook** hatte während seiner Weltumsegelung 1768–70 die Ostküste von Australien gesichtet. Ihm gefiel, was er sah, so proklamierte er gleich die gesamte Osthälfte des Kontinents als Eigentum der britischen Krone

ZEITLEISTE

vor ca. 200 Mio. Jahren	vor 40 000–120 000 Jahren
Die Antarktis und Australien spalten sich vom Urkontinent Gondwana ab.	Über Landbrücken und Meeresstraßen zwischen Südostasien und dem Norden Australiens gelangen die Ureinwohner ins Land.

und taufte die neue Provinz New South Wales. Eile war geboten, denn die Franzosen hatten ebenfalls begonnen, Expeditionen nach Süden zu entsenden. Am 26. Januar 1788 wurde an der Bucht Sydney Cove am Naturhafen **Port Jackson** die erste britische Niederlassung in Australien gegründet. Dieses Datum gilt als der offizielle Beginn der europäischen Besiedlung Australiens und wird heute mit dem Nationalfeiertag Australia Day gefeiert.

Europa besiedelt Australien

Die Siedlung war zunächst primär als Verbannungsort für Sträflinge aus Großbritannien gedacht. Die britischen Gefängnisse platzten zu jener Zeit aus allen Nähten. Nachdem die amerikanischen Staaten unabhängig geworden waren, konnten die Briten ihnen unliebsam gewordene Elemente dort nicht mehr abladen. Aber auch kommerzielle Interessen spielten bei der Gründung von Sydney eine Rolle: Die Siedlung sollte als britischer Handelsposten im Südpazifik dienen. Die neue Kolonie wurde zunächst durch einen Gouverneur regiert, der meist der Armee angehörte und fast absolute Macht hatte. Bald kam es zu Machtkämpfen innerhalb der Armee. Das New South Wales Corps, dessen Angehörige den lukrativen Rumhandel – die inoffizielle Währung der Kolonie – kontrollierten, tat sich dabei besonders hervor.

Bis 1830 waren 58 000 **Sträflinge**, 50 000 davon männlich, nach Australien verschifft worden. Die meisten hatten sich minderer Eigentumsdelikte schuldig gemacht. Ein Drittel der irischen Sträflinge waren jedoch politische Strafgefangene, die sich in Irland gegen die englische Herrschaft aufgelehnt hatten. Die vehement antienglische Haltung vieler Iren war denn auch während der gesamten Geschichte ein kontinuierlicher Störfaktor in der sonst eher konformen australischen Gesellschaft.

Um die Selbstversorgung der neuen Kolonie zu ermöglichen, wurden freigelassene Sträflinge und freie Siedler ermutigt, auf Farmen im Umkreis von Sydney Getreide, Obst und Gemüse anzubauen. Am profitabelsten war der **Robben- und Walfang**, an dem sich mangels Kapitals anfangs nur wenige „Neue Australier" beteiligten. Um 1830 begann der australische Wollboom. Großbauern (in Australien Pastoralisten oder *squatters* genannt) besetzten riesige Ländereien, ließen ihre Schafe weiden und wurden durch den Verkauf der Wolle steinreich.

Weitere Kolonien und Niederlassungen entstanden. Zwischen 1829 und 1859 bildeten sich die Vorläufer fünf weiterer Bundesstaaten heraus: 1829 wurde die neue Kolonie Western Australia gegründet, 1842 folgte South Australia und 1851 löste sich Victoria von New South Wales, gefolgt von Queensland, das sich 1859 von New South Wales trennte. Auch Van Diemen's Land spaltete sich 1856 unter dem Namen Tasmanien endgültig von New South Wales ab.

Goldrausch

Bald nach dem Wollboom stellte sich die zweite Glückssträhne für die australischen Kolonien ein. 1842 und 1845 stieß man in der Kolonie Süd-Australien auf Kupfervorkommen. Goldfunde, 1851 in New South Wales und 1852 in Victoria, lösten einen Goldrausch aus, der in Wellen ganz Australien überrollte und bis in die 1890er-Jahre andauerte. Hinzu kam die Entdeckung größerer Zinnlager und Silbervorkommen.

ab dem 12. Jh.	1642	1768–70
Die Kunde von einem „unbekannten Südland" verbreitet sich von China über Arabien bis nach Europa.	Der Holländer Abel Tasman „entdeckt" Tasmanien und das heutige Australien. Er tauft es „Neu-Holland".	Captain James Cook proklamiert die Ostküste Australien als britisches Eigentum. Der Staat New South Wales ist geboren.

Schlagartig verwandelte sich Australien von einem trübseligen Ort der Verbannung in das begehrte Einwanderungsland, das es bis heute geblieben ist.

In den 1940er-Jahren wurden in Australien Stimmen gegen die Deportation von Sträflingen immer lauter. Das Zuteilungssystem, das freien Siedlern Sträflinge zuwies, wurde als Quasi-Sklavensystem kritisiert und 1840 abgeschafft. Danach machte die Sträflingsverschiffung für die Australier noch weniger Sinn als zuvor. 1852 wurde sie für das östliche Australien eingestellt. In Western Australia hingegen kamen die wenigen freien Siedler auf keinen grünen Zweig und forderten schließlich Sträflinge an: Zwischen 1850 bis 1868 wurden 10 000 Sträflinge von Großbritannien nach Western Australia transportiert. Nach Ost-Australien waren zwischen 1788 und 1852 insgesamt etwa 150 000 Strafgefangene verschifft worden.

Expeditionen

Die Mitte des 19. Jhs. war die Zeit der großen **Expeditionen und Kontinentdurchquerungen**: Edward John Eyre wanderte von Adelaide an der Südküste entlang nach Albany; nach vergeblichen Anläufen von Eyre und John McDouall Stuart gelang Letzterem schließlich die Durchquerung des Kontinents von Adelaide nach Norden, und der deutschstämmige Ludwig Leichhardt durchreiste von Sydney und Südost-Queensland aus den Nordosten und Norden des Kontinents.

Zwischen 1850 und 1890 ging es mit der wirtschaftlichen Entwicklung der Kolonien sprunghaft bergauf. Exporterlöse wurden durch den Verkauf von Wolle und Mineralien erzielt. **Goldfunde** hatten Tausende von Neueinwanderern angelockt. Nach dem Abklingen des Goldfiebers blieben viele Glücksritter im Land und gründeten entweder eine kleine Farm oder arbeiteten in den Industriebetrieben von Sydney oder Melbourne, die inzwischen entstanden waren, und Werkzeuge, Möbel, Kleidung und Gebrauchsgegenstände produzierten sowie Lebensmittel verarbeiteten. Die *squatters* drangen bis in die entferntesten Gebiete des Outbacks vor und bildeten mit ihrem Großgrundbesitz eine inoffizielle Kolonialaristokratie.

Der Australische Bund ist geboren

Trotz einer Tendenz zur Eigenbrötelei der einzelnen Kolonien fasste der Gedanke einer politischen Vereinigung ab der Mitte der 90er-Jahre des 19. Jhs. langsam Fuß. Ein geeinter australischer Staat bot den Vorteil freien Handels zwischen den australischen Kolonien und besserer Verteidigung. Seit der Masseneinwanderung von Chinesen während des Goldbooms in Victoria und seit dem Krimkrieg, in dem die Briten und die Franzosen gegen die Russen gekämpft hatten, fürchteten die Australier eine Invasion aus dem Norden, sei es von Asiaten oder Europäern.

Am 1. Januar 1901 übertrugen die Kolonien einen Teil ihrer Zuständigkeiten auf eine australische Bundesregierung und bildeten damit den Australischen Bund **Commonwealth of Australia**. Er hatte eine föderalistische Verfassung, und aus den ursprünglich sechs Kolonien gingen die Bundesstaaten hervor, die einige Machtbereiche wie Außenpolitik, Verteidigung, Zoll und Immigration der Bundesregierung übertrugen. Das Frauenwahlrecht, das schon 1894 in South Australia eingeführt worden war, wurde auf alle

26.1.1788	1788	bis Mitte 1789
Das erste Schiff mit Strafgefangenen *(First Fleet)* aus England geht im Naturhafen Port Jackson vor Anker. Die Kolonie Sydney ist gegründet.	Australien wird zum „Terra Nullius" – Land ohne rechtmäßige Besitzer – deklariert.	Von den Europäern eingeschleppte Pocken kosten 50–90 % der Ureinwohner im Port Jackson das Leben.

anderen Bundesstaaten übertragen. Für die damalige Zeit war Australien damit in Bezug auf Gleichberechtigung von Frauen und Männern eines der fortschrittlichsten Länder der Welt. In späteren Jahren wurde die Macht der Zentralregierung weiter ausgebaut – ab 1942 oblag die Steuererhebung allein der Bundesregierung.

1900–1945

Nach einer Rezession um 1890 ging die wirtschaftliche Entwicklung Australiens nur zögernd voran. Das Eisenbahnnetz wurde ausgebaut und ermöglichte den Transport der landwirtschaftlichen Produkte aus dem Hinterland zu den Häfen an der Küste. Zum klassischen australischen Exportschlager Schafwolle gesellten sich Weizen, Fleisch und Zucker. Metalle, v. a. Gold, spielten wirtschaftlich eine abnehmende Rolle. Die Industrialisierung wurde im Großraum Sydney und Melbourne weiter vorangetrieben. Die Weltwirtschaftskrise erfasste Anfang der 30er-Jahre auch Australien und führte zu einer zehnjährigen Stagnation bis zum Zweiten Weltkrieg.

Im **Ersten Weltkrieg** war Australien nicht direkt bedroht. Wie Jahrzehnte vorher schon australische Kolonialtruppen an den Auseinandersetzungen der Briten im Sudan und im Burenkrieg beteiligt gewesen waren, kämpften auch jetzt australische Truppen aus Loyalität zum ehemaligen Mutterland auf britischer Seite auf den Schlachtfeldern Europas. Die Australier schickten 330 000 Soldaten, von denen 60 000 starben und 165 000 verwundet wurden – hohe Zahlen für eine Nation von knapp 6 Mio. Einwohnern.

Auch im **Zweiten Weltkrieg** ging es zunächst nur um eine Unterstützung der Alliierten auf entfernten Kriegsschauplätzen. Als die Japaner jedoch am 7. Dezember 1941 Pearl Harbour und am 19. Februar 1942 Darwin bombardierten, fand der Krieg auf einmal im eigenen Hinterhof statt. Beim Fall der bis dato als uneinnehmbar geltenden britischen Festung Singapur am 15. Februar 1942 fielen unter anderen auch 15 000 Australier in die Hände der Japaner. Kurz darauf landeten die Japaner in Neuguinea und marschierten auf Port Moresby zu.

Die alte Furcht der Australier vor einer Invasion aus dem Norden drohte Wirklichkeit zu werden. Die Briten waren auf ihren Kriegsschauplätzen in Europa, Afrika und Burma (Myanmar) beschäftigt und weder geneigt noch in der Lage, Australien zu unterstützen. Neue Verbündete waren die USA, mit deren Hilfe es im Mai 1942 gelang, die Japaner in der Schlacht in der Korallensee zu schlagen und die japanische Invasion abzuwenden.

Nachkriegszeit

Einwanderung

Die japanischen Angriffe machten den Australiern ihre Verwundbarkeit bewusst. Der Ausbau der Infrastruktur, besonders von Straßen, dichtere Besiedlung und größeres Bevölkerungswachstum erschienen geboten. Aus eigener Kraft war dies nicht zu schaffen, so wurde das riesige **Einwanderungsprogramm** der Nachkriegszeit eingeleitet. Bis Ende der 1970er-Jahre galt dabei die ungeschriebene Richtlinie der **White Australia Policy**, die Nichteuropäern den

1851–52	Mitte 19. Jh.	1.1.1901
Die ersten Goldfunde in NSW und Victoria lösen einen beispiellosen Goldrausch aus. Australien mausert sich zum begehrten Einwanderungsland.	Bahnbrechende Expeditionen helfen bei der Erschließung Australiens.	Die Kolonien vereinigen sich zum Commonwealth of Australia mit föderalistischer Verfassung.

LAND UND LEUTE

Weg nach Australien versperrte. Ab 1946 wanderten jedes Jahr durchschnittlich 100 000 Personen ein, weniger als ein Drittel kam aus Großbritannien, ein Sechstel aus Italien und je ein Zehntel aus Deutschland und den Niederlanden.

In den 1970er-Jahren nahm die Einwanderungsbehörde endgültig Abschied von der Vorstellung eines „weißen Australien" und nahm außer Asiaten verstärkt Flüchtlinge aus verschiedenen Ländern auf. Die Einwanderung erhöhte nicht nur die Bevölkerungszahl drastisch, sondern änderte nachhaltig deren Zusammensetzung. 1947 zählte Australien 7,4 Mio. Einwohner, 1988 lebten dort knapp 16 Mio., heute (2024) etwa 26,8 Mio. Menschen. 2022 waren nur 71 % der australischen Bevölkerung gebürtige Australier, und fast die Hälfte aller Australier hatte mindestens einen Elternteil, der im Ausland geboren wurde.

Ein australischer „Zeitreisender" aus den 1950er-Jahren, der dem heutigen Australien einen Besuch abstattete, würde sein Land kaum wiedererkennen. Die von den Engländern und Iren (in geringerem Maß auch von den Schotten) geprägte australische Kultur und Lebensweise, vormals ziemlich homogen, wurde durch den Einfluss immer neuer Wellen von Migranten um zahlreiche Facetten erweitert; das Leben ist bunter, schillernder, aufregender geworden. Gemessen an seiner Einwohnerzahl hat Australien im Lauf der letzten 75 Jahre eine ungeheure Zahl an Menschen aus fremden Kulturen aufgenommen. Dies lief zwar keineswegs ohne Spannungen ab, aber im Großen und Ganzen ist die Eingliederung Fremder bisher geglückt.

Multikulturalismus ist hier offizielles Glaubensbekenntnis und die kulturelle, sprachliche und ethnische Vielfalt als Kern der nationalen Identität in einem Grundsatzpapier der Regierung verankert. Die Einwanderungsbedingungen haben sich in den letzten Jahren zwar drastisch verschärft und auf gezielte Berufsgruppen ausgerichtet, dennoch soll sich die Einwohnerzahl bis ins Jahr 2050 fast verdoppeln.

Flüchtlingspolitik

Von dem Zustrom von Asylsuchenden, mit dem sich europäische Länder konfrontiert sehen, blieb der Inselkontinent aufgrund seiner geografischen Lage lange verschont – bis Menschenschmuggler den Fluchtweg von Indonesien zur Nordküste Australiens „erschlossen" und nach der Jahrtausendwende immer mehr mit Flüchtlingen überladene, meist kaum seetüchtige Fischerkutter in australischen Gewässern aufkreuzten. Die damalige liberal-konservative Regierung unter John Howard reagierte darauf mit kompromissloser Härte. Unter Berufung auf ein 1992 verabschiedetes Gesetz wurden alle Flüchtlinge, im australischen Sprachgebrauch als *boat people* bezeichnet, festgenommen und in Internierungslager gesteckt – sogenannte **Immigration Detention Centres**, einige davon befanden sich in den abgelegensten, unwirtlichsten Gebieten Australiens (u. a. Woomera in der Wüste von South Australia und Port Hedland im Nordwesten von Western Australia).

Darüber hinaus wurden, wenn irgend möglich, Flüchtlingsboote zur Rückkehr in indonesische Gewässer gezwungen; 2001 wurde australisches Hoheitsgebiet in den Gewässern nördlich des Festlands (u. a. Christmas Island, Cocos Islands, Ashmore Reef) von der australischen „Einwanderungszone" ausgeschlos-

1909–70	1914–18	25.4.1915
Mischlingskinder, später auch reine Aborigine-Kinder, werden ihren Eltern weggenommen und zu weißen Adoptiveltern oder in Heime gegeben.	Australien entsendet 330 000 Soldaten, um Großbritannien im Ersten Weltkrieg zu unterstützen. 60 000 Australier verlieren auf den Schlachtfeldern ihr Leben.	16 000 australische Soldaten landen im türkischen Galipoli. Es folgt eine Schlacht, die sich zum größten militärischen Desaster der australischen Geschichte entwickelt.

sen. Dort eintreffenden Flüchtlingen wurde das Recht verwehrt, einen Asylantrag für Australien zu stellen. Sie wurden stattdessen in **Auffanglager** auf Nauru (ein winziger pazifischer Inselstaat und kleinste Republik der Welt) und in Papua-Neuguinea verfrachtet und von der Öffentlichkeit abgeschirmt. Medien und Hilfsorganisationen wurde nur selten Zutritt gewährt. Stolz verkündete die Howard-Regierung die „pazifische Lösung" des Flüchtlingsproblems. Aus den Augen, aus dem Sinn.

Kritik an der Asylpolitik und ihrer Umsetzung, insbesondere an den Missständen in den zum Teil privatisierten Internierungslagern in Australien, stieß bei der Regierung jahrelang auf taube Ohren. Die harte Linie gegenüber allen „unautorisierten Ausländern" wurde rigide und ohne einen Funken Mitgefühls befolgt. Ob die intendierte Abschreckung ihre Wirkung zeigte oder ob andere Faktoren im Spiel waren: Die Zahl der in Booten einreisenden Flüchtlinge sank auf ein Minimum. 2005 wurde die Flüchtlingspolitik schließlich gelockert: Familien mit Kindern kamen nicht mehr in Lager, sondern in ausgewiesene Flüchtlingssiedlungen und die besonders berüchtigten Lager im Outback (Woomera, Baxter, Port Hedland) wurden sukzessive geschlossen.

Die Labor-Regierung unter Kevin Rudd gab sich nach ihrem Wahlsieg 2007 in der Flüchtlingsfrage aufgeschlossen, und mit der Schließung des Lagers auf Nauru im Februar 2008 signalisierte sie das Ende der „pazifischen Lösung". Die zwangsweise Inhaftierung aller Flüchtlinge und Asylsuchenden, die ohne gültige Papiere in Australien eintreffen, wurde allerdings nicht infrage gestellt.

Stattdessen kehrte man ab 2012 nach und nach zur pazifischen Lösung zurück: Die Internierungslager in Nauru und auf Manus Island wurden wiedereröffnet und platzten aufgrund der wesentlich höheren Flüchtlingszahlen innerhalb weniger Monate aus allen Nähten. 2013 erklärte Kevin Rudd (der inzwischen wieder den Regierungsvorsitz übernommen hatte), dass keinem, der ohne Visum per Boot australischen Boden erreiche, je Asyl gewährt würde. Trotz heftiger Kritik u. a. von internationalen Menschenrechtsorganisationen wie Amnesty International beschloss die Regierung 2023 abermals, das Flüchtlingslager in Nauru weiter in Betrieb zu halten.

Außenpolitik und Wirtschaft

Der Zweite Weltkrieg zeigte, dass Australien sich nicht mehr auf den Schutz der britischen Royal Navy verlassen konnte. Auch für den Handel schienen die USA der geeignetere Bündnispartner. Der Koreakrieg und der Vietnamkrieg rührten wieder einmal an Ängsten vor einer Invasion, diesmal von asiatischen Kommunisten.

Australien schloss 1951 mit Neuseeland und den USA den **ANZUS-Pakt** ab, der US-Beistand im Falle eines Angriffs garantierte. 1954 trat Australien der SEATO (South East Asia Treaty Organization) bei, die die Anwesenheit US-amerikanischer Truppen im Fernen Osten verstärkte. Gemäß der alten australischen Tradition der Waffenhilfe entsandte Australien zur Unterstützung der Amerikaner Freiwillige und Rekruten in den Vietnamkrieg. Während des Golfkriegs 1991 stellte es zwei Kriegsschiffe und amerikanische Spähstationen konnten von

19.2.1942	3.6.1992	13.2.2008
Japanische Bomben fallen auf Darwin. Mit amerikanischer Hilfe kann eine japanische Invasion abgewendet werden.	Mit der Mabo Decision widerlegt zum ersten Mal ein Gericht die *Terra-Nullius*-Fiktion.	Mit seiner historischen „Sorry-Ansprache" entschuldigt sich Premierminister Kevin Rudd offiziell bei den Opfern der Stolen Generation.

australischem Boden aus Aufklärungsarbeit leisten. Nach dem 11. September 2001 kämpften australische Truppen sowohl in Afghanistan als auch im Irak an der Seite der Amerikaner.

Auf wirtschaftlichem Gebiet setzte mit der Entdeckung riesiger **Eisenerzlager** in der Pilbara-Region von Western Australia in den 1960er-Jahren eine der Glückssträhnen ein, die viele Australier fast als selbstverständlich hinnehmen. Funde von Bauxit, Blei, Kupfer, Silber, Zinn und Zink, später sogar Uran ergänzten die Bergwerksbonanza. Bei der Erschließung dieser und anderer Rohstoffquellen war japanisches Kapital maßgeblich beteiligt.

Nach dem Börsenkrach von 1987 befand sich die australische Wirtschaft auf einer Talfahrt, von der sie sich erst fünf Jahre später zu erholen begann. Danach ging es aber stetig aufwärts. 2007 verzeichnete Australien sein 16. Wachstumsjahr in Folge. Während der globalen Finanzkrise 2008/2009 ging das Wirtschaftswachstum zwar zurück, von einer Rezession sprach man in Australien aber nicht.

Vor allem treibt seit Anfang des Jahrtausends ein unglaublicher Rohstoffboom das Wirtschaftswachstum voran. 2018 sorgten Rohstoffe für 35 % aller Exporteinnahmen. Der Großteil der abgebauten Rohstoffe wird nach Asien exportiert; der Hauptabnehmer ist nach wie vor China (v. a. Eisenerz und Kohle), auch wenn die Nachfrage in den letzten Jahren abgeklungen ist, was sich vor allem auf die Wirtschaft in Western Australia auswirkte. Die reichhaltigen Kohlelager – Australien verschifft weltweit die größte Menge an Kohle – erweisen sich jedoch unter Umweltaspekten als Fluch: 85 % seiner Energie gewinnt Australien aus Kohle.

Die Ureinwohner

Vor der Ankunft der Europäer

Die Ureinwohner kamen vermutlich vor 50 000 bis 65 000 Jahren von der Inselwelt Südostasiens in den Norden Australiens, wobei sie etliche Meeresstraßen mit seetüchtigen Booten überquert haben müssen. Damit können die australischen Aborigines die älteste kontinuierliche Kultur der Erde ihr eigen nennen. Nichts anderes besagt auch ihr Name. Er leitet sich vom lateinischen *ab origine* ab, was in freier Übersetzung bedeutet: jemand, der von Anfang an da war. Die Ureinwohner sahen sich nicht als ein einziges Volk, sondern benutzten für ihre eigene Gruppe und andere Völker Eigennamen, ähnlich wie wir von Deutschen, Polen und Franzosen sprechen.

Es gibt einige Sammelnamen, die aber immer nur für die Ureinwohner bestimmter Gebiete verwendet werden – *Koori* für die Ureinwohner Süd- und Südost-Australiens, *Murri* für jene Nordost-Australiens und *Noongah* (manchmal auch *Nyungar* geschrieben) für jene Südwest-Australiens. Die Bewohner der Inseln in der Torres Strait, der Meeresstraße zwischen Neuguinea und Australien, bezeichnet man als *Torres Strait Islanders*. In diesem Buch werden für die indigenen Australier die Begriffe Ureinwohner, Aborigines bzw. Torres Strait Islanders verwendet.

Darüber, wie viele Ureinwohner bei der Ankunft der Europäer in Australien lebten, gehen die Schätzungen stark auseinander: zwischen 300 000 und 700 000. Sie bildeten etwa 500 Völker (oft wird der ungenaue Ausdruck „Stamm“ gebraucht) und weitere Untergruppen. Sie

Ende 2019/Anfang 2020	2021–2021	2024
Die schlimmsten Buschbrände der australischen Geschichte vernichten 180 000 km² Land und töten eine Milliarde Tiere.	Australien schließt während der Covid-19-Pandemie seine Grenzen. Zeitweise befindet sich der ganze Kontinent im Lockdown.	Am Great Barrier Reef wird die fünfte Massenkorallenbleiche in nur acht Jahren verzeichnet.

Zur „Magnificent Gallery“ auf der Cape York Peninsula gelangen Besucher mit Ureinwohner-Guide.

waren semi-nomadisierende **Jäger und Sammler**, deren materiell-technologische Kultur auf das Nötigste beschränkt war. Sie hatten jedoch ein äußerst komplexes soziales sowie spirituell-religiöses System entwickelt, das den Menschen als einen Bestandteil der natürlichen Welt betrachtete. Demnach ist jeder Mensch ein direkter Nachfahre mythischer Vorfahren, die in der Urzeit das Land und alle Lebewesen erschufen.

Diese **Schöpfungsgeschichte**, ungenau mit *Dreamtime* (Traumzeit) übersetzt, wurde in Liedern und Versen überliefert, die Initiierten bekannt waren. Jeder Teil der Landschaft, sei er noch so unscheinbar, jeder einzelne Felsen, Hügel, Baum oder Strauch, jede Wasserstelle oder Düne, hat für traditionell denkende Ureinwohner eine konkrete Bedeutung und bildet für sie einen unverrückbaren Teil ihrer Identität. Sie und das Land ihrer Vorfahren gehören als organisches Ganzes zusammen. Nichts ist dieser Sichtweise fremder als die Vorstellung, dass man Land besitzen und für Geld kaufen und verkaufen kann, denn demnach betrachtet die gegenwärtige Generation sich in einer langen Kette von Vorfahren und Nachfahren als die gegenwärtigen Hüter „ihres“ Landes.

Ihre Spiritualität ermöglichte es den Ureinwohnern, 40 000 Jahre (anderen Schätzungen nach sogar 60 000 Jahre) in Frieden und Einklang mit der Natur zu leben. Allerdings wirkten sie durchaus auch auf die Natur ein. Da Savannen und offene, lichte Wälder sich besser zum Jagen eigneten als dichte Urwälder, brannten sie regelmäßig ihre Jagdgründe ab. Vor 10 000 Jahren brachten sie den Dingo, den australischen Wildhund nach Australien, der zum Aussterben des Tasmanischen Teufels und des Tasmanischen Tigers (*Thylacene*, auch Beutelwolf genannt) auf dem Festland führte. Die im Norden lebenden Aborigines hatten vor Ankunft der Europäer zwei- bis vierhundert Jahre lang sporadische Kontakte mit Seeleuten aus dem indonesischen Archipel und Völkern aus Neuguinea; auf eine große Invasion von Fremden waren sie jedoch nicht vorbereitet.

Kolonisierung und die Folgen

Für die britischen Neuankömmlinge galt die Doktrin *Australia, Terra Nullius* – sie betrachteten Australien als Land, das keinem gehörte und deshalb auch ohne Weiteres in Besitz genommen werden konnte. Die paar dunkelhäutigen Ureinwohner fielen nach dieser Auffassung nicht weiter ins Gewicht. Sie streiften ja nur, mit Steinzeitwerkzeugen ausgerüstet, durch das Land, betrieben keinen für europäische Augen erkennbaren Ackerbau, hatten keine erkennbaren permanenten Siedlungen aufzuweisen – von „Besitz" konnte also, so lautete die bequeme Legitimation der Landnahme, keine Rede sein. Die *Terra-Nullius*-Fiktion wurde erst 1992 in einem Gerichtsurteil des High Court aufgehoben (S. 118).

Viele Ureinwohner fielen den von europäischen Siedlern eingeschleppten **Krankheiten** zum Opfer, gegen die sie in ihrer jahrtausendelangen geografischen Isolation keinerlei Abwehrkräfte entwickelt hatten: Pocken, Grippe, Diphterie, Masern, Typhus, Geschlechtskrankheiten. Die erste Pockenepidemie brach im April 1789 aus, 15 Monate nach der Gründung der ersten Siedlung am Sydney Cove, und raffte die meisten Ureinwohner in der Umgebung dahin.

Als die Pastoralisten ab Anfang des 19. Jhs. auf der Suche nach Weideland für ihre riesigen Viehherden immer weiter von den Küsten ins Hinterland vordrangen, wurden Aborigines vom Land ihrer Vorfahren vertrieben. Sie verloren damit ihre Heimat, den zentralen Bezugspunkt ihrer Identität, aber auch ihre Nahrungs- und Trinkwasserquellen. Rinder und Schafe fraßen den Kängurus, Wallabies und anderen einheimischen Tieren das Gras weg, verschmutzten Wasserlöcher und Bäche und wühlten mit ihren harten Hufen die dünne fruchtbare Erdschicht an der Oberfläche auf. Bäume wurden gefällt, ganze Wälder gerodet; Pflanzen, die in der Ernährung der Ureinwohner eine wichtige Rolle gespielt hatten (z. B. *myrnong*, wilde Yams, im Westen Victorias) verschwanden.

Mit den Folgen der Einführung europäischer Tiere und der bedenkenlosen Abholzung ganzer Landstriche – zunehmende Erosion und Versalzung der Böden – muss sich Australien bis heute auseinandersetzen. Aborigines setzten sich mit Viehdiebstählen zur Wehr, auch mit guerillaartigen Überfällen auf weiße Siedler, und bestätigten damit nur deren Überzeugung, die „Schwarzen" seien hinterhältig und eine Bedrohung. Die „primitiven" Ureinwohner trügen kaum noch menschliche Züge, glichen eher wilden Tieren, seien wie Ungeziefer.

So waren, wie ein britischer Hochkommissar im Jahre 1883 über die in Queensland weitverbreitete Einstellung gegenüber den Aborigines berichtete, selbst äußerst gebildete und kultivierte Gentlemen in der Lage, über das Töten einzelner Ureinwohner zu sprechen, als redeten sie über die Erlegung eines Raubtieres oder über eine sportliche Jagd. Bei Verfolgungs- und Vergeltungsjagden wurde oft **Native Police** eingesetzt, die von der Kolonialadministration aus orts- und stammesfremden Aborigines rekrutiert wurde. Diese „schwarzen Polizisten" waren bei den verfolgten Aborigines besonders gefürchtet, da sie sich – im Gegensatz zu den meisten Weißen – bestens im Busch auskannten, über einen hervorragenden Spürsinn verfügten und darüber hinaus die Sache ihrer weißen Vorgesetzten zu ihrer eigenen gemacht hatten.

Angesichts der weitverbreiteten mörderischen Praktiken der Siedler gewann man in der Kolonialverwaltung die Überzeugung, dass die Ureinwohner des Schutzes bedürften. Da der Erlass von Schutzgesetzen wenig bewirkte, bot sich die Lösung an, sie physisch von den potenziellen Mördern, Vergewaltigern, Opium- und Alkoholverkäufern fernzuhalten. **Reservate** und **christliche Missionsstationen** wurden gegründet, meist in abgelegenen, schwer zugänglichen Gebieten (in Queensland u. a. auf Palm Island, Mornington Island und der Yarrabah Peninsula), und Ureinwohner wurden teils überredet und mit Versprechungen angelockt, teils gezwungen, sich „zu ihrem eigenen Schutz" dort anzusiedeln. Meist fand sich in diesen Siedlungen ein bunt zusammengewürfelter Haufen von Menschen zusammen, die aus ihrem traditionellen Familien- und Stammeszusammenhang herausgerissen waren, keine Beziehung zur neuen „Heimat" und wenig oder gar nichts mit den anderen Ureinwohnern gemeinsam hatten, nicht einmal die Sprache.

Die Missionare ließen Äcker, Gemüse- und Obstgärten anlegen, Schlafräume, Schulen und Kapellen errichten, sorgten für Wasserzufuhr und Abwasserentsorgung, und in dieser Hinsicht stellten ihre Missionsstationen in der Tat eine Zuflucht dar. Sie hatten dort aber auch die unumschränkte Autorität inne; waren praktisch Gesetzgeber, Polizei und Richter in einem. Sie waren der rechtliche Vormund jedes Kindes und jedes Erwachsenen, kontrollierten jedermanns Einkommen, erließen strikte Verhaltens- und Kleidungsvorschriften. Englisch war die einzig akzeptierte Sprache; die Muttersprachen, alle Geschichten oder Verhaltensweisen, die an die alten „heidnischen" Gewohnheiten erinnerten, waren verboten und Zuwiderhandlungen wurden nach Gutdünken bestraft.

Die Zufluchtsstätte wurde buchstäblich zum Gefängnis, denn es war den „Insassen" untersagt, sich unerlaubt aus der Siedlung zu entfernen. Die Unterweisung der Aborigines in der christlichen Lehre (bzw. in der Version, der die Missionare jeweils angehörten), war von zentraler Bedeutung. Die Kombination von Fertigkeiten im Bereich von Haus- und Landarbeit, Gewöhnung an Disziplin und Unterordnung und eine „fromme" (d. h. fügsame) Einstellung war sehr begehrt bei potenziellen weißen Arbeitgebern. Ab Ende des 19. Jhs. versorgten die Missionen viele *outback stations* mit schwarzen Dienstmädchen und Landarbeitsgehilfen, die für kaum mehr als Kost und Logis arbeiteten.

Staatliche Wohlfahrtsämter setzten die paternalistische „Fürsorge" für die Aborigines fort: 1869 wurde in Victoria der Board for the Protection of Aborigines gegründet, 1883 in New South Wales, 1897 wurde in Queensland das Gesetz zur Aboriginal Protection and Restriction of the Sale of Opium erlassen, gefolgt vom Aborigines Act 1905 in Western Australia und 1911 in South Australia. Mehr oder weniger sahen sie alle das Gleiche vor: Die Behörde bestimmte, wer in den Reservaten leben durfte und wer nicht, und hatte das Recht, Unerwünschte in ein anderes Reservat umzusiedeln, ohne Rücksicht auf Familienbindungen oder die eigenen Wünsche der Betroffenen (Queensland). In den anderen Staaten bezog sich dieses Recht v. a. auf Kinder, die ohne Zustimmung der Eltern und ohne Gerichtsurteil aus der Familie entfernt und in eine „Reformschule" oder Wohnheim gesteckt werden konnten.

In einigen Staaten war der an der Spitze der Behörde stehende Beamte („Governor" oder „Chief Protector") der gesetzliche Vormund für alle Kinder von Ureinwohnern, egal ob ihre Eltern lebten oder nicht. Erklärtes Ziel der „Eingeborenenpolitik" war weit bis in die Mitte des 20. Jhs. die **Assimilation**. Die Überlebenden der alten Aboriginal-Völker betrachtete man als Angehörige einer sterbenden Rasse; viele Missionare und andere Wohlmeinende (u. a. Daisy Bates) sahen ihre Aufgabe darin, den dem Untergang Geweihten an ihrem Sterbebett beizustehen („to smooth their dying pillow").

Ganz anders die **Mischlingskinder**, die viele Aboriginal-Frauen zur Welt brachten. Diese Kinder, so lautete die vorherrschende Meinung, hatten das Potenzial, in der vorherrschenden anglo-irischen Kultur aufzugehen, wenn man sie nur – so früh wie möglich – aus ihren Aboriginal-Familien entfernte. So kam es dazu, dass Vertreter der staatlichen Fürsorge Aboriginal-Frauen, die ein Kind von einem Weißen bekommen hatten, ihr Baby wegnahmen und es entweder in ein Waisenhaus steckten oder zur Adoption an weiße Familien freigaben. Bald waren auch reine Aboriginal-Kinder betroffen, also solche, die keinen weißen Elternteil hatten. Kindern, die sich nicht mehr an ihre Aboriginal-Familie erinnern konnten, wurde meistens erzählt, ihre Mutter lebe nicht mehr oder habe sie freiwillig weggegeben.

Diese Praxis wurde in allen australischen Bundesstaaten durchgeführt, mehr oder weniger systematisch, und hielt bis Anfang der 1970er-Jahre an. 110 000 bis 130 000 Aboriginal-Kinder waren davon betroffen. Zahlreiche ihrer erschütternden Schicksale sind in dem 1997 erschienenen Bericht *Bringing Them Home* (manchmal auch *The Stolen Children Report* genannt) einer staatlichen Untersuchungskommission dokumentiert. Die betroffenen Kinder gingen als die sogenannte „Stolen Generation" in die australische Geschichte ein.

Die Situation seit 1967

Bis 1967 galten Aborigines als Mündel des Staates; dann erst wurden ihnen Bürgerrechte verliehen, was sie u. a. dazu berechtigte, an Wahlen teilzunehmen, ihren Wohnsitz und ihre

Ehepartner frei zu wählen und Alkohol zu konsumieren. Der Erwerb des vormaligen „Whitefella"-Privilegs, sich nach Lust und Laune volllaufen zu lassen, erwies sich für die Aborigines jedoch als Fluch, mit dessen zerstörerischen und selbstzerstörerischen Auswirkungen sie bis heute zu kämpfen haben. Die Rechte auf dem Papier haben die Lebensverhältnisse der Ureinwohner ebenso wenig grundsätzlich verbessert wie finanzielle staatliche Zuwendungen.

Native Title und Reconciliation

Seit den 1990er-Jahren wird die Beziehung zwischen den Ureinwohnern und dem weißen Australien durch Entwicklungen und Auseinandersetzungen geprägt, die sich um diese zwei Begriffe drehen. Bei der **Native-Title**-Diskussion geht es um die Frage, ob und unter welchen Bedingungen „traditionelle Eigentümer" einen Anspruch auf Land haben, und ob dieser Native-Title-Anspruch gleichzusetzen ist mit einem Besitzrecht *(title)* im europäisch-australischen Sinn.

Von bahnbrechender Bedeutung war das Grundsatzurteil des High Court of Australia vom 3. Juni 1992 in der Klage des Torres Strait Islanders Eddie Mabo gegen die queensländische Regierung, die sogenannte **Mabo Decision**, mit dem die bis dato unangefochtene *Terra-Nullius*-Fiktion zurückgewiesen wurde. Zum ersten Mal erkannte ein australischer Gerichtshof an, dass Australien, das durch die britische Krone ab 1788 in Besitz genommen worden war, sehr wohl besiedelt gewesen war, und dass die traditionellen Rechte der Ureinwohner auf das Land ihrer Vorfahren durch die Inbesitznahme keineswegs erloschen waren.

Recht hastig und ohne nähere Konsultation betroffener Aboriginal-Gruppen wurde im Anschluss an diese Gerichtsentscheidung im Dezember 1993 der **Native Title Act** (oder: Mabo-Gesetz) vom australischen Parlament verabschiedet, ein Landrechtsgesetz, das mögliche Rechtsansprüche traditioneller Eigentümer auf Grundbesitz regelt. Während die konservativen Oppositionsparteien, insbesondere in Western Australia und Queensland, sowie Vertreter der Bergbauindustrie daraufhin den wirtschaftlichen Untergang ihrer Unternehmen (und damit – so wurde impliziert – der einzelnen Bundesstaaten und Australiens) kommen sahen, betrachteten viele Aborigines und Torres Strait Islander das Mabo-Gesetz als eine hohle Geste der Versöhnung, die die Frage der Kompensation für den Verlust ihrer traditionellen Stammesgebiete außer Acht lasse und somit die ursprüngliche Enteignung zementiere.

Im Jahre 1996 sorgte ein weiteres High-Court-Urteil, die sogenannte **Wik Decision**, erneut für Furore. Diesmal ging es um *pastoral leases*, von der Krone gepachtetes Land, das meist als Viehweide genutzt wird. Das Wik-Volk von der Cape York Peninsula hatte Native Title für ein verpachtetes Stück Land eingeklagt. Ihnen wurde in letzter Instanz recht gegeben: Ein Native Title sei nicht automatisch durch die Verpachtung des Landes erloschen, sondern könne mit dem Pachtrecht koexistieren. Dem Urteil wurde aber auch hinzugefügt, dass im Falle eines Konflikts zwischen dem Recht des Pächters und dem Recht der traditionellen Eigentümer dem Recht des Pächters der Vorrang einzuräumen sei.

Daraufhin wurde 1998 ein weiterer umstrittener Native Title Act, die **Wik Legislation,** verabschiedet, der das Urteil aufgriff und die möglichen Ansprüche traditioneller Eigentümer weiter einschränkte. Wenige Landrechtsklagen haben Aussicht auf Erfolg. Ein Native Title Tribunal prüft jeden einzelnen Fall, das Verfahren ist äußerst langwierig und komplex und die rechtlichen Hürden enorm. Unter anderem haben traditionelle Eigentümer eine bis zum heutigen Tag andauernde Verbindung zu dem fraglichen Landgebiet nachzuweisen – Pech, wenn die Generation der Großeltern oder Urgroßeltern vertrieben wurde.

Reconciliation – Versöhnung – war in den 90er-Jahren ein weiteres Schlüsselwort in allen Debatten über die Beziehungen zwischen Weiß und Schwarz. Wie die Resonanz auf die 1997 von Pauline Hanson gegründete rechtslastige One Nation Party zeigte, tat (und tut) sich eine Minderheit von Australiern schwer damit, von einem Gefühl der Überlegenheit Abschied zu nehmen. Zwar fehlten Pauline Hanson Sach-

Manuel Pamkal lehrt Besuchern der Top Didj Art Gallery bei Katherine das Speerwerfen.

wissen und ein kohärentes politisches Konzept, aber ihre populistischen Reden von der heilen Welt der Vergangenheit, als „die Schwarzen noch genügsam und bescheiden waren" und noch keine „Massen von Einwanderern" aus Asien das Land „überschwemmten", fanden eine Zeit lang durchaus Gehör, ihre Partei Anhänger und Sitze in einigen Parlamenten der Bundesstaaten. Zu Anfang des Jahrtausends war die One Nation Party dann wieder von der politischen Bildfläche verschwunden.

Die *prinzipielle* Anerkennung der Landrechte der Ureinwohner auf juristischer und politischer Ebene nach mehr als 200 Jahren war ein erster Schritt in Richtung Versöhnung. Den nächsten Schritt – ein offizielles Eingeständnis des in der Vergangenheit den Ureinwohnern zugefügten staatlichen Unrechts und ein Reuebekenntnis – wies die Regierung John Howard (1996–2007) weit von sich. Die von ihm verächtlich als „Black Armband History" bezeichnete Geschichtsauffassung, formuliert von professionellen Schwarzsehern, war ihm zutiefst zuwider. Howards konservatives Geschichtsbild konzentrierte sich auf die Leistungen der Pioniere und die zivilisatorische Erschließung des Kontinents durch die (primär) angelsächsischen Siedler. Hinter der Ablehnung stand aber auch die konkrete Befürchtung, ein offizielles Schuldbekenntnis könnte enorme Schadensersatzforderungen der Aborigines nach sich ziehen. So wurde das Thema *Stolen Generation* von ihm und seiner Regierung entweder geleugnet oder heruntergespielt.

Seit 1998 wird jedes Jahr am 25. Mai – dem „National Sorry Day" – der Stolen Generation gedacht. Doch erst der klare Wahlsieg der Labor Party im November 2007 brachte einen Wandel in dieser Frage mit sich. Anfang Februar 2008 eröffnete Howards Nachfolger Kevin Rudd die erste parlamentarische Sitzungsperiode seiner Amtszeit mit seiner historischen **„Sorry"-Ansprache**. Eine wichtige symbolische Geste, die zum Heilen tiefer Wunden beitragen mag, sowohl in der Psyche der Betroffenen als auch in der kollektiven Psyche der Nation. Kompensationszahlungen lehnte aber auch die Labor-Regierung ab.

Regierung und Politik

Australien ist als **parlamentarische Monarchie** Mitglied im britischen Commonwealth of Nations. Das offizielle Staatsoberhaupt ist somit der britische König Charles III., der in Australien durch einen **Governor General** (Generalgouverneur) vertreten wird. Seit 1986 ist ein Gesetz in Kraft, das die früheren verfassungsmäßigen Bindungen an Großbritannien aufhebt. Die konservative Howard-Regierung (1996–2007) tat ihr Möglichstes, die vom Labor-Vorgänger in Bewegung gesetzte Loslösung Australiens von der britischen Krone und die Einrichtung einer Republik zu bremsen, wenn nicht gar zu sabotieren, sodass der zu diesem Thema 1999 durchgeführte Volksentscheid scheiterte.

Australien besteht aus den sechs **Bundesstaaten** New South Wales, Queensland, Western Australia, South Australia, Victoria und Tasmania, außerdem zwei internen Territorien, dem Australian Capital Territory um die Hauptstadt Canberra und dem Northern Territory, sowie sieben externen Territorien – Inselgruppen im Indischen Ozean und im Pazifik sowie einem Teil der Antarktis.

Die momentane **Verfassung** sieht eine föderative Regierungsform vor und kann nur durch einen Volksentscheid geändert werden. Einer Verfassungsänderung müssen die Mehrheit aller Wähler des Landes sowie die Mehrheit der Wähler in allen Bundesstaaten zustimmen.

In Australien besteht **Wahlpflicht**, sowohl für **Wahlen** für den australischen Bund als auch auf der Bundesstaatsebene, vereinzelt sogar für Wahlen auf lokaler Council-Ebene. Die Bundeswahl findet etwa alle drei Jahre statt. Wahlberechtigt sind erwachsene Bürger Australiens ab 18 Jahren.

Das **Parlament** besteht aus zwei Kammern, dem House of Representatives (Unterhaus) und dem Senate (Oberhaus). Das australische Wahlsystem ist ziemlich kompliziert. Bei Wahlen zum House of Representatives auf Bundes- oder Bundesstaatsebene gilt zumeist das System der Vorzugswahl, für den Senat und für die Wahlen zum House of Representatives in Tasmanien hingegen wird das Verhältniswahlsystem angewendet. Das Äquivalent des deutschen Bundes-

Canberra schlichtete den Streit zwischen Melbourne und Sydney um den Regierungssitz.

kanzlers ist der **Prime Minister**. Seit 2022 nimmt dieses Amt Anthony Albanese von der Australian Labor Party ein.

Die **Regierenden der Bundesstaaten** werden Premier genannt; im Northern Territory heißt das Amt Chief Minister. Der Prime Minister ist Mitglied des House of Representatives. Einige Mitglieder des Kabinetts gehören dem Senat an. Die Abgeordneten werden proportional zum Bevölkerungsanteil der Bundesstaaten gewählt. Eine Mindestzahl von fünf Abgeordneten vertritt jeden Bundesstaat. In den **Senat** entsendet jeder Bundesstaat unabhängig von seiner Bevölkerungszahl die gleiche Anzahl von Senatoren; der Senat hat 76 Sitze. Ihm kommt eine Kontrollfunktion zu, indem er den Bundesstaaten mit geringer Bevölkerungszahl die Möglichkeit gibt, sich gegen das Übergewicht bevölkerungsreicher Bundesstaaten zu wehren.

Die politische Geschichte Australiens ist vom Tauziehen um Machtbereiche zwischen den Bundesstaaten und der Bundesregierung geprägt. So begrenzten die Verfassungsgeber die Kompetenzbereiche des Bundes und übertrugen dem Senat eine Kontrollfunktion über die Rechte der Bundesstaaten. Da sich zu den bundesstaatlichen und Bundesbehörden noch viele Dienststellen lokaler Behörden auf Stadt- oder Kreisebene hinzugesellen, ergibt sich ein Behördendschungel, der viele Australier zu der Kritik veranlasst, ihr Land sei *overgoverned* – überbürokratisiert – und die Steuergelder, die zur Bezahlung der Heerscharen von *public servants* verwendet werden, seien zu weiten Teilen zum Fenster hinausgeworfen.

Politische Parteien

Das politische Geschehen in Australien wird von zwei Gruppen (bestehend aus drei Parteien) dominiert: der **Australian Labor Party (ALP)**, der **Liberal Party (LP)** und der **Liberal National Party** (**LNP**, nur in Queensland). Liberal Party und National Party koalieren miteinander und werden, wenn es um nationale Angelegenheiten geht, unter dem Begriff *The Coalition* zusammengefasst.

Die ALP ist eng mit den Gewerkschaften verflochten. Die LP ist trotz ihres Namens konservativ. Die beiden großen Rivalen ALP und LP unterscheiden sich in vielen politischen Fragen, v. a. in Hinblick auf Wirtschaftspolitik, viel weniger als ihre Vertreter glauben machen. Die drittgrößte Partei stellen die **Australian Greens**, die regelmäßig auf immerhin 7–13 % kommen, Tendenz steigend.

Fahne und Nationalhymne

Die ehemalige Zugehörigkeit zu Großbritannien drückt sich in der Nationalflagge aus: Sie ist blaugrundig, oben der britische Union Jack, darunter ein weißer, siebenstrahliger Stern und daneben das Kreuz des Südens, das aus fünf Sternen besteht. Diskussionen um die Einführung einer neuen Flagge, die anstatt der britischen Verbindung das Erbe der Ureinwohner widerspiegelt, flammen immer wieder auf – bislang blieben diese Debatten aber folgenlos.

Bis 1972 galt *God save the Queen* als Nationalhymne. Diese Weise wird jetzt nur noch auf königlichen bzw. vizeköniglichen Veranstaltungen gespielt. Ansonsten ist *Advance Australia Fair* an ihre Stelle getreten, deren holperige, schwülstig-pathetische Verse sich kaum ein Australier merken kann oder will. Beliebter ist da die alte Ballade vom Tramp, der ein Schaf stiehlt und sich lieber in einem *Billabong* ertränkt, als sich von den ihn verfolgenden Polizisten verhaften zu lassen. *Waltzing Matilda* kennt in Australien jedes Kind und ist mit Sicherheit die inoffizielle Nationalhymne.

SYDNEY OPERA HOUSE; © TOURISM AUSTRALIA / ANDREW SMITH

New South Wales

Sydney ist für viele Traveller das Tor zu Australien. Aber New South Wales hat noch viel mehr zu bieten: die touristisch gut ausgebaute Nordküste mit dem Surfer-Mekka Byron Bay; die ruhige, bildhübsche Südküste oder auch das weite Outback mit seinen faszinierenden Landschaften wie im Mungo National Park.

Stefan Loose Traveltipps

1 **Sydney** Australiens bunteste, lebendigste und schillerndste Metropole – und für viele Besucher zweifellos eine der schönsten Städte der Welt. S. 127

2 **Blue Mountains** Unzählige Wanderwege schlängeln sich durch die dramatische Berglandschaft; in der Luft liegt der Duft der Eukalypten. S. 154

3 **Jervis Bay** In der traumhaften Bucht tummeln sich das ganze Jahr über Delphine und das vor dem angeblich weißesten Strand der Welt. S. 168

4 **Byron Bay** Dichte Regenwälder, lange Sandstrände, fast immer Sonnenschein und dazu eine partywütige Alternativkultur. S. 195

5 **Broken Hill** Die eindrucksvolle Outback-Landschaft rund um die Bergwerkstadt ist Inspiration für Generationen von Künstlern. S. 210

Mungo National Park In der surrealen Mondlandschaft wurden einige der ältesten menschlichen Überreste der Welt gefunden. S. 214

MANLY BEACH; © JAN DÜKER

PEBBLY BEACH : © TOURISM AUSTRALIA / ANDREW SMITH

Wann fahren? Nov–März ist toll zum Baden. Wale sieht man von Mai–Nov. Am teuersten ist es während der Sommerferien (Dez–Feb).

Wie lange? Sydney mind. 3–4 Tage, Südküste 1–2 Wochen, Nordküste 1–2 Wochen

Bekannt für Sydney, Surfkultur, Kängurus am Strand, exorbitante Immobilienpreise

Updates und eure **Kommentare** zu diesem Kapitel auf www.stefan-loose.de unter **eXTra [11414]**

In Australiens bevölkerungsreichstem Bundesstaat New South Wales (NSW) beginnt für viele das Abenteuer Australien. Mit dem lebhaften Hafen, dem ikonischen Opernhaus und sonnigen Surfstränden versteht Syndey Besucherempfang wie kaum eine andere Stadt. Ganz in der Nähe beginnt auch schon das Wander- und Naturparadies der Blue Mountains, eine Bergkette, die die Küste von NSW vom endlosen Outback trennt. Knapp ein Drittel der australischen Bevölkerung lebt in NSW, die allermeisten davon drängen sich im Großraum Sydney zusammen.

Besonders beliebt ist die Küstenstrecke von Sydney hinauf nach Queensland, vorbei an der Bilderbuchbucht von Port Stephens, dem idyllischen Weinbaugebiet Hunter Valley, dem Wassersportzentrum Great Lakes, küstennahen Nationalparks und natürlich dem quirlig-alternativen Surf-Mekka Byron Bay. Die Buchten, Strände und Nationalparks entlang der Südküste zwischen Sydney und Eden, auch bekannt als Sapphire Coast, sind nicht minder spektakulär, dafür geht es hier wesentlich ruhiger zu. Delphine und (in der Saison) Wale bekommt man übrigens an der gesamten Küste zu sehen.

Australiens höchster Berg (Mount Kosciuszko, 2228 m) liegt in den Snowy Mountains an der Grenze zu Victoria. Man hat die Qual der Wahl zwischen unzähligen Wanderpfaden; im Winter kann man auch Skifahren.

Und dann wäre da natürlich noch die endlose Weite des Outbacks *back of Bourke* (Bourke ist zwar tatsächlich eine Stadt im tiefen Nordwesten von NSW; mit „back of Bourke" – jenseits von Bourke – bezeichnen die Locals aber so ziemlich alles, was aus ihrer Sicht ab vom Schuss ist). Und wer Zeit und Muße hat, sollte das wirklich mal erleben, sei es wegen der unvergesslichen Charaktere, die vielleicht nur einer entlegenen, vom Opalrausch besessenen Kommune entspringen können, oder sei es wegen des gewaltigen funkelnden Firmaments, das sich in lauen Outbacknächten über dem Zeltplatz erhebt und alles andere verschwindend klein erscheinen lässt.

Klima

An der Küste sind die Winter mild. Im Juli liegt die Tageshöchsttemperatur in Sydney bei durchschnittlich 17 °C. Nachts sinkt das Thermometer auf durchschnittlich 8 °C. Entlang der Great Dividing Range ist es merklich kühler – im Sommer erfrischend, im Winter kalt. Zwischen Juni und August/September schneit es in größeren Höhen. Westlich der Great Dividing Range ist es trockener und kontinentaler als an der Küste, aber im Winter milder als in den Höhen der Great Dividing Range.

Das Outback prägen die für diese Gegend übliche Trockenheit und extreme Temperaturen: heiße Sommertage (bis über 40 °C), im Winter folgen milden Tagen eisig kalte Nächte. In Sydney fällt der meiste Regen normalerweise zwischen März und Juni. Allerdings ist die Niederschlagsvariabilität von einem Jahr zum nächsten sehr hoch.

Flora und Fauna

New South Wales war von den Buschbränden im Sommer 2019/20 besonders stark betroffen. Hier brannte eine Fläche von 5,5 Mio. Hektar ab – knapp 7 % des Bundesstaates. Besonders heftig traf es die Region rund um die Blue Mountains, wo 80 % der Eukalyptuswälder den Flammen zum Opfer fielen. Auch große Teile der Gondwana Rainforests of Australia, die unter anderem die Nationalparks der Barrington Tops, Dorrigo und Border Ranges einschließen, nahmen großen Schaden: Viele Tierarten könnten vom Aussterben bedroht sein, darunter das Kaninchenkänguru *(long-footed potoroo)* und das Bürstenschwanz-Felskänguru *(brush-tailed rock-wallaby)*. Von Mitte/Ende 2020 bis 2022 sorgte eine ungewöhnlich lange Wetterphase, ein sogenannter Triple-Dip La Niña, für heftige Überschwemmungen in weiten Teilen von NSW. Weitere Infos auf s. S. 100/101.

New South Wales verfügt über eine äußerst vielseitige Flora und Fauna, die in rund 870 **National Parks** und **Reserves** unter Schutz steht. Entlang der Küste erstrecken sich dichte Wälder und Eukalyptuswälder mit einigen der höchsten Bäumen der Welt, z. B. in den Blue Mountains. Diese Wälder sind die Heimat vieler Papageienarten sowie von Laubenvögeln, Buschhühnern *(brush turkeys)*, Gewöhnlichen Ringbeutlern *(ringtail possums)* und kleinen Beuteltierarten wie Langnasenbeutler *(bandicoots)* und Filander *(pademelons)*.

In den höheren Lagen der Great Dividing Range herrschen lichte Eukalyptuswälder vor, in denen sich u. a. Fuchskusus *(brushtail possums)*, Koalas, Wombats, Wallabies, Schnabeligel *(echidnas)* und etliche Beutelmausarten wohlfühlen. Auf den Höhen der Snowy Mountains wachsen *Snow Gums*, eine kältebeständige Eukalyptusart.

Auch in NSW leben einige unangenehme Vertreter aus der australischen Tierwelt: Neben Haien und Giftschlangen, ist auch mit der Trichterspinne *(funnel web spider)* nicht zu spaßen. Die unscheinbare Spinne kommt v. a. in der Gegend um Sydney und Zentral-NSW vor und ist an ihrem trichterförmigen Netz zu erkennen. Mit ihrem Biss injiziert sie ein lähmendes Nervengift, das auch bei Menschen zum Tode führen kann, wenn nicht schnell Hilfe zur Stelle ist.

NSW National Parks and Wildlife Service ist für den Schutz der Nationalparks sowie für die Infrastruktur verantwortlich. Für einige Nationalparks und Naturschutzgebiete wird eine Eintrittsgebühr verlangt – für die meisten $8 pro Fahrzeug/Tag, für einige sehr beliebte $12 und für den Kosciuszko National Park $29. Die Gebühr wird entweder an einer Eingangsschranke kassiert (🕒 üblicherweise Sonnenauf- bis Sonnenuntergang), oder man legt das Geld in eine *Honesty Box*. Bei mehreren Besuchen kommt eine Jahreskarte günstiger (Annual Pass; verschiedene Gültigkeitsbereiche; $45–190). Man erhält sie online unter 💻 http://pass.nationalparks.nsw.gov.au.

Geschichte

Nachdem die Briten 1783 im Unabhängigkeitskrieg die amerikanischen Kolonien und damit wichtige Rohstoffquellen, Absatzmärkte und Siedlungsgebiete verloren hatten, entschieden sie sich, in der von James Cook „entdeckten" Botany Bay an der Ostküste von „Neu-Holland" eine **Sträflingskolonie** einzurichten. Die britischen Gefängnisse waren seinerzeit überfüllt, selbst die als Ausweichmöglichkeit benutzten Gefängnisschiffe auf den Flüssen platzten aus allen Nähten.

Im Januar 1788 erreichte der erste Sträflingstransport *(First Fleet)* die Botany Bay. Man siedelte aber gleich nach Norden zum geschützteren Naturhafen Port Jackson um. Die Niederlassung wurde nach dem damaligen britischen Innenminister Lord Sydney benannt. Weitere Sträflingstransporte trafen ein, und langsam breitete sich die Siedlung aus. Die meisten Deportierten wurden früher oder später entlassen und als Arbeitskräfte einem Farmer, Unternehmer oder der Regierung überlassen. Der über die Jahre wachsende Anteil an freigelassenen Strafgefangenen und an freien Einwanderern, die für die Abschaffung der Sträflingstransporte eintraten, führte zu deren schrittweiser Einstellung.

Erst 1813 fanden die Entdecker Blaxland, Lawson und Wentworth einen Weg über die lange als unüberwindlich geltenden Felsklippen der Blue Mountains. Von dem Land im Westen, das sich als ausgezeichnetes Weideland erwies, eigneten sich reiche Siedler große Flächen an. Sie ließen Schafherden darauf weiden und verdienten ein Vermögen mit dem Verkauf der **Wolle**.

1851 lösten **Goldfunde** bei Bathurst den ersten Goldrausch in New South Wales aus, wodurch die Bevölkerung rasch zunahm und die Wirtschaft boomte. Um etwa die gleiche Zeit wurden Sträflingstransporte nach New South Wales endgültig eingestellt. Victoria löste sich 1851 als separate Kolonie von New South Wales, 1859 folgte Queensland, und seit 1863 besteht NSW in seinen heutigen Grenzen.

Die Prinzipien der Selbstverwaltung wurden in einem gesetzgebenden Rat (Legislative Council) verwirklicht. Gegen Ende des 19. Jhs. gewann das „Federal Movement" an Einfluss in allen Kolonien des Kontinents, und 1901 schließlich wurde der australische Bundesstaat gegründet.

Praktische Tipps

Übernachtung

Generell ist es ratsam, so lange wie möglich im Voraus zu buchen, vor allem an Wochenenden und in den Schulferien. Im Budget-Bereich gibt es insbesondere an der Küste zahlreiche Backpacker-Hostels – die Sydney–Cairns-Route ist der beliebteste Trampelpfad der Rucksackreisenden. Dabei stellen sich Unterkünfte immer mehr auf den modernen „Flashpacker" ein, der zwar immer noch die Gesellschaft anderer Traveller sucht und sich gerne selbst gut und günstig versorgt, aber im Vergleich zur vorherigen Backpacker-Generation höhere Ansprüche an die Bleibe hat. Viele Hostels entlang der Ostküste sind hochmodern, sauber, sicher und komfortabel; allerdings legt man oft schon für ein Bett im Dormitory über $40 hin, in Sydney bis zu $70.

Wer wirklich auf den Cent achten muss, verschafft sich am besten ein eigenes Transportmittel (Campervan bzw. Auto und Campingausrüstung) und nutzt die zahlreichen kostenlosen bis sehr preiswerten Zeltplätze in den vielen Nationalparks und Reservaten.

Ein paar mehr Annehmlichkeiten bieten Caravanparks (S. 89), auch hieran herrscht v. a. an der Küste kein Mangel. Besonders schön sind die vielen B&B-Unterkünfte, die man oft außerhalb der großen Zentren findet. Gute Adressen für günstige Angebote an Ferienwohnungen und -zimmern sind 💻 www.airbnb.com und www.stayz.com.au.

Busse

Die beiden überregionalen Busunternehmen Premier MS und Greyhound decken zwischen Sydney und Brisbane die Küstenstrecke ab (S. 758–761). Die Greyhound-Busse von Sydney nach Melbourne fahren auf dem landschaftlich wenig reizvollen Hume Highway über Canberra (hier Umstieg). Premier Motor Service befährt die schönere Küstenstrecke Princes Highway zwischen Sydney und Eden (S. 756/757), von hier

Vorwahl

Für New South Wales gilt die Telefonvorwahl 02, nur in der Gegend um Broken Hill gilt 08 und im Südwesten um Wentworth 03.

aus erhält man Anschluss über Gippsland nach Melbourne (S. 670, Sale). Mehr zu den Bus Passes s. Kasten S. 80.

Eisenbahn

Von Sydney gibt es Verbindungen mit Expresszügen (XPT = Express Train) nach Melbourne und Brisbane – gemessen an europäischen Standards verdienen diese Züge jedoch kaum ihren Namen. Weitere Züge fahren nach Canberra, Griffith, Broken Hill, Dubbo, Moree und Armidale, von den Endstationen aus werden oft weitere Bahnbusverbindungen angeboten (Details in den einzelnen Städten).

Ausländische Touristen können mit dem Discovery Pass das gesamte NSW TrainLink-Transportnetz in NSW benutzen. Es gibt ihn mit einer Gültigkeitsdauer von 14 Tagen ($232), einem Monat ($275), drei Monaten ($298) und sechs Monaten ($420). Infos unter 💻 www.nswtrainlink.info.

Der Langstreckenzug *Indian Pacific* fährt von Sydney nach Perth über Broken Hill und Adelaide.

Flüge

Der Kingsford Smith Airport von Sydney ist der einzige internationale Flughafen des Staates; vor der Corona-Pandemie war er am Rande seiner Kapazität angelangt. So entsteht derzeit etwa 60 km westlich der City der Western Sydney Airport, der 2026 in Betrieb gehen soll. Inlandsflughäfen liegen über den ganzen Staat verteilt und werden von Qantas, Jetstar, Virgin Australia sowie Regional Express angeflogen.

Auto

Die meisten Autovermietungen bieten One-way-Vermietungen zwischen Sydney und den anderen Hauptstädten oder größeren Städten an der Ostküste an. Sydney ist aufgrund des großen Angebots ein günstiger Ort, um einen Gebrauchtwagen zu kaufen. Für den Verkauf muss man genug Zeit einplanen. Wenn man seinen in New South Wales gekauften Wagen in einem anderen Bundesstaat verkaufen will, ist mit mehr bürokratischen Hürden zu rechnen. Allgemeine Tipps zum Autokauf s. S. 84.

Die Straßenverhältnisse sind im Großen und Ganzen gut, mit Ausnahme des überlasteten nördlichen Pacific Highway, der landschaftlich jedoch sehr reizvoll ist. Die Strecke durchs Landesinnere von Sydney nach Brisbane, der New England Highway via Muswellbrook, Tamworth und Armidale, ist weniger stark befahren und landschaftlich ebenfalls sehr schön.

Der Newell Highway im Landesinneren, die direkteste Verbindung zwischen Brisbane und Melbourne, ist wenig befahren, aber ziemlich eintönig. Größere Attraktionen auf dieser Strecke sind der Warrumbungle NP und der Western Plains Zoo in Dubbo.

Der Hume Highway zwischen Sydney und Melbourne ist sehr stark befahren und landschaftlich wenig interessant – es sei denn, man baut Abstecher ins Bergland (Snowy Mountains; High Country in Victoria) mit ein. Eine reizvolle Alternative bietet die längere Küstenroute, der Princes Highway. Wer durchfährt, rechnet für die Fahrt nach Melbourne am besten mit zwei Tagen, mindestens eine Woche braucht, wer was von den schönen Stränden, Ferienzentren und Nationalparks sehen will.

1 HIGHLIGHT

Sydney

Gäbe es einen Miss-Universe-Wettbewerb der Städte, würde Sydney ganz sicher zu den Favoritinnen zählen. Der Blick auf das ikonische **Sydney Opera House** vor dem Hintergrund der **Sydney Harbour Bridge** und der modernen City-Skyline, umgeben vom Wasser des **Port Jackson** mit seinen unzähligen Booten, kann Besuchern wie alteingesessenen „Sydneysidern“ geradezu den Atem rauben. Hinter dem

NEW SOUTH WALES

Discount-Karte

€ Wer innerhalb einer begrenzten Zeit viel unternehmen möchte, kann mit einer Discount-Karte, der „**iVenture Card**", Geld sparen. Es gibt sie mit einer Gültigkeitsdauer von drei bis sieben Tagen und sie berechtigt zum Eintritt zu Sehenswürdigkeiten bzw. zur Teilnahme an Kreuzfahrten und Führungen – je nach Umfang $100–220. Erhältlich unter www.iventurecard.com/au.

geschäftigen Treiben einer Weltmetropole strahlt Sydney mit seinen gepflegten grünen Oasen, seinen vielen Sonnentagen und der legendären Strandkultur eine einladende Eleganz und Gelassenheit aus.

Für die meisten ausländischen Touristen ist Sydney das Tor zu Australien. Drei bis vier Tage sollte man sich für die Stadt mindestens Zeit nehmen, denn neben der City und dem Hafen gibt es viele weitere interessante Ziele. Darunter die alternativen, hippen oder kosmopolitischen Stadtteile **Glebe**, **Newtown, Surry Hills** und **Paddington**, das ehemalige Rotlichtviertel **Kings Cross** und die angrenzenden Stadtteile **Woolloomooloo** und **Potts Point**. Nicht zu vergessen die Zentren der Strandkultur **Bondi Beach**, **Coogee** oder **Manly**. Auch ein Ausflug in die Blue Mountains ist unbedingt zu empfehlen.

Zurzeit leben rund 5,2 Mio. Menschen im Großraum Sydney; ein Häusermeer erstreckt sich über eine Fläche von über 12 000 km². Zum Vergleich: Berlin deckt mit einer Einwohnerzahl von 3,75 Mio. eine Fläche von gerade mal 891 km² ab, damit ist Sydney fast 14-mal so groß. Die urbane Schönheitskönigin verlangt allerdings ihren Preis: Sydney hat mit Abstand den unerschwinglichsten Immobilienmarkt in Australien und gemessen am durchschnittlichen Einkommen (nach Hong Kong) den zweitteuersten weltweit. Der Durchschnittspreis für eine Immobilie lag 2024 bei $1,12 Mio.

Geschichte

Eora lautet der ursprüngliche Name des heutigen Sydneys. Hier, zwischen der Botany Bay, dem Sydney Harbour und Parramatta im Westen, hatten australische **Ureinwohner** bereits seit mindestens 40 000 Jahren gelebt, als die erste Bootsladung Strafgefangener aus England *(First Fleet)* 1788 Anker setzte. Nur 15 Monate nach der Invasion der Fremdlinge brach eine Pocken-Epidemie aus, die 50 bis 90 Prozent der Aborigines das Leben kostete. Die weißen Siedler nannten bald Landstücke ihr Eigen, die den Ureinwohnern Jahrtausende lang als wichtige Nahrungsquellen gedient hatten. Blutige Auseinandersetzungen waren so vorprogrammiert und reduzierten die Zahl der Aborigines weiter. Dennoch haben einige der Gadigal-Ureinwohner überlebt, und die Stadt bemüht sich heute, ihr kulturelles Erbe zu ehren. Die Integration bleibt allerdings ein kontroverses Thema.

Noch im späten 19. Jh. waren viele Stadtviertel rings um die Innenstadt, heute gefragte Wohnbezirke, praktisch Slums mit überalterten Fabriken und Werkstätten sowie dunklen, feuchten Reihenhäusern, in denen Sydneys Arbeiterklasse hauste. Das 20. Jh. veränderte das Gesicht der Stadt grundlegend. Beeindruckt blickte man auf die Boomstädte in den USA wie New York. Der Bau der gigantischen **Sydney Harbour Bridge** in den 20er-Jahren als Hauptverbindung zwischen den südlichen und nördlichen Vororten stand symbolisch für die Entwicklung des modernen Sydneys. Mit Eröffnung des architektonisch gewagten Opernhauses war das Stadtbild perfekt; Sydney genoss fortan den Ruhm einer glänzenden Weltstadt, in der nichts unmöglich ist.

Circular Quay und The Rocks

Für die meisten frisch angereisten Australien-Besucher ist dies der Einstieg in Australien: Nach langer Anreise steigt man übermüdet am Circular Quay aus Bus oder Bahn und plötzlich liegt es da: das weiß glänzende unverkennbare Dach des Opernhauses. Willkommen in Sydney!

Am Circular Quay befinden sich die Terminals der meisten Busse zu den östlichen und südlichen Vororten sowie die Jettys der öffentlichen Fähren und der Schiffe für Hafenrundfahrten. Von hier aus ist es nur ein kurzer Spaziergang entlang der Sydney Cove zu Australiens bekanntester Sehenswürdigkeit.

Sydney Opera House

Das Gebäude auf dem Landvorsprung Bennelong Point scheint mit seinen segelförmigen Dächern auf dem Wasser zu treiben – ein Anblick, der Einheimische wie Besucher fasziniert. Hunderte Architekten aus aller Welt bewarben sich in den 1950er-Jahren um das prestigeträchtige Bauprojekt. Der unrealistische Vorschlag eines dänischen Architekten mit wenig Berufserfahrung fesselte die Jury: Jørn Utzon gewann den Vertrag zum Bau des Opernhauses. Das Projekt war mit einem Budget von 7 Mio. Dollar auf drei Jahre geplant. Doch schon bald standen die Ingenieure vor unüberwindbaren Hürden; mehrmals wurden die Arbeiten eingestellt; Utzon geriet aufgrund der steigenden Kosten unter immer stärkeren Druck. In den 60er-Jahren kündigte er schließlich und kehrte nach Dänemark zurück. Er soll das fertige Opernhaus nie gesehen haben. Im Oktober 1973, 16 Jahre nach Baubeginn, wurde das Gebäude schließlich eingeweiht und über Nacht zur Weltsensation. Die Baukosten von 102 Mio. Dollar waren nach nur 18 Monaten in die Kassen gespült. Aufgeführt werden Opern, Konzerte (von Klassik bis Rock), Filme sowie Zirkusvorstellungen, Boxkämpfe und vieles mehr.

Auf der Sydney Opera House Tour werden so manche Geschichten aus früheren Vorführungen zum Besten gegeben (ca. 1 Std., tgl. 9–17 Uhr alle 30 Min., $43; deutsche Touren Mo–Fr 11 Uhr). Die Backstage Tour lässt auch hinter die Kulissen blicken (2 Std., tgl. um 7 Uhr, $175 inkl. Frühstück). Die Tourtickets berechtigen zu Vergünstigungen bei den Abendvorstellungen. 🖳 www.sydneyoperahouse.com. Sydney Big Bus Stop 8.

Für schöne Fotos von der Oper und der dahinter liegenden Sydney Harbour Bridge lohnt es sich, ein paar Schritte entlang der **Farm Cove** Richtung **Mrs Macquaries Point** zu gehen. Den Rückweg zum Circular Quay kann man durch die Botanical Gardens vorbei am Government House abkürzen.

Museum of Contemporary Art

Ein Spaziergang zur Westseite von Sydney Cove führt zum Museum of Contemporary Art (MCA), 140 George St, 🖳 www.mca.com.au. Die Sammlung umfasst internationale Kunst des 20. Jhs. wie auch traditionelle Aboriginal-Kunstwerke. Außer Gemälden und Zeichnungen gibt es Skulpturen, Filme und Videos zu sehen sowie Arrangements zu Themen des 20. Jhs. und Wanderausstellungen. Vom Museumscafé auf dem Dach hat man einen hervorragenden Blick auf die Oper. 🕒 Mi–Mo 10–17 Uhr, Eintritt frei (außer bei Sonderausstellungen).

The Rocks und Sydney Harbour Bridge

Der felsige Landvorsprung, der hier in den Naturhafen ragt, ist das Herzstück des historischen Sydneys. In The Rocks gründeten die Leute der *First Fleet* die erste ständige europäische Niederlassung Australiens. Heute ist The Rocks ein beliebtes Ausgehviertel voller Läden, Pubs, Restaurants und Nachtclubs – touristisch, aber dennoch gemütlich. Sydney Big Bus Stop 21, 22 und 23.

Ausgezeichnete geführte Spaziergänge bringen Interessierten das Viertel nahe (s. S. 148, Stadtrundgänge). An der Ecke von George und Argyle St befindet sich **Cadmans Cottage**, das älteste Haus in Sydney (1816 für John Cadman erbaut). Eintritt frei.

Am Ausgang zur George St bieten unter Sonnensegeln über 150 Verkaufsstände des **Rocks Market** samstags und sonntags von 10–17 Uhr Kunsthandwerk, Antiquitäten und Schmuck an. Die alten, oft gut restaurierten Lagerschuppen beherbergen einige zum Teil sehr vornehme Restaurants mit herrlicher Aussicht auf Oper und Sydney Harbour. Ein guter Fotospot ist auch der **Dawes Point Park** an der Hickson Rd unter dem südlichen Ende der Hafenbrücke.

Noch besser ist der **Pylon Lookout** (🕒 tgl. 10–17 Uhr, $25), die Aussichtsplattform im Südturm der **Harbour Bridge**, in Sydney *Coathanger* (Kleiderbügel) genannt. Im **Sydney Harbour Bridge Visitor Centre**, 3 Cumberland St, gibt es eine Ausstellung mit Infos zur Brücke und zu ihrem Bau sowie zwei kurze Filme (🕒 tgl., abhängig von den Bridge Climb Touren). Hier starten auch die beliebten Touren entlang des Brückenbogens (S. 147).

Am **Millers Point** beanspruchen gleich zwei Eckkneipen den Titel „Sydneys oldest Pub“ für sich, aber nur wenige Straßen dahinter macht

NEW SOUTH WALES

Sydneys Top Ten

Auf keinen Fall verpassen:

- einen **Spaziergang** vorbei am Opernhaus entlang der Farm Cove, am besten beladen mit einer Kugel frischer Maracuja-Eiscreme vom Circular Quay
- den grandiosen **Ausblick** auf Sydney und den Port Jackson vom 309 m hohen **Sky Tower**
- ein Abendessen oder einen Cocktail unter den Lichtern des **Darling Harbour**
- den **Coastal Walk** vom Bondi Beach nach Coogee – eine der beeindruckendsten innerstädtischen Wanderungen der Welt!
- einen Spaziergang durch die **Royal Botanical Gardens**, am besten zum Sonnenuntergang, wenn die Fledermäuse erwachen
- eine Bootsfahrt nach **Manly**
- einen Ausflug zum **North Head** oder **South Head**
- einen Cappuccino oder Lunch in einem der trendigen Cafés in **Surry Hills** oder **Paddington**
- ein frisch gezapftes Bier in einem der alten Pubs in **The Rocks**
- einen Einblick ins Nachtleben des **Kings Cross**

die Städtesanierung vor nichts mehr Halt (s. unten, Barangaroo).

Vom Hügel des **Observatory Hill** hat man einen tollen Blick auf die Harbour Bridge, v. a. bei Nacht. Das **Observatory** (Sternwarte), 1858 in Betrieb genommen, beherbergt ein Astronomie-Museum. ⌚ tgl. 10–17 Uhr, Museum Eintritt frei, nächtliche Touren $27. 💻 http://powerhouse.com.au/visit/sydney-observatory.

Barangaroo

An der nordwestlichen Flanke des Central Business Districs, westlich der Sussex Street, entstand in den letzten Jahren unter viel Wirbel ein neuer, exklusiver Stadtteil. Barangaroo hat das frühere East Darling Harbour von einem schmuddeligen Hafenbezirk in ein hochmodernes Kommerz- und Erholungsviertel verwandelt. Größter Blickfang ist der 271 m hohe Wolkenkratzer The Crown, der sich vom Boden bis zur Spitze um 60° dem Himmel entgegen windet. Entlang der Uferpromenade schlendert man hier vorbei an stylishen (= teuren) Bars und Restaurants zum Darling Harbour.

Die Innenstadt

Farm Cove und Botanic Gardens

Ein Spaziergang von der Oper am Wasser entlang um die weiter östlich gelegene Bucht **Farm Cove** führt zum Aussichtspunkt **Mrs Macquaries Chair** – der Überlieferung zufolge ein beliebter Rückzugsort der Frau des Gouverneurs Macquarie. Dies ist der ideale Fotospot mit Blick auf Oper, Sydney Harbour und **Fort Denison**, eine Festung auf einer kleinen Insel im Hafen. In den 1850er-Jahren fühlte man sich in Sydney unzureichend vor einer feindlichen Invasion geschützt. So wurde auf der Insel ein Fort errichtet, das als Teil ausgedehnter Befestigungsanlagen im Port Jackson Eindringlinge abwehren sollte. Eine feindliche Kugel wurde von hier aus jedoch nie abgefeuert.

Im Januar und Februar wird bei Fleets Steps in der Nähe von Mrs Macquaries Chair eine Riesenleinwand für ein **Open Air Cinema** errichtet – mit Wasser, Oper und Hafenbrücke im Hintergrund ist dies ein doppelt eindrucksvolles Erlebnis. Karten $38, Vorführungen tgl. ab Sonnenuntergang; Infos und Buchung ab etwa Dezember unter 💻 https://westpacopenair.com.au. Sydney Big Bus Stop 9.

Die **Royal Botanic Gardens**, sind eine grüne, belebte Oase mitten in der Metropole. ⌚ tgl. 7 Uhr bis Abenddämmerung. Kostenlose Führungen beginnen beim Garden Shop, Details, S. 148 (Stadtrundgänge). Der Cahill Expressway trennt den Botanischen Garten von **The Domain** – dieser Park wird ebenfalls oft im Sommer für Open-Air-Konzerte und anderes genutzt.

Art Gallery NSW

In der riesigen staatlichen Kunstgalerie am Ostrand des Domain-Parks hängen Kunstwerke von der Gotik bis zum 21. Jh. Für Besucher aus dem Ausland sind v. a. die Sammlung australischer Kunst u. a. mit Werken von Sydney Nolan und

Brett Whiteley sowie die Ausstellung **Yiribana** von Interesse. Das Wort aus der Sprache der Gadigal (Ureinwohner der Region) bedeutet „in diese Richtung"; Yiribana ist die größte permanente Ausstellung von Kunst der Aborigines und Torres Strait Islander. 💻 www.artgallery.nsw.gov.au 🕒 tgl. 10–17 Uhr, Eintritt frei, außer Sonderausstellungen. Sydney Big Bus Stop 10.

Hyde Park

Im **Hyde Park** verbringen Angestellte ihre Mittagspause; er wird aber auch für Festivals und Ausstellungen genutzt. Am Nordende befindet sich am Eingang zur Maquarie Street die ehemalige Sträflingsunterkunft **Hyde Park Barracks**, jetzt ein sozialgeschichtliches Museum, und links die anglikanische **St James Church** – beide das Werk des Sträflingsarchitekten Francis Greenway, dessen „Handschrift" fast alle Gebäude der damaligen Sträflingssiedlung tragen. Nach umfassender Renovierung stehen die Hyde Park Barracks Besuchern heute wieder offen. Das Museum wird von der Unesco als Weltkulturerbe gelistet. Eintritt frei.

Australian Museum

Die Dauerausstellung in Australiens größtem Naturkundemuseum befasst sich mit der Welt der Vögel, Reptilien, Insekten und Mineralien – v. a. der in Australien vorkommenden – sowie mit Themen wie Biodiversität, Evolution, Kultur und Geschichte der australischen Ureinwohner. Das Programm wird ergänzt durch faszinierende Sonderausstellungen, Führungen und Vorträge. 🕒 tgl. 9.30–17 Uhr, Eintritt frei, Sonderausstellungen ausgenommen. 💻 https://australian.museum. Sydney Big Bus Stop 3.

City-Quadratmeile

Die **Haupteinkaufszone** umfasst die Fußgängerzone **Pitt Street Mall**, prächtige, fein restaurierte Gebäude wie das **Queen Victoria Building**, die Ladenpassage **Strand Arcade** sowie moderne Shopping-Zentren mit vielen kleinen Läden unter einem Dach, u. a. **Centrepoint** unter dem 309 m hohen Sydney Tower.

Bilder vom **Martin Place** gingen im Dezember 2014 um die ganze Welt, als das dort ansässige Lindt Café Schauplatz eines Geiseldramas wurde, dem am Ende zwei Geiseln zum Opfer fielen. Zwei Kunstblumen im Pflaster erinnern seit 2017 an diesen Anschlag auf die australische Gesellschaft. Das GPO (ehemaliges Hauptpostamt), ein beeindruckendes Sandsteingebäude von 1887, wurde umgebaut und durch zwei 26-stöckige, moderne Hochhaustürme „ergänzt".

Die **Town Hall**, ein imposantes Sandsteingebäude in der George St, wurde in der wirtschaftlichen Blütezeit der 1870er- und 1880er-Jahre errichtet. Häufig finden hier Konzerte und andere Aufführungen statt. Aus der Wende vom 19. zum 20. Jh. datiert auch das stattliche Gebäude schräg gegenüber, das **QVB (Queen Victoria Building)**, ein prunkvoll restaurierter Konsumtempel voll exklusiver Mode- und Antiquitätengeschäfte. Sydney Big Bus Stop 2.

Sydney Tower Eye

Bei klarem Wetter ein Muss! Dann wird der Eintrittspreis mit einem Rundum-Panorama von 70–100 km belohnt. 🕒 tgl. 10 Uhr bis Sonnenuntergang. Eintritt bei Online-Buchung $33, Kind $25; die Tickets sind am Eingang erheblich teurer, außerdem muss man dann mit langen Wartezeiten rechnen. 💻 www.sydneytowereye.com.au. Für den Adrenalinkick bucht man den **Skywalk**, eine Tour in 260 m Höhe außen um den Tower herum, $95, Kind (ab 10 Jahren) $70. Sydney Big Bus Stop 2.

Museum of Sydney

Das Geschichtsmuseum befasst sich vor allem mit der Kultur der First Nations. Ausstellungen und Multimedia-Shows geben einen Einblick in die Etappen der Geschichte von Sydney. Besonders interessant ist eine Serie digitaler Bilder des Sydney Harbours und der City von 1788 bis heute. 🕒 tgl. 10–17 Uhr, Eintritt frei. Das Museum wird vom Historic Houses Trust of NSW geführt.

Chinatown

Ende Januar/Anfang Februar wird in Chinatown südlich der City das chinesische Neujahrsfest mit Löwentänzen, Foodfestivals und vielen anderen Aktivitäten gefeiert. Zwischen den chinesischen Eingangstoren am Nord- und Südende der **Dixon Street Mall** und angrenzenden Straßen drängen sich auf engem Raum asiatische

Sydney Zentrum

ÜBERNACHTUNG

1. Lord Nelson Brewery Hotel
2. Sydney Harbour YHA
3. Sydney Harbour B&B
4. The Jensen
5. Mariners Court Hotel
6. Original Backpackers
7. No. 9 Springfield
8. Quest Potts Point
9. Summer House Backpackers
10. 1831 Boutique Hotel
11. Big Hostel
12. Sydney Central YHA
13. wake up!

ESSEN

1 Hero of Waterloo
2 Quay
3 Opera Bar
4 Lord Nelson Brewery Hotel
5 Munich Brauhaus
6 Orient Hotel
7 Le Foote
8 Australian Heritage Hotel
9 Ippudo
10 Cafe Sydney
11 Rockpool Bar & Grill
12 Otto
13 Luneburger Bakery (2x)
14 Bambini Trust Wine Room
15 Home Thai
16 Bar Reggio
17 Govinda's
18 Una's Continental
19 Swiss Bakerz
20 AB Hotel
21 Friend in Hand
22 Gigi Pizzeria
23 Himalaya
24 Paddo Inn Bistro

SONSTIGES

1 Bangarra Dance Theatre
2 Bridge Climb
3 The Ken Done Gallery
4 Glenmore Hotel
5 Tribal Warrior
6 The Basement
7 The Retro
8 Cargo Bar
9 Chinese Laundry
10 Artspace
11 Pontoon Bar
12 Home
13 Club 77
14 Metro Theatre
15 Oxford Art Factory
16 Paddy's Market
17 The Colombian
18 Stonewall
19 ARQ
20 The Gaelic
21 Paddington Market

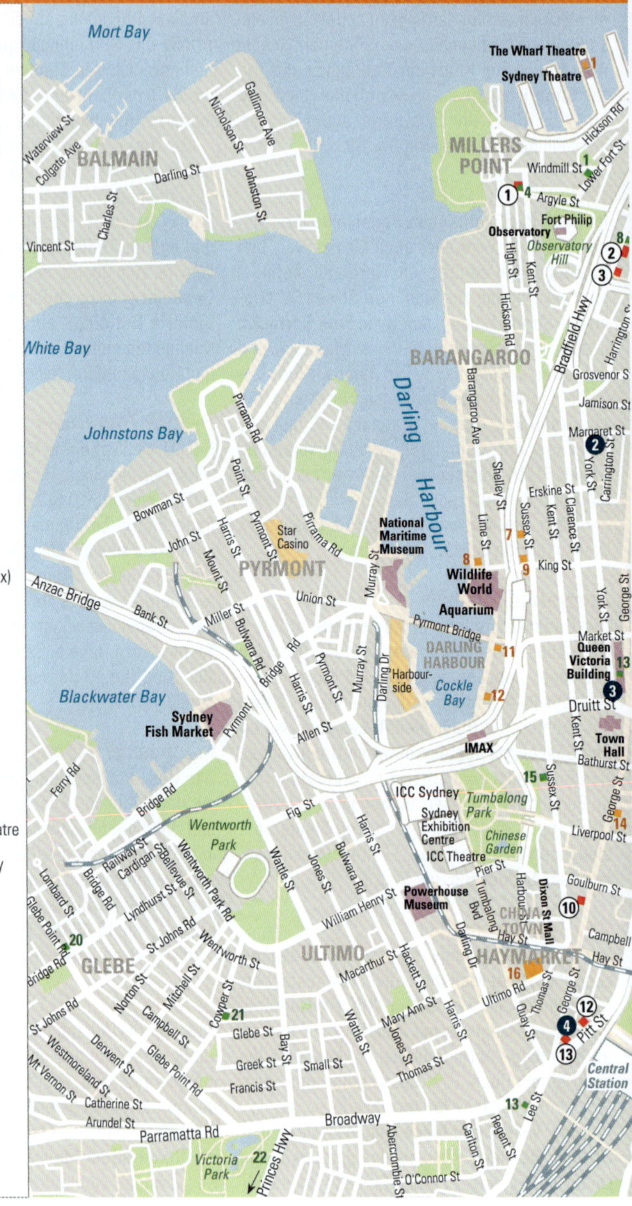

N
0
200 m
TRANSPORT
1 Circular Quay Bus Interchange (Nahverkehr)
2 Wynyard Bus Interchange (Nahverkehr)
3 QVB Bus Interchange (Nahverkehr)
4 Sydney Coach Terminal (Fernbusse)
Dawes Pt
Sydney Harbour Bridge
Pylon Lookout
Dawes Point Park
Harbour Bridge Visitor Centre
Rocks Market (Sa/So)
THE ROCKS
Sydney Cove
The Argyle
Cadmans Cottage
Museum of Contemporary Art
Circular Quay
Cahill Expressway
Customs House
Museum of Sydney
Bennelong Point
Sydney Opera House
Government House
Harbour Tunnel
Fort Denison
Mrs. Macquarie's Point
Mrs Macquarie's Chair
Farm Cove
Woolloomooloo Bay
Conservatorium of Music
Royal Botanic Gardens
State Library
Parliament House
Sydney Hospital
The Mint
Hyde Park Barracks
The Domain
Art Gallery NSW
Fingerwharf
St James Church
Pitt Street Mall
Sydney Tower
David Jones
Centre-point
State Theatre
St. Mary's Cathedral
Hyde Park
Australian Museum
Anzac War Memorial
POTTS POINT
Elizabeth Bay
Elizabeth Bay House
ELIZABETH BAY
Rushcutters Bay
Rushcutters Bay Park
WOOLLOO-MOOLOO
KINGS CROSS
DARLINGHURST
St Vincent Hospital
PADDINGTON
SURRY HILLS
New South Head Rd
Oxford St
William St

Spezialitätenläden, billige Cafés und Restaurants, in denen von morgens bis spät in die Nacht hinein Betrieb herrscht.

Der **Chinese Garden of Friendship** markiert den Übergang von Chinatown zum Darling Harbour und erstreckt sich entlang der Harbour St. Das Teehaus, eine Oase der Ruhe, lädt zu einer Verschnaufpause bei Kuchen und Tee ein. ⌚ tgl. 9.30–17 Uhr.

NEW SOUTH WALES

Darling Harbour

Darling Harbour ist eins von Sydneys beliebtesten Vergnügungsvierteln; rings um das Wasser reihen sich elegante Restaurants, Nachtclubs, Boutiquen und andere Attraktionen. Programm unter 💻 www.darlingharbour.com. Sydney Big Bus Stop 15 und 16. Mit der **Fähre** vom Circular Quay kann man in Balmain einen Zwischenstopp einlegen.

Im Süden neben dem Chinesischen Garten ist der **Tumbalong Park** während des Sydney Festivals und an anderen Feiertagen der Schauplatz von Open-Air-Konzerten und Volksvergnügungen aller Art. Dahinter befinden sich ein großer Spielplatz mit Wasserspielen und das Visitor Centre. Nicht weit davon liegt am Südende der Cockle Bay das riesige **IMAX-Theatre** mit der angeblich größten Leinwand der Welt, 💻 www.darlingharbour.com/see-do-stay/imax-sydney.

Sea Life Sydney Aquarium

Die Hauptattraktion des Aquariums, 💻 www.visitsealife.com/sydney, sind die beiden Dugongs (Seekühe), eine weltweite Seltenheit sowohl in freier Natur als auch im Aquarium. Außerdem kann man in Acrylglas-Tunneln „zwischen" Süß- und Salzwasserfischen, Haien, Stachelrochen und Korallen spazieren gehen. ⌚ tgl. 9.30–17 Uhr, Eintritt $54 (bei Online-Buchung $39).

Sydney Wildlife World

Direkt daneben sind im Wildlife Park auf drei Stockwerken und in neun Abteilungen über 130 Tier- und Pflanzenarten aus ganz Australien zu sehen. 💻 www.wildlifesydney.com.au. ⌚ tgl. 10–17 Uhr, Eintritt $50 (bei Online-Buchung $38).

National Maritime Museum

Die Exponate und Infotafeln dokumentieren die Geschichte und Gegenwart der Seefahrernation Australien. Dazu gehört auch eine kleine Flotte von alten Schiffen bei der Museums-Jetty. 💻 www.sea.museum, ⌚ tgl. 10–16 Uhr; Eintritt $25, Kind $15.

Stadtteile in Citynähe

Glebe

Glebe ist wegen seiner Nähe zur Sydney University ein Studentenviertel mit alternativem Flair. In der zentralen Glebe Point Rd mit alternativen Klamotten- und Buchläden und preiswerten Cafés, Restaurants und Kneipen stehen viele zweistöckige, historische Reihenhäuser mit verschnörkelten, schmiedeeisernen Balkonen – schmuck, aber nicht ganz so gestylt wie in Paddington. Hier kann man während des Sydney-Aufenthaltes etwas ruhiger, interessant und trotzdem zentral wohnen.

Schön für Spaziergänger ist der **Glebe Foreshore Walk**, der vom nördlichen Ende der Glebe Point Road am Wasser entlang bis zum Fish Market führt. Bus Nr. 431 und 433 von Town Hall, George St, entlang der Glebe Point Road.

Balmain

Sydneys ältestes Arbeiterviertel präsentiert sich heute als ein bunter, künstlerisch angehauchter Stadtteil. Hier wohnen einige in Australien bekannte Buchautoren, Schauspieler, Filmdirektoren, Musiker und Künstler. Die Darling St lohnt einen kleinen Bummel: Hier finden sich trendige Cafés, Bistros, Restaurants und historische Pubs und einige interessante Läden. Am Samstag bieten rund 140 Verkaufsstände auf den **Balmain Markets** eine bunte Auswahl an Kleidung, Kulinarischem und Kunst; Darling Street, Ecke Curtis Rd., ⌚ 9–15 Uhr. Mit der Fähre von Circular Quay, Ferry Wharf 5, zum Darling Street Wharf alle 10–20 Min., oder Bus Nr. 442 von Queen Victoria Building, York St, Stand B.

Surry Hills

Das quirlige Trendviertel Surry Hills ist der hippe Treffpunkt junger Geschäftsleute, Angestellter und Künstler. Zahlreiche Cafés laden zum Frühstück oder Kaffee und Kuchen ein. Am Freitag- und Samstagabend haben die angesagten Restaurants und Kneipen Hochkonjunktur; ohne Reservierung ist hier kaum ein Platz zu finden. Besonders interessant ist die Crown Street mit ihren kleinen Galerien, Boutiquen und Fashion-Läden.

Das Viertel lässt sich von der Central Station leicht zu Fuß erreichen: bergauf entlang der Fauveaux Street mit ihren Bäckereien, gemütlichen Cafés und authentischen Restaurants.

Newtown

Newtown südlich von Glebe ist ein beliebtes Multi-Kulti-Viertel mit alternativem Flair. Junge Leute, Immigranten, Ärzte und Professoren, Yuppies, Alternative, Queers stöbern hier in den Spezialitäten-, Buch- und Secondhand-Läden. Das Herz dieses Vororts ist die Kings Street mit ihren bunten Lokalen, zahlreichen Cafés und Restaurants. Das kulinarische Angebot reicht von Thai bis Afrikanisch – man kann hier auch für verhältnismäßig wenig Geld gut essen. Mit der Inner West Line bis Newtown oder Bus 423 ab Circular Quay oder Castlereagh St.

Paddington und Darlinghurst

Paddington ist einer der modischsten und elegantesten Vororte Sydneys. Heutzutage ist das ehemalige Hippiezentrum ein Schickimicki-Viertel mit zu Schmuckkästchen veredelten Reihenhäusern in den Seitenstraßen.

Die **Oxford Street** mit ihren Seitenstraßen um den Taylor Square ist das Zentrum von Sydneys aktiver LGBTQ+-Community. Entlang der gesamten Strecke von Hyde Park bis nach Paddington gibt es ein reges Nachtleben mit vielen interessanten Restaurants und Nightclubs. Hier zieht jeden März die LGBTQ+-Szene auf der **Mardi-Gras-Parade** entlang.

Sehenswert ist samstags der **Paddington Market**, ein bunter Klamotten- und Kunsthandwerksmarkt, 395 Oxford St (Details S. 145). Außerdem kann Paddington mit einigen guten Kunstgalerien und Buchläden aufwarten.

Außerhalb von Australien ist wenig bekannt, dass Australien nach dem Zweiten Weltkrieg – gemessen an der eigenen Einwohnerzahl – die (nach Israel) zweitgrößte Zahl an Überlebenden des Holocaust aufnahm. Die Geschichte der Juden in Australien und den Holocaust liegen im **Sydney Jewish Museum** dokumentiert. 🖳 www.sydneyjewishmuseum.com.au, 🕒 So–Fr 10–16 Uhr, Eintritt $18. Sydney Big Bus Stop 5 und einfach die Darlinghurst Road Richtung Süden laufen.

Centennial Parklands

Das riesige Parkgelände südlich von Paddington schließt den Moore Park, Centennial Park und den kleinen Queens Park ein, alle von Sonnenauf- bis Sonnenuntergang geöffnet. Auf dem Gelände des Moore Park befinden sich außer dem Cricketstadion (Sydney Cricket Ground) und dem Aussie Football Stadium auch die **Fox Studios Australia**, die den Aufstieg Sydneys zur uneingeschränkten australischen Filmmetropole bewirkten. Bus Nr. 333 und 392 von Circular Quay oder Elisabeth Street.

Der Centennial Park, zur 100-Jahr-Feier 1888 den Bürgern von Sydney übergeben, ist wie ein englischer Landpark angelegt. Mit etwas Glück bekommt man in den Morgen- und Abendstunden Possums und Fledermäuse zu Gesicht. Entlang der Clovelly Road werden Fahrräder und Inline-Skates verliehen. Im Sommer zeigt das **Moonlight Cinema** von Dezember bis März Filme unter freiem Himmel. Genaueres im Sydney Visitor Centre oder unter 🖳 www.moonlight.com.au.

Kings Cross

„The Cross" erweckt bei vielen Australiern gemischte Gefühle: Vergnügen und Verbrechen, Verlockung und Vergehen, Faszination und Abscheu liegen hier dicht beieinander. Zwar macht die innerstädtische Veredelung auch hier nicht halt, und Boutiquehotels und elegante Restaurants gehören heute zum Stadtbild. Dennoch beherbergt das Cross die größte Ansammlung an Bordellen, Spielhöllen, Nachtclubs und sonstigen Vergnügungszentren der Stadt. Es ist außerdem ein Travellerzentrum mit vielen preiswerten Unterkünften, Fastfood-Läden und Restaurants jeglicher Preisklasse.

Im frühen 19. Jh. zählte Kings Cross zu Sydneys nobelsten Vierteln. Einige heutzutage legendäre Charaktere veränderten rund 100

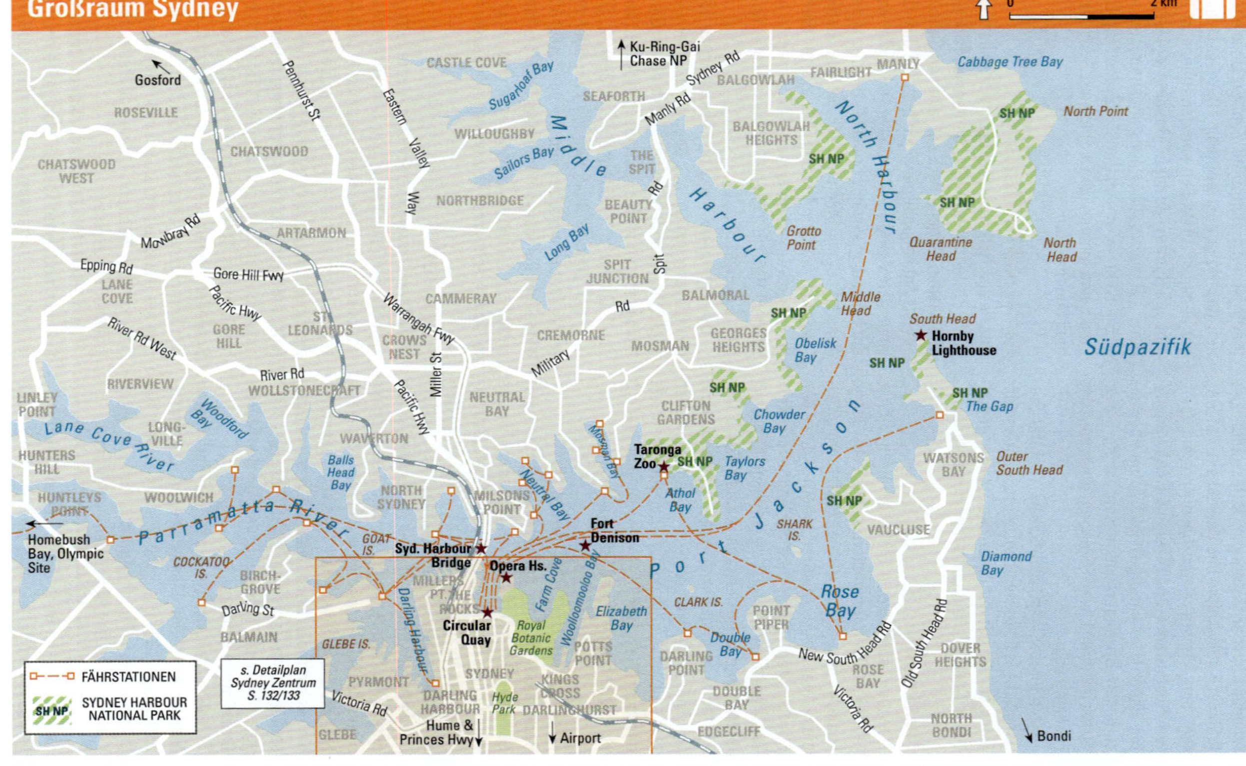
Großraum Sydney
N
0
2 km
Südpazifik
North Harbour
Middle Harbour
Port Jackson
Parramatta River
Lane Cove River
Cabbage Tree Bay
North Point
North Head
Quarantine Head
South Head
Hornby Lighthouse
The Gap
Outer South Head
Diamond Bay
Middle Head
Grotto Point
Obelisk Bay
Chowder Bay
Taylors Bay
Athol Bay
Taronga Zoo
Fort Denison
Shark Is.
Clark Is.
Rose Bay
Double Bay
Elizabeth Bay
Woolloomooloo Bay
Farm Cove
Royal Botanic Gardens
Opera Hs.
Circular Quay
Syd. Harbour Bridge
Hyde Park
Darling Harbour
Mosman Bay
Neutral Bay
Long Bay
Sugarloaf Bay
Sailors Bay
Balls Head Bay
Woodford Bay
Goat Is.
Cockatoo Is.
Glebe Is.
Manly
Fairlight
Balgowlah
Balgowlah Heights
Seaforth
The Spit
Beauty Point
Spit Junction
Balmoral
Georges Heights
Mosman
Clifton Gardens
Cremorne
Neutral Bay
Milsons Point
Cammeray
Crows Nest
North Sydney
Waverton
Wollstonecraft
St Leonards
Artarmon
Chatswood
Chatswood West
Roseville
Castle Cove
Willoughby
Northbridge
Gore Hill
Lane Cove
Riverview
Longueville
Woolwich
Hunters Hill
Huntleys Point
Linley Point
Birchgrove
Balmain
Millers Pt.
The Rocks
Sydney
Darling Harbour
Pyrmont
Glebe
Kings Cross
Potts Point
Darlinghurst
Darling Point
Point Piper
Double Bay
Edgecliff
Rose Bay
Vaucluse
Watsons Bay
Dover Heights
North Bondi
Manly Rd
Sydney Rd
Spit Rd
Military Rd
Miller St
Pacific Hwy
Warringah Fwy
Eastern Valley Way
Pennhurst St
Gore Hill Fwy
River Rd
River Rd West
Mowbray Rd
Epping Rd
Darling St
Victoria Rd
New South Head Rd
Old South Head Rd
Ku-Ring-Gai Chase NP
Gosford
Homebush Bay, Olympic Site
Hume & Princes Hwy
Airport
Bondi
SH NP
s. Detailplan Sydney Zentrum S. 132/133
Fährstationen
SH NP Sydney Harbour National Park

Jahre später das Gesicht des Vororts: Die beiden Bordellwirtinnen und Rivalinnen Tilly Devine und Kate Leigh verdienten ein Vermögen mit dem illegalen Verkauf von Alkohol *(sly grog)* und Drogen. Offiziell durfte Alkohol nach 18 Uhr nicht mehr ausgeschenkt werden. Das organisierte Verbrechen im Cross (und anderswo) löst in Australien eine bedenkliche Faszination aus und viele neuzeitliche TV-Serien erheben die Gangsterbosse geradezu zu Idolen.

Woolloomooloo und Potts Point

Das angrenzende **Potts Point** ist wesentlich ruhiger, gutbürgerlich und wird immer feiner, je weiter man in Richtung Elizabeth Bay kommt. **Woolloomooloo**, ein altes, kleines Hafenviertel zwischen Kaischuppen und William St, hat sich seit Beginn des 21. Jhs. stark herausgeputzt. Nach der aufwendigen Renovierung der alten **Fingerwharf** in der Woolloomooloo Bay findet man hier diverse Nobelrestaurants, Luxusapartments und ein Nobelhotel, sodass die Chance, australische oder internationale Prominente zu treffen, hier groß ist. Zug der blauen Linie (Illawara Line) Richtung Bondi Junction bis Kings Cross.

Beach-Vororte

Southhead

Die hügeligen Vororte an den Hafenbuchten östlich der City, **Double Bay**, **Rose Bay**, **Vaucluse** und **Watsons Bay**, sind wunderschön gelegen, nobel und exklusiv. Der Bondi Big Bus fährt sie teilweise an (Details S. 150). Außerdem die Sydney Ferry 7 ab Circular Quay. Hier gibt es zahlreiche schöne Badebuchten mit Blick auf den Hafen. Von den Spazierwegen des Naturreservats **South Head** (Teil des Sydney Harbour Nationalparks) hat man einen tollen Ausblick auf die Hafenbucht und die City. Die weiter südlich gelegenen Felsklippen von **The Gap** haben durch zahlreiche Selbstmörder makabre Berühmtheit erlangt.

Bondi Beach

Der wohl bekannteste Strand-Vorort Australiens gehört so fest zum Selbstverständnis Sydneys wie die Oper oder die Harbour Bridge. Nach der Arbeit Anzug und Schlips gegen Neoprenanzug und Surfboard zu tauschen, gehört für viele Sydneysiders zur Lebensphilosophie. Zwar mag Bondi nicht der beste Surfstrand in Sydney sein, aber eine gute Brandung, die Weite von Bucht und Strand und der Ruhm seines Namens sorgen für beständige Besucherzahlen im Sommer wie im Winter.

Entlang der **Campbell Parade** reihen sich Cafés, Seafood-Restaurants und kleine Läden aneinander. Am Südende des Strands befindet sich ein ins Meer gebauter Pool. Dahinter beginnt der **Bondi to Bronte Coastal Walk** (s. Kasten unten).

Nach Bondi Beach kommt man mit Bus Nr. 333 und 380 ab Circular Quay oder Elisabeth St, oder mit dem Zug mit der blauen Linie (Illawarra Line) bis Bondi Junction und weiter mit den Bussen Nr. 333 und 380–382. Bondi Big Bus Stop 30.

Coogee

Coogee weiter im Süden eignet sich für Familien und weniger erfahrene Schwimmer, da die Strömung hier etwas ruhiger ist. Entlang der Arden Street und der Coogee Bay Road gibt es einige gute Bistros, Cafés und Restaurants, außerdem das beliebte Coogee Bay Hotel mit großem Biergarten. Nach Coogee mit Bus Nr. 373 ab Circular Quay oder Nr. 372 ab Railway Square (Central Station).

Zu Fuß von Bondi nach Coogee

Der **Great Coastal Walk** führt von Barrenjoey im Norden von Sydney bis zum Royal National Park. Die gesamte Tour dauert mindestens sieben Tage (200 km), man kann aber auch bequem nur einen Ausschnitt abklappern. Ein sehr schöner Spaziergang entlang der Route führt vom südlichen Ende des Bondi Beach bis nach Coogee entlang der Küste (ca. 1 1/2 Std.). Unterwegs kommt man an den Stränden von Tamarama, Bronte und Clovelly vorbei.

Weitere Infos: 💻 www.sydneycoastwalks.com.au.

© CORINNA MELVILLE

Ein Penthouse für Tiere – nirgendwo sonst haben Giraffen einen besseren Ausblick als im Taronga Zoo.

Manly

Ein Ausflug nach Manly mit der Fähre (30 Min., mit der Fast Ferry 17 Min.) gehört auf jeden Besuchsplan. Am besten man plant gleich einen ganzen Tag ein und verbindet den Besuch mit einem Spaziergang durch das Northhead Sanctuary oder einen Ausflug zum Taronga Zoo. Vom Anlegeplatz der Fähre geht es auf der Fußgängerzone vorbei an Take-aways und Souvenir-Läden zum berühmten **Manly Beach**, der teilweise von Rettungsschwimmern patrouilliert wird.

Der **Manly Scenic Walkway** führt vom Südende des Strands in knapp zehn Minuten zum ruhigen **Shelly Beach**. Wer gern läuft, steigt von hier die Treppen hoch zum **Sydney Harbour National Park** mit dem spektakulären **Northhead Sanctuary**. Im Gatehouse Visitor Centre verschafft eine riesige 3-D-Karte einen guten Überblick, hier gibt es außerdem Infos und Kartenmaterial zum Mitnehmen.

Viele Spazierwege führen zu sensationellen Aussichtspunkten. Am North Fort kann man im **Bella Vista Cafe**, das seinen Namen wirklich verdient, etwas trinken (frische Säfte!) oder gut zu Mittag essen. ⌚ Mo–Fr 9–16, Sa und So 8–17 Uhr. Der Northhead Scenic Drive endet ein paar hundert Meter hinter dem Café, zu Fuß kann man direkt bis zum Kap laufen.

Taronga Zoo

Wo auf der Welt genießen die Giraffen einen prominenteren Ausblick? Der Zoo, 💻 www.taronga.org.au, in Mossman, auf einem Hügel am Nordufer mit Blick auf die City-Skyline, ist nur eine kurze Fahrt mit der Fähre vom Circular Quay entfernt. Auf dem 58 ha großen Gelände sind alle bekannten Beuteltiere vertreten, im Vogelhaus leben Kookaburras, Galahs und Kakadus. Die Tierwelt des subantarktischen Raumes ist mit Robben und Seehunden vertreten.

Der Zoo setzt sich weltweit für den Schutz vieler Tierarten ein und unterstützt die Forschung und den Erhalt einiger bedrohter Spezies. Aktuell laufen z. B. Forschungsprojekte, die nachhaltig den Schutz des Great Barrier Reefs gewähren sollen. Nach den Buschbränden im Sommer 2019/20 fanden viele Koalas aus den schwer betroffenen Eukalyptuswäldern der Blue Mountains im Zoo eine neue Heimat. Soweit möglich, wurden die Tiere nach ihrer Genesung zurück in die Wildnis entlassen. ⌚ tgl. 9–17 Uhr, Eintritt $50, Kind $30 (online günstiger). In den Sommermonaten gibt es am Wochenende Open-Air-Abendkonzerte (Twilight Zoo).

ÜBERNACHTUNG

Sydney ist, vor allem was Unterkünfte angeht, die teuerste Stadt Australiens. Moderne **Flashpacker-Hostels** – auch für Familien geeignet – konkurrieren in der City miteinander. Sie bieten einen sehr guten Standard auf Hotelniveau – allerdings zu hohen Preisen.

Günstigere Hostels lassen in puncto Hygiene, Ausstattung und Service oft zu wünschen übrig. Zwischen Weihnachten und Neujahr heben manche Hostels die Preise in geradezu astronomische Bereiche an. Vorbuchen sollte man zu praktisch jeder Zeit.

City und Surry Hills

Hostels

€ **Big Hostel**, 212 Elisabeth St, 💻 www.bighostel.com. Den Namen trägt dieses Hostel zu Recht – es wirkt eher wie ein freundliches, sehr funktionales Hotel. Unten befinden sich Küche, Sofas, TV- und Computerzimmer, oben auf der Dachterrasse gibt es weitere Sitzgelegenheiten. Große und saubere DZ mit Bad und Dorms mit 4–8 Betten (ab $61), alle mit AC. ❹

Sydney Central YHA, 11 Rawson Place, 💻 www.yha.com.au. Sehr gut ausgestattetes, freundliches Hostel mit Wohlfühlgarantie. In den riesigen Gemeinschaftsräumen schmökern Rucksackreisende in ihren Büchern, schlummern vor der Kinoleinwand oder spielen Billard. Auch Küche und Essensbereich sind groß und sauber. Dachterrasse mit Pool, Sauna und BBQ. 4–8-Bett-Dorms (ab $67), alle Betten mit eigenen Leselampen und Schließfächern. Außerdem einige DZ. Gute Wahl! ❻

Sydney Harbour YHA, 110 Cumberland St, The Rocks, 💻 www.yha.com.au. Die einzige Herberge in The Rocks ist eine Luxus-Oase mit Wohlfühlatmosphäre in neuem Komplex mit modernster Ausstattung. Riesiger Rezeptions-/Gemeinschaftsbereich mit sauberer Küche (separate Kochnischen), Tischen, Sofas, Computer, Telefon und extra TV-Raum. Das Programm reicht von Yoga über Stadtführungen bis hin zu Burrito und BBQ Nights. Helle Dorms (Bett ab $61) und DZ, alle mit Bad, Schließfächern und AC. Weite Dachterrasse mit Blick auf die Oper und die City-Skyline. ❼

wake up!, 509 Pitt St, 💻 www.wakeup.com.au. Riesiges, modernes Gebäude; in puncto Design, Ausstattung und Service eine Luxusherberge. Bar, Jobvermittlung; viele Aktivitäten und 24-Std.-Rezeption. Viele Dorms (4–10 Betten ab $72) und DZ, z. T. mit eigenem Bad. Auch mit dieser Unterkunft kann man nichts falsch machen. ❹

Hotels und B&Bs

Sydney Harbour B&B, 142 Cumberland St, The Rocks, 💻 www.bbsydneyharbour.com.au. Freundliche und gemütliche Zimmer in einem alten Heritage-Gebäude. Unten in der Küche und im hübschen kleinen Garten hinter dem Haus morgens warmes Frühstück sowie Obst und Joghurt. Einige Zimmer mit eigenem Bad, andere teilen sich ein Bad mit einem weiteren Zimmer. ❻

Lord Nelson Brewery Hotel, 19 Kent St, 💻 www.lordnelsonbrewery.com. Eins der ältesten Pubs in The Rocks bietet einfache, aber saubere Zimmer mit und ohne Bad. Urig und super zentral. Kleines Frühstück inkl. Lang im Voraus buchen! Unten im Pub gibt es gute Countermeals und frisches Bier. ❼

€ **1831 Boutique Hotel**, 631-635 George St, City. Historisches Boutiquehotel mit modernem Dekor. Gemütliche Lounge und kleine Küche für Selbstverpfleger. ❺

Die besten Fotospots

Vom **Cremorne Point** aus, zu erreichen mit der Mosman Ferry F6, bietet sich ein toller Blick auf Oper, Harbour Bridge und City Skyline. In den nördlichen Vororten lohnt ein Stopp am **Georges Heights Lookout** am Memorial Park. Wer den Taronga Zoo besucht, folgt für tolle Ausblicke dem Pfad von der Fähranlegestelle zum **Bradleys Head**.

NEW SOUTH WALES

Kings Cross, Potts Point und Woolloomooloo

Hostels

Original Backpackers, 160 Victoria St, www.originalbackpackers.com.au. Sehr freundlicher Hostelbetrieb in einer ansehnlichen viktorianischen Villa. Geräumige 4–10-Bett-Dorms, ab $53, sowie EZ und DZ. Alle mit TV. ❸

Summer House Backpackers, 153 Forbes St, www.staysummerhouse.com. Nur ein paar hundert Meter von der Kings Cross Station entfernt, ist man hier mitten im Geschehen. Dorms mit 4 bis 12 Betten (ab $52), Fernsehzimmer, Gemeinschaftsküche und gemütlicher Hintergarten, wo man bei der Grillparty am Freitagabend Leute trifft.

Hotels und Motels

The Jensen, 71 Macleay St, Potts Point, https://thejensenpottspoint.com. Gutes Budget-Hotel mit einfachen DZ mit TV, Kühlschrank, Kochnische und Waschbecken, alle mit Bad auf dem Gang. ❻

Mariners Court Hotel, 44-50 McElhone St, Woolloomooloo, www.marinerscourt.com.au. Ruhig und zentral, behindertengerecht. City in Spaziernähe. Frühstück inkl. ❼

Quest Potts Point, 15 Springfield Ave, Potts Point, www.questpottspoint.com.au. Stilvoll und mit allem Komfort ausgestattete Apartments (z. T. behindertengerecht) in ruhiger Seitenstraße. ❼

No. 9 Springfield, 9 Springfield Ave, Kings Cross, https://9springfield.com. Renovierte Unterkunft in ruhiger Seitenstraße; helle, gut ausgestattete Zimmer mit Bad. Alle Räume mit Internetanschluss, Kühlschrank und Ventilator. Häufig günstige Angebote (z. B. 3 Nächte zum Preis von 2). ❼

Inselcamping mit Hafenblick

Cockatoo Island, Sydney Harbour, www.cockatooisland.gov.au. Die Insel am Zusammenfluss von Parramatta und Lane Cove bietet rustikale Campingmöglichkeiten mit atemberaubender Aussicht ($50 pro Zelt; kein Strom). Camping inkl. der vollen und bereits aufgebauten Ausrüstung (Zelt, 2 Matratzen, 2 Stühle, Laterne) ist für $100 erhältlich, im Glamping-Zelt für $300. Außerdem gibt es luxuriöse Apartments, teils mit grandiosem Blick auf den Hafen ❼. Die ehemaligen Werftanlagen der Insel sind der perfekte Ort für Kunstausstellungen und Konzerte. Regelmäßig Fähren von Circular Quay, Wharf 5 oder Darling Harbour, King St.

Bondi Beach und Coogee

€ **Bondi Beach Backpackers**, 35a Hall St, https://bondibeachbackpackers.com.au. Angesagtes Hostel ganz nah am Strand. Jeden Tag gibt's Programm von gemeinsamen Ausflügen zu Sydneys Attraktionen bis zu Pizza-Abenden und Movie-Nights. Perfekt für Alleinreisende, die unter Leute kommen wollen oder auf der Suche nach Jobs sind. 8-10–Bett Dorms (ab $71).

Dive Hotel, 234 Arden St, Coogee, www.divehotel.com.au. Modernes, familienbetriebenes Boutiquehotel am Strand, mit 16 hervorragend ausgestatteten Zimmern. Am tollsten (und teuersten) sind die Zimmer zum Wasser hin. Kleiner Hinterhof, hier wird kostenlos Frühstück serviert. ❻

Manly

Manly Bunkhouse (VIP), 35 Pine St, www.bunkhouse.com.au. In ruhiger Seitenstraße, 15 Min. zu Fuß vom Hafen. 4–6-Bett-Dorms ($50) und DZ, alle mit TV, Kühlschrank, Mikrowelle sowie Bad. Großer Garten mit schattigen Sitzgelegenheiten. Hilfe bei Jobsuche. Sauber und freundlich – kein Party-Hostel. ❸

Camping

Die Caravanparks sind alle ziemlich weit von der City entfernt oder in Flughafennähe.

Lane Cove River Tourist Park (Discovery Parks), Plassey Rd, North Ryde, 14 km nordwestl., www.discoveryholidayparks.com.au. Umweltfreundliche Anlage im Lane Cove NP. Cabins mit Küche, Bad. Stell- und Zeltplätze mit und ohne Strom ($43/41) und Cabins ❺. Pool, Kinderspielplatz, Fahrradvermietung. Regelmäßige Busverbindung zum Chatswood-Bahnhof.

Sydney Lakeside Holiday Park (NRMA), 38 Lake Park Rd, North Narrabeen, 26 km nördlich, 💻 www.nrmaparksandresorts.com.au. Einzigartige Lage zwischen Narrabeen Lakes und Strand. Zelt- und Stellplätze ohne/mit Strom ($45/57), auch mit eigenem Bad ($71). Viele moderne Cabins. Große Campküche, Spielplatz, Wassersportaktivitäten. Ab ❹

ESSEN

Im Feinschmeckerzentrum wetteifern sehr gute und authentische Restaurants aus aller Welt um die Kundschaft. In der Innenstadt und an den beliebtesten Stränden kann es am Wochenende dennoch schwer werden, einen Tisch zu finden. Reservierung wird dringend empfohlen. Ein Tipp zur Kleiderordnung: Sydneysider kleiden sich tagsüber und besonders abends auffällig gut. Je später der Abend, desto kürzer die Röcke und höher die Absätze. Wer nicht gleich als Tourist entlarvt werden will, wirft sich lieber etwas in Schale. Das gilt besonders für Frauen; die männlichen Begleiter sind hingegen oft erstaunlich „casual" gekleidet.

The Rocks

Im Stadtviertel The Rocks gibt es neben zahlreichen Restaurants und Cafés einige gute **Pubs**, u. a. die beiden historischen **Hero of Waterloo**, 81 Lower Fort St, und **Lord Nelson Brewery Hotel**, 19 Kent St, Ecke Argyle St, Miller's Point. Letzteres ist berühmt für seine hausgebrauten Ale-Sorten. Sehr beliebt sind das **Orient Hotel**, 89 George St, mit moderner australischer Küche, und das **Australian Hotel**, 100 Cumberland St, mit außergewöhnlich guten Pizzen und einer großen Auswahl an Craft-Bier. Das **Munich Brauhaus**, Argyle St, Ecke Playfair St, macht auf bayrische Bierzelt-Atmosphäre: mit Kapelle, Bierkrügen, Sauerkraut und Schnitzel.

Le Foote, 101 George St. Das Restaurant, in dem man das ausgewählte Fleisch selbst grillen kann, wurde auch schon von Lesern empfohlen. Zum Fleisch gibt es Beilagen und Salat.

Essen mit Blick aufs Wasser

Wer sich mal was Besonderes gönnen möchte, besucht eine dieser exklusiven Feinschmeckeradressen:

Quay, 5 Hickson Rd, The Rocks. Eine der Top-Gastronomieadressen von ganz Australien. Toller Blick auf den Hafen, aber zu deftigen Preisen: 6 Gänge $240 p. P. 🕒 tgl. Abendessen, Fr–So auch Mittagstisch.

Im 5. Stock des Customs House am Circular Quay bietet das **Cafe Sydney** ein reichhaltiges Angebot an Fisch und Meeresfrüchten, kombiniert mit einem fantastischen Ausblick von der großen Terrasse auf Sydney Cove und die Hafenbrücke. Hauptgerichte ca. $40. 31 Alfred St.

Gut und trotzdem einigermaßen günstig isst man in der **Opera Bar** unterhalb der Oper, direkt am Wasser. Hauptgerichte $26–32.

Circular Quay und die City

Bambini Trust Wine Room, St James Trust Building, 185 Elisabeth St. Sehr guter Italiener. 🕒 Frühstück und Lunch Mo–Fr. Abendessen Mo–Sa.

Ippudo, Shop 3, Macquary St. Hervorragende japanische Küche. 🕒 tgl. 12–14.30 und 17–20.30 Uhr.

Home Thai, Shop 1, 299 Sussex St. Eins der besten Thai-Restaurants in der Innenstadt. Sehr schmackhaft, guter, schneller Service. Allerdings kann es schwer sein, einen Tisch zu bekommen. 🕒 tgl. Abendessen.

Rockpool Bar & Grill, 66 Hunter St. Nicht ganz günstig, aber sehr gut. Australische Küche, Steak und Seafood in gehobenem Ambiente. 🕒 tgl. Abendessen. Mo–Fr auch Mittagstisch.

Glebe

In der Glebe Point Rd und in einigen Seitenstraßen gibt es zahlreiche gute Restaurants, dazu gesellen sich Imbisse, Delis, Cafés und Kneipen.

AB Hotel, 225 Glebe Point Rd, 💻 www.abhotel.com.au. Renoviertes Pub mit Bistro, Restaurant und Cocktailbar. Preisgekrönte moderne australische Küche mit asiatischem Einfluss, gute Auswahl an Hausweinen. ⌚ tgl. 10 bis ca. 24 Uhr.

Friend in Hand, 58 Cowper St. Bei Backpackern beliebtes Pub mit preiswertem No-Name-Restaurant und abwechslungsreichem Unterhaltungsprogramm von Comedy- oder Literaturabenden bis Krabbenrennen. ⌚ tgl. ab 10 Uhr.

NEW SOUTH WALES

Newtown

In der Kings Street gibt es unzählige Thai-Restaurants; dazwischen mischen sich etliche indische, indonesische, libanesische und italienische Lokale.

Gigi Pizzeria, 379 King St, 💻 www.gigipizzeria.com.au. Gute Pizza ist Down Under nicht immer leicht zu finden. Kein Wunder also, dass man hier oft Schlange steht, bevor man sein Stückchen Neapel aus dem Holzkohleofen serviert bekommt. Pizzen ($20–30) sowie Salate und Antipasti. ⌚ tgl. ab 17.30 Uhr.

Thai Pothong, 294 King St, ✆ 9550 6277. Frisch, saftig und unwiderstehlich lecker. Freundlicher Service und nettes Ambiente. Kein Wunder, dass das Lokal schon seit Jahren als bester Thai in Newtown angepriesen wird. ⌚ tgl. Mittag- und Abendessen.

Surry Hills

Die **Crown Street** ist eine Flanierstraße mit vielen ethnischen Restaurants.

€ **Himalaya**, 396 Elizabeth St. Gute indische und pakistanische Küche zu sehr akzeptablen Preisen. ⌚ Sa und So ab 16 Uhr, Mo–Fr auch Mittagstisch.

Darlinghurst und Paddington

Die Oxford St ist von Anfang bis Ende eine Restaurant- und Flanierstraße.

Bar Reggio, 135 Crown St, Darlinghurst. Italienisches Ambiente der 50er-Jahre kombiniert mit fantastischer Pizza – Wartezeit muss in Kauf genommen werden. Hauptgerichte $15–30. BYO. ⌚ Mo–Sa Mittag- und Abendessen.

Paddo Inn Bistro, 338 Oxford St, Paddington. In Sydney sehr bekannt und beliebt. Gutes Seafood. ⌚ tgl. Mittag- und Abendessen.

Rösti und Körnerbrot wie zu Hause

Luneburger Bakery, backt gutes Brot, Brötchen und Brezeln aus deutschem Teig. Mehrere Standorte in Sydney, u. a. Sydney Central (am Ausgang Richtung George St) und im QVB (am Ausgang zur Metro).

Swiss Bakerz, Fine Food Company, 101 Oxford St, Darlinghurst. Ausgezeichnete Brotsorten und Backwaren – ein Genuss (nicht nur) für mitteleuropäische Gaumen. Der freundliche Service lädt zum Drinnen- und Draußensitzen ein. 10 Min. vom Hyde Park. ⌚ tgl. 6–20 Uhr.

Una's Continental, 340 Victoria St, Darlinghurst. Herzhafte mitteleuropäisch-„germanische" Speisen (Rösti besonders gut). ⌚ tgl. Frühstück, Mittag- und Abendessen. Schanklizenz und BYO. Ca. 10 Min. zu Fuß von Kings Cross Station.

Kings Cross und Woolloomooloo

Govinda's, im Hare Krishna Centre, 112 Darlinghurst Rd, 💻 www.govindas.com.au. Mi–So gibt es hier ein leckeres vegetarisches Büffet für ca. $28; kein Alkohol. Anschließend lässt man sich satt in die gemütlichen Liegematten des angeschlossenen Kinos plumpsen. Programm und Zeiten s. Website.

Otto, Shop 8, 6 Cowper Wharf, Woolloomooloo. Italienische Küche; Hauptgerichte $30–60; die schöne Lage in der alten Fingerwharf der Woolloomooloo Bay sowie die exzellente Qualität rechtfertigen die Preise. Ein sehr beliebter Promitreff. ⌚ tgl. 12–22 Uhr, Schanklizenz.

Östliche Vororte, Bondi und Coogee

Doyles Seafood Restaurant ist eine Sydneyer Institution; im pittoresken Watson's Bay gibt es derer zwei: das Originalrestaurant **Doyles on the Beach**, 11 Marine Parade, und **Doyles on the Wharf**. Toller Blick über das Wasser auf die City. Mo–Fr ca. halbstündlicher Zubringerservice mit der Fähre vom Circular Quay.

Gertrude & Alice, 46 Hall St, Bondi, 💻 www.gertrudeandalice.com.au. Toller Secondhand-Buchladen und Café; gut zum Frühstücken, zum Mittag- und Abendessen leichte mediterrane Küche. ⌚ tgl. 7–20.30 Uhr.

Nordufer / Manly

Die **Military Road**, die sich von Neutral Bay bis nach Mossman erstreckt, kann mühelos allen Flanier- und Gourmetstraßen südlich des Hafens Paroli bieten. Neben ausgezeichneten Restaurants findet man gut sortierte Delis, Bäckereien und Cafés. Manly bietet ebenfalls Gaumenfreuden für jeden Geschmack und jeden Geldbeutel.

4 Pines Brewing Company, 45 East Espl, 💻 www.4pinesbeer.com.au. Gute australische Küche in lebhaftem Pub. Gutes Bier. Livemusik an vielen Abenden.

Yok Thai, 21 Wentworth St. Kleines Restaurant, bei den Locals sehr beliebt. 🕒 Di–So Abendessen.

UNTERHALTUNG UND KULTUR

Eine gute Informationsquelle für aktuelle Events in Sydney ist 💻 whatson.cityofsydney.nsw.gov.au.

Karten für Opern, Musicals, Konzerte und Theaterstücke gibt es bei **ticketmaster**, 💻 www.ticketmaster.com.au, oder **Ticketek**, 💻 premier.ticketek.com.au.

Feste und Feiertage

Zusätzlich zu den australienweiten Feiertagen gelten für NSW folgende:

King's Birthday: 2. Mo im Juni,

Labour Day: 1. Mo im Okt.

Es gibt zu viele Festivals, um sie hier alle aufzuführen, hier nur die bekanntesten. Weitere unter 💻 www.sydney.com/events-festivals-and-celebrations.

Sydney Festival, Januar. Riesiges Angebot an Opern, Konzerten aller Art, Theatervorführungen, Ausstellungen, Dichterlesungen, Diskussionen, Zirkus usw., viele (z. B. Straßentheater und Konzerte in der Domain) kostenlos, 💻 www.sydneyfestival.org.au.

Parallel dazu findet das **Fringe Festival** statt: Diese Veranstaltungen sind meistens kleiner mit einem jüngeren, alternativen Touch.

Sydney Gay & Lesbian Mardi Gras, Feb/März. Festival der Schwulen- und Lesbenbewegung, mittlerweile weltbekannt ist der bunte Umzug entlang der Oxford St in Darlinghurst. Viele kulturelle Veranstaltungen und Partys, 💻 www.mardigras.org.au.

Golden Slipper und **Sydney Cup**, März/April. Die wichtigsten Pferderennen in Sydney.

Vivid Sydney, Mai/Juni. Modernste Lichtinstallationen erleuchten Sydneys Häuser und Wahrzeichen. Dazu gibt's Livemusik und kreative Workshops.

Sydney Film Festival, Juni. Australische und internationale Filme werden in verschiedenen Theatern der Innenstadt vorgestellt, 💻 www.sydneyfilmfestival.org.

City2Surf Race, am zweiten So im August. An dem 8 km langen Wettlauf von der City nach Bondi nehmen ca. 80 000 Menschen teil.

Festival of the Winds, September. Multi-Kulti-Festival in Bondi Beach mit Drachenfliegern aller Art, Sep.

Manly International Jazz Festival, Ende Sep/Anfang Okt. Das Musikfestival lockt seit 1977 Künstler aus aller Welt.

Sculpture by the Sea, Ende Okt/Anfang Nov. Internationale Skulpturenausstellung entlang der Küste zwischen Bondi und Bronte, 💻 www.sculpturebythesea.com.

Sydney to Hobart Yacht Race, Dezember. Halb Sydney besucht am 26.12. den Hafen, um die Teilnehmer der klassischen Segelregatta nach Tasmanien gebührend zu verabschieden. Am gleichen Tag findet auch das „Wettrennen" der Fähren statt, das Great Ferry Boat Race.

Livemusik, Pubs und Nightclubs

Aktuelle Termine und Veranstaltungsorte unter 💻 https://whatson.cityofsydney.nsw.gov.au/tags/nightlife.

City und The Rocks

Rund um Sussex St und George St gibt es viele Clubs und Kneipen. Hier eine kleine Auswahl:

Chinese Laundry, 111 Sussuex St, 💻 www.chineselaundryclub.com.au. Einer der größten, ältesten und bekanntesten Clubs in Sydney mit Schwerpunkt auf House, Electro und Techno. Nationale und internationale DJs.

Metro Theatre, 624 George St, 💻 www.metrotheatre.com.au. Riesiger Club; bekannte

Namen aus der Rock- und Indie-Szene. Bringt u. a. viele australische Newcomer-Bands auf die Bühne.
The Basement, 29 Reiby Place, Circular Quay, 💻 www.thebasement.com.au. Profiliertester Veranstaltungsort für Jazz, Funk und Rock; hier spielen große Namen schon seit Anfang der 70er-Jahre. Die Events sind oft lange im Voraus ausverkauft.
The Retro, 81 Sussex St, 💻 www.theretro.com.au. In diesem Club mit seinen 7 Bars, Restaurant und Dachterrasse steigt Fr und Sa abends eigentlich immer eine gute Party. Viele Themenpartys (z. B. „Baywatch Night"). Wer im Kostüm kommt (in diesem Fall Bikini oder Boardshorts) kommt umsonst rein, sonst Fr $10, Sa $20.
In **The Rocks** gibt es viele gute Kneipen, die auch oft Programm (Trivia Nights oder Karaoke) bieten. Unter anderem **The Australian Heritage Hotel**, 100 Cumberland St, oder direkt daneben das **Glenmore Hotel**. Letzteres hat eine herrliche Dachterrasse mit grandiosem Blick auf die Oper.

Darlinghurst, Paddington und Kings Cross
Club 77, 77 William St. Grunge-Underground-Club mit großer Tanzfläche und einigen Bars.
Oxford Art Factory, 38 Oxford St, Darlinghurst. Eine der letzten Konzerthallen in der Oxford Street. Hier spielten schon Lady Gaga und Dave Grohl.

Darling Harbour
Darling Harbour ist bei Tag und Nacht eine einzige Vergnügungsmeile. Das Angebot reicht von guten Restaurants, Nachtclubs und Bars bis zum Star Casino mit seinen Restaurants, Cocktailbars, Kneipen, Nightclubs und Spielhalle.
Cargo Bar, 52 The Promenade, King St Wharf. Sydneyweit bekannte Bar mit großem Biergarten. Hier trifft sich Sydneys Jugend zum Essen, Trinken, Tanzen und Gesehenwerden.
Home, Cockle Bay Wharf, Wheat Rd, 💻 www.homesydney.com. Sydneys größter Dance Club.
Pontoon Bar, 201 Sussex St, 💻 www.pontoonbar.com. Stylische Bar im Herzen von Darling Harbour.

Surry Hills
Crown Hotel, 589 Crown St, 💻 www.crownhotel.com.au. Klassisches Pub im EG. Oben gibt's eine etwas schickere Cocktail-Bar.
The Gaelic, 64 Devonshire St, 💻 www.thegaelic.com; auch DJs. Es spielen bekannte australische Bands sowie Newcomer der Rock- und Popszene.

Klassische Musik

Das größte australische Orchester, das **Sydney Symphony Orchestra**, hat seinen Sitz im Konzertsaal des Opernhauses. Es tritt wöchentlich mit internationalen Dirigenten und Solisten auf. Tickets und Infos 💻 www.sydneysymphony.com.
Eine weitere Institution ist das **Sydney Conservatorium of Music**, eine Elite-Musikschule mit Sitz in den Royal Botanical Gardens. Konzerte am Freitag- und Samstagabend. Infos und Tickets 💻 https://sydney.edu.au/music.
Des Weiteren finden in der Town Hall und in verschiedenen Kirchen oft klassische Konzerte statt. Mehr Infos unter 💻 www.whatsonsydney.com.

Tanz, Theater und Musical

Die **Sydney Dance Company** zählt zu den erfolgreichsten ihrer Art in Australien. Das ganze Jahr über bietet sie Vorführungen (und Tanzstunden zum Mittrainieren) an verschiedenen Veranstaltungsorten, darunter **The Wharf Theatre**, Pier 4, Hickson Rd, Walsh Bay (auch Sitz der Aboriginal-Tanzgruppe Bangarra, s. Kasten), im **Sydney Theatre**, gegenüber Pier 6/7 Hickson Road, The Wharf, und im **Carriageworks**, 245 Wilson St, Eveleigh. Infos: 💻 www.sydneydancecompany.com.
Im **Playhouse** und **Drama Theatre** des Opera House gibt es weitere klassische und moderne Theaterstücke oder Tanzaufführungen.
Die **Sydney Theatre Company**, 💻 www.sydneytheatre.com.au, hat ihren Sitz im o. g. Wharf Theatre. Zu ihren sehenswerten Aufführungen zählen zeitgenössische und klassische Theaterstücke angelsächsischer und internationaler Autoren.

Modernes Aboriginal-Tanztheater

Das **Bangarra Dance Theatre**, eine der innovativsten Theatergruppen des Landes, erlangte mit „Awakenings" anlässlich der Olympischen Sommerspiele 2000 internationale Berühmtheit. Pier 4/15 Hickson Rd in Walsh Bay, The Rocks, 🖳 www.bangarra.com.au.

Ballett, Musicals und Theater gibt's im **Capitol Theatre**, 13 Campbell St, Haymarket, Buchungen unter ✆ 1300-55 88 78, 🖳 www.capitoltheatre.com.au.
Das **Belvoir Street Theatre**, 25 Belvoir St, Surry Hills, 🖳 www.belvoir.com.au, bietet Avantgarde-Theater.
Die alternative Theaterszene ist lebendig und vielfältig. Komödie und Kabarett erfreuen sich großer Beliebtheit; Veranstaltungsorte sind meist Pubs, Restaurants oder Nightclubs.

LGBTQ+-Szene

Der *Star Observer* ist das wichtigste Infoblatt für die LGBTQ+-Szene, 🖳 www.starobserver.com.au. Infos und Adressen (auch für *gay-friendly* Hotels) unter 🖳 http://sydney.gaycities.com und 🖳 www.nighttours.com/sydney.
ARQ, 16 Flinders St, Taylor Square, 🖳 www.arqsydney.com.au. Einer der größten Clubs mit riesiger Tanzfläche. Viele Themenpartys.
Stonewall, 175 Oxford St, Darlinghurst, 🖳 www.stonewallhotel.com. Fashion- und Drag-Shows, Karaoke usw.
The Colombian, 117 Oxford St, 🖳 www.colombian.com.au. Unten Bar, oben Nightclub.

KUNST

Galerien und Ausstellungen

Viele Galerien befinden sich in der City, in The Rocks, in Surry Hills und Paddington. Hier eine Auswahl:
Artspace, 43-51 Cowper Wharf Rd, Woolloomooloo, 🖳 www.artspace.org.au. Monatlich wechselnde Ausstellungen mit Installationen und Medienkunst. ⌚ Mo–Fr 11–17, Sa und So bis 18 Uhr, Eintritt frei.
Museum of Contemporary Art, S. 129.
The Ken Done Gallery, 1 Hickson Rd, The Rocks, 🖳 www.kendone.com. Werke des zeitgenössischen Designers und Künstlers Ken Done. ⌚ tgl. 10–17.30 Uhr.

Aboriginal-Kunst

Cooee Aboriginal Art, 17 Thurlow St, Redfern, 🖳 www.cooeeart.com.au. Die Besitzer arbeiten seit Langem mit Aboriginal-Künstlern und ihren Communities zusammen. ⌚ Di–Sa 10–17 Uhr.
Utopia Art Sydney, 983 Bourke St, Waterloo, südl. von Redfern, 🖳 www.utopiaartsydney.com.au. Repräsentiert bekannte Aboriginal-Künstler aus der Kimberley und Zentral-Australien. ⌚ Di–Sa 10–17 Uhr.
Yiribana in der Art Gallery of NSW (S. 130).

EINKAUFEN

Märkte

Bondi Markets, Bondi Beach Public School, Campbell Parade und Warners Ave, 🖳 www.bondimarkets.com.au, ⌚ Sa 9–13, So 10–16 Uhr.
Glebe Market, Glebe Public School, Glebe Point Rd, 🖳 www.glebemarkets.com.au. Kunsthandwerk, Schmuck, Lederwaren, Klamotten, Trödel; von alternativem Flair bis zu innovativem Design. Essen und Livemusik. ⌚ Sa 10–16 Uhr.
Paddington Market, bei der Uniting Church, 395 Oxford St, Ecke Newcombe St, 🖳 www.paddingtonmarkets.com.au. Nicht gerade preiswert, aber wegen seiner Atmosphäre lohnt dieser Markt mit 250 Ständen einen Besuch. ⌚ Sa 10–16 Uhr.
Paddy's Market, Thomas St, Ecke Hay St, Haymarket, 🖳 www.paddysmarkets.com.au. Billige Klamotten, Souvenirs, Obst, Gemüse, Pflanzen, ⌚ Mi–So 10–18 Uhr.
Rozelle Market, Rozelle School, Ende Darling St, Ecke Victoria Rd, 🖳 www.rozellemarkets.com.au. Flohmarkt-Atmosphäre an ca. 100 Ständen mit Trödel, Antiquitäten, Klamotten, Pflanzen und Essenständen. ⌚ Sa und So 9–15 Uhr, Livemusik jeweils 11–14 Uhr.
The Rocks Market, nördl. Ende der George St, The Rocks, von einer Zeltplane überdacht. Mehr als 150 Stände mit Kunsthandwerk, Schmuck,

Antiquitäten, viel Entertainment. Freitags findet der Rocks Farmers' Market statt mit frischem Obst und Gemüse aus der Region. Wegen der touristischen Lage etwas teurer. 🕒 Sa und So 10–17 Uhr.
Sydney Fish Market, Blackwattle Bay in Pyrmont, westlich von Darling Harbour. Die Markthalle versorgt Sydney mit frischem Fisch und Meeresfrüchten zu vergleichsweise günstigen Preisen. Im Freien stehen Tische und Bänke, und der Ausblick auf die Fischerboote und die Anzac Bridge lädt zum Verweilen ein. Es werden auch Kochkurse und Führungen angeboten. 🕒 tgl. 6–16 Uhr.

Souvenirs

Auf den Märkten bekommt man originellere (und oft auch billigere) Sachen als in den kommerziellen Souvenir-Shops im Darling Harbour, der City und The Rocks.
Viele Läden bieten für teures Geld Akubra-Hüte, Driza-Bone-Jacken, R.-M.-Williams-Lederstiefel und andere typisch australische Markenartikel; billiger sind sie in sogenannten Disposal Shops. Für Didgeridoos, Aboriginal-Kunsthandwerk oder -gemälde sind die Aboriginal-Kunstgalerien (S. 145) die beste Quelle.
Etablierte **Opal-Spezialisten** sind **Australian Opal Cutters**, 295-301 Pitt St, Ecke Park St, 3. Etage, und die **National Opal Collection**, 60 Pitt St Mall.

AKTIVITÄTEN

Jetboat

Harbourjet, Darling Harbour, 💻 www.harbourjet.com. Mit 75 km/h, 270°-Umdrehungen und anderen wilden Stunts gleicht dies einer Achterbahnfahrt im Sydney Harbour. $88 für 34 Min. (bei Online-Buchung).
OZ Jetboating, Sydney Harbour, 💻 www.ozjetboating.com.au. Ein ähnliches Programm. $69 für 30 Min.

Radfahren und Rollerbladen

Noch immer sind die meisten Straßen in Sydney nicht ungefährlich für Radfahrer, doch das Netzwerk an Radstrecken wird immer weiter ausgebaut. Routen findet man auf der App AllTrails.

Verleihfirmen
Bike Hire @ Sydney Olympic Park, Shop 1 Bicentennial Dr, Bicentennial Park, 💻 www.bikehiresydneyolympicpark.com.au. Fahrrad ab $50/Tag, $20 für jeden weiteren Tag.
Centennial Park Cycle Hire, 50 Clovelly Rd, Randwick, 💻 www.cyclehire.com.au; Fahrrad ab $50/Tag, $20 für jeden weiteren Tag.

Seekajakfahren und Stand-up-Paddeln

Manly Kayak Centre, auf der Ostseite der Fähranlegestelle Manly, 💻 www.manlykayakcentre.com.au. Kajak- und SUP-Verleih ($50 für 2 Std.) und Kajaktouren ($125 für 4 Std. inkl. Kajak und Lunch).
Sydney Harbour Kayaks, Spit Bridge, Mosman, 💻 www.sydneyharbourkayaks.com. Kajak-Verleih ($60 für 2 Std.), Touren-Kurse.

Segeln

Pacific Sailing School, 1 New Beach Rd, Rushcutters Bay, 💻 www.pacificsailingschool.com.au. Sailing Workshops.

Surfen

An den bekannten Stränden von Bondi und Manly werden natürlich Surfkurse geboten. Alternativ empfehlen sich für einen Kurs aber auch die etwas weniger touristischen Strände an der Nord- oder Südküste, z. B. Wollongong (S. 163).
Let's Go Surfing, Bondi Beach und Maroubra, 💻 www.letsgosurfing.com.au. Unterricht im Wellenreiten, 2-stündige Einführung am Bondi Beach $130, 6x 1 Std. $344.
Manly Surf School, North Steyne Rd, Manly, 💻 www.manlysurfschool.com.au; $125 pro Unterrichtseinheit (2 Std.). Tagesprogramme und -touren.

Tauchen

Tauchkurse dauern meist 4 Tage und kosten rund $500. Website mit Anbietern: 💻 www.underwater.com.au. Viele verleihen auch Ausrüstung, u. a.:
Dive Centre Bondi, 198 Bondi Rd, 💻 www.divebondi.com.au.
Dive Centre Manly, 10 Belgrave St, 💻 www.divesydney.com.

Wandern
Streifen der Küste rund um Sydney Harbour stehen als Nationalparks unter Naturschutz und bieten Gelegenheit zu Wanderungen und Spaziergängen unweit der City. Die schönsten Parks in der weiteren Umgebung sind der Royal National Park im Süden (S. 162) und der Ku-ring-gai Chase National Park im Norden (S. 154). Außerdem natürlich die Blue Mountains (S. 154). Weitere Infos unter 💻 www.nationalparks.nsw.gov.au. Wanderrouten auf der App AllTrails.

Whalewatching
Zwischen Juni und August sind nahe Sydney Harbour und Manly immer wieder Wale zu sehen, 3- bis 4-stündige Bootstouren werden u. a. angeboten von: **Whale Watching Sydney**, 💻 www.whalewatchingsydney.com.au; **Captain Cook Cruises**, 💻 www.captaincook.com.au; **itoursntix**, 💻 https://itoursntix.com.

Kraxelei auf dem „Kleiderbügel"

Eine von der Firma **Bridge Climb** veranstaltete Kletterpartie auf die Sydney Harbour Bridge ist zweifellos ein Highlight eines Sydney-Besuchs. Auch Leute mit Höhenangst zählen zu den zahlreichen zufriedenen Kunden; auf Sicherheit wird peinlichst genau geachtet. Die Touren mit verschiedenen Schwerpunkten – vom traditionellen Bridge Climb über Touren ins Innere der Brücke bis hin zum Express Climb für Eilige – finden vom Morgengrauen bis in die Nacht statt und dauern 1 1/2 bis 3 1/2 Std. Je nach Tageszeit und Saison kosten sie ab $345. Reservierung wird dringend empfohlen: 3 Cumberland St, The Rocks, 💻 www.bridgeclimb.com.

TOUREN

Für Ausflüge in die **Blue Mountains** bietet Transport NSW TrainLink die Sonderfahrkarte **Blue Mountains Explorer Link**; im Preis inkl. ist eine Rundfahrt mit dem Blue Mountains Big Bus. Details S. 150.

Bustouren
AAT Kings Tours, 💻 www.aatkings.com, veranstaltet Stadtrundfahrten, Touren in die Wildlife Parks und zu anderen Sehenswürdigkeiten in den westlichen und nördlichen Vororten, in die Blue Mountains, zum Hawkesbury River und ins Hunter Valley. Ihre Prospekte liegen in allen Hotels und Touristeninformationsstellen aus. Sydney Explorer, S. 150.

Hafenrundfahrten
Rundfahrten beginnen am Circular Quay. Wer keinen Wert auf einen Kommentar legt und nur die Aussicht genießen will, kann die öffentlichen Harbour City Fähren (S. 151) nehmen und damit eine Menge Geld sparen. Der größte kommerzielle Veranstalter, **Captain Cook Cruises**, 💻 www.captaincook.com.au, bietet u. a. einen Harbour Highlights Cruise (tgl. 75 Min., $45), verschiedene Kaffee-, Lunch- und teurere abendliche Candlelight Dinner Cruises; Boote ab Jetty 6, Circular Quay, einige auch ab Darling Harbour. Der Harbour Explorer von Captain Cook Cruises funktioniert nach dem Hop-On-Hop-Off-Prinzip: Stopps in Darling Harbour, Circular Quay, Taronga Zoo, Watson Bay, Luna Park, Manly, Fort Denison, Shark Island und Garden Island. 1 Tag $32, 2-Tages-Tickets $54, oder Kombi-Tickets inkl. Einlass zu verschiedenen Attraktionen, erhältlich beim Ticket Office, Jetty 6 Circular Quay, Pier 26 Darling Harbour und Nr. 1 King St Wharf.

Motorradtouren
Trike Trips, 💻 https://triketrips.com.au. Tgl. Touren mit Harley-Davidson-Motorrädern und Trikes.

One-way-Touren
Adventure Tours Australia, 💻 www.adventuretours.com.au. Aktivtouren für Backpacker (max. 16 Teilnehmer) in allen Teilen Australiens. Von Sydney nach Brisbane in 8 Tagen ($1900) oder in 21 Tagen nach Cairns ($5800), inkl. Übernachtung im DZ, vielen Aktivitäten wie Cruises und Trip nach Fraser Island sowie Verpflegung (teilweise).
Intro Travel Australia, 💻 www.introtravel.com/tours/australia. Die Touren sind auf

Bombastische Aussichten und einen Schuss Adrenalin bietet ein Bridge Climb.

Working Holiday Makers ausgerichtet. Übernachtung in Dorms, viele Aktivitäten wie Surfen und Schnorcheln, aber nur manche Mahlzeiten inbegriffen. In 10 Tagen von Sydney nach Brisbane ($1400) oder in 28 Tagen von Sydney nach Cairns ($4800). Gegen einen Aufpreis von $100 erhält man Zugang zum Jobportal und Hilfe beim Beantragen der Steuernummer, Kontoeröffnung, Krankenversicherung, etc.

Ultimate, 💻 www.ultimate.travel. Ebenfalls auf Backpacker/Working Holiday Makers spezialisiert. In 2 bis 6 Wochen ($1350–5500) von Sydney nach Cairns, inkl. Segelturn in den Whitsundays und 2–3 Tage auf K'gari (Fraser Island). Übernachtung in Dorms (DZ gegen Aufpreis), nur manche Mahlzeiten inbegriffen.

Rundflüge

Blue Sky Helicopters, 💻 www.blueskyhelicopters.com. 20-minütige Hubschrauberflüge ab Kingsford Smith Airport über den Hafen ab $230 (20 Min.).

Sydney by Seaplane, 💻 https://sydneybyseaplane.com.au. Rundflüge über Sydney (15 Min. $300 oder 30 Min. $400).

Segeltörns

Sydney Harbour Tall Ships, 💻 www.sydneytallships.com.au. Segeltörns in klassischem Stil, ab $70. Auch Lunch- und Dinner-Cruises.

Sydney Heritage Fleet, 💻 www.shf.org.au. Auf dem 1874 gebauten Segelschiff *James Craig*, das originalgetreu restauriert wurde, kann man selbst Hand anlegen oder aber einfach nur die Aussicht genießen. Verschiedene Touren je nach Saison.

Tribal Warrior, Aboriginal Cultural Cruises, 💻 https://tribalwarrior.org. Während der zweistündigen Cruises durch den Sydney Harbour geben Aborigines Einblicke in ihre Kultur des vorkolonialen Sydneys; $77.

Stadtrundgänge

€ **Kostenlose Touren**: *The Rocks*, tgl. ab 18 Uhr vor dem Cadman's Cottage (ca. 1 1/2 Std.) und *Sydney Sights*, tgl. um 10.30 und 14.30 Uhr an der Anker-Skulptur am Town Hall Square (knapp 3 Std.). Infos 💻 www.imfree.com.au. *Botanical Gardens Free Walk*, tgl. ab 10.30 Uhr. Ab Garden Shop (ca. 1 1/2 Std.), Reservierung nötig, 💻 https://events.humanitix.com.

The Rocks Pub Tours, 🖳 https://daves.com.au. Pub Crawl durch 4 der ältesten Kneipen Sydneys inkl. Getränk in jedem Pub. Garantie für einen feucht-fröhlichen Abend! ⌚ tgl. ab 18 Uhr, $115.
The Rocks Walking Tours, 🖳 www.rocks walkingtours.com.au. Bietet einen guten Einblick in die Geburtsstätte von Sydney und das Leben der ersten weißen Siedler. ⌚ tgl. ab 10.30 und 13.30 Uhr, ca. 1 1/2 Std., $35.

Touren in die Umgebung

Einige ausgezeichnete Tourveranstalter sind in den Blue Mountains beheimatet und bieten ihre Touren von dort aus an, insbesondere der Aboriginal-Tourveranstalter **Blue Mountains Walkabout** (S. 158, Blue Mountains). Vor allem während der Sommermonate veranstaltet die Nationalparkbehörde (S. 125) in einigen Nationalparks kostenlos oder gegen geringes Entgelt empfehlenswerte Aktivitäten für Kinder sowie Vorträge, Führungen und Wanderungen.
Activity Tours, 🖳 www.activitytours.com.au. Tagestouren in die Blue Mountains mit Besuch im Featherdale Wildlife Park, Scenic Skyways (kostet extra), Spaziergang und Flussfahrt zurück nach Sydney entlang des Parramatta River ($169). Außerdem Tour ins Hunter Valley ($215).
Ecotreasures, 🖳 www.ecotreasures.com.au. Viele Aktivtouren an den Northern Beaches mit Fokus auf Nachhaltigkeit und Aboriginal-Kultur, z. B. Tageswanderungen entlang der Küste sowie Schnorcheltrips und Tagestouren in den Ku-ring-gai Chase National Park mit Kajak/SUP. Die Guides (darunter auch Aborigine-Guides) studieren dabei den Zustand der örtlichen Gewässer und Wälder und informieren die Nationalparkbehörde.
Real Sydney Tours, 🖳 http://realsydney tours.com.au. Sehr gut organisierte und geführte Tagestouren durch Sydney, in die Blue Mountains, die nördlichen Vororte Sydneys, ins Hunter Valley oder zu anderen, selbst ausgewählten Destinationen. Die Preise orientieren sich an der Gruppengröße.
Sydney Adventure Tours, 🖳 https://sydney adventuretours.com. Tgl. mit 4WD-Kleinbus in die Blue Mountains, abseits ausgetretener Pfade, auf individuelle Bedürfnisse zugeschnitten. Außerdem Sydney-Erkundungstour und individuelle Touren, auch ins Outback und ins Hunter Valley.

SONSTIGES

Autovermietungen

Details zu den großen Firmen mit zahlreichen australienweit vertretenen Filialen, die Autos, Campervans und Geländewagen vermieten, finden sich auf S. 82. Hier nur eine Auswahl an lokalen Autovermietungen. Eine Website, die die Angebote der großen Firmen vergleicht, ist 🖳 www.vroomvroomvroom.com.au.

Bayswater Car Rental (no birds), 180 William St, Ecke Dowling St, Kings Cross, 🖳 www.nobirds.com.au. Preiswert und zuverlässig.
Rent a Bomb, 🖳 www.rentabomb.com.au, am Flughafen, australienweit auch andere Filialen. Preisgünstige ältere und neue Fahrzeuge.
Spaceships, 1-1545 Botany Rd, Botany, 🖳 https://spaceshipsrentals.com.au. Autos und Vans mit hervorragender Ausstattung.
Wicked Campers, 320 Botany Rd, Botany, 🖳 www.wickedcampers.com. Bunt bemalte, komplett ausgestattete Camper für Budget-Reisende.

Autokauf und -verkauf

Wer viel Zeit hat, mag vielleicht den Kauf eines Autos oder Campervans in Erwägung ziehen (Infos S. 84, Autokauf).
Für Leute mit wenig Zeit ist es überlegenswert, nicht von Privat, sondern bei einem verlässlichen Händler ein Auto mit **Rückkauf-Garantie** *(guaranteed buyback)* zu kaufen. Ein Anbieter, der eine solche Garantie bietet, ist **Travellers Auto Barn**, 1C McPherson St, Banksmeadow, 🖳 www.travellers-autobarn.com.au. Schon seit vielen Jahren im Geschäft mit weiteren Filialen in Brisbane, Cairns, Melbourne, Perth und Darwin. Auch Vorbestellung und Kauf online.

Englischkurse

Die Sprachschulen bieten i. d. R. Kurse für alle Stufen an, von Anfängern bis zu weit Fortgeschrittenen, sowie Vorbereitungskurse für die in Australien üblichen Prüfungen (IELTS, TOEFL usw.), oft auch die in Europa gängigen Cambridge Certificates oder Business English mit entsprechender Prüfung. Kursdauer 4–48 Wochen. Näheres S. 78, Sprachkurse.

Kaplan International College, 98-104 Goulburn St, City, ✆ 9283 8055, außerdem in Manly, 🖳 www.kaplaninternational.com. Business-Englisch, IELTS, Cambridge Certificates. Von der australischen Regierung anerkannt.

Sydney English Academy, Level 1, La Gallerie, Shop 19, 74-78 The Corso, Manly, 🖳 www.sea-english.com. Kleine, offiziell anerkannte Schule, bietet u. a. Feriensprachkurse in Kombination mit Surfen, Tauchen oder Golf; organisiert Unterkunft.

Informationen

Sydney Visitor Centre: im Customs House, 31 Alfred St. Umfassende Beratung; Broschüren, Karten, Buchung von Transport und Unterkunft in Sydney und ganz NSW. ⏲ tgl. 9.30–17.30 Uhr.

Manly Visitors Information Centre, auf dem Vorplatz der Fähranlegestelle, Manly, ⏲ Mo–Fr 9–17, Sa und So 10–16 Uhr.

Infos im Internet zu Sydney und NSW: 🖳 www.destinationnsw.com.au, 🖳 www.sydney.com, 🖳 www.cityofsydney.nsw.gov.au oder 🖳 www.discoversydney.com.au.

Internet und Telefon

Praktisch alle Hostels und Hotels bieten WLAN, meist kostenlos, manchmal gegen Gebühr ($3–10/Tag). Die YHA-Hostels bieten i. d. R. kostenloses WLAN in den Gemeinschaftsräumen. Wer schnelleren Zugang auch auf dem Zimmer haben will, kann sich an der Rezeption *Premium Access* besorgen. Auch im Café, Pub oder Restaurant dürfen Gäste normalerweise das WLAN nutzen (nach Passwort fragen). Kostenloses WLAN gibt es darüber hinaus in den öffentlichen Bibliotheken (z. B. State Library in der Macquarie Street), auf den Fähren, am Darling Harbour, am Circular Quay, im Museum of Sydney sowie bei sämtlichen McDonald's- und Starbucks-Filialen.

Wer länger in Australien bleibt, besorgt sich am besten eine australische SIM-Karte. Näheres dazu S. 78, Mobiltelefone.

Konsulate

Deutsches Generalkonsulat, 13 Trelawney St, Woollahra, ✆ 9328 7733.

Österreichisches Generalkonsulat, 10. Etage, 1 York St, ✆ 9251 3363.

Schweizer Generalkonsulat, 101 Grafton St, Ecke Grosvenor St, Tower 2, Level 23, Bondi Junction, ✆ 8383 4000.

NAHVERKEHR

Das öffentliche Verkehrsnetz umfasst Busse, Vorortzüge (City Rail) und Fähren. Auskunft über sämtliche Fahrpläne, Preise und Routen bei **Transport NSW**, 🖳 www.transportnsw.info. Die wichtigsten Bus- und Zugverbindungen sind bei der Beschreibung der Stadtteile angegeben.

Explorerbusse

Hält man sich nur ein oder zwei Tage in Sydney auf, ist eine kommentierte Stadtbesichtigung mit dem **Sydney Big Bus** zu empfehlen, 🖳 www.bigbustours.com. Die roten Doppeldeckerbusse drehen tgl. von Circular Quay aus zwischen 8.30 und 19.30 Uhr (im Winter 18.30 Uhr) in 30-minütigem Abstand ihre Runden durch die Innenstadt und angrenzende Stadtteile. Von den 23 Halte-stellen erreicht man die wichtigsten Sehenswürdigkeiten. Die gesamte Rundfahrt dauert etwa 1 1/2 Std.; man kann beliebig oft aus- und einsteigen. Der **Bondi Explorer** fährt zwischen 9 und ca. 19.30 Uhr (letzter Halt) ca. alle 30 Min. ab Central Station Terminal entlang der Oxford St zum Bondi Beach und weiter an der Küste entlang nach North Bondi, Vaucluse nach Rose Bay und Double Bay (insgesamt 10 Haltestellen). Die Fahrkarten gelten für beide Routen: 1 Tag $65, 2 Tage $85.

Kombinationstickets

Für eine intensive Stadterkundung über mehrere Tage lohnt ein Attractions Pass von iVenture Card, 🖳 www.iventurecard.com/au/sydney. Details s. Kasten S. 128.

Öffentliches Transportsystem

Im gesamten Großraum Sydney gilt das **Opal-Ticketsystem**. Es schließt Züge, Busse, Fähren und die Light Rail ein und reicht im Süden bis in die Southern Highlands, im Norden bis Newcastle und im Westen bis in die Blue Mountains. Wer die öffentlichen Verkehrsmittel nur ein- oder zweimal nutzt, kann sich am Fahrkartenautomaten ein *Opal Single Trip Ticket* kaufen. Alle anderen besorgen sich eine aufladbare *Opal Card*, mit der man zu vergünstigten Preisen reist. Die Karte selbst ist kostenlos, muss aber mit einem Wert von mind. $10 (für Kinder $5) aufgeladen werden. Anschließend muss sie durch kurzes Berühren an einem der Kontaktpunkte an jeder Haltestelle oder direkt im Bus „abgestempelt" werden – und zwar sowohl beim Ein- als auch beim Aussteigen *(touch on and touch off)*. Die Fahrtkosten werden nach Strecke berechnet. Alle Fahrten innerhalb von 60 Min. gelten als eine Fahrt. Mo–Do werden im gesamten Netz max. $17,80 berechnet, Fr–So $8,90. Pro Woche gilt ein max. Betrag von $50.

Fähren

Fähren sind die schnellste Verbindung zwischen Circular Quay und dem Nordufer. Eine einfache Fahrt nach Manly mit der Fähre kostet $8,70.
Die wichtigsten **Verbindungen von Circular Quay**: nach Neutral Bay (via Kirribilli, North Sydney und Kurraba Point); nach Balmain (Darling St Jetty) und Darling Harbour; nach Woolwich (via Balmain und Birchgrove); nach Cremorne und Mosman; zum Taronga Zoo; nach Manly; nach Watsons Bay via Double Bay und Rose Bay sowie mit dem RiverCat den Parramatta River hinauf nach Parramatta im Westen.

TRANSPORT

Busse

Die Langstreckenbusse halten alle bei der Central Station: entweder im Sydney Coach Terminal an der Eddy Street oder um die Ecke am Busbahnhof in der 490 Pitt Street. Transport NSW-Bahnbusse s. „Eisenbahn".
Firefly Express, 💻 www.fireflyexpress.com.au. 1x tgl. auf dem Hume Hwy nach MELBOURNE, von dort weiter nach ADELAIDE.
Greyhound Australia, 💻 www.greyhound.com.au. 2x tgl. nach BRISBANE auf der Küstenstrecke Pacific Highway. Mehrmals tgl. nach CANBERRA; von hier aus Anschluss nach MELBOURNE; im Winter tgl. nach THREDBO.
Murray's Coaches, 💻 www.murrays.com.au. Oft Verbindung nach CANBERRA, von hier Anschluss nach BATEMANS BAY und NAROOMA.
Port Stephens Coaches, 💻 www.pscoaches.com.au. Tgl. um 14 Uhr nach PORT STEPHENS via Raymond Terrace.
Premier Motor Services, 💻 www.premierms.com.au. Tgl. nach BRISBANE, von dort weiter nach CAIRNS. 1x tgl. nach EDEN auf der Küstenstrecke Princes Highway, S. 758, 764, 756.

Eisenbahn

Fernzüge sollten so früh wie möglich gebucht werden, da sie nicht oft verkehren. Vor allem der *Indian Pacific* und die Züge nach Brisbane sind meist lange im Voraus ausgebucht.
Die regulären Züge von **Transport NSW TrainLink** fahren ab Central Station nach MELBOURNE, CANBERRA (von hier weiter mit dem Bahnbus nach EDEN und BOMBALA), nach BRISBANE sowie nach ARMIDALE, MOREE, DUBBO (Anschluss nach LIGHTNING RIDGE), BROKEN HILL und GRIFFITH. Auskunft und Reservierung unter 💻 https://transportnsw.info.

Flüge

Die Taxifahrt vom **Sydney Kingsford Smith Airport** in die City kostet ca. $50, nach Manly ca. $95.
Der **AirportLink-Zug** fährt vom Auslands- und vom Inlandsterminal in etwa 10 Min. in die City, die Shuttles brauchen wesentlich länger; auch Anschluss an andere Vorortzüge. Eine Einzelfahrkarte kostet $17, 💻 www.airportlink.com.au.

Fluggesellschaften für Inlandsflüge

Jetstar, 💻 www.jetstar.com.
Qantas, 💻 www.qantas.com.au.
Rex (Regional Express), 💻 www.rex.com.au. Zahlreiche Verbindungen innerhalb Australiens zu Flughäfen, die von den größeren Fluggesellschaften nicht angesteuert werden.
Virgin Australia, 💻 www.virginaustralia.com.

Die Umgebung von Sydney

Ein Ring von Nationalparks und State Forests um Metropolitan Sydney bietet gestressten Großstädtern Erholungsmöglichkeiten. Folgende Ziele lassen sich in einem Tagesausflug besuchen.

Im Norden locken die schönen **Northern Beaches** auf der Barrenjoey-Halbinsel, die im Süden die **Broken Bay** begrenzt. Diese weit ins Landesinnere reichende Bucht wird vom **Ku-ring-gai Chase National Park** im Süden und dem **Brisbane Water National Park** im Norden eingerahmt. Die Weingüter des **Hunter Valley** erreicht man über Landstraßen von Newcastle oder Sydney.

Im Westen liegen die **Blue Mountains**, die zu den meistbesuchten Destinationen in Australien zählen. Durch die fantastische Berglandschaft führen unzählige Wanderwege, und über die kleinen Landstädtchen verteilen sich gemütliche B&Bs.

Südlich der Großstadt locken Australiens größter **botanischer Garten** sowie der zweitälteste Nationalpark der Welt: Der **Royal National Park** bietet spektakuläre Wanderungen, natürliche Pools und Aboriginal-Felsmalereien.

Broken Bay

Vor seiner Mündung in den Pazifik verästelt sich der Hawkesbury River und weitet sich zur Broken Bay aus. Dieses Wassernetz mit den Seitenarmen **Berowra Creek**, **Cowan Creek**, **Pittwater** und **Brisbane Water** ist ein Paradies für Segler, Windsurfer und Bootsfahrer. Die Buschlandschaft an den Flussarmen und Buchten ist durch mehrere Nationalparks geschützt. Dort kann man gut spazieren gehen oder zelten.

Northern Beaches

Diese Strände liegen an der dem Meer zugewandten Seite der Barrenjoey-Halbinsel zwischen Manly und Palm Beach. **Palm Beach** gilt als Sommertreff der Hautevolee von Sydney. Von hier kann man die Fähre zum Ku-ring-gai Chase National Park oder ins gemütliche Ettalong an der Central Coast nehmen. In **Whale Beach** besteht die Wahl zwischen der wilden Brandung des Pazifiks und den ruhigen, kinderfreundlichen Stränden des Pittwater-Meeresarms.

Avalon hat eine gemütliche Flaniermeile, die zum Shoppen und Kaffee trinken einlädt. Außerdem gibt es einen guten Surfstrand. Spätestens am ikonischen **Narrabeen Beach** beginnt man sich zu überlegen, wie man den Wohnort nach Sydney verlegen könnte. Von **Church Point** legt eine Fähre 1x stdl. zur **Scotland Island** ab, einer kleinen bewohnten Insel im Pittwater-Meeresarm des Hawkesbury River.

ÜBERNACHTUNG

Pittwater YHA, Morning Bay via Halls Wharf, www.yha.com.au. Beliebtes Hostel im Ku-ring-gai Chase NP, nur mit Fähre oder Wassertaxi ab Church Point erreichbar. Essen und Bettzeug mitbringen (Laken können geliehen werden), im Nationalpark gibt's keine Läden. 4–6-Bett-Dorms ($45) und 2 DZ. Ab und zu Aktionen zum Schutz der Vegetation, an denen sich Reisende beteiligen können. Reservierung erforderlich, Rezeption 8–11 und 17–20 Uhr. ❶

TRANSPORT

Church Point Ferry, www.churchpointferryservice.com. Umrundet stdl. (Mo–Fr öfter) zwischen 8.30 und 18.30 Uhr ab Church Point Scotland Island. Hält an vier Stellen auf der Insel sowie am Western Foreshore, z. B. Pittwater YHA. Einfach $11,70, hin und zurück $20; Tickets an Bord.

Palm Beach Ferry Services, www.fantasea.com.au/palmbeachferries. Reguläre Fährverbindungen ab Pittwater Park, Barrenjoey Rd, Palm Beach, nach ETTALONG an der Central Coast ($14,70 einfach) und THE BASIN auf der gegenüberliegenden Halbinsel des Ku-ring-gai Chase NP ($9,50 einfach).

NEW SOUTH WALES

Ku-ring-gai Chase National Park

Der Ku-ring-gai Chase NP zieht sich von der Pazifikküste bis zum Hawkesbury River – ein idyllisches Stückchen freier Natur mit geheimnisvollen Bächen, geschützten Sandstränden, verborgenen Buchten und tiefblauem Wasser.

Die West Head Road führt quer durch den Nationalpark bis zum Aussichtspunkt **West Heads**. Das Wald- und Buschland ist von Wanderwegen durchzogen. An einigen Stellen sind Felsgravuren *(rock engravings)* erhalten geblieben.

Ein anderer Parkzugang ist über die Bobbin Head Road zu erreichen. Wer in Pymble vom Pacific Highway nach Norden abbiegt, erreicht den Bobbin Head, Startpunkt vieler Wanderungen. Hier befindet sich auch das **Visitor Centre**, in dem man die Nationalparkgebühr von $12/ Auto entrichtet ⌚ tgl. 10–16 Uhr.

Bei The Basin, erreichbar per Fähre ab Pittwater Park (s. oben), gibt es einen **Campingplatz** mit Duschen, WC und Trinkwasser. $35/Zelt.

Ecotreasures (S. 149) bietet interessante Aktivtouren in den Park.

Featherdale Wildlife Park

Mehr als 330 australische Tierarten sind hier in Buschlandumgebung untergebracht, darunter 30 vom Aussterben bedrohte oder sehr seltene Arten. Eine große Auswahl an Vogelarten, von Cockatoos über Keilschwanzadler bis hin zu Laubenvögeln, außerdem Reptilien, z. B. Krageneidechsen und Leistenkrokodile, sowie Dingos, Tasmanische Teufel, Wombats, Wallabies und Kängurus und als unbestrittene Stars die Koalas, mit denen man sich fotografieren lassen kann. Im Nocturnal House kann man Ghost Bats, eine vom Aussterben bedrohte Fledermausart, bestaunen. Leider kann es im Park unangenehm voll werden. Anfahrt: 217-229 Kildare Rd, Doonside (bei Blacktown), 💻 www.featherdale.com.au. ⌚ tgl. 9–17 Uhr, Eintritt $42, Kind $28. Mit dem Zug bis Blacktown; dort weiter mit Busway Nr. 729 vom Bus Bay E bis zum Wildlife Park.

Blue Mountains

Dichte Eukalyptuswälder, die im strahlenden Sonnenlicht bläulich schimmern, haben diesem Weltnaturerbe ihren Namen verliehen. In die Blue Mountains, ein etwa 1000 m hohes Plateau, haben zahlreiche Bäche im Laufe von Jahrmillionen ihr Bett eingekerbt. Wind und Wetter setzten dem weichen Sandstein ebenfalls zu und formten die von steilen Felswänden begrenzten Canyons, Schluchten, weiten Täler und schmalen Höhenrücken, die heute zu sehen sind. Alle Ortschaften liegen auf dem Höhenrücken entlang des Great Western Highway A32 (die Verlängerung des M4 aus Sydney); die Landschaft nördlich und südlich davon steht als **Blue Mountains National Park** unter Naturschutz.

Kaum ein Nationalpark hatte bei den Bränden im Sommer 2019/20 höhere Verluste zu melden als die Blue Mountains. Rund 80 % der Eukalyptuswälder gingen in Flammen auf, Millionen von Tieren verloren ihr Leben. Viele Wander- und Radwege blieben lange Zeit geschlossen, die Regenerierung der Wälder dauert noch immer an. Bevor man sich in die Wälder aufmacht, sollte man sich im Visitor Centre (s. u.) nach dem aktuellen Stand erkundigen und Absperrungen/Campingverbote unbedingt ernst nehmen!

Die Blue Mountains bieten alle Vorteile eines erschlossenen, von der Großstadt leicht zugänglichen Ausflugsgebiets und neben einer grandiosen Landschaft auch ein großes Angebot an Unterkünften, Cafés, Restaurants und Unterhaltung. Viele Künstler haben sich in der inspirierenden Landschaft der Blue Mountains niedergelassen und die Orte in dynamische Künstlerzentren verwandelt. Während der australischen Wintermonate Juni bis August wird in vielen Restaurants und Unterkünften der Region das Yulefest gefeiert. Entstanden aus der Sehnsucht nach europäischen „weißen" Weihnachten wurde dieser Brauch mit Truthahnessen, Weihnachtsmann und Glühwein von irischen Reisenden eingeführt.

An den Wochenenden und in den Ferien treten sich Ausflügler in den Hauptorten **Katoomba**, **Leura** und **Wentworth Falls** fast auf die Füße. Auch die Spazier- und Wanderwege ab Katoomba und Leura im südlichen Teil der Blue Mountains sind in dieser Zeit stark frequentiert. Nicht so überlaufen ist der nördliche Teil des Nationalparks, v. a. die beschwerlicher zu bewältigenden Wanderwege durch das Grose Valley sowie der sich nördlich anschließende **Wollemi National Park**.

Ebenso wie der südwestlich angrenzende Kanangra-Boyd-Nationalpark sind große Teile der nördlichen Blue Mountains Wildnis – entsprechende Ausrüstung ist mitzunehmen, und Sicherheitsvorkehrungen sind zu beachten. Wanderer sollten sich an- und abmelden. Es empfiehlt sich gutes Kartenmaterial, z. B. über die App AllTrails oder auch von einem der Blue Mountains Visitor Centres (S. 159). Neben Bushwalking sind auch Abseilen, Klettern, Rafting und Kanufahren sehr beliebt. Zahlreiche lokale Veranstalter bieten Kurse und Touren an.

Zwar klappert ein Explorerbus alle wichtigen Sehenswürdigkeiten ab, aber wie immer ist man mit einem Auto viel beweglicher und kann nach Lust und Laune Abstecher zu Aussichtspunkten über die Felsklippen sowie zu den vielen Gärten und Cottages machen, für die das Gebiet berühmt ist. Der **Greater Blue Mountains Heritage Drive** umschließt das gesamte Gebiet sowie zahlreiche Abzweige zu den Sehenswürdigkeiten der Region. Karten bei den Visitor Centres oder unter www.greaterbluemountainsdrive.com.au.

Geschichte

Bei den ersten Kolonisten galten die „Blauen Berge" 25 Jahre lang als unüberwindliche Barriere nach Westen. Die ersten Expeditionen folgten den Wasserwegen in den Tälern und mussten immer wieder vor senkrecht aufragenden Felswänden kehrtmachen. 1813 kamen die drei Forscher Wentworth, Blaxland und Lawson auf die Idee, dem Höhenrücken zu folgen – damit war der Durchbruch geschafft, und nachfolgende Siedler konnten in das weiter westlich gelegene Land vorstoßen. Der Great Western Highway folgt heute weitgehend der Expeditionsroute.

Glenbrook

Das hübsche 5000-Einwohner-Städtchen ist das östliche Tor zu den „Blauen Bergen". Einige attraktive Wanderungen beginnen hier, z. B. der leichte, 6 km lange Rundweg zur **Red Hands Cave** mit einigen gut erhaltenen Felsmalereien (Nationalparkgebühr $8). Eine ideale Stelle, um den Sonnenuntergang zu genießen, ist **Chalmers Lookout** am südlichen Ende der Emu Road.

Springwood

In Springwood, 11 km weiter, kann man in Kunstgewerbe und Antiquitätenläden stöbern. Bei **Faulconbridge** sind in der **Norman Lindsay Gallery**, 14 Norman Lindsay Crescent, www.nationaltrust.org.au, Werke des australischen Malers und Dichters ausgestellt, der viele Jahre in diesem Landhaus verbrachte. Der Weg ist ausgeschildert. ⌚ Do–Mo 10–16 Uhr, Eintritt $17.

Wentworth Falls und Leura

In **Wentworth Falls** beginnen einige der besten Wanderwege in den Blue Mountains (S. 154), darunter der Overcliff-Undercliff Walk sowie die Wanderung zum Valley of the Waters. In **Leura** befinden sich viele Galerien, die v. a. ansässigen Künstlern Ausstellungsfläche bieten. In der Nähe liegen die reizvollen Gordon Falls. Im Oktober findet das **Leura Gardens Festival** statt, eines der berühmtesten Gartenfestivals Australiens. Biegt man bei Leura vom Great Western Highway nach links in die Sublime Point Road ab, gelangt man zum **Sublime Point Lookout**, einem Aussichtspunkt mit fantastischem Blick auf das Jamison Valley.

Katoomba

Katoomba ist das touristische Zentrum der Blue Mountains. Hier reihen sich kleine Hotels und idyllische B&Bs aneinander. Der **Blue Mountains Cultural Centre**, 30 Parke St, http://bluemountainsculturalcentre.com.au, beherbergt die City Art Gallery und eine interaktive Ausstellung zu den Blue Mountains und ihre Stellung als Weltnaturerbe. ⌚ Mo–Fr 10–17, Sa und So bis 16 Uhr.

Beim Aussichtspunkt **Echo Point** südlich des Ortes steht man am Rande der Felsenklippen und blickt auf die viel fotografierten drei Fels-

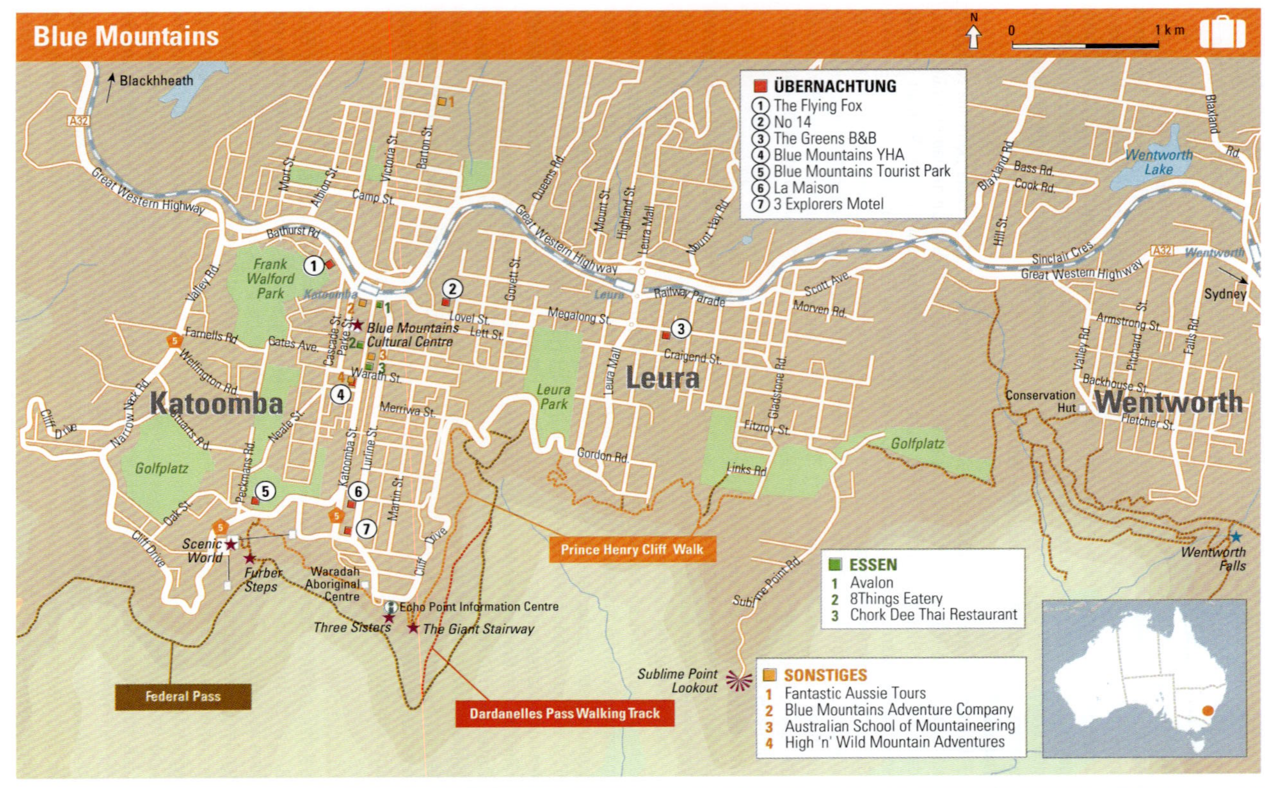
Blue Mountains
N
0
1 km
ÜBERNACHTUNG
1 The Flying Fox
2 No 14
3 The Greens B&B
4 Blue Mountains YHA
5 Blue Mountains Tourist Park
6 La Maison
7 3 Explorers Motel
ESSEN
1 Avalon
2 8Things Eatery
3 Chork Dee Thai Restaurant
SONSTIGES
1 Fantastic Aussie Tours
2 Blue Mountains Adventure Company
3 Australian School of Mountaineering
4 High 'n' Wild Mountain Adventures
Blackhheath
Sydney
Katoomba
Leura
Wentworth
Wentworth Lake
Wentworth Falls
Great Western Highway
A32
Frank Walford Park
Leura Park
Golfplatz
Golfplatz
Blue Mountains Cultural Centre
Conservation Hut
Scenic World
Furber Steps
Waradah Aboriginal Centre
Echo Point Information Centre
Three Sisters
The Giant Stairway
Sublime Point Lookout
Prince Henry Cliff Walk
Federal Pass
Dardanelles Pass Walking Track
Bathurst Rd
Valley Rd
Farnells Rd
Gates Ave.
Wellington Rd.
Narrow Neck Rd
Stuarts Rd.
Cliff Drive
Oak St.
Peckmans Rd.
Neale St.
Mort St.
Albion St.
Camp St.
Victoria St.
Barton St.
Cascade St.
Parke St.
Waratah St.
Merriwa St.
Katoomba St.
Lurline St.
Martin St.
Lovel St.
Lett St.
Govett St.
Queens Rd.
Megalong St.
Mount St.
Highland St.
Leura Mall
Mount Hay Rd.
Railway Parade
Craigend St.
Gordon Rd.
Gladstone Rd.
Fitzroy St.
Links Rd
Scott Ave.
Morven Rd.
Sublime Point Rd.
Blaxland Rd
Bass Rd.
Cook Rd.
Hill St.
Sinclair Cres.
Armstrong St.
Valley Rd.
Pitchard St.
Falls Rd
Backhouse St.
Fletcher St.
Blaxland Rd.

nadeln **Three Sisters** und das **Jamison Valley** in der Tiefe. Die „Drei Schwestern" werden abends von Flutlicht angestrahlt. Auch von hier starten einige beliebte Wanderungen, u. a. zu den Katoomba Falls.

Westlich davon, am Ende der Violet Street und am Rande der Felsklippen, befindet sich **Scenic World**, wo man von drei verschiedenen Bahnen die schwindelerregende Aussicht in die Tiefe genießen oder alle drei kombinieren kann. Die **Scenic Skyway** ist eine moderne Kabine, vom Fußboden bis zur Decke aus Glas, die in etwa sechs Minuten von der Felswand zum Orphan Rock in der Mitte eines Taleinschnitts und wieder zurück gondelt, wobei sich ein herrlicher Blick auf die Katoomba Falls und das Jamison-Tal eröffnet.

In der **Scenic Railway**, einer von Kabeln gezogenen Berg- und Talbahn, fährt man in kleinen, oben offenen Waggons scheinbar in den Abgrund: An der steilsten Stelle fährt sie mit 52° Gefälle zur 450 m tiefer gelegenen Talstation hinab. Dort unten wurde gegen Ende des 19. Jhs. in der Glen Shale Mine 20 Jahre lang Kohle abgebaut und mit der Bahn nach oben transportiert. Einige Exponate nahe der Talstation erinnern an jene Zeit.

Die dritte im Bunde ist **Scenic Cableway**, eine Kabinenbahn, die zwischen den Felsklippen oben und der 545 m tiefer gelegenen Talstation hin- und hergleitet. Die beiden Talstationen sind über den **Scenic Walkway**, einen Plankenweg, der durch Regenwald führt, miteinander verbunden. Man kann also mit der Kabelbahn in die Tiefe fahren und mit der Kabinenbahn wieder zurück oder umgekehrt. Tagesticket für alle drei $50, am Wochenende und während der Schulferien $58. 🕒 tgl. 9–17 Uhr. Scenic Cableway und 380 m des Bretterwegs sind Rollstuhlfahrern zugänglich. Weiteres unter 💻 www.scenicworld.com.au.

Wer Zeit und Energie hat, kann vom unteren Ende der Scenic Railway zwischen den Felsklippen wieder hinaufsteigen. Die leichtere Variante führt in 35–45 Min. über die **Furber Steps** zum Blue Mountains Tourist Park, die anstrengendere in etwa 2 Std. über den Federal Pass und die unregelmäßigen, sehr steilen Stufen der **Giant Stairway** hinauf zu den Three Sisters. Leuten mit Höhenangst ist von der Giant Stairway abzuraten.

Nördliche Blue Mountains

Die Aussichtspunkte bei **Blackheath**, 11 km nördlich von Katoomba, sind nicht so überlaufen, aber mindestens genauso beeindruckend wie Echo Point. Beim Blue Mountains Heritage Centre am **Govett's Leap** beginnt der 1,8 km lange Naturlehrpfad **Fairfax Heritage Track**, der auch rollstuhlgerecht ist. **Govett's Leap Lookout**, **Evans Lookout**, **Pulpit Rock** und **Perry's Lookout**, die letzten beiden via Hat Hill Road zu Fuß erreichbar, bieten atemberaubende Ausblicke auf das **Grose Valley**. Attraktiv ist der **Grand Canyon Track**, ein Rundweg von drei bis vier Std., der auf dem Plateau beginnt und zum Greaves Creek hinunterführt, in dem man im Sommer baden kann. In Blackheath zweigt hinter den Bahngleisen die Megalong Road ins malerisch von Felsklippen umrahmte **Megalong Valley** ab.

Für den Rückweg nach Sydney bietet sich die **Bells Line of Road** via Bilpin und Kurrajong an. Sie führt am **Mount Tomah Botanic Garden**, 💻 www.botanicgardens.org.au, vorbei. Die ehemalige Blumenfarm am Mount Tomah, was in der Sprache der hier beheimateten Darug-Aborigines Baumfarn bedeutet, wurde zu einem wunderschönen Botanischen Garten umgestaltet (behindertengerecht), der auf die Flora der gemäßigten Breiten spezialisiert ist. Dort befinden sich auch ein Café-Restaurant und Picknicktische. 🕒 tgl. 9–17 Uhr, Eintritt frei.

ÜBERNACHTUNG

An Übernachtungsmöglichkeiten überwiegen B&B-Unterkünfte, Gästehäuser und Lodges. Am Wochenende und in den Sommerferien unbedingt vorbuchen. Viele bestehen am Wochenende auf zwei Übernachtungen, die Preise sind dann höher.

Hostels

Blue Mountains YHA, 207 Katoomba St, Katoomba, ✉ bluemountains@yha.com.au. Die Herberge in einem renovierten alten Gebäude ist zentral gelegen und besticht außerdem mit sauberen Zimmern, gemütlichem

NEW SOUTH WALES

Ambiente und freundlichen Mitarbeitern. Viele Dorms, die meisten mit 4–8 Betten (ab $45), DZ, fast alle Zimmer mit Bad und kleinen Heizgeräten, großer Aufenthaltsraum mit offenem Kamin. Viele Touren. ❸

€ **No 14**, 14 Lovel St, Katoomba, 🖳 www.14lovelst.com. Gemütliches und ruhiges Hostel ohne TV. Beheizt; gut ausgestattete Küche. 4 Dorms mit 3–4 Betten (ab $35) und DZ, davon eins mit Bad. Ab ❶

The Flying Fox, 190 Bathurst Rd, Katoomba, 🖳 www.theflyingfox.com.au. Preisgekröntes Hostel in einem bunt angemalten alten Haus unweit des Bahnhofs; gemütlich und sauber. Dorms ($40) und DZ, alle beheizt. Aufenthaltsraum mit Kamin; schöner Garten. Frühstück, Internet und Parken kostenlos. ❶

NEW SOUTH WALES

Camping und Caravanparks

Zahlreiche **Zeltplätze** verteilen sich über den Nationalpark. Einige sind nur zu Fuß zu erreichen. Die meisten sind kostenlos, nur für den Euroka Campground gilt eine Übernachtungsgebühr von $35 für bis zu 6 Pers. Einige Zeltplätze sind noch immer im Wiederaufbau, aktuelle Infos unter 🖳 www.nationalparks.nsw.gov.au/camping-and-accommodation/campgrounds/euroka-campground/local-alerts. Im Sommer sind Lagerfeuer strikt verboten.

Blackheath Glen Tourist Park, Prince Edward St, 🖳 www.bmtp.com.au. 1 km von Blackheath. Cabins mit und ohne Bad; Kiosk. Stell- und Zeltplätze ohne/mit Strom ($41/52) sowie mit Bad ($62). Im Memorial Park gegenüber kostenloser Swimmingpool. ❹–❼

Blue Mountains Tourist Park, Katoomba Falls Rd, 🖳 www.bmtp.com.au. Ruhige Lage ca. 2 km südl. vom Highway (via Katoomba St). In der Nähe des Wasserfalls. Cabins mit Bad. Stell- und Zeltplätze ohne/mit Strom ($42/52) sowie mit Bad ($62). Kiosk. ❸–❺

Andere

Katoomba

La Maison, 175-177 Lurline St, 🖳 www.lamaison.com.au. B&B Guesthouse mit 10 DZ und einigen Familienräumen. Zentralheizung, Parkmöglichkeit, Sauna und Jacuzzi. Ab ❹

3 Explorers Motel, 197 Lurline St, 🖳 http://3explorers.com.au. Eines der besten Motels in Katoomba mit sauberen, großen und modernen Zimmern sowie freundlichen Mitarbeitern. ❹–❼

The Greens B&B Leura, 24-26 Grose St, 🖳 www.thegreensleura.com.au. In dem renovierten Altbau mit seinen vier Suiten und kleiner Veranda genießt man britische Gastfreundschaft. Tolles Frühstück, persönliche Atmosphäre. ❻

ESSEN

In **Katoomba** reihen sich viele Cafés und Restaurants entlang der Katoomba St. Viele Restaurants öffnen erst abends.

Avalon, 18 Katoomba Street. Hier genießt man nicht nur frische Fleisch- und Seafoodgerichte, sondern auch den Blick über die Berge. 🕒 Mi–Mo Abendessen, Sa und So auch Mittagessen.

Auf den Spuren der Ureinwohner

Evan Yanna Muru, ein Aboriginal-Guide aus den Blue Mountains, bringt den Teilnehmern auf seiner Tour abseits der ausgetretenen Pfade die Kultur seiner Vorfahren nahe. Er ist Mitglied des Darug Custodian Aboriginal Clan, ausgewiesener Wilderness Guide und hat früher als Ranger für die Nationalpark behörde gearbeitet.

Die Wanderung (4 Std.) verläuft teilweise über Stock und Stein; Teilnehmer sollten fit sein. Für die Anstrengung wird man mit einem Bad in einem Billabong belohnt. Lunch und entsprechende Kleidung (feste Schuhe, Badezeug, wetterfeste Kleidung usw.) mitbringen. Sehr empfehlenswert. Tagestouren tgl. ab Falconbridge Railway Station $95.

Kontakt: **Blue Mountains Walkabout**, 🖳 www.bluemountainswalkabout.com.

© TOURISM AUSTRALIA / JEFF DREWITZ

Blue Mountains: blau schimmernder Eukalyptuswald hinter schroffen Felsformationen

Chork Dee Thai Restaurant, 216 Katoomba St, Ausgezeichnete Thai-Küche. BYO, keine Entkorkungsgebühr.
8Things Eatery, 133 Katoomba St, 🖳 https://8things.com.au. Von Tacos über Laksa und indisches Dosa bis hin zum Hamburger – hier ist für jeden was im Angebot. ◷ Mo–Sa 17–20 Uhr.

AKTIVITÄTEN UND TOUREN

Die meisten Anbieter befinden sich gegenüber dem Bahnhof in Katoomba. Touren ab Sydney S. 147.

Abseilen und Klettern

Australian School of Mountaineering, 166 Katoomba St, Katoomba, 🖳 http://climbingadventures.com.au. Abseilen, Climbing, Canyoning.
Blue Mountains Adventure Company, 84a Bathurst Rd, Katoomba, 🖳 www.bmac.com.au. Touren und Kurse im Abseilen, Canyoning, Rock Climbing und Bush Walking.
High 'n' Wild Mountain Adventures, 3/5 Katoomba St, Katoomba, 🖳 www.highandwild.com.au. Abseilen, Klettern, Canyoning, Survival-Kurse (auch mehrtägig), Mountainbike-Fahrten.

Bustouren

Fantastic Aussie Tours, 91 Barton St, Katoomba, 🖳 www.fantastic-aussie-tours.com.au. Tagesfahrten zu den Wentworth Falls, 3 Sisters, Leura Village und Scenic World. Auch kürzere 2-Std.-Tour.

Reiten

Megalong Valley Farm, Megalong Rd, 🖳 www.megalongcc.com.au. Ausritte von 30 Min. bis zu Tagestouren.

Wanderungen

Tread Lightly Eco Tours, 🖳 www.treadlightly.com.au. Empfehlenswerte Wilderness Walks mit Fokus auf die vielfältige Tier- und Pflanzenwelt sowie Einblicke in die indigene Vergangenheit; auch Geländewagen- und Nachttouren.

INFORMATIONEN

Es gibt vier Blue Mountains Information Centres:
Glenbrook, Great Western Highway, ◷ Mo–Sa 8.30–16, So bis 15 Uhr.

Rundwanderung zu den Wentworth Falls

- **Start und Ziel**: Conservation Hut, Wentworth Falls
- **Länge**: 5 km
- **Dauer**: 3–4 Std.
- **Schwierigkeitsgrad**: einfach

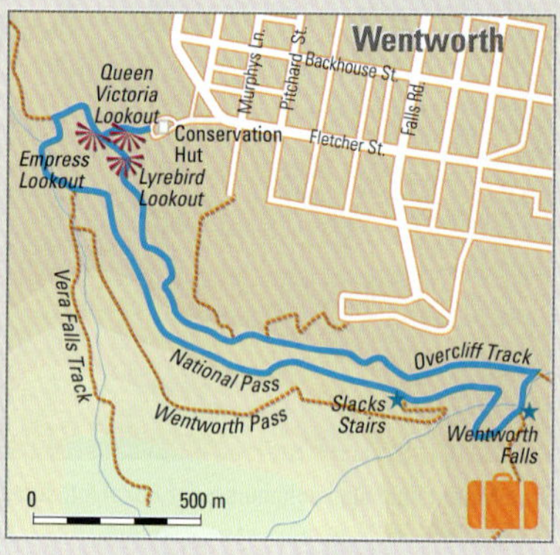

Die Klippenwanderung zu den imposanten Wentworth Falls ist sehr gut ausgebaut, einfach zu bezwingen und bietet tolle Aussichten. Vor allem am Wochenende geht man am besten früh los, um den Massen zu entkommen.

Von der **Conservation Hut** an der Ecke Valley Rd und Fletcher St in Wentworth Falls führt der rechte Pfad in Richtung Valley of the Waters. Nach kurzer Wanderung sind der **Queen Victoria Lookout** und etwas weiter der **Empress Lookout** erreicht, Letzterer bietet Aussicht auf die **Empress Falls**. Steile Treppen führen hinunter zu den Fällen. Hier geht es weiter auf dem **National Pass** bis zum Grund der Fälle. Achtung, bei nassem Wetter kann es hier rutschig sein! Bei der Abzweigung zu den Vera Falls links halten und weiter dem National Pass folgen (wer die Wanderung zu einem Tagesausflug ausweiten möchte, kann von hier aus in zweieinhalb bis drei Stunden zu den Fällen und zurück laufen, eine etwas schwerere, aber sehr schöne Wanderung mit weitaus weniger Wanderverkehr).

© JOSEPH OH/123RF.COM

Die folgenden Kilometer entlang des National Pass gehören zu den spektakulärsten der Wanderung. Die Route verläuft durch farbenprächtigen **Sandstein**, nach unten eröffnen sich sagenhafte Blicke auf das Jamison Valley. Nach 45 Minuten ist die Abzweigung zu den **Slacks Stairs** erreicht. Steile Metalltreppen führen hinunter zu einem idyllischen natürlichen Pool mit kleinem Sandstrand am unteren Ende der **Lower Wentworth Falls** – eine der besten Abkühlungsmöglichkeiten auf der Route. Der anschließende Aufstieg zurück zur Hauptroute setzt allerdings gute Fitness voraus.

Wieder auf dem National Pass, sind nun nach nur ein paar Hundert Metern die **Wentworth Falls** erreicht. Ein steiler, aber recht kurzer Anstieg führt zum oberen Ende der Wasserfälle, von wo aus ein kurzer, lohnender Exkurs zum **Rocket Point** führt.

Jetzt geht es weiter entlang des **Overcliff-Undercliff Tracks**. Auf den letzten Kilometern zurück bis zur Conservation Hut führen zahlreiche kleine Abstecher zu lohnenswerten Aussichtspunkten. Der **Lyrebird Lookout** bietet eine letzte Gelegenheit, die Schönheit des Tals zu genießen.

Katoomba, Echo Point, für beide: www.bmcc.nsw.gov.au. tgl. 9–17 Uhr.
Lithgow, Great Western Highway, https://tourism.lithgow.com. tgl. 9–17 Uhr.
Oberon, Ross St, Ecke Edith Rd, www.oberonaustralia.com. tgl. 10–16 Uhr.

Nationalparkverwaltung

Blue Mountains Heritage Centre, Govett's Leap Rd, Blackheath. Detaillierte Informationen über die Nationalparks Blue Mountains, Wollemi und Kanangra Boyd nebst Wanderkarten. tgl. 9–16.30 Uhr.

NAHVERKEHR

Blue Mountains Explorer Bus, www.explorerbus.com.au, fährt tgl. zwischen 9.45 und 16.45 Uhr jede halbe Stunde die Sehenswürdigkeiten um Katoomba und Leura ab. 29 Haltestellen, man kann beliebig oft ein- und aussteigen. Tagesticket $49 p. P. oder $98 für eine Familie. Auch Kombi-Tickets inkl. Eintritt zur Scenic World ab $100.

TRANSPORT

Transport NSW, www.transportnsw.info. Häufige Verbindungen von Sydney Central nach KATOOMBA und LITHGOW auf der Blue Mountains Line, Fahrzeit nach Katoomba 2 Std., nach Lithgow knapp 3 Std. Mit dem Zug um 7:23 Uhr ab Central (Sa und So 7.11 Uhr) erhält man direkten Anschluss an den ersten Explorer Bus in Katoomba um 9.45 Uhr.

Kanangra Boyd National Park und Jenolan Caves

Der sich südwestlich an den Blue Mountains National Park anschließende, 68 000 ha große **Kanangra-Boyd National Park** besteht wie der Blue Mountains National Park aus zwei verschiedenen Landschaftsformen: dem Boyd Plateau sowie einem Labyrinth von Bächen, Flüssen und tief eingeschnittenen Tälern.

Die **Jenolan Caves** sind das bekannteste Tropfsteinhöhlensystem Australiens. Täglich von 9–18 Uhr werden Führungen von 1 bis 2 Stunden durch neun Höhlen geboten, ab $46. In den Sommermonaten kommt man am besten frühmorgens her, da die Touren durch einige Höhlen schnell ausgebucht sein können. Jeden Monat werden auch klassische Konzerte, Theaterstücke, Messen und andere Veranstaltungen in den Caves gegeben. Weiteres unter www.jenolancaves.org.au.

Durch den Park führt eine größtenteils ungeteerte Straße von den **Jenolan Caves** zu den beeindruckenden **Kanangra Walls**, wo mehrere Wanderwege und Bike Tracks beginnen. Informationen gibt es im Oberon Visitor Information Centre in Oberon.

ÜBERNACHTUNG

Jenolan Caves, www.jenolancaves.org.au. In der Nähe der Höhlen gibt es einige Übernachtungsmöglichkeiten: Bush Cottages ❻, Standardzimmer im Cave House oder Motelzimmer in der Mountain Lodge ❼ inkl. Frühstück und Dinner.

Camping

Jenolan Holiday Park, 7 Cunynghame St, Oberon, www.jenolanholidaypark.com.au. Pool, Tennis. Cabins ab ❸ sowie Zelt- und Stellplätze ($30/40).
Der kostenlose **Boyd River Campground**, zu erreichen über den Kanangra Walls Car Park, liegt schön zwischen *snow gum*-Bäumen. Picknicktische und Plumpsklos vorhanden.

TRANSPORT

Einige Veranstalter bieten Bustouren mit unterschiedlichen Programmen von Sydney aus an, darunter **Gray Line**, www.grayline.com.au, und **A.A.T. Kings**, www.aatkings.com.

Mount Annan Botanic Garden

Der größte Botanische Garten Australiens bietet einen hervorragenden Überblick über die australische Flora. Er liegt 57 km südwestlich von Sydney am Mount Annan Drive, Mount Annan, nahe dem Freeway F5 zwischen Campbelltown und Camden. Infos: www.botanicgardens.org.au. tgl. 10–17 Uhr, Eintritt frei. Es gibt keine öffentlichen Verkehrsmittel direkt zum Park.

Royal National Park

NEW SOUTH WALES

Das Naturrefugium 32 km südlich von Sydney erstreckt sich vor den Toren der Großstadt; der 1879 eingerichtete Nationalpark ist der zweitälteste in der Welt. Die 16 000 ha umfassen ein von Heide, Buschland und waldgesäumten Flussauen geprägtes Sandsteinplateau, das im Norden von Port Hacking, im Westen vom Princes Highway und im Osten vom Pazifik begrenzt wird. Zum Ozean hin wird das abfallende Plateau von geschützten Buchten mit Sandstränden unterbrochen. Die Wellen des Pazifiks erodieren den weichen Sandstein und haben spektakuläre Küstenklippen geschaffen. Außerdem gibt es Wasserfälle, natürliche Pools und Aboriginal-Felsmalereien (u. a. am Jibbon Beach östl. von Bundeena).

Das Visitors Centre der Nationalparkbehörde an der Flussoase **Audley** am Hacking River ist ein beliebter Rast- und Picknickplatz. Dort kann man mit gemieteten Kanus auf dem Hacking River paddeln.

Von Audley erreicht man auf dem Bertram Stevens Drive die Abzweigungen zu den Stränden **Wattamolla Beach** und **Garie Beach**. Ein Küstenwanderweg verbindet die Buchten und Strände am Pazifik.

Wer weiter nach Süden will, bleibt auf dem Sir Bertrum Stevens Drive (Abfahrt Farnell Ave vom Princes Highway südlich von Loftus). Hier beginnt der **Great Ocean Drive** (S. 470).

ÜBERNACHTUNG

Bushcamps an vom NPWS markierten Stellen im Nationalpark kosten $12 für 2 Pers. Der **Bonnie Vale Campground**, www.nationalparks.nsw.gov.au, verfügt über Duschen und Toiletten. $41 für 2 Pers.

AKTIVITÄTEN

Drachenfliegen, Paragleiten

Hangglideoz, www.hangglideoz.com.au, Anfängerunterricht und Tandemflüge mit erfahrenen Drachenfliegern.

Wanderungen

Der **Jibbon Aboriginal Carvings Track**, www.sydneycoastwalks.com.au/jibbon-aboriginal-carvings, startet vom Bundeena Ferry Wharf und führt durch die Buschlandschaft und entlang des Jibbon Beach vorbei an bis zu 1000 Jahre alten Felsmalereien der hier beheimateten Dharawal-Aborigines. Eine Karte ist online erhältlich ($3).

INFORMATIONEN

Visitors Centre, 2 Lady Carrington Dr, Audley, www.nationalparks.nsw.gov.au. tgl. 8.30–16.30 Uhr.

TRANSPORT

Eisenbahn

Häufig fahren Züge der Illawarra-Linie, www.transportnsw.info, zwischen SYDNEY und Wollongong. Von den Bahnhöfen Loftus, Engadine, Heathcote, Waterfall und Otford führen Wanderwege in den Park.

Fähren

Cronulla Ferries, www.cronullaferries.com.au. Stdl. Fährdienst von CRONULLA nach Bundeena am Nordostende des Parks, Mo–Fr 5.30–18.30, Sa und So sowie im Winter ab 8.30 Uhr. $8,80; ca. 30 Min.

Die Südküste

Die Südküste von New South Wales verdient mehr als einen flüchtigen Blick aus dem Fenster eines Mietwagens oder Reisebusses. Viel mehr! Obwohl der Princes Highway zwischen Sydney und Melbourne viele traumhafte Küstenorte und fantastische Nationalparks miteinander verbindet, geht es hier wesentlich ruhiger zu als auf der Küstenstrecke zwischen Sydney und Cairns.

Die Buschfeuer des Black Summers 2019/20 brannten gewaltige Flächen der Südküste nieder: In New South Wales wurden insgesamt fast 3000 Wohnhäuser, Schulen und andere Gebäude zerstört, 26 Menschen und eine wohl nie erfassbare Zahl an Tieren verloren ihr Leben. Die jungen Wälder entlang der auch als **Sapphire Coast** bekannten Küste lassen das Ausmaß der Katastrophe erahnen.

Buckelwale *(Humpback Whales)* und Südkaper *(Southern Right Whales)* ziehen zwischen Juni und August die Küste hoch nach Queensland, um dort ihre Jungen zu gebären. Zwischen September und November kehren sie mit dem Nachwuchs an der Küste entlang zurück zur Antarktis. Entlang der gesamten Südküste gibt es gute Beobachtungsplattformen, und es werden Bootstouren angeboten.

TRANSPORT

Eisenbahn

Transport Sydney Trains, 💻 www.sydneytrains.info, fahren häufig von BONDI Junction über SYDNEY Central nach WOLLONGONG; Manche Züge fahren weiter über Minnamurra, Kiama und Gerringong zur Endstation der blauen South Coast Line, BOMADERRY, 5 km nördl. von Nowra. Preisgünstigere Off-peak-Tickets. Südlich von Bomaderry verkehren keine Züge.

Busse

Siehe Busfahrplan S. 756–757.

Wollongong

„The Gong" haftet das Image einer Industriestadt zwar noch immer an. Aber die Surfstrände sind beneidenswert, das Stadtzentrum ist gepflegt und übersichtlich, die Restaurantszene vielfältig und die Umgebung reizvoll. Am Hafen gibt es einen geschützten Strand. Während man dem Treiben zusieht, am besten mal die Fish & Chips oder Burger von Levendi (s. S. 164) probieren.

Grand Pacific Drive

Der Grand Pacific Drive ist NSWs Antwort auf die viktorianische Great Ocean Road. Die Route führt über 140 km vorbei an einigen der besten Surfstränden der Südküste und über idyllisches Hügelland bis nach Nowra. Autofahrer auf dem Princes Highway nehmen von Sydney kommend die Ausfahrt Farnell Avenue, die durch den Royal National Park führt. Nicht entgehen lassen darf man sich einen Halt am **Bald Hill Lookout**, von dem aus man über die spektakuläre **Sea Cliff Bridge** blickt. Die Route ist gut ausgeschildert. Auch ein Rad- und Wanderweg entlang der Strecke, der **Grand Pacific Walk**, ist in Planung und teilweise schon freigegeben.

Die Strände nördlich der Innenstadt sind traumhaft. Zu den bekanntesten zählen **Stanwell Park, Austinmer, Thirroul** und **Bulli Beach**, aber alle anderen sind nicht minder lohnend. Die Brandung eignet sich v. a. für Surfer (und die, die es werden wollen, s. S. 164) und Stehpaddler.

Nan Tien Temple

Die Hauptattraktion der Stadt ist der Nan Tien Temple, Berkeley Road, Berkeley (vom M1 Hwy ausgeschildert), 💻 www.nantien.org.au, der größte buddhistische Tempel auf der Südhalbkugel. Der Besuch lohnt sich auch für Nicht-spirituelle. Tempel und Garten sind erstklassig gepflegt, und ein Spaziergang durch die große Anlage entspannt die Seele auch ganz ohne buddhistische Neigungen. Wie bei allen Tempeln gilt allerdings: Keine Shorts, ärmellosen Shirts oder Flipflops. Das ganze Jahr über finden ein- und mehrtägige Meditationskurse, Tai-Chi und Buddhismus-Workshops und viele andere Veranstaltungen statt. 🕒 Di–So 9–17 Uhr, Eintritt frei.

Wollongong Botanical Garden

Der Botanical Garden, Murphys Ave, 4 km westlich des Hafens, eignet sich perfekt für ein

Familienpicknick: An den Teichen gibt es einen großen Spielplatz. Der Rose Garden steht von Oktober bis April in voller Blüte. ◷ tgl. 7–18 Uhr, Eintritt frei.

Lake Illawarra

Der Grand Pacific Drive führt über den Lake Illawarra mit seinen ruhigen Badestränden. Der Salzwassersee zieht Fischer, Segler und Windsurfer an. Gemütlich geht es auch im südlich gelegenen **Shellharbour** zu. Das nicht zu verfehlende **Ocean Beach Hotel**, 2 Addison St, 💻 www.oceanbeachhotel.com.au, bietet hervorragendes Seafood gepaart mit dem gefragten Blick aufs Meer. Freitagabends legt ein DJ auf. Besser kann man den Tag kaum ausklingen lassen. ◷ tgl. 10 Uhr bis spät.

ÜBERNACHTUNG

Keiraleagh Backpackers, 60 Kembla St, 💻 www.backpack.net.au. Im idyllischen Garten des zentralen Hostels fühlt man sich, als wäre man in Bali gelandet. Zum Angebot zählen Dorms (Bett ab $30). EZ und DZ ❸

Bulli Beach Tourist Park, 1 Farrell Rd, Bulli, 💻 www.wollongongtouristparks.com.au/bulli. Tolle Lage am Strand, Kiosk, Café, große Campküche, Spielplatz. Zelt- und Stellplätze $35/43, Cabins mit 1–3 Schlafzimmern ❺

ESSEN

Levendi, am Hafen. Gute Fish & Chips, Burger, Kaffee und Eis. Im Sommer oft lange Wartezeiten. ◷ tgl. 7–18 Uhr.

The Illawarra Brewery, Crown St, Ecke Harbour St, ✆ 4220 2854. Hier wird das einzige lokale Bier gebraut. Dazu gibt es typische Pubmeals. Die Dachterrasse mit Blick aufs Meer ist sehr einladend, außerdem gibt es ein Spielzimmer für die Kleinen. ◷ tgl. ab 11 Uhr.

AKTIVITÄTEN

Pines Surfing Academy, 💻 www.pinessurfing academy.com.au. Surfunterricht am Wollongong City Beach, in Shellharbour und im Killalea State Park. 2 Std. Gruppenunterricht $50.

Skydive Australia, 💻 www.skydive.com.au. Tandemsprung ab $400.

Hanglide OZ, s. o.

INFORMATIONEN

Wollongong Visitor Information Centre, 93 Crown St. ◷ Mo–Sa 9–17, So bis 16 Uhr. 💻 www.visitwollongong.com.au.

TRANSPORT

Siehe Busfahrplan S. 756–757.

Kiama

Die Hauptattraktion im kleinen, touristischen Kiama ist **The Blowhole** in der Nähe des Hafens. Bei starkem Seegang und entsprechenden Windverhältnissen steigt dort eine bis zu 60 m hohe Wasserfontäne aus einem Tunnel an der Felsküste. Das Blowhole und der alte Leuchtturm im Hintergrund werden abends angestrahlt. Bei den **Cathedral Rocks**, 3 km weiter nördlich bei Bombo, fallen die Felsklippen jäh zum Meer hin ab. Die Felsenküste wird von kleinen Badebuchten unterbrochen. Gleich daneben fühlt man sich in den **Bombo Headlands** in eine gespenstische Mondlandschaft versetzt.

Auf dem spektakulären **Kiama Coast Walk** kann man das viele gute Seafood der letzten Tage (oder auch die *Tim Tams*) wieder abtrainieren. Der Weg ist teils geteert, teils Trampelpfad, teils Sandstrand und eignet sich zum Joggen, Spazierengehen, teilweise auch zum Radfahren. Der Walk beginnt in Minnamurra und führt vorbei an Cathedral Rocks, Bombo Headlands und Kiama Blowhole nach Gerringong; insgesamt 22 km. In den Visitor Centers liegt ein Faltplan mit guter Karte aus.

ÜBERNACHTUNG

Kiama Shores Motel, 45 Collins St, 💻 www.kiamashores.com.au. Saubere und geräumige Motelzimmer in zentraler Lage und dazu freundliches Personal. Ab ❺

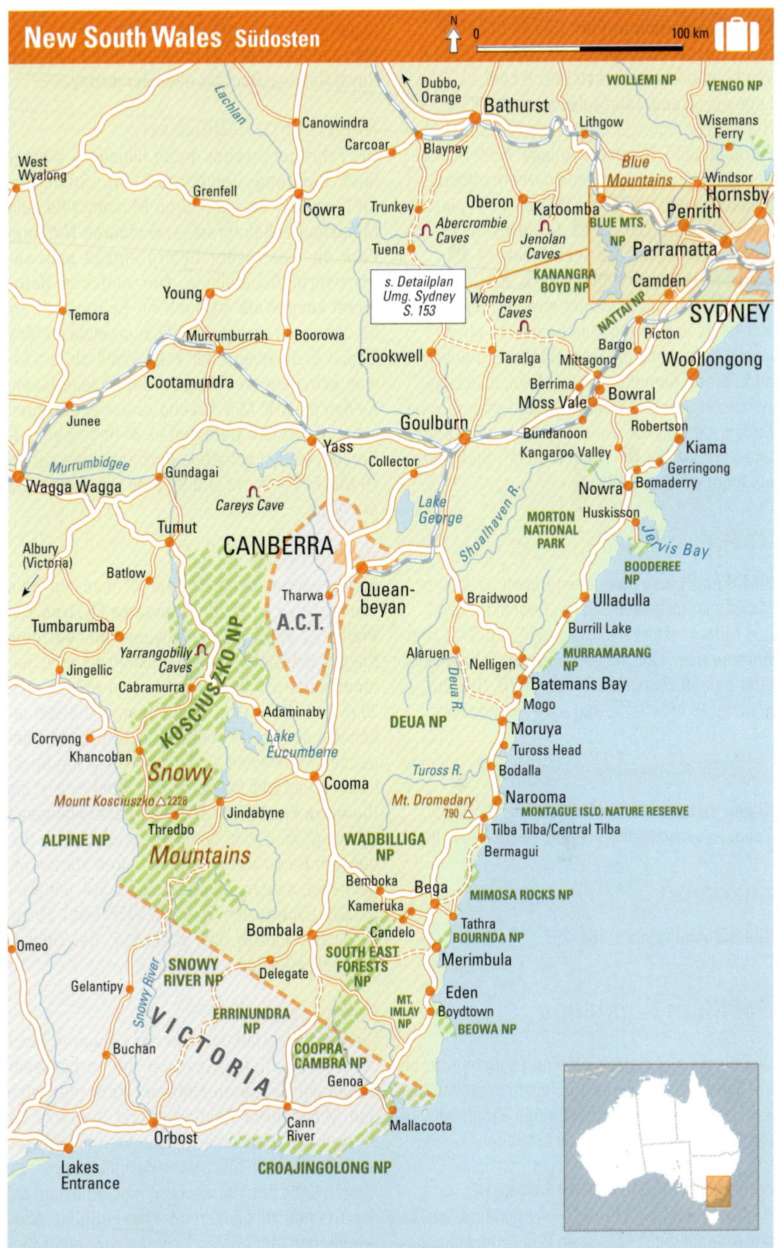

New South Wales Südosten
N
0
100 km
Dubbo, Orange
Bathurst
Lithgow
WOLLEMI NP
YENGO NP
Wisemans Ferry
Canowindra
Carcoar
Blayney
Blue Mountains
Windsor
Hornsby
West Wyalong
Grenfell
Cowra
Trunkey
Oberon
Katoomba
Penrith
Abercrombie Caves
Jenolan Caves
BLUE MTS. NP
Parramatta
Tuena
KANANGRA BOYD NP
Camden
s. Detailplan Umg. Sydney S. 153
Young
Wombeyan Caves
NATTAI NP
SYDNEY
Temora
Murrumburrah
Boorowa
Bargo
Picton
Crookwell
Taralga
Mittagong
Woollongong
Cootamundra
Berrima
Bowral
Moss Vale
Junee
Goulburn
Robertson
Bundanoon
Kiama
Yass
Collector
Kangaroo Valley
Murrumbidgee
Gerringong
Gundagai
Nowra
Bomaderry
Wagga Wagga
Careys Cave
Lake George
Shoalhaven R.
MORTON NATIONAL PARK
Huskisson
Tumut
Jervis Bay
CANBERRA
Albury (Victoria)
BOODEREE NP
Batlow
Tharwa
Queanbeyan
Braidwood
Ulladulla
A.C.T.
Tumbarumba
Burrill Lake
Yarrangobilly Caves
Alaruen
MURRAMARANG NP
Jingellic
Nelligen
Cabramurra
KOSCIUSZKO NP
Deua R.
Batemans Bay
Mogo
Adaminaby
DEUA NP
Corryong
Moruya
Lake Eucumbene
Khancoban
Tuross Head
Snowy
Tuross R.
Bodalla
Cooma
Mount Kosciuszko 2228
Mt. Dromedary 790
Narooma
MONTAGUE ISLD. NATURE RESERVE
Jindabyne
Thredbo
Tilba Tilba/Central Tilba
ALPINE NP
WADBILLIGA NP
Mountains
Bermagui
Bemboka
Bega
MIMOSA ROCKS NP
Kameruka
Tathra
Candelo
BOURNDA NP
Bombala
Omeo
SOUTH EAST FORESTS NP
Merimbula
SNOWY RIVER NP
Delegate
Gelantipy
Snowy River
Eden
MT. IMLAY NP
Boydtown
ERRINUNDRA NP
BEOWA NP
VICTORIA
Buchan
COOPRA-CAMBRA NP
Genoa
Mallacoota
Orbost
Cann River
Lakes Entrance
CROAJINGOLONG NP

Easts Beach Holiday Park (Big 4), Ocean St, Easts Beach, ab South Kiama Drive, 2 km südl. von Kiama, 🖳 http://eastsbeach.com.au. Tolle Lage am Strand. Tennisplätze, großer Pool, Hüpfkissen, Spielplatz und viele weitere Einrichtungen. Gepflegte Anlage, modern und riesig, mit großer Auswahl an Übernachtungsmöglichkeiten: Stellplätze ($62/90 mit eigenem Bad); Standard-Cabins ❺ sowie luxuriöse, moderne Villen mit 1–3 Schlafzimmern. ❼

Seven Mile Beach Holiday Park, 200 Crooked River Rd, Gerroa, 3 km südl. von Gerringong, am Nordende von Seven Mile Beach, 🖳 www.kiamacoast.com.au/seven-mile-beach-holiday-park. Kiosk, Kanuvermietung, Pool, tolle Lage zwischen Crooked River und Sand-strand. Viele Cabins mit Bad ❼, außerdem Safari-Zelte ❻ und Surf Shacks ❺. Auch Caravan-Stellplätze mit eigenem Bad ($60).

NEW SOUTH WALES

ESSEN

@MilkandHoney Café, beim Blowhole. Leckeres Frühstück (frische Säfte, Pancakes usw.) und Mittagessen (u. a. Burger). ⏲ tgl. 7–16 Uhr.

Harbourview Thai, 48 Terralong St. Take-away oder gemütliche Tische hinten. BYO. Gut und günstig. ⏲ Mo–Sa Mittag- und Abendessen.

INFORMATIONEN

Kiama Visitors Information Centre, Blowhole Point, 🖳 www.kiama.com.au. ⏲ tgl. 9–17 Uhr.

TRANSPORT

Siehe Busfahrplan S. 756–757.

Southern Highlands

Von Kiama aus bietet sich eine Tagestour durch die Southern Highlands an. Reisenden mit wenig Zeit sei geraten, zumindest einen Stopp bei den Carrington oder Fitzroy Falls einzulegen.

Saddleback Mountain Lookout

Die Tour beginnt 6 km südlich von Kiama, wo die steile Saddleback Mountain Road zum gleichnamigen Lookout hochführt. An klaren Tagen hat man einen Ausblick über die gesamte Küste vom Royal National Park bis nach Jervis Bay.

Minnamurra Rainforest

Die Fahrt geht weiter durch hügeliges Weideland Richtung Jamberoo. Eine Stichstraße biegt von der Jamberoo Mountain Rd zum Minnamurra Rainforest im **Budderoo National Park** ab. Das Visitor Centre enthält eine sehenswerte Ausstellung. Der einfache **Rainforest Loop Walk** ist auch für Rollstuhlfahrer/Kinderwagen geeignet und dauert etwa 30 Min. Gegen Ende zweigt der **Falls Walk** ab, ein etwas schwierigerer Weg zu den Wasserfällen, für den etwa 45 Min. hin und zurück einzuplanen sind. Im Lyrebird Café gibt es Mittagessen, außerdem stehen schattige Picknicktische bereit. ⏲ Mo–Fr 11–14, Sa und So 9–16 Uhr, Eintritt $12 pro Auto.

Illawarra Fly

Etwas weiter westlich gelangt man auf dem Tourist Drive Nr. 9 zum **Illawarra Fly Tree Top Walk**, 🖳 www.illawarrafly.com.au, auf dem Knights Hill. Eine Stahlkonstruktion mit zwei Seitenauslegern und Aussichtsturm erhebt sich 25 m hoch über dem Waldboden und bietet einen wunderbaren Panoramablick auf den umliegenden Regenwald bis hin zur Küste von Shellharbour und zum Illawarra-See. Prickelnd ist die **Illawarra Fly Zipline Tour**: An Kabeln hängend schwingt man wie Tarzan 35 m über dem Boden von Baum zu Baum. Die Touren starten regelmäßig, dauern insgesamt 2 1/2 Std. und kosten $72 (Eintritt zum Tree Top Walk inkl.). ⏲ tgl. 9–17 Uhr; Eintritt $26, Kind $15. Bei Online-Buchung günstiger.

Carrington Falls

Dieser Wasserfall, an dem der Kangaroo River 50 m in die Tiefe stürzt, ist ein verborgener Schatz im **Booderoo National Park** (der auch den Minnamurra Rainforest und Illawarra Fly einschließt). Ein kurzer Spazierweg mit einigen steilen Treppen führt vom Parkplatz aus zum oberen Ende des Wasserfalls, hier kann man auf den Steinen picknicken oder die Füße ins Wasser hängen, am besten beides gleichzeitig. An-

Lunch-Stopp in Robertson

Pies gehören in Australien genauso fest zur Fastfood-Kultur wie Burger oder Pizza und werden teilweise sogar als Nationalgericht angepriesen. In der Regel ist *Pie* ein mit Rindfleisch gefülltes Teigtörtchen *(Meat Pie)*, das mit Ketchup aus der Hand gegessen wird. Im **Robertson Pie Shop** reicht die Auswahl weit über das Grundrezept hinaus. Hier werden *Pies* von klassisch bis vegetarisch und sogar süß angeboten. Jambaroo Rd, Ecke Illawarra Hwy. 🕒 Mo–Do 7–17, Fr bis 18, Sa und So 8–18 Uhr.

dere ausgeschilderte kurze und längere Wanderungen führen zu weiteren Lookouts auf die Falls.

Morton National Park

Die **Fitzroy Falls** nahe der gleichnamigen Ortschaft sind das Highlight des Morton National Parks, eines von Tälern und Schluchten durchzogenen Sandsteinplateaus. Vom Fitzroy Falls Visitor Information Centre führt ein rollstuhlgerechter Bretterweg zu Aussichtspunkten auf den Wasserfall, der sich hier 80 m in die Tiefe ergießt. Hier beginnen auch einige Spazier- und Wanderwege. Zum Informationszentrum gehört ein gutes Café. Nationalpark: 🕒 tgl. 9–a<Y17.30 Uhr, Eintritt $4 pro Fahrzeug/Tag.

Kangaroo Valley

Von den Fitzroy Falls geht es Richtung Süden über die historische Hängebrücke **Hampden Bridge** in das romantische Dorf Kangaroo Valley. Hier kann man sich in den Tea Rooms erfrischen, Fudge oder Eiscreme kosten oder einfach die Aussicht genießen.

Berry

Etwas touristischer geht es im niedlichen Landstädtchen Berry am Princes Highway zu. Trotzdem lohnt sich ein kurzer Bummel durch die Hauptstraße mit ihren Tearooms und Antiquitäten- und Kunsthandwerksläden. Östlich von Berry und südlich von Gerringong befindet sich der **Seven Mile Beach**, ein sehr schöner Sandstrand.

Weinliebhaber sollten sich auf keinen Fall die **Coolangatta Estate Winery**, 1335 Bolong Rd, Shoalhaven Heads, 💻 www.coolangattaestate.com.au, 9 km südöstlich von Berry entgehen lassen. Hier kann man am Cellar Door preisgekrönte Weine verkosten, im Bistro eine köstliche *Lunch Platter* aus frischem Fisch, Fleisch oder Käse selbst zusammenstellen oder etwas von der Burger und Oyster Bar bestellen. Gehobenes Abendessen bietet Alexanders Restaurant, 🕒 Di–Sa ab 18 Uhr. Außerdem gibt es gemütliche Cottages zum Übernachten ❺.

Tagesausflügler kommen von Berry aus auf dem Princes Hwy zurück nach Kiama (47 km).

ÜBERNACHTUNG

Bendeela Recreation Area, Kangaroo Riverland (von der Moss Vale Rd ca. 1 km nördl. von Kangaroo Valley nach Westen in die Bendeela Rd abbiegen, ab da noch etwa 7 km). Idyllisch am Fluss; mit WC und Trinkwasser, aber ohne Strom. Zelten oder Campervan gratis.

Killalea Regional Park, Killalea Dr, Shell Cove (südl. von Shellharbour). Hübsch gelegene Zeltplätze ($26–36) nur 10 Min. vom Mystics Beach entfernt. Warme Duschen, Kiosk und Campingküche.

AKTIVITÄTEN UND TOUREN

Mountainbiking

Zahlreiche Bike-Trails machen die Southern Highlands zu einem beliebten Ziel für Radfahrer. Der Wingello State Forest bietet gute Pisten, v. a. für erfahrene Mountainbiker, aber auch einige für Anfänger. Auch im Morton National Park gibt es ausgezeichnete Bike-Trails. Interessierte fragen im Visitor Centre nach der Karte *Mountain Bike Trails of the Southern Highlands*. Radverleih u. a. bei: **Kangaroo Valley Canoe Safaris** (s. „Touren").

Touren

Kangaroo Valley Canoe Safaris, 2031 Moss Vale Rd, Kangaroo Valley, 💻 www.kangaroovalleycanoes.com.au. Verschiedene Kanu- und Kajaktouren von 2 Std. bis mehrere Tage. Bietet auch Fahrradverleih.

South Coast Journeys, 💻 http://southcoastjourneys.com.au. Verschiedene Tagestouren entlang des Grand Pacific Drives, in die Southern Highlands und zu diversen Wineries.

INFORMATIONEN

Fitzroy Falls Visitor Centre, 1301 Nowra Rd, Fitzroy Falls. 🕒 tgl. 9–17 Uhr.
Shoalhaven Visitor Centre, Princes Highway, Nowra, 💻 www.shoalhaven.com. 🕒 tgl. 9–17 Uhr.

Jervis Bay

Man packe ein: Sonnencreme, Fernglas, Schnorchel und Bodyboard, und dann auf nach Jervis Bay, dem unübertrefflichen Urlaubsparadies am gleichnamigen Marine Park. Ein paar Tage kann man es sich hier ruhig gut gehen lassen, denn es gibt weitaus mehr zu tun als braun zu werden. Es gibt tolle Rad- und Wanderwege, Kajaks und Stehpaddel zum Leihen, eine fantastische Unterwasserwelt inklusive Delphine und Wale, eingestürzte Leuchttürme und nicht zuletzt den angeblich weißesten Sandstrand der Welt.

Die Bundesregierung kaufte das südliche Gebiet um Jervis Bay 1915 dem Bundesstaat New South Wales ab, um der damals neuen Hauptstadt Canberra Zugang zum Meer zu verschaffen. Es zählt seitdem zum Australian Capital Territory (ACT).

Huskisson

Der kleine, idyllische Ort mit seinem hübschen Hafen ist das Tor zur Jervis Bay. Hier kann man sich im Visitor Centre kostenloses Kartenmaterial besorgen oder über Touren und Aktivitäten informieren. Die **Hawke Street** lädt zum Bummeln und Shoppen ein. Außerdem starten hier das ganze Jahr über **Delphin- und Walbeobachtungstouren** sowie **Kajaktouren**. In Huskisson beginnt auch der gut ausgebaute **Radweg** zum St. Georges Basin.

Strände

Die Strände an der Jervis Bay sind alle reizvoll, aber keiner ist so berühmt wie der **Hyams Beach**, von dem man munkelt, er habe den weißesten Sand der Welt. Doch mit dem Ruhm kommt auch der Rummel: im Sommer ist es fast unmöglich hier einen Parkplatz zu finden. Besser man parkt etwas weiter nördlich am **Greenfields Beach** und läuft die 15 Min. entlang eines Trampelpfads und über den **Chinamans Beach** rüber zum Hyams Beach. Die nördlichen Strände wie der **Callala Beach** sind weniger überlaufen und ebenso spektakulär. Schnorchel mitbringen!

Sanctuary Point

Die kleine Ortschaft liegt idyllisch am Georges Basin und ist besonders für Familien geeignet. Die meisten Aktivitäten spielen sich natürlich auf dem Wasser ab und reichen vom Schwimmen und Schnorcheln über Kajak und Wasserski fahren bis zum Segeln.

Booderee National Park

Die südliche Landzunge von Jervis Bay gehört zum Booderee National Park, der wiederum Teil des ACT ist. Nach der Rückgabe an die traditionellen Eigentümer der Wreck Bay Aboriginal Community steht der Nationalpark unter gemeinsamer Verwaltung mit der Nationalparkbehörde. Die Nationalparkgebühr von $13 pro Auto zahlt man online unter 💻 https://parksaustralia.gov.au oder direkt direkt am Parkeingang. Hier befindet sich auch das Visitor Centre.

Entlang der Cave Beach Road geht es zum **Botanischen Garten**, durch den zahlreiche Spazierwege führen. Im Frühjahr ist das Blumenwahrzeichen von New South Wales, die leuchtend rot blühende Waratah, zu sehen. 🕒 Mai–Sep tgl. 8–16, Okt–April Mo–Fr 8–17, Sa und So 8–19 Uhr.

Eine Schotterpiste führt zum Parkplatz am **Ruined Lighthouse**, von dem aus sich ein toller Ausblick auf die Küste bietet. In der Saison von April–Juni und September–November kann man hier mit etwas Glück und viel Geduld Buckelwale und Südkaper beobachten.

An der Nordküste des Nationalparks befinden sich weitere umwerfend schöne Sandstrände, darunter **Green Patch**, **Murrays Beach** und

Iluka. Am imposanten **Hole in the Wall** kann man gut schnorcheln. Im gesamten Nationalpark gibt es gute Wanderwege, lohnend ist z. B. der etwa einstündige Spaziergang vom Steamers Beach Car Park zum gleichnamigen Strand.

ÜBERNACHTUNG

Die Orte um Jervis Bay sind sehr beliebt, daher unbedingt im Voraus buchen.

Booderee National Park

€ Die drei Campingplätze im Nationalpark müssen frühzeitig gebucht werden; während der Sommerferien entscheidet das Los, wer den Platz bekommt.

Der Green Patch Zeltplatz ist am besten ausgestattet, mit warmen Duschen und vielen Grill- und Picknickplätzen ($36 pro Zelt bei 2 Pers. zur HS).

Auch am **Bristol Point** Zeltplatz gibt es fließend Wasser und einige Gasgrills ($36 pro Zelt bei 2 Pers. zur HS).

Am **Cave Beach** muss man auf diesen Luxus verzichten, dieser Zeltplatz ist außerdem für Caravans und Camper nicht geeignet ($28 pro Zelt bei 2 Pers. zur HS). Buchung für alle www.booderee.gov.au.

Huskisson

Jervis Bay Motel, 41 Owen St, www.jervisbaymotel.com.au. Pool, schöner Blick auf die Jervis Bay, modern eingerichtet. ❺

Huskisson Beach Holiday Haven, Beach St, www.holidayhaven.com.au. Viele Cabins unterschiedlicher Preisklassen, Zelt-/Stellplätze ($45/50 oder $65 mit Bad), Tennisplatz, Pool, Volleyball, Kiosk. ❸–❼

Huskisson White Sands Tourist Park, Beach St, Ecke Nowra St, www.holidayhaven.com.au. Zelt-/Stellplätze ($35/42), mit Bad $67. Cabins direkt am Wasser, Lookout zum Beobachten der Delphine. Doppelt so teuer in der Hochsaison und am Wochenende. ❹–❼

Woollamia

Paperbark Camp, 571 Woollamia Rd, knapp 1 Std. nordwestlich von Huskisson, www.paperbarkcamp.com.au. In Buschlandschaft eingebettete, mit Solarenergie betriebene Luxus-Safarizelte. Eine Unterkunft der ganz besonderen Art, aber natürlich zu ihrem Preis: Die Luxuszelte gibt's für etwa $1000 pro Nacht, VP. Zur Anlage gehört ein Restaurant, das weitgehend Produkte aus eigenem oder regionalem Anbau verwertet.

ESSEN

Stonegrill, 48 Owen St, www.stonegrill.net.au. Hier brät man Fleisch und Fisch selbst auf dem heißen Stein am Tisch. Nicht nur Essen, sondern auch Erlebnis. Hauptgerichte $30–40. Mo–Sa 17.30–22.30 Uhr.

Wild Ginger, 42 Owen St, https://wildgingerhuskisson.com.au. Nicht ganz billig, aber sehr gut. U. a. Seafood und prima Cocktails und Weinkarte. Di–So 15–23.30 Uhr.

AKTIVITÄTEN UND TOUREN

Dive Jervis Bay, 64 Owen St, Huskisson, www.divejervisbay.com. Schnorchel- und Tauchtouren sowie Kurse.

Jervis Bay Bike Hire, 37 Owen St, Huskisson, www.jervisbaybikehire.com. Räder ab $40 pro Tag. Auch Zubehör wie Babysitze und Anhänger.

Jervis Bay Kayak & Paddlesports, 13 Hawke St, Huskisson, www.jervisbaykayaks.com.au. Diverse Kajaktouren für Anfänger und erfahrene Paddler. Z. B. Halbtagestour inkl. Lunch am Strand für $140. Auch Ganz- und Mehrtagestouren sowie Kurse. Auch Kajak- und SUP-Verleih.

Jervis Bay Surf School, www.jbsurfschool.com.au. 2 Std. in der Gruppe $60. Auch mehrtägige Kurse und Privatstunden.

Jervis Bay Wild, 58 Owen St, Huskisson, www.jervisbaywild.com.au. Sehr beliebte 2-stündige Delphintouren das ganze Jahr über ($47); während der Saison (Mai–Nov) auch Walbeobachtungstouren ($75). Außerdem Kajak- und SUP-Touren.

INFORMATIONEN

Booderee NP Visitor Centre, Village Rd, am Eingang zum Nationalpark, https://parks

australia.gov.au/booderee. Informationen über Geologie, Flora und Fauna der Region, Buchung von Zeltplätzen. ⌚ tgl. 9–16 Uhr.
Jervis Bay Visitor Information Centre, Woollamia Rd, Husskisson, ⌚ tgl. 10–16 Uhr.

TRANSPORT

Nowra Coaches, 💻 www.nowracoaches.com.au. Busverbindungen zwischen BOMADERRY, Nowra, Huskisson, Vincentia, Hyams Beach, St Georges Basin und Jervis Bay.
Von Bomaderry gibt es tgl. mehrere Verbindungen nach SYDNEY mit der **Eisenbahn**.

Ulladulla

Der Ferienort zwischen Küste und Naturreseraten ist Spielwiese für Surfer, Wanderer, Schlemmer wie Faulenzer. Der kurze **Coomie Nulunga Cultural Trail** führt an Infoposten vorbei, die über die heimische Flora und Fauna informieren. Den vom Aboriginal Land Council errichteten Pfad begeht man am besten bei Sonnenauf- oder Sonnenuntergang, dann ist die Wahrscheinlichkeit, Tiere zu entdecken am größten. Westlich des Ortes erhebt sich das Sandsteinplateau des **Morton National Parks**. Die Buschfeuer des Black Summers brannten große Teile der Wälder nieder; langsam erholt sich die Natur.

Milton, 7 km nördl. von Ulladulla, ist eines von mehreren hübschen Landstädtchen mit historischem Flair an der Südküste. Einige Flüsse und Seen bieten Gelegenheit zum Angeln und zu allerlei Wassersportarten: 10 km nördlich von Ulladulla liegt der landschaftlich reizvolle **Lake Conjola**, 5 km südlich **Lake Burrill** und 13 km südlich **Lake Tabourie**. Schöne Strände sind u. a. im Norden **Bendalong**, **Narrawallee** und **Mollymook**, der als einer der schönsten Strände an der Ostküste Australiens gilt. Er wird im Sommer von Lebensrettern überwacht. **Wairo Beach** erstreckt sich beim Lake Tabourie.

ÜBERNACHTUNG

Mollymook Beach House B&B, 3 Golf Ave, Mollymook, 💻 www.beachhousemollymook.com. 16 Zimmer mit verschiedenen Ausstattungen und Preisklassen; freundlich. Strandnähe, Salzwasserpool. ❸–❼

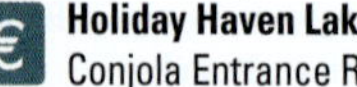

€ **Holiday Haven Lake Conjola**, Lake Conjola Entrance Rd, 💻 www.holidayhaven.com.au. Tolle Lage direkt am See, nicht weit vom Meer. Gute geschlossene Campküche, Spielplatz, Tennisplatz. Manchmal hüpfen Kängurus über die Anlage. Stellplätze mit Strom ($44 oder $62 inkl. Bad), saubere, moderne Cabins ab ❷

INFORMATIONEN

Ulladulla Visitors Centre, Civic Centre, Princes Highway, 💻 www.ulladulla.info. ⌚ Mo–Fr 9–17, Sa und So bis 14 Uhr.

TRANSPORT

Siehe Busfahrplan S. 756/757.

Batemans Bay

Der beliebte Badeort am Clyde River bietet gute Surfstrände, ruhige Rockpools und frisches Seafood. Vor allem die Umgebung ist attraktiv.

Murramarang National Park

Zum **Murramarang National Park** nördlich von Batemans Bay gehören einsame Strandbuchten und ein spektakulärer küstennaher Eukalyptuswald, der allerdings während der Buschbrände im Sommer 2019/20 weitgehend niederbrannte. Der Wald befindet sich weiterhin in der Regeneration und die Infrastruktur wurde erneuert. Es bleibt zu hoffen, dass die zutraulichen Kängurus, die hier einst die Strände des **Pretty Beach**, **Pebbly Beach** und **Durras North**, **Durras Lake** und **Durras South Beach** besuchten, bald wieder in größeren Zahlen vertreten sind. Aktuelle Infos unter 💻 www.nationalparks.nsw.gov.au/visit-a-park/parks/murramarang-national-park.

Batemans Marine Park

Die Gewässer zwischen dem Nordende des **Murramarang Beach** und des **Wallaga Lake** stehen unter Naturschutz. Der Batemans Marine

Park reicht bis auf drei Seemeilen ins Meer hinaus und soll die einzigartige Unterwasserwelt – z. B. den Ammenhai – vor Überfischung bewahren. Auf dem **Clyde River** schippern Ausflugsboote; viele halten im historischen Nelligen. In der Nähe befindet sich der sehenswerte Mogo Zoo (s. Kasten S. 172).

Mogo

Die historische Goldgräberkommune Mogo fiel zu großen Teilen den Buschbränden des Black Summers zum Opfer. Manche Galerien und Cafés empfingen Besucher in provisorischen Wellblechcontainern, die wie vielerorts entlang der Südküste das Stadtbild prägten. Highlight ist der Mogo Zoo (s. Kasten S. 172).

ÜBERNACHTUNG

Batemans Bay Hostel im **Shady Willows CP**, Old Princes Highway, Ecke South St, www.shadywillows.com.au. Angenehmer Caravanpark. Zeltplätze mit Strom ($50) oder Hostelunterkünfte in Units (Bett ab $30), außerdem gibt es DZ in Caravans ohne Bad ❶–❹. Waschräume und Küche/Aufenthaltsraum in separatem Gebäude. Pool, Grillstellen und Kiosk.

Camping

€ Kostenlos campen kann man in mehreren **Buschcamps im Murramarang National Park**, etwa 20 Min. nordöstl. von Batemans Bay. Einige Zeltplätze und Wanderwege sind bis auf Weiteres geschlossen; aktuelle Infos unter www.nationalparks.nsw.gov.au.

Durras Lake North CP, 57 Durras North Rd, www.durrasnorthpark.com.au. 25 km nördl. von Batemans Bay, Zelt-/Stellplätze ($45/50), Cabins, Cottages, Kiosk und … Kängurus! ❷–❺

ESSEN

Kohli's Indian Restaurant, Orient St, www.kohlis.com.au. Dieser Inder genießt bei den *Locals* einen sehr guten Ruf. Mo–So 17–21 Uhr, Do–So auch Mittagstisch.

Starfish Deli, Promenade Plaza, www.starfishwaterfront.com. Direkt am Wasser darf man hier frisches Seafood, leckere Pizza sowie bunte Salate genießen. tgl. 9–14 Uhr, Sa und So auch Abendessen.

INFORMATIONEN

Batemans Bay Visitors Centre, Princes Highway, Ecke Beach Rd, http://eurobodalla.com.au, tgl. 9–17 Uhr.

Braidwood Tourist Information Centre, im National Theatre, Wallace St, www.visitbraidwood.com.au, tgl. 10–16 Uhr.

TRANSPORT

Busse

Siehe Busfahrplan S. 756/757.

Eisenbahn und Bahnbus

Sapphire Coast Link der victorianischen **V/Line**, www.vline.com.au: Tgl. Zug von MELBOURNE bis BAIRNSDALE (ca. 4 Std.); weiter mit dem **Bus** den Princes Highway entlang nach EDEN, MERIMBULA, BEGA, NAROOMA und BATEMANS BAY (ca. 7 Std.).

Narooma und Umgebung

Der schön gelegene Fischerort Narooma ist für seine atemberaubende Küste und die Qualität seiner *mud oysters* (Schlamm-Austern) bekannt. In Narooma kann man auf dem **Wagonga Inlet** herumschippern oder zur **Montague Island** segeln. Vom **Bar Rock Lookout** eröffnet sich ein toller Blick auf das Meer und die bildhübsche Bucht; mit etwas Glück bekommt man Delphine oder sogar Wale zu Gesicht. Ein Spazierweg führt hinunter zum fotogenen **Australia Rock**, einem Felsspalt in der Form Australiens. Am südlichen Ende des **Surf Beach** liegen weitere spektakuläre Felsformationen: die **Glasshouse Rocks**.

Montague Island

Die kleine Insel vor der Küste ist einem Refugium für Vögel, Robben und Zwergpinguine. Der

Exoten im australischen Exil

Der private, idyllische **Mogo Zoo**, www.mogozoo.com.au, machte Silvester 2019 Schlagzeilen, als seine Tierpfleger sich der Evakuierung widersetzten und die Zootiere mit mobilen Wassertanks vor den wütenden Buschfeuern schützten. Tatsächlich blieben alle Tiere verschont; der Klang der Feuersirenen aber hatte sich so tief in die Köpfe der Zoobewohner eingebrannt, dass die Gibbonaffen das Alarmgeheul noch lange imitierten. Die „Stars" der Einrichtung sind Exoten wie Rote Pandas und Großkatzen wie ein Schneeleopard, ein Sibirischer Tiger und ein Puma *(cougar)*; aber auch Koalas, Zwergpinguine und Brolgakraniche leben hier. Ein Besuch lohnt besonders zur Fütterungszeit um 10.30 Uhr. ⌚ tgl. 9–17 Uhr, Eintritt $38, Student $34, Kind $26.
Adresse: 222 Tomakin Rd, Mogo, ca. 10 km südl. von Batemans Bay am Princes Hwy.

Zutritt zur Insel ist stark eingeschränkt. Es gibt Touren, die von Rangern begleitet werden. Empfehlenswert ist die Abendtour, bei der man während der Saison Zwergpinguine aus dem Meer zu ihren Nestern kommen sieht. Infos und Buchung beim Narooma Visitors Centre. Von Juni bis Ende Juli sowie von Mitte September bis Mitte November werden Whale-Watching-Touren angeboten, die ebenfalls Montague Island einschließen.

Tilba Tilba und Central Tilba

In den Bergdörfern **Tilba Tilba** und **Central Tilba**, 17 km südlich von Narooma, sehen die Holzhäuser an den buckligen Dorfstraßen aus wie vor 100 Jahren. In Central Tilba verleihen einige Kleingewerbebetriebe dem Ort ein alternatives Flair. Die Gegend ist für ihre Molkereiprodukte bekannt; Kostproben gibt es in der ABC Cheese Factory.

Bermagui und Mimosa Rocks

Bermagui zieht Angler und Taucher an. Von hier führt die Küstenstraße nach Tathra am schönen Nationalpark **Mimosa Rocks** vorbei. Relativ steile, steinige Abzweigungen führen zu Buchten an der Steilküste, wo man schwimmen und schnorcheln kann. Wer Campingausrüstung hat, kann hier für ein paar Tage komplett in die Natur abtauchen. Einfache Buschzeltplätze liegen über den Park verteilt – Trinkwasser mitbringen!

ÜBERNACHTUNG

Narooma

Amooran Oceanside Motel, 30 Montague St, www.amooran.com.au. Der große, moderne Motelkomplex bietet komfortable, geräumige Zimmer und Apartments, teils mit schönem Ausblick über den Golfplatz nebenan. Zur Anlage gehören auch ein großer Pool und ein Restaurant. Ab ❻

Tilba Tilba

Tilba Waterfront Cottages, 8851 Princes Highway, Bermagui, ✆ 4473 7322.
4 gut ausgestattete Cottages auf einer Farm mit Privatzugang zum Wallaga Lake. Herrliche Lage, günstige Wochenpreise. ❹

Mimosa Rocks

€ Einfache **Zeltplätze**, die auch für Campervans geeignet sind, gibt es bei Aragunnu (kein Strandzugang), am Gillards und Middle Beach sowie am Picnic Point. Alle haben einfache Buschtoiletten, aber kein Trinkwasser. Gebühren für alle: $25 für max. 6 Personen.

ESSEN

Die Region bietet Käse und Wein. In Central Tilba kann man in der **ABC Cheese Factory** leckere, auch außergewöhnliche Käsesorten kosten und kaufen. ⌚ tgl. 9–17 Uhr.
Auch dort: **Tilba Bakery** für Kaffee und Kuchen und leichte Mahlzeiten.

Narooma Quarterdeck Marina, Riverside Dr, Narooma. Die wenig edle Einrichtung des Mittags-Lokals täuscht: Das Essen hier ist hervorragend und von höchster Qualität. Dazu gibt es eine fabelhafte Aussicht. Tapas und Seafood. ⌚ Do–So 11.30–15, Fr und Sa bis 21 Uhr.

Den Australia Rock und die perfekte Welle findet man entlang der Landzunge vor Narooma. ▸

TOUREN

Gulaga Creation Experience, ✆ 0408 272 121, 💻 www.nationalparks.nsw.gov.au/things-to-do/guided-tours/gulaga-creation-experience. Der Gulaga Mountain und die Region um Narooma haben für die indigenen Yuin Aborigines eine große Bedeutung. Etwa jeden zweiten Monat veranstalten die Nachfahren der Yuin 2-tägige Touren, die einen sehr guten Einblick in Kultur und Geschichte der Aborigines bieten. Tour inkl. 2 Übernachtungen (Freitagabend bis Sonntagmorgen) und aller Mahlzeiten $1000.

INFORMATIONEN

Bermagui Tourist Information Centre, Bunga St, Bermagui, 💻 www.visitbermagui.com.au. 🕒 Mo–Sa 10–16.30, So bis 14 Uhr.
Narooma Visitors Centre, Princes Highway, Narooma, 💻 http://narooma.org.au. 🕒 tgl. 9–17 Uhr.

TRANSPORT

Busse

Siehe Busfahrplan S. 756/757.

Eisenbahn und Bahnbus

S. 171 (Batemans Bay).

Bega und Umgebung

Das ländliche Hinterland der Sapphire Coast ist das Allgäu Australiens – grüne Hügel, Kühe und im Hintergrund Berge und guter Käse! In der **Bega Cheese Factory & Heritage Centre**, 11-13 Lagoon St, 💻 http://heritagecentre.com.au, erfährt man so einiges über die Käseherstellung. Auch leckere Kostproben, 🕒 tgl. 9–17 Uhr.

Auf der Fahrt nach Merimbula ist die Küstenroute über den Badeort **Tathra** eine Alternative. Im **Bournda National Park**, 💻 www.nationalparks.nsw.gov.au/visit-a-park/parks/bournda-national-park, mit seinen schönen Stränden, Lagunen, Brack- und Süßwasserseen südlich von Tathra an der Küste gibt es bei Hobart Beach am Südende des Wallagoot Lake auch Zeltplätze ($25). Eintritt zum Park $8 pro Fahrzeug.

ÜBERNACHTUNG

Rock Lily Cottages, 864 Warrigal Range Rd, 💻 www.rocklily.com.au. Gut ausgestattete Cottages in idyllischer Lage mit Blick auf die Berge. ❹–❺

TRANSPORT

Busse

Siehe Busfahrplan S. 756/757.

Eisenbahn und Bahnbus

S. 171 (Batemans Bay).

Merimbula

Man kann es den zahllosen Urlaubern (v. a. aus Victoria) nicht verübeln, dass sie den sonst so gemütlichen Ort in den Sommerferien überfluten. Die Strände reichen von familienfreundlich bis surftauglich, es gibt eine gute Auswahl an Restaurants und Cafés, und im Umland liegen jede Menge Attraktionen und Vergnügungszentren. Wasseraktivitäten reichen von schwimmen und surfen bis zu windsurfen und Bootfahren. Wal- und Delphinbeobachtungstouren gehören auch hier zu den Highlights. Der **Boardwalk** zwischen der Brücke am Causeway und dem Jetty lohnt sich besonders bei Sonnenuntergang.

Strände

Die beiden ruhigen Strände **Bar Beach** und **Spencer Park Beach** sind besonders bei Familien mit kleinen Kindern beliebt. **Main Beach** und **Middle Beach** eignen sich zum Surfen. Eine tolle Aussicht bietet sich vom **Short Point Beach**, wo man windsurfen und tauchen kann. Auch **Pambula Beach**, 10 Min. südlich, mit seinen schönen Muscheln lohnt einen Besuch.

Potoroo Palace

Der kleine, gut geführte Privatzoo, 2372 Princes Hwy, Yellow Pinch, 💻 www.potoroopalace.com, hat sich den Schutz der örtlichen Fauna auf die

Fahne geschrieben. Zu den Bewohnern gehören Kängurus, Koalas, Wombats, Emus, Pythons und Dingos. ⌚ tgl. 10–16 Uhr, Eintritt $25, Kind $16, Familie $80.

ÜBERNACHTUNG

€ **Norfolk Pine Motel**, 58 Merimbula Drive, 💻 www.norfolkpinemotel.com. Vom Äußeren gibt das alte Gebäude nicht allzu viel her. Aber die Zimmer sind sauber und komfortabel, der Manager äußerst auskunftsfreudig und die Preise in der Nebensaison oder bei rechtzeitiger Buchung sehr günstig. Ab ❷

Merimbula Beach Holiday Resort, 2 Short Point Rd, 💻 www.nrmaparksandresorts.com.au/merimbula-beach. Perfekt ausgestatteter Ferienpark, ideal für Familien. Camping mit/ohne Strom ($42/54 oder $76 mit Bad). Cabins, Bungalows und Villen; großer Pool, Tennisplatz, Trampolins, Volleyball, BBQ, gute Campküche, Laden. ❺–❼

ESSEN

Ritzy Wine Tapas Bar, 56 Market St, ☎ 6495 1085. Frische Tapas und Austern aus den lokalen Gewässern. ⌚ Sa und So ab 16 Uhr.

The Waterfront Cafe, Shop 1, The Promenade. Gutes Essen zu herausragendem Blick. In den Ferien sehr voll. ⌚ tgl. 8–22.30 Uhr.

Wheelers Seafood Restaurant, 162 Arthur Kaine Dr, Pambula, 💻 www.wheelersoysters.com.au. Das erstklassige Restaurant mit großer Außenterasse und Cocktail-Bar serviert u. a. bestes Seafood. Die Austern stammen aus der eigenen Farm, die man auf einer Tour ($24) besuchen kann. ⌚ Mi–Mo 12–14 und 18–20 Uhr. Reservieren!

INFORMATIONEN

Merimbula Tourist Information Centre, Beach St, Merimbula, 💻 www.sapphirecoast.com.au. ⌚ Mo–Fr 9–17, Sa 9–16, So 10–16 Uhr.

TRANSPORT

Busse

Siehe Busfahrplan S. 756/757.

Eisenbahn und Bahnbus

S. 171 (Batemans Bay).

Flüge

Rex (Regional Express), 💻 www.rex.com.au. Fliegt Mo–Sa von MELBOURNE und SYDNEY nach Merimbula.

Eden und Umgebung

Wer vom **Lookout** auf die Bucht und den Ozean blickt, kann sich vorstellen, wie dieser paradiesische Ort zu seinem Namen kam. Der Walfang machte die Umgebung Ende des 18. Jhs. für die europäischen Siedler attraktiv. Die erste Walstation wurde 1828 errichtet; die schmutzige Arbeit wurde oft von Aborigines verrichtet. Heute ist Eden bekannt für Hochseefischen, Whale Watching und Holzindustrie. Traumhaft schön und ruhig ist der **Cocora Beach**; nur für erfahrene Schwimmer und Surfer dagegen der **Aslings Beach**.

Am 5. Januar 2020 wurde Eden wegen Buschbränden evakuiert. Am Tag darauf brannte das Sägewerk am Stadtrand nieder, die meisten anderen Gebäude blieben glücklicherweise verschont.

Killer Whale Museum

Das sehenswerte Museum in der Imlay St, 💻 www.killerwhalemuseum.com.au, erinnert an die Walfangtage, die erst 1920 endeten. Am besten besucht man es zu Beginn des Eden-Aufenthalts; danach sieht man den Ort mit anderen Augen. ⌚ Mo–Sa 9.15–15.45, So 11.15–15.45 Uhr, Eintritt $15, Kind $5.

Beowa National Park

In südlicher Richtung führen Abfahrten vom Princes Highway zum herrlichen Küstennationalpark Beowa (früher Ben Boyd). Die einst dichten Wälder befinden sich nach den Bränden im Januar 2020 noch in der Regeneration.

Im Ben Boyd National Park führen einsame Wanderpfade zu wilden Buchten.

Fernab der Zivilisation kann man hier spektakuläre Küstenabschnitte entdecken, Wanderungen unternehmen und in einem der Busch-Camps das wahre Australien erleben. Die Parkgebühr von $8 pro Fahrzeug kann am **Disaster Bay Lookout**, am **Boyds Tower** und an den Campingplätzen bezahlt werden.

ÜBERNACHTUNG

Eden

Cocora Cottage, 2 Cocora St, ✆ 0427 218 859. Schönes B&B, untergebracht in einem ehemaligen Polizeigebäude. 2 sehr schön eingerichtete Zimmer mit Blick auf Twofold Bay und die Wharf. ❼

Garden of Eden CP, Princes Hwy, Ecke Barclay St, 💻 www.edengarden.biz. Camping ohne und mit Strom ($29/39). Cabins mit Heizung, von einfach bis luxuriös. Salzwasserpool. In der Hochsaison verdoppeln sich die Preise. ❷–❻

Beowa

€ Einfache Buschcamps gibt es bei **Saltwater Creek** und am **Bittangabee Bay**. Beide verfügen über Buschtoiletten, Gasgrills und Picknicktische, Trinkwasser gibt es aber keins. $25.

SONSTIGES

Informationen

Eden Visitors Centre, Princes Hwy, 💻 www.visiteden.com.au. ⌚ tgl. 10–16 Uhr.

Touren

Cat Balou Cruises, 💻 www.catbalou.com.au, bietet von Sep–Nov Whale Watching Cruises

Raus aus dem Auto, rauf auf den Berg

Der Aufstieg ist beschwerlich, aber wer sich auf den Weg zur Spitze des **Mount Imlay** aufmacht, wird mit einem spektakulären Rundblick über die endlosen Wälder im Hinterland, auf die Monaro-Hochebene und die Küste belohnt. Für Hin- und Rückweg sollte man insgesamt mind. vier Stunden einplanen. Unbedingt Trinkwasser mitnehmen! Anfahrt: 19 km südl. von Eden biegt vom Princes Hwy die Burrawang Forest Rd ab. Sie führt durch den East Boyd State Forest zum Ausgangspunkt der Wanderung.

($75) und das ganze Jahr über Kreuzfahrten zum Beobachten von Robben, Delphinen und Pinguinen ($55).

TRANSPORT

Busse

Siehe Busfahrplan S. 756/757.

Eisenbahn und Bahnbus

S. 171 (Batemans Bay).

Die Nordküste

Die Nordküste ist dichter bevölkert und touristischer als die Südküste; Ferienzentren wie **Port Stephens**, **Port Macquarie**, **Coffs Harbour** und die Doppelstadt Tweed Heads-Coolangatta sind auf einheimische und auf ausländische Gäste eingestellt. Das Dreieck **Lismore – Byron Bay – Murwillumbah** zieht seit den 70er-Jahren Aussteiger aus den Großstädten an. Das Ergebnis sind mehr oder weniger desillusionierte Landkommunen, aber auch eine etablierte, florierende Alternativkultur.

Die Nordküste ist in Buchten, küstennahe Seen und Haffs zergliedert; es gibt viele lange, weiße Sandstrände und felsige Landvorsprünge. Parallel zur Küste erheben sich die Felsplateaus der Great Dividing Range, die zum größten Teil von dichtem Urwald bedeckt sind. Die Regenwälder schienen den Pioniersiedlern einst unerschöpflich, entsprechend unerbittlich und zügig gingen sie mit dem Holzeinschlag zu Werke, v. a. an der Küste. Die meisten Waldgebiete stehen nun aber unter Naturschutz.

Die subtropischen und gemäßigten Regenwald-Nationalparks dieser Küstenregion, eine Schatzkammer zoologischer und botanischer Raritäten, wurden unter dem Sammelbegriff **Gondwana Rainforests of Australia** als einzigartiges Naturdenkmal in die Liste des Unesco-Weltnaturerbes aufgenommen. In den fruchtbaren Flusstälern wird Viehzucht, im Norden tropische und subtropische Landwirtschaft betrieben.

TRANSPORT

Siehe Busfahrplan S. 758–761.

Central Coast

Eine Kette von Haffs, die nur durch kleine Öffnungen in der Nehrung mit dem Ozean verbunden sind, zieht sich zwischen Broken Bay und Newcastle an der Küste entlang. Das nördlichste Haff, **Lake Macquarie**, ist der größte Salzwassersee von NSW. Autofahrer sehen mehr von der reizvollen Küstenlandschaft, wenn sie vom Freeway Richtung Norden nach Gosford abbiegen und über Terrigal und The Entrance an der Küste entlang bis Newcastle fahren.

Angesichts der astronomischen Immobilienpreise in Sydney verlegen immer mehr Leute ihren Wohnsitz nach **Gosford**. Hinzu kommen in den Sommermonaten Zehntausende von Feriengästen. Die Umwelt leidet dementsprechend unter Überentwicklung der bebauten Umgebung. Dennoch hat die Central Coast ihren hohen Erholungswert mit schönen Stränden und ursprünglichen Küstenwäldern erhalten, wenn auch viele der Unterkunftsmöglichkeiten nicht gerade preiswert sind.

Australian Reptile Park

In dem Reptilienpark an der Pacific Coast Touring Route, abgehend vom Pacific Highway, Sommersby, nahe Gosford, 💻 http://reptilepark.com.au, sind Krokodile, Schlangen, Schildkröten, Spinnen und andere australische Tiere wie Schnabeltiere, Dingos, Kängurus und Tasmanische Teufel in Buschlandschaft zu sehen. Es gibt mehrmals täglich Fütterungen, Shows, Fotosessions und viele weitere Aktivitäten, besonders für Kinder. 🕒 tgl. 9–17 Uhr, Eintritt $39, Kind (3–15 J.) $21, Familie $105.

SONSTIGES

Informationen

Ettalong Diggers Visitor Information Centre, 52 The Esplanade, Ettalong Beach,
💻 www.visitcentralcoast.com.au.
🕒 tgl. 9–17 Uhr.

NEW SOUTH WALES

The Entrance Visitor Information Centre, 46 Marine Parade, The Entrance, 🖳 www.theentrance.org.au. 🕒 tgl. 9–17 Uhr.

Reiten

Glenworth Valley Riding, 69 Cooks Rd, Glenworth Valley, 🖳 www.glenworth.com.au. Jede Menge Aktivitäten in freier Natur. 2-stündige Ausritte ab $100 p. P., außerdem Abseilen, Quadbiken, Mountainbike-Fahren, Kajakfahrten und weitere Naturerlebnisse.

NEW SOUTH WALES

TRANSPORT

Zum Australian Reptile Park mit dem **Zug** ab Sydney Central nach Gosford, von dort weiter mit dem Taxi. **Autofahrer** nehmen für die einstündige Fahrt den Newcastle Express Freeway, Ausfahrt Gosford, von dort sind es 7 km.

Newcastle

Newcastle, mit 450 000 Einwohnern die zweitgrößte und zweitälteste Stadt von NSW, kratzte vor etlichen Jahren den Ruß von den Gebäuden, begrünte seine Uferanlagen und baute eine alte Schiffsanlegestelle zu einem Unterhaltungszentrum mit zahlreichen Cafés und Restaurants um, von denen das geschäftige Treiben im Hafen und in den Werftanlagen verfolgt werden kann. Restaurierte historische Gebäude wie das **Customs House** und das **Civic Theatre** erstrahlen in neuem Glanz. Dennoch ist Newcastle primär eine Industrie- und Hafenstadt – von hier wird die im nahegelegenen Hunter Valley massenhaft abgebaute Steinkohle verschifft; der Port Hunter von Newcastle ist der größte Kohle-Exporthafen der Welt.

Schöne, ausgedehnte **Sandstrände** erstrecken sich beiderseits des Landvorsprungs, auf dem die Innenstadt liegt. Besonders schön sind die Strände im Westen an der Pazifikküste. Neben dem von Rettungsschwimmern überwachten Newcastle Beach liegt das **Ocean Bath**, ein ins Meer gebauter Swimmingpool.

Die **Queens Wharf** ist eine sehr schön hergerichtete Uferpromenade mit Restaurants, Boutiquen und einem Aussichtsturm. Von hier aus führt ein Fußweg zur **Hunter Mall**, der Haupteinkaufsstraße.

Die dauerhaften Ausstellungen im **Newcastle Museum**, Workshop Way, 🖳 www.newcastlemuseum.com.au, befassen sich mit der Geschichte Newcastles und mit dem harten Arbeitsalltag in der Kohleindustrie früher und heute. Außerdem gibt es ein gut aufgemachtes Wissenschaftscenter. 🕒 Di–So 10–17 Uhr, Eintritt frei.

Fort Scratchley

Die ehemalige Befestigungsanlage in der Nobbys Rd, 🖳 www.fortscratchley.com.au, wurde aufwendig renoviert. Man kann die Baracken auf eigene Faust erkunden oder sich für $14 einer Tour anschließen. Von der Anlage bietet sich ein toller Blick auf **Nobby's Lighthouse**; mit etwas Glück lassen sich Delphine oder sogar Wale beobachten. 🕒 Mi–Mo 10–16 Uhr, Eintritt frei.

Bathers Way

Dieser 5 km lange Spazierweg führt an der Pazifikküste entlang vom **Lighthouse** bis zum **Glenrock Reserve**. Die gesamte Strecke dauert etwa zwei Stunden, man kann aber auch auf halber Strecke in die Parkway Ave rechts abbiegen und entlang der Shopping- und Fressmeile **Darby Street** zurücklaufen. Unterwegs gibt es unzählige Gelegenheiten für einen Kaffee oder auch einen Sprung ins kühle Wasser. Der Weg ist mit gelben Infotafeln ausgeschildert.

ÜBERNACHTUNG

Newcastle Beach YHA, 30 Pacific St, Ecke King St, Newcastle, 🖳 www.yha.com.au. Schönes altes Gebäude mit Ballsaal und offenem Kamin. 4–8-Bett-Dorms (ab $38), EZ und DZ. Schöner Hinterhof. 150 m vom Busbahnhof, nicht weit vom Strand. ❶

Tudor Inn, Tudor St, Ecke Steel St, Hamilton, 🖳 https://tudorinnnewcastle.com.au. Große Zimmer mit WLAN, zentrale Lage. ❷

Stockton Beach Holiday Park, 3 Pitt St, Stockton, 🖳 www.nrmaparksandresorts.com.au/stockton-beach. Schöne Anlage direkt am Strand, ideal für Familien. Große Küche und

New South Wales Nordosten
N
0
100 km
QUEENSLAND
Stanthorpe
Wooden-
bong
Kyogle
Coolangatta
Tweed Heads
Murwillumbah
Brunswick Heads
Mullumbimby
Byron Bay
Ballina
Nimbin
Lismore
Casino
BORDER RANGES NP
MT WARNING NP
NIGHTCAP NP
BALD ROCK NP
GIRRAWEEN NP
Tenterfield
s. Stadtplan Byron Bay S. 196
BROAD-WATER NP
BUNDJALUNG NP
Iluka
Yamba
Maclean
Moree
Warialda
Emmaville
WASHPOOL NP
Clarence
Plateau
GIBRALTAR RANGE NP
NYMBOIDA NP
Bingara
Inverell
Glen Innes
Tingha
Grafton
YURAYGIR NP
Narrabri
Ben Lomond
England
GUYFAWKES RIVER NP
Guyra
Namoi
Ebor
Dorrigo
DORRIGO NP
Woolgoolga
Armidale
Wollomombi
Coffs Harbour
Uralla
NEW ENGLAND NP
Bellingen
Manilla
OXLEY
Urunga
Gunnedah
WILD
Bowraville
Nambucca Heads
Walcha
Macksville
RIVERS
Macleay
South West Rocks
Tamworth
Arakoon
NP
HAT HEAD NP
Kempsey
Quirindi
WERRIKIMBE NP
Nundle
LIMEBURNERS CREEK NATURE RESERVE
New
Murrurundi
Wauchope
Ellenborough Falls
Port Macquarie
North Haven
Wingen
Wingham
Scone
CROWDY BAY NP
Gloucester
Taree
Merriwa
1555
Gloucester Falls
Krambach
Old Bar
Muswellbrook
BARRINGTON TOPS NP
Wallis Lake
Tuncurry
Forster
BOOTI BOOTI NP
Hunter
Dungog
Seven Mile Beach
Stroud
Hunter Valley
Singleton
Bulahdelah
Seal Rocks
WOLLEMI NATIONAL PARK
Karuah
MYALL LAKES NP
Maitland
Mungo Beach
Cessnock
Port Stephens
Raymond Terrace
Nelson Bay
TOMAREE NP
Lake Macquarie
Newcastle
s. Detailplan Port Stephens S. 183
Lithgow
Gosford
Terrigal
Katoomba
Windsor
KU-RING GAI CHASE NP
Penrith
Hornsby
Parramatta
Sydney
Camden
Picton
s. Detailplan Umg. Sydney S. 153
ROYAL NP
Mittagong
Bowral
Woollongong
Robertson
Moss Vale
Kiama
NEW SOUTH WALES

Essbereich, Spielplatz. Moderne, luxuriöse Villas mit 2 oder 3 Schlafzimmern ❻. Außerdem Zelt- und Stellplätze ($44/54 oder $71 mit Bad).

ESSEN

One Penny Black, 196 Hunter St. Kaffee in bester Qualität, dazu Frühstück und Mittagessen aus lokalen Zutaten. ⌚ tgl. 6.16–15 Uhr.
Una Volta, 110 King St, ✆ 0434 700 257. Sehr guter Italiener. Reservieren! ⌚ Do–Sa 18–23 Uhr.

INFORMATIONEN

Newcastle Visitor Centre, Workshop Way, 💻 www.visitnewcastle.com.au. ⌚ tgl. 9–17 Uhr.

TRANSPORT

Busse

Siehe Busfahrplan S. 758–761.
Port Stephens Coaches, 💻 www.pscoaches.com.au, fahren tgl. von der Newcastle Railway Station nach PORT STEPHENS (Nelson Bay): Mo–Fr ab 7 Uhr ca. stdl., Sa und So ca. alle 2 Std.

Eisenbahn

Häufige Verbindungen von Sydney Central Station in ca. 2–3 Std. 💻 http://transportnsw.info.

Hunter Valley

Das Hunter Valley wird in Australien mit Wein und Kohle assoziiert. Als gegen 1820 hier die ersten Weinreben gepflanzt wurden, konnte sich sicher niemand vorstellen, dass heute ungefähr 150 Weingüter und -keller sowie unzählige Restaurants und Übernachtungsmöglichkeiten in jeder Preislage die Region zu einem der beliebtesten Ausflugsziele im Großraum Sydney machen würden. Viele preisgekrönte rote und weiße Qualitätsweine stammen aus dieser Gegend. Ein Großteil der bekanntesten Weingüter befindet sich in der Lower-Hunter-Region nahe Cessnock. Die Weingüter der Upper-Hunter-Region liegen weit verstreut in den Tälern westlich von Muswellbrook. Die beste Art, das Hunter Valley zu erkunden und guten Wein zu verkosten, ist auf einer Bustour (S. 181).

Der untere Teil des Tals macht fast überall einen ländlichen Eindruck: sattgrüne Wiesen, Pferdekoppeln, Weingüter, Getreide- und Gemüsefelder. Alte Herrenhäuser und verschlafene Weiler aus der Kolonialzeit vervollständigen das Idyll. Nicht so idyllisch sieht es im Upper Hunter Valley in der Umgebung von Singleton und Muswellbrook aus, wo in zahlreichen Gruben Kohle im Tagebau gefördert wird – der Kohleabbau im Huntertal hat eine mehr als hundertjährige Tradition. Angesichts des Kohlexportbooms (v. a. nach Asien) setzen die Bergbaufirmen auf Expansion – Klimawandel hin oder her.

Die Landstädte **Cessnock**, **Maitland** und **Singleton** sind die Zentren des Tals. Ihre historischen Gebäude strahlen noch ein wenig Kolonialatmosphäre aus. Wer von Sydney durchs Hinterland via Mangrove anreist, den Freeway bei Calga verlässt und auf dem Highway Nr. 1 bis Peats Ridge fährt, erreicht das Hunter Valley bei der historischen Siedlung **Wollombi**.

ÜBERNACHTUNG

An den Wochenenden verlangen die meisten Unterkünfte heftige Aufpreise.

Hunter Valley

Elfin Hill B&B Motel, 250 Marrowbone Rd, Pokolbin, 💻 www.elfinhill.com.au. Ein liebevoll geführtes B&B mit schönen Zimmern in Buschlandumgebung; ausgezeichnetes Frühstück mit regionalen Produkten. Die Gastgeber kennen sich bestens in der Region aus. Ab ❺
€ **The Australia Hotel**, 136 Wollombi Rd, Cessnock, 💻 www.australiahotel.com.au. Preiswerte Pub-Unterkunft im Herzen von Cessnock. B&B mit Bad auf dem Flur. Auch saubere Motelzimmer. Ausgezeichnetes Essen im hauseigenen Bistro. ❶

Camping

Ingenia Holidays Hunter Valley, 137 Mount View Rd, Cessnock, 💻 www.ingeniaholidays.

com.au/huntervalley. Weingüter können zu Fuß erreicht werden. Stell-/Zeltplätze ab $38 ($50 mit Bad). Viele Cabins unterschiedlicher Preisklasse, 2 barrierefrei; Restaurant; 2 Pools. ❷–❻

AKTIVITÄTEN UND TOUREN

Fesselballonfahrten

Fesselballonfahrten sind hier besonders beliebt. Hier nur zwei von vielen Anbietern.

Balloon Aloft, 1443 Wine Country Drive, North Rothbury, www.balloonaloft.com; alteingesessener Veranstalter. Tgl. Aufstiege und Flug übers Hunter Valley bei Sonnenaufgang, ab $270 p. P. bei Online-Buchung.

Radfahren

Grapemobile Bicycle Hire, McDonalds Rd, Ecke Palmers Lane, Pokolbin, www.grapemobile.com.au. Mountainbikes und Tandems $50 pro Tag.

Hunter Valley Cycling, www.huntervalleycycling.com.au. Verleih von Mountainbikes $65 pro Tag. E-Bike $75 pro Tag. Kostenlose Anlieferung und Abholung; Helme, Reparaturwerkzeug und Karten für selbst geführte Touren inkl.; Reservierung erforderlich.

Weintouren

Winery Tours ermöglichen sorgenfreie Weinproben. Busse fahren ab Sydney, einige ab Newcastle, Cessnock oder Maitland; manche holen von der Unterkunft im Tal ab. Die Visitor Centres im Hunter Valley erledigen Buchungen.

Hunter Valley Wine Tasting Tours, www.huntervalleywinetastingtours.com.au. Halbtages- und Tagestouren mit Abholung von der Unterkunft im Hunter Valley. Die Halbtagestour (tgl. um 10 Uhr, $60) schließt 3 Weingüter sowie entweder einen Schokoladen- oder Käseladen ein. Bei der Tagestour ($125) sind Weinproben in vier Weingütern inbegriffen, Mittagessen gibt's extra. Alle Touren in Kleingruppen.

Vineyard Shuttle Service, www.vineyardshuttle.com.au. Auf individuellen Bedarf zugeschnittene Touren und Transportservice, Tagestour ab $68, Halbtagestour $55.

SONSTIGES

Festivals

Hunter Valley Harvest Festival: März/April. 2-wöchiges Erntefest mit vielen kulinarischen Freuden und kulturellen Veranstaltungen.

Lovedale Long Lunch: 3. Maiwochenende. Lunch mit Stationen entlang des Lovedale Trails.

Zahlreiche weitere kleinere und größere Events unter www.winecountry.com.au.

Weingüter

Es empfiehlt sich, eine Weinprobe unter der Woche einzuplanen, denn am Wochenende strömen die Massen ins Tal. Eine komplette Liste der zahlreichen Weingüter und Restaurants bekommt man bei den Visitor Centres. Die meisten der hier erwähnten liegen in der Nähe von Pokolbin. In den meisten Weingütern zahlt man eine Verkostungsgebühr von $5–15.

De Bortoli Wines, 532 Wine Country Dr, www.debortoli.com.au. Die Firma betreibt drei erfolgreiche Kellereien im Hunter Valley, in der Riverina und in Melbournes Yarra Valley; alle bringen preisgekrönte Weine hervor. ⌚ tgl. 10–17 Uhr.

Hungerford Hill, 2450 Broke Rd, www.hungerfordhill.com.au. Weinprobe in architektonisch beeindruckendem Gebäude. Dazu gehört das Muse Restaurant. ⌚ So–Do 10–17, Fr und Sa 10–16 Uhr.

Lindemans Wines, 119 McDonalds Rd, www.lindemans.com.au. Einer der bekanntesten Namen im Hunter Valley. ⌚ tgl. 10–17 Uhr.

McWilliams Mount Pleasant, 401 Marrowbone Rd, www.mountpleasantwines.com.au. Schön gelegenes Weingut mit Café. Preisgekrönte Weine. ⌚ tgl. 10–16.30 Uhr.

Small Winemakers Centre, 426 McDonalds Rd, www.smallwinemakerscentre.com.au. Weine von kleinen Weingütern. Ausgezeichnetes Café-Restaurant. ⌚ tgl. 10–17 Uhr.

Tyrrells Vineyards, 1838 Broke Rd, www.tyrrells.com.au. 1858 gegründet; noch immer in Familienbesitz. ⌚ Mo–Sa 9–17, So 10–16 Uhr.

Informationen

Hunter Valley Wine Country Visitor Information Centre, 455 Wine Country Dr, Pokolbin, 🖳 www.winecountry.com.au. 🕒 Mo–Sa 9–17, So 9–16 Uhr.

Maitland Visitor Information Centre, New England Hwy, Ecke High St, Maitland, 🖳 www.mymaitland.com.au. 🕒 tgl. 10–15 Uhr.

Singleton Visitor Information Centre, Civic Ave, Singleton, 🖳 www.visitsingleton.com. 🕒 tgl. 9–17 Uhr.

TRANSPORT

Busse

Rover Coaches, 🖳 www.rovercoaches.com.au. Busse 2x tgl. von Morisset am Lake Macquarie nach CESSNOCK. Von Sydney Central operieren regelmäßig Züge nach Morisset. Auch mehrmals tgl. von Cessnock und Newcastle nach Maitland.

Eisenbahn

Mit **Sydney Trains**, 🖳 www.sydneytrains.info, von Sydney nach MAITLAND und SINGLETON in ca. 3 1/2 Std.

Port Stephens

Das hübsche Ferienstädtchen verdankt seinen Charme einem tief ins Landesinnere reichenden Naturhafen mit ruhigen Badebuchten und langen weißen Sandstränden. Wasserport, Schwimmen mit Delphinen, Wander und Fischen stehen ganz oben auf dem Programm. Zu den tollen Stränden der Gegend gehört der 32 km lange **Stockton Beach**, der sich von Anna Bay im Norden nach Newcastle im Süden erstreckt und die größten Sanddünen an der Ostküste Australiens hat (s. Kasten S. 185). In der Hafenbucht leben etwa 140 Große Tümmler *(bottle nose dolphins)*. *Dolphin cruises* erfreuen sich großer Beliebtheit, ebenso wie *whale watching cruises* im Juni/Juli sowie Oktober/November.

Rund 30 000 Wale wandern alljährlich entlang des „Humpback Highways" an der Küste vor NSW, zwischen Mai und Juli nach Norden und zwischen September und November nach Süden. In Port Stephens führt ihr Weg nahe am Festland vorbei. Auch stehen die Chancen nicht schlecht, in der Gegend wilde Koalas und Echidnas zu sehen, v. a. in **Lemon Tree Passage** und im **Tomaree National Park**. Schöne Spaziergänge führen entlang der Küste, wo sich herrliche Ausblicke bieten.

Port Stephens ist auch der Sammelname für den Hauptort **Nelson Bay** und die anderen, ruhigeren Orte Anna Bay, Boat Harbour, Fingal Bay, Shoal Bay, Salamander Bay und Soldiers Point, alle auf der **Tomaree Peninsula** an der Südseite des Naturhafens gelegen.

Tilligerry Habitat

Die benachbarte kleinere Halbinsel **Tilligerry** ist v. a. für die große Zahl an Koalas bekannt. In dem idyllischen Naturreservat Tilligerry Habitat in Tanilba Bay bekommt man mit etwas Glück einen frei lebenden Koala zu Gesicht. Das Reservat verdankt seine Existenz einem engagierten Non-Profit-Verband, der das Gebiet mit Hilfe unzähliger Ehrenamtlicher nach seiner Zerstörung durch den Bergbau zu seinem natürlichen Gleichgewicht zurück verhalf. 🖳 www.tilligerryhabitat.org.au, 🕒 Visitor Centre tgl. 9–15 Uhr; das Habitat steht durchgehend offen; Eintritt frei.

Koala Sanctuary

2020 zum Schutz der Koalas errichtet, nimmt dieser Tierpark kranke, verletzte und verwaiste Tiere in Gewahrsam. Die Zahl der Koalas ist im letzten Jahrzehnt rapide gesunken; in NSW gilt er heute als bedroht. Im Koala Hospital werden die Tiere behandelt, anschließend geht's zur Reha in die großen Gehege. Hinter jedem Beuteltier steckt eine Geschichte, die die Tourguides mit Besuchern teilen. Soweit möglich werden die Tiere nach vollständiger Genesung zurück in die freie Natur entlassen. 🕒 tgl. 9–17 Uhr, $28, Kind $15. 🖳 www.portstephenskoalasanctuary.com.au. Übrigens kann man im Tierpark auch übernachten. Vier Glampingzelte verprechen ein ganz besonderes Erlebnis. ❼

Oakvale Farm and Fauna World

Auf dieser Farm bekommt man v. a. australische Tiere wie Kängurus, Koalas, Emus, Dingos und

Port Stephens
N
0
2 km
ÜBERNACHTUNG
1 Halifax Holiday Park
2 Admiral Nelson Inn
3 Nelson Bay B&B
4 Koala Shores Holiday Park
5 Port Stephens YHA
ESSEN
1 The Deck
2 Pasta Di Porto
SONSTIGES
1 Dolphin Swim
2 Moonshadow
3 Port Stephens Ferry Service
Yacaaba Head
Tomaree Head
Nelson Head
Shoal Bay
Zenith Beach
Paradise Beach
Wreck Beach
Box Beach
Fingal Bay
Boulder Bay
Nelson Bay
Golfplatz
TOMAREE NATIONAL PARK
Samurai Beach
One Mile Beach
One Mile
Boat Harbour
Koala Sanctuary
Frost Rd.
Gan Gan Rd
Anna Bay
Fishermans Bay
Corlette
Corlette Point
Salamander Bay
Salamander Way
Nelson Bay Rd
Soldiers Point
Soldiers Point Rd
BOONDABAH ISLD.
ONE TREE ISLD.
BUSHY ISLD.
DOWARDEE ISLD.
Mud Point
Cromartys Bay
Port Stephens Dr
Taylors Beach
BULL ISLD.
STUARTS ISLD.
Lemon Tree Passage
Mallabula
Tanilba Bay
Tilligerry Habitat
Tilligerry Creek
Tilligerry Peninsula
SNAPPER ISLD.
UPTONS ISLD.
Bobs Farm
Stockton Beach
Oakvale Farm & Fauna World, Newcastle, Sydney
NEW SOUTH WALES

Schlangen in ihrer natürlichen Umgebung zu Gesicht. Einige Tiere dürfen gefüttert werden. Außerdem gibt es jede Menge Fütterungen, Shows und Fotosessions mit den Koalas. 3 Oakvale Drive, Salt Ash, 💻 www.oakvalefarm.com.au, 🕒 tgl. 10–17 Uhr, Eintritt $39, Kind $25.

ÜBERNACHTUNG

In der Feriensaison werden die unzähligen Motels und Ferienwohnungen nur wochenweise (und teuer) vermietet.

Nelson Bay

Nelson Bay B&B, 81 Stockton St, 💻 www.nelsonbaybandb.com.au. 3 sehr komfortabel eingerichtete Zimmer, alle mit Bad, Kühlschrank und AC ausgestattet. Die freundlichen Betreiber bereiten morgens ein leckeres Frühstück zu. Je nach Saison ❹–❽

Admiral Nelson Inn, 16-18 Gowrie Avenue, 💻 www.admiralnelson.com.au. Zentral, aber trotzdem ruhig nächtigt man hier in bequemen DZ oder Familienzimmer neben dem Salzwasserpool. ❺

Halifax Holiday Park, Beach Rd, Little Beach, 💻 www.beachsideholidays.com.au. Stellplätze ab $55, moderne Cabins und Villas. Direkt am Strand. ❻–❼

Anna Bay und Lemon Tree Passage

€ **Port Stephens YHA-Samurai Beach Bungalows**, Frost Rd, 💻 www.samurai-portstephens.com. Mehr als nur ein Platz zum Übernachten: Das Hostel mit Pool liegt mitten im Regenwald, gleich an der Haltestelle der Busse aus Sydney und Newcastle, und wird von einem netten Ehepaar geleitet, das einen besonderen Kontakt zur lokalen Tierwelt pflegt.

Notruf für Wildlife

Verletzte Tiere am Straßenrand sind leider keine große Seltenheit. Wer eins findet kann sich an folgende Stellen wenden:
Koala Rescue: ✆ 1800 775625
Wildlife Rescue and Education Service: ✆ 1300 094 737

In den Bäumen zwischen den Bungalows, in denen die komfortablen Dorms (Bett ab $42) und DZ untergebracht sind, schlummern Koalas. Ab ❸

Koala Shores Holiday Park, 2 Oyster Farm Rd, Lemon Tree Passage, 💻 www.koalashores.com.au. Camping ab $42, mit Bad $62. Cabins, tropischer Pool, Kiosk. Toller Caravanpark unter Bäumen direkt am Strand mit wild lebenden Koalas. Ab ❹

ESSEN

Pasta Di Porto, Shop 4/134, Gan Gan Rd, Anna Bay. Hervorragendes italienisches Restaurant mit frischer Pasta. 🕒 tgl. Frühstück und Mittagstisch.

The Deck, Sunset Blvd, Soldiers Point. Die Aussicht von der Terrasse vor dem Hafen ist unschlagbar. Hervorragendes Seafood, aber auch Vegetarisches. 🕒 tgl. 8–20 Uhr.

TOUREN

Bootstouren

Viele Dolphin Watch Cruises (ca. $40 für 90 Min.) tgl., u. a. mit

Dolphin Swim, 💻 www.dolphinswimaustralia.com.au. Schwimmen mit Delphinen ($349). Touren starten Fr, Sa und So um 6.15 Uhr.

Moonshadow, 💻 www.moonshadow-tqc.com.au. Auch Trips nach Broughton Island.

Port Stephens Ferry Service, 💻 www.portstephensferryservice.com.au, fährt 3–4x tgl. von Nelson Bay nach Tea Gardens ($19 einfach). Auf dem Weg bestehen gute Chancen Delphine zu sehen.

Sanddünentouren

Sand Dune Safaris, 💻 https://sanddunesafaris.com.au. Sa, So und in den Schulferien Touren am Stockton Beach inkl. Sandboarding ($40 für 1 Std. Sandboarding) sowie Touren zur Tin City ($70, 2 Std.).

Port Stephens 4WD Tours, 💻 www.portstephens4wd.com.au. Sanddünentour in speziell entwickelten 4WDs. Sandboarding ab $35.

Weltbekannte Sanddünen

Der **Stockton Beach** ist ein beliebtes Ziel für 4WD-Fahrer. Die scheinbar endlosen Sanddünen gehören zu den am schwierigsten zu befahrenen Regionen in Australien. Unter dem Sand verrotten an einigen Stellen Bäume, die schnell zur Falle für Autofahrer werden können, wenn sie unter dem plötzlichen Gewicht des Fahrzeugs nachgeben. Für die Tierwelt bieten die Dünen jedoch gute Voraussetzungen. In den Gräsern nisten seltene Vogelarten, und Delphine und Schildkröten nutzen den Küstenstreifen als Paarungsplatz. Während des Zweiten Weltkriegs diente der Strand übrigens als Militärstützpunkt zur Abwehr gegen die Japaner. Die alten Baracken sind heute unter dem Namen Tin City bekannt und werden noch immer bewohnt. Der Stockton Beach hat das Zeug zur Kulisse und wird immer wieder gern von Filmteams aufgesucht.

Auf eine noch viel ältere Geschichte deuten die Ansammlungen von Muscheln im Sand hin, die alte Grabstätten von Aborigines markieren. Für die australischen Ureinwohner ist der Stockton Beach daher ein heiliger Ort und das Aufsammeln von Steinen und Muscheln ist untersagt. Der Strand ist Teil des **Worimi National Parks** und wird von der Aboriginal-Gemeinschaft und der Nationalparkbehörde gemeinsam verwaltet. Wer am Strand fahren will, braucht dafür eine Genehmigung: Die Beach Vehicle Permit erhält man für $33/3 Tage beim Visitor Centre in Nelson Bay oder an der BP-Tankstelle in Anna Bay. Der Zustand der Pisten ändert sich laufend und oft werden sie teilweise vorübergehend gesperrt. Unbedingt vorher ausgiebig informieren! Weitere Infos unter 💻 www.worimiconservationlands.com.

INFORMATIONEN

Port Stephens Visitors Centre, 60 Victoria Parade, Nelson Bay, 💻 www.portstephens.org.au. 🕒 tgl. 9–16 Uhr.

TRANSPORT

Port Stephens Coaches, 💻 www.pscoaches.com.au. Verkehrt 1x tgl. zwischen SYDNEY (Sydney Coach Terminal, Eddy Ave, Bay 14, nahe Central Station) und Port Stephens sowie mehrmals tgl. zwischen NEWCASTLE und Port Stephens. Von Port Stephens nach RAYMOND TERRACE fährt ein Bus Mo–Fr morgens und nachmittags.

Great Lakes

Das riesige Gebiet der Great Lakes erstreckt sich von Bulahdelah im Westen bis zur Küste und von Hawks Nest im Süden bis nach Foster-Tuncurry im Norden. Türkisfarbenes Wasser, weiße Sandstrände, dichte Wälder voller Zikaden, ruhige Seen und tolle Wanderpfade – es lohnt sich, hier mindestens ein paar Tage zu verweilen. Die Hauptattraktion sind die State Forests und die Küstenseen Myall Lakes. Die Seen sind vom Meer durch Sanddünen und schöne Strände getrennt.

Myall Lakes und Booti Booti National Parks

Im weitläufigen **Myall Lakes National Park** sind insgesamt 10 000 ha Wasserwege geschützt – kein Wunder also, dass er mit insgesamt 40 km Strand aufwarten kann. Es gibt viele gute Campingplätze, man kann schwimmen, Kanu fahren oder auch surfen.

Der **Grandis Tree** im Bulahdelah State Forest, ein etwa 400 Jahre alter *Flooded-Gum*-Eukalyptus, mit etwa 76 m der höchste Baum in New South Wales, blieb von den Holzfälleräxten der Pioniere verschont und ist heute eine Touristenattraktion. In der Nähe führt ein Rainforest Walk durch den Wald. Die Zufahrt ist vom Lakes Way ausgeschildert.

Wer Zeit hat, sollte den **Lakes Way** befahren, der 4 km nördlich von Bulahdelah abzweigt und an den Küstenseen Myall Lake und Wallis Lake mit der 200–300 m breiten Landzunge des **Booti Booti National Park** vorbei zu dem 60 km von Bulahdelah entfernten Ferienort

Forster-Tuncurry führt. Bei Bungwahl biegt eine Straße zum Fischerort **Seal Rocks** ab, der einzigen Siedlung im Myall Lakes National Park. Vom Leuchtturm dort bietet sich eine herrliche Aussicht über die Küste. Nationalparkgebühr je $8 pro Fahrzeug/Tag. Camping $17 für 2 Pers.

Forster-Tuncurry

Eine Brücke verbindet beim Doppelort Forster-Tuncurry das Ende der Nehrung mit dem Festland. Forster hat im Norden einen schönen Stadtstrand mit Naturpool. Am Picknickplatz über dem Strand beginnt der **Bicentennial Walk**, der über den Bennett Head Lookout bis zum Ende des One Mile Beach führt. Mit Glück entdeckt man unterwegs Delphine.

Barrington Tops National Park

Auch das Hinterland hat seinen Reiz. Ein schöner Tagesausflug von Forster ist die Fahrt über Nabiac und Krambach, durch eine sanft gewellte Landschaft zum Landstädtchen **Gloucester** und weiter über den Bucketts Way und z. T. unbefestigte Seitenstraßen zum Barrington Tops National Park.

Das Bergmassiv mit Höhen bis 1590 m bildet die Wasserscheide zwischen dem Hunter River im Süden und dem Manning River im Norden, deren Quellflüsse sich in hohen Wasserfällen – gut erreichbar die **Gloucester Falls** – ins Tal ergießen. Aufgrund der großen Höhenunterschiede sind hier auf engstem Raum verschiedene Vegetationszonen anzutreffen: von subtropischem Regenwald in geschützten Lagen über kühlen, gemäßigten Regenwald bis zu nebelverhangenen, von *Snowgums* und Moosen bewachsenen Hochplateaus und Hochmooren. Es gibt eine große Auswahl an Wanderwegen und Campingmöglichkeiten, Informationen dazu unter 🖳 www.nationalparks.nsw.gov.au/visit-a-park/parks/barrington-tops-national-park.

Autofahrer nehmen ab Gloucester den Bucketts Way Richtung Dungog, zweigen dann etwa 10 km nach Westen in die Gloucester Tops Rd ab und erreichen damit den südwestlichen Abschnitt des Nationalparks. Alternativ kann der Barrington Tops National Park über Dungog oder East Gresford von Süden erreicht werden.

ÜBERNACHTUNG

In den Nationalparks gibt es vielerorts schlichte Zeltplätze; die meisten haben Toiletten und kalte Duschen.

Forster-Tuncurry

Hotel Forster, 26 The Lakes Way, Forster, 🖳 http://hotelforster.com.au. Saubere und moderne Zimmer in Zentrumsnähe. Zur Anlage gehören ein Pool und ein Restaurant. Auch Familienzimmer und Apartments. Ab ❺

Tuncurry Beach Motel, 57 Manning St, Tuncurry, 🖳 www.tuncurrybeachmotel.com.au. Saubere Motelzimmer mit Kühlschrank, Mikrowelle, TV. Auch eins mit Küche. Beheizter Pool und BBQ. ❸–❹

Camping

Forster Tuncurry Caravan Park (NRMA), 1 Baird St, Tuncurry, 🖳 www.nrmaparksandresorts.com.au/forster-tuncurry. Sehr schöne, saubere Anlage. Zelt- und Stellplätze mit Strom ($60), mit Bad ($69). Pool mit großem Kinderbereich. Moderne Cabins, teilweise direkt am See. Ab ❸

Smuggler's Cove Holiday Village, 45 The Lakes Way, Forster, 🖳 www.smugglerscove.com.au. 2 km südl. von Forster am See. Zelt-/Stellplätze ($37/50 oder $79 mit Bad), viele Cabins. Außerdem: Großer Pool, Minigolf und Kiosk.Ab ❹

Barrington Tops National Park

Riverwood Downs Of Barrington Tops, 311 Upper Monkerai Rd, Monkerai, 🖳 www.riverwooddowns.com.au. Die abgeschiedene Unterkunft am Rande des Nationalparks erstreckt sich über ein riesiges Buschland-

Rundblick über die Great Lakes

Etwas südlich von Forster entlang des Lakes Way biegt eine Straße Richtung Osten zum **Cape Hawk** (ausgeschildert) ab. Ein kurzer Spaziergang führt durch dichten Wald hoch zum Kap, wo sich vom Aussichtsturm ein grandioser 360°-Blick über das Meer und die gesamte Great-Lakes-Region eröffnet.

gebiet, in dem Platypus und Koalas heimisch sind. Zeltplätze ab $32. Moderne Motelzimmer ab ❻ sowie schlichte Cabins ❺

Camping

€ Im und um den Nationalpark gibt es zahlreiche kostenlose schlichte Campingplätze. Schön gelegen ist z. B. der **Dingo Tops Campground**. Unbedingt Trinkwasser mitbringen!

Gloucester Holiday Park, Denison St, Gloucester, 💻 www.gloucesterholidaypark.com. Guter Ausgangspunkt für den östl. Teil des Barrington Tops National Park. 17 unterschiedlich ausgestattete Cabins, die meisten mit Bad. Zelt-/Stellplätze ($35/$40). Auch 2 Bunk Rooms. ❶–❷

INFORMATIONEN

Bulahdelah Visitors Centre, 8 Crawford St, Ecke Pacific Hwy, Bulahdelah, 🕒 Mo–Sa 9–16 Uhr.

Forster Visitors Centre, 2 Little St, Forster, 💻 www.greatlakes.org.au. U. a. Auskunft über die Dolphin und Whale Watching Tours. 🕒 Mo–Fr 9–17, Sa und So 9–16 Uhr.

TRANSPORT

Busse

Greyhound, s. Busfahrplan S. 760–761.

Forster Buslines, 💻 http://buslinesgroup.com.au. Regionaler Bus-service, verkehrt tgl. zwischen FORSTER, TUNCURRY, GLOUCESTER und COOMBA PARK.

Eisenbahn

Transport NSW TrainLink, 💻 http://transportnsw.info. Alle Nordküstenzüge halten in DUNGOG und TAREE, in GLOUCESTER halten nur der Sydney-Casino XPT und der Sydney-Grafton XPT.

Taree und Umgebung

Das Städtchen am Manning River ist das Zentrum des landwirtschaftlich geprägten Manning-Valley-Distrikts. Forest Drives führen zum Hochplateau mit seinen vielen Wasserfällen. Zu den eindrucksvollsten zählen die 200 m hohen **Ellenborough Falls**, über den Bulga Forest Drive via Wingham zu erreichen.

Von **Crowdy Head**, 7 km nordöstlich von Harrington an der Nordseite der Mündung des Manning River, bietet sich eine hervorragende Aussicht über den langen Sandstrand im **Crowdy Bay National Park**, der sich bis Diamond Head im Norden erstreckt. Im Park gibt es hervorragende Wandermöglichkeiten, z. B. den Diamond Head Loop Walk. Eintritt $8 pro Fahrzeug/Tag.

Außerdem liegen in der Gegend um Taree weitere eindrucksvolle State Forests und Nationalparks mit tollen Look-outs und Wanderwegen, u. a. der **Middle Brother State Forest** und der **Coorabakh National Park**.

ÜBERNACHTUNG

Country Plaza Taree, 5 Bligh St. Das Hotel liegt zentral zwischen Innenstadt und Manning River und hat einen Pool. DZ und Familienzimmer. Ab ❸

Einfache **Buschcampingplätze** gibt's an drei Orten im Crowdy Bay NP; die beste Ausstattung (Toiletten, Duschen, BBQ und Picknicktische) hat der Platz am Diamond Head; Trinkwasser mitbringen! $24/2 Pers.

INFORMATIONEN

Manning Valley Tourist Office, 21 Manning River Dr, Taree North. 🕒 tgl. 9–16.30 Uhr.

TRANSPORT

Busse

Greyhound, s. Busfahrplan S. 760–761.

Eisenbahn

Transport NSW TrainLink, 💻 transportnsw.info. Die Nordküstenzüge halten 3x tgl. in TAREE. Fahrzeit von SYDNEY ca. 5 1/2 Std. Alle fahren weiter über NAMBUCCA HEADS und COFFS HARBOUR nach CASINO. Von hier aus Anschluss an den Zug nach BRISBANE.

Port Macquarie

Die Hafenstadt wurde 1821 als Verbannungsort für Wiederholungsstraftäter gegründet. Seit den 1970er-Jahren erlebt sie einen anhaltenden Touristenboom – und das nicht zu Unrecht: Port Macquarie ist von schönen Stränden sowie dichten Regen- und Mangrovenwäldern umgeben. Im Gegensatz zum Umland blieb der Ort von den Bränden im Sommer 2019/20 verschont.

NEW SOUTH WALES

Zentrum

Zeugen der Vergangenheit sind die **St-Thomas-Kirche**, das **Court House** von 1869 in der Clarence St und schräg gegenüber das **Historical Museum**, ⏲ 10–16 Uhr, Eintritt $5.

Schön zum Spazierengehen ist der **Kooloonbung Creek Nature Park**, nur wenige Minuten vom Stadtzentrum entfernt, ein 50 ha großes Buschlandreservat mit Kasuarinen, Eukalypten, Mangroven und einem kleinen Stück Regenwald am gleichnamigen Bach. Der Haupteingang befindet sich am Ende der Horton St, Ecke Gordon St, Eintritt frei.

Zum Besuchsprogramm zählt auch ein **Cruise** auf dem **Hasting River**. Zahllose Anbieter wetteifern um die Kunden. Die meisten bieten Delphintouren und von Mai bis September Walbeobachtungen (s. Touren).

Sea Acres Rainforest Centre

Im 72 ha großen, besuchenswerten Rainforest Centre, 159 Pacific Drive, 🖳 www.portmacquarieinfo.com.au, steht ein winziger Teil des im Verschwinden begriffenen Küstenregenwaldes von New South Wales unter Naturschutz. Ein 1,3 km langer Bretterpfad (auch für Rollstuhlfahrer geeignet) führt durch das Gelände, das 275 Pflanzen- und mehr als 140 Vogel- sowie andere Tierarten beheimatet. Das Visitors Centre bietet Führungen und viele Infos, auch zur Geschichte der Aborigines. ⏲ tgl. 9–16.30 Uhr, Eintritt $9.

Koala Hospital

Die Pflegestation in der Lord St, 🖳 www.koalahospital.org.au, kümmert sich um kranke und verletzte Tiere und heißt dabei Besucher willkommen. Internationale Backpacker haben die Möglichkeit, hier für einen Monat mitzuhelfen, die Plätze sind allerdings oft schon zwölf Monate im Voraus ausgebucht. ⏲ tgl. 8.30–16 Uhr, Eintritt: Es wird um eine Spende von $5 p. P. gebeten.

ÜBERNACHTUNG

Hostels

Hostels in „Port" sind klein, freundlich, bieten die kostenlose Benutzung von Boogie- und Surfboards sowie Fahrrädern an und holen Gäste vom Busterminal tagsüber und abends ab.

Ozzie Pozzie Backpackers / Port Macquarie YHA, 36 Waugh St. Komplett renoviertes Gebäude, sehr sauber und freundlich. Die meisten Zimmer verfügen über ein eigenes Bad. 2 große Terrassen mit Pool, Billard und guter Stimmung. EZ, DZ und Dorms (Bett ab $37) mit Schließfächern, zentrale Lage. Preise inkl. einfachem Frühstück. Ab ❶

Port Macquarie Backpackers, 2 Hasting RiverDr, 🖳 www.portbackpackers.com.au. Buntes Hostel in einem alten Heritage-Gebäude. Billard, Hängematten, BBQ. Dorms ($35), EZ und DZ, teilweise auch mit Bad ❶

Andere

Flynn's Beach Caravan Park, 22 Ocean St, 🖳 www.flynnsbeachcaravanpark.com.au. Von Bäumen umgeben. Schattige Zeltplätze ohne/mit Strom ($35/45) und Cabins. Ab ❸

Le George Motel, 4 Hollingworth St, 🖳 www.legeorge.com.au. Einfache Motelunterkunft direkt am Fluss mit Pool. ❹

ESSEN

The Stunned Mullet, 24 William St. Das Seafood-Lokal genießt zu Recht einen hervorragenden Ruf. Unbedingt reservieren! ⏲ Mo–Sa 12–14 und 18–22 Uhr.

The Big Oyster, Hastings River Drive. Günstig und gut: frische Austern sowie Hummer, Garnelen und Fisch.

Schlemmen am Hastings River

Gute Weine gibt es in der **Cassegrain Hastings River Winery**, Pacific Highway, Ecke Fernbank Creek Rd, Port Macquarie, 💻 www.cassegrainwines.com.au. Das Weingut zählt zu den bekanntesten und besten der Region. Zur Anlage gehört auch ein Restaurant, 🕒 tgl. 10–17 Uhr.

TOUREN

Kajak- und Bootstouren

Cruise Port Macquarie, 💻 https://cruiseportmacquarie.com.au. Auf dem Katamaran geht es entlang des Hastings River zu den Mangrovensümpfen von Limeburners Creek. Unterwegs Delphin- bzw. Walbeobachtungen (ab $39).

Port Jet, 💻 portjet.com.au. Delphintouren entlang des Hasting River im kleinen Boot ($30). Außerdem Waltouren und Verleih von Jetski.

Wassersport

Port Macquarie Surf School, 💻 www.portmacquariesurfschool.com.au. Gruppen- und Einzelunterricht.

INFORMATIONEN

Port Macquarie Visitor Centre, Clarence St, Ecke Hay St, 💻 www.portmacquarieinfo.com.au. 🕒 Mo–Fr 9–17.30, Sa und So 9–16 Uhr.

TRANSPORT

Busse

Greyhound und **Premier**, s. Busfahrplan S. 758–761.

Eisenbahn und Bahnbus

Transport NSW TrainLink, 💻 transportnsw.info. Die Nordküstenzüge halten aus beiden Richtungen kommend in WAUCHOPE, 22 km westl. von Port Macquarie (Fahrzeit von Sydney ca. 6 1/2 Std.). Von Wauchope aus fährt der Bus 335 Mo–Sa ca. alle 2 Std. nach Port Macquarie, am So nur 2x tgl. Genaueres unter 💻 www.busways.com.au.

Flüge

QantasLink fliegt mehrmals tgl. direkt von und nach SYDNEY. **Virgin Australia** fliegt tgl. direkt von und nach SYDNEY und BRISBANE.

Nambucca Heads und Dorrigo National Park

Der beschauliche Badeort **Nambucca Heads** mit herrlicher Aussicht auf die Mündung des Nambucca River, im Norden und Süden von kilometerlangen, breiten Sandstränden umgeben, ist (noch) nicht ganz so überlaufen wie seine größeren Nachbarn Coffs Harbour und Port Macquarie. An der **V-Wall** – oder Graffiti Gallery – haben sich Verliebte, Künstler, Familien und Reisende aus aller Welt verewigt: Die bunt bemalte Steinmauer säumt den Weg zwischen Ozean und Lagune am Ende des Wellington Drive.

Dorrigo National Park

Der schöne Nationalpark ging im Sommer 2019/20 in Flammen auf und verlor dabei einen gewaltigen Teil seiner prachtvollen Tier- und Pflanzenwelt. Im Jahr darauf setzten Überschwemmungen der Natur weiter zu. Der Park ist heute wieder geöffnet und zeichnet ein Bild von der erstaunlichen Regenerierungskraft der Natur; aktuelle Infos unter 💻 www.nationalparks.nsw.gov.au. Auch das hübsche **Bellingen**, ein Dorf mit alternativem Flair, hat große Verluste erlitten. Die Straße windet sich hinter Thora an zwei Wasserfällen vorbei auf das Hochplateau. Der Nationalpark zählt als Teil der Gondwana Rainforests zum Unesco-Weltnaturerbe und umfasst Bestände subtropischen, kühl-gemäßigten und des nur noch selten vorkommenden warmgemäßigten Regenwaldes.

Das **Dorrigo Rainforest Centre** südlich von Dorrigo bietet eine Ausstellung zum Thema sowie Infos über Spazier- und Wanderwege. 🕒 Mo–Sa 9–16.30 Uhr.

Ein kurzer, kostenloser **Skywalk** führt von hier zu einem Aussichtspunkt am Rand des Hochplateaus. Sehr empfehlenswert ist auch der **Rainforest Walk**, der neben dem Skywalk beginnt.

1 km nördlich des Städtchens Dorrigo kann man bis zum oberen Lookout der **Dangar Falls** fahren. An sonnigen Tagen lässt es sich unter den Wasserfällen schwimmen. Von Dorrigo gelangt man über den Waterfall Way (Hwy Nr. 78) nach **Armidale**, dem Zentrum des New England Plateaus; Abzweigungen führen zu weiteren Aussichtspunkten, Wasserfällen und Wanderwegen in Nationalparks und State Forests (S. 201).

ÜBERNACHTUNG

Nambucca Heads

Marcel Towers Holiday Apartments, 12-14 Wellington Dr, 💻 www.marceltowers.com.au. Voll ausgestattete moderne Apartments mit 1 und 2 Schlafzimmern. Alle mit Balkon und Fluss- oder Meerblick. Verleih von Kanus, Surf Ski, Body Boards und Strandutensilien. ❹

Riverview Lodge B&B, 4 Wellington Dr, 💻 https://riverviewlodgenambucca.com.au. Schöne, große Zimmer, gemütlich. Alle Zimmer mit Balkon. Blick auf die Flussmündung. ❺

Camping

White Albatross Holiday Centre, 52 Wellington Dr, 💻 www.ingeniaholidays.com.au/white-albatross. Tolle Lage an der Lagune nahe V-Wall und Strand. Stellplätze mit Strom $59 (mit Bad $79) und Cabins in allen Größen und mit unterschiedlich guter Ausstattung. Am Wochenende deutlich teurer. ❸–❼

Bellingen und Dorrigo

The Belfry Guesthouse, 2 Short St, Bellingen, 💻 www.thebelfrybellingen.com.au. Originelles Gästehaus, das schon einige Preise gewonnen hat. Die zu einer Seite offenen Zimmer überblicken den Fluss. Yoga- und Meditationskurse. Ab ❶

Lookout Mountain Retreat, 15 Maynards Plains Rd, Dorrigo, 💻 www.lookoutmountainretreat.com.au. Gemütliche Zimmer, alle mit Blick in die Berge. Im rustikalen Restaurant gibt's Frühstück und Abendessen. ❻

INFORMATIONEN

Bellingen Visitor Information Centre, 29 Hyde St, 💻 www.visitnsw.com. 🕒 Mo–Sa 9–16.30, So bis 14.30 Uhr.

Nambucca Valley Information Centre, Giinagay Way, Ecke Riverside Dr, 💻 www.nambuccatourism.com.au. 🕒 tgl. 9.45–16 Uhr.

TRANSPORT

Busse

Greyhound, s. Busfahrplan S. 760–761.

Lokale Busse operieren zwischen Coffs Harbour und Bellingen, außerdem zwischen Numbucca Heads und Bellingen. Details s. 💻 www.busways.com.au.

Eisenbahn

Transport NSW TrainLink, 💻 transportnsw.info. Die Nordküstenzüge halten mehrmals tgl. in Nambucca Heads. Fahrtdauer von SYDNEY 8 Std.

Coffs Harbour

Die subtropische Ferienstadt liegt idyllisch zwischen Küste und Bananenplantagen. Die Berge der Great Dividing Range reichen hier fast bis an den Pazifik, und der Küste sind einige Inseln mit Korallenriffen vorgelagert. Wahrzeichen der Stadt ist die **Big Banana** am Pacific Hwy 💻 www.bigbanana.com, eine überdimensionale Banane mit einer Ausstellung über den Bananenanbau, einen der wichtigsten Wirtschaftszweige der Region. Dazu gehört auch ein Themenpark mit Rutschen, Rodelbahn, Eislaufbahn, Minigolf etc. 🕒 tgl. 9–16.30 Uhr, Eintritt abhängig von Parknutzung.

Der sehenswerte **Botanische Garten** auf einem Landdreieck, das vom Coffs Creek umflossen wird, ist eine Oase der Ruhe. Zum Eingang gelangt man über die Curacoa St oder die Hardacre St (beide abgehend von der High St),

In Nambucca Heads mündet der gleichnamige Fluss in den Pazifik. ▸

nur Minuten von der Fußgängerzone entfernt. ⌚ tgl. 9–17 Uhr.

Von der nördlichen Hafenbefestigung gelangt man auf einem Damm zur **Muttonbird Island**, einer kleinen, dem Hafen vorgelagerten Insel. Von hier aus bietet sich ein fantastischer Ausblick auf Coffs Harbour und die Küste.

Der **Jetty Beach** ist geschützt und daher bei Familien beliebt. Die Strände weiter südlich eignen sich zum Surfen. Märchenhafte Atmosphäre herrscht im **Butterfly House** in der Strouds Rd, www.butterflyhouse.com.au. Hier können australische Schmetterlinge ganz aus der Nähe betrachtet und fotografiert werden. Zum Haus gehören auch ein Irrgarten und ein Café. ⌚ Di–So 9–16 Uhr, Eintritt $26, Kind $14.

NEW SOUTH WALES

ÜBERNACHTUNG

Hostels

Aussitel Backpackers (VIP), 312 Harbour Dr, http://aussitel.com. Ordentliches Hostel zwischen der Stadt und dem Strand. Enge Dorms (ab $27), auch DZ. Große Küche und beheizter Pool. Zahlreiche Aktivitäten: Tauch- und Surfunterricht, Tourbuchungen, Vermittlung von preiswerten Tauch- und Flugkursen, Wildwasserfahrten, Reiten und Rock Climbing. ❶

Hoey Moey Backpacker, 84 Ocean Pde, https://hoeymoey.com.au. Hier steigt die Party. Das direkt vor dem Strand gelegene Hostel ist zugleich Bottle Shop, Restaurant und Bar mit großer Terrasse. Oft spielen Bands. Dorms ($45, für Erntehelfer gilt ein Wochenpreis von $224). ❷

Andere

Opal Cove Resort, Pacific Highway, 5 km nördl., www.opalcove.com.au. Wunderschöne Lage am Meer. Große Anlage mit Zimmern, Suiten, Villas und Units. ❻

Camping

Park Beach Holiday Park, 1 Ocean Parade, www.coffscoastholidayparks.com.au. Große Anlage mit schönem Pool und schattigen Campingplätzen ohne/mit Strom ($43/53); gute Campküche. Cabins und Villas. ❷–❻

ESSEN

CreAsian, Harbour Drive. Gutes, lizensiertes asiatisches Restaurant mit großem Außenbereich. ⌚ Mo–Sa Mittag- und Abendessen.

The Happy Frog, 16 Park Ave. Hier gibt's leckeres Frühstück und Mittagessen sowie guten Kaffee. ⌚ Mo–Sa.

SONSTIGES

Informationen

Visitor Information Centre, in Coffs Central, 61 Harbour Dr, www.coffscoast.com.au. ⌚ tgl. 9–15 Uhr.

Tauchen

Jetty Dive Centre, 398 Harbour Drive, www.jettydive.com.au. Tauchkurse, Schnorcheln.

Touren

Whale Watch Experience, http://whalewatchexperience.com.au. Veranstaltet zwischen Juni und Nov halbtägige Walbeobachtungstouren ($80). Von Dez–April werden kürzere Delphintouren angeboten, zum Teil auch mit der Option zu den Meeressäugern ins Wasser zu springen ($55, für Schnorchler $70).

TRANSPORT

Busse

Greyhound und **Premier**, s. Busfahrplan S. 758–761.

Eisenbahn

Transport NSW TrainLink, transportnsw.info. Alle Nordküstenzüge halten hier. Der Sydney-Brisbane XPT kommt nachts an. Fahrtdauer von SYDNEY knapp 9 Std.

Flüge

Qantas und **Virgin Australia** fliegen mehrmals tgl. nach SYDNEY.

Grafton und Yamba

Etwas landeinwärts am Clarence River gelegen, ist **Grafton** ein provinzielles Landstädtchen. In der Gegend wird überwiegend Zuckerrohr angebaut. Zur Abenddämmerung geht man am besten zum Clarence River am Ende der Prince St runter. Hier hat man einen guten Blick auf **Susan Island**, von wo aus kurz nach Sonnenuntergang ganze Scharen von Fledermäusen losfliegen und wie ein schwarzes Band über den Himmel ziehen. Derzeit gibt es keinen öffentlichen Transfer zur Insel. Ende Oktober, wenn die Jacarandabäume und *Flame Trees* in leuchtenden Lila- und Rottönen blühen, feiert die Stadt das **Jacaranda Festival**.

Im hübschen kleinen Touristenzentrum **Yamba** mündet der Clarence River in den Pazifik. Die Küstenstrände sind besonders bei Surfern beliebt. Ruhiger geht es an der familienfreundlichen **Yamba Bay** zu. Der **Main Beach** wird im Sommer von Rettungsschwimmern bewacht. Hier gibt es auch einen ins Meer gebauten Pool. **Angourie**, ca. 5 km südlich von Yamba, ist bei Surfern bekannt. Das kleine Dorf liegt im Yuraygir National Park. Am **Blue Pool** und **Green Pool** kann man von den Klippen ins Wasser springen.

ÜBERNACHTUNG

Yamba

Big4 Saltwater, 286 O'Keefes Lane, Palmers Island, 💻 www.big4saltwater.com.au. Schöne Lage an der Yamba Bay. Camping ohne/mit Strom ($46/55), Cabins. ❺–❼

€ **Yamba Central**, 26 Coldstream St, 💻 www.yambacentral.com.au. Modernes, freundliches Hostel. Große Küche und Gemeinschaftsraum. Dachterrasse mit Pool. Geräumige 4-Bett-Dorms ($55) sowie DZ ohne/mit Bad. Ab ❸

INFORMATIONEN

Clarence Valley Visitor Information, in der Regional Gallery, 158 Fitzroy St. 🕒 tgl. 10–16 Uhr.

TRANSPORT

Busse

Greyhound und **Premier**, s. Busfahrplan S. 758–761.

Busways, 💻 www.busways.com.au. Route 380 führt von GRAFTON nach MACLEAN und YAMBA, Mo–Fr ca. alle 2 Std., am Wochenende seltener; Bus Nr. 386 fährt von Maclean nach Iluka.

Eisenbahn und Bahnbus

Transport NSW TrainLink, 💻 transportnsw.info. Tgl. Verbindung nach SYDNEY (10 Std.). In Richtung Norden abends nach CASINO (dort Busanschluss nach MURWILLUMBAH oder nach BRISBANE).

Fähren

Clarence River Ferries, 💻 www.clarenceriverferries.com.au. Verkehrt 4–5x tgl. zwischen Yamba und Iluka (ca. $11 p. P.).

Lismore

Lismore, die größte Stadt des nordöstlichen New South Wales und Universitätsstadt, wurde im Jahr 2023 gleich zweimal überschwemmt und befindet sich im Wiederaufbau. Seit den 1970er-Jahren ließen sich Aussteiger aus den südlichen Großstädten hier nieder und bereicherten die Region mit einer blühenden Alternativkultur. Goldschmiede, Töpfer und andere Kunsthandwerker, Maler, Grafiker und Bildhauer verkaufen ihre Arbeiten in den zahllosen, über die gesamte Region verstreuten Kunstgewerbeläden. Die Hauswände sind Leinwand für Street Art.

Lismore selbst bietet eine gute Auswahl an Cafés, Restaurants, Galerien und Veranstaltungsorten mit Livemusik. Mitten in der Innenstadt erinnert der **Rotary Park** – 6 ha tropischen Regenwalds mit insgesamt 3 km Fußpfaden – an das dichte Buschland, das die ersten Siedler hier einst vorfanden. Auch das **Visitor Centre** enthält eine sehenswerte Ausstellung über die Regenwälder des Nordostens (Details s. unten, Informationen).

NEW SOUTH WALES

ÜBERNACHTUNG

Lakeside Lodge Motel, 100 Bruxner Hwy, http://lismoremotel.com.au. Schöne Motelzimmer, freundliche Betreuung und gutes Essen aufs Zimmer. Ab ❸

ESSEN

The Bank, 67 Molesworth St, http://thebankcafe.com.au. Im gemütlichen Café gibt's Frühstück und Mittagessen. tgl. 7.30–16 Uhr.

The Flavour Of India, 106 Keen St, www.foilismore.com.au. Zwar nicht ganz günstig, dafür wird hier erstklassige, authentisch indische Küche serviert. Große Auswahl an vegetarischen und veganen Gerichten. tgl. 16.30–21.30 Uhr.

INFORMATIONEN

Lismore Visitor Information and Heritage Centre, 207 Molesworth St, Ecke Ballina St, www.visitlismore.com.au. tgl. 9.30–16 Uhr.

TRANSPORT

Busse

Greyhound und **Premier**, s. Busfahrplan S. 758–761.

Northern River Buslines, www.nrbuslines.com.au. Busse nach BALLINA.

Eisenbahn und Bahnbus

Transport NSW TrainLink, http://transportnsw.info. Von Sydney mit dem Casino XPT bis CASINO, dort weiter mit dem **Bus** via Lismore und Ballina nach MURWILLUMBAH oder TWEED HEADS. Fahrtdauer von Sydney nach Lismore 12 Std.; jeden Abend Bus von Lismore nach BRISBANE (3 Std.).

Die Umgebung von Lismore

Seit dem legendären Aquarius-Festival von 1973 gilt **Nimbin** als Zentrum alternativen Lebens. Nimbin kann man im Rahmen einer Tour einen Kurzbesuch abstatten: Eine Führung bezieht den Besuch von ökologisch-dynamischen Mischkulturgärten und anderen positiven Manifestationen der Alternativkultur ebenso ein wie die herrlichen Regenwaldparks in der Umgebung, z. B. den **Nightcap National Park** mit subtropischem Regenwald und Wasserfällen. Einen Besuch wert sind die **Djanbung Gardens**, die zu den weltweit bekanntesten Zentren der Permakultur zählen. Mi–Sa 10–16 Uhr, Eintritt $10. Geführte Touren auf Anfrage.

Die **Nimbin Hemp Embassy** (Hanf-Botschaft) in der Cullen St setzt sich für die Legalisierung von Cannabis zu medizinischen Zwecken ein. Der Hanfpflanze ist im Mai ein ganzes Festival gewidmet: der berühmt-berüchtigte **Nimbin Mardi Grass**.

In **The Channon**, einem weiteren Dorf mit alternativem Flair in den Hügeln nördlich von Lismore, laden ein gemütliches Tea House, einige Galerien und die historische Butter Factory Tavern zum Besuch ein.

Die bunten **Wochenendmärkte**, die abwechselnd in jeweils einem anderen Dorf stattfinden (in The Channon jeden 2. So im Monat, in Nimbin jeden 4. So), sind ein Treffpunkt für die ganze Region (s. Byron Bay).

ÜBERNACHTUNG

€ **Grey Gum Lodge**, 2 High St, Nimbin, www.greygumlodge.com. Das kleine, freundliche Gästehaus liegt nur 5 Min. zu Fuß vom Zentrum entfernt. Die sechs DZ sind alle schön bunt und individuell eingerichtet. ❷

INFORMATIONEN

Nimbin Visistor Information Centre, 3/46 Cullen St, www.visitnimbin.com.au. tgl. 10–16 Uhr.

TRANSPORT

Nimbin Tours & Shuttle Bus, www.nimbinaustralia.com/nimbinshuttle. Tgl. zwischen NIMBIN und BYRON BAY. Ab Byron Bay um 11 Uhr (Ankunft in Nimbin um 12.30 Uhr), Rückfahrt ab Nimbin um 15 Uhr über Uki (Mt Warning); einfach $20.

4 HIGHLIGHT

Byron Bay

Endlose Traumstrände, athletische Surfer, eine ausgedehnte Partyszene, kühles Bier und fast immer Sonnenschein: Kein Wunder dass Byron Bay seit Jahrzehnten *der* Zufluchtsort für Rucksackreisende und in die Jahre gekommene Hippies aus aller Welt ist. „Byron" gilt nicht nur als Hüter der Alternativkultur, sondern auch als Trendsetter des australischen Boho-Schicks. Surfer schätzen die idealen Wellen, Nicht-Surfer die hohen Surfkünste und alles, was sonst noch mit Strandkultur verbunden ist. Damit sein alternatives Flair erhalten bleibt, rühmt sich Byron, keine Verkehrsampeln, Parkuhren, Häuser mit mehr als drei Stockwerken und multinationale Fastfood-Ketten zu haben. Stattdessen gibt es über 100 Cafés und Restaurants sowie zahlreiche Kunstgalerien, alternative Klamottenläden und Surfshops.

Die felsige Landzunge **Cape Byron** mit dem weithin sichtbaren **Leuchtturm** markiert den östlichsten Punkt des australischen Festlandes. Man kann mit dem Auto bis zum Parkplatz fahren oder den schönen **Cape Byron Walking Track** nehmen; die gesamte Rundwanderung dauert etwa zwei Stunden.

Viele Besucher pilgern in aller Herrgottsfrühe zum Kap, um als Erste in Australien die aufgehende Sonne zu begrüßen. Der Ausblick ist zu jeder Tageszeit fantastisch. Mit etwas Glück sieht man Delphine und Wale (Letztere im Juni/Juli sowie Sep–Nov). Das Gelände um den Leuchtturm ist ein Naturreservat und nur von 8 Uhr bis Sonnenuntergang geöffnet ($8 pro Auto plus $4 pro Std. Parkgebühr).

Watego's Beach, direkt am Kap, einer der wenigen nach Norden ausgerichteten Strände an der NSW-Küste, ist ein exzellenter Surfstrand.

Ein schöner Spaziergang führt durch das **Broken Head Nature Reserve**, 6 km südlich des Ortes, nicht weit von Suffolk Park. Ein kurzer Pfad verläuft vom Parkplatz zum einsamen **King's Beach**.

ÜBERNACHTUNG

In Byron Bay gibt es unzählige Übernachtungsmöglichkeiten, Übersicht unter www.byronbayaccom.net. Wer im Campingbus übernachtet, sollte sich entweder einen Campingplatz nehmen oder außerhalb übernachten. Fast überall gilt nachts Parkverbot, die Polizei kontrolliert häufig.

Hostels

Die Preise liegen einige Dollar über dem australischen Durchschnitt. Im Sommer ist eine Reservierung ein Muss. Wenn nicht anders vermerkt, bieten alle Hostels Abholservice, Internet, z. T. kostenlose Vermietung von Fahrrädern, Surf- und Boogieboards, und buchen Touren und Ausflüge.

Arts Factory Backpackers Lodge (Nomads), 1 Skinners Shoot Rd, www.artsfactory.com.au. Das Hostel ist toll gelegen, etwas außerhalb auf einem Buschareal mit Mischkultur-Garten. Über eine Abkürzung auf einem Trampelpfad gelangt man in 10 Min. zu Fuß in den Ort. Die Unterkunft im Holzgebäude mit Veranden um einen großen, beheizten Salzwasserpool mit 6–10-Bett-Dorms (ab $47) ist zugleich eins der Zentren der hiesigen Alternativkultur. Neben den Dorms gibt es DZ sowie separate Hütten und Tipis (als Dorm). Buchungen ab 3 Übernachtungen werden bevorzugt. Zum Haus gehört ein Bistro mit günstigem Essen. Außerdem werden Workshops angeboten. Jeden Morgen Shuttleservice zum Lighthouse für $5. Ab 3

Backpackers Inn on the Beach (VIP), 29 Shirley St, www.backpackersinnbyronbay.com.au. Riesige Anlage mit Pool, Hängematten, BBQ und Beachvolleyball. 4–9-Bett-Dorms (ab $48), außerdem DZ. 3

Cape Byron YHA, Byron St, Ecke Middleton St, www.yha.com.au. Großes, 2-stöckiges, modernes Gebäude um einen Innenhof mit geheiztem Pool in der Mitte. Unten Dining Room und Café, oben große funktionale Küche und viele Sitzgelegenheiten auf der Terrasse. Dorm-Bett ab $57, auch DZ. 4

NEW SOUTH WALES

Andere

Byron Springs Guesthouse, 2 Oodgeroo Gardens, etwas südl. vom Zentrum, www.byronspringsguesthouse.com. Sehr schönes, freundliches Guesthouse mit großen, sauberen DZ, auch für Rollstuhlfahrer. Einige Zimmer mit Bad. Ab ❻

Byron Sunseeker Motel, 100 Bangalow Rd, 2 km südl., nahe Tallow Beach, www.thesunseeker.com.au. Hübsches Motel, alle Zimmer mit Balkon oder Veranda. Salzwasserpool. Auch 6 Holzcottages mit einem Schlafzimmer. ❼

Camping

Broken Head Holiday Park, Beach Rd, Broken Head, 7 km südl., www.brokenheadholidaypark.com.au. Zelt- und Stellplätze ($41/48), Cabins sowie moderne Strandhütten und Villas; Kiosk. Schöne Lage am Rand des Nationalparks mit Meerblick. Ab ❸

Reflections Holiday Park Clarkes Beach, bei der Lighthouse Rd, 1 km östl., http://reflectionsholidayparks.com.au/park/clarkes-beach. Sehr schöner Park am Strand. Saubere Campküche, viele Essgelegenheiten mit Blick übers Meer.

Zelt-/Stellplätze ($70/76). Cabins und fest installierte Zelte. ❻–❼

ESSEN UND UNTERHALTUNG

Große Auswahl an Restaurants – die meisten sind in der Jonson St zwischen Bay St und Lawson St.

Nach dem rituellen Sonnenaufgangsbesuch am Cape Byron kann man gut im **Beach Cafe** am Clarks Beach frühstücken. Nicht billig, aber berühmt für fantasievolle, reichhaltige Frühstücksmenüs. 🕒 tgl. ab 7.30 Uhr.

Bay Kebab, 8 Jonson St. Hat die besten Kebabs der Stadt. 🕒 tgl. 9–22 Uhr, am Wochenende bis tief in die Nacht.

Beloporto Burger Bar, 73-75 Jonson St. Ist für Burger verschiedenster Arten (auch vegetarische) bekannt. 🕒 tgl. 10–20.30 Uhr.

Il Buco, 4/4 Bay Lane, serviert hervorragende Pizzen. 🕒 tgl. 17.30–22 Uhr.

In the Pink, 20a Jonsons St. Als Nachtisch sollte man sich die schon beim Anblick mundwässernden Eissorten nicht entgehen lassen. 🕒 tgl. 9–22 Uhr.

Bars

Die **Arts Factory Backpackers Lodge** fungiert als (alternatives) Kulturzentrum; u. a. gehören dazu ein Café und die **Byron Bay Brewery and Buddha Bar** (Schanklizenz; Abendessen); und das mit Sitzkissen ausgestattete Kino **Pighouse Flicks**. Zusätzlich zahlreiche Veranstaltungen: Talentshows, Aboriginal-Vorstellungen, DJs und Bands. Details unter 💻 www.byronbaybrewery.com.au.

Weitere Favoriten sind die **Railway Friendly Bar** neben dem Bahnhof und das **Beach Hotel** am Main Beach; bei den Biergärten große Auswahl an Bieren und kleinen Speisen, oft spielen Bands.

AKTIVITÄTEN

An esoterischen und alternativen Aktivitäten besteht kein Mangel: Es gibt viele Tarotkarten- und Handlinienleser, Yogakurse, Massagestudios usw. Die Hostels beraten über die riesige Palette an sportlichen und anderen Aktivitäten. Für günstige Workshops (Didgeridoo-Herstellung, Trommeln, Bushtucker Walks, etc.) ist die Arts Factory Backpackers Lodge (s. Hostels) eine gute Anlaufstelle.

Fallschirmspringen

Skydive Byron Bay, 💻 www.skydive.com.au/byron-bay. Tandemflüge ab $410 – die Preise richten sich nach der Absprunghöhe.

Kajakfahren

🌳 **Go Sea Kayak Byron Bay**, 56 Lawson St, 💻 www.goseakayakbyronbay.com.au. Verschiedene Kajaktouren in Begleitung mehrerer sehr erfahrener Guides, darunter auch ein Aborigine, der die Geschichte der Ureinwohner vermittelt. Unterwegs kann man schnorcheln und bekommt man mit etwas Glück Delphine und sogar Wale zu sehen. Halbtagestouren inkl. kleinem Lunch $89 p. P.

Surfen

Black Dog Surfing, 11 Byron St, 💻 www.blackdogsurfing.com. Kurse in Kleingruppen (max. 5 Pers. pro Trainer), stundenweise (3 Std. $79) oder über mehrere Tage; auch Kurse nur für Frauen; z. B. 3-Tage-Kurs $210.

Byron Bay Surf School, 29 Shirley St, 💻 www.byronbaysurfschool.com. Unterricht um $85 pro UE von 3 1/2 Std. inkl. Verleih von Wetsuits und Malibu-Surfbrettern, billiger bei Buchung mehrerer Unterrichtseinheiten.

Achtung Touristenfalle

Auch die Polizei in Byron Bay kennt die schönen Sonnenauf- und Sonnenuntergänge am **Leuchtturm**. Gerade morgens sollten Autofahrer ihr Fahrzeug hier mit großer Sorgfalt parken. Vor Sonnenaufgang ist die Schranke zur Straße, die zum Parkplatz direkt am Leuchtturm führt, noch geschlossen. Wer seinen Wagen im Halteverbot abstellt, riskiert einen deftigen Strafzettel – die Polizei kommt hier (fast) jeden Morgen vorbei! Lieber etwas früher aufstehen und ein paar Minuten Fußweg in Kauf nehmen.

Sonnenaufgang am östlichsten Punkt des australischen Festlandes – am Cape Byron

Tauchen

Sundive Scuba Dive Centre, 9-11 Byron St, www.sundive.com.au. PADI-Tauchschule. Von Anfängerkursen (PADI Open Water; 4 Tage) bis zur Ausbildung als Tauchlehrer. Außerdem Tauchexkursionen zum Nguthungulli Julian Rocks Marine Park (ab $135).

TOUREN

Byron Bay Adventure Tours, byronbayadventuretours.com.au. Großer, deutschsprachiger Anbieter von Touren in und um Byron Bay. Das Angebot reicht von Gyrocopter-Flügen, Kajaktouren, Mt-Warning-Besteigungen bis zu Ausfahrten in den Regenwald und ins Hinterland. Touren werden auch auf Deutsch angeboten.

Vision Walks, www.visionwalks.com. Sehr empfehlenswerte Touren mit Schwerpunkt auf Wildlife. Erfahrene und passionierte Guides; sehr kleine Gruppen von max. 6 Pers. Wildlife-Tagestour in die umliegenden Regenwälder $179. Außerdem Night Vision Walk ($179) und viele weitere Touren.

SONSTIGES

Fahrrad- und Surfbrettverleih

Viele Hostels vermieten Fahrräder an ihre Gäste, teilweise kostenlos.

Surf & Bike Hire, Shop 1, 31 Lawson St, www.byronbaysurfandbikehire.com.au. Fahrräder und Surfbretter, Bodyboards und Neoprenanzüge. tgl. 9–17 Uhr.

Festivals

Byron Bay Bluefest, www.bluesfest.com.au. Wurde 1990 das erste Mal zelebriert. 5 Tage um Ostern; u. a. international bekannte Namen.

Byron Writers Festival, www.byronwritersfestival.com.au. Anfang August.

Informationen

Byron Bay Visitor Information Centre, 80 Jonson St, www.visitbyronbay.com. tgl. 9–17 Uhr.

Märkte

Interessante *community markets* finden abwechselnd jedes Wochenende an einem

anderen Ort der Nordküste statt: in Byron Bay jeden 1. So im Monat im Dening Park, Main Beachfront.
Auf dem **Farmers Market** gibt es Obst und Gemüse von lokalen Bauern.
🕒 Do 7–11 Uhr.

TRANSPORT

Busse

Greyhound und **Premier**, s. Busfahrplan S. 758–761.
Blanch's Coaches, 💻 www.blanchs.com.au. Nach BALLINA via Suffolk Park, Bangalow/Lennox Head und nach MULLUMBIMBY.
Flughafen-Transfers von und nach BALLINA.
Brisbane 2 Byron, 💻 www.brisbane2byron.com. Expressbusservice von und nach BRISBANE ($73, ca. 2 Std.) sowie COOLANGATTA ($48). Mo–Sa.

Eisenbahn und Bahnbus

Transport NSW TrainLink, 💻 transportnsw.info. Sydney-Casino XPT hält abends in CASINO, dort Busanschluss nach MURWILLUMBAH via Byron Bay.
In umgekehrter Richtung tgl. morgens und nachmittags von Byron Bay mit dem Bus nach CASINO, dort Anschluss an einen Zug nach SYDNEY.

Flüge

Byron Bay ist mit dem Auto nur ungefähr 90 Min. vom Flughafen in COOLANGATTA und ca. 20 Min. vom Flughafen in BALLINA entfernt.

Trendige Geschenkidee

Trendige Urlaubsandenken gibt es bei **2481**. Die lokale Klamottenmarke kommt ursprünglich aus Byron Bay und hat den Postcode des Ortes zu seinem Markennamen gemacht. In dem kleinen Laden gibt es coole Straßenkleidung (Kapuzenpullover, Baseballcaps, T-Shirts etc.) mit dem stilisierten Symbol des östlichsten Punktes von Australien. 2/4 Cavanbah Arcade, Jonson St, 💻 www.2481.com.au.

Murwillumbah

Die Landstadt mit 10 000 Einwohnern liegt am Tweed River, dessen Tal zu den schönsten in New South Wales zählt. In der Flussniederung werden Zuckerrohr, Macadamianüsse und tropische Früchte angebaut, sogar eine Teeplantage gibt es. Der Bergring um das Tweed-Tal ist der Überrest eines längst erloschenen, riesigen Schildvulkans, dessen Schlot einst der markant geformte Felsen des 1150 m hohen **Mount Warning** im **Wollumbin State Forrest** bildete. Ein Wanderweg führt vom Regenwald beim Breakfast-Creek-Parkplatz auf den Berg hinauf (je nach Kondition vier bis fünf Stunden hin und zurück). An klaren Tagen sieht man bis Byron Bay und zur Gold Coast.

Zu den anderen sehenswerten Nationalparks der Umgebung gehören der **Border Ranges National Park** und der **Nightcap National Park**. In beiden Parks gibt es Wanderwege und einfache Campsites.

Ein Scenic Drive (64 km) durch das **Tweed Valley** ist ausgeschildert.

ÜBERNACHTUNG

Der **Mount Warning Rainforest Park**, 153 Mt Warning Rd, 10 km südwestl. von Murwillumbah, 💻 www.mtwarningrainforestpark.com, liegt umrahmt vom Regenwald am Fuß des Mt. Warning. Zeltplätze ohne/mit Strom ($45/50). Der Caravanpark hat einen Salzwasserpool und einen Tennisplatz. Ab ❸
Hillcrest Mountain View Retreat, Upper Crystal Creek Rd, Crystal Creek, 12 km nordwestl. von Murwillumbah, 💻 https://hillcrestbb.com.au. Freundliches B&B mit luxuriösen Zimmern. Von der Straße nach Chillingham Richtung Norden abbiegen. ❻

INFORMATIONEN

Murwillumbah Visitor Information Centre, Alma St, Ecke Tweed Valley Way, 💻 www.murwillumbah.com.au.
🕒 Mo–Sa 9–16.30, So 9.30–16 Uhr.

TRANSPORT

Busse

Greyhound und **Premier**, s. Busfahrplan S. 758–761.

Eisenbahn

Transport NSW TrainLink, 🖳 www.nswtrain link.info. Sydney-Casino XPT hält abends in CASINO, dort Busanschluss nach MURWILLUMBAH via Byron Bay. In umgekehrter Richtung geht es tgl. morgens und nachmittags von Murwillumbah mit dem Bus nach CASINO, dort Anschluss an einen Zug nach SYDNEY.

New England Plateau

Das New England Plateau, ein 1000–1400 m hohes Hochplateau im Nordosten von New South Wales, erstreckt sich parallel zur Küste vom oberen Ende des Hunter Valley bis zur Grenze von Queensland. Zur Küste hin fällt das Hochplateau steil ab. Diese Gegend ist von Felsklippen und tiefen Schluchten durchzogen, dicht bewaldet und meist schwer zugänglich. Die Bäche und Flüsschen des Plateaus ergießen sich über hohe Wasserfälle in enge Schluchten. Das ehemals bewaldete hügelige Hochland wurde in Weideland für Schafe und Rinder umgewandelt. Trotz des Namens waren es hauptsächlich Schotten, die diese Gegend während des 19. Jhs. besiedelten.

Bedingt durch die Höhenlage unterscheidet sich das Klima fundamental von der nur 140–180 km entfernten Küste. Die Winter sind frostig, mit vereinzelten Schneefällen; im Sommer ist die frische, trockene Luft eine Wohltat. Es ist eine der wenigen Regionen Australiens mit vier ausgeprägten Jahreszeiten. Die wichtigsten Orte, Tamworth, Armidale, Glen Innes und Tenterfield, liegen am New England Highway. Von all diesen Orten gibt es gute Querverbindungen zur Küste; Abzweigungen führen zu Schluchten, Wasserfällen und Aussichtspunkten in den Nationalparks.

Große Flächen des New England Plateaus waren von den Buschbränden 2019/20 betroffen und in vielen der umliegenden Nationalparks ist die Natur noch dabei sich zu regenerieren.

Tamworth

Die rund 80 000 Einwohner zählende Stadt im Peel Valley am südlichen Rand des New-England-Plateaus gilt als Country-&-Western-Hauptstadt Australiens. Jedes Jahr Mitte Januar treffen sich hier die Fans aus ganz Australien zum **Country Music Festival**. Nicht zu übersehen ist die 12 m hohe Goldene Gitarre vor dem **Big Golden Guitar Tourist Centre**, die Tamworths Vorliebe für diese Musikrichtung signalisiert. Im Inneren gibt es wechselnde Ausstellungen zur Musikgeschichte, ein gutes Bistro und einen Souvenir-Shop.

ÜBERNACHTUNG

Zur Zeit des Country Music Festivals steigen die Preise stark an.

€ **Country Capital Motel**, 193 Goonoo Goonoo Rd (New England Hwy), 🖳 www.countrycapitalmotel.com.au. Große, komfortable und saubere Zimmer zu guten Preisen. ❸–❹

Paradise Tourist Park (BIG4), Peel St, 🖳 www.paradisetouristpark.com.au. Stellplätze mit Strom ($44, $57 mit Bad); Bunkrooms ($120 für 4 Pers.) sowie Cabins ❶–❹ und luxuriöse Villas ab ❺. Pool.

ESSEN

The Pig and Tinder Box, 429 Peel St, 🖳 http://thepigandtinderbox.com.au. Gemütliches Pub mit guter Speisekarte; hier ist eigentlich immer was los. ⏲ tgl. ab 12 Uhr.

INFORMATIONEN

Tamworth Visitor Centre, 2 Ringers Rd, 🖳 www.destinationtamworth.com.au. ⏲ tgl. 9–17 Uhr.

TRANSPORT

Eisenbahn

Transport NSW TrainLink, transportnsw.info. Tgl. von SYDNEY mit dem Armidale XPL über Tamworth nach ARMIDALE, dort direkter Busanschluss nach GLEN INNES und weiter nach TENTERFIELD.

Flüge

Flugverbindungen zwischen SYDNEY und Tamworth mehrmals tgl. mit **QantasLink**, www.quantas.com.au, sowie **Virgin Australia**, www.virginaustralia.com.au.

Armidale

Die Universitätsstadt ist eine australische Rarität, denn im Gegensatz zu Deutschland befinden sich hier fast alle Hochschulen in Hauptstädten. An Armidales University of New England studieren rund 22 500 Studenten. Hinzu kommen zwei Fachhochschulen und einige renommierte Internate. Besonders im Herbst erinnert die Stadt mit ihren Kirchtürmen und dem flammend rot und gelb gefärbten Laub ihrer „europäischen" Bäume in den Parks an Mitteleuropa. Armidale hat ein ansehnliches Kulturangebot. Die Stadt lässt sich gut mit dem Fahrrad erkunden – es gibt eine ausgeschilderte City Tour.

Im Zentrum gilt das **New England Regional Art Museum** in der Kentucky St, www.neram.com.au, als die am besten ausgestattete australische Kunstgalerie in der Provinz. Di–So 8–15 Uhr, Spende erwünscht.

Ebenfalls in der Kentucky St befindet sich das **Aboriginal Centre and Keeping Place**, www.acckp.com.au, ein Aboriginal-Kulturzentrum, das in regelmäßigen Abständen Ausstellungen bietet. 70 Aboriginal-Künstler aus NSW präsentieren und verkaufen hier ihre Werke. Dazu gehört auch ein Souvenir-Shop. Mo–Fr 9–16, Sa 10–14 Uhr, Spende erwünscht.

ÜBERNACHTUNG

Armidale Tourist Park (Top Tourist), 39 Waterfall Way, www.armidaletouristpark.com.au. Campingplatz mit Pool und Tennisplatz. Zelt- und Stellplätze ohne/mit Strom ($28/38 oder $54 mit Bad) sowie Cabins. Ab ❷

Moore Park Inn (Best Western), 63 Moore Park Lane, www.mooreparkinn.com.au. Boutiquemotel mit großzügig angelegtem Garten und Park. Entspannte Atmosphäre, gutes Preis-Leistungs-Verhältnis. ❹

ESSEN

Azka Restaurant, Wine & Tapas Bar, 31 Marsh St. Leckere Tapas in schönem Lokal. Freundlicher Service, allerdings nicht ganz günstig. tgl. 7–9 und 17.30–21 Uhr.

Whitebull Hotel, 117 Marsh St. Gute typisch australische Countermeals von Steak bis Barramundi. tgl. bis spät.

INFORMATIONEN

Armidale Visitor Information Centre, 82 Marsh St, www.armidaletourism.com.au. tgl. 9–17 Uhr.

Das Visitor Centre bietet tgl. um 10 Uhr 2-stündige Stadtrundfahrten an, Spende erwünscht.

TRANSPORT

Eisenbahn

Siehe oben (Tamworth).

Flüge

Direkte Flugverbindung mehrmals tgl. zwischen Armidale und SYDNEY mit **QantasLink**, www.qantas.com.au, und **Rex**, www.rex.com.au.

Die Umgebung von Armidale

Armidale eignet sich gut als Ausgangspunkt für Ausflüge in die Umgebung. Am Rand des Plateaus im Osten liegen zwei Nationalparks. Wie ein Flickenteppich erstrecken sich die Gebiete des **Oxley Wild Rivers National Park** mit vielen beeindruckenden Wasserfällen, u. a. den **Wollomombi Falls**, mit 220 m einer der höchsten Wasserfälle Australiens, und in der Nähe die

Chandler Falls, beide 40 km östlich von Armidale nahe dem Waterfall Way (Highway Nr. 78). Andere Highlights des Nationalparks sind **Long Point**, **Dangars Gorge** und **Apsley Gorge**.

Vom 1564 m hoch gelegenen Point Lookout im **New England National Park** schweift der Blick unendlich weit über Bergkämme, Schluchten und Täler. Dieser Nationalpark umfasst eine Wildnis aus zerklüfteter Flusslandschaft mit vielen Wasserfällen; ein Paradies für wohltrainierte Bushwalker.

Vom Waterfall Way führt ein unbefestigter Abzweig zum Aussichtspunkt und weiter durch den **Styx River State Forest**. Der Point Lookout ist auch Rollstuhlfahrern zugänglich. In der Nähe des Aussichtspunktes kann man in Holzhütten übernachten oder auf einem Busch-Campingplatz zelten.

NEW SOUTH WALES

Glen Innes und Umgebung

Das 1070 m hoch gelegene Städtchen mit etwa 8900 Einwohnern im Zentrum des Hochlandes hat viele Parks und Gärten und in der Grey St restaurierte alte Gebäude. Der Spitzname dieser Gegend – „Land of the Beardies" – nach zwei bärtigen *stockmen* aus dem 19. Jh. wird vom Heimatmuseum **Land of the Beardies History House**, Ferguson St, Ecke West Avenue, 💻 www.beardieshistoryhouse.info, aufgegriffen. 🕒 Mo–Fr 10–12 und 13–16, Sa und So 13–16 Uhr, Eintritt $10.

Am Ostrand der Stadt am Gwydir Highway in Richtung Grafton befinden sich in den Centennial Parklands die **Australian Standing Stones**, ein Monument, das den Siedlern keltischer Herkunft in Australien gewidmet ist.

Das Gebiet zwischen Glen Innes und **Inverell** ist das **Edelsteinfeld** von New South Wales. Hier schürft man nach Granaten, Topas, Zirkon, Quarzkristallen und v. a. nach Saphiren – Inverell nennt sich auch Sapphire City und ist eines der größten Saphirzentren der Welt.

ÜBERNACHTUNG

Blair Athol Boutique Hotel, Warialda Rd, Inverell, 💻 https://gleninneshighlands.com/. Beherbergt in einem alten Herrenhaus, fühlen sich Besucher hier wahrlich in eine andere Zeit versetzt. Alle 6 Gästezimmer sind geräumig, mit Bad und offenem Kamin. Inkl. „Cooked Breakfast" mit 3 Gängen. Ab ❺

Fossiker Caravan Park, 96 Church St, 💻 www.fossickercaravanpark.com.au. Zelt- und Stellplätze ($38) sowie Cabins und Cottages auf großer Anlage. Ab ❷

INFORMATIONEN

Glen Innes Visitor Centre, 152 Church St, 💻 www.gleninnestourism.com. 🕒 Mo–Fr 9–17, Sa 9–15, So 9–13 Uhr.

Inverell Visitor Information Centre, Campbell St, 💻 www.inverell.com.au. 🕒 Mo–Fr 9–17, Sa und So 9–14 Uhr.

TRANSPORT

Bahnverbindung s. S. 201 (Tamworth).

Snowy Mountains

Die schneebedeckten Berge sind Teil des alpinen Hochlandes im äußersten Südosten, das sich von Victorias Mt Buller, Mt Bogong und Mt Beauty über die Crackenback Range in NSW bis nach Cooma erstreckt. Mt Kosciuszko, mit 2228 m höchster Berg Australiens, erhebt sich nahe der Grenze zu Victoria und kann auf einem einfachen Spaziergang „bestiegen" werden. Der größte Teil der Snowy Mountains steht als **Kosciuszko National Park** unter Schutz. Östlich und nördlich von Cooma erstreckt sich die baumlose Monaro-Hochebene.

Im Gegensatz zu den Gebirgen anderer Kontinente besteht das Dach Australiens aus relativ niedrigen, abgerundeten Bergrücken knapp oberhalb der Schneegrenze. Von Ende Juni bis September strömen Urlauber aus Südost-Australien in die Skiresorts, die dann Wintersport zu Wucherpreisen bieten. Die wichtigsten sind Thredbo und Perisher Blue in der Nähe von Mt Kosciuszko und weiter nördlich in der Nähe von Cabramurra die Selwyn Snowfields. Im Sommer gibt es weniger Gedränge, die Unterkünfte sind erschwinglich und viele Skilifts noch immer in Betrieb. Der Snowy Mountains Highway von Cooma bis zum Hume Highway führt direkt durch die Berge. Wer mehr von der Landschaft sehen möchte, unternimmt eine Rundfahrt auf dem **Alpine Way** von Kiandra nach Thredbo.

Im Winter sollte man sich bei der Nationalparkbehörde (💻 www.nationalparks.nsw.gov.au/things-to-do/driving-routes/snowy-mountains-highway/local-alerts) nach den Verhältnissen auf dem Snowy Mountains Highway erkundigen. Für den Alpine Way und für die Kosciuszko Road (hinter Sawpit Creek) sind von Juni bis Oktober Schneeketten vorgeschrieben.

Im Januar 2020 brannten in den Snowy Mountains riesige Flächen. Ein Anwohner und Millionen von Tieren wie die ohnehin schon gefährdeten Corroboree-Scheinkröten und Rauchmäuse verloren in den Flammen ihr Leben.

Cooma

Wegen seiner Lage am Schnittpunkt von zwei Highways ist Cooma (6700 Einwohner) Ausgangspunkt für die Snowy Mountains. Wer weiter in die Berge fährt, tankt hier besser noch einmal auf und deckt sich mit Proviant ein. Als in den 1950er-Jahren das riesige Ingenieursprojekt Snowy Mountains Hydro-Electric Scheme in Angriff genommen wurde, ließen sich viele europäische Arbeiter im Ort nieder, und zeitweise galt Cooma als die kosmopolitischste Stadt Australiens.

ÜBERNACHTUNG

€ **Bunkhouse Motel**, 28 Soho St, 💻 www.bunkhousemotel.com.au. Mit Gemeinschaftsküche und Wohnzimmer wirkt das Motel eher wie ein Hostel. Günstige EZ, DZ und Familienzimmer. ❶

White Manor Motel, 252 Sharp St, 💻 www.whitemanor.com.au. Saubere, gemütliche Zimmer zu guten Preisen. ❹

ESSEN

Den besten Kaffee bekommt man im **Kettle & Seed**, 47 Vale St. 🕒 Mo–Fr 7–14, Sa 8–12 Uhr.

Pha's Thai Kitchen, 121 Sharp St. Leckere Currys und Stir Fries. 🕒 Di–Fr 11.30–14 und 17.30–21.30 Uhr, Sa nur abends.

SONSTIGES

Aktivitäten

Village Ski & Snowboard, 54 Sharp St, 💻 www.villageski.com.au. Hier bekommt man Ski-, Snowboard- und Rodelausrüstung. Außerdem Autokettenverleih mit Montage.

Informationen

Cooma Visitors Centre, 119 Sharp St, 💻 www.snowymountains.com.au, visitcooma.com.au. 🕒 Winter tgl. 7–17, Sommer tgl. 9–17 Uhr.

TRANSPORT

Infos zum öffentlichen Verkehr 💻 https://snowymountains.com.au/getting-here.

Eisenbahn und Bahnbus

NSW TrainLink, 💻 https://transportnsw.info. Ab SYDNEY nach CANBERRA, dort direkter Anschluss an den Bus nach EDEN via COOMA (Fahrzeit insgesamt 6 1/4 Std.). Ab Canberra fährt außerdem ein Bus nach BOMBALA via JINDABYNE.

Thredbo

Alpenflair mit australischer Note: Das 1370 m hoch gelegene Dorf mit seinen dicht beieinanderstehenden Häusern im europäischen Berghüttenstil eignet sich gut als Basis für Tageswanderungen im Tal und auf dem Mt-Kosciuszko-Plateau und als Ausgangspunkt für eine Rundfahrt durch den Nationalpark auf dem **Alpine Way** (s. S. 204). Im Winter ist Thredbo eines der vielen überteuerten Ski-Resorts Australiens; zu den zahlreichen umliegenden Pisten für Anfänger wie erfahrene Skifahrer zählt auch die Route zum **Dead Horse Gap**.

NEW SOUTH WALES

ÜBERNACHTUNG

Boali Lodge, Mowamba Place, www.boali.com.au. B&B, Preise für VP (im Sommer: $220 p. P). Im Winter erheblich teurer. Sauna, offener Kamin. ❼

Thredbo YHA, 2 Buckwong Place, www.yha.com.au. Sauberes, modernes Hostel, 4–6-Bett-Dorms ($69) und DZ. Von Juni–Sep sehr viel höhere Preise! ❹

INFORMATIONEN

Thredbo Information Centre, www.thredbo.com.au. tgl. 9–17 Uhr.

Kosciuszko National Park

Als Alpine Country vermarktet sich der Nationalpark prahlerisch: Immerhin bringt sein höchster Gipfel es auf 2228 Höhenmeter. Der Park erstreckt sich über 200 km von Tumut bis zur Grenze nach Victoria und ist mit rund 690 000 ha Fläche der größte in New South Wales. Die Landschaft umfasst zehn Gipfel über 2100 m, bewaldete Täler und baumloses Hochland mit Gletscherseen. Für den National Park wird im Sommer eine Eintrittsgebühr von $17 pro Fahrzeug/Tag erhoben (Buspassagiere $6,60), in der Skisaison von Anfang Juni bis Ende Oktober beträgt die Gebühr $29 pro Fahrzeug/Tag (Buspassagiere $11,45).

Eine Rundfahrt führt von Cooma auf dem Snowy Mountains Highway am Nordostufer des Stausees **Lake Eucumbene** entlang, bis man bei Kiandra in die Straße nach **Khancoban** abbiegt. In Khancoban ist die Parkeintrittsgebühr zu entrichten. Mit dem **Alpine Way** beginnt hier der landschaftlich reizvollste Teil der Rundfahrt durch dicht bewaldetes Gebiet mit herrlichen Aussichtspunkten am Südwestrand der Snowy Mountains entlang bis nach Thredbo. Einfache Zeltplätze der Nationalparkverwaltung gibt es bei **Geehi**. Die 78 km lange Strecke ist vollständig geteert. Im Winter ist der Alpine Way evtl. gesperrt – Auskunft bei den Informationszentren (siehe rechts).

Durch die Snowy Mountains führen auch einige schöne Wanderpfade. Lohnenswert und leicht zugänglich ist der **Mount Kosciuszko Walk** auf der abgeflachten Berghöhe, mit dem Kosciuszko Express Chairlift ab Thredbo zu erreichen. Ab der Endstation des Sessellifts (Eagles Nest) zum Mt Kosciuszko Lookout und zurück sind es 4 km, zum eigentlichen Gipfel hin und zurück 12 km (etwa 4 Std.).

Im Nordwesten des Nationalparks befinden sich die **Yarrangobilly Caves**, ein sehenswertes **Höhlensystem** von etwa 60 Tropfsteinhöhlen am Rande eines Felsplateaus. Die Höhlen liegen bei Kiandra, 6,5 km westlich vom Snowy Mountains Highway über eine ungeteerte Straße – im Winter ist sie unter Umständen gesperrt. Eintritt $4 pro Fahrzeug/Tag.

Zur Jersey und Jillabenan Cave werden mehrmals tgl. Führungen angeboten, Informationen beim Yarrangobilly Caves Visitor Centre in Tumut, $38 für beide, tgl. 9–17 Uhr.

Von Spazierwegen eröffnen sich Aussichten über die Yarrangobilly-Schlucht. Über einen steilen Pfad gelangt man vom Glory-Hole-Parkplatz zum **Thermalbad** neben dem Yarrangobilly River, das von einer 27 °C warmen Quelle gespeist wird.

ÜBERNACHTUNG

Kosciuszko Tourist Park, 14 km nordwestl. von Jindabyne an der Straße zum Perisher Valley und Charlottes Pass, www.kosipark.com.au. Die Anlage wird regelmäßig von Wombats und Wallabies besucht. Gäste haben die Wahl zwischen komfortablen Chalets ❺, einfachen Cabins ❶ sowie Zeltplätzen (ab $28). Im Winter etwa doppelte Preise.

INFORMATIONEN

Khancoban Visitor Centre, Scott St. Mo–Fr 9–12.30 und 13–16 Uhr.

Snowy Region Visitors Centre in Jindabyne. Ausstellung über die Flora und Fauna. tgl. 8.30–17 Uhr.

Yarangobilly Caves Visitor Centre, bei den Höhlen. tgl. 9–17 Uhr.

TRANSPORT

Eine Rundfahrt über die Snowy Mountains, Besichtigung der Höhlen usw. ist nur per **Auto** möglich, oder man bucht eine One-way-Tour von Melbourne nach Sydney (s. dort).

Country NSW

Im Hinterland von NSW – westlich der Great Dividing Range – liegen verschlafene, ehemalige Goldgräberkommunen und naturbelassene Nationalparks, über denen nachts die Sterne funkeln. Ein wenig erschlossenes Abenteuerland für Outdoorfreunde und Vogelbeobachter.

Bathurst

Der 1815 von Governor Macquarie zur Siedlung proklamierte Ort entwickelte sich erst mit den ersten **Goldfunden** im nahe gelegenen Lewis Ponds Creek (Ophir) 1851. Der anschließende Goldrausch weckte den Ort und damit auch die Kolonie aus dem Dornröschenschlaf. Bald stieß man in der gesamten Umgebung auf reichhaltige Vorkommen von Waschgold, und da Bathurst die den Goldfeldern am nächsten gelegene Stadt war, in der sich die Goldgräber mit allem Lebensnotwendigen versorgten, gedieh der Ort prächtig. 1885 wurde Bathurst zur Stadt (City) erklärt.

Heute präsentiert sich der 200 km westlich von Sydney an den westlichen Hängen der Great Dividing Range gelegene Ort als schönes Landstädtchen mit historischen Gebäuden. Zwar bergen die Bäche und Flüsse in der Umgebung wohl noch immer einige Körnchen Gold und sogar Edelsteine (Saphire), doch bildet die Landwirtschaft, insbesondere Viehzucht, Obst- und Getreideanbau, die wirtschaftliche Basis des Distrikts.

Zum **Court House** von 1880 in der Russell St, dem schönsten öffentlichen Gebäude von Bathurst, gehört ein kleines **Historical Museum**. ⌚ Di–Fr 10–16, Sa und So 11–14 Uhr.

Bathurst Gold Fields, 🖳 http://bathurstgoldfields.com.au, in der Conrod Straight in der Nähe des Museums ist ein nachgebautes Goldgräberfeld, wo Methoden der Goldgewinnung vorgeführt werden – man bekommt Unterricht im Goldwaschen.

Anfang Oktober findet in der Stadt das Bathurst 1000 statt, ein großes Autorennen auf dem **Mount Panomara Motor Racing Circuit**. Die Übernachtungskosten verdoppeln bis verdreifachen sich zu dieser Zeit.

ÜBERNACHTUNG

Bathurst Explorers Motel (Budget), 357 Stewart St, 🖳 www.bathurstexplorersmotel.com. Etwas alt, aber sauber und preiswert. Günstiges Frühstück. ❷

Bathurst Heights B&B, 9 John Norton Pl, 🖳 www.bathurstheightsbb.com.au. Saubere Zimmer, beste Gastfreundschaft und leckeres Frühstück. Jedes der 6 Zimmer hat ein Bad. Hier kann man sich wie zu Hause fühlen. ❺

Bathurst Panorama Holiday Park (NRMA), 250 Sydney Rd (Great Western Hwy), 🖳 www.nrmaparksandresorts.com.au/bathurst. Zelt- und Stellplätze ohne/mit Strom ($34/41 oder $65 mit Bad). Beheizter Pool mit Rutsche, Spielplatz und große überdachte Küche, außerdem Cabins und Cottages mit 2 Zimmern. Ab ❸

ESSEN

The Hub, 52 Keppel St, ✆ 6332 1565. Guter Kaffee sowie Frühstück und Mittagessen, auch für Veggies. Gemütlicher, schattiger Hinterhof. ⌚ Mi–Mo 7–15 Uhr.

Chef Li, 177 Howick St, chinesisch, und **Saffron**, 195 Howick St, indische Küche, sind ebenfalls zu empfehlen.

INFORMATIONEN

Bathurst Visitor Information Centre, 1 Kendall Ave, 🖳 www.visitbathurst.com.au. ⌚ tgl. 9–17 Uhr.

NEW SOUTH WALES

NEW SOUTH WALES

TRANSPORT

Eisenbahn und Bahnbus

NSW TrainLink, 💻 https://transportnsw.info. Von SYDNEY fahren die Züge über Bathurst nach ORANGE und DUBBO. Von Dubbo gibt es Busverbindungen nach BOURKE (4 1/2 Std.), LIGHTNING RIDGE (ab Dubbo 4 1/2 Std.) und über Cobar und Wilcannia nach BROKEN HILL (ab Dubbo 5 Std.).
Indian Pacific zwischen SYDNEY und PERTH, Details s. S. 79.

Flüge

Tgl. Flugverbindung zwischen SYDNEY und Bathurst mit **Rex**, 💻 www.rex.com.au.

Die Umgebung von Bathurst

Kleine Dörfer und Städte aus der Goldrauschzeit des 19. Jhs. liegen über die ganze Umgebung von Bathurst verstreut. Eine schöne Fahrt führt via Peel und Wattle Flat nach **Sofala**, 35 km nördlich von Bathurst am Turon River gelegen. Hier stieß man 1851, nur drei Wochen nach dem allerersten Goldfund in Australien, auf Edelmetallvorkommen. In den 1950er-Jahren zählte Sofala für einige Zeit um die 40 000 Einwohner, darunter 10 000 Einwanderer aus China – mit rund 100 Einwohnern ist es heute fast eine Geisterstadt. Campingmöglichkeiten bestehen entlang des Turon Rivers.

Eine unbefestigte Straße folgt dem Flüsschen in Richtung Nordosten nach **Hill End**, einer vormals bedeutenderen Goldgräberstadt auf einem Plateau über dem Turon Valley. Hill End erlebte zwischen 1871 und 1874 einen kurzfristigen Boom. Mit 8000 Einwohnern und 28 Pubs war es damals der größte Ort im Landesinnern von New South Wales. Zehn Jahre später waren die Goldvorkommen ausgebeutet, der Reichtum zerronnen.

Dubbo

Die 420 km nordwestlich von Sydney gelegene Stadt am Macquarie River ist das regionale Zentrum für den ländlichen Westen von New South Wales. Für viele Langzeitreisende wird Dubbo auf der Reiseroute liegen, da sich hier die Hauptverkehrsadern **Newell Highway**, die Nord-Süd-Verbindung zwischen Brisbane und Melbourne, und **Mitchell Highway**, die Verbindung zwischen Bourke und Bathurst, kreuzen.

Die Hauptattraktionen sind der **Taronga Western Plains Zoo** (s. Kasten) sowie das **Western Plains Cultural Centre**, 76 Wingewarra St, das eine Kunstgalerie und das Dubbo Regional Museum beinhaltet. Letzteres dokumentiert die Geschichte der Stadt, u. a. anhand einer chronologischen Fotoserie der Straßen Dubbos. 🕒 tgl. 9–16 Uhr.

ÜBERNACHTUNG

NRMA Dubbo City Holiday Park, Whylandra St, 💻 www.nrmaparksandresorts.com.au/dubbo. Großer Park neben dem Zoo mit Spielplätzen, Hüpfkissen, Basketballplatz und Pool. Zelt-/Stellplätze ab $25/43 oder $57 mit Bad; Cabins und Suiten, Pool, Kiosk. Ab ❷
Tallarook Motor Inn, 17 Stonehaven Ave, 💻 www.tmidubbo.com.au. Große, saubere Zimmer, alle mit Küchenzeile, Bad und AC. ❸
Zoofari Lodge, Western Plains Zoo, Obley Rd, 💻 https://taronga.org.au/accommodation. Unterbringung in zeltartigen Lodges inmitten der Tiergehege, in einfacheren Cabins oder in Zelten. Afrikanisches Savannengefühl. ❼

ESSEN

Dahab Cafe, 197 Brisbane St, 🕒 tgl. für gutes Frühstück und Mittagsmahlzeiten.
Old Bank Restaurant, 232 Macquarie St. In diesem typischen Outback-Pub wird erstaunlich gutes Essen serviert – und das zu frisch gezapftem Bier und bei guter Stimmung. 🕒 Di–Sa ab 12 Uhr.

INFORMATIONEN

Dubbo Visitor Centre, Newell Hwy, Ecke Macquarie St, 💻 http://dubbo.com.au. 🕒 tgl. 9–17 Uhr.

Outback-Safari

Eine Attraktion rechtfertigt den Zwischenstopp in Dubbo: Der ca. 300 ha große Freilandzoo **Taronga Western Plains Zoo** zählt zu den besten von Australien. Er umfasst 5 km südlich der Stadt in der Obey Rd ein riesiges Areal an Buschland, Wiesen, Bächen und Inseln, durchzogen von Wander- und Radwegen. Viele australische Tiere leben frei im Zoo; Tiere aus allen Kontinenten sind in großen Freigehegen untergebracht und so weit wie möglich von den Besuchern durch natürliche Barrieren wie Wassergräben getrennt. Während der Sommermonate empfiehlt es sich, früh aufzustehen und mit dem Auto oder Fahrrad (Leihgebühr $15 pro Tag) gleich zum Zoo zu fahren, denn spätestens gegen Mittag ist die Hitze unerträglich. ◷ tgl. 9–16 Uhr, Eintritt $50, Kind $30 (2 Tage gültig). Online erhält man die Tickets günstiger. Man kann auch im Zoo übernachten und dort ein Fahrrad mieten (s. u.). Frühmorgens finden 2–3x die Woche ausgezeichnete Führungen durch den Zoo statt. Der Zoo unterstützt weltweit Projekte zur Erforschung und zum Schutz bedrohter Tierarten. Näheres unter 💻 www.taronga.org.au.

TRANSPORT

Zu Bus und Bahn s. S. 206 (Bathurst).

Flüge

QantasLink fliegt tgl. nach SYDNEY, **Rex** mehrmals tgl. nach SYDNEY und BROKEN HILL und **FlyPelican** fliegt nach NEWCASTLE.

Warrumbungle National Park

Coonabarabran am Castlereagh River, 160 km nördlich von Dubbo, ist das Eingangstor zu den Warrumbungles. Dies ist ein zerklüfteter Gebirgszug vulkanischen Ursprungs, der sich mit seinen Klippen, Felsnadeln und anderen eigenartigen Felsformationen mit Namen wie **The Breadknife** und **Crater Bluff** westlich des Ortes erhebt. Eintritt $8 pro Fahrzeug/Tag.

In der Region spielt die Astronomie eine bedeutende Rolle: Der Nationalpark war Australiens erster Dark Sky Park und zeichnet sich durch die geringe Lichtverschmutzung und erstklassigen Sichtbedingungen aus. Auf der Straße zum Warrumbungle National Park steht das **Siding Spring Observatory** mit einem Riesen-Radioteleskop, das zu den größten der Welt gehört. ◷ Mo–Sa 10–16 Uhr.

In Parkes befindet sich das **Parkes Radio Telescope** – in Australien bekannt als „The Dish"– von dem aus die erste Mondlandung 1969 übertragen wurde. Die Teleskope in Coonabarabran, Parkes und weitere in Narrabri können zusammengeschaltet werden und bilden dann eine Teleskopschüssel von über 300 km Durchmesser, das **Australia Telescope**. Deutsche Ingenieure und Präzisionswerkzeuge waren am Entstehen der Teleskope beteiligt.

ÜBERNACHTUNG

Warrumbungles Mountain Motel, Timor Rd, 9 km westl. von Coonabarabran, 💻 www.warrumbungle.com. Das Motel ist von Wald umgeben und bietet zahlreiche sportliche Aktivitäten. Auf dem großen Grundstück befindet sich auch ein Salzwasserpool. Zelt-/Stellplätze ($35/45) Die Zimmer sind gut ausgestattet und preisgünstig. Außerdem sind preiswerte Mahlzeiten erhältlich. ❷

Camping

Im Nationalpark gibt es zahlreiche **Campingplätze**. Einige sind nur zu Fuß zu erreichen, spärlich ausgestattet und kostenlos.
Für alle anderen gilt eine Gebühr von $6 p. P., $3,50 pro Kind. Der größte und komfortabelste Zeltplatz (auch für Campervans und Wohnmobile) ist das **Camp Blackman**. Von hier aus beginnen zahlreiche Wanderungen. Der Campingplatz wird oft von Kängurus aufgesucht.

INFORMATIONEN

Coonabarabran Visitors Centre, Newell Hwy. ◷ tgl. 9–17 Uhr.

TRANSPORT

Eisenbahn und Bahnbus

NSW TrainLink, 💻 transportnsw.info. Tgl. von SYDNEY mit dem Zug Richtung DUBBO bis nach LITHGOW, von dort weiter mit dem Bus via Mudgee und Gulgong nach COONABARABRAN. Oder mit dem Zug nach ORANGE, dann mit dem Bahnbus nach PARKES.

NEW SOUTH WALES

Das Outback

Westlich des Newell Highways beginnt die endlose Weite des Outback – ein Gebiet, das sich über mehr als die Hälfte von New South Wales erstreckt. Die Entfernungen zwischen den kleinen bewohnten Zentren sind schwindelerregend: Eine Fläche so eintönig wie vielfältig, so öde wie faszinierend. Künstler fanden und finden in dieser Öde Inspiration und gaben ihr einen neuen Namen: Das Artback.

Bourke

„Back o' Bourke" (hinter Bourke gelegen) ist in Australien der sprichwörtliche Ausdruck für alles, was sich hinter dem Mond, das heißt im Outback, befindet. Dabei ist schon Bourke (2300 Einwohner) recht abgelegen: 370 km von Dubbo und 780 km von Sydney entfernt, ist es der einzige Ort weit und breit. 1860 wurde die Siedlung am Darling River als Versorgungszentrum für die Schaf- und Rinderfarmen in der Umgebung gegründet.

Der Fluss war die Hauptverkehrsader. Auf ihm transportierten Raddampfer die Wolle nach Süden. Schafzucht und Wollproduktion sind bis heute ein wichtiger Erwerbszweig. Trotz großer Hitze wurden hier bis zum Ende des 20. Jhs. Weizen, Zitrusfrüchte, Viehfutter und sogar wasserhungrige Baumwolle angebaut, ermöglicht durch künstliche Bewässerung aus dem Darling River.

Sehr zu empfehlen ist das moderne **Back O' Bourke Exhibition Centre**, Kidman Way. Hier wird die Geschichte des NSW Outbacks von der Dreamtime bis ins 22. Jh. (re-)konstruiert. Mindestens zwei Stunden für den Besuch einplanen und am besten gleich als Erstes besuchen. 🕒 9–17 Uhr, Eintritt $23 (2 Tage).

Im 4,3 Mio. ha großen Bourke Shire leben über eine Million Rote Riesenkängurus. Attraktionen im **Gundabooka National Park**, zwischen Bourke und Cobar, sind **Felsmalereien** und Ausblicke über die weiten, offenen Ebenen.

Camping zwischen Kamelen

Wüstenatmosphäre herrscht auf der **Comeroo Camel Farm**, 150 km nordwestlich von Bourke, nahe Yantabulla, nur über eine ungeteerte Straße zu erreichen, 💻 www.comeroo.com. Auf der Farm werden viele verschiedene Tiere gehalten (unter anderem Kamele, Wasserbüffel und Ziegen). Halbpension ist ab $110 p. P. erhältlich. Zelten kostet $20. Es werden auch Touren und verschiedene Aktivitäten wie Angeln, Kamelritte und Kanufahrten angeboten.

ÜBERNACHTUNG UND ESSEN

Darling River Motel, 74 Mitchell St, 💻 www.darlingrivermotel.com.au. Freundliches Motel mit kleinem Pool. Alle Zimmer mit Bad und AC, teilweise auch mit Küche. ❺

Port of Bourke Hotel, 32 Mitchell St, 💻 www.portofbourkehotel.com.au. Im typischen Country-Pub mit Biergarten gibt's Countermeals wie Steak und Fish & Chips. Hin und wieder spielen Country-Musiker. 🕒 tgl.

Camping

Im Gundabooka National Park gibt es zwei Zeltplätze: je $6 p. P., $3,50 pro Kind. Schön gelegen ist der **Yanda Campground** direkt am Darling River (auch für Campervans und Wohnwagen) mit Toiletten und elektrischen BBQs. Am besten Angel und unbedingt Trinkwasser mitbringen! Ein echtes Outback-Erlebnis.

INFORMATIONEN

Bourke Visitors Centre, im Exhibition Centre, Kidman Way, 💻 www.visitbourke.com.au. 🕒 tgl. 9–17 Uhr.

TRANSPORT

Zu Bus und Bahn s. S. 206 (Bathurst).

Lightning Ridge

Der allgegenwärtige Traum vom großen Reichtum – vom Fund eines wertvollen Edelsteins – verleiht dieser Opal-Gemeinde einen ganz besonderen Reiz. Ein Schild vor dem Visitor Centre warnt, schon viele seien nur für ein paar Tage hierhergekommen und mittlerweile seit 25 Jahren hier. Tatsächlich trifft man überall in dem 2000-Seelen-Ort Gestalten aus aller Welt, die nicht nur ihre Faszination für die edlen Schmucksteine, sondern auch ein aufgeschlossenes und unerschütterlich fröhliches Gemüt vereint.

„The Ridge" ist einer der wenigen Orte der Welt, an denen man schwarze Opale finden kann. Bei der **Walk In Mine**, 🖳 https://opalmineadventure.com.au, etwa 3 km südlich auf dem Bald Hill Opal Field gelegen, kann man sich einen Eindruck von einer Opalmine verschaffen und beim Schleifen von Opalen zusehen. ⌚ tgl. 9–17 Uhr, Nov–März 8.30–12.30 Uhr, Eintritt $20, Kind $8.

Weitere Opalgalerien im Ort sind u. a. **Opal Cave**, **Lost Sea Opals** und **Down to Earth Opals** in der Morilla St.

In **John Murray's Art Gallery** in der Opal Street kann man die Outback-Motive des bekanntesten Künstlers aus Lightning Ridge bewundern. ⌚ Mo–Fr 9–17, Sa und So 10–14 Uhr.

In den **Chambers of the Black Hand**, 3 Mile Rd, 🖳 www.chambersoftheblackhand.com.au, hat ein Künstler in 18-jähriger Arbeit Skulpturen in die 100 Jahre alte Mine eingraviert und bemalt. Die Skulpturen reichen von ägyptischen Göttern bis zu Elvis. Und das Werk ist noch längst nicht fertig. Eintritt $48, Kind $16 inkl. Sculpture Tour (Tourzeiten auf 🖳 www.chambersoftheblackhand.com.au). Teuer, aber man sollte es trotzdem nicht verpassen! Im Februar geschlossen.

Ein Bad im warmen Wasser der **Artesian Bore Baths** in der Pandora St – ein artesischer Brunnen – sorgt für Entspannung. ⌚ rund um die Uhr, Eintritt frei.

ÜBERNACHTUNG

Bluey Motel, 32 Morilla St, 🖳 http://blueymotel.com.au. Saubere, einfache Zimmer zu guten Preisen. Freundliche Mitarbeiter. ❶

Lightning Ridge Outback Resort and CP, 1 Onyx St, 🖳 https://lightningridgeoutbackresort.com.au. Große Anlage, Hotel mit Bar und Biergarten, Pool und Spielplatz. Zelt-/Stellplätze ($32/45) und Cabins. ❸

Sonja's B&B, 60 Butterfly Ave, 🖳 https://sonjasbedandbreakfast.com. Gemütliche Zimmer mit AC und kleiner Küchenzeile. Die Gastgeberin stellt im Haus ihre eigenen Kunstwerke zur Schau. Frühstück gegen Aufpreis ❹

ESSEN

Bruno's Italian Restaurant, 38 Morilla St. Die Speisekarte geht weit über Pasta und Pizza hinaus. ⌚ Mo–Sa 17–21 Uhr.

INFORMATIONEN

Lightning Ridge Visitor Information Centre, Morilla St im Lion's Park, 🖳 www.explorelightningridge.com.au. ⌚ tgl. 9–17 Uhr.

TRANSPORT

Zu Bus und Bahn s. S. 206 (Bathurst).

Cobar

Cobar ist nicht nur ein boomendes Zentrum des Bergbaus und der Weidewirtschaft, sondern auch ein wichtiges Touristenziel mit guter Infrastruktur. Im **Great Cobar Heritage Centre**, ebenfalls in einem über 100 Jahre alten, imposanten Gebäude untergebracht, kann man sich über die Regionalgeschichte informieren. Hier ist auch das **Visitor Information Centre**, Marshall St (Barrier Highway), untergebracht. ⌚ Mo–Fr 8.30–17, Sa und So 9–17 Uhr. Knapp 4 km südlich des Stadtkerns blickt man vom **Fort Bourke Hill Lookout**, einer gesicherten Aussichtsplattform, in die Goldmine hinab.

Mount Grenfell Historic Site

Etwa 70 km nordwestlich von Cobar befindet sich bei der Mt Grenfell Historic Site eine der bedeutendsten **Aboriginal-Felsgalerien** in New South Wales, die der Öffentlichkeit zugänglich sind. Auf Felswände und Überhänge sind hier über 1000 Motive aus rotem, gelbem und schwarzem Ocker und weißem Lehm gezeichnet – Menschen und Tiere sowie Umrisse von Händen und „Strichmännchen". Das Land um die Felsgalerien wurde erst 2005 wieder den hiesigen Aborigines, den Ngiyampaa Wangaaypuwan, zurückgegeben, die sich seitdem um dessen Verwaltung kümmern. Der kurze und einfache **Mount Grenfell Art Site Walk** führt zu den Galerien.

Von Cobar fährt man auf dem Barrier Highway 40 km nach Westen in Richtung Wilcannia, dann nimmt man die ausgeschilderte Abzweigung nach rechts (Norden) und folgt weitere 31 km der ungeteerten Straße. Beim Parkplatz gibt es Toiletten, Picknicktische und einen Wassertank. Zelten ist nicht erlaubt.

ÜBERNACHTUNG

Cobar Central Motor Inn, 18 Murray St, www.cobarcentralmotorinn.com.au. Saubere, moderne Zimmer mit AC in ruhiger Lage. Frühstück und Abendessen (extra). ❹

Cobar CP, 101 Barrier Highway, www.cobarcaravanpark.com.au. Cabins mit AC, Kiosk und Stellplätze ($52). Cabins und Motelzimmer. ❷–❹

TRANSPORT

Zu Bus und Bahn s. S. 206 (Bathurst).

Wilcannia und White Cliffs

Wilcannia war einst ein bedeutender Hafenort am Darling River. Heutzutage dient der Ort als Versorgungszentrum für die verstreut liegenden Schaffarmen und weist einige der besten Beispiele von Kolonialarchitektur im Outback auf. Von hier biegt eine geteerte Straße zum etwa 100 km entfernten Opalgräberort **White Cliffs** im Norden ab.

Wie in Coober Pedy in South Australia flüchten die meisten der rund 200 Bewohner des Ortes vor der glühenden Sommerhitze und der Kälte eisiger Winternächte in ihre *dug-outs*, unterirdische Wohnhöhlen mit einem komfortableren Klima. Von Broken Hill aus kann man ein- bis zweitägige Touren nach White Cliffs buchen.

ÜBERNACHTUNG

PJ's Underground B&B, Dugout 72, Turley's Hill, 1,5 km östl. von White Cliffs. Hier gewinnt der Gast einen Eindruck vom Leben unter der Erde. Das recht ungewöhnliche Gästehaus verfügt über 6 unterirdische Zimmer. ❹

White Cliffs Underground Motel, Smith Hill, www.undergroundmotel.com.au. Ebenfalls ein Dugout-Hotel. Saubere Zimmer, aber die unterirdische Atmosphäre mag etwas gewöhnungsbedürftig sein. Countermeals. Preise inkl. Frühstück. ❺

Opal Pioneer Tourist Park, Johnston St, www.whitecliffsnsw.com.au/pioneer-reserve. Nur Zelten/Campervan ohne/mit Strom ($20/25). Münzbezahlung für die Duschen.

INFORMATIONEN

White Cliffs General Store, Johnston St, Ecke Keraro Rd, White Cliffs. Zugleich Café und Tankstelle.

TRANSPORT

Nach Wilcannia mit dem **Bahnbus** (S. 206). Nach White Cliffs gelangt man nur mit dem eigenen Auto oder einer Tour ab Broken Hill.

5 HIGHLIGHT

Broken Hill

Als Charles Sturt diese einsame Gegend entdeckte, beschrieb er sie als das unfruchtbarste und trostloseste Land, das er je gesehen hatte.

Die Geschichte von Broken Hill

Im September 1883 entnahm der bei der Mount Gipps Station beschäftigte deutsche Farmgehilfe Charles Rasp einem zerklüfteten Hügel Gesteinsproben in der Hoffnung, Zinn zu finden. Stattdessen war er auf eine Blei-Silber-Zink-Ader gestoßen, die sich als eine der größten der Welt erwies. Rasp formte mit Freunden das Syndicate of Seven, deren Firma, die Broken Hill Proprietary (BHP), sich alsbald daran machte, das gewaltige Erzlager unter dem „gebrochenen Hügel" abzubauen. BHP wurde eine der erfolgreichsten Firmen Australiens und trug zum Wohlstand der Nation bei. Im Jahre 1939 verließ BHP die Stadt, und seither haben sich zahlreiche verschiedene Minenunternehmen in Broken Hill niedergelassen.

Die Line of Lode, wie das Erzlager bezeichnet wird, ist 7 km lang und stellenweise bis zu 250 m breit. Der ursprüngliche Umfang wird auf etwa 200 Mio. Tonnen Sulfiderz geschätzt.

In den Anfangsjahren waren die Bedingungen für die Bergarbeiter unglaublich hart. Zu Arbeitsrisiken wie die ständigen Unfälle unter Tage und Bleivergiftungen kamen die Belastungen durch das Wüstenklima, inadäquate Unterkünfte in Blechhütten und mangelhafte Ernährung. Ansteckende Krankheiten wie Diphtherie, Scharlach und Dysenterie grassierten. Die Sterberate in Broken Hill war fast doppelt so hoch wie im übrigen NSW. Aufgrund des Brennholzbedarfs des Bergwerks waren bald alle Bäume in der Umgebung abgeholzt. Es gab nichts mehr, was die lockere Erdkrume und den Wüstensand noch hätte halten können. Heftige Sandstürme waren die Folge.

So überrascht es nicht, dass die Arbeiter von Broken Hill Vorreiter der **Gewerkschaftsbewegung** in Australien waren. Die Bergarbeiter, viele von ihnen Einwanderer, mussten sich eine Verbesserung ihrer Lebensbedingungen hart erkämpfen. Erst nach dem großen Streik von 1919–1920, als die Kumpels und ihre Familien 18 Monate lang trotz bitterster Not Polizei und Streikbrechern widerstanden, wurden der BHP entscheidende Konzessionen abgerungen.

Allzu sehr glorifizieren sollte man die Gewerkschaftsbewegung in Broken Hill aber nicht. Der in der Folgezeit sehr einflussreiche Barrier Industrial Council, ein Zusammenschluss von Einzelgewerkschaften, vertrat die Interessen der weißen, männlichen Arbeiter und bestimmte nach deren rassistischen, chauvinistischen Vorstellungen jahrzehntelang das gesamte Leben in der Stadt. Nicht-Weiße wurden praktisch nicht geduldet, Frauen hatten bei Eheschließung ihre Arbeitsstelle aufzugeben – diese Regelung galt bis 1981!

Erst seit Ende der 1980er-Jahre vollzog sich in Broken Hill langsam ein Wandel in der Einstellung gegenüber Frauen und Menschen nichteuropäischer Herkunft.

Schon die Lage in dieser unerbittlichen Wüste macht Broken Hill so faszinierend. Die Begeisterung für die Region nahm schlagartig zu, als hier Silber entdeckt wurde. Heute ist Broken Hill zu einem Synonym für Bergbau geworden. Die berühmte Line of Lode, die reichhaltigste Blei-Silber-Zink-Ader der Welt, wird nun schon seit über 130 Jahren abgebaut. Zu Bestzeiten arbeiteten hier 9000 Menschen im Bergbau, heute sind es noch etwa 500.

Auch wenn der Tourismus nun weitaus mehr Menschen beschäftigt, trägt die Stadt ihr Erbe als „Mining Town" mit Stolz. Der starke Bezug zu den Elementen lässt sich schon an den Straßennamen wie Bromide, Sulphide oder Cobalt Street erkennen. Angezogen von den leuchtenden Farben und dem Licht des Outbacks ließen sich ab Ende der 1970er-Jahre australische Künstler in Broken Hill nieder und gründeten die Bewegung der „Brushmen of the Bush". So entwickelte sich in der Bergbaustadt eine florierende Kunstszene. Von März bis November beginnen jeden Morgen um 10 Uhr kostenlose **Heritage Walk Tours** beim Visitor Centre – eine gute Einführung in die Stadt und ihren geschichtlichen Reichtum.

Railway & Historical Museum

Das Museum mit seinem großen Innenhof beherbergt die alte Lokomotive der Silverton

Tramway. Zudem liegt hier die Geschichte der frühen Siedler dokumentiert und man bekommt einen Einblick davon, wie trüb und finster der Alltag für die Minenarbeiter früherer Zeiten gewesen sein muss. Eintritt $18, Kind $8. ⌚ tgl.10–15 Uhr, im Jan und Feb 9–13 Uhr.

Line of Lode Memorial

Das auf einem Hügel hinter dem Bahnhof gelegene Denkmal am Ende des Federation Way ist den vielen Bergarbeitern gewidmet, die ihr Leben in einer der Minen ließen: 800 meist junge Männer kamen in dem Bergwerk seit seiner Eröffnung im Jahr 1883 um. Von der Aussichtsplattform bietet sich ein Blick über die Stadt.

Albert Kersten Mining & Minerals Museum

Das sehenswerte Museum dokumentiert anschaulich die geologische Geschichte der Erde und der Line of Lode. Außerdem befindet sich hier die umfangreiche und faszinierende Mineraliensammlung der Stadt, u. a. mit dem 8,5 kg schweren Silver Tree aus reinem Silber. Bromide St, Ecke Crystal St, ⌚ Di–Sa 10–16 Uhr, Spende erwünscht.

Silver City Mint & Art Centre

Eine sehenswerte Kunstgalerie der ganz eigenen Art. Hier ist *The Big Picture* des Künstlers Peter Anderson ausgestellt – ein 360°-Landschaftpanorama von Broken Hill, eingebettet in Tonnen von Sand, Pflanzen und Gestein. 💻 www.silvercitymint.com.au, 66 Chloride St, ⌚ tgl. 10–16 Uhr, Eintritt $10.

Whites Mineral Art and Living Mining Museum

In diesem etwas düsteren Museum hat ein ehemaliger Bergarbeiter einen Bergwerkstunnel realistisch rekonstruiert. Ein interessanter Vortrag informiert dort über die Geschichte von Broken Hill, das Bergwerk und die Bergleute. Der Besitzer stellt außerdem Bilder aus Mineralien her, die zusammen mit anderen Gesteinen, Opalen, Schmuck und Töpferwaren zum Verkauf stehen. 1 Allendale St. ⌚ tgl. 9–17 Uhr, Eintritt $8.

Pro Hart Gallery

Die Galerie des verstorbenen Künstlers und Erfinders Pro Hart, 108 Wyman St, 💻 www.prohart.com.au, zählt zu den größten Privatsammlungen Australiens. ⌚ Mo–Sa 9–17, So ab 10 Uhr.

Daydream Mine

Zur Stadtbesichtigung gehört natürlich ein Bergwerksbesuch. Die einzige zugängliche Mine, liegt 28 km außerhalb von Broken Hill im Apollyon Valley; man fährt in Richtung Silverton und ab der ausgeschilderten Abzweigung 13 km über eine unbefestigte Straße (ab Broken Hill mindestens 45 Minuten Fahrzeit einplanen). Die Führungen zur vollen Stunde geben einen guten Einblick in den harten Alltag der frühen Bergleute. Touren tgl. um 10 und 11.30 Uhr, in den Schulferien häufiger; $33, Kind $13; sonntags $40, Kind $16. Buchungen unter ✆ 0427 885 682 oder über das Visitor Centre. Die Bergwerkstour lässt sich gut mit einem Abstecher nach Silverton verbinden (S. 214).

Living Desert State Park

Dieses Naturschutzgebiet sollte man auf keinen Fall verpassen: Im dazugehörigen **John Simons Flora and Fauna Sanctuary**, gelegen auf einem Hügel mit eindrucksvoller Aussicht über das karge Tal, spaziert man an verschiedenen Stationen vorbei, die die Tier- und Pflanzenwelt sowie die Kultur der Ureinwohner veranschaulichen. Die 1 1/2-stündige Tour eignet sich auch hervorragend für Wildlife-Beobachtungen. Die **Sculptures** nebenan sind zwölf Sandsteinskulpturen, die 1993 im Rahmen eines Symposiums entstanden und sich majestätisch vor dem Horizont erheben. ⌚ tgl. bis nach Sonnenuntergang, Eintritt $10, Kind $7.

Vom Parkplatz am Picknickplatz sind es ca. 20 Min. Fußweg bergauf zu den Skulpturen. Man kann von hier aus den Rundweg durch das Sanctuary starten oder näher heranfahren; das Gate wird allerdings kurz nach Sonnenuntergang geschlossen.

Royal Flying Doctor und School of the Air

Die beiden überlebenswichtigen Institutionen des Outback, der **Royal Flying Doctor Service** und die **School of the Air** bieten Besuchern an, sich über ihre Arbeit zu informieren. Führungen durch den RFDS Mo–Fr 9–17, Sa und So 10–16 Uhr, Teilnahmegebühr $15, Kind $6. Bei der **School of the Air** in der Lane St kann man während der Unterrichtszeit Mo–Fr ab 8.15 Uhr eine Stunde lang zuhören. Buchungen für beide beim Visitor Centre.

ÜBERNACHTUNG

Broken Hill Tourist Park, 142 Rakow St, 💻 www.brokenhilltouristpark.com.au. Zelt-/Stellplätze ($37/52). Viele verschiedene Cabins. Pool. Ab ❷

Red Earth Motel, 469 Argent St, 💻 www.redearthmotel.com.au. Eins der modernsten Motels der Stadt mit kleinen Appartments mit Bad und Küchenzeile. Pool und BBQ sowie Waschmaschinen. Ab ❹

€ **Tourist Lodge**, 100 Argent St, 💻 https://thetouristlodge.com.au. Sehr angenehme Atmosphäre, die Sitzgelegenheiten um den Pool eignen sich gut, um ins Gespräch zu kommen. Der auskunftsfreudige Besitzer kennt die Region hervorragend. Preiswerte DZ, z. T. mit Bad. Zentrale Lage nahe Visitor Centre. Ab ❶

Andere Zeitzone, andere Vorwahl

Aufgrund der Nähe zur südaustralischen Grenze gilt in Broken Hill die südaustralische **Central Standard Time (CST)** – das heißt, die Uhr hinkt eine halbe Stunde hinter der ansonsten in NSW geltenden Zeit (EST) hinterher. Alle Transportinformationen zu Broken Hill werden immer in CST angegeben.
Für Broken Hill und Umgebung gilt außerdem die **Vorwahl** 08.

NEW SOUTH WALES

ESSEN

The Silly Goat, 360 Argent St. Guter Kaffee, ⌚ tgl. Frühstück und Mittagessen.
Gute Countermeals gibt's im **Sturt Club**, Blende St, Ecke Chloride St.

SONSTIGES

Informationen
Broken Hill Visitor Information Centre, Blende St, Ecke Bromide St, 💻 www.brokenhill.nsw.gov.au. Tourbuchung. ⌚ tgl. 8.30–17, im Sommer bis 15 Uhr.

Rundflüge
H&H Air, 💻 https://haair.com.au. Rundflüge über Broken Hill und Silverton.

Touren
Silver City Tours, 💻 www.silvercitytours.com.au. Halbtagestouren u. a. durch Broken Hill ($45), nach Silverton und zum Mundi Mundi Plain ($80). Auch Tagestouren Menindee/Kinchega ($180) und zum Royal Flying Doctor Service ($48).
TriState Safaris, 💻 http://tristate.com.au. Tagestouren in den Mutawintji National Park sowie nach Silverton (je $230); außerdem zahlreiche mehrtägige Touren nach White Cliffs, Bourke, in den Kinchega oder zum Mungo NP.

TRANSPORT

Flüge
Rex, 💻 www.rex.com.au. Verbindungen nach ADELAIDE, SYDNEY und DUBBO.

Silverton

Surreal wie eine Fata Morgana erheben sich die wenigen Gebäude der Fast-Geisterstadt Silverton aus dem Wüstenstaub. Von den einst 3800 Einwohnern sind heute nur noch 40 da. Das mitten in den roten Sand gesetzte **Silverton Hotel** mit seiner blechüberdachten Veranda ist eine Outback-Ikone. Zahlreiche australische Filme wurden hier gedreht, Fotos an den Wänden erzählen von den Dreharbeiten. Das **Silverton Gaol** im ehemaligen Gefängnis birgt viele Schätze – interessant sind vor allem die vielen Fotos aus alten Zeiten. ⌚ tgl. 9.30–16.30 Uhr, Eintritt $4.

Sehenswert sind auch die Kunstgalerien, u. a. **Peter Browne's Gallery** und **John Dynon Gallery**. Vom etwa 8 km westlich von Silverton gelegenen **Mundi Mundi Lookout** behaupten Einheimische, könne man die Erdkrümmung erkennen. Fest steht, dass der Blick wohl selten so weit in die Ferne schweifen kann wie hier. Sonnenuntergänge sind hier besonders beeindruckend. Mehr Informationen unter 💻 www.silverton.org.au.

Mutawintji National Park

Der 130 km nordöstlich von Broken Hill gelegene Nationalpark in den Bynguano Ranges bietet verwitterte Sandsteinfelsen, Täler, Schluchten und wunderschöne, grüne Oasen mit *Red Gum Trees* und anderen Bäumen um Wasserlöcher, die vielen Tieren als Tränke dienen. Solch geschützte, mit Wasser und Nahrungsquellen versorgte Stellen waren geeignete Aufenthalts- und Versammlungsorte für die **Ureinwohner**; hier hielten sie über Jahrtausende Zeremonien und Feste ab. Zahlreiche **Felsgravuren** und **Felsmalereien** zeugen von ihrer früheren Anwesenheit und gehören zu den Hauptattraktionen des Nationalparks. Die Straße zum Park ist unbefestigt und kann schon nach leichten Niederschlägen unpassierbar werden.

Zugänglich ist der Westteil des Parks um **Homestead Creek**, dort gibt es ein Visitor Centre (allerdings ohne Personal) und einen schönen Campground unter River Red Gums mit Gasgrillstellen, Picknicktischen, Toiletten und Warmwasserduschen, $6 p. P., Kind $3,50. **TriState Safaris** bieten Touren mit Aboriginal Guides in den Park (siehe links, Broken Hill, Touren).

Mungo National Park

Die einer Mondlandschaft gleichende Kulisse des Mungo National Park ist einer der bekanntesten Outback-Eindrücke in New South Wales. Am östlichen Ende eines riesigen Seenbetts,

Wiege der Menschheit? Im Mungo NP wurden die ältesten menschlichen Überreste der Welt gefunden.

das vor etwa 15 000 Jahren austrocknete, erhebt sich eine lange Sanddüne mit pittoresken, vom Wind erodierten Formationen, die **Walls of China**. Der **Lake Mungo** ist ein Teil des ausgetrockneten Seensystems **Willandra Lakes** und eine der bedeutendsten archäologischen Fundstellen der Welt. Die im Sand vergrabenen Menschen- und Tierknochen, Steinwerkzeuge und Muschelhaufen gehören zu den ältesten Zeugnissen, die man bisher zum Leben des modernen Menschen *(Homo sapiens sapiens)* gefunden hat. Aus diesem Grund stehen die Willandra Lakes auf der Unesco-Liste des Weltnaturerbes.

Der **Mungo National Park** liegt 110 km nordöstlich von **Mildura/Wentworth** und ist am besten von dort aus zu erreichen. Nach heftigen Regenfällen ist der Eingang in den Park unpassierbar. Auskünfte über den Straßenzustand bei der Nationalparkbehörde in Buronga, Sturt Highway, Ecke Malaleuca St, ✆ 03 5021 8900. Das Visitors Centre im Park bietet eine sehenswerte Ausstellung über Flora und Fauna, Geologie und Geschichte der Region. ⌚ i. d. R. tgl. 8.30–18.30 Uhr, Eintrittsgebühr in den Nationalpark $8 pro Fahrzeug/Tag.

ÜBERNACHTUNG

Mungo Lodge, Arumpo Rd (Straße nach Mildura), 2 km vor dem Parkeingang, 💻 www.mungolodge.com.au. Einziges Hotel im Park, mit eigener Landebahn. Cottages mit unterschiedlicher Ausstattung. Außerdem Dorms (Bett $45) und Zeltplätze. Die Lodge organisiert auch Rundflüge und Touren zur Walls of China. ❼

Der **Campingplatz** der Nationalparkbehörde hat lediglich Plumpsklos und Duschen mit kaltem Wasser; $8,50 p. P. Trinkwasser ist mitzubringen.

NEUES PARLAMENTSGEBÄUDE, CANBERRA; © DUMONT BILDARCHIV / THOMAS P. WIDMANN

Australian Capital Territory

Eine Hauptstadt im Busch: Mitten im Outback zwischen Sydney und Melbourne erhebt sich die präzise geplante australische Kapitale aus der rauen Natur. Ein Besuch lohnt sich vor allem für diejenigen, die mehr über die Geschichte der jungen Nation erfahren möchten.

Stefan Loose Traveltipps

National Museum of Australia Topaktuell, tiefgründig und voller Symbolkraft – eine Reise durch die facettenreiche Kultur und Geschichte Australiens. S. 219

Parliament House In diesem futuristischen Gebäude wird australische Geschichte geschrieben. S. 221

Museum of Australian Democracy Im ehemaligen Parlament wird der politische und gesellschaftliche Werdegang der jungen Nation beleuchtet. S. 221

National Gallery of Australia Von Aboriginal-Kunst bis Sidney Nolan – eine der besten Kunstgalerien Australiens. S. 221

Tidbinbilla Nature Reserve Koalas in den Bäumen, Schnabeltiere in den Gewässern. Die Wildnis vor den Toren der Hauptstadt. S. 227

NATIONAL CAFILLON; © SHUTTERSTOCK.COM / YICAI

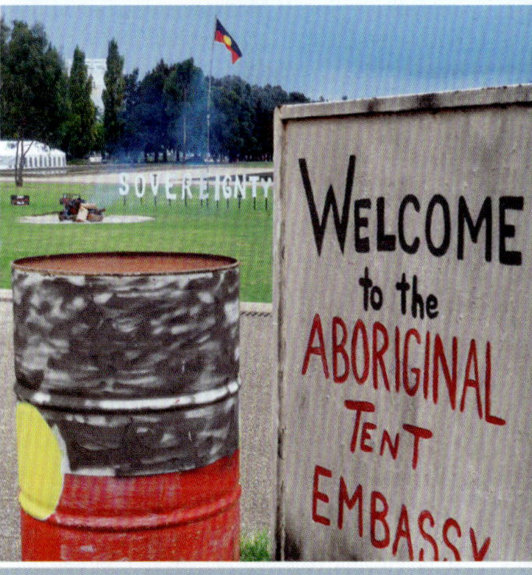

TENT EMBASSY CANBERRA; © JAN DÜKER

Wann fahren? Nov–April. Im Winter wird's bis zu 0 °C kalt.

Wie lange? 2–3 Tage für Canberra, Museen und Galerien, plus ein Tag für die umliegende Natur.

Bekannt für tolle Museen, ungestüme Parlamentsdebatten, riesige Parkanlangen

Updates und eure **Kommentare** zu diesem Kapitel auf www.stefan-loose.de unter **eXTra [11424]**

Canberra steht auf den Bucket-Lists der meisten Besucher von Übersee (und aus dem Inland) ziemlich weit unten. Und zugegeben – Australien hat so imposante Naturschätze zu bieten, dass der junge Regierungssitz mit seinen durchaus sehenswerten Museen und Kulturstätten daneben etwas verblasst. Doch wer Canberra besucht, gewinnt tiefe Einblicke in eine Gesellschaft, die die älteste Kultur der Menschheit mit der jüngsten Demokratie der westlichen Welt verbindet.

Geschichte

Der Blick auf die Landkarte mag verwundern: Knapp 300 km von Sydney entfernt grenzt sich am Fuß der Snowy Mountains das Gebiet des Australian Capital Territorys ab. Und auch die Geschichtsschreibung lässt viele Fragen zur Standortwahl der australischen Hauptstadt offen. Als sich die sechs Kolonien 1901 zum Commonwealth of Australia zusammenschlossen, wurde zum ersten Mal der Bedarf nach einem eigenen **Regierungssitz** wach. Die älteste und lange Zeit einwohnerstärkste Stadt Sydney sah sich berufen, aber das durch Goldfunde im 19. Jh. zur wohlhabenden Großstadt aufgestiegene Melbourne wollte nicht zustimmen. So beschloss man nach dem Modell von Washington D.C. eine eigene, zweckmäßig geplante Hauptstadt zu gründen, die von allen Australiern gleichermaßen akzeptiert werden sollte.

Der **Landgutachter Charles Scrivener** wurde beauftragt, einen geeigneten Standort zu bestimmen, und 1908 wurde eine von Bergen umgebene Ebene südlich von Yass als zukünftiger Regierungssitz auserwählt. Eine kuriose Wahl, denn bis auf die etwa 2000 Viehzüchter sowie rund 200 000 Schafe und etwa nochmal so viele Kühe war das Gebiet nichts als raues, unerschlossenes Buschland. Bis heute umgehen die größten Highways Canberra um rund 60 km.

Eine 2368 km² große Fläche wurde als Australian Capital Territory (ACT) aus dem Bundesstaat New South Wales herausgelöst. Dazu gehört auch Jervis Bay südlich von Nowra an der Küste von New South Wales, denn Australiens Hauptstadt sollte Zugang zum Meer haben. Nach langem Namensfindungsprozess wurde

Vorwahl

Das Capital Territory hat dieselbe Vorwahl wie New South Wales: ✆ 02.

entschieden, den **Aborigine-Namen der Region** beizubehalten: Canberra (früher manchmal auch Canberry geschrieben) – „der Treffpunkt".

Der amerikanische **Architekt Walter Burley Griffin** gewann 1912 den Wettbewerb um die Gestaltung der zukünftigen Hauptstadt. Sein Entwurf, der größtenteils der Feder seiner Partnerin und Ehefrau **Marion Mahony Griffin** entsprang, bezog die natürliche Umgebung mit ein. Das Architektenpaar sah eine offene Gartenstadt für 25 000 Einwohner vor. Politische Grabenkämpfe und der Erste Weltkrieg lähmten jedoch den Aufbau der Hauptstadt. Erst 1927 weihte man das provisorische Parlamentsgebäude ein.

1963 staute man mitten im Stadtgebiet den Molonglo River zu einem 11 km langen See: **Lake Burley Griffin** (warum der zweite und nicht der erste Vorname des Architekten gewählt wurde, bleibt eins der vielen Rätsel Canberras). Zahlreiche öffentliche Anlagen und Gebäude wurden entlang seiner Ufer erbaut. Bis heute haben Canberras Stadtplaner das ursprüngliche Konzept mit einem Geschäftsviertel nördlich des Sees, dem Regierungsviertel südlich und einer Achse vom War Memorial zum Parlamentsgebäude prinzipiell beibehalten.

Die Einwohnerzahl stieg rapide von 15 000 im Jahr 1947 auf über 100 000 im Jahr 1967. Im Jahr 2021 lebten rund 450 000 Menschen im Großraum Canberra.

Klima

Canberra liegt 600 m hoch auf einer Hochebene und hat im Gegensatz zu den Städten an der Küste vier ausgeprägte Jahreszeiten. Im Sommer schwanken die Durchschnittstemperaturen zwischen 27 °C am Tag und 12 °C in der Nacht, und im Winter sinken sie von 12 °C am Tag nachts bis auf den Gefrierpunkt ab. Die bis zu 1900 m hohen Bergrücken im Westen und Süden von Canberra sind im Winter schneebedeckt.

Im Januar und Februar 2020 brannte im und um den Namadgi National Park eine Fläche von mehr als 24 000 ha nieder. Australiens Hauptstadt verzeichnete Temperaturen von über 40 °C, dazu kamen starke Winde, die die Löscharbeiten fast unmöglich machten.

Canberra

Canberra sucht man zwar meist vergeblich auf diversen Highlight-Listen Australiens (die in diesem Buch eingeschlossen). Aber die künstliche Stadt, die den australischen Regierungssitz umgibt, ist nicht so farblos wie ihr nachgesagt wird. Hier liegen zweifelsohne einige der besten Museen des Landes, und je tiefer man in die Geschichte und Kultur Australiens eintauchen möchte, umso imposanter die Entdeckungen.

Vieles liegt im Auge des Betrachters: Canberra sei eine Stadt in einem Naturpark, schwärmen die Einheimischen. Wo sonst gibt es schon so viele Grünanlagen und hoppeln Kängurus nur ein paar Gehminuten vom Zentrum entfernt durch die Landschaft? Man brauche ein Fahrzeug, um von einer Attraktion zur nächsten zu gelangen, beklagen kritische Besucher. Und überhaupt, ist hier irgendwo was los? Mehr als anderswo ist das Ausgehen in der Hauptstadt eine Frage von „gewusst wo", denn das Angebot an Restaurants, Kneipen und Nachtclubs ist vielfältig und durchaus angesagt.

Die Innenstadt (Civic)

Selbst die Sehenswürdigkeiten der Innenstadt nördlich des Lake Burley Griffin – Civic Centre oder kurz Civic genannt – verteilen sich auf einen relativ großen Raum, sodass sich für die Besichtigung ein Auto oder Fahrrad (S. 225) empfiehlt. Außerdem fahren die öffentlichen ACTION-Busse die Sehenswürdigkeiten an.

National Museum of Australia

Schon von außen wirkt das auf einer Halbinsel gelegene Museum beachtenswert. Die stählernen oder aufgemalten „Seile", die das Museum ringsherum umgeben, sollen die unzähligen verwobenen Geschichten darstellen, die die australische Gesellschaft ausmachen. Im Zentrum verbinden sie sich zu einem „Knoten", in dem das eigentliche Museum liegt. Für die Ausstellungen sollte man sich ein paar Stunden Zeit nehmen, denn sie gewähren tiefe Einblicke in die Aborigine-Kultur bis zur Ankunft der Europäer, die Eindrücke der ersten Siedler sowie deren schwerwiegende Auswirkungen auf die natürliche und soziale Entwicklung Australiens. Acton Peninsula, ⌚ tgl. 9–17 Uhr, Eintritt frei, 💻 www.nma.gov.au.

National Film & Sound Archive

Das Staatsarchiv für Film- und Tonaufnahmen im McCoy Circuit in der Nähe des Uni-Campus bewahrt Audio- und Videoaufnahmen von den ersten Dokumenten aus dem späten 19. Jh. bis in die Gegenwart. In einem kleinen Theatersaal werden interessante geschichtliche Kurzfilme gezeigt. ⌚ tgl. 10–16 Uhr, Eintritt frei.

National Capital Exhibition

Die National Capital Exhibition ist Visitor Centre und Museum in einem. Die Ausstellung dokumentiert die Entwicklung Canberras vom Weidegebiet zur modernen, künstlich angelegten Hauptstadt auf anschauliche und interessante Weise. Hier sind übrigens auch die Pläne jener Architekten ausgestellt, die beim internationalen Wettbewerb um die städtebauliche Gestaltung Canberras den 2. und 3. Platz belegten. ⌚ Mo–Fr 9–17, Sa und So 10–16 Uhr, Eintritt frei.

Der Ausstellungspavillon liegt am Regatta Point, einer Bucht östlich der Commonwealth-Avenue-Brücke. Von der Terrasse kann man die Aussicht genießen, darunter auf die Wasserfontäne des **Captain Cook Memorial Jet**, die zwischen 14 und 16 Uhr aus dem See direkt vor dem Ausstellungsgelände 147 m in die Höhe schießt.

Australian War Memorial

Das klotzige Kuppelgebäude, das auf dem Hügel gegenüber vom Parliament House am Ende der Anzac Parade thront, ist die nationale Gedenkstätte für Australiens 102 000 Gefallene seit dem Ersten Weltkrieg und zugleich ein

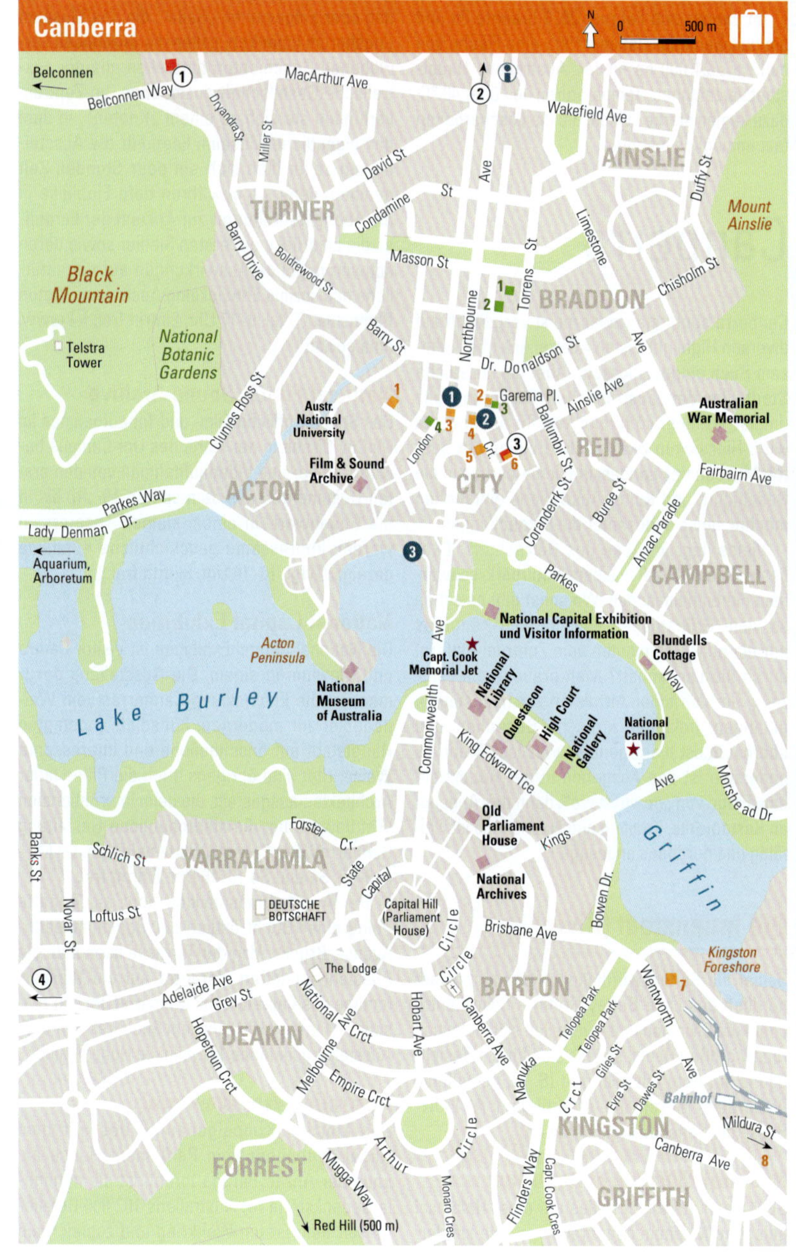
Canberra
N
0
500 m
Belconnen
Belconnen Way
MacArthur Ave
Dryandra St
Miller St
Wakefield Ave
AINSLIE
Duffy St
David St
Ave
TURNER
Condamine
St
Mount Ainslie
Barry Drive
Limestone
Boldrewood St
Masson St
Torrens St
Black Mountain
Chisholm St
BRADDON
Northbourne
Barry St
Ave
Telstra Tower
National Botanic Gardens
Dr. Donaldson St
Garema Pl.
Ainslie Ave
Australian War Memorial
Clunies Ross St
Austr. National University
Ballumbir St
London
Crt.
REID
Film & Sound Archive
Fairbairn Ave
ACTON
CITY
Buree St
Parkes Way
Coranderrk St
Lady Denman Dr.
Anzac Parade
Aquarium, Arboretum
CAMPBELL
Parkes
National Capital Exhibition und Visitor Information
Ave
Blundells Cottage
Acton Peninsula
Capt. Cook Memorial Jet
Way
National Library
Questacon
High Court
National Gallery
National Carillon
National Museum of Australia
Lake Burley
Commonwealth
King Edward Tce
Ave
Morshead Dr
Old Parliament House
Griffin
Forster Cr.
Banks St
Kings
Schlich St
YARRALUMLA
State
Capital
National Archives
Bowen Dr.
Novar St
Loftus St
DEUTSCHE BOTSCHAFT
Capital Hill (Parliament House)
Circle
Brisbane Ave
Kingston Foreshore
Circle
The Lodge
Adelaide Ave
Grey St
BARTON
Wentworth
National Ave
Telopea Park
Telopea Park
Hopetoun Crct
Crct
Hobart Ave
Canberra Ave
DEAKIN
Giles St
Melbourne
Empire Crct
Manuka
Crct
Eyre St
Dawes St
Ave
Bahnhof
Mildura St
KINGSTON
Arthur
Circle
Canberra Ave
FORREST
Mugga Way
Flinders Way
Capt. Cook Cres
Monaro Cres
GRIFFITH
Red Hill (500 m)

ÜBERNACHTUNG
① Alivio Tourist Park
② Blue and White Lodge
③ The Village Canberra
④ Cotter Campground

ESSEN
1 Eightysix North
2 BentSpoke Brewing Company
3 Akiba
4 Two Before Ten

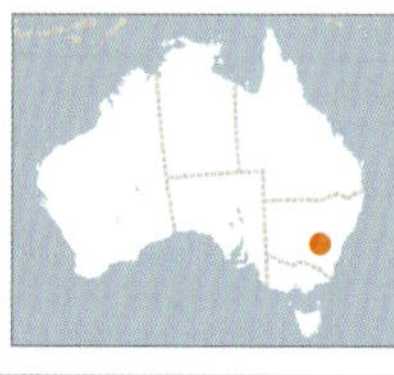

SONSTIGES
1 The Street Theatre
2 King O'Malley's
3 Smiths Alternative
4 Mooseheads
5 Canberra Theatre Centre
6 Transit Bar
7 Old Bus Depot Markets
8 Fyshwick Fresh Food Markets

TRANSPORT
❶ Jolimont Centre
❷ City Bus Interchange
❸ Touristen-Fähre, Fahrrad- und Bootsverleih

Militärmuseum. Hier wird eine heroische Vergangenheit konstruiert, deren deutlichster Ausdruck die Anzac-Story vom Ersten Weltkrieg ist (s. Kasten S. 223). In wessen Kriegen die australischen Soldaten so tapfer starben, wird nicht hinterfragt. Jeden Tag um 16.55 Uhr startet die öffentlich zugängliche **Last Post Ceremony**, bei der mit einer kurzen Lesung zur Lebensgeschichte und der Kranzniederlegung eines gefallenen Soldaten gedacht wird. ⌚ tgl. 10–17 Uhr, Eintritt frei, 💻 www.awm.gov.au.

Regierungsviertel

Das Regierungsviertel mit vielen öffentlichen Gebäuden liegt am Südufer des Sees. Vom Civic aus erreicht man es über die Brücken der Commonwealth Avenue oder der Kings Avenue, die gemeinsam mit der Constitution Avenue die Basis des „Parlamentarischen Dreiecks" formen. Die Spitze dieses Dreiecks bildet der **Capital Hill** mit dem augenfälligen Neuen Parlament.

Parliament House

Der erst 1988 eingeweihte Sitz des Parlaments ist Canberras Hauptattraktion. Die imposante Eingangshalle, die Säle und Wandelgänge sind mit Gemälden, Wandteppichen, Fotografien und Keramiken geschmückt. Wenn das Repräsentantenhaus oder der Senat tagen, dürfen nur die Viewing Galleries betreten werden. ⌚ tgl. 9–17 Uhr. Um 9.30, 11, 13, 14 und 15.30 Uhr gibt es kostenlose Führungen, die in der sitzungsfreien Zeit etwa 45 Min. dauern (sonst kürzer). Oder man bezahlt am Eingang $2 für eine Audiotour (auch auf Deutsch). Auskunft, auch über Sitzungszeiten, unter 💻 www.aph.gov.au.

Old Parliament House

Das alte Parlament, eines der architektonisch reizvollsten Gebäude Canberras im neoklassizistischen Stil am Fuße des Capital Hill, beheimatet heute das sehenswerte **Museum of Australian Democracy**. Eine kostenlose 45-minütige Führung vermittelt einen Einblick in die bedeutsamen politischen Ereignisse, die sich von 1927–88 innerhalb dieser Mauern abspielten. Aber auch die Ausstellung zur Geschichte der australischen Demokratie von den ersten Entwürfen der Magna Carta bis zur heutigen Gesellschaft ist durchaus einen Blick wert. King George Terrace, ⌚ tgl. 9–17 Uhr, Eintritt frei.

Auf der Wiese vor dem Alten Parlamentsgebäude haben Aborigines 1972 zum ersten Mal als Zeichen des Protestes gegen soziale und ökonomische Ungerechtigkeit ihre Zelte aufgeschlagen. Die **Tent Embassy** (s. Kasten S. 226) ist mittlerweile fester Bestandteil des politischen Geschehens in Australien.

National Gallery of Australia

Die Nationalgalerie beherbergt über 160 000 Werke. Permanent zu sehen ist eine große Sammlung australischer Künstler, u. a. Sidney Nolans Ned-Kelly-Serie (ein zur Legende erhobener australischer Gangster), Werke von Russell Drysdale und Albert Tucker. Daneben hat sich die Galerie auf asiatische, internationale und Aboriginal- bzw. Torres-Strait-Islander-Kunst spezialisiert. Sehenswert sind das Aboriginal Memorial und die Aboriginal-Gemälde auf Baumrinde. Vom Skulpturengarten blickt man auf den Lake Burley Griffin und den Carillon-Glockenturm. Parkes Pl, ⌚ tgl. 10–17 Uhr, Eintritt frei. Tgl. kostenlose Führungen, 💻 www.nga.gov.au.

National Portrait Gallery

Eine Fußgängerbrücke verbindet die Nationalgalerie mit der National Portrait Gallery. Hier sind Porträts berühmter Australier zu sehen. Sie reichen von der Totenmaske des Buschganoven Ned Kelly bis zum Ölgemälde der in Tasmanien geborenen Mary Elizabeth, Kronprinzessin von Dänemark. King Edward Terrace, ◷ tgl. 10–17 Uhr, Eintritt frei. Tgl. kostenlose Führungen um 11.30 und 14.30 Uhr.

Questacon

Das Questacon – National Science and Technology Centre ist ein „Museum zum Anfassen" und besonders – aber nicht nur – für Kinder interessant. Die Betonung liegt auf Naturwissenschaft und Technik. Die Ausstellungen erklären auf anschauliche Weise physikalische Phänomene. 35 King Edward Terrace, ◷ tgl. 9–17 Uhr, Eintritt $25, Kind $19, Familie $73, 💻 www.questacon.edu.au.

Diplomatenviertel

Nach der Parlamentsbesichtigung bietet sich eine Rundfahrt durch Canberras Diplomatenviertel Yarralumla und Forrest an. Etliche Botschaften fallen durch im Stil ihrer Heimatländer errichtete Gebäude auf, z. B. die Häuser von Indonesien und Papua-Neuguinea. An der Adelaide Avenue am Fuße des Capital Hill residiert zeitweise der Premierminister in **The Lodge**.

In Zentrumsnähe

Mount Ainslie

Von keinem anderen Punkt der Stadt bietet sich ein besserer Blick auf das Regierungsviertel als vom 843 m hohen Mount Ainslie. Man erreicht die Aussichtsplattform mit dem Auto über einen Abzweig von der Fairbairn Avenue (ausgeschildert), oder zu Fuß über den 4 km langen Mount Ainslie Summit Trail, der hinter dem Australian War Memorial beginnt (ca. 1 1/2 Std.).

Botanischer Garten und Black Mountain

Die **Australian National Botanic Gardens** an den Hängen des Black Mountain bieten einen hervorragenden Überblick über die Flora Australiens: 6000 einheimische Spezies wurden angepflanzt, von Hunderten verschiedener Eukalyptusarten über *Banksia* und *Proteacea* bis hin zu Pflanzen des Regenwaldes. ◷ tgl. 9.30–16.30 Uhr, Eintritt frei. Clunies Ross St. Zum Garten gehören auch ein Informationszentrum und Café. 💻 www.anbg.gov.au.

Ganz in der Nähe liegt der **Black Mountain**, der sich 250 m über Canberra erhebt. Die Aussichtsplattform des **Black Mountain Tower** (auch Telstra Tower genannt, Fernsehturm) war zuletzt aufgrund von Renovierungsarbeiten geschlossen.

National Arboretum

Das 2013 eröffnete Arboretum verdankt seine Existenz den Buschbränden, die dieses 250 ha große Gelände 2001 verwüsteten. Heute spazieren Besucher durch 94 Wälder von teils bedrohten Baumarten aus Australien und der ganzen Welt. Von den über das Gelände verteilten Skulpturen bieten sich gute Ausblicke auf die Stadt. Im Zentrum liegt das Village Centre mit Café, Restaurant und Souvenirladen. Hier liegen auch Infoblätter und Karten aus. Eintritt frei. Zu erreichen über den Tuggeranong Parkway, ca. 15 Min. Fahrt vom Zentrum; 5x tgl. mit dem ACTION-Bus ab Platform 10 am Busbahnhof, ◷ Arboretum tgl. 6–20.30 Uhr, Village Centre 9–16 Uhr, 💻 www.nationalarboretum.act.gov.au.

National Zoo and Aquarium

Der Privatzoo am Stadtrand Canberras beinhaltet mehrere Süßwasserbecken mit bunten Fischen des Korallenriffs, Seeschlangen und Seeschildkröten sowie das Wildlife Sanctuary, in dem neben Koalas, Kängurus und Wombats auch Dingos und Zwergpinguine leben. Die abenteuerlichste Attraktion des Zoos ist jedoch eigentlich nicht in Australien beheimatet. Unter Aufsicht und nach Voranmeldung kann man tgl. mit wechselnden Tieren (darunter Affen, Löwen, Haie, Pandas und Giraffen) auf Tuchfühlung gehen. Der exklusive Besuch im Gehege der edlen Raubtiere kostet je nach Tier $65–185 p. P. ◷ tgl. 9.30–17 Uhr, Eintritt $55, Kind 3–17 J. $32. Lady Denman Drive, Scrivener Dam, nahe Yarralumla; 5x tgl. mit dem ACTION-Bus ab Platform 10 am Busbahnhof, 💻 www.nationalzoo.com.au.

Zur Anlage gehört auch die 2015 eröffnete **Jamala Wildlife Lodge**, in deren 5-Sterne-Zimmern nur eine Glaswand zwischen Gästen und Zoobewohnern wie Braunbären, Löwen oder Tigern steht. Ein einmaliges Erlebnis, allerdings zu seinem Preis: Eine Übernachtung inkl. VP und zwei Safaritouren gibt es ab $1650.

ÜBERNACHTUNG

Hostels

The Village Canberra, 7 Akuna St, 🖳 https://thevillagehostels.com.au/canberra. Großes Hostel in superzentraler Lage; 4–10-Bett-Dorms (Bett ab $36) sowie DZ, einige mit Bad. Viele Annehmlichkeiten, u. a. ein kleines geheiztes Hallenbad, Sauna und Whirlpool, Dachterrasse mit Grillstelle und hauseigenes Café mit günstigen Preisen für Frühstück und Mittagessen. Budget-Unterkünfte sind hier rar, also vorbuchen! ❸

Andere

€ **Blue and White Lodge**, 524 Northbourne Ave, Downer, ✆ 6248 0498, 🖳 www.blueandwhitelodge.com.au. Eine gute und günstige Alternative zu den Hotels sind die

Die Anzac-Soldaten

In jeder größeren australischen Stadt steht ein Kriegsdenkmal, das den Anzac-Soldaten gewidmet ist. Diese australischen und neuseeländischen Streitkräfte kämpften im **Ersten Weltkrieg** an der Seite Großbritanniens. Als 1914 in Europa der Erste Weltkrieg ausbrach, wurde Australien von einer Welle probritischen Patriotismus ergriffen. „When the Empire is at war so Australia is at war", fasste am 5. August 1914, einen Tag nach der Kriegserklärung Großbritanniens an das deutsche Kaiserreich, der damalige australische Premierminister Joseph Cook die Stimmung der Mehrheit seiner Landsleute zusammen. Am 1. November 1914 stach eine Truppe von 20 000 australischen und neuseeländischen Freiwilligen von Albany, Western Australia, in See, um dem Mutterland zu Hilfe zu eilen. Die Bevölkerung Australiens lag damals bei weniger als 5 Millionen. Diese Truppe wurde als **Australia and New Zealand Army Corps**, abgekürzt ANZAC, bekannt.

Im Oktober 1914 waren auf der gegnerischen Seite die Türken in den Krieg eingetreten. Anfang 1915 heckten Militärstrategen in London den Plan aus, in einem **Blitzangriff** die türkische Dardanellen-Halbinsel bei **Gallipoli** (Türkisch: *anakkale*) zu erobern und damit die Dardanellen unter alliierte Kontrolle zu bringen. In der Morgendämmerung des 25. April 1915 landeten 16 000 Australier in einer von steilen Felsen begrenzten Bucht. Bei Anbruch der Nacht waren schon 2000 Mann im Kugelhagel der Türken gefallen. Das Vorhaben war eindeutig zum Scheitern verurteilt, dennoch wurden weitere **acht Monate** lang alliierte Soldaten beim Kampf um die Halbinsel verheizt, ohne jemals wesentlich Boden zu gewinnen.

Im Dezember endlich kam aus London der Befehl zum **Rückzug**. Die scheinbar geniale Strategie hatte sich als militärisches **Desaster** erwiesen. 11 000 Australier und Neuseeländer hatten ihr Leben verloren, die Franzosen hatten genauso viele Tote zu beklagen, die britischen Truppen fast dreimal so viele. Die Türken zählten 86 000 Gefallene – hatten aber erfolgreich ihr Land verteidigt.

Von australischer Seite wird bis heute beklagt, dass Australiens Kriegsbeitrag von britischer Seite nur ungenügend anerkannt worden ist. Fast 60 000 Australier verloren ihr Leben.

Seit 1916 wird die strategisch gesehen unsinnige Landung in Gallipoli jedes Jahr am 25. April, dem sogenannten **Anzac Day**, mit landesweiten Paraden und Gedenkfeiern gefeiert. Der vergebliche Kampf um Gallipoli ist in der australischen Geschichtsschreibung ebenso wie in der Literatur und der Kunst zum Identität stiftenden **Nationalmythos** verklärt worden. Demnach bewährten sich die Anzac-Soldaten in der Feuertaufe des Krieges als heldenhafte Söhne Australiens, auf die die neue Nation zu Recht stolz sein könnte.

Mehr als hundert Jahre später ist die Anzac-Story noch immer Angelpunkt des australischen Nationalstolzes. Etwa 85 000 Personen nahmen 2015 zur Hundertjahrfeier an den Anzac-Gedenkfeiern in Melbourne teil, weitere 30 000 versammelten sich in Sydney. Gallipoli ist eine Art Wallfahrtsort geworden: Etwa 8000 Australier reisten damals in die Türkei.

19 gemütlichen Zimmer mit Bad, Kühlschrank und AC/Heizung dieser freundlichen Lodge. Die Zimmer im 1. Stock haben einen Balkon mit Blick auf den Black Mountain. ❸

Ibis Styles Tall Trees, 21 Stephen St, Ainslie, 💻 https://all.accor.com. Komfortables Hotel mit oft guten Deals im Internet. Kleine Zimmer sowie Apartments mit Küche. Ca. 3 km vom Zentrum entfernt. ❸

Cabins und Camping

Freicampen ist im ACT verboten und wird mit deftigen Bußgeldern bestraft.

Alivio Tourist Park, 20 Kunzea St, O'Connor, knapp 5 km nordwestl., 💻 http://aliviogroup.com.au. Die große, gepflegte Anlage ist der dem Zentrum nahe gelegenste Caravanpark. Stellplätze $57, mit Bad $77, sowie Cabins mit 1–3 Schlafzimmern. Pluspunkte sind der große Pool, Volleyball-, Tennis- und Basketballplätze und die große, moderne Campküche. Ab ❹

Cotter Campground, Cotter Rd, Cotter Reserve, ca. 25 Min. vom Zentrum, 💻 www.parks.act.gov.au. Das Cotter Reserve ist seit 100 Jahren beliebtes Ausflugsziel der Canberrans (S. 227). Der Campingplatz am Fluss ist hervorragend ausgestattet mit Duschen, Toiletten, Picknicktischen und Spielplatz. Allerdings kann es voll werden, also rechtzeitig online buchen. $17 p. P., Kinder bis 15 J. frei.

ESSEN

Braddon hat sich zum angesagten Ausgehzentrum gemausert. Schön am Wasser gelegen isst man an der Promenade in **Kingston Foreshore**.

Akiba, 40 Bunda St, Civic, 💻 www.akiba.com.au. Man fühlt sich etwas wie in den lauten asiatischen Imbisshallen. Hier wird ostasiatische Küche mit westlichen Einflüssen gemischt. Das Ergebnis ist äußerst schmackhaft und das Akiba hat schon zahlreiche Preise abgeräumt. Man wählt zwischen Street Food und authentischen Nudel- und Reisgerichten, je ca. $9–21. 🕒 tgl. 11.30–22 Uhr.

BentSpoke Brewing Company, 48 Mort St, Braddon, 💻 www.bentspokebrewing.com.au. Da soll noch mal jemand sagen, in Canberra sei nichts los. In dem Brauereipub, wo der Brauprozess praktisch auf Museumsniveau erhoben wird, herrscht zwischen glänzenden Kesseln und Zapfhähnen immer gute Stimmung. Auch das Essen ist hervorragend. 🕒 tgl. ab 11–23 Uhr.

Eightysix North, 147 Lonsdale St, 💻 https://eightysix.com.au. In dem beliebten Restaurant wechselt die Karte täglich. U. a. gibt es Seafood und Burger, aber auch viel Vegetarisches. 🕒 tgl. 18–23 Uhr, Mi–So auch Mittagstisch.

Two Before Ten, 1 Hobart Place, Civic, 💻 www.twobeforeten.com.au. Das kleine Café hat den besten Kaffee der Stadt. Dazu gibt's Frühstück und Mittagessen mit frischem Sauerteigbrot. 🕒 Mo–Fr 7–15 Uhr.

EINKAUFEN

Märkte

Fyshwick Fresh Food Markets, Dalby St, Fyshwick. Großer Lebensmittelmarkt mit vielen Obst- und Gemüsesorten, z. T. aus ökologischem Anbau. 🕒 Do–So 7–17.30 Uhr.

Hartley Hall Markets, Hall Village Showground. Gehört zu den größten Kunsthandwerk- und Eigenerzeugermärkten Australiens. 🕒 außer im Jan an jedem 1. So im Monat 11–15 Uhr.

Old Bus Depot Markets, Wentworth Ave, Kingston. Hier gibt es Kunsthandwerk, Schmuck und Klamotten. 🕒 So 10–16 Uhr.

Souvenirs

Gute Fundgruben sind die Souvenirläden in den großen Touristenattraktionen wie Arboretum oder National Gallery of Australia.

TOUREN

Touren zu Fuß oder im Bus

Canberra Secrets, 💻 www.canberrasecrets.com.au. Die Canberra-Expertin Marg Wade führt Besucher auf individuell zugeschnittenen Touren durch ihre Stadt. Die beste Art einen tiefen Einblick in die Stadt zu gewinnen. Halbtagestour $190, ganzer Tag $220.

Gondwana Dreaming Tours, 💻 www.gondwana-dreaming.com. Ein- bis sechstägige Touren in die Umgebung mit Betonung auf Geschichte und Geologie. U. a. *Fossil-Dig*-Tour bei Canowindra.

Bootstouren

Lake Burley Griffin Cruises, 💻 www.lakecruises.com.au. Einstündige Fahrten mehrmals tgl. im Sommer ab Acton Park Ferry Terminal, Barrine Drive an der Nordseite des Sees, in der Nähe von Commonwealth Ave und Parkes Way; $25.

Ballonfahrten

Dawn Drifters, 💻 www.dawndrifters.com.au. Flug mit dem Fesselballon, 60 Min., werktags $410, am Wochenende $460.

UNTERHALTUNG UND KULTUR

Aktuelle Infos zum Kultur- und Unterhaltungsangebot unter 💻 www.outincanberra.com.au.

Aboriginal-Kunst und -Kultur

In der **Aboriginal Dreamings Gallery**, 19 Ohanlon Place, Gold Creek Village, 💻 www.aboriginaldream.com, werden Kunst und Kunsthandwerk der Aborigines ausgestellt. 🕒 Sa und So 11–16 Uhr.

Musik

Klassische Musik wird häufig im **Canberra Theatre Centre**, London Circuit, 💻 www.canberratheatrecentre.com.au, gespielt. Livemusik gibt es Do–Sa abends in der **Pot Belly Bar**, Weedon Close, Belconnen sowie im beliebten **Smith's Alternative**, 76 Alinga St, City, wo zwei Klaviere und weitere Musikinstrumente Gästen zur freien Verfügung stehen.

Nachtleben

Das Nachtleben ist nicht vergleichbar mit dem von Sydney oder Melbourne, aber lebhafter als sein Ruf, so z. B. im Civic. In Braddon und am Kingston Foreshore liegen einige schöne Pubs.

BentSpoke Brewing Company (S. 224, Essen).

King O'Malley's, City Walk Ecke Mort St. Irish Pub, in dem auch unter der Woche einiges geboten wird.

Mooseheads,105 London Circuit. Altbewährtes großes Pub und Nightclub.

Transit Bar, 7 Akuna St, gleich neben dem YHA. Hier ist meist was los. Dienstags ist Karaoke-Nacht und am Wochenende greifen verschiedene Musiker und Comedians zum Mikrofon.

Theater

Vorstellungen in unregelmäßigen Abständen im **Canberra Theatre Centre**, s. „Musik". Unabhängiges Performancetheater und Kabarett gibt es im **The Street Theatre**, Childers St, City West, 💻 www.thestreet.org.au.

SONSTIGES

Autovermietungen

Die großen Mietwagenfirmen haben alle eine Filiale in Canberra. Preisvergleich unter 💻 www.carhire.com.au und vroomvroomvroom.com.au.

Botschaften

Deutschland: 119 Empire Circuit, Yarralumla, 💻 www.canberra.diplo.de.
Österreich: 12 Talbot St, Forrest, 💻 www.bmeia.gv.at/botschaft/canberra.
Schweiz: 7 Melbourne Ave, Forrest, 💻 www.eda.admin.ch/australia.

Fahrradverleih

Cycle Canberra, 💻 www.cyclecanberra.com.au. Kostenlose Anlieferung und Abholung von Mieträdern. $50 pro Tag oder $85 für 3 Tage. Helm und Schloss inbegriffen.

Feste

Enlighten Canberra, Kunst- und Kulturfestival im März, zu dem die Bauwerke in buntem Licht erstrahlen. 💻 https://enlightencanberra.com.
Floriade, Frühlingsfest mit Blumenausstellung im Commonwealth Park; Theater, Musik usw., Mitte Sep–Mitte Okt.

Informationen

Canberra Visitors Centre, Barrine Drive, 💻 www.visitcanberra.com.au. 🕒 Mo–Fr 9–17, Sa und So 9–16 Uhr.

NAHVERKEHR

Stadtbusse

Rund um das Zentrum (Civic) und Braddon verkehrt Mo–Fr von 7–19 Uhr etwa alle 10 Min. der kostenlose **Bus 101 (Free City Loop)**. Fahrplaninformation zum Netz unter 💻 www.transport.act.gov.au.

Die Aboriginal Tent Embassy

Am Australia Day 1972, dem Tag, an dem sich jeder Australier gern auf seinen Nationalstolz besinnt, errichtete eine Gruppe Aborigines erstmals ein Zelt auf der Wiese vor dem Old Parliament House und erinnerte mit diesem Protest an die unrühmliche Seite der australischen Geschichte. Ausschlaggebend für den Aufbau des Camps war neben der Frustration über die nicht eingehaltenen Versprechen nach dem Referendum von 1967 – den Aborigines wurden damals erstmals offiziell Bürgerrechte zugesprochen, von denen bis dato aber nur wenige in die Tat umgesetzt worden waren – v. a. die Weigerung der damaligen Regierung, den australischen Ureinwohnern Rechte auf Land oder finanzielle Entschädigung zu gewähren.
Mehrere Male ist die Tent Embassy seitdem an unterschiedlichen Orten ab- und wieder aufgebaut worden. 1974 zerstörte ein Sturm das Protestcamp, einige Male richteten Feuer, teils durch Brandstiftung verursacht, erhebliche Schäden an. Zum 20-jährigen Bestehen der Botschaft baute man die Zelte wieder an ihrem ursprünglichen Standort vor dem alten Parlamentsgebäude auf. Das *Sacred Fire* bildet den spirituellen Mittelpunkt der Protestbewegung. Das Feuer steht für Frieden, Gerechtigkeit und Souveränität.
Zentrales Streitthema in der Öffentlichkeit ist nach wie vor die Forderung der Aborigines nach Landrechten und der Souveränität über ihre Verwaltung. Gegner der Bewegung argumentieren, dass der Tent Embassy eine legitime demokratische Grundlage fehlt. Dennoch ist die Tent Embassy seit 1995 der einzige Ort in Australien, der im Nationalregister offiziell als Symbol für den politischen Kampf der Ureinwohner steht, und gewinnt zunehmend an institutioneller Bedeutung. Im Februar 2008 kamen Hunderte Aborigines und Nicht-Aborigines aus ganz Australien vor dem alten Parlamentsgebäude zusammen, um gemeinsam die „Sorry-Rede" des damals neu gewählten Premierministers Kevin Rudd vor dem Parlament zu verfolgen. Mit dieser historischen Ansprache wandte sich Rudd an die „Stolen Generations" – Generationen von Mischlingskindern, die im Rahmen einer grausamen Assimilierungspolitik aus ihren Aboriginal-Familien gerissen worden waren. Näheres auf S. 119.

Wie in allen Großstädten kommt man auch in Canberra am günstigsten mit einer aufladbaren Chipkarte herum, hier MyWay genannt. Deren Anschaffung kostet allerdings $5. Ansonsten gibt es auch Einzel- und Tagestickets. Ein Einzelticket ist 90 Min. lang im gesamten Netz gültig und kostet $5. Eine Tageskarte für alle Zonen kostet $9,60. Fahrkarten und Fahrpläne für einzelne Busrouten bekommt man bei Zeitungsläden *(newsagents)* und an Busbahnhöfen (Bus Interchanges); Fahrkarten auch beim Busfahrer.

Taxis

ACT Cabs, ✆ 6280 0077, 🖳 www.actcabs.com.au.

TRANSPORT

Busse

Greyhound Australia, Jolimont Centre, 65-67 Northbourne Ave, 🖳 www.greyhound.com.au. Tgl. nach SYDNEY (3 1/4 Std.) und MELBOURNE (4 1/2 Std.).
Murrays, Jolimont Centre, Northbourne Ave, 🖳 www.murrays.com.au. Mehrmals tgl. nach SYDNEY (ab $47, 3 1/2 Std.), 1x tgl. zur SOUTH COAST und nach WOLLONGONG. Im Winter auch in die SNOWY MOUNTAINS.

Eisenbahn

Das ACT hat keinen eigenen Bahnservice, aber die Züge von NSW Trainlink und V/Line halten in Canberra. Der Bahnhof von Canberra liegt in Kingston, Züge halten auch in Queanbeyan. Abgesehen von den Zügen nach Melbourne und Sydney fahren Busse nach EDEN, BERRIDALE und WOLLONGONG.
NSW Trainlink, 🖳 www.nswtrainlink.info.

Flüge

Nur Inlandsflüge: **Qantas**, 🖳 www.qantas.com.au, und **Virgin Australia**, 🖳 www.virgin

australia.com, fliegen direkt nach SYDNEY, MELBOURNE und ADELAIDE.
Der ACTION Bus Rapid 3 fährt alle 15 Min. vom Flughafen in die Innenstadt und zurück. Fahrzeit ca. 20 Min.

Die Umgebung von Canberra

Die Einwohner Canberras haben die Natur direkt vor der Haustür. Nach einer halbstündigen Autofahrt sind Picknickplätze und Buschwanderwege in den State Reserves und Nationalparks erreicht. Bei Gefahr von Buschfeuern sind die Naturreservate gesperrt. Außerdem finden sich in der Region historische Farmen und Dörfer, Privatzoos sowie Weingüter. Die Parks und Reserves südlich von Canberra waren zur Zeit der Recherche aufgrund der Buschbrände noch auf unbestimmte Zeit geschlossen.

Südlich von Canberra

Namadgi National Park

Dieser 106 000 ha große Nationalpark nimmt fast die Hälfte des gesamten ACT ein. Im Januar und Februar 2020 standen mehr als 80 Prozent seiner Fläche in Flammen. Und damit nicht genug: In den Monaten darauf folgten verheerende Überflutungen. Der Park ist heute fast wieder vollständig geöffnet, während sich Flora und Fauna weiter regenerieren und die Infrastruktur erneuert wird. Nur die Yankee Hat Rock Art Site mit den alten Felsgravuren bleibt bis auf Weiteres geschlossen.

Südwestlich von Canberra

Tidbinbilla Nature Reserve

Das 5700 ha große Naturreservat westlich von Tuggeranong bietet Naturerlebnisse sowie Einblicke in die Kultur der Ureinwohner. 🕒 tgl. 9–18 Uhr, Eintritt $14 pro Auto. In einem Freigehege leben *rock wallabies* und Koalas und überall im Reservat tummeln sich Emus. Vor allem bei Sonnenuntergang bekommt man in den Dämmen Schnabeltiere zu Gesicht. Das Visitors Centre nahe dem Parkeingang informiert über Wanderwege und Aktivitäten. Hier entrichtet man auch die Parkgebühr und erhält eine Karte. 🕒 tgl. 9–17 Uhr, 💻 www.tidbinbilla.act.gov.au, Fahrzeit von der City ca. 45 Min.

Canberra Space Centre

Die „Schüsseln" dieses Raumfahrtzentrums sind imstande, die obskursten Signale von Lichtjahre entfernten Sternen aufzufangen. Nur zwei andere Weltraumspähstationen auf der Welt haben die gleiche Reichweite wie Tidbinbilla – die eine in Madrid, die andere in Goldstone, Kalifornien. Das Informationszentrum war zur Zeit der Recherche geschlossen, soll aber bis 2025 wiedereröffnet werden. Hier gibt es auch ein Café. Eintritt frei. 💻 www.cdscc.nasa.gov.

Cotter Reserve

Die Picknickplätze, ein Spielplatz und ein schön gelegener Campingplatz in der Nähe des Cotter-Staudamms, 22 km westlich von Canberra, sind ein beliebtes Ausflugsziel. Der Staudamm war der erste Trinkwasserspeicher Canberras. Am Parkplatz ist eine Broschüre mit Beschreibungen von Wanderwegen unterschiedlicher Dauer erhältlich. Baden kann man in der Nähe im Murrumbidgee River.

Nördlich von Canberra

Canberra Wine Region

In der Canberra Wine Region befinden sich rund 30 Weingüter, bei denen man Wein vom Erzeuger kaufen kann. Das Visitors Centre hat eine Karte, auf der alle Weingüter verzeichnet sind. Die meisten liegen nördlich der Stadt am Federal Highway in Richtung Sydney und am Barton Highway in Richtung Yass und sind in 30 Minuten mit dem Auto vom Zentrum Canberras zu erreichen. Einige Weingüter bieten kostenlose Weinproben an, andere haben Restaurants. **Canberra Guided Tours**, 💻 www.canberraguidedtours.com.au, führt ganztägige individuell zugeschnittene Touren zu den Weingütern durch ($150).

HILL INLET, WHITSUNDAY ISLANDS; © TOURISM WHITSUNDAYS / PAUL PICHUGIN

Queensland

Australiens Sunshine State ist ein Fest der Farben: Das satte Grün der Wet Tropics, das einladende Türkis am Great Barrier Reef oder die Rot- und Ockertöne des Outbacks sorgen für kontrastreiche Eindrücke. Segeln in den Whitsundays, Surfen an der Gold Coast und Schnorcheln am Riff zählen ebenso zu den Highlights wie Tierbeobachtungen im Nationalpark und Schlemmen in einem der unzähligen Seafood-Restaurants.

Stefan Loose Traveltipps

6 **Brisbane** In der subtropischen Metropole blühen die üppigen Parkanlagen ebenso wie eine quirlige Restaurant- und Kneipenszene. S. 236

7 **Whitsunday Islands** Wer in diesem Archipel seinen Cocktail in der Hängematte genießt oder im Segelboot das Meer durchstreift, macht einen Traum wahr. S. 303

Hinchinbrook Island Ausdauernde Wanderer werden hier mit einer märchenhaften Berglandschaft und einsamen Sandstränden belohnt. S. 316

8 **Great Barrier Reef** Die größte lebende Struktur der Erde lädt Schnorchler und Taucher ein in eine faszinierende Unterwasserwelt voller bunter Fische und Korallen. S. 330

Atherton Tableland Tiefe Vulkanseen, spektakuläre Wasserfälle und uralte Bäume bieten hier eine willkommene Abkühlung vom Küstenklima. S. 337

9 **Daintree National Park** Tosende Flüsse und spektakuläre Schluchten im ältesten Regenwald der Welt. S. 350

MILLAA MILLAA FALLS, ATHERTON TABLELAND; © DUMONT BILDARCHIV / HOLGER LEUE

CITY HALL, BRISBANE © JAN DÜKER

Wann fahren? In den Süden jederzeit, in den Norden am besten Mai–Sep, wenn keine Gefahr durch Quallen und Wirbelstürme besteht

Wie lange? 2 Wochen bis mehrere Monate

Bekannt für unvergessliche Tauch- und Schnorchelerlebnisse, Segeltörns, Sonnenschein und durchzechte Nächte

Updates und eure **Kommentare** zu diesem Kapitel auf www.stefan-loose.de unter **eXTra [11425]**

Queensland ist *das* Ferienparadies Australiens, vor allem die 2300 km lange Ostküste zwischen Coolangatta und Cooktown. Im Winter strömen Sonnenhungrige aus Australiens kühlem Südosten und Besucher aus Übersee in Scharen in den Sunshine State, besteht hier doch kein Mangel an den vier großen „S“: Sun, Sand, Surf and Sailing. Queensland ist mit 1,730 Mio. km² nach Western Australia der zweitgrößte Bundesstaat im Commonwealth of Australia. Er nimmt fast ein Viertel der australischen Landfläche ein und ist fast fünfmal so groß wie Deutschland. Die Küste hat eine Länge von knapp 7000 km.

In diesem Staat leben rund 5,2 Mio. Einwohner, ein Großteil davon in und um Brisbane. Wie überall ist das Landesinnere nur spärlich besiedelt. Etwa 4,6 % der Bevölkerung sind Aborigines oder Bewohner der Torres-Strait-Inseln. Von Sydney bis Cairns verläuft Australiens beliebtester **Backpacker-Pfad**, weshalb sich Rucksackreisenden hier eine große Auswahl von oft ausgezeichneten Hostels, Tourveranstaltern und Segelboot-, Auto- und anderen Verleihfirmen bietet.

Im Süden liegen die **Gold Coast** – eine etwas ordinäre Version von Miami – die pulsierende, attraktive Metropole **Brisbane** sowie die bildschöne, aber stark frequentierte **Sunshine Coast**. Über die große, unbewohnte **Fraser Island** trampeln jeden Tag Tausende von Touristen, einen Besuch ist sie dennoch wert.

Das **Great Barrier Reef** vor der Ostküste ist eine der größten touristischen Attraktionen und steht auf der Unesco-Liste des Weltnaturerbes. Mit einer Gesamtfläche von 344 000 km² ist es in etwa so groß wie Deutschland und bildet das ausgedehnteste Riff der Erde. Aber die größte lebende Struktur der Welt leidet schwer an den Auswirkungen der globalen Erwärmung, was sich zuletzt in den Jahren 2016, 2017, 2020, 2022 und 2024 vor allem an den Massenkorallenbleichen zeigte, die an sehr großen Teilen des Riffs beobachtet wurden (mehr dazu s. Kasten S. 330/331).

Die 74 größtenteils unbewohnten Inseln der **Whitsundays** sind ein Paradies für Segler und Sonnenanbeter. Auch von hier aus starten Bootstouren zum Riff.

An der **Nordostküste** Queenslands ist ein kleiner Teil des weltweit ältesten Regenwalds erhalten geblieben: Die laut Schätzungen bis zu 180 Mio. Jahre alten Wälder der Wet Tropics werden von der Unesco als Weltnaturerbe gelistet. Die tropische Metropole **Cairns** liegt strategisch günstig zwischen Regenwald und Riff und verdankt ihren Glanz in erster Linie dem Tourismus.

Die **Cape-York-Halbinsel** im hohen Norden und die Küstenregion am **Gulf of Carpentaria** zählen zu den abgelegensten Gegenden Australiens. Neben Resten tropischen Regenwaldes sind hier Feuchtsavannen und sumpfige Mangrovenwälder anzutreffen. Tiefe Flüsse machten schon den ersten Weißen auf ihren Expeditionen zu schaffen und bilden noch heute ein Hindernis für Abenteuerreisende.

Die Höhenzüge der **Great Dividing Range** verlaufen in einem Bogen von der Cape-York-Halbinsel bis nach Brisbane und setzen sich parallel zur Küste in New South Wales fort. Sie trennen den Küstenstreifen von dem fruchtbaren **Tafelland** im Landesinneren. Das Hinterland, vor allem im Norden, mit seinen urzeitlichen Regenwäldern, Schluchten, Wasserfällen und reißenden Gebirgsbächen ist von beeindruckender Schönheit. Jenseits des Tafellands erstreckt sich das weite **Outback**: Eine flache, trockene, heiße Weite, deren Eintönigkeit faszinierend ist.

Klima und Reisezeit

Nicht ganz ohne Grund trägt Queensland den Beinamen „The Sunshine State“. Dennoch können Besucher auch zwei Wochen Dauerregen erleben, wenn sie zur falschen Zeit reisen. Der **Südosten** Queenslands wirbt mit 300 Sonnentagen im Jahr – und tatsächlich stehen hier die Chancen auf blauen Himmel und angenehme Temperaturen das ganze Jahr über nicht schlecht. Die durchschnittlichen 1400 mm Regen pro Jahr (in Brisbane) fallen größtenteils im Sommer (Nov–März). Während dieser Monate steigt das Thermometer auf eine durchschnittliche Höchsttemperatur von 27–29 °C in Brisbane; durch die feuchte Luft kann es allerdings heißer erscheinen. Im Winter (Mai–Sep) ist es an der

Südküste relativ trocken und mild bis warm, in Brisbane liegt die durchschnittliche Höchsttemperatur in dieser Zeit bei 21–23 °C.

Je weiter man nach **Norden** kommt, umso wärmer und feuchter wird es. Etwa auf Höhe von Ingham passiert man die Grenze zu den feuchten Tropen. Sie zählen zu den niederschlagreichsten Gegenden Australiens. Rund um Innisfail fallen jährlich 3500 mm Regen, der Großteil zwischen Dezember und März. In Cairns ist es im Sommer meist unerträglich heiß und schwül, die durchschnittlichen Höchstwerte liegen dann bei 31 °C, die Luftfeuchtigkeit bewegt sich zwischen 70 und 80 %. Zwischen Dezember und März ist auch Zyklon-Saison und nicht selten werden Landstraßen und sogar Teile des Bruce Highway überschwemmt.

Wer seine Queensland-Reise in die nassen Sommermonate legt, kann zwar reduzierte Preise in den meisten Unterkünften und weniger überfüllte Touristenattraktionen genießen, riskiert aber unvorhersehbare tropische Duschen im Freien sowie unpassierbare Straßen. Im Wasser droht eine weitere Gefahr: Von Oktober bis Mai treiben verstärkt die hochgiftigen *box jellyfish* (S. 105) im warmen Wasser entlang der Küste nördlich von Rockhampton. Baden kann man in dieser Zeit nur in Neoprenanzügen oder innerhalb von Schutznetzen *(stinger nets)*, die entlang der beliebtesten Strände aufgebaut werden. Diese schützen allerdings nicht komplett vor den kleinen Irukandji-Quallen (S. 106).

Die **Cape-York-Halbinsel** kann während der Wet Saison meist überhaupt nicht befahren werden; hier fallen dann rund 90 % des jährlichen Niederschlags. Die beste Reisezeit für den tropischen Norden ist von Mai–Okt. Im Outback, der gesamten Gegend westlich der Dividing Range, ausgenommen dem Gulf of Carpentaria, herrscht Wüstenklima: An Sommertagen wird es glühend heiß, Winternächte sind kalt bis frostig. Die durchschnittliche Tageshöchsttemperatur in Mt Isa beträgt im Sommer 38 °C, im Winter kann es auf 10 °C abkühlen. Frühjahr (Sep–Nov) und Herbst (April–Mai) sind die besten Reisezeiten für das Landesinnere. Infos über das aktuelle Wetter: 💻 www.bom.gov.au/qld.

Nach jahrelanger Dürre und bei extrem heißen Temperaturen und starken Winden entflammten in Australien im Sommer 2019/20 die schlimmsten Buschbrände seiner Geschichte. In Queensland waren vor allem die Wälder rund um Towoomba 130 km westlich von Brisbane betroffen. Großflächige Brände loderten zudem auf der Moreton Island, die im November 2019 größtenteils evakuiert werden musste.

Vorwahl

Die Vorwahl für ganz Queensland ist ✆ 07.

Flora und Fauna

Ein großer Teil von Queenslands Wäldern, Bergen, Buschland und Riffs liegt geschützt in den 326 National- und Marineparks, die vom Department of Environment and Science, 💻 https://parks.des.qld.gov.au, verwaltet werden. Besonders die **tropischen Regenwälder** im Norden Queenslands sind die Heimat unzähliger, teils einzigartiger Pflanzen- und Tierarten. Hier sollte man um den **Stinging Tree** (Brennnesselbaum, *Dendrocnide moroides)*, einen Strauch mit großen, herzförmigen Blättern, einen großen Bogen machen. Bei Berührung spritzen die feinen Brennhaare der Blätter eine giftige Flüssigkeit in die Haut, die einen intensiven Schmerz verursacht, der wochen- und monatelang anhalten kann und durch Kontakt mit Wasser reaktiviert wird.

Beuteltiere

Baumkängurus sind nachtaktive Pflanzenfresser, die vornehmlich auf Bäumen leben. Der **Große Streifenbeutler** *(striped possum)* gleicht in Größe und Lebensweise etwas unseren Eichhörnchen, hat jedoch Streifen und den Geruch der amerikanischen *skunks*. Ähnlich wie ein Specht klopft er Baumrinden ab und ernährt sich von Insekten und Larven. Die **Kuskus** sind etwa katzengroße Tiere mit einem dichten, wolligen Fell und hervortretenden Augen. Wie Faultiere bewegen sie sich langsam und ernähren sich von Früchten, Blättern, Insekten, manchmal auch von kleinen Säugetieren und Vögeln. Auch Kuskus und Possums sind Nachttiere.

Vögel

Ideal für Vogelbeobachtungen sind die Mareeba Tropical Savanna and Wetlands (S. 340) in den Atherton Tablelands. Bei den **Paradiesvögeln** nutzen die Männchen ihr prachtvolles Gefieder zur Brautwerbung, die schlichteren Männchen der **Laubenvögel** *(bower birds)* werben mit kunstvoll errichteten „Liebeslauben“ aus Zweigen und Gräsern, geschmückt mit Federn, Beeren, bunten Steinchen und anderem Flitter. **Kasuare** *(cassowaries)* sind wie Emus flugunfähige Vögel. Sie werden 50–60 kg schwer, erreichen eine Höhe von etwa 1,50 m und kommen nur in den tropischen Regenwäldern von Ost-Indonesien, Neuguinea und Nordost-Australien vor. Wenn sie sich bedroht fühlen, können sie sehr gefährlich werden.

Reptilien und Amphibien

Außer der **Grünen Python**, die nur im Regenwald lebt, sind in Queensland noch andere Schlangen anzutreffen, z. B. der hochgiftige **Taipan**. In den Gewässern und Sümpfen der Cape York Peninsula tummeln sich **Leistenkrokodile** (*saltwater* bzw. *estuarine crocodiles*). Unübersehbar warnen Tafeln zu Recht vor dem Schwimmen in Wasserlöchern, Flüssen und an der Küste. Der **Lungenfisch**, den man zu den „lebenden Fossilien“ zählt, ist in ganz Südost-Queensland verbreitet, v. a. aber lebt er im Mary River.

Ein in den 1930er-Jahren aus Hawaii eingeführtes Tier hat sich inzwischen zur Landplage entwickelt, die **Agakröte** *(cane toad, Bufo marinus)*. Sie sollte schädliche Käfer in den Zuckerrohrplantagen vernichten, zeigte sich aber mehr an nützlichen Insekten als an Käfern interessiert. Im Zuckerrohr war es zu heiß, also zog sie sich in den umliegenden Busch zurück. Potenzielle Feinde wie Hunde, Schlangen und größere Vögel ließen bald von diesen hochgiftigen Neueinwanderern ab. So vermehrten sich die Kröten mit unerhörter Geschwindigkeit und begannen sich weiter auszubreiten. Mittlerweile sind sie schon bis nach Sydney und Darwin vorgedrungen.

Meeresbewohner

Buckelwale *(hump back whales)* verbringen den Sommer in der Antarktis und schwimmen dann nach Norden zum Great Barrier Reef, wo sie im Winter kalben. Gegen Ende des Winters beginnen sie zusammen mit den Jungen ihre jährliche Wanderung zurück nach Süden, wobei sie zwei, manchmal bis zu drei Monate in den warmen Gewässern bei Hervey Bay haltmachen. Der Grund für diese jährliche Wanderung

Hochwasser 2011 und 2022

Heftiger anhaltender Regen sorgte zwischen Februar und Mai 2022 für gewaltige Überschwemmungen im Südosten Queenslands. Auslöser war ein ungewöhnliches Wetterphänomen, ein sogenannter „Triple-Dip La Niña“ (mehr dazu s. Kasten S. 100/101, globale Klimaphänomene). Starker Regen in drei Folgejahren hatte die Flussbetten überfüllt, das Wasser schoss durchs Land, verwandelte Täler in Seen, versenkte ganze Städte, schwemmte Vieh kilometerweit bis an die Küste, tötete 24 Menschen und zwang Tausende zur Evakuierung. Gympie, Maryborough, Toowoomba, die Gold Coast sowie Teile Brisbanes waren in Queensland am schwersten betroffen. In New South Wales wurden die Städte Lismore und Grafton, aber auch Teile Sydneys überschwemmt. Am 28. Februar 2022 erreichte der Brisbane River einen Stand von 3,8 Metern. Nur die Fluten im Jahr 2011 hatten ein noch größeres Ausmaß gehabt: Damals wurde die kleine Landstadt Towoomba überraschend von einer Flutwelle überrollt. Mindestens 34 Menschen starben, ein großer Teil der Infrastruktur wurde von der sogenannten „Inland Tsunami“ zerstört. Auf ihrem Weg Richtung Osten drohten die Wassermassen den Wivenhoe Dam, der nach der letzten Flut 1974 gebaut worden war, zu überlasten. Um einer noch größeren Katastrophe vorzubeugen, öffnete man sämtliche Schleusentore, auch wenn dies zwangsläufig zur Überschwemmung der Millionenmetropole Brisbane führen musste. Am 13. Januar 2011 erreichte der Brisbane River schließlich seinen Höchststand von 4,46 Metern; mehr als 30 Vororte Brisbanes und die Innenstadt standen unter Wasser.

von 5000 km ist die Tatsache, dass die Jungen ohne die wärmeisolierende Fettschicht („Blubber" genannt) geboren werden, die die erwachsenen Tiere gegen die Kälte der antarktischen Gewässer schützt. Tausende von Touristen stellen sich von August bis Oktober in Hervey Bay zum *whale watching* ein.

Ein paar Monate später, etwa zwischen Ende November und Anfang Februar, kommen im Schutz der Dunkelheit bei Ebbe **Meeresschildkröten** an die Strände, um ihre Eier abzulegen. Einer der bekanntesten Plätze ist **Mon Repos** bei Bundaberg, wo Ranger die Touristen in Gruppen zum Strand begleiten.

Wirtschaft

Bergbau, Tourismus und **Landwirtschaft** bilden die Grundpfeiler der Wirtschaft in Queensland. **Steinkohle**, das wichtigste Bergbauprodukt, wird hauptsächlich in Zentral-Queensland westlich von Rockhampton im Tagebau abgebaut und nach China exportiert. In Mt Isa befindet sich Australiens größte **Kupfermine**, auch **Silber**, **Blei** und **Zink** werden dort gewonnen.

Als man 1955 in Weipa, auf der Westseite der Cape-York-Halbinsel, **Bauxitvorkommen** entdeckte, wurden die dort ansässigen Aborigines einfach zwangsumgesiedelt. Auch **Opal**- und andere **Edelsteinfelder** gibt es in Queensland. Bei einer Fahrt nach Anakie und Rubyvale (westlich von Rockhampton) kann man sogar selbst Saphire schürfen.

Die wichtigsten **landwirtschaftlichen Produkte** sind Fleisch (v. a. Rindfleisch), Rohrzucker und Getreide. Auf den fruchtbaren Böden an der Küste werden neben Zuckerrohr subtropische und tropische Früchte wie Macadamia-Nüsse, Zapote, Bananen, Lychees, Avocados, Mangos und Ananas angebaut. Die Arbeit wird oft von Backpackern mit *Working Holiday Visum* verrichtet.

Geschichte

1823 ließ der damalige Gouverneur von New South Wales, Sir Thomas Brisbane, im Norden einen Ort suchen, an den man unverbesserliche Sträflinge aus der Sträflingssiedlung von Sydney abschieben konnte. 1824 wurde am Brisbane River eine permanente Siedlung gegründet, die bis 1839 Strafkolonie blieb. In den 30- und 40er-Jahren des 19. Jhs. ließen sich **freie Siedler** als Rinder- und Schafzüchter in der Gegend um Brisbane nieder. Die isolierte Lage förderte eine eigenständige Verwaltung und 1859 schließlich wurde Queensland eine separate Kolonie.

In Queensland begann der **Goldrausch** in den 1860er-Jahren. Bald wurden Eisenbahntrassen gebaut, um die weit über das Hinterland verstreuten Goldfelder, und später auch die Zinnminen, mit der Küste zu verbinden. Um diese Zeit fand man auch heraus, dass sich der fruchtbare Küstenstreifen ideal zum **Zuckerrohranbau** eignete. Melanesier von den benachbarten Südseeinseln arbeiteten bald als billige Arbeitskräfte auf den Zuckerrohrfeldern. Zwischen 1847 und 1900 wurden etwa 57 000 Insulaner verschleppt, wie Sklaven gehalten und zur Arbeit gezwungen. Als später der Zuckerexport zurückging, versuchte man, sie und ihre Familien auf ihre Inseln zurückzuschicken – Repatriierung auf queensländische Art.

Die regionalen Zentren drängten zunehmend auf Autonomie vom weit entfernten Brisbane. Die **sezessionistische Bewegung** der 1880er-Jahre drohte Queensland in drei Teile zu spalten: den hohen Norden (Cairns–Townsville), Zentral-Queensland um Rockhampton (Capricornia) und den Süden um Brisbane. Das Parlament von Queensland lehnte 1886 einen offiziellen Antrag auf Unabhängigkeit ab.

Praktische Tipps

Übernachtung

Entlang der Küste gibt es eine große Auswahl an Unterkünften, von Backpacker-Hostels bis zu Fünf-Sterne-Resorts. Serviceleistungen wie Gepäckaufbewahrung, WLAN, kleines Frühstück und Bettlaken sind meist im Preis inbegriffen. Für Abholung von der Bushaltestelle und Waschmaschinennutzung zahlt man dagegen meist extra. Die Übernachtungskosten schwanken sehr stark je nach Saison.

Queensland
0
200 km
N
Torres Strait
PAPUA NEUGUINEA
Cape York
Seisia
Bamaga
JARDINE RIVER NP
s. Detailplan Cape York Peninsula S. 355
Weipa
IRON RANGE NP
MUNGKAN KANDJU NP
Great Barrier Reef
LAKEFIELD NP
Gulf of Carpentaria
Cooktown
Laura
Lakeland
Cape Tribulation
DAINTREE NP
s. Detailplan Von Bowen nach Cairns S. 307
Mossman
Port Douglas
STAATEN RIVER NP
Cairns
Mareeba
WOOROONOORAN NP
Atherton
Mt. Bartle Frere
1612
Innisfail
Karumba
Burketown
Normanton
Mt. Garnet
Tully
Mt. Surprise
BOOD-JAMULLA NP
Croydon
HINCHINBROOK ISLD.
Coral Sea
Cardwell
Ingham
MAGNETIC ISLD.
Townsville
s. Detailplan Whitsunday Coast S. 295
Matilda Hwy.
BOWLING GREEN BAY NP
Ayr
Camooweal
Barkly Hwy.
Charters Towers
Kennedy Hwy.
Great Dividing Range
Bowen
WHITSUNDAY ISLANDS NP
Julia Creek
WHITE MTS. NP
Airlie Beach
CAMOOWEAL CAVES NP
Richmond
Flinders Hwy.
Proserpine
CONWAY NP
Mount Isa
Cloncurry
Hughenden
EUNGELLA NP
Mackay
HOMEVALE NP
s. Detailplan Von Hervey Bay bis Rockhampton S. 284
Winton
Boulia
Kenedy Developmental Hwy.
Donohue Hwy.
BYFIELD NP
NORTHERN TERRITORY
Yeppoon
KEPPEL ISLD.
Barcaldine
Emerald
Rockhampton
Longreach
BLACKDOWN TABLELAND NP
Mt. Morgan
Gladstone
Rolleston
Blackall
CANIA GORGE NP
Biloela
Bundaberg
CARNAVON GORGE NP
ISLA GORGE NP
Hervey Bay
Windorah
ROBINSON GORGE NP
s. Detailplan Fraser Coast S. 273
Childers
FRASER ISLD.
Birdsville
Maryborough
MT. WALSH NP
Noosa
Sunshine Coast
Charleville
Roma
Quilpie
Miles
Mitchell
BUNYA MTS. NP
s. Detailplan Sunshine Coast S. 264
Dalby
Brisbane
SOUTH AUSTRALIA
Cunnamulla
Toowoomba
Gold Coast
Saint George
Warwick
Goondiwindi
s. Detailplan Moreton Bay S. 250
Stanthorpe
s. Detailplan Gold Coast S. 257
Tenterfield
Marree
NEW SOUTH WALES
Moree
Glen Innes

QUEENSLAND

Die Unterkünfte auf den Inseln sind – von sehr wenigen Ausnahmen abgesehen – ziemlich teuer. Meist wurden Luxus-Resorts errichtet, die eine gut betuchte Kundschaft ansprechen, zudem sind der Transport von Baumaterialien und Lebensmitteln sowie die Entsorgung von Müll und Abwasser sehr kostenintensiv.

Camping

In allen Nationalparks gibt es Campingplätze. Die Ausstattung variiert; die meisten haben Buschtoiletten und fließend Wasser und sind auch für Campervans geeignet, andere sind nur zu Fuß oder mit dem Boot zu erreichen. Grundsätzlich braucht man ein **Camping Permit**, erhältlich online unter 🖳 https://parks.des.qld.gov.au/camping oder bei den Info-Zentren der Nationalparkbehörde. I. d. R. liegen die Gebühren bei $7,25 p. P./Nacht oder $29 pro Familie/Nacht.

Transport

Auch in Queensland – *dem* Reiseziel für Backpacker – ist ein Auto oder Campervan das ideale Transportmittel für alle, die mehr als die touristischen Zentren an der Küste erkunden wollen. Der Bruce Highway (Highway One) entlang der Küste ist in gutem Zustand und vor allem im Norden wenig befahren. Die Highways, die ins Landesinnere Richtung Northern Territory führen, verdienen zwar aus deutscher Sicht ihren Namen nicht, sind aber dennoch gut befahrbar. Schnellfahrer, Achtung: Auf den meisten Highways gilt eine Geschwindigkeitsbeschränkung von 100 oder 110 km/h. Wer sich nicht daran hält, wird mit deftigen *speeding fines* von $310 aufwärts bestraft; eventuell klatscht die Mietwagenfirma auch noch eine Bearbeitungsgebühr drauf. **Trampen** ist in Queensland offiziell verboten und auf keinen Fall anzuraten.

Busse

Zwei Busgesellschaften unterhalten Langstreckenbusdienste in Queensland: **Greyhound Australia** (🖳 www.greyhound.com.au) und **Premier Motor Service** (🖳 www.premierms.com.au).

Premier fährt 1x tgl. die Küste rauf und runter, allerdings hält der Bus an vielen Orten mitten in der Nacht, und nicht immer sind die Hostels von den Haltestellen aus zu Fuß zu erreichen. Greyhound fährt die Strecke mehrmals tgl., sodass die Planung u. U. einfacher ist. Beide bieten verschiedene *bus passes* an, die beliebiges Ein- und Aussteigen in eine Richtung innerhalb eines bestimmten Zeitraums erlauben. Ein Brisbane–Cairns-Pass mit einer Gültigkeit von sechs Monaten kostet bei Premier z. B. $285. Sydney–Cairns-Pässe gibt es ab $255 (Gültigkeit 1 Monat). Fahrplan s. S. 762–765.

Ein Travel Pass von Greyhound funktioniert nach dem gleichen Prinzip. Melbourne–Cairns wird hier für ab $449 angeboten (Gültigkeit 30 Tage). Greyhound bietet außerdem Kombinationstickets in Verbindung mit Übernachtung. Lokale Busgesellschaften fahren kleinere Orte an.

Eisenbahn

Das Eisenbahnnetz ist für australische Verhältnisse recht dicht. Von Brisbane nach Sydney fährt täglich ein Zug (morgens hin, nachmittags zurück). Bahnbusse über Surfers Paradise stellen zudem eine Verbindung von Brisbane zum Casino–Sydney XPT her (täglich nachmittags hin, morgens zurück). Diese Verbindungen betreibt Transport NSW, 🖳 https://transportnsw.info.

Alle anderen Verbindungen werden von Queensland Rail (🖳 www.queenslandrail.com.au) unterhalten. Zur Auswahl stehen der *Tilt Train* und der *Spirit of Queensland* entlang der Küste von Brisbane über Rockhampton und Townsville nach Cairns sowie drei Outback-Strecken: der *Westlander* von Brisbane nach Charleville, von dort weiter mit Bahnbussen nach Cunnamulla und Quilpie; der *Spirit of the Outback* von Brisbane via Rockhampton nach Longreach, von dort weiter mit Bahnbussen nach Winton; und der *Inlander* von Townsville nach Mt Isa. Weitere Details s. Brisbane, Transport S. 248.

Flüge

In Queensland gibt es zwei internationale Flughäfen: Brisbane und Cairns. Die Fluggesellschaften **Virgin Australia** (🖳 www.virginaustralia.com.au), **Qantas** (🖳 www.qantas.comau) und deren Budget-Tochtergesellschaft **Jetstar** (🖳 www.jetstar.com.au) fliegen die bedeutendsten Ziele

QUEENSLAND

an Queenslands Küste an. Kleinere Orte und Zentren im Outback werden von der regionalen Fluglinie **Qantaslink** (Buchung über Qantas) bedient. Wer nur ein paar Wochen Zeit hat, an der Ostküste entlangreisen möchte und vom gleichen Flughafen wieder zurück nach Europa fliegen muss, sollte eine Strecke per Flugzeug zurücklegen.

Informationen

🖳 www.queensland.com,
🖳 www.adventurequeensland.com.au.

Brisbane

„Brissie", die Hauptstadt des Sonnenstaates Queensland, ist eine moderne, boomende Großstadt und mit rund 2,3 Mio. Einwohnern die drittgrößte Stadt Australiens. Mit ihrem subtropisch warmen Klima, einer lebendigen Café- und Kneipenszene und dem Fluss, der sich durch die Stadt windet, hat Brisbane trotz seiner stetigen Entwicklung nichts von seinem Charme verloren: Es geht hier nach wie vor gemütlicher zu als in den meisten Metropolen. Als erwählter Gastgeber der Olympischen Sommerspiele 2032 putzt sich die Stadt nun für das globale Bühnenlicht heraus. Zu den Investitionen zählt u. a. eine U-Bahn-Linie unter dem Brisbane River hindurch.

Geschichte

Die Moreton Bay – bei den Aborigines als *Quandamooka* bekannt – wurde schon lange vor der Ankunft der Weißen von Aborigines besiedelt. Drei Strafgefangene erlitten 1823 vor der Küste Schiffbruch und lebten mit den Einheimischen auf Moreton Island. Der Landvermesser John Oxley erkundete die Region 1823 und gab Brisbane seinen heutigen Namen. Zu dieser Zeit war man auf der Suche nach Gebieten für neue Strafkolonien. Der „Bigge Report" von 1822 hatte die liberale Politik der NSW-Verwaltung unter Lachlan Macquarie scharf kritisiert; die Strafe eines Abtransports nach Australien sollte als „Maßnahme wahren Terrors" wieder bekräftigt werden.

1824 erreichten die ersten Sträflinge das heutige Redcliffe; die Siedlung wurde aber schon bald in die heutige City verlegt. Von den ursprünglichen, von Strafgefangenen erbauten Gebäuden stehen heute noch zwei: Die **Old Windmill** an der Wickham Terrace und das **Commissariat Store** am Fluss. 1842 wurde Brisbane offiziell zur freien Besiedlung freigegeben; im Jahr 1859 spaltete sich Queensland von NSW ab. Der Goldrausch in Queensland sorgte auch in Brisbane für Wohlstand, einige grandiose viktorianische Gebäude zeugen heute noch von dieser Epoche.

Die Innenstadt

Die schlechte Nachricht vorweg: Anders als die meisten australischen Metropolen liegt Brisbane nicht direkt am Meer. Das soziale Leben spielt sich stattdessen auf dem und um den Brisbane River ab, der das Dreieck der Innenstadt zu zwei Seiten einbettet. Die kompakte City lässt sich gut zu Fuß erforschen; es gibt aber auch einen kostenlosen Bus (s. Brisbane City Loop S. 247). Oder man schwingt sich auf eins der E-Bikes oder einen der E-Scooters, die an zahlreichen Stationen bereitstehen. Infos unter 🖳 www.rideneuron.com. Auf den Cat-Fähren dürfen Räder übrigens kostenlos mitgenommen werden.

King George Square

Am King George Square schlägt das Herz der Metropole. Hier finden regelmäßig Märkte, Konzerte und andere Veranstaltungen statt. Die protzige **City Hall** mit ihrer Säulenfassade beherbergt im dritten Stock das **Museum of Brisbane**. Die sehenswerte permanente Ausstellung *Perspectives of Brisbane* taucht tief in die Geschichte der Region ein und informiert über Brisbanes wichtigste Persönlichkeiten und Orte. 🖳 www.museumofbrisbane.com.au, ⌚ tgl. 10–17 Uhr, Eintritt frei.

Entlang der Queen Street

Die Queen Street ist die zentrale Geschäftsstraße der Stadt. Zwischen Edward St und George St ist sie eine Fußgängerzone (Queen Street Mall), von der kleine *arcades* (Ladenpassagen) abzweigen. Die **Rowes Arcade**, die von der Edward St zwischen Adelaide St und Queen St abgeht, ist eine der prachtvollsten Ladenpassagen Brisbanes. Eine weitere Schönheit ist die Brisbane Arcade zwischen Queen St Mall und Adelaide St. In der Mall befinden sich das **Visitor Information Centre** (Details S. 246) sowie große Einkaufszentren wie das **Wintergarden Centre**.

Hinter der imposanten Renaissancefassade des früheren Treasury Building verbirgt sich das **Conrad Treasury Casino**. Vor dem Haupteingang findet jeden Mittwoch der **City Farmer's Market** statt, auf dem es viele leckere hausgemachte Spezialitäten sowie frisches Obst und Gemüse zu kaufen gibt. ⏲ Mi 10–18 Uhr.

Die **Queens Wharf** wird derzeit zu einer neuen Vergnügungsmeile umgebaut: Ein künstlicher Strand soll Besucher an den Fluss locken und bis 2025 droht ein monströses Star Casino die alten Bauten zu verdrängen.

Ein Speichergebäude, **Commissariat Store**, 115 William St, 💻 https://commissariatstore.org.au, ist neben der Old Windmill das einzige andere Gebäude aus der Sträflingszeit, das in Brisbane noch erhalten ist. Die Royal Historical Society of Queensland zeigt hier eine kleine Ausstellung mit Gebrauchsgegenständen der Ureinwohner und Exponaten aus der Sträflingszeit und frühen Pionierzeit. ⏲ Di–Fr 10–16 Uhr, Eintritt $10.

Entlang des Brisbane River

Umrahmt vom Brisbane River liegt der **Botanische Garten**. Mit seinen imposanten Großblättrigen Feigen *(moreton bay figs)*, die mit ihren wuchernden Wurzelsystemen bis über die Grenzen des Gartens hinauswachsen, ist er eines der Highlights der Stadt. ⏲ tgl. 24 Std., Eintritt frei. Von Feb–Mitte Dez bietet die Stadt Mo–Sa zweimal täglich kostenlose geführte Spaziergänge an; Treffpunkt am Parkeingang Alice Street um 11 und 13 Uhr.

Nördlich des Parks wendet sich die City dem Fluss zu: Von Food-Courts, Cafés und (teuren) Restaurants hat man Aussicht auf die Story-Bridge-Hängebrücke, die den Stadtteil Fortitude Valley mit der Landzunge Kangaroo Point und East Brisbane verbindet. Ein Stückchen flussabwärts vom Riverside Centre ist das historische **Customs House** 💻 www.customshouse.com.au, mit seiner Dachkuppel aus Kupfer nicht zu übersehen. Das Gebäude beherbergt ein nobles Restaurant.

South Bank

Einen ganzen oder wenigstens halben Tag kann man problemlos an Brisbanes beliebter **South Bank** verbringen, von der Queen Street aus in nur wenigen Minuten zu Fuß über die Victoria Bridge oder südlich über die Fußgängerbrücke Goodwill Bridge zu erreichen. Der Stadtteil umfasst die South Bank Parklands mit einem künstlich angelegten Badestrand, an dem man kostenlos Sonne tanken und im Wasser planschen kann – mit Blick auf die City-Skyline. Zum Park gehört auch das kilometerlange **Arbour**, ein von leuchtend blühenden Bougainvilleen überwachsener Pfad.

An der **Little Stanley Street** liegen Tavernen, Restaurants und Läden. Am Wochenende baut hier der Kunsthandwerkermarkt seine Stände auf (S. 245). Im **Queensland Performing Arts Centre (QPAC)** werden wechselnde Musicals, Theaterstücke, Opern, Konzerte und Ballett aufgeführt.

Das **Queensland Museum**, 💻 www.qm.qld.gov.au, enthält auf drei Etagen Ausstellungen zu naturgeschichtlichen und ethnologischen Themen mit dem Schwerpunkt auf Queensland und Melanesien. Reisende, die ihre Queensland-Tour

Bridge Climb Brisbane

Story Bridge Adventure Climb ist Brisbanes Antwort auf eine von Sydneys größten Touristenattraktionen. Ähnlich wie am *Coathanger* erklimmen Besucher an Seilen befestigt die Stahlkonstruktion über der Story Bridge, die Kangaroo Point mit dem Fortitude Valley verbindet. Abenteuerlustige können sich die letzten 30 m zurück zum Boden abseilen. $140 oder $159 mit Abseilen. 💻 https://storybridgeadventureclimb.com.au.

Brisbane

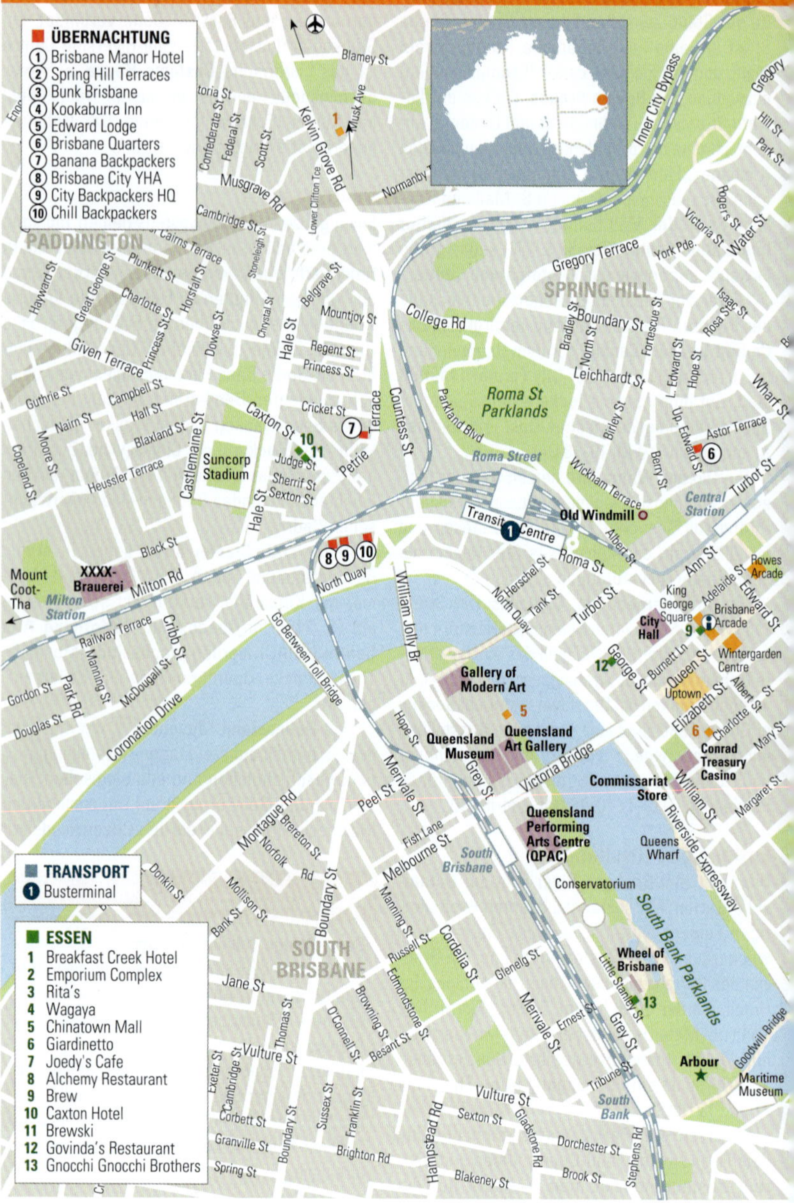

■ **ÜBERNACHTUNG**

1. Brisbane Manor Hotel
2. Spring Hill Terraces
3. Bunk Brisbane
4. Kookaburra Inn
5. Edward Lodge
6. Brisbane Quarters
7. Banana Backpackers
8. Brisbane City YHA
9. City Backpackers HQ
10. Chill Backpackers

■ **TRANSPORT**

1 Busterminal

■ **ESSEN**

1 Breakfast Creek Hotel
2 Emporium Complex
3 Rita's
4 Wagaya
5 Chinatown Mall
6 Giardinetto
7 Joedy's Cafe
8 Alchemy Restaurant
9 Brew
10 Caxton Hotel
11 Brewski
12 Govinda's Restaurant
13 Gnocchi Gnocchi Brothers

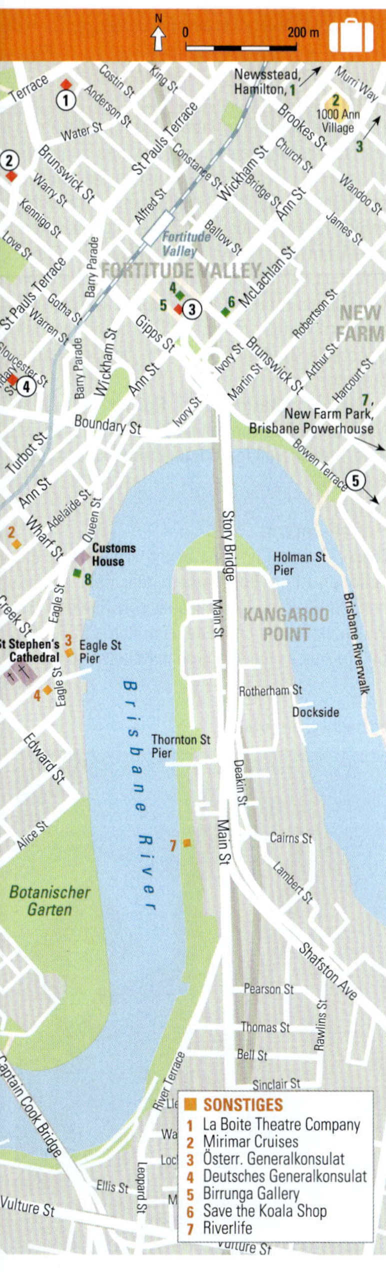

noch vor sich haben, können hier gute Tipps für die Routenplanung finden. Teil des Museums ist das **Sciencentre**, das auf interaktive und unterhaltsame Weise naturwissenschaftliche Phänomene erklärt. ⏲ tgl. 9.30–17 Uhr; Eintritt frei, ausgenommen Sciencentre: $15,50, Student $13,50, Kind ab 3 J. $12,50.

In der **Queensland Art Gallery** sind alte und neue australische, aber auch einige europäische Kunstwerke ausgestellt (Eingang Melbourne St). Die **Gallery of Modern Art (GoMa)**, 💻 www.qagoma.qld.gov.au, schräg dahinter widmet sich v. a. der Kunst des 20. und 21. Jhs. und den „bewegten Bildern", also Videos und Filmen (Eingang Stanley Place). ⏲ tgl. 10–17 Uhr, Eintritt frei, ausgenommen Sonderausstellungen.

Das Riesenrad **Wheel of Brisbane**, 💻 http://thewheelofbrisbane.com.au, dreht seit 2008 seine Runden über den Dächern Brisbanes. Aus den modernen, komplett geschlossenen Gondeln für bis zu acht Personen bietet sich ein fantastischer Ausblick. ⏲ Mo–Do 11–21.30, Fr und Sa 10–23, So 10–22 Uhr; Fahrt $21, Student $19, Kind ab 4 J. $16.

Nördlich und nordöstlich der Innenstadt

Fortitude Valley

Das Zentrum des „Valley" bilden die **Fußgängerzone** und die **Brunswick Street** in Richtung New Farm – ein lebendiges Multikulti-Ausgehzentrum mit Straßencafés, Restaurants, Galerien und Nightclubs, die ein bunt gemischtes Publikum von Rucksackreisenden, Studenten und Hippies anlocken. Samstagsmorgens wird ein bunter Flohmarkt abgehalten.

Im 19. Jh. zelteten hier Emigranten, die mit dem Segelschiff *Fortitude* nach Brisbane gekommen waren. Nach dem Zweiten Weltkrieg ließen sich Griechen und Italiener dort nieder, schließlich kamen Chinesen und errichteten die **Chinatown**. Diese Fußgängerzone wird von Torbögen im chinesischen Stil begrenzt.

Anfahrt mit dem Zug oder mit allen Bussen, die nach New Farm oder Newstead und Hamilton fahren, Abfahrt braune Bushaltestelle 1 in der Adelaide St. Zu Fuß sind es 15 Minuten von der City.

New Farm

Hier befinden sich einige günstige Traveller-Unterkünfte sowie etliche Lokale und Galerien. Der **New Farm Park** direkt am Fluss ist im Frühjahr (Sep–Dez) ein Farbenrausch aus blühenden Rosensträuchern, Jacarandabüschen und Poincianabäumen. Sonntagnachmittags werden oft kostenlose Konzerte im Park geboten. Das alte Elektrizitätswerk dort wurde zu einem Kulturzentrum mit Theater und Museum ausgebaut, dem **Brisbane Powerhouse**, 💻 www.brisbanepowerhouse.org.

Der **Brisbane Riverwalk** ermöglicht den Spaziergang auf dem Fluss. Der 870 m lange Bretterweg von New Farm bis Howard Street Wharves (beim Zentrum) ersetzt den Steg, der damals von den Fluten weggespült wurde. Heute teilen sich Radfahrer und Spaziergänger Weg und Aussicht.

Anfahrt mit Bus Nr. 196 von der braunen Bushaltestelle in der Adelaide St oder mit der CityCat-Fähre.

Westlich der Innenstadt

Roma Street Parklands und Spring Hill

Die **Roma Street Parklands**, direkt nördlich des Transit Centre, sind optimal für eine schattige Auszeit vom Treiben im Zentrum. Im Herzen dieser grünen Oase liegen ein See und ein Feuchtgebiet mit Pandanus- und Papierrindenbäumen; man kann durch einen subtropischen Regenwald und Palmenhain schlendern und die üppigen Blumenrabatten im Spectacle Garden bewundern. 🕒 tgl. rund um die Uhr, ausgenommen Spectacle Garden (Sonnenauf- bis Sonnenuntergang).

Die Leichhardt St in **Spring Hill**, fünf Minuten zu Fuß von Roma Street Parklands, ist eine Straße voller Antiquitätengeschäfte und Galerien.

Petrie Terrce

Dieser Stadtteil ist vorwiegend Wohnviertel mit schönen alten Holzhäusern aus dem ausgehenden 19. Jh.; es gibt ein paar gute Kneipen. Ein Pluspunkt ist die Citynähe: Zum Roma St Transit Centre sind es nur knapp zehn Minuten zu Fuß.

Die St. John's Cathedral wurde erst 2009, 108 Jahre nach Baubeginn, geweiht.

Ein guter Ort für ein Panoramafoto

Vom **Mount Coot-tha Lookout** bietet sich ein herrlicher Ausblick auf die Stadt und ihre Umgebung: An klaren Tagen kann man im Osten bis zu den Inseln Moreton und North Stradbroke in der Moreton Bay sehen, im Süden erblickt man in der Ferne die Berghänge der Great Dividing Range.

XXXX-Brauerei

In der Milton Street im Vorort Milton steht weithin sichtbar eines der beliebtesten Gebäude von Queensland: die Brauerei des Queenslander Nationalgesöffs XXXX (sprich: „Four Ex"). Die Queenslander lieben ihr Bier so sehr, dass sie die riesige Neonreklame auf dem Dach der Brauerei sogar unter Denkmalschutz gestellt haben. 🕒 Führungen durch die Brauerei gibt es Mi–Sa um 11 und 13 Uhr, Fr und Sa häufiger; $37. 💻 www.xxxx.com.au.

Erreichbar mit dem Zug ab Central bis Milton Station (Ipswich Line; 2 Stationen) oder Bus Nr. 470 (in Richtung Toowong) oder Nr. 476 (in Richtung Rainworth) ab King George Square, City. Haltestellen 5 oder 6 befinden sich in der Nähe der Brauerei.

Paddington

Im hübschen Vorot Paddington haben sich unzählige Kneipen, Restaurants und Boutiquen niedergelassen, die ihr Angebot mit vollem Eifer betreiben. Ob man nun nach authentisch-indischem Curry, frisch gemachter Eiscreme, *craft beer* oder gepflegten Antiquitäten sucht, entlang der Caxton Street kommt jeder auf seine Kosten. Das **Caxton Hotel** ist praktisch Teil von Brisbanes Identitiät, wird hier doch schon seit 150 Jahren Bier gezapft. Anfahrt mit Bus Nr. 375.

Mount Coot-tha

Mt Coot-tha, eine etwa 250 m hohe Erhebung 10 km westlich der City, lohnt den Besuch wegen der tollen Aussicht und des sehr schön angelegten, 52 ha großen **Botanischen Gartens**. Er umfasst eine große Sammlung subtropischer Pflanzen und Bäume aus aller Welt, einen Palmenwald, einen japanischen Garten mit Bonsai-Haus und ein von einer Glaskuppel überwölbtes tropisches Gewächshaus. Am Eingang ist an einem Infocenter eine gute Karte für drei informative Rundgänge erhältlich. 🕒 tgl. 8–17.30, im Winter bis 17 Uhr, Eintritt frei.

In dem angrenzenden **Sir Thomas Brisbane Planetarium** begibt sich das Publikum in verschiedenen Astronomie-Shows auf eine virtuelle Reise durchs Universum. Auch Programme für Kinder. Informationen und Programm unter 💻 www.brisbane.qld.gov.au.

Anfahrt zum Botanischen Garten und dem Aussichtspunkt mit Bus Nr. 471 ab der Adelaide St, nahe Albert St.

D'Aguilar National Park

Nur 15 km von der Innenstadt entfernt liegen in Brisbanes Westen schöne Wälder, die sich für kleine Wanderungen und zum Mountainbike fahren eignen. Den südlichen Teil des D'Aguilar National Park erreicht man mit dem Auto über die Stadtteile Paddington, St. Johns Wood und The Gap.

In der Nähe des Enoggera Reservoir befindet sich das Walkabout Creek Discovery Centre mit einem kleinen Zoo. Eintritt $9, regelmäßig stattfindende Wildlife-Shows vor allem für Kinder, 💻 https://qpws.bookeasy.com/walkabout-creek-discovery-centre.

Lone Pine Koala Sanctuary

Unter dem Motto „Die Erde gehört nicht dem Menschen allein" setzt sich der idyllische Tierpark für den Schutz von Koalas und anderer australischer Tiere ein. Der Park unterstützt Forschungsprojekte von Universitäten und der Regierung; aktuell wird z. B. ein Impfstoff gegen die die Koala-Bevölkerung bedrohenden Chlamydien entwickelt. Das älteste Koala-Refugium Australiens bietet mehr als 130 Koalas eine Heimat, gegen Bezahlung darf man sie auf den Arm nehmen und sich mit ihnen fotografieren lassen. Auf dem Gelände gibt es außerdem Kängurus, Tasmanische Teufel und andere australische Tiere. 🕒 tgl. 9–17 Uhr, Eintritt $54, Kind ab 3 J. $39. 708 Jesmond Rd, Fig Tree Pocket, am Brisbane River, 12 km südwestlich der Innenstadt, 💻 www.koala.net.

QUEENSLAND

Zum Park mit Bus Nr. 430 oder 445. Außerdem Mirimar Boat Cruise tgl. um 10 Uhr ab Cultural Centre Pontoon, am Holzsteg vor der Staatsbibliothek, Fahrt 1 1/4 Std., 💻 https://mirimarcruises.com.au.

ÜBERNACHTUNG

Im **Backpacker**-Bereich ist Brisbane gut versorgt. Übliche Leistungen sind Tourbuchungen, ein Safe und Gepäckaufbewahrung sowie WLAN (meist kostenlos). Viele Hostels vermitteln Jobs.

Preisgünstige **Hotels**, **Motels** und **Ferienwohnungen** findet man v. a. nördlich der Innenstadt in Spring Hill, einige in New Farm, viele in Woolloongabba und Kangaroo Point. Zwischen Flughafen und City, entlang des Kingford Smith Drive, gibt es ebenfalls preiswerte Motels.

QUEENSLAND

City

Hostels

Brisbane City YHA, 392 Upper Roma St, 💻 www.yha.com.au. Modernes und luxuriöses Hostel. Von den Gemeinschaftsräumen über Küche und Zimmer samt Betten und Bädern ist alles sauber und schlicht, aber geschmackvoll gestaltet. Alle Zimmer mit AC. Schließfächer in den Dorms mit Steckdose. Dormbett $67. Dachterrasse mit Pool, TV-Zimmer, Spieleraum. ❺

€ **Chill Backpackers**, 328 Upper Roma St, 💻 www.chillbackpackers.com. Trotz seiner Größe hat sich das Hostel eine persönliche Atmosphäre bewahrt. 3–10-Bett-Dorms ($41–45), alle sauber und bequem, alle mit AC. Auf der unteren der beiden Dachterrassen steigt abends die Party, mit Blick über die City. Ab ❷

City Backpackers HQ, 380 Upper Roma St, 💻 www.citybackpackershq.com. Freundliches, buntes Hostel mit großen, sauberen Gemeinschaftsräumen, inkl. Hauskino und Pool. 4–16-Bett-Dorms ($36–53), teilweise mit AC. Auch Frauen-Dorms, DZ und EZ, teilweise mit Bad. Kostenloses WLAN. In der hauseigenen Bar gibt es jeden Abend Programm von der Quiznacht bis hin zum Karaoke oder Pokerturnier. ❷

> **Blick auf die Lichter der Großstadt**
>
> Vom **Summit Restaurant** und dem **Kuta Café** auf dem Mt Coottha blickt man auf die über viele Hügel verteilte Stadt. Dies ist ein sehr beliebter Ort bei Sonnenuntergang. Im Café werden Frühstück sowie ab Mittag Salate, kleine Mahlzeiten und Burger serviert, und man kann schön auf der Terrasse sitzen. Das Summit Restaurant zählt zu Brisbanes Gourmet-Adressen. 🕒 tgl. 6.30–21 Uhr, 💻 www.brisbanelookout.com.

Spring Hill und New Farm

Brisbane Quarters, 413 Upper Edward St, 💻 https://brisbanequarters.com.au. Das Hostel hat eher Hotelcharakter. Zur Auswahl stehen Dorms ($52–60), Pods (ab $52) und DZ mit Bad. Alle Zimmer mit AC. Gemeinschaftsbad und kleine Küche. Einfaches Frühstück inkl. ❺

Edward Lodge, 75 Sydney St, Ecke Lower Bowen Terrace, 💻 www.edwardlodge.com.au. Ein sehr freundliches Guesthouse mit asiatischem Flair, bietet 10 schön möblierte Zimmer mit AC und Bad sowie eine Gästeküche und einen idyllischen kleinen Garten. Preise inkl. Frühstück und WLAN. ❹. Auch ein Apartment mit Küche ❼

€ **Kookaburra Inn**, 41 Phillips St, 💻 www.kookaburra-inn.com.au. Freundliches Guesthouse mit einfachen, sehr preiswerten EZ und DZ mit Kühlschrank; Gemeinschaftsküche und Gemeinschaftsraum mit TV. ❸

Spring Hill Terraces, 260 Water St, 💻 https://springhillterracesmotel.com. Standard-Motelunits mit AC, Bad, TV, Kühlschrank. Auch einfache Budget-Zimmer mit Ventilator und Bad auf dem Gang. Beliebt sind die besseren Studioapartments und 2-stöckigen Terrace Houses mit kompletter Ausstattung. Pool. Ab ❸

Fortitude Valley

€ **Brisbane Manor Hotel** (BMH), 555 Gregory Terrace, 🖳 http://brisbanemanor.com.au. Gute Budget-Unterkunft in einem großen Queenslander-Haus; gemütlich und trotz der Lage ruhig. EZ und DZ mit Ventilator oder mit AC und Bad. Alle Zimmer mit TV und Kühlschrank. Großes Plus: Sundeck Bar (Schanklizenz), z. T. überdacht und schön gestaltet mit Pflanzen und Miniwasserfall. Ab ❷

Bunk Brisbane (VIP), Gipps St, Ecke Ann St, 🖳 www.bunkbrisbane.com.au. Modernes Hostel mit 4–20-Bett-Dorms (Bett $53–60), alle mit Schließfächern, AC und Bad, sowie EZ und DZ. Dachterrasse mit Pool und Grillstelle; Café. Tgl. billiges Abendessen, Do kostenloses BBQ. Hilfe bei der Jobsuche. Parkplatz. In der hauseigenen Bar geht jeden Abend die Post ab. Gut zum Leute treffen, aber es kann laut werden. ❹

Petrie Terrace

Banana Backpackers, 118 Petrie Terrace, 🖳 https://bananabackpackers.com.au. Kleines Hostel mit familiärer Atmosphäre, 4–6-Bett-Dorms (Bett $44–60), auch Frauen-Dorms – alle mit Ventilator. Große Terrasse. Hilfe bei der Jobsuche, viele Aktivitäten.

Caravanparks

Brisbane Gateway Resort, 200 School Rd, Rochedale South, 19 km südl., 🖳 www.brisbanegateway.com.au. Schöner, moderner Park mit Cabins mit Bad, AC und Stellplätzen ($59). Salzwasserpool, Tennisplatz. Ab ❹

ESSEN

Zum Dinner schwärmen die Brisbaner in die citynahen Vororte aus: Ins Fortitude Valley, nach New Farm oder Paddington; hier ist immer was los.

Auch in vielen Pubs kann man ganz gut und teils günstig essen, nebenan in der Bar spielen abends oft Bands. Gewöhnlich sind Pubs tgl. von 10–24 Uhr geöffnet.

Die Spezialität Brisbanes ist **Seafood**; Liebhaber sollten hier die berühmten *mudcrabs* (Krebse), *moreton bay bugs* (Flusskrebse) oder Barramundi-Fisch probieren.

Zentrum

Brew, Lower Burnett Lane. In einer der Streetart-Laneways genießt man hier guten Kaffee und Frühstück, am Abend gibt's Cocktails, Bier und Burger. 🕒 tgl. 7–22 Uhr.

Govinda's Restaurant, 358 George St, 🖳 http://brisbanegovindas.com.au. Authentisches indisch-vegetarisches Buffet für $12,90. 🕒 Fr–So 17.30–20.30 Uhr.

Riverside

Entlang der Flusspromenade zwischen Botanischem Garten und Riverside Centre liegen zahlreiche nette Restaurants und Bars.

Alchemy Restaurant, 175 Eagle St, 🖳 www.alchemyrestaurant.com.au. Gehobene Küche mit Blick auf die Story Bridge. Sehr zu empfehlen ist das Seafood. Chefkoch Brad Jolly hat schon einige Preise gewonnen und mehrere Restaurants geleitet. 🕒 Mo–Sa 18–22 Uhr, Mo–Fr auch Mittagstisch.

Fortitude Valley

Chinatown ist natürlich auf **asiatisches Essen** spezialisiert. Die Restaurants konzentrieren sich in der Duncan St, der sogenannten **Chinatown Mall**, die von der Wickham St abgeht, und am Central Brunswick Town Square; einige auch in der Brunswick St Mall (Fußgängerzone) zwischen Wickham und Ann St. In der Brunswick St Richtung New Farm reiht sich ein Restaurant und Straßencafé ans andere.

Der **Emporium Complex**, 1000 Ann St, umfasst neben Hotels, Apartments und Geschäften auch mehrere Restaurants und Cafés.

Giardinetto, 366 Brunswick St. Alteingesessener Italiener; Buffet und à la carte. 🕒 Di–Fr Mittagessen, tgl. Abendessen.

Wagaya, 315 Brunswick St. Die innovativen Touchscreen-Speisekarten machen es leicht, sich nach und nach durch das riesige japanische Menü zu essen. Am besten mit kleinen Portionen beginnen. 🕒 tgl. 12–15 und 17–21.30 Uhr.

New Farm und Teneriffe

Hier konzentriert sich das Treiben rings um die Kreuzung Annie und Brunswick St.

Rita's, 119 Lamington St. In der stilvollen, mexikanischen Bar gibt es nicht nur gute Cocktails, sondern auch die besten Tacos. ⌚ Mi–So Nachmittag bis spät.

Joedy's Cafe, 938 Brunswick St. Zum Brunch wird es hier schon mal voll. Leckeres Müsli, French Toast und English Breakfast. ⌚ tgl. 7–15 Uhr.

Breakfast Creek

Am Breakfast Creek gibt es einige Lokale, die den Trip nach Norden wert sind: The Boardwalk an der Breakfast Creek Wharf ist eine hübsch gestaltete Anlage an der Bootsanlegestelle mit kleinen Läden, Takeaways, Cafés, Bars und Restaurants.

Breakfast Creek Hotel, 2 Kingsford Smith Drive. Die Steaks, die in dem schönen alten Pub mit Biergarten serviert werden, haben seit Langem einen guten Ruf. ⌚ tgl. Mittag- und Abendessen.

Petrie Terrace und Paddington

Paddington, westlich des Transit Centre, ist ein beliebtes Ausgehviertel.

€ **Brewski**, 22 Caxton St, Petrie Terrace. Sehr beliebtes Pub mit einer hervorragenden Auswahl an Bieren. Außerdem gibt es leckere, günstige Pizzen. Oft Livemusik, immer voll. ⌚ tgl. ab 12 Uhr.

Caxton Hotel, Caxton St, Petrie Terrace. In dem alten, vor allem bei den Locals beliebten Pub wird die Nacht schon seit dem 19. Jh. zum Tag gemacht. ⌚ tgl. ab 11 Uhr.

Gnocchi Gnocchi Brothers, 210 Given Tce. Früher ein Food-Truck, hat sich der Italiener schnell zu einem der beliebtesten Restaurants im Viertel gemausert. Gnocchi in allen Ausfertigungen, aber auch Pasta und Salate. ⌚ tgl. 16–21 Uhr.

UNTERHALTUNG UND KULTUR

Folgende Websites informieren über das aktuelle Kultur- und Unterhaltungsprogramm: 💻 www.visitbrisbane.com.au/Whats-on, 💻 www.onlybrisbane.com.au.

Im **Queensland Performing Arts Complex (QPAC)**, Stanley St, South Bank, ist die etablierte Kultur heimisch. 💻 www.qpac.com.au. Karten beim dortigen **Qtix Box Office** (Kasse) Mo–Sa 9–21 Uhr oder gegen Aufpreis telefonisch per Kreditkarte, ✆ 13 62 46, oder über 💻 www.qtix.com.au.

Buchungen von Konzerten, Theater-, Unterhaltungs- und Sportveranstaltungen in ganz Brisbane per Kreditkarte bei **Ticketek**, 💻 http://premier.ticketek.com.au, oder bei **Ticketmaster**, 💻 www.ticketmaster.com.au.

Im Sommer finden in den Parks von Brisbane des Öfteren öffentliche **kostenlose Konzerte** statt – meist im Botanischen Garten in der City, am Mt Coot-tha oder im New Farm Park; die Bandbreite reicht von Heilsarmeekapellen bis hin zum Symphonieorchester.

Livemusik, Pubs, Nachtclubs

Brisbane hat eine lebendige Kneipen- und Musikszene; in vielen Pubs, deren Namen oft wechseln, spielt am Wochenende Livemusik und es wird getanzt. Aktuelle Details in den Zeitungsbeilagen, kostenlosen Magazinen oder online (s. o.).

Brisbanes Clubszene konzentriert sich auf das **Fortitude Valley** („The Valley"), wo sich an der **Brunswick Street, Ecke Ann Street** ein Club an den nächsten reiht. Ausweise werden fast grundsätzlich kontrolliert; letzter Einlass ist um 3 Uhr. Alternativer geht es im **West End** zu. Im **Rosies** in der Little Edward St im Zentrum spielen oft Livebands. In der Caxton St bei Petrie Terrace gibt es jede Menge Bars.

Klassische Musik

Klassische Musik spielt oft im **QPAC**, South Bank; mitunter gibt es auch Konzerte im **Queensland Conservatorium of Music,** South Brisbane, oder kostenlose Konzerte in der **City Hall**.

Theater

Theater wird vor allem im **QPAC**, South Bank, gespielt. Die alteingesessene und preis-

gekrönte **La Boite Theatre Company**, Roundhouse Theatre, 6 Musk St, Kelvin Grove, 💻 www.laboite.com.au, führt primär Stücke von australischen Dramatikern auf.
Brisbane Powerhouse, 119 Lamington St, New Farm, 💻 www.brisbanepowerhouse.org, bietet ein gemischtes Programm an Theaterstücken, Ausstellungen und Vorträgen.

Galerien

Außer der **Queensland Art Gallery** im Cultural Centre, Southbank, sind u. a. noch sehenswert: **Art Gallery & Museum** in der City Hall und das **Metro Arts Centre**, 109 Edward St, City, sowie die

Birrunga Gallery, 300 Adelaide Street, die Aboriginal-Gemälde und -Kunsthandwerk ausstellt und verkauft und ausschließlich von Ureinwohnern betrieben wird.

EINKAUFEN

Märkte

Rund um die City

BrisStyle Twilight Market, King George Square. Lokales Kunsthandwerk. 🕒 etwa alle 2 Monate Fr 16–21 Uhr.
City Farmer's Market, vor dem Kasino. 🕒 Mi 10–18 Uhr.
Eat Street Northshore, Macarthur Ave, Hamilton. Aus 180 Schiffscontainern werden leckere Spezialitäten aus aller Welt serviert.

Shoppen für den guten Zweck

Der **Save the Koala Shop** wird von der Australian Koala Foundation betrieben. Diese Non-Profit-Organisation setzt sich seit 1986 für den Schutz der Koalabären und deren Habitat ein. Eine ihrer großen Errungenschaften ist die (kostenlose) Herausgabe der „Koala Map", einer Online-Karte, die den Koala-Bestand in ganz Australien aufzeigt und als Grundlage für Tierschutzinitiativen genutzt wird. Im Shop werden allerlei Souvenirs von Stofftieren, Schmuck und Kleidung bis zu Büchern und Kunst verkauft. 40 Charlotte St, im UG, 💻 www.savethekoala.com.

Dazu gibt es Livemusik. Eintritt $3. 🕒 Fr und Sa 16–22, So bis 21 Uhr.
South Bank Market, Stanley St Plaza. 🕒 Fr 17–21, Sa 10–21, So 9–16 Uhr.

Am Stadtrand

Cleveland Bayside Market, Bloomfield St. Kunsthandwerk. 🕒 So 7–13 Uhr.
Ipswich Showplace Markets, Showgrounds Warwick Rd, Ecke Salisbury Rd, Ipswich. Kunsthandwerk, hausgemachte Marmeladen u. Ä., Pflanzen. 🕒 Mo–Fr 8.30–16.30 Uhr.
Manly Creative Markets, Little Bayside Park, Esplanade in Manly. Kunsthandwerk, 🕒 So 8–15 Uhr.

Souvenirs

Eine gute Fundgrube sind die Märkte, auch in der Umgebung (s. Tamborine Mountain, Blackall Range; Eumundi Markets bei Noosa). Edelsteine, besonders Saphire, können „an der Quelle" – Lightning Ridge (NSW) und Coober Pedy (SA) für Opale – billiger sein. Saphire werden bei Anakie und Rubyvale, westlich von Rockhampton, geschürft und geschliffen.

AKTIVITÄTEN

Riverlife, Naval Stores, Lower River Terrace, 💻 www.riverlife.com.au. Im Zentrum von Brisbane kann man sich an den Klippen von Kangaroo Point für $75 abseilen. Die Firma bietet außerdem Klettern (ebenfalls am Kangaroo Point), Paddeln, Kajak fahren, Stehpaddeln und Rollerblading. Zudem Verleih von Kajaks, Rollerblades und Mountainbikes.

TOUREN

Bootsfahrten auf dem Brisbane River

Wer nur mal schnell vom Wasser aus einen Blick auf die City werfen möchte, kann mit der City-Cat-Fähre den Fluss entlangfahren.
Mirimar Cruises, 💻 https://mirimarcruises.com.au, fährt tgl. ab der Anlegestelle des Cultural Centre vor der Staatsbibliothek 20 km den Brisbane River hinauf zum Lone Pine Koala Sanctuary. Tickets $1000 (Student $80; Kind bis

Kostenlose Cityspaziergänge

€ Das Visitor Centre organisiert täglich kostenlose Touren zu Fuß durch die Innenstadt. Treffpunkt am Visitor Centre tgl. um 10.30 Uhr, nur mit Buchung. 💻 www.visitbrisbane.com.au.

13 J. $60) hin und zurück inkl. Eintritt in den Park, auch einfache Fahrten möglich.

Bus- und Wandertouren

Tourveranstalter bieten Busfahrten durch Brisbane und in die nähere Umgebung, darüber hinaus umfasst das Programm auch Noosa und die Sunshine Coast, die Darling Downs und Toowoomba, die Gold Coast und das sehenswerte Hinterland der Gold Coast (Mt Tamborine, Lamington und Springbrook NP).

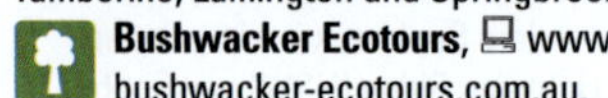

Bushwacker Ecotours, 💻 www.bushwacker-ecotours.com.au. 1–3-Tagestouren für Backpacker und aktive Leute in Regenwaldgebiete in der Umgebung von Brisbane: Springbrook NP, Glasshouse Mountains, Blackall Range, Mt Glorious sowie zur Moreton Island und Fraser Island.

Experience OZ, 💻 www.experienceoz.com.au. Große Auswahl an Tages- und Mehrtagestouren. Z. B. zur Moreton Island inkl. Schnorcheln

Gray Line, 💻 www.grayline.com.au. Tagestouren durch Brisbane und Umgebung (z. T. mit Wheel of Brisbane und Koala Sanctuary). Außerdem Trips zur Goldcoast, ins Hinterland und zum Australia Zoo.

SONSTIGES

Autovermietungen

Die großen und internationalen Autovermietungen haben Büros am Flughafen, von wo aus man direkt in den Mietwagen steigen kann; kleinere lokale Anbieter sind häufig preiswerter und bieten einen Abholservice vom Flughafen. Details zu den großen Firmen mit zahlreichen, australienweit vertretenen Filialen, die Autos, Campervans und Geländewagen vermieten (s. Transport, Autos S. 82).

Hier nur zwei Anbieter:

East Coast Car Rentals, am Flughafen und in der City, 💻 www.eastcoastcarrentals.com.au. Filialen in allen Hauptstädten.

Rent a Bomb, Flughafen, 💻 www.rentabomb.com.au. Neue und ältere Modelle. Filialen in Queensland und Victoria.

Englischkurse

Eurocentres Brisbane, 231 Albert St, 💻 www.eurocentres-brisbane.com. Grund- und Fortgeschrittenenkurse.

Feiertage und Festivals

Labour Day: 1. Mo im Mai, Feiertag in ganz Queensland.

Queens Birthday: 2. Mo im Juni.

Queensland Day Celebrations: im Juni.

Royal Queensland Show (Ekka): Landwirtschaftsausstellung 10 Tage Mitte Aug auf dem zentralen Messegelände. 💻 www.ekka.com.au.

Brisbane International Film Festival: 11 Tage Anfang Aug. 💻 www.biff.com.au.

Brisbane Festival: 3 Wochen im Sep. Feuerwerk, Livemusik, Tanz und viele andere Events am Brisbane River. 💻 www.brisbanefestival.com.au.

Informationen

Brisbane Visitor Information Centre, Queen St Mall, 💻 www.visitbrisbane.com.au. Hier erhält man auch Camping Permits der Nationalparkbehörde. 🕒 tgl. 9–17 Uhr.

Konsulate

Deutsches Honorarkonsulat, 10 Eagle St, City, ☎ 3221 7819, 💻 www.australien.diplo.de, 🕒 Mo–Fr 9–12 Uhr.

Österreichisches Honorarkonsulat, 71 Eagle St, City, ☎ 0487 144 185, 💻 www.bmeia.gv.at, 🕒 Di 10.30–12.30 Uhr.

Nationalparkbehörde

Queensland Parks and Wildlife Services, 💻 https://parks.des.qld.gov.au. Infos über die Nationalparks in Queensland sowie Camping Permits.

Ob Fähre oder Raddampfer: Vom Wasser aus bietet sich ein schöner Blick auf die Stadt.

Telefon und Internet

Jede Unterkunft bietet WLAN, teilweise muss man noch dafür bezahlen. In der Stadt wird in allen staatlichen Büchereien sowie in der Queen Street Mall, Victoria Bridge, Southbank und in den meisten Parks, darunter auch im Botanischen Garten, kostenloses WLAN geboten. Der Service wird ständig erweitert.

NAHVERKEHR

Öffentliche Verkehrsmittel (Busse, die Vorortzüge von Queensland Rail sowie die City-Cat Fähren auf dem Brisbane River) sind im Verkehrsverbund **TransLink** zusammengefasst. Der Südosten von Queensland ist in 8 Tarifzonen unterteilt; Brisbane City ist in Zone 1, die restlichen Zonen erstrecken sich halbkreis- bzw. kreisförmig von angrenzenden Stadtteilen bis Noosa (Zone 8) und Coolangatta (Zone 6). Weiteres bei 💻 https://translink.com.au.

Ein **Einzelfahrschein** (gültig für 2 Std.) kostet $5,10 für eine Zone, 2 Zonen kosten $6,30, 8 Zonen $31,10. Wer länger bleibt, besorgt sich eine **go card**, erhältlich online sowie bei sämtlichen 7-Eleven Shops oder an den meisten Bahnhöfen. Sie muss vor der Fahrt mit aufgeladen werden, gilt im gesamten Netzwerk und ist bis zu 30 % billiger als Einzeltickets. Wer mehr von der Umgebung sehen möchte, für den lohnt sich die **go seeQ-Card** mit einer Gültigkeit von 3–5 aufeinanderfolgenden Tagen ($79–129). Sie schließt den gesamten Südosten von Queensland ein (Bahn, Bus und Fähren sowie 2 Fahrten mit dem Airtrain vom/zum Flughafen) und gewährt Rabatt zu zahlreichen Sehenswürdigkeiten.

Kinder von 5–14 J. fahren zum halben Preis; die Ermäßigungen für Studenten und Rentner gelten leider nicht für Besucher aus Übersee.

Stadtbusse

Die beiden kostenlosen Busse von **Brisbane City Loop** (Route 40 und 50) drehen Mo–Fr von 7–17.50 Uhr ständig ihre Runden durch die Straßen der Innenstadt: Parliament/Queensland University of Technology (QUT), Adelaide St (City Hall), Central Station, Wharf St, Eagle St

Pier, Botanischer Garten; entgegen dem oder im Uhrzeigersinn. Die Busse halten an den rot und gelb markierten „Loop"-Haltestellen. Zudem gibt es den kostenlosen South Brisbane Loop (Route 86) zur Gallery of Modern Art und Cultural Centre sowie den kostenlosen Spring Hill Loop (Route 30).

Fähren

TransLink bietet verschiedene Fährrouten:
Cross River Ferries fahren vom Thornton St Pier zum Eagle St Pier und weiter zum Holman St Pier.
City Cat Ferries fahren den gesamten Fluss entlang von der Queensland University in St Lucia via West End, Guyatt Park, Regatta, North Quay, South Bank, Riverside, Sydney St, Mowbary Park, New Farm Park, Hawthorne, Teneriffe, Bulimba, Bretts Whar zum Apollo Rd Terminal und zurück.
City Hopper fahren den Fluss im City-Bereich entlang: von Sydney St via Anlegestellen Dockside, Holman St, Eagle St, Thornton St, Maritime Museum, Southbank 3 nach North Quay und zurück.
Die Schiffe verkehren tgl. zwischen 5.30 und 23.30 Uhr, ungefähr alle 30 Min.
💻 www.translink.com.au.

TRANSPORT

Busse

Das Terminal aller Langstreckenbusse ist das **Transit Centre** in der Roma St.
Ungefähre Fahrzeiten: nach Hervey Bay 5–6 Std., Sydney 12 Std., Rockhampton 12 Std., Airlie Beach 18 Std., Longreach 18 Std., Townsville 23 Std., Cairns 29–30 Std.
Greyhound, 💻 www.greyhound.com.au, fährt nach:
CAIRNS (S. 762–763), TOWOOMBA und SYDNEY (S. 760–761).
Premier, 💻 www.premierms.com.au, fährt nach:
CAIRNS: 1x tgl. über die Küstenroute (S. 764–765).
LISMORE: 1x tgl. via Gold Coast und Byron Bay.
SYDNEY: 1x tgl. auf dem Pacific Hwy. (S. 758–759).

Eisenbahn

In der Roma St Station im EG des **Transit Centre**, 📞 3235 1331, halten sowohl Vorortzüge als auch die Züge nach Sydney, nach Cairns und nach Westen. Auskunft und Buchung unter 📞 131 617, 💻 www.queenslandrail.com.au.

Nach Süden: Der North Coast NSW Zug von Brisbane nach Sydney fährt jeden Morgen um 5.55 Uhr ab, ca. 14 Std. Nachmittags fährt tgl. ein Bahnbus via Surfers Paradise nach CASINO, dort am Abend Anschluss an den Nachtzug Casino–Sydney XPT nach SYDNEY.

Nach Norden: Bis CAIRNS (via Rockhampton und Townsville) mit dem *Spirit of Queensland*: Mo, Di, Mi, Fr und Sa um 15.45 Uhr ab Brisbane; Fahrzeit 24 Std.
Mit dem *Tilt Train* Do–Di um 11 Uhr nach ROCKHAMPTON ab Brisbane. Fahrzeit 7 1/2 Std. Auch nach BUNDABERG So–Fr um 16.45 Uhr ab Brisbane, Fahrzeit 4 1/2 Std. Früh reservieren – v. a. die Liegewagen sind sehr begehrt!

Nach Westen: Nach CHARLEVILLE mit dem *Westlander* Di und Do um 19.15 Uhr ab Brisbane, zurück Mi und Fr um 18.15 Uhr. Fahrzeit 17 Std., ab Charleville Bahnbusse nach QUILPIE und CUNNAMULLA (jeweils um 2 1/2 Std.).
Nach LONGREACH via Rockhampton und Emerald mit dem *Spirit of the Outback* Di um 18.10, Sa um 13.55 Uhr ab Brisbane. Fahrzeit 26 Std. Ab Longreach Bahnbusse nach WINTON (2 Std.).

In die Umgebung: Hier gilt der **TransLink**-Verkehrsverbund. Zur GOLD COAST häufige Citytrain-Verbindungen ab Central Station oder Roma St Transit Centre bis NERANG, dort Anschluss an einen Bus nach SURFERS PARADISE.
Nach Norden Citytrain über CABOOLTURE (Bus nach Bribie Island), GLASSHOUSE MOUNTAINS nach NAMBOUR (Bus nach Noosa) 7–11x tgl., nur 1–2 fahren weiter nach EUMUNDI und GYMPIE NORTH. Details bei **Transinfo**, 💻 www.translink.com.au.

Flüge

Der internationale **Flughafen** liegt 13 km nordöstl. der City. Der **Airtrain**, 🖳 www.airtrain.com.au, verkehrt ca. alle 15 Min. zwischen 5.30 und 23.30 Uhr zwischen dem Airport und der City ($20) sowie halbstdl. zur Gold Coast ($39, online günstiger). Wer eine go seeQ-Card hat (S. 247) fährt kostenlos mit. Auch Transfers zu Unterkünften an der Gold Coast.

Fähren

Zur **Stradbroke Island** (S. 254, Transport: nach North Stradbroke Island).
Zur **Moreton Island** (S. 252, Transport: Moreton Island Adventures).

Der Südosten

Die Umgebung von Brisbane bietet fast alles, was das Urlauberherz begehrt. An der Küste reicht das Angebot vom Amüsierzentrum der **Gold Coast** über stille Inseln in der **Moreton Bay** bis zur **Sunshine Coast**, ebenfalls ein sehr beliebtes, aber im Gegensatz zur Gold Coast edleres Feriengebiet. Nördlich von Brisbane wendet sich die Bergkette der Great Dividing Range der Küste zu, sodass die Stadt vom Nordwesten bis zur Küste im Südosten von Bergzügen und Hochplateaus umgeben ist. An der Grenze zu New South Wales erstreckt sich zur Küste hin eine zum großen Teil wilde, von Regenwäldern bedeckte und mit Schluchten durchzogene Berglandschaft. Die **Glasshouse Mountains**, 60 km nördlich von Brisbane, hingegen sind seltsam geformte Überreste einstiger Vulkane, die vereinzelt aus der Landschaft ragen.

Die Inseln der Moreton Bay

In der Bucht liegen mehr als 350 Inseln. Auch die größeren Inseln mit Übernachtungsmöglichkeiten sind vergleichsweise still und unberührt, für Trubel ist die Gold Coast zuständig. Ideales Ausflugsziel für Budget-Reisende ist North Stradbroke Island, denn dort bieten ein Hostel/Guesthouse und Campingplätze billige Übernachtungsmöglichkeiten, und der Transport von Brisbane ist einfach und preiswert. Auf der kleineren südlichen Insel werden sich hingegen sportbegeisterte und umweltorientierte Urlauber mit gut gefüllter Reisekasse mit Sicherheit wohlfühlen.

Bribie Island

Wer etwas Abstand braucht vom Trubel in Brisbane oder vom Massentourismus entlang der Küste, der ist auf Bribie Island genau richtig. Abgesehen von den Sommerferien (Dez–Jan), geht es hier ruhig zu. Schöne lange Sandstrände, Lagunen und *paperbark wetlands* (Sumpfgebiete mit Myrtenheide) warten auf ihre Entdeckung.

Eine Brücke verbindet Bribie Island mit dem Festland. Von Brisbane aus dauert die Fahrt nur etwa eine Stunde, und mit dem Auto sind die vier Orte im Süden **Banksia Beach, Bellara, Bongaree** und **Woorim** gut zu erreichen. Dieser bebaute Teil der Insel lässt sich auch mit dem Fahrrad erkunden, die flache Insel verfügt sogar über einige Radwege. Einkaufsmöglichkeiten gibt es in Bellara und Bungaree, wo sich auch die meisten Unterkünfte befinden. Die Strände entlang der Ostküste eignen sich zum Surfen; im Sommer wird der Strand bei Woorim überwacht. Wesentlich ruhiger ist jedoch das Wasser auf der Westseite der Insel.

Die restlichen Teile der Insel stehen unter Naturschutz und können nur zu Fuß oder mit dem Geländewagen erkundet werden. Zahlreiche Wanderwege führen über die ganze Insel. Bribie Island ist die Heimat für viele Vogelarten, in den Sommermonaten gesellen sich außerdem viele Zugvögel dazu. Im **Buckley's Hole Conservation Park** am Südzipfel können die Tiere von einem Vogelsitz aus beobachtet werden.

ÜBERNACHTUNG

Bribie Island Caravan Park (Top Tourist), Jacana Ave, Woorim, 🖳 www.bribieisland

caravanpark.com.au. Zelt- und Stellplätze ab $55 sowie Cabins und eine „Suite". ❸–❺
Bribie Waterways Motel, 155 Welsby Parade, Bongaree, 💻 www.bribiewaterways.com.au. Saubere Motelzimmer mit AC, TV und Kühlschrank. ❹

Die **Campingplätze** im Nationalpark sind nur mit Geländewagen zu erreichen. Camping Permits gibt es bei Gateway Bait & Tackle, 1383 Bribie Island Road sowie bei Surfside News, 10 North St.

AKTIVITÄTEN UND TOUREN

Ferryman, 🖳 www.ferryman.com.au, ab Sylvan Beach Esplanade, westl. der Brücke. Cruises, auch mit Mittag- oder Abendessen, ab $40.
G'Day Adventure Tours, 🖳 www.gdayadventuretours.com. Touren mit dem Geländewagen sowie Kajaktouren auf der Insel ab $87. Auch 2-tägige Touren mit Übernachtung im Zelt ($269) sowie Kajakverleih.

INFORMATIONEN

Bribie Visitor Information Centre, 48 Benabrow Ave, Bellara, 🖳 https://visitbribieisland.com.au. Nähere Infos zu den Wanderwegen.
🕒 tgl. 9–16 Uhr.

TRANSPORT

Citytrain von BRISBANE bis zum 19 km von Bribie Island entfernten CABOOLTURE. Von dort gibt es einen Busanschluss über die Brücke zur Insel. Auskunft bei **Transinfo**, 🖳 www.translink.com.au.

Moreton Island

Diese lang gezogene, 190 000 ha große Insel 30 km vor dem Festland, größtenteils ein Nationalpark, ist ein vielfältiges Naturparadies mit hohen Sanddünen, Wäldern und unberührter Buschlandschaft. Der Norden der Insel ist von Sümpfen und Süßwasserseen wie dem Lake Jabiru, der Blue Lagoon und dem kleinen Lake Honeyeater durchsetzt. Befestigte Straßen gibt es nicht.

Im Januar 2020 fegten Buschfeuer über den nördlichen Teil Insel und brannten große Teile der Vegetation nieder; die Straßen und Wege sind heute wieder geöffnet, während sich die Natur noch regeneriert. Mit Geländewagen (Permit erforderlich, erhältlich bei Moreton Island Adventures, s. unten, für $56 pro Auto für bis zu 1 Woche) kann man am Strand entlang und über einige Tracks quer über die Insel fahren, oder man erforscht die Insel auf Schusters Rappen.

Moreton Island ist ebenso wie Fraser Island eine Sandinsel, aber längst nicht so überlaufen wie der nördliche Nachbar. An der mittleren Westküste bietet **Tangalooma** verschiedene Übernachtungsmöglichkeiten, Touren und Informationen. Abends können in der Bucht Delphine gefüttert werden; von August bis Oktober gibt es Touren zum Wale beobachten, außerdem Wassersport und andere Aktivitäten. Von einem ausgeschilderten Abzweig von der Middle Road führt ein Walking Track (ca. 3 km; steil) zur höchsten Erhebung der Insel, der Düne **Mount Tempest**, mit 285 m die höchste der Welt. An mehreren Stellen auf der Insel kann man die Dünen hinunterrodeln *(sand tobogganing)*.

ÜBERNACHTUNG UND ESSEN

Hotel und Apartments

Tangalooma, 🖳 www.tangalooma.com. Gehobenes, familienorientiertes Resort im Zentrum der Westküste: Hotelzimmer, Units, Ferienwohnungen und Luxusapartments. 2 Pools, Tennisplatz, Squash-Court, Café, Restaurant und Bars, u. a. das **Beach Café**, in dem man Burger, Pizza und Salate bekommt, Blick aufs Meer inklusive. ❼
Castaways bei Bulwer bietet einfache Zimmer und Units mit 2–3 Schlafzimmern. Zur Anlage gehören ein Café, wo Frühstück und Mittagessen serviert wird, sowie ein kleiner Shop.

Camping

Es gibt mehrere einfache Nationalpark-Zeltplätze mit kaltem Wasser und Plumpsklo. Camping Permits ($6,75 p. P./Tag) sowie eine Landkarte sind im Visitor Centre in Brisbane (S. 246), bei Moreton Island Adventures (S. 252) oder online unter 🖳 www.moretonislandadventures.com.au erhältlich. Feuer darf nur in den dafür vorgesehenen Feuerstellen gemacht, Feuerholz muss allerdings mitgebracht werden, da Holzsammeln auf der Insel verboten ist. Wasser muss vor dem Verzehr abgekocht werden.

TOUREN

Sunrover Tours, 🖳 www.sunrover.com.au. 1–3-Tagestouren inkl. vieler Aktivitäten wie Schnorcheln und Sandboarding. Tagestour ab

Brisbane inkl. Picknick-Lunch $195 ($185 für Studenten und Backpacker). 2 Tage inkl. Übernachtung ab $495.
Das **Tangalooma Resort** (s. o.) bietet das ganze Jahr über Lunch-Cruises und in der Saison auch Walbeobachtungstouren. Außerdem Tagestouren ab Brisbane inkl. Lunch, Delphinfütterung, Sandboarding und Zutritt zum Resort $195. Nur Transfer ab und nach Brisbane sowie Zutritt zum Resort $95 inkl. $25-Lunch-Voucher.

TRANSPORT

Moreton Island Adventures, 💻 www.moretonislandadventures.com.au, betreibt die *Micat*, eine **Autofähre** ab 14 Howard Smith Drive, Port of Brisbane nach Tangalooma Wrecks (nördl. vom Resort) Autofähre im Sommer tgl. um 8.30 Uhr, Fr und So zusätzliche Fähre nachmittags. Fußgänger einfach ab $36. Autos (inkl. Fahrer) ab $79. Vorbuchen!

QUEENSLAND

Stradbroke Islands

Vor den Toren Brisbanes erstrecken sich die beiden langgestreckten Sandinseln South und North Stradbroke Island. Die beiden Inseln wurden 1898 durch einen Wirbelsturm voneinander getrennt, nachdem vier Jahre zuvor hier ein mit explosivem Material beladenes Schiffswrack gesprengt und damit die schmale Landverbindung stark beschädigt worden war. Zwischen beiden Inseln erstreckt sich nun der schmale Jumpinpin Channel. Archäologische Funde belegen, dass die Ureinwohner vom Stamm der Quandamooka die Insel seit mindestens 21 000 Jahren bewohnen.

North Stradbroke Island (Minjerribah)

Bequem in nur 30 Minuten mit der Fähre von Cleveland (ca. 30 km südöstlich von Brisbane) zu erreichen, bietet „Straddie" ein beliebtes Urlaubs- und Ausflugsziel für *Brisbane-sider*. Die ruhige Insel ist ein Naturparadies und zieht Sportfischer auf der Suche nach Schwertfischen *(black marlin)* an, aber auch Surfer, die die starke Brandung auf der Pazifikseite nutzen.

Dunwich, wo die Fähre anlegt, lohnt an sich keinen Stopp. **Point Lookout** an der Nordwestküste ist der größte Ort der Insel und hat einige Restaurants, einen Supermarkt und eine Bäckerei. Das Meer am langen weißen **Main Beach** eignet sich zum Surfen, ist allerdings aufgrund der Unterströmungen nicht ungefährlich, sodass man nur an den von Rettungsschwimmern überwachten Strandabschnitten ins Wasser gehen sollte. Zwei schöne Wanderwege mit Meerblick führen durch den **Headland Park**. Die beiden Pfade gehen ineinander über, insgesamt sollte man ca. 30 Minuten einplanen. Zur Walsaison zwischen Juni und November lassen sich die Meeresriesen oft an der Wasseroberfläche blicken.

Zum ruhigen Baden eignet sich der Strand bei **Amity**. Das kleine Fischerdorf besteht fast ausschließlich aus Wohnhäusern, einige werden an Urlauber vermietet. Hier sind mit etwas Glück Delphine und zwischen Juni und Oktober auch Buckelwale zu sehen.

Für Naturfreunde lohnt sich die Fahrt zum **Brown Lake** und weiter in den **Blue Lake National Park**. Ein 5,5 km langer ebener Pfad führt vom Parkplatz aus zum See.

South Stradbroke Island

Die kleinere der beiden Inseln ist schneller von der nördlichen Gold Coast aus zu erreichen. Fahrzeuge sind nicht erlaubt. Neben zwei Resorts lockt die 20 km lange Insel mit einem ausgedehnten Netz an Wanderwegen.

ÜBERNACHTUNG

North Stradbroke Island

€ **Manta Lodge YHA & Scuba Centre**, 1 East Coast Rd, 💻 www.mantalodge.com.au. Gemütliches Hostel in Strandnähe mit 4–8-Bett-Dorms (Bett ab $50) und DZ; alle mit Bad auf dem Flur. Gäste können kostenlos Boogieboards benutzen. Mo und Fr gibt es einen Zubringerbus ab Brisbane – reservieren! Das dazugehörige Dive Centre bietet Tauchkurse sowie Schnorchel- und Tauchexkursionen. ❸

Pandanus Palms, 21 Cumming Pde, 💻 www.pandanuspalmsresort.com. Schöne Units, alle individuell gestaltet mit

2–3 Schlafzimmern, teilweise mit Strandblick. Unterschiedliche Standards, aber alle gut ausgestattet mit Bad, Küche, Waschmaschine, Balkon oder Terasse mit Grill. ❼

Stradbroke Island Beach Hotel, East Coast Rd, 💻 www.stradbrokehotel.com.au. Sehr schönes, modernes Gebäude mit tollen, renovierten Zimmern. Zum Hotel gehören auch eine Bar und ein Bistro, beide mit herrlicher Aussicht über das Meer. Mind. 2 Übernachtungen. ❻–❼

Camping

Adder Rock Campground, Home Beach, am Eingang zum Point Lookout. In Strandnähe, Grillstellen. Zelt- und Caravanstellplätze ($49/69) sowie fest installierte Glampingzelte und Cabins. Ab ❺

Cylinder Beach Camping Ground, Mooloomba Rd, noch weiter östlich, nahe Cylinder Headland. Am Strand mit Bademöglichkeit. Zeltplätze mit/ohne Strom ($59/79), Glampingzelte sowie ein Ferienhaus. ❻–❼

Auch an den Stränden Flinders und Main Beach, die nur mit Geländewagen zu erreichen sind, kann mit Permit ($7,25 p. P.) gezeltet werden. Weitere Campingplätze und Buchung unter 💻 www.minjerribahcamping.com.au.

South Stradbroke Island

Das **Couran Cove Island Resort**, die einzige Unterkunft auf der Südinsel, ist derzeit geschlossen; Wiedereröffnung ungewiss. 💻 www.courancove.com.au.

ESSEN UND UNTERHALTUNG

Auf **North Stradbroke Island** gibt es einige Lebensmittelgeschäfte, Takeaways und kleine Café-Restaurants, die meisten in Point Lookout. Die Preise auf der Insel sind höher – Selbstversorger bringen am besten Lebensmittel vom Festland mit. Abends ist der Biergarten des auf einer Anhöhe gelegenen **Stradbroke Island Beach Hotels** *der* Treffpunkt der Insel. Gute Countermeals; am Wochenende spielen Bands.

Auf South Stradbroke Island gibt es nur das unter „Übernachtung" angegebene Resort.

Wer zur Walsaison anreist, sollte sich eine Bootstour nicht entgehen lassen.

QUEENSLAND

SONSTIGES

Aktivitäten

Möglichkeiten zum Surfen sowie zum Sandboarden auf den Dünen. Einige Tracks können nur mit Geländewagen befahren werden, für die ein Permit von den Informationsbüros oder den Rangern benötigt wird.

Stradbroke Island Scuba Centre, 1 East Coast Rd, www.mantalodge.com.au (beim Manta Lodge YHA). 5-Sterne-PADI-Dive-Centre. Tauchexkursionen zu 12 verschiedenen Dive Sites; Geräteverleih und Tauchkurse (von Open Water bis Divemaster).

Straddie Adventures, www.straddie adventures.com.au. Vermietet Surfboards, Kajaks, Bodyboards und Schnorchelausrüstung und bietet verschiedene Touren für sämtliche Aktivitäten, darunter auch Kajaktouren mit Aborigine-Guide.

Yura Tours, https://yuratours.com.au. Die preisgekrönten Touren mit Aborignal-Guide sind heiß zu empfehlen. Auf den 90-minütigen Whale Watching Tours, z.B., beobachtet man nicht nur Wale und Schildkröten, sondern erhält auch Einblicke in die Geschichte der hier beheimateten Quandamooka-Ureinwohner ($89). Die längeren Touren im Geländewagen führen tief in den Nationalpark.

Informationen

Auf dem Festland

Redlands Coast Visitor Centre, Shore St W, Cleveland, https://stradbrokeisland.com. tgl. 10–16 Uhr.

TRANSPORT

Nach North Stradbroke Island

Zug nach CLEVELAND, dann den Zubringerbus zu den Anlegestellen am Toondah Harbour (Ende der Middle Street) nehmen; weiter mit Autofähre oder Wassertaxis nach DUNWICH. Für alle Verbindungen ist eine Reservierung erforderlich.

Stradbroke Ferries, www.stradbrokeferries.com.au. Von Cleveland nach Dunwich tgl. von 6–19.30 Uhr etwa stdl. hin und zurück. Fahrzeit ca. 45 Min. Auto inkl. Insassen ab $148, Passagiere $21, jeweils retour.

Stradbroke Flyer, www.flyer.com.au. Wassertaxi tgl. stdl. ab Cleveland von 4.55–19.25 Uhr. Ab Dunwich jeweils 30 Min. später, $21 retour.

Auf North Stradbroke Island

Stradbroke Island Buses, www.stradbrokebus.com.au, verkehren zwischen Dunwich (Anlegestelle von Fähren und Wassertaxi) und Point Lookout sowie zwischen Dunwich und Amity. Fahrdauer je ca. 20 Min., Fahrpreis $10 hin und zurück.

Nach South Stradbroke Island

Cove Water Taxi, https://covewatertaxi.com.au/. Ab Coomera Waters ($115).

Gold Coast

Die Gold Coast ist hauptsächlich ein kommerzielles Ferien- und Amüsierzentrum, bestehend aus Apartmentsilos, Motels, Nightclubs, einem Kasino und Vergnügungs- und Themenparks à la Disneyland – eine Mischung aus Las Vegas und Miami. Dank ihres milden Klimas hat die Gold Coast praktisch immer Saison. Die Region verzeichnet jährlich fast 5 Mio. Besucher. Viele Pauschaltouristen und Rentner aus dem Süden Australiens reisen von Mai bis August zum Überwintern an die Gold Coast, eine vergleichsweise ruhige Zeit. Lebhafter wird es im Januar/Februar, wenn Chinesen aus Singapur, Malaysia und Hongkong hier ihre Neujahrsferien verbringen. Ende November wird besonders Surfer's Paradise zum Mekka der australischen Schulabgänger *(schoolies)*, die hier geräuschvoll und feuchtfröhlich das Ende ihrer Schulzeit feiern.

Surfers Paradise

Der Betondschungel von Surfers Paradise ist das Zentrum der Gold Coast. Auf dem schmalen Streifen Land zwischen dem Nerang River und dem kilometerlangen Strand türmen sich Hotels und Apartmentblocks auf, in ihrem Schatten drängen sich Motels, Geschäfte, Restaurants und Nightclubs.

Das Zentrum bildet die Fußgängerzone **Cavill Avenue** mit einem Info-Kiosk und dem Konsumtempel **Raptis Plaza** und ein paar Restaurants. Das **Ripley's Believe It or Not**, Cavill Mall, 💻 www.ripleys.com/surfersparadise, widmet sich ungeheuren und ungewöhnlichen Fakten, Menschen und Geschichten. 🕒 tgl. 9–23 Uhr, Eintritt $33, Kind $24.

Ein 360°-Blick auf die gesamte Gold Coast bietet sich an klaren Tagen vom **SkyPoint**, Surfers Paradise Blvd, 💻 www.skypoint.com.au. 🕒 tgl. 7.30–21 Uhr, Eintritt $36, Kind $28. Waghalsige können für $92 außen entlang der Stahlkonstruktion bis zur Spitze des Gebäudes klettern. Livemusik gibt's abends entlang der **Orchid Avenue**.

Und da wir an der Gold Coast sind, soll es natürlich auch im Wasser nicht an menschgemachten Thrill Rides fehlen: Seit 2022 wedeln vor der Küste neun am Meeresboden verankerte und von Korallen bepflanzte Skulpuren. Taucher können das künstlich angelegte **Wonder Reef** in einer Tiefe von 8 bis 30 Metern erkunden, Details s. S. 260.

Von Broadbeach bis Burleigh Heads

Wenn man in den südlicher gelegenen Orten der Gold Coast die großen, dicht aneinandergedrängten Hotels von „Surfers" hinter sich lässt, geht es wesentlich ruhiger zu. Noch immer finden sich in der zersiedelten Landschaft erstaunlicherweise einige Fleckchen Natur: Im **Burleigh Head National Park** steht an der Mündung des Tallebudgera Creek ein winziger Überrest der einstigen Busch- und Regenwaldvegetation unter Naturschutz. Hier kann man schöne Spaziergänge entlang der Küste oder durch den Regenwald machen. Informationen unter 💻 https://parks.des.qld.gov.au/parks/burleigh-head. Die meisten Wanderwege beginnen am Parkplatz direkt an der Küste nördlich der Landzunge, Anfahrt über Goodwin Terrace.

Der Küstenabschnitt vor dem Park ist am besten zum Surfen geeignet. Hier finden im März Wettkämpfe australischer Rettungsschwimmer statt. Da das Schwimmen entlang der Küste wegen der starken Unterströmungen und hohen Wellen nicht ganz ungefährlich ist, bevorzugen Familien mit Kindern die ruhigeren Gewässer an der Mündung des **Tallebudgera Creek**. Wegen seiner starken Brandung zieht Burleigh Heads die besten Surfer Australiens an, Anfänger sollten sich hier jedoch aufs Zuschauen beschränken (Felsen im Wasser).

Von Palm Beach bis Coolangatta

Die schönsten Strandabschnitte befinden sich im Norden der Bucht am Tallebudgera Creek, vor dem riesigen Gold Coast Tourist Park, und im Süden, an der Mündung des Currumbin Creek. Die Küste ist durchsetzt von aufragenden bizarren Basaltfelsen, darunter dem **Elephant Rock** und dem **View Rock**, der als Aussichtsturm dient.

Buschlandzoo und Tierrefugium

Im **David Fleay Wildlife Park**, einem wunderschönen Buschlandzoo, sind zahlreiche australische Tiere untergebracht, z. B. Koalas, Wallabies, Dingos, Krokodile und Schlangen; die Vogelwelt ist u. a. mit Jabiru-Störchen, Papageien und Wasservögeln vertreten. Man bekommt vom Aussterben bedrohte Tiere wie Helmkasuare *(cassowaries)* und Baumkängurus zu Gesicht und im Nocturnal House Schnabeltiere, Schlangen und seltene nachtaktive Beuteltiere. Der Zoo hat sich insbesondere dem Schutz von bedrohten Tierarten und der Aufklärung der Öffentlichkeit verschrieben, daher geht es bei den Vorführungen durch die Ranger um unterhaltsame Informationsvermittlung. West Burleigh Rd, Burleigh Heads 💻 www.fleayswildlife.com.au, 🕒 tgl. 9–17 Uhr, Eintritt $27. Bus 756 fährt von Burleigh Heads hierher.

Das 27 ha große **Currumbin Sanctuary**, 💻 https://currumbinsanctuary.com.au, umfasst lichten Eukalyptuswald, Wiesen, kleine Seen und Feuchtgebiete. Eine kleine Bahn transportiert Besucher über einen Teil des Geländes. Bekannte einheimische Tiere sind hier ebenso zu Hause wie die nur im hohen Norden von Queensland vorkommenden Baumkängurus und Kasuare sowie Tasmanische Teufel. Zur Fütterungszeit der farbenfroh gefiederten *rainbow lorikeets* von 8–9.30 und 16–17.30 Uhr stellen sich reichlich Besucher ein. Eingang von der Tomewin St, Currumbin, ⏱ tgl. 8–17 Uhr, Eintritt $65, Kind $50.

Hinter der schützenden Landzunge von **Kirra Point** finden Surfer optimale Bedingungen vor. Auch Anfänger können mit gemieteten Brettern vor der weit entfernten Hochhauskulisse von Surfers Paradise ihre Künste erproben. Vom Aussichtspunkt auf der felsigen Landzunge, die Kirra von Coolangatta trennt, bietet sich ein guter Überblick.

QUEENSLAND

Coolangatta und Tweed Heads

Coolangatta ist der Drehort von *Muriels Hochzeit*, für alle ABBA-Fans ein Kultfilm und einer der erfolgreichsten australischen Filme in Europa. Südlich der Bucht von Coolangatta bildet die Boundary Road die Grenze zwischen Queensland und New South Wales und damit die Grenze zwischen den ineinander übergehenden Zwillingsstädten Coolangatta und Tweed Heads (NSW). Das große **Twin Towns Resort und Casino** in Tweed Heads ist ein Relikt aus der Zeit, als das Glücksspiel in Queensland illegal war und man hier schnell über die Grenze nach New South Wales zum Roulette gehen konnte. Vor der felsigen Landzunge von **Point Danger** bietet die Brandung geübten Surfern ausgezeichnete Bedingungen.

Das **Minjungbal Aboriginal Cultural Centre**, 5 km hinter der Grenze am Ende der Kirkwood Rd, informiert anhand von Videos und einer Ausstellung über das Leben der ursprünglichen Bewohner. Auf dem Wald- und Buschgelände um das Holzhaus befindet sich ein Bora-Ring, ein zeremonieller Festplatz. Das Zentrum verkauft Aboriginal-Kunsthandwerk. ⏱ Mo–Fr 9–15 Uhr, Eintritt $10, Kind $5.

ÜBERNACHTUNG

Hostels

Praktisch alle Hostels bieten Internetzugang, Tourenbuchung und Rabatte für Attraktionen und Nachtclubs.

Bunk Surfers Paradise, 6 Beach Rd, 💻 https://bunksurfersparadise.com.au. Die moderne Flashpacker-Unterkunft steht im Zentrum des Geschehens. Zur Ausstattung gehören eine große, moderne Küche, Fernsehzimmer und ein Sonnendach mit Pool und Blick über die Stadt. Alle Zimmer mit AC. DZ sowie 4–8-Bett-Zimmer (Bett ab $60). ❺

YHA Coolangatta, 230 Coolangatta Rd, Bilinga, 💻 www.yha.com.au. 4–6-Bett-Dorms (Bett ab $52) und DZ, alle mit Ventilator. Inkl. Frühstück. Pool, Fahrradverleih. Abholservice vom Busterminal in Coolangatta oder vom Flughafen; reservieren! Gut ausgestattet. Ab ❶

Hotels und Ferienwohnungen

Runaway Bay Motor Inn, 429 Oxley Drive, Runaway Bay, 💻 www.runawaybaymotorinn.com.au. Gutes Motel mit solarbeheiztem Salzwasserpool und Restaurant. ❺

Mantra on View, 22 View Ave, Surfers Paradise, 💻 www.mantraonview.com.au. In den DZ mit Balkon in einem der Wolkenkratzer ist man hier mitten im Geschehen und nur ein paar Schritte vom Strand. ❹

Bay of Palms Resort, 12 Coolgardie St, Elanora, 💻 www.bayofpalms.com.au. Wer etwas Ruhe und familiäre Atmosphäre sucht, findet hier am südlichsten Ende der Gold Coast einfache kleine sowie geräumige Apartments mit Bad und Küchenzeile. Pool. ❺

Caravanparks

Für die Zeit während der Schulferien unbedingt frühzeitig reservieren.

Broadwater Tourist Park, Gold Coast Highway, Southport, 💻 https://goldcoasttouristparks.com.au. Stellplätze mit Stromanschluss ab $57 oder $77 mit Bad, am Wochenende teurer. Cabins, Salzwasserpool, Kiosk. ❹–❼

Gold Coast und Hinterland
N
0
20 km
Minden
Marburg
Toowoomba
Rosewood
Ipswich
B.-Goodna
Brisbane
B.-Logan
Amberley
Grandchester
B.-Browns Plains
Park Ridge
Carbrook
Bethania Junction
Beenleigh
Victoria Point
Redland Bay
NORTH STRADBROKE ISLAND
Ripley
Purga
Cunningham Hwy.
Peak Crossing
Harrisville
Warril View
Rosevale
Kagaru
Jimboomba
Pacific Hwy.
Pimpama
SOUTH STRADBROKE ISLAND
Dreamworld
Sanctuary Cove
Thunderbird Park
Cable Ski World
Woodhill
North Tamborine
Oxenford
Kalbar
Coulson
Movieworld
Wet 'n' Wild
Seaworld
Southport
Gold Coast
Aratula
MAIN RANGE NP
Boonah
Bromelton
Mount Tamborine
Nerang
Surfers Paradise
Beaudesert
Jupiters Casino
Broadbeach
Cunningham Gap
Moogerah Dam
Canungra
Advancetown
Mermaid Beach
Miami
MT. GREVILLE NP
Mt. Alford
Cannon Creek
Kooralbyn
Hwy.
Laravale
Hinze Dam
Mudgeeraba
Burleigh Heads & Burleigh Heads NP
Palm Beach
Fleays Wildlife Park
Currumbin Sanctuary
Tugun
MAIN RANGE NP
Maroon
Maroon Dam
Beachmont
Numinbah Valley
Coolangatta
O'Reilly's
Binna Burra Lodge
SPRING-BROOK NP
Tweed Heads
MT. MAROON NP
Rathdowney
Lindesay
Hillview
Spring-brook
MT. BARNEY NP
Mt.
Lamington
LAMINGTON NP
Bilambil
Chinderah
Best of All Lookout
Tylerville
Kingscliff
Chillingham
Pacific Hwy.
Killarney, Queen Mary Falls
BORDER RANGES NP
McPherson Range
Lamington Plateau
NSW
Bogangar
Murwillumbah

© FOTOLIA / ZSTOCK

Gold Coast: gute Surfbedingungen und 365 Tage im Jahr Vergnügungs- und Konsumrausch

Kirra Beach Tourist Park, 10 Charlotte St, 💻 https://goldcoasttouristparks.com.au. Stell-/Zeltplätze ohne/mit Strom ($43/52). Salzwasserpool, Kiosk und große Spielplätze. Auch einfache EZ und DZ sowie eine Villa mit 2 Schlafzimmern. ❹–❼

Treasure Island Holiday Park, 117 Brisbane Rd, Biggera Waters, 💻 www.nrmaparksandresorts.com.au/treasure-island. Großer Platz, ideal für Besucher der Themenparks. Stellplätze ab $65, $86 mit Bad. Cabins, Units, Cottages und Safarizelte. Großer Pool, Sportmöglichkeiten, Kiosk. ❷–❼

ESSEN

Der Bootshafen Marina Mirage am Seaworld Drive in Main Beach hat edle Seafood-Restaurants, Cafés und Bars.

Surfers Paradise

Seascape Restaurant, 4 The Esplanade. Hervorragendes Seafoodrestaurant. Neben frischen Meeresfrüchten gibt es aber auch Huhn oder Känguru. Von der breiten Fensterfront blickt man direkt aufs Meer. Das Bistro im 1. Stock hat Cocktails und kleinere Speisen. 🕒 tgl. 12–23 Uhr.

Shiraz Authentic Persian Restaurant, 3106 Surfers Paradise Blvd. Gutes Essen zu günstigen Preisen, auch eine Auswahl an vegetarischen Gerichten. 🕒 tgl. 11.30–21.30 Uhr.

Burleigh Heads

Plantation House Cafe, 1/43 Tallebudgera Creek Rd. Guter Kaffee und frische Säfte sowie Frühstück und Burger. Auch Sitzgelegenheiten im Freien. 🕒 tgl. 6–14.30 Uhr.

Coolangatta

Top Noodle, 80 Marine Pde. Schlicht und günstig, aber sehr gute asiatische Gerichte. 🕒 tgl. Mittag- und Abendessen.

Franc Jr's Famour Pizzeria, 102 Griffith St. Leckere Pizzen, günstige Preise, kreative Namen (wie wär's mit einer Cheese Louise oder der Boris Specker?) Auch als Takeaway. 🕒 Mi–So 17–21.30, Fr–So auch 12–15 Uhr.

SONSTIGES

Aktivitäten

Auf dem Programm stehen unter anderem Bungee Jumping und Kabel-Wasserski-Fahren. Beratung und Buchung bei den Visitor Information Centres und Unterkünften, insbesondere Backpacker-Hostels.
Surfen: An allen Stränden bestehen Möglichkeiten, wobei Coolangatta den beliebtesten Zielen (Kirra Point und Point Danger) am nächsten liegt. Wer Wellenreiten richtig lernen will, kann bei einem ehemaligen Weltmeister einen Kurs buchen: Munga Barry's **Godfathers of the Oceans Surf School**, Surfers Paradise, 💻 www.godfathersoftheocean.com.

Englisch lernen

Australian International College of Language, 66 Marine Parade, Southport, 💻 www.aicol.com.au. Verschiedene Englischsprachkurse von Anfängern bis zu Spezialkursen.

Informationen

Gold Coast Tourism Bureau, 💻 www.visitgoldcoast.com.
Visitor Information Centre: Cavill Mall, Surfers Paradise, 🕒 Mo–Fr 8.30–17, Sa 9–18, So 9–16 Uhr.
Tweed Heads Tourist Information Centre, Wharf St, 💻 https://visitthetweed.com.au. 🕒 Mo–Sa 9–16.30, So 9.30–16 Uhr.

QUEENSLAND

Themenparks und andere Touristenattraktionen

Einige der Touristenattraktionen der Gold Coast seien hier kurz erwähnt. Die Beschreibung folgt einer Route von Norden nach Süden. Wer mehrere Parks besuchen möchte, bucht am besten ein Kombiticket: Der 3 Day Escape Pass gewährt z. B. Eintritt zu 3 Attraktionen, $180. Eintritt für einen Park je $105, Kind $95 (bei Online-Buchung; vor Ort sind die Tickets teurer). Alle Themenparks verfügen über mehrere Takeaways und Restaurants.
Dreamworld am Pacific Highway in Coomera, 💻 www.dreamworld.com.au, ist ein Disneyland nachempfundener Unterhaltungspark mit australischem Touch. Es gibt unzählige verschiedene Shows und Attraktionen, eingeschlossen Koala Country, ein Wildlife Park mit den üblichen australischen Tieren (Koalas, Kängurus etc.), eine Achterbahn mit doppeltem Looping, Dreamworks Experience und das topmoderne RealD Cinema, dessen Leinwand dem Betrachter die perfekte Illusion vermittelt, Teil des Geschehens zu sein. Zu Fuß von der Coomera Railway Station zu erreichen (Vorortzug von Brisbane). 🕒 tgl. 10–17 Uhr.
In **Movieworld** von Warner Bros., 💻 www.movieworld.com.au, am Pacific Highway in Oxenford, können Besucher Filmemachern hinter die Kulissen gucken und bekommen vorgeführt, wie ein Film gedreht wird und wie Trickaufnahmen entstehen. Eine Truppe von Stuntmen und Unterhaltungsshows wirbeln mächtig Staub auf. Hinzu kommen „Fun Rides" (z. B. mit dem Batmobile) u. a. Attraktionen. Oft sehr voll, über 2 Mio. Besucher im Jahr! 🕒 tgl. 10–17.30 Uhr.
Wet 'n' Wild, nebenan, 💻 www.wetnwild.com.au, ist eine riesige Anlage mit einem großen Wellenbad und verschiedenen, z. T. haarsträubend steilen Wasserrutschen mit Namen wie „The Double Screamer" oder „White Water Mountain". Beliebt, weil kühl, ist auch das Kino im Pool, in dem man Filme gucken kann, während man auf Gummireifen schwimmt. Im Winter werden die Pools und Rutschen geheizt. 🕒 tgl. ab 10 Uhr, die Tore schließen je nach Jahreszeit zwischen 16 und 21 Uhr.
Sea World, Seaworld Drive, 💻 www.seaworld.com.au, ist ein etablierter Vergnügungspark, in dem Delphine, Seelöwen und Schwertwale *(orcas)* in täglichen Shows ihre Kunststückchen vorführen. Weitere Attraktionen sind eine Monorailbahn und eine steile Wasserrutsche. 🕒 tgl. 10–17.30 Uhr.
Australian Outback Spectacular, 💻 www.outbackspectacular.com.au, zwischen Movie World und Wet 'n' Wild, präsentiert vor einer imposanten Outback-Kulisse eine Show mit vielen australischen Tieren und Liedern. Zur Show gibt es ein dreigängiges australisches Dinner (auch vegetarische Auswahl). Wechselnde Shows.

QUEENSLAND

Märkte

Hier nur eine kleine Auswahl:

Broadbeach Markets, Kurrawa Park, Broadbeach. Art & Craft Market. ⌚ 1. und 3. So im Monat 8–14 Uhr.

Burleigh Markets, Justin Park, Burleigh Heads. Art & Craft Market. ⌚ letzter So im Monat 8–14.30 Uhr.

Surfers Paradise Beachfront Market, The Esplanade, Surfers Paradise. Souvenirs, Schmuck und Kunsthandwerk. Oft Straßenkünstler. ⌚ Mi, Fr und So 17–22, Mai–Aug 16–21 Uhr.

Touren

Empfehlenswert ist ein Ausflug in die Nationalparks des Hinterlands mit einer kleinen Gruppe.

Aquaduck, Surfers Paradise Blvd, 💻 www.aquaduck.com.au. Bus- und Bootstour durch und um Surfers Paradise. Das Tour-Vehikel konvertiert dabei von Bus zu Boot. Einstündige Touren, mehrmals tgl., Tickets $50, Kind $40.

Cork 'n Fork Winery Tours, 💻 http://corknforktours.com. Tagestour zu Weingütern in der Mount-Tamborine-Gegend, mit Weinprobe und Mittagessen, ab $170.

Gold Coast Dive Adventures, 💻 https://goldcoastdiveadventures.com.au, bringt Taucher zum Wonder Reef, ca. 2,5 km vor The Spit. Sechsstündige Touren starten mehrmals pro Woche, sind aber oft schon Tage im Vorraus ausverkauft. $225, inkl. Ausrüstung. $40 für Hotelabholung. Auch Tauchtouren zu den Schiffswracks vor der Gold Coast.

Southern Cross 4WD Tours, 💻 www.sc4wd.com.au. Interessante Touren, z. T. abseits der üblichen Touristenpfade, z. B. Tagestouren (ca. $210) zum Lamington National Park und in den Tamborine National Park. Auch Halbtagestouren (ca. $110).

NAHVERKEHR

Die Gold Coast ist Teil des Verkehrsverbunds **TransLink**, der den Großraum Brisbane inklusive Gold Coast (bis Tweed Heads) und Sunshine Coast/Cooloola-Region (bis Gympie North) umfasst. Man kann innerhalb dieses Bereichs unbegrenzt umsteigen; die Fahrkarten werden nach Zonen berechnet. 💻 https://translink.com.au. S. S. 247.

Busse

Gold Coast Tourist Shuttle, 💻 www.qldtravel.com.au. Busverbindung zwischen Unterkünften entlang der Gold Coast und den Themenparks. Auch Abholung vom Flughafen.

Eisenbahn

Citytrains von und nach BRISBANE gehören zum TransLink-System; Gold-Coast-Bahnhöfe in Coomera, Helensvale, Nerang und Robina; es gibt direkten Busanschluss nach Surfers Paradise und nach Coolangatta/Tweed Heads.

TRANSPORT

Busse

Die Busse von Greyhound und Premier halten an mehreren Haltestellen entlang der Gold Coast. Details s. S. 758–761.

Eisenbahn

Translink, 💻 www.translink.com.au. Die Gold Coast Line verbindet BRISBANE mit Varsity Lakes; von hier aus operiert die G link Tram über BROADBEACH nach SURFERS PARADISE.

Nach Süden / Sydney

Countrylink-Bahnbusse, tgl. um 5 und 15 Uhr ab Surfers Paradise nach CASINO, dort Anschluss an den (Nacht-)Expresszug nach SYDNEY.

Flüge

Gold Coast International Airport, Bilinga, 2 km nördl. von Coolangatta. Zahlreiche Verbindungen in alle Großstädte.

Gold Coast Tourist Shuttle, 💻 www.qldtravel.com.au. Transfers vom Flughafen zur Unterkunft.

Con-x-ion, 💻 www.con-x-ion.com. Transfers vom Brisbane Airport zur Unterkunft an der Gold Coast.

Hochplateaus im Hinterland

Das Hinterland der Gold Coast ist wunderschön und bietet – in Anbetracht des Massentourismus an der Küste – noch immer erstaunlich viel friedliche Natur. Ein Ausflugsziel im nördlichen Hinterland ist das kleine Hochplateau des **Mount Tamborine**. Weiter südlich finden sich zum Teil sogar echte Wildnis und kaum berührte Regenwälder.

Mount Tamborine

Vom 50 km westlich von Southport gelegenen Hochplateau blickt man an klaren Tagen nach Osten auf die futuristische Silhouette von Surfers Paradise und auf die gesamte Gold Coast, nach Westen und Süden auf die Berghänge des Scenic Rim bis zu den Hochplateaus des Springbrook und Lamington NP. Man kann sich in „Arts and Crafts"-Galerien und Obstgärten umschauen und in den *tearooms* erfrischen. An jedem zweiten Sonntag des Monats ist Markttag.

Das bis auf 550 m Höhe steil aufragende, 8 km lange und 4 km breite Hochplateau ist vulkanischen Ursprungs. Auf der roten, fruchtbaren Erde gedeihen bei reichhaltigen Niederschlägen von 1200 mm, die v. a. im Sommer fallen, subtropische Regenwälder. In den Bächen leben Schnabeltiere. **Curtis Falls** wartet mit zahlreichen Glühwürmchen auf. Die Wanderung zu den Wasserfällen mit mehr als 100 Stufen dauert knapp eine Stunde hin und zurück. Im Tamborine National Park liegen außerdem zahlreiche weitere Wanderwege und schöne Wasserfälle.

Glühwürmchen gibt es auch in den **Glow Worm Caves** beim Cedar Creek Estate zu sehen, 104-144 Hartley Rd, 💻 www.glowwormcavetamborinemountain.com.au. Die beiden miteinander verbundenen Höhlenkammern können auf einer geführten Tour besichtigt werden. 🕒 tgl. 10–16 Uhr, Eintritt $23, Student $21, Kind $15.

In **North Tamborine** lohnt die **Witches Chase Cheese Company**, 165-185 Long Rd, North Tamborine, einen Besuch. Die zahlreichen Käsesorten können hier alle gratis verkostet werden, zudem gibt es Joghurt und Eiscreme, beides hausgemacht. 🕒 tgl. 10–16 Uhr.

Auf dem **Tamborine Rainforest Skywalk**, 333 Geissmann Dr, North Tamborine, 💻 www.rainforestskywalk.com.au, können Besucher den Regenwald aus verschiedenen Perspektiven erleben. Der 1,5 km lange Weg kombiniert Waldboden mit einer 300 m langen erhöhten Stahlbrücke sowie einer scheinbar schwebenden Aussichtsrampe, die 30 m über dem Boden tief in den Regenwald hineinragt. Zur Anlage gehören auch eine kleine Ausstellung sowie ein Café. 🕒 tgl. 9.30–17, letzter Einlass 16 Uhr, Eintritt $19,50, Student $16,50, Kind $9,50.

Aber auch im Hinterland der Gold Coast sollen Besucher nicht auf Geschwindigkeitsrausch verzichten müssen. Zugegeben, die zwölf Seilrutschen (insgesamt über 130 m) des **Treetop Challenge**, Cedar Creek Falls Rd, North Tamborine, 💻 www.treetopchallenge.com.au, sind ein Heidenspaß. Wie Tarzan schwingt man – sicher an Seilen befestigt – von einem Baum zum anderen, balanciert über Hängebrücken, kriecht durch Fässer oder klettert über Netze – insgesamt 100 Hindernisse. 🕒 Mo–Fr 10–17, Sa und So 9.30–17 Uhr, letzter Einlass 15 Uhr. Eintritt $65, Kind $55, Famile $220.

INFORMATIONEN

Visitors Centre, Doughty Park, 💻 https://visittamborinemountain.com. 🕒 Mo–Fr 9.30–15.30, Sa und So bis 16 Uhr.

TRANSPORT

Das Plateau erkundet man am besten mit eigenem Wagen oder im Rahmen einer Tour (S. 260, unter: Coolangatta und Tweed Heads).

Springbrook Plateau

Der **Springbrook National Park** erstreckt sich wie ein Flickenteppich über das Bergmassiv. Abzweige von der Springbrook Rd führen zu Aussichtspunkten und Picknickplätzen sowie zu Ausgangspunkten von Wanderwegen. Der **Best of**

All Lookout hält, was der Name verspricht: Nach einem Spaziergang vom Parkplatz durch einen Wald von Südbuchen bietet sich ein Panoramablick vom Rande des Hochplateaus ins Tweed Valley und zur im Dunst schimmernden Küste.

Ein weiterer Abschnitt des Nationalparks, die **Natural Bridge** an der Westflanke des Bergmassivs, ist – obwohl nicht weit vom Best-of-All-Aussichtspunkt gelegen – nur über die Straße Nr. 97 durch das Numinbah Valley zu erreichen. Inmitten von üppigem subtropischem Regenwald gibt es hier eine Glühwürmchenhöhle, in die sich ein Wasserfall ergießt, und einen den Cave Creek überbrückenden Felsbogen – daher der Name. Beim Gwongorella-Picknickplatz beginnt der 4 km lange Wanderweg zu den **Purling Brook Falls**, der mit 100 m der höchste Wasserfall der Gegend ist.

Nach dem Besuch des Springbrook Plateaus bietet es sich an, weiter durch das **Numinbah Valley**, eine Senke zwischen dem Hochplateau des Lamington NP und des Springbrook NP, zur winzigen Ortschaft **Chillingham** im Tweed Valley zu fahren und von dort via Murwillumbah wieder zurück zur Gold Coast.

Lamington National Park

Insgesamt 160 km Wanderwege führen durch verschlungenen Regenwald, über vulkanische Hügelketten und vorbei an tosenden Wasserfällen. Ausgangspunkte für Spaziergänge und Wanderungen im Nationalpark sind zwei Guesthouses, die man über zwei separate Stichstraßen erreicht und die nur über einen Wanderweg, den 23 km langen **Main Border Track**, miteinander verbunden sind.

Bei Beechmont eröffnet sich vom **Rosins Lookout** eine schöne Aussicht über das Numinbah Valley. Ein Rundweg führt vom Picknickplatz am Ende der Straße durch den Regenwald. Beliebt ist zudem der Weg zum **Bellbird Lookout**. Der **Main Boarder Track** zu O'Reilly's ist von geübten Wanderern an einem Tag zu bewältigen.

Im Green-Mountains-Abschnitt des Nationalparks liegt **O'Reilly's Guesthouse**, das bereits seit 1926 Feriengäste beherbergt. An Feiertagen und in den Ferien herrscht in der Cafeteria und dem Shop eine Menge Trubel. Ein Netzwerk ausgeschilderter Wanderwege bietet Gelegenheit zu kurzen Wanderungen und ausgedehnten Touren. Auch für Rollstuhlfahrer geeignet ist der 800 m lange Weg zum **Botanischen Garten**, von dem ein Abstecher zum **Tree Top Walk** führt. Über neun schwingende Hängebrücken kann man auf Baumhöhe durch den Regenwald spazieren und an einer Aussichtsplattform bis zu den oberen Ästen einer Würgefeige hinaufklettern.

Ein weiterer, 18 m hoher Beobachtungsturm, **Mick's Tower**, liegt 500 m vom Guesthouse entfernt am beliebten Wanderweg zum **Wishing Tree**. Sehr schön und für alle Altersgruppen geeignet ist die Wanderung auf dem **Python Rock Track** durch Regenwald zum Rock-Wasserfall und Tuff's Bluff, von dem man eine herrliche Aussicht hat.

Anstrengender ist der **Tooloona Creek Circuit** (18 km) durch eine Schlucht, vorbei an zahlreichen Wasserfällen zu Aussichtspunkten über das Tweed Valley, zurück auf einem Bergkamm zum O'Reilly's.

ÜBERNACHTUNG

Binna Burra Mountain Lodge, www.binnaburralodge.com.au. Die noble Lodge an den Hängen des Mt Roberts am östlichen Rande des Nationalparks fiel einem Buschfeuer im September 2019 zum Opfer; ist heute aber wieder in Betrieb. Alle Zimmer bieten einen herrlichen Blick über den Höhenzug. ❼ Wanderpfade starten direkt bei der Lodge. Die Rainforest Campsite hat schattige Zeltplätze (ab $30) und fest installierte Safarizelte ❶

O'Reilly's Rainforest Guesthouse, Lamington National Park Rd, www.oreillys.com.au. Haus mit langer Familientradition. Units mit Bad Suiten mit Kamin, Bad, Balkon und traumhafter Aussicht. Bibliothek, Kamin- und Billardzimmer, Pool, Sauna und Massagen. Restaurant nur für Hausgäste. Interessante geführte Wanderungen verschiedener Schwierigkeitsgrade. ❼

Green Mountains Campground, betrieben von der Nationalparkverwaltung. Reservierung erforderlich unter ttps://parks.des.qld.gov.au/parks/lamington. Zeltplatz $6,85 p. P./Nacht.

Nördlich von Brisbane

Die gewellte, hügelige Landschaft hinter der Küste wird als ertragreiches Weide- und Ackerland genutzt. Hier befinden sich die südlichsten Zuckerrohrfelder Queenslands; auf den Plantagen wachsen Ananas, Ingwer, Bananen, Macadamianüsse und Zitrusfrüchte.

Glass House Mountains

Die getrennt stehenden, seltsam geformten Felsen, Überreste ehemaliger Vulkane, ragen 60–75 km nördlich von Brisbane aus der welligen Ackerlandschaft. **Mount Beerwah** ist mit 556 m der höchste von ihnen. Captain Cook, der sie bei seiner Ostküstenfahrt 1770 erblickte, erinnerten die Felsen an die Glasschmelzerhütten seiner Heimat Yorkshire – daher stammt der kuriose Name.

10 km hinter Caboolture zweigt die Glass House Mountains Tourist Rd vom Bruce Highway ab. Autofahrer haben auf diesem 5 km längeren Umweg via Beerburrum und Landsborough einen besseren Blick auf die Berge. Kleinere, ausgeschilderte Abzweigungen *(scenic drives)* führen zu schönen Aussichtspunkten auf verschiedenen Bergen. **Mount Ngungun**, **Mount Beerburrum** und **Mount Coochin** sind einfach zu besteigen, die anderen Gipfel sind nur etwas für erfahrene Bergsteiger. Ab Brisbane und der Gold Coast werden Klettertouren angeboten.

Sunshine Coast

Die Sunshine Coast ist ein beliebtes Urlaubsziel bei Queenslandern und Touristen aus aller Welt. Hier geht es (noch) etwas ruhiger zu als weiter südlich an der Gold Coast. Dennoch ist der Tourismus auch hier wichtigster Industriezweig, und die Strände sind voll von Familien, sonnenbadenden Pärchen und Rucksackreisenden auf der Suche nach dem nächsten Abenteuer unter der australischen Sonne. Neben kilometerlangen Sandstränden bietet die Sunshine Coast eine gute Surf-Brandung und naturbelassene Nationalparks.

Die Sunshine Coast erstreckt sich von Caloundra im Süden über 70 km bis nach Noosa Heads im Norden. Die Küstenstraße führt an vielen schönen Stränden vorbei. Noosa mit seinen geschützten Stränden an der Flussmündung ist der meistbesuchte Ort. Weiter nördlich beginnt der Great Sandy National Park (Cooloola Section) mit zahlreichen Seen, Feuchtgebieten und kilometerlangen Sanddünen.

Wer den Massen entkommen will, ist in einem der kleineren Orte wie Caloundra oder Coolum am besten aufgehoben. Am Bruce Highway im Hinterland liegt Nambour, ein idealer Ausgangspunkt für eine Rundfahrt durch die Blackall Range.

Caloundra

Der gemütliche kleine Badeort verfügt über einen traumhaften Sandstrand an einem flachen Küstenabschnitt. Ein Holzsteg führt vom ruhigen, familienfreundlichen **Bulcock Beach** bis zum **Kings Beach**, der besonders bei Surfern beliebt ist. Andere schöne Strände sind **Shelly**, **Moffat** und **Dicky Beach**.

Südlich des Ortes erstreckt sich die **Pumicestone Passage**; ein Kanal zwischen dem Festland und Bribie Island, der gern von Anglern, Seglern und Wasserskifahrern aufgesucht wird. Das Caloundra Visitor Information Centre, 7 Caloundra Rd, ist in einem kleinen Kiosk untergebracht, ⌚ tgl. 9–15 Uhr. In der **Bulcock Street** gibt es außerdem einige Geschäfte, Cafés und Restaurants.

Mooloolaba und Maroochydore

Mooloolaba ist der große Nachbar Caloundras. Hier geht es etwas betriebsamer zu, dennoch ist auch Mooloolaba ein idyllischer Badeort mit einem schönen überwachten Strand. Die **Mooloolaba Wharf** ist ein Unterhaltungskomplex am Wasser, mit Bootsstegen und vor allem Cafés, Restaurants und Geschäften.

Bei der großen Anlage von **Sea Life**, Parkyn Parade, 💻 www.sealifesunshinecoast.com.au,

führt ein 80 m langer Plexiglastunnel durch ein riesiges Aquarium – Haie, Rochen und Schwärme von Fischen gleiten nur Zentimeter entfernt über die Köpfe der Besucher. In anderen Becken sind u. a. Quallen und ein Korallenriff mit tropischen Fischen zu sehen. Mehrmals tgl. führen Robben und Seehunde bei der Seal Trainer Presentation Kunststückchen vor. Besucher können der Fütterung von Süßwasserkrokodilen und Stachelrochen beiwohnen. Vorträge und Kurzfilme über Korallen und andere Meeresbewohner ergänzen das Programm. ⏲ tgl. 9–16 Uhr, Eintritt $40, Kind $28 – online billiger.

Maroochydore ist das Finanz- und Geschäftszentrum der Sunshine Coast. Seine Lage, am Maroochy River im Norden und dem Pazifik im Westen, eignet sich hervorragend für Wassersport. Nach Süden hin geht Maroochydore annähernd nahtlos in Alexandra Headland und Mooloolaba über.

Noosa

Noosa am nördlichen Ende der Sunshine Coast ist der Sammelname für die Orte Tewantin, Noosaville, Noosa Heads am Noosa River und die Küstenorte Sunshine Beach, Marcus Beach und Peregian. Die wichtigsten Ferienorte sind **Noosaville** und **Noosa Heads**. Beim Schwimmen und Sonnenbaden hat man die Qual der Wahl zwischen den Surfstränden am Meer und den geschützteren Stränden am Noosa River. Die bewaldete Landzunge Noosa Headland ist als Nationalpark vor Grundstücksinvestoren geschützt.

Tewantin und Umgebung

Von der Marina in **Tewantin** verkehren Boote (S. 268, Bootstouren) weiter nach Norden über den **Lake Cooroibah** in die Mangroven- und Paperbark-Sümpfe der **Everglades**, wo sie in Harrys Hut einen Stopp einlegen und man im Kajak durch die Sumpflandschaft paddeln darf. Die Everglades beheimaten 60 % aller australischen Vogelarten, darunter Kookaburras, Kormorane und die rothälsigen Buschhühner. Informationen erhält man im Informationszentrum in Kinaba direkt am See. Nordöstlich von Tewantin stellt die Fähre (Noosa North Shore Ferries) die einzige Verbindung über den Noosa River in den **Great Sandy National Park** (S. 271) dar. Sie verkehrt von 5.30–22.20 Uhr, Fr und Sa bis 0.20 Uhr, $10 pro Auto. 💻 www.noosanorthshoreferries.com.au.

Noosaville und Noosa Heads

Südlich des Noosa River erstreckt sich über etwa 2 km der Ortsteil **Noosaville** mit seiner gepflegten Promenade und hübschen Boutiquen entlang der Uferstraße **Gympie Terrace**.

Noosa Heads hat das Flair gewisser Nobelorte in Florida. Der lange, hübsche **Noosa Main Beach** wird manchmal von heftigen Strömungen abgetragen und danach wieder künstlich aufgeschüttet. Parallel zum Strand verläuft die Haupteinkaufsstraße, die **Hastings Street** mit vielen Boutiquen, teuren Straßencafés und Nobelrestaurants. Östlich des Strandes erheben sich die bewaldeten Hügel des **Noosa National Parks**, durch den viele schöne Spazierwege führen. Infos und Karten findet man am Eingang zum Park; mit etwas Glück entdeckt man Koalas in den Bäumen. Noch nahe genug an Noosa Heads bietet **Noosa Junction** weiter landeinwärts Ferienapartments und Restaurants sowie einen großen Kinokomplex in der Sunshine Beach Rd, das große Noosa Fair Shopping Centre am Lanyana Way und andere touristische Einrichtungen.

Südlich des Nationalparks beginnt der kilometerlange, dem offenen Meer zugewandte und von hohen Dünen gesäumte Sandstrand, der an kühlen Tagen zu langen Spaziergängen einlädt. Die Strände sind beliebt bei Surfern, denen Wind und Wellen nicht heftig genug sein können. Durchschnittliche Schwimmer sollten jedoch in Anbetracht der hohen Wellen und starken Unterströmungen sehr vorsichtig sein und nur an den von Rettungsschwimmern bewachten Strandabschnitten baden.

Die Hänge an der steilen Küste von **Sunshine Beach** und **Sunrise Beach** säumen Apartmentanlagen mit Traumblick aufs Meer, während im Hinterland Einfamilienhäuser vorherrschen. Nur wenige Resorts haben sich hier angesiedelt, auch die Einkaufs- und Essensmöglichkeiten sind begrenzt, sodass man aufs Auto oder den regelmäßig verkehrenden Bus angewiesen ist.

Noch weiter im Süden, am **Peregian Beach** und **Marcus Beach**, trennt der südliche Noosa National Park den schmalen, erschlossenen Küstenstreifen am David Low Highway vom Lake Weyba und dem Hinterland. Dieses ist die am wenigsten touristisch erschlossene Gegend.

ÜBERNACHTUNG

Die Preise können sich während der Hochsaison durchaus verdoppeln; dann wird oft ein Mindestaufenthalt von 2–7 Tagen verlangt.

Caloundra und Mooloolaba

Alle Unterkünfte bieten kostenlose Benutzung von Fahrrädern, Surfboards, Kajaks usw.

Cali Backpackers, 84 Omrah Ave, Caloundra, 💻 https://calibackpackers.com.au. Das kleine Hostel (max. 55 Gäste) ist urgemütlich und

Australia Zoo – the Show must go on

Nahe der Ortschaft **Beerwah** liegt der sehenswerte Australia Zoo, ein privater Tierpark, gegründet vom populären Tierschützer und TV-Krokodilbändiger Steve Irwin. Steve wurde 2006 beim Tauchen durch einen Stachelrochen tödlich verletzt. Seitdem wird der Zoo von seiner Familie betrieben; Tochter Bindi und Sohn Robert – beim Tod des Vaters gerade mal acht und drei Jahre alt – sind in die Fußstapfen ihres Vaters getreten, und die fantastischen Tiershows gehen weiter. Dabei werden den ganzen Tag über zu bestimmten Zeiten Fischotter, Elefanten, Greifvögel, Kamele, Schildkröten und Koalas vorgeführt. ⌚ tgl. 9–17 Uhr, Eintritt $70, Kind $47. 💻 www.australiazoo.com.au. Croc Express betreibt einen Zubringerbus von der Gold Coast über Brisbane bis zum Zoo, Details unter 💻 www.croctours.com.au.

QUEENSLAND

superfreundlich. Die 3–6-Bett-Dorms (Bett ab $50) und DZ (mit Bad) sind alle blitzsauber, die Küche ist sehr gut ausgestattet und der Hinterhof lädt zum Entspannen ein. Abholservice vom Bus. Fahrrad- und Surf-/Boogieboardverleih sowie Surfunterricht kostenlos. ❷

Alex Beach Cabins & Tourist Park, 21-23 Okinja Rd, Alexander Headland, 💻 www.alexbeach.com.au. Zelt-/Stellplätze ($49/54 oder 62 mit Bad). Schön angelegter Caravan Park mit Cabins und Villen verschiedener Standards. Ab ❹

Maroochy River Park (BIG4), 1 Diura St, 💻 www.big4.com.au. Große, renovierte Anlage mit vielen Zelt-/Stellplätzen (ab $54) und modernen Cabins. Großer Spielplatz und ein schöner Pool. Ab ❸

Noosa

Hostels in Noosa arrangieren Campingtrips nach Fraser Island.

Dolphins Beach House, 14-16 Duke St, Sunshine Beach, 💻 www.dolphinsbeachhouse.com. In dem gediegensten und ruhigsten Hostel Noosas sind laute Partys und Trinkspiele verboten. Das bunte Haus hat 6 Apartments, jeweils mit zwei 4–5-Bett-Dorms (Bett ab $72), Küche, Bad, Wohnzimmer. Außerdem gibt es einige DZ, z. T. mit Bad. Die Anlage hat einen indisch/buddhistischen Stil, morgens gibt es Yogaunterricht. ❻

Flashpackers Noosa, 102 Pacific Ave, Sunshine Beach, 💻 www.flashpackersnoosa.com. Modernes Hostel mit allem Komfort. 4–6-Bett-Dorms (Bett ab $80) und DZ, teilweise mit Bad; Preis inkl. Internet, Boogieboards und Shuttleservice sowie Frühstück. Kleiner Pool mit schöner Veranda. Alles sehr sauber. Ab ❺

Chez Noosa Resort Motel, 263 Edward St, Noosa, 💻 www.cheznoosa.com.au. Zwar weniger luxuriös als einige der Nachbar-Resorts, dafür gutes Preis-Leistungs-Verhältnis. Voll ausgestattete Apartments, alle mit Balkon oder Terrasse. Pool. ❸–❺

Macquarie Lodge, 53 Banksia Ave, Noosa, 💻 www.macquarielodge.com.au. Hier bekommt man jeden Luxus, den man sich wünschen kann. Die 1–3-Zimmer-Apartments sind bestens ausgestattet und modern. Jeweils mit Balkon oder großer Terrasse; Pool. Bei längerem Aufenthalt gute Rabatte. ❽

Camping

Noosa Caravan Park, 143 Moorindil St, in Flussnähe, Tewantin, 💻 www.ingeniaholidays.com.au. Zelt-/Stellplätze ab $50. Cabins mit 1–2 Schlafzimmern und Bad. Pool, Laden. Ab ❹

Noosa River Holiday Park, 4 Russell St, Noosaville, 💻 www.noosaholidayparks.com.au. Nur Zelt-/Stellplätze ab $57. Sehr zentral gelegen in einem schönen Park direkt am Fluss mit eigenem Strand, Bootssteg, Laden.

ESSEN

Noosaville

Die Restaurants und Cafés konzentrieren sich rings um die Gympie Terrace, viele haben Tische im Freien mit Blick auf den Fluss.

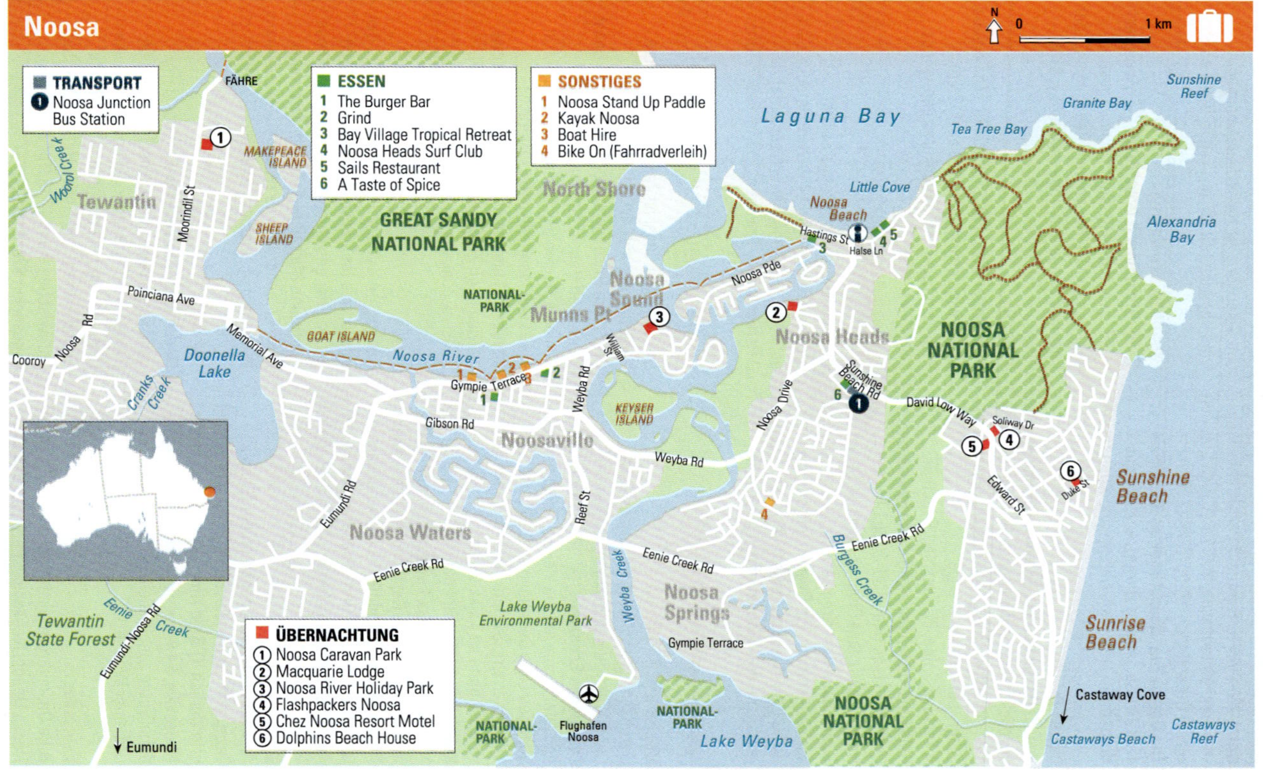

Noosa
N
0
1 km
TRANSPORT
1 Noosa Junction Bus Station
ESSEN
1 The Burger Bar
2 Grind
3 Bay Village Tropical Retreat
4 Noosa Heads Surf Club
5 Sails Restaurant
6 A Taste of Spice
SONSTIGES
1 Noosa Stand Up Paddle
2 Kayak Noosa
3 Boat Hire
4 Bike On (Fahrradverleih)
ÜBERNACHTUNG
1 Noosa Caravan Park
2 Macquarie Lodge
3 Noosa River Holiday Park
4 Flashpackers Noosa
5 Chez Noosa Resort Motel
6 Dolphins Beach House
FÄHRE
MAKEPEACE ISLAND
SHEEP ISLAND
Woorol Creek
Tewantin
Moorindil St
Poinciana Ave
Noosa Rd
Cooroy
Doonella Lake
Memorial Ave
Cranks Creek
GOAT ISLAND
GREAT SANDY NATIONAL PARK
NATIONAL-PARK
North Shore
Munns Pt
Noosa Sound
Noosa River
Gympie Terrace
William St
Weyba Rd
KEYSER ISLAND
Gibson Rd
Noosaville
Eumundi Rd
Noosa Waters
Reef St
Laguna Bay
Tea Tree Bay
Granite Bay
Sunshine Reef
Little Cove
Noosa Beach
Hastings St
Halse Ln
Noosa Pde
Noosa Heads
Noosa Drive
Sunshine Beach Rd
NOOSA NATIONAL PARK
Alexandria Bay
David Low Way
Soliway Dr
Edward St
Duke St
Sunshine Beach
Eenie Creek Rd
Burgess Creek
Weyba Creek
Noosa Springs
Gympie Terrace
Lake Weyba Environmental Park
Tewantin State Forest
Eenie Creek
Eumundi-Noosa Rd
Eumundi
Flughafen Noosa
Lake Weyba
Sunrise Beach
Castaway Cove
Castaways Beach
Castaways Reef

Grind, 255 Gympie Terrace. Australisches Frühstück und Mittagessen, man kann auch draußen sitzen. Guter Kaffee. ⌚ tgl. 6.30–13.30 Uhr.
The Burger Bar, Shop 4 Thomas St, ☎ 5474 4189. Große, leckere Burger, auch Veggie-Burger; $10–15. ⌚ tgl. Mittag- und Abendessen.

Noosa Heads

Vom **Sails Restaurant**, 💻 www.sailsnoosa.com.au, blickt man auf die Laguna Bay. Daher sollte man sich einen Tisch mit Aussicht reservieren. ⌚ tgl. mittags und abends.
A Taste of Spice, 36 Sunshine Beach Rd. Beliebtes, günstiges asiatisches Restaurant. ⌚ Di–Sa 11–14 und 16.30–20.30 Uhr.
Noosa Heads Surf Club, 69 Hastings St, am Strand nahe dem Kreisverkehr, 💻 www.noosasurfclub.com.au. Ein Besuch lohnt sich schon wegen der Aussicht von der Terrasse. ⌚ tgl. ab Mittag, an den Wochenenden Livemusik.

AKTIVITÄTEN UND TOUREN

Boots- und Kajaktouren

Geruhsam ist ein Ausflug über den Lake Cootharaba zu den Everglades.
Everglades Ecosafaris, 💻 https://evergladesecosafaris.com.au/. Im kleinen Schiff geht es über den Lake Cooroibah in die Mangroven- und Paperbark-Sümpfe der Everglades und von hier dann im Kajak weiter.
Kayak Noosa, The Boathouse, 194 Gympie Tce, Noosaville, 💻 https://kayaknoosa.com.au. Geführte Kajaktouren, Kajakfischen und -verleih.
Noosa Stand Up Paddle, 💻 www.noosastanduppaddle.com.au. Führt Wassersportfans in die Kunst des Stehpaddelns ein. Auch SUP-Verleih.

Bootsverleih

An mehreren Bootsstegen an der Gympie Terrace in Noosaville; Bootsführerschein nicht erforderlich. **O Boat Hire**, 222 Gympie Terrace, Noosaville, 💻 www.oboathire.com. Verschiedene Boote zum Ausleihen, zwischen 1 Std. und einer Woche.

Fahrräder

Bike On, mehrere Niederlassungen u. a. in Noosa Heads, Noosaville, Peregian Beach und Caloundra, 💻 www.bikeon.com.au. Mountainbikes ab $30 pro Tag. E-Bikes ab $55.

Geländewagentouren

Great Beach Drive Tours, 💻 www.greatbeachdrive4wdtours.com. Tagestour über den 40 Mile Beach, zum Red Canyon, nach Coloured Sands und Honeymoon Bay; $195.

Tauchen

Blue Water Dive, 110 Brisbane Rd, Mooloolaba, 💻 www.bluewaterdive.com.au. 5-Sterne-Padi-Tauchzentrum. Tauchkurse und -gänge.

INFORMATIONEN

Tourism Noosa, 61 Hastings St, am großen Kreisverkehr, 💻 www.visitnoosa.com.au, ⌚ tgl. 9–17 Uhr, sowie Noosa Marina, 2 Parkyn Court, Tewantin, ⌚ Mo–Fr 9–17 Uhr.

NAHVERKEHR

Die Sunshine Coast ist Teil des integrierten Verkehrsverbunds **TransLink**, der den Großraum Brisbane einschließlich Gold Coast (bis Tweed Heads) und Sunshine Coast/Cooloola-Region (bis Gympie North) umfasst. Man kann innerhalb dieses Bereichs unbegrenzt umsteigen; die Fahrkartenpreise werden nach Zonen berechnet. 💻 www.translink.com.au.

Busse

Sunbus, 💻 www.sunbus.com.au, betreibt den Busservice für TransLink. Busse verkehren entlang der gesamten Küste zwischen Noosa Heads und Maroochydore; von dort weiter nach Caloundra sowie zwischen Noosa Heads, Eumundi und Nambour Station.

Fähren

Noosa Ferry Cruise, 💻 www.noosaferry.com. Fähren verkehren zwischen Tewantin (Noosa Harbour Marine Village), Noosaville (T-Boats, Big Pelican, Yacht Club), Noosa Sound (Wharf) und Noosa Heads (Sheraton) tgl. zwischen 9 und 17.15 Uhr alle 45 Min.; Tagesticket $28, Kind $14.

© CORINNA MELVILLE

In Noosa Heads findet man noch manches ruhige Fleckchen.

QUEENSLAND

TRANSPORT

Busse

Greyhound (S. 762–763).
Premier (S. 764–765).

Eisenbahn

Die Eisenbahn verläuft ca. 20 km weiter landeinwärts über Landsborough, Nambour und Cooroy. Von hier aus hat man Anschluss an Busse nach Noosa Heads, Noosa Junction, Tewantin, Maroochydore und Caloundra. Auskunft unter 💻 http://translink.com.au.
Fernzüge halten ebenfalls in Nambour. Auskunft bei **Queensland Rail**, 💻 www.queenslandrail.com.au.

Flüge

Der **Sunshine Coast Airport** befindet sich in Marcoola bei Maroochydoore, 14 km nördl. vom Maroochy River. Transfer vom Flughafen mit **Henry's Airport Shuttle**, 💻 www.henrys.com.au, zu den Orten nördl. des Flughafens oder mit **Sun Air Bus Service**, 💻 www.sunair.com.au, zu den südlichen und nördlichen Orten. Auch vom Flughafen Brisbane.

Mit **Qantas**, **Jetstar** und **Virgin Australia** Verbindungen nach ADELAIDE, MELBOURNE und SYDNEY.

Entlang des Bruce Highways

Ginger Factory

Bei Buderim wird seit Anfang des 20. Jhs. Ingwer angebaut. In der Ginger Factory in Yandina, 50 Pioneer Rd, 💻 www.gingerfactory.com.au, gibt es neben unzähligen Ingwerprodukten auch jede Menge tolle Ingwergewächse zu bewundern. Verkostung und Tour $18. Für Kinder dreht der Ginger Train tgl. seine Runden durch den Ingwer-Garten (Ticket $10); außerdem wird eine Show an Bord eines Spielschiffes geboten (Ticket $13). 🕒 tgl. 9–17 Uhr. Gegenüber, in der Macadamia-Fabrik, werden von April bis Dezember die leckeren Nüsse verarbeitet.

Eumundi

Der nette kleine Ort im Hinterland der Sunshine Coast lohnt einen kurzen Bummel. Die Hauptstraße säumen zahlreiche zwischen 1890 und 1930 errichtete Häuser, die nun Cafés und

Kunstgewerbeläden sowie ein kleines **Museum** beheimaten. Das Museum dient auch als Informationszentrum (🕒 Mo–Fr 10–15, Sa bis 15 Uhr, Eintritt frei). Das **Imperial Hotel** ist ein restauriertes Countrypub.

Jeden Samstag von 7 bis etwa 14 Uhr (und in einem etwas kleineren Rahmen mittwochs von 8–13.30 Uhr) verwandelt sich das Zentrum in einen **Open-Air-Market**. Zwischen viel Kitsch lässt sich so manches rare Mitbringsel entdecken. Kreative Kunsthandwerker bieten ihre Produkte aus Keramik, Glas, Leder, Holz oder Textilien feil, in die Jahre gekommene Hippies offerieren bunte Gewänder, Schmuck und Räucherstäbchen, und Farmer aus der Umgebung verkaufen Macadamianüsse, Obst und Blumen.

QUEENSLAND

TRANSPORT

Busse

Bus Nr. 631 fährt von Eumundi nach NOOSA HEADS.

Eisenbahn

Der Zug zwischen BRISBANE und GYMPIE hält in Eumundi.

Blackall Range

Dieser 500 m hohe, liebliche Höhenzug westlich von Nambour erstreckt sich von Landsborough im Süden bis nach Eumundi im Norden. Vor der Ankunft der Europäer waren die Hügel mit dichtem Regenwald und feuchten Eukalyptuswäldern bedeckt, die Überreste der ursprünglichen Vegetation sind heute in Nationalparks und State Forests geschützt.

Von Nambour bietet sich eine wundervolle Rundfahrt durch die Blackall Range über die Dörfer **Mapleton**, **Montville** und **Maleny** nach Landsborough an. Abzweige führen zu Wasserfällen, Aussichtspunkten und Spazierwegen durch den Wald. In den hübschen Ortschaften gibt es Töpfereien, Kunstgewerbeläden, Galerien sowie Countrypubs, v. a. eröffnen sich immer wieder herrliche Ausblicke auf die Küstenebene und die Sunshine Coast in der Ferne.

Woodford Folk Festival

Der kleine Ort Woodford im Süden der Blackall Range ist jedes Jahr zwischen Weihnachten und Silvester Schauplatz des **Woodford Folk Festivals**, eines der beliebtesten Musikfestivals Australiens. Die breite Angebotspalette umfasst unter anderem World Music, Blues and Roots und Jazz, ferner Comedy-, Jonglier- und Akrobatikvorführungen, Workshops, Maskenbälle und Partys – das Besondere an diesem Festival sind die zahlreichen Gelegenheiten zum Mitmachen. Das Festivalgelände liegt nahe Woodford auf einem Privatgrundstück, dort gibt es auch Campingmöglichkeiten. Im November kommt immer das neue Programm heraus. Details unter 💻 www.woodfordfolkfestival.com.

Zu den **Mapleton Falls**, 4 km westlich von Mapleton, wo der Pencil Creek über 120 m ins Tal stürzt, führt ein leicht begehbarer Wanderweg. Die Wasserfälle sind vom Parkplatz in zehn Minuten zu erreichen. Ein kurzer Rundgang führt durch den Wald zu zwei Aussichtspunkten. 2,5 km nordwestlich von Montville fällt der Obi Obi Creek als **Kondalilla Falls** 76 m tief in ein mit Palmen und anderen subtropischen Bäumen bestandenes Tal, in das man nach einem ein- bis zweistündigen Fußmarsch auf einem Wanderweg gelangt.

Nicht verpassen sollte man das **Mary Cairncross Scenic Reserve**, südöstlich von Maleny. Hier bietet sich der herrlichste Ausblick auf die Glasshouse Mountains im Süden und die Küste im Osten. Zudem befinden sich am Parkplatz ein Café und das lohnende **Regenwaldzentrum** mit dem dazugehörigen Education Centre, das von freiwilligen Helfern betreut wird. Wanderwege führen durch einen der größten ursprünglichen subtropischen Regenwälder auf der Range mit zahlreichen Farnen und Palmen, Würgefeigen und Zedern. Kein Eintritt, eine Spende jedoch ist erwünscht.

ÜBERNACHTUNG UND ESSEN

In allen Dörfern auf der Range laden nette B&Bs zum Bleiben ein. Einige befinden sich in alten Häusern im Queenslander-Stil, andere in einsamen Cabins oder stilvoll eingerichteten Villen. Während der Woche sind sie bezahlbar. Eine vollständige Liste bekommt man im Tourist Office, hilfreich sind außerdem die Websites 💻 https://visitsunshinecoasthinterland.com.au und 💻 www.montvilleaccommodation.com.au.

King Ludwigs Restaurant and Bar, 401 Mountainview Rd, Maleny, 💻 www.kingludwigs.com.au. Preisgekrönte, authentische schwäbisch-bayerische Küche (u. a. Jägerschnitzel mit Spätzle, Hirschgulasch, Blaukraut und Spätzle, hausgemachter Apfelstrudel), deutsche Biere und eigene deutsche Weine. Herrliche Aussicht auf die Glass House Mountains. Zum Abendessen reservieren! 🕒 Do–So Mittagessen, Fr und Sa auch Abendessen.

Lilyponds Holiday Park, 26 Warruga St, Mapleton, 💻 https://lilyponds.com.au. Cabins mit kleiner Kochecke, Bad und Heizung. Auch einfache Lodges (Bunk Bed $35) und Campingplätze ($40). Zudem Cabins verschiedener Standards. Schattige Anlage auf ehemaliger Avocadoplantage. Pool, Spielplatz. ❸–❺

INFORMATIONEN

Montville Information Centre, 198 Main St, im Zentrum, 💻 www.montvilleguide.com.au. 🕒 tgl. 10–16 Uhr.

Die Blackall Range kann nur mit eigenem Fahrzeug erkundet werden.

Great Sandy National Park

Zu diesem Nationalpark gehören zwei Teile: Direkt vor Noosas Haustür beginnt die **Cooloola Recreation Area**, die den Küstenstreifen und sein Hinterland nördlich von Noosa umfasst. Den zweiten Teil bildet die weiter nördlich gelegene, lang gestreckte Sandinsel **K'gari** (früher Fraser Island). Die Landschaft des Nationalparks besteht aus großen, bewaldeten oder von Buschland bewachsenen Sanddünen, durchzogen von Flüssen, Seen, Mangrovensümpfen, Regenwäldern und gesäumt von herrlichen Sandstränden.

Im Süden bestimmen der Noosa River mit seinen Seitenarmen sowie Seen und Feuchtgebiete die Landschaft. Bei **Tewantin** kreuzt

QUEENSLAND

Entlang der Great Sandy Bay darf man zwischen Meer und roten Klippen durch den Sand fahren.

die Fähre den Noosa River. Safarijeeps fahren von dort aus weiter am Strand entlang zu den bis zu 200 m hohen, leuchtend rot-orangefarbenen Sanddünen bei Teewah **Coloured Sands**. Der 50 km lange Sandstrand reicht von **North Head** am nördlichen Ufer des Noosa River bis nach **Double Island Point** im Norden. Mit einem Geländewagen kann man von dort bei Ebbe am Strand entlang nach Rainbow Beach und Inskip Point fahren und mit der Fähre nach Fraser Island übersetzen (S. 274). Markierte Abzweigungen führen von der Küste durch die Sand- und Buschlandschaft der Cooloola Recreation Area.

ÜBERNACHTUNG

Noosa North Shore Retreat, Beach Rd, 🖳 www.noosanorthshoreretreat.com.au. Riesige Anlage im Buschland am Lake Cooroibah mit Motelunits, Cottages, Cabins, Zelt- und Campervan-Stellplätzen ($32/42), Bar und Bistro, 3 Pools, Tennisplatz und Kiosk. Viele sportliche Betätigungsmöglichkeiten werden angeboten, darunter Reiten, Tennis, Golf, Kanu und Kajak fahren, geführte Bushwalks. In der Hauptsaison und an Wochenenden Mindestaufenthalt von 2–5 Nächten. ❷–❼

Fraser Coast

Rainbow Beach

Als Ausgangspunkt für eine Fahrt nach Fraser Island ist der kleine Ort eine gute Alternative zum geschäftigen Hervey Bay: Rainbow Beach hat die entspannte Atmosphäre eines beschaulichen Küstenorts, dazu kilometerlange, unberührte Sandstrände und spektakuläre bunte Klippen, die dem Ort seinen Namen geben. Hinter den Klippen erstreckt sich eine Sanddüne auf 120 m Höhe, von der aus sich ein toller Blick auf die Küste und Rainbow Beach bietet. Mit der starken Brandung des Pazifiks und seiner Sanddüne ist Rainbow Beach ideal für Wellenreiter und Sandboarder.

ÜBERNACHTUNG

€ **Freedom Hostel**, 18 Spectrum St, 🖳 www.freedomhostels.com. Das bunte, große Hostel ist viel mehr als Schlafgelegenheit. Zum Programm gehören die beliebten Frasertouren, Frühstück, günstige Mahlzeiten am Abend und allabendliches Unterhaltungsprogramm. 6- und 8-Bett-Dorms (Bett ab $50) mit Bad und AC. Kostenlose Boogieboards, WLAN, Pool, Garten, Bar und Restaurant. Auch Verleih von Geländewagen.

Pippies Beachhouse, 22 Spectrum St, 🖳 www.pippiesbeachhouse.com.au. Kleines, sauberes Hostel mit 4–8-Bett-Dorms (Bett ab $46) und DZ, alle AC, inkl. Continental Breakfast. Pool und kleiner Garten. Unterricht in Bumerang- und Didgeridoo-Herstellung, kostenlose Benutzung von Bodyboards. ❷

Rainbow Beach Holiday Village, 13 Rainbow Beach Rd, 🖳 www.rainbowbeachholidayvillage.com. Gut ausgestattete Anlage in Strandnähe. Camping ab $44. Pool, Holzhütten vom ehemaligen Olympiadorf in Sydney und kleinere, etwas abseits gelegene Hütten; alle mit Küche und komplett eingerichtet, inkl. TV. Kiosk, nahe dem Surfstrand. Ab ❸

Rainbow Ocean Palms Resort, 103 Cooloola Drive, 🖳 www.rainbowoceanpalms.com.au. Moderne, helle Apartments mit 1–3 Schlafzimmern, ideal für Familien. Jedes Apartment verfügt über einen Balkon, von dem aus man auf den Strand blickt. Großer, gepflegter Pool und sehr freundlicher Service. ❼

AKTIVITÄTEN UND TOUREN

K'gari Explorer Tours, 🖳 www.fraserexplorertours.com.au. Tagestour zu den Highlights an K'gari Ostküste ($275). Optional kann man einen Flug über die Insel dazubuchen, Start- und Landung am 75 Mile Beach.

Safari 4x4 Hire, 5 Karoonda Rd, 🖳 www.safari4wdhire.com.au. Vermietet Geländewagen vom Suzuki Sierra (2 Pers.) bis zu Toyota Landcruiser Troop Carriers (max. 11 Pers.). Auf Anfrage auch Permits und Fährtransport, Verleih von Campingausrüstung. Hauptniederlassung in Hervey Bay.

Fraser Coast
N
0
20 km
Moore Park
Burnett Heads
Mon Repos
Bargara
Kellys Beach
Burnett R.
Bundaberg
Elliott Heads
Elliott R.
Elliott
Hervey Bay
Woodgate Beach
Goodwood
Cordalba
BURRUM COAST NATIONAL PARK
Burrum Heads
Childers
Burrum R.
Howard
Torbanlea
Toogoom
Hervey Bay
s. Stadtplan Hervey Bay S. 276/277
Moon Point
FÄHRE
WOODY ISLD.
River Heads
Kingfisher Bay
Wanggoolba Creek
WALSH ISLD.
Maryborough
POONA NATIONAL PARK
Brooweena
Aramara
Mungar
Maaroom
Boonooroo
Tuan
Biggenden, Mt. Walsh NP
Tiaro
Bauple
MT. BAUPLE NATIONAL PARK
Bruce Hwy
Theebine
Gunalda
Woologa
Kilkivan
Goomborian
Tin Can Bay
Rainbow Beach
GREAT SANDY NATIONAL PARK
COOLOOLA SECTION
Wolvi
Gympie
Eulama
Kin Kin
Boreen Point
Lake Cootharaba
Sandy Cape Lighthouse
Rooney Point
Platypus Bay
NATIONAL PARK
GREAT SANDY
Marloo-Schiffswrack
Waddy Point
Orchid Beach
Wathumba
Indian Head
K'GARI
Lake Bowarrady
Lake Allom
Dundubara
Cathedral Beach
Pinnacles
Eli Creek
Coloured Sands
Maheno-Schiffswrack
Happy Valley
Yidney Rocks
Lake Garawongera
Poyungan Rocks
Lake McKenzie
Lake Wabby
Central Station
Lake Jennings
Eurong
Lake Birrabeen
Lake Boomanjin
Dilli Village
Figtree Lagoon
Lake Garry
Hook Point
FÄHRE
Inskip Point
QUEENSLAND

Wolf Rock Dive Centre, 20 Karoonda Rd, www.wolfrockdive.com.au. Tauchkurse von Open Water bis Divemaster.

INFORMATIONEN

Tourist Centre Rainbow Beach, 6 Rainbow Beach Rd, www.rainbowbeachinfo.info. Auskunft, Buchungen aller Art, Vermietung von Geländewagen und Campingausrüstung. tgl. 7–17 Uhr.

TRANSPORT

Busse

Greyhound (S. 762–763).
Premier (S. 764–765).
Polleys, www.polleys.com.au. 2x tgl. von Rainbow Beach nach TIN CAN BAY, 1x tgl. weiter nach GYMPIE.

Fähren

Manta Ray Fraser Island Barges, http://mantarayfraserislandbarge.com.au. Die Fähre setzt tgl. zwischen 6 und 17.30 Uhr von Inskip Point in Rainbow Beach zur Fraser Island über. Die Überfahrt dauert nur etwa 10 Min. Reservierung nicht nötig, meist ist die Wartezeit sehr kurz. Auto (inkl. aller Insassen) $140, Motorrad $70, jeweils hin und zurück.

Tin Can Bay

Im ruhigen Tin Can Bay an der Ostseite des Wasserarms Tin Can Inlet machen vor allem passionierte Angler Ferien. Eine der Hauptattraktionen sind die zahmen Delphine, die sich normalerweise morgens in der Nähe der Bootsrampe am Norman Point einstellen und unter Aufsicht gefüttert werden können. Wer dabei sein will, sollte von 7 bis etwa 8 Uhr dort sein, die Armbanduhr ablegen und sich gut die Hände waschen, um das Risiko der Übertragung von Krankheiten auf die Tiere zu verringern. $10 inkl. der Fische für die Delphine.

Freiwillige Helfer informieren über die **Indopazifischen Buckeldelphine** *(Sousa chinensis)* und achten darauf, dass die Tiere artgerecht behandelt werden. Infos unter www.barnaclesdolphins.com.au.

TRANSPORT

Polleys, www.polleys.com.au. 1x tgl. nach GYMPIE und 2x tgl. nach RAINBOW BEACH.
Greyhound (S. 762–763).

Maryborough

Die Provinzstadt (18 000 Einw.) ist zu Recht stolz auf ihre zahlreichen, liebevoll restaurierten öffentlichen Gebäude und stattlichen Holzhäuser im Queenslander-Stil; die meisten sind über 100 Jahre alt. Maryborough ist der Geburtsort von *Mary-Poppins*-Autorin Pamela Lyndon Travers. Ihr zu Ehren wurde Anfang des Jahrtausends eine Statue der Supernanny im Ortszentrum errichtet. Das **Maryborough Visitor Information Centre** (s. u.) berichtet mit einigen Infotafeln vom Leben der Autorin.

SONSTIGES

Informationen

Maryborough Visitor Centre, 388 Kent St, www.visitfrasercoast.com. tgl. 9–17 Uhr.

Märkte

Heritage City Markets, Adelaide St und Ellena St. Historischer Markt. Do 7–13 Uhr. Gegen 13 Uhr wird mit einem Kanonenschuss das Ende des Verkaufsgeschehens angekündigt.

TRANSPORT

Busse

Greyhound (S. 762–763).
Premier (S. 764–765).
Wide Bay Transit, www.widebaytransit.com.au. Verkehrt tgl. häufig zwischen Maryborough und HERVEY BAY.

Eisenbahn

Der Bahnhof liegt in Maryborough-West, von dort kostenloser Bustransfer ins Ortszentrum.

Vom Jetty im hübschen Hervey Bay starten die Boote zur Fraser Island.

Hier halten alle Züge, die zwischen BRISBANE und ROCKHAMPTON / CAIRNS verkehren *(Tilt Train)*; es gibt auch einen auf die Zugfahrpläne abgestimmten Busanschluss (Trainlink Bus) nach HERVEY BAY. Fahrzeit von Brisbane 4 Std. Weitere Auskünfte bei **Queensland Rail**, www.queenslandrail.com.au.

Hervey Bay

Hervey Bay (sprich: Harvey Bay) ist der Sammelname für die Orte **Point Vernon**, **Pialba**, **Scarness**, **Torquay** und **Urangan**, die sich von Westen nach Osten entlang der über 34 km langen Hervey-Bucht erstrecken. Die Sehenswürdigkeiten sind schnell besichtigt, und die meisten Besucher nutzen den Ort ohnehin nur als Sprungbrett für Fraser Island. Dennoch ist Hervey Bay ein idyllisches Ferienziel, dessen Strandpromenade – mit hübschen Cafés, Restaurants und Läden – sich von einem Ort zum nächsten zieht.

Die größte Attraktion sind die **Buckelwale**, die zwischen Mitte August und Mitte Oktober in der Platypus Bay nordwestlich von Fraser Island verweilen. Die Insel hält Wind und Wetter von der Hervey-Bucht ab, sodass sich neben Buckelwalen dort auch Delphine, *Dugongs* (Seekühe) und Meeresschildkröten zum scheinbar sorglosen Verweilen versammeln. Die Gewässer der Great Sandy Strait zwischen der südlichen Hälfte von Fraser Island und dem Festland sind in Anglerkreisen berühmt für ihren Fischreichtum.

Torquay und Pialba bilden – soweit man davon sprechen kann – kleine Zentren. Im **Hafen** von Urangan liegen zahlreiche Boote vor Anker, die zum Hochseefischen oder für Ausflüge gechartert werden können, Touren zum Walebeobachten oder Fahrten nach Fraser Island anbieten.

Wer das Ruhige und Atmosphärische liebt und über einen fahrbaren Untersatz verfügt, kann auf die verschlafenen Fischerorte **Toogoom** oder **Burrum Heads** weiter nordwestlich ausweichen.

ÜBERNACHTUNG

Hostels

Flashpackers Hervey Bay, 195 Torquay Terrace, www.flashpackersherveybay.com.

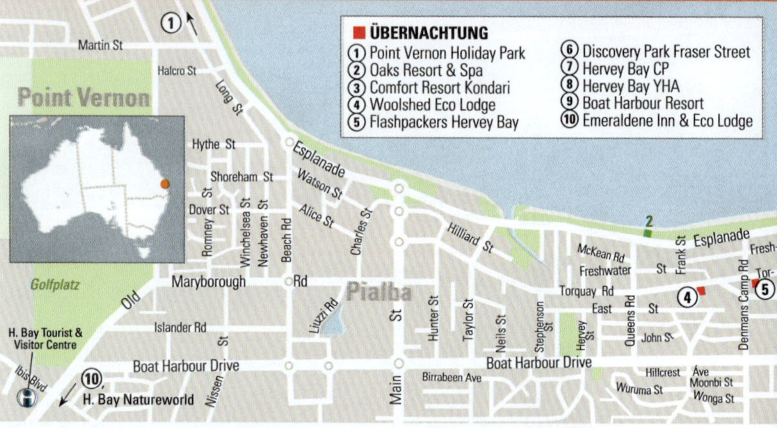

Das saubere, moderne Hostel hält, was der Name verspricht: Bequeme Betten, eine große Küche und Gemeinschaftsräume und dazu eine freundliche Atmosphäre – alles in zentraler Lage. 4–6-Bett-Dorms teilweise mit Bad (ab $55), dazu ein paar DZ mit eigenem Bad. Das Hostel organisiert Walbeobachtungs- und Reittouren sowie Ausflüge nach Fraser Island. ❺

Hervey Bay YHA, 820 Boat Harbour Drive. Das einzige Hostel weiter draußen in Urangan; Abholservice vom Transit Centre. Große und angenehme, sehr gut ausgestattete Anlage in weitläufiger Buschlandumgebung. Keine Dorms, dafür aber günstige DZ, teilweise mit Bad. Zudem gibt es einige Cabins für bis zu 5 Pers. mit Bad ❺. Auch Cabins mit Bad und TV sowie Zeltplatz. Küche, Aufenthaltsraum mit TV und Video; Pool, Tennis- und Basketballplatz, Bar und Restaurant. Internetzugang. Fraser-Island-Trips (1–3 Tage). Ab ❶

Woolshed Eco Lodge, 181 Torquay Rd, https://woolshedecolodge.com.au. Das solarbetriebene Hostel ist eine kleine grüne Oase inmitten der Stadt, nur ein paar Fußminuten von der Esplanade entfernt. In der überdachten Grillküche trifft man andere Backpacker oder man lässt sich zwischen den Palmen in die Hängematte fallen. 4- und 6-Bett Dorms (ab $45) sowie DZ verschiedener Größe und Ausstattung, teilweise mit Bad. Die Unterkunft organisiert viele verschiedene Touren. ❷–❸

Andere

Boat Harbour Resort, 651 Charlton Esplanade, Urangan, www.boatharbourresort.com.au. Schöne Studioapartments mit AC und eigenem Balkon; sehr gepflegte Anlage mit großem Pool im Garten. ❹

Comfort Resort Kondari, 49 Elizabeth St, Urangan, www.kondari.com.au. Die weitläufige Anlage neben dem Botanischen Garten kann fast als dessen Fortsetzung betrachtet werden. Außer den günstigen Motelzimmern nahe der Rezeption liegen alle Unterkünfte rings um einen See mit vielen Vögeln. Motelzimmer mit Seeblick und Kochnische sowie Familien-bungalows mit großer Terrasse am Wasser. Restaurant, Bars, Tennisplatz, Pool. ❷–❸

Emeraldene Inn & Eco Lodge, 166 Urraween Rd, Pialba, www.emeraldene.com.au. Angenehmes, von einer Familie geführtes Motel mit schönen großen Zimmern und Apartments in tropischer Atmosphäre. ❺

Oaks Resort & Spa, 569 Charlton Esplanade, www.oceansherveybay.com.au. Große, helle Apartments mit Balkon gegenüber dem

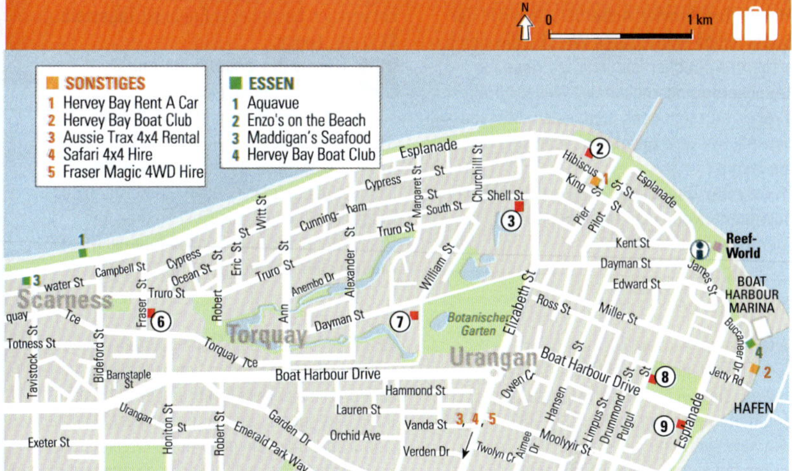

Urangan Beach Pier. Fitnesscentre, 2 Pools, Bistro und Café. Organisiert Touren nach Fraser Island und ans Great Barrier Reef. Ab ❼

Caravanparks

Rings um Hervey Bay gibt es wohl mehr als 20 Caravanparks, trotzdem kann es hier in der HS (Walsaison von Aug–Okt) voll werden, sodass man v. a. Campervan-Stellplätze vorher reservieren sollte. Zu dieser Zeit gelten erheblich höhere Preise.

Discovery Park Fraser Street, 20 Fraser St, Torquay, 💻 www.discoveryholidayparks.com.au. Camping- und Stellplätze ($41/46) oder $86 mit Bad, Cabins unterschiedlicher Standards mit AC sowie fast neue Safarizelte mit allem Luxus. 2 Pools, Küche und Internet. 3 Min. zu Fuß von Strand und Shops entfernt. ❸–❼

Hervey Bay CP, 85 Margaret St, Urangan, 💻 https://herveybaycaravanpark.com.au. Camping- und Stellplätze ($42–48); Pool.

Point Vernon Holiday Park (Big 4), 26 Corser St, Point Vernon, 💻 www.pvhp.com.au. Zelt-/ Stellplätze (ab $47) und Cabins. Pool, Küche. ❸–❹

ESSEN

Entlang der Esplanade gibt es einige Restaurants und Bistros.

Aquavue, 415a Esplanade, gegenüber der Post, Torquay, 💻 www.aquavue.com.au. Leckeres Frühstück (bis 15 Uhr) und Mittagessen zu günstigen Preisen. Schöne Lage direkt am Wasser mit großer Terrasse. 🕒 tgl. 6–15 Uhr, Do und Sa auch Abendessen.

Enzo's on the Beach, 351 Charlton Esplanade, 💻 www.enzosonthebeach.com.au. Hier schlürft man Cappuccino oder leckere Cocktails unter Palmen mit Blick aufs Meer. Frisches Seafood und viele vegetarische Gerichte. 🕒 tgl. Frühstück und Mittagessen, Do–So auch Abendessen.

Maddigan's Seafood, 1/401 Esplanade. Sehr gute Fish & Chips, auch die Calamari sind hervorragend und alles ist sehr frisch. 🕒 tgl. 8–20 Uhr.

AKTIVITÄTEN

Rundflüge

Air Fraser Island, 💻 www.airfraserisland.com.au. Tagestouren (Hin- und Rückflug mit ganztägigem Aufenthalt auf Fraser Island); $150 für 30 Min. Ein Flug über Fraser Island ist ein eindrucksvolles Erlebnis.

Tauchen

Das südliche Ende des Great Barrier Reef liegt nur 40 km nördlich von Fraser Island – ein ideales Tauchrevier. Außerdem liegen in der Bucht einige interessante Wracks, die sich für erfahrene Taucher lohnen. Die Preise für Tauchkurse sind ähnlich wie weiter nördlich, aber es herrscht noch nicht so ein Massenbetrieb. Bessere Ausgangsbasen sind jedoch die Inseln.

Hervey Bay Downunder, 💻 www.herveybaydownunder.com.au. Informationen und Ausrüstungsverleih.

TOUREN

Nach Fraser Island

Tagestouren mit großen Bussen auf Standardrouten, die von fast allen Veranstaltern angeboten werden, kosten $160–190, 💻 www.seefraserisland.com. Viele Leser haben bei diesen Touren bemängelt, dass die Zeit viel zu knapp ist und man am Ende des Tages zwar einiges gesehen, aber nichts gewürdigt hat. Man sollte schon mindestens zwei, besser drei oder vier Tage einplanen, um die schöne Insel richtig zu genießen.

K'gari Explorer Tours, 💻 www.fraserexplorertours.com.au. Tagestouren ($273) sowie 2-Tagestouren mit Übernachtung in Motelunit im Eurong Beach Resort, Verlängerung möglich, Abfahrt tgl., mit Hotelbernachtung im DZ $700 oder 3 Tage $844, jeweils inkl. Mahlzeiten, Nationalparkgebühr und *fuel levy*.

Kingfisher Bay Ranger Guided Tours, 💻 www.kingfisherbay.com. Fähre zum Kingfisher Bay Resort, Transfers von und zur Unterkunft in Hervey Bay. Vom Resort starten viele Tagestouren mit Bussen und einem Ranger zu Zielen auf der Insel für $249. Die Touren lassen sich auch mit einer Übernachtung im Resort kombinieren; Preise variieren je nach Saison. Auch deutschsprachige Touren!

Remote Fraser Island Tour, 💻 www.tasmanventure.com.au. Touren von Juli–Okt zur unberührten Westküste von Fraser Island. Unterwegs lassen sich Wale und Delphine beobachten. An der Westküste von K'gari angekommen kann man dann ins Kajak umsteigen, mit Schnorchel ins Wasser springen oder die Sanddünen erklimmen. Ein wirklich besonderes Erlebnis! Tagestour $250 inkl. Lunch.

Hervey Bay Eco Marine Tours, 💻 www.herveybayecomarinetours.com.au. An Bord der *Milbi* geht es zu Sekt und Seafood mit Aborigine-Tourguide entlang der Great Sandy Strait zur unbewohnten Round Island, auf der man zu Sonnenuntergang den Didgeridooklängen und Geschichten der Ureinwohner lauscht. Sunset-Tour (90 Min.) $79. Auch Walbeobachtungstouren.

Self-Drive-Touren

Wer sich für eine Self-Drive-Tour entscheidet, sollte die Gefahren nicht unterschätzen und idealerweise bereits Erfahrung im Fahren auf Sand mitbringen. Um Kosten zu sparen, schließt man sich am besten mit anderen Reisenden zusammen. Die meisten Geländewagen werden inkl. Permit vermietet. Preise für einen Geländewagen ab ca. $850 für 2 Tage, S. 279.

Walbeobachtung

Während der Walsaison (Aug–Okt) werden zahlreiche *Whale Watch Cruises* angeboten. Da man in dieser Zeit mit großer Sicherheit das eindrucksvolle Erlebnis geboten bekommt, Wale aus der Nähe zu sehen, lohnen die Touren. Während der Schulferien, etwa ab Mitte Sep, sind sie schon Tage im Voraus ausgebucht. Große Boote (bis zu 260 Passagiere) bieten viel Platz und eine gute Aussicht, dafür herrscht aber oft Massenbetrieb. Auf kleinen Booten für 20–50 Passagiere ist man näher dran am Geschehen. Wer leicht seekrank wird, sollte ein mittleres Boot (um 100 Passagiere) wählen. Die Kosten betragen je nach Tour $160–200. Einige Boote haben Unterwassermikrofone, die die einzigartigen „Gesänge" der Buckelwale auf Lautsprecher im Boot übertragen.

Blue Dolphin, 💻 www.bluedolphintours.com.au. Alteingesessener, preisgekrönter Anbieter. Man ist auf langsamen, motorunterstützten Segelbooten unterwegs, z. B. auf dem 10,5-m-Katamaran *Blue Dolphin* mit max. 24 Passagieren. Tagestour inkl. Lunch, Snacks und einem alkoholischen Getränk $185. Von den ins Wasser ragenden Plattformen aus kann man mit den riesigen

Säugetieren auf Tuchfühlung gehen – ein unvergessliches Erlebnis.

SONSTIGES

Autovermietungen

Geländewagen werden für Fraser Island benötigt. Entsprechend viele Angebote gibt es. Ausschlaggebend sollte sein, dass Wartung und Sicherheit großgeschrieben werden, z. B. indem ausführlich über das Fahren auf der Insel beraten wird. Vermietet werden verschiedene Größen zwischen 2 und 11 Sitzen; die Preise variieren stark, je nach Größe und Mietdauer. Hinzu kommen Versicherung und Kaution. Sinnvoll sind Pauschalarrangements. Zahlreiche Anbieter vermieten Campingausrüstung (checken, wie praktisch, komplett und alt die Ausrüstung ist), bieten Packages inkl. Campingausrüstung, Permit und Fähre oder sogar inkl. Unterkunft in einfachen Schlafsälen oder Cabins an.
Das **Permit** ist leicht selbst zu besorgen ($58 pro Fahrzeug für bis zu 1 Monat, 💻 https://parks.des.qld.gov.au/recreation-areas/vehicle_access_permit_fees.html). Alle Vermieter verlangen eine **Kaution**, die bei etwa $1000 liegen kann und meist auf der Kreditkarte festgehalten wird. Viele Vermieter sind sehr genau mit der Nachinspektion und ziehen schnell was von dieser Summe ab, wenn sie z. B. feststellen, dass entgegen den Vertragsbedingungen im Salzwasser gefahren worden ist. Die Standard-Versicherungspolicen sehen eine sehr hohe **Selbstbeteiligung** von um die $3000–5000 vor, die man für eine höhere Versicherungsrate auf ein paar Hundert Dollar reduzieren kann.
Aussie Trax 4x4 Rental, 38 Southern Cross Circuit, Urangan, 💻 www.fraserisland4wd.com.au. Gute Beratung. Die Website hat gute Infos für Selbstfahrer.
Fraser Magic 4WD Hire, 5 Kruger Court, Hervey Bay, 💻 www.fraser4wdhire.com.au. Spezialist für Paare und sehr kleine Gruppen. Informationen auch auf Deutsch.
Safari 4x4 Hire, 102 Boat Habour Drive, Pialba, 💻 www.safari4wdhire.com.au. Suzuki Jimmy (2 Pers.) bis zu Toyota Landcruiser (max. 11 Pers.). Auf Anfrage auch Vermietung von Campingausrüstung. Filiale in Rainbow Beach.

Fahrrad-, Jet-Ski-, Scooter-Verleih

Stadtbusse fahren nur selten, sodass es lohnt, ein Rad zu mieten, entweder in Backpacker-Hostels oder bei **Aqua Vue Watersports**, gegenüber der Post in Torquay, 💻 www.aquavue.com.au. Vermietung von SUPs, Kajaks und Jet Ski.
Hervey Bay Rent A Car, 6 Pier Street, Urangan. Dieser Anbieter vermietet Roller *(scooter)*, Fahrräder und Autos.

Informationen

Hervey Bay Visitor Centre, 227 Maryborough Rd, Hervey Bay, 💻 www.visitfrasercoast.com. 🕒 tgl. 9–17 Uhr.
Hinzu kommen zahlreiche weitere private Buchungsagenturen.

TRANSPORT

Busse

Greyhound (S. 762–763).
Premier (S. 764–765).
Wide Bay Transit, 💻 www.widebaytransit.com.au. Verkehrt tgl. häufig zwischen MARYBOROUGH und Hervey Bay.

Eisenbahn

Abgestimmt auf die Abfahrtszeiten des *Tilt Train* fahren tgl. Trainlink-Busse vom Bahnhof MARYBOROUGH WEST nach Hervey Bay (S. 275).

Fähren

Fraser Island Barges, 💻 www.fraserislandferry.com.au. Infos über sämtliche Autofähren von Hervey Bay. Alle Fähren $205–230 retour pro Auto inkl. 4 Pers.:
Fraser Venture Barge ab River Heads (an der Mündung des Mary River, südl. von Urangan) nach WANGGOOLBA CREEK (Westseite von Fraser Island), tgl. um 8.30, 10.15 und 16 Uhr, zurück um 9, 15 und 17 Uhr.
Kingfisher Bay Ferry, ab River Heads um 6.45, 9, 12.30, 15.30 und 18.45 Uhr nach KINGFISHER BAY, zurück um 7.50, 10.30, 17 und 21 Uhr.

K'gari (früher Fraser Island)

Eine Zeit lang hieß sie Fraser Island; 2023 aber kehrte die Insel schließlich offiziell wieder zu ihrem ursprünglichen Namen zurück: K'gari, das bedeutet Paradies in der Sprache der hier beheimateten Butchulla-Ureinwohner. Seit Ende 1992 steht K'gari auf der Unesco-Liste des Weltnaturerbes. Etwa 380 000 Besucher kommen jährlich hierher, zu Ferienzeiten gleichen die Strände oft leider einer Rennstrecke für Geländewagen. Im Inselinneren ist es etwas ruhiger und besonders still und abgelegen ist die Westküste. Auf der Standardroute (Eli Creek, Maheno-Schiffswrack, Pinnacles, Lake Jennings, Birraben, McKenzie oder Lake Wabby, der Central Station mit Wanggoolba Creek und Valley of the Giants) ist man allerdings nie allein.

Die gesamten 180 000 ha der lang gestreckten Insel bestehen aus Sand, damit ist K'gari die größte Sandinsel der Welt. Die Entstehung des sandigen Cooloola-Gebietes weiter südlich und der Sandinseln in der Moreton Bay vor Brisbane ist auf Erosion zurückzuführen. Seit 700 000 Jahren werden die Berge der Great Dividing Range von Wind und Wasser abgeschliffen und das zu Sand zermahlene Gestein von den Küstenflüssen zum Meer transportiert. Der an der Küste vorherrschende Südostwind weht die feinen Sanddünen nach Norden, wo sie an felsigen Stellen Halt finden und sich bis zu 240 m hoch auftürmen. Auf der 125 km langen, aber nur 5–25 km breiten Insel ist so eine einzigartige Landschaft entstanden.

Der schier endlose Strand aus fest gepresstem Sand, **Seventy Five Mile Beach**, an der Ostseite der Insel dient vielen Geländewagen und Touristenbussen als Autobahn. Enttäuschend ist auch die Tatsache, dass wegen starker Unterströmungen Baden im Meer nicht angeraten ist, außerdem schwimmen hier neben harmlosen Leoparden-Haien, Delphinen und Schildkröten einige menschenfressende Haie in den Gewässern. Zum Trost gibt es im Inland 60 unterschiedlich große Süßwasserseen, in deren kristallklarem Wasser man herrlich baden kann. Der große, 5 m tiefe **Lake McKenzie** ist Ziel vieler Tourgruppen, die etwas kleineren Seen **Birrabeen** und **Jennings** sind genauso schön und ruhiger.

Zum bis zu 12 m tiefen **Lake Wabby**, auch Window Lake genannt, führen zwei Wander-

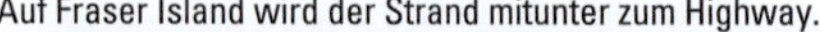
Auf Fraser Island wird der Strand mitunter zum Highway.

routen, eine durch einen schönen Eukalyptuswald, eine andere über die Dünen, die auf dem Rückweg jedoch die Gefahr birgt, in der weiten Dünenlandschaft vom Weg abzukommen. Vor allem beim Baden in den Seen ist darauf zu achten, dass kein Sand von den Dünen in die Seen getrampelt wird und keine Sonnencreme ins Wasser gelangt.

Auch **Eli Creek** bietet eine willkommene Abkühlung. Vor allem im Sommer finden sich hier Hunderte von Besuchern ein. Ein Plankenweg führt am Bach entlang, von dessen oberem Ende man sich vom kühlen, schnell fließenden Wasser zum Strand hinabtreiben lassen kann. Bei Flut und schlechtem Wetter stellt die Mündung eine gefährliche Barriere auf dem Weg nach Norden dar. Hinter dem Strand erheben sich Sandklipen, von weiß über grau, schwarz und rosa bis leuchtend rotorangefarben, manchmal zu bizarren Hügeln und Schluchten geformt – am schönsten wirken sie kurz nach Sonnenaufgang im warmen Morgenlicht. Am eindrucksvollsten sind die **Pinnacles** im Norden der Insel am Cathedral Beach, die aber bei Flut oft nicht zugänglich sind.

Landeinwärts sind die weißen Sanddünen von Busch- und Heideland, lichten Eukalyptuswäldern und stellenweise sogar von dichtem subtropischem **Regenwald** bedeckt – ein Viertel der gesamten Insel ist bewaldet! Seit der Zeit der ersten Pioniere wurden viele wertvolle Urwaldbäume gefällt, obwohl einige, beispielsweise der *Satinay (Syncarpia hilii)*, nur hier in der Great Sandy Region wachsen. Wunderschön ist ein Spaziergang von der Central Station an dem mit Farnen und Palmen bewachsenen **Wanggoolba Creek** entlang zum **Valley of the Giants** mit seinen gigantischen Satinay-Bäumen. An der Westküste erstrecken sich Lagunen und **Mangrovensümpfe**.

Die Untiefen der Great Sandy Region wurden so manchem Schiff zum Verhängnis. Zwei rostende Schiffswracks liegen heute noch am Strand: die 1935 auf Grund gelaufene **Maheno** in der Mitte der Ostküste, 3,5 km nördlich von Eli Creek, und die 1914 gesunkene **Marloo** im Nordosten. Es ist sehr gefährlich, auf dem leicht erreichbaren Maheno-Schiffswrack herumzuklettern.

Manchmal bekommt man wilde **Dingos** zu Gesicht. Die Vorfahren der rund 200 hier lebenden Dingos wurden von den Ureinwohnern auf die Insel gebracht. Aufgrund der geografischen Isolation gelten diese Dingos als die reinrassigsten in Australien.

ÜBERNACHTUNG

Während der Schulferien, v. a. um Ostern und Weihnachten, werden die meisten Cabins und Apartments nur wochenweise vermietet.

Im Norden

Cathedrals on Fraser, 10 km nördl. von Eli Creek, www.cathedralsonfraser.com.au. Zelt-/Stellplätze ($42/59), permanent aufgestellte Zelte , Cabins und kleines Lebensmittelgeschäft, Internet, Tankstelle und öffentlicher Fernsprecher. ❼

K'gari Cottages, Orchid Beach, www.kgari.com. Modern eingerichtetes, großes Holzhaus mit schöner Veranda für bis zu 6 Pers. Ab 5 Übernachtungen. ❼

Fraser Island Retreat, www.fraserislandretreatqld.com.au. 9 Cabins, jeweils mit Bad. Küche, Bar und Bistro. ❼

Eurong

Eurong Beach Resort, www.eurong.com. Großes Ferienzentrum direkt am Strand. Motelzimmer und 2-Zimmer-Apartments mit kompletter Ausstattung. Außerdem 2 riesige Pools, Restaurant, 2 Bars, Bäckerei mit Café, kleiner Supermarkt, Tankstelle. Ab ❺

An der Westküste

Kingfisher Bay Resort, www.kingfisherbay.com. Ein nach umweltfreundlichen Maßstäben errichtetes Resorthotel – und eine der angenehmsten Anlagen dieser Art in ganz Queensland. DZ mit Balkon, in einer Gruppe und bei mind. 3 Übernachtungen ist eine der Villa Units mit 2 oder 3 Schlafzimmern für 4–8 Pers. erschwinglicher. 3 Restaurants, 4 Bars, großer Pool sowie Shopping Village mit Tankstelle. Geboten werden Wassersport, Geländewagenvermietung und diverse interessante, von Rangern geleitete Tagestouren (s. Hervey Bay). ❻–❼

Camping

Zeltplätze der Nationalparkbehörde mit fließend Wasser und Toiletten gibt es bei Lake Boomanjin, Central Station, Dundubara, Waddy Point, Ungowa und Wathumba Beach im Nordwesten; man kann aber auch an anderen, designierten Stellen an der Ostküste zelten. Auch dafür wird ein Camping Permit benötigt (Details s. unten). Offene Lagerfeuer sind nur an bestimmten Stellen auf den Zeltplätzen Dundubara, Waddy Point und Waddy Point Beachfront erlaubt, das Feuerholz muss man mitbringen: Nur Holzreste von Sägewerken *(offcuts)* sind erlaubt, keinesfalls im Busch aufgeesene Äste und Zweige! Bei den Rastplätzen für Tagesausflügler *(day use areas)* von Central Station und Waddy Point sowie beim Dundubara Campground gibt es Gas-Grillstellen; am besten bringt man seinen eigenen **Gaskocher** mit. Weiterhin sollte man nicht vergessen: Münzen ($1 und $2), die man für die Gasgrills, die Warmwasserduschen bei den Zeltplätzen Central Station, Waddy Point und Dundubara benötigt; große, robuste **Müllsäcke**, denn man muss allen Abfall wieder zurück zum Festland bringen; außerdem ausreichend **Insektenschutz** – Mücken und Bremsen sind oft ziemliche Quälgeister. Deshalb ist es auch angebracht, dunkle Kleidung zu vermeiden. Mehr unter 🖳 https://parks.des.qld.gov.au/parks/kgari-fraser/camping.

TOUREN

Einige Veranstalter in Hervey Bay (S. 278) und Rainbow Beach (S. 272) bieten **Safaritouren** an. Auf den Touren erhält man mehr Informationen, als wenn man selbst fährt. Der Nachteil: Die Gruppen sind groß, v. a. während der Ferien.

SONSTIGES

Fähren

Siehe Hervey Bay oder Rainbow Beach.

Geländewagen

Für die Insel braucht man einen Geländewagen, den man in Noosa, Rainbow Beach oder Hervey Bay mieten kann (s. dort). Die langen Sandstrände von Cooloola und Fraser Island mit ihrem festen Sand lassen sich meist wie eine asphaltierte Straße befahren. Man kann aber leicht in Sandlöchern stecken bleiben. Zudem ist der Strand während der Flut streckenweise überspült. Fahrer sollten darauf achten, die Höchstgeschwindigkeit von 35 km/h im Inselinneren und 80 km/h auf dem Strand einzuhalten (regelmäßige Kontrollen mit teuren Strafzetteln!). Alle Vermieter verbieten das Fahren im Salzwasser, weil es zum Korrodieren der sehr empfindlichen Elektrik führt. Wer's doch tut, wird in den meisten Fällen entdeckt und muss mit hohen Abzügen von der Kaution rechnen.

Permits

Selbstfahrer müssen sich *vor* dem Übersetzen ein Vehicle Service Permit ($53 pro Fahrzeug, 1 Monat gültig) sowie ein Camping Permit ($7,25 p. P./Nacht) besorgen. Bestellung der Permits unter 🖳 https://parks.des.qld.gov.au/camping/bookings.

Reisezeit

Wenn möglich, nicht während der Schulferien, an langen Wochenenden und Feiertagen fahren. Der meiste Regen fällt von Januar bis März.

Die Zentrale Küste

Dieser Teil der Küste und des Hinterlandes ist das provinzielle Herz Queenslands. Touristisch hat die zentrale Küste weniger zu bieten als der Süden und Norden Queenslands, aber viele Backpacker finden hier Saisonarbeit in der Landwirtschaft. Die meisten Hostels sind daher auf Langzeitgäste ausgerichtet. In den drei prosperierenden Städten Bundaberg, Gladstone und Rockhampton werden die Produkte des Umlandes verarbeitet und verschifft: Zucker, Rindfleisch, Baumwolle, Getreide und v. a. Kohle.

Das Bowen Basin erstreckt sich über 500 km in Nord-Süd-Richtung im Hinterland von Mackay bis Gladstone und birgt die reichhaltigsten Steinkohlereserven Australiens. Die noch immer hohe Nachfrage aus dem Ausland nach Steinkohle hat der Region einen beispiellosen Boom beschert (S. 114). Der Boden hält aber auch noch andere Schätze bereit: Westlich von Rockhampton, in den Central Highlands bei Rubyvale, findet man Saphire, Diamanten und Rubine.

Von Hervey Bay bis Rockhampton

Zwischen Ende November und Anfang Februar suchen Meeresschildkröten die Küste zwischen Bundaberg und Gladstone auf, um ihre Eier abzulegen. Zu dieser Zeit sind die Unterkünfte in den Küstenorten vielfach ausgebucht. Die Küste ist flach, zwischen den vereinzelten Stränden erstrecken sich ausgedehnte Mangrovensümpfe.

Bundaberg

Die größte Attraktion Bundabergs sind die Schildkröten von Mon Repos, die zwischen Januar und März schlüpfen und die Besucher dann bei ihrem ersten Gang ins Wasser beobachten dürfen. Außerhalb dieser Monate sieht die Stadt aber recht wenige Besucher. Viele Backpacker finden auf den umliegenden Farmen Arbeit. Neben Zuckerrohr wachsen in der Gegend auch Tomaten, Zucchini, Paprika, Kürbisse, Melonen und viele andere Feldfrüchte – das Land um Bundaberg zählt zu den produktivsten Gemüseanbaugebieten Australiens. Die Haupterntezeit liegt zwischen September und Dezember.

In Australien ist Bundaberg ein Synonym für Rum. Eine der Hauptattraktionen ist die **Rum Distillery**, Avenue St, East Bundaberg, 💻 www.bundabergrum.com.au, die das ganze Land mit dem Tropfen versorgt. 🕒 Mo–Fr 10–15, Sa und So 10–14 Uhr, stündliche Führungen (mit Videofilm). Im dazugehörigen Shop gibt's allerlei Rum-Souvenirs. Touren ab $20. Hübsche Souvenirs aus Holz und Glas von lokalen Künstlern findet man in **Schmeider's Cooperage**, 5 Alexandra St, East Bundaberg.

Bundaberg liegt nicht direkt an der Küste. Beliebte Badeorte im Umkreis von etwa 15 km sind bei **Moore Park** im Norden, **Mon Repos** bei Bargara, **Kelly's Beach**, ein ruhiger Surfstrand, und **Elliott Heads** im Süden. Von Bargara beginnen Bootstouren, um die **Buckelwale**, die etwa zwischen Mitte August und Mitte Oktober in diesen Gewässern verweilen, zu beobachten.

ÜBERNACHTUNG

Die Backpacker-Unterkünfte sind „Working Hostels", die Erntehelfern Arbeit vermitteln. Der Standard lässt leider erheblich zu wünschen übrig (alte Einrichtung; ungenügende sanitäre Ausstattung und Küchen; Sauberkeit und

Meeresschildkröten beobachten

An diesem Küstenabschnitt legen **Meeresschildkröten** von November bis Ende Februar ihre Eier ab. Ab Januar schlüpfen die ersten kleinen Schildkröten aus und streben hastig dem Meer zu. Jedes Jahr stellen sich Tausende von Besuchern ein, um diesem Ereignis beizuwohnen. Im **Mon Repos Conservation Park** bei **Bargara**, 15 km nordöstlich der Stadt, informiert das Mon Repos Turtle Centre mit Diashows, Filmen und einer Ausstellung über die Tiere.

Der Strand dort wird von Anfang November bis Ende März von Rangern kontrolliert; jeden Abend ab 18.30 Uhr bieten sie Führungen an. Eine Karte ($29, Kind $15) schließt den Besuch des Turtle Visitor Centre ein. 🕒 tgl. 9–14 Uhr sowie vor und nach den Führungen. Die Führungen sind schnell ausverkauft, v. a. am Wochenende und in den Schulferien – am besten bucht man sie mindestens eine Woche im Voraus. Während der Saison fahren Shuttlebusse nach Mon Repos. 💻 www.bundabergregion.org/tours/mon-repos-nightly-turtle-encounter.

QUEENSLAND

Von Hervey Bay bis Rockhampton

Sicherheit werden nicht gerade großgeschrieben); die meisten befinden sich über Pubs. Wenn man Glück hat, versöhnen nette Leute und gute Jobs mit der unzureichenden Ausstattung.

Acacia Motor Inn, 248 Bourbong St, 💻 www.acaciamotorinn.com.au. Saubere Motelzimmer mit AC, Kühlschrank, TV. Hübscher Pool mit Sitzgelegenheiten. ❹

Bunk Inn, 25 Barolin St, 💻 www.bunkinnhostel.com.au. Die saubere, freundliche Herberge hebt sich deutlich von den anderenHostels der Stadt ab. Einfache 2–12-Bett-Dorms (ab $38) und großer Gemeinschaftsraum.

Villa Mirasol Motor Inn, 225 Bourbong St, 💻 www.villa.net.au. Eins der schönsten Motels in Bundaberg. Zimmer alle sehr groß mit TV, AC und Kühlschrank. Pool und Frühstückssaal. ❺

Oakwood CP, 15 Old Gin Gin Rd, 6 km nordöstlich, 💻 https://oakwoodcaravanpark.com.au. Zelt- und Stellplätze ab $32. Passable Cabins zu günstigen Preisen, Pool, Kiosk. ❷

SONSTIGES

Erntearbeit

Außer im Feb gibt es für Erntehelfer immer etwas zu tun; Hauptsaison ist Sep–Dez. Infos: 💻 www.fruitpickingjobs.com.au/bundaberg, 💻 www.backpackerjobboard.com.au.

Informationen

Visitor Centre, 36 Avenue St, 💻 www.bundabergregion.org. 🕒 tgl. 9–17 Uhr.

Touren

Bundaberg Aqua Scuba, 239 Bourbong St, 💻 www.aquascuba.com.au. Kurse (PADI) für Anfänger und Fortgeschrittene inklusive Touren zur Lady Musgrave Island.

Lady Musgrave Experience, 💻 https://ladymusgraveexperience.com.au. Ganztägige Touren zur Lady Musgrave Island, inkl. Tour im Glasbodenboot und Schnorchelausrüstung ($225). Außerdem Tauchtouren zum Outer Reef ($335).

TRANSPORT

Busse

Greyhound (S. 762–763).

Premier (S. 764–765).

Duffy's Coaches, 28 Barolin St, Bundaberg, 💻 www.duffysbuses.com.au. Mo–Sa etwa stdl. nach BARGARA und BURNETT HEADS.

Eisenbahn

Hier halten alle Züge, die zwischen BRISBANE und ROCKHAMPTON / CAIRNS verkehren. Fahrzeit von Brisbane 4 1/2 Std. Weitere Auskünfte bei **Queensland Rail**, 💻 www.queenslandrail.com.au.

Flüge

Tgl. von und nach BRISBANE mit **Qantas** und **Virgin Australia**.

Agnes Water und Town of 1770

In den beiden kleinen Küstenorten Agnes Water und Town of 1770 (Seventeen Seventy) abseits des Highway am Ende einer langen Sackgasse scheinen die Uhren langsamer zu ticken. Sumpfgebiete und Nationalpark zur einen, Pazifik zur anderen Seite leben die beiden Ortschaften heute in erster Linie vom Tourismus.

Man kann bei **Agnes Water** noch richtig Wellenreiten – weiter nördlich hält das Barriereriff den Anprall der Wellen ab. Angler und Familien bevorzugen hingegen die windgeschützte Bucht. Aber Vorsicht: Auch hier kommen die gefährlichen Würfelquallen vor, die im Sommer (Okt–April) die nördliche Küste heimsuchen.

Im **Agnes Water Museum**, 69 Springs Rd, 💻 https://agneswatermuseum.com.au, liegt Geschichte und Geologie der Region dokumentiert, darunter zum Beispiel die Zeichnungen und Beschreibungen der Flora und Fauna von Joseph Banks aus dem Jahre 1770. Eintritt $5. 🕒 tgl. 10–14 Uhr.

Die **Town of 1770** erhielt ihren ungewöhnlichen Namen im Jahre 1970, in Gedenken an Captain Cook, der hier 1770 an Land ging. Von der Marina werden Bootstouren auf vorgelagerte Koralleninseln und Fahrten mit einem

Amphibienfahrzeug zum **Eurimbula National Park** angeboten (s. u.). Bei einem Spaziergang entlang der steil aufragenden Küste hinaus zur Landzunge bieten sich schöne Ausblicke auf die weite Bucht und kleine, geschützte Strände unterhalb des Felsens.

ÜBERNACHTUNG UND ESSEN

Agnes Water

Die Hostels arrangieren Surfunterricht, Tauch-, Kajak- und Kanuexkursionen, Mopedtouren und Rundflüge. Bei Buchung holen einige Hostels Gäste, die mit dem Premier Motor Bus unterwegs sind, nachts vom Highway ab (Gebühr $17 p. P.)

1770 Southern Cross Travellers Retreat, 2694 Round Hill Rd, www.1770southerncross.com. Die modernen Holzcabins – alle nach europäischen Ländern benannt – verteilen sich über eine große Grünanlage. Die Cabins – Dorms (Bett $35) und DZ – sind alle schön eingerichtet, jeweils mit Bad und Veranda. Außerdem Camping ($35/45). Gute Atmosphäre am Pool und in den offenen Gemeinschaftsräumen. Achtung: Cabins sind nicht verschließbar. Arbeitsmöglichkeit für Wwoofers. ❸

€ **Cool Bananas Backpackers**, 2 Springs Rd, https://coolbananasbackpackers.com. Im kunterbunten Gemeinschaftsraum und im Hintergarten mit offener Feuerstelle ist immer was los. Die 8-Bett-Dorms (Bett $38) sind geräumig und komfortabel. Am Abend wird gemeinsam gegrillt, es gibt Musik und Quiz-Nights. Kostenlose Benutzung von Boogieboards. Einziges Manko: Keine AC, nur Ventilatoren.

Mango Tree Motel, 7 Agnes St, www.mangotreemotel.com. Schöne Motelzimmer nur 1 Gehminute vom Strand, alle haben AC, TV, Kühlschrank, einige auch Herdplatten. Abendessen und Frühstück kann aus dem Restaurant aufs Zimmer gebracht werden. ❸

Camping

Agnes Water Beach Holidays, Jeffery Court, www.agneswaterbeach.com.au. Supergemütliche, moderne, erhöhte Glampingzelte, alle voll ausgestattet mit Küche, Bad, Sofa und Doppelbett. Die meisten mit Blick aufs Meer. Auch Campingplätze (ab $54). ❸–❼

Agnes Water Tavern, 1 Tavern Rd. Das Bistro mit Garten hat mittags und abends geöffnet.

Town of 1770

Captain Cook Holiday Village (Top Tourist), 384 Captain Cook Drive, kurz vor dem Ort, www.1770holidayvillage.com.au. Ruhige Zeltplätze unter Bäumen (ab $49), Cabins mit AC und Bad. ❸–❺

1770 Beach Hotel, 576 Captain Cook Drive, tgl. Abendessen (u. a. frischer Fisch) direkt am Wasser.

SONSTIGES

Informationen

Agnes Water & Town of 1770 Visitor Centre, 71 Springs Rd, Agnes Water. ⏲ Mo–Fr 8.30–16.30, Sa 9–16, So 9–13 Uhr.

Touren

1770 Reef, www.1770reef.com.au. Als „Quintessential Aussie day out" vermarketet der Anbieter seine Halbtagestouren zur Pankace Creek, die Heimat von Pelikanen, Meeresschildkröten und sogar Seekühen ($110). Auf der Ganztagestour scnorchelt man in der Lady Musgrave Lagoon oder beobachtet das Meerestreiben bequem im Glasbodenboot ($245).

LARC, 535 Captain Cook Drive, Town of 1770, www.1770larctours.com.au. Ein wasser- und geländegängiges Amphibienfahrzeug fährt über die Bucht zum Landvorsprung Bustard Head im Eurimbula National Park, dort Besuch des Leuchtturms. Kurztour $45, auch längere Cruises.

TRANSPORT

Busse

Greyhound (S. 762–763).

Premier, die Busse setzen Passagiere auf Anfrage am Bruce Highway bei der Abzweigung nach Agnes Water ab, allerdings in beide Richtungen zu nachtschlafender Zeit – unbedingt Abholservice (s. o.) vorbuchen!

Straßenzustand

Sowohl die Fingerboard Road, die vom Bruce Highway nach Agnes Water/1770 führt, als auch eine landeinwärts verlaufende Verbindung von Bundaberg (Tableland Rd und Round Hill Rd) sind durchgängig geteert.
Der Eurimbula National Park westlich des Ortes ist in der Trockenzeit normalerweise auch mit einfachen Pkw zugänglich.

Lady Elliot Island

Eine Reise zur 40 ha großen Lady Elliot Island ist nicht gerade günstig, aber wo sonst liegt einem das Great Barrier Reef direkt vor den Füßen? Während riesige Teile des nördlichen Riffs den Massenkorallenbleichen der letzten Jahre zum Opfer fielen (s. S. 330–331), blieb die Unterwasserwelt hier am südlichen Riff größtenteils verschont. Kein Wunder also, dass sich hier fantastische Tauch- und Schnorchelerlebnisse bieten. Im Gegensatz zu den Inseln der Whitsunday-Gruppe sind Lady Elliot und die benachbarte Lady Musgrave Island echte Korallenatolle *(Coral Cays)*.

Man erreicht die Insel nur mit dem Flugzeug von Bundaberg oder Hervey Bay. Das Korallenriff ist bei Flut auch schön zum Schnorcheln und eignet sich bei Ebbe für ungewöhnliche Riff-Spaziergänge. Zudem ist die Insel ein Vogelparadies und beheimatet 88 Vogelarten, darunter Fregattvögel, Tölpelseeschwalben und einige sehr seltene Arten. Die meisten sind Zugvögel aus kühleren Gefilden, die hier zu Tausenden überwintern und ihre Jungen aufziehen. Diese Insel steht als Teil des Unesco-Weltnaturerbes (World Heritage Marine Park) unter Naturschutz; die Zahl der Besucher wird deshalb kontrolliert. Von November bis Februar besuchen Meeresschildkröten die Küste, um ihre Eier in den Sand zu legen. Die Jungen schlüpfen etwa zwei Monate später, um gleich ins Meer zurückzukehren.

Das Lady Elliot Island Resort (s. u.) organisiert Tagestouren von Bundaberg, Hervey Bay, Brisbane und der Gold Coast. Tagesbesucher können alle Einrichtungen des Resorts nutzen. Zudem stehen ihnen Schnorchelausrüstung, Handtücher, Sonnencreme, Schließfächer und Duschen zur Verfügung. Eine Tagestour ab Bundaberg inkl. Hin- und Rückflug, Mittagsbuffet und Wanderung mit Guide kostet z. B. $545 p. P.

Auf Lady Elliot Island liegt Besuchern das Riff zu Füßen.

ÜBERNACHTUNG UND ESSEN

Lady Elliot Island Resort, www.ladyelliot.com.au. Unterkunft in Glampingzelten, Cabins und Units (ab $370 p. P./Nacht, inkl. HP, Schnorchelausrüstung, Fahrt mit Glasbodenboot und mind. einer geführten Wanderung). Bei längerem Aufenthalt günstigere Pakete. Es lohnt sich, wenigstens 2 Übernachtungen einzuplanen, um einen ganzen Tag auf der Insel zu verbringen. Neben dem Restaurant mit Bar serviert ein Bistro am Pool Snacks. Da die Insel unter Naturschutz steht, unterliegt das Resort strengen Auflagen, was Umweltschutz und Energieeffizienz betrifft. So wird der Strom z. B. teilweise aus einer modernen Solarstation gewonnen; außerdem werden Initiativen zum Schutz der Flora und Fauna unterstützt.

SONSTIGES

Reisezeit

Im Winter, wenn der kühle „Southeasterly" übers Meer fegt, kann es recht kühl werden. Die meisten Niederschläge fallen zwischen Dez und April, dann können auch vereinzelt Wirbelstürme auftreten. Wer Vögel beobachten möchte, sollte zwischen Oktober und Mai kommen.

Tauchen

Ein gut ausgerüsteter Tauchshop bietet alles Notwendige und organisiert 2x tgl. Tauchgänge zu zahlreichen guten Tauchplätzen rings um die Insel. Die Hauptattraktion sind zahlreiche Wracks, unter anderem die *Bolton Abbey*, ein 1851 gesunkener Frachter, allerdings nicht für Anfänger geeignet. Auch Nachttauchen und Kurse. Die Tauchreviere sind vom Strand aus oder nach einer kurzen Bootsfahrt zu erreichen und liegen in 8–25 m Tiefe. Bei einer Sicht, die zumeist über 20 m beträgt, fällt es nicht schwer, Mantas, Riffhaie, Meeresschildkröten, Seeschlangen und andere Meeresbewohner zu entdecken. Es werden auch Tauchkurse geboten.

TRANSPORT

Flüge ab BUNDABERG, HERVEY BAY, REDCLIFFE oder COOLANGATTA können nur im Zusammenhang mit einer Tagestour oder einem Übernachtungspaket gebucht werden. Achtung: max. 15 kg Gepäck.

Weitere Inseln

Lady Musgrave Island

Zur etwa 70 km von der Küste entfernten, nur 14 ha großen Koralleninsel Lady Musgrave Island mit ihrer schönen Lagune werden Tagesausflüge mit Booten ab Agnes Water/Town of 1770 angeboten (Details S. 286). Die Boote ankern an einem Ponton mit Unterwasser-Observatorium. Auch auf dieser Insel wurde die natürliche Vegetation durch Guano-Abbau und Ziegen zerstört, bis sie 1938 unter Naturschutz gestellt wurde. Maximal 40 Personen dürfen auf dem Campingplatz im Nordwesten der Insel zelten.

Permits unter 💻 https://parks.des.qld.gov.au/parks/capricornia-cays. Die komplette Ausrüstung, Wasser, Lebensmittel und Gaskocher müssen mitgebracht werden. Die Ausflugsboote von Agnes Water/1770 bringen Camper auf die Insel. Preise auf Anfrage.

Heron Island

Gladstone ist der ideale Ausgangspunkt für einen Besuch von Heron Island, 75 km vor der Küste. Das winzig kleine Atoll – es hat nur 1 km Durchmesser – steht unter Naturschutz. Unzählige Vögel kommen hierher, darunter der Reiher, nach dem die Insel benannt ist. Das Meer ist ein gutes Tauch- und Schnorchelgebiet. In den Lagunen leben mehr als 1000 Fischarten, und von Oktober bis Februar legen Meeresschildkröten hier am Strand ihre Eier ab.

Ein Besuch von Heron Island ist nur im Rahmen einer Übernachtung im luxuriösen **Heron Island Resort** möglich – Tagesausflügler werden nicht zugelassen. Suiten und geräumige DZ kosten ab $376 aufwärts inkl. Frühstück. Etwas günstiger sind Pakete (z. B. 4 Übernachtungen, VP, Tauchen). Pool, Tennisplatz und Wellnesszone (Aqua Soul Spa). Transfer von Gladstone $170 retour per Schiff; $985 retour per Helikopter. 💻 www.heronisland.com.

Rockhampton und Umgebung

„Rocky" ist eine prosperierende Stadt an den Ufern des Fitzroy Rivers, die sich selbst stolz „Beef Capital of Australia" nennt. Geschätzte 2,5 Mio. Stück Vieh sollen in der Region leben. An die Fleischlieferanten erinnern in der Stadt Statuen mächtiger Bullen verschiedener Rassen. Bergzüge trennen Rockhampton von der etwa 30 km entfernten Küste. Entsprechend drückend heiß wird es hier im Sommer, denn keine Meeresbrise verschafft Linderung. An sich ist Rockhampton keine besonders attraktive Stadt: Der breite Fitzroy River zieht sich durch das Zentrum, und an dessen Südufer entlang der **Quay Street** findet man einige imposante, alte Gebäude. Doch eine Innenstadt zum Einkaufen und Bummeln sucht man hier vergebens.

Auf keinen Fall verpassen sollte man den beeindruckenden, tropischen **Botanischen Garten** in South Rockhampton, ◷ tgl. 6–18 Uhr, Eintritt frei. Für einen Besuch sollte man mindestens zwei Stunden einplanen. Der Garten beheimatet viele einheimische, aber auch nichteinheimische Pflanzen. Die Vögel haben den Garten längst für sich beansprucht und veranstalten teilweise ohrenbetäubende Konzerte. Im eingebetteten **Zoo** (◷ tgl. 8–16.30 Uhr, Eintritt frei) leben einheimische Tiere wie Koalas, Kängurus und Kasuare, aber auch zwei Schimpansen. Der Capricorn Sunbus 4A fährt vom Zentrum hierher.

Ein Besuch des **Dreamtime Cultural Centre**, Bruce Hwy, North Rockhampton, www.dreamtimecentre.com.au, inmitten von 75 ha Buschland, lohnt sich, wenn man an einer der eineinhalbstündigen Führungen durch das Museum und das Torres Strait Island Village teilnimmt (Mo–Fr um 10.30 und 13.30 Uhr). ◷ Mo–Fr 9–15 Uhr, Eintritt $16 (inkl. Führung).

Auf dem Weg nach Norden kann man den **Capricorn Caves**, 23 km nördlich der Stadt an einem Abzweig vom Bruce Highway, www.capricorncaves.com.au, einen Besuch abstatten. Für ihre gute Akustik berühmt ist die **Cathedral Cave**; zu den Führungen wird den Besuchern stimmungsvolle Musik vorgespielt. Führungen tgl. jede Stunde 9–16 Uhr, $38, Kind 5–15 J. $19.

Capricorn Coast

An der 30–40 km von Rockhampton entfernten Küste locken die beliebten Badeorte der 43 km langen Capricorn Coast zwischen **Yeppoon** und **Emu Park** – eine herrliche Ecke der queensländischen Küste, vor allem beliebt bei Familien. Die große **Yeppoon** Lagoon mit Infinity Pool, Schwimmbahnen und Kinderbecken wirkt wie aus einem Luxusresort. Die Benutzung ist kostenlos, daneben gibt es auch Picknicktische und Grills.

Die **Koorana Crocodile Farm** in der Savages Rd, Coowonga, 13 km westlich von Emu Park, www.koorana.com.au, ist eine der lokalen Touristenattraktionen. ◷ tgl. 10–15 Uhr, tgl. um 13 Uhr werden die Krokodile gefüttert. Im Mai und Juni kann man den Krokodilbabys beim Schlüpfen zusehen. Die Führungen beginnen um 10.30 und 13 Uhr und dauern etwa 1 1/2 Std. Eintritt inkl. Tour $35, Kind 3–15 J. $15.

ÜBERNACHTUNG

Rockhampton

Citywalk Motor Inn, 129 William St, www.citywalkmotorinn.com.au. Einfache, aber bequeme und saubere Zimmer in zentraler Lage. Ab ❷

Motel 98, 98 Victoria Parade, https://98.com.au/. Gut ausgestattetes, zentral gelegenes Haus, Units mit AC, Pool in schönem Garten; gutes (Steak-)Restaurant. Ab ❹

Rockhampton YHA, 60 McFarlane St, North Rockhampton, www.rockhamptonbackpackers.com.au. Kleines, ruhig gelegenes Hostel, etwas abseits vom Zentrum. 4–8-Bett-Dorms (Bett $30) und DZ. Preiswerte 2-Pers.-Cabins mit Bad. Internet. ❶

Caravanparks

Southside Holiday Village, Lower Dawson Rd, www.southsidevillage.com.au. Stellplätze ($60). Cabins verschiedener Preisklassen. Salzwasserpool, Tennisplatz, Kiosk. Ab ❷

Discovery Holiday Park, 394 Yaamba Rd (Bruce Highway), North Rockhampton, www.discoveryholidayparks.com.au/qld/capricorn/rockhampton. Stellplätze ab $45 oder $60 mit Bad, viele Cabins, Pool, Tennisplatz. Schöne Anlage. Ab ❹

Yeppoon

Wenn man nicht nur auf der Durchfahrt ist, bietet Yeppoon zum Übernachten eine gute Alternative zu Rockhampton.

Seaspray Beachfront Holiday Units, 45 Wattle Grove, Cooee Bay, 2 km südl., www.seasprayunits.com.au. Direkt am

Strand, nahe dem großen Kreisverkehr. Sehr nett, leider etwas nahe an der Hauptstraße. ❺–❻

Capricorn Palms Holiday Village (Big 4), Wildin Way, Mulambin Beach, 9 km südl., 💻 www.big4.com.au/caravan-parks/qld/capricorn/capricorn-palms-holiday-village. Schöne grüne Anlage mit Pool und großer Wasserrutsche, ideal für Reisende mit Kindern. Zelt-/Stellplätze ($26/46). Viele Cabins und Holidayunits, AC, einige mit eigenem Bad. Pool, Kiosk. Ab ❸

ESSEN UND UNTERHALTUNG

Rockhampton

In einer „Beef Capital" werden natürlich überall Steaks zubereitet.

Besonders gut sind sie im **Great Western Hotel**, Stanley St, Ecke Denison St. Die seit1862 bestehende Kneipe, ein Wahrzeichen von Rocky, umfasst auch eine Entertainmenthalle, in der häufig Country & Western- und Rockbands gastieren, und eine Rodeohalle, wo Mutige sich jeden Mittwoch und Freitag im Stierreiten versuchen können. An den Wochenenden wird dort meist eine Rodeoshow veranstaltet, 💻 www.greatwesternhotel.com.au.

Der enthusiastische Wirt im **Stonegrill**, 177 Musgrave St, North Rockhampton, 💻 www.ascothotel.com.au, serviert ebenso gute Steaks vom Rind, Känguru, Emu und Krokodil, aber auch Lachs. Serviert wird auf heißen Vulkansteinen, der Gast kann am Tisch selbst darüber verfügen, wie gar er sein Steak braten lässt.

Im Zentrum ist das **Coffee House**, 51 William St, eine gute Adresse für Frühstück, herzhafte Aussie-Küche (Mittag- und Abendessen) sowie guten Kaffee und Weine.

Yeppoon

The Rocks Yeppoon Bar & Restaurant, bei der Yeppoon Lagoon, 💻 www.therocksyeppoon.com.au. Steak steht auf dem Speiseplan auch hier ganz oben, aber es gibt auch hervorragende vegetarische Gerichte und kleine „Nibbles" wie Austern oder eine Käseplatte von der Bar. 🕒 Mo und Mi nur Abendessen, sonst ab 12 Uhr.

SONSTIGES

Informationen

Capricorn Spire Visitor Centre, Curtis Park, Gladstone Rd, am südl. Ortseingang am Hwy, 💻 www.advancerockhampton.com.au. 🕒 tgl. 9–17 Uhr.

Capricorn Coast Information Centre, Scenic Highway, Yeppoon, 💻 www.capricorncoast.com.au. 🕒 Mo–So 9–17 Uhr.

Tauchen

Getaucht wird um Great Keppel Island, am besten bucht man seine Trips und Kurse direkt vor Ort (S. 291).

Touren

Freedom Fast Cats, Rosslyn Boat Harbour, 💻 www.freedomfastcats.com. Transfer zur Great Keppel Island sowie Whale Watching und Adventure Cruises.

NAHVERKEHR

Young's Coaches, 💻 www.youngsbusservice.com.au. Service entlang der Capricorn Coast, nach Yeppoon, zum Emu Park und nach Keppel Sands.

TRANSPORT

Busse

Greyhound (S. 762–763).

Premier (S. 764–765).

Eisenbahn

Schnellzug **Tilt Train**: Von BRISBANE nach Rockhampton tgl. außer Mi Abfahrt in Brisbane um 11, Di und So auch um 16.55 Uhr, Fahrzeit ca. 10 Std. In Rockhampton hat man Anschluss an den Zug nach YEPPOON (ca. 1 Std. 40 Min). Von Rockhampton nach Brisbane tgl. um 7.10 Uhr.

Spirit of Queensland: Von Brisbane nach CAIRNS Mo, Di, Mi, Fr und Sa Abfahrt Brisbane um 15.45 Uhr, Ankunft Rockhampton um 23.41 Uhr. Zug fährt weiter nach CAIRNS. Von Rockhampton nach BRISBANE: Mo, Di, Do, Fr und Sa um 1.10 Uhr.

Spirit of the Outback: Von BRISBANE via Rockhampton, Emerald und Alpha Di um 18.10 Uhr, Sa um 13.55 Uhr nach LONGREACH in 24 Std. Dort Busanschluss nach WINTON. Zurück ab Longreach Mo und Do um 10 Uhr, ab Rockhampton Di und Fr um 12.37 Uhr, Ankunft in Brisbane um 11.55 Uhr. Nähere Auskunft und Buchung bei **Queensland Rail**, 💻 www.queensland railtravel.com.au.

Great Keppel Island

Die größte der Keppel Islands, *Wop-pa* in der Sprache der hier beheimateten Ureinwohner, hält in jeder Hinsicht einem Vergleich mit den weiter nördlich gelegenen Whitsunday Islands stand, ist leichter zugänglich und bietet im Gegensatz zu den meist hochexklusiven Resorts auf jenen Inseln auch günstige Unterkünfte. Sie ist mit 1454 ha groß genug für Tageswanderungen. Vor allem an der Nordostküste, der windigen Wetterseite, ist es sehr gefährlich, über die Klippen zu klettern. Bei Strandspaziergängen sollte man sich über die Gezeiten informieren, denn der Tidenhub beträgt bis zu 4 m. Eine Wanderkarte ist in den Unterkünften erhältlich.

Die schönsten Strände **Fisherman's Beach**, **Long Beach** und **Putney Beach** liegen alle an der Ostseite. Vom Fisherman's Beach führt ein Wanderpfad zum **Lighthouse** bei **Bald Rock Point**.

ÜBERNACHTUNG

Great Keppel Island Holiday Village, 💻 www.gkiholidayvillage.com.au. Unterkunft in DZ sowie Safarizelteohne und mit eigenem Bad, dazu Cabins und ein Cottage. Auch Camping ($35). Ruhig und freundlich. ❷–❹

Svendsens Beach, 💻 www.svendsensbeach.com. Kleines Luxus-Camp mit komfortablen Ökozelten ❺ und ein Studio-Cabin ❼. Direkt am Strand. Gemeinschaftsküche; manchmal wird den Gästen frisch gefangener Fisch geboten. Mind. 3 Übernachtungen.

SONSTIGES

Informationen

Eine gute Informationsquelle ist die **Website** 💻 www.gkiholidayvillage.com.au.

Touren und Aktivitäten

Keppel Explorer, 💻 https://keppelexplorer.com.au. Im kleinen Boot geht es zu fünf der Keppel Islands mit zahlreichen Schnorchelgelegenheiten und Strandspaziergängen. Kleine Gruppen (max. 12 Pers.); Abfahrt Keppel Bay Marina. $180.

TRANSPORT

Freedom Fast Cats, 💻 www.freedomfastcats.com. Fährdienst tgl. ab ROSSLYN BAY TERMINAL Mo und Di um 9 und 10.30 Uhr, Mi–So 9.15 Uhr; ab Keppel Mo und Di um 9.30 Uhr, Fr 14.30 Uhr, an allen anderen Tagen um 15.45 Uhr. nicht erforderlich, allerdings sollte man mind. 45 Min. vor der Abfahrt am Pier sein.

Edelsteinfelder und Carnarvon National Park

Im Hinterland der Capricorn Coast liegen kostbare Schätze in der roten Erde versteckt: Die Edelsteinfelder in und um **Sapphire, Rubyvale** und **Annakie** locken in der Hauptsaison (April bis September) glückshungrige Touristen an, die die edlen Saphire in den Juwelierläden bewundern und selbst ihr Glück beim *fossicking* – dem sorgfältigen Waschen und Aussortieren der Edelsteine – versuchen. Das restliche Jahr über geht es hier sehr ruhig zu, viele Schmuckläden und einige Touristenminen schließen dann sogar ihre Pforten.

In der Hauptsaison können in Rubyvale einige Saphirminen besichtigt werden, u. a. die **Bobby Dazzler Underground Sapphire Mine**, und die **Miners Heritage Walk-in Mine**, 💻 www.miners heritage.com.au. Beide 🕒 tgl. 9–17 Uhr, Eintritt $20; am besten erkundigt man sich telefonisch nach den genauen Tour-Terminen. Für ein paar Dollar kann man sich hier verschieden große

Behälter mit Abfallsteinen aus der Mine abfüllen lassen und selber die kleinen Edelsteine herauswaschen – falls welche darunter sind. Viel Glück!

Emerald ist eine größere Provinzstadt mit schmuckem Bahnhof und schönen Queensländer-Holzhäusern. Durch den Bau des **Fairbairn-Damms** südwestlich von Emerald wurde der 16 370 km² große **Lake Maraboon** gestaut, der die Bewässerung der riesigen Felder sicherstellt. Die Zufahrtstraße zweigt am östlichen Ortseingang von Emerald ab und verläuft 18 km durch eine riesige Zitrusplantage (2PH Farm).

Etwa 160 km westlich von Rockhampton erheben sich jäh aus der Ebene die 60–300 m hohen Felsklippen des **Blackdown Tablelands**, die ein leicht gewelltes, von Schluchten durchfurchtes, etwa 600 m hohes Sandsteinplateau begrenzen. Die Zufahrtstraße zweigt vom Capricorn Highway 11 km westlich von Dingo ab. Noch sind große Strecken der 22 km langen Zufahrt bis zum **Picknickplatz** auf der Anhöhe ungeteert, aber es ist kein Geländewagen erforderlich. Vorsicht vor Holzfällertrucks! Vom Picknickplatz führen kurze Wanderwege zu zwei **Aussichtspunkten** und ein 2 km langer Weg zu den **Two Miles Falls**.

Die **Carnarvon Gorge** liegt wie eine grüne Oase im braunen Hinterland. Der **Carnarvon National Park** mit Sandsteinklippen, feuchten Eukalyptuswäldern, Wasserstellen zwischen Felsen, tiefen Schluchten und v. a. seinen Felsgalerien mit Aboriginal-Gemälden zählt zu den beliebtesten im Landesinneren von Queensland.

ÜBERNACHTUNG

Emerald

A&A Lodge Motel, 109 Clermont St, 🖳 www.aandamotel.com.au. Einfache, saubere Motelzimmer in zentraler Lage. ❷

Lake Maraboon Holiday Village (BIG$), Selma Rd, Lake Maraboon, ca. 15 km südl., 🖳 www.big4.com.au/caravan-parks/qld/central-qld-highlands/lake-maraboon-holiday-village. Stell-/Zeltplätze ohne/mit Strom ($33/50). Große Cabins mit Veranda und Blick über den Stausee. Zahlreiche Vögel bevölkern den Park. Kajakverleih. ❸–❻

Edelsteinfelder

Einige Edelsteinläden bieten auch Zimmer an, meist sehr klein und familiär.

Rubyvale Motel & Holiday Units, 35 Heritage Rd, Rubyvale, 🖳 www.rubyvaleholiday.com.au. Voll ausgestattete, moderne Units sowie luxuriöse Motelzimmer, alle mit AC. Große Grünanlage mit Pool. ❸–❺

Blue Gem Tourist Park, Sapphire Rd, Sapphire, 🖳 http://bluegemtouristpark.com.au. Camping-/Stellplätze ($35/40) und einige Cabins (teilweise mit Bad). Campküche, Kiosk, Laundromat und Pool. ❸

Nationalparks

Nationalpark-Zeltplätze ($7,25 p. P.) sind in den Schulferien auf Monate im Voraus ausgebucht. Weitere Informationen und Buchung bei der Nationalparkbehörde, 🖳 https://parks.des.qld.gov.au/experiences/camping.

Blackdown Tableland: Im Nationalpark Zeltmöglichkeit im Munall Campground; Permit im Voraus einholen; der Platz ist in den Schulferien und an langen Wochenenden meist ausgebucht.

Carnarvon NP: **Carnarvon Gorge Wilderness Lodge**, 75 km südl. von Rolleston, 🖳 https://wildernesslodge.com.au/. Wunderschöne Anlage in Buschlandumgebung, 3,5 km vom Schluchteingang. Große Cabins mit Heizung und Ventilator. Restaurant und Bar, kleiner Lebensmittelladen, Pool; geführte Wanderungen. ❼

BIG4 Breeze HP, nahe der Wilderness Lodge, 🖳 www.big4.com.au/caravan-parks/qld/central-qld-highlands/breeze-holiday-parks-carnarvon-gorge. Zelt-/Stellplätze ($50/57), einfache Zelt-Unterkünfte ohne ❹ und mit Bad ❺, Cabins ❼ und neue Cottages mit Bad ❼; warme Duschen. Küche und Gasgrills vorhanden. Kleiner Laden, herrliche Lage, zahlreiche Spazierwege.

SONSTIGES

Erntesaison

Bis auf die Monate Aug/Sep gibt es für Erntehelfer immer etwas zu tun, allerdings benötigt man einen eigenen fahrbaren Untersatz.

Informationen

Visitor Information Centre Emerald, 3 Clermont St, 🖳 https://centralhighlands.com.au. ⌚ Mo–Fr 9–16, Sa und So 10–14 Uhr.

Reisezeit und Wetter

In den Schulferien, insbesondere im Winter, ist der Carnarvon National Park besonders beliebt; Zeltplätze und andere Unterkünfte müssen für diese Zeit schon lange im Voraus reserviert werden. Im Hinterland, v. a. in den höheren Lagen, sind die Nächte dann empfindlich kalt – bis um 0 °C.

TRANSPORT

Busse

Mackay Transit Coaches, 🖳 www.mackaytransit.com.au. Tgl. um 5.45 Uhr von Emerald (Bahnhof) über Clermont, Moranbah, Nebo und Walkerston nach MACKAY (Fahrzeit 5 3/4 Std.). In umgekehrter Richtung um 13.45 Uhr ab Mackay, Ankunft in Emerald um 19.20 Uhr.

Eisenbahn

Der **Spirit of the Outback** von BRISBANE und ROCKHAMPTON nach LONGREACH hält Mi vormittags und So in den Morgenstunden in Emerald und Anakie, auf der Rückfahrt Mo und Do abends. Fahrdauer von Rockhampton nach Emerald 5 Std.; von Brisbane nach Emerald 15 Std. 🖳 www.queenslandrailtravel.com.au.

Whitsunday Coast

Mackay und Umgebung

Mackay ist eine verschlafene Provinzstadt mit einer überschaubaren Anzahl an Sehenswürdigkeiten und einem sehr angenehmen und ruhigen Küstenflair. Besonders reizvoll sind die Sandstrände der **Northern Beaches** in den Vororten **Eimeo, Dolphin Heads** und **Blacks Beach**. Mit dem Great Barrier Reef vor der Küste und einigen beeindruckenden Nationalparks im Landesinneren ist Mackay außerdem ein idealer Ausgangspunkt für Ausflüge.

Der **Botanische Garten,** Haupteingang an der Lagoon St, erstreckt sich über ein 33 ha großes Gebiet entlang verschiedener Lagunen, in denen sich sehr gut Vögel beobachten lassen. Die kleine Kunstgalerie **Artspace Mackay**, Gordon St, 🖳 www.artspacemackay.com.au, stellt Werke lokaler Künstler aus. ⌚ Di–Fr 10–17, Sa und So bis 15 Uhr, Eintritt frei.

Abkühlung findet man in der künstlichen **Bluewater Lagoon**, einem schön angelegten Wasserpark nahe Caneland Central. ⌚ tgl. 9–17 Uhr; Eintritt frei.

In Australien ist Mackay als Zuckerhauptstadt bekannt, denn aus der Region stammt ein Drittel der gesamten australischen Zuckerproduktion. Für die städtische Wirtschaft ist heute allerdings ein anderer Industriezweig relevanter: die Verschiffung von Kohle. Die schwarze Fracht wird von den Minen aus ganz Zentral-Queensland in kilometerlangen Zügen zum **Hay Point**, etwa 35 km südlich von Mackay, transportiert. Hier wird die Kohle auf Frachtschiffe verladen und in die ganze Welt exportiert. Vom Bruce Hwy führt bei Aligator Creek eine Straße ab zur **Hay Point Viewing Platform,** von der aus sich ein imposanter Blick auf die immensen Ausmaße des größten Kohlehafens der Südhalbkugel bietet.

ÜBERNACHTUNG

Im Ort

Mackay Motor Inn, 208-212 Nebo Rd, 🖳 www.mackaymotorinn.com.au. Saubere Motelzimmer. Für Reisende, die selbst kochen wollen, lohnt es sich, nach den Familienzimmern zu fragen, die meist wenig teurer sind. Pool. Frühstück und Abendessen auf Wunsch aufs Zimmer. ❷

Ocean International, 1 Bridge Rd, Illawong Beach, 🖳 www.oceaninternational.com.au. Luxuriöse Hotelzimmer mit viel Platz. Die Zimmer ab dem 3. Stock haben Blick aufs Meer. Auch Familienzimmer mit Küchenzeile. Unten gutes Restaurant. Ab ❹

Andergrove Van Park, Beaconsfield Rd, Andergrove, 🖳 www.andergrovevanpark.com. Die gepflegte, grüne Anlage mit dem Pool wirkt einladend. Die Cabins sind schlicht, aber hell und freundlich, und alle haben Bad und AC.

Stellplätze ohne/mit Strom ($30/46 oder $55 mit Bad). Pool. Ab ❶

Northern Beaches

Dolphin Heads Resort, Dolphin Heads, Beach Rd, www.dolphinheadsresort.com.au. Tropische Resortanlage am Meer mit riesigem Pool. Moderne Zimmer mit AC, Bad, TV, Kühlschrank und Mikrowelle. Gutes Restaurant und Bar am Pool. Am Wochenende manchmal Livemusik. ❹

Blacks Beach Holiday Park, 16 Bourke St, Blacks Beach, www.mackayblacksbeachholidaypark.com.au. Direkt am Wasser. Cabins mit AC, Zelt- und Stellplätze ab $45. ❹

QUEENSLAND

ESSEN UND UNTERHALTUNG

Eimeo Pacific Hotel, 1 Mango Ave, Eimeo. Altes Pub, bei Einheimischen sehr beliebt. Tische auf Terrasse überblicken Meer und Inseln. Pubmeals. ⌚ tgl. Mittag- und Abendessen, Sa und So auch Frühstück. In der **Sails Sport Bar** nebenan gibt's Countermeals und am Wochenende Livemusik.

Foodspace, Gordon St. Nettes Café im Artspace Mackay. ⌚ Mo–Fr 8–14 Uhr.

SONSTIGES

Erntearbeit

Von Mai–Nov werden Erntehelfer auf den Zockerrohrplantagen benötigt. Zu anderen Jahreszeiten werden Erdbeeren und Knoblauch geerntet. Auch in der Fleischverarbeitung finden Backpacker Arbeit.

Informationen

Mackay Visitor Information Centre, The Mill, 320 Nebo Rd, südl. vom Zentrum, https://www.mackayisaac.com. ⌚ Mo–Fr 9–17 Uhr.

Touren

Wildcat Mackay, https://wildcatmackay.com.au. Fr, Sa und So starten die Tagestouren zu fünf umliegenden, unbewohnten Inseln am Riff mit zahlreichen Schnorchelgelegenheiten, $200. Fr und Sa gibt's außerdem Sunset Cruises und dazu ein Glas Sekt oder Bier, $89.

NAHVERKEHR

Mackay Transit Coaches, www.mackaytransit.com.au. Busservice in der City und zu den Northern Beaches.

TRANSPORT

Busse

Das Busterminal liegt im Stadtzentrum: Macalister St, Ecke Victoria St. Alle Busse von **Greyhound** und **Premier** entlang der Küste zwischen BRISBANE und CAIRNS halten hier.

Mackay Transit Coaches, www.mackaytransit.com.au. Tgl. um 5.45 Uhr von EMERALD (Bahnhof) über Clermont, Moranbah, Nebo und Walkerston nach Mackay (Fahrzeit 5 3/4 Std.). In umgekehrter Richtung um 13.45 Uhr ab Mackay, Ankunft in Emerald um 19.20 Uhr.

Eisenbahn

Der Bahnhof befindet sich 3 km südl. des Zentrums in der Connors Rd, Padget. Weitere Auskunft und Buchung auch bei **Queensland Rail**, www.queenslandrailtravel.com.au.

Spirit of Queensland von BRISBANE nach CAIRNS, Abfahrt in Brisbane Mo, Di, Mi, Fr und Sa um 15.45 Uhr, Ankunft in Mackay am darauffolgenden Tag um 4.04 Uhr. In südlicher Richtung hält der Zug Mo, Mi, Do, Fr und So um 20.05 Uhr in Mackay.

Pioneer Valley und Eungella National Park

Tropischer Regenwald, kilometerlange Spazierwege, seltene Pflanzen und Tiere sowie die Chance, ein Schnabeltier in freier Wildbahn zu entdecken – dafür lohnt der Abstecher von der Küste in den subtropischen **Eungella National Park** (sprich: *Jan-gella*). Die Eungella Road verläuft durch die Zuckerrohrfelder und Sugar Towns des Pioneer Valley westlich von Mackay und windet sich am Ende des Tals auf das Plateau hinauf zur Ortschaft **Eungella**.

Ein Abzweig von der Hauptstraße führt zur **Finch Hatton Gorge**, einer schönen Schlucht mit

Whitsunday Coast
N
0
20 km
Queens Beach
Delta
Bowen
Don
MIDDLE ISLD.
GLOUCESTER ISLAND
ESHELBY ISLD.
STONE ISLD.
Port of Bowen
Dingo Beach
ARMIT ISLD.
Earlando
DOUBLE CONE ISLD.
HAYMAN ISLD.
s. Detailplan Whitsundays S. 305
HOOK ISLD.
WHITSUNDAY ISLANDS
Whitsunday
DELORAINE ISLD.
DRYANDER NP
DAYDREAM ISLD.
NORTH MOLLE ISLD.
BORDER ISLD.
WHITSUNDAY ISLAND
HAROLD ISLD.
Airlie Beach
Cannonvale
SOUTH MOLLE ISLD.
NATIONAL PARK
Group
s. Detailplan Airlie Beach S. 299
Whitsunday
Shute Harbour
HASLEWOOD ISLD.
Whitsunday Islands
Crystal Brook
LONG ISLD.
HAMILTON ISLD.
Foxdale
Mount Julian
CONWAY NP
PENTECOST ISLD.
Prosperine
MAHER ISLD.
LINDEMAN ISLD.
Lindeman Group
Conway
Dittmer
MANSELL ISLD.
Conway Beach
SHAW ISLD.
Cape Conway
Lethebrook
THOMAS ISLD.
Repulse Bay
REPULSE ISLD.
BLACKSMITH ISLD.
Sir James Smith Group
Midge Point
GOLDSMITH ISLD.
LINNE ISLD.
TINSMITH ISLD.
Bloomsbury
WIGTON ISLD.
CARLISLE ISLD.
COCKERMOUTH ISLD.
St. Helens
BRAMPTON ISLD.
Yalboroo
Wagoora
RABBIT ISLD.
NEWRY ISLD.
Hibiscus
O'Connell River
Halliday Bay
Pindi Pindi
Mount Pellon
Cape Hillsborough
Calen
Seaforth
Ball Bay
C. Hillsborough Andrews Point
EUNGELLA NATIONAL PARK
Silent Grove
Mount Ossa
Sand Bay
ST. BEES ISLD.
GREEN ISLD.
Coast
Mt. Charlton
Bucasia
Kuttabul
Dolphin Heads
Habana
Blacks Beach
Eimeo
Mt. Martin
Farleigh
Slade Point
Finch Hatton
Andergrove
Eungella Dam
Eungella
Marian
Gargett
Pleystowe
Mackay
Pinnacle
Mirani
Walkerston
Dundula
ROUND TOP ISLAND
Broken River
Bakers Creek
Bowen R.
Rosella
Mia Mia
Homebush
Hector
Hay Point
Half Tide Beach
Salonika Beach
Oakenden
VICTOR ISLET
The Chase
Cliftonville
Grasstree Beach
HOMEVALE NP
Campwin Beach
Sarina Beach
Hannaville
Sarina
Armstrongs Beach
Shinfield
IRVING ISLET
Epsom
Elphinstone
Ince Bay
Blue Mtn.
CAPE PALMERSTON NP
Lake Elphinstone
Koumala
TEMPLE ISLD.
Green Hill
Hatfield
Nebo
Ilbilbie
Strathfield
Balook

Wasserfällen und Badestellen im Fluss. Auf den letzten unbefestigten 6 km gilt es, zwei kleinere Furten zu durchfahren. In der Nähe des Parkplatzes gibt es Picknickstellen mit Grills und einem Kiosk; von dort führt ein Pfad (1,7 km) zu einer tollen Badestelle bei den **Araluen Falls**.

Am Ende des Tals windet sich die Straße in steilen Serpentinen durch den Wald hinauf nach Eungella. Vom 20-minütigen **Sky-Window-Rundweg** hat man einen herrlichen Ausblick über das Pioneer Valley.

Das knapp 600 m hohe, von Regenwald bedeckte Plateau durchziehen Schluchten und Wasserfälle. Im **Broken River** und in einigen Bächen leben **Schnabeltiere**, die man am besten von der **Platypus Viewing Plattform** beim Informationszentrum des Nationalparks in Broken River, 5 km südlich von Eungella, erspähen kann. Es lohnt sich auch, auf dem Fußweg dorthin unter der kleinen Brücke zu schauen, wo sich die Säugetiere gerne aufhalten. Die beste Zeit dafür ist die Morgen- und Abenddämmerung.

QUEENSLAND

ÜBERNACHTUNG UND ESSEN

Finch Hatton Gorge

€ **Platypus Bush Camp**, www.bushcamp.net. 3 luftige, offene Baumhäuser aus Holz für 3–4 Pers. (um $75 pro Hütte oder $25 p. P.), mit Moskitonetzen. Man kann auch sein Zelt aufschlagen ($7,50 p. P.). Toiletten, warme Duschen und Kochgelegenheit auf Gaskochern; Lagerfeuer. Lebensmittel und Insektenschutzmittel mitbringen. Ein wundervoller Ort für Naturliebhaber.

Eungella

Eungella Cabins, 10 Chelmer St, www.eungellacabins.com.au. Wunderschöne Anlage auf einer Anhöhe mit Blick über die Hügel und Wälder. Die Cabins haben alle einen eigenen kleinen Vorgarten, teilweise mit eigener Feuerstelle, manche auch mit kleiner Küchenzeile und Waschmaschine. ❹

Broken River

Broken River Mountain Resort, Eungella Dam Rd, www.brokenrivermr.com.au. „Resort" ist eigentlich zu großspurig für die kleine Anlage, aber die Lage am Broken River ist idyllisch. Dazu gehört das gemütliche **Possum's Table Restaurant** mit Bar. Unterkunft in Holzcabins mit Veranda; Pool, Grillstelle; geführte Spaziergänge. Abends kommen Possums auf die Terrasse und können gefüttert werden. Oft ausgebucht, daher frühzeitig reservieren! ❸–❻

Fern Flat Campground, Broken River. Zugang über die Broken River Picnic Area; von hier aus zu Fuß den Schildern zum Zeltplatz folgen. Einfacher Zeltplatz mit Toiletten, Gas-Grills und Tische gibt es am Picknickplatz. Unbedingt Trinkwasser und Gaskocher mitbringen, offene Feuer sind nicht gestattet. Online-Buchung unter https://parks.des.qld.gov.au/parks/eungella/camping.html ($7,25 p. P.).

SONSTIGES

Informationen

Melba House Visitor Information Centre, Eungella Rd, Marian, www.mackayisaac.com, tgl. 9–15 Uhr.

Reisezeit und Klima

Zwischen Aug und Okt ist Hochsaison. Samstage und die Ferien meidet man besser, denn dann sind die besten Übernachtungsmöglichkeiten lange im Voraus ausgebucht. Im Winter (Ende Mai–Ende Aug) ist es hier recht kühl; nachts sinkt das Thermometer bis auf den Gefrierpunkt. Entsprechend kalt sind die Gewässer!

Touren

Siehe S. 294, Mackay.

TRANSPORT

Die Eungella Dam Rd hinter Broken River ist nicht befestigt. Kein öffentlicher Transport.

Cape Hillsborough National Park

Der 816 ha große Nationalpark 47 km nördlich von Mackay umfasst einen felsigen Küstenabschnitt vulkanischen Ursprungs. Dicht bewaldete, von

Vom One Tree Hill auf Hamilton Island bietet sich ein grandioser Blick auf die Inseln der Whitsundays.

Höhlen durchzogene Felsklippen fallen hier ins Meer ab. In Buchten verborgen liegen Sandstrände. Von der 10 km langen Zufahrtsstraße zum Kap zweigt ein ausgeschilderter **Plankenrundweg** durch die Mangroven ab. Am Picknickplatz oberhalb des Strandes, neben dem städtischen Campingplatz, grasen gern Kängurus, die regelrecht aufdringlich werden können. Wenn es heiß wird, nehmen sie manchmal ein abkühlendes Bad im Meer. Wie in Airlie Beach können auch am Cape Hillsborough Sandfliegen zuweilen zur Plage werden – Insektenschutzmittel auftragen!

ÜBERNACHTUNG

Bei Smalleys Beach gibt es unweit des Resorts einen **Zeltplatz** der Nationalparkbehörde (Online-Registrierung; $7,25 p. P.).

Cape Hillsborough Nature Resort, 51 Risley Parade, Cape Hillsborough, 🖳 www.capehillsboroughresort.com.au. Ältere Anlage mit großer Bandbreite an Unterkünften. Viele der Motelunits, Cabins und Hütten sind renoviert; alle haben AC. Auch Zelt- und Caravanstellplätze ($46/51). 23 m langer Pool, Camp Kitchen, Grillstellen und Laden, Internet. ❸–❼

Halliday Bay Holiday & Golf Resort, 1 Headland Drive, Halliday Bay, am Kap, am Ende der Straße, 🖳 www.hallidaybayresort.com.au. Komplett ausgestattete Cabins mit AC und kleiner Veranda. Pool, Bar und Restaurant. Tennis-, Volleyball- und Golfplatz (9 Löcher). Schöne Lage an einer kleinen Bucht mit Sandstrand. Abholservice von Mackay (reservieren). Ab ❹

Proserpine

Die Zuckerstadt Proserpine ist nur ein Durchgangsort. Hier zweigt die Straße nach Airlie Beach ab, dem Sprungbrett zu den 74 Inseln der Whitsunday Inselgruppe. Es lohnt sich aber im **Whitsunday Region Information Centre**, 192 Main St, 🕒 Mo–Fr 9–16 Uhr, anzuhalten, um sich mit allen nötigen Infos für den Aufenthalt in Airlie Beach und auf den Whitsundays auszustatten.

TRANSPORT

Busse

Whitsunday Transit, 🖳 www.whitsundaytransit.com.au. Verkehrt mehrmals tgl. 6–18 Uhr

Shopping-Tipp

Der bunte Tante-Emma-Laden **Colour Me Crazy**, 2B Dobbins Lane, Proserpine, lohnt den Besuch auch für Reisende mit kleinem Budget. Das Sortiment reicht von kreativem Schmuck, ungewöhnlicher Kleidung, handgemachten Holz- und Steinarbeiten bis hin zu originellen Wohnungsaccessoires. ◷ Mo–Fr 9–17, Sa 9–15, So 9–14 Uhr.

zwischen Proserpine und AIRLIE BEACH / SHUTE HARBOUR. Transfers vom / zum Flughafen und Bahnhof sind 24 Std. im Voraus zu reservieren.
Greyhound (S. 762–763).
Premier (S. 764–765).

QUEENSLAND

Eisenbahn

Alle Nordküstenzüge halten in Proserpine. Auskunft und Buchung bei **Queensland Rail**, 💻 www.queenslandrailtravel.com.au.

Flüge

Auf dem **Whitsunday Coast Airport** (nicht zu verwechseln mit dem kleinen Whitsunday Airport in Airlie Beach!) landen große Jets. **Jetstar**, 💻 www.jetstar.com.au, und **Virgin Australia**, 💻 www.virginaustralia.com, fliegen tgl. von und nach BRISBANE, MELBOURNE UND SYDNEY.

Airlie Beach

Das Tor zu den Whitsundays ist schon seit Jahrzehnten Treffpunkt globetrottender Backpacker, die in den großen Biergärten und alteingesessenen Hostels entlang der Hauptstraße Billard spielen, Livemusik lauschen und dabei meist tief ins Glas schauen. Spätestens seit der Pandemie zieht „Airlie" immer größere Scharen von Familien und betuchteren Gästen an, die Quartier in den Boutiquehotels und Resorts der Außenbezirke beziehen.

Der moderne **Port of Airlie** bezeugt diesen Trend hin zum stilvollen, gepflegten Luxustourismus. Neben erstklassigen Ferienapartments, Wellnesszentren und Boutiquen reihen sich gehobene Restaurants, schicke Bars und Cafés aneinander. Man sitzt mit Blick auf die privaten Jachten und die Ausflugsdampfer von Cruise Whitsundays.

Einen nennenswerten Badestrand, wie der Ortsname ihn suggeriert, gibt es in Airlie gar nicht. Dafür wurde vor dem Zentrum eine große, geschützte **Salzwasserlagune** künstlich angelegt, wo man gefahrlos und quallenfrei baden kann. Sandfliegen können in Wassernähe zur Plage werden – Insektenschutzmittel auftragen! Ein schöner Spazierweg führt den neuen Boardwalk entlang und durch palmengesäumte Parks von der Lagune bis zum Cannonvale Beach.

Fast alle Ausflugsschiffe legen heute vom **Port of Airlie** oder von der **Abel Point Marina** ab, nur wenige Touren und Wassertaxis starten noch im rund 15 Minuten entfernten **Shute Harbour**, zu erreichen mit Whitsunday 2 Everywhere, S. 303.

Airlie Beach liegt von der Natur begünstigt am nördlichen Ende einer ins Meer ragenden Halbinsel, die südlich des Städtchens fast vollständig vom **Conway National Park** eingenommen wird. Ein Ausflug lohnt sich, denn die langen Strände und Wanderpfade durch den Regenwald sind trotz der Nähe zu Airlie wenig besucht. Beeindruckend (und meist völlig menschenleer) sind auch die etwa 30 km von Airlie Beach gelegenen **Cedar Creek Falls**, die sich während und kurz nach der Regenzeit in einen Naturpool ergießen (zu erreichen über die Saltwater Creek Road). Für beide Ziele ist ein eigener fahrbarer Untersatz nötig.

Im März 2017 fegte Zyklon Debbie mit zerstörerischer Wucht mitten über Airlie Beach und richtete Schäden im Wert von insgesamt $2,4 Milliarden an. Die Aufräumarbeiten gingen zwar mit erstaunlichem Tempo voran, doch zeugen noch immer einige unwettergepeitsche Häuser und Boote, die hunderte Meter vom Strand entfernt im Wald vor sich hin rotten, vom Ausmaß der Naturkatastrophe.

ÜBERNACHTUNG

Das Angebot an Ferienwohnungen und Hostels ist riesig. Wer Luxus liebt, findet hier attraktive

Airlie Beach
N
0
1 km
ÜBERNACHTUNG
1 Heart Hotel and Gallery
2 Whitehaven Beachfront
3 Beaches Backpackers
4 The Hostel Airlie Beach
5 Shingley Beach Resort
6 Backpackers by the Bay
7 Bush Village
8 Mantra Club Croc
9 Tasman Holiday Park
10 Mango House Resort
11 Airlie Beach Holiday Park
SONSTIGES
1 Providence Sailing
2 GSL Aviation
3 Whitsunday Stand Up Paddle & Kayak
4 Cruise Whitsundays
5 Whitsunday Dive Adventures
6 Explore Whitsundays
7 Skydive Airlie Beach
8 Salty Dog Sea Kayaking
ESSEN
1 Bohemian Raw
2 Little Vegas Burger and Bar
3 The Deck
4 Fish D'vine
5 Magnums
Abel Point Marina
Airlie Bay
Lagune
Airlie Creek
Shingley Beach
Cannonvale Beach
Boat Haven
The Beacons
Port of Airlie
POLIZEI
Broadwater Ave
Airlie Cr
Begley St
Lamond St
Orana St
Nara Ave
Seaview Dr
Waterson Way
Airlie Esplanade
Shingley Dr
Altmann Ave
Shute Harbour Rd
Coral Esplanade
Beach Rd
Jones Rd
Hermitage Dr
Mandalay Rd
Jubilee Pocket Rd
Erromango Dr
Whitsunday Shopping Centre
Island Dr
Eshelby Dr
6, Proserpine
7, 8, Shute Harbour

Unterkünfte. Wer nicht gut zu Fuß ist, sollte nicht allzu weit den Hang hinauf ziehen, denn die Wege sind recht steil.

Hostels

Airlie Beach ist für Backpacker einer *der* Partyorte an der Ostküste. So gut wie alle Hostels buchen Touren und Segeltrips – eine weitere Einkommensquelle der Hostels.

The Hostel Airlie Beach, 394 Shute Harbour Rd, 💻 https://thehostelairliebeach.com.au. Große, renovierte 6-Bett-Dorms (Bett ab $46) mit Bad und Schließfächern; außerdem DZ mit Balkon und teilweise mit Bad. Große Küche, Courtyard mit Pool und Grillstellen. Sauber und angenehm. ❸

€ **Backpackers by the Bay**, 12 Hermitage Drive, 💻 www.backpackersbythebay.com. Das kleine, gemütliche Haus ist mehr Wohngemeinschaft als Hostel. Neue Gäste werden mit einem Glas Wein begrüßt, am Abend Quiz- oder Filmnacht im hauseigenen Pub. Gutes, günstiges Frühstücksbuffet. Die 4-Bett-Dorms (Bett $53) und DZ sind einfach, aber gemütlich, alle mit AC. Salzwasserpool. In Richtung Shute Harbour auf einer Anhöhe; Zubringerbus zur Bushaltestelle (10 Min. zu Fuß) 6–20 Uhr. Gute, unabhängige Beratung über Bootstouren und Tauchkurse. ❶

Andere

Bush Village, 2 St. Martins Rd, abgehend von der Shute Harbour Rd, 1 km von Airlie Beach, Cannonvale, 💻 www.bushvillage.com.au. Sauberen Cabins mit jeweils eigener Küche, Bad und AC. Außerdem Deluxe-Studios mit Hotelstandard. Die Anlage liegt im Grünen, es gibt jede Menge Vögel und mit Glück auch Wallabies zu sehen. Busshuttle nach Airlie Beach 1x stdl. zwischen 6.30 und 24 Uhr. Ab ❹

Heart Hotel and Gallery, 277 Shute Harbour Rd, 💻 www.hearthotelwhitsundays.com.au. Die stilvollen, luxuriösen Zimmer mit Balkon und modernen Badezimmern bestechen vor allem durch die superkomfortablen Betten. Das kleine, elegante Hotel liegt mitten im Zentrum. ❼

Mango House Resort, Shute Harbour Dr, Ecke Erromango Dr, 💻 www.mangohouseresort.com.au. Moderne, luxuriöse Zimmer und Apartments, alle mit AC und Balkon/Terrasse. Großer Pool. ❻

QUEENSLAND

Ob im Segelkatamaran oder auf dem Stehpaddel-Board, Airlie Beach ist vom Wasser aus am schönsten.

Mantra Club Croc, Shute Harbour Rd, Cannonvale, www.clubcroc.com.au. Großes, freundliches Resort mit großem Poolbereich, Fitnessstudio, Waschraum und großem Restaurant, wo morgens und abends gute Buffets locken. Die Zimmer sind hell und komfortabel, alle mit AC. Ab 5

Ferienwohnungen

Shingley Beach Resort, Shingley Drive, www.shingleybeachresort.com. Apartmenthotel mit Units mit Balkon und Meerblick, Pool, Tauchschule. Mind. 2 Übernachtungen. 6

Whitehaven Beachfront, 285 Shute Harbour Rd, www.whitehavenunits.com.au. Einfache, aber saubere Units mit Küchenzeile, Bad, Sofa, Waschmaschine und Balkon/Veranda liegen nur einen Katzensprung vom Wasser entfernt. 4

Caravanparks

Die Caravanparks liegen alle etwas außerhalb, oft in schönen Gartenanlagen mit Pool. Hier nur eine Auswahl.

Airlie Beach Holiday & Caravan Park (Discovery Park), Shute Harbour Rd, Ecke Ferntree Rd, www.discoveryholidayparks.com.au. Liegt schön im Grünen Richtung Shute Harbour. Zelt-/Stellplätze ($27/37 oder $52 mit Bad), unterschiedlich große Cabins mit AC, Salzwasserpool, Tennisplatz, Kiosk. Ab 3

Tasman Holiday Park, 1 Jubilee Pocket Rd, https://tasmanholidayparks.com/au/airlie-beach. Große Anlage mit Zelt- und Stellplätzen ($54/72 oder $89 mit Bad), permanent aufgestellten Zelten ($50) sowie Cabins und Units mit AC. Pool, Minigolf, Tennis, Kiosk. Ab 5

ESSEN UND UNTERHALTUNG

In Airlie bleibt man nicht lange hungrig. Entlang der Shute Harbour Road gibt es einige Restaurants, Cafés und Nachtclubs und die Biergärten und Bars der Hostels **Magnums** und **Beaches** mitten im Ort, die bei Backpackern rund um die Uhr beliebt sind, denn dort werden auch preiswerte Mahlzeiten aufgetischt.

The Deck, 277 Shute Harbour Rd. Das stilvolle, zum Meer hin offene Lokal serviert die besten Pizzen der Stadt, aber auch hervorragende Fleisch- und Fischgerichte. Gute Weinkarte. tgl. 8–20.30 Uhr.

Fish D'vine, 303 Shute Harbour Rd, Ecke Coconut Grove. Sehr gute Meeresspezialitäten in modernem Ambiente. Dazu gehört auch eine Cocktailbar. tgl. 11–21 Uhr.

€ **Little Vegas Burger and Bar**, 259 Shute Harbour Rd. Günstige und leckere Burger mit „Chips" in rockiger Bar; am Wochenende oft Livemusik. tgl. 12–15 und 17–21 Uhr.

Bohemian Raw, Abel Point Marina. In dem alternativen Café sitzt man mit Blick auf den Hafen. Es gibt kleine vegane und vegetarische Speisen, Milkshakes und guten Kaffee. tgl. 7–14 Uhr.

AKTIVITÄTEN UND TOUREN

Bootstouren und Transfer zu den Inseln

Die Auswahl an Touren mit Segel- oder Motorbooten bleibt überwältigend. Viele Anbieter in Airlie Beach haben ein- bis mehrtägige Touren auf mehr oder weniger luxuriösen Jachten im Angebot, einige sind speziell auf Backpacker zugeschnitten. Bei mehrtägigen Touren übernachtet man an Bord oder im Zelt auf einer der Inseln, von denen einige unbewohnt sind. Mahlzeiten, Touren im Glasbodenboot und Schnorchelausrüstung sind im Preis inbegriffen. Extras gegen Aufpreis sind geführte Schnorcheltouren, Tauchen und Hubschrauberflüge über das Riff.

Etablierte Anbieter

Cruise Whitsundays, www.cruisewhitsundays.com.au. Der größte Anbieter von Touren und Transfer zwischen den Inseln betreibt große, komfortable Fähren ab dem Port of Airlie. Oft sind ausgebildete Meeresbiologen an Bord, die Präsentationen geben und gegen Aufpreis geführte Schnorcheltouren bieten. Zu den Tagestouren zählen eine Fahrt zum Ponton Reefworld im äußeren Riff ($309); eine Rundfahrt inklusive Strandspaziergang am Whitehaven Beach ($259 oder $145 als Halbtagestour) sowie viele weitere Tagestouren. Außerdem Segelturns zum Whitehaven Beach auf der Camira (Tagestour $239).

Explore Whitsundays, 💻 www.explorewhitsundays.com. 2- und 3-Segeltouren auf der SV *Southern Cross* inkl. Bush Walk am Hill Inlet und Besuch des Whitehaven Beach sowie Möglichkeit zum Schnorcheln bei Dumbell Island, ab $460.

Providence Sailing, 💻 https://sailing-whitsundays.com/. Auf der *Providence V* segelt man zu Häppchen und Wein in den Sonnenuntergang (ab Abel Point Marine, $85). Außerdem Tagestouren zum Whitehaven Beach, $189.

Fallschirmspringen

Skydive Airlie Beach, 💻 www.skydive.com.au/locations/airlie-beach. Tandemsprünge aus verschiedenen Höhen. Je höher der Absprung, desto länger der freie Fall. Die Aussicht ist natürlich sensationell, vorausgesetzt man schafft es, seine Aufmerksamkeit auf was anderes als den eigenen Atem und den Adrenalinrausch zu lenken. Ab $289.

Rundflüge

Die Inseln und das Riff sind aus der Vogelperspektive mindestens so beeindruckend wie vom Wasser aus. Ein Rundflug – wenn auch nicht ganz billig – wird lebenslange Erinnerungen hinterlassen.

GSL Aviation, 💻 http://gslaviation.com.au. Die halbstündigen Rundflüge führen nur über die Inseln, noch toller sind die einstündigen Flüge, die bis zum Riff rausführen ($300). Auch Helikopterflüge.

Seekajak fahren

Salty Dog Sea Kayaking, 💻 www.saltydog.com.au. Seekajaktouren ab Shute Harbour; halber Tag ($110) oder ganzer Tag ($180); beide 3x die Woche. Ab und zu 6-Tagestouren ($1750) um die nördlichen Whitsunday Islands. Preise inkl. Essen. Auch Kajakverleih (ab $80 pro halber Tag oder $110 pro Tag) und gute Informationen.

SUP

Östlich der Abel Point Marina kann man wunderbar stehpaddeln.

Whitsunday Stand Up Paddle & Kayak, an der Abel Point Marina, 💻 www.whitsundaystanduppaddle.com.au. SUPs und Kajaks ab $80 für 2 Std. Auch Kurse.

Tauchen

Annähernd alle Schiffe, die Tagesfahrten oder längere Segeltörns im Programm haben, bieten auch Gelegenheit zum Tauchen und stellen Ausrüstung usw. Auch Anfänger können einen Schnuppertauchgang unternehmen. Ein Open-Water-Tauchkurs dauert normalerweise 3–4 Tage und kostet ab $750. Es lohnt sich zu vergleichen, wie viele Tauchgänge pro Kurs angeboten werden und vor allem wo. Es hat schon Anbieter gegeben, die die Trainingstauchgänge im Pool mitzählen. Auch die Teilnehmerzahl pro Kurs ist ein Faktor, der über Erfolg oder Misserfolg entscheiden kann.
Ein altbewährter und renommierter Anbieter offeriert (u. a.) PADI-Open-Water-Kurse: **Whitsunday Dive Adventures**, 2579 Shute Harbour Rd, 💻 www.whitsundaydivecentre.com.

SONSTIGES

Englisch lernen

SACE Whitsundays College of English, Cannonvale Campus, 121 Shute Harbour Rd, 💻 www.collegeofenglish.com.au. Englischkurse; viele Ausflüge und Aktivitäten.

Informationen

Es gibt unzählige Läden, die Besucher mit Broschüren überhäufen – viele von ihnen bezeichnen sich als Tourist Office, sind aber nur Agenturen, die Touren verkaufen.

Airlie Beach Tourist Information, 277 Shute Harbour Rd, 💻 www.whitsundaytourism.com.au. Offizielles Informationszentrum.

NAHVERKEHR

Stadtbusse

Whitsunday Transit, 💻 www.whitsundaytransit.com.au. Die Busse verkehren zwischen PROSERPINE und Airlie Beach/Shute Harbour und bieten Transfers zum Airport und Bahnhof in Proserpine (S. 297).

Zahlreiche Unterkünfte unterhalten einen kostenlosen Zubringerbus von Cannonvale nach Airlie Beach und Shute Harbour/Abel Point Marina.

Whitsundays 2 Everywhere, 💻 https://sailing-whitsundays.com. Zubringerservice zwischen den Flughäfen und Airlie Beach/Shute Harbour.

TRANSPORT

Busse

Greyhound (S. 762–763).
Premier (S. 764–765).

Fähren

Siehe S. 301 (Bootstouren).

Whitsunday Islands

Die Whitsunday Islands sind tatsächlich so paradiesisch wie die Bilder versprechen: Palmengesäumte Inseln mit weißen Sandstränden umgeben von türkisgrünem Wasser mit wuchernden Korallen und bunten Meeresbewohnern. Die meisten der 74 Inseln sind vulkanischen Ursprungs – was heute noch aus dem Wasser ragt, sind also die Gipfel ehemaliger Berge. Einige sind deshalb ziemlich hügelig und beheimaten dichten subtropischen Regenwald. Nur acht der Inseln sind bewohnt; manche davon bieten Urlaubern die Möglichkeit, sich in zumeist exklusiven Resorts zu erholen. Manche Inseln sind vollständig im Besitz eines Resorts und damit nur für Übernachtungsgäste zugänglich. Andere Inseln können nur im Rahmen einer organisierten Tour oder auf eigene Faust besichtigt werden.

Der bedenkliche Zustand des Great Barrier Reefs und verheerende Wirbelstürme haben die Tourismusbranche in den letzten zehn Jahren gehemmt. Nach Zyklon Debbie, der im März 2017 über die Whitsundays und Airlie Beach fegte, blieben manche Resorts jahrelang geschlossen. Besucher der Whitsunday-Region und des Riffs sollten sich ihrer Verantwortung für den Erhalt dieses Natur-Eldorados bewusst sein: Das Riff darf zwar von nah und fern bewundert, aber nicht berührt werden. Auf den Inseln gilt der Grundsatz: „Take nothing but photos, leave nothing but footprints."

Long Island

Auf der schlanken, lang gestreckten Long Island mit ihren hübschen Stränden und dicht bewachsenem Inneren kann einen schon mal das Gefühl überkommen, man sei ganz alleine hier. Das freundliche und familiäre **Palm Bay Resort** ist erste Anlaufstelle, auch für Tagesgäste. Das Resort kann bis zu 50 Gäste beherbergen, die sich allerdings auf die supergemütlichen, isoliert stehenden Strandhütten in der Bucht verteilen. Nur am Abend kommen alle zusammen in die saubere, offene Gemeinschaftsküche mit bewirtschafteter Bar und großem Essbereich, um sich ihr Essen zuzubereiten. Im Süden der Insel liegt das Luxusresort Elysian Retreat. 13 km Spazierwege führen über die Insel, zudem kann man Schnorchel oder Kajaks leihen und das Riff direkt vor der Insel erkunden. Auch eine begrenzte Anzahl von Tagesgästen ist willkommen.

Hamilton Island

Hamilton ist die „zivilisierteste" aller Whitsunday Inseln, sie hat einen eigenen Flugplatz, Einkaufszentren und sogar einige Hochhäuser und feste Straßen, die allerdings nur mit Golf Buggies befahren werden dürfen. Gegen Vorlage eines regulären Führerscheins kann man diese am Flughafen oder rund fünf Minuten von der Marina entfernt am Resort Drive mieten ($90 für 2 Std oder $130 pro Tag). Eine „Spritztour" lohnt sich, denn die Insel ist gar nicht so klein und ganz schön hügelig. Der **Catseye Beach** ist das Zentrum des Geschehens. Hier kann man Schnorchel, Kajaks und SUPs leihen, am feinsandigen Strand flanieren oder in einem der schönen Pools baden. Eine überragende Aussicht bietet sich vom **One Tree Hill** mit dem gleichnamigen Café, 🕒 tgl. 10–19 Uhr. Gästen auf Hamilton Island bietet sich ein umfangreiches Resort-Programm, vom Minigolf und Kids Club bis hin zu geführten Schnorchel- und Jetskitouren. Im Süden der Insel liegen einige weniger überlaufene kleine Buchten.

Inselhopping auf eigene Faust

Auf dem **Ngaro Sea Trail** können Outdoor-Freunde die Whitsundays und das Riff auf eigene Faust erkunden. Die mehrtägige Kajakroute umschließt South Molle Island, Whitsunday Island und Hook Island. Zum Trail gehörende Wanderwege führen zu Aborigines-Stätten auf den Inseln. Kampiert wird auf den Zeltplätzen der Nationalparkbehörde. Eine sehr eindrucksvolle und individuelle Alternative für Reisende mit genügend Zeit, Fitness und Abenteuerlust. 💻 https://parks.des.qld.gov.au/parks/whitsunday-ngaro-sea-trail.

QUEENSLAND

Whitsunday Island

Die größte Insel der Gruppe ist zwar unbewohnt, wird aber jeden Tag von vielen Ausflugsschiffen und Segelbooten angefahren, die am wunderbaren **Whitehaven Beach** an der Ostküste Halt machen. Man kann es ihnen nicht verübeln: Mit seinem grellweißen Pulversand (der einen besonders hohen Quarzgehalt aufweist) wird der Strand jedes Jahr erneut von verschiedenen Organisationen zu einem der schönsten Strände der Welt gekürt. Man kann sogar übernachten, denn es gibt einen Zeltplatz der Nationalparkbehörde.

Hook Island

Die zweitgrößte Insel der Gruppe ist von Buchten und Fjorden zergliedert und bietet gute Schnorchelmöglichkeiten. Das Resort auf der Insel wurde 2013 von einem Zyklon weitgehend zerstört und wurde bis heute nicht wieder aufgebaut. Das herrliche **Nara Inlet**, ein tief in die Inselmitte hineinreichender Fjord, ist nur per Boot erreichbar. Der Strand lädt zum Baden ein – Schwimmer sollten sich vor gefährlichen Unterströmungen hüten. Ein Wanderweg führt zu einer **Höhle**, in der Felszeichnungen der Ureinwohner zu erkennen sind.

South Molle Island

Nordöstlich von Shute Harbour liegt die 4 km lange und 2 km breite, kompakte und sehr hügelige South Molle Island. Wanderwege führen durch den Nationalpark und zu einsamen Stränden. Das einzige Resort ist auf unbestimmte Zeit geschlossen und die Insel kann nur per Charterboot oder im Kajak besucht werden (s. unten, Übernachtung und Transport).

Daydream Island

Gerade mal 10 ha groß, besteht Daydream Island praktisch nur aus einem Resort, einem harten Korallenstrand fast um die ganze Insel, und einem bewaldeten Hügel hinter dem Hotel. Die Insel, auf der es eine große Lagune mit reichhaltiger Fauna gibt, befindet sich in Privatbesitz. Das Luxus-Resort wurde aufwendig renoviert. Mehrere Restaurants, Bars (eine davon im Pool) und ein Open-Air-Kino sorgen für Unterhaltung; dazu werden viele Aktivitäten geboten – vom SUP und Kajakfahren bis hin zum Schnorcheln im riesigen offenen Aquariumspool.

Reefworld

Das Ponton auf dem Hardy Reef, das von Cruise Whitsundays angefahren wird (s. S. 301, Airlie Beach, Bootstouren), bietet auch Nichtschwimmern und Familien mit kleinen Kindern die Gelegenheit, auf komfortable Weise das Riff zu besichtigen. Vom Ponton aus kann man beliebig schnorcheln, tauchen, einen Helikopterflug oder eine Tour in den sogenannten Semi-submersibles unternehmen (halb unter der Wasseroberfläche treibende Boote mit gläsernem Untersatz).

ÜBERNACHTUNG UND TRANSPORT

Wo es keine Resorts gibt, kann man meist auf **Zeltplätzen der Nationalparkbehörde** zelten. Permits und Informationen unter 💻 https://parks.des.qld.gov.au/parks/whitsunday-islands/camping.html#camping_in_whitsunday_islands_national. Camper müssen Trinkwasser und einen (Gas-)Campingkocher mitbringen – offene Feuer sind im Nationalpark verboten.
Salty Dog Sea Kayaking (s. S. 301, Airlie Beach, Aktivitäten und Touren) verleiht Kajaks und eine Grundausrüstung. Schlafsack, Zelt und Isomatte sind allerdings nicht enthalten.

Long Island

Palm Bay Resort, 💻 https://palmbayresort.com.au. Die Strandhütten mit Bad, kleiner Küche (nur Mikrowelle und Wasser-

kocher) und Veranda blicken fast alle über die wunderschöne Bucht. Das sehr freundliche Resort besteht sonst nur aus einem großen offenen Essbereich mit Gemeinschaftsküche, Bar und Pool. An der Rezeption gibt es ein paar Lebensmittel zu kaufen, aber es ist besser, sich vor der Ankunft mit allem Erforderlichen einzudecken. Familiäre und superentspannte Atmosphäre. ❼

Long Island ist nur mit dem Wassertaxi zu erreichen: **Island Transfers**, 💻 www.islandtransfers.com, $110 ab Airlie Beach, retour.

Hamilton Island

Hamilton Island bietet fünf verschiedene Unterkünfte, leider keine davon für Budget-Reisende: **Hamilton Island Holiday Homes** (ab $400) ist ideal für Familien, da alle 100 Apartments komplett ausgestattet sind. **Palm Bungalows** (ab $430) hat idyllisch gelegene Cabins mit Balkon und Blick über den tropischen Garten. Das **Reef View Hotel** (ab $420) hat luxuriöse Zimmer, z. T. mit Blick auf das Riff. Sehr exklusiv sind der 5-Sterne-**Beach Club** sowie die Pavillons von **Qualia** mit Privatpool auf dem Sonnendeck und jedem erdenklichen Luxus.

Allen Gästen stehen zur Verfügung: Restaurants, Coffeeshops, Bars und Nightclubs, riesige Pools (mit Bar in der Mitte), ein kleiner Zoo, Dienstleistungen vom Arzt über Friseur und Masseur bis zur eigenen Hochzeitskapelle; natürlich alle erdenklichen Sport- und Wassersportmöglichkeiten u. Ä. Eltern können ihre Kinder im Betreuungszentrum bespaßen lassen, Kids essen zudem kostenlos.

Auf dem **Great Barrier Reef Airport** auf Hamilton Island landen Jets. **Jetstar** und **Virgin Australia**

fliegen tgl. von und nach MELBOURNE, SYDNEY und BRISBANE; Qantas fliegt von und nach Cairns.
Cruise Whitsundays, 🖳 www.cruisewhitsundays.com. 4–5x tgl. ab Port of Airlie in ca. 45 Min. zum Hamilton Island Airport, $65 einfach.

South Molle Island

Das einzige Resort der Insel wurde von Zyklon Debbie im März 2017 praktisch dem Erdboden gleichgemacht, und das, kurz nachdem es von einer Investmentfirma aufgekauft worden war, die der alten Backpacker-Unterkunft neues Leben einhauchen wollte. **Campen** ist aber immer noch möglich, z. B. an der Sandy Bay direkt am Strand ($7,25 p. P.). South Molle kann im Charterboot oder im Kajak erreicht werden. Letzteres dauert etwa 1 Std. und sollte gut geplant sein. Nützliche Infos und Kajaks bietet Salty Dog Sea Kayaking (s. S. 301, Airlie Beach, Aktivitäten und Touren).

Daydream Island

Daydream Island Resort & Spa, 🖳 www.daydreamisland.com. Das große, etablierte Resort mit 4 Pools, Tennisplätzen, Fitnesszentrum, Freiluftkino, Restaurants, Bars, Wellness-Bereich und knapp 300 Zimmern besitzt große, helle und luxuriöse Zimmer und Suiten.
Cruise Whitsundays, 🖳 https://cruisewhitsundays.com. Fährt tgl. häufig ab Port of Airlie zur Daydream Island und zurück, $41 einfach.

Von Bowen bis Cairns

Das Dreieck zwischen Bowen, Townsville und Charters Towers im Westen liegt im Regenschatten. Das Klima ist heiß und trocken, die Hitze wird allerdings durch das Meer etwas gemäßigt. Bei Ingham, nur 60 km nördlich von Townsville, beginnt die feuchttropische Zone mit üppiger, saftig grüner Natur. Hier beginnt der schönste, landschaftlich abwechslungsreichste Teil der Ostküste Queenslands.

Von den tropischen Regenwäldern, die einst einen großen Teil der Küstenregion bedeckten, ist nur noch ein kleiner Streifen an der Küste übriggeblieben. Viele Gebirgsbäche bahnen sich ihren Weg durch tiefe Schluchten zur Küste hin, wo sich herrliche Sandstrände mit mangrovenbestandenen Flussdeltas abwechseln. Ein großer Teil des Küstenstreifens von Nord-Queensland wird von Zuckerrohrfeldern eingenommen. Vor der Küste liegen kleine Inseln und Korallenatolle.

Townsville

Das Stadtbild von Townsville mag nur wenige Höhepunkte aufweisen; tatsächlich aber bietet die 192 000-Einwohner-Stadt einige interessante Sehenswürdigkeiten. Dazu ist sie das Sprungbrett zur Magnetic Island. Entlang der Strandpromenade **The Strand** reihen sich Hotels, Restaurants und Cafés aneinander. Am Ende der Promenade befindet sich der idyllische **Rockpool**, der auch während der Quallensaison im Sommer einen sicheren Badeort bietet.

Eine lange kurvige Straße führt hoch zum **Castle Hill**, dem Granitfelsen, der von der ganzen Stadt aus zu sehen ist. Autofahrer sollten besonders vorsichtig sein, denn vor allem am Morgen und frühen Abend ist der Weg voller Jogger, Radler und Spaziergänger. Wer selbst zu Fuß unterwegs ist, kann auch einem der Wanderwege nach oben folgen: Am kürzesten, aber auch am steilsten, ist der Goat Track mit seinen 1360 Stufen. Diese mögen vielleicht der Grund sein, warum die meisten Locals doch lieber der Straße folgen. Von oben bietet sich ein Ausblick auf die ganze Region und die vor der Küste liegende **Magnetic Island**.

Museum of Underwater Art

Ein Besuchermagnet ist das 2020 eröffnete **Museum of Underwater Art (MOUA)**, 🖳 www.moua.com.au, eine Kunstgalerie unter Wasser, deren Schätze nur von Tauchern (bei guter Sicht auch von Schnorchlern) erkundet werden können. Die ca. 70 km vor Townsville an der Küste versenkten Skulpturen aus pH-neutralem Zement des Künstlers Jason deCaires Taylor liegen in 10–18 m Tiefe. Sie stellen z. B. Wächter oder Wissenschaftler im „Korallentreibhaus" dar, die grübelnd über Mikroskopen lehnen. Das

Treibhaus dient auch Forschungszwecken und soll langfristig zu besserem Verständnis für Korallen führen: Eine Seite wurde mit diesen Nesseltieren „bepflanzt", die andere Seite blieb als Kontrollgruppe unbepflanzt. Zum Museum gelangt man nur auf einer organisierten Tour mit **Adrenalin Snorkel & Dive**, S. 310. Aber aufgepasst: Die Fahrt dauert ganze drei Stunden, und je nach Seegang kann das Boot ganz schön ins Schwanken geraten. Am besten nimmt man vorher ein Mittel gegen die unangenehmen Symptome der Reisekrankheit.

Queensland Museum Tropics

Zwei Stunden sollte man für einen Besuch veranschlagen. Der erste Stock widmet sich der Geschichte der *Pandora* – eines Schiffes, das die Welt umsegelte, um die Meuterer der berühmten *Bounty* dingfest zu machen. Die Meuterer wurden gefasst und in einen fensterlosen Holzverschlag im Schiff – die sogenannte Pandora's Box – gesperrt. Die Pandora krachte 1791 bei Townsville auf das Great Barrier Reef und sank. Seit den 1970er-Jahren bringen Taucher immer wieder Teile des mittlerweile im Sand versunkenen Wracks an die Oberfläche. Im zweiten Stock des Museums wird das tropische Queensland dargestellt mit besonderem Augenmerk auf Flora und Fauna. 💻 www.

museum.qld.gov.au/tropics, ⌚ tgl. 9.30–16 Uhr, Eintritt frei, ausgenommen Sonderausstellungen.

Billabong Sanctuary

Ein sehenswertes Ausflugsziel ist das 11 ha große **Billabong Sanctuary** am Bruce Highway, 💻 www.billabongsanctuary.com.au, 17 km südlich von Townsville. Die Anlage umfasst Regenwald, Eukalyptus-Buschland, ein riesiges Feuchtgebiet für Wasservögel, Lagunen für Süßwasser- und Leistenkrokodile, Gehege für Koalas, Kasuare *(cassowaries)*, Echidnas, Wombats und ein Areal für Dingos. Über den ganzen Tag verteilt führen Ranger Tiere vor; die Präsentationen sind sehr informativ und – im Gegensatz zu vielen anderen privaten Tierparks – nicht reißerisch aufgemacht. ⌚ tgl. 9–16 Uhr, Eintritt $46, Kind 4–16 J. $31.

ÜBERNACHTUNG

Hostels

Civic Guesthouse, 262 Walker St, 💻 https://civicguesthouse.com.au. In dem renovierten, freundlichen Backpacker-Hostel sorgen Tischkicker, Schachbrett und gemütliche Sofas im Gemeinschaftsraum für familiäre Atmosphäre. Die Küche ist bestens ausgestattet, Supermarkt und Restaurants gleich um die Ecke. 4–6-Bett-Dorms (ab $34) sowie DZ mit und ohne Bad. ❶

Reef Lodge, 4 Wickham St, um die Ecke von Flinders St East, 💻 www.reeflodge.com.au. Etwas größer, aber dennoch ruhig und freundlich. Sehr zentrale Lage, mit begrüntem Innenhof. EZ und DZ mit AC und Ventilator. Außerdem 2–6-Bett-Dorms (Bett ab $37). Ein guter Deal sind die beiden Motelzimmer mit eigenem Bad. Auf Anfrage Abholservice von Busterminal und Bahnhof. Ab ❶

Andere

Coral Lodge B&B Inn, 32 Hale St, 💻 www.corallodge.com.au. Einfaches, aber freundliches Guesthouse in zentraler Lage; 8 Zimmer und 2 Studiounits mit Kochecke, alle mit AC, TV. Küche für alle. ❶

Seagulls Resort, 74 The Esplanade, Belgian Gardens, 💻 www.seagulls.com.au. Modern eingerichtete Zimmer um tropischen Garten mit großem Pool und Bar gereiht, alle AC. Tennisplatz. ❺

The Beach House, 66 The Strand, 💻 www.beachhousemotel.com.au. Helle Motelzimmer, alle mit Kühlschrank, Fernseher und Klimaanlage. Auch größere Familienzimmer. Ab ❸

Caravanparks

Die meisten liegen außerhalb von Townsville entlang des Bruce Highway.

BIG4 Gateway Holiday Park, 88 Minehane St, Cullen, 9 km südl. vom Zentrum, 💻 https://hampshireholidays.com.au. Schöne Anlage mit vielen schattigen Zelt- und Stellplätzen ($40/45) sowie einigen Cabins. Pool, Kiosk. ❸–❻

Tasman Holiday Park Rowes Bay, Heatley Parade, 3 km außerhalb am Strand, Rowes Bay, 💻 https://tasmanholidayparks.com. Zelt-/Stellplätze mit teilweise neuen sanitären Anlagen ($36/48). Cabins unterschiedlicher Standards mit AC, Pool, Kiosk, schöne Lage am Strand. Ab ❸

ESSEN UND UNTERHALTUNG

Viele Lokale befinden sich entlang der Flinders St und Flinders St East sowie an der Strandpromenade.

C Bar, Gregory St Headlands, The Strand, North Ward, 💻 www.cbar.com.au. Von der Terrasse des freundlichen Cafés bietet sich ein schöner Blick aufs Wasser. ⌚ tgl. 6–15 und 17.30–21 Uhr.

Gyo Japanese Restaurant, 2/48 Gregory St. Frisches Sushi und andere japanische Gerichte. ⌚ Di–Sa 17.30–21, Do–Sa auch 11.30–14.30 Uhr.

The Townsville Brewery, 252 Flinders St. Die Brauerei befindet sich im alten Postamt. Interessant für Bierliebhaber sind die „Tasting Trays". Im Brauhaus sind das hervorragende Restaurant 1889 (⌚ Fr und Sa 17.30–21 Uhr) und ein Pub untergebracht, wo es gute Countermeals und am Wochenende Livemusik gibt. ⌚ tgl. ab 11.30 Uhr bis spät.

TOUREN

Tour Townsville, 💻 www.tourtownsville.com.au. Die Halbtagestouren durch die Stadt

QUEENSLAND

Trockenen Fußes zu einem lebenden Korallenriff

An das Queensland Museum Tropics grenzt der moderne Bau des **Reef HQ Aquariums**, 💻 www.reefHQ.com.au. Mit seinem 2,5 Mio. l fassenden Becken und einem lebendigen Riff ist es eines der größten Korallenaquarien der Welt. Im Acryltunnel können Besucher Nase an Nase mit zahlreichen Riffbewohnern wie Haien, Rochen und Clownfischen auf Tuchfühlung gehen. Sehr empfehlenswert sind auch die über den ganzen Tag verteilten Präsentationen. Im Turtle Hospital werden kranke und verletzte Tiere geheilt und auf ihre Rückkehr ins Meer vorbereitet. Das Museum war zur Zeit der Recherche für Renorierungsarbeiten vorrübergehend geschlossen.

schließen auch eine Hin- und Rückfahrt zur Magnetic Island ein. $70.

SONSTIGES

Informationen

Townsville Visitor Centre, Bulletin Square, 💻 www.townsvillenorthqueensland.com.au, ⏲ Mo–Sa 9–17, So 9–13 Uhr.

Tauchen

Adrenalin Snorkel & Dive, 💻 http://adrenalindive.com.au. Tagestouren zum Wrack der *Yongala* und zum Riff, außerdem PADI-Kurse, z. B. 5 Tage Open Water auf dem Live-aboard-Tauchboot.

Adrenaline Dive & Snorkel, 💻 https://adrenalindive.com.au. Bietet als einziger Anbieter Tagestouren zum MOUA, für Schnorchler $295, für Taucher $390. Aber auch Wracktauchen sollte man nicht verpassen: Das 1911 gesunkene **Yongala-Schiffswrack** in 15–33 m Tiefe, 13 km vor der Küste, gilt als das beste Taucherlebnis in ganz Australien, das sich Taucher mit ausreichend Erfahrung nicht entgehen lassen sollten. Das Wrack ist bevölkert von Dutzenden giftiger Seeschlangen, die glücklicherweise nicht besonders angriffslustig sind. Rings um das Wrack ist die Meeresfauna und -flora lebendiger als in den benachbarten Riffen. Allerdings können schlechte Sicht, starke Strömungen und hohe Wellen Tauchern zu schaffen machen.

TRANSPORT

Busse

Greyhound, tgl. nach CAIRNS und BRISBANE via Townsville, (S. 762– 763). Nach **Westen**: Mi um 7 Uhr via MT ISA (Ankunft 18.15 Uhr) nach TENNANT CREEK (Ankunft um 2 Uhr am nächsten Tag).

Premier s. S. 764–765.

Eisenbahn

Der Bahnhof liegt in der 502 Flinders St. Auskunft und Buchung bei **Queensland Rail**, 💻 www.queenslandrail.com.au.

Nach Norden / Süden

Spirit of Queensland von BRISBANE nach Townsville Mo, Di, Mi, Fr und Sa um 15.45 Uhr, Ankunft in Townsville am darauffolgenden Tag um 9.08 Uhr. Weiter nach CAIRNS geht es um 9.23 Uhr.

In südliche Richtung ab Cairns Mo, Mi, Do, Fr und So um 9 Uhr, Ankunft in Townsville um 15.09 Uhr.

Nach Westen

Inlander von Townsville via CHARTERS TOWERS nach MT ISA, Abfahrt Mi und Sa um 12.40 Uhr, Ankunft Mo und Fr um 9.35 Uhr.

In umgekehrter Richtung Abfahrt in Mt Isa Do und So um 13.30 Uhr.

Fähren

Sealink Queensland, 💻 www.sealink.com.au. Die Passagierfähre verkehrt zwischen Townsville (Breakwater Terminal beim Reef HQ) und NELLY BAY auf Magnetic Island, tgl. 5.30–23.30 Uhr alle 30–90 Min.; $38 retour.

Fantasea Cruising Magnetic, 💻 www.fantaseacruisingmagnetic.com.au. Etwa alle 2 Std. ab Ross St, South Townsville, nach NELLY BAY. Fahrzeug inkl. 4 Pers. $231–256 retour. Nur Passagier $34 retour.

Magnetic Island

Die „Magnetische Insel" erhielt ihren Namen 1770 von Captain Cook auf seiner Forschungsfahrt. In der Nähe der Insel spielte der Schiffskompass der *Endeavour* verrückt, wofür Cook die seiner Meinung nach eisenhaltige Insel verantwortlich machte. In Wirklichkeit waren magnetische Anomalien auf dem Meeresgrund die Ursache.

Heutzutage wirkt die Insel auf andere Art wie ein Magnet: Bei Ausflüglern, Feriengästen und Backpackern ist „Maggie" so beliebt, dass die Fähren tagsüber fast stündlich verkehren. Die Insel ist landschaftlich reizvoll, groß und abwechslungsreich genug, um neben Faulenzen am Strand auch viele Aktivitäten zu ermöglichen. Abends spielt sich in Restaurants, Pubs und Resorts sogar ein bisschen Nachtleben ab.

Die Passagier- und Autofähren legen in **Nelly Bay** im Süden der Insel an. nordöstlich von Picnic Bay, an. Hier befinden sich auch ein großer Supermarkt sowie die meisten Unterkünfte der Insel. Schöner ist die ruhige **Picnic Bay** mit Fußgängerzone und einem *stinger net,* das quallenfreies Schwimmen im Meer ermöglicht.

Die schönsten Buchten und Strände liegen an der Ost- und Nordküste. Besonders gut zum Schnorcheln eignen sich **Alma Bay, Arthur Bay** und **Florence Bay**. Ein guter Ausgangspunkt ist der idyllische, kleine Ort **Arcadia**, nur einen kurzen Fußmarsch von der von Felsen umrahmten Alma Bay entfernt. In der Nähe der **Geoffrey Bay**, die ebenfalls zu Arcadia gehört, werden zahlreiche Ferienwohnungen und Apartments vermietet.

Etwas weiter nördlich hält der Bus im Landesinneren am Eingang zu den **Forts**. Von hier aus läuft man in ca. 40 Minuten hinauf zu den Festungen, die im Zweiten Weltkrieg zum Schutz vor einer japanischen Invasion errichtet wurden. Oben bietet sich eine herrliche Aussicht über die Insel. Auf dem Weg dorthin findet man mit etwas Glück Koalas in den Astgabeln. Von der **Radical Bay** führt ein kleiner Pfad via **Balding Bay** zur Horseshoe Bay (1,7 km, ca. 30 Min.). Die kleine Balding Bay ist ein inoffizieller FKK-Strand.

Horseshoe Bay im Norden ist eine kilometerlange, hufeisenförmige Bucht mit breitem Sandstrand, wo viele Segelboote ankern und Windsurfbretter sowie Wasserscooter vermietet werden. Hier ist das zweite Quallennetz befestigt, sodass man auch hier im Sommer unbedenklich schwimmen kann.

West Point an der Westküste erreicht man mit einem gemieteten Fahrzeug oder der Bustour von Magnetic Island Bus Service. Vor Nelly Bay, Geoffrey Bay, im Osten der Horseshoe Bay und vor den Mangrovensümpfen im Südwesten liegen Korallenriffe. Das Gebiet zwischen Magnetic Island und der Küste sowie die Buchten weiter im Süden bis Cape Bowling Green sind Schutzgebiete für Seekühe *(Dugong).*

ÜBERNACHTUNG

Hostels

Die Hostels auf der Insel bieten oft günstige Pauschalangebote für Fähre und Übernachtung; manchmal auch inkl. Fahrzeugvermietung oder Tauchkurs.

Base Backpackers, 1 Nelly Beach Rd, zwischen Nelly Beach und Picnic Bay, www.stayatbase.com/hostels/australia-hostels/base-magnetic-island. Tolle Lage direkt am Wasser. 6-Bett-Dorms (ab $52), auch nur für Frauen, sowie DZ (z. T. mit Bad). Große Bar mit BBQ und Pool. Auch Zeltplätze ($34 für 2 Pers.). Einmal monatlich Full Moon Partys. ❺

Selina Magnetic Island, 40 Horseshoe Bay Rd, Horseshoe Bay, www.selina.com. Die Hütten im „Koaladorf" liegen über eine ausgedehnte Buschlandschaft verteilt. Dazu gehört u. a. ein Koalapark, durch den Führungen geboten werden ($30). Übernachtung in Holzhütten als Dorm (Bett ab $50) oder als DZ, teils mit Bad. Außerdem Camping für $59 und Glampingzelte. Tropischer Pool, Restaurant und Freiluftbar (billige Mahlzeiten), WLAN, Fahrrad- und Kajakvermietung sowie großes Angebot an Aktivitäten und Touren. Für seine nachhaltige Bauweise, Energieeffizienz und v. a. für den Einsatz zum Schutz der lokalen Fauna erhielt das Hostel das Advanced Eco Certificate von Ecotourism Australia. ❹–❻

€ **Cstay**, 32 Picnic St, Picnic Bay, http://cstay.com.au. Das kleine, gemütliche Hostel hat 10 DZ mit AC und Kühlschrank, die

QUEENSLAND

auch auf Share-Basis vermietet werden (Bett $35). Kleiner Pool und Garten. ❶

Andere

Picnic Bay

Tropical Palms Inn, 34 Picnic St, 💻 https://tpmi.com.au. Kleine, einfache Units (2–5 Betten) mit Küchenzeile, Bad und AC. Salzwasserpool. Vermietung von Geländewagen. Gutes Preis-Leistungs-Verhältnis. ❹

Nelly Bay

Island Leisure Resort, 4 Kelly St, 💻 www.islandleisure.com.au. Geräumige Chalets mit Doppelbett und Etagenbetten; schöne Gartenanlage, Tennisplatz, lagunenartiger Pool, Fitnessraum. Familienfreundlich. Großes Angebot an Touren. Ab ❹

Arcadia

Arcadia Beach Guest House, 27 Marine Parade, Geoffrey Bay, 💻 www.arcadiabeachguesthouse.com.au. Ansprechende Dorms ($45) und DZ, alle mit AC, z. T. mit Bad, Frühstück inkl., auf 2 Häuser verteilt, sowie Safarizelte mit Holzboden. Komplett ausgestattete Gästeküche. Freundlich und sehr empfehlenswert. Autovermietung und Aktivitäten. ❶–❺

Horseshoe Bay

Sails On Horseshoe, 13 Pacific Drive, 💻 www.sailsonhorseshoe.com.au. Super Lage in der

Bucht. Einige der gut ausgestatteten Studios und Apartments mit Meerblick. ❼

ESSEN

Granite, 98-100 Sooning St, Nelly Bay. Das Lokal hat australisch-italienische Küche und eine gemütliche Terrasse. ⌚ Mo–Sa 16–21.30 Uhr.
Marlin Bar, 3 Pacific Dr, Horseshoe Bay. Herzhaftes Kneipenessen; fantastischer Blick aufs Wasser. ⌚ tgl. Mittag- und Abendessen, Sa und So auch Frühstück.

AKTIVITÄTEN

Schnorcheln und Tauchen

Pleasure Divers, Arcadia Resort, 💻 www.pleasuredivers.com.au. 5-Sterne-PADI-Zentrum. Ausrüstung, Tauchtrips, PADI-Unterricht in Arcadia, Tauchgänge vor der Insel und am Riff.

Wassersport

Horseshoe Bay Water Sports, ☏ 4758 1336. Jet Skis, Aqua Bikes, Segel- und Motorboote, Kanus, Dinghies, Windsurfbretter. Auch Paraflying, Wasserski und Tube Rides (kleine Schlauchboote, von einem Motorboot gezogen).

TOUREN

Magnetic Island Sea Kayaks, Horseshoe Bay, 💻 www.seakayak.com.au. 2-stündige Kajaktour am Morgen oder zu Sonnenuntergang ab Horseshoe Bay, $75 p. P. im Zweisitzer und Touren am Nachmittag.

TRANSPORT

Busse

Sunbus, 💻 www.wearekinetic.com.
Von ca. 6–21 Uhr, am Wochenende länger. Regelmäßiger Service von Picnic Bay nach Horseshoe Bay und zurück, hält am Ferry Terminal, an festgelegten Haltestellen in den Orten, bei Unterkünften und am Beginn der Wanderwege. Tagesticket $8,40.

Fähren

Siehe S. 310 (Townsville).

Charters Towers

1871 fand ein junger Aborigine glitzerndes Gestein in einem Bach nahe des heutigen Charters Towers. Der Goldfund sprach sich herum, und sofort begann der Run auf das begehrte Metall. Die Ausbeute belief sich zwischen 1872 und 1916 auf rund 100 Mio. Dollar. Im neu gegründeten Ort waren die Straßen zu jener Zeit buchstäblich mit Gold gepflastert, und die damals 30 000 Einwohner nannten ihre Stadt bescheiden „The World".

Nachdem die Goldvorkommen erschöpft waren, wandten sich die Einwohner anderen Aktivitäten zu. Heute sind die Rinderzucht und der Anbau von Zitrusfrüchten und Trauben die Haupterwerbsquellen, hinzu kommt ein blühendes Bildungsgewerbe mit mehreren Internaten. Ende der 80er-Jahre erlebte Charters Towers einen zweiten Goldrausch, seit Ende des 20. Jhs. wird allerdings kein Gold mehr gefördert. Heute leben noch 8000 Menschen hier.

Für eine Provinzstadt im Outback ziemlich grandiose Gebäude aus der Goldrauschzeit des 19. Jhs. finden sich in der Gill St und Mossman St, z. B. die **City Hall** und die **Stock Exchange Arcade**, eine renovierte viktorianische Einkaufspassage. Ein historisches Bankgebäude in der Mossman St wurde renoviert und dient nun als Eingangshalle und Lobby für das **World Theatre**, eine Anlage mit zwei Kinos und einem Theatersaal.

Wer sich für die Geschichte des Orts interessiert, sollte sich den **Ghosts of Gold Heritage Trail** ansehen. Die selbst geführte Tour beginnt am Visitor Centre (s. u.) mit einem kurzen Infofilm und führt zum Stock Exchange, zur Venus Battery und schließlich auf den **Towers Hill**.

ÜBERNACHTUNG UND ESSEN

Park Motel, 1 Mossman St, 💻 www.parkmotel.com.au. Einfache Units mit AC. Salzwasserpool. Im Restaurant gibt's tgl. Frühstück und Abendessen. ❸
Aussie Outback Oasis (Big 4), 76 Flinders Hwy, 💻 www.big4.com.au/caravan-parks/qld/townsville-surrounds/aussie-outback-oasis-holiday-park. Rund 3 km östl. des Zentrums.

QUEENSLAND

Schöne Anlage mit Cabins und Zeltplätzen (ab $30). Ab ❸

Irish Molly's, 120 Gill St, im Court House Hotel. Gute Countermeals. Am Wochenende oft Livemusik.

SONSTIGES

Feste

Zum **Goldfields Ashes Cricket Carnival** im Januar treten 100 Cricket-Teams aus ganz Australien gegeneinander an.

Informationen

Charters Towers Visitor Information Centre, 74 Mossman St, 🕒 tgl. 9–17 Uhr.

TRANSPORT

Busse

Greyhound, Mi um 8.45 Uhr über MOUNT ISA nach TENNANT CREEK. Richtung Osten: Do um 11.30 Uhr nach TOWNSVILLE.

Eisenbahn

Mi und Sa hält der **Inlander** um 15.30 Uhr in Richtung MT ISA; Mo und Fr um 7.05 Uhr in Richtung TOWNSVILLE in Charters Towers. Auskunft und Buchung bei **Queensland Rail**, 💻 www.queenslandrail.com.au.

Paluma Range National Park

Dichter Regenwald, Scharen einheimischer Vögel und viele Wanderwege: Der Paluma Range National Park ist das südliche Tor zu den **Wet Tropics**. In der Regenzeit lassen die Wolken ungeheure Wassermassen auf den 1000 m hohen Gebirgskamm niedergehen – es fallen 4 m Regen pro Jahr. Das Ergebnis ist eine Flora, in der durstige Bäume und Farne mit den faszinierendsten Mitteln der Natur um das Sonnenlicht wetteifern.

Die Ortschaft **Paluma** besteht nur aus ein paar Häusern, einer Schule, einem Hotel mit Restaurant und einer **Pottery**, 29 Lennox Crescent, in der ein Töpfer seit Jahrzehnten schönes Geschirr und Skulpturen nach alter Handwerkskunst herstellt und zum Kauf anbietet.

Ein kurzer Spaziergang führt von Paluma zum **McClelland's Lookout**, von wo aus sich ein toller Blick über das Tal bis nach Magnetic und Hinchinbrook Island bietet. In weiteren ca. 20 Minuten gelangt man von hier aus zum **Witt's Lookout**. Einen Einblick in den tropischen Regenwald bietet auch der **Paluma Rainforest Walk** (Rundweg, ca. 15 Min.).

Der **Lake Paluma** eignet sich zum Schwimmen. Hier gibt es auch Picknicktische und einen Campingplatz. Unten im Tal und nur wenige Kilometer entfernt von Mutarnee am Bruce Hwy liegen **Big Crystal Creek** und **Little Crystal Creek**, in deren Gewässern man sich erfrischen kann. In Mutarnee lädt **Frosty Mango** zu einem kurzen Stopp ein: In dem kleinen Laden und Café werden fruchtige Säfte sowie Fruchteis aller Geschmacksrichtungen verkauft. 🕒 tgl. 9–17 Uhr, 💻 www.frostymango.com.au.

ÜBERNACHTUNG

Wer den Weg hier raus zu den **Hidden Valley Cabins**, 💻 www.hiddenvalleycabins.com.au, findet, wird freundlich in Empfang genommen. Die rustikalen und gemütlichen Holzcabins und Zimmer sowie die gesamte Anlage werden zu 100 % mit Solarenergie versorgt. Die Gastgeber bereiten ein köstliches Frühstück und Abendessen zu und bieten Touren durch den Nationalpark an; mit etwas Glück bekommt man dabei sogar ein Schnabeltier zu sehen. ❹

Rainforest Inn, 1 Mt Spec Rd, 💻 www.rainforestinnpaluma.com. Große und moderne Hotelzimmer mit TV und AC direkt in Paluma. Rollstuhltauglich. Zum Hotel gehört ein Restaurant, das tgl. Frühstück und Abendessen bietet, Mi–Mo auch Mittagessen. ❺

Zeltplätze im Nationalpark

Big Crystal Creek, erreichbar über die Straße nach Paluma (2 km nach dem Abzweig vom Bruce Highway biegt eine unbefestigte Straße von der Paluma Rd ab). Außerdem bei den **Jourama Falls**. Beide mit Duschen, Toiletten, Picknicktischen und Grillstellen. In den Schulferien schon auf viele Wochen vorher ausgebucht – die Permits unbedingt im Voraus besorgen, unter 🖳 https://parks.des.qld.gov.au/camping. Je $7,25 p. P.

TRANSPORT

Der Nationalpark ist nur mit dem eigenen Fahrzeug zu erreichen.

Ingham

Wer mit dem Auto von Süden kommt, wird kurz vor Ingham die drastische Veränderung der Vegetation bemerken: Alles ist üppig und grün, denn nun sind die feuchten Tropen erreicht. Ingham ist das kommerzielle Zentrum der Hinchinbrook-Region und stolz auf sein italienisches Erbe, das alljährlich im Mai mit dem Australian Italian Festival zelebriert wird. Hauptattraktion der Stadt sind die **Tyto Wetlands**, eine Lagune, die 200 Vogelarten sowie Schmetterlingen, Säugetieren und Reptilien ein Zuhause bietet. Dazu gehört auch ein gutes Informationszentrum, s. u.

Der **Forrest Beach**, 18 km östlich von Ingham, bietet Gelegenheit zum Abkühlen; das *stinger net* macht ihn auch im Sommer quallensicher. Die **Wallaman Falls**, 51 km westlich von Ingham, sind mit 268 m die höchsten Wasserfälle Australiens. Wanderwege führen durch die Wälder, in den Bächen und Flüssen schwimmen Schnabeltiere.

INFORMATIONEN

Tyto Wetlands Centre, Bruce Highway, Ecke Cooper St, Ingham. Mit guter Ausstellung über die Wet-Tropics-Region. ⏲ tgl. 9–17 Uhr.

Cardwell

Das ruhige Städtchen Cardwell, auf halber Strecke zwischen Townsville und Cairns, ist das Tor zur **Hinchinbrook Island**, Australiens größtem Insel-Nationalpark. Ein toller Blick auf die Insel und die Mangrovensümpfe des **Hinchinbrook Channels** bietet sich schon vom **Scenic Lookout**, etwas nördlich von Ingham. Südlich von Cardwell lädt das **Five Mile Swimming Hole** mit seinem angenehm kühlen Wasser zu einer Picknick- und Badepause ein.

Das **Rainforest and Reef Centre**, 🖳 www.greatgreenwaytourism.com, zeigt eine anschauliche Ausstellung über die verschiedenen Vegetationszonen der Wet Tropics und des Riffs. Dort gibt es auch Informationen über Hinchinbrook Island, Permits für den Thorsborne Trail und Camping auf Nationalpark-Zeltplätzen; für die Zeit von Ostern bis September und in den Schulferien schon sechs Monate im Voraus buchen. ⏲ Mo–Fr 8.30–17, Sa und So 9–13 Uhr, Eintritt frei.

Südlich des Ortes liegt **Port Hinchinbrook**, ein großer Jachthafen nebst Hotelkomplex und Golfplatz. Von hier kann man zur Hinchinbrook Island übersetzen und dort kurze Spaziergänge unternehmen oder den Thorsborne Trail an der Ostküste entlangwandern (s. unten).

Vom **Cardwell Forest Drive** ins Landesinnere (Informationsbroschüre beim Visitor Centre) zweigen mehrere Wege ab: Der erste führt zum **Cardwell Lookout**, von dem sich ein guter Blick auf Hinchinbrook Island bietet. Zwei weitere Abzweigungen führen zu den **Attie Creek Falls** und zum **Dead Horse Creek** – beide sind nur mit dem Geländewagen zu erreichen. Der **Spa Pool** am Ende des Drives bietet eine angenehme Abkühlung.

Etwas nördlich von Cardwell lohnt der **Edmund Kennedy, Girramay National Park** einen Stopp. Mit dem Auto gelangt man bis zum Picknickplatz an der Rockingham Bay. Wanderpfade und ein Brettersteg führen von hier durch Mangrovensümpfe und am Wasser entlang (Insektenschutz auftragen!).

ÜBERNACHTUNG

Cardwell Beachfront Motel, 1 Scott St, 🖳 http://cardwellbeachmotel.net. Das Motel besticht durch seine unschlagbare Lage direkt am Strand. Moderne Motelzimmer und voll ausgestattete Units, alle mit AC, Bad und Blick aufs Meer. Tropischer Pool und kostenloser Shuttleservice. ❸–❺

€ **Kookaburra Holiday Park**, 175 Bruce Highway, 🖳 www.kookaburraholidaypark.com.au. Stellplätze $42. Villas, Units und einfache Cabins. Pool. Kostenloser Verleih von

QUEENSLAND

Fahrrädern, Angeln, Campingausrüstung für Wanderungen auf Hinchinbrook. Auskünfte über lokale Attraktionen; Tourbuchungen; außerdem werden Jobs vermittelt. Gepflegte Anlage. Ab ❶

Hinchinbrook Island National Park

Von allen Inseln Queenslands bietet Hinchinbrook wohl die dramatischste Landschaft. Tropischer Regenwald säumt die weißen Sandstrände der Westküste und bedeckt die Klippen, dahinter erheben sich die zerklüfteten Berggipfel des Mt Diamantina, Mt Straloch und des **Mount Bowen**, mit 1120 m der höchste Gipfel. Die gesamte, 39 350 ha große Insel steht als Nationalpark unter Naturschutz.

Der **Thorsborne Trail** von Ramsay Bay zum George Point an der Ostküste gilt als einer der schönsten Wanderwege Australiens. Für die 32 km lange Wanderung durch Regenwald, Grasland und Mangrovenfeuchtgebiete braucht man drei bis fünf Tage; aus klimatischen Gründen bietet sich die Zeit von April–September an. Wanderer benötigen ein Permit vom **Rainforest and Reef Information Centre** in Cardwell, Bruce HighwayInfos unter 💻 https://parks.des.qld.gov.au/parks/hinchinbrook-thorsborne.

Aus Naturschutzgründen werden jeweils nur 40 Leute auf den Trail gelassen. Es muss mindestens sechs bis acht Wochen, in der Hochsaison bereits sechs Monate im Voraus gebucht werden. Für das Unternehmen braucht man gute Kondition und Kraft, denn die gesamte Ausrüstung inklusive Verpflegung, Zelt, Moskitonetz und Gaskocher ist mitzuschleppen. Moskitos, Sandfliegen und Frühjahrsfliegen können lästig werden (genügend Insektenschutzmittel mitnehmen). Auch in der Trockenzeit fällt mitunter heftiger Regen.

ÜBERNACHTUNG

Campingplätze liegen auf die ganze Insel verteilt, nur teilweise verfügen sie über Toiletten. Alle sollten im Vorraus gebucht werden, $7,25 p. P. 💻 https://parks.des.qld.gov.au/parks/hinchinbrook/camping.
Bei Cape Richards im Nordosten bietet das kleine, ruhige und auf Naturschutz bedachte **Hinchinbrook Resort**, 💻 www.hinchinbrookresort.com.au, für max. 50 Leute Unterkunft in komfortablen, voll ausgestatteten Apartments und Poolside Villas sowie Motelzimmern. Kleiner Pool, Restaurant und Bar; Benutzung von Kanus, Schnorchelausrüstung und Angelgeräten. Im Feb und März ist das Resort u. U. wegen der Regenzeit geschlossen. ❼

TRANSPORT

Hinchinbrook Island Cruises, 💻 www.hinchinbrookislandcruises.com.au. Transportservice für Wanderer des Thorsborne Trail von Cardwell oder Lucinda nach GEORGE POINT auf Hinchinbrook; $185 hin und zurück, inkl. Taxi vom Hotel und Gepäckaufbewahrung. Transfers mind. 2 Tage im Voraus buchen!

Mission Beach

Die Ortschaften **South Mission Beach**, **Wongaling Beach**, **Mission Beach**, **Clump Point**, **Bingil Bay** und **Garners Beach** werden als Mission Beach zusammengefasst und erstrecken sich über 23 km an einem breiten, langen Sandstrand, der in mehrere Buchten untergliedert ist und sich gut zum Entspannen eignet. Dichter tropischer Regenwald reichte einst bis zum Strand, nur noch Reste davon sind erhalten. Das Ortszentrum von Mission Beach mit dem Visitor Centre, einem Supermarkt (Geldautomat), Läden, und Restaurants befindet sich auf der Porter Promenade – dort halten auch die Busse.

Von der Tully Mission Beach Rd zweigt 4 km vor Wongaling Beach ein Wanderpfad durch den **Tam O'Shanter State Forest** ab. Auf dem Lacey Creek Forest Walk, der an einem Parkplatz an der El Arish Rd beginnt, muss mehrfach der Lacey Creek überquert werden. Autofahrer: Achtung, hier laufen Kasuare frei herum! Ihre Zahl wurde in letzten Jahrzehnten stark dezimiert, die meisten Tiere wurden von Autos überfahren.

Durch den **Licuala State Forest** verläuft ein einfacher Wanderweg, der von der Tully Rd in South Mission abgeht und nach 6 km an der El Arish Rd in North Mission endet. Am Beginn des Weges lohnt ein kleiner Umweg auf dem kurzen Plankenweg durch den Palmenhain mit 10–15 m hohen Licuala-Palmen. Für alle Wanderungen Insektenschutz auftragen!

ÜBERNACHTUNG

Mission Beach Retreat, 49 Porter Promenade, Mission Beach, 💻 www.missionbeachretreat.com.au. Die zentrale Unterkunft ist klein, familiär und freundlich. Stellplätze $20. Die 4- und 8-Bett-Dorms (Bett ab $37) und DZ haben alle AC. ❶

Mission Beach Eco Village, Clump Point Rd, 💻 www.ecovillage.com.au. Schöne Anlage im Regenwald auf einer Anhöhe nördl. von Mission Beach Village. Geräumige, geschmackvoll ausgestattete Cabins mit Bad; einige mit Jacuzzi. Pool und Bar/Restaurant. In Laufweite von Strand (2 Min.) und Shops (5 Min.). Ab ❺

Rainforest Motel, 9 Endeavour Ave, 💻 https://rainforestmotel.com.au. Saubere Motelunits in einem tropischen Garten mit Pool. Zentrale Lage. Sehr gutes Preis-Leistungs-Verhältnis. Ab ❸

Caravanparks

BIG4 Tasman Holiday Park, Kennedy Esplanade, South Mission Beach, 💻 www.big4.com.au. Zelt- und Stellplätze ab $40. Cabins verschiedener Größe und Ausstattung, alle mit Ventilator und AC, viele auch mit Bad. Kiosk, Salzwasserpool, Tennisplatz. Schöner Park mit Kasuaren. Direkt am Strand. ❸–❼

ESSEN

Im Mission Beach Village an der Porter Promenade gegenüber der Post findet man eine Menge Cafés und Restaurants.

The Garage Bar & Brewhouse, Donkin Lane. Der Biergarten ist der perfekte Ort für die lauen tropischen Abende. Zum Bier gibt's gute Pubmeals und am Wochenende auch Livemusik. 🕒 Mi–So 16–22 Uhr.

SONSTIGES

Bootsvermietungen

Mission Beach Boat Hire, am Strandende der Seaview St in Mission Beach, 💻 http://missionbeachboathire.com.au, verleiht Motorboote, Jetski und E-Bikes.

Informationen

Mission Beach Visitor Information Centre, 55 Porter Promenade, am nördl. Ende von Mission Beach, 💻 www.missionbeachtourism.com. 🕒 tgl. 9–17 Uhr.

Wet Tropics Environment Centre, direkt daneben. Viele Informationen zu Kasuaren und deren Schutz. 🕒 Mo–Sa 9–16.45, So 10–16 Uhr.

Wildwasserfahrten und Kajaktouren

Rafting auf dem **Tully River** kostet ab Mission Beach annähernd das Gleiche wie ab Cairns (Tagestour um $200), allerdings entfällt hier die lange Anfahrt.

Die nachstehend genannten Veranstalter aus Cairns bieten außerdem zahlreiche andere Aktivitäten in der Region; u. a. Aufstiege im Fesselballon, Bungee Jumping, Fallschirmspringen.

Raging Thunder, 💻 www.ragingthunder.com.au.

R 'n' R White Water Rafting, 💻 www.raft.com.au.

Coral Sea Kayaking, 2 Wall St, South Mission Beach, 💻 www.coralseakayaking.com. Paddeltouren unter anderem zur Dunk Island und Kajakverleih.

TRANSPORT

Busse

Greyhound (S. 762–763).
Premier (S. 764–765).

Eisenbahn

Die Küstenzüge fahren weiter landeinwärts; man muss in TULLY oder INNISFAIL aussteigen und ein Taxi nehmen. Buchung für die Züge unter 💻 www.queenslandrail.com.au.

Fähren

Dunk Island Ferry, 💻 www.dunkislandferry.com. Tgl. um 8.45 Uhr von Mission Beach zur

© SHUTTERSTOCK.COM/ELMO LEE

Im Paronella Park erfüllten katalanische Einwanderer sich ihren Traum von einem Märchenschloss.

Dunk Island. Zurück um 16.50 Uhr. $75 p. P. hin und zurück.

Dunk Island

Die kleine, hügelige Insel, 5 km vor der Küste, ist von tropischem Regenwald bedeckt. An der Südseite befindet sich ein Korallenriff. Von den Aborigines wird sie Coonanglebah, Insel des Friedens und Überflusses, genannt. Zwischen 1897 und 1913 richtete sich hier Australiens erster „Aussteiger", E. J. Bradfield, sein Inselparadies ein, seine Erlebnisse kann man in dem Buch *The Confession of a Beachcomber* nachlesen – viele Buchläden verkaufen Nachdrucke.

Mit Ausnahme eines kleinen Landstreifens an der Nordwestseite, wo sich ein Resort und der Airstrip befinden, sind Dreiviertel der Insel Nationalpark. Er eignet sich wunderbar für einen Tagesausflug. In dem Park hat man insgesamt 13 km Spazierwege angelegt. Neben rund 150 Vogelarten zieht besonders der seltene blaue Ulysses-Schmetterling die Aufmerksamkeit auf sich.

Innisfail und Umgebung

Am Fluss und über mehrere Hügel erstreckt sich Innisfail, das mit 10 000 Einwohnern wie Ingham eine Zuckerstadt ist; die Plantagen wurden gegen Ende des 19. Jhs. angelegt. Nach dem Ende des Zweiten Weltkriegs ließen sich hier viele italienische Einwanderer nieder.

Eine sehr schöne Fahrt führt durch Zuckerrohrfelder und Bananenplantagen zur winzigen Ortschaft Mena Creek, wo der **Paronella Park**, 💻 www.paronellapark.com.au, einen Besuch lohnt. Umgeben von einer tropischen Parkanlage mit dichtem Bambushain, Hängebrücken, Wasserfall und Brunnen, findet man ein Schlösschen wie im Märchen – mit unermüdlicher Energie verwirklichten katalanische Einwanderer hier in den 1930er-Jahren ihren romantischen Traum. Zu der Anlage gehören ein gemütliches Café und ein angenehmer kleiner Caravanpark mit Grillstellen (Frühstück im Café). 🕒 tgl. 9–19.30 Uhr, der Eintritt von $55, Kind 5–15 J. $31, schließt verschiedene Führungen tagsüber und abends sowie eine Übernachtung im Caravanpark ein. Gegen Aufpreis kann man in modernen Cabins übernachten. Ein Informationsblatt auf Deutsch ist erhältlich.

ÜBERNACHTUNG UND ESSEN

Etty Bay CP, Etty Bay, 🖳 www.ettybaycaravanpark.com.au. Einfacher, schön gelegener Campingplatz (ab $37) in einer kleinen Bucht. Auch Cabins. Kiosk. ❷–❹

Oliveri's Deli, 41 Edith St. Seit den 1930er-Jahren von einer talienischen Familie betrieben. Lecker belegte Panini und einige andere Picknick-Köstlichkeiten. 🕒 Mo–Sa 8.30–17 Uhr.

TRANSPORT

Die **Nordküstenbusse** halten auf dem Weg von und nach CAIRNS in Innisfail, ebenso die **Züge**.

Cairns und der Norden

Queenslands Norden zieht alljährlich Heerscharen von Besuchern aus aller Welt an. Vom Backpacker, Abenteuerjunkie, Aktivreisenden bis hin zum Luxusurlauber kommt jeder in dieser Tropenidylle auf seine Kosten. Nördlich von Cairns ziehen sich traumhafte **Strände** an der Küste entlang. Davor lockt – mit unverminderter Faszination – die vielseitige Unterwasserwelt am **Great Barrier Reef**. Im Inland liegt der dichte **Daintree Rainforest**, der älteste Regenwald der Welt. Die Fahrt von Cairns über Mossman zum Cape Tribulation ist eine der schönsten Küstenstrecken Queenslands.

Cairns

Die quirlige Tropenstadt Cairns verdankt ihre Existenz einem dieser unwahrscheinlichen Goldfunde, vor denen australische Geschichtsbücher nur so strotzen. Aber erst Mitte des 20. Jahrhunderts wurde die Stadt auf die unerschöpfliche Goldquelle aufmerksam, die vor ihren Ufern lag: das größte **Korallenriff** der Erde. Seitdem dreht sich alles um das Riff und die Touristen, die aus aller Welt hierher strömen, um einmal mit Nemo und Co abzutauchen. So konnte sich Cairns von einer schwülen, moskitogeplagten Pionierskommune zu einer glänzenden Touristenmetropole entwickeln.

Sinnbild des **modernen Cairns** ist die künstliche, palmenumsäumte Lagune an der Küste, an deren Strand sich Urlauber aus aller Welt in der Sonne räkeln. In den Restaurants und Bars entlang der Esplanade ist eigentlich immer Happy Hour, und über das ganze Zentrum verteilt werben zahllose Anbieter mit Touren zum Great Barrier Reef und in den Regenwald vor den Toren der Stadt.

Cairns liegt zwar am Wasser, hat aber keinen innerstädtischen Strand, und bei Ebbe erstreckt sich vor der Esplanade ein schlammiges Watt. Das ganze Jahr über kann man vor der Esplanade Scharen von Pelikanen, Ibissen, Silberreihern *(egrets)* und andere Wasservögel beobachten.

Esplanade und Lagune

Die Küste vor der Esplanade wurde mit großem Aufwand landschaftlich gestaltet, dabei entstanden der **Harbour Walk** und die große **Badelagune** mit Liegewiesen, Kinderspielplatz und Grillstellen. Der Abschnitt der **Esplanade** zwischen Shields St und Aplin St ist der belebteste Teil von Cairns, das ansonsten für seine Größe recht geruhsam wirkt. Dicht an dicht reihen sich hier Unterkünfte aller Preisklassen, Food Halls, Restaurants, Reisebüros und Dive Shops aneinander. Auf dem **Night Market** an der Esplanade wird viel Souvenir-Ramsch verkauft, darüber hinaus gibt es Imbissbuden, die asiatisches Fastfood bieten, günstig, aber nicht unbedingt gut; Der Markt findet jeden Abend von etwa 17–23 Uhr statt.

City

Das Herzstück der Stadt – **City Place** – ist eine Fußgängerzone, die nachts kunstvoll bunt beleuchtet wird. Wer geschichtlich interessiert ist, sollte auf keinen Fall das 2017 komplett renovierte, gut aufgemachte **Cairns Museum** verpassen.

ESSEN
1 Waterbar & Grill
2 Ochre Restaurant
3 Mondo
4 Ganbaranba Noodle
5 Caffiend

SONSTIGES
1 Apollo, Britz, Maui Campers
2 Cairns Discount Tours
3 Cruising Car Rental
4 East Coast Car Rentals
5 Wicked Campers
6 Cairns Dive Center
7 Tusa Dive
8 Cairns Boat Hire
9 The Woolshed
10 Deep Sea Divers Den
11 Marine Discoveries
12 Mike Ball Dive Expeditions
13 Exchange Bookshop
14 Cairns Scooter & Bicycle Hire
15 Rustys Market
16 Pro Dive Centre

TRANSPORT
❶ Reef Fleet Terminal (Greyhound-Busse, Ausflugsboote)
❷ Trans North, Premier

Hier spaziert man von den Jahrhunderten totaler Naturbelassenheit unter den Einheimischen über Cooks Südseereise und den Goldrausch bis in die Gegenwart des heutigen Cairns als Touristenmagnet. Spannend sind die Touren mit ehrenamtlichen Guides, die noch einen Schuss des typischen Queenslandhumors dazugeben. 🕒 Mo–Sa 10–16 Uhr, Eintritt $15, 💻 www.cairnsmuseum.org.au.

Kunstliebhaber schauen in der **Cairns Regional Gallery** vorbei, die spezialisiert ist auf Werke von Künstlern aus dem Norden Australiens und dem asiatisch-pazifischen Raum; außerdem gibt's wechselnde Ausstellungen und einen kleinen Laden mit Werken einheimischer Künstler. ⏲ Mo–Fr 9–17, Sa und So 10–17 Uhr, Eintritt frei, 💻 www.cairnsregionalgallery.com.au.

Das **Cairns Aquarium** ist der bedrohten Tier- und Pflanzenwelt am Great Barrier Reef und in den Wet Tropics gewidmet. Im Tunnel durch den tiefsten Wassertank der Südhalbkugel reist man durch die unterschiedlichen Ökosysteme (Süßwasser, Regenwald, Mangrovenwald, Riff). Am besten kommt man am Morgen, wenn Taucher durch das riesige Becken schwimmen und die Tiere füttern. Beachtlich: Die Fische wurden darauf trainiert, auf bestimmte Signale zu warten, die ihnen zeigen, dass sie an der Reihe sind. Das Aquarium beheimatet ausschließlich Tiere aus Queenslands hohem Norden, darunter auch bedrohte Arten. Zur Anlage gehört auch eine Reha-Klinik, in der verletzte Tiere gepflegt und, wenn möglich, zurück in die freie Natur ausgesetzt werden. ⏲ tgl. 9.30–15.30 Uhr, Eintritt $52, Kind $30. Auch Touren am Abend, die man mit einem Dinner im angeschlossenen Restaurant verbinden kann, $139 inkl. 2 Gänge. 💻 www.cairnsaquarium.com.au.

Von Freitag bis Sonntag wird hinter Gilligan's Backpacker Hotel in der Grafton St der farbenfrohe Wochenmarkt **Rusty's Market** abgehalten. Freitag ist der lebhafteste Tag. Ergänzt wird das Angebot durch Blumenstände und Musikanten. Ein tropisches Erlebnis, das man nicht verpassen sollte, v. a. nicht in der Mangosaison von November bis Februar!

Botanischer Garten und Centenary Lakes

Weiter nördlich sind die beiden kleinen **Centenary Lakes** (ein Süßwasser- und ein Salzwassersee) bei Joggern beliebt, während Wanderer zum 360 m hohen **Mount Whitfield** hinaufsteigen. Die **Flecker Botanic Gardens** zwischen Collins Ave und Greenslopes Rd vermitteln einen guten Überblick über die einheimische Fauna und Flora, v. a. die Abteilung, die sich mit der Nutzung der Pflanzen durch Aborigines beschäftigt. Das Café im Park bietet tgl. von 7–16.30 Uhr leckere Waffeln und kleine Gerichte. ⏲ tgl. 8–16 Uhr, Eintritt frei.

Nebenan stehen drei riesige Betontanks aus der Zeit des Zweiten Weltkriegs. Heute befindet sich dort das **Tanks Arts Centre**, 💻 www.tanksartscentre.com, in dem es wechselnde Kunstausstellungen zu sehen gibt. In den riesigen Hallen werden auch Tanzkurse und Konzerte abgehalten; von April bis November findet an jedem letzten Sonntag des Monats ein kleiner, interessanter Kunstgewerbemarkt statt.

ÜBERNACHTUNG

Eine hervorragende Alternative zu den Unterkünften in der City bieten die Vororte an den 20–30 Min. entfernten Northern Beaches wie Yorkeys Knob, Trinity Beach und Palm Cove (S. 336).

Hostels und Budget-Unterkünfte

In der Feriensaison sind beliebte, kleinere Hostels bereits Tage oder sogar Wochen im Voraus ausgebucht – rechtzeitig reservieren! Der Standard ist sehr zufriedenstellend; zwar nicht ganz so luxuriös wie in Sydney oder Brisbane, dafür aber günstiger. Außerdem herrschen meist eine familiäre Atmosphäre und tropische Feierlaune. Für fast alle Hostels sind Tourbuchungen ein wesentlicher Bestandteil des Geschäfts.

Bounce, 117 Grafton St, 💻 www.staybounce.com. Modernes Gebäude mit großer, schattiger Dachterrasse und Pool; komfortabel und sauber. Geräumige 6-Bett-Dorms (Bett ab $39), alle mit Bad, Balkon und AC. Preis inkl. Frühstück und WLAN. Tgl. kostenlose Aktivitäten, sonntagabends kostenloses BBQ.

Cairns Central YHA, 20-26 McLeod St, 💻 www.yha.com.au. Komfortables, großes Haus in der Nähe des Bahnhofs; die sozialen Aktivitäten spielen sich im Innenhof mit Pool und Grillstellen ab. 4–10-Bett-Dorms (Bett ab $43) mit Schließfächern und DZ, z. T. mit Bad. Alle Zimmer mit AC. Barrierefrei. Guter, sauberer YHA-Standard. ❹

Dreamtime, 4 Terminus St, 💻 www.dreamtimehostel.com. Renoviertes, liebevoll eingerichtetes Queenslander-Haus, 10 Min. zu Fuß vom Zentrum. Pool, Hängematten, Billard und TV-Zimmer; ruhige, freundliche Atmosphäre. 3–6-Bett-Dorms (Bett ab

Aufgeklärt abtauchen

© TOURISM AUSTRALIA / ADRIAN BROWN

Die informativen und unterhaltsamen Vorträge von **Marine Discoveries** im zweiten Stock der Mainstreet Acarde, Ecke Lake Street, sind die perfekte Vorbereitung auf einen Besuch des Great Barrier Reefs. Man lernt nicht nur, welchen Geschöpfen man am Riff begegnen kann, sondern auch, wie wir zum Schutz dieses gewaltigen, bedrohten Ökosystems beitragen können. Wer viel Zeit hat, kann auf ehrenamtlicher Basis am 2–4-wöchigen Marine Discovery Program teilnehmen. Reef Teach bezahlt einen Teil der Übernachtungen sowie die Touren zum Riff – mit Sicherheit eine unvergessliche Erfahrung; mehr dazu auf der Website. Vortrag: Mo, Mi und Fr ab 18.30 Uhr, Eintritt $23, www.marinediscoveries.com.au.

$46), einige DZ, mit AC. Abholservice vom Flughafen. Solarpanele und energieeffiziente Heizgeräte. Gäste können sich auf Wunsch an lokalen Tierschutzprojekten beteiligen. Reservieren! ❶

Gilligan's Backpackers Hotel & Resort, 57-89 Grafton St, https://gilligans.com.au. In diesem Megahostel mit 500 Betten und allen erdenklichen Einrichtungen spielt sich auch das Nachtleben der Backpacker-Szene ab. Geräumige 4–10-Bett-Dorms (je nach Größe und Ausstattung Bett ab $36) und DZ von Hotelstandard, alle mit AC und Bad, die meisten mit Balkon. Großer Pool mit Wasserfall, mehrere Restaurants, Bars und Biergarten, Letzterer auch der Öffentlichkeit zugänglich. Livemusik und DJs. ❺

€ **Travellers Oasis Backpackers**, 8-10 Scott St, http://travellersoasis.com.au. Modern, sauber, geschmackvoll eingerichtet und mehrfach preisgekrönt – kein Wunder also, dass es zu den beliebtesten Adressen in Cairns zählt. Alle 3–6-Bett-Dorms (keine Etagenbetten; Bett ab $45) mit Ventilatoren, AC, Handtüchern und Schließfächern. Die DZ haben zusätzlich Kühlschrank und TV, z. T. sogar einen gemütlichen privaten Balkon. Schöner Pool und zwei saubere Küchen. Ausgesprochen freundlich. ❸

Andere

Bay Village Tropical Retreat, 227 Lake St, www.bayvillage.com.au. Sehr gepflegte Anlage, DZ und Apartments mit Kitchenette.

Großer Pool, ausgezeichnetes balinesisches Restaurant. ❺–❻

Coral Tree Inn, 166-172 Grafton St, 💻 www.coraltreeinn.com.au. Moderne Anlage mit gut ausgestatteten Studioapartments sowie DZ mit AC und Balkon. Gästeküche, tropischer Pool und BBQ. Günstige Pakete inkl. Übernachtung und Touren zum Riff und nach Kuranda. Ab ❹

Pacific Hotel, 43 The Esplanade, 💻 http://pacifichotelcairns.com. Der 11-stöckige Hotelkomplex mit Dachpool und dem hervorragenden Bushfire Flame Grill Restaurant besticht vor allem durch seine Lage nur einen Katzensprung von der Lagune entfernt. Die Zimmer sind alle geräumig und komfortabel. Sehr gutes Frühstücksbüffet (nicht inbegriffen). Auf Online-Sonderangebote achten. Ab ❻

Caravanparks

BIG4 Cairns Coconut, 23-51 Anderson Rd, Woree, ca. 5 km südwestl. vom Zentrum, 💻 www.ingeniaholidays.com.au/cairns-coconut. Zelt-/Stellplätze ($52/54 oder $59 mit Bad). Units und etwa 80 Cabins verschiedener Größe und Ausstattung auf großem Gartengelände, alle mit AC und Bad. Tennis- und Volleyballplatz, großer Pool mit Rutschen, Restaurant. Ab ❸

Tasman Coolwaters Holiday Park, 2 Shale St, Brinsmead, 9 km nordwestl. vom Zentrum, 💻 https://tasmanholidayparks.com/au/cairns-cool-waters. Zelt- und Stellplätze (ab $47) sowie Cabins und Units in idyllischer, tropischer Anlage am Freshwater Creek. Zu den Aktivitäten zählen Schildkröten füttern, Vogelbeobachtungen und geführte Spaziergänge. Morgens kostenlose Scones. Spielplatz, Kiosk, Pool. Ab ❷

ESSEN

Das billigste Essen gibt es in diversen Food Courts, z. B. im **Night Market**, und an der Esplanade. In den Backpacker-Pubs werden hungrige Rucksacktouristen abgefüttert – viele Hostels bieten „Übernachtung und Abendessen"-Pakete an, häufig gibt es sogar einen kostenlosen Zubringerbus dorthin. Allzu viel darf man von dem „kostenlosen" Abendessen nicht erwarten, aber für ein paar Dollar Aufpreis gibt's durchaus anständige, sättigende Mahlzeiten.

Caffiend, 72 Grafton St. Aromatischer Kaffee, leckeres Frühstück und Mittagessen. 🕒 tgl. 7–17 Uhr.

€ **Ganbaranba Noodle**, 12-20 Spence St. Asiatische Gerichte, frisch und leckerer als auf dem Night Market. 🕒 Do–Di Mittag- und Abendessen.

Mondo, 34 Esplanade, im Hilton Hotel. Der beste Ort in Cairns für einen gepflegten Drink zum Sonnenuntergang, auch gute Küche, asiatisch-australisch angehaucht, 🕒 mittags und abends.

Ochre Restaurant, 6/1 Marlin Parade, 💻 www.ochrerestaurant.com.au (dort auch Rezepte). Serviert innovative australische Küche in asiatisch-europäisch-australischem Fusion-Stil unter Verwendung einheimischer Zutaten (Bushfood wie *Quandong* und *Bush Tomato*); neben Hühnchen, Lamm usw. auch Känguru-, Emu- und Krokodilfleisch sowie Seafood. Alteingesessen, ausgezeichnet. Gehobene Preislage. Reservieren. 🕒 tgl. 11.30–21.30 Uhr.

Waterbar & Grill, Pierpoint Shopping Centre, 💻 www.waterbarandgrill.com.au. *Die* Adresse für Fleischliebhaber. Neben großen Steaks wird aber auch sehr gutes Seafood serviert. Hauptgerichte $25–40. Gute Auswahl an Wein, Craftbier und Cocktails. 🕒 tgl. Mittag- und Abendessen.

UNTERHALTUNG

Aktuelle Veranstaltungshinweise sind der Freitagsbeilage *Time Out* der *Cairns Post* zu entnehmen.

Musik und Nightclubs

Backpacker schlagen sich in Cairns gern die Nächte um die Ohren. In puncto Kriminalität ist Vorsicht angeraten: Taschendiebstahl und auch Gewaltverbrechen kommen immer wieder vor. Einige Hostels bieten einen Abholservice; ansonsten ein Taxi nehmen.

Im **Gilligan's** (s. o., Übernachtung) ist jede Nacht was los. Club-Nächte und Livemusik.

The Woolshed, 24 Shields St. Die Backpacker-Institution macht auf „Schurhütte"; Billard; billiges Essen, tgl. Partys bis 3 Uhr.

EINKAUFEN

Bücher

Exchange Bookshop, 78 Grafton St, 🖳 www.exchangebookshop.com. Alteingesessener Secondhand-Buchladen. Unter anderem findet man auch einige Bücher in deutscher Sprache.

Märkte

Cairns Night Market, Esplanade. Souvenirs, Schmuck, billige T-Shirts, ⏲ tgl. 18–23 Uhr.
Rustys Market, 57 Grafton St, hinter Gilligan's Backpacker Hotel. Alteingesessener Gemüse- und Lebensmittelmarkt; auch einige Stände mit Klamotten und Kunsthandwerk. ⏲ Fr–So 5–16 Uhr.

QUEENSLAND

AKTIVITÄTEN

Ballonfahrten

Alle Veranstalter bieten Ballonfahrten in der Morgendämmerung auf dem Tableland in der Nähe von Mareeba. Preis ab $400 p. P. für 30 Min. inkl. Zubringerservice von und nach Cairns und Champagnerfrühstück.
Hot Air Ballooning, 🖳 www.hotair.com.au.
Raging Thunder Balloon Adventures, 🖳 www.ragingthunder.com.au.

Bootsvermietungen

An der Marlin Jetty können Boote jeder Größenordnung gechartert werden.
Cairns Boat Hire, Marlin Wharf, 🖳 www.boathirecairns.com.au. Vermietet kleine Boote für 4 bis 8 Pers., die man auch ohne Bootsschein bedienen kann. Sie eignen sich gut für eine Tour vorbei an Mangroven und Wracks durchs Inlet und um Admirality Island. ⏲ tgl. 8–18 Uhr.

Bungee-Jumping

Sky Park Cairns, nordwestl. von Smithfield in der McGregor Rd, 🖳 www.skyparkcairns.com. Bungeejumps vom 50 m hohen Turm; Sprung $149. Minjin Swing (in einem engen Gurt hängend wird man von einer Leine 45 m in die Höhe gezogen, nach dem Loslassen der Leine pendelt man mit rasender Geschwindigkeit hin und her).

Fallschirmspringen

Skydive Cairns, 🖳 www.skydive.com.au/cairns. Tandem-Sprung ab $359 p. P.

Tauchen

Bevor man einen **Kurs** bucht, sollte man sich umhören und sicherstellen, dass man einen anerkannten Tauchschein bekommt, z. B. ein PADI- oder NAUI-Zertifikat.
Die meisten Tauchschulen bieten mehr oder weniger das Gleiche: 4–6-tägige Tauchkurse: 2 Tage Theorie und Unterricht im Pool, dem die erforderlichen Tauchgänge im Meer folgen. Anfänger-Budget-Kurse *(open water)* werden ab $700 angeboten, etwas ausführlichere Open-Water-Kurse kosten bis zu $2000, bei den teuren ist dann die Über-nachtung im Boot dabei.
Ein Dumpingpreis muss irgendwo eingespart werden, z. B. durch Massenabfertigung, mangelnde Gerätepflege, mieses Boot, unzureichendes Training des Personals o. Ä. Bei allen Touren zum Riff kommen zum Katalogpreis meist noch weitere Gebühren dazu: Reef Tax, Port Tax, Benzinunkosten-zuschlag *(fuel levy)* – insgesamt um $20.
Cairns Dive Centre, 🖳 www.cairnsdive.com.au. SSI-5-Sterne-Tauchschule; auch Tagestouren zum Riff und Live-aboard-Touren mit Schnorcheln oder Tauchen.
Deep Sea Divers Den, 🖳 www.diversden.com.au. Eigener Pool, Kurse und Tauchexkursionen für Anfänger und Fortgeschrittene. Etablierte Firma mit gutem Ruf. Positive Leserkommentare.
Mike Ball Dive Expeditions, 🖳 www.mikeball.com. Etablierte Tauchschule mit hervorragen-

Aktivitäten zu besten Preisen

€ Ein Info Centre konzentriert sich auf Last-Minute-Specials, Pakete und Sondertarife: **Cairns Discount Tours**, 🖳 www.cairnsdiscounttours.com.au, bietet tgl. eine Auswahl zwischen rund 400 Touren und Aktivitäten, alle um 5–15 % reduziert. Selbst wenn man sich schon für eine bestimmte Tour entschieden hat, lohnt es sich zu prüfen, ob Discount Tours diese günstiger anbietet. Auch günstige Auto- und Campervanvermietung.

© DUMONT BILDARCHIV / HOLGER LEUE

Wildwasserfahrten sind auf dem Tully River besonders beliebt.

QUEENSLAND

dem Ruf, bietet komfortable Tauchtouren und Live-aboard-Touren zum Riff und bis nach Papua-Neuguinea.

Pro Dive Cairns, 💻 https://prodivecairns.com. 5-Sterne-Tauchschule; außerdem sehr gute mehrtägige Live-aboard-Touren.

Tusa Dive, 💻 www.tusadive.com. PADI-Tauchkurse und Tagestouren zum Riff. Der Kapitän kann tagesaktuell aus vielen Stellen am Riff auswählen. Von Reisenden empfohlen.

Wildwasserfahrten

Raging Thunder, 💻 www.ragingthunder.com.au. Wildwasserfahrten auf dem Tully River, $225. Zusteigen in Mission Beach möglich; oder auf dem North Johnstone River und Barron River.

TOUREN

Tagestour in die Gegend vom Daintree NP/ Cape Tribulation lohnt sich nur für sehr Eilige, denn man kann dort gut und preiswert übernachten.

Einzelne Regionen

Atherton Tablelands und südlich von Cairns

Northern Experience, 💻 www.northern experience.com.au. Täglich Besuch von Paronella Park (S. 318) südlich von Cairns sowie des südlichen Tafellands (Yungaburra, Malanda, Millaa Millaa Falls, etc.), ab $205.

On The Wallaby Adventure Tours, 💻 www.onthewallaby.com. Tagestouren ab Cairns zu den Wasserfällen und Seen auf dem Tableland inkl. vieler Aktivitäten (Spaziergänge, Kanu-/Mountainbike-Fahren, Platypus-Beobachtung), $129. Zudem 1–2-Tagestouren zum Cape Tribulation.

Uncle Brian's Fun, Falls & Forest Tours, 💻 www.unclebrian.com.au. Bus-Tagestour zu den Wasserfällen des Tafellands und Lake Eacham, $149 inkl. Mittagessen. Max. 22 Pers. Informative, unterhaltsame Tour, seit Langem beliebt bei Backpackern.

Cape Tribulation / Bloomfield Track

Von eintägigen Touren entlang des Bloomfield Tracks bis nach Cooktown ist abzuraten. Auf diesen verbringt man fast die komplette Zeit im Bus. Wer Daintree, Cape Tribulation und Cooktown erleben möchte, bucht eine 2- oder besser 3-Tagestour.

Adventure North Australia, 🖳 www.adventurenorthaustralia.com. Verschiedene 1–3-Tagestouren. Z. B. zum Mossman Gorge mit einem Tourguide vom Stamm der hier einheimischen Kuku Yalanji, ein sehr spezielles Erlebnis, $260. Zwei Tage inkl. Sunset-Cruise und Übernachtung in Cooktown ab $550.

Billy Tea Bush Safaris, 🖳 www.billytea.com.au. Alteingesessener Veranstalter, eintägige Geländewagentour zum Cape Tribulation und Bloomfield Track. $220 inkl. 1 Std. Bootsfahrt auf dem Daintree River und Mittagessen. Kleine Gruppen. Man ist fast 12 Std. unterwegs. Besser beraten ist man mit der 3-tägigen Tour nach Cooktown.

Zur Spitze der Cape-York-Halbinsel

Die Preise für Touren schwanken je nach Saison und Zielgruppe erheblich.

Heritage Tours, 🖳 www.heritagetours.com.au. Großes Tourenangebot mit Fly/Drive und Sea/Drive-Kombinationen.

Oz Tours Safaris, 🖳 www.oztours.com.au. Geländewagentouren hin und zurück (z. B. 8 Tage: $4000 im DZ p. P.), auch Fly/Drive und Bootstour/Drive-Kombinationen oder Flüge, bis zur Halbinselspitze und zur Thursday Island.

Bootstouren

Überwältigendes Angebot, angefangen mit Bootstouren zu den nahe gelegenen Inseln (z. B. Green Island) bis zum äußeren Rand des Great Barrier Reef. Die großen Veranstalter bieten alle mehr oder weniger das Gleiche: Bootstour zum Riff mit mehr oder minder großen Booten und Gelegenheit zum ausgiebigen Tauchen und Schnorcheln. Der Preis schließt Erfrischungen und ein üppiges Mittagessen sowie die Schnorchelausrüstung und die Fahrt mit dem Glasbodenboot ein, gegen Aufpreis werden Flüge mit dem Hubschrauber über das Riff (lohnt sich!), geführte Schnorcheltouren und Tauchgänge (auch Einführungs-Tauchgänge für Anfänger ohne Tauchschein) geboten.

Auch hier gilt: je preiswerter, desto mehr Massenabfertigung und Zeitdruck. Es lohnt sich zu fragen, ob der Veranstalter die Wahl zwischen verschiedenen Riffs hat oder nur ein bestimmtes Riff anlaufen darf (mehr Auswahl ist besser, dann kann der Kapitän tgl. das Riff mit den jeweils günstigsten Tauchbedingungen aussuchen). Wenn der Wind über 20 Knoten stark bläst, kann es für Landratten v. a. auf den kleineren Booten schon zu viel schaukeln. Größere Boote und Katamarane liegen da besser im Wasser! Hier eine Auswahl; weitere auf S. 324 unter „Tauchen“.

Frankland Islands Cruise & Dive, 🖳 www.franklandislands.com.au. Schöne Tagestour mit einem kleinen Schiff ab Deeral Landing am Mulgrave River zu den Frankland Islands südl. von Cairns (Details S. 328) – nur dieser Veranstalter hat eine Besuchslizenz. Schnorcheltouren und Tauchen; sehr gutes BBQ-Picknick. $219.

Great Adventures, 🖳 https://greatadventures.com.au. Tgl. ab Reef Fleet Terminal auf einem großen Katamaran (max. 340 Pers.) zu einer komfortablen Plattform im äußeren Riff ($275), gegen Aufpreis u. a. Tauchgang (auch für Nicht-Taucher), Schnorcheln mit Tourguide, Helikopterflug und mehr. Zudem Halb- und Ganztagestouren zur Green Island (je $110).

Sunlover Cruises, 🖳 www.sunlover.com.au. Tgl. um 10 Uhr ab Reef Fleet Terminal zu einer komfortablen Plattform am Moore Reef; zudem Trips zum Arlington Reef, je $265. Jede Menge Extras wie Schnorcheltouren, Tauchgänge, Helikopterflug etc. Auch Transfer zur Fitzroy Island, $129 retour.

Nachts im Regenwald

Wer die Tierwelt des Regenwalds in ihrer natürlichen Umgebung erleben möchte, sollte sich einer nächtlichen Spotlight-Tour anschließen, denn die meisten Tiere sind nachtaktiv.

Wait-a-While Rainforest Tours, ein alteingesessener Veranstalter mit ausgezeichnetem Ruf, bietet kompetent geführte Spotlight-Touren in kleinen Gruppen im Atherton Tableland oder in abgelegener Wildnis in der Daintree-Region. Ab Cairns tgl. 14 bis ca. 23 Uhr; $220. 🖳 www.waitawhile.com.au.

Rundflüge

Flüge über das Riff sind eine wunderbare Möglichkeit, die Dimensionen dieses Naturwunders zu erahnen.

Daintree Air Service, www.daintreeair.com.au. Kleiner Veranstalter, 40 Min. Rundflug über das Riff ab Cairns $200.

Nautilus Aviation, www.nautilusaviation.com.au. Hubschrauberflüge über das Riff: 30 Min. Rundflug $400, 45 Min. $500, oder 1 Std. inkl. Flug über den Regenwald $700.

SONSTIGES

Autovermietungen

Viele Mietwagen sind auf einen gewissen Radius um Cairns beschränkt und dürfen nicht auf unasphaltierten Straßen *(unsealed roads)* fahren. Unbedingt Mietbedingungen checken, falls man das Cape Tribulation ansteuern will! Einige Firmen bieten One-way-Vermietungen die Küste entlang nach Süden an. Website zum Preisvergleich der großen internationalen Anbieter: www.vroomvroomvroom.com.au. Nachstehend eine Auswahl an lokalen Anbietern.

Cruising Car Rental, 196a Sheridan St, www.cruisingcarrental.com.au.

East Coast Car Rentals, 146-148 Sheridan St, www.eastcoastcarrentals.com.au.

Right Price Car Rentals, 436 Sheridan St; https://rightpricecarrental.com.au.

Geländewagen und Campervans

Apollo, 419 Sheridan St, www.apollocampers.com. Australienweites Netz.

Britz, 419 Sheridan St, www.britz.com.au. Autos, Geländewagen und Campervans. One-way-Vermietung in ganz Australien.

Maui Campers, 419 Sheridan St, www.maui-rentals.com. Große Auswahl.

Wicked Campers, 75 Sheridan St, www.wickedcampers.com.au.

Englisch lernen

Cairns College of English, 27 Aplin St, www.cce.qld.edu.au. Verschiedene Kurse, auch Cambridge-Prüfungen.

Cairns Language Centre, 91-97 Mulgrave Rd, www.clcaustralia.com. Alteingesessen; Sprachkurse in Verbindung mit Tauchkursen und anderen Sportarten; Cambridge-Prüfungen.

Holmes Institute, 18 Lake St, www.holmes.edu.au. Englisch für akademische Zwecke, Wirtschaftsenglisch; Kombination Sprach- und Tauchkurs; Prüfungsvorbereitungen.

Fahrrad- und Motorradvermietungen

Einige Hostels vermieten Fahrräder. Mountainbikes kosten etwa $25 pro Tag.

Cairns Scooter & Bicycle Hire, 3/47 Shields St, www.cairnsbicyclehire.com.au.

Informationen

Die meisten Büros mit offiziell klingenden Namen sind private Buchungsbüros, die von der Provision leben, die sie für die Vermittlung von Touren und Zimmern erhalten. Das offizielle, von der Regierung betriebene Informationszentrum ist **Cairns Tourist Information Centre**, 51 The Esplanade, www.tropicalnorthqueensland.org.au. Zuständig für den ganzen Norden von Queensland; Informationen und kostenlose Buchungen aller Art. ⌚ Mo–Fr 8.30–17 Uhr.

NAHVERKEHR

Stadtbusse

Kinetik, www.wearekinetic.com. Ab City Place. Das Transportnetz deckt alle Vororte ab, inkl. Northern Beaches bis Palm Cove.

TRANSPORT

Busse

Nach Norden

Für Busse nach Norden ist eine Reservierung unbedingt erforderlich (24 Std. im Voraus).

Trans North, www.transnorthbus.com. Di, Do und Sa um 6.30 Uhr von Cairns via Port Douglas und Mossman nach COOKTOWN (Ankunft 11.30 Uhr). Zurück nach Cairns an denselben Tagen um 13 Uhr. Außerdem über die Inlandsroute Mo, Mi und Fr um 6.30 Uhr von Cairns nach Cooktown (Ankunft 11.15 Uhr) über KURANDA, MAREEBA, MT MOLLOY, MT CARBINE, PALMER RIVER und LAKELAND. In umgekehrter Richtung ab Cooktown So, Mi, Fr um 13.30 Uhr. Ticket Cairns–Cooktown $88.

Aufs Atherton Tableland
Trans North Bus, s. o. Mehrmals tgl. von Cairns nach ATHERTON via KURANDA und MAREEBA. Außerdem von Cairns nach KARUMBA via HERBERTON und RAVENSHOE. Ticket Cairns–Atherton $27.

Langstreckenbusse
Greyhound, 💻 www.greyhound.com.au. Nach BRISBANE (S. 762–763); über TOWNSVILLE. Nach MT ISA: in Townsville umsteigen.
Premier, Haltestelle am Hauptbahnhof, 💻 www.premierms.com.au. 1x tgl. nach BRISBANE, Fahrzeit etwa 29 Std. (S. 764–765); über TOWNSVILLE.

QUEENSLAND

Eisenbahn
Queensland Rail: 💻 www.queenslandrail.com.au.

Die Küste entlang
Spirit of Queensland: Nach BRISBANE: Abfahrt Mo, Mi, Do, Fr und So um 8.35 Uhr. V. a. die Liegewagen nach Brisbane sind heiß begehrt – am besten 2–3 Monate im Voraus buchen!

Touristische Bummelbahnen
Kuranda Scenic Railway, sehr touristisch, aber trotzdem empfehlenswert. Am besten in Kombination mit der Skyrail Cableway (Näheres unter Kuranda, S. 335).
Savannahlander, 💻 www.savannahlander.com.au. Die historische Buscheisenbahn fährt von Cairns nach FORSAYTH im Outback, 423 km südwestl. von Cairns. Auch mehrtägige Touren ins Outback.

Flüge
Der Flughafen hat separate Terminals für Inland- und Auslandsflüge.
Shuttlebusse operieren von beiden Terminals, Infos und Buchung unter 💻 www.cairnsairport.com.au/travelling/parking-and-transport/transport-options/shuttle-bus.
Qantas fliegt u. a. tgl. direkt nach BRISBANE, SYDNEY, MELBOURNE, ROCK und HAMILTON ISLAND.
Mit **Jetstar** Flüge nach ADELAIDE, BRISBANE, DARWIN, GOLD COAST, PERTH, MELBOURNE und SYDNEY.
Skytrans Airlines, 💻 www.skytrans.com.au. Mit kleinen Maschinen tgl. nach HORN ISLAND (TORRES STRAIT); auch Flüge zu weiteren Zielen auf der Cape-York-Halbinsel und im Outback.
Virgin Australia fliegt tgl. direkt nach BRISBANE, SYDNEY und MELBOURNE.

Die Umgebung von Cairns

Während die Sehenswürdigkeiten der City schnell besichtigt sind, findet man in der nahen Umgebung genügend Abwechslung, um eine oder mehrere Wochen erlebnisreich zu füllen. Die hier beschriebenen Ziele können alle in einem Tagesausflug ab Cairns besichtigt werden, viele bieten aber wunderschöne Übernachtungsgelegenheiten.

Inseln vor Cairns

Frankland Islands National Park
Diese aus fünf Inseln bestehende Inselgruppe liegt vor der Küste bei Deeral, südöstlich von Cairns an der Mündung des Mulgrave River. Die teilweise von Mangroven gesäumten und mit Regenwald bedeckten Inseln und die umgebenden Gewässer sind weitgehend unberührt. Die Korallengärten mit riesigen Klaffmuscheln *(clams)* und Schwärmen tropischer Fische kann man beim Tauchen und Schnorcheln erkunden; oder man betrachtet sie auf einer Fahrt mit dem Glasbodenboot.

Die **Normanby Island**, die auf Wanderwegen umrundet werden kann, ist Schutzgebiet für Meeresschildkröten. Nur **Frankland Islands Cruise & Dive** (s. u.) darf die Inseln ansteuern – die Anreise schließt eine 25-minütige Kreuzfahrt auf dem Mulgrave River ein. Auf Russell Island und High Island ist Campen erlaubt (im Voraus ein Permit besorgen!).

Fitzroy Island National Park

Die 340 ha große Insel liegt 29 km südöstlich von Cairns, nur 6 km vor der Küste. Sie ist das Relikt einer ehemaligen Bergkette, deren bis zu 266 m aufragende Höhenzüge aus Granit von Dschungel bedeckt sind. Bereits in früher Zeit kamen Gungandji-Aborigines zur Jagd hierher.

Im 20. Jh. wurden auf der Insel Seegurken *(Trepang)* für den chinesischen Markt verarbeitet, und 1876 richtete man hier eine Quarantänestation für chinesische Goldsucher ein.

Heute beherbergt die Insel das **Turtle Rehabilitation Centre**, wo verletzte Schildkröten gesund gepflegt und zurück in die freie Natur

8 HIGHLIGHT Ist das Great Barrier Reef noch zu retten?

Mit über 2300 km Länge ist das Great Barrier Reef die einzige lebende Struktur, die vom Weltall aus sichtbar ist. Sie umfasst 2900 Riffsysteme und isolierte Atolle und erstreckt sich entlang Queenslands Ostküste von Bundaberg bis über die Spitze des Cape York hinaus. Ihre gesamte Fläche entspricht fast der Größe Deutschlands. Rund 25 % aller Meerestiere sind hier vertreten. Große Teile des Riffs stehen im Great Barrier Reef Marine Park unter Naturschutz.

Die Kulisse und Existenzgrundlage für das Riff und all seine Organismen bilden Korallen: wirbellose, symmetrische Nesseltiere, bei Geburt kaum größer als der Punkt am Ende dieses Satzes. Ein Tier, das Wurzeln schlägt, was die Fortpflanzung, wie man sich vorstellen kann, schwierig macht. Drum veranstalten sie – wenn die Bedingungen perfekt sind ein Paarungsevent, das seinesgleichen sucht: Beim alljährlichen Laichen kurz nach Vollmond im November werden Eizellen und Spermien in so perfekter Synchronie abgestoßen, dass daraus neue Korallen entstehen und ihre Wurzeln in den Meeresboden graben.

Die etwa 600 Korallenarten bilden die Lebensgrundlage für ein komplexes Ökosystem aus Mikroorganismen, Muscheln, Schnecken, Quallen, Seesternen und Fischen. Etwa 100 Quallen-, 3000 Weichtier- und 500 Wurmarten sind vertreten, dazu kommen über 1600 Fischsorten, 133 Hai- und Rochenarten und 30 Gattungen an Walen und Delphinen. Meeresschildkröten wie die Suppenschildkröte *(green turtle)* oder die *leatherback turtle* suchen zwischen April und Mai zur Eiablage einige Strände und Inseln an der Ostküste auf.

Die größte lebende oder sterbende Struktur der Erde?

Längst macht der Klimawandel unserem 7. Weltwunder zu schaffen: Dem Riff drohen unter anderem Ozeanübersäuerung, Zyklone und der giftige Dornenkronenseestern, der während immer häufiger auftretenden Perioden ganze Riffsektionen aufsaugt und zurück ins Nirgendwo verschwindet. Den weitaus schlimmsten Effekt aber haben die verheerenden Massenkorallenbleichen – gleich fünf davon zwischen 2016 und 2024.

Gesunde Korallen leben in symbiotischer Gemeinschaft mit Zooxanthellen, die ihren Wirt mit Zucker versorgen und ihnen ihre bunte Farbe schenken. Wird die Wassertemperatur zu heiß, beginnen diese Algen Giftstoffe zu produzieren, die die Koralle krank machen können. Also stößt die Koralle sie ab und verliert damit ihre schöne Farbe – ein natürlicher Schutzmechanismus vergleichbar in etwa mit einem menschlichen Fieber. Gefährlich wird es erst, wenn sich die Bedingungen nicht normalisieren; ohne Zooxanthellen stirbt die Koralle in wenigen Monaten ab.

Korallenbleichen gehören seit eh und je zum natürlichen Lebenszyklus eines Riffs. Anders sieht es mit Massenkorallenbleichen aus, die am Great Barrier Reef zum ersten Mal 1975 verzeichnet wurde. Dann sind nicht einzelne Korallen, sondern ganze Riffe oder Teilriffe betroffen und die Genesung kann Jahrzehnte in Anspruch nehmen. Massenkorallenbleichen wurden vor der Küste Queenslands zuletzt in den Jahren 2016, 2017, 2020, 2022 und 2024 beobachtet.

Tourismus

Das Great Barrier Reef ist und bleibt *die* Ikone des Tourismus in Queensland. Allerdings dürfen Touranbieter nur einen kleinen Teil – etwa sieben Prozent des Riffs – ansteuern. Und selbst innerhalb dieses Raumes dürfen Schnorchler und Taucher meist nur in einem Radius von etwa 100 m um das Ausflugsschiff herumschwimmen. Die Pandemie ließ zudem positive Effekte des Tourismus auf das Riff erkennen: Zum einen hilft dieser, illegale Fischerei und Wilderei in geschützten Gebieten zu reduzieren. Zum anderen erstatten Touranbieter und deren Meeresbiologen an Bord ständig Bericht

© SHUTTERSTOCK.COM/TUNATURA

über die Situation am Riff. Das Ausmaß der Bleiche von 2020 blieb monatlang unbekannt, bis die Regierung Schiffen und Besatzung eine Sondergenehmigung zur Ausfahrt zum Riff erteilte.

Gute **Gebiete zum Schnorcheln**, die sich auch für Tauchanfänger eignen, sind die meisten Ziele um Keppel und Heron Island, die Whitsundays und Riffe nördlich von Townsville sowie die meisten Riffe vor Cairns und Cooktown, die meist bis 25 m tief liegen. An den Riffen weiter im hohen Norden und Osten erheben sich unter Wasser ganze Gebirgszüge. Im Osten wartet das Central Barrier Reef mit dramatischen *drop-offs*, Überhängen und Höhlen auf. Zudem kommen Wracktaucher auf ihre Kosten, Highlight ist hier die *Yongala* (1911 vor Townsville gesunken). Tauchmöglichkeiten bestehen das ganze Jahr über, optimale Bedingungen bietet das Wetter zwischen Juli und November.

Das Riff birgt auch Gefahren, denn einige seiner Bewohner sind lebensgefährlich. Da gibt es z. B. den **Steinfisch** *(stonefish, Synanceja verrucosa)* mit seinen Giftstacheln, der perfekt als Stein getarnt im Schlamm liegt. Eine Berührung verursacht sofort heftigste Schmerzen, führt zur Lähmung und zum Tod. Gut getarnt ist auch der **Stachelrochen** *(stingray)*, der sich unter dem Sand verbirgt; er ergreift aber schnell die Flucht, wenn man den Sand ein bisschen aufwirbelt. Muschelsammler sollten sich vor der **Coneshell** hüten. Diese längliche Muschel mit ihrer hübschen schwarz-braun-weißen Musterung ist mit einer langen Harpune ausgestattet, die ein schmerzhaft-lähmendes Gift absondert, das tödlich sein kann. Ein weiteres gefährliches Lebewesen ist die **Blauringelkrake** *(blue ringed octopus)*.

Die **Würfelqualle** *(box jellyfish)* tritt von etwa Ende Okt–Ende Mai entlang der gesamten tropischen Küste auf, vom Norden West-Australiens bis nach Queensland. An beliebten tropischen Stränden wird in der fraglichen Zeit ein kleines Areal im Meer durch feinmaschige Schutznetze *(stinger nets)* abgetrennt, um das Baden zu ermöglichen. Diese Netze stellen zwar eine undurchdringliche Barriere für Würfelquallen dar, nicht aber für ihre kleinen und ebenfalls hochgiftigen Verwandten: die **Irukandji-Quallen** (S. 106). Selbst wenn an der Küste wegen der giftigen Quallen nicht gebadet werden kann, sind die weiter entfernten Tauchgebiete sicher. Taucher begegnen zumeist nur den harmlosen Riffhaien *(black* oder *white tip reef sharks)*.

gebracht werden. Halbstündige Touren starten Di–So um 13 und 13.45 Uhr ($20).

Die Insel bietet einige schöne Spazierwege, unter anderem führt der 3,6 km lange **Lighthouse and Peak Circuit** mit einigen starken Steigungen vom Fitzroy Island Resort durch den Regenwald quer über die Insel zum Leuchtturm (2 Std. hin und zurück). Die Strände eignen sich wegen der Korallen eher zum Schnorcheln als zum Sonnenbaden. Achtung: Manchmal liegen am Strand giftige *cone shells*.

Green Island National Park

Dieses 15 ha große Korallenatoll liegt 30 km östlich von Cairns. Green Island hat weiße, feinsandige Strände, türkisblaues Wasser und eine grün bewaldete Mitte, die Heimat von zahlreichen Vögeln ist; aber jeden Tag wird das hübsche Inselchen von zahllosen Booten und Urlaubern angesteuert. Von einsamer Idylle kann also keine Rede sein – wer sich nicht daran stört, kann einen Tagesausflug hierher machen, v. a. zum Baden und Spazierengehen. Vom einst prächtigen Korallenriff ist nicht mehr viel übrig – Schnorcheln und Tauchen lohnen sich an anderen Stellen mehr, z. B. im Outer Reef oder in der Nähe von Cape Tribulation und Cooktown. Das Resort ist nach umweltfreundlichen Gesichtspunkten erbaut worden und integriert sich gut in die Landschaft. Da so viele Tagesbesucher vorbeikommen, verfügt es über einen Food-Court, wo man zu akzeptablen Inselpreisen essen kann. Zudem gibt es Schließfächer für Wertsachen.

Neben dem Pier erstrecken sich ein breiter, sauberer Sandstrand und ein Korallenriff, hinter dem Resort säumt ein weiterer langer Sandstrand die Westküste. Dieser wird teilweise von Rettungsschwimmern patrouilliert. Ein Wanderweg verläuft durch das Naturschutzgebiet bis zum Ende des Strandes.

ÜBERNACHTUNG UND TRANSPORT

Frankland Islands

Frankland Islands Cruise & Dive, 🖳 www.franklandislands.com.au. Tagestrip in den Nationalpark inkl. Bootsfahrt entlang des Mulgrave River, Schnorcheln, Tauchen, Schwimmen, Spaziergängen und Mittagessen, $219.

Fitzroy Island

Fitzroy Island Resort, 🖳 www.fitzroyisland.com.au. Betreibt die Fitzroy-Flyer-Fähren vom Cairns Reef Fleet Terminal zum Fitzroy Jetty: hin um 8, 11 und 13.30 Uhr; zurück um 9.30, 12.15 und 17 Uhr; Fahrzeit 45 Min., Ticket $90 p. P. hin und zurück. Das Resort verfügt über ein Restaurant, Pool, Kino und ein Spielzimmer für Kinder; außerdem gibt es einen Tauchladen, der Touren organisiert und Ausrüstung verleiht (Schnorchel- und Tauchausrüstung sowie Neoprenanzüge und Kajaks), einen kleinen Lebensmittelladen und Foxy's Bar & Cafe, das auch Tagesausflüglern zur Verfügung steht. Apartments und Zimmer im renovierten Resort oder Campen auf dem Zeltplatz ($39). Viele Pakete, die Transport, Unterkunft, Mahlzeiten und Aktivitäten einschließen. ❼

Green Island

Big Cat Green Island, 🖳 http://greenisland.com.au. Ab Reef Fleet Terminal. Tagestour (Abfahrt tgl. 9 und 11 Uhr, zurück mittags oder nachmittags), $100; gegen Aufpreis Mittagessen, Schnorcheltouren, Tauchgänge.

Great Adventures, 🖳 http://greatadventures.com.au. Tagestouren in schnellen Katamaranen, ab $99 inkl. Glasbodenboot oder Schnorchelausrüstung.

Green Island Resort, 🖳 www.greenislandresort.com.au. Luxusresort. Zur Anlage gehören mehrere Restaurants und Bars, ein Tauchladen, ein Pool für Gäste sowie einer für Tagesbesucher.

Südlich von Cairns

Der 1622 m hohe **Mount Bartle Frere**, der höchste Berg in Queensland, erhebt sich fast immer von Wolken umhüllt über die waldbedeckte Bergkette, die sich über 50 km parallel zur Küste erstreckt und als **Wooroonooran National Park** unter Schutz gestellt wurde. Wie andere Nationalparks an der Küste von Nord-Queensland gehört auch dieser zum Gebiet der **Wet Tropics of Queensland**, das auf die Unesco-Liste des Weltnaturerbes der Menschheit gesetzt wurde. Es ist mit 90 000 ha das größte zusammenhängende Gebiet mit Hochlandregenwald in ganz Australien.

Von Norden kommend, fällt zunächst ein kleinerer Berg wegen seiner Pyramidenform ins Auge, die **Walshs Pyramid**. Vom Parkplatz am Bruce Hwy kann man den 922 m hohen Gipfel in 4 Std. hin und zurück erklimmen. Wer mit der wunderbaren Aussicht über die Küste und das bewaldete Hinterland belohnt werden möchte, sollte gut trainiert sein und dieses Unternehmen auf die kühlen Morgenstunden verlegen, denn die Akazien, Eukalypten und Zykadeen spenden mittags kaum Schatten. Alljährlich im August wird ein Wettrennen auf den Gipfel ausgetragen. In **Deeral** legen die Ausflugsschiffe zu den Frankland Islands ab. Von der Jetty östlich des Ortes **Bellenden Ker** starten Bootstouren auf dem Russell River nach Russell Heads.

In **Babinda**, am Fuß des Mt Bartle Frere, gibt eine der großen Zuckermühlen des Nordens den 450 Einwohnern ein Auskommen. Von der Hauptgeschäftsstraße des Ortes führt die schmale Straße weiter zu **The Boulders**, einer schönen Schwimmstelle mit großen Felsen in einer Schlucht. Vorsicht, die schlüpfrigen Steine und Strudel in den schmalen Passagen haben schon einige Leben gefordert.

21 km von Innisfail und 68 km vor Cairns zweigt die Straße zu den **Josephine Falls** am Fuße des Mt Bartle Frere ab. Vom Parkplatz am Ende der Straße sind nach einem 15-minütigen Spaziergang durch ursprünglichen Regenwald die Kaskaden erreicht. Allerdings ist die Wassertemperatur hier v. a. im Winter alles andere als tropisch: Immerhin strömt das Wasser vom zweithöchsten Berg Queenslands.

Der Wooroonooran NP wird im Süden vom **Palmerston Highway** begrenzt, der von Millaa Millaa hinunter in die Küstenebene nach Innisfail führt. Beiderseits der Straße verlaufen Wanderwege durch den tropischen Regenwald zu einigen Wasserfällen. 30 km westlich von Innisfail führt der **Mamu Canopy Walkway** – eine luftige Metallkonstruktion, ähnlich wie der Tahune Air Walk in Tasmanien und die Otway Fly in Victoria – auf Baumwipfelhöhe durch den Regenwald und bietet einen herrlichen Ausblick über Regenwald und die Schlucht des Johnstone River. 🕒 tgl. 9.30–17.30 Uhr, Eintritt $26.

Der Besuch des Wooroonooran National Parks lässt sich auch gut mit einem Ausflug zum Paronella Park (S. 318, Innisfail und Umgebung) verbinden.

ÜBERNACHTUNG

Im **Goldsborough Valley** gibt es beim Mulgrave River einen einfachen Campingplatz (mit Toiletten und BBQ) für Selbstversorger; Permit $7,25 p. P.

TRANSPORT

Alle **Busse** in den Süden fahren auf dem Bruce Hwy am Rande des Parks entlang. Von dort lassen sich einige Ziele zu Fuß erreichen.

QUEENSLAND

Westlich von Cairns

In der „Stinger Season" sind die **Crystal Cascades** westlich der Stadt am Ende der Redlynch Intake Rd eine angenehme Alternative zum Meer: schöne, von Regenwald umgebene Badestellen in der Nähe der Wasserfälle **Wongalee Falls**. Eine landschaftlich reizvolle Strecke ist die weiter südlich parallel verlaufende Lake Morris Rd, die von der Brinsmead Reservoir Rd abzweigt und über 16 km, vorbei an schönen Aussichtspunkten, über Cairns und das Freshwater Valley zum **Copperlode Falls Dam** am **Lake Morris** führt.

Ein ausgeschilderter Abstecher vom Highway 1 auf dem Weg nach Norden führt zum **Lake Placid** 15 km nordwestlich von Cairns, der den Barron River staut. Hier kann man ebenfalls schwimmen, am Kiosk werden von 9–17 Uhr Kanus vermietet. Alle diese Ziele sind leider nur mit eigenem Fahrzeug erreichbar.

Kuranda

Aufgrund der Nähe zu Cairns kommen die meisten Besucher für einen Tagesausflug in das idyllisch von Regenwald umgebene Dorf. Tagsüber geht es hoch her, ganze Busladungen vereinter Nationen werden zum Einkaufen und Essen abgeladen. Am Spätnachmittag, wenn die Reisebusse abgefahren sind, wird es wieder ruhiger. In der Trockenzeit finden Open-Air-Konzerte im Amphitheater **The Billabong** (💻 www.thebilla

© FOTOLIA / EVGENY VOSTRIKOV

Mit der Kuranda Railway von Cairns in die Atherton Tablelands: eine reizvolle Fahrt

QUEENSLAND

bong.com.au) statt, die man sich schon wegen der Atmosphäre nicht entgehen lassen sollte.

Die Scenic Railway kommt im mit vielen blühenden Pflanzen geschmückten Bahnhof an – ein gebührender Willkommensgruß. In der Coondoo St, der Hauptstraße des Dorfes, verlocken zahlreiche kleine Galerien zum Stöbern, hübsche Cafés und Gartenrestaurants zum Verweilen.

Die Stände des **Rainforest Market** sind am Ende der Therwine St aufgebaut. Hier findet man allerlei Essbares, von frisch zubereiteten Falafeln bis hin zu französischen Crêpes. Gegenüber, am Rob Veivers Drive, liegt unter Bäumen der **Heritage Market**. Anfang der 1970er-Jahre ließen sich Hippies und andere Aussteiger im idyllischen Kuranda nieder. Nun unterscheidet die Kuranda Markets nur noch die hübsche Lage im Dorf am Rande des Regenwaldes von anderen kommerziellen Touristenmärkten. Verkauft werden Akubra-Hüte, Bumerangs und Didgeridoos, Schmuck, Lederwaren u. a. Kunsthandwerk sowie Gemüse und Früchte. 🕒 tgl. 9.30–15.30 Uhr.

Hinter dem Heritage Market liegen drei Tierpark-Attraktionen: Im **Butterfly Sanctuary**, 💻 https://australianbutterflies.com, wurde in einem großen Glashaus mit hohem Dach eine Regenwaldlandschaft mit Bäumen, Palmen, Felsen, Wasserfällen und Teichen angelegt, durch die 35 verschiedene Arten australischer Schmetterlinge flattern. Dies ist *die* Chance, die leuchtend kobaltblauen **Ulysses**- oder die großen **Cairns Birdwing-Schmetterlinge** zu sehen. 🕒 tgl. 10–16 Uhr, kostenlose Führungen auch auf Deutsch, Eintritt $22, Kind $14.

Nebenan in **Bird World**, 💻 www.birdworldkuranda.com, schwirren australische und exotische Vogelarten durch ein künstlich angelegtes kleines Regenwald-Ökotop mit Bach und Wasserfall, hoch oben von einem Netzdach überspannt. Besonders die Papageien kennen keine Scheu und lassen sich gerne auf den Schultern oder Köpfen der Besucher nieder. 🕒 tgl. 9–16 Uhr, Eintritt $21, Kind $10,50.

In **Kuranda Koala Gardens**, 💻 www.koalagardens.com, bekommt man außer den putzigen Beuteltieren auch Wombats und Wallabies, Schlangen und Krokodile zu Gesicht. Der Park ist allerdings recht schnell besichtigt. Für $20 kann man sich hier sein obligatorisches Foto mit Koala auf dem Arm abholen. 🕒 tgl. 9–16 Uhr, Eintritt $21, Kind $10,50.

Kuranda Scenic Railway und Skyrail Rainforest Cableway

Die 34 km lange Strecke der **Kuranda Railway** von Cairns nach Kuranda wurde Ende des 19. Jhs. in die steilen Berghänge gehauen. Mit der Eröffnung der Eisenbahnlinie für den Fracht- und Personenverkehr im Jahre 1891 festigte sich die Position von Cairns als Versorgungsbasis für die Zinnminen und die ländlichen Zentren des Atherton Tableland. Bei der ersten Steigung hinter **Jungara** bietet sich ein Panoramablick über die Zuckerrohrfelder um Smithfield, auf den Mt Whitfield und über Trinity Bay bis hin zum False Cape und Green Island. An der fotogenen Kurve bei der **Stoney-Creek-Brücke** kommt man an Wasserfällen vorbei, danach kriecht der Zug den Berghang hinauf zur **Barron-River-Schlucht**. Die Bahn fährt am Rand der beeindruckend tiefen, steilen Schlucht weiter. Von der Barron Falls Station blickt man auf die Wasserfälle des Barron River – in der Trockenzeit allerdings kaum mehr als ein Rinnsal. Daher hilft man in der Power Station nach und lässt etwas mehr Wasser ab, wenn die Bahn den Wasserfall passiert. Nach etwa zwei Stunden Fahrt (ab Cairns) ist Kuranda erreicht.

Mit der **Skyrail Rainforest Cableway** schwebt man von Kuranda in einer sechs Personen fassenden, geschlossenen Kabine über die Baumwipfel des Regenwaldes. Nach etwa 30 Minuten ist die Caravonica Lakes Station in Smithfield, einem Vorort nördlich von Cairns, erreicht. Man sollte jedoch nicht versäumen, unterwegs bei den beiden Stationen im Regenwald auszusteigen: An der ersten Station nach Kuranda, **Deans Peak Barron Falls Station**, kann man bei einem 20-minütigen Stopp das Infozentrum über den Regenwald Nord-Queenslands (Rainforest Interpretive Centre) besuchen. Wanderwege führen zu zwei Aussichtspunkten über die Barron Falls. Von der **Red Peak Rainforest Station** führt ein hölzerner Steg durch dichten Urwald. Details zu beiden Fahrtangeboten s. rechts, „Transport“.

ÜBERNACHTUNG

Ronday-voo B&B, 55 Veivers Drive, etwa 8 km südwestl. von Kuranda entlang des Kennedy Hwys, ✆ 4093 0456. Beste Gastfreundschaft genießt man in einem der beiden gemütlichen DZ mit Bad, die beide den idyllischen Garten am Rand des Regenwalds überblicken. Gäste dürfen den Pool und Tennisplatz benutzen. Hervorragendes Frühstück im Garten, manchmal inkl. Besuch von Papageien und Wallabies. ❺

Kuranda Rainforest Accommodation Park, 88 Kuranda Heights Rd, 2 km vom Kennedy Hwy, www.kurandarainforestpark.com.au. Zelt- und Stellplätze ohne/mit Strom ($35/42) sowie Cottages und Budget-Cabins. Pool. Angenehme Anlage. Ab ❷

AKTIVITÄTEN UND TOUREN

Reiten und Touren

Kuranda Riverboat Cruise, www.kurandariverboat.com. Bootsfahrt auf dem Barron River ab dem Steg unterhalb des Bahnhofs, 45 Min., 5x tgl., $25, Kind $10.

Rainforestation Nature Park, www.rainforest.com.au. Fahrten mit dem Amphibienfahrzeug Army Duck durch den Regenwald und auf Bächen des 40 ha großen Geländes, Besuch einer Plantage mit tropischen Früchten und eines Koala- und Wildlife-Parks, außerdem Pamagirri Aboriginal Experience mit geführten Spaziergängen, Bumerang- und Speerwerfen, Didgeridoospielen und Tanzdarbietungen.

INFORMATIONEN

Kuranda Visitor Information Centre, Centenary Park, www.kuranda.org. ⌚ tgl. 10–16 Uhr.

TRANSPORT

Busse

Trans North Bus, www.transnorthbus.com. Shuttlebusse nach CAIRNS 5x tgl., $7,10. Zusätzliche Busse 3x tgl. ab Cairns über Kuranda und MAREEBA nach ATHERTON. Außerdem von Cairns nach KARUMBA via Kuranda, Herberton und Ravenshoe Mo, Mi und Fr; zurück Di, Do und Sa. Am Wochenende eingeschränkter Fahrdienst.

Eisenbahn und Cableway

Kuranda Scenic Railway, 💻 www.ksr.com.au. Tgl. um 8.30 und 9.30 Uhr ab Cairns, zurück um 14 und 15.30 Uhr; Fahrzeit knapp 2 Std., $55 einfach, $84 hin und zurück. Bei der Fahrt von Cairns nach Kuranda zum Fotografieren den Fensterplatz rechts in Fahrtrichtung reservieren! Auf der Rückfahrt ist der Zug oft leerer.

Skyrail Rainforest Cableway, 💻 www.skyrail.com.au. Sykrail hin und zurück $93 oder inkl. Transfer ab Cairns $117. Oder Kombiticket Cableway/Railway hin und zurück ab $122. Reservieren! Die Cableway ist tgl. von 9–17.15 Uhr in Betrieb; die letzte Buchung für eine Rückfahrt von Kuranda zur Talstation wird bis 14.45 Uhr angenommen für eine einfache Fahrt von der Talstation nach Kuranda bis 15.30 Uhr.

Pauschalangebote von Tourveranstaltern mit Sightseeing sind oft günstiger – Unterkünfte und Reisebüros in Cairns beraten.

Nördlich von Cairns

Nördlich von Holloways Beach erstrecken sich die über Stichstraßen zugänglichen wunderschönen Sandstrände der **Northern Beaches**. Zu diesen zählen Yorkeys Knob, Trinity Beach, Clifton Beach, Palm Cove und Ellis Beach. Wo sie durch Netze gesichert sind, ist Baden im Meer das ganze Jahr über möglich. In **Trinity Beach** verläuft parallel zur Uferstraße der lange, gelbe Sandstrand mit vielen Picknicktischen. Hier spenden Palmen und andere Bäume Schatten.

Das bildhübsche **Palm Cove** besteht hauptsächlich aus Hotels und Resorts der gehobenen Preisklasse. In der attraktiven Bucht mit einem langen Sandstrand und ruhiger See werden verschiedene Wassersportmöglichkeiten und andere Aktivitäten angeboten. Ein Netz schützt vor Quallen. An beiden Orten fallen die dickstämmigen Melaleuca-Bäume (*Melaleuca quinquenervia*) mit ihrer markanten Papierrinde ins Auge. Diese stehen unter strengem Schutz und dürfen nur von den örtlichen Behörden gestutzt werden, selbst wenn sie sich auf Privatgrund befinden. Und sie sind noch auf eine weitere Weise stadtbildprägend: Laut Bauordnung darf kein Gebäude höher sein als der nächste Melaleuca-Baum.

Am **Ellis Beach** führt der Highway direkt an der Küste entlang und lockt Autofahrer mit schönen Ausblicken auf einen kilometerlangen Strand, der von dem bewaldeten Hinterland gesäumt und von Dünen sowie dunklen Granitfelsen unterbrochen wird. Danach schmiegt sich die Küstenstraße dicht an die Küstenberge.

Hartley's Creek Crocodile Adventures, 20 km südlich von Port Douglas am Cook Highway, 💻 www.crocodileadventures.com, präsentiert sich auf einem großen, landschaftlich schönen Gelände in Wangetti. Die Hauptattraktion ist ein simulierter Krokodilangriff (15 Uhr), aber man kann auch der Fütterung von Kasuaren, Koalas und Schildkröten beiwohnen sowie einer Schlangenshow (14 Uhr). 🕒 tgl. 8.30–17 Uhr, Eintritt $45, Kind $22,50. Transfers von Port Douglas und Cairns; Details s. Website.

Der Aussichtspunkt **Rex Lookout** nördlich von Wangetti ist ein beliebter Fotospot. Am Wochenende treffen sich hier Drachenflieger.

ÜBERNACHTUNG UND ESSEN

Wer nicht unbedingt in der City übernachten muss, findet an den Northern Beaches hervorragende Alternativen, viele direkt am Strand.

Yorkeys Knob

Von vielen Lesern wärmstens empfohlen wurden die Holidayunits mit 1–2 Schlafzimmern von **Villa Marine Seaside Villas**, 8 Rutherford St, Yorkeys Knob, 💻 www.villamarine.com.au. Die Units mit Küche und Bad sind wunderschön gelegen, nur 50 m vom Strand entfernt und mit Blick auf den tropischen Regenwald. Auf der Veranda und um den großen, lagunenartigen Pool herum lassen sich tropische Vögel beobachten. Paradiesische Idylle nur 20 Min. vom Stadtzentrum. ❺–❼

Trinity Beach

Marlin Cove Resort, 2 Keem St, etwas abseits vom Strand am Kreisverkehr, 💻 www.marlincoveresort.com.au. Gut ausgestattete Ferienwohnungen mit 1–3 Schlafzimmern, um einen tropischen Swimming Pool gruppiert. ❼

Vue Trinity Beach, 78-86 Moore St, 💻 www.vuetrinitybeach.com.au. Zugegeben, die Unterkunft ist nicht billig, aber die topmodernen, luxuriösen und top-ausgestatteten 1–4-Zimmer-Apartments sind tatsächlich jeden Cent wert. Alle Apartments sind freundlich und hell, blicken aufs Meer und den großen Pool direkt davor und haben alle einen großen Balkon mit schöner Aussicht. Urlaubsfeeling pur! ❼

Il Chiosco, Vasey Esplanade, 💻 http://ilchiosco.com.au. Auf der Terasse der Pizzeria direkt gegenüber vom Strand ist immer viel los. 🕒 tgl. 7–22 Uhr.

Palm Cove

Der exklusivste der Beach-Vororte von Cairns. Die meisten Unterkünfte kosten von $350 aufwärts.

The Palms, 32 Veivers Rd, die südliche Einfahrtstraße, 300 m vom Strand, 💻 www.thepalmsatpalmcove.com.au. Saubere, komfortable Ferienwohnungen mit 1–3 Schlafzimmern. Pool. ❹

The Reef House and Spa, 99 Williams Esplanade, 💻 www.reefhouse.com.au. Das luxuriöse Boutique-Resort direkt an der Esplanade ist eines der ältesten seiner Art in Palm Cove. Gäste können sich im tropischen Pool mit Wasserfall aalen oder sich von den hauseigenen Wellnessrezepturen verwöhnen lassen. Wem der Aufenthalt zu teuer ist, kann sich zumindest ein leckeres Mittagessen ($20–30) oder Abendessen (Hauptgerichte ab $35) gönnen, denn die Aussicht von der offenen Terasse ist berauschend. ❼

Palm Cove Camping Ground, 149 Williams Esplanade, 💻 www.palmcovehp.com.au. Am nördlichen Pier; sehr zentral und schön gelegener Platz mit Zelt-/Stellplätzen ohne/mit Strom ($36/44). Kiosk.

Ellis Beach

Ellis Beach Oceanfront Bungalows and Leisure Park, 💻 www.ellisbeach.com. Direkt am Meer, in der Saison *stinger net*, 25 Cabins, alle mit kleiner Küche, AC. Zelt- und Stellplätze ohne und mit Strom (ab $50/60). Großer Pool, Restaurant/Bar. In der Hauptsaison Mindestaufenthalt 3 Nächte. Ab ❺

Atherton Tableland

Westlich der steilen Küstenberge der Bellenden Ker Range erstreckt sich ein fruchtbares, hügeliges Hochplateau, das 600–1000 m hohe **Atherton Tableland**. Die ersten Weißen, die in dieses Gebiet vordrangen, fanden dichten, undurchdringlichen Dschungel mit mächtigen Zedern und Kauri-Bäumen vor. Im Norden fürchtete man die Attacken der Aborigines, die erbittert ihr Land verteidigten. Es kam zu Massakern.

Der Entdeckung von Gold am Palmer River 1873 folgte drei Jahre später der Fund eines weiteren Goldfeldes am Hodgkinson River. Einige Jahre später löste der Abbau von Zinnvorkommen am Herbert River die Goldförderung ab. Siedler rodeten die Urwälder und bebauten die Vulkanerde. Die Besucher finden heute eine liebliche Kulturlandschaft vor: Abgeschliffene Bergkegel – die Überreste einstiger Vulkane – ragen aus der sanft gewellten Ebene. An einigen Stellen gibt es noch Überreste des einst undurchdringlichen Regenwaldes. Oft verlocken Wasserfälle mit kleinen, natürlichen Pools zum Baden.

Auf dem Hochland ist es kühler – im Sommer eine Erleichterung nach dem feucht-heißen Klima an der Küste. Die Winternächte können empfindlich kalt werden; man sollte Pullover und lange Hosen mitnehmen. Nach Westen hin wird die Landschaft trockener und steiniger und nimmt langsam den typischen Outback-Charakter an.

Das nördliche Tafelland

Davies Creek National Park

Vom Kennedy Highway zweigen zwischen Kuranda und Mareeba drei unbefestigte, jeweils rund 6 km lange Stichstraßen in den schönen kleinen Davies Creek National Park ab. Am Ende der Trockenzeit können diese auch mit normalem Pkw befahren werden; am besten erkundigt man sich in den Informationszentren von Kuranda oder Mareeba nach dem aktuellen Straßenzustand. Von mehreren Parkplätzen aus starten ausgeschilderte Wanderungen durch den Park, von der 20-minütigen Rundwanderung zum

QUEENSLAND

Per Rad durch die Atherton Tablelands

- **Länge:** ca. 230 km
- **Dauer:** 5 Tage
- **Schwierigkeitsgrad:** mittelschwer
- **Anreise und Planung:** Cairns Scooter & Bicycle Hire (S. 327) vermietet Fahrräder (rund $150 pro Woche) und organisiert den Transport nach Kuranda. Auch das Busunternehmen Trans North (s. Cairns, Transport) befördert Fahrräder für die Strecke Cairns – Kuranda). In der Scenic Railway sind Fahrräder leider nicht mehr erlaubt.

Obwohl das Klima im Tafelland deutlich kühler ist als an der Küste, lohnt es sich, morgens früh auf den Sattel zu steigen, damit die Tagesetappe bis zum Mittag geschafft ist. Unterwegs gibt es gute Campingplätze, aber auch viele Unterkünfte. Alle Städte bieten zumindest kleine Lebensmittelläden.

Tag 1: Kuranda – Mareeba

- 39 km, 2–4 Std.

Mit dem Bus geht es um 8.30 Uhr von Cairns nach **Kuranda** (Fahrtzeit 40 Min.). Nach einem kurzen Bummel über den Heritage Market beginnt die Radtour mit einem gemächlichen Aufstieg entlang des Kennedy Highways. Nach etwa 23 km zweigt die **Davies Creek** Road in den gleichnamigen Nationalpark ab. Hier gibt es einige gute Mountainbike-Tracks, zudem Picknicktische und zwei Zeltplätze, oder man erfrischt sich in einem

© SHUTTERSTOCK.COM/FILEDIMAGE

der Wasserlöcher. Zurück an der Hauptstraße ist nach weiteren 11 km **Mareeba** erreicht.

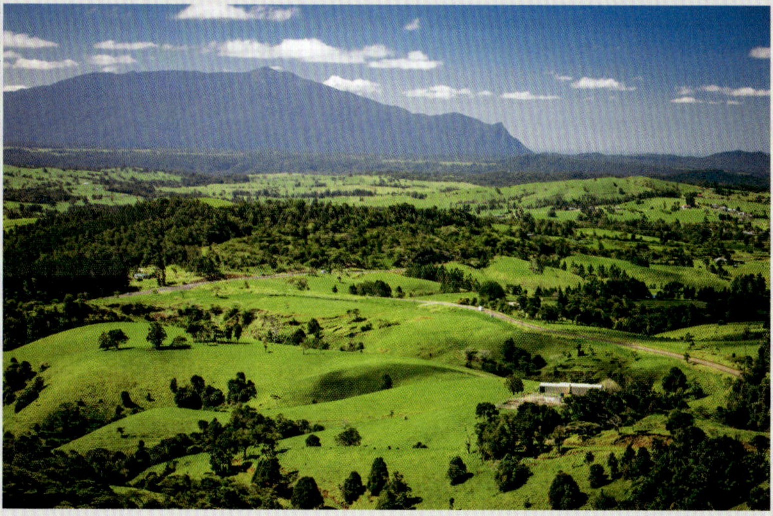

Tag 2: Mareeba – Herberton

■ 53 km, 4–5 Std.

Stetig (aber erträglich) geht es bergauf, bis nach 2–2 1/2 Stunden **Atherton** erreicht ist. Hier gibt es einige Läden und Restaurants. Dann geht's entlang der Atherton-Herberton Road ins verschlafene **Herberton**. Erst auf den letzten Kilometern wird der harte Aufstieg belohnt. Wer die Tour abkürzen möchte, biegt in Atherton links Richtung Malanda ab und folgt der Straße nach Millaa Millaa.

© SHUTTERSTOCK.COM/UWE BERGWITZ

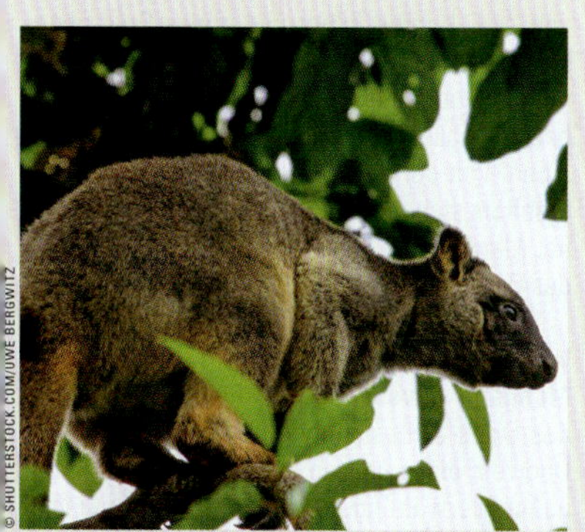

Tag 3: Herberton – Millaa Millaa

■ 39 km, 3–4 Std.

Die Longlands Gap-Herberton Road steigt stetig bergauf, bis sie kurz hinter dem Abzweig zum **Mount Hypipamee National Park** ihren höchsten Punkt erreicht. Auf keinen Fall verpassen sollte man den kurzen Abstecher zum **Millaa Millaa Lookout**. Jetzt beginnt die berauschende Abfahrt ins idyllische **Millaa Millaa**, wo man sich für die Nacht einrichtet.

Tag 4: Millaa Millaa – Yungaburra

■ 38 km, 2–4 Std.

Die 12 m hohen **Millaa Millaa Falls** lohnen einen Besuch. Anschließend geht es nach einem kurzen Anstieg relativ flach über **Malanda** nach **Yungaburra** oder auch direkt zum **Lake Echam**, wo man im Tourist Park im Cabin übernachten oder zelten kann.

Tag 5: Yungaburra – Cairns

■ 66 km, 4–6 Std.

Die harte Arbeit der letzten Tage wird heute mit einer beflügelnden Abwärtsfahrt in der **Gillies Range** belohnt: Auf nur wenigen Kilometern fällt die Straße bis nach Little Mulgrave 800 m ab. Anschließend geht es neben dem Bruce Highway zurück nach **Cairns**.

Aussichtspunkt auf die **Davies Creek Falls** bis hin zu Tageswanderungen.

Sensationelle Aussichten bieten sich bei gutem Wetter auf dem **Turtle Rock Circuit Trail** (8 km, 3–4 Std.) sowie vom **Kahlpahlim Rock Trail** zum Lamb Head (12 km, ca. 7 Std.). Beide sind nur in der Trockenzeit begehbar. Von der Davies Creek Road startet eine weitere sportliche Herausforderung: der ausgeschilderte **Davies Creek Mountain Bike Trail**. Im Bach selbst kann man an mehreren Stellen baden. An zwei schönen Plätzen am Flussufer kann man mit Voranmeldung campen (💻 https://parks.des.qld.gov.au/parks/davies-dinden-bare-hill, $7,25 p. P.); beide verfügen über Toiletten und Picknicktische. Offene Feuer sind verboten.

Mareeba

Die Gegend von Mareeba wird seit Jahrhunderten intensiv zur Landwirtschaft genutzt. Nachdem der Tabakanbau Ende der 80er-Jahre unrentabel wurde, stiegen die Farmer auf Zuckerrohr und Kaffee um, auch Tee und Mangos werden angebaut. Für Besucher sind vor allem die **Mareeba Tropical Savanna and Wetlands** von Interesse.

Die Ausstellung im **Mareeba Heritage Museum and Information Centre**, die bis in den Hinterhof des kleinen Centres hinausgewachsen ist, wirkt etwas angestaubt, hält aber einige interessante Geschichten aus der Vergangenheit bereit. 345 Byrnes St, Centenary Park, 💻 www.mareebaheritagecentre.com.au, 🕒 tgl. 9–17 Uhr.

Kaffeeliebhaber schauen bei **The Coffee Works** vorbei, 136 Mason St, 💻 www.coffeeworks.com.au. Hier wird feinster Arabica-Kaffee geröstet und verschickt, dazu gibt's hausgemachte Schokolode und einen bunten Krimskramsladen mit allerlei hochwertigen Souvenirs. Ein kleines Museum beleuchtet die Geschichte des Koffeinsafts, dazu gehört auch eine Verkostung von einheimischen, importierten und gemischten Kaffeesorten. 🕒 tgl. 9–14 Uhr.

An der Dimbulah Rd nordwestlich von Mareeba lädt **North Queensland Gold Coffee Plantation**, 💻 www.nqgoldcoffee.com.au, zu einem Besuch ein. Hier werden Kaffeebohnen der Sorte Arabica angebaut, gepflückt, sortiert und geröstet. Führungen tgl. 8–17 Uhr, $5.

Auf dem Weg nach Atherton kann man bei der **Mount Uncle Distillery** in Walkamin, 💻 www.mtuncle.com, hereinschauen und die hier hergestellten Liköre kosten (verschiedene Geschmacksrichtungen, z. B. Banane, Kaffee, Maulbeere). Wenn man in Richtung Atherton fährt, nach rechts vom Highway in die Hansen Rd abbiegen und wieder nach rechts in die Chewko Rd. 🕒 tgl. 10–16 Uhr.

Zum Abkühlen eignet sich die 13 km westlich von Mareeba gelegene Granitfelsenschlucht **Granite Gorge**. Dort gibt es Badestellen, einen Wanderpfad durch die Schlucht und zahme Felswallabies, die man füttern kann. Die Schlucht liegt auf Privatgrund, daher Eintritt $15. Zelten auf dem kleinen Campingplatz (ab $36 für 2 Pers.). 💻 www.granitegorge.com.au.

ÜBERNACHTUNG

Jackaroo Motel, 340 Byrnes St, 💻 www.jackaroomotel.com. Modernes Motel mit sauberen Zimmern mit AC. Salzwasserpool. ❻

TRANSPORT

Trans North, 💻 www.transnorthbus.com. Busse von CAIRNS via MAREEBA nach ATHERTON und retour; Details s. S. 335 (Kuranda).

Chillagoe

Der Ort liegt schon im Outback, 200 km westlich von Cairns und 140 km westlich von Mareeba. Seit Ende des 19. Jhs. wurden hier Vorkommen von Zink, Kupfer, Silber und etwas Gold abgebaut. Von der ehemals blühenden Kleinstadt sind nur noch zwei Pubs und ein paar Wohnhäuser geblieben, in denen knapp 150 Einwohner leben. Von der alten Metallschmelze **Old State Smelters** stehen nur noch zwei hohe Schornsteine. Marmor aus einem Steinbruch in der Nähe des Ortes wird sogar nach Italien exportiert.

Besucher machen sich v. a. auf den weiten Weg, um die Tropfsteinhöhlen im **Chillagoe-Mungana Caves National Park** in der Nähe des Ortes zu besichtigen. Die Höhlen sind der Überrest eines uralten Korallenriffs. Die Nationalparkverwaltung veranstaltet jeweils einmal täglich Führungen durch die Donna Cave, Trezkinn Cave und Royal Arche Cave. In den Ferien und an langen Wochenenden herrscht viel Andrang, sodass nummerierte Tickets verkauft werden. Auf jeden Fall schon einige Tage im Voraus beim Info Center **The Hub** anmelden (s. u.). Tour $32; $50 für zwei oder $63 für alle drei Höhlen.

ÜBERNACHTUNG UND ESSEN

Chillagoe Observatory & Eco Lodge, 1 Hospital Ave, www.coel.com.au. Renovierte Cabins und Zimmer, teilweise mit AC und Bad. Zeltplatz ($10 p. P.) und Restaurant. Astronomie-Abende im hauseigenen Observatorium. ❸–❹

INFORMATIONEN

The Hub, 21-23 Queen St; www.qwe.com.au/chillagoe/the_hub.html. Infozentrum mit einer Ausstellung zur Geologie und Geschichte der Region; Café. Verkauf von Eintrittskarten für die Tropfsteinhöhlen; Buchung von Unterkunft. tgl. 8–15.30 Uhr.

TRANSPORT

Der **Savannahlander** (Details S. 328) hält in ALMADEN, von hier aus Anschluss nach Chillagoe.

Das zentrale Tafelland

Lake Tinaroo

Der malerische **Lake Tinaroo** ist bei Familien ebenso beliebt wie bei Fischern, die hier leckere Barramundis aus dem Wasser ziehen. Der gestaute Barron River dient der Bewässerung der Felder von Mareeba und Dimbulah.

Atherton

Das heutige Zentrum des Tafellandes lockt mit einigen hübschen, alten Gebäuden, die Anfang des 20. Jhs. erbaut worden sind. Ein schrägkitschiges Erlebnis sind die **Crystal Caves**, 69 Main St, www.crystalcaves.com.au, künstlich angelegte Höhlen voller Kristalle wie Quarz, Amethyst, Achat usw. in beeindruckenden Farben und Formen. tgl. 9–17 Uhr, Eintritt $25.

Nicht ganz so glitzernd, dafür kulturell bedeutender ist die **Atherton Chinatown**. Viel ist nicht übrig geblieben von der 100-jährigen Geschichte chinesischer Siedler, eine kleine Ausstellung und der restaurierte **Hou Wang Tempel** sind die einzigen Zeugen. Die einmalige Kombination von schlichtem Wellblech für die Außenfassade und prächtigen rot-goldenen Schnitzereien ist schon einen Besuch wert, www.houwang.org.au. Di–Sa 10–14 Uhr, Eintritt $15.

Yungaburra

Das ehemalige Holzfällerdorf hat sich mittlerweile für Touristen herausgeputzt. Mit zahlreichen in der Nähe gelegenen Sehenswürdigkeiten, guten Übernachtungsmöglichkeiten und friedlicher Idylle bietet Yungaburra einen optimalen Ausgangspunkt zur Erkundung des Tafellands. Ein 1,2 km langer, ausgeschilderter Abstecher führt westlich vom Ort Yungaburra zum **Curtain Fig Tree**, einer Würgefeige, die aus 15 m Höhe ihre Wurzeln nach unten getrieben hat. Der ursprüngliche Wirtsbaum stürzte zur Seite und hat einen Vorhang aus Wurzeln gebildet. Weniger bekannt, aber nicht weniger spektakulär ist der **Cathedral Fig Tree**, in den man hineingehen kann. Man erreicht ihn auf der Straße Richtung Gordonvale, der Abzweig ist beschildert.

Crater Lakes National Park: Lake Eacham

Einige Kilometer südöstlich von Yungaburra liegt der kleine Lake Eacham – ein schöner Badesee, eigentlich ein 67 m tiefes Maar in einem ehemaligen Vulkankrater. Ein 4 km langer Spazierweg führt durch den Regenwald um den See herum. Auf der Fahrt zum See lohnt ein kleiner Umweg über den Ort **Peeramon**, eine reizvolle Fahrt über das Land zu einem rustikalen Holzfällerpub.

Crater Lakes National Park: Lake Barrine

Lake Barrine, das zweite Maar, liegt in der Nähe des Gilles Highway, der von Yungaburra nach

QUEENSLAND

Gordonvale führt. Nahe dem Parkplatz wachsen zwei riesige Kauri-Bäume, dort beginnt der 6 km lange Rundweg um den See. Das Teehaus beim Bootssteg serviert deftige Speisen und ist berühmt für seine leckeren *scones* (sprich: skons), kleine süße Brötchen, die mit Erdbeermarmelade und Schlagsahne gegessen werden. Für Rundfahrt und Teehaus 💻 www.lakebarrine.com.au/teahouse.

ÜBERNACHTUNG UND ESSEN

Atherton

Atherton Blue Gum B&B, 36 Twelfth Ave, 💻 www.athertonbluegum.com. Große Zimmer verschiedener Ausstattung, alle mit Bad und herrlichem Ausblick, deftiges Frühstück. Auch Cabins und ein luxuriöses Haus (max. 12 Pers.). Ab ❸

NRMA Atherton Tablelands Holiday Park, 141 Herberton Rd, 💻 www.nrmaparksandresorts.com.au/atherton-tablelands. Schöne Buschlandanlage, Cabins, Van- und Zeltplätze ($29 oder $40 mit Strom), Pool. Ab ❸

Yungaburra

Viele Unterkünfte in allen Preisklassen sowie Cafés und Restaurants.

€ **On The Wallaby**, 34 Eacham Rd, Yungaburra, 💻 www.onthewallaby.com. Das freundliche und gemütliche Hostel hat DZ und Dorms (Bett $30). Von hier oder ab Cairns werden tgl. Tagestouren über das Tafelland geboten (Details S. 325). ❶

Kookaburra Lodge, Eacham St, Ecke Oak St, 💻 www.kookaburra-lodge.com. Nett angelegtes Motel mit Pool, tropischem Garten und Grillplatz inkl. Geschirr für Selbstversorger. ❸

Lake Eacham Tourist Park, Lakes Drive, südöstl. vom Lake Eacham, 💻 www.lakeeachamtouristpark.com. Zeltplätze ($28/35) und Cabins mit Bad und Kochecke; Kanuverleih, Campküche, Kiosk, Café. ❸

Nick's Restaurant, 💻 https://nicksrestaurant.com.au. Schweizerisch-italienisch-australische Küche und alpenländische Atmosphäre. 🕒 Mi–Sa 17.30–20.30, So 16–20 Uhr.

SONSTIGES

Einkaufen

Yungaburra Markets, 💻 www.yungaburramarkets.com. Kunstgewerbe, Eingemachtes und Flohmarktware. 🕒 an jedem 4. Sa des Monats 7.30–12.30 Uhr.

Erntearbeit

In der Region werden Mangos, Avocados und Bananen geerntet. Die besten Chancen auf Arbeit hat man von Nov–Mai.

Informationen

Atherton Tableland Information Centre, Main St, Ecke Silo St, gegenüber von McDonalds, 💻 www.athertontablelands.com.au. 🕒 tgl. 9–17 Uhr.

Yungaburra Visitor Information Centre, Kehoe Place, 💻 www.yungaburra.com. 🕒 Mo–Sa 9–17, So 10–16 Uhr.

TRANSPORT

Trans North Bus, 💻 www.transnorthbus.com. Busse von Cairns via MAREEBA nach ATHERTON und retour, Details S. 335, Kuranda.

Herberton und Ravenshoe

Herberton, das friedliche Dorf in den Hügeln auf 1000 m Höhe, war die erste Siedlung in den Tablelands. Zur Gründung 1880 mussten die Baumaterialien für die **Great Northern Tin Mine** (mittlerweile geschlossen) noch mühsam mit Pferd und Wagen über die steilen Hänge geschaffen werden. Erst die Erweiterung der Kuranda-Cairns-Eisenbahnlinie mit dem Anschluss von Herberton in den 1890er-Jahren erleichterte den Transport. Das ruhige Landstädtchen bietet nun etliche historische Gebäude aus der Blütezeit des Ortes.

In der **Historic Village Herberton**, 6 Broadway, reist man zurück in die Zeit, als Herberton eine umtriebige Minenstadt war. 50 Schuppen wurden auf dem Gelände nachgebaut oder restauriert, von Apotheke, Schule und Supermarkt bis zum Country Pub. Täglich stehen hier zahlreiche Aktivitäten auf dem Programm. Mindestens 2 Std. für den Besuch einplanen! 💻 www.

historicvillageherberton.com.au. ⌚ tgl. 9–17 Uhr, in der Regenzeit 10–16 Uhr, Eintritt $42, Kind $20.

In dem ehemaligen Holzfällerort **Ravenshoe** (sprich: Ravens-hoe) haben sich einige Künstler und Kunsthandwerker niedergelassen.

Das **Nganyaji Interpretive Centre** in der Moore St zeigt eine kleine Ausstellung über die Jirrbal-Ureinwohner der Gegend, die Hüttendörfer im Regenwald anlegten und Aale räucherten. Hier befindet sich auch das **Visitor Information Centre** (s. u.).

Südlich von Ravenshoe erreicht man über die Tully Falls Road die **Little Millstream Falls** (angeblich die breitesten Wasserfälle Australiens) und einen Aussichtspunkt über die **Tully Falls** (25 km). Letztere führen allerdings wegen der Talsperre Koombooloomba Dam nur nach sehr heftigen Regenfällen Wasser.

ÜBERNACHTUNG UND ESSEN

Wild River CP, 23 Holdcroft Drive, Herberton, www.wildrivercaravanpark.com.au. Zelt-/Stellplätze ($30/35) sowie einfache Units mit Küchenzeile und Bad. ❷

Lumholtz Lodge, Kennedy Hwy, Upper Barron, www.lumholtzlodge.com.au. Wer ein Zimmer in ihrem kleinen B&B ergattern kann, sollte es sich nicht entgehen lassen: Die deutsche Auswandererin Margit Cianelli kümmert sich seit Jahrzehnten um verletztes oder verwaistes Wildlife (meist Kängurubabys, die im Beutel ihrer Mutter überlebten, während diese dem Straßenverkehr zum Opfer fiel. Gäste dürfen beim Füttern und Pflegen helfen. ❼

INFORMATIONEN

Herberton Visitor Information Centre, Herberton Rd, ⌚ tgl. 9–16 Uhr.

Ravenshoe Visitor Centre, 24 Moore St, https://tropicalnorthqueensland. ⌚ tgl. 9–16 Uhr.

TRANSPORT

Trans North Bus, www.transnorthbus.com. Von CAIRNS nach KARUMBA via KURANDA und RAVENSHOE Mo, Mi und Fr; zurück Di, Do und Sa.

Das südliche Tafelland

Malanda

Das südliche Tafelland ist ein Zentrum der Milchwirtschaft. Auf den grünen, vormals von dichtem Wald bedeckten Hängen weiden zahllose Kühe. Die **Malanda Falls** am nördlichen Ortseingang sind weniger beeindruckend als die anderen Wasserfällen der Umgebung, aber man kann in der Nähe von einer *Platypus Viewing Platform* Schnabeltiere beobachten.

Die vulkanische Vergangenheit der Region wird in zwei landschaftlichen Besonderheiten deutlich: Der **Bromfield Swamp** südwestlich von Malanda bedeckt einen riesigen ehemaligen Vulkankrater. Noch weiter südwestlich in der Nähe des Kennedy Highway liegt der **Mount Hypipamee National Park**. Dort befindet sich ein Vulkankrater mit einem Eruptionskanal. Spazierwege führen vom Parkplatz durch Regenwald zum Kraterrand (400 m), wo Granitwände steil zu einem 85 m tiefer gelegenen Kratersee abfallen, und weiter zu den Dinner Falls (500 m).

Millaa Millaa

Vom **Millaa Millaa Lookout** am Hwy 24, 6 km westlich von Millaa Millaa, bietet sich ein herrlicher Panoramablick über die mit grünen Weiden bedeckten Hügel und auf den Mt Bartle Frere im Hintergrund, mit 1622 m der höchste Berg Queenslands. Nur in den schmalen Tälern sind noch Reste der ursprünglichen Regenwälder erhalten geblieben. Hier gibt es einige hübsche Wasserfälle. Der **Waterfall Circuit** östlich von Millaa Millaa zweigt vom Palmerston Highway ab. Diese 15 km lange Ringstraße führt zu drei Wasserfällen. Das Wasser der gezähmten, fotogenen **Millaa Millaa Falls** stürzt gleich neben dem Parkplatz in einem breiten Band über die Felsen in einen Pool.

An den **Zillie Falls**, nicht weit von der Brücke, führt ein kurzer Weg an den Beginn und ein weiterer zum Fuß des Falls. Die wilden, düsteren **Elinjaa Falls** jenseits des Picknickplatzes sind von oben kaum zu sehen. Ein Fußweg führt ins Tal hinab zu einem Badeplatz. Etwa 8 km östlich von Millaa Millaa zweigt die Brooks Rd vom Palmerston Highway ab, nach weiteren 2,5 km gelangt man zur **Mungalli Creek Dairy**, einer

Biomolkerei. ⌚ tgl. 10–16 Uhr werden Kostproben der hauseigenen Produkte gereicht, darunter superleckerer Joghurt!

ÜBERNACHTUNG UND ESSEN

Malanda Falls CP, 38 Park Ave, am Weg zum Wasserfall, 💻 www.malandafalls.com.au. Schöne Anlage mit kleiner Farm. Zelt-/Stellplätze ($29/36) sowie einfache, sehr günstige Lodges, Units (einige mit Bad) und moderne, komfortable Villas. ❶–❸

SONSTIGES

Einkaufen

Malanda Markets, tropische Früchte, Lebensmittel, Kunsthandwerk. ⌚ jeden 3. Sa des Monats 7.30–12.30 Uhr.

Informationen

Malanda Falls Visitor Centre, 132 Malanda-Atherton Rd, 💻 www.trc.qld.gov.au. ⌚ tgl. 9–16.30 Uhr.

QUEENSLAND

Savannah Way

Auf einer Strecke von 3700 km verbindet der Savannah Way Broome in Western Australia mit Cairns im tropischen Norden von Queensland. Entlang der Route liegen gleich fünf Unesco-Welterbestätten. Hier nur die Highlights von Queensland. Für diese Ziele ist ein eigenes Fahrzeug erforderlich.

Undara Lava Tubes

Vor 90 Millionen Jahren, so schätzt man, begannen zwei tektonische Platten auseinanderzudriften, und gaben damit das Startsignal für die vulkanische Aktivität unter dieser uralten Erde. Nachdem der Vulkan vor 190 000 Jahren schließlich explodiert war, kühlte sich die Lava auf der Oberfläche rasch ab und erstarrte, darunter aber floss der glühend heiße Strom weiter ins Tal. Dadurch entstand das mit 160 km Länge und bis zu 20 m Breite größte Lavatunnel-System der Erde. Undara, „weiter Weg", tauften die Ureinwohner es. In über 300 Senken, die durch eingestürzte Tunnel entstanden, wächst in der schattigen, feuchten Umgebung heute tropischer Regenwald. Die Tunnel und Höhlen – viele davon noch längst nicht gänzlich erforscht – sind die Heimat verschiedener Fledermausarten, die hier nach Sonnenuntergang in Scharen ins Freie flattern.

Die Tubes können nur auf einer Tour mit Ranger besichtigt werden. Wer den Weg hier raus nimmt, bucht sich am besten gleich für die zweistündige Archway-Tour bei Tageslicht sowie die Wildlife-Tour zu Sonnenuntergang (jeweils $71, Kind $46) ein. Alle Touren sind während der Hauptsaison von Mai bis Oktober schnell ausgebucht.

ÜBERNACHTUNG UND ESSEN

Undara Resort, 💻 www.discoveryholidayparks.com.au. Die ursprünglichen Zimmer dieses idyllischen Outback-Resorts sind in umgebauten Eisenbahnwaggons untergebracht ❺. Dazu gibt es auch klimatisierte Zimmer mit Bad ❻ sowie typisch australische Swag-Zelte ❸. Außerdem Zelt-/Stellplätze ohne/mit Strom ($37/42), Pool, Kiosk, Bar und Restaurant, Tankstelle sowie öffentliches Telefon. Unterkunft unbedingt reservieren!

Mount Surprise Discovery, 💻 https://gdayparks.com.au. Gut ausgestatteter Caravanpark, Zelt- oder Stellplatz ($35/43). Auch Units und Cabins; Campküche, Pool. In der Trockenzeit Lagerfeuer, abends Grillmahlzeiten und Touren zu den Höhlen. ❸–❹

Talaroo Hot Springs

Die natürlichen heißen Quellen liegen im Land der Ewamian-Ureinwohner, und die Anlage rund um die Bäder einschließlich Campingplatz, Boardwalk und kleiner Privatpools werden von Angehörigen dieses Volkes betreut. Zugang zu den Bädern ist nur mit Ureinwohner-Guide erlaubt (Touren mehrmals tgl. $40). Besucher sollten sich unbedingt an die Regeln halten. Wer

© CORINNA MELVILLE

Undara, „weiter Weg“, tauften die Ureinwohner das Netz von Tunneln und Höhlen.

etwas Offenheit mitbringt, wird mit einem tiefen Einblick in die Kultur der Ewamian belohnt.

Das Camp ist nur von Mai bis Oktober geöffnet. Zelt- und Stellplätze $35/43. Außerdem gemütliche Safarizelte. 🖳 www.talaroo.com.au, ❹

ÜBERNACHTUNG UND ESSEN

Cobbold Gorge, 🖳 www.cobboldgorge.com.au. Moderne klimatisierte Cottages, vom Buschland umgeben. Zelt- und Stellplätze ab $46. Geräumige Campküche sowie großes, offenes Restaurant mit Schanklizenz. ❺

Cobbold Gorge

Queenslands jüngste Schlucht – die heutigen Formationen sollen sich erst vor rund 10 000 Jahren gebildet haben – schlängelt sich hier durch imposante, farbenreiche Sandsteinformationen. Ein buntes Labyrinth, das seine imposante Wirkung sowohl in seinen Tiefen als auch aus der Luftperspektive entfaltet. 80 km2 nehmen die steilen Klippen und Wasserwege insgesamt ein. Zugang zur Schlucht hat man nur im Rahmen einer geführten Tour, entweder in einem kleinen Boot oder auf dem SUP-Brett. Touren ab Cobbold Village (3 Std., $117 für Gäste des Resorts, sonst $140) inkl. Zugang zur neuen Glasbrücke oder auf dem SUP (3 Std., $66). Für weitere Touren, Helikopterflüge und Packages 🖳 www.cobboldgorge.com.au.

Von Port Douglas zum Cape Tribulation

Port Douglas

Obwohl Port Douglas mit seinem herrlichen Strand, den Bergen und dem Regenwald des Daintree-Nationalparks vor der Haustür ideal gelegen ist, kamen bis Ende der 70er-Jahre nur wenige Feriengäste hierher. Heute ist „Port“ ein exklusiver, fast ein wenig snobistischer Ferienort mit ausgezeichneten Restaurants, vielen Boutiquen und dem geschäftigen Hafen, wo jeden Tag die Ausflugsschiffe zum Riff ablegen. Immer mehr schicke Apartmentanlagen werden

hochgezogen. Das Städtchen ist aber auch für Budget-Traveller eine überlegenswerte Alternative zu Cairns.

Um 1870 war Port Douglas der Haupthafen des Hohen Nordens und der Ausgangspunkt zu den Goldfeldern am Palmer River und am Hodgkinson River. Nachdem Cairns den Zuschlag für die Eisenbahn ins Hinterland erhielt, fiel der Ort erstmal in die Bedeutungslosigkeit zurück.

Die Lage, 6 km vom Cook Highway entfernt auf einem schmalen Landvorsprung, ist einmalig. Den Osten der Halbinsel nimmt ein 6 km langer Tropenstrand wie aus dem Bilderbuch ein. Vom **4 Mile Beach Lookout** am südöstlichen Zipfel der Stadt blickt man auf türkisblaues

Wasser und die dschungelbewachsenen, hohen Berge im Hintergrund herab. Zentrum des Geschehens ist die **Macrossan Street** mit zahlreichen Unterkünften, Restaurants, Bars und kleinen Läden.

Der Name des **Wildlife Habitat** am Ortseingang ist Programm: In den fünf großen, künstlich angelegten Zonen – Waldgebiet, Feuchtgebiet, Regenwald, Savannah und Vogelgehege – leben jeweils die in diesem Habitat vorkommenden Tiere und Pflanzen. Vor allem gibt es viele Vögel zu beobachten, aber auch Pythons und Süßwasserkrokodile. Plankenwege führen durch das Gelände; sie sind auch Rollstuhlfahrern und Kinderwagen zugänglich. Tagsüber gibt es Führungen und Gelegenheiten, sich mit einigen Tieren fotografieren zu lassen. Sehr begehrt sind „Breakfast with the Birds" und „Lunch with the Lorikeets". Zur Anlage gehört auch eine „Krankenstation", in der verletzte oder kranke Tiere versorgt und auf ihre Rückkehr in die freie Natur vorbereitet werden. ⏲ tgl. 8–17 Uhr, Eintritt $43, Kind $26, $77/50 inkl. Frühstück oder Mittagessen. 💻 www.wildlifehabitat.com.au.

Das älteste, von zerstörerischen Zyklonen verschont gebliebene Gebäude ist das **Old Court House** an der Wharf, Ecke Murphy St, von 1879, in dem ein kleines Museum untergebracht ist. ⏲ Di, Do, Sa und So 10–13 Uhr.

ÜBERNACHTUNG

Hostels

Die Backpacker-Unterkünfte hier sind sehr beliebt – in der Hochsaison Mai–Okt/Nov unbedingt vorbuchen!

Coral Beach Lodge, 1-7 Craven Close, 💻 http://coralbeachlodge.com. Schöne Anlage etwas weiter draußen mit gemütlichen DZ mit Bad; in der Hostel-Abteilung 4–5-Bett-Dorms mit Bad (Bett ab $25). Budget-Restaurant, Pool. ❸

€ **Dougies Backpackers Resort**, 111 Davidson St, 💻 www.dougies.com.au. Sehr angenehmes Hostel im Resortstil. 3–8-Bett-Dorms (Bett $25–28), DZ mit Kühlschrank und TV, alle mit AC; 2-Mann-Zelte im Garten (mit Matratzen und elektr. Licht, $26 p. P.) oder Bungalows für 2 Pers. Pool, Fahrradverleih. Mo, Mi und Sa kostenloser Zubringerbus von Cairns. ❶

Port Douglas Backpackers, 37 Warner St, 💻 http://portdouglasbackpackers.com.au. Geschmackvoll und gut ausgestattetes Hostel im Resortstil. 6–10-Bett-Dorms (Bett $31–36), DZ, beide teilweise mit Bad, alle AC. Pool, Restaurant und Bar für preiswerte Mahlzeiten und Getränke, zentrale Lage; 3 Min. vom Strand. Kostenloser Shuttlebus von und nach Cairns Di, Do und So. ❸

Andere

Besonders in den Schulferien ist es oft schwer, eine preiswerte Unterkunft zu bekommen. In der Regenzeit gibt es evtl. Rabatt, vor allem wenn man etwas länger bleibt. Weitere Informationen und Buchungen bei **Port Douglas Accommodation**, 💻 www.portdouglasaccom.com.au.

Dream Catcher Apartments, 26 Reef St, 💻 www.dcapd.com. Farbenfrohe, kleinere Anlage mit schönem Garten und gut ausgestatteten kleinen Apartments, Pool. Ab ❺

Lazy Lizard Motor Inn, 121 Davison St, 💻 www.lazylizardinn.com.au. Große, moderne Zimmer und voll ausgestattete Studioapartments zu im lokalen Vergleich sensationellen Preisen. Sehr freundliche Betreiber. Pool und Fahrradverleih. Ab ❸

Paradise Links Resort, 70 Nautilus St, Craiglie, gegenüber von Wildlife Habitat, 💻 http://paradiselinks.com.au. Schön gestaltete Resortanlage mit tropischem Garten und 2 lagunenartigen Pools. Hotelzimmer mit Bad und Terrasse sowie gut ausgestattete Apartments mit 1–4 Schlafzimmern. Man kann entlang des 4 Mile Beachs in ca. 40 Min. ins Zentrum schlendern. Ab ❺

Caravanparks

Glengarry Holiday Park (Big 4), Mowbray River Rd, 💻 www.glengarrypark.com.au. Schöne Anlage, 7 km von Port Douglas. Schattige Zelt-/Stellplätze ($48/58 oder $68 mit Bad), Cabins und Villas. Pool. Ab ❸

Pandanus Caravan Park, 97-107 Davidson St, 💻 www.pandanuscp.com.au. Zelt-/Stellplätze ($46/67) sowie Cabins für bis zu 5 Pers. mit

QUEENSLAND

Bad und Kochecke sowie Units. Pool, Kiosk. Ab ❸

ESSEN

Die Macrossan St ist die Ausgehzentrum von „Port". Im **Court House Hotel** gibt es gute Countermeals.

Die **Iron Bar** daneben macht auf Outback-Pub und bietet gute Aussicht auf das Treiben in der Straße, deftige Speisen, und ab und zu Entertainment wie Krötenrennen.

Salsa Bar & Grill, 26 Wharf St, ist der Ort zum Sehen und Gesehenwerden, East-meets-West-Küchenkreationen, die schon Bill Clinton erfreut haben. Vorbestellen! ⌚ tgl. 12–22 Uhr.

Star of Siam, 12 Macrossan St. Gutes und verhältnismäßig günstiges Thai-Food. BYO. ⌚ tgl. 17–22 Uhr.

QUEENSLAND

TOUREN

Bootstouren

Die meisten Anbieter haben eine Niederlassung am Hafen von Port Douglas. Hier kann man bequem das Angebot vergleichen. Viel falsch machen kann man nicht: Oberstes Anliegen aller Anbieter ist der Erhalt des Great Barrier Reefs und die Vermittlung von akkuraten Informationen darüber, wie jeder seinen Teil dazu beitragen kann. Die Preise schließen einen Vortrag über das Riff, Schnorcheln, Erfrischungen und ein gutes Mittagessen ein; Tauchen gegen Aufpreis.

Poseidon, 💻 www.poseidon-cruises.com.au. Katamaran; max. 90 Passagiere. Tgl. zu 3 verschiedenen Stellen im Agincourt Reef; $289, inkl. Schnorcheltour mit einem Meeresbiologen. Hilfsbereit und gut.

Kleines Schiff für Schnorcheltrips

Die **Wavelength** fährt tgl. zu 3 verschiedenen Stellen im Agincourt Reef und ist auf Schnorchel-Exkursionen spezialisiert. Das kleine Schiff bietet Platz für max. 30 Pers. $267 inkl. Mahlzeiten. 💻 www.wavelength.com.au. Die Websites bieten gute, aktuelle Infos zum Zustand des Riffs.

Quicksilver, 💻 www.quicksilver-cruises.com. Tgl. mit dem Katamaran zum Outer Reef, $298. Es werden 3 verschiedene Tauchreviere am Agincourt Reef nordöstlich von Port Douglas angefahren. Große Boote und viele Passagiere, aber superprofessionell organisiert und mehrfach von Lesern empfohlen.

Sailaway, 💻 http://sailawayportdouglas.com. Segeltouren im Luxuskatamaran zum Outer Reef oder zu den Low Isles, als Tagestour oder nachmittags (13–18.30 Uhr), je $307. Auch Sunset-Cruises, $84. Freundlich und professionell.

Bustouren

Die meisten Touren ab Cairns zum Cape Tribulation entlang des Bloomfield Tracks oder hoch zur Cape York Peninsula holen unterwegs Gäste in Port Douglas ab. Details S. 325.

Down Under Tours, 💻 www.downundertours.com. Das Reisebusunternehmen deckt in verschiedenen Kombinationen alle gängigen Ausflugsziele ab. Z. B. Tagestour zum Mossman Gorge und weiter zum Cape Tribulation ($259) oder Speerfischen mit Aboriginal-Guide ($306).

SONSTIGES

Fahrräder

Comet Car Hire, s. o.

Port Douglas Bike Hire, Warner St, Ecke Wharf St, 💻 www.portdouglasbikehire.com. Vermietung von Rädern aller Art; Anlieferung bei mehrtägigenVermietungen gratis.

Informationen

Port Douglas Daintree Tourism, 40 Macrossan St, 💻 www.pddt.com.au.

Port Douglas Visitor Information Centre, 23 Macrossan St, 💻 www.infoportdouglas.com.au. ⌚ tgl. 8.30–17.30 Uhr.

Tauchen und Schnorcheln

Bei den Bootstouren stehen Tauchen und Schnorcheln natürlich ganz oben auf dem Programm.

Blue Dive, 💻 http://bluedive.com.au. Renommierte Padi-Tauchschule. Dreitägiger Open Water-Kurs (1 Tag im Pool, 2 Tage am

Agincourt Ribbon Reef), $900. Außerdem Fortgeschrittenenkurse, Rettungskurse und Unterwasserfotografie-Kurse sowie Touren zum Outer Reef für erfahrene Taucher.

TRANSPORT

Coral Reef Coaches, www.coralreefcoaches.com. 4x tgl. zwischen 8 und 16 Uhr von CAIRNS nach PORT DOUGLAS und 8x tgl. vom Flughafen nach MOSSMAN via Port Douglas und zurück.
Trans North, www.transnorthbus.com. Di, Do und Sa um 6.30 Uhr von CAIRNS via Port Douglas (Ankunft 7.40 Uhr), Mossman und Daintree nach COOKTOWN (Ankunft 11.30 Uhr). In umgekehrter Richtung an den gleichen Tagen um 13 Uhr ab Cooktown, Ankunft in Port Douglas (zur Weiterfahrt nach Cairns) um 17 Uhr. Tickets: Cairns–Port Douglas $31, Port Douglas–Cooktown $86, Port Douglas–Mossman $18.

Mossman

Der schläfrige kleine Ort am Fuße des 1058 m hohen Mt Demi ist die nördlichste Zuckerstadt von Queensland. Das Städtchen eignet sich für einen kurzen Bummel, doch die meisten Touristen kommen hierher, um sich in der malerischen Mossman Gorge zu erfrischen.

Die Schlucht liegt westlich des Ortes im 56 500 ha großen **Daintree National Park**, der vor allem die Bergregion rings um den Mt Carbine und Mt Windsor umfasst, eine der wichtigsten und nur schwer zugänglichen Schutzzonen der Wet Tropics. Am leichtesten zu erreichen ist die **Mossman Gorge** am südlichen Ende des Nationalparks. Vom Parkplatz am Ende der Straße führen Pfade am Ufer des Mossman River entlang durch den Regenwald. Entlang des **Manjal Jimalji Trail** erklären auf rund 4 km Schilder den Gebrauch, den die Ureinwohner von bestimmten Pflanzen machten. An einigen sicheren Stellen im Fluss kann man ein Bad nehmen.

Am Parkplatz liegt das **Mossman Gorge Centre** der **Kuku Yalanji**, der traditionellen Bewohner des Regenwalds. Von hier aus bieten sie geführte Spaziergänge durch den Wald, wobei sie Einblicke in ihre jahrtausendealten Traditionen und Überlieferungen geben. Am Ende werden zu Didgeridoo-Musik Billy Tea und Damper serviert. 2 Std. $90, Kind $45. Auch längere Touren ab Port Douglas, www.mossmangorge.com.au.

ÜBERNACHTUNG

Mossman Gorge B&B, Lot 15, Gorge View Crescent, www.bnbnq.com.au/mossgorge. 2 schön eingerichtete Gästezimmer mit Bad und AC in einem von einem Garten umgebenen Holzhaus. Es gibt auch einen Salzwasserpool. ❻
Newell Beach CP, 44 Marine Parade, Newell Beach, www.newellbeachcaravanpark.com.au. Stellplätze ab $36. Auch Units mit Bad; Salzwasserpool. Am Strand. ❹
Pinnacle Village Holiday Park, Wonga Beach, 24 km nördl. von Mossman, am Strand, www.pinnaclevillage.com. Cabins und Units, die meisten mit Bad und AC; Zelt-/Stellplätze (ab $42/50). 2 Pools, Kiosk. Herrliche, ruhige Lage am Strand. ❹–❻

TRANSPORT

Siehe Port Douglas.

Daintree Village

Die hübsche kleine Ortschaft liegt 11 km westlich der Fähre über den Daintree River, etwa 33 km nördlich von Mossman, aber nicht, wie viele vermuten, mitten im Regenwald – dem begegnet man erst nach der Überquerung des Daintree River. Rings um Daintree Village sieht man vielmehr saftiges Weideland mit friedlich grasenden Kühen.

Zwischen der Fähre und dem Ort haben viele **Ausflugsboote** ihre Anlegestellen, die entweder flussaufwärts durch die Wildnis des anders kaum zugänglichen Nationalparks fahren oder flussabwärts durch die Mangrovensümpfe. Die meisten Veranstalter fahren auf einer Standardroute und unterscheiden sich höchstens durch den Bootstyp.

Flussabwärts durch die Mangroven sind im Winter die Chancen groß, auf Sandbänken im Brackwasser-Gebiet **Krokodile** jeder Größe zu sehen.

ÜBERNACHTUNG

Blaue Schilder weisen auf B&B-Unterkünfte in mehreren Privathäusern hin.

Daintree Riverview CP, Stewart St, Daintree, 💻 www.daintreeriverview.com. Cabins mit Bad sowie Zeltplätze ($30); gute Lage neben den Restaurants und mit Aussicht auf den Fluss. Der Besitzer bietet geführte Spaziergänge und Flussfahrten sowie Bootsverleih. ❸

TOUREN

Auf dem Daintree River werden von zahlreichen Veranstaltern zumeist 2-stündige Bootsfahrten angeboten. Keiner kann garantieren, dass man auch ein Krokodil zu Gesicht bekommt, aber die Chancen stehen vor allem im Winter (Mai–Sep) gut, wenn das Wasser im Fluss so kalt ist, dass sich die Tiere am sonnigen Ufer aufwärmen.

Kap des Trübsals

Ein Schiffsunglück war namensgebend für das lieblos getaufte Cape Tribulation (Kap des Trübsals). Kapitän James Cook lief hier auf seiner ersten Südseereise 1770 auf Grund, ein Ereignis, das beinahe die Geschichte Australiens verändert hätte. Doch nach einmonatigen Reparaturen war das Schiff wieder flott. Die Besatzung setzte ihre Erkundungsreise fort und der Kartograf verewigte die schlechten Erinnerungen an diesen Ort des Unglücks.

Das Kap ist längst nicht der einzige Ort, der seinen unglücklichen Namen den Launen seiner weißen Entdecker zu verdanken hat. Zu den Spitzenreitern zählen die „Eggs and Bacon Bay" (TAS), das „Useless Inlet" (WA), der „Mount Dissappointment" (VIC) und das tasmanische „Nowhere else", das es ironischerweise auch in South Australia gibt.

Daintree River Nature Cruises, 💻 www.daintreerivertours.com.au. Jeden Morgen zu Sonnenaufgang 2-stündige Touren flussaufwärts in den Regenwald; ab Daintree Jetty – die beste Zeit zur Vogelbeobachtung. Außerdem Cruise am Nachmittag, jeweils $70. Renommierter Anbieter.

TRANSPORT

Die Busse zwischen CAIRNS / PORT DOUGLAS und CAPE TRIBULATION halten auf Anfrage im Daintree Village. Näheres s. S. 349 (Port Douglas, Transport).

Daintree National Park und Cape Tribulation

Im Daintree National Park steht der älteste Regenwald der Welt unter Naturschutz – ein dichter Dschungel aus friedlich plätschernden Flüssen, moosbewachsenen Felsbrocken und uralten Bäumen, der sich bis zur Küste erstreckt. Die vom Aussterben bedrohten Kasuare sind hier noch immer beheimatet. Doch weitaus wahrscheinlicher ist die Begegnung mit einem Leistenkrokodil (hoffentlich aus sicherer Entfernung), weshalb man sich von Wasserstellen, an denen das Baden nicht ausdrücklich gestattet ist, besser fernhalten sollte.

Während der südliche Teil des Nationalparks um die Mossman Gorge leichter zugänglich ist, findet man in den abgelegenen Teilen nördlich des Daintree Rivers dichten, nahezu unberührten Regenwald. Obwohl „The Daintree" als Nationalpark ausgewiesen ist und bereits 1988 auf die Unesco-Liste des Weltnaturerbes der Menschheit gesetzt wurden (Wet Tropics of Queensland), sind noch immer viele Grundstücke in Privatbesitz. Seit dem „Buy Back"-Plan (1994) der Regierung Queenslands werden, soweit irgendwie möglich, Privatgrundstücke zurückgekauft und nach und nach in den Nationalpark inkorporiert.

In den Jahren 1983/84 wurde der 30 km lange **Bloomfield Track** von Cape Tribulation nach Cooktown quer durch den Regenwald geschlagen, um eine durchgehende Küstenverbindung nach Cooktown zu schaffen. Die Protestaktionen von Umweltschützern waren vergeblich. Um die Jahrtausendwende wurde die Straße teilweise asphaltiert und mehrere Brücken gebaut, die das Kap auch in der Regenzeit zugänglich machen. Dennoch sollte der Bloomfield Track nur mit 4WD befahren werden.

In die Cape-Tribulation-Region gelangt man nur mit der Fähre über den **Daintree River**. Die **Fähre**, 💻 www.daintreeinfo.com/info/daintree-river-ferry, ist tgl. von 6–24 Uhr in Betrieb; Autos $39 hin und zurück.

Nördlich der Fähre ist die Straße bis Cape Tribulation durchgehend asphaltiert. Die Zahl der Übernachtungsmöglichkeiten in der Cape Tribulation-Region nimmt zu, jedoch sind alle in kleinem Rahmen gehalten und fast alle sind sehr auf Umweltschutz bedacht. Am besten bucht man im Voraus und plant einige Tage Aufenthalt ein. Die Hostels und die meisten anderen Unterkünfte bieten viele Aktivitäten an.

Alexandra Range Lookout

Nördlich des Flusses führt die Straße über 30 km durch dichten Regenwald zwischen dem hohen Küstengebirge und den Stränden zum Cape Tribulation. Der Alexandra Range Lookout ist der erste Haltepunkt nach der Fähre; von hier bietet sich ein herrlicher Ausblick über den Regenwald bis zur Mündung des Daintree River.

Daintree Discovery Centre

Das Daintree Discovery Centre, 10 km nördlich der Fähre, sollte man unbedingt besuchen. Das *Display Centre* informiert umfassend und anschaulich über die Tier- und Pflanzenwelt des Regenwaldes. Man kann den Regenwald auf einem Plankensteg *(boardwalk)* und, sozusagen ein Stockwerk höher, von einem *aerial walkway* begutachten – dabei informieren Schilder über die Bäume, Lianen, Sträucher und Blumen. Die regelmäßig angebotenen Führungen lohnen.

Wer den **Canopy Tower** (Aussichtsturm) hinaufsteigt, wird durch die unterschiedlichen Höhenschichten des Waldes geleitet und oben

QUEENSLAND

staunend feststellen, wie groß der Helligkeitsunterschied zwischen dem Boden und dem Blätterdach des Regenwaldes ist. ⌚ tgl. 8.30–17 Uhr, Eintritt $39, Kind $19, 💻 www.discoverthedaintree.com.

Zum Cape Tribulation

Die **Daintree Icecream Company** weiter nördlich produziert sehr leckeres Eis, ⌚ tgl. 9–17 Uhr. Dann geht es an der **Daintree-Teeplantage**, wo seit 1978 schwarzer Tee produziert wird, vorbei und über den **Cooper Creek** zum regenwaldgesäumten **Thornton Beach**.

Weiter nördlich führt ein 1,1 km langer Plankenweg, der **Marrdja Boardwalk**, ein Stück durch den Küstenregenwald und die Mangroven entlang des Noah Creek. Bis zum Cape Tribulation verläuft die Straße in Küstennähe. Ein weiterer Plankenweg, der 1,2 km lange **Dubuji Boardwalk**, verläuft vom Picknickplatz durch Regenwald, Sumpf und Mangroven zum **Myall Beach**.

Die von freiwilligen Helfern der Australian Tropic Research Foundation betriebene **Research Station** und das **Bat House** haben sich dem Naturschutz verschrieben. Hier kann man sich über das Riff, den Regenwald und dessen Zukunft sowie über mögliche Aktivitäten informieren. Die Mitarbeiter verarzten auch kranke und verwaiste Fruitbats – große Flughunde, die sich von Früchten ernähren. 💻 www.austrop.org.au. Das Bat House wurde zur Zeit der Recherche renoviert, sollte aber bei Erscheinen dieses Buches wieder geöffnet sein.

ÜBERNACHTUNG UND ESSEN

Von Mai–Okt sind die Unterkünfte am Cape Tribulation oft voll, reservieren! Von Süden nach Norden:

Daintree Wilderness Lodge, 1780 Cape Tribulation Rd, Alexandra Bay, 13 km nördl. der Fähre, 💻 www.daintreewildernesslodge.com.au. Das erste konsequent umweltfreundliche Resort in der Gegend, das seitdem viele Nachahmer gefunden hat. Ein Teil des Profits kommt der Rescue Rainforest Foundation zugute. 7 luxuriöse Bungalows mitten im Regenwald, durch Plankenwege miteinander verbunden. Sehr gutes Essen nach Voranmeldung. Spazierwege um die Lodge (oft bekommt man Kasuare zu Gesicht). ❼

€ **Daintree Crocodylus**, Lot 5, Buchanan Creek Rd, 2 km von der Cape Tribulation Rd, 💻 www.daintreecrocodylus.com.au. Schön angelegtes Hüttendorf mitten im Regenwald. 4–6-Bett-Dorms (Bett $40) in luftigen Hütten sowie DZ-Cabins mit Bad. Pool, Küche, Restaurant und Bar, Internet, kleiner Kiosk. Fahrrad- und Kanuverleih; Zahlreiche Aktivitäten und Touren. Mehrmals tgl. Zubringerbus zum 3 km entfernten Strand. Günstige Pauschalangebote ab Cairns mit Tourveranstaltern. Sehr beliebt, in der Hochsaison unbedingt reservieren! ❷–❼

The Epiphyte, 22 Silkwood Rd, Cow Bay, 💻 www.rainforestbb.com. Mehrere Gästezimmer mit Bad. Man benutzt Regenwasser und Solarenergie; Wwoofing möglich. Idyllisch gelegen und preiswert. ❷–❺

Daintree Siesta, Lot 44, Cape Tribulation Rd, Diwan, 16 km nördl. der Fähre, 💻 https://daintreesiesta.com.au. Weitläufige, aber kleinere Anlage. Zelt-/Stellplätze ($35/40) und einfache Zimmer mit Ventilator; Kiosk, Restaurant und Bar. Vogelbeobachtungstouren nach Voranmeldung. ❺

Noah Beach Camping Area, Nationalpark-Zeltplatz am Noah Beach, 8 km südl. von Cape Tribulation. Flließend Wasser, das aber vor dem Trinken gefiltert werden muss. Permit per Online-Buchung unter 💻 https://parks.des.qld.gov.au/parks/daintree-cape-tribulation/camping.html ($7,25 p. P.).

Cape Tribulation Camping, Myall Beach, 💻 www.capetribcamping.com.au. Sehr schöner Campingplatz praktisch direkt am Strand; Zelt- und Stellplätze ($32/37). Campküche, Kiosk.

Wildwood Cape Tribulation, Lot 4, Nicole Dr, Cape Tribulation, 💻 www.capetrib.com.au. 2 sehr schöne Holzcottages auf Stelzen mit Bad sowie ein gut ausgestattetes Holzhaus für 4 Gäste auf einer riesigen Obstplantage. Gäste dürfen sich an den lokalen und exotischen Früchten bedienen. Solarenergie. ❻–❼

Cape Trib Beach House, 152 Rykers Rd, 2 km nördl. vom Kap, 💻 www.capetribbeach.com.au. Schönes Resort mit eigenem Strand. Dorms (Bett ab $35) sowie Cabins und

Apartments mit bis zu 2 Schlafzimmern, alle mit AC. Küche, Internet, Pool, und Alfresco Restaurant Bistro-Bar. Viele Aktivitäten wie Reiten und Touren. ❼

€ **PK's Jungle Village**, Cape Tribulation Rd, Myall Beach, 💻 www.pksjunglevillage.com.au. Hüttendorf für Budget-Traveller mit 5–8-Bett-Dorms (Bett $25) und Cabins (max. 4 Pers.), alle mit AC, einige mit Bad; auch Zelt- und Caravanstellplätze (ab $30). Jede Menge Unterhaltung in der Jungle Bar; preiswertes Restaurant. Viele Aktivitäten und Touren, Fahrradverleih. Ab ❷

EINKAUFEN

General Stores mit Tankstelle gibt es in Cow Bay, beim Rainforest Village und am Cape Tribulation. Der kleine Shopping Complex am Kap hat außer dem Lebensmittelladen auch einen Takeaway, einen Geldautomaten, Reisebüro und Internetzugang.

Der **Mason's Shop**, 2 km südl. des Kaps, verkauft ebenfalls Lebensmittel; es gibt dort auch einen Bottleshop und einen Takeaway – die Fish & Chips sind sehr gut. ⏱ tgl. 8.30–17 Uhr.

AKTIVITÄTEN UND TOUREN

Bootstouren

Cape Trib Wilderness Cruises, 💻 www.capetribcruises.com. Tgl. 1-stündige Fahrt auf dem von Mangroven gesäumten Cooper Creek – nur dieses Boot darf dort verkehren; $34. Auch Nachttouren.

Schwimmen

Krokodile und von Okt–Mai Würfel- und Irukandji-Quallen machen das Baden im Meer gefährlich. Am besten die Einheimischen nach sicheren Badestellen fragen.

Wanderungen und andere Touren

Crocodylus Village, Details s. Übernachtung. Nächtliche Spaziergänge durch den Regenwald ($39).

Cooper Creek Wilderness Experience, 💻 http://coopercreek.com.au. 2-stündige geführte, naturkundliche Tages- oder Nachtwanderungen durch ein sonst nicht zugängliches Stück Regenwald; sehr kleine Gruppen; $85. Die Einheimischen, die diese Touren leiten, sind engagierte Umweltschützer und können viel über die Natur, die Geschichte der Region und die Menschen erzählen.

Jungle Surfing Adventures, 💻 www.junglesurfing.com.au. Großes Tourangebot. Von geführten Tages- und Nachtwanderungen durch den Regenwald ($49), Schnorcheln am Cape Trib ($163) und Reittouren ($129) bis hin zu ein- und mehrtägigen Touren.

TRANSPORT

Trans North, Details s. S. 349 (Port Douglas). Der Bus hält an allen Unterkünften.

Cape York Peninsula

Wie ein Dreieck ragt die Cape-York-Halbinsel in die Arafura-See. Sie umfasst 207 120 km², auch für australische Verhältnisse ein riesiges Gebiet. Noch besteht die Halbinsel überwiegend aus Wildnis – trotz der 30 000 Geländewagen, die sich jedes Jahr zur Trockenzeit auf die lange Tour zur Spitze begeben. Für diese Tour muss man mit Zubehör und Lebensmittel-, Wasser- und Benzinvorräten ausgerüstet sein. Beim RACQ gibt es ein Informationsblatt für die Region.

Von Lakeland bis zum Cape sind es 700 km – man sollte auf eine lange, holperige Fahrt vorbereitet sein. Zwischen Archer River Station, Weipa und Bamaga an der Spitze der Landzunge gibt es auf rund 500 km kein Benzin. Auf der Fahrt sind viele Flüsse zu überqueren; als problematisch gilt der Wenlock River. Auf dem Jardine River verkehrt eine Fähre für Jeeps.

ÜBERNACHTUNG

Die **Zeltplätze der Nationalparkbehörde** (NPRSR) auf der Cape York Halbinsel müssen online gebucht werden. Insgesamt 10 Campingplätze mit unterschiedlicher Ausstattung. 💻 https://parks.des.qld.gov.au.

Von Cape Tribulation nach Cooktown

Bloomfield Track

Vom Cape Tribulation kann man mit Geländewagen die Küstenroute via Bloomfield, Rossville und Helenvale nehmen. Hinter Cape Tribulation beginnt der berühmt-berüchtigte Bloomfield Track, eine steile, staubige Piste. Nach heftigen, lang andauernden Regenfällen kann dieser Straßenabschnitt unpassierbar werden – vorher beim RACQ nachfragen! Normale Pkw können noch bis zum **Emmagen Creek** fahren, wo eine 300 Jahre alte, hohe Würgefeige steht.

Nur Geländewagen dürfen den folgenden Straßenabschnitt befahren, denn auch in der Trockenzeit kann man einige Steigungen der **Donovan** und v. a. der **Cowie Range** nicht mit einem normalen Pkw bewältigen. Von der ersten Passhöhe blickt man weit hinab auf die Küste. Im Regenschatten der Bergkette werden nun die Palmen und Farne von Eukalypten und Pinien abgelöst. Sobald die Cowie Range genommen ist, geht es weiter landeinwärts und steil hinab ins Tal des Bloomfield River.

Nach insgesamt etwa 40 km ist die Furt des gezeitenabhängigen Flusses erreicht. Die Überquerung des **Bloomfield River** bereitet wegen des Causeway meist keine Probleme – nur bei hoher Flut mit heftigen Regenfällen liegt die Betonpiste durch den Fluss tief unter Wasser. Dann sollte jeder daran denken, dass selbst ein Geländewagen kein U-Boot ist und durch den Auftrieb an Bodenhaftung verliert und davongeschwemmt wird.

Jenseits der Furt führt eine unbefestigte, schlecht ausgeschilderte Straße zum **Bloomfield-Wasserfall** (Wujal Wujal). Nach einem kurzen Spaziergang vom Parkplatz ist am Ende des Tals der Wasserfall erreicht, der sogar während der Trockenzeit beeindruckt. Wegen der Krokodile ist Baden im Fluss nicht angeraten. Östlich der Furt liegt die Siedlung **Wujal Wujal**, wo Angehörige der Yalanji-Sprachgruppe leben.

Lakeland

Kommt man dagegen von Cairns oder Mareeba über die mehr im Landesinnern verlaufende Route, den **Mulligan Highway**, führt der Weg über Mt Molloy und Mt Carbine nach Lakeland und von dort in nordöstlicher Richtung nach Cooktown. Im Gegensatz zum Bloomfield Track, der meist durch saftig grünen Regenwald verläuft, ist die Inlandroute eher ein Outback-Trip. Im Palmer River Roadhouse gibt es ein kleines Pioniermuseum. Der Ort Lakeland spielte im 19. Jh. eine wichtige Rolle als Versorgungsstation für die Goldgräber des nahe gelegenen Goldfeldes am Palmer River weiter südlich. Im **Lakeland Coffee House & Store** bekommt man Kaffee aus dem Tafelland.

Black Mountain

24 km südlich von Cooktown ragen drei kahle, pechschwarze Hügel wie Kohlenhalden empor. Sie bestehen aus vielen großen Felsbrocken. Dies ist der sagenumwobene Black Mountain. Viele Neugierige sollen in den Felsspalten auf Nimmerwiedersehen verschwunden sein. Dem Berg werden seltsame magnetische und von den Ureinwohnern auch magische Kräfte zugeschrieben. Wissenschaftler führen die Entstehung des Steinhaufens auf eine Eiszeit vor vielen Jahrmillionen zurück.

ÜBERNACHTUNG UND ESSEN

Bloomfield Track

Bloomfield Beach Camp, 1 km nördl. von Ayton an der Weary Bay, 💻 http://bloomfieldbeach.com.au. Die erste Unterkunft nördl. des Bloomfield Track, 7 km von der Furt. Zeltplatz ($36) und einfache Cabins ❷, Safarizelte ❶ und 1 Cottage ❹.

Home Rule Rainforest Lodge, 💻 www.homerule.com.au. 3 km außerhalb von Rossville am Hartley Creek. Zeltplatz ($26) und sehr einfache Cabins. Reitpferde, Kanuverleih, Tankstelle, General Store, billige Mahlzeiten, Bar. ❶ Im Sep findet auf dem Gelände der Lodge das **Wallaby Creek Festival** statt (alle möglichen Musikrichtungen; viele Bands aus der Region), 💻 www.wallabycreekfestival.org.au.

Lion's Den Pub, 💻 https://lionsdenhotel.com.au. In Helenvale, 27 km südl. von Cooktown; Pub aus Wellblech mit einer Prise rustikaler Outback-

Cape York Peninsula
N
0
200 km
MULGRAVE ISLD.
BANKS ISLD.
PRINCE OF WALES ISLD.
THURSDAY ISLD.
Cape York
Seisia
Bamaga
JARDINE RIVER NP
Great Barrier Reef
Weipa
IRON RANGE NP
Lockhart River (Aborig. Community)
MUNGKAN KANDJU NP
Coen
Princess Charlotte Bay
CAPE MELVILLE NP
Gulf of Carpentaria
Musgrave
LAKEFIELD NP
LIZARD ISLD.
MITCHELL AND ALICE RIVERS NP
Hope Vale (Ab. Community)
ENDEAVOUR RIVER NP
Laura
Cooktown
BLACK MTN. NP
Helenvale
CEDAR BAY NP
Mitchell
Lakeland
Cape Tribulation
DAINTREE NP
MORNINGTON ISLD.
Gununa
BENTINCK ISLD.
Mossman
Pt. Douglas
Mt. Carbine
STAATEN RIVER NP
s. Detailplan Daintree NP S. 351
Mt. Molloy
Cairns
Mareeba
Karumba
Chillagoe
WOOROONOORAN NP
Atherton
Burketown
Normanton
CHILLAGOE MUNGANA NP
Innisfail
Ravenshoe
Mount Garnet
Mission Beach
Norman
Tully
Croydon
Undara Lava Tubes
Gregory Downs
Georgetown
UNDARA VOLCANIC NP
Forsayth
Einasleigh
LUMHOLTZ NP
BOODJAMULLA (LAWN HILL) NP
Ingham
Burke & Wills Road House
Gunpowder
Kennedy Dev. Rd.
Cammoweal
Matilda Hwy.
CAMMOWEAL CAVES NP
GREAT BASALT WALL NP
Charters Towers
Cammoweal Caves
WHITE MOUNTAINS NP
PORCUPINE GORGE NP
Mount Isa
Cloncurry
Julia Creek
Richmond
Hughenden

QUEENSLAND

Atmosphäre, hat wegen der dort versammelten Buschcharaktere und den Graffiti lokale Berühmtheit erlangt. Übernachtung in Safarihütten ❷, schlichten Dongas ❶ (beide mit AC) oder Zelten am Fluss hinter dem Pub ($30).

Mungumby Wilderness Lodge, vom Lion's Den 1 km Richtung Cooktown, dann 4 km rechts ab, 💻 www.mungumby.com. 10 Holzcabins mit Bad, 1 Cottage mit 2 Zimmern und Küche in großem, tropischem Garten. Wanderwege führen zu Wasserfällen und Relikten aus der Zeit des Goldrauschs. ❼

Cooktown

Die (relative) Abgelegenheit des verschlafenen, 2800 Einwohner zählenden Städtchens macht seinen großen Reiz aus, und es ist kaum zu glauben, dass es um 1880 eine der größten Städte in Queensland war. Ein paar zweistöckige Gebäude mit verschnörkelten Veranden in der Charlotte St haben ein Feuer und mehrere Zyklone überstanden und erinnern noch heute an den kurzlebigen Glanz der Goldrauschzeit.

Das Zentrum des Treibens ist die **Charlotte Street**, in der alle Läden, die Post und Bank sowie die alten Pubs und das im Kolonialstil wieder hergerichtete Sovereign Hotel aufgereiht sind. Jenseits der Polizeistation steht am Ufer des Flusses in einem kleinen Park das **Bronzedenkmal** von James Cook und markiert die Stelle, an der er 1770 mit seinem stark beschädigten Schiff angelegt haben soll. Fast sieben Wochen verbrachten Cook und seine Besatzung hier, bis die *Endeavour* wieder seetüchtig war. Die Interaktionen mit den lokalen Ureinwohnern zählen zu den ersten gut dokumentierten Begegnungen zwischen Europäern und australischen Aborigines. Ein älteres, von Kanonen umgebenes Denkmal neben dem Brunnen erinnert ebenfalls an den berühmten Entdecker. Auf dem Bootssteg, der Wharf, treffen sich Fischer zum Angeln.

Die Sammlung des **Cooktown Museum**, ein ehemaliger Konvent in der Helen St, informiert über die früher hier lebenden Ureinwohner, die Quinkan-Felsgalerien bei Laura, James Cooks Segelfahrt, den Palmer River Goldrush und zahlreiche andere Ereignisse. Zu den Ausstellungsstücken gehören Cooks Tagebucheinträge sowie der originale Anker der *Endeavour*. 🕒 tgl. 9–16 Uhr, Eintritt $25, Kind $15.

Ein Spaziergang die Walker St hinauf führt in zehn Minuten zum schattigen **Botanischen Garten**, einem der ältesten in Queensland. Von dort erreicht man über schmale, am Anfang ausgeschilderte Pfade die Strände **Finch Bay** und **Cherry Tree Bay**. Von der Cherry Tree Bay gelangt man über einen Fußweg oder von Westen über eine teilweise unbefestigte Straße zum Leuchtturm auf Grassy Hill – ein schöner Platz für den Sonnenuntergang, aber warm anziehen, denn hier bläst fast immer ein heftiger Wind!

Von der Melaleuca St führt ein 3 km langer Trail durch dichtes Buschland auf den **Mount Cook** (431 m, 3 Std. retour). Wenn man einen der großen Felsen erklimmt, eröffnet sich eine gute Aussicht über die gesamte Bucht. Mittags kann man bei ruhiger See sogar die Korallenriffe unter Wasser sehen.

In einem 15-minütigen Bummel auf der Charlotte St gelangt man am Ortsausgang Richtung Hopevale zum **Pionierfriedhof** in der Boundary St. Die Inschriften auf den bis über 100 Jahre alten Grabsteinen unter duftenden Frangipani-Bäumen berichten über viele bewegende, manchmal zudem kuriose Schicksale auch einiger deutscher Pioniere. Jede Religionsgemeinschaft – Christen, Juden und Chinesen – hat ihre eigene Abteilung. Ein chinesischer Schrein erinnert an die verstorbenen chinesischen Goldgräber, die damals in der Mehrheit waren, deren Gebeine jedoch meist in die Heimat überführt wurden.

ÜBERNACHTUNG

€ **River of Gold Motel**, Hope St, Ecke Walker St, 💻 www.riverofgoldmotel.com.au. Angenehme Motelunits sowie voll ausgestattete Apartments; Pool und Restaurant. Gutes Preis-Leistungs-Verhältnis. ❹

Seaview Motel, 178 Charlotte St, 💻 www.cooktownseaviewmotel.com.au. Motelunits und Apartments mit 2 Schlafzimmern, alle AC, Pool. Schöne Aussicht aufs Meer. Ab ❺

Goldrausch am Palmer River

Das erste Mal bekamen die Aborigines der Gegend Weiße zu Gesicht, als Captain Cook 1770 für mehrere Wochen beim heutigen Cooktown an der Ostküste verweilte, um sein leckgeschlagenes Schiff zu reparieren. Den Ureinwohnern der Cape-York-Halbinsel war danach noch eine Gnadenfrist von 100 Jahren beschieden.
Als sich im Juni 1873 die Kunde vom „River of Gold", dem Palmer River, wie ein Lauffeuer verbreitete, machten sich mobile Glücksritter sofort auf den beschwerlichen Überlandweg. Ein Hafen wurde dringend benötigt. Noch im gleichen Jahr schlug eine Schiffsbesatzung an der gleichen Stelle wie Captain Cook 103 Jahre zuvor ein Zeltlager auf – die Hafenstadt Cooktown war gegründet. Ein paar Monate später legten hier täglich Schiffe an, die Zelte waren zweistöckigen Bauten gewichen. Es gab Lebensmittelgeschäfte und Handwerksbetriebe, vier Banken, 98 Kneipen sowie mehrere Spielsaloons und Bordelle – und alle verdienten prächtig am Boom. Innerhalb von drei Jahren waren 15 000 Weiße und 20 000 Chinesen nach Cooktown und von dort weiter zum Goldfeld geströmt. Die Aborigines wehrten sich mit guerillaähnlichen Überraschungsattacken gegen die Invasoren. Bei den Weißen waren sie als unerbittliche Kämpfer und Kannibalen gefürchtet. Einigen weißen Buschmännern, die mit anderen Aboriginal-Völkern zusammengelebt hatten und mit deren Lebens- und Denkweise vertraut waren, gelang es, Aborigines zu Überfällen auf Chinesencamps zu überreden. Als Revanche für Überfälle auf Weiße wurden dagegen ganze Gruppen meist unschuldiger Ureinwohner, vom Kind bis zum Greis, hingemetzelt. Über die Zahl der Todesopfer gibt es nur ungenaue Schätzungen. Diesen zufolge brachten Aborigines in der Goldrauschzeit etwa 500 Weiße und Chinesen um, während etwa zehn Mal so viele Aborigines ihr Leben lassen mussten. Ortsnamen in der Gegend von Cooktown zeugen noch von der blutigen Vergangenheit: Murdering Gully, Rifle Creek, Battlecamp, Revolver Point und Cannibal River.

Cooktown Peninsula CP, 64 Howard St, 💻 www.cooktownandcapeyork.com/stay/cooktown/peninsulacp. Schattige Zeltplätze (ab $30). 12 Cabins mit AC ❸ sowie günstige Bunkhouse-Zimmer ❶

ESSEN

Balcony Restaurant, im Sovereign Hotel, Charlotte St, Ecke Green St, ✆ 4043 0500. Bestes Restaurant im Ort, gehobene Küche und Preise. Im **RSL Memorial Club** und im **Bowls Club** isst man recht gut – beide Clubs liegen fast nebeneinander in der Charlotte St, schräg gegenüber dem Sovereign Resort.

TOUREN

Bootstouren

Riverbend Cruises, 💻 www.riverbendtours.com.au. Sunset-Cruise auf dem Endeavour River mit kleinen Häppchen und BYO. 🕒 tgl. um 17 Uhr ab Cooktown Boat Ramp, $55.

Rundflüge

Cape Air Transport, 💻 www.cape-air-transport.com. U. a. Flüge die Küste entlang zum Bloomfield River und zurück über den Black Mountain NP, zu verschiedenen Inseln der Torres Strait oder zur Spitze des Cape York. Preise auf Anfrage.

SONSTIGES

Nature's Powerhouse, Walker St, am Eingang des Botanischen Gartens. Galerie mit Ausstellungen einheimischer Künstler, kleiner Laden mit ausgefallenen Souvenirs und nettes Café. 🕒 tgl. 9.30–16.30 Uhr; außerhalb der Feriensaison eingeschränkte Öffnungszeiten.

TRANSPORT

Die **Küstenstraße nach Süden** in Richtung Cape Tribulation (Bloomfield Track) ist wegen einiger Steigungen und Furten auch in der Trockenzeit nur mit Geländewagen befahrbar, nach heftigen

Regenfällen ist sie unter Umständen unpassierbar. Der RACQ informiert über den Straßenzustand. Die **Inlandsroute** (Mulligan Highway) über Lakeland, Mount Carbine und Mount Molloy ist durchgehend asphaltiert und auch in der Regenzeit befahrbar.

Die **Straße** via Lakeland und die Peninsula Developmental Road zu den Aboriginal-Felsgalerien von Split Rock südlich von Laura ist zwar nicht durchgehend befestigt, aber meist mit normalen Fahrzeugen befahrbar.

Nördlich von Cooktown endet nach 15 km jenseits des Flughafens die Asphaltstraße, und die Pisten beginnen. Der Old Battle Camp Track durch den südlichen Lakefield-Nationalpark, am Old Laura Homestead vorbei nach Laura, ist nur mit Geländewagen befahrbar.

QUEENSLAND

Busse

Trans North, 💻 www.transnorthbus.com. Di, Do und Sa um 6.30 Uhr von CAIRNS via Port Douglas (Ankunft 7.40 Uhr), Mossman und Daintree nach COOKTOWN (Ankunft 11.30 Uhr). In umgekehrter Richtung an denselben Tagen um 13 Uhr ab Cooktown. Entlang des Mulligan Highways Mo, Mi und Fr um 6.30 Uhr von Cairns über KURANDA, MAREEBA, MT MOLLOY und PALMER RIVER nach Cooktown (Ankunft 11.15 Uhr). Zurück ab Cooktown am selben Tag um 13 Uhr, Ankunft in Cairns um 17.30 Uhr. Tickets: Cairns–Cooktown $101. Port Douglas–Cooktown $86.

Flüge

Der Flugplatz nördlich des Endeavour River ist bei Überflutungen der Brücke unzugänglich.

Hinterland Aviation, 💻 www.hinterland aviation.com.au. Mit kleinen Maschinen tgl. von und nach CAIRNS.

Die Umgebung von Cooktown

8 km südwestlich von Cooktown steht im **Mulbabidgee (Keatings Lagoon Conservation Park)** ein Feuchtgebiet unter Naturschutz. Vom Parkplatz führt ein Naturlehrpfad zu einem Picknickplatz; nicht weit davon entfernt kann man von einem Versteck *(bird hide)* am Rande des Feuchtgebiets Wasservögel beobachten. Entlang des Pfades sind Pflanzen ausgeschildert, die von den Ureinwohnern, den Gungarde, als Nahrungsmittel und Heilpflanzen genutzt wurden.

32 km nördlich von Cooktown liegt der **Endeavour Falls Tourist Park**, 💻 http://endeavourfalls

Cooks Statue markiert die Stelle, an der Ureinwohner und Europäer erstmals aufeinandertrafen.

touristpark.com.au, wo man mit Erlaubnis in der Wasserstelle am Fuß der Endeavour Falls, die auf Privatgelände liegen, baden kann – keine Krokodile. In der Trockenzeit sind die Kaskaden nur ein Rinnsal.

Lizard Island

Die 1000 ha große, felsige Insel, in deren Buchten 24 (fast) einsame Strände locken, liegt etwa 90 km nordöstlich von Cooktown. Captain Cook strandete 1770 mit seinem Schiff auf dem vorgelagerten Riff und benannte die Insel nach den hier vorkommenden Waranen *(monitor lizards).* Der mit 359 m zweithöchste Berg der Insel trägt ihm zu Ehren den Namen **Cooks Look**. Bis auf einen kleinen Teil, in dem sich ein exklusives Resort befindet, ist die Insel ein Nationalpark.

Die kristallklare **Blue Lagoon** südlich des Airstrip eignet sich zum Schnorcheln und Kanufahren. Eines der besten Tauchgebiete, das **Cod Hole**, mit riesigen Kabeljauen *(potato cod)* und über 150 Jahre alten Klaffmuscheln, liegt in der Nähe. Im Sommer wird es voll auf der Insel, dann kommen Sportfischer, um sich beim Hochseefischen des Black Marlin zu messen.

ÜBERNACHTUNG UND TRANSPORT

Lizard Island Resort, www.lizardisland.com.au. Die Superluxuszimmer kosten ab $3000. Der **Watson-Bay-Zeltplatz** der Nationalparkbehörde hat Plumpsklos und eine Wasserpumpe, deren Wasser allerdings gefiltert werden muss. Informationen und Buchung unter https://parks.des.qld.gov.au/parks/lizard-island/camping.html.
Daintee Air Services, www.airtoursaustralia.com.au. Transfer und Tagestouren in kleinen Flugzeugen ab CAIRNS.

Laura und Quinkan Rock Art Galleries

Den rund 340 km nördlich von Cairns gelegenen Outback-Ort Laura kann man gewöhnlich in der Trockenzeit über Lakeland mit einem normalen Fahrzeug erreichen. Im Umland liegen im **Quinkan Reserve** verborgene Felsmalereien, die zu den eindrucksvollsten in ganz Australien zählen. Nur der Split Rock ist frei zugänglich (den Eintritt von $30 gibt man am Parkplatz in die *honesty box*), alle weiteren Felsmalereien sind nur mit indigenem Guide zu erreichen, s. Touren.

Alle zwei Jahre (ungerade Jahreszahl) treffen sich Ureinwohner für zwei Tage im Juni 16 km südlich von Laura in dem natürlichen Amphitheater Bora Ground zum **Laura Aboriginal Dance & Cultural Festival**, das weit über die Grenzen von Cape York hinaus bekannt ist. www.lauraquinkanfestival.com.au.

An der Abzweigung der unbefestigten Straße Richtung Norden in Lakeland weist eine Hinweistafel auf gesperrte Furten hin.

TOUREN

Jarramali Rock Art Tours, https://jarramalirockarttours.com.au. Johnny Murison vom Volk der Kuku Yalanji bringt Besucher im Kleinbus die steinige Piste hinauf zu seinem „Bush Hilton": Eine offene Hütte mit Küche und Terrasse direkt an der Klippe. Ringsherum stehen Zelte und eine Busch-Toilette. Direkt am Abhang darf man sich im natürlichen Infinity-Pool abkühlen. Die Felsmalereien der sogenannten „Magnificent Gallery", von hier aus auf einem kurzen Spaziergang zu erreichen, sind mindestens 20 000 Jahre alt und erzählen die Geschichte der einstigen Bewohner. Drumherum liegen unzählige weitere Rock Art Sites, die man je nach Fitness auf Anfrage abwandern kann. Ein unvergessliches, authentisches Erlebnis! 2-Tage-Tour $1000, 3 Tage $1500. Wer wirklich sicher im Offroad-Fahren ist, kann die „Tag-along-Tour" buchen (eigenes 4WD, Zelt und Essen mitbringen), $350/$500 für ein/zwei Nächte.

Outback

Das weite, flache Land westlich der Höhenzüge der Great Dividing Range, vom Gulf of Carpentaria bis zum Channel Country an der Grenze zu South Australia, ist von Straßen und Pisten durchzogen. Die Orte und landschaftlichen Attraktionen liegen jedoch isoliert voneinander über das gesamte Land verstreut. Einen Eindruck vom Outback Queenslands gewährt die

Durchreise von Townsville ins Northern Territory über den **Barkly** und **Flinders Highway**. Parallel dazu verläuft im Süden der **Capricorn** und **Landsborough Highway** über Emerald (S. 292), Longreach und Winton. Wer Zeit hat und ein anderes Queensland erleben möchte, sollte sich hier etwas umsehen.

Im Sommer (Dez–Feb) kann es hier im Landesinneren unerträglich heiß werden, 45 °C sind keine Seltenheit. Im Winter dagegen sind die Nächte empfindlich kalt. In der Regenzeit werden die Pisten im Gulf Country unpassierbar. Weiter im Landesinneren sind die Niederschläge unregelmäßiger, aber wenn es regnet, treten im Channel Country unzählige Flüsse über die Ufer.

Aus **Winton**, wo die australische Fluggesellschaft Qantas gegründet wurde, stammt auch das überall bekannte Lied *Waltzing Matilda*. Diesen beiden uraustralischen Ikonen ist das große **Waltzing Matilda Centre** gewidmet, das Mitte 2015 komplett niederbrannte und inzwischen seine Pforten wiedereröffnet hat, 💻 www.matildacentre.com.au. Eintritt $36, Kind $16. 🕒 Mo–Fr 9–17, Sa und So 9–15 Uhr.

So ausgedörrt das Land westlich der Great Dividing Range auch erscheinen mag, tief unter dem Spinifex-Gras, dem Sand und den Steinen liegt ein riesiges Wasserreservoir. Artesische Brunnen garantieren auch den abgelegenen Cattle Stations eine ständige Wasserversorgung. Die Windräder der Bohrstellen, die man in jeder Siedlung sieht, sind das Symbol des Outback. Die größte Stadt und das Zentrum des Westens ist die Bergwerksstadt Mt Isa. Viele andere Orte sind Überbleibsel prosperierender Bergwerkssiedlungen und heute Versorgungszentren für die Cattle Stations.

Mount Isa

Mt Isa liegt auf halbem Weg zwischen Townsville und Tennant Creek. Nach langer Fahrt durch die eintönige Outback-Landschaft haben die am Horizont auftauchenden, hohen, rauchenden Schlote der Mt Isa Mines auf müde Fahrer den gleichen Effekt wie sonst nur die Dattelpalmen einer Oase – Erleichterung, nun ist es nur noch ein Katzensprung zu den Annehmlichkeiten der Zivilisation. Etwa 18 500 Einwohner aus fast 50 Nationen hat die Stadt, und so rentieren sich mitten im Outback auch so urbane Dinge wie ein 4-Sterne-Hotel, ein Theater und eine abwechslungsreiche Restaurantszene.

Die Stadt liegt auf riesigen Vorkommen von Kupfer, Zink, Blei und Silber. Diese Ressourcen werden seit 1924 in einem der größten Untertagebergwerke der Welt abgetragen. **Mount Isa Mines** (betrieben von Glencore) ist einer der größten Einzelproduzenten der Welt von Kupfer, Silber und Blei. Nun aber soll der Abbau von Kupfer bis 2025 eingestellt werden.

Führungen unter Tage gibt es dort nicht, stattdessen beim **Outback at Isa Centre**, 19 Marian St, 💻 www.mietv.com.au, durch die Touristenmine **Hard Times Mine**: 🕒 tgl. 8.30–16.30 Uhr (2 Std. $85). Unbedingt reservieren!

Teil des Zentrums sind auch die **Isa Experience Heritage Display** ($16), ein modernes, interaktives Regionalmuseum, der 3 ha große **Outback Park** mit Lagune und Wasserfall und das eindrucksvolle **Riversleigh Fossils Centre** ($25), das Fossilienfunde der Riversleigh Station am Gregory River präsentiert. Dort werden seit 1982 die Knochen prähistorischer Tiere – unter anderem fleischfressende Riesenvögel und Fledermäuse, Beutellöwen und riesige Pythonschlangen – ausgegraben, die ein Fenster in eine seit Millionen Jahren vergangene Welt eröffnen.

Auch das Visitor Information Centre, das Busterminal und ein Café befinden sich im **Outback at Isa**, alle Auskünfte und Buchungen dort (Details s. u.).

Während der Schulzeit kann man um 10 Uhr die **School of the Air**, Abel Smith Parade, 💻 https://mtisasde.eq.edu.au, besuchen und den Fernunterricht per Radio miterleben.

ÜBERNACHTUNG

Ein Großteil der Unterkünfte in Mt Isa ist unter der Woche von Bergleuten belegt – Besuchern wird geraten, für diese Zeit im Voraus ein Zimmer oder eine Cabin in dem Caravanpark zu reservieren.

Travellers Haven Backpacker Hostel, Spence, Ecke Pamela St, 💻 http://travellershaven.com.au. Einfaches, älteres Hostel, das hauptsächlich

© TOURISM AUSTRALIA

Die Skulpturen der Donnervögel, flugunfähige Riesenemus, erinnern an eine längst vergangene Zeit.

QUEENSLAND

Arbeiter beherbergt. 3–5-Bett-Dorms (Bett ab $35), EZ/DZ mit Bad auf dem Flur. Alle AC. ❶
Ibis Styles Verona, Rodeo Dr, Ecke Camooweal St, 🖳 www.ibis.com. Saubere, geräumige Zimmer. Pool, Restaurant und Großstadtflair. ❻
Sunset Top Tourist Park, 14 Sunset Drive, 🖳 www.sunsettop.com.au. Zelt-/Stellplätze ($35/45). Außerdem Cabins und Holidayunits, alle mit AC, Pool, Kiosk. Ab ❸

SONSTIGES

Festivals

Das **Mount Isa Rodeo**, 🖳 www.isarodeo.com.au, zieht jedes Jahr im August bis zu 25 000 Zuschauer und über 300 Jackaroos an – es gilt als das größte in Australien.

Informationen

Outback at Isa, 19 Marian St, 🖳 https://discovermountisa.com.au. 🕒 tgl. 8.30–17 Uhr.

TRANSPORT

Busse

Greyhound, Outback at Isa Centre, 🖳 www.greyhound.com.au. 3x pro Woche von TOWNSVILLE nach Mount Isa und zurück. 1x pro Woche nach TENNANT CREEK und zurück.
Außerdem Mo–Fr 1x tgl. von BRISBANE über TOOWOOMBA, LONGREACH und WINTON nach Mount Isa und zurück.

Eisenbahn

Der Bahnhof befindet sich in der Station St. Informationen und Buchung bei:
QueenslandRail, 🖳 www.queenslandrailtravel.com.au.
Inlander via Charters Towers nach TOWNSVILLE, Abfahrt Do und So um 13.30 Uhr, Ankunft Fr und Mo um 10.10 Uhr.

Flüge

Qantas, 🖳 www.qantas.com.au.
Unterhält Verbindungen nach BRISBANE, CLONCURRY und TOWNSVILLE.
Rex, 🖳 www.rex.com.au.
Verbindungen nach CAIRNS, TOWNVILLE, BRISBANE und viele kleine Städte in Queensland.
Virgin Australia, 🖳 www.virginaustralia.com.
Verbindungen nach BRISBANE und CLONCURRY.

ULURU; © CORINNA MELVILLE

Northern Territory

Der große rote Felsen, der sich aus der öden Wüste erhebt, ist das Wahrzeichen Australiens und ein Anblick, der seine Wirkung nie verliert. Für die Ureinwohner haben der Uluru, die benachbarten Olgas (Kata Tjuta), aber auch die Nationalparks von Kakadu und Litchfield im hohen Norden große spirituelle Bedeutung. Im Northern Territory erhalten Besucher tiefe Einblicke in die komplexe, uralte Aborigine-Kultur.

Stefan Loose Traveltipps

Darwin Ein Bummel über den pulsierenden Sunset Market am Mindil Beach enthüllt den Charme dieser Tropenmetropole. S. 372

Litchfield National Park Von Wasserfällen und tropischem Regenwald umgeben, kann man hier krokodilfrei baden. S. 383

10 **Kakadu National Park** Abenteuerland auf 20 000 km²: Zwischen Büffeln, Krokodilen und den ältesten Felsmalereien der Welt. S. 387

Nitmiluk (Katherine Gorge) Auf einer Paddeltour durch diese mystische Schlucht entdeckt man die Spuren einer uralten Kultur. S. 395

MacDonnell Ranges Schluchten und verwitterte Bergketten, die Besucher mit ihren Farbenspielen beeindrucken. S. 410

11 **Uluru** Wer um Uluru und im Valley of the Winds wandert, kann die uralte Welt Zentral-Australiens verstehen lernen. S. 427

ROSAKAKADU; © FOTOLIA / ANDREA IZZOTTI

ALICE SRINGS; © CORINNA MELVILLE

Wann fahren? Im Herbst und Winter (April–Sep) ist das Klima am angenehmsten

Wie lange? 7–14 Tage

Bekannt für Aborigine-Kultur, zauberhafte Farbspiele in den Felsen und Schluchten, wilde Kamele, flirrende Hitze und Fliegen

Updates und eure **Kommentare** zu diesem Kapitel auf www.stefan-loose.de unter **eXTra [11426]**

Der riesige rote Felsmonolith, der so unerwartet aus dem kargen Flachland herausragt, ist seit jeher Wahrzeichen und Lockvogel des australischen Tourismus. Viele haben Australien erst so richtig gesehen, wenn sie einmal um den Uluru gewandert sind (der Aufstieg ist seit 2019 verboten). Kein Wunder, dass der Felsen zum Ort des Massentourismus geworden ist, daran mag auch seine unfassbar abgelegene Lage, 470 km von Alice Springs und jeweils mehr als 2000 km von Sydney und Perth entfernt, nichts ändern.

Aber das Northern Territory hat noch viel mehr zu bieten: Im hohen Norden liegt der **Kakadu National Park**, eine Savannenlandschaft und ein Feuchtgebiet mit unzähligen Wasservögeln, Krokodilen und Dingos, Wasserfällen und Aboriginal-Malereien in Felsgalerien. Dazu kommen weitere einzigartige Naturkulissen wie die **MacDonnell Ranges**, die mystischen Schluchten von **Nitmiluk** oder die Wasserfälle und Felsenbecken im **Litchfield National Park**.

Die Zahlen zeichnen schon ein Bild: Mit rund 1,35 Mio. km² nimmt das Northern Territory ungefähr ein Sechstel der australischen Landmasse ein und ist fast viermal so groß wie Deutschland. Nur rund 246 000 Menschen leben hier, die weitaus meisten davon in **Darwin** (140 000) und **Alice Springs** (25 000). Der Rest wohnt in kleineren Ortschaften, riesigen, isolierten *cattle stations*, Bergarbeitersiedlungen oder Niederlassungen der Aborigines. Das Northern Territory hat mit etwa 25,5 % den höchsten Aboriginal-Bevölkerungsanteil Australiens. Seit dem Erlass des Aboriginal Land Rights Act 1976 wurden etwa 50 % des Northern Territorys an Vereinigungen traditioneller Aboriginal-Besitzer, die Aboriginal Land Trusts, übergeben. Diese Aboriginal-Länder dürfen nur mit offizieller Erlaubnis besucht werden; Ausnahmen sind die Nationalparks, für die z. T. Eintritt verlangt wird. Zu einigen Festivals dürfen Besucher für einen oder mehrere Tage auch ohne diese Erlaubnis Aboriginal-Land betreten.

Touristisch vermarktet werden zwei Regionen: Das **Top End** umfasst grob die Region von Darwin bis Katherine, inklusive des Kakadu National Parks. Alice Springs, die MacDonnell Ranges, Watarrka, Uluru und Kata Tjuta liegen im **Red Centre**.

Vorwahl

Für das gesamte Northern Territory gilt die Vorwahl 08.

In der Regenzeit breiten sich die Lagunen und Billabongs in den Ebenen, den *flood plains*, zu kilometerweiten Seen aus. Die Flüsse im Landesinneren sind ausgetrocknet, können aber nach heftigen Regenfällen zu reißenden Strömen anschwellen und über die Ufer treten.

Klima und Reisezeit

Im Top End herrscht tropisches **Monsunklima** mit einer ausgeprägten Regenzeit („wet season") von November bis April, während der fast die gesamte jährliche Niederschlagsmenge von durchschnittlich 1800 mm fällt, und einer ebenso ausgeprägten Trockenzeit („dry season") von Mai bis Oktober. Die durchschnittlichen Tageshöchsttemperaturen schwanken zwischen 31 °C und 36 °C. Die Luftfeuchtigkeit ist von Ende August bis Mai extrem hoch. Besonders heiß und unerträglich ist die Periode kurz vor Beginn der Regenzeit von Mitte September bis Anfang November. In dieser Zeit entstehen **Glutstürme** *(electrical storms)*. Darwin gilt als die Stadt, in der die meisten Blitze der Welt einschlagen! Die Einheimischen nennen diese Zeit die *build-up season* oder drastischer *suicide season.*

Meist wird empfohlen, wegen der heftigen Regenfälle und der damit verbundenen Überschwemmungen, die viele Wege und Straßen unpassierbar machen, das Top End während der Regenzeit zu meiden. Es gibt jedoch einige gute Gründe, dieser Gegend gerade dann, oder besser noch kurz danach, einen Besuch abzustatten. In der Trockenzeit ist alles staubig, Wasserfälle und Flüsse sind auf Rinnsale reduziert, die fahlen Farbtöne gelb-braun und olivgrün beherrschen die Landschaft.

In der Regenzeit dagegen scheint sich das Top End in ein anderes Land zu verwandeln: Überall wuchern leuchtend grüne Pflanzen, das Speergras kann man fast wachsen sehen – am Ende der Regenzeit ist es 5 m hoch. Die Flüsse

Northern Territory
N
0
200 km
BATHURST ISLD.
Nguiu
MELVILLE ISLD.
Coburg Peninsula
s. Detailplan Umg. Darwin S. 383
Nhulumbuy
Darwin
Arnhemland
Jabiru
Batchelor
LITCHFIELD NATIONAL PARK
Adelaide River
KAKADU NATIONAL PARK
ABORIGINAL LAND
Joseph Bonaparte Gulf
Daly River
Pine Creek
NITMILUK (KATHERINE GORGE) NP
GROOTE EYLANDT
ABORIGINAL LAND
Katherine
Roper Bar
Gulf of Carpentaria
Mataranka
Wyndham
Timber Creek
KEEP RIVER NP
Kununurra
Victoria River
Larrimah
Borroloola
GREGORY NATIONAL PARK
Daly Waters
Barkly Tableland
Top Springs
Cape Crawford
Dunmarra
Lake Argyle
Newcastle Waters
Elliott
Wollogorang
Kalkaringi
Halls Creek
Lajamanu
Renner Springs
Tanami
Desert
Three Ways Roadhouse
Barkly Homestead
Tennant Creek
Camooweal
Tanami
Rabbit Flat Roadhouse
Wauchope
Barrow Creek
Plenty Hwy.
Lake Mackay
Yuendumu
Ti-Tree
Aileron
WESTERN AUSTRALIA
QUEENSLAND
1220
MacDonnell Range
TJORITJA/WEST MACDONNELL NP
Glen Helen
Alice Springs
Lake Neale
Ross River Homestead
FINKE GORGE NP
Hermannsburg
WATARRKA NP
Kings Canyon
Lake Amadeus
s. Detailplan Das Rote Zentrum S. 414
Kaltukatjara (Docker River)
Yulara
Erldunda
Uluru
ULURU-KATA TJUTA NP
Kulgera
NORTHERN TERRITORY

und Wasserfälle in den Nationalparks sind mit ihrer Wasserfülle während dieser Zeit am eindrucksvollsten. Nicht alle Wege sind überflutet – oft scheint auch die Sonne. In der Trockenzeit kann man dafür müheloser Tiere zu Gesicht bekommen, die sich an den begehrten Wasserlöchern zusammendrängen. Das Klima ist wegen der geringeren Luftfeuchtigkeit wesentlich angenehmer; auch von Moskitos bleibt man eher verschont.

Das rote Zentrum wird von kontinentalem **Wüstenklima** mit extremen Temperaturen bestimmt. Im Winter wird es nachts eisig kalt, in Alice Springs und beim Uluru (Ayers Rock) sinkt das Thermometer bis auf den Gefrierpunkt. Tagsüber erwärmt es sich aber auf knapp über 20 °C bei fast ständig klarem Himmel und Sonnenschein. Die Sommer sind heiß mit nächtlichen Temperaturen um 20 °C und Tagestemperaturen bis zu 40 °C, manchmal sogar 45 °C, oft kommen dann Staubstürme auf. Das Klima ist trocken, der durchschnittliche jährliche Niederschlag beträgt 280 mm. Regen fällt dort unregelmäßig, am häufigsten aber zwischen November und März.

Flora und Fauna

Entsprechend den unterschiedlichen Klimazonen gibt es im Northern Territory eine sehr unterschiedliche Flora und Fauna. An der Küste und in der Nähe der Flüsse, Seen und Billabongs wachsen Mangroven, Bambus, Pandanus- und Carpentaria-Palmen, Wasserlilien und wilde Orchideen. Aus Asien eingeführte Lotosblumen haben sich inzwischen unkontrollierbar vermehrt. Hinzukommen vereinzelt Monsunregenwälder. In den Sümpfen und trockeneren Gebieten sind Papierrindenbäume, *ironwood*, *bloodwood* und *cypress pine* anzutreffen. Die Feuchtgebiete des Nordens sind ein Paradies für **Wasservögel**. Es gehört zu den Höhepunkten eines Northern-Territory-Besuchs, frühmorgens die riesigen Vogelschwärme zu beobachten: Laubenvögel *(bowerbirds)*, Kormorane, Reiher *(heron)*, Adler, Eisvögel *(kingfisher)*, Brolga-Kraniche, Spaltfußgänse und den majestätischen *jabiru*, eine Storchenart, das Wahrzeichen des Northern Territory.

Aber das Northern Territory beherbergt auch einige wenig menschenfreundliche Mitglie-

Baden verboten: Die meisten Gewässer im Top End werden von Leistenkrokodilen bewohnt.

der des Tierreichs. An erster Stelle steht das **Krokodil**, genauer gesagt das Leistenkrokodil. (Das kleinere Süßwasserkrokodil *Crocodylus Johnsoni* gilt als harmlos.) Der Name „Leistenkrokodil" *(Crocodylus porosus)* sollte nicht allzu wörtlich verstanden werden: Die kolossalen, aber dennoch erstaunlich agilen Tiere können mit der Tide flussaufwärts wandern und sich in einem vom Meer weit entfernten Wasserloch verstecken. Dort lauern sie auf ihre Beute, zu der auch größere Tiere (z. B. Hunde) und Menschen gehören können, falls diese so unvorsichtig sein sollten, sich in ihre Nähe zu begeben. Bevor man also im Norden in irgendein Wasserloch springt oder im Meer schwimmen geht, sollte man Einheimische fragen, ob es hier Krokodile gibt. Ein Picknick am Flussufer oder das Durchwaten eines trüben Wasserlaufs sind nicht zu empfehlen.

Außerhalb Australiens weniger bekannte, aber ebenfalls lebensgefährliche Tiere machen während der Regenzeit, vereinzelt auch in der Trockenzeit, das Meer im tropischen Norden Australiens unsicher: die **Box Jellyfish**, Quallen, deren Tentakel bei Berührung mit der Haut ein ungeheuer schmerzhaftes, u. U. lebensgefährlich wirkendes Gift absondern. Man nennt sie auch *sea wasps* oder allgemein *marine stingers*. Moskitos, Fliegen und Sandfliegen können Besuchern die Wanderungen vermiesen. An **Termiten** hingegen brauchen sich Reisende nicht zu stören; die mehrere Meter hohen Termitenhügel des Northern Territorys sind sogar ein beeindruckender Anblick.

Im trockenen Süden des Northern Territorys geht grüne Savanne langsam in Steppe, im Osten und Westen in baumloses Grasland und schließlich in Sandwüste über. Im Sandboden Zentral-Australiens wachsen zähe **Wüstenpflanzen** wie das widerstandsfähige Spinifex-Gras, Mulga-Sträucher sowie vereinzelt Wüsteneichen *(desert oak)* und dem Wüstenklima angepasste Eukalypten wie die Ghost Gums. Die leuchtend rote Farbe des Sandes rührt von seinem Eisenoxidgehalt her. Nach Regenfällen im Frühjahr grünt und blüht es in der Wüste, der rote Sand ist dann von einem bunten Blumenteppich bedeckt. Aber auch die Insekten lieben das Nass: Moskitos und Fliegen können Besuchern die Wanderungen vermiesen; Fliegennetze, die das Gesicht abdecken, gibt's in sämtlichen Souvenirläden und Informationszentren, oft sogar an der Tankstelle zu kaufen.

Zugegeben: Es gibt auch viele giftige und ungiftige **Schlangen**, in der Regel nehmen sie aber Reißaus. Festes Schuhwerk (Wanderschuhe mit dicken Socken) ist für *bushwalking* trotzdem angebracht. Oft wird man auch *Goannas* begegnen, einer harmlosen, großen **Eidechsenart** (anderswo Leguan oder Iguana genannt). Skurril sieht die Krageneidechse *(frill neck lizard)* aus, wenn sie vor Aufregung und zur Abschreckung ihren Kragen aufbläst. Das bedrohliche Aussehen des Dornteufels *(thorny devil; Moloch Horridus)* ist nur Fassade, das Tier tut höchstens einer Fliege etwas zuleide – und das kann nur willkommen sein! Mit etwas Glück kreuzt man im Roten Zentrum den Weg eines **Riesenwaran**, einer bis zu 2 m großen Echse von erstaunlicher Gemütlichkeit.

Neben weiteren Eidechsenarten, Schlangen, Dingos, Kängurus und Wallabies streifen in Zentral-Australien Herden wilder **Pferde**, *brumbies* genannt, wilder **Kamele** und wilder **Esel** durch das Land – Nachkommen der von Forschern auf ihren Inlandsexpeditionen mitgebrachten Tiere. Die wilden Kamele vermehrten sich so stark, dass sie ein ernsthaftes Umweltproblem darstellten. Laut Schätzungen beheimaten Australiens Wüsten über eine Million wilder Kamele, mehr als jedes andere Land der Welt. „Selektive Schlachtungen" lösen immer wieder große Entrüstung aus, aber die Kamelbevölkerung nimmt dennoch weiterhin zu.

Im Top End haben sich aus Asien eingeführte **Wasserbüffel** zur Landplage entwickelt und werden abgeschossen. Die halbwilden Tiere sind aggressiv und können Menschen gefährlich werden. Auch die verhassten *cane toads* sind bis ins Northern Territory vorgedrungen. Die ursprünglich auf dem amerikanischen Kontinent beheimateten, hochgiftigen **Kröten** wurden 1935 zur Schädlingsbekämpfung auf den Zuckerrohrfeldern von Nord-Queensland ausgesetzt. Es erwies sich als ein Versuch, den Teufel mit dem Beelzebub auszutreiben. Ihre unglaubliche Fruchtbarkeit, gepaart mit einem Mangel an natürlichen Feinden, machte sie zu einem der übelsten eingeführten Schädlinge Australiens. Unaufhaltsam war und ist ihr Vormarsch nach Süden und Westen: Mittlerweile verteilen sie sich auf ein Gebiet von 500 000 km² des Kontinents, einschließlich des Kakadu NP und Darwin. Gegen ihr Vordringen nach Western Australia wird heftig gekämpft, trotzdem breiten sie sich Jahr um Jahr um weitere 40–60 km aus.

Wirtschaft

Uranpecherz wurde im Northern Territory ab 1953 abgebaut und entfachte einen jahrzehntelangen Streit um den Ausbau des Uranbergbaus. Im Januar 2021 wurde die letzte Mine – die Ranger Uranium Mine bei Jabiru im Kakadu National Park – geschlossen. Weitere Bodenschätze, deren Förderung umstritten ist, sind **Bauxit**, das im Arnhem Land abgebaut wird. **Gold** erweist sich als beständige Einkommensquelle mit mehr als 20 Mio. Unzen, die bereits gefördert wurden. Das meiste davon stammt aus den Minen von Pine Creek, Tennant Creek und Tanami.

Die **Cattle Stations** des Northern Territorys erstrecken sich über immense Gebiete, manche sind so groß wie ein kleiner europäischer Staat. Seit den frühen Tagen der europäischen Besiedlung wurde immer wieder versucht, **tropische Landwirtschaft** zu betreiben. Größere Projekte schlugen aufgrund extremer klimatischer Bedingungen oder fehlender Infrastruktur und horrender Transportkosten immer wieder fehl. In bescheidenem Ausmaß werden nun im Norden Cashewnüsse, Mangos und andere tropische Früchte sowie Gemüse angebaut. Einige **Kamelfarmen** in Zentral-Australien fangen, trainieren und exportieren wilde Kamele, die in Arabien aufgrund ihres reinen Blutes und ausgezeichneten Gesundheitszustandes sehr begehrt sind.

Dem Tourismus – vor allem im Kakadu-Nationalpark und um den Uluru – kommt eine immer größere wirtschaftliche Bedeutung zu. In den beiden großen Städten und in den regionalen Zentren wie Katherine und Tennant Creek hängen viele, wenn nicht die meisten Einwohner direkt oder indirekt vom Fremdenverkehr ab. Hier litt die Wirtschaft beachtlich unter den Reisebeschränkungen während der Corona-Pandemie.

Geschichte

Die frühen Siedler

Wissenschaftler vermuten, dass die **Aborigines** vor mindestens 65 000 Jahren über eine damals bestehende Landverbindung zwischen Neuguinea und dem Top End nach Australien einwanderten und sich dann über den Kontinent verteilten. Das Zentrum um Uluru (Ayers Rock) erreichten sie wahrscheinlich „erst“ vor 10 000 Jahren. Die Aboriginal-Völker im Northern Territory unterscheiden sich durch ihre Hautfarbe und ihren Körperbau voneinander. Die Kinder der Pitjantjatjara in Zentral-Australien fallen durch ihre oft strohblonden Haare auf.

Im 17. und 18. Jh. führte die Suche nach *trepang* (Seegurken) Bugis von der Insel Celebes (jetzt Sulawesi) an die Nordküste Australiens von Broome bis zum Gulf of Carpentaria. Fast 200 Jahre lang unterhielten die **Südostasiaten** Handelsbeziehungen mit den australischen Küstenvölkern. Die ersten **Europäer**, die im Northern Territory ihre Spuren hinterließen, waren holländische Seefahrer, die im 17. Jh. bis zur Nordküste Australiens gelangten und einige Gebiete nach ihren Schiffen benannten. Namen wie Arnhem Land und Groote Eylandt (Große Insel) erinnern noch heute an sie.

Die Zeit der Expeditionen

Die Mitte des 19. Jhs. war die Zeit der großen Forschungsexpeditionen und Kontinentaldurchquerungen, in deren Gefolge weiße Siedler und Rinderfarmer kamen. Der deutschstämmige **Ludwig Leichhardt** bahnte sich in einer 15 Monate dauernden Expedition mit einigen Begleitern einen Weg von Jimbour in der Nähe des heutigen Brisbane durch Ost- und Nord-Queensland bis zur Siedlung Port Essington im nördlichen Northern Territory, die er am 17. Dezember 1845 erreichte.

Charles Sturt erforschte Zentral-Australien vom Süden her. 1845 gelangte seine Expedition bis in die Nähe des heutigen Alice Springs. Er war so überzeugt von der Existenz eines großen Binnensees, dass sich in seiner Ausrüstung sogar ein Boot befand! Die erste Süd-Nord-Durchquerung des Kontinents wurde zum Wettrennen: Die Regierung von South Australia hatte einen

Preis für denjenigen ausgesetzt, der Australien in dieser Richtung zuerst durchqueren würde. Der Gewinner war Sturts Freund **John McDouall Stuart**, der die Nordküste nach zwei vergeblichen Anläufen am 24. Juli 1862 erreichte. Sein Kollege Burke, der von Melbourne aus gestartet war, hatte ihn zwar um mehr als ein Jahr geschlagen, war aber in der Wüste gestorben.

1871 wurde unter der Leitung von **Charles Todd** der Bau einer Überland-Telegrafenleitung von Adelaide nach Palmerston (Darwin) in Angriff genommen – das bis dahin ehrgeizigste und wagemutigste Projekt Australiens. Die Telegrafenstation bei Alice Springs wurde nach Todds Frau Alice benannt. 1872 war die 3200 km lange Überlandleitung fertig gestellt. Sie ermöglichte die direkte Kommunikation nach Europa und Asien sowie zwischen entfernteren Gebieten im hohen Norden und dem dichter besiedelten Süden Australiens und folgte weitgehend der Route, die Stuart bei seiner Kontinentdurchquerung eingeschlagen hatte.

Weitere Forschungsreisen durch Zentral-Australien folgten: 1872 stieß **Ernest Giles** als erster Europäer auf die Felsendome Kata Tjuta (Olgas), ein Jahr später besuchte **William Gosse** den riesigen Felsmonolith in der Nähe, dem er zu Ehren des Gouverneurs von South Australia den Namen Ayers Rock gab. Inzwischen hat der Fels seinen ursprünglichen Namen Uluru zurück. In den 1970er-Jahren kamen die *Overlanders* auf der Suche nach neuen Weidegründen mit ihren Rinderherden aus Queensland. Viele von ihnen gründeten in den Barkly Tablelands und in der westaustralischen Kimberley-Region riesige *cattle stations*, die zum Teil heute noch bestehen. Die Aborigines wehrten sich oft heftig gegen die Eindringlinge.

Das 20. Jahrhundert

Die **Weltwirtschaftskrise** wirkte sich auch auf dieses Gebiet aus. Tausende von Männern aus den Zentren im Süden Australiens wanderten nach Norden ab in der Hoffnung, sich ihr Brot als Farmgehilfen verdienen zu können. Während der jahrelangen Wanderschaft manövrierten sich viele mit Mühe am Hungertod vorbei. Der langsam aufkommende Flugverkehr war ein Segen für das abgelegene Land. Der **Royal Flying Doctor Service** wurde gegründet; auch die Bewohner der *cattle stations* im Busch konnten auf diese Weise medizinisch betreut werden.

Als am 19. Februar 1942 japanische Flugzeuge Darwin und Broome in Western Australia bombardierten, wurde den Australiern schlagartig ihre Verwundbarkeit im Falle einer „Invasion durch die Hintertür" bewusst. Um dem entgegenzutreten, waren gute Straßenverbindungen notwendig, auf denen gegebenenfalls Truppen in den Norden transportiert werden konnten. Nach dem Zweiten Weltkrieg wurden daher die Highways gebaut, die das Northern Territory mit Western Australia, Queensland und South Australia verbinden.

Praktische Tipps

Alle Reiseinformationen stellt Tourism NT auch auf Deutsch zur Verfügung: 💻 http://northernterritory.com/de. Aktuelle Infos zu den Nationalparks, zu Wanderwegen sowie Campingplatzbuchung bietet **Parks and Wildlife NT** unter 💻 https://nt.gov.au/parks.

Unterkunft

In Darwin, Katherine, Tennant Creek und Alice Springs gibt es ein breites Angebot an Unterkünften zu – im inneraustralischen Vergleich – günstigen Preisen. Man findet sowohl akzeptable Hostels und Caravan Parks als auch komfortable Hotels und Resorts, die meisten mit Pool.

In Yulara (in der Nähe des Uluru und Kata Tjutas) hat man nur die Wahl zwischen teuren Luxusunterkünften und Campingplätzen (auch für Caravans/Camper). Wer die Gegend gerne auf eigene Faust erkunden will, der reist am besten im Camper oder mit Zelt. In den Nationalparks und Nature Reserves im Top End sowie bei den Schluchten in den MacDonnell Ranges in Zentral-Australien befinden sich einfache, meist sehr schön gelegene **Campingplätze**. Eine Übernachtung im Busch unter dem klaren, sternenübersäten Nachthimmel sollte man sich nicht entgehen lassen. Im Winter müssen sich Camper allerdings auf eiskalte Nächte mit Temperaturen bis einige Grad unter dem Gefrierpunkt einstellen.

Essen und Trinken

Lebensmittel sind im Northern Territory teurer als im Süden oder an der Ostküste, da sie von anderen Staaten hierher transportiert werden müssen. Das Top End hat etliche kulinarische Spezialitäten zu bieten: Büffelsteaks (die sich allerdings kaum von Rindfleisch unterscheiden), Kamel- und Kängurusteaks, Krokodil (das hier als Seafood serviert wird) sowie den leckeren Barramundi-Fisch. In vielen Pubs stehen sie auf der Countermeals-Speisekarte. Im kosmopolitischen Darwin gibt es eine gute Auswahl an Coffeeshops und Restaurants, vorwiegend asiatischen Ursprungs.

Alice Springs weist in Anbetracht seiner Größe eine bunte Vielfalt an Cafés und Restaurants auf. Auch in Yulara gibt es ein erstaunliches Angebot an Essgelegenheiten – vom Pub bis hin zum Feinschmeckerrestaurant. Abenteuerlustige können bei Gelegenheit *Bush Tucker*, die Nahrung der Aborigines, kosten: Schlangen, Eidechsen, *witchetty grubs* (geröstete Larven), Wurzeln und Buschtomaten.

Transport

Reisende mit engem Zeitbudget sollten einen Inlandsflug von der Küste ins Zentrum nehmen. Die Fahrt von Cairns, Brisbane oder Sydney aus dauert mindestens 3–4 Tage und lohnt sich nur, wenn man sich Zeit für die Sehenswürdigkeiten unterwegs nimmt.

Busse

Die Buslinie Greyhound Australia verbindet Alice Springs mit **Darwin** (über Tennant Creek, Mataranka und Katherine) sowie **Adelaide** (über Coober Pedy und Port Augusta). Wer nach Queensland reisen will, steigt in Tennant Creek in den Bus nach **Townsville** um (über Mount Isa und Charters Towers).

Eisenbahn

Der *Ghan* durchquert den gesamten Kontinent von Süden nach Norden: von Adelaide über Port Augusta und Alice Springs nach Darwin und zurück. Der Name erinnert an die afghanischen Kameltreiber, die mit ihren Kamelkarawanen Anfang des 20. Jhs. zwischen South Australia und dem Northern Territory hin- und herwanderten und die kleinen Siedlungen im Outback mit allem Lebensnotwendigen versorgten. Die gesamte Fahrt (2 Nächte, 3 Tage) kostet ab $3100 p. P.

Flüge

Darwin besitzt einen internationalen Flughafen mit Direktverbindungen nach Kuala Lumpur,

NORTHERN TERRITORY

Routenplaner: mit dem Geländewagen durch das Rote Herz

- **Dauer:** 5 Tage, 4 Nächte
- **Start und Ziel:** Alice Springs

Der viel beworbene **Red Centre Way Tourist Drive** verbindet die wichtigsten Highlights des Roten Zentrums, und das auf einer Abenteuerfahrt durch die West MacDonnell Ranges und entlang der Mereenie Loop Road zum Watarrka National Park (Kings Canyon). Die Sache hat allerdings einen Haken: Die 155 km zwischen dem Tnorala Conservation Reserve (Gosse Bluff) und Watarrka sind nicht geteert und nach Regenfällen können sich hier unpassierbare Seen bilden. Ein Geländewagen ist zu jeder Zeit nötig, zudem sollte man sich dringend vor der Reise nach den aktuellen Straßenbedingungen erkundigen. Aktuelle Infos unter 💻 https://roadreport.nt.gov.au.

Von Alice Springs geht es durch die westlichen MacDonnell Ranges bis zum Glen Helen Gorge, wo man ein Zelt aufschlägt oder es sich in einem der einfachen Zimmer bequem macht. Am nächsten Tag führt die Tour entlang des Mereenie Loops vorbei am Gosse Bluff Kometenkrater und weiter zum Kings Canyon. Diesen umrundet man am besten auf einer Wanderung gleich am nächsten Morgen, bevor es zur Abendröte zum Uluru geht. Tag 4 verbringt man zwischen Uluru und Kata Tjuta, je nach Vorliebe auf dem Rücken eines Kamels, dem Sattels eines Fahrrads oder Motorrads, auf dem Segway oder per pedes. Am 5. Tag geht es die 445 km zurück nach Alice Springs, eventuell mit Stopp am Henbury Meteorites Conservation Reserve.

Denpasar/Bali, Kupang/Timor, Dili/Republik Ost-Timor und Brunei. Qantas, Airnorth und Virgin Australia fliegen den Flughafen von Alice Springs an, Verbindungen u. a. nach Darwin, Cairns, Brisbane, Sydney, Melbourne, Adelaide, Perth und zum Uluru. Außerdem bieten Qantas, Jetstar und Virgin Australia Direktflüge nach Uluru von Sydney, Melbourne, Brisbane und Cairns.

Auto

Die Hauptverkehrsstraßen in die anderen Staaten sind asphaltiert und in gutem Zustand. Die Fahrt wird eher durch die Hitze, heftige Regenfälle in der Regenzeit, Fliegen, die abwechslungsarme Landschaft sowie durch *road trains* genannte Sattelschlepper mit zwei bis vier Anhängern erschwert. Da Tiere mitunter die Fahrbahn kreuzen, sollte man Fahrten bei Sonnenauf- und untergang sowie Nachtfahrten vermeiden. Es kann durchaus vorkommen, dass man bei einer Panne mehrere Stunden auf ein vorbeikommendes Fahrzeug warten muss – deshalb braucht man einen ausreichenden Wasser- und Lebensmittelvorrat.

Abseits der Asphaltstraßen ist ein Geländewagen unbedingt zu empfehlen. Kurze Strecken mit *gravel road* lassen sich, falls die Straße gerade in gutem Zustand ist und man vorsichtig fährt, in der Trockenzeit auch mit einem normalen Wagen bewältigen. Mietwagenfirmen verbieten das Befahren unbefestigter Straßen mit einem normalen Pkw – wer plant auf *gravel roads* zu fahren muss sich einen teuren Geländewagen (4WD) mieten und unbedingt vorher nach den Mietbedingungen fragen!

Im Sommer bzw. in der Regenzeit können Outback-Straßen und Pisten im Norden für Tage, ja sogar Wochen, unpassierbar sein. Ein unvorhergesehener Regenfall (der weiter im Landesinneren auch im Winter bzw. der Trockenzeit niedergehen kann!) kann Autofahrer für einige Zeit von der Zivilisation abschneiden. Wichtige Infos für Selbstfahrer und Routenvorschläge gibt's unter 🖳 https://northernterritory.com/drive.

Mietwagen, Campervans, Touren

Wer nicht mit dem eigenen Fahrzeug ins Top End oder Rote Zentrum reist, für den stellt sich die Frage: Mietwagen, Camper oder Tour? Zwar gibt es sowohl Tagestouren ab Alice Springs zum Uluru als auch von Darwin in den Kakadu NP, zu empfehlen sind sie allerdings nicht. Einen wesentlich besseren Einblick bieten **2- bis 4-Tagestouren**. Geführte Touren haben den Vorteil, dass immer ein ortskundiger Guide dabei ist, durch den man oft mehr erfährt, als wenn man auf eigene Faust reist, für Unterkunft und Essen gesorgt ist, man oft nette Reisende trifft und meist gute Stimmung herrscht.

Mietwagen und Campervans bieten zwar mehr Freiheit bei der Routenplanung, bringen aber auch organisatorischen Aufwand mit sich. Selbstfahrer sollten unbedingt genügend Trinkwasser bei sich haben, am besten auch eine gute Grundausstattung an Lebensmitteln, denn diese sind außerhalb der Städte teuer.

Einen kleinen **Mietwagen** gibt es in Alice Springs ab ca. $85 oder in Darwin ab ca. $65 pro Tag, ohne Versicherung. Als zusätzliche Kosten fallen ggf. Leihgebühr für Campingausrüstung bzw. Übernachtungskosten an sowie Sprit (deutlich teuer als an der Küste), Essen und Nationalparkgebühren (meist $25 p. P. für 3 Tage, Uluru $38)

Einen kleinen **Camper** für 2 Personen gibt es ab ca. $750 pro Woche, auch hier ohne Versicherung. Dafür spart man sich die Leihgebühr für die Campingausrüstung (bzw. die Übernachtungskosten) und schläft ggf. etwas komfortabler als im Zelt. Wer streng auf das Budget achten muss, campt am besten am Curtin Springs Roadhouse, 85 km vom Uluru. Zelt- oder Stellplätze ohne Stromanschluss sind hier kostenlos, allerdings auch schnell belegt. Auch in den MacDonnell Ranges und im Kakadu National Park gibt es viele Zeltplätze. Einige sind kostenlos oder verlangen eine geringe Gebühr.

Noch zwei Tipps für Selbstfahrer: Die grelle Sonne im Outback steht die meiste Zeit des Jahres zur Mittagszeit im Norden! Bei der Fahrt von Norden nach Süden hat man die Sonne im Rücken und damit weniger Blendwirkung als in entgegengesetzter Richtung. Für Fahrer von Campervans ist ein Rucksack einem Koffer unbedingt vorzuziehen. Denn der passt gut in den Stauraum unter den Sitzbänken im hinteren Teil des Wagens. Koffer dagegen sind sperrig und passen in keinen der Stauräume.

Top End

Darwin

Trotz seiner Lage hat sich Darwin den Wüstenstaub einer isolierten, rauen Buschkommune abgeklopft und präsentiert sich heute im Glanz moderner Hochhäuser, gepflegter Grünanlagen und eines schillernden Hafenbezirks mit tropischen Lagunen und erstklassigen Restaurants. Diese moderne Fassade, gepaart mit der unerschütterlich lockeren Einstellung der Einheimischen und den unvergesslichen Sonnenuntergängen, lässt hier für viele den Traum eines exotischen Urlaubs wahr werden.

Darwin (140 000 Einw.) liegt fernab von allen anderen australischen Städten. Alice Springs – laut den Einheimischen „just down the track" – liegt 1550 km entfernt, nach Adelaide sind es 3200 km und jeweils über 4000 km nach Perth, Melbourne und Sydney. Asien liegt da näher: Ein Flug nach Singapur dauert nur etwa viereinhalb Stunden. Wer also einen spezielleren Einstieg nach Australien sucht, landet zuerst in Darwin.

Eine **Warnung** vorweg: So einladend das Wasser am Mindil Beach und an anderen Stränden auch aussehen mag, vom Schwimmen wird dringend abgeraten. Alljährlich werden 300–400 *saltwater crocodiles* aus dem Darwin Harbour gezogen. Kroko-frei baden kann man in einer der Lagunen an der Waterfront (S. 375).

Die Innenstadt lässt sich leicht zu Fuß erkunden; in die Vororte fahren Busse. Darwin ist aber auch für Radfahrer ideal (S. 378).

Geschichte

Archäologische Funde lassen darauf schließen, dass Menschen über eine Landbrücke von Asien aus vor 50 000 bis 60 000 Jahren ins Northern Territory gelangten. Die **Larrakia** lebten rund um den Darwin Harbour über Jahrtausende hinweg im perfekten Einklang mit der Natur. Natürliche Süßwasserquellen sicherten ihnen das Überleben. Bereits mehrere Jahrhunderte vor dem Eintreffen der Europäer betrieben sie Handel mit Indonesiern und anderen benachbarten Völkern. Erste Begegnungen mit europäischen Entdeckern liefen hier friedlicher ab als anderswo in Australien – die Larrakia zeigten sich gastfreundlich und unternahmen sogar Versuche, die weißen Siedler zu assimilieren. Diesen machten die klimatischen Bedingungen allerdings schwer zu schaffen, und erste Besiedlungsversuche scheiterten kläglich. Noch 1911 lag die Einwohnerzahl Darwins bei gerade einmal 2500.

Seitdem wurde die kontinuierlich steigende Population mehrfach dezimiert. Am 19. Februar 1942 – gut zwei Monate nach den Angriffen auf Pearl Harbour – warfen 188 japanische Kriegsflugzeuge Bomben über Darwin ab, wo rund 10 000 alliierte Soldaten stationiert waren. 243 Menschen verloren ihr Leben, und die Stadt lag in Schutt und Asche.

Nach dem Wiederaufbau stieg die Bevölkerungszahl bis 1974 auf 45 000 an. Dann kam Zyklon Tracy. Erste Warnungen eines Wirbelsturms, der vom Norden her direkten Kurs auf Darwin genommen hatte, wurden an Heiligabend 1974 auf die leichte Schulter genommen. Es herrschte Festtagsstimmung – da wollte man sich nicht „aufwirbeln" lassen. Am 25. Dezember um kurz nach Mitternacht traf Tracy auf Darwin. Messgeräte registrierten zuletzt Windgeschwindigkeiten von bis zu 217 km/h, bis sie selbst davongeblasen wurden. Autos, Dächer, ganze Häuser wehten durch die Stadt. Am nächsten Tag gingen Bilder einer komplett verwüsteten Stadt um die Welt: 71 Menschen waren ums Leben gekommen, ein Großteil der Infrastruktur war zerstört, fast die gesamte

Street Art in Motion

Darwin soll zur buntesten Stadt Australiens werden, so das Ziel der Organisatoren des **Darwin Street Art Festivals**. Jedes Jahr im September wird das Werk erweitert; heute zieht grelles Grafitti an vielen Hauswänden die Blicke auf sich. Und mit der kostenlosen Darwin Street Art Festival App erwachen die Wandbilder zum Leben. Einfach in der App die Kamera auf die Bilder richten und das Augmented Reality Erlebnis beginnt. 💻 www.darwinstreetartfestival.com.au.

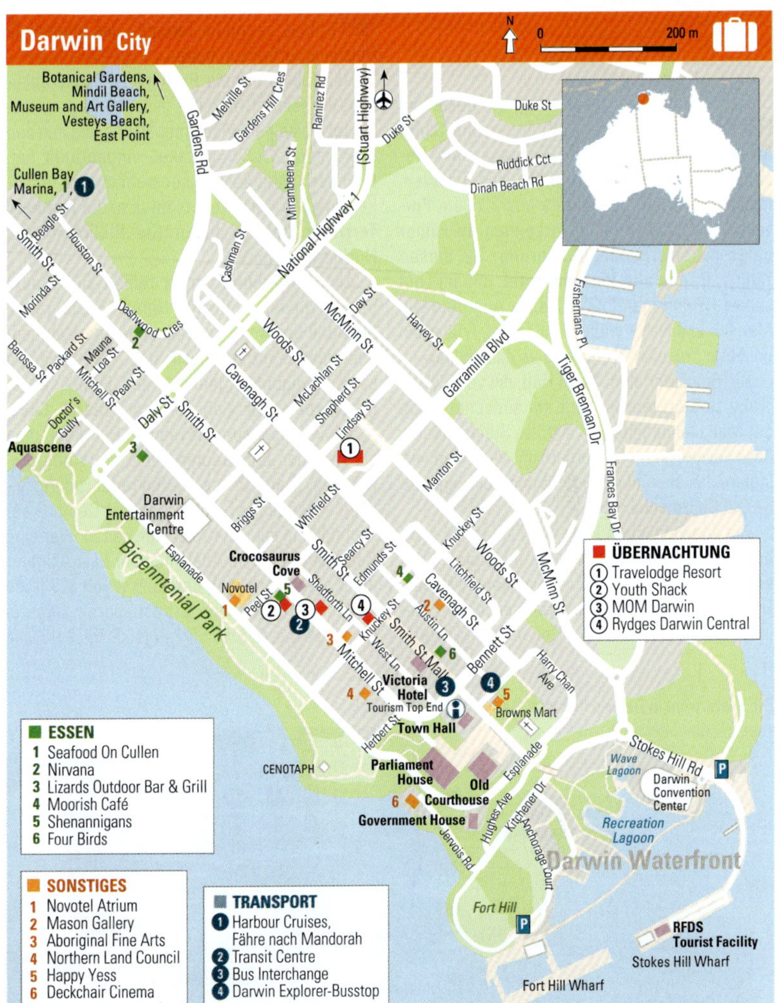

Bevölkerung war obdachlos und musste evakuiert werden.

Der Schrecken dieser Nacht steckt manchen Alteingesessenen noch immer in den Gliedern. Laut Vorschrift müssen heute alle Häuser „Zyklon-fest" gebaut werden, denn – da ist man sich in Darwin sicher – Tracy wird nicht der letzte Zyklon verheerenden Ausmaßes gewesen sein.

Heute besitzt die Stadt einen stark asiatischen Einschlag, der sich z. B. von 2012 bis 2017 in einer chinesischen Bürgermeisterin manifestierte. Wie fast überall in Australien haben sich auch hier die Immobilienpreise in den vergangenen Jahrzehnten vervielfacht, und Investoren aus China verdrängen heute die Einheimischen vom Markt.

Die Innenstadt

City-Quadratmeile

City und Waterfront lassen sich am besten zu Fuß erkunden. Von der Fußgängerzone **Smith Street Mall** gehen kleine Passagen mit Geschäften und Cafés ab. Auffällig sind die alten, meist restaurierten Gebäude aus lokalem Porzellanit *(porcellanite)*, zu erkennen an seiner beige-ockerfarbenen Musterung. Zu diesen zählt z. B. das alte **Victoria Hotel**, das im Lauf seiner 125-jährigen Existenz allen Angriffen von Mensch und Natur widerstanden hat. Früher ein beliebter Traveller-Treff, steht es derzeit leer.

Die Ruine der alten **Town Hall**, die vom Zyklon Tracy zerstört wurde, liegt am südlichen Ende der Mall und dahinter ein simples Steingebäude, über dessen gesamte Vorderfront Veranden verlaufen: das ehemalige Gericht und Polizeigebäude **Old Courthouse**.

Am südwestlichen Ende der Esplanade steht ein weiteres der wenigen aus der Kolonialzeit erhaltenen Gebäude, das **Government House**. Dieses auf einem Landvorsprung errichtete Steinhaus, der Wohnsitz des Gouverneurs, wurde 1883 erbaut, nachdem Termiten das ehemalige Holzhaus zerfressen hatten.

Das 1994 eröffnete **Parliament House** dominiert mit seiner Größe das gesamte Regierungsviertel – eine pompöse Erscheinung, die ihm den Beinamen „Wedding Cake" eingebracht hat. Im Innern wirkt es weniger wuchtig und beherbergt neben dem Plenarsaal u. a. die **Northern Territory Library**, die größte Bibliothek des Northern Territorys.

An der **Mitchell Street** reihen sich Backpacker-Hostels, günstige Hotels, Restaurants, Bars und Supermärkte aneinander; am Wochenende gibt es oft Livemusik, und Partystimmung herrscht eigentlich jeden Abend. Etwas sensationslüstern gibt sich der **Crocosaurus Cove**, 💻 www.crocosauruscove.com. Hier kann man die Reptilien beobachten, einer Fütterung beiwohnen, Baby-Crocs halten oder im Acrylkäfig – dem sogenannten Cage of Death – auf Tuchfühlung mit den Krokodilen gehen. Wer eine Bootsfahrt auf dem Adelaide oder East Alligator River plant, kann sich den Eintritt von $38 (Kind 4–15 J. $23) allerdings getrost sparen. Cage of Death: $185 p. P., $285 für 2 Pers. 🕒 tgl. 9–18 Uhr.

Die Waterfront in Darwin lädt zum Flanieren und Baden ein.

Die große Fischfütterung

Etwa 20 Min. von der Innenstadt entfernt befindet sich in Doctor's Gully, direkt hinter dem YMCA, **Aquascene**. Seit vielen Jahren kommen jeden Tag zum Höchststand der Flut Tausende „zahmer" Fische, von Meeräschen *(mullett)* über Katzenfische *(catfish)* und Rochen *(stingray)* bis zu Brassen *(bream)*, in diese kleine Bucht, um sich von den Besuchern füttern zu lassen. Mit der Ebbe verlassen die Fische ihre Futterstelle und schwimmen ins Meer hinaus – ungewöhnlich und sehenswert. Aquascene ist nur 1–2x täglich zur Fischfütterung während der Flut geöffnet. Die genauen Zeiten stehen auf 🖳 www.aquascene.com.au; Eintritt $15, Kind $10.

Waterfront

Die Umgestaltung der Hafenanlage Stokes Hill war der entscheidende Eingriff in Darwins urbanem Facelift. In tropischer Atmosphäre sorgen zwei künstliche Lagunen für Abkühlung. Die kostenlose **Recreation Lagoon** erstreckt sich entlang eines hübschen Sandstrands; 🕒 tgl. 9–18 Uhr. In der **Wave Lagoon** wiegt man sich in künstlichen Wellen; Eintritt $8, Kind 2–15 J. $6, 🕒 tgl. 10–18 Uhr.

Rings herum liegen Cafés, schicke Restaurants, Boutiquen und Luxus-Resorts. Oder man segelt zu Champagner und Häppchen in den Sonnenuntergang (S. 379).

Die Außenbezirke

Mindil Beach

Neben der Waterfront ist der **Mindil Beach Sunset Market** Darwins stärkste Trumpfkarte, ein bunter Markt in der Tradition asiatischer Nachtmärkte, der von April bis Oktober jeden Donnerstag von 17–22 Uhr und in etwas kleinerer Ausführung zwischen Mai und September sonntags von 16–21 Uhr hinter dem gleichnamigen Strand abgehalten wird. Zu erreichen mit Bus Nr. 4 und 15 (Letzterer nur Do), per Sammeltaxi ($5 p. P.) oder zu Fuß (20–30 Min. von der Innenstadt).

Vom Markt wehen aromatische Düfte herüber zum Strand und zu den Dünen; die Küchen fast der gesamten Welt scheinen vertreten zu sein. Kurz vor Sonnenuntergang ist Mindil Beach am schönsten. Neben zahlreichen Essenständen gibt es Stände mit Fruchtsäften, handgearbeitetem Schmuck, Kleidern, Sarongs und T-Shirts vorwiegend aus Asien; dazu gesellen sich lokale Kunsthandwerker sowie Straßenkünstler, die flammende Kegel jonglieren, Didgeridoo spielen oder exotische Tänze aufführen. Ein unvergessliches Spektakel.

Botanic Gardens

Nur einen kurzen Spaziergang vom Mindil Beach entfernt liegt der hübsche **Botanische Garten** (offizieller Name: George Brown Darwin Botanic Gardens). Er umfasst tropische Ökosysteme wie Regenwald, Mangrovensumpf und Savannen; mehr als 400 verschiedene Palmenarten wachsen auf dem 42 ha großen Areal. Entlang eines ausgeschilderten Lehrpfads wird erläutert, welchen Gebrauch Ureinwohner von den dort zu sehenden Pflanzen gemacht haben. 🕒 tgl. 7–19 Uhr; Eintritt frei.

Im Botanischen Garten befindet sich auch das **Amphitheater**, in dem während der Trockenzeit Open-Air-Konzerte stattfinden. Auch auf den Rasenanlagen vor dem nicht weit vom Botanischen Garten entfernten **Skycity Darwin Casino** werden in der Trockenzeit jeden Sonntagnachmittag Konzerte geboten.

Museum and Art Gallery

Das Museum sollte man wirklich nicht verpassen. Eindrucksvoll ist die Gallery of Indigenous Art, u. a. mit einer Nachbildung der ältesten Felsmalerei der Welt. Die schlichte Zeichnung soll mindestens 46 000 Jahre alt sein, denn so lange ist es her, dass das abgebildete Beuteltier *(Palorchestes)* aus der Megafauna ausstarb. Außerdem lohnt die Ausstellung zum Zyklon Tracy, der Darwin Weihnachten 1974 verwüstete. In einer dunklen Kammer erhält man einen akustischen Eindruck seiner Wucht. Vor dem Museum befindet sich ein nettes Café mit großer Terrasse. 🕒 tgl. 10–16 Uhr, Eintritt frei, ausgenommen Sonderausstellungen. 🖳 www.magnt.net.au. Busse Nr. 4 und Nr. 6 fahren via Mitchell St und

Gilruth Ave zum Anfang der Point Rd, von dort sind es etwa fünf Minuten zu Fuß.

RFDS Tourist Facility

Es mag ja nur Virtual Reality sein, ins Schwitzen kommt man trotzdem: auf dem Helikopter-Flug ins nächste Krankenhaus, Tausende von Kilometern entfernt, mit Herzinfarkt-Patienten. Der Notdienst fürs Outback **Royal Flying Doctor Service** rettet schon seit 1939 Leben und hier im Museum liegt die eindrückliche Geschichte interaktiv dokumentiert. Eintritt $30, Kind $17. ⌚ tgl. 9–17 Uhr, 💻 www.rfdsdarwin.com.au.

Fanny Bay Gaol

Das **Fannie Bay Gaol** am nördlichen Ende von Vesteys Beach in der East Point Rd hatte erst 1979 als Gefängnis ausgedient. In seiner 84-jährigen Geschichte wurden hier 14 Männer hingerichtet, die letzten beiden starben 1952 an einem der Galgen, die zu besichtigen sind. ⌚ Mi–So 10–14 Uhr, Eintritt frei.

East Point Reserve

Ebenso wie Mindil Beach ist auch das weiter nördlich gelegene **East Point Reserve** ein geeigneter Ort, um die intensiv in allen nur denkbaren Rot-, Rosa- und Goldschattierungen leuchtenden Sonnenuntergänge mitzuerleben, für die Darwin berühmt ist. **Dudley Point** und **East Point** im Westen der Halbinsel eignen sich besonders gut zu diesem Zweck. Das Naturreservat ist bekannt für seine zahlreichen Wallabies, die hier im Buschland leben und sich in der Morgen- oder Abenddämmerung zeigen. **Lake Alexander** im Osten des Naturreservats wurde künstlich angelegt, um den Bewohnern und Besuchern Darwins das ganze Jahr über das Schwimmen und Windsurfen zu ermöglichen. Das East Point Reserve ist nur mit eigenen Transportmitteln erreichbar (einige Hostels veranstalten ab und zu Sun Set Tours dorthin). Ein Fahrrad ist ideal, denn in diesem Buschland gibt es zahlreiche Wander- und Radwege.

Am nördlichen Ende der Halbinsel befindet sich das **Darwin Military Museum** mit einer Ausstellung zum Zweiten Weltkrieg, 💻 www.darwinmilitarymuseum.com.au. Ebenfalls diesem Thema gewidmet ist das **Defence of Darwin Experience** nebenan, das 2012 zum 70. Jahrestag der Bombardierung Darwins durch die Japaner eröffnet wurde. ⌚ beide Mo–Sa 9.30–16, So 10–15 Uhr, in der Regenzeit eingeschränkte Öffnungszeiten, Eintritt $20 für beide.

Darwins Märkte

Bei Einheimischen sehr beliebt und sehenswert ist der **Parap Village Market** (⌚ Mo–Fr 8–17, Sa bis 14 Uhr) auf dem Platz in der Parap Rd, Nähe Gregory Rd. Hier findet man südostasiatische Essenstände, Obstsalat und Stände mit Kleidung, Pflanzen, Lederwaren usw. Anreise mit Bus Nr. 4 oder mit dem kostenlosen Shuttle ab Transit Centre stdl. von 7.30–11.30 Uhr.

Ganzjährig sonntags (⌚ 8–14 Uhr) bietet der farbenfrohe **Nightcliff Market** am Dick Ward Drive, Ecke Progress Drive, etwa 10 km nördlich der Innenstadt, die Gelegenheit Kunsthandwerk, Lebensmittel und Naturheilmittel einzukaufen. Künstler unterhalten von einer Bühne herab ihr Publikum.

Crocodylus Park

Der Tierpark, nicht weit vom Flughafen entfernt, dient sowohl der Krokodilzucht für Forschungszwecke als auch der Aufklärung der Öffentlichkeit über diese Tiere. Ein überdachter Fußweg führt über das Gelände mit Teichen und an den Zuchtgehegen vorbei. Auch Löwen, Tiger, Primaten, Emus und Strauße leben hier. ⌚ tgl. 9–16 Uhr, Führungen 4x tgl. (10, 12, 14 und 15.30 Uhr), Eintritt $44, Kind $24, 💻 www.crocodyluspark.com.au. Von Darwin Bus Nr. 5 nehmen.

ÜBERNACHTUNG

Hier angegebene Preise beziehen sich auf die Hochsaison (die Trockenzeit von Mai bis Ende Sep). In der Regenzeit bieten fast alle Unterkünfte Ermäßigungen; das Gleiche gilt für wöchentliche Buchungen.

Hostels

MOM Darwin, 52 Mitchell St, 💻 www.momdarwin.net.au. Die modernste Budget-

Unterkunft in der City, bestens ausgestattet und durchorganisiert: Sonnenterrasse im 1. Stock mit vielen Sitzgelegenheiten, 2 Pools und einem kleinen Wasserfall, große Leinwand für Videos. Große 4–6-Bett-Dorms (Bett $35) und DZ, alle mit AC und Ventilator, einige Dorms und DZ mit gemeinschaftlichen sanitären Anlagen. Reisebüro. Ab ❶

Youth Shack, 69 Mitchell St, 💻 www.youthshack.com.au. Wie der Name verrät, zielt das Hostel mitten im Zentrum auf ein jüngeres Publikum ab. An Pool und Bar wird abends feucht und fröhlich gefeiert. Große Küche und Waschsalon. Hilfe bei der Jobsuche. Die 4-Bett-Dorms (Bett ab $33) und DZ sind klein, aber günstig. ❶

Hotels und Motels

Im Zentrum

Rydges Darwin Central, 21 Knuckey St, 💻 www.darwincentral.com.au. Durchgestyltes 4-Sterne-Hotel in sehr zentraler Lage, gute Zimmer sowie Bar, Restaurant und Café im Atrium – nur der „Plunge Pool" ist ein bisschen klein. Leckeres, großes Frühstücksbuffet $21 p. P. Ab ❺

Travelodge Resort, 64 Cavenagh St, 💻 www.travelodge.com.au. Schöne Resortanlage nahe dem Zentrum. Geräumige Zimmer mit allem Komfort; außerdem komplett ausgestattete Apartments; alle mit AC. 2 große Pools und Jacuzzi in tropischer Gartenanlage, gehobenes Restaurant, Poolbar, Minigolf. ❼

Außerhalb des Zentrums

Coconut Grove Holiday Apartments, 146 Dick Ward Dr, Coconut Grove, 💻 www.coconutgroveapartments.com.au. Einfache, aber komfortable Gästezimmer vor einem idyllischen Palmengarten. ❹

Mindil Beach Resort, Gilruth Ave, The Gardens, 💻 www.mindilbeachcasinoresort.com.au. Unübertrefflich ist die riesige Poolanlage. Von den Zimmern im EG kann man von der Terasse direkt in den Pool springen. Zur Anlage gehören mehrere Restaurants und natürlich das Kasino. Ab ❹

Caravanparks

Die Parks sind leider generell überteuert und in der Trockenzeit überlaufen. Unbedingt im Voraus reservieren! Übernachten im Campervan am Straßenrand oder auf Parkplätzen ist nicht gestattet. Viele Caravanparks befinden sich weit außerhalb der City, entlang des Stuart Highway.

Discovery Holiday Park, Stuart Hwy, Ecke Farell Crescent, Winnellie, 10 km östlich, 💻 www.discoveryholidayparks.com.au. Cabins mit AC und Bad. Stellplätze mit Strom $89. Pool, Kiosk. In der Hauptsaison oft überlaufen. Ab ❺

Hidden Valley Tourist Park, 25 Hidden Valley Rd, 11 km östlich der City, 💻 www.hiddenvalleytouristpark.com.au. Gepflegter Park in ruhiger Lage. Caravanstellplätze ab $50 sowie Cabins mit AC und Bad. Pool und Kiosk. ❼

Free Spirit Resort, 901 Stuart Hwy, Berrimah, 12 km südöstlich, 💻 www.darwinfreespiritresort.com.au. Einer der schönsten Parks der Umgebung. Zelt-/Caravanstellplätze ab $34/44 (ohne/mit Strom), Cabins mit AC und Bad sowie Cabins nur mit AC. Tropische Anlage mit 3 Pools, Restaurant und Bar. Ab ❹

ESSEN

Darwin hat eine blühende Café- und Restaurantszene. Vor allem asiatische Küchen sind stark vertreten. Auf der Mitchell Street reihen sich günstige Esslokale und Bars aneinander. Etwas gehobener isst man an der Waterfront.

Im Zentrum

Four Birds, Star Village Arcade in der Smith Street Mall. In einem kleinen, schattigen Innenhof sitzt man an Tischen draußen oder im klimatisierten Café. Aromatischer Kaffee und leckere Bagels, allerdings kann es voll werden. 🕒 Mo–Fr 7–14 Uhr.

Lizards Outdoor Bar & Grill, Mitchell St, Ecke Daly St. Gemütlicher Biergarten unter tropischen Pflanzen. Serviert werden vorwiegend Pizza und Steak, beides gut und günstig. 🕒 tgl. 6.30 Uhr bis spät.

Moorish Café, 37 Knuckey St. Spanische und nordafrikanische Küche. Sehr atmosphärisch mit tropischem Garten und drei Café-Restaurants (Hauptgerichte ab $30). 🕒 Di–Sa 11–21.30 Uhr.

Nirvana, 6 Dashwood Crescent. Indische, malaysische und thailändische Gerichte zu äußerst günstigen Preisen. ⌚ Mo–Sa ab 18 Uhr.

Shenannigans, 69 Mitchell St. Bei Travellern sehr beliebter Irish Pub, neben Guiness und anderen Bieren gibt's auch warme Gerichte und oft Livemusik. ⌚ tgl. 10–2 Uhr.

Weiter draußen

Cullen Bay: Am Jachthafen (Marina) befindet sich eine Ansammlung von Restaurants und Cafés. Alle bieten einen schönen Blick auf den Sonnenuntergang in der Bucht; viele servieren Seafood; das bekannteste ist **Seafood On Cullen**, 51 Marina Boulevard, ⌚ tgl. 17.30–21 Uhr.

East Point Reserve: **Pee Wees at the Point**, Alec Fong Lim Drive, East Point Reserve, 💻 www.peewees.com.au. Schön am Wasser gelegenes Open-Air-Restaurant mit Blick auf die City. Reservierung empfohlen. ⌚ Di–Sa 16–23 Uhr.

Saffrron, 34 Parap Rd. Ausgezeichnete authentisch indische Küche. ⌚ Di–So 18–21, Di–Fr auch 11–14 Uhr.

UNTERHALTUNG UND KULTUR

Musik und Theater

Im **Darwin Entertainment Centre**, 93 Mitchell St, 💻 www.yourcentre.com.au, werden u. a. Klassik- und Jazz-Konzerte veranstaltet. Zudem Theateraufführungen.

In der Trockenzeit wird das schöne **Amphitheatre** im Botanischen Garten für Veranstaltungen und Konzerte genutzt. Im **Happy Yess**, 12 Smith St., spielen Do–Sa lokale Bands. Im **Novotel Atrium**, 100 The Esplanade, spielen am Wochenende Bands Jazz und Blues, manchmal auch an Abenden unter der Woche. Auch im **Skycity Darwin Casino** treten ab und zu Jazzbands auf.

Bars und Clubs

Discovery, 89 Mitchell St. Partyhölle auf drei Etagen mit vielen Bars und Dancefloor.

Tap on Mitchell, 58 Mitchell St. Biergarten mit großer Getränkeauswahl, hauptsächlich auf Backpacker zugeschnitten.

Throb, 64 Smith St. Eigentlich eine Gay-Bar, doch am Wochenende stellt sich meist ein bunt gemischtes Publikum ein, das von der Drag Show angelockt wird.

Das **Skycity Darwin Casino** liegt am Mindil Beach, zum Komplex gehören 3 Restaurants, eine Cocktailbar und ein Nightclub.

Kinos

Ein ausgesuchtes „Arthouse"-Programm bietet das Freiluftkino **Deckchair Cinema** am Ende der Jervois Rd, das in der Trockenzeit betrieben wird. Programminfos unter 💻 www.deckchaircinema.com.

Theater

Hin und wieder im **Browns Mart**, 12 Smith St, 💻 www.brownsmart.com.au, und im **Darwin Entertainment Centre**, 93 Mitchell St, 💻 www.yourcentre.com.au.

Galerien

In Darwin zeigen zahlreiche Privatgalerien wechselnde Ausstellungen, darunter sehr viel Aboriginal-Kunst, u. a.: **Aboriginal Fine Arts**, 44 Mitchell St, 💻 www.aaia.com.au.

Framed The Darwin Gallery, 55 Stuart Highway, Ecke Geranium St, in Stuart Park. 💻 www.framed.com.au. ⌚ tgl. Mit Bus Nr. 10, zu Fuß 20 Min. von der City.

Mason Gallery, Shop 7, 21 Cavenagh St, 💻 www.masongallery.com.au.

AKTIVITÄTEN

Angeln

Darwin wird an drei Seiten vom Wasser umgeben – kein Wunder also, dass Angeln, besonders Barramundi-Fischen, eine beliebte Freizeitaktivität bei Locals und Besuchern ist. Auskünfte über weitere Angeltrips, Boots- und Ausrüstungsverleih im Visitor Centre.

Darwin Harbour Fishing Charters, 💻 https://fishingbooker.com. Halbtägige Angeltouren im Darwin Harbour, $300.

Fahrradfahren

Wenige Erhöhungen und ein gutes Netz aus Radwegen machen Darwin für Radfahrer attraktiv. Radwege führen z. B. durch den Bicentennial Park, durch die Botanical Gardens und entlang der Gilruth Ave und East Point Rd bis zum East Point Reserve. Eine Karte, auf der die Radwege verzeichnet sind, findet man hier: 💻 www.darwin.nt.gov.au/explore/out-and-about/getting-around/cycling-and-walking-paths. An den Leihstellen von Spinway NT kann man sich ein Fahrrad leihen (4 Std. $33), 💻 https://spinwaynt.com.au.

Schwimmen

Vom Schwimmen im Darwin Harbour wird dringend abgeraten, da die Gewässer jährlich von 300–400 Krokodilen heimgesucht werden. In der Regenzeit droht weitere Gefahr durch Box-Jellyfish und Irukandji-Quallen. Man schwimmt besser in den Lagunen an der Waterfront (S. 375).

TOUREN

Hafenrundfahrten

Alle Boote legen vom Bootshafen in der Cullen Bay ab.

City of Darwin Cruises, 💻 https://cityofdarwincruises.com.au. U. a. Kreuzfahrten im Katamaran zum Sonnenuntergang; 3 Std., $89 inkl. Snacks und Getränke.
Spirit of Darwin, 💻 www.spiritofdarwin.com.au, Hafenrundfahrten bei Sonnenuntergang inkl. 1 Glas Sekt $80, oder mit Dinner für $100.
Cape Adieu Harbour Cruises, 💻 www.capeadieu.com.au. 3-stündiger Segeltörn zum Sonnenuntergang, BYO $70 oder inkl. Dinner $155.

Stadtbesichtigungen

… zu Fuß

Walk Darwin, 💻 www.walkdarwin.com.au. 2-stündige Stadtrundgänge mit kenntnisreichem Guide. Ein guter Einstieg für Leute, die mehr zur Geschichte Darwins erfahren wollen. 🕒 Mo–Sa 8.30 Uhr ab Visitor Centre (Voranmeldung nötig); $59.

… im Bus

Darwin Explorer, 💻 www.bigbustours.com/en/darwin/darwin-bus-tours. Der rote Doppeldeckerbus fährt Mo, Mi und Sa zwischen 9 und

Kakadu, Nitmiluk, Litchfield – Tour oder Mietfahrzeug?

Lässt sich das Top End auf eigene Faust erkunden? Verpasse ich ohne Tourguide irgendwas? Und was ist günstiger? Wer das beantworten will, muss zunächst seine Prioritäten kennen:
Hauptsache günstig und selbstständig: Mit einem billigen Mietwagen (bzw. eigenem Fahrzeug bei längerem Aufenthalt) und Campingausrüstung (geliehen oder aus zweiter Hand) lässt sich das Top End auch mit kleinem Geldbeutel bereisen. In allen Nationalparks liegen öffentliche Campingplätze, die $5–10 p. P./Nacht kosten. Lebensmittel besorgt man am besten größtenteils in Darwin oder Katherine, in den kleineren Orten sind sie erheblich teurer. Die meisten Attraktionen in den Kakadu, Litchfield und Nitmiluk NPs sind während der Trockenzeit mit gewöhnlichen Pkw zu erreichen (in der Regenzeit nach Straßenverhältnissen erkundigen). Wer auch mal von den Hauptrouten abkommen möchte, mietet einen Geländewagen (toll, aber teuer).
Hauptsache unkompliziert: Mehrtägige Touren, die Kakadu, Litchfield und manchmal auch Nitmiluk einschließen, haben den Vorteil, dass man sich um keinerlei Buchungen kümmern muss und in der Hauptsaison nicht um die guten Campingplätze wettläuft. Passen Tourguide und andere Teilnehmer zu einem, hat man nicht nur gute Gesellschaft, sondern erfährt auch mehr vom Land und seinen Menschen.
Frei, aber informiert: Das Beste aus beiden Welten erhält man, wenn man die selbst organisierte Reise im Mietwagen oder Campervan mit mehreren Tagestouren und Bootsfahrten kombiniert. Denn die authentischsten Erlebnisse – Trips mit Aboriginal-Guide in ihre Heimat – werden meist nur als Halb- oder Tagestouren geboten. Diese Touren sind oft teuer, aber sie erlauben einen seltenen Einblick in die jahrtausendealte Kultur der Ureinwohner.

15 Uhr die Sehenswürdigkeiten Darwins an: U. a. Aquascene, Cullen Bay, Mindil Beach, Museum and Art Gallery, Parap, Waterfront. Man kann beliebig aus- und einsteigen. $47 pro Tag, $67 für 2 Tage.

Touren ins Umland

Der Litchfield National Park kann gut in einem Tagesausflug besucht werden. Tagestouren (meist per Reisebus) in den 250 km entfernten Kakadu National Park sind dagegen nur etwas für Leute, die ganz auf die Schnelle einen Blick durch getönte Fensterscheiben auf das Top End werfen wollen. Einige Touren finden nur in der Trockenzeit statt.

Arnhem Land ist Besuchern ohne Permit nicht zugänglich.

Adventure Tours Australia, www.adventuretours.com.au. Auf junge, aktive Teilnehmer zugeschnitten. Z. B. 5-tägige Geländewagentour durch den Litchfield NP, Mary River NP, ins Arnhem Land, in den Kakadu NP (inkl. Jim Jim Falls) und zur Kathering Gorge für $1800.

Brookes Australia Tours, www.brookesaustralia.com.au. 1- bis 6-tägige Safaris in den Litchfield NP, in den Kakadu NP, zur Katherine Gorge und ins Arnhem Land in kleinen Gruppen.

Northern Territory Indigenous Tours, www.ntitours.com.au. Wird von einer Aborigine-Frau betrieben. Tagestour zum Litchfield National Park im Geländewagen, max. 7 Gäste, $500. Auch mehrtägige Touren zum Litchfield und Kakadu National Park.

Wallaroo Tours, www.wallarootours.com. Tagestour via Adelaide River (im kleinen Boot zu den Krokodilen) in den Litchfield NP inkl. Picknicklunch. Zurück in Darwin wird zum Abschluss bei Krabben und Sekt der Sonnenuntergang bestaunt. $245. Auch Jumping Crocodile Cruise als eigene Tour (4 Std., $140).

One-way-Touren

Adventure Tours Australia, s. o., vorwiegend junges Backpackerpublikum.Nach Broome: 10-Tage-Campingtour mit Geländewagen via Kununurra, Purnululu NP, Schluchten entlang der Gibb River Road, $3000, max. 21 Teilnehmer.

Touren nach Bathurst Island

Bathurst Island gehört wie Melville Island dem Land Trust des Tiwi-Volkes, den ursprünglichen Bewohnern der Inseln. Touren schließen einen Flug von Darwin ein und sind teuer. Auf andere Weise ist es für Touristen jedoch unmöglich, die Inseln zu besuchen. Bei einer Tour lernt man das Leben der Tiwis kennen. Eine Tagestour ($500) beinhaltet neben den Tiwi-Vorführungen auch eine Tour durch die vielseitige Wildnis der Insel.

Das Tiwi-Land ist auf Wunsch der Aborigines alkoholfrei. **Kakadu Tours and Travel**, www.kakadutoursandtravel.com.au.

Kimberley Adventure Tours, www.kimberleyadventures.com.au. In 10 Tagen mit Geländewagen nach Broome via Edith Falls, Victoria River (NT), Übernachtung auf einer Insel im Lake Argyle, Purnululu NP (Bungle Bungle Range), Schluchten entlang der Gibb River Road. Campingtrips mit sehr kleinen Gruppen (max. 20 Pers.); viel Bushwalking, Schwimmen, Klettern. Gute Ortskenntnisse, denn der Veranstalter und die Guides sind in der Gegend beheimatet. Abfahrt ca. 2–3x monatl. April–Sep; $3300 alles inkl.

Wanderungen

Auf Wanderungen durchquert man Gebiete, durch die auch die Geländewagen der Safaritouren nicht kommen – eine der besten Möglichkeiten, den Busch wirklich kennenzulernen.

Willis's Walkabouts, www.bushwalkingholidays.com.au. Geführte mehrtägige Bushwalks durch den Kakadu NP, durch andere Gegenden des Top End, durch die Kimberley in Western Australia und Zentral-Australien in Gruppen von 4–12 Pers.

SONSTIGES

Autoregistrierstelle

MVR Darwin, Motor Vehicle Registry, 18 Goyder Rd, Parap, 1300 654 628, https://mvr.nt.gov.au.

Wichtig vor dem Autokauf: Bei dem **Register of Encumbered Vehicles (REVS)**, 🖳 www.revs.com.au, prüfen, ob alle Strafzettel für das in Frage kommende Gefährt bezahlt worden sind – andernfalls gehen sie auf den Käufer über! Man braucht Registrierungs-, Motor- und Karosserie-Nummer.

Autovermietungen

Die meisten Verleihfirmen erlauben nicht, dass man mit einem normalen Pkw auf nicht asphaltierten *(unsealed)* Straßen fährt. Mit der Zuwiderhandlung geht man ein großes Risiko ein – jeder dadurch entstehende Schaden ist aus eigener Tasche zu bezahlen.
Die Hauptrouten durch den Kakadu NP und der größte Teil der Routen durch den Litchfield NP sind asphaltiert – wenn man sich an sie hält, benötigt man keinen Geländewagen. Etliche Firmen bieten Camping Packages an, die die Miete für einen kleinen Wagen, 1000 km, Versicherung und eine komplette Campingausrüstung für 4 Pers. umfassen.
Website zum Vergleich der Angebote aller großen Anbieter (Budget, Europcar, Hertz, Thrifty, etc.): 🖳 www.vroomvroomvroom.com.au.

Campervans
Apollo, 🖳 www.apollocamper.com
Britz, 🖳 www.britz.com.au
Maui, 🖳 www.maui-rentals.com
Wicked Campers, ✆ 1800 246 869

Feste

Darwin Street Art Festival, 10-tägiges Event im Mai und Juni, zu dem Street Artists aus der ganzen Welt anreisen.
Royal Darwin Show, Landwirtschaftsausstellung in den Darwin Showgrounds. Ende Juli.
Beer Can Regatta, Mitte Juli, am Mindil Beach, Wettsegeln auf Booten und Flößen, die aus leeren Bierdosen zusammengebastelt sind; ein Fest im leicht bizarren Stil des NT und natürlich Anlass für ein Riesenbesäufnis. Die Idee für diese Volksbelustigung soll übrigens von einem Deutschen stammen.
Darwin Cup, Anfang Aug, Pferderennen, am 1. Sa im Aug auf dem Fannie Bay Racecourse. Darwins „Antwort auf den Melbourne Cup“, ein gesellschaftliches Ereignis ersten Ranges im NT. Dem allgemeinen Trend folgend setzt man in einem TAB-Lokal auf den Favoriten. Der darauffolgende Mo ist **Picnic Day**, ein Feiertag im NT.
Darwin Festival, 🖳 www.darwinfestival.org.au, jährlich ab Mitte Aug. Kulturfest mit Ausstellungen, Theater, Musik sowie Straßenmusik u. a. Darbietungen an der Esplanade.
World Solar Challenge, 🖳 www.worldsolarchallenge.org, Anfang Okt in jedem Jahr mit ungerader Jahreszahl, 3000 km langes Solarautorennen von Darwin nach Adelaide; die schnellsten „Rennwagen“ benötigen etwa 4 Tage.

Informationen

Tourism Top End, 6 Bennett St, Ecke Smith St, 🖳 www.tourismtopend.com.au, 🕒 tgl. 8.30–17.30 Uhr.

Northern Land Council

45 Mitchell St, 🖳 www.nlc.org.au. Erteilt Erlaubnis für den Besuch von Land in Aboriginal-Besitz in der Region Darwin, Nhulunbuy, Katherine (mind. 4–6 Wochen im Voraus beantragen).

NAHVERKEHR

Stadtbusse

Wer keine Tap and Ride Card hat, kann auch direkt im Bus ein Ticket lösen *Single tickets* für $3 gelten für beliebig viele Fahrten innerhalb von 3 Stunden. Tagestickets $7, Wochentickets $20. Die Fahrkarten sind vor Fahrtantritt zu entwerten. Der Bus Interchange in der City befindet sich in der Harry Chan Ave.

Die wichtigsten Busrouten:
Nr. 4 fährt vom Cityterminal zum Casuarina Interchange via Mitchell St, Gilruth Ave, Fannie Bay Nightcliff und Rapid Creek.
Nr. 5 fährt vom Cityterminal zum Casuarina Interchange via Winellie, Berrimah und dem internationalen Terminal des Flughafens.
Nr. 8 fährt vom Cityterminal zu den Industrievorstädten Berrimah und Palmerston.
Nr. 10 fährt vom Cityterminal via Stuart Park, Parap, und Rapid Creek zum Casuarina Interchange.

TRANSPORT

Busse

Greyhound, 🖳 www.greyhound.com.au, vom Bus Interchange. Nach Alice Springs (21 Std.): Busservice tgl. um 9.55 Uhr den Stuart Highway hinunter via Katherine (5 1/2 Std.) und Tennant Creek (14 Std.).
Nach BROOME (23 1/2 Std.): Sa–Mi um 15.20 Uhr via Kununurra (9 Std.).
In der Trockenzeit fährt außerdem Mo, Mi und Fr ein Bus um 8.30 Uhr nach JABIRU im Kakadu NP.

Eisenbahn

Der Bahnhof befindet sich in der Berrimah Rd in Berrimah.
Der **Ghan** verkehrt zwischen Darwin und ADELAIDE (Infos S. 79).

Flüge

Ein Taxi vom Flughafen in die Innenstadt kostet um $30. Einen Shuttleservice gibt es derzeit nicht.

Inlandsflüge
In die Hauptstädte der Bundesstaaten und andere Großstädte:
AirNorth, 🖳 www.airnorth.com.au. Flüge u. a. nach ALICE SPRINGS, KUNUNURRA, KARRATHA und BROOME (Western Australia) sowie nach GOVE und MANINGRIDA/Arnhem Land.
Weitere Verbindungen in australische Großstädte sowie zu Destinationen in Übersee:
Jetstar, 🖳 www.jetstar.com.au.
Qantas, 🖳 www.qantas.com.au.
Virgin Australia, 🖳 www.virginaustralia.com.

Die Umgebung von Darwin

Während in Darwin nur wenig Entkommen vor der drückenden Hitze ist, liegen in der nahen Umgebung einige idyllische und krokodilfreie Wasserlöcher, die sich zum Baden nur so anbieten. Alle Sehenswürdigkeiten sind nur mit dem eigenen Transportmittel oder im Rahmen einer organisierten Tour zu erreichen.

Hut und Sonnencreme sind für diese Ziele ebenso ein Muss wie ein gutes Insektenschutzmittel. Spätnachmittags und nachts, wenn die Moskitoplage besonders unangenehm ist (v. a. in der Regenzeit), sind eine lange Hose und ein langärmliges Buschhemd anzuraten.

Howard Springs und Berry Springs

Nur 26 km südlich von Darwin liegt der **Howard Springs Nature Park**, eine kleine Regenwaldoase mit von einer Quelle gespeisten kleinen Wasserpools, in denen man die Füße baden kann. ⌚ tgl. 8–20 Uhr. Es gibt Grill- und Picknickstellen, Toiletten und einen Kiosk. Die große, von einer Regenwaldoase umgebene Quelle **Berry Springs** mit einigen Wasserlöchern ist schöner als Howard Springs. Es gibt hier auch einen kleinen Spazierpfad, ⌚ tgl. 8–18.30 Uhr.

Territory Wildlife Park

Der **Territory Wildlife Park**, 🖳 https://territorywildlifepark.com.au, ist die Hauptattraktion von Berry Springs. Man sollte sich 3 bis 4 Std. Zeit für einen Besuch nehmen. Auf 400 ha Buschland sind viele Tiere in ihrem natürlichen Habitat zu sehen. Im Nocturnal House leben Nachttiere, manche Spezies sind vom Aussterben bedroht. Es gibt Vogelgehege, und von Beobachtungsständen *(bird hides)* überblickt man das Treiben der Wander- und einheimischen Vögel am Wasser.

Im Aquarium kann man durch einen Unterwassertunnel aus Acrylglas die Wasserbewohner ganz aus der Nähe betrachten. Ranger führen Raubvögel des Northern Territory vor und halten in regelmäßigen Abständen kleine Vorträge über ihre Schützlinge. Zur behindertengerecht ausgestatteten Anlage gehören auch ein Kiosk und Souvenirladen sowie Picknickplätze. Eine kleine Bahn transportiert Besucher kostenlos durch das Gelände. ⌚ tgl. 8.30–18 Uhr, letzter Einlass um 16 Uhr, Eintritt $40, Kind $20.

ÜBERNACHTUNG

Lakes Resort Caravanpark, 💻 www.lakesresortcaravanpark.com.au. Die ruhige und saubere Anlage liegt abseits der Straße am Lake Deane und Lake Garden. Geboten werden gut ausgestattete Cabins und Vans mit AC und Bad sowie Zeltplätze ($28) und Stellplätze mit Strom und wenig Schatten ($45), ein Laden und ein gutes Restaurant, ein Pool, eine Riesenwasserrutsche und Verleih von Kanus und Jetskis. ❸

Litchfield National Park

Litchfield ist für viele Besucher der schönste Nationalpark im Top End, und es ist leicht zu erkennen warum: Von den Erhöhungen der Tabletop Range ergießen sich tosende Wasserfälle in natürliche Becken, die von tropischem Regenwald umsäumt werden. Und das Beste daran: In den Wasserlöchern leben keine Leistenkrokodile, sodass man dort ungestört baden kann. Da Litchfield nur 120 km von Darwin entfernt liegt,

Krokodilfrei schwimmen in den idyllischen Wangi Falls

ist der Nationalpark problemlos in einer Tagestour erreichbar. Eine Vielzahl von Tourenveranstaltern bietet solche Tagestouren an (S. 380). Für Leute mit eigenem Auto oder Mietwagen ist eine Kombination von drei Tagen Kakadu und zwei Tagen Litchfield ideal.

Die **Litchfield Park Road** ist von Batchelor bis zur nördlichen Grenze des Nationalparks hinter Bamboo Creek asphaltiert. In der Trockenzeit kann man normalerweise auch mit konventionellen Fahrzeugen eine Rundfahrt machen und von Bamboo Creek nach Norden via Territory Wildlife Park und Berry Springs nach Darwin zurückfahren. Diese Straße ist bis auf 30 km asphaltiert. Während der Regenzeit erkundigt man sich am besten beim Visitor Centre über den aktuellen Straßenstand.

Von Batchelor kommend, sieht man als Erstes die für diese Gegend typischen **Magnetic Termite Mounds**, die großen Hügel der Kompasstermiten, die alle exakt in Nord-Süd-Richtung ausgerichtet sind. Die erste Abzweigung führt zum **Buley Rockhole**, einer Kette von zehn kleinen Felsenpools, deren Kaskaden wie eine Treppe zu den Florence Falls fließen. Die Pools sind ideal zum Baden und Relaxen und liegen nur eine Gehminute vom Parkplatz entfernt.

Bei den **Florence Falls** ergießt sich das Wasser in eine enge, von Regenwald umgebene Schlucht am nordöstlichen Rand des Plateaus. Vom oberen Aussichtspunkt führt eine Holztreppe zur Badestelle am unteren Ende des Wasserfalls und ein schöner, befestigter Fußweg vom Wasserfall in 30 Minuten an Bächen vorbei zum Parkplatz zurück.

Die Sandsteinfelsen der **Lost City** mitten im Park wirken tatsächlich wie die Skyline einer vergessenen Stadt. Sie sind nur mit Geländewagen zu erreichen.

Der Track verläuft dann weiter an den Ruinen des Blyth Homestead vorbei zu den **Tjaynera Falls** im Südwesten. Diese in einer engen Schlucht gelegene Badestelle ist über einen 1,5 km langen Pfad von einem einfachen Campground aus zu erreichen.

Die Hauptstraße führt weiter über das Plateau zu einem Aussichtspunkt über die **Tolmer Falls**. Die Schlucht und das Wasserloch selbst sind der Öffentlichkeit nicht zugänglich, da hier eine Kolonie der vom Aussterben bedrohten

Orange Horseshœ Bats (einer Fledermausart) lebt, die unter Naturschutz stehen.

Die **Wangi Falls** sind die größten und beliebtesten Wasserfälle des Nationalparks. Am sanft abfallenden, sandigen Eingang zum Naturpool können auch Nichtschwimmer und Kinder gut baden. An langen Wochenenden und in den Ferien herrscht hier allerdings großer Andrang. Nach starken Regenfällen ist das Schwimmen zu gefährlich und wird untersagt. Ein Kiosk verkauft Snacks und kalte Getränke, dazu gehört auch ein Visitor Centre. 🕒 8–17.30 Uhr. Außerdem gibt es einen beliebten Campingplatz sowie Grillstellen und Tische. Über einen Rundweg gelangt man in ca. 45 Minuten über Treppen und Felsen zum Plateau oberhalb des Wasserfalls. Durch unterschiedliche Wälder führt der Weg zum Pool und Parkplatz zurück. Zum Schutz der Tiere gibt es im gesamten Nationalpark keine Mülleimer; sämtliche Abfälle müssen also wieder aus dem Park herausgebracht werden.

ÜBERNACHTUNG UND ESSEN

Batchelor

Batchelor Holiday Park, 37 Rum Jungle Rd, 💻 www.batchelorholidaypark.com.au. In Buschlandschaft gelegener Park mit Schatten spendenden Palmen und kleiner Campküche. Cabins mit 1–2 Schlafzimmern, alle mit AC und Bad. Zelt-/Stellplatz $35/42 oder $65 mit Bad. ❶–❼

Litchfield Outback Resort, 49 Rum Jungle Rd, Batchelor, 💻 www.litchfieldmotel.com.au. Einziges Motel im Ort. Geräumige Zimmer mit allem Komfort. Zeltplatz ohne Strom ($30). Großer Pool, Restaurant mit Schanklizenz, Pub, Tankstelle. ❻

Butterfly Farm, Restaurant and Homestay, 8 Meneling Rd, Batchelor, 💻 www.butterflyfarm.net.au. Zur Schmetterlingsfarm und dem kleinen Tiergarten (Eintritt $20) gehören auch ein gutes Restaurant sowie einige Cabins. Restaurant 🕒 tgl. 9–21 Uhr, Butterfly House 🕒 tgl. 9–17 Uhr. ❸–❺

Litchfield Tourist Park Bar and Cafe, Litchfield Park Rd, 13 km westlich von Batchelor Richtung Nationalpark, 💻 www.litchfieldtouristpark.com.au. Beste Ausgangsbasis für einen Besuch des Litchfield NP. Zelt-/Stellplätze und Cabins verteilen sich über eine große Grünanlage. Campküche, Bar und Pool. Camping ohne und mit Strom ($32/53), einfache Units mit Doppelbett und AC ❸, renovierte alte Campervans ❹ sowie Cabins mit Bad, AC und Küche ❺–❻.

Camping im Nationalpark

Bei den Wangi Falls, Florence Falls und am Buley Rockhole befinden sich Campingplätze, jeweils mit Toiletten; $15 p. P. oder $38 pro Familie. Buschcamping ist außerdem bei den Tjaynera Falls und Surprise Creek Falls gestattet (beide kostenlos, aber nur mit Geländewagen zu erreichen; keine sanitären Anlagen).

SONSTIGES

Aboriginal-Kulturzentrum

Coomalie Cultural Centre, Awilla St, Ecke Nurndina Rd Batchelor, 💻 www.batchelor.edu.au. Im Batchelor Institute auf dem Weg zum Litchfiled NP. Ausstellung und Verkauf von Kunst und Kunsthandwerk (auch Textilien). 🕒 Mi–Fr 10–16, Sa 9–15, So 10–14 Uhr.

Touren

Von Darwin aus (S. 380) werden Touren angeboten, viele in Kombination mit einem Besuch des Kakadu NP und/oder Katherine Gorge.

Von Darwin zum Kakadu National Park

Fogg Dam

Der Fogg Dam ist von einem mit Orchideen und Wasserlilien bedeckten Sumpf- und Feuchtgebiet umgeben. Die vielen hier beheimateten Tiere kann man am besten bei Sonnenaufgang oder in der Abenddämmerung beobachten. Mit Sicherheit bekommt man unzählige Wasser- und Greifvögel, vielleicht auch Krokodile, zu Gesicht. Dies ist der Darwin am nächsten gelegene Ort, an dem man den eleganten Jabiru-Storch beobachten kann. Gegen Ende der Trockenzeit trocknet das Feuchtgebiet allerdings stark aus, und die Wasservögel weichen auf andere Tümpel aus. Drei leichte, ausgeschilderte Wanderwege führen zu unterschiedlichen Vegetationszonen innerhalb des Gebietes.

Vom auf einer Anhöhe gelegenen **Window on The Wetlands Visitor Centre** bietet sich eine gute Aussicht auf die Überflutungsgebiete *(flood plains)* des Adelaide River. Eine „Ausstellung zum Anfassen" informiert über die Lebensformen dieses Ökosystems, über den Zyklus der Jahreszeiten sowie über Probleme, die von wild umherstreifenden, importierten Tieren verursacht werden. ⏲ tgl. 8–17.30 Uhr, Eintritt frei.

In der Nachbarschaft wetteifern einige **Jumping Crocodile Cruises** um die Gunst der Touristen, s. u. Von Tourbooten aus kann man zusehen, wie gut gedrillte Krokodile wenige Meter vom Schiff entfernt senkrecht aus dem Wasser schießen, um in Sekundenschnelle ihnen vor die Schnauze gehaltene Fleischbrocken oder Hähnchen zu verschlingen.

Ein Teil des Überflutungsgebiets des Adelaide River steht unter Naturschutz, denn dort nisten neben Spaltfußgänsen und Brolga-Kranichen viele andere Wasservögel. In der **Leaning Tree Lagoon** südlich des Arnhem Highway kann man Wasservögel beobachten.

ÜBERNACHTUNG UND ESSEN

Corroboree Park Tavern, Arnhem Hwy, Marrakai, 🖳 www.corroboreeparktavern.com.au. Im Pub werden Frühstück und recht gute Countermeals serviert. Pool. Schattige Zelt-/Stellplätze ($20/32), außerdem sehr schlichte, aber z. T. renovierte Budget-Zimmer mit AC ❶ sowie „Containers" mit Bad, Kühlschrank und AC ❷ und moderne Cabins ❺.

TOUREN

Die Jumping Crocodile Cruises dauern jeweils etwa 1 Std. In der Regenzeit operieren alle Cruises seltener.

Adelaide River Cruises, 🖳 www.adelaideriver cruises.com.au. Jumping Crocodile Cruises in kleinen Booten um 9, 11, 13 und 15 Uhr; $50, Kind $35. Abzweig vom Arnhem Hwy Richtung Fogg Dam (Anzac Parade); von hier aus ausgeschildert.

Adelaide River Queen, 🖳 www.jumpingcrocodilecruises.com.au. Fährt tgl. um 9, 10, 11, 14 und 15 Uhr zu den Krokodilen los; $65. Ab Adelaide River Bridge (Abzweig zum Parkplatz 200 m westlich der Brücke).

Mary River National Park

Im **Mary River National Park** wurde ein Teil des Ökosystems unter Naturschutz gestellt. Das Gebiet ist ein idealer Ort, um abseits von Touristenmassen Krokodile, Wasservögel und andere Tiere in freier Wildbahn zu erleben. Übrigens soll man auf dem Mary River besonders gut Barramundi-Fische angeln können. Billabongs, *paperbark swamps* (Sümpfe, in denen Papierrindenbäume wachsen) und vereinzelte Vorkommen von Monsunregenwäldern sind der Lebensraum von unzähligen Vögeln und Reptilien – leider aber auch von Insekten (insbesondere in der Regenzeit!). Ein wirkungsvolles Insektenschutzmittel gehört unbedingt ins Gepäck (S. 65). Beide Unterkünfte (s. u.) bieten verschiedene Aktivitäten und Bootstouren auf dem Mary River mit Krokodilbeobachtung.

ÜBERNACHTUNG

Mary River Wilderness Retreat, 🖳 https://maryriverwildernessretreat.com.au, ca. 4 km hinter der Brücke über den Mary River. Einfache Safarizelte, moderne Poolside und Bush Bungalows mit Bad, AC und Ventilator sowie Campingplätze ohne/mit Strom ($43/53). Campküche für Selbstversorger oder Mahlzeiten (Frühstück, Mittag- und Abendessen), ruhige Lage, Restaurant und Bar, kleiner Pool. Verschiedene Aktivitäten und Halbtagestouren. Auf der Anlage grasen oft Wallabies. ❹–❻

Point Stuart Wilderness Lodge, 🖳 www.pointstuart.com.au. Lodges mit AC und Ventilator, max. 5 Pers. ❻, sowie Budget-Zimmer mit gemeinschaftlichen sanitären Anlagen ❸, Safari-Zelte ❻ und ein schattiger Zeltplatz ($52). Gemeinschaftsküche, Kleiner Laden, Pool.

Die Lodge liegt in der Nähe eines kleinen Regenwaldes. Verleih von Mountainbikes und Booten zum Fischen; Touren auf dem Mary River.

Kakadu National Park

Aufgrund seiner natürlichen und kulturellen Schätze wird der Kakadu Nationalpark sowohl als Weltnaturerbe als auch als Weltkulturerbe von der Unesco geschützt. Mit einer Fläche von knapp 20 000 km² ist der Park fast halb so groß wie die Schweiz und der größte Nationalpark Australiens. Spektakuläre Wasserfälle ergießen sich von wild-rauen Sandsteinklippen. Die weiten Feuchtgebiete bieten vielen seltenen oder endemischen Tieren und Pflanzen eine reichhaltige Heimat.

Die unschätzbaren Felsmalereien – eine der größten Ansammlungen weltweit – lassen darauf schließen, dass dieses Gebiet seit mindestens 50 000 Jahren von Menschen bewohnt wird. Doch die über 200 000 Besucher jährlich drohen diesen mystischen Ort im Massentourismus zu ersticken. Eine Tour mit Aboriginal-Guide bietet Besuchern die seltene Gelegenheit, einen Einblick in eine uralte Kultur und Lebensweise zu gewinnen und den wahren Wert dieses Landes besser zu verstehen.

Der Name des Kakadu-Nationalparks hat nichts mit dem uns bekannten Vogel zu tun (der heißt auf Englisch *cockatoo*), sondern leitet sich vom Namen der traditionellen Eigentümer des Landes ab, dem Volk der Gagudju. 1978 erhielten diese das Landrecht für ihr altes Territorium, das sie dann für 99 Jahre an den der Bundesregierung unterstellten National Parks and Wildlife Service verpachteten.

Geschichte

Archäologische Ausgrabungen im Kakadu NP brachten einige der ältesten Steinwerkzeuge der Welt ans Tageslicht. Sie bezeugen, dass dieses Gebiet bereits vor 40 000–50 000 Jahren von Menschen bewohnt wurde und gewähren einen flüchtigen Einblick in eine Zeit vor der letzten Eiszeit. Von noch größerer historischer Bedeutung sind die über 5000 Kunststätten, die nachweislich eine Zeitspanne von fast 20 000 Jahren umfassen. Auf diesen Felsmalereien begründet sich unser Wissen über prähistorische Jagd- und Fischfangmethoden, über soziale Strukturen und Zeremonien der Ureinwohner. Sie bezeugen die Existenz längst vergangener Tierarten, und sie lassen Historiker die Wandlungen nachvollziehen, die die ersten Kontakte mit indonesischen Fischern ab dem 16. Jh. auslösten.

In der Mythologie der Einheimischen wurde das Land und alles darauf Lebende von den Ahnenwesen aus der Traumzeit *(creation ancestors)* erschaffen und geformt. Zu diesen zählen die Regenbogenschlange (die viele Namen trägt) sowie Bula (des Jawoyn-Volkes). Letzterer legte sich nach getaner Arbeit unter der Erde zur Ruhe und grenzte damit ein Gebiet ab, das für Aborigines seit Jahrtausenden als „Buladjang" (*sickness country*, Land der Krankheit) tabu ist. Laut Mythologie ist es gefährlich, das Wasser dieser Region zu trinken, und auf keinen Fall darf Bula gestört werden – dies könnte katastrophale Erdbeben und Brände auslösen.

Wie überall in Australien ging die Ankunft weißer Siedler mit eingeschleppten Krankheiten und Tierarten einher, die den einheimischen Menschen und Tieren oft den Garaus machten. Noch im 19. Jh. ließen erste Mineralienfunde Bergbausiedlungen aus dem Nichts hervorsprießen, durch welche die Aborigines erstmals in Kontakt mit Drogen und Alkohol kamen – eine weitere fatale Begegnung. Die Entdeckung von Uran 1953 – acht Jahre nach dem Abwurf der Atombomben auf Hiroshima und Nagasaki – hatte den größten Einfluss auf das Leben der lokalen Völker. Trotz starken Protestes entstanden in kürzester Zeit 13 Minen auf dem Gebiet, das für die Aborigines als „Land der Krankheit" für unantastbar galt. Mehr zu diesem Thema s. Kasten S. 391.

Flora und Fauna

Den weitaus größten Teil des Kakadu NP nimmt von Speergras, gigantischen Termitenhügeln und lichtem Savannenwald bedecktes Flachland ein, das im Osten von 50 bis 400 m hohen Sandsteinwänden des Arnhem Land Escarpment überragt wird. Hinzu kommen Sümpfe und Überschwemmungsgebiete *(flood plains)*, die sich während der Regenzeit in bis zu 20 km breite Seen verwandeln. Die Gegend ist das Refugium einer einzigartigen und vielfältigen Fauna und Flora: Ein Drittel bis die Hälfte aller australischen Vogel- und ein Viertel aller Fischarten sind hier anzutreffen, außerdem 68 Säugetier-, 120 Reptilien- und 26 Froscharten, von denen viele nur hier vorkommen. Über 2000 Pflanzenarten wurden gezählt, und noch immer werden neue entdeckt.

Nicht nur der Uranabbau, auch die Ausweitung des Massentourismus sowie eingeschleppte Tiere und Pflanzen, wie u. a. die seit 2003 von Queensland herübergewanderten Agakröten *(cane toads)*, bedrohen das empfindliche ökologische Gleichgewicht dieses Nationalparks. Mitte des 19. Jhs. wurden Wasserbüffel aus Asien eingeführt, die sich bis ins Jahr 1988 fast ungestört vermehrten und ihren Lebensraum nachhaltig beeinflussten. Rigorose Abschlachtungen dezimierten ihren Bestand bis auf 250 Tiere, aber gelegentlich sieht man sie noch heute im Park.

Kontrollierte Buschbrände helfen seit zig Jahrtausenden, das Gleichgewicht der artenreichen Natur zu bewahren. Bis zum heutigen Tag greifen Parkranger auf das uralte Wissen der Aborigines zurück, um altes Gestrüpp zu beseitigen und so Raum für neues Leben zu schaffen.

Der nördliche Park

Rund 70 km hinter der Parkgrenze (aus Darwin kommend) blickt man von einer überdachten Plattform aus auf die **Mamukala Wetlands**. Diese sind die Heimat Abertausender Vögel, die gelegentlich von einem schnappenden Krokodil aufgescheucht werden und sich dann in Scharen lautstark wie dunkle Wellen über den Himmel ziehen.

Mit knapp 1100 Einwohnern ist **Jabiru** die größte Siedlung im Nationalpark – ein beschauliches Städtchen mit Supermarkt, Tankstelle, Arzt, Freibad und Post sowie einigen Unterkünften und Restaurants.

Etwas außerhalb von Jabiru, auf dem Weg nach Cooinda, liegt das gut aufgebaute **Bowali Visitor Centre** (Details S. 392). Neben Café, Souvenirladen und Infoschalter gibt es auch eine äußerst sehenswerte Ausstellung, die über die Geologie und über die Bedeutung des Landes für die Ureinwohner informiert. Hier erhält man auch den obligatorischen Park Pass ($25 p. P. oder $65 pro Familie; gültig für 7 Tage).

Mit dem Auto sind von hier aus in einer guten halben Stunde die Kunststätten von **Ubirr** am East Alligator River erreicht. Der Weg lohnt sich: Auf einem 1 km langen Rundweg gelangt man an faszinierenden Felsmalereien vorbei und überblickt vom 250 m hohen Plateau das Überschwemmungsgebiet von Nadab – eine herrliche Aussicht, vor allem bei Sonnenuntergang. In der Trockenzeit finden hier öfter Ranger Talks statt (Infos im *What's On Guide*, erhältlich im Visitor Centre). Von der Bootsrampe in der Nähe des Border Stores starten die empfehlenswerten Guluyambi Cruises (S. 392).

Der East Aligator River (der seinen Namen einem englischen Navigator verdankt, der die hier lebenden Leistenkrokodile für Alligatoren hielt) markiert die Grenze zum **Arnhem Land**. Dieses unterliegt der Verwaltung des Northern Land Councils und darf nur mit Permit besucht werden.

Der südliche Park

In **Nourlangie** liegen die bekanntesten Felsmalereien des Parks. Aufgrund ihrer zentralen Lage sind sie in der Trockenzeit leider oft überlaufen, wenn die Felsen von ganzen Busladungen an Touristen umrundet werden. Die gute Nachricht: Viele der etwas längeren Wanderwege sind weitaus schwächer frequentiert, darunter z. B. der **Nanguluwur Art Site Walk** (3,4 km, ca. 1 1/2 Std. hin und zurück).

Cooinda besteht im Prinzip nur aus der Cooinda Lodge Kakadu (s. unten) sowie einer Bushaltestelle, an der die Tourbusse halten. Nicht weit davon liegt die idyllische Lagune **Yellow Water**. Auf einer Bootsfahrt bei Sonnenaufgang kann man beobachten, wie sich hier Tausende von Vögeln versammeln, Dingos am Ufer herumlungern und Krokodile in der Morgensonne am Ufer dösen (S. 392, Bootsfahrten).

Das **Warradjan Aboriginal Cultural Centre** ist der Lebensweise und Kultur der Ureinwohner

NORTHERN TERRITORY

gewidmet. Die Ausstellung wurde von den lokalen Clans zusammengestellt und erläutert den traditionellen Gebrauch verschiedener Pflanzen sowie soziale Strukturen und den Einfluss der weißen Siedler. Eintritt frei, für den Besuch 1–2 Std. einplanen. ⌚ tgl. 9–17 Uhr.

Die Wasserfälle **Jim Jim Falls** und **Twin Falls** zählen zu den schönsten natürlichen Kulissen des Parks. Ein 4WD-Track – nur in der Trockenzeit mit Geländewagen zu befahren – biegt vom Kakadu Highway zu diesen beiden Wasserfällen ab. Die Twin Falls liegen in einer lang gestreckten Schlucht mit herrlich weißen Sandstränden und Überresten eines Monsunregenwaldes. So einladend das Wasser auch aussehen mag, vom Schwimmen wird aufgrund der immer wieder hier gesichteten Leistenkrokodile abgeraten. Am spektakulärsten sind die Wasserfälle nach dem Ende der Regenzeit, von April bis Mai, wenn die Pisten wieder befahrbar sind. Gegen Ende der Trockenzeit, etwa ab Mitte September, sieht man meist nur noch ein klägliches Rinnsal.

Zum **Maguk Plunge Pool**, einer weiteren kleinen Schlucht mit einem Wasserfall, führt ebenfalls ein 4WD-Abzweig vom Kakadu Highway. **Gunlom** (Waterfall Creek), eine Schlucht mit einem 100 m hohen Wasserfall, liegt im Südwesten des Parks. Man kann zum oberen Ende der Wasserfälle wandern (ca. 1 1/2 Std. hin und zurück). Ein Rundflug über die Fälle ist eindrucksvoll und bietet herrliche Fotomotive.

ÜBERNACHTUNG UND ESSEN

Camping

Campingplätze der Nationalparkbehörde liegen über den ganzen Nationalpark verteilt. Viele davon sind ausgezeichnet ausgestattet, mit Grillstellen, Picknicktischen, Duschen und Toiletten. Kosten $6–15 p. P., manche sind kostenlos. 💻 https://parksaustralia.gov.au/kakadu/stay/camping.

Hotelzimmer sind in der HS (Juni–Aug) schnell ausgebucht – im Vorraus reservieren!

Jabiru

€ **Anbinik Kakadu Resort**, Lakeside Drive, 💻 www.anbinik.com.au. Modern, sauber, sicher und für Kakadu erstaunlich preiswert! Stellplätze ($48 mit Strom und Bad) sowie Bush

NORTHERN TERRITORY

Vorsicht Kroko: In den idyllischen Billabongs des Kakadu National Parks schlummern „Salties".

© SHUTTERSTOCK.COM / JULIAN DRESTES

Die Uranminen und der Nationalpark

Bei der Gründung des Kakadu-Nationalparks wurden drei Gebiete mit Uranpecherzvorkommen – Ranger, Jabiluka und Koongarra Mineral Lease – sozusagen als exterritoriale Zonen ausgeschlossen. Von 1980 bis 2012 wurde in der Ranger Uranium Mine das radioaktive Erz gefördert und exportfähig gemacht; die Siedlung Jabiru wurde eigens für die Unterbringung der Arbeiter und Angestellten der Bergwerksgesellschaft ERA (Energy Resources Australia) geschaffen. Der Arnhem Highway wurde als erste Straße durch den Nationalpark asphaltiert, um den Transport von Yellow Cake zum Hafen von Darwin zu erleichtern. Yellow Cake ist mit dem Isotop U235 angereichertes und zu Presskörpern verarbeitetes Uran, das als Kernbrennstoff und Brutstoff verwendet wird – hierfür wurde es auch nach Deutschland exportiert. Es kann aber auch zur Herstellung von Nuklearwaffen dienen.

Die Förderung von Uranpecherz ist vor allem aus Gründen des Umweltschutzes heftig umstritten. Hauptprobleme sind die giftigen Abwässer, die vor dem Einsickern in das System der Feuchtgebiete und Wasserläufe des Kakadu National Park bewahrt werden müssen, sowie die langfristig sichere Verwahrung der hochgradig radioaktiven Überreste, die noch in Zehntausenden (!) von Jahren Strahlung abgeben. Mehr als 200 Verstöße gegen Umweltschutz-Sicherheitsvorschriften wurden bekannt. Im Mai 2010 kam der Verdacht auf, dass Millionen Liter verseuchten Wassers über eine Staumauer in den Kakadu NP geflossen sein könnten. 2012 wurde der Abbau schließlich eingestellt; die Aufräumarbeiten sollen noch mindestens bis 2028 andauern.

Zusätzlich zu der konkreten Bedrohung ihres Lebensraumes hatten Ureinwohner auch kulturell-spirituelle Einwände. Direkt hinter der Ranger Mine erhebt sich als ein Teil der Steilwände, die das Plateau von Arnhem Land begrenzen, der Felsen Mt Brockman. Der Zugang zu diesem Gebiet verbietet sich für die meisten Ureinwohner: Näheres s. Kakadu NP, Geschichte, S. 387.

Bungalows und Motelzimmer mit AC oder Ventilator, mit und ohne Badezimmer. ❸–❼

Aurora Kakadu Lodge, Jabiru Drive, 💻 https://aurorakakadulodge.com.au. Cabins mit AC für 2 Pers. Zelt- und Stellplätze für Campervans ($38/45). Zur Anlage gehören ein großer Pool, Grillstellen, Laden und Restaurant. Ab ❻

Mercure Kakadu Crocodile Holiday Hotel, 💻 https://kakadutourism.com. In Form eines Krokodils erbaut, was sich aber eigentlich nur aus der Vogelperspektive würdigen lässt. Rund um einen begrünten Innenhof mit Pool liegen die komfortablen DZ. Restaurant und Bar. ❼

Cooinda

Cooinda Lodge Kakadu, bei Yellow Waters, 💻 https://kakadutourism.com. Stellplätze ohne/mit Strom ($54/74). Dazu Motelzimmer und gut ausgestattete Cabins und Glamping-Zelte; teuer sind sie allerdings alle. Gutes Essen im angeschlossenen Mini-Restaurant, zudem preiswertere Bistro-Bar und nette Pool-Landschaft. ❼

TOUREN

Überlegungen zu „Tour oder Mietfahrzeug" s. Kasten S. 379.

Von Juni–Aug bieten die **Parkranger** hervorragende kostenlose Spaziergänge, Führungen bei den Felsgalerien und Diavorträge; Infos im Visitor Centre oder unter 💻 https://parksaustralia.gov.au/kakadu/do/ranger-guided-activities.

Es gibt auch einige Tagestouren ab Cooinda oder Jabiru. Eine Teilnahme an einer Rangerführung oder einer Tagestour ist unbedingt zu empfehlen, denn die Komplexität des Ökosystems, die Vielfalt der auf den ersten Blick oft so monoton erscheinenden Landschaft sowie die Bedeutung dieses Landstrichs für die Ureinwohner erschließen sich einem erst richtig durch kompetente Führer. Eine Alternative zur Selbstorganisation ist eine gute mehrtägige Safaritour ab Darwin (S. 380).

Angeln

Kakadu Fishing Tours, 💻 www.kakadufishingtours.com.au. Hier darf man einmal die Leidenschaft der Territorians für das Barramundi-Angeln erleben. Halbtagestouren ab Jabiru ab ($250), Ganztagestouren ab 4 Teilnehmern.

Bootsfahrten

Guluyambi Aboriginal Cultural Cruise, 💻 www.kakaduculturaltours.com.au. East Alligator River. Kleine Boote mit Aboriginal-Guides. Am Ende der Tour geht man für kurze Zeit im Arnhem Land von Bord – ein echtes Privileg, denn das Arnhem Land darf sonst nur mit Permit betreten werden. Mai–Nov mehrmals tgl., ca. 100 Min., $84. Die Tagestour bietet tiefere Einblicke in die Kultur ($296).

Yellow Water Cruises, beim Cooinda Village: 6x tgl. Fahrten zwischen 6.45 und 16.30 Uhr, 2 Std. für $105–129. Sehr beliebt und überlaufen, aber lohnend. Die erste Fahrt in der Morgendämmerung ist am eindrucksvollsten (und teuersten). In der Regenzeit (Dez–April) veränderte Zeiten und Dauer. Unbedingt reservieren, 💻 https://kakadutourism.com.

Rundflüge

Kakadu Air, 💻 www.kakaduair.com.au. Rundflug ab East Jabiru und Cooinda, 30 Min. $150, 60 Min. $250, mind. 4 Passagiere. Der 1-stündige Flug gewährt einen fantastischen Eindruck vom Park mit den Wasserfällen vom Escarpment als Highlights. Es lohnt sich, dafür mehr auszugeben.

Tagestouren

Animal Tracks Safari, 💻 www.animaltracks.com.au. Die Ureinwohnerin Patsy führt Besucher über ihr Land und erlaubt ihnen, es für einen flüchtigen Moment aus ihren Augen zu betrachten. Auf dem Programm stehen u. a. im Sumpf nach Wasserkastanien und Krabben stochern, Buschkarotten sammeln und Aboriginal-Medizin kosten. Am Ende des Tages wird alles in einem traditionellen „Buschofen" aus Papierrinde *(paperbark)* gegrillt – ein echtes Bush Tucker. Die Tour – von zahlreichen Loose-Lesern erprobt und hoch gelobt – kann gar nicht heiß genug empfohlen werden. Mai–Okt tgl. 13–21 Uhr ab Cooinda, $220.

Arnhemlander Cultural & Heritage Tour, 💻 www.kakaduculturaltours.com.au. Eintägige 4WD-Tour durch den nördlichen Teil des Kakadu NP bis hinein ins Arnhem Land. In der Tour ist der Besuch von Hawk Dreaming, einem nur begrenzt zugänglichen Aboriginal-Gebiet, mit eingeschlossen. Von Aborigines organisiert und durchgeführt. Abholservice von allen Unterkünften rund um Jabiru. Mai–Nov tgl. ab 7.45 Uhr, $296.

Lord's Kakadu & Arnhemland Safaris, 💻 www.lords-safaris.com. Von Mai–Okt 3- bis 6-tägige maßgeschneiderte Touren für Gruppen durch den Kakadu NP und nach Arnhem Land.

SONSTIGES

Ausrüstung

Hut, Sonnenschutzmittel und unbedingt ein wirkungsvolles **Insektenschutzmittel** mitnehmen! Citronella ist zu schwach, leider muss man auf chemische Keulen wie Rid oder Bushman zurückgreifen. Camper benötigen ein Moskitonetz und Naturfreunde ein Fernglas und eine Kamera mit Teleobjektiv. Bei Bushwalks ausreichend Wasser mitnehmen!

Feste

Ureinwohner aus Arnhem Land feiern im August das **Garma Festival** mit traditionellen Tänzen, Wettkämpfen und Bush-Tucker-Schmaus. Für den Besuch des Festivals ist kein Permit nötig. Auskünfte unter 💻 https://yyf.com.au/garma-festival.

Informationen

Bowali Visitor Centre, am Kakadu Highway in der Nähe von Jabiru, 🕒 tgl. 8–17 Uhr. Neben Informationsblättern und Broschüren (*Kakadu National Park Visitors Guide & Maps*; unbedingt auch besorgen: *Free Walks and Talks*) gibt es auch sehenswerte Ausstellungen und Präsentationen über den Park. Die zugehörige Marrawuddi Gallery führt eine gute Auswahl an lokaler Aboriginal-Kunst und Büchern zum Kakadu NP. In der Trockenzeit veranstalten die Ranger Vorträge und Führungen zu Natur- und Kulturthemen. Es gibt hier auch ein kleines Café.

Klima

In der Regenzeit ist es sehr schwül, das Tagesmaximum liegt bei 35 °C, das nächtliche Minimum bei 25 °C. In der Trockenzeit schwanken die Temperaturen zwischen 30 °C und 15 °C. Die beste Reisezeit ist Mai–Mitte Juni (nach Beginn der Trockenzeit und vor Beginn der Schulferien), wenn die Wasserfälle noch kräftig rauschen. Der größte Besucherandrang herrscht im Juli.

Lebensmittel

Man bekommt sie für teures Geld in den General Stores in Cooinda, Aurora Kakadu Resort, in Jabiru im Supermarkt der Town Plaza sowie im **Border Store** in der Nähe von Ubirr und der **Merl Camping Area**. Deshalb empfiehlt es sich, eigene Vorräte mitzubringen!

Straßenzustand

Das Bowali Visitor Centre gibt Auskunft über den Zustand aller Straßen und Wanderwege im Kakadu NP. Zudem aktuelle Infos unter 💻 https://parksaustralia.gov.au/kakadu/access. Fast alle bekannten Sehenswürdigkeiten im Nationalpark sind über asphaltierte Straßen zu erreichen. Die beiden Hauptstraßen durch den Nationalpark sind der **Arnhem Highway** nach Jabiru sowie der **Kakadu Highway** von Jabiru nach Pine Creek. Ebenfalls asphaltiert sind die Straße von Jabiru zum East Alligator River (Border Store, Cahills Crossing, Ubirr), der die östliche Grenze des Nationalparks bildet, sowie die Abzweigungen zum Nourlangie Rock und zu Yellow Waters/Cooinda. Nicht asphaltiert ist die 60 km lange **Jim Jim Road**, die 6 km nördlich der Abzweigung nach Cooinda vom Kakadu Hwy abgeht. Hier ist ein Geländewagen zwingend notwendig. Auch die Straße nach Gunlom ist nicht durchgängig asphaltiert, kann in der Trockenzeit jedoch auch mit Zweiradantrieb befahren werden.

Tanken

Tankstellen beim Aurora Kakadu Resort, in Jabiru und Cooinda Lodge und beim Mary River Roadhouse.

TRANSPORT

Es gibt keine öffentlichen Verkehrsmittel im und in den Nationalpark.

Von Darwin nach Katherine

Ein Abzweig vom Stuart Highway 165 km hinter Darwin führt zur **Douglas-Daly-Region** südwestlich der Ortschaft Hayes Creek. Die kleine Oase **Tjuwaliyn (Douglas) Thermal Hot Springs Park** lädt zu einem Bad ein – aber Vorsicht, die Thermalquellen können bis zu 60 °C heiß sein! Die 200 m stromabwärts gelegenen Pools sind kühler. Es gibt ein Bush Camp mit Toiletten, Duschen und Picknicktischen. Die letzten 7 km sind nicht asphaltiert, ein Geländewagen ist von Vorteil. Zwischen Mai und September erreicht man mit einem Geländewagen nach weiteren 17 km den **Butterfly Gorge Nature Park**. In diese abgelegene Schlucht des Douglas River „verirren" sich selten Besucher. Vom Parkplatz führt ein kurzer, z. T. steiler Wanderweg zu einem Badepool im Flussbett; keine Versorgungs- und Übernachtungsmöglichkeiten.

Als komfortable Basis bietet sich der **Douglas Daly Tourist Park** an der Ooloo Rd an (ca. 35 km vom Stuart Highway), 💻 https://douglasdalypark.com.au, mit Zelt- und Stellplätzen ($25/30), einfachen Zimmern sowie komplett ausgestatteten AC-Cabins mit zwei Schlafzimmern ❶–❺. Zur Anlage gehören Pool, Grillstellen, Laden, Restaurant und Tankstelle. Die Besitzer organisieren Tagestouren in die Umgebung.

Pine Creek am Stuart Highway war in den 70er- und 80er-Jahren des 19. Jhs. der Schauplatz des größten Goldrausches im Northern Territory. Das **Pine Creek National Trust Museum** und das **Museum im ehemaligen Bahnhof** enthalten Erinnerungsstücke an diese Zeit. 🕒 nur Mai–Sep Mo–Fr 11–17, Sa 11–13 Uhr, Eintritt $5.

Katherine

Katherine ist die wichtigste und mit rund 6000 Einwohnern größte Ortschaft zwischen Darwin und Alice Springs und Versorgungsbasis für die Ortschaften und *homesteads* der *cattle stations* des Umlandes. Hier beginnt bzw. endet der nach Western Australia führende Victoria Highway.

Der Ort selbst bietet nichts, was man gesehen haben muss, ist aber ein guter Ausgangspunkt für einen Besuch des Nitmiluk National Parks, der Tropfsteinhöhlen Cutta Cutta Caves, sowie für Touren in den Kakadu National Park.

Top Didj Cultural Experience & Aboriginal Art

Ein Muss für alle, die einen authentischen Einblick in die Kultur der Ureinwohner erhalten wollen. Der aufgeschlossene Dalabon-Aborigine Manuel Pamkal lehrt Besuchern wie man einen Speer wirft, Feuer entfacht und Didjeridoo-Töne interpretiert. Seine Kunstwerke und die anderer lokaler Künstler sind in der Galerie ausgestellt. Cultural Experience von Mai bis Okt 2x tgl., 2 1/2 Std. $90, Kind $60. 🖳 https://topdidj.com. 🕒 Mai–Okt tgl. 9–17 Uhr.

Katherine Museum

Ursprünglich als Flugplatz gebaut und während des Zweiten Weltkriegs von japanischen Bombern zerstört enthält das Museum heute Sammlungen aus der Geschichte des Ortes sowie Aboriginal-Kunsthandwerk. 20 Christie Road, 🕒 nur während der Trockenzeit Mo–Fr 9–14, Sa 10–14 Uhr; Eintritt $10, 🖳 www.katherinemuseum.com.

Katherine Hot Springs

Die heißen Quellen in einer kleinen Parkanlage, 3 km vom Zentrum entfernt in der Nähe des Victoria Highway, sind ein beliebter Ort zum Baden, ebenso wie der Katherine River beim **Low Level Nature Reserve**, 5 km vom Zentrum beim Victoria Highway, ein Park mit Picknickplätzen. Man sollte die Flughunde *(flying foxes)*, die tagsüber in den Bäumen des Naturreservats schlafen, in Ruhe lassen und nicht durch Blitzlichter stören.

ÜBERNACHTUNG

Wer eine Tagestour im Nitmiluk National Park machen will, muss zwei Übernachtungen in Katherine einplanen. Mit Campervan oder Zeltausrüstung empfiehlt es sich, direkt an der Katherine Gorge oder bei den Edith Falls zu übernachten.

Hotels und Motels

Pine Tree Motel (Best Western), 3 Third St, 🖳 www.pinetreemotel.com.au. Geräumige Motelunits mit AC sowie einfache Budget-Zimmer. Schöner Pool. Ab ❸

The Stuart Hotel, 23 Katherine Terrace, 🖳 https://thestuarthotel.com.au. Eins der angenehmsten Hotels der Stadt. Die Zimmer und kleinen Apartments sind zwar nicht die modernsten, aber sauber und komfortabel. Im dazugehörigen Biergarten gibt's oft Livemusik. Pool und Restaurant. Ab ❹

Caravanparks

BIG4 Breeze Holiday Park, 20 Shadforth Rd, etwa 5 km südlich, 🖳 https://breezeholidayparks.com.au. Schattige Zelt-/Stellplätze $50/56. Pool, Kiosk. Gepflegte Anlage. Backpacker-Bunkhouse (Bett $80). Moderne Cabins mit AC und Bad ❻ sowie schlichte, aber gemütliche Safarizelte (Glamping) mit kleiner Veranda ❺.

Shady Lane Caravan Park, 257 Gorge Rd, 6 km vom Zentrum entfernt Richtung Katherine Gorge, 🖳 www.shadylanetouristpark.com.au. Kiosk und Pool. Stellplätze $54. Einfache Zimmer ohne Bad ❸ sowie Cabins mit AC und Kochecke. ❻

ESSEN

Black Russian Caravan, Stuart Hway, Ecke Lindsay St. Der kleine Caravan serviert guten Kaffee und „Toasties", getoastete Sandwiches mit allen möglichen Beilagen. 🕒 tgl. 6.30 bis 14 Uhr.

The Mahogany Bar And Grill im Stuart Hotel, 23 Katherine Terrace. Hervorragende Pub-Meals zu günstigen Preisen. 🕒 tgl. 17.30–22 Uhr.

TOUREN

Weitere Touren S. 396 (Touren).

Gecko Canœing & Trekking, 🖳 www.geckocanœing.com.au. U. a. 3-tägige Campingtour im Kanu in kleinen Gruppen (max. 10 Pers.) in der Katherine Gorge. Enthusiastische und gut informierte Guides. Weitere längere Touren in die Daly-Region sowie zum Ord River.

Vom Baruwei Lookout bieten sich eindrucksvolle Ausblicke über die Katherine Gorge.

SONSTIGES

Feste

Zum viertägigen **Barunga Festival** versammeln sich jedes Jahr im Juni viele Aborigines in Barunga, 80 km südöstlich von Katherine. Es wird getanzt und gesungen. Sonntag ist der Höhepunkt mit traditionellen Aktivitäten wie Wettkämpfen im Bumerang- und Speerwerfen und Feuermachen. Ein Permit ist nicht erforderlich, um an dem Festival teilzunehmen. Man muss lediglich Campingausrüstung und Verpflegung mitbringen. Weitere Auskunft: 💻 www.barungafestival.com.au.

Informationen

Katherine Visitor Information Centre, Stuart Hwy, 💻 www.visitkatherine.com.au. 🕒 tgl. 8.30–17 Uhr, in der Regenzeit kürzer.

NAHVERKEHR

Keine öffentlichen Transportmittel zwischen Katherine und Katherine Gorge. Ein Taxi kostet ca. $70–80, ✆ 131 008.

TRANSPORT

Busse

Greyhound, 💻 www.greyhound.com.au, fährt tgl. nach DARWIN und ALICE SPRINGS. Sa–Mi fährt um 20.10 Uhr ein Bus nach BROOME.

Nitmiluk National Park

In Millionen von Jahren hat sich der im Arnhem Land Plateau entspringende **Katherine River** nördlich von Katherine tief in das Sandsteinplateau gegraben und ein System von 13 Schluchten geformt. In der Mythologie der Jawoyn-Ureinwohner hat die Regenbogenschlange die Schlucht erschaffen und lebt heute noch in den tiefsten Stellen des Flusses. In der Regenzeit schießt das sonst so träge Wasser durch die engen Felspassagen. Nur in der Trockenzeit sind die Schluchten befahrbar. Jährlich besuchen rund 300 000 Menschen den Nitmiluk National Park, damit steht er neben dem Kakadu National Park und dem Uluru National Park (früher: Ayers Rock und Olgas) ganz oben auf der

Liste der touristischen Sehenswürdigkeiten im Northern Territory.

Nitmiluk ist übersichtlicher als Kakadu. Ausgangspunkt des Schluchtensystems ist das Nitmiluk Centre, 32 km nordwestlich von Katherine. Hier gibt es ein Bistro mit einer hübschen Dachterrasse, von der aus man auf den Fluss blickt. Zwei Informationsschalter erteilen Auskünfte über Touren und Übernachtung sowie über Wandermöglichkeiten. In der ersten Schlucht werden immer wieder Leistenkrokodile gesichtet; schwimmen und Kajak fahren ist hier dann streng verboten und Boote bringen Kajakfahrer bis vor in die zweite Schlucht.

Vom Nitmiluk Centre führen einige Wanderungen in die ersten Schluchten. Die Wege sind teilweise ziemlich anspruchsvoll. Schlucht 1 und 2 können bequem in Tageswanderungen erreicht werden; zur dritten Schlucht sollte man hin und zurück mindestens sechs Stunden einplanen. Der etwa eineinhalbstündige **Baruwei Loop Walk** führt zu einer grandiosen Aussichtsplattform über dem Fluss – vor allem bei Sonnenauf- und -untergang unübertrefflich. Zwischen der 4. und 8. Schlucht liegen einige Campingplätze; wer so weit vordringen möchte, sollte eine Übernachtung einplanen. In einigen Schluchten kann man im kühlen Wasser des Katherine River baden. Beim Nitmiluk Centre gibt es Karten und Informationen darüber, wo man gefahrlos schwimmen kann.

Ausflugsboote von Nitmiluk Cruises fahren durch die ersten Schluchten. Wer ein Kanu mietet, ist unabhängiger. Ein bisschen sportlich sollte man jedoch sein, denn am Ende jeder Schlucht muss man das Kanu über die Felsen zur nächsten Schlucht hieven. Ein Kanu hat den Vorteil, dass man im Schluchtensystem übernachten und so bis zu den hinteren Schluchten vordringen kann. Es empfiehlt sich, die Kanutrips beim Kanuverleih im Voraus anzumelden (in der Trockenzeit ca. eine Woche), denn die Anzahl der Kanus und die der Zeltplätze in den oberen Schluchten ist begrenzt. Aus der Vogelperspektive ist die Gegend ebenfalls beeindruckend; in der Regenzeit stellt ein Flug die einzige Möglichkeit dar, die Schluchten zu sehen.

Zum Nationalpark gehört auch **Leliyn (Edith Falls)**, 62 km nördlich von Katherine, ein Wasserfall, der sich vom Rande des Arnhem Land Plateaus in ein von Panadanus-Palmen umgebenes Bassin ergießt. Auch am Ende der Trockenzeit führt er normalerweise noch Wasser. Man kann hier schwimmen und wandern, ab und zu werden Rangerführungen angeboten. Es gibt hier auch einen Kiosk, Grill- und Picknickstellen, Duschen und Toiletten sowie einen Campingplatz ohne Strom, der in der Trockenzeit oft voll belegt ist ($10 p. P.; tagsüber am Kiosk bezahlen, abends Selbstregistrierung). Die Abzweigung vom Stuart Highway nach Osten ist ausgeschildert (42 km nördlich von Katherine), nach weiteren 20 km Asphaltstraße sind die Wasserfälle erreicht.

Die **Cutta Cutta Caves** bilden ein System von fünf Tropfsteinhöhlen, 27 km südlich von Katherine, in der Nähe des Stuart Highway. Sie bieten Lebensraum für zahlreiche Tiere, u. a. eine seltene Fledermausart *(ghost bats)* sowie Schlangen und Papageien. Von März bis November finden stündlich von 9–15 Uhr Führungen statt ($30, Kind $19, ca. 1 Std.). Von Dezember bis April ist der Park geschlossen.

ÜBERNACHTUNG UND ESSEN

Im Nitmiluk Centre gibt es ein Bistro mit Tischen auf der schönen Dachterrasse. In der Nähe befindet sich der **Caravanpark**, in dem man sich in der Hauptsaison besser anmeldet. Zeltplätze ($60.) und Caravanstellplätze ($80 mit Strom), die sich um einen hübschen Pool gruppieren; am Kiosk wird abends ein leckeres Buffet serviert. Außerdem gibt es Safarizelte mit Doppelbett, die HP einschließen ❻ sowie komfortable Hütten mit 1–2 Schlafzimmern ❼. Buchung aller Unterkünfte unter 💻 www.nitmiluktours.com.au. Die **Cicada Lodge** nebenan gehört in die Luxusklasse. ❼

TOUREN

Nitmiluk Tours, 💻 www.nitmiluktours.com.au. Spezialisiert auf die Katherine Gorge. 2-stündiger Cruise in der Morgenröte in die ersten beiden Schluchten ($105). Besonders lohnend sind die 4-stündigen Fahrten bis zur dritten Schlucht mit Badestopp an einem idyllischen

Wasserfall (April–Aug tgl. um 9 Uhr, $156, im August auch um 11 und 13 Uhr). Auch Dinner-Cruises und weitere Touren. In der Regenzeit eingeschränkter Tourenplan.

SONSTIGES

Informationen

Nitmiluk Centre, am Haupteingang zum Park. Informationsblätter, Beschreibungen von Wanderwegen und Karten. Dazu gehören auch ein Display Centre & Heritage Museum mit einer Ausstellung und Diashow über den Park; ferner ein Selbstbedienungsrestaurant, ein Geldautomat, ein kleiner Supermarkt und ein Souvenirshop.

Kanu-Verleih

Neben der Bootsrampe befindet sich der Kanuverleih von **Nitmiluk Tours**. Kanus werden von hier aus nur dann ins Wasser gelassen, wenn keine Gefahr durch Leistenkrokodile besteht. Ansonsten muss man sich im Boot bis zur zweiten Schlucht bringen lassen.
Wer ein Kanu mietet, bekommt eine wasserdichte Trommel für seine Ausrüstung und Wertsachen. Kanus gibt es in verschiedenen Größen für 1–2 Pers. Einer-Kanu $91 pro halber Tag; Zweier-Kanu $160 pro halber Tag. Preis schließt die Bootsfahrt zur zweiten Schlucht ein. Frühzeitige Buchung in der HS (mind. 1 Woche im Voraus) ist ratsam, da die Anzahl der Kanus beschränkt ist. Auch Tages- und 2-Tagesverleih. ⏲ in der Trockenzeit tgl. um 8 und 13 Uhr, Rückgabe bei Halbtagsmiete 4 Std. später.

Victoria Highway

Von Katherine nach Kununurra in Western Australia sind es 513 km auf dem asphaltierten Victoria Highway. Die Strecke unterbrechen nur zwei Siedlungen mit Tankstellen, **Victoria River Roadhouse**, 195 km westlich von Katherine, und **Timber Creek**, 100 km weiter. Direkt westlich des Victoria River Crossing, 194 km westlich von Katherine, führt der **Escarpment Walk** zu einem Aussichtspunkt über das von roten Felsklippen eingerahmte Tal des Victoria River. Dies ist die östliche Sektion des 13 000 km² großen **Judbarra / Gregory National Park**, der westliche Teil *(Bullita section)* erstreckt sich beim Timber Creek Roadhouse vom Victoria Highway weit nach Süden.

Der Nationalpark umfasst den Victoria River, Baines River und andere Bäche, die sich schließlich mit dem Victoria River vereinigen, sowie Schluchten, Palmenoasen, Felsplateaus, Tafelberge und Savanne mit Boab-Bäumen – eine Landschaft von herber Schönheit, ähnlich wie die Kimberley in Western Australia, nur weniger bekannt und touristisch so gut wie gar nicht erschlossen. Für alle Zufahrtsstraßen in den Nationalpark ist ein Geländewagen notwendig. Auskunft über 4WD-Pisten durch den Nationalpark erhält man in Katherine oder bei den Roadhouses. In der westlichen Sektion des Gregory gibt es beim Bullita Homestead und in der Limestone Gorge einfache Zeltplätze mit Grillstellen, Picknicktischen und Buschtoiletten. In der Regenzeit kann der Victoria River nach heftigen Regenfällen den Victoria Highway tagelang unpassierbar machen; das Wasser kann bis zu 3 m über der Straße stehen. Aktuelle Informationen beim Visitor Information Centre in Katherine oder in Kununurra einholen!

3 km östlich der Grenze zwischen Western Australia und dem Northern Territory biegt eine ungeteerte Straße (offiziell benötigt man keinen Geländewagen, aber besser in den lokalen Roadhouses den aktuellen Straßenzustand erfragen!) vom Victoria Highway zum **Keep River National Park** ab. Mit seinen Felsformationen und Schluchten erinnert dieser Nationalpark an die Bungle Bungles (Purnululu NP) bei Kununurra in WA; auch Aboriginal-Felsmalereien sind hier zu finden. Keep River NP hat einen einfach ausgestatteten Campingplatz mit Picknicktischen und Buschtoiletten, ca. 15 km nördlich vom Victoria Highway, und einen zweiten weiter nördlich bei Jarrnarm. Trinkwasser gibt es nur an zwei Stellen: 5 km vom Parkeingang (nahe der Cockatoo Lagoon und am Jarrnarm-Campingplatz). Ansonsten müssen Besucher Wasser mit sich führen.

Der Victoria Highway wird täglich von Greyhound Australia auf der Katherine–Broome-

Route befahren, die Busse halten an den Roadhouses.

ÜBERNACHTUNG

Victoria River Roadhouse, ✆ 8975 0744. Alles da, was man braucht: Motel, Caravanpark (Camping ab $15 p. P.), Laden, Restaurant und Tankstelle. ❹

TOUREN

North Australian Helicopters, 💻 www.northaustralianhelicopters.com.au. Rundflüge ab dem Victoria River Roadhouse; 12 Min. $125, 20 Min. $210, 30 Min. $315.

NORTHERN TERRITORY

Von Katherine nach Süden

Mataranka

109 km hinter Katherine Richtung Süden geht eine Straße vom Stuart Highway nach links zu den 9 km entfernten **Thermalquellen** von Mataranka ab. Alle Busse machen bei diesem Touristenresort mindestens eine halbe Stunde Halt. Wer mit dem eigenen Fahrzeug unterwegs ist, sollte ebenfalls eine Pause in dieser grünen Oase einplanen, und sei es nur, um in den Thermalquellen ein Bad zu nehmen (kein Eintritt), am besten frühmorgens kurz nach Sonnenaufgang oder spätabends, ansonsten herrscht hier Hochbetrieb. Die konstant 34 °C warmen Quellen befinden sich nur etwa fünf Minuten vom Parkplatz entfernt inmitten eines kleinen tropischen Regenwaldes – eine Rarität in diesem staubigen Land.

Elsey National Park

Der Elsey National Park umfasst das Naturreservat um Thermalquellen und die Ufer des Roper River. Der Parkeingang liegt 4 km östlich des Stuart Highway an der Mataranka Homestead Road. Am Ufer des Roper River führen schöne Spazierwege durch kleine Regenwaldoasen und an einigen kleinen Wasserfällen vorbei. Im Nationalpark kann man bei 12 Mile Yards auf dem **Jalmurark Campground** zelten; es gibt Toiletten und Warmwasser-Duschen, aber keinen Strom ($15 p. P.).

Beim Parkplatz vor dem Mataranka Homestead Motel steht eine Nachbildung des **Elsey Homestead**, das vielen Australiern durch das Buch *We of the Never Never* von Mrs. Gunn bekannt ist. Diese 1916 erschienene Schilderung von Gunns Erfahrungen als Frau aus dem urbanen Melbourne im tiefsten Outback gehört zu den australischen Klassikern. In der Saison wird im Resort der auf dem Buch basierende, kitschige Film gleichen Titels gezeigt.

ÜBERNACHTUNG UND ESSEN

Mataranka Homestead Tourist Resort, 💻 www.matarankahomestead.com.au. Zelt-/Stellplätze $30/40, Motelzimmer mit Kühlschrank, AC und TV ❶ sowie voll ausgestattete Cabins mit Bad, AC und Balkon/Veranda ❸. Ein Takeaway und 2 Restaurants. Nur einige Minuten von den Thermalquellen entfernt.

Territory Manor Motel, Martins Rd am nördlichen Ende von Mataranka, 💻 https://territorymanor.com.au. Motelunits und ein großzügig angelegter Campingplatz mit Zelt- und Stellplätzen ($28/30). Kleiner Pool. Im Open-Air-Restaurant wird gutes Essen serviert. ❸

Heiße Quellen, wenige Touristen

Im Norden von Mataranka, 3 km vom Stuart Highway entfernt, gibt es Naturpools. Die Ende der 1990er-Jahre erschlossenen **Bitter Springs**, gelegen in einer schönen Regenwaldoase, sind genauso warm wie die Quellen am südlichen Ende von Mataranka. Die vier Pools werden mit warmem, klarem Wasser aus Mineralquellen gespeist. Hierher kommen weniger Touristen, und es gibt viel Platz zum Schwimmen. Ein 900 m langer, einfacher Rundweg führt am Wasser entlang durch dieses idyllische Gebiet (Picknickplatz, Toiletten und Umkleideräume vorhanden).

Von Mataranka nach Tennant Creek

Auf den nächsten 550 Kilometern nach Süden bis Tennant Creek unterbrechen nur einige Pubs und Roadhouses, bei denen man auch in Motelzimmern und auf Caravanstellplätzen übernachten kann, die Monotonie. Das Larrimah und Daly Waters Pub z. B. sind recht urig, das Essen ist passabel. Bei **Daly Waters** zweigt der Carpentaria Highway nach Osten ab, 386 km Asphalt sind es bis zum fast am Golf von Carpentaria gelegenen Borroloola.

Andere, oft unbefestigte Straßen und Tracks durchziehen das flache, weite Barkly Tableland und die Savanne des Gulf Country. Sie führen zu abgelegenen *homesteads, cattle stations* und Minen. Bei **Renner Springs** am Stuart Highway ist das südliche Ende des tropischen Nordens erreicht: Es gilt als Trennpunkt zwischen den Wüsten des Zentrums und den vom Monsun beeinflussten Savannen des Nordens.

Das **Threeways Roadhouse**, Roadhouse und Tankstelle, ⌚ tgl. 6–23 Uhr, markiert den Abzweig des Barkly Highway in Richtung Queensland, nach weiteren 25 km in Richtung Süden befindet man sich in Tennant Creek – hier im Niemandsland geradezu ein Vorposten der Zivilisation. Greyhound Australia-Buspassagiere aus oder in Richtung Queensland (Townsville) müssen im Tennant Creek Transit Centre umsteigen.

Tennant Creek und Umgebung

Das kleine Outbackstädtchen liegt im Zentrum des Northern Territorys – ideal für einen Zwischenstopp auf der langen Fahrt von Darwin nach Alice oder umgekehrt. Zudem bietet es genug Attraktionen, um einen halben oder ganzen Tag dort zu verbringen. Seine heutige Existenz verdankt Tennant Creek den etwa 150 Gold- und Kupferminen in der Umgebung, die in den 1930er-Jahren eröffnet wurden. Tennant Creek war damit eine der wichtigsten Goldfundstätten in Australien. Heute wird vorwiegend nach Bauxit, Blei, Zink, Silber und Kupfer gegraben.

Wo der Teufel Murmeln spielt

Elf km nördlich von Tennant Creek zweigt eine *gravel road* ab zu **Kunjarra**, ein Feld aus roten Granitfelsen, welche die ersten Siedler **Devil's Pebbles** (des Teufels Murmeln) tauften. Wer ganz früh morgens oder in der Abenddämmerung kommt, kann mit etwas Glück Felswallabies sehen.
Eindrucksvoller noch ist **Karlu Karlu**, auch **Devil's Marbles** (des Teufels Murmeln) genannt, 105 km südlich von Tennant Creek in einem Naturschutzgebiet am Highway. Bei den Ureinwohnern gelten die riesigen, abgerundeten Felsbrocken aus Granit, die in merkwürdigen Winkeln auf anderen Felsen balancieren, als die Eier der mythischen Regenbogenschlange. Die beste Zeit für einen Besuch ist spätnachmittags, wenn die Felskugeln im Licht der untergehenden Sonne karminrot leuchten.

Im Ort lohnt ein Besuch des **Battery Hill Gold Mining Centre**, ⌚ tgl. 9–17 Uhr, einer originalgetreu nachgebauten Goldmine, und des historischen **Government Stamp Battery**, wo früher Gestein kleingerieben wurde, um Goldstaub zu gewinnen; Eintritt $14 oder $50 inkl. Tour durch die Mine.

Daneben ist Tennant Creek auch ein wichtiges Zentrum für die Ureinwohner der Region, die Warramungu, wie Wandmalereien im Ort bezeugen. Das **Nyinkka Nyunyu Art and Culture Centre** am Südende des Ortes bietet mit Ausstellungen (darunter eindrucksvolle Dioramen), Vorträgen und anderen Aktivitäten ein Schaufenster in ihre Kultur. Dort gibt es auch ein sehr gutes Café; 💻 www.nyinkkanyunyu.org.au.

Vom **Bill Allen Lookout** am One Tank Hill genießt man die Aussicht über die Gegend rund um Tennant Creek.

ÜBERNACHTUNG

Goldfields Hotel-Motel, 113 Paterson St, ✆ 8962 2030. Vermutlich das beste Preis-Leistungs-Verhältnis der Stadt. Die Zimmer mit AC, TV, Kühlschrank und Bad sind relativ modern und sauber.

Freundliche Atmosphäre. Restaurant und Kneipe. ❹
Tennant Creek Caravan Park, 208 Paterson St, Ecke Blain St, 💻 www.tennantcreekcaravanpark.com.au. Schattige Zelt-/Stellplätze ($35/40). Cabins mit AC und Kochecke; Campküche, Pool, Kiosk. Ab ❷

ESSEN

Rocky's Pizza, im Transit Centre. Serviert Pizza und Pasta sowie chinesisches Fast Food. 🕒 tgl. ab 17 Uhr.
Top of Town Café, Paterson St, neben dem Transit Centre. Günstiges australisches Frühstück und Lunch (Pies, Sandwiches und Ähnliches). 🕒 Mo–Fr 7–14.30, Sa ab 8 Uhr.

SONSTIGES

Aboriginal-Kunsthandwerk

Die Auswahl ist kleiner als in Alice Springs, dafür sind die Preise niedriger.
Nyinkka Nyunyu Cultural Centre (s. o.). Auch Verkauf von Aboriginal-Kunsthandwerk lokaler Aborigines. 🕒 tgl. 9–17 Uhr.

Feste

Desert Harmony-Festival, eine Woche im September mit Kunstausstellungen, Musik, Aboriginal-Tänzen – genauen Termin beim Tennant Creek Visitor Information Centre erfragen.

Goldschürfen

Fossicking als touristische Aktivität ist kostenlos. Allerdings sollte man sich vorher informieren, wo genau das Goldschürfen erlaubt ist. Informationen bietet die Website 💻 https://fossicking.nt.gov.au/declared-fossicking-areas oder das Information Centre in Tennant Creek.

Informationen

Tennant Creek Visitor Information Centre, im Battery Hill Mining Centre, Peko Rd, 💻 www.barklytourism.com.au. 🕒 tgl. 9–17 Uhr.

Zentral-Australien

Alice Springs

Rund 1500 km nördlich von Adelaide und 1500 km südlich von Darwin sprießt aus den Tiefen des Outbacks das prosperierende Touristenzentrum Alice Springs. Die ehemalige Telegrafenstation verdankt ihr rasches Wachstum der atemberaubenden Natur, die sie umgibt: Die mythischen MacDonnell Ranges sowie die zum Wahrzeichen des Outbacks erkorenen Naturwunder Uluru und Kata Tjuta. „Alice" bietet Bars, Restaurants, imposante Galerien und viele Kunsthandwerkslädchen, überdachte Shopping Centres und zahlreiche Unterkünfte vom Hostel bis zum 5-Sterne-Resort. Nur die Aborigines, die im meist ausgetrockneten Flussbett des Todd River campen, passen nicht so ganz in diese aufgeräumte Touristenwelt. Um dem zunehmenden Alkoholismus Herr zu werden sind *bottle shops* in Alice Springs Mo und Di geschlossen und an den anderen Tagen nur von 15–19 Uhr geöffnet.

Rund 36 000 Menschen leben heute in und um Alice Springs, mehr als 37 % davon sind Aborigines. Dazu kommen rund 400 000 Besucher aus dem In- und Ausland. Tagsüber ist Alice Springs ein beschauliches Städtchen, nachts sollte man

Alice für Radfahrer

Für viele Sehenswürdigkeiten rund um Alice bietet sich ein Mountainbike als Transportmittel an. Rings um Alice Springs gibt's zahlreiche, teilweise geteerte Radwege. Zu den populärsten Destinationen für Radfahrer zählen die Alice Springs Telegraph Station, Simpsons Gap und der Desert Park. Die Mittagshitze sollte man allerdings vermeiden. Mehr Infos unter 💻 www.discovercentralaustralia.com/experience-attractions/mountain-biking. Details zum Fahrradverleih s. S. 409.

Die Geschichte der Telegrafenstation

In der isolierten, 1872 gegründeten Telegrafenstation lebte als erster Stationsmeister Johannes Müller mit seiner Familie, vier Telegrafisten und Personal. Die Niederlassung wuchs zu einer richtigen Siedlung mit Gemüsegärten, Rinderzucht, Pferdeställen und einer Dorfschmiede heran und diente weitere 60 Jahre lang der Nachrichtenübertragung. Danach befand sich hier ein Camp, in dem in einem Zeitraum von 30 Jahren Kinder aus Verbindungen von Europäern und Aborigines aufwuchsen. Bis in die 1960er-Jahre wurden zahlreiche sogenannte *Half-caste*-Kinder ihren (Aboriginal-) Familien entrissen und entweder zur Adoption an weiße Familien gegeben oder in Heimen großgezogen – nach damals vorherrschender Meinung ganz im Interesse des Wohls dieser Kinder. Die Ureinwohner wurden nämlich als eine „aussterbende Rasse" betrachtet. Kinder „gemischter" Herkunft in einem weiß-europäisch geprägten Umfeld aufwachsen zu lassen, bedeutete also nach dieser Sichtweise, ihnen eine Chance zu geben, sich in die Gesellschaft zu integrieren und „richtige" Australier zu werden.
Mit dieser Thematik beschäftigt sich auch der australische Film *Rabbit Proof Fence* (2002), der in Deutschland unter dem Titel *The Long Walk Home* lief.

allerdings nicht allein durch die Stadt laufen. Alle interessanten Orte außerhalb der Innenstadt erreicht man nur mit eigenem Transportmittel; zum Desert Park fährt dreimal täglich ein Shuttle von Alice Wanderer, Details s. S. 406.

Die Innenstadt

Im Zentrum des Geschehens liegt die Einkaufs- und Bummelzone **Todd Mall** mit ihren zahlreichen Kunstläden. Wer nach Aborigine-Kunst (z. B. *dot paintings*) sucht, ist hier genau richtig. In einigen Galerien kann man den Künstlern sogar bei der Arbeit zusehen (s. S.407, Einkaufen). Von März bis Dezember findet hier an jedem zweiten Sonntag im Monat von 9–13 Uhr ein **Trödel- und Kunstmarkt** statt.

Anzac Hill

Wer frisch in Alice angekommen ist, verschafft sich hier am besten erst mal einen groben Überblick. **Anzac Hill** ist in etwa zehn Minuten über den Lions Walk erreicht, der gegenüber der katholischen Kirche in der Wills Terrace beginnt. Frühmorgens und in der Abenddämmerung ist der Hügel ein guter Fotospot.

Adelaide House

Das **Adelaide House** beherbergte einst das erste Krankenhaus der Stadt, das 1920 vor dem Zeitalter der Klimaanlage erbaut und durch ein System von nassem Sackleinen und Luftkanälen kühl gehalten wurde. Im jetzigen **Museum** hängen Fotografien aus der Pionierzeit. Die Kirche daneben, die **Flynn Memorial Church**, wurde zu Ehren von Reverend John Flynn, dem Gründer des Royal Flying Doctor Service, erbaut. 💻 https://northernterritory.com, 🕒 März–Nov Mo–Fr 10–16, Sa bis 12 Uhr, Eintritt $5.

Royal Flying Doctor Service

Nicht nur für Amateurfunker und Ärzte lohnt ein Besuch beim ersten Basissitz der **Royal Flying Doctors**, 8-10 Stuart Terrace. Neben der Betrachtung einer Dokumentation der Arbeit von Reverend John Flynn darf man auch mal selbst in eine fliegende Krankenstation eintreten. Zur Anlage gehört ein schönes Gartencafé, das leckere Mahlzeiten und Kuchen hat. 💻 www.rfdsalicesprings.com.au, 🕒 Mo–Sa 9.30–17, So und feiertags 12–17 Uhr, Eintritt $21, Kind $14.

Reptile Centre

Der liebevoll gepflegte **Privatzoo**, 9 Stuart Terrace, Ecke Bath St, rühmt sich der größten Reptiliensammlung des Northern Territory; u. a. kann man dort Salzwasserkrokodile unter Wasser beobachten. Ferner gibt es Pythons, Giftschlangen, Riesenwarane *(perentie)*, Blauzungenskinken *(bluetongued lizard)* und den kleinen Dornteufel *(thorny devil)*, für Mutige

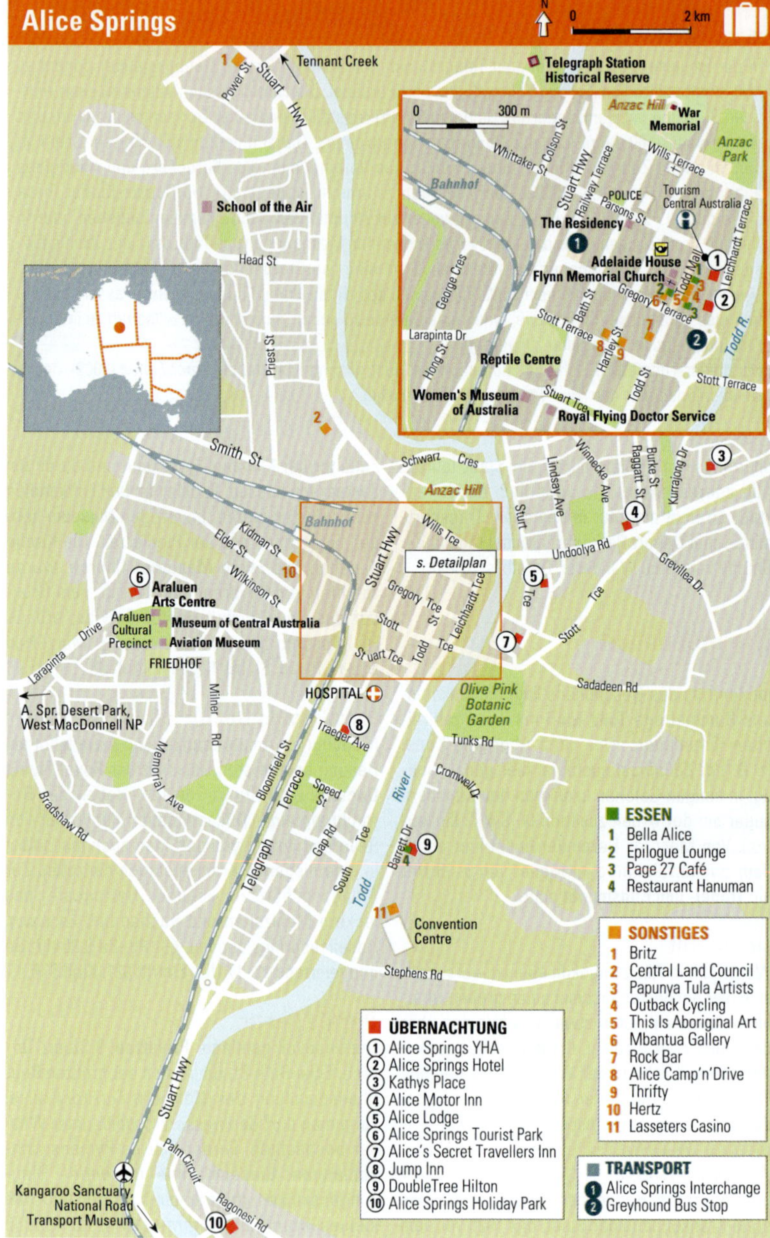

Alice Springs
N
0
2 km
Tennant Creek
Power St
Stuart Hwy
Telegraph Station Historical Reserve
School of the Air
Head St
Priest St
Smith St
Schwarz Cres
Anzac Hill
Bahnhof
Kidman St
Elder St
Wilkinson St
Wills Tce
Stuart Hwy
s. Detailplan
Gregory Tce
Stott Tce
Leichhardt Tce
Stuart Tce
Todd St
Araluen Arts Centre
Araluen Cultural Precinct
Museum of Central Australia
Aviation Museum
FRIEDHOF
Larapinta Drive
A. Spr. Desert Park, West MacDonnell NP
HOSPITAL
Milner Rd
Memorial Ave
Bradshaw Rd
Bloomfield St
Traeger Ave
Telegraph Terrace
Speed St
Gap Rd
South Tce
Todd River
Barrett Dr
Convention Centre
Stephens Rd
Olive Pink Botanic Garden
Tunks Rd
Cromwell Dr
Sadadeen Rd
Stott Tce
Grevillea Dr
Undoolya Rd
Sturt Tce
Lindsay Ave
Winnecke Ave
Raggatt St
Burke St
Kurrajong Dr
Palm Circuit
Ragonesi Rd
Kangaroo Sanctuary, National Road Transport Museum
0
300 m
Anzac Hill
War Memorial
Anzac Park
Whittaker St
Colson St
Wills Terrace
Bahnhof
Railway Terrace
POLICE
Parsons St
Tourism Central Australia
The Residency
Adelaide House
Flynn Memorial Church
Todd Mall
Leichhardt Terrace
Gregory Terrace
George Cres
Bath St
Stott Terrace
Larapinta Dr
Hong St
Reptile Centre
Hartley St
Todd St
Todd R.
Women's Museum of Australia
Stuart Tce
Royal Flying Doctor Service
ESSEN
1 Bella Alice
2 Epilogue Lounge
3 Page 27 Café
4 Restaurant Hanuman
SONSTIGES
1 Britz
2 Central Land Council
3 Papunya Tula Artists
4 Outback Cycling
5 This Is Aboriginal Art
6 Mbantua Gallery
7 Rock Bar
8 Alice Camp'n'Drive
9 Thrifty
10 Hertz
11 Lasseters Casino
ÜBERNACHTUNG
1 Alice Springs YHA
2 Alice Springs Hotel
3 Kathys Place
4 Alice Motor Inn
5 Alice Lodge
6 Alice Springs Tourist Park
7 Alice's Secret Travellers Inn
8 Jump Inn
9 DoubleTree Hilton
10 Alice Springs Holiday Park
TRANSPORT
1 Alice Springs Interchange
2 Greyhound Bus Stop

Wer auf der Suche nach Aboriginal-Kunst und Kultur ist, wird in Alice Springs fündig.

auch zum Streicheln. 💻 www.reptilecentre.com.au, 🕒 tgl. 9.30–17 Uhr, Eintritt $22, Kind $11.

Women's Museum of Australia

Die Austellung im ehemaligen Gefängnis und Arbeitslager, Old Alice Springs Gaol, 2 Stuart Terrace, ist den frühen Siedlerinnen und allen Frauen gewidmet, die mit ihrem Werk und ihrem Leben eine Pionierstellung einnahmen. Zwei Stunden sollte man sich für die faszinierenden Lebensgeschichten mindestens Zeit nehmen. 💻 https://wmoa.com.au, 🕒 Di–Fr 10–15 Uhr, Eintritt $15, Kind $5.

The Residency

Das Haus neben dem Hauptpostamt an der Hartley St, Ecke Parsons St, war früher das Wohnhaus des ersten Gouverneurs von Zentral-Australien. Heute beherbergt es ein Museum, dessen Sammlung die soziale und ökonomische Geschichte Zentral-Australiens aufzeigt und einige Kunstwerke enthält. 💻 www.heritagealicesprings.com.au, 🕒 März–Nov Mo–Fr 10–15 Uhr, Eintritt frei, um eine kleine Spende wird gebeten.

Nördlich des Zentrums

Alice Springs Telegraph Station

Die ehemalige **Telegrafenstation**, der die Stadt Alice Springs Existenz und Namen verdankt, liegt umgeben von einem 2000 ha großen Naturreservat 2 km nördlich von Alice Springs. Die Anlage ist als Freilichtmuseum hergerichtet, im Park kann man in der kühlen Jahreszeit spazieren gehen und picknicken. Freilichtmuseum *(Historic Precinct)*, 🕒 tgl. 9–17 Uhr, Eintritt $16, Kind $10; Park 🕒 bis 21 Uhr, Eintritt frei. Führungen Mai–Sep tgl., 💻 http://alicespringstelegraphstation.com.au. Die **Wasserstelle Alice Springs** befindet sich in der Nähe der Telegrafenstation und hat meistens genug Wasser zum Schwimmen.

School of the Air

Wie kann man Kinder, die an den abgelegensten Orten des australischen Outbacks leben, mit einer schulischen Ausbildung versorgen? Die Antwort darauf findet man in der School of the Air in der Head St. Von hier werden Kinder auf den entlegenen Farmen des Outbacks per Radio unterrichtet. Der Schulhof deckt eine Fläche von 1,3 Mio. km^2 ab! Besichtigung ⌚ Mo–Sa (außer feiertags) 8.30–16.30, So 13.30–16.30 Uhr, Eintritt $14, Kind $11, 💻 www.schooloftheair.net.au.

Westlich des Zentrums

Araluen Cultural Precinct

Das Kulturviertel von Alice Springs am Larapinta Drive umfasst das Araluen Arts Centre, das sehenswerte Museum of Central Australia, das Strehlow Forschungszentrum, das sich der Kultur der Einheimischen verschrieben hat, ein Flugzeugmuseum, einen Kunsthandwerksladen sowie die 18 m lange, begehbare Skulptur einer Raupe. Der Precinct Pass ($15), erhältlich beim Arts Centre und den Museen, gilt für alle Sehenswürdigkeiten. ⌚ tgl. 10–16 Uhr, 💻 www.araluenartscentre.nt.gov.au.

Für eine Stadt der Größe von Alice Springs ist das **Araluen Arts Centre** beeindruckend. Der stattliche Bau umfasst u. a. ein Theater mit 500 Sitzplätzen, das auch als Konzerthalle dient, dazu kommen eine Kunstgalerie mit einer festen Sammlung (Bilder von Albert Namatjira und zeitgenössische Aboriginal-Kunst), eine Galerie für Gastausstellungen, ein Skulpturengarten mit Wandmalerei sowie ein Restaurant und Café.

Nebenan befindet sich das **Museum of Central Australia** mit sehenswerter Sammlung zur Geologie und Fauna der Region. Darin integriert ist das Strehlow Research Centre, das sowohl dem Arrernte-Volk von Zentral-Australien gewidmet ist als auch Theodor Georg Heinrich Strehlow (s. Kasten), dem Mann, der ihre Kultur erforschte und aufzeichnete. Interessanter noch als die Darstellung der Lebensgeschichte Strehlows ist die Ausstellung über die Lebensweise und traditionelle Kultur der Arrernte.

Das **Aviation Museum** informiert über die Geschichte von Alice Springs und die Pionierzeit des Fliegens im Outback. Zu sehen gibt's u. a. eins der ersten Flugzeuge, das die „fliegenden Doktoren“ benutzten.

Auf dem Friedhof hinter dem Museum, dem **Memorial Cemetery**, liegen berühmte Persönlichkeiten begraben, unter anderem der Aboriginal-Künstler Albert Namatjira (s. Kasten S. 418), der Goldsucher Harold Lasseter und Edward Connellan, der Gründer der ersten Fluggesellschaft des Northern Territory.

Die **Grand-Circle-Yeperenye-Skulptur** ist der wichtigsten der drei Raupen, die zu den mythologischen Ahnen von Alice Springs (Mparntwe) gehören, gewidmet. Die 18 m lange und 3 m hohe Skulptur ist begehbar; innen stellen von Kindern angefertigte Wandmalereien den Lebenszyklus, das Lebensumfeld und die kulturelle Bedeutung der Yeperenye-Raupe dar.

Theodor Georg Heinrich Strehlow

T.G.H. Strehlow, der bedeutende Dokumentarist und Erforscher der Kultur des Arrernte-Volks, wurde 1908 als Sohn eines deutschstämmigen lutherischen Pastors in Hermannsburg geboren und wuchs mit seinen Aboriginal-Spielgefährten auf. Nach dem Abschluss seines Studiums der englischen Literatur und Sprache in Adelaide kehrte er nach Zentral-Australien zurück, um die Sprache und Kultur der Arrernte zu erforschen. Strehlow setzte sich für den Schutz der Arrernte und die Bewahrung der traditionellen Kultur ein, aber dennoch war er – wie viele seiner in der „Aborigine-Frage“ für damalige Verhältnisse fortschrittlich denkenden Zeitgenossen – nicht ganz frei von Überheblichkeit. Auf der anderen Seite eckte er mit seinem Interesse und Einsatz für eine Aboriginal-Kultur bei vielen Australiern an, die davon nichts wissen wollten.

Alice Springs Desert Park

Wüste ist nicht gleich Wüste. In dem vom NT Parks and Wildlife Service geführten Wildlife-Park am Larapinta Drive wurden drei für Zentral-Australien typische Wüstenhabitate nachgebildet: **Sand Country** mit roten, von Spinifex-Gras bedeckten Sanddünen und Termitenhügeln, **Desert Rivers**, eine Region ausgetrockneter Flussbetten mit majestätischen River Redgums, und **Woodlands**, von Busch- und Strauchwerk bedecktes Land, in dem sich Emus und Kängurus wohlfühlen. Ein 2 km langer Pfad führt durch die verschiedenen Vegetationszonen.

Besuch im Känguru-Waisenhaus

© THE KANGAROO SANCTUARY ALICE SPRINGS

Die Doku-Serie *Der Känguru-Mann* hat ihn weltberühmt gemacht, ihm aber dennoch nicht den staubigen Boden unter den Füßen geraubt. In seinem Rettungszentrum kümmert sich „Kangaroo Dundee" Chris Barns mit größter Hingabe um verletzte oder verwaiste (Baby-)Kängurus. Die Station verfügt sogar über ein eigenes Känguru-Krankenhaus, in dem freiwillige Helfer die meist von Autos angefahrenen Beuteltiere gesund pflegen. Besucher können (und sollten!) das **Kangaroo Sanctuary** am Rand von Alice Springs im Rahmen einer geführten Tour besichtigen. Man darf die kleinen *joeys* im Arm halten und manche der größeren Tiere streicheln und füttern. Am besten man bucht lange im Voraus, denn die Besucherzahlen sind beschränkt und die Touren sehr beliebt. Ca. 3-stündige Touren ab Alice Springs am Mi, Do und Fr nachmittags, $105, Kind $95, inkl. Abholung an der Unterkunft. 💻 https://kangaroosanctuary.com.

Attraktionen sind das geräumige **Nocturnal House**, in dem u. a. vom Aussterben bedrohte australische Wüstenbewohner, Beuteltiere wie das Bilby und das Rote Hasen-Wallaby (engl. *rufous hare wallaby,* in Australien auch *mala*), zu sehen sind, sowie das **Nature Theatre**, wo einheimische Greifvögel, u. a. der Keilschwanzadler, frei herumfliegen. Zu jeder vollen Stunde läuft im **Exhibition Centre** ein Film über die Entwicklung der Natur Zentral-Australiens. Nicht verpassen! 🕒 tgl. 7.30–18 Uhr, für einen Besuch sollte man 3–4 Std. einplanen. Larapinta Drive, etwa 10 km westlich des Zentrums, Eintritt $40, Kind ab 5 J. $20. 💻 https://alicespringsdesertpark.com.au.

Zur Anlage gehören ein Café und ein Shop mit einer guten Auswahl an Büchern zur Flora und Fauna Australiens. Ein besonderes Erlebnis ist die **Nocturnal Tour**, auf der man stark gefährdete Nachttiere mit einem kenntnisreichen

NORTHERN TERRITORY

Guide zu sehen bekommt. Tgl. ab 20 Uhr, $32, Kind $16.

Alice Wanderer bietet Transfers zwischen der Unterkunft und dem Desert Park, Reservierung unter ✆ 8952 2111. Wer sich von der Unterkunft ein Fahrrad leihen kann, erreicht den Park auch bequem entlang des flachen Radwegs am Larapinta Drive.

Südlich des Zentrums

Olive Pink Botanic Garden

Ein Ziel für Hobby-Botaniker: In diesem hübschen Garten wurden einheimische Bäume und Büsche aus einem Radius von 500 km um Alice Springs angepflanzt, ein Informationszentrum zeigt Wissenswertes über die einheimische Flora. ⌚ tgl. 8–18 Uhr, Informationszentrum bis 16 Uhr, Eintritt frei, Spende erwünscht.

National Road Transport Museum

Bei MacDonnell Siding, 9 km südlich von Alice, zeigt dieses Museum Lokomotiven und Eisenbahnwaggons der alten Schmalspur-Ghan-Züge. ⌚ tgl. 9–15 Uhr, Eintritt $25.

ÜBERNACHTUNG

Die Hostels haben einen mittelmäßigen Standard. Für Autofahrer sind Cabins in den meist außerhalb gelegenen Caravanparks eine preiswerte Alternative. Alle Unterkünfte sind mit Klimaanlagen ausgestattet.

Backpacker-Hostels

Im Zentrum

Alice Springs YHA, Parsons St, Ecke Leichhardt Terrace, ✉ alicesprings@yha.com.au. Das Hostel befindet sich in einem originell umgebauten Freilichtkino. Ein weiterer Flügel ist in einem historischen Gebäude untergebracht. 4–16-Bett-Dorms (ab $47), ein paar DZ bzw. Familienzimmer; alle mit AC und Heizung. Gute Waschräume. Kleiner Pool im Innenhof und Open-Air-Kino. Fahrradverleih. ❹

€ **Jump Inn**, 4 Træger Ave, 💻 www.jumpinnalice.com. Das jüngste Hostel in Alice tut sich vor allem durch die persönliche Atmosphäre und die exzellente Gastfreundschaft hervor. Die Dorms mit 4–10 Betten ($24–34) sind klein, aber sauber, dazu kommen DZ mit und ohne Bad. Das Hostel bietet viele Touren von 1–3 Tagen an, sodass man bestimmt mit anderen Travellern in Kontakt kommt. Abends steigt die Stimmung im Biergarten des Craft Beer Bar & Restaurants. Ein Pool gehört auch zur Anlage. ❷

Östlich des Zentrums

Alice Lodge, 4 Mueller St, 💻 www.alicelodge.com.au. Freundliches kleines Hostel mit 4–10-Bett-Dorms, davon eins nur für Frauen (Bett $35–46) sowie DZ/EZ; alle mit AC und Ventilator, Heizung, Kühlschrank. Einfaches Frühstück inkl.; Garten und kleiner Salzwasserpool. Auf Anfrage Abholservice von Bahnhof und Busterminal; Zubringerbus in die Stadt. ❶

€ **Alice's Secret Travellers Inn**, 6 Khalick St, 💻 www.asecret.com.au. Wer's gern ruhig und freundlich mag, ist hier auch mit engem Budget richtig. Das Hostel bietet 3–6-Bett-Dorms (Bett $35–38), manche nur für Frauen. EZ und DZ; alle mit AC. Einfaches Frühstück. Pool, Tischtennis, Fahrradverleih, Trampolin, Didgeridoos. ❶

Hotels und Motels

€ **Alice Motor Inn**, 25 Undoolya Rd, 💻 www.alicemotorinn.com.au. Ruhige, freundliche Anlage, einfache Motelunits mit Kühlschrank und AC. Pool. Teilweise behindertengerecht. Kostenloses WLAN und schlichtes Frühstück. Ab ❷

Alice Springs Hotel, 11 Leichhardt Terrace, 💻 www.auroraresorts.com.au. Gutes Mittelklassehotel an der Mall. Komfortable Zimmer; z. T. beschatteter Pool; im Haus des Red Ochre Grill (s. Essen). Gute Angebote für Frühbucher online. Ab ❸

DoubleTree Hilton, 82 Barrett Dr, 💻 https://doubletree3.hilton.com. Die noblen, großen Zimmer liegen rund um den großen Pool im Innenhof. Zur großen Anlage direkt neben dem Golfplatz gehört das erstklassige Hanuman Restaurant (s. u.). Ab ❻

B&B

Kathys Place, 4 Cassia Court, 🖳 www.kathysplace.com.au. Ruhiges, gemütliches und sehr familiäres B&B mit drei Gästezimmern. Küchenbenutzung, Pool. ❹

Caravanparks

Alice Springs Tourist Park, Larapinta Drive, 🖳 https://alicespringstouristpark.com.au. Zelt-/Stellplätze ($35/40) sowie Cabins aller Preisklassen, alle mit AC und Heizung. Kleiner Lebensmittelladen, Pool, Fahrradvermietung. ❷–❺

Alice Springs Holiday Park (Discovery Parks), Palm Place, 5 km südl. des Zentrums, 🖳 www.discoveryholidayparks.com.au. Kleiner Lebensmittelladen, 2 Pools, viele weitere Einrichtungen und großes Angebot an Veranstaltungen, u. a. sonntags Pancake-Frühstück gratis; an anderen Tagen Musik (z. B. Didgeridoo), Erklärung des Sternenhimmels usw. Zelt- und Stellplätze ($22/32 oder $52 mit Bad), Budget-Zimmer und Cabins, viele mit eigenem Bad, einige auch mit AC/Heizung sowie Safari-Zelte. ❸–❻

ESSEN

Cafés

Page 27 Café, Todd Mall, 3 Fan Arcade. Leckeres Frühstück sowie Wraps und Salate. Gute Auswahl auch für Vegetarier. 🕒 Frühstück und Mittagessen Di–So bis 14 Uhr.

Epilogue Lounge, 58 Todd Mall. Im unteren Stock genießt man guten Kaffee und Tapas. Man kann auch draußen sitzen. Oben auf der Dachterasse steigt am Abend die Party und es werden Cocktails serviert.

Restaurants

Bella Alice, 57 Todd Mall, 🖳 www.bellaalice.com.au. Hervorragende Pizza frisch aus dem Steinofengrill eines Food Trucks. Am Wochenende muss man hier oft Schlange stehen. 🕒 tgl. 17.30–20.30 Uhr.

Hanuman, 82 Barrett Drive (im DoubleTree Hilton), 🖳 www.hanuman.com.au. Auf der Speisekarte stehen indische und thailändische Gerichte vom Allerfeinsten. Allein schon die Samosas zur Vorspeise lohnen die Anfahrt, von den Currys ganz zu schweigen! 🕒 Fr–Di 14.30–22, Mi und Do 18–22 Uhr.

UNTERHALTUNG

Im **Araluen Arts Centre** finden gelegentlich Konzerte, Theatergastspiele und Filmabende sowie einmal im Jahr ein Filmfestival statt.

In der Todd Mall gibt es ein **Kino**.

In der **Rock Bar**, 74 Todd St, gibt es jeden Abend Livemusik, am Wochenende wird getanzt.

Im **Lasseter's Casino**, 93 Barrett Drive, kann man bis 4 Uhr sein Geld aufs Spiel setzen. Dort und in den Bars der 5-Sterne-Hotels wird auf „adrette" Kleidung geachtet, Jackett und Krawatte sind aber nicht Pflicht.

EINKAUFEN

Souvenirs und Kunsthandwerk

Wer nach Aboriginal-Kunsthandwerk oder -Gemälden sucht, ist in Alice Springs genau richtig. Die meisten Galerien werden von Händlern nicht-indigener Herkunft betrieben. Sie holen die Kunstobjekte in den abgelegenen Aborigine-Communities des Northern Territorys ab und verkaufen sie an ihre Kunden in Alice Springs. Ein Teil der Einnahmen geht anschließend dem Künstler zu. Manche Galerien holen ihre Maler hin und wieder nach Alice Springs, wo man ihnen beim Erstellen ihrer Kunstwerke zuschauen darf.

Entlang der Todd Street reiht sich eine Galerie an die nächste, darunter:

Mbantua Gallery, 64 Todd Mall, 🖳 www.mbantua.com.au. Hier findet man Gemälde und Kunsthandwerk aus der Region Utopia nördlich von Alice Springs.

Papunya Tula Artists, 63 Todd Mall, 🖳 https://papunyatula.com.au. Die Galerie bezieht ihre Bilder aus den Communities der Western Deserts (WA) und ist den Besuch unbedingt wert.

This is Aboriginal Art, 87 Todd Mall, 🖳 https://thisisaboriginalart.com.au. Die freundliche Betreiberin hat die Aborigine-Kunstgeschichte intensiv studiert und bietet eine imposante Sammlung an Gemälden.

AKTIVITÄTEN UND TOUREN

Auf einer Campingsafari, die von einheimischen, erfahrenen Guides begleitet wird, bekommt man möglicherweise mehr Einblick in das Leben im Outback, mehr Informationen über das Ökosystem der ariden Zone Zentral-Australiens und über die lokalen Ureinwohner, als wenn man auf eigene Faust loszieht. Das Angebot an derartigen Touren ist überwältigend. Fast alle Hostels erledigen Tourbuchungen, einige sind dabei allerdings nicht unparteiisch. Tagestouren ab Alice Springs zum Uluru und Kata Tjuta und zurück sind wirklich nur was für Leute, die es ganz eilig haben.

Bus- oder Geländewagen-Touren

Adventure Tours Australia, www.adventuretours.com.au. Größter Anbieter von Aktiv-Touren (hauptsächlich für Backpacker) in Australien. Ab Alice Campingsafaris nach Kings Canyon/Uluru/Kata Tjuta: 3 Tage in der einfachen Variante ab $645, oder im Luxuszelt mit mehr Extras ab $1000. Auch längere Touren. Je nach Tour max. 16 bis 24 Pers. Man kann sie mit einer One-way-Tour nach Darwin oder Adelaide verbinden (s. u.).

Emu Run, www.emurun.com.au. Mit Kleinbussen (z. T. mit Allradantrieb) Tagestouren zum Uluru und Kata Tjuta ($330 mit BBQ Dinner) oder zu den West MacDonnell Ranges ($205). Auch Touren im Geländewagen ins Palm Valley ($215), in den Alice Springs Desert Park ($79 inkl. Eintritt) und Transfer zum Ayers Rock Resort. Lokaler Tourveranstalter, kleine Gruppen (14–20 Pers.).

The Rock Tour, www.therocktour.com.au. In 2 oder 3 Tagen zum King's Cayon, Kata Tjuta, und Uluru sowie ein optionaler Kamelritt. Sehr gute Tour-Guides. Die Tourveranstalter haben sich auf Backpacker spezialisiert (Altersgruppe bis etwa 25) und bieten eine Mischung aus Informationen, Naturerlebnis und Bushcamping.

Wayoutback Desert Safaris, http://wayoutback.com.au. 1–5-Tagestouren durchs Rote Zentrum (u. a. Macdonnell Ranges, Uluru/Kata Tjuta/Kings Canyon). Wildlife, Fotografie, Aktivitäten oder anderer Schwerpunkt; auf allen Touren wird auf Nachhaltigkeit und minimalen Einfluss auf die Umwelt geachtet. Fährt auch auf Bush Tracks; kleine Gruppen (max. 13 Pers.). Von Lesern empfohlen.

Im Alice Springs Desert Park darf man Wüste im kleineren Format erleben.

Fahrradtouren

Outback Cycling, 6/63 Todd Mall, 💻 http://outbackcycling.com. Mountainbike-Touren für alle Fitnesslevels bei Tag oder Nacht. Auch Radverleih, s. Fahrräder.

Fesselballonfahrten

Sehr beliebt sind Balloon-Safaris (Aufstieg mit dem Fesselballon) in den frühen Morgen- oder späten Abendstunden, um $335 für eine halbe oder um $415 für eine ganze Stunde, z. T. mit Frühstück im Outback; alle geben Rabatt für Backpacker.
Outback Ballooning, 💻 www.outbackballooning.com.au.
Spinifex Ballooning, 💻 www.spinifexballooning.com.au.

Kameltouren

Pyndan Camel Tracks, 💻 www.cameltracks.com. 1-stündige bis mehrtägige Ausritte nahe der MacDonnell Ranges. Ab $95 für 1 Std.

Wanderungen

Trek Larapinta, 💻 www.treklarapinta.com.au. Geführte Wanderungen April–Okt auf dem Larapinta Trail mit erfahrenen Naturkennern. 3, 6 und 9-Tagestouren, oder man wandert die komplette Strecke in 16 Tagen.

SONSTIGES

Automobilclub

AANT, Straßendienst, ✆ 8952 1087, 💻 www.aant.com.au. Notruf ✆ 13 11 11.

Autovermietungen

Ein Mietwagen, besonders ein Geländewagen, sollte lange im Voraus gebucht werden, da die Nachfrage oft das Angebot übersteigt. Bei praktisch allen Mietwagenfirmen sind nur 100 km pro Tag im Mietpreis inbegriffen. Jeder weitere km kostet extra. Wer nur etwa eine Woche unterwegs ist und zum Uluru sowie zum Kings Canyon, eventuell auch noch durch die Eastern und/oder Western MacDonnell Ranges fahren will, legt ordentlich drauf.
Alice Camp'n'Drive, 76 Hartley St, 💻 www.alicecampndrive.com. Mietwagen und Geländewagen, auch Verleih von Campingausrüstung, keine One-way-Vermietung.
Britz, Stuart Highway, Ecke Power St, 💻 www.britz.com. Große Auswahl an Geländewagen und Campervans. Auch „Camping Packages" und One-way-Verleih in andere Bundesstaaten.
Hertz, 8 Kidman St, 💻 www.hertz.com.au. Auch Geländewagen und „Camping Packages".
Thrifty, Stott Terrace, Ecke Hartley St, 💻 www.rentacar.com.au. Auch Geländewagen.

Fahrräder

Outback Cycling, 6/63 Todd Mall, 💻 http://outbackcycling.com. Fahrradverleih (ab $65 pro Tag) und viele gute Infos zu den Radwegen. Auch Touren, s. o.

Feste

Alice Springs Cup, Pferderennen im Pioneer Park, Ende April/Anfang Mai.
Bangtail Muster Parade, bunter Umzug jeden ersten Mo im Mai (May Day, Feiertag).
Beanie Festival, Anfang Juni; ungewöhnliche Kopfbedeckungen (ein *beanie* ist eine Pudelmütze) im Cultural Precinct; buntes Treiben.
Finke Desert Race, über das Queens Birthday-Wochenende Mitte Juni; 💻 www.finkedesertrace.com.au. Motorrad- und Autorennen über Outbackpisten nach Finke, eine 240 km südöstlich von Alice gelegene Siedlung, und zurück.
Camel Cup, Anfang Juli, 💻 www.camelcup.com.au. Anlass für eine Reihe oft komischer Veranstaltungen, in deren Mittelpunkt Kamelrennen stehen.
Alice Desert Festival, Anfang Sep, Kultur- und Musikfestival.
Henleyon-Todd-Regatta, Mitte Sep, 💻 www.henleyontodd.com.au. Die bekannteste der jährlich stattfindenden verrückten Veranstaltungen, die über 10 000 Besucher anzieht. Im ausgetrockneten Bett des Todd River „kreuzen" selbst gebaute Boote ohne Boden, die allein von der Beinmuskelkraft ihrer Mannschaften bewegt werden.

Informationen

Tourism Central Australia, Todd Mall, Ecke Parsons St, 💻 www.discovercentralaustralia.com. Sehr gute Website; im Büro ebenfalls viele

Informationen, gute Beratung und Buchungsservice. Hier bekommt man auch Tour Passes für die **Mereenie Loop Road** (Verbindung zwischen Hermannsburg und dem Watarrka NP für $5). ⌚ Mo–Fr 8–17, Sa, So und feiertags 9.30–16 Uhr.

Permits für Land in Aboriginal-Besitz

Central Land Council, 31-33 Stuart Highway, ✆ 8951 6211, 💻 www.clc.org.au. Erteilt Transit Permits für Fahrten durch Land in Aboriginal-Besitz und Besuchsgenehmigungen für Aboriginal Communities. ⌚ Mo–Fr 9–12 und 14–16 Uhr.

Tour Passes für die **Mereenie Loop Road** sind beim Central Australian Visitor Infor-mation Centre in Alice Springs (s. „Informationen"), im Glen Helen Resort, in Hermannsburg oder im Kings Canyon Resort erhältlich.

NAHVERKEHR

Busse

Die öffentlichen Busse von **Asbus**, 💻 https://nt.gov.au/driving/public-transport-cycling/public-bus-timetables-and-maps-alice-springs, fahren tgl. auf 4 verschiedenen Routen durch die Stadt. Die Linien 100 und 101 fahren an der School of the Air vorbei. Die Linien 300 und 301 fahren in den Süden zum Old Ghan Museum. Die Linien 400 und 401 fahren vom Zentrum zum Araluen Centre. Tagestickets $7, erhältlich im Bus.

TRANSPORT

Busse

Greyhound Australia, Busterminal im Coles Shopping Complex, Gregory Terrace, 💻 www.greyhound.com.au.

In **Richtung Süden**: Nach ADELAIDE via Coober Pedy und Port Augusta 1x tgl. (knapp 20 Std.).

In **Richtung Norden**: Nach DARWIN über KATHERINE 1x tgl. (knapp 22 Std.).

Eisenbahn

Bahnhof am George Crescent westl. des Stuart Highway; 15 Min. zu Fuß von der Fußgängerzone. Der **Ghan** verkehrt zwischen Darwin und Adelaide, heute verkehren allerdings nur noch Wagen der Gold- und Platinklasse (beide mit Schlafkabinen). Auskunft und Reservierungen unter ✆ 1800 703 357, 💻 https://journeybeyondrail.com.au.

Nach ADELAIDE: Abfahrt Do um 12.45 Uhr. Ankunft in Adelaide am nächsten Tag um 13 Uhr.

Nach DARWIN: Abfahrt Mo jeweils um 18.15 Uhr, Ankunft in Darwin am folgenden Tag um 17.30 Uhr.

Flüge

Der Flughafen befindet sich 15 km südwestlich der Stadt. Der **Airport Shuttle Service** von Alice Wanderer (s. o., „Touren") fährt nach der Ankunft sämtlicher Inlandflüge in die Stadt und setzt Passagiere bei der Unterkunft ab, $20 einfach. Die Fahrt zum Flughafen vorbuchen, ✆ 8952 2111.

Direkte Flugverbindungen nach ADELAIDE, YULARA, BRISBANE, DARWIN, MELBOURNE, PERTH und SYDNEY.

Qantas 💻 www.qantas.com.au.

Virgin Australia, 💻 www.virginaustralia.com.

MacDonnell Ranges

Von Alice Springs aus erstrecken sich die MacDonnell Ranges nach Westen und Osten – eine zerklüftete Bergkette, die sich vor 300–800 Mio. Jahren bildete. Damals prallten zwei Kontinentalplatten aufeinander und schossen horizontal in die Höhe. Von Norden nach Süden fließende Gewässer gruben im Lauf der Zeit Schluchten in die Felsen. Was zurückblieb, ist ein mystisches Labyrinth aus engen Felsspalten und permanenten Wasserlöchern, die sich teilweise zum Baden eignen. Die Ureinwohner (Arrernte) erzählen eine andere Geschichte zur Entstehung ihrer Heimat. Sie betrachten sich als Nachfahren der **drei Raupen**, die als Schöpfer des Landes gelten: Yeperenye, Ntyarlke und Utnerrengatye. Die jahrtausendealten Felsmalereien der MacDonnell Ranges sind Zeugen dieser Schöpfungsgeschichte.

Hin und wieder verwandeln starke Regenfälle das Rote Zentrum in ein rot-grünes: Gräser und Sträucher bedecken dann die eisenoxidhaltige

Erde. Nach Winterregenfällen im September breitet sich ein Teppich von leuchtenden Wildblumen aus. Aber auch zu anderen Jahreszeiten ist das Farbenspiel der Landschaft einzigartig: weite, fahlgelbe Grasebenen, aus denen oft ein Ghost-Gum-Baum mit seinem charakteristischen, leuchtend weißen Stamm emporragt, Bergrücken und Felsen, die je nach Tageszeit in allen möglichen Rot- und Goldtönen leuchten, überwölbt von einem tiefblauen, meist wolkenlosen Himmel. Diese Farben finden sich auch in den Aquarellen des Arrernte-Malers Albert Namatjira aus Hermannsburg wieder (S. 418).

Viele **Ausflugsziele**, wie z. B. die Schluchten und Wasserstellen im Tjoritja / West MacDonnell National Park und in den Nature Parks der östlichen MacDonnell Ranges, sind mit einem Tagesausflug von Alice Springs aus zu erreichen; es gibt aber auch Übernachtungsmöglichkeiten. Eine Nacht in einem Wüstencamp gehört zu den eindrucksvollsten Australienerlebnissen. Die meisten Ausflugsziele lassen sich gut mit normalen Fahrzeugen erreichen; Sportliche können rund um Alice Springs auch Fahrradtouren unternehmen, wenn es nicht zu heiß ist.

Bei etlichen Schluchten gibt es einfache Busch-**Zeltplätze**, die mit Picknicktischen und Buschtoiletten (Plumpsklos) ausgestattet sind, teilweise mit solargeheizten Duschen. Bei Simpsons Gap, The Ochre Pits und Ormiston Gorge gibt es gasbetriebene **Grillstellen**. Eine Lodge in den westlichen und ein Homestead in den östlichen MacDonnell Ranges bieten neben Campingplätzen auch komfortablere **Unterkünfte** mit Bad und Heizung bzw. Klimaanlage. In der **Hauptsaison** veranstalten die Parkranger in den beliebtesten Ausflugsorten kostenlose Führungen oder abendliche *campfire talks*, bei denen sie die lokale Geschichte und die Fauna und Flora erklären. Mehr dazu unter 💻 www.parksandwildlife.nt.gov.au/parks.

Die westlichen MacDonnell Ranges und der Larapinta Drive

Roter und gelber Ocker verleihen dieser Bergkette ihren feurigen Glanz. Im Flussbett gespiegelt und vor tiefblauem Himmel ergibt sich eine Kulisse, die schon so manchen Maler inspirierte. Die meisten Schluchten dieser Bergkette stehen im **Tjoritja / West MacDonnell National Park** unter Naturschutz. Die Abzweigungen vom Namatjira Drive zum Simpson Gap, Standley Chasm und Ormiston Gorge sind durchgängig asphaltiert. Die Zufahrt zu allen weiteren Schluchten sind *gravel roads*, aber normalerweise gut mit normalen Fahrzeugen zu bewältigen.

Beim bildhübschen **Glen Helen Gorge**, 130 km westlich von Alice, kann man übernachten. Im Geländewagen mit hoher Durchfahrtshöhe (*vehicle clearance*) fahren Abenteuerlustige von hier aus weiter entlang der Schotterpiste **Mereenie Loop Road** zum Kings Canyon. Unbedingt vorher nach dem Straßenzustand erkundigen, denn über diesen kann man keine allzeit gültige Aussage treffen: Was an einem Tag eine etwas holprige Piste ist, mag sich am nächsten in einen unpassierbaren See verwandelt haben. Aktuelle Infos unter 💻 https://roadreport.nt.gov.au.

Alternativ fährt man entlang des Larapinta Drive zurück nach Alice Springs. Er führt zur ehemaligen lutheranischen Missionsstation **Hermannsburg** und zum landschaftlich reizvollen **Finke Gorge National Park** mit der Palmenoase **Palm Valley**. Die Straßen zu den beiden Letzteren sind nicht geteert und nur mit Geländewagen befahrbar.

Simpsons Gap

Nur 20 km von Alice entfernt kann man die hübsche Schlucht in kühleren Jahreszeiten (oder im Sommer früh am Morgen) gut mit dem Fahrrad entlang des **Radwegs** von Alice Springs besuchen. Der Weg beginnt am Larapinta Drive westlich von Alice Springs, gegenüber von John Flynn's Grave. Die Zufahrtsstraße zur Schlucht ist nur von 5–20 Uhr offen, Zelten und Übernachten ist nicht gestattet, dafür kann man an den Picknicktischen eine Rast einlegen (vorausgesetzt man stört sich nicht an den Tausenden von Fliegen). Am besten kommt man frühmorgens oder spätnachmittags, denn zu dieser Zeit kann man mit etwas Glück schwarzfüßige *rock wallabies* sehen, die zwischen den Felsbrocken östlich der Schlucht leben.

Standley Chasm

Die imposante Schlucht – in der Sprache der Western Arrernte *Angkerle Atwatye* genannt – wird von den Ureinwohnern verwaltet und geschützt. Der Zugang erfolgt über das gemütliche Café mit Besucherzentrum (Eintritt zur Schlucht $12, ⌚ 8–18 Uhr). Der Wanderweg führt in etwa 15 Minuten an einem von Palmfarnen gesäumten Bachbett entlang in die Schlucht, die sich zu einer spektakulären Felsspalte *(chasm)* verengt. Nur mittags, wenn die Sonne hoch genug steht, erstrahlen die Wände in verschiedenen Rottönen, aber die Schlucht ist zu jeder Zeit beeindruckend.

Ellery Creek Big Hole

Jetzt wird es aber Zeit für eine Abkühlung! Der Ellery Creek ist das größte, permanente Wasserloch Zentral Australiens. Es kann bis zu 18 m tief werden und ist meist ganz schön kalt – aber ein Bad sollte man sich dennoch nicht entgehen lassen. Am besten schwimmt man einmal durch den Felsspalt hindurch zum kleinen Strand unter den roten Klippen. Ellery Creek ist ein beliebter Angel- und Badeplatz der Einheimischen, es gibt Zeltplätze für $10 p. P., Grillstellen und Buschtoiletten.

Serpentine Gorge

Vom Aussichtspunkt am Ende dieses etwa 30-minütigen Wanderpfads genießt man einen herrlichen Ausblick über die schroffen Felsen, Wälder und Wasserlöcher (wenn sie denn gerade voll sind) unten in der Schlucht. Beim Parkplatz gibt es Picknickstellen und Toiletten. Bei Serpentine Chalet, weiter westlich auf der ausgeschilderten Abzweigung vom Namatjira Drive, gibt es einfache Buschzeltplätze ohne jeglichen Komfort (keine Toiletten). Die ersten fünf Zeltplätze sind noch mit einem normalen Fahrzeug erreichbar, weitere sechs nur mit dem Geländewagen.

Aktuelles zu Wetter und Straßen

Das Rote Zentrum ist berüchtigt für lange Dürreperioden sowie plötzliche Regengüsse, die längst ausgetrocknete Flussbetten innerhalb kürzester Zeit in reißende Flüsse verwandeln können. Vor allem in den Nationalparks und in den MacDonnell Ranges ist es ratsam, sich vor dem Besuch über Straßenzustand und Wetter zu informieren. Viele der hier beschriebenen Ziele sind nach Regengüssen nicht erreichbar. Eine gute Quelle für aktuelle Infos ist: 💻 www.fb.com/ParksandWildlifeNT und 💻 https://roadreport.nt.gov.au.

Ormiston Gorge und Pound

Die steilen, ockerfarbenen Felsen der Ormiston Gorge bilden eine der eindrucksvollsten Schluchten in den westlichen MacDonnell Ranges. Das Flussbett beherbergt eines der wenigen permanenten Wasserlöcher. Vom Parkplatz aus ist es in nur 5 Minuten zu erreichen und man darf hier baden. Das Wasser im bis zu 14 m tiefen Pound ist fast immer eisig kalt.

Einige tolle Wanderpfade führen durch die Schlucht und auf die Felsen; genaue Infos und Karten findet man an der Ranger-Station am Parkplatz. Den **Ormiston Pound Walk**, ein etwa 3-stündiger Rundweg, startet man am besten früh am Morgen. Er führt zunächst oberhalb der Schlucht bis hinunter ins Becken, wo man zwischen den Felsen hindurch zum Wasserloch läuft. Auch ein kürzerer Rundweg, der **Ghost Gum Walk** (ca. 1 1/2 Std.) ist lohnend. Der **Larapinta Trail** (s. Kasten S. 415) verläuft ebenfalls am Gorge.

Der Campground hat Zelt- und Caravanstellplätze, Toiletten und Duschen, Gasgrills und Picknicktische; $10 p. P. Die Ranger-Station und die Wasserstelle am Anfang der Schlucht sind auch Rollstuhlfahrern zugänglich.

Glen Helen Gorge

Der Finke River, der einzige nennenswerte Fluss in Zentral-Australien, hat diese Schlucht – von den Ureinwohnern *Yapulpa* genannt – in die Felsen gegraben. Am Ende der Glen Helen Gorge erheben sich am Westufer Felsformationen, die Orgelpfeifen ähneln und die man auf einem kurzen Spaziergang erreicht, nachdem man durch die Schlucht geschwommen ist. Klingt abenteuerlich – ist es auch und ungemein lohnenswert!

Dürren gibt's in Australiens trockenem Zentrum schon immer. In guten Zeiten versorgte der Finke River Menschen und Tiere mit Nah-

Am schönsten ist die Ormiston Gorge kurz nach Sonnenaufgang.

rung. Zu Zeiten extremer Dürre fanden sie an permanenten Wasserlöchern wie dem Glen Helen Gorge eine provianthaltige Zufluchtsstätte. *Black-footed rock wallabies* sind in den Felswänden zu Hause, am ehesten bekommt man sie in der Morgen- oder Abenddämmerung zu sehen.

ÜBERNACHTUNG UND ESSEN

Glen Helen Lodge, bei der Glen Helen Gorge, 💻 www.discoveryholidayparks.com.au. Die Motelzimmer rings um den kleinen Pool sind nicht gerade modern, dafür aber sauber und unübertrefflich in ihrer Lage. Günstiger nächtigt man auf dem Zeltplatz ($12 p. P. oder $30 für einen Platz mit Stromanschluss). Zur Anlage gehören auch eine Tankstelle sowie ein freundliches Restaurant mit Bar, wo man leckere Burger und Ähnliches bekommt. An der Rezeption gibt's Auskunft über Wanderwege und Straßenzustand. ❺

Redbank Gorge

Das letzte Highlight in den West MacDonnell Ranges erreicht man über eine 5 km lange *gravel road,* für die ein Geländewagen nötig ist, da es einige Bäche zu durchqueren gibt. Die Redbank Gorge – *Rwetyepme* in der Sprache der Western Arrernte – ist eine lange, sehr enge Schlucht mit tiefen, permanenten und eisig kalten Wasserlöchern, die vom Redbank Creek gespeist werden. Man kann hier schwimmen, aber Achtung: kalt! Am Parkplatz gibt es Picknick- und Grillstellen. Auch einfache Zeltplätze für $10 p. P. und Toiletten.

Tnorala (Gosse Bluff) Conservation Reserve

Tnorala oder Gosse Bluff ist ein verwitterter Krater, der vor etwa 142 Mio. Jahren durch den Einschlag eines Kometen entstand. Die Ureinwohner haben ihre eigene Geschichte über die Schöpfung dieser eigenartigen Landschaftsformation. In der Nähe der Felsen gibt es eine Picnic Area mit Toiletten, einem schattigen Unterstand, Picknicktischen und Informationstafeln sowie einen kurzen Wanderpfad zu einem Aussichtspunkt. Das Begehen des Kraterrandes, Zelten und Feueranzünden sind nicht erlaubt. Für die letzten 10 km auf dem Weg ins Naturreservat wird ein Geländewagen empfohlen; nach

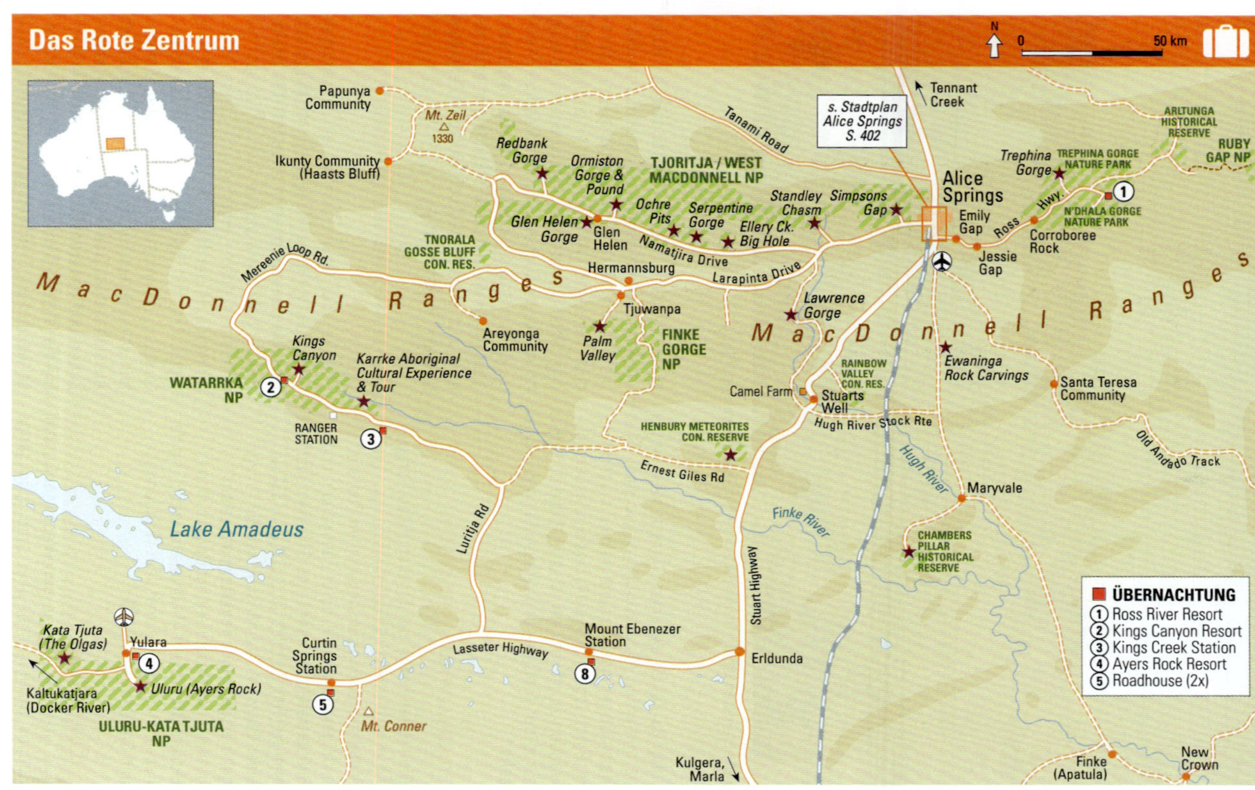

Das Rote Zentrum
N
0
50 km
Papunya Community
Mt. Zeil 1330
Ikunty Community (Haasts Bluff)
Redbank Gorge
Ormiston Gorge & Pound
TJORITJA / WEST MACDONNELL NP
Ochre Pits
Serpentine Gorge
Standley Chasm
Simpsons Gap
Ellery Ck. Big Hole
Glen Helen Gorge
Glen Helen
Namatjira Drive
Tanami Road
s. Stadtplan Alice Springs S. 402
Tennant Creek
Alice Springs
Emily Gap
Jessie Gap
Ross Hwy.
Corroboree Rock
Trephina Gorge
TREPHINA GORGE NATURE PARK
N'DHALA GORGE NATURE PARK
ARLTUNGA HISTORICAL RESERVE
RUBY GAP NP
TNORALA GOSSE BLUFF CON. RES.
Mereenie Loop Rd.
MacDonnell Ranges
Hermannsburg
Larapinta Drive
Tjuwanpa
Lawrence Gorge
Areyonga Community
Palm Valley
FINKE GORGE NP
Kings Canyon
Karrke Aboriginal Cultural Experience & Tour
WATARRKA NP
RANGER STATION
RAINBOW VALLEY CON. RES.
Ewaninga Rock Carvings
Santa Teresa Community
Camel Farm
Stuarts Well
Hugh River Stock Rte
HENBURY METEORITES CON. RESERVE
Ernest Giles Rd
Hugh River
Old Andado Track
Maryvale
Finke River
Lake Amadeus
Luritja Rd
Stuart Highway
CHAMBERS PILLAR HISTORICAL RESERVE
Kata Tjuta (The Olgas)
Yulara
Curtin Springs Station
Lasseter Highway
Mount Ebenezer Station
Erldunda
Kaltukatjara (Docker River)
Uluru (Ayers Rock)
ULURU-KATA TJUTA NP
Mt. Conner
Kulgera, Marla
Finke (Apatula)
New Crown
ÜBERNACHTUNG
1 Ross River Resort
2 Kings Canyon Resort
3 Kings Creek Station
4 Ayers Rock Resort
5 Roadhouse (2x)

Herausforderung für Wanderer

© SHUTTERSTOCK/BENNY MARTY

Über 223 km zieht sich der **Larapinta Trail**, ein anspruchsvoller Wanderweg, durch die West MacDonnell Ranges. Wer die gesamte Strecke zurücklegen möchte, sollte dafür 12 Tage einplanen (Gehzeit zwischen 5 und 10 Std. pro Tag). Wanderer müssen ihre Zeltausrüstung mit sich tragen sowie Essen für mehrere Tage (nur am Glen Helen Resort, Ormiston Gorge und Standley Chasm gibt es ein paar Lebensmittel zu kaufen). Auch Wasser ist unterwegs nur beschränkt verfügbar, die Etappen müssen also gründlich geplant werden. Man kann auch nur Teilstrecken auswählen oder sich einer geführten Wanderung anschließen, z. B. mit Trek Larapinta, s. S. 409. Ausführliche Infos zur Planung unter 💻 www.larapintatrail.com.au.

heftigen Regenfällen kann die Straße unpassierbar sein.

Mereenie Loop Road

Die Mereenie Loop Road, die Teil des Red Centre Ways ist (S. 370), zweigt südlich des Gosse Bluff vom Larapinta Drive ab und bietet auf 155 km eine direkte Verbindung zum Watarrka National Park (Kings Canyon). Die Straße ist unbefestigt und kann in der Regel mit Geländewagen befahren werden. Nach heftigen Regengüssen können sich entlang der Piste vor allem auf den letzten 50 km vor dem Kings Canyon ganze unpassierbare Seen bilden. Infos zum aktuellen Zustand: 💻 https://roadreport.nt.gov.au.

Mietwagenfirmen verbieten, mit normalen Mietwagen unbefestigte Straßen zu befahren. Ein Zuwiderhandeln kann sehr teuer werden. Da die Route durch Land in Aboriginal-Besitz führt, benötigt man einen Mereenie Loop Road Tour Pass. Man muss ihn im Voraus besorgen: in Alice Springs beim Visitor Information Centre oder in Hermannsburg (bei der Tankstelle), beim Glen Helen Resort oder im **Kings Canyon Resort** ($5, dafür bekommt man eine Karte und ein kleines Informationsheft).

Hermannsburg (Ntaria)

Wenn man sich auf den 128 km langen Weg von Alice Springs hierher macht, empfiehlt sich ein Geländewagen, damit man das eindrucksvolle Palm Valley, etwa 30 km von Hermannsburg entfernt, im Finke Gorge National Park besuchen kann (s. u.). Das Land der ehemaligen

Die Missionsstation Hermannsburg

1878 erreichte eine Gruppe von Siedlern, angeführt von den lutherischen Pastoren Schwarz und Kempe, nach einer strapaziösen Reise vom Barossa Valley in South Australia das Land des Arrernte-Volkes, wo sie die Missionssiedlung Hermannsburg gründeten. Es war die erste permanente europäische Siedlung in Zentral-Australien und die erste erfolgreiche Aborigines-Mission im Gebiet des heutigen Northern Territory. Die Missionare wollten eine sich selbst versorgende Gemeinde nach dem Vorbild der Bauernsiedlungen deutscher Altlutheraner in South Australia errichten. Aktivitäten wie Schafzucht und Getreide- und Gemüseanbau waren geplant, sowohl um Aborigines Beschäftigung zu verschaffen als auch um ihnen das Vorbild eines „tätigen christlichen Lebens" vorzuführen, das nach Meinung der Missionare eine Bekehrung zum lutherischen Glauben erleichtern würde.
Das Land war jedoch für die Schafzucht überhaupt nicht geeignet, und anfängliche Erfolge in der Landwirtschaft wurden später durch eine anhaltende Dürre zunichte gemacht. Auch die Missionierung stagnierte: Nur wenige Arrernte ließen sich taufen, die alten religiös-spirituellen Werte standen ungebrochen im Zentrum der Arrernte-Kultur. Nach Zwistigkeiten zwischen zwei kirchlichen Fraktionen wurde Hermannsburg 1894 von der Immanuel-Synode in South Australia übernommen und die nächsten 88 Jahre betrieben. Pastor Strehlow übernahm 1894 die heruntergekommene Gemeinde und baute sie zu einer erfolgreichen Siedlung, Rinderfarm und Mission aus. Die von seinem Nachfolger Pastor Albrecht 1935 gelegte Wasserleitung ermöglichte die Einrichtung einer Gerberei, die 50 Jahre lang erfolgreich Lederwaren und Schuhe produzierte – von hier wurden sogar Mokassins nach Kanada exportiert!
1982 gingen die Mission sowie die dazugehörigen 3807 km² Land in Übereinstimmung mit der Land-Rights-Gesetzgebung in den Besitz des Ntaria Council, des Rates des West-Arrernte-Volkes, über.

lutheranischen Missionsstation gehört dem Volk der Arrernte und ist Geburtsort des Künstlers Albert Namatjira. Knapp 90 % der Einwohner sind Aborigines.

Das Gelände der ehemaligen Mission umfasst u. a. Schulhäuser, eine Kirche, in der Inschriften auf Englisch, Deutsch und Arrernte zu lesen sind, eine ehemalige Schmiedewerkstatt und einige Wohnhäuser. Die **Manse** (Pfarrhaus) beherbergt eine Galerie, die Bilder von Albert Namatjira und anderen Malern ausstellt, die Aquarelle im „Hermannsburger Stil" malten. Hermannsburg hat auch eine Tankstelle, ⌚ tgl. 9–17 Uhr.

Finke Gorge National Park

Der Finke River – *Larapinta* in der Sprache der Arrernte – gilt als einer der ältesten Flüsse der Welt. Zugegeben, im hohen Alter von 350 Mio. Jahren fließt das Wasser nur noch wenige Male im Jahr durch sein Becken, mäandert Richtung Südost und versickert schließlich im Sand der Simpsonwüste. Das breite Flussbett, das gleichzeitig als Schotterpiste dient, führt durch diesen 46 000 ha großen Nationalpark mit seinen imposanten Palmen und Cycadeen – Überbleibsel der guten alten Tage, als das Flussufer einen Tropenwald beheimatete.

Von Hermannsburg erreicht man mit dem Geländewagen nach 22 km das **Palm Valley** mit seinen einzigartigen *red cabbage palms*, nach denen das Tal benannt ist. In der Nähe der **Cycad Gorge** gibt es Campingplätze ($10 p. P., im Winter früh anreisen, da der Platz oft voll belegt wird). Der Zeltplatz ist mit Toiletten, warmen Duschen, Gasgrills und Picknicktischen ausgestattet. Von hier starten einige schöne Wanderungen – eine Karte findet man auf der Infotafel.

Eine Route für Geländewagen führt von Hermannsburg in den Süden zum Illamurta Springs Conservation Park und trifft weiter südlich auf die Ernest Giles Rd. Auf etwa halber Strecke ist das **Boggy Hole** erreicht, eines der wenigen Wasserlöcher, die immer Wasser führen. Man kann hier schwimmen und campen, es gibt allerdings keine sanitären Anlagen.

Die östlichen MacDonnell Ranges

Die „East Macs" sind das nicht minder imposante Gegenstück zu den westlichen MacDonnell Ranges. Bis zum Ross River Resort ist die Straße asphaltiert, die weiteren 75 km bis zum Ruby Gap Nature Park sind Schotterpiste. Trinkwasser gibt es nur bei Ross River, in der Trephina Gorge und beim Arltunga Historical Reserve. Die östlichen MacDonnel Ranges lassen sich gut in einem Tagesausflug von Alice aus besuchen.

Emily und Jessie Gaps Nature Park

Emily Gap, **Anthwerrke** in der Sprache der Arrernte, und Jessie Gap, **Atherrke** in der Sprache der Arrernte, sind für die Ureinwohner Stätten von hoher kultureller Bedeutung. Die Felsmalereien hier sind der Geschichte der drei Raupen gewidmet, die die Arrernte als ihre Urahnen betrachten. Besucher werden dringend darum gebeten vom Fotografieren der Felsmalereien abzusehen.

Corroboree Rock

Mit einer Kirche vergleichen die Ureinwohner diesen imposanten Felsbrocken. Vermutlich wurden hier heilige Gegenstände des Arrernte-Volkes aufbewahrt und wichtige Zeremonien durchgeführt. Entsprechend respektvoll sollten Besucher sich verhalten und unbedingt vom Besteigen des Felsens absehen. Ein 15-minütiger Rundweg führt rings herum.

Trephina Gorge Nature Park

Der 1771 ha große Naturpark ist das Highlight der östlichen MacDonnell Ranges. Mit den drei Campingplätzen (alle mit Picknicktischen, Gas-Grills und Toiletten ausgestattet) bietet er sich für eine Übernachtung unter dem umwerfenden Outback-Firmament an. Trinkwasser ist am Infostand beim Trephina Gorge Campground, aber nicht entlang der Wanderwege vorhanden. Campinggebühr $10 p. P.

Mehrere tolle Wanderwege führen durch den Naturpark, Karte und Infos gibt's am Informationsstand am Parkeingang. Die ausgezeichnet markierten Wege reichen von etwa 20-minütigen Spazierwegen durch die Schlucht bis zu Rundwegen von etwa vier Stunden. Eine Wanderung zu den Felsklippen oberhalb der Schlucht, der **Trephina Ridgetop Walk**, belohnt mit herrlicher Aussicht über die Schlucht und das Valley of the Eagles im Osten. Mit etwas Glück erblickt man vielleicht sogar einen der Keilschwanzadler *(wedge-tailed eagle)*, nach denen das Tal benannt wurde.

Man kann auch über die 4 km lange, holprige Straße am John Hayes Creek entlang zum **John Hayes Rockhole** fahren (Geländewagen empfohlen). Je nach Saison und Regenfällen ist das Wasserloch entweder versandet oder recht tief. Ein markierter Weg führt am Rand der Schlucht entlang und weiter zum Felsen **John Hayes Bluff** hinauf, der den östlichen Rand der Felsklippen bildet. Wenn man wieder den gleichen Weg zurück nimmt, benötigt man vier bis fünf Stunden. In der Saison (Mai–Sep) gibt es mittwochs und

Wanderparadies Trephina Gorge

NORTHERN TERRITORY

Albert Namatjiran

Ein Denkmal außerhalb von Hermannsburg erinnert an den berühmtesten Sohn des Ortes, den 1902 geborenen Maler Albert Namatjira. Die Geschichte Namatjiras wird gern als tragisches Beispiel eines **Aboriginal-Genius** dargestellt, der, zerrissen zwischen der Welt der Weißen und der Schwarzen, im Alkohol Zuflucht suchte und mit 57 Jahren arm und zerrüttet starb. Schon der Name Albert Namatjiras spiegelt die gegensätzlichen Elemente seines Erbes wider. Der Arrernte wurde einerseits in der Missionssiedlung im lutherischen Glauben und nach **europäischen Wertmaßstäben** erzogen, wuchs andererseits aber auch in die **Arrernte-Gemeinschaft** hinein und durchlief alle traditionell erforderlichen Initiationsriten. 1936 nahm Albert bei einem australischen Künstler, der sich auf Exkursion in Zentral-Australien befand, acht Wochen lang Unterricht im Aquarellmalen; die einzige formale Unterweisung, die er je erhielt. Zehn Jahre später war sein Werk in ganz Australien bekannt. Albert Namatjira war der erste Aboriginal-Künstler, der in der Gesellschaft der Weißen anerkannt wurde – 40 Jahre, bevor sich die **internationale Kunstwelt** für Aboriginal-Kunst zu interessieren begann. Er wurde gefeiert, zu grandiosen Empfängen eingeladen und u. a. auch der Queen vorgestellt.

Das Finanzamt, auf Namatjiras öffentlichen Erfolg aufmerksam geworden, forderte bald eine riesige **Steuernachzahlung**. Dass Namatjira noch als Staatsmündel galt und keine Bürgerrechte besaß, schien dabei nicht weiter von Belang. Sein Status als **Nicht-Bürger** stand ihm jedoch in den späten 40er- und 50er-Jahren mehrmals im Wege, als er Land erwerben wollte. So war er gezwungen, sich mit seiner Familie in einem Lager außerhalb von Alice Springs niederzulassen. Reisen durfte er nur nach vorheriger Genehmigung, die ihm seine gesetzlichen Vertreter auch einmal verwehrten. 1957 wurde ihm und seiner Frau das Privileg der **Bürgerschaft** zugesprochen, seine Kinder blieben davon jedoch ausgenommen. Konflikte mit dem Gesetz (der Weißen) waren somit vorprogrammiert. Da Namatjira als Staatsbürger auch das Recht besaß, **Alkohol** zu kaufen, von dem Aborigines ausgeschlossen waren, baten ihn seine Angehörigen, für sie Alkohol zu besorgen. Genauso wie er traditionell verpflichtet war, seinen Besitz mit dem weitverzweigten Familienclan zu teilen, musste er ihnen auch alle Wünsche erfüllen. So kam es, dass er in Zusammenhang mit einem Mord in seinem Camp verhaftet wurde, weil er Alkohol für die Bewohner gekauft hatte. Obwohl seine Strafe mild ausfiel, versetzte sie ihm einen psychischen Schlag, von dem er sich nie wieder erholte. Bald darauf, am 8. August 1959, starb Albert Namatjira.

Nach seinem Tod gerieten seine Werke in Vergessenheit. Kunstkritiker und Spezialisten hatten, im Gegensatz zum Publikum, immer Schwierigkeiten mit diesem Schwarzen gehabt, der keineswegs „exotische, primitive" Kunst machte, sondern sich in der typisch „weißen" Disziplin der **Aquarellmalerei** ausdrückte, die zudem vielfach mit Dilettantismus assoziiert wurde. Oft bezeichnete man Namatjira verächtlich als **„Maler für Touristen"**. Erst 25 Jahre nach seinem Tod wurde mit einer umfassenden Namatjira-Ausstellung im Araluen Arts Centre in Alice Springs eine Renaissance seines Werkes eingeleitet. Ob man Aquarelle mag oder nicht – Namatjiras Landschaftsbilder sind eine Liebeserklärung an seine Heimat, die den Betrachter in den Bann ziehen.

samstags *campfire talks*, bei denen Ranger über den Park und die Kultur der Aborigines erzählen, sowie donnerstags kurze Rangerführungen.

Ross River Resort

Das Homestead, eines der ältesten Farmhäuser im Northern Territory, bildet den Kern der Anlage und ist von rustikalen Holzcabins umgeben. Die gesamte Anlage ist im Outback-Konzept angelegt: einfach, aber gemütlich, sogar komfortabel. Die Cabins haben Bad und AC. ❹ Ferner gibt es ein Dorm (Bett $35) und Zeltplätze ab $35 pro Zelt, Caravanstellplätze mit Strom $45 und einen Pool. Im Hauptgebäude befindet sich ein uriges Café-Restaurant, das preiswerte Mahlzeiten serviert. Spazierwege führen in die nähere Umgebung des Homestead. Übernachtung sollte man während der Hauptsaison zwischen Juni und September im Voraus buchen: www.rossriverresort.com.au.

Wer die MacDonnell Ranges aus der Vogelperspektive erleben will, kann vom Resort organisierte halbstündige Rundflüge buchen. Außerdem werden Quadbiketouren geboten und es gibt eine Tankstelle.

N'Dhala Gorge Nature Park

Diese schmale Schlucht, ca. 100 km östlich von Alice, auf deren Grund große Felsbrocken liegen, wurde zum Schutz der alten Felsgravuren zum Naturpark erklärt. Der Pfad durch die Schlucht ist mit bunten Bändern markiert. Die nicht sehr beeindruckenden Felsgravuren, über deren Ursprung wenig bekannt ist, befinden sich an den Felsbrocken entlang des Weges, neben dem Bach und am Wasserloch. Es gibt hier auch einen kleinen Campingplatz mit Feuerstellen und Toiletten, aber ohne Trinkwasser. Der Weg zur Schlucht ist im Allgemeinen nur mit Geländewagen zu befahren – beim Ross River Homestead den aktuellen Pistenzustand checken!

Arltunga Historical Reserve

In den goldhungrigen Zeiten am Ende des 19. Jhs. wurde nahe diesem gottverlassenen Ort, 110 km östlich von Alice Springs, Gold gefunden, was einen kurzen Goldrausch auslöste. Die Blütezeit der Siedlung währte von 1887–1912. Nur ein paar Ruinen sind erhalten, die im Auftrag der damaligen Conservation Commission für das hundertjährige Jubiläum 1987 restauriert wurden. Ausgeschilderte Wege führen über das weiträumige Gelände zu den Ruinen der ehemaligen Siedlung und zu alten Stollen.

Das Visitor Centre am Eingang des Reservats vermittelt einen anschaulichen Eindruck von den primitiven Lebensbedingungen der Goldschürfer in dieser harschen, wüstenhaften Gegend mit ihren klimatischen Extremen. Im Anschluss an den Besuch kann man sein Glück im Goldschürfen im für diese Zwecke eingerichteten Gold Fossicking Reserve versuchen. ⌚ tgl. 8–17 Uhr. In der Hauptsaison gibt es am Wochenende kostenlose Rangerführungen.

Ruby Gap Nature Park

In der Schlucht am östlichen Ende der MacDonnell Ranges wurden vermeintliche Rubine gefunden, die sich schließlich als wesentlich weniger wertvolle Granatsteine erwiesen. Der Hale River hat hier viele Schluchten in die Felsen geschnitten. Für die Fahrt in den Park braucht man unbedingt einen Geländewagen. Zelten ist erlaubt, es gibt jedoch keinerlei Einrichtungen. Ein Ziel für Abenteuerlustige.

Von Alice Springs zum Uluru

Rainbow Valley Nature Park

Etwa 75 km südlich von Alice biegt eine etwa 22 km lange unbefestigte, oft sehr sandige Piste zum 2483 ha großen Rainbow Valley Nature Park ab. Ein Geländewagen ist nicht immer notwendig, wird aber empfohlen. Über dem mit Kasuarinen *(desert oaks)* bewachsenen Sanddünenland erheben sich bunte, oben abgeflachte Sandsteinfelsen.

Vom sauberen und idyllischen **Rainbow Valley Campground** starten zwei kurze Rundwanderwege (jeweils knapp 1 Std.). Um das Farbenspiel in der späten Abendsonne würdigen zu können, schlägt man am besten ein Zelt auf. Am Picknickplatz sind eine Feuerstelle und Buschtoiletten vorhanden.

Ewaninga Rock Carvings und Chambers Pillar

Die Old South Road (Abzweigung von der Straße zum Flughafen südlich von Alice), eine sandige Piste, führt in die Simpson Desert und zur 119 km entfernten Aboriginal Community Finke. Zwei Sehenswürdigkeiten in dieser Gegend lassen sich entweder auf einer Rundfahrt von Alice Springs aus erkunden, mit Rückfahrt über das Rainbow Valley, oder als Abstecher auf dem Weg zum Kings Canyon oder Uluru. Die Anreise

Auf den Spuren der Ureinwohner

Einen ganz speziellen Einblick in die einmalige Landschaft und die Felsmalereien des Rainbow Valleys erhält man auf einem Afternoon Cultural Walk mit Aboriginal-Guide Ricky Orr. Die Tour führt durch Gebiete des Rainbow Valley und zu eindrucksvollen Felsmalereien, die sonst nur Ureinwohnern zugänglich sind. Touren auf Anfrage. **Rainbow Valley Cultural Tours**, www.rainbowvalleyculturaltours.com.

lohnt sich v. a. deshalb, weil sich nur wenige Touristen hierher verirren; für Chambers Pillar benötigt man aber unbedingt einen Geländewagen.

Bei den **Napwerte/Ewaninga Rock Carvings** sind rote, von Felsgravuren (Petroglyphen) der Arrernte-Ureinwohner bedeckte Sandsteinwände zu sehen, deren genaues Alter nicht geklärt ist. Daneben befindet sich eine Lehmmulde *(clay pan)*, die sich nach Regenfällen mit Wasser füllt. Passionierte Fotografen kommen am besten kurz nach Sonnenauf- oder kurz vor Sonnenuntergang hierher.

Auf der sandigen Piste zum **Chambers Pillar** muss man sehr vorsichtig fahren und auf den ansteigenden Sanddünen mit plötzlich auftauchendem Gegenverkehr rechnen. Von einer Anhöhe ist Chambers Pillar als aus der Ebene herausragende Felsnadel schon von weitem zu sehen. Beim Näherkommen stellt man dann fest, dass es eigentlich mehrere „Pillars" gibt. Nach jahrtausendelanger Erosion durch Wind und Wetter sind diese Sandsteinsäulen der einzige Überrest mächtiger Tafelberge.

In der Arrernte-Schöpfungsmythologie stellen Chambers Pillar und die gegenüberliegende Felsnadel Castle Rock den Eidechsen-Ahnen Itirkawara und seine „verbotene" Geliebte dar. Beide hatten die strengen Heirats-Tabus ihres Volkes missachtet und wurden zur Strafe versteinert. Vor der Schienenlegung der ersten Ghan-Eisenbahnstrecke in den 1920er-Jahren diente Chambers Pillar den Reisenden als Orientierungspunkt in der eintönigen Wüstenlandschaft, und viele von ihnen konnten der Versuchung nicht widerstehen, ihren Namen in den Sandstein zu meißeln. So sind unter anderem die Namen von John Ross und Ernst Giles und die Jahreszahl 1870 klar zu lesen. Verständlicherweise ist es nicht erlaubt, diese Tradition fortzuführen. Man kann im Reservat zelten ($10 p. P.), es gibt Buschtoiletten, Picknicktische und Gas-Grillstellen.

Henbury Meteorites Conservation Reserve

Vor rund 4700 Jahren stürzte ein Meteorit in das flache Land. Seine Bruchstücke hinterließen zwölf Krater. Der größte davon ist 180 m breit und 15 m tief. Andere sind heute kaum noch auszumachen. Das Reservat erreicht man über eine breite Schotterstraße. Meist ist sie in recht gutem Zustand, kann jedoch wegen Überflutungen gesperrt werden. Ein ausgeschilderter Fußpfad führt vom Parkplatz zu den Kratern. Allzu viel darf man freilich nicht erwarten. Nur bei niedrigstehender Sonne sind mit etwas Fantasie die Umrisse kleinerer Einschlagkrater zu erkennen. Am Parkplatz sind Picknickstellen und Toiletten vorhanden, es gibt aber kein Trinkwasser. Man darf dort auch zelten ($10 p. P.).

Watarrka National Park (Kings Canyon)

Die senkrechten, ockerfarbenen Felswände des Kings Canyon bilden zweifellos eine der eindrucksvollsten Landschaften des Roten Zentrums. Um einen Eindruck von den 100 m hohen, steilen Klippen und der bizarren Umgebung der verwitterten Sandsteinkuppeln zu gewinnen, kommt man um einen ausgiebigen Spaziergang nicht herum. Zum Canyonrand gelangt man über einen kurzen, recht steilen Pfad. An Tagen, an denen das Thermometer auf über 36 °C klettern soll, darf die Wanderung nicht später als 9 Uhr begonnen werden.

Der Rundwanderweg **Canyon Walk** (Ausschilderung: blaues Dreieck, 3–4 Std.) führt an den Felskuppeln der **Lost City** an der Nordseite des Canyons vorbei zu einem spektakulären Aussichtspunkt. Nach ca. 6 km kreuzt der Weg beim **Garden of Eden** das Bachbett. Hier lohnt ein Abstecher zum Wasserloch; vom Baden wird aber abgeraten. Am Ende der Schlucht bildet sich nach Regenfällen oberhalb des Wasserlochs ein Wasserfall. Schließlich geht es hinauf zum Südrand der Schlucht und zurück zum Parkplatz. Der kürzere **Kings Creek Walk** (ca. 2,6 km vom Parkplatz hin und zurück, ca. 45 Min.), führt entlang des Bachbettes zu einer Aussichtsplattform in der Schlucht. Die ersten 700 m sind auch für Rollstuhlfahrer geeignet.

Für den 22 km langen **Giles Track** vom Canyon zu den Kathleen Springs wird eine Übernachtung unter freiem Himmel empfohlen. Informationen dazu sind in der Kings Creek Station oder im Kings Canyon Resort erhältlich. Wanderer sollten sich in das Logbuch am Reedy Creek ein- und austragen und wenn möglich ein Satellitentelefon bei sich tragen. Weitere Infos und Karte: 💻 https://nt.gov.au/parks/find-a-park/watarrka-national-park/giles-track.

Alle Wanderungen sollte man frühmorgens beginnen, besonders in der heißen Jahreszeit von Oktober bis April. Wichtig sind gute Fitness, feste Schuhe, Sonnenschutz und ausreichend Wasservorräte. Die Abbruchkanten des Canyons sind nicht abgesichert. Wer nicht schwindelfrei ist, sollte einen ausreichenden Sicherheitsabstand zum Canyon einhalten. Entlang des Canyon Walks sind Notruftelefone installiert und der Wanderweg ist meist recht stark frequentiert.

Die Straße von Uluru zum Watarrka National Park (306 km) ist vollständig asphaltiert. Die unbefestigte **Mereenie Loop Road** (Permit erforderlich) ermöglicht die Durchfahrt zu den westlichen MacDonnell Ranges (S. 411).

Light Towers

Lichtkünstler haben sich im Roten Zentrum die Wüste zur Bühne gemacht. Hier am Kings Canyon erleuchten allabendlich die bunten Light Towers des Künstlers Bruce Munro (zu dessen Installationen auch das Field of Light nahe des Uluru zählt). Wie Laternen ragen die 69 Lichtertürme 2 Meter hoch aus dem roten Sand, jede davon gebaut aus bis zu 216 mit leuchtender Glasfaser gefüllten Flaschen. Im Hintergrund spielt klassische Musik. Einstündige Touren starten zum Sonnenauf- und Untergang sowie am späteren Abend ($45–85). 💻 www.discoveryholidayparks.com.au/kings-canyon.

Karrke Aboriginal Cultural Experience & Tour

Für die indigene Bevölkerung, denen der Watarrka National Park seit Jahrtausenden eine reichhaltige Heimat bietet, ist das karge Buschland Supermarkt, Apotheke und Kulturstätte zugleich. Eine eindrucksvolle, authentische Einführung in ihre Kultur erhält man auf der einstündigen Aboriginal Cultural Tour, die 40 km südöstlich des Kings Canyon Resorts (auf der Straße zum Uluru) startet. Auf dem Programm stehen u. a. eine Einführung in die Buschmedizin und Nahrungszubereitung sowie in die Kunst der *dot paintings* und der Symbol-Interpretation. Ein sehr lohnendes Erlebnis! $100 p. P. 💻 https://karrke.com.au.

ÜBERNACHTUNG UND AKTIVITÄTEN

Discovery Resort Kings Canyon, 💻 www.discoveryholidayparks.com.au/kings-canyon. Die große Anlage, 7 km vom Kings Canyon entfernt, bietet teure Zimmer mit allem Komfort ❼, gemütliche Glampingzelte mit Bad ❼ Budget-Unterkünfte in DZ ❹, einen Campingplatz (Zeltplatz $37, Caravanstellplatz mit Strom $50, mit Strom und Bad $112). Außerdem 2 Pools, ein Restaurant mit Schanklizenz und abendlichem BBQ, 2 Bars und ein Takeaway. Kleiner Lebensmittelladen, Krankenstation, Tennisplatz, teure Tankstelle. Das Resort bietet außerdem viele verschiedene Aktivitäten, u. a. geführte Canyon-Walks, Kamelausritte, Quad-Touren, Vogelbeobachtungen und Helikopterflüge.

Kings Creek Station, Luritja Rd, 30 km östl. vom Kings Canyon, 💻 www.kingscreekstation.com.au. 2-Bett-Safari-Cabins mit Gemeinschaftsbad ❺, Glampingzelte mit Bad ❼ und ein Zeltplatz $40, Caravanstellplatz mit Strom $50. Pool, kleiner Laden, Tankstelle, Helikopterflüge und Quad-Touren.

SONSTIGES

Touren
Siehe S. 408 (Alice Springs).

Mount Conner

Auf der Fahrt entlang des Lasseter Highways zum Uluru ragt am Horizont im Südwesten ein Tafelberg auf, der oft mit Uluru verwechselt wird. Ein schöner Blick über den **Mount Conner** eröffnet sich vom Aussichtspunkt auf einer Sanddüne am Lasseter Highway. Nach Norden blickt man über einige ausgetrocknete Salzseen. Mt Conner gehört zur **Curtin Springs Cattle Station**.

ÜBERNACHTUNG

Curtin Springs Station, 💻 www.curtinsprings.com. Die riesige Farmanlage bietet ein paar saubere Motelunits ❻ und Budget-DZ mit Gemeinschaftsduschen ❸; Campervanstellplätze ($55), Tankstelle und Laden; im Homestead Kitchen gibt's Frühstück, Mittag- und Abendessen zu kaufen. Alles in bester Outback-Idylle!

TOUREN UND AKTIVITÄTEN

Seit Outback Australia, 💻 www.seitoutbackaustralia.com.au. Ganztägige Geländewagentouren zum Mt Conner inkl. Abendessen in der Curtin Springs Station. Abholung vom Ayers Rock Resort oder von der Curtin Springs Station; ab $350.

Yulara / Ayers Rock Resort

Das 200 Mio. Dollar teure Touristenresort Yulara erhebt sich wie eine Oase aus einer abgelegenen unzugänglichen Wüste. Die Planer waren sichtlich um eine harmonische Einpassung der Anlage in die Umgebung bemüht: Die flachen Gebäude im rosa Farbton wiederholen das Farbenspiel der umgebenden Sanddünen und des großen Felsens. Die weißen Sonnensegel in der Mitte der Anlage sehen nicht nur schön aus, sondern haben auch praktische Funktionen: Sie strahlen Wärme ab, spenden in der Mittagshitze Schatten und erleichtern das Aufkommen einer kühlenden Brise. Mithilfe der Sonnenkollektoren auf den Hausdächern werden etwa drei Viertel des benötigten Warmwassers und zwei Drittel der elektrischen Energie der Anlage produziert. Zur Anlage gehören die unten genannten Unterkünfte, Restaurants und Cafés, eine Tankstelle und ein paar Läden.

Wintjiri Wiru

Begleitet von indigener Musik malen seit 2023 allabendlich tausend Drohnen die Geschichte der Mala (einer Untergruppe der Anangu) in den Himmel. **Die Licht- und Tonshow** des Lichtkünstlers Bruce Ramos ist das Ergebnis eines mühevollen Balanceakts: Mit modernster Lasertechnik soll den Besuchern die uralte Kultur der Anangu nähergebracht werden. Die Show ist zweifellos beeindruckend, hat allerdings ihren Preis: Die After Dark Show kostet $190 (ca. 90 Min.), für die Sunset Show inkl. Dinner und Getränke muss man $385 berappen (ca. 3 Std.). Das Kino bildet eine hölzerne Plattform mitten in der Wüste, etwa 20 Minuten mit dem Zubringerbus vom Ayers Rock Resort. 💻 www.ayersrockresort.com.au/wintjiri-wiru.

Field of Lights

Ein weiteres künstliches Highlight erstrahlt heute vor den Toren des Uluru-Kata Tjuta National Parks. Das Lichtermeer **Field of Light** ist das ausgedehnte Meisterwerk des britischen Künstlers Bruce Munro – eine Installation aus 50 000 gläsernen Leuchtkugeln, die sich mit Solarenergie betrieben wie ein Teppich vor dem Uluru ausbreitet. Das gesamte Werk nimmt rund 49 000 m² ein, durch die Spazierwege führen. Der Besuch ist nur im Rahmen einer Tour erlaubt.

Die etwa 90-minütige Tour nach Sonnenuntergang mit Busservice ab/bis Unterkunft kostet $46. Bei den Touren zum Sonnenauf- oder -untergang ist jeweils ein Getränk und kleine Snacks inbegriffen ($110). Oder man bucht das Erlebnis inklusive Dinner unter dem stenklaren Outbackhimmel ($335). 💻 www.ayersrockresort.com.au/events/detail/field-of-light-uluru.

Von einer Erhebung am Lasseter Highway blickt man auf den Mount Conner. ▸

ÜBERNACHTUNG

Ayers Rock Resort / Yulara gehört zu Voyages, einer Firma, die eine Reihe anderer, sehr schön gelegener Resort-Hotels in Australien betreibt. Zur Anlage gehören 7 verschiedene Unterkunftsmöglichkeiten, alle sind teuer. Alle haben als Mindestausstattung AC. Bei längerem Aufenthalt kräftige Rabatte. 💻 www.ayersrockresort.com.au.

Sails In The Desert Hotel, DZ ab ca. $900 bei mind. 2 Übernachtungen. Behindertengerechte 5-Sterne-Anlage mit allem Komfort. Geräumige Zimmer mit Balkon oder Veranda. Großer Pool nur für Hotelgäste mit Bar, Tennisplatz. Kunstgalerien für den prallen Geldbeutel. Exklusive Atmosphäre.

Desert Gardens Hotel, DZ ab $530 bei mind. 2 Übernachtungen. 4-Sterne-Hotel in ruhiger Randlage. Luxuszimmer mit Badewanne und großem Balkon; von manchen genießt man den Blick auf den Uluru. Zur großen Anlage gehören außerdem ein Pool und zwei sehr gute Restaurants.

Emu Walk Apartments, ab $510 pro Apartment bei mind. 2 Übernachtungen. Komplett ausgestattete Ferienwohnungen für 4–8 Pers. in zentraler Lage mit 1–2 Schlafzimmern, auch Waschmaschine und Trockner. Ideal für Kleingruppen und Familien.

In separater Lage zu den anderen Unterkünften des Resorts (und bis auf das Longitude mit eher jüngerem und trinkfreudigerem Publikum):

The Lost Camel, hat bequeme Standardzimmer ab $380 bei mind. 2 Übernachtungen. Auch hier gibt es einen schönen Pool.

Die **Outback Hotel & Lodge** hat Dorms mit 20 Betten (Bett ab $38) und mit 4 Betten (Bett $46). Bad in einem separaten Block. Einfach ausgestattete Küche, Grillstellen. Ein Kiosk verkauft preiswertes Frühstück, Mittag- und Abendessen sowie Essen zum Selbergrillen; Pool. Auch DZ, ab $210.

Longitude 131, 💻 https://longitude131.com.au. Die exklusive Luxusunterkunft liegt abseits vom Resort mitten in den Sanddünen mit Blick auf Uluru. Maximal 30 Pers. können dort in klimatisierten, schön möblierten und mit allem Komfort ausgestatteten Safari-„Zelten" wohnen. DZ ab $4200 schließen immerhin alle Mahlzeiten und Getränke im Feinschmeckerrestaurant und alle vom Haus organisierten Touren ein. Mind. 2 Übernachtungen.

Ayers Rock Campground kann bis zu 2000 Besucher beherbergen. 300 Zeltplätze, $45; 200 Caravanstellplätze mit Stromanschluss, $50. Außerdem Cabins mit AC und Kochnische, max. 6 Pers., für $195. Pool, Grillstellen und Kiosk. Der Zeltplatz für Reisegruppen liegt separat.

ESSEN

Das Angebot ist sehr groß, aber grundsätzlich ist alles teurer als in Alice Springs. Wer sparen muss oder will, bringt besser Grundnahrungsmittel mit.

Arnguli Grill & Restaurant, Desert Garden Hotel. Hochklassiges Essen mitten im Outback. Der deutsche Chefkoch lässt sich von der reichhaltigen Umgebung und den kulinarischen Gewohnheiten der Pitjantjatjara inspirieren und serviert Fleisch und Fisch garniert mit lokalen Kräutern. Hauptgerichte ab $40. 🕒 tgl. 18–21 Uhr.

Bough House, Outback Hotel. Zum Frühstück und Abendessen wird hier jeweils ein großzügiges Buffet aufgebaut, bei dem für jeden was dabei ist. 🕒 tgl. 6–10 Uhr.

In der **Outback BBQ and Bar**, ebenfalls im Outback Pioneer Hotel, darf sich jeder sein Steak selbst zubereiten – *die* Gelegenheit mal ein Känguru-Steak oder Emu-Wurst zu kosten. Oft gibt's dazu Livemusik. 🕒 tgl. ab 12 Uhr.

€ **Gecko's Café** im Shopping Centre ist nicht so teuer, serviert aber trotzdem leckere Gerichte. Auf der Speisekarte stehen Salate, Pizza oder Fish & Chips, je $20–35. Auch als Take-away. 🕒 tgl.

Sounds of Silence, ein Outback-Festmahl bei Sonnenuntergang mit Blick auf Uluru und unter dem Sternenhimmel der Wüste, $260 inkl. Getränke, mit Erläuterungen des Sternenhimmels durch Astronomen und einem Blick durch Fernrohre, Buchung bei jeder Unterkunft.

TOUREN

Fast alle Touren werden vom **Ayers Rock Resort** organisiert, 💻 www.ayersrockresort.com.au. Neben den Touren gibt es auch einige kostenlose Aktivitäten, die Besucher in die Welt der Ureinwohner einführen sollen.

Bus- und Geländewagentouren

AAT Kings, 💻 www.aatkings.com. Die vielen verschiedenen Halb- bis Zweitagestouren zu den Hauptattraktionen des Red Centres sind auf ein älteres Publikum zugeschnitten. Man reist mit Touristenscharen in großen Reisebussen.

Seit Outback, 💻 www.seitoutbackaustralia.com.au. Touren im Sprinter in Kleingruppen zu den bekannten Zielen, z. B. Halbtagestour zum Uluru $209 p. P.

Wayoutback Australian Safaris, 💻 www.wayoutback.com.au. 2–10-tägige Touren in Kleingruppen im Geländewagen mit Übernachtung in Safari-Zelten. Alteingesessener, bewährter Anbieter. Details s. S. 408.

Kamelreiten

Uluru Camel Tours, 💻 www.ulurucameltours.com.au. Kamelsafaris zu verschiedenen Tageszeiten. Am beliebtesten sind die zu Sonnenauf- oder -untergang; morgens gibt's ein kleines Frühstück, abends ein kleines Abendessen und alkoholische Getränke sowie die Möglichkeit, kleine Bush-Snacks zu probieren. Ausritt jeweils 1 Std., danach Essen, $145.

Rundflüge

Ein Flug über Uluru und Kata Tjuta, v. a. bei Sonnenauf- oder -untergang, ist eindrucksvoll. Flüge z. B. mit **Fly Uluru**, 💻 www.flyuluru.com.au. 30 Min. $295. Besonders imposant sind Helikopterflüge, z. B. zu Sonnenuntergang um Uluru und Kata Tjuta (36 Min., $325). Buchungen über das Ayers Rock Resort.

SONSTIGES

Einen Überblick über das gesamte Resort-Angebot gibt's online unter 💻 www.ayersrockresort.com.au/around-the-resort/services-and-facilities.

Aboriginal-Kunst

Die **Gallery of Central Australia (GoCA)** nahe des Desert Gardens Hotel hat die größte Ausstellung indigener Künstler aus der Region und unterhält einen schönen Souvenirladen. Tgl. Touren um 10.30 Uhr. Manchmal kann man auch den Künstlern bei der Arbeit zusehen. 🕒 tgl. 9–17 Uhr.

Im **Maruku Arts Market Place** am Yulara Town Square wird Kunst- und Kunsthandwerk der Anangu verkauft. Oft darf man den Künstlerinnen und Künstlern sogar bei der Kreation ihrer *dot paintings* zusehen. 💻 https://maruku.com.au, 🕒 Mo–Fr 7.30–17.30, Sa 9–17 Uhr.

Die teure **Mulgara Gallery** im Sails of the Desert Hotel verkauft *arts and crafts* und Kunst der Ureinwohner. 🕒 tgl. 8–20 Uhr.

Autovermietungen

Alle drei Firmen sind am Connellan Airport (Ayers Rock Airport) vertreten und können im Tours & Information Centre im Resort gebucht werden.

Avis, 📞 8956 2266
Hertz, 📞 8956 2244
Thrifty, 📞 8956 2556

Informationen

Yulara Visitor Centre. Eine interessante, kostenlose Ausstellung informiert über Geografie, Flora und Fauna der Region. Obendrein gibt's hier schöne Souvenirs zu kaufen und hervorragende Beratung. 🕒 tgl. 8–17 Uhr.

Tanken

Shell, am Yulara Drive nahe dem Campingplatz, ist erstaunlicherweise nicht teurer als die Tankstellen in Curtin Springs oder beim Erldunda Roadhouse. 🕒 tgl. 6–21 Uhr.

NAHVERKEHR

Ein kostenloser **Shuttlebus** fährt tgl. von 10.30–0.30 Uhr etwa alle 20 Min. durch das Resort – eine gute Möglichkeit, von der Unterkunft zum Visitors Centre oder Shopping Square zu gelangen.

© GETTY IMAGES MÜNCHEN/DAVID GRAY / KONTRIBUTOR

Auf der Lichtershow Wintjiri Wiru erzählen jeden Abend tausend Drohnen eine Geschichte der hier beheimateten Ureinwohner.

NORTHERN TERRITORY

TRANSPORT

Busse

AAT King, 💻 www.aatkings.com.au. Fährt tgl. um 7 Uhr von ALICE SPRINGS zum Ayers Rock Resort via Mt Ebenezer Roadhouse und Mt Conner. Ankunft in Yulara um 13 Uhr, $200. Rückfahrt nach Alice Springs von April–Sep um 13, sonst um 12.30 Uhr.

Uluru Hop on hop off, 💻 https://uluruhoponhopoff.com.au. Transfer von der Unterkunft im Yulara Resort zum Uluru ($49 hin und zurück), zu Kata Tjuta ($95 hin und zurück) oder zu beiden Zielen als 1–3-Tagespass mit beliebigem Ein- und Aussteigen ab $120.

Flüge

Der **Ayers Rock Airport** (Connellan Airport) liegt 7 km außerhalb vom Ayers Rock Resort. Kostenloser Transfer. 90 Min. vor Abflug fährt ein Shuttle-Bus zum Flughafen.

Qantas und **Jetstar**, ✆ 13 13 13, 💻 www.qantas.com.au. Direkte Flugverbindungen nach BRISBANE, CAIRNS, MELBOURNE und SYDNEY.

Virgin Australia, 💻 www.virginaustralia.com/au. Direkt nach SYDNEY.

Uluru-Kata Tjuta National Park

Die Bilder lügen nicht: Der Uluru ist tatsächlich so rot, so immens, so erhaben wie Social Media ihn ausmacht! Längst ist er zum Ort des Massentourismus geworden, daran vermochte auch seine noch so abgelegene Lage – 470 km von Alice Springs und Tausende von km von der Küste entfernt – nichts zu ändern. 1950 wurde Uluru zum Nationalpark ernannt, der 1958 um Kata Tjuta erweitert wurde. Heute ist er Unesco-Welterbe.

Die Anangu-Ureinwohner (der gemeinsame Name für die Yankunytjatjara und Pitjantjatjara) betrachten sich als Hüter dieser Heiligtümer der Wüste. Im Oktober 1985 wurde der Nationalpark offiziell den Anangu zurückgegeben, die ihn sofort an die australische Bundesregierung verpachteten. Somit war der 1325 km² große Nationalpark der erste in Australien, der Ureinwohnern übereignet wurde. Die Anangu und Vertreter der Bundesbehörde sind im Uluru-Kata Tjuta Board of Management zusammen an der Verwaltung beteiligt.

11 HIGHLIGHT

Uluru

Der Riesenmonolith Uluru zählt neben dem Opernhaus von Sydney zu den inoffiziellen Wahrzeichen Australiens. Nach den Erläuterungen der Anangu ist Uluru ein Pitjantjatjara-Name ohne weitere Bedeutung. Der Uluru besteht aus 650 Mio. Jahre altem Arkose-Sandstein und hat an der Basis einen Umfang von 9 km. Er ist 3,5 km lang, 2,4 km breit und 348 m hoch. Wahrscheinlich setzt sich der Felsen noch einige 100 m unter der Erde fort. Erdbewegungen nach seiner Entstehung kippten den Felsen seitwärts. Wind und Wetter schliffen seine Form rund, aus der Luft sieht man deutlich die Spuren der Erosion in Form von tiefen Rillen und eigenartigen Mustern an der Felsoberfläche.

Der erste Weiße, der den plötzlich aus der Ebene aufragenden „gigantischen Kieselstein" sichtete, war Anfang der 1870er-Jahre Ernest Giles. Am 20. Juli 1873 bestieg ein anderer weißer „Entdecker", William Gosse, zusammen mit seinem afghanischen Begleiter Kamran den Felsen und begründete damit eine Tradition, die die Anangu mit Befremden zur Kenntnis nahmen. Gosse war es auch, der dem Fels-Monolithen den Namen Ayers Rock gab, nach dem damaligen Premierminister von South Australia, Henry Ayers. Heute ist er zu seinem Anangu-Name Uluru (Betonung liegt auf der letzten Silbe) zurückgekehrt (das Ayers Rock Resort wiederum, mit dem sich die Anangu nicht identifizieren, bleibt auf ihren Wunsch hin bei seinem Namen).

Den Park Pass erhält man online ($38 p. P., 3 Tage gültig, 🖳 https://parksaustralia.gov.au/uluru/plan/passes, oder am Schalter am Parkeingang.

Uluru-Kata Tjuta Cultural Centre

Das Kulturzentrum einen Kilometer vom Felsen entfernt ist die erste Anlaufstelle im Park. Das aus Holz und Adobe *(mudbrick)* errichtete Gebäude nimmt die Form zweier Schlangen an, die eine wichtige Rolle in der Schöpfungsmythologie spielen. Die Dachziegel repräsentieren dabei die Schuppen auf dem Rücken der Schlangen. Die Ausstellung mit interaktiven Exponaten gibt einen guten Überblick über die Kultur und

Die spirituellen Vorstellungen der Anangu

Für die Ureinwohner manifestieren Uluru und Kata Tjuta, genauso wie unzählige andere unscheinbarere Landschaftsformen, Aspekte ihrer überlieferten Schöpfungsgeschichte, die sie mit dem Land verbinden und die Teil ihrer Gegenwart und Zukunft sind. So gelten einzelne Merkmale einer Landschaftsform, wie z. B. eine Höhle, eine Quelle, eine merkwürdig geformte Felsoberfläche, als Spur und Beweis für die Aktivitäten mythischer Vorfahren. Dieses Konzept wird von den Anangu mit dem Wort „Tjukurpa" bezeichnet. Gemeinhin wird dies im Englischen heute mit „Story" übersetzt; der Begriff „Dreamtime" (Traumzeit) ist aus dem Sprachgebrauch weitgehend verschwunden. Wie alle Ureinwohner unterscheiden auch die Anangu zwischen religiösen Informationen, die allgemein zugänglich sind, und solchen, die nur für Eingeweihte bestimmt sind. Wer religiöses Wissen besitzt, ist bei der Weitergabe an bestimmte Tabus gebunden.

Ein Mann von 25 Jahren wird die gleiche Geschichte über die Reise eines mythischen Vorfahren, z. B. eines Kängurus, anders erzählen als eine 60-jährige Frau. So kommt es, dass oft mehrere Varianten einer Geschichte existieren, von denen keine „wahrer" ist als die andere. Viele der nur Eingeweihten zugänglichen Informationen beziehen sich auf heilige Orte, die für Außenstehende tabu sind. So „gehören" zwei heilige Orte am Fuße von Uluru initiierten Frauen, zu zwei anderen haben dagegen nur initiierte Männer Zutritt. Diese *sacred sites* sind durch Absperrungen vor dem Zutritt Fremder geschützt. Andere Orte am Uluru haben hohen spirituellen Wert und die Anangu bitten darum, dass dort nicht fotografiert wird. Dass Besucher diese Tabus respektieren, sollte sich von selbst verstehen.

Lebensweise der Anangu. Wichtige Erläuterungen gibt es auch auf Deutsch.

Zum Zentrum gehören **Walkatjara Gallery** und **Maruku Art**, wo Gebrauchs- und kunsthandwerkliche Gegenstände vorgeführt werden, die man auch kaufen kann. Im von Ureinwohnern betriebenen Ininti Cafe gibt es Frühstück, Mittagessen und Snacks, außerdem werden dort Souvenirs und Aboriginal-Musik verkauft. 🕒 tgl. 7–17 Uhr. Keine Foto- und Filmerlaubnis im gesamten Uluru-Kata Tjuta Cultural Centre! 🕒 tgl. 7–18 Uhr.

Aussichtspunkte und Wanderwege

Um den Felsen führt eine Ringstraße mit zwei Parkplätzen: Vom Mala Car Park aus starten von Okt–April tgl. um 8 und 10 Uhr kostenlose, von Rangern geführte Spaziergänge, die einen guten ersten Einblick verschaffen. Von hier aus oder auch vom Kuniya Car Park im Süden des Felsen kann die **Wanderung um den Uluru** beginnen. Für die knapp 11 km lange Strecke (Base Walk) sollte man etwa drei Stunden veranschlagen – da es zur Mittagszeit sehr heiß werden kann, startet man am besten früh am Morgen. Von manchen heiligen Stellen um den Monolith werden Besucher gebeten, keine Fotos zu machen – dies gilt besonders für die Felsmalereien. Jahrzehntelang ermahnten die Anangu mit Hilfe von Hinweistafeln Besucher zu mehr Respekt gegenüber diesem größten Heiligtum ihrer Kultur und baten sie, vom Beklettern des Uluru abzusehen – leider ohne großen Erfolg. Die **Besteigung** ist seit Ende 2019 nun gesetzlich und bei Strafe verboten.

Ideal für Sonnenauf- und -untergang ist die riesige **Aussichtsplattform Talinguru Nyakunytjaku** ein paar Kilometer südöstlich des Felsens. Genau genommen sind es zwei: Die Watiku Plattform und die Minymaku Plattform, die über einen 1,5 km langen Boardwalk miteinander verbunden sind.

SONSTIGES

Eintritt

Den Park Pass ($38 p. P., 3 Tage gültig) erhält man online unter 💻 https://parksaustralia.gov.au/uluru/plan/passes.

Die Öffnungszeiten des Nationalparks variieren monatlich, von kurz vor bis kurz nach Sonnenuntergang.

Die Wanderung durch das Valley of the Winds lohnt das frühe Aufstehen.

TRANSPORT

Siehe S. 426.

Kata Tjuta

Die 36 mächtigen, kuppelartigen Felsen Kata Tjuta, 41 km westlich vom Ayers Rock Resort, ragen ebenso unvermittelt aus der Ebene wie der Uluru. Sie sind weniger bekannt, aber ebenfalls ein sehenswerter Teil des Nationalparks. Ihr Aborigine-Name bedeutet übersetzt „viele Köpfe". Den früheren Namen „Olgas" erhielten die runden Felsen von dem europäischen Entdecker Ernest Giles, der sie 1872 aus der Ferne sah und nach der württembergischen Königin Olga benannte. Warum wohl?

Die aus der Ebene emporragenden „Inselberge" sind die Überreste eines riesigen Bettes aus Sedimentgestein, sogenanntem Konglomerat, das im Laufe von Jahrmillionen verwitterte. Man nimmt an, dass die Felskuppeln von Kata Tjuta, die sich 8 km von Westen nach Osten und 5 km von Norden nach Süden erstrecken, ursprünglich ein einziger, weitaus größerer Felsblock als Uluru gewesen sein könnten. Der höchste Felsen, der **Mount Olga**, erhebt sich 546 m über der Ebene bzw. 1066 m über dem Meeresspiegel und ist 198 m höher als der Uluru.

Wanderwege

Zwei Wanderwege führen durch die wunderschöne rote Felslandschaft der Kata Tjuta. Für den kurzen Weg in die **Walpa Gorge** (2,6 km) sollte man 30–60 Minuten einplanen. Vom Parkplatz am **Valley of the Winds** startet die gleichnamige, wunderschöne Wanderung, die zwischen den Felswänden hindurchführt (7,5 km, 3–4 Std.). Am schönsten ist die Route zu Sonnenaufgang. Wer nicht die ganze Runde machen will, kann bis zum Karu Lookout vorlaufen: Von hier aus bietet sich ein herrlicher Ausblick. Wenn die Tagestemperaturen über 36 Grad steigen sollen oder Sturm angesagt ist, ist der Wanderweg hinter dem Lookout ab 11 Uhr gesperrt. Unbedingt Sonnenschutz, Fliegennetz sowie ausreichend Wasser mitnehmen, denn bei Kata Tjuta gibt es kein Getränkekiosk und nur wenige Trinkwassertanks.

TRANSPORT

Siehe S. 426.

PERTH, COTTESLOE BEACH; © CORINNA MELVILLE

Western Australia

An der traumhaften Westküste können Reisende mit viel Zeit den touristischen Hotspots Australiens entfliehen. Wer einmal am makellosen Strand des Cape Le Grand National Parks entlangspaziert oder am Ningaloo Reef mit Walhaien abgetaucht ist, wird sich ein Leben lang daran erinnern.

Stefan Loose Traveltipps

12 **Yallingup** Wo Delphine und Surfer gemeinsam in den Wellen tanzen. S. 461

13 **Cape Le Grand National Park** Ein Küstenparadies mit weißen Sandstränden, kristallklarem Wasser und den vorgelagerten Inseln des Recherche-Archipels. S. 470

Shark Bay Weltnaturerbe mit zahmen Delphinen und einzigartiger Natur. S. 481

14 **Ningaloo Reef** Am küstennahen Riff erlebt man Walhaie und Mantarochen hautnah. S. 483

Karijini National Park Leuchtend rote Gesteinsschichten mit weitläufigen Schluchtensystemen und Wasserfällen. S. 489

15 **Purnululu National Park** Australiens sogenannte „letzte Wildnis" beherbergt einzigartige Regenwälder und die World Heritage Site der gestreiften Bungle Bungle. S. 511

CORAL BAY; © CORINNA MELVILLE

CAPE LEVEQUE; © CORINNA MELVILLE

Wann fahren? für den Süden Okt–April; für den tropischen Norden Mai–Okt.

Wie lange? 10–21 Tage für den Südwesten; 1–3 Monate für Perth bis Darwin

Bekannt für seine Naturbelassenheit, einsame Strände, das Ningaloo Reef

Updates und eure **Kommentare** zu diesem Kapitel auf www.stefan-loose.de unter **eXTra [11517]**

Western Australia – oder schlicht WA – ist der größte Staat Australiens und bezaubert durch seine riesige Ausdehnung, seine weitgehend unberührte und vielfältige Natur sowie seinen freundlichen, entspannten Charakter. Allein schon die Zahlen zeichnen ein imponierendes Bild: Mit rund 2,6 Mio. km² Fläche stellt Western Australia fast ein Drittel Australiens und ist siebenmal so groß wie Deutschland. Hier leben ca. 2,7 Mio. Menschen, davon mehr als 2 Mio. im Großraum **Perth** (inkl. Fremantle). Von den Städten der Ostküste ist Perth etwa 4000 km entfernt.

Wer WA erleben will, braucht vor allem eins: Zeit! Die Highlights liegen insbesondere im Norden oft ein paar Hundert Kilometer auseinander und sind auf dem Landweg nur mit teils mehrtägiger Anreise zu erreichen (s. Entfernungstabelle S. 436). Entlang des sogenannten Kimberley Aerial Highways gibt es verschiedene Start- und Landebahnen, die die Hauptattraktionen WAs auch mit dem Flugzeug zugänglich machen.

Weite Teile WAs sind noch immer ein wenig entdecktes Naturparadies: Im Landesinnern finden sich die bizarren Felsformationen von **Purnululu** (Bungle Bungle), Schluchten, urzeitliche Korallenriffe oder der wenig bekannte **Mount Augustus** (doppelt so groß wie Uluru und eine Milliarde Jahre älter). Daneben bietet WA beinah 13 000 km Küste: schneeweiße Buchten im Süden mit eindrucksvollen Granitbrocken (Reste einer urzeitlichen Gebirgskette), glutrote Klippen im Norden sowie meterhohe Steilklippen.

Im Südwesten liegen Weinanbaugebiete sowie Surfstrände von Weltklasse. Zwei Wanderwege erschließen die natürliche Pracht dieser Region: der Cape to Cape Track von Augusta bis Dunsborough und der längere Bibbulmun Track von Perth bis Albany.

Im Osten erstreckt sich das Golden Outback mit dem Farmland des **Weizengürtels**, dem bekannten **Wave Rock** und den historischen Goldgräberstätten um **Kalgoorlie**. Die Strände im Süden bei **Esperance** sind von ganz besonderer Schönheit, ja Einzigartigkeit.

Die Korallenküste gen Norden überwältigt mit der fantastischen **Pinnacles-Wüste**, dem Sandstein-Canyon bei **Kalbarri** sowie den beiden paradiesischen Unesco-Weltnaturerbestätten **Shark Bay** und **Ningaloo Reef**, einem rund 260 m langen küstennahen Korallenriff.

Im Nordwesten liegt die **Pilbara**, deren riesige Mineralienlager wichtiger Wachstumsmotor des Landes sind. Die immensen Eisenerztagebauten bei **Tom Price** beeindrucken mit gewaltiger Maschinerie. Hier liegt der größte der Nationalparks von WA: der **Karijini National Park**, dessen gelbrote Gesteinsschichten sich in weitläufigen Schluchtensystemen und rauschenden Wasserfällen präsentieren.

Ganz im Norden schließt sich die **Kimberley** an, Australiens sogenannte „letzte Wildnis" mit roten Schluchten, kristallklaren Wasserfällen und einzigartigen Regenwäldern. Südlich hiervon liegt eine weitere World Heritage Site von WA: der **Purnululu National Park** mit den besonderen Gesteinsformationen der Bungle Bungle.

Nennenswerte Städte sind **Perth** und **Fremantle**, beide großzügig und übersichtlich angelegte Orte, deren entspannte Atmosphäre die Herzen der Besucher erobert. Weiterhin sind **Margaret River** im Süden und **Broome** im Norden quirlige touristische Zentren mit einladendem Flair.

Vorwahl

Die Vorwahl für Western Australia ist 08.

Klima

Das Klima von Western Australia umfasst alle Zonen seiner östlichen Nachbarn: Perth liegt im gemäßigten, mediterranen Süden des Staates, ungefähr auf der Höhe Sydneys, Broome im tropischen Norden, ungefähr auf der Höhe von Cairns (hat aber nur rund ein Drittel des jährlichen Niederschlags). Der größte Teil des Bundesstaates ist sehr trocken, im Landesinnern herrscht Wüstenklima.

Der **Südwesten von WA** ist viel milder und feuchter als der Rest des Staates. Die Temperaturen liegen bei etwa 32 °C im Sommer (Anfang Dez–Ende April) und 14 °C im Winter (Juni–Aug). An der Südküste ist es durchschnittlich 5 °C kühler und unbeständiger als an der

WESTERN AUSTRALIA

Westküste. Die beste Reisezeit in dieser Region liegt etwa zwischen August und März. Die Temperaturen sind dann angenehm und die Natur bietet ein farbenprächtiges Schauspiel: im Oktober/November schmücken Wildblumen die Landschaft und Buckelwale passieren die Küste. Ungefähr bei Coral Bay liegt die „Wettergrenze", und die tropische Regenzeit kann das Klima hier schon maßgeblich beeinflussen.

Im **tropischen Norden** liegen die Tagestemperaturen während der Trockenzeit (April–Sep) bei rund 30 °C. Nachts können sie hingegen deutlich fallen, im Landesinneren bis auf 0 °C. Während der Regenzeit (Nov–April) herrschen Temperaturen bis zu 40 °C und eine Luftfeuchtigkeit von bis zu 95 %. Dabei bilden sich im nördlichen Ozean immer wieder Zyklone. Diese tropischen Wirbelstürme sind ein eindrucksvolles, aber auch gefährliches Naturschauspiel. Reisende sollten in dieser Zeit stets die aktuellen Wetterdaten beobachten. Den Norden besucht man am besten in der Trockenzeit (Mai–Okt). Zu Beginn der Trockenzeit steht die Natur in voller Pracht: rauschende Wasserfälle und Flüsse sowie frisches grünes Buschland. Viele Regionen sind dann überhaupt erst passierbar, denn die Regenfluten sind über die Flüsse abgeflossen und Zufahrten werden ausgebessert.

Flora und Fauna

Die Pflanzen- und Tierwelt von Western Australia ist beeindruckend und teils einzigartig. Einige Pflanzen und Tiere sind zwar entfernte Verwandte derjenigen aus Ost-Australien, haben sich aber aufgrund der jahrtausendelangen Isolation durch Wüsten und Ebenen vom Rest des Kontinents anders entwickelt. Von den rund 12 000 **Wildblumen** kommen 2000 nur in WA vor. Sie überziehen im Frühling ganze Landstriche mit einem farbigen Blütenteppich. Die exotisch geformte Känguru-Pfote *(kangaroo paw)* ist das Wahrzeichen des selbst ernannten „Wildflower State".

Im Südwesten gibt es Regionen mit den einst weitverbreiteten **Eukalyptus-Urwäldern**. Die Wälder hochwachsender *Karri-* und *Red-Tingle-*Bäume sind eindrucksvoll und können am besten bei Pemberton oder im Valley of the Giants bei Walpole erlebt werden.

Gedrungene **Grasbäume** *(grasstrees)* mit dickem Stamm und buschiger Graskrone, aus der langstielige Blütenstände ragen, kommen in der südlichen Hälfte von WA überall vor. Die spektakulären **Flaschenbäume** *(bottle trees)* zeigen sich allerdings nur im Norden (s. Kimberley S. 493).

Die Tierwelt von WA ist vielerorts präsent, da das weitläufige Land dünn besiedelt ist. **Kängurus**, **Wallabies**, **Emus** und **Echsen** *(lizards)* begegnet man ständig. Bei Bunbury kann mit **Delphinen** und **Seelöwen** geschwommen werden. Die Lebenswelt des Indischen Ozeans lässt sich insbesondere am Ningaloo Reef genießen. Hier tummeln sich zwischen April und Juli **Walhaie**, und **Meeresschildkröten** legen ihre Eier an die Strände. Im April findet das fantastische **Korallenlaichen** statt, und ab Mai zeigen sich **Mantarochen**.

In den Küstengewässern des Nordwestens (ab etwa Dampier) ist Vorsicht geboten: Hier fühlen sich Steinfische, Seeschlangen, *box jellyfish* und weiter nördlich auch Krokodile wohl. Eine spontane Abkühlung ist daher nicht nur wegen gefährlicher Strömung keine gute Idee – vorab informieren, wo man gefahrlos baden kann!

Wirtschaft

Hauptwirtschaftszweig ist der Bergbau; über 90 % der australischen Erzförderung stammen aus WA: Eisenerz, Uran, Nickel, Zinn, Gold und Diamanten. Daneben bilden Energierohstoffe eine weitere wichtige Einnahmequelle (Steinkohle, Erdöl, Erdgas). Der Großteil von WA weist trockenes, heißes Klima auf, dennoch liefern die weiten Getreidefelder im Süden zwei Drittel der australischen Weizenproduktion. Lediglich bei Carnarvon und Kununurra kann Obst und Gemüse angebaut werden; oft werden Erntehelfer gesucht.

Aufgrund der geringen Regenfälle stellt die Wasserversorgung der ständig wachsenden Städte eine große Herausforderung dar. Mehrere Entsalzungsanlagen versorgen heute die Städte mit Wasser. Zwei Anlagen bei Perth decken fast 50 % von Perths Wasserbedarf ab.

Geschichte

Vor Ankunft der Europäer lebten im heutigen WA verschiedene **Aboriginal-Völker**. Das Gebiet der Nyungar (auch Noongah) erstreckte sich über den Südwesten, von Geraldton bis Esperance. 1955 wurde südlich von Bunbury eine Höhle, **Devil's Lair**, entdeckt, die Überreste ausgestorbener Tiere und bis zu 30 000 Jahre alte Spuren menschlicher Bewohner enthielt.

Im 16. Jh. gelangten die Portugiesen als erste Europäer an die westaustralische Küste. Ihnen folgten Holländer: **Dirk Hartog** war auf dem Weg nach Java vom Kurs abgekommen und landete 1619 mit dem Schiff Eendracht auf der später nach ihm benannten Insel in der Shark Bay. Um anderen Kolonialmächten zuvorzukommen, kamen die Briten aus dem östlichen Australien und gründeten auch kleine Siedlungen in WA: 1826 wurde Frederickstown, heute Albany, gegründet.

Offiziell begann die **britische Besiedlung** von WA dann 1829, als zunächst Kapitän Charles Fremantle und dann auch Kapitän James Stirling mit freien britischen Siedlern die **Swan River Colony**, das heutige Perth, gründete. Lange Zeit stagnierte das Wachstum der Kolonie. Nachdem WA als Australiens erste Kolonie freier Siedler begann, musste man in den 1850er-Jahren doch auch Sträflinge nach Fremantle anfordern, um den akuten Arbeitskräftemangel zu beheben.

Erst der **Goldrausch** gegen Ende des 19. Jhs. – Goldfunde bei Kalgoorlie und Coolgardie – brachte nennenswertes Wachstum. 1901 schloss sich Western Australia als letzter Staat dem australischen Commonwealth an. Nach Abklingen des Goldrausches versank der Staat für Jahrzehnte in einen Dämmerzustand, der erst Ende der 1950er-Jahre durch die Entdeckung neuerlicher **Bodenschätze** beendet wurde: Man stieß auf riesige Lager von Eisenerz, Nickel und Bauxit sowie große Erdgas- und Erdölfelder.

Ab dem Ende der 1990er-Jahre bis 2015 erlebte Western Australia aufgrund des weltweiten Rohstoffbooms ein immenses Wachstum. Die Einwohnerzahl stieg zwischen 2006 und 2015 um ein Viertel. Damit einher gingen unzählige Baumaßnahmen und sich vervielfachende Mieten bzw. Immobilienpreise. Das alles nahm 2016 ein plötzliches Ende, als die Nachfrage nach Rohstoffen vor allem aus China drastisch absank. 2017 verzeichnete Western Australia von allen Staaten Australiens das niedrigste Wachstum. Während der Corona-Pandemie schottete sich der Bundesstaat nicht nur vom Ausland, sondern für lange Zeiträume auch von anderen australischen Bundesstaaten ab, was in der Tourismusbranche zu gewaltigen Einbrüchen führte und viele Veranstalter zur Schließung zwang.

Praktische Tipps

Übernachtung

Die Städte und populären Reiseziele sind bestens mit Unterkünften aller Art ausgerüstet, vom Campingplatz und Hostel bis hin zum Luxushotel und B&B. In entlegenen Regionen gibt's zumindest Campingplätze (meistens mit Cabins) und im Norden Wilderness Camps, u. a. die der Initiative „Camping with Custodians". Hier übernachtet man im Land der Ureinwohner und lauscht am Abend deren Erzählungen und Gesängen. Die Roadhouses an den Highways haben Unterkünfte im Motelstil.

Wildes Campen ist verboten. Es stehen ausgewiesene Overnight-Rastplätze und sehr preiswerte „Campsites" zur Verfügung, viele befinden sich in den Nationalparks. Manche sind kostenlos, andere erwarten eine kleine Spende an den Ranger oder eine Übernachtungsgebühr von normalerweise $8–11 p. P. Websites wie www.campsaustraliawide.com listen kostenlose Campingplätze. Auch die App von Wiki Camps Australia ist für ganz Australien sehr zu empfehlen. Wer häufig in den Nationalparks campiert, sollte sich einen Holiday Pass für die Nationalparks zulegen.

Der Südwesten, Kalbarri sowie Broome in der Trockenzeit sind die Feriengebiete der Großstädter. Vor allem während der Schulferien sollte man rechtzeitig eine Unterkunft reservieren. Dasselbe gilt ganzjährig für die Goldgräberorte Kalgoorlie und Coolgardie sowie für die Minenstädte der Pilbara.

Essen und Trinken

WA nennt keine spezielle Küche sein Eigen. Gute Restaurants sowie Fish-&-Chips-Lokale

Entfernungen in km

	Albany	Broome	Busselton	Carnavon	Derby	Esperance	Geraldton	Halls Creek	Kalgoorlie / Bolder	Kununurra	Meekatharra	Perth
Broome	2580											
Busselton	370	2590										
Carnavon	1290	1460	1125									
Derby	2735	220	2610	1615								
Esperance	475	2910	700	1600	2730							
Geraldton	820	1935	650	475	2090	1320						
Halls Creek	3195	680	3060	2075	545	3190	2550					
Kalgoorlie / Bolder	800	2185	820	1160	2265	390	990	2800				
Kununurra	3555	1040	3415	2435	900	3485	2905	360	3155			
Meekatharra	1115	1465	980	620	1620	1110	540	2080	720	2440		
Perth	405	2370	235	905	2380	715	430	2840	595	3195	760	
Port Hedland	1990	615	1850	865	770	1980	1340	1230	1590	1585	870	1630

finden sich in allen größeren Orten. Gleiches gilt für Supermärkte. Allerdings sind Lebensmittel in entlegenen Regionen deutlich teurer und die Auswahl ist kleiner. In Küstennähe gibt es natürlich frischen Fisch und Seafood: in Geraldton hervorragenden Hummer *(lobster)* und im tropischen Norden den berühmten Barramundi-Fisch.

Das Swan Lager aus Perths Swan Brewery sowie Emu Bitter wird in fast jedem Pub vom Fass gezapft. Geschmacklich interessanter sind das Weizenbier Redback der Matilda Bay Brewery und das Little Creatures aus Fremantle. Western Australia produziert hervorragende Weine. Schon seit Mitte des 19. Jhs. wird im Swan Valley bei Perth, bei Margaret River und bei Albany Wein angebaut. Weinproben bei den Weingütern sind sehr empfehlenswert.

Wer aus dem Ausland oder anderen australischen Staaten einreist, darf zum Schutz der heimischen Landwirtschaft, Flora und Fauna keine Rohkost wie Obst, Gemüse, Nüsse, Samen, Honig, keine benutzten Obst-/Gemüsekartons und auch keine Pflanzen und Tiere mit sich führen. An den Grenzübergängen zu South Australia und dem Northern Territory wird streng kontrolliert. Nähere Auskunft beim **WA Inspection and Quarantine Service**, 🖳 www.agric.wa.gov.au/quarantine.

Nationalparks

Für viele Nationalparks ist eine Eintrittsgebühr zu entrichten: Tageskarte $17 pro Fahrzeug; für Besucher können sich auch der Holiday Park Pass (4 Wochen gültig) für $70 pro Auto oder die Jahreskarte (All Parks Pass) für $130 pro Auto lohnen. Tageskarten sind vor Ort bei Tourist Information Centres oder beim Ranger erhältlich. Weitere Informationen unter 🖳 http://parks.dpaw.wa.gov.au.

Busse

Egal ob man per Bus, Zug oder mit dem eigenen Fahrzeug unterwegs ist, eine Reise durch WA will gut geplant sein. Es gibt einige Busbetreiber, die verschiedene Ziele anfahren; das Netzwerk ist allerdings alles andere als flächendeckend und die Häufigkeit der bestehenden Verbindungen spärlich.

Integrity Coach Lines, 🖳 www.integritycoachlines.com.au, verbindet Perth und Port Hedland via Exmouth und Tom Price sowie Perth und Broome via Carnarvon, Coral Bay und Exmouth. Dieser Bus hält auch am Overlander Roadhouse, von wo aus man per Shuttleservice nach Denham und Monkey Mia gelangt (Details s. S. 483). Im Südwesten von WA verkehren zusätzlich **Transwa-Busse**, 🖳 www.transwa.wa.

Wichtige Tipps für Allradfahrer

© TOURISM AUSTRALIA / OLIVER STREWE

- Das Fahrzeug muss gute Reifen, zwei Ersatzreifen, einen hohen Radstand und einen Schnorchel haben. Außerdem Reservekanister und das nötige Werkzeug für Radwechsel.
- Detaillierte Karten, ausreichend Wasser und Proviant mitnehmen.
- Mobiltelefone sind in entlegenen Gebieten nutzlos. Oft werden Satellitentelefone oder elektronische Positionssender (EPIRB) zum Verleih angeboten.
- Vor Fahrten in entlegene Gebiete sollte man den aktuellen Straßenzustand erfragen (Mainroads und Tourist Information Centre oder das lokale Shire) und jemanden über Strecke und Reisezeit informieren.
- Auf unbefestigten Straßen sollte nur mit Licht gefahren werden und es gilt erhöhte Vorsicht. Achtung in Kurven: Die Pisten sind grundsätzlich ohne Kurvenneigung angelegt. Schilder sowie Sperrungen sind zu beachten!
- Die Kilometerstände sollten beobachtet werden, um die eigene Position zu kennen.
- Flussdurchquerungen müssen gut vorüberlegt werden. Ist der Fluss reißend oder tiefer als 50–60 cm, sollte keine Durchfahrt unternommen werden. Wenn möglich, sollte die optimale Fahrlinie geprüft werden, indem der Fluss vor der Durchfahrt durchlaufen wird (Achtung: Krokodile).
- Im Falle eines Problems, das eine Weiterfahrt be-/verhindert, beim Fahrzeug bleiben. Ist das Fahrzeug stecken geblieben, hilft ggf. abwechselndes Vorwärts-Rückwärts-Anfahren, um sich hinauszuwiegen, Reduzieren des Reifendrucks oder eine Reifenunterlage, z. B. mit Steinen oder Gräsern.

gov.au, sowie Busse von **South West Coach Lines**, 💻 www.southwestcoachlines.com.au (rund um Bunbury Busselton, Margaret River, Dunsborough und Manjimup).

Eisenbahn

Die Zugverbindungen in WA sind eher dürftig. Perths innerstädtischer Transport (inkl. Fremantle) wird von **Transperth**, 💻 www.transperth.wa.gov.au, betrieben. Außerhalb fahren der *Australind* nach Bunbury, der *AvonLink* nach Northam, der *MerredinLink* nach Merredin sowie der *Prospector*-Zug nach Kalgoorlie. Alle drei gehören der Verkehrsgesellschaft **Transwa**, 💻 www.transwa.wa.gov.au. Der transkontinentale *Indian Pacific* nach Adelaide, Melbourne und Sydney hält auch in Kalgoorlie (**Great Southern Railways**, 💻 www.journeybeyondrail.com.au). Der *Australind* fährt ab Perth City Station; alle anderen Züge ab East Perth Terminal.

Flüge

Die Flugzeit von Deutschland nach Perth beträgt ca. 17 Stunden mit einem Transitaufenthalt in Asien oder dem Mittleren Osten (je nach Fluggesellschaft). Die größeren Städte in WA sind mit dem Rest Australiens durch regelmäßige Inlandflüge der gängigen Anbieter verbunden, z. B. **Qantas**, 💻 www.qantas.com.au. Qantas fliegt außerdem u. a. Kalgoorlie, Geraldton, Exmouth und Broome an.

Airnorth, 💻 www.airnorth.com.au, fliegt von Perth nach Kununurra, außerdem von Kununurra nach Darwin und Broome. **Virgin Australia**, 💻 www.virginaustralia.com, verbindet nicht nur Perth mit weiteren Metropolen Australiens, sondern fliegt auch viele kleinere Städte in WA an, darunter Albany, Esperance, Learmonth (bei Exmouth), Kalgoorlie und Broome.

Vor allem in der Kimberley-Region gibt es viele Anbieter von Rundflügen; Details in den entsprechenden Kapiteln.

Auto / Mietwagen

Die Reise in den Norden von Western Australia, aber auch nach Esperance und weiter Richtung South Australia, muss gut vorbereitet sein, denn aufgrund der großen Distanzen und Abgeschiedenheit vieler Regionen können Versorgungs- und Hilfemöglichkeiten Hunderte von Kilometern entfernt liegen. Entlang der Hauptstrecke beträgt die weiteste Entfernung zwischen zwei Roadhouses 288 km (Fitzroy Crossing und Halls Creek). In WA sind außerhalb von Ortschaften max. 110 km/h erlaubt. Diese Geschwindigkeit kann v. a. auf den langen Streckenabschnitten Richtung Norden auch gefahren werden. Bei Dämmerung und Dunkelheit sollte man wegen der dann aktiven Tierwelt nicht fahren. Eine besondere Herausforderung stellen streunende Tiere und bis zu 54 m lange Roadstrains dar.

Allradfans finden überall attraktive Strecken, und viele Regionen sind nur über unbefestigte Straßen erreichbar. Die bekanntesten sind der **Savannah Way** von Broome bis Cairns, die **Gibb River Road** und die **Canning Stock Route**, mit 1700 km die längste Viehroute der Welt und mit 800 Dünen wohl die anspruchsvollste Tour für Allradprofis! Diese Abenteuer setzen voraus, dass Fahrer und Fahrzeug gut vorbereitet sind.

Selbstfahrer benötigen für das Befahren von Land, das im Besitz der Ureinwohner ist (hauptsächlich im Norden von WA und die Great Central Road) eine Genehmigung. Mancherorts wird stattdessen eine Eintrittsgebühr in die Community erhoben, beispielsweise auf der Dampier Peninsula nördlich von Broome. Mehr dazu bei 💻 www.wa.gov.au/government/document-collections/apply-permit-access-or-travel-through-aboriginal-land.

Informationen

Die Tourist Information Centres in den Orten bieten kostenlos eine Vielzahl an detaillierten und umfassenden Broschüren. Außerdem kommt man hier oft mit auskunftsfreudigen Locals in Kontakt. Weitergehende Informationen zur Natur und den Nationalparks sind in den meisten Ortschaften bei den Büros von **Parks and Wildlife**, 💻 www.dpaw.wa.gov.au, erhältlich. Interessante Websites sind 💻 www.westernaustralia.com und 💻 gowesternaustralia.com.au.

Perth

Perth gilt als eine der isoliertesten Großstädte der Welt. Adelaide ist 2700 km entfernt, Melbourne rund 3900 km, Sydney und Darwin jeweils ungefähr 4000 km. Auf europäische Verhältnisse übertragen, entspricht die Entfernung Perth–Sydney etwa der zwischen Madrid und Moskau. Wohl keine andere australische Stadt hat in den letzten Jahrzehnten so viel Wandel erfahren wie Perth. Mit rasanter Geschwindigkeit breitete sich die Stadt zuerst in alle Richtungen aus; die einst überschaubare Provinzstadt am Ende der Welt ist heute eine futuristische Metropole, die anderen Großstädten in nichts nachsteht. Perth erstreckt sich von Süd nach Nord über 90 km, von West nach Ost misst die Stadt 40 km.

Auf dieser riesigen Fläche leben mehr als 2 Mio. Menschen. Zum Vergleich: In London leben auf einer Fläche von ca. 38 x 38 km fast 10 Mio. Einwohner. 2015 war es jedoch mit dem Rohstoffboom vorbei und dann ereignete sich auch noch die Covid-Pandemie, dadurch kam das Wachstum zumindest vorerst zum Erliegen.

Rote Doppeldecker-Sightseeingbusse von **Perth Explorer**, 💻 www.perthexplorer.com.au, fahren täglich die Sehenswürdigkeiten der Stadt an, darunter Kings Park, Northbridge, Bell Tower, Perth Mint, Museum of WA, Town Hall und die Perth City Shopping Mall. Die Tickets gelten für 24 Std. ($50) oder 48 Std. ($55) und man kann beliebig oft ein- und aussteigen. Andere Tickets gewähren Einlass zu verschiedenen Attraktionen. Im Stadtzentrum kann man mit den öffentlichen Bussen (Blue CAT, Red CAT, Green Cat und Yellow CAT) umsonst fahren, man kommt aber auch gut zu Fuß voran.

Zentrum

Die alten Bauten aus Kolonialzeiten sind längst aus dem Stadtbild verschwunden; die Idee, sie als kulturelles Erbe zu erhalten, kam den Stadtbewohnern erst, als es für viele Gebäude bereits zu spät war.

Elisabeth Quay

Einige moderne Bauprojekte zeugen von Perths enormem Wachstum im 21. Jh., allen voran der 2016 eröffnete **Elisabeth Quay**. Der einstige alte Hafen zwischen William und Barrack St sowie The Esplanade ist heute eine prächtige Flaniermeile mit Boutiquen, Cafés und Restaurants. Eine Fußgängerbrücke führt zur künstlichen Insel mit Wasserpark und Spazierpfaden.

Am südöstlichen Ende des Bezirks befindet sich der **Barrack Square**, die An- und Ablegestelle für Fähren nach South Perth und Fremantle und für Ausflugsschiffe zur Insel Rottnest und zu den Weingütern am Swan River. Im hypermodernen, 82 m hohen Glockenturm hier befinden sich die **Swan Bells**, 💻 www.thebelltower.com.au, ein Ensemble von 18 Glocken verschiedener Größe, die zu festgesetzten Zeiten erklingen. ⏱ tgl. 10–16 Uhr, Eintritt $15, Kind $10.

Das **Old Court House** neben dem Supreme Court stammt aus dem Jahr 1836 und ist damit auch schon das älteste noch erhaltene Gebäude Perths; alle anderen Kolonialbauten fielen der übereifrigen Modernisierung zum Opfer. Das **Government House** dahinter, die offizielle Residenz des Gouverneurs der damaligen Kolonie, wurde zwischen 1859 und 1864 erbaut. Die **Perth Town Hall** soll das einzige australische Rathaus sein, das von Sträflingen in Zwangsarbeit erbaut wurde. Neben der Uhr eingeritzte Pfeile werden als Zeichen ihres stummen Protestes gedeutet.

City Quadratmeile

Der Einkaufsbereich der City befindet sich in den Fußgängerzonen von Hay Street und Murray Street. Hübsche Passagen verlaufen zwischen den beiden Malls, u. a. **Piccadilly Arcade**, **Carillon Arcade** und **Plaza Arcade**. Eine weitere, sehr bekannte zweigt von der Hay Street Mall in Richtung St. Georges Terrace ab: **London Court**, eine „mittelalterliche" Gasse mit auf alt getrimmten Häusern im Tudorstil. Das imposante viktorianische Gebäude von **His Majesty's Theatre** zieht Abend für Abend Besucher in die Innenstadt.

Kings Park

Dieser riesige Botanische Garten gibt einen Einblick in die besondere Flora Western Australias: 3000 Arten liegen hier zwischen Wander- und Radwegen, dazwischen Wasserstellen, Infotafeln und ein gemütliches Café. Mehrere Lookouts sind ausgeschrieben. Vom War Memorial genießt man die Aussicht auf die Stadt, besonders schön am Abend.

Eine Fußgängerbrücke führt über die Autobahn zum **Kings Park**. Auf dem Weg liegt der alte Backsteinbogen des **Barracks Arch** – letzter Überrest der hier 1863 im Tudorstil erbauten Kaserne – und dahinter das **Parlamentsgebäude**. Der grüne CAT-Bus fährt von der City zum Kings Park.

Yagan Square

Der moderne Platz verbindet die Innenstadt mit dem Stadtteil Northbridge. Hier erinnert die Statue des **Noongar-Kriegers Yagan** an die finstere Geschichte der Ureinwohner in diesem Land.

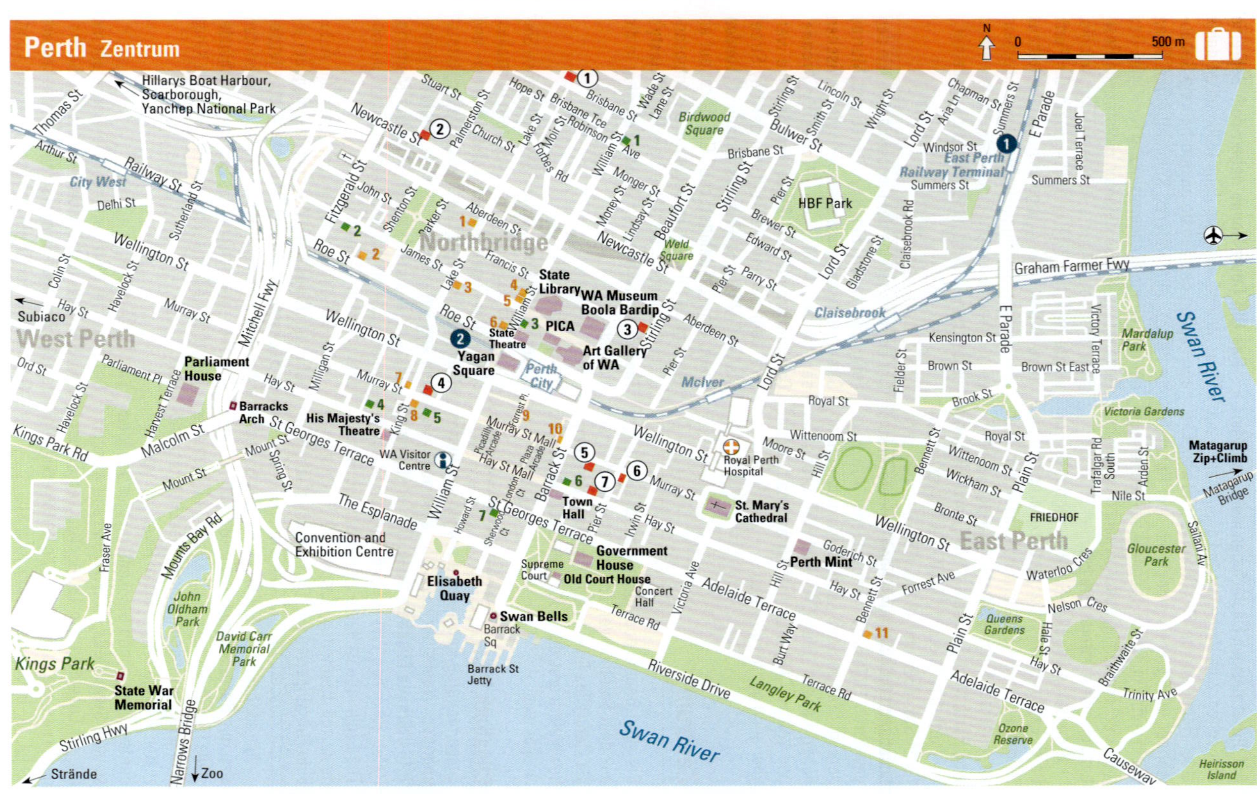

Perth Zentrum
N
0
500 m
Hillarys Boat Harbour, Scarborough, Yanchep National Park
Thomas St
Arthur St
City West
Railway St
Delhi St
Sutherland St
Wellington St
Colin St
Havelock St
Hay St
Subiaco
Murray St
West Perth
Ord St
Parliament Pl
Parliament House
Harvest Terrace
Havelock St
Kings Park Rd
Malcolm St
Barracks Arch
Mitchell Fwy
Milligan St
Hay St
Mount St
Spring St
Mount St
Fraser Ave
Mounts Bay Rd
John Oldham Park
David Carr Memorial Park
Kings Park
State War Memorial
Stirling Hwy
Strände
Narrows Bridge
Zoo
Stuart St
Newcastle St
Palmerston St
Church St
Hope St
Lake St
Moir St
Forbes Rd
Brisbane Tce
Robinson Ave
Brisbane St
Wade St
Lane St
William St
Monger St
Money St
Lindsay St
Birdwood Square
Fitzgerald St
John St
Shenton St
Parker St
Aberdeen St
Northbridge
Roe St
James St
Francis St
Lake St
Newcastle St
Weld Square
Beaufort St
State Library
WA Museum Boola Bardip
PICA
State Theatre
Art Gallery of WA
Yagan Square
Perth City
Roe St
Wellington St
Murray St
King St
His Majesty's Theatre
St Georges Terrace
WA Visitor Centre
Murray St Mall
Forrest Pl
Piccadilly Arcade
Plaza Arcade
Hay St Mall
London Ct
Barrack St
William St
Howard St
Sherwood Ct
St Georges Terrace
Town Hall
Pier St
Irwin St
Hay St
The Esplanade
Convention and Exhibition Centre
Elisabeth Quay
Swan Bells
Barrack Sq
Barrack St Jetty
Supreme Court
Government House
Old Court House
Concert Hall
Terrace Rd
Swan River
Stirling St
Pier St
Aberdeen St
Pier St
Parry St
Edward St
Brewer St
Pier St
Stirling St
Brisbane St
Bulwer St
Smith St
Stirling St
Lincoln St
Wright St
HBF Park
Lord St
Gladstone St
Claisebrook Rd
Lord St
Lord St
McIver
Claisebrook
Chapman St
Aria Ln
Windsor St
East Perth Railway Terminal
Summers St
Summers St
E Parade
Joel Terrace
Summers St
Graham Farmer Fwy
E Parade
Kensington St
Brown St
Brown St East
Victory Terrace
Mardalup Park
Swan River
Fielder St
Royal St
Brook St
Victoria Gardens
Wellington St
Moore St
Royal Perth Hospital
Witteenoom St
Hill St
Bennett St
Royal St
Wittenoom St
Wickham St
Plain St
Trafalgar Rd South
Arden St
Nile St
Matagarup Zip+Climb
Matagarup Bridge
Murray St
St. Mary's Cathedral
Bronte St
Wellington St
FRIEDHOF
East Perth
Gloucester Park
Sailani Av
Waterloo Cres
Perth Mint
Goderich St
Forrest Ave
Hay St
Bennett St
Hill St
Victoria Ave
Adelaide Terrace
Burt Way
Nelson Cres
Queens Gardens
Plain St
Hale St
Hay St
Braithwaite St
Trinity Ave
Riverside Drive
Langley Park
Terrace Rd
Adelaide Terrace
Ozone Reserve
Causeway
Heirisson Island

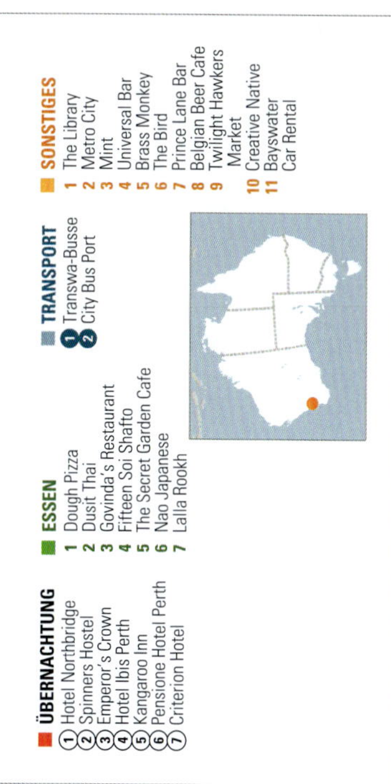

Yagan widersetzte sich der Landname der Kolonisten. Nach anhaltenden Konflikten setzte man schließlich ein Kopfgeld auf seine Festname. Kurz darauf wurde Yagan erschossen und sein Kopf, mit besten Empfehlungen, nach London geschickt, wo er erst als „anthropologische Kuriosität" ausgestellt und anschließend im Museumsspeicher verstaut wurde. Erst 1997 wurde der Schädel exhuminiert und vier Jahre später nach Australien zurückgebracht, wo die Noongar ihn 2010 – 177 Jahre nach seinem Tod – in einer traditionellen Zeremonie beisetzten. Heute finden hier zwischen Pubs und Rooftop Bars oft öffentliche Veranstaltungen statt.

Northbridge und East Perth

Museen, Bibliotheken und Kunstgalerien versammeln sich auf kleinem Raum in Perths quirligen Vorort Northbridge, dem Amüsierviertel von Perth. Hier liegen auch viele Backpacker-Hostels. An der Roe St wurden einige chinesische Torbögen aufgestellt, und *voilà* – Perth hat eine offizielle, kleine **Chinatown.**

Die **Art Gallery of Western Australia** enthält u. a. eine gute Sammlung von Aboriginal-Kunst, eine kleine Sammlung australischer Gemälde sowie einige aus Übersee, Drucke und Skulpturen. Auch wechselnde Sonderausstellungen. 🖳 www.artgallery.wa.gov.au, 🕒 Mi–Mo 10–17 Uhr, Spende (Goldmünze) erwünscht.

Das **WA Museum Boola Bardip**, eines der bedeutendsten Museen WAs, wurde 2020 nach aufwendiger Renovierung neu eröffnet. Die permanenten Ausstellungen befassen sich mit der indigenen und der jüngeren Geschichte WA's, den Wandel von Natur und Tier über die Jahrmillionen und mit den Menschen, die das Land in der Geschichte geprägt haben. 🖳 www.museum.wa.gov.au, Eintritt $15, Kind bis 15 J. frei. 🕒 tgl. 9.30 – 17 Uhr.

Die **State Library of Western Australia** beheimatet im ersten Stock das staatliche Filmarchiv. 🖳 www.liswa.wa.gov.au, 🕒 Mo–Do 9–20, Fr 9–17.30, Sa und So 10–17.30 Uhr.

Das **Perth Institute of Contemporary Art (PICA)** gegenüber der Kunstgalerie und der Bibliothek, ist experimenteller und avantgardistischer Kunst gewidmet. 🖳 www.pica.org.au, 🕒 Di–So 10–17 Uhr, Eintritt frei.

Natürlich fehlt es auch in Perth nicht an einer Gelegenheit zum Brückenerklimmen. Auf dem **Matagarup Zip+Climb** steigt man die gewellte Matagarup-Brücke hinauf und genießt die Aussicht über Perth. Waghalsige wählen für den Rückweg die 400 m lange Zip Line (Geschwindigkeit bis zu 75 kmh!). Oder aber man nimmt die Treppen, insgesamt sind es 314 an der Zahl. Climb (90 Min.) $100, Zip+Climb (2 Std.) $165, 🖳 www.zipclimb.com.au.

The Perth Mint in East Perth ist eine Münzprägeanstalt, die seit 1899 in Betrieb ist. Das erste in WA gefundene Gold musste zur Verarbeitung noch nach Sydney transportiert werden. Nach den großen Funden von Coolgardie und Kalgoorlie wurde der Ruf nach einer eigenen Prägeanstalt immer lauter. Die Perth Mint gehört bis heute dem Bundesstaat Western Australia.

Interessante Touren starten regelmäßig (im Eintritt inbegriffen). Am Ende der Tour dürfen Teilnehmer das Gießen eines Goldbarrens miterleben. 🖳 www.perthmint.com, 🕒 Touren tgl. zwischen 9–17 Uhr, $24, Kind $14.

West Perth und Subiaco

West Perth bietet Café- und Restaurantkultur: Architektonisch durchgestylt ziehen die trendigen Pubs und Bars das moderne Großstadtpublikum an. Diverse Nobel- und Designerboutiquen sorgen für das nötige Outfit. Der kleine Szene-Stadtteil Subiaco, etwa 4 km weiter westlich an der Verlängerung der Hay S, bildet mit seinen Kunstläden, Modegeschäften, Cafés, Restaurants, dem Subi Centro, das rund um den Bahnhof errichtet wurde, ein Viertel für sich.

South Perth

Zum **Perth Zoo** gelangt man am besten mit der Fähre vom Barrack St Jetty. Zahlreiche Freigehege versuchen, das ursprüngliche Habitat der Tiere nachzuahmen. Außer den obligaten Kängurus, Koalas und Emus lassen sich im abgedunkelten Nocturnal House Australiens nachtaktive Tiere beobachten, in den Australian Wetlands leben u. a. zahlreiche Wasservögel und im Crocodile Exhibit kann man einem ausgewachsenen Leistenkrokodil auf die Pelle rücken – geschützt von einer dicken Glasscheibe. Der Zoo widmet sich besonders der Erhaltung von bedrohten Tierarten, u. a. dem *numbat,* einem westaustralischen Beuteltier. 🖳 https://perthzoo.wa.gov.au, 🕒 tgl. 9–17 Uhr, Eintritt $37, Kind $18.

Strände vor Perth

Die Strände am Indischen Ozean sind ein Grund, etwas länger in Perth zu bleiben. **Cottesloe Beach**, **City Beach**, **Scarborough Beach** und **Trigg Island** zählen zu den beliebtesten Stränden in Citynähe, weiter nördlich trifft man selbst im Hochsommer nur wenige Leute. So verlockend das kühle Nass jedoch erscheinen mag, ganz ohne Gefahr ist es nicht – immer wieder lassen sich Haie in unmittelbarer Strandnähe blicken, und mehrere Menschen kamen in Folge von Haiattacken ums Leben.

Der Anblick von Walen, die vorher fast bis zur Ausrottung gejagt worden waren, wird hingegen an den Küsten Australiens mit Freude registriert. Buckelwale *(humpback whales)* ziehen auf ihrer jährlichen Wanderung dicht an der Küste vorbei. Anfang September bis Ende November ist die beste Zeit, sie zu beobachten. Whale Watching Cruises werden u. a. ab Fremantle (S. 449) und Hillarys Boat Harbour bei Sorrento (s. u.) angeboten.

20 km nordwestlich von Perth ist der Unterhaltungskomplex **Hillarys Boat Harbour** rund um die Bootsanlegestellen am **Sorrento Quay** ein Besuchermagnet. Man findet hier zahlreiche Geschäfte, Cafés und Restaurants. Zu den Hauptattraktionen zählt das riesige **Aquarium of Western Australia**, das in seinen Becken alle Meeresbewohner seiner Küsten beherbergt, von den Seetang- „Wäldern" der kalten Südküstengewässer bis zu den Korallenriffen des tropischen Nordwestens. Besucher können dort trockenen Fußes durch Acrylglastunnel am Boden riesiger Wasserbecken entlanggehen und die Fische von allen Seiten betrachten.

Besonders beliebt ist die Danger Zone, in der die tödlichsten und giftigsten Meeresbewohner der Welt zu sehen sind. 🖳 www.aqwa.com.au. 🕒 tgl. 10–17 Uhr, Eintritt $34, Kind $19. Das Aquarium bietet naturkundliche Ausflüge an, die von Meeresbiologen begleitet werden (u. a.

Spaziergang für Wissbegierige

Eine gute Gelegenheit, die Stadt Perth, ihre verborgenen Geschichten und ereignisträchtigen Schauplätze besser kennenzulernen, bietet sich auf einem geführten Stadtrundgang mit dem Touranbieter **Two Feet & a Heartbeat**. Alle Guides zeichnen sich durch hervorragende Ortskenntnis und tiefes stadtgeschichtliches Wissen aus. Neben den Stadtrundgängen durch Perth ($35) werden auch Kneipentouren (ab $60) und Touren durch Fremantle angeboten. 🖳 www.twofeet.com.au.

Die „Wirin"-Statue erinnert an die ersten Bewohner des heutigen Perth.

Beobachtung von Walen Okt–Dez und Tauchen mit Haien).

Yanchep National Park

Der Yanchep National Park, ein etwa 2800 ha großes Buschlandreservat 51 km nördlich von Perth, ist ein beliebtes Wochenendausflugsziel und entsprechend ausgebaut. Auf dem kleinen „Loch McNess" fahren Ausflugsboote, man kann zwei Tropfsteinhöhlen besichtigen oder wandern.

Bei der Feriensiedlung **Two Rocks** gibt es eine Bootsanlegestelle, ein kleines Einkaufszentrum mit Kneipe und Café und schöne Sandstrände. Die Strände weiter nördlich zwischen **Guilderton** und **Lancelin** sind ebenfalls sehr einladend und an Wochentagen menschenleer.

ÜBERNACHTUNG

Wer es etwas ruhiger mag, ist mit einer Unterkunft in den Strandvororten gut beraten.

Budget-Unterkünfte und Hostels

City und Northbridge

Emperor's Crown, 85 Stirling St, 💻 www.emperorscrown.com.au. Freundliches und sauberes Hostel, professionell geführt und nur 10 Gehminuten vom Zentrum. Es gibt DZ und Familienzimmer, beide teilweise mit Bad, sowie einige 4- und 6-Bett-Dorms (Bett ab $40). Dazu kommen eine gute Küche (die allerdings nicht durchgehend geöffnet ist), Gemeinschaftsraum mit TV und Innenhof. ❷

Hotel Northbridge, 210 Lake St, 💻 www.hotelnorthbridge.com.au. Im alteingesessenen Pub ist man mitten im Geschehen. Die Zimmer sind renoviert, großräumig und sauber, viele haben ein großes Spa-Bad. ❹

Kangaroo Inn, 113-123 Murray St, 💻 www.kangarooinn.com.au. Das moderne Hostel direkt im Zentrum besticht vor allem in puncto Sicherheit, Sauberkeit, Komfort und Ausstattung. Die Gemeinschaftsräume sind groß, die Betten bequem, die Belegschaft ist hilfsbereit und freundlich. Sehr gemütliche Terrasse mit vielen Sitzgelegenheiten. Empfehlenswert, aber etwas teurer als die anderen. Für Alleinreisende sind die EZ mit extra großem Bett ein Plus. Außerdem 2–6-Bett-Dorms (Bett ab $53) sowie DZ ❷.

Spinners Hostel, 342 Newcastle St, www.spinnershostel.com.au. Modern, bequem, sauber und sicher: Das Hostel ist auf junge Backpacker ausgerichtet. Die Dorms (Bett ab $50) bieten bequeme Matratzen, große verschließbare Schränke und Steckdosen an jedem Bett. Im Fernsehzimmer, Garten oder der gut ausgestatteten Küche kommt man schnell ins Gespräch. ❷

Scarborough

Western Beach Lodge, 6 Westborough St, www.westernbeach.com. Kleines, familiäres Guesthouse mit 5–8-Bett-Dorms (Bett ab $45), z. T. auch nur für Frauen, und billigen DZ; kostenlose Benutzung von Boogieboards. 5 Min. zu Fuß von Strand und Geschäften. ❷

Hotels und Ferienwohnungen

City und Northbridge

Criterion Hotel, 560 Hay St, www.criterion-hotel-perth.com.au. Eine schöne Art-déco-Fassade schmückt dieses Hotel mitten in der Innenstadt. Die geräumigen Zimmer liegen in der gehobenen Mittelklasse. Im Vergleich mit den anderen Hotels in Perth zeichnet sich das Criterion v. a. durch das gute Preis-Leistungs-Verhältnis aus. Häufig gibt es Angebote im Internet. ❸

Hotel Ibis Perth, 334 Murray St, www.ibis.com. 3-Sterne-Hotel in zentraler Lage. Bar, Restaurant, auch Tourbuchungen und Autovermietung. ❺

Pensione Hotel Perth, 70 Pier St, www.8hotels.com. Gutes Mittelklassehotel in zentraler Lage. Bar und Grillrestaurant. ❺

Strände

Rendezvous Hotel Scarborough, 148 The Esplanade, rendezvousperthscarborough.com.au. Perfekt für Surfer oder Sonnenanbeter: Das große Hotel liegt direkt gegenüber vom Strand. Alle Zimmer mit Balkon und Blick über den Strand und die Esplanade. ❻

Ocean Beach Hotel, 140 Marine Parade, Cottesloe www.obh.com.au. Gute Motelunits; direkt am Strand. Große Anlage mit 2 Restaurants, 4 Bars und einem Biergarten. Ab ❸

Caravanparks

Central Caravan Park (Top Tourist Parks), 34 Central Avenue, Ascot, 7 km östlich, www.perthcentral.com.au. Stellplätze ab $60. Cabins mit AC und Bad. Pool. ❹

Discovery Holiday Park, 186 Hale Rd, Forrestfield, 20 km östlich, www.discoveryholidayparks.com.au. Stellplätze ab $50. Cabins verschiedener Preisklassen, alle mit Bad und Küche. Spielplatz, Pool, große Küche. Ab ❺

Karrinyup Waters Resort, 467 North Beach Road, nördlich von Gwelup und 16 km nordwestlich der City, www.kwr.net.au. Auf einem sehr schönen Gelände mit ausreichend Schatten gelegen. Zum Park gehören viele Cabins mit AC und Bad sowie moderne Motelzimmer. In der Anlage gibt es mehrere große solarbeheizte Pools, ein Jacuzzi, ein Hüpfkissen sowie zwei Spielplätze. Auch Stellplätze mit Stromanschluss (ab $60) und eine große moderne Campküche. ❹

ESSEN

An kulinarischer Vielfalt kann Perth es durchaus mit den Großstädten im Osten aufnehmen. Es ist ratsam, einen Tisch zu reservieren. Die besten Ausgehviertel sind Northbridge und Subiaco.

City

Lalla Rookh, gegenüber des London Courts, 77 St Georges Tce, www.lallarookh.com.au. Gute Pizzen, hausgemachte Pasta sowie Fleisch- und Fischgerichte in einer Weinbar. Unbedingt Platz für den Nachtisch lassen. ◷ Mo–Fr 11.30–24, Sa ab 17 Uhr.

Nao Japanese, Equus Arcade, Hay St, https://naojapaneserestaurant.com.au. Gutes japanisches Noodle-Restaurant mit günstigen Preisen. Beliebter Mittagstisch. ◷ Mo–Do 11.30–14.30, Fr 11.30–20.30, Sa und So 11.30–17.30 Uhr.

Fifteen Soi Shafto, Shafto Lane, www.soishafto.com.au. Bester Thai in der Innenstadt mit guten Preisen. ◷ Mo–Sa 11–14, Fr und Sa auch 17–21 Uhr.

The Secret Garden Cafe, 329 Murray St. Gemütliches Restaurant mit viel Atmosphäre im Hinterhof einer kleinen Einkaufspassage. ⌚ tgl. 7.30–16.30 Uhr.

Northbridge

Dusit Thai, 249 James St. Genießt einen guten Ruf. Schanklizenz und BYO. ⌚ tgl. 17–22 Uhr, Fr und So auch Mittagessen.

Dough Pizza, 434a William St, 💻 www.doughpizza.com.au. Gute Pizzen. ⌚ tgl. 17–22 Uhr, Fr–So auch Mittagessen.

Govinda's Restaurant, 194 William St. Sehr preiswertes indisch-vegetarisches Essen, wird von Hare-Krishna-Anhängern geführt. ⌚ tgl. 11.30–19.30, So nur bis 17.30 Uhr.

Subiaco

Die Rokeby St ist *die* Restaurantstraße des Viertels.

Six Senses Thai Restaurant, 17-31 Rokeby Rd, 💻 http://sixsenses.com.au/. Sehr leckerer Thai. ⌚ tgl. 12–22 Uhr.

The Village Bar, 531 Hay St, 💻 https://thevillagebar.com.au. Gemütliches Restaurant im Subiaco Village. ⌚ Mo–Sa Mittag- und Abendessen.

UNTERHALTUNG UND KULTUR

Aktuelle Infos unter 💻 www.barsandnightclubs.com.au/perth oder 💻 https://helloperth.com.au.

Bars und Nachtclubs

Prince Lane Bar, 356 Murray St, Ecke King St. Restaurant und Bar auf 2 Etagen plus Cocktail-Bar auf der Dachterrasse. Livemusik, DJs, Quiz-Abende. ⌚ 11 Uhr bis spät.

Metro City, 146 Roe St, Northbridge. Großer Club auf mehreren Etagen, viele Livebands und DJs. Mischung aus RnB, Commercial und House.

Mint, Lake St, Ecke James St, Northbridge. Angesagter kleiner, moderner Club. Wer nicht ewig Schlange stehen will, sollte frühzeitig kommen.

The Library, 69 Lake St, Northbridge. Beliebter Club auf mehreren Etagen, in dem hauptsächlich House-Musik gespielt wird. Viele Bars und Dancefloors, schickes Dekor. Oft lange Schlange.

Galerien

Die Galerieszene ist sehr rege; viele befinden sich in Fremantle. Die nachstehend genannten liegen in Perth.

Creative Native, Forrest Chase, 💻 www.creativenative.com.au. Stellt Arbeiten der bekanntesten Aborigine-Künstler aus und bietet Workshops im Didgeridoo-Spielen an.

Galerie Dusseldorf, 9 Glyde St, Mosman Park, 💻 www.galeriedusseldorf.com.au. Monatlich finden wechselnde Ausstellungen in der etabliertesten Privatgalerie für moderne Kunst statt.

Maalinup Aboriginal Gallery, 10070 West Swan Rd, Henley Brook, am Swan River, 💻 www.maalinup.com.au. Wird von Ureinwohnern betrieben. Kulturvorführungen, Präsentationen und Verkauf von Kunsthandwerk und Souvenirs.

Klassische Musik

Hauptbühnen für klassische Musik sind die **Perth Concert Hall** an der St. George Terrace mit dem West Australian Symphony Orchestra, das **His Majesty's Theatre**, Mutterhaus der West Australian Opera und des West Australian Ballet.

Im **Perth Entertainment Centre**, 640 Wellington St, reicht das Angebot von Musicals über Stepptanztheater bis zum klassischen Ballett.

In der **St. Paul's Cathedral** oder im Auditorium des **WA Conservatorium Of Music**, 2 Brandford St, Mount Lawley, wird ebenfalls klassische Musik angeboten.

Livemusik

Die lokale Rockmusikszene blüht in Perth; an einem durchschnittlichen Wochenende finden im Großraum Perth an die 30 Gigs statt.

Jazz wird meist in den Bars und Foyers der internationalen Hotels gespielt. Eine Reihe von Kneipen und Hotels bietet Livemusik.

City

Belgian Beer Café Westende, 347 Murray St; dort kann man auch essen.

Weiter draußen

Brass Monkey, 209 William St, Northbridge, 💻 www.thebrassmonkey.com.au.

Cottesloe Beach Hotel, 104 Marine Parade, Cottesloe, 💻 www.cottesloebeachhotel.com.

au. Etabliert hat sich besonders im Sommer die Livemusik am So Nachmittag.
Universal Bar, 221 William St, Nothbridge, 🖳 www.universalbar.com.au. Die ganze Woche Jazz.
Subiaco Arts Centre, 180 Hamersley Road, Subiaco, 🖳 http://ptt.wa.gov.au/venues/subiaco-arts-centre/. Im Sommer veranstaltet das Theater jeden Sonntagnachmittag Pop-, Rock-, und Jazzkonzerte im Park. Eintritt frei.
The Bird, 181 William St, Northbridge, 🖳 www.williamstreetbird.com. Etabliertes Musiklokal.

Theater

Neben den großen klassischen Musiktheatern dominieren Musicals und Altbewährtes. Theaterrestaurants sind zahlreich vertreten.
State Theatre of WA, 174 William St, 🖳 www.ptt.wa.gov.au/venues/state-theatre-centre-of-wa. Aktuelle, zeitgenössische Stücke.
Subiaco Theatre Centre, in Subiaco, 180 Hamersley St, 🖳 http://ptt.wa.gov.au/venues/subiaco-arts-centre. Kleine Spielstätte, richtet sich an ein breites Publikum, viele Kinderstücke.

EINKAUFEN

Öffnungszeiten der Geschäfte in Perth: in der Regel Mo–Do 8.30–17.30 und Sa 9–17 Uhr. In der City ist Freitag der Späteinkaufstag, in den Vororten Donnerstag (Late-Night-Shopping; bis 21 Uhr). Sonntags sind viele, aber nicht alle Geschäfte von 12–17 Uhr geöffnet.

Campingzubehör

Es gibt viele Camping- und Sportausrüstungsgeschäfte sowie *disposal stores*. Die meisten befinden sich am östlichen Ende der Stadt oder in den Vororten. Nachstehend nur einige Beispiele.
Kathmandu, Watertown, 🖳 www.kathmandu.com.au.
Annaconda, 401 Scarborough Beach Road, Innaloo, 🖳 www.anacondastores.com.

Märkte

Subiaco Market, Station Rd, Subiaco, gegenüber dem Pavilion Market. Obst, Kleidung, Kunsthandwerk, Essenstände. 🕒 Fr–So und feiertags 9–17.30 Uhr.
Twilight Hawkers Market, Forrest Place. Street-Food-Markt mit Spezialitäten aus aller Welt. 🕒 nur im Sommer Fr 16.30–21.30 Uhr.

Souvenirs

Geschmackvolle Andenken gibt es in der **Creative Native Gallery**, Forrest Chase Shopping Centre. Akubra-Hüte und Drizabone-Regenjacken sind in den *disposal shops* eventuell etwas billiger.

AKTIVITÄTEN

Kajak fahren

Rivergods, 🖳 www.rivergods.com.au. Tgl. Seekajakfahrten zu Inseln im Shoalwater Marine Park südlich von Perth, wo man Seelöwen, Delphine, Pinguine und Pelikane zu sehen bekommt. Auch Schnorcheln. Tgl. ab Perth mit dem Bus; Tagestour $198 inkl. Ausrüstung. Auch Halbtagestour auf dem Canning River ($79) und 5-tägige Touren zum Seekajaken bei Monkey Mia ($1300). Außerdem Kanu- und Kajakverleih (ab $40 pro Tag).

Segeln

Fun Cat Catamaran Hire and Sailing Centre, Coode St Jetty, South Perth, 🖳 www.funcats.com.au. Vermietung von Segelkatamaranen $60 pro Std. und Segelunterricht. Zudem Verleih von Stehpaddelbrettern und Kajaks, je $25 pro Std.

Tauchen und Schnorcheln

Die interessantesten Tauchgebiete vor der westaustralischen Küste sind die Rowley Shoals bei Broome, das Ningaloo Reef (Korallenriff bei Coral Bay südlich von Exmouth), Shark Bay, die Abrolhos-Inseln vor Geraldton und der Recherche-Archipel bei Esperance an der Südküste. Dive Shops in Perth und Fremantle bieten Tauchkurse, verleihen Ausrüstungen und veranstalten Charter-Tauch- oder Angeltouren. Auskunft beim Tourist Centre oder in den Backpacker-Hostels.
Diving Frontiers, 89 Erindale Rd, Balcatta, 🖳 www.divingfrontiers.com.au. PADI-Tauchkurse für Anfänger und Fortgeschrittene.

TOUREN

Tagestouren

Für Eilige werden kombinierte Perth- und Fremantle-Tagestouren angeboten. Meist ist eine Bootsfahrt auf dem Swan River inbegriffen. Die Preise liegen bei $250–300, je nach Anbieter und Zielort. Tagestouren mit dem Reisebus werden in die Umgebung von Perth angeboten, außerdem in den Südwesten (Margaret River, Kauri-Wälder und Tropfsteinhöhlen), zum Wave Rock, Valley of the Giants oder zu den Pinnacles. Im Frühling sind Wildflower Tours sehr beliebt. Wegen der riesigen Entfernungen in WA gibt es auch mehrtägige Reisebustouren, z. B. via Pinnacles und Kalbarri NP nach Shark Bay (Monkey Mia) oder eine Rundfahrt über den Südwesten, Wave Rock und die Goldfelder. Veranstalter sind u. a. **Aussie Perth Tours**, www.aussieperthtours.com.au, und **Gray Line**, www.grayline.com.au.

The Pinnacles Desert Sunset and Star-Gazing Tour, www.australianpinnacletours.com.au, Tagestouren zum Sandboarding in Lancelin, zur Hangover Bay und weiter zu den Pinnacles im Nambung National Park. Hier wird Abendessen unter dem Sternenhimmel serviert, bevor es zurück nach Perth geht. $185.

Backpacker- und One-way-Touren

Die meisten Touren führen in den Nordwesten von WA und nach **Darwin**; einige entlang der Südwestküste und über die Nullarbor-Ebene nach **Adelaide**. Touren von Perth nach Alice Springs werden derzeit nicht angeboten. Alle Preise schließen, wenn nicht anders angegeben, Transport, Übernachtung, Eintrittsgebühren in Nationalparks sowie sämtliche Mahlzeiten ein.

Adventure Tours, www.adventuretours.com.au. Veranstalter von One-way-Touren in ganz Australien, hauptsächlich auf Backpacker zugeschnitten. 7- oder 10-tägige Tour von Perth nach Exmouth (ab $1600), oder in 10 Tagen nach Adelaide via Esperance und Nullarbor Plain ($2900). Zahlreiche weitere Touren.

Australian Adventure Travel, www.safaris.net.au. Viele Touren in WA. Unterkunft im Zelt oder in einfachen Zimmern auf Schaffarmen oder in Country Pubs.

Untamed Escapes, https://untamedescapes.com.au. Lang etablierter Tourveranstalter in South Australia. In 10 Tagen nach Adelaide; verkehrt das ganze Jahr über. Route: Wave Rock–Esperance–Cape Le Grand NP–Nullarbor–Cactus Beach–Eyre Peninsula–Flinders Ranges–Adelaide. Aktivitäten wie Surfschule (inkl.), Schwimmen mit Seelöwen und Delphinen. Inkl. aller Mahlzeiten; Camping und eine Farmübernachtung in Zimmern und Dorms, $2300. Max. 20 Pers. Auch in umgekehrter Richtung (Adelaide nach Perth) via Südwesten von WA. Tolle Tour – sehr zu empfehlen!

Western Travel Bug, www.travelbug.com.au. 2–6-tägige Touren nach Margaret River, Albany, Esperance sowie nach Monkey Mia, $490–1300 inkl. Motelübernachtung und sämtlicher Mahlzeiten. Auch Tagestouren zu den Pinnacles, zu den Weingütern um Margaret River oder zum Wave Rock ($200).

Bootstouren

Von der Barrack St Jetty fahren Ausflugsschiffe sowohl den Swan River hinunter nach Fremantle (man kann sie auch one-way nehmen) als auch den Swan River hinauf zu den Weingütern im Swan Valley.

Captain Cook Cruises, C Shed, ab Pier 3, Barrack St Jetty, www.captaincookcruises.com.au. 2–3x tgl. Touren auf dem Swan River, auch nach Fremantle ($50 hin und zurück); außerdem Winery Cruises ins Swan Valley sowie Lunch- und Evening Cruises.

Rottnest Express, www.rottnestexpress.com.au, ab Pier 4, Barrack St Jetty; unter anderem Winery Cruises zu den Weingütern Sandalford und Houghton in der Upper Swan-Gegend; Touren auf dem Swan River zum Tranby House; tgl. von Perth (Pier 2, Barrack St Jetty), Hillarys und Fremantle zur Insel Rottnest (ab Perth $100, ab Fremantle $68, jeweils hin und zurück). Im Okt und Nov auch Whale Watching Cruises.

SONSTIGES

Autovermietungen

Eine Übersicht über Angebote der bekannten Anbieter (Hertz, Budget, Thrifty etc.) bietet www.vroomvroomvroom.com.au.

Tourguides aus Leidenschaft

Eine gute Alternative zu den üblichen Stadttouren bieten die **I-City Volunteer Hosts**. Unter diesem Namen haben sich einige Einheimische zusammengeschlossen, um ihre Begeisterung für Perth mit Besuchern aus aller Welt zu teilen. Am Stand helfen sie bei Fragen rund um die Stadt. Außerdem gibt es Mo–Fr ab 14 Uhr kostenlose Führungen durch die Innenstadt. Interessierte wenden sich an: City of Perth Information Kiosk, Murray Street Mall. 💻 https://visitperth.com/getting-around/walking-tours.

Ace Rent-a-Car, 544 Albany Highway, 💻 www.acerent.com.au.
Bayswater Car Rentals, 160 Adelaide Terrace, 💻 www.bayswatercarrental.com.au. Filialen auch in Fremantle und Subiaco.
Perth Rent-a-Car, 167 Abernethy Rd, Belmont, 💻 www.perthrent-a-car.com.au.

Campervans und Geländewagen

Britz, 471 Great Eastern Highway, Redcliffe, 💻 www.britz.com; auch One-way-Vermietungen.
Kea Campers, 471 Great Eastern Highway, Redcliffe, 💻 www.keacampers.com.
Maui Campervans, 471 Great Eastern Highway, Redcliffe, 💻 www.maui-rentals.com.
Travellers Auto Barn, 16 Adrian St, Welshpool, 💻 www.travellers-autobarn.com. One-way-Vermietung und Verleih von Campingausrüstung.
Wicked Campers, 28 Charles St, Bentley, 💻 www.wickedcampers.com.au.

Fahrräder

Fahrradwege am Swan River bis nach Fremantle sowie im Kings Park und an den Stränden. Informationsprospekte inkl. Karten mit Fahrradrouten erhältlich beim **WA About Bike Hire**, 💻 www.aboutbikehire.com.au, beim Autoparkplatz Nr. 4 am Riverside Drive, nahe des Causeway. Auch stundenweiser Verleih. 🕒 Mo–Sa 10–17, So 9–17 Uhr. $25 pro Tag.
Cycle Centre, 313 Hay St, East Perth, 💻 http://cyclecentre.com.au. $20 pro Tag. 🕒 tgl. außer Do und So 9.30–17 Uhr. Auf der Website findet man Routenvorschläge.

Feste und Feiertage

Das **Perth International Arts Festival** ist ein internationales Kunstfestival mit Veranstaltungen in den Bereichen Tanz, Theater, Oper, klassische und moderne Musik, Film, darstellende Kunst; es beginnt jedes Jahr im Februar oder Anfang März und dauert einen Monat.
Western Australia Day, jedes Jahr am 1. Montag im Juni, zur Erinnerung an die Gründung der Kolonie; die ganze Woche finden kulturelle und sportliche Aktivitäten statt.

Informationen

Western Australia Visitor Centre, 55 William St, 💻 www.tourism.wa.gov.au oder www.westernaustralia.com. Buchung von Unterkunft und Touren. 🕒 Mo–Fr 9–16, Sa/So 9.30–14.30 Uhr.

NAHVERKEHR

Die öffentlichen Verkehrsmittel in Perth sind im Verkehrsverbund Transperth zusammengeschlossen, 💻 www.transperth.wa.gov.au.

Fahrpreise

In der Innenstadt und den angrenzenden Gebieten wie Northbridge sind alle Transperth-Busse und -Züge kostenlos (gekennzeichnet als Free Transit Zone). Ansonsten gilt ein Einzelfahrschein je nach Zone 2 bis 3 Std. für alle Transperth-Verkehrsmittel (Busse, Vorortzüge und Fähren). Innerhalb dieser Zeit kann man beliebig oft umsteigen, jedoch keine Rückfahrt antreten. Zone 1 umfasst einen 12-km-Radius (Einzelfahrschein $3,40), Zone 2 (Einzelfahrschein $5,10) deckt praktisch das gesamte restliche Stadtgebiet von Perth ab. Wer sich länger in Perth aufhält, legt sich am besten eine aufladbare SmartRider-Karte zu, die einen Rabatt von 10 % auf alle Fahrten gewährt. Allerdings kostet deren Anschaffung $10 und lohnt sich daher für viele Besucher nicht.

CAT (Central Area Transit)-Busse

In der Innenstadt und den angrenzenden Bezirken, wie East Perth, West Perth und

Northbridge, pendeln diese kostenlosen Busse wochentags zwischen ca. 7 und 18 Uhr etwa alle 5–8 Min. Der CAT-Busservice soll die Leute davon abhalten, mit dem Auto in die City zu fahren und dort die Straßen zu verstopfen. Parkplätze in der City sind teuer.

Vorortzüge

Von Perth City Station, Wellington St: nach Fremantle via Subiaco, Claremont, Cottesloe, North Fremantle; nach Armadale (Süden) via Burwood, Welshpool; nach Midland (Nordosten) via Mt Lawley, Bayswater, Guildford; nach Currambine (Norden) via Stirling, Edgewater, Joondalup; nach Mandurah via Cockburn, Rockingham. Die Züge verkehren Mo–Sa von etwa 6–23.30, So von etwa 7–23 Uhr, allerdings nicht sehr häufig. Fahrplanauskunft bekommt man über die Transperth Infoline (s. links).

Fähren

Eine billige Art, die Skyline von Perth vom Swan River aus zu betrachten, ist eine 7-minütige Fährfahrt. Die **Transperth Ferries** verkehren tgl. von 6.50–22.15 Uhr, am Wochenende länger, zwischen Barrack St Jetty, Perth, und Mends St Jetty, South Perth (in der Nähe vom Perth Zoo und Old Mill).

TRANSPORT

Busse

Transwa-Busse decken den Südwesten, den Weizengürtel und den Mittelwesten (Geraldton, Kalbarri) ab. 💻 www.transwa.wa.gov.au. **Integrity Coach Lines**, 💻 www.integritycoachlines.com.au, verbindet Perth und PORT HEDLAND (via Carnarvon, Coral Bay, Exmouth und Tom Price) sowie Perth und BROOME via Carnarvon, Coral Bay, Exmouth und Karratha. Die Busse halten auch am OVERLANDER ROADHOUSE, von wo aus man per Shuttleservice nach Denham und Monkey Mia gelangt.

Eisenbahn

Transwa betreibt auch das restliche Schienennetz in WA: die Strecken Perth–Bunbury (Australind) und Perth–Northam–Kalgoorlie (Avonlink bis Northam; Prospector bis Kalgoorlie).

Die **transkontinentale Zugverbindung** untersteht **Great Southern Railways**, 💻 https://journeybeyondrail.com.au. Der *Indian Pacific* fährt wöchentlich vom **East Perth Railway Terminal** in 5 Tagen über Adelaide und Broken Hill nach Sydney. Billigste Fahrkarte nach Sydney um $2300, einfach (Gold Service Cabin). Die Sitzwagen gibt es nicht mehr.

Flüge

Der internationale Flughafen liegt 16 km, der Inlandflughafen 11 km nordöstlich der City. Zwischen beiden fahren Shuttlebusse und Taxis. Das **Perth Airport Shuttle**, ✆ 9277 4666, verkehrt zwischen dem Inlandterminal, dem internationalen Terminal und der Innenstadt. Aus der Stadt mind. 2 Std. vor der Abfahrt buchen! Fahrkarte einfach $25.

Transperth-Bus Nr. 380 fährt regelmäßig zum T1 und T2; Nr. 40 fährt zum T3 und T4.

Inlandsflüge

Siehe S. 438 (Praktische Tipps, Flüge).

Die Umgebung von Perth

Die Hafenstadt Fremantle mit ihrem hübschen historischen Stadtkern und den beliebten Fremantle Markets lässt sich bequem in einem Tagesausflug besuchen, ist aber durchaus auch als Übernachtungsort eine gute Alternative zu Perth. Weitere beliebte Ausflugsziele sind die flache Sandinsel Rottnest mit ihren niedlichen Quokkas (kleine Kängurus) und die Weingüter des Swan Valley.

Fremantle

Captain Charles Howe Fremantle segelte an der Westküste von „Neu-Holland" entlang und deklarierte sie am 2. Mai 1829 zum Eigentum von König George IV. Die nach ihm benannte Stadt wurde in Seglerkreisen weltbekannt, als es der 12 m langen Jacht *Australia* des westaustralischen Multimillionärs Alan Bond 1983 gelang, dem New York Yacht Club die begehrte Trophäe des America's Cup abzujagen – ein unerhörtes Ereignis, denn die New Yorker hatten diese Trophäe 132 Jahre lang ununterbrochen gewonnen.

„Freo", wie es die Einheimischen nennen, ist eine lebendige, kosmopolitische Hafenstadt mit mediterranem Flair (und Klima) und weist einen der besterhaltenen, historisch gewachsenen Stadtkerne Australiens auf. Das Zentrum von Fremantle lässt sich gut zu Fuß erforschen; außerdem fahren Busse der Route 532 täglich im Viertelstundentakt rund ums Zentrum. 🖳 www.transperth.wa.gov.au.

Im Zentrum des Geschehens befindet sich die Fußgängerzone **High St Mall** mit dem Kings Square, dem Turm der Town Hall und der alten St. John's Church. Das Rathaus hat das für WA stolze Alter von 130 Jahren (Eröffnung 1887). Die **South Terrace** ist *die* Straße zum Bummeln, Sehen und Gesehenwerden.

WESTERN AUSTRALIA

Fremantle Markets

Wer Fremantle am Wochenende besucht, schaut zunächst bei den Fremantle Markets in der Henderson St, Ecke South Terrace, vorbei. Die überdachten Markthallen wurden 1897 erbaut und ebenfalls wiederhergerichtet. Durstige brauchen danach nur die Henderson St zu überqueren: Die **Sail and Anchor Tavern** war die erste Pub-Brauerei in WA.

Roundhouse

Die alten Mauern mit dem Turm am Westende der High Street gehören zum **Roundhouse** auf Arthur Head, 🕒 tgl. 10.30–15.30 Uhr, kostenlose Führungen, Eintritt $2 Spende. Das Gefängnis wurde vor allem in der Zeit der Sträflingstransporte (1850–1868) genutzt. Später wurden hier Aboriginal-Gefangene vor ihrem Abtransport zur Insel Rottnest eingepfercht. Außer dem Gemäuer gibt es nicht viel zu sehen, aberder Blick über Fremantle und die Häfen lohnt sich.

Victoria Quay

Das **WA Maritime Museum**, dessen Gebäude an ein gestrandetes Boot erinnern soll, ist den nautischen Aspekten der Geschichte der westaustralischen Kolonie gewidmet. In einer luftigen Halle befindet sich eine Sammlung von Booten, von Kanus bis zu einem *pearling lugger* (Perlenfischerboot). Natürlich darf auch die Jacht Australia II nicht fehlen, die 1983 den America's Cup gewann. Ein weiteres Highlight ist der in einem Tanker konservierte Körper eines Riesenmaulhais *(megamouth shark)*, der in Mandurah strandete. 🖳 www.museum.wa.gov.au, 🕒 tgl. 9.30–17 Uhr, Eintritt $15.

Das U-Boot hier, **Submarine HMAS Ovens**, ist Teil des Museums und dient als Gedenkstätte für alle U-Boot-Besatzungsmitglieder, die ihr Leben im Zweiten Weltkrieg verloren.

Ein ehemaliges Lagerhaus in diesem Teil des Hafens wird nun als Markthalle genutzt: die **E Shed Markets** (S. 453). In der Nähe befindet sich die Statue des Ingenieurs **C.Y. O'Connor**, der den Hafen von Fremantle ausbaute und sicherte, und damit das wirtschaftliche Wachstum der Hafenstadt ermöglichte. Er war es auch, der die lebensnotwendige Wasserversorgung der Goldgräberstädte Kalgoorlie und Coolgardie durch ein kompliziertes System von Dämmen und Röhren austüftelte. Leider erntete er für seine kühnen Pläne zu Lebzeiten nur Spott und Hohn. Erst nach seinem Selbstmord wurde ihm Anerkennung zuteil.

Auf der Cliff St Richtung Esplanade geht es zu den sehenswerten **Shipwreck Galleries**, ebenfalls Teil des Western Australian Maritime Museum. Im restaurierten Gebäude aus der Sträflingszeit sind Funde und Teile der vor der westaustralischen Küste gesunkenen Schiffe aus dem 17. Jh. ausgestellt. Glanzpunkt der Ausstellung ist der in einer Halle aufgebaute, aus Fundstücken rekonstruierte Bug der Batavia der Niederländischen Ostindienkompanie. Eintritt frei, Spende ($5) erwünscht. 🕒 tgl. 9.30–17 Uhr.

Über einen Bahnübergang gelangt man zu den Fischmärkten und Seafood-Restaurants des Fischereihafens. **Kailis** und **Cicerello's** beherbergen beides unter einem Dach.

Fremantle Prison

Das westlich des Fremantle Ovals gelegene Gebäude, das mehr als 140 Jahre als Hochsicherheitsgefängnis diente, ist gewissermaßen der

Fremantle Zentrum
N
0
200 m
ÜBERNACHTUNG
1 Fremantle B&B
2 Fremantle Hostel
3 Fremantle Prison YHA
4 Esplanade Hotel
5 Fremantle Village
TRANSPORT
1 Captain Cook Cruises
ESSEN
1 Left Bank
2 Mother India
3 Sail and Anchor Tavern
4 Kailis' Fishmarket Cafe
5 Little Creatures Brewery
6 Ruocco's Pizzeria
SONSTIGES
1 Didgeridoo Breath
2 Glen Cowans' Studio
3 Monk Art Photography Gallery
4 Japingka Gallery
5 Moores Building
Perth
Swan River
Stirling Bridge
Riverside Rd
Canning Hwy
Beach St
Queen Victoria St
Peter Hughes Dr
Bahnhof
Victoria Quay
E Shed Markets
O'Connor Statue
Maritime Museum
Roundhouse
Shipwreck Galleries
Fishing Boat Harbour
Success Harbour
Fremantle Arts Centre
St John's Church
Town Hall
Fremantle Prison
Fremantle Markets
War Memorial
High St
Ellen St
Holdsworth St
Knutsford St
Fothergill St
Stevens St
Alma St
Wray Ave
Watkins St
Samson St
South St
Martha St
Agnes St
Lefroy Rd
Jenkin St
King William St
South Terrace
Marine Terrace
Mews Rd
Hampton Rd
Swanbourne St
Solomon St
East St
Ord St
Marmion St
George St
James St
Parry St
Norfolk St
Essex St
Collie St
Nairn St
Bannister St
Henry St
Mouat St
Cliff St
High St Mall
William St
Henderson St
Market St
Pakenham St
Leake St
Short St
Phillimore St
Amherst St
Chalmers St
Forrest St
Holland St
Blinco St
Bateman St
Stirling Hwy
Rockingham

düstere Kontrapunkt zu der sonst vorherrschenden, mediterran-leichten Atmosphäre der Stadt. Da die Kapazität des Roundhouse-Gefängnisses beschränkt war, mussten sich die ersten nach Fremantle transportierten Sträflinge ihr eigenes Gefängnis bauen. 1964 fand hier die letzte Hinrichtung statt. 1991 wurde das Gefängnis geschlossen.

Der Eintritt zum Visitor Centre ist kostenlos; ⌚ tgl. 10–18 Uhr. Führungen durch das Gefängnis gibt es jede halbe Stunde zwischen 10 und 17 Uhr ($22 für 75 Min.); zusätzlich werden themenbezogene Touren angeboten, darunter die Tunnels Tour und die Torchlight Tour (am Abend). 💻 https://fremantleprison.com.au.

Fremantle Arts Centre

Das Gebäude des Fremantle Arts Centre wurde 1861–1865 ebenfalls von Sträflingen errichtet und diente 40 Jahre lang als erste staatliche Irrenanstalt. Das sehr aktive Arts Centre veranstaltet u. a. Kunstausstellungen und im Sommer kostenlose Konzerte sonntagnachmittags im Innenhof. Eintritt ins Arts Centre frei, ⌚ tgl. 10–17 Uhr.

ÜBERNACHTUNG

Hostels

Fremantle Hostel, 15 Pakenham St, 💻 www.fremantlehostel.com.au. Zwischen Billardtisch, Tischkicker und großen Gemeinschaftsräumen kommt man hier garantiert mit anderen Backpackern ins Gespräch. Dorms mit 4–18 Betten ab $35 sowie komfortable DZ mit Bad. ❺

Fremantle Prison YHA, direkt beim Gefängnis, 6A The Terrace, 💻 www.yha.com.au. Hier haben Besucher Gelegenheit, in den alten Gefängniszellen des Fremantle Prisons zu übernachten. Diese wurden in komfortable 4–10-Bett-Dorms (Bett $44–45) und DZ ohne Bad ❷ umgewandelt. Zum Hostel gehört auch ein moderner Anbau, in dem sich luxuriöse DZ mit Bad ❸ sowie Gemeinschaftsküche und TV-Raum befinden. Kostenloses WLAN und Tourbuchungen (gute Angebote für Rottnest Island).

Pirates Backpackers (VIP), 11 Essex St, 💻 www.piratesbackpackers.com.au. Kleines Hostel, nur 500 m vom Bathers Beach gelegen. Die Unterkunft wird von einer netten Familie betrieben, die jede Menge Aktivitäten organisiert. Zum Haus gehört ein gemütlicher Innenhof. Die 4–8-Bett-Dorms (Bett $25–29) sind zweckmäßig eingerichtet und werden zu günstigen Wochentarifen vermietet. Es gibt auch einige wenige DZ sowie einen Fahrrad- und Schnorchelverleih. ❶

Andere

Esplanade Hotel (Rydges), Marine Terrace, Ecke Essex St, 💻 www.rydges.com. Hotellegende mit kolonialer Außenfassade und einem modernen Innenleben. ❼

Fremantle B&B, 5 Mouat St, 💻 www.fremantlebedandbreakfast.com.au. Heimelige Unterkunft in einem alten Heritage-Gebäude. Sehr freundlich. Ab ❺

Caravanpark

Fremantle Village, 25 Cockburn St, Ecke Rockingham Rd (Hampton Rd immer geradeaus), 💻 www.fremantlevillage.com.au. In Süd-Fremantle in Strandnähe, nur mit dem Auto bequem erreichbar. Cabins und Chalets, teilweise mit Bad und AC ❺–❼, sowie Motelunits ❹. Stellplätze mit Strom ($49).

ESSEN

Eine große Auswahl an Restaurants, die Seafood servieren, gibt es beim **Fishing Boat Harbour**. Zum Beispiel das gleich am Wasser gelegene **Kailis Fishmarket Cafe**, 46 Mews Rd, 💻 https://kailisfremantle.com.

Snacks und Kneipenessen

Gibt es bei **Fremantle Markets**, ⌚ Fr 9–21, Sa 9–17, So 10–17 Uhr, gegenüber den Markets in der **Upmarket Foodhall**, in den E ShedMarkets, ⌚ Do und Fr 10–21, Sa und So 10–18 Uhr. Zahlreiche weitere sind aneinandergereiht an der „Cappuccino-Meile" South Terrace. Viele von ihnen haben abends auch Restaurantbetrieb.

Little Creatures Brewery, 40 Mews Rd, 💻 ttps://littlecreatures.com.au. Bekanntes westaustralisches Brauhaus. Zum schmackhaften Bier gibt es australische Gerichte zu guten Preisen. ⌚ tgl. 11 Uhr bis spät.

Restaurants

Left Bank,15 Riverside Rd, East Fremantle, 🖳 www.leftbank.com.au. Sehr schön sitzt man in diesem historischen Haus direkt am Swan River. 🕒 tgl. ab 11 Uhr bis spät abends. Teuer, aber ausgezeichnetes Essen.
Mother India, 23 Forrest St, 🖳 www.motherindiafremantle.com.au. Beliebtes indisches Lokal, klein und sehr freundlich. 🕒 Do–So 17.30–20.30 Uhr.
Ruocco's Pizzeria e Ristorante, 217 South Terrace, 🖳 https://ruoccos.com. Leckere italienische Küche. 🕒 Di–So 12–21 Uhr.

EINKAUFEN

E Shed Markets, in einem restaurierten Lagerhaus am Victoria Quay, Souvenirs, Schmuck, Krimskrams und Essenstände. 🕒 Fr–So sowie feiertags 9–17 Uhr.
Fremantle Markets, Obst, Gemüse und Lebensmittel, Pflanzen, T-Shirts, Lederwaren und Krimskrams. 🕒 Fr 9–20, Sa und So 9–18 Uhr, auch feiertags und an manchen Wochentagen in den Schulferien.

UNTERHALTUNG UND KULTUR

Die Zeitungen informieren Do und Fr über das aktuelle Angebot. Auskunft über Livebands usw. auch unter 🖳 www.fremantlewesternaustralia.com.au/fremantlemusic.htm.

Galerien und Kunstgewerbeläden

Kunst und Kunsthandwerk blühen in der Stadt.
Fremantle Arts Centre, 1 Finnerty St. Wechselnde Ausstellungen, im Laden Verkauf von Kunstgewerbe. 🕒 tgl.
Glen Cowan's Studio, 9 Captains Lane. Beeindruckende Unterwasseraufnahmen, u. a. vom Ningaloo Reef. 🕒 Do–So 10.30–16 Uhr.
Moores Building, 46 Henry St. Während Ausstellungen 🕒 tgl. 10–17 Uhr. Stellt v. a. junge westaustralische Künstler aus.
Monk Art Photography Gallery, 62 High St. Schöne Landschaftsfotos aus WA, vor allem aus der Kimberley-Region. 🕒 Di–Fr 10–17, Sa und So 12–17 Uhr.

Aboriginal-Kunst und Kunsthandwerk

Japingka Gallery, 47 High St, 🖳 www.japingka.com.au. Hochwertige Gemälde und Drucke

Noch immer nimmt der Hafen Fremantles eine zentrale Rolle im Ortsgeschehen ein.

Crashkurs Didgeridoo

Wer nach dem Australienaufenthalt nicht nur mit den Urlaubsfotos beeindrucken will, kann bei **Didgeridoo Breath**, 6 Market St, 💻 www.didgeridoobreath.com/, 💻 www.didgeridoobreath.com, einen Crashkurs in Sachen Didgeridoo-Spielen machen. Der Unterricht kostet $60 für 60 Min., Sa morgen. Der Laden hat eine große Auswahl an diesen Blasinstrumenten und Zubehör sowie CDs und Aboriginal-Kunsthandwerk. 🕒 tgl.

sowie handgewebte Wollteppiche. 🕒 tgl. 10–17 Uhr.

SONSTIGES

Feste

Der **Western Australia Day** wird in WA am ersten Montag im Juni zum Andenken an die Koloniegründung gefeiert.

Informationen

Fremantle Tourist Bureau, 8 William St,
💻 www.visitfremantle.com.au.
🕒 Mo–Fr 9–17, Sa 9–16, So 10–16 Uhr.

TRANSPORT

Busse

Häufige Busverbindungen nach PERTH.
Weitere Informationen unter
Transperth Info Line, 💻 www.transperth.wa.gov.au.

Eisenbahn

Vom Bahnhof Fremantle zur City Railway Station in PERTH, Wellington St, tgl. 7.30–23.57 Uhr etwa 4x stdl.

Schiffe

Captain Cook Cruises, C Shed, Victoria Quay,
💻 www.captaincookcruises.com.au.
2–3x tgl. von Perth nach Fremantle, $45 einfach, $60 hin und zurück.
Außerdem Lunch-Cruises auf dem Swan River, $115.

Rottnest Island

Die flache, sandige Insel „Rotto" liegt etwa 18 km nordwestlich von Fremantle. Sie ist nur 1900 ha groß, 11 km lang und an der breitesten Stelle 4,5 km breit. Ihren Namen verdankt die Insel dem Holländer Willem de Vlamingh, der 1696 hier landete und die Quokkas – nur auf dieser Insel vorkommende Beuteltiere – mit Ratten verwechselte. „Rattennest" ist jedoch ein gänzlich unpassender Name für die schöne Insel mit ihren felsigen Buchten, Sandstränden und kristallklaren Gewässern. Die Insel ist ein sehr beliebtes Tagesausflugsziel; in den Schulferien sind die Unterkünfte meist ausgebucht. Die Insel steht unter Naturschutz, Autos dürfen nicht hinübergebracht werden. Man kann sie ohnehin gut per Fahrrad erforschen. Oder man nimmt den **Island Explorer Bus**, s. u.

Das **Museum** in Digby Drive, in der Nähe der Jetty in der Thomson Bay, gibt mit einem sehr auf Militärisches konzentrierten Aufbau einen Überblick über die Geschichte der Insel. 🕒 tgl. 10.30–15.30 Uhr, Eintritt $2 Spende. Wenige Meter hinter dem Museum erinnert der **Wadjemup Aboriginal Cemetery** an die düstere Vergangenheit von Rottnest, das zu Beginn des 19. Jh. als Gefangeneninsel für Aborigines aus ganz WA diente.

Auf dem **Oliver Hill** stehen noch die 1937 errichteten Kanonen, die diesen Teil der Küste im Falle eines Angriffs verteidigen sollten. Von hier bietet sich ein weiter Ausblick über die Insel, ebenso wie vom **Leuchtturm** am Nordende der Thomson Bay. Vom Visitor Centre (s. u.) können Führungen durch den Leuchtturm gebucht werden; Tickets $10, Kind $5.

Die teilweise felsigen Buchten sind an vielen Stellen durch Korallenriffe geschützt. Die Riffe sind ein Paradies für Angler und Taucher, die v. a. wegen der Schiffswracks auf ihre Kosten kommen. Auf der Insel tummeln sich zahlreiche seltene Seevögel. Die Quokkas, eine seltene kleine Känguru-Art, sind v. a. bei den Salzseen im Innern der Insel anzutreffen.

ÜBERNACHTUNG

Die Pauschalangebote der Fähren sind unter Umständen günstiger. Außer den hier aufge-

listeten Unterkünften gibt es noch mehr als 250 Häuser und Cottages, die über das Visitor Centre gebucht werden können (s. u.).
Kingstown Hostel, am Ostende der Insel, etwa 1500 m von der Fähranlegestelle entfernt, 💻 www.rottnestisland.com/stay. Relativ kleines, zweckmäßig eingerichtetes Hostel in ehemaliger Kaserne; reservieren! Dorms (Bett $65) und einige Familienzimmer für bis zu 4 Pers. Außerdem Bungalows. Ein kostenloser Shuttlebus fährt stdl. vom Visitors Centre ab; zu Fuß sind es 20 Min. ❸
Discovery Rottnest Island, Pinky Beach, 💻 www.discoveryholidayparks.com.au/discovery-rottnest-island. Übernachtung in Glampingzelten mit Blick über die Bucht. Kann nur als Paket mit An-/Abreise gebucht werden. ❼

Camping

Caroline Thomson Cabins, 💻 www.rottnestisland.com/stay. Eine billigere Alternative. Cabins für 2–6 Pers. ❹, Bettzeug mitbringen; Zeltplätze ($45). Schattig, 5 Min. vom Strand entfernt. Reservierung erforderlich.

ESSEN

Hotel Rottnest, ✆ 9292 5011. Trumpft mit seiner tollen Lage direkt am Strand auf. Das Essen ist allerdings nicht ganz günstig. Oft Livemusik. 🕒 tgl. 11.30 Uhr bis spät.
Billiger isst man im **Lane Cafe** bei der Fähranlegestelle, ✆ 0407 366 447. Guter Kaffee und kleine Speisen. 🕒 tgl. Frühstück und Mittagessen.
Selbstversorger sollten Lebensmittel vom Festland mitbringen, denn auf der Insel ist es teuer. Es gibt den **Rottnest General Store**, 🕒 tgl. 8–20 Uhr (im Winter bis 18 Uhr), und den **Geordie Bay Store**, 🕒 tgl. 8–18 Uhr. Beide mit Alkoholverkaufslizenz.

SONSTIGES

Fahrräder

Pedal & Flipper Hire, hinter dem Rottnest Hotel, 💻 www.rottnestisland.com/see-do/. $30 pro Tag; kann direkt mit der Fähre gebucht und am Steg in Rottnest abgeholt werden.

Informationen

Visitor & Information Centre, bei der Bootsanlegestelle, 💻 www.rottnestisland.com. 🕒 Sa–Do 7.30–17, Fr bis 19 Uhr, im Sommer länger.

Touren

Rottnest Island Tours, Tagestouren ab Perth oder Fremantle, inkl. Mahlzeiten und Fähre. Außerdem ein großes Angebot an Aktivitäten, von der Schnorchel- oder E-Bike-Tour bis hin zur Aquaplay-Tour, einer Radtour auf dem Wasser.

NAHVERKEHR

Island Explorer Bus, 💻 www.australianpinnacletours.com.au, fährt der zwischen 9.40 und 16 Uhr im 20-Minuten-Takt die Hauptattraktionen der Insel an. Tagestickets (beliebiges Ein- und Aussteigen) $30, Kind 4–12 J. $22.

TRANSPORT

Fähren

Alle Fähren verkaufen außer den Tickets für die Überfahrt auch Pakete inkl. Sightseeingbus, Übernachtung, Schnorchelausrüstung, Fahrradverleih usw.
Rottnest Fast Ferrys, ab Sorrento Quay in Hillary's Boat Harbour (Beach-Vorort nordwestlich der City; Abholdienst per Bus von PERTH und anderen Beach-Vororten im Nordwesten), 💻 www.rottnestfastferries.com.au. 2–4x tgl., Rückfahrkarte ab Perth (Rückfahrt gleicher Tag) $90, Kind 4–12 J. $85.
Rottnest Express, 💻 www.rottnestexpress.com.au. 1x tgl. von/nach PERTH ($99 hin und zurück), mehrmals tgl. von/nach FREMANTLE ($68 hin und zurück). Auch verschiedene Pakete (inkl. Mietfahrrad, Schnorchelausrüstung oder Bustour).

Flüge

Rottnest Air Taxi, 💻 www.rottnestairtaxi.com.au. Auf Anfrage Flüge vom Jandakot Airport in PERTH nach Rottnest und zurück. Der Preis hängt von der Anzahl der Passagiere ab. Auch Sightseeingflüge.

Perth Hills und Swan Valley

Mit einem fahrbaren Untersatz kann man den Tagesausflug in die Hügel östlich von Perth mit dem Besuch einiger Weingüter im Swan Valley verbinden. Deren Zahl nimmt stetig zu, viele sind Familienbetriebe. Oft gehört dazu ein Café oder Restaurant. Im Tal werden neben Wein auch Obst und Gemüse, Nüsse und Oliven geerntet, deshalb der Werbeslogan „Valley of Taste".

Eine ideale Route führt über die Guildford Rd und das „historische" Städtchen Guildford. Von dort aus bieten sich Abstecher zum **Caversham Wildlife Park** im Whiteman Park an der Gnangara Rd, 💻 www.cavershamwildlife.com.au, 🕒 tgl. 9–16.30 Uhr, Eintritt $34, Kind 3–14 J. $15, und zu den Weingütern an. Danach geht es weiter über Midland und den Great Eastern Highway zum **John Forrest National Park**; dann biegt man nach rechts (Süden) in die Mundaring Weir Rd zum **Mundaring Weir** ein und kehrt über die kurvenreiche Straße via Kalamunda und Maida Vale nach Perth zurück.

Guildford, 18 km östlich von Perth, war eine der ersten Niederlassungen der Kolonie Western Australia. Einige Gebäude aus der Mitte des 19. Jhs. sind noch erhalten. Das pompöse **Woodbridge House** am Swan River stammt erkennbar aus der späteren viktorianischen Epoche.

Nördlich von Guildford, in den Orten Caversham, West Swan, Middle Swan und Henley Brook, findet man die meisten **Weingüter**. Die reichhaltigen Lehmböden des Swan Valley und das milde Klima begünstigen die Erzeugung von Weinen der Spitzenklasse. Im **Visitor Centre** in Guilford, Meadow St Ecke Terrace Rd, ist eine kostenlose Karte erhältlich, die alle Weingüter der Gegend aufzeigt, 🕒 tgl. 9–16 Uhr.

Der **John Forrest National Park**, 28 km östlich von Perth in der Nähe des Great Eastern Highway, ein etwa 1600 ha großer Buschlandpark in den Darling Ranges praktisch vor den Toren der Großstadt, wurde 1895 eröffnet und war damit der erste Nationalpark Western Australias. Vom Great Eastern Highway biegt nach Süden die Mundaring Weir Rd ab.

Nach weiteren 8 km ist **Mundaring Weir** erreicht, ein von Buschland umgebener Stausee, der die Wasserversorgung der praktisch in der Wüste liegenden Goldstädte Kalgoorlie und Coolgardie sicherstellt. Die **No 1 Pump Station,** ein Museum in der ehemaligen Pumpstation, erläutert den Aufbau und die Funktion des von O'Connor entworfenen Bewässerungsprojekts.

ÜBERNACHTUNG UND ESSEN

Das historische **Mundaring Weir Hotel** in der Mundaring Weir Rd, 💻 www.mundaringweirhotel.com.au, ist ein beliebter Wochenend-Treffpunkt bei Perthianern. Im Sommer treten häufig bekannte australische Bands in der kleinen Arena gleich neben dem Hotelpool auf. Gutes Pub-Essen und 10 Motelzimmer, alle ausgestattet mit offenem Kamin und Bad. ❹–❺

Als Gegengewicht zu all den Weingütern gibt es im Swan Valley auch eine „deutsche" Brauerei mit einem „bayrischem" Restaurant und Biergarten: die **Duckstein Brewery**. Auf der Speisekarte stehen Gerichte wie Eisbein und Kasslerbraten. 9720 West Swan Rd, Henley Brook, 💻 www.duckstein.com.au, 🕒 So–Fr 11–17, Sa 11–21 Uhr.

Hier nur zwei der Weingüter:

Edgecombe Brothers Winery, 1733 Gnangara Rd, Henley Brook, 💻 www.edgecombebrothers.com.au. Eins der ältesten Weingüter der Region serviert bis bis heute erstklassige Weine und Liköre zu Mahlzeiten aus regionalen Zutaten. 🕒 Do–So 11–16, Fr bis 20 Uhr.

Houghton Wines, Dale Rd, Middle Swan, 💻 www.houghton-wines.com.au. Eines der bekanntesten; Weinproben, kleine Kunstgalerie und Café. 🕒 tgl. 10–17 Uhr.

Der Südwesten

Die südwestliche Ecke ist untypisch für diesen Riesenstaat, bietet sie doch auf engem Raum viele Landschaftsformen und Sehenswürdigkeiten: liebliches Obst- und Weideland, Blumenwiesen, Weingüter, trotz jahrzehntelangen unablässigen Holzeinschlags noch immer dich-

Western Australia Südwesten
N
0
100 km
Yanchep
Gingin
Bindoon
Dowerin
Trayning
Goomalling
Wyalkatchem
Bullfinch
Westonia
Lake Seabrook
Kalgoorlie
Coolgardie
Boulder
Southern Cross
Highway
AVON VALLEY NP
Toodyay
Northam
Meckering
Tammin
Great
Eastern
Merredin
Wanneroo
s. Stadtplan Perth S. 440
Perth
Clackline
Cunderin
Kellerberrin
s. Stadtplan Fremantle S. 451
Fremantle
Mundaring
York
Armadale
Beverley
Quairading
Bruce Rock
Narembeen
Rockingham
Mandurah
Albany
Brookton
Corrigin
Coolgardie - Esperance
Pinjarra
Dwellingup
Pingelly
Wave Rock
Lake Cowan
Lake Johnston
Kondinin
Hyden
Norseman
Wardona
Boddington
Kulin
Narrogin
Wickepin
Harvey
Williams
Lake Hope
Bunbury
Collie
Lake Grace
Cape Naturaliste
Darkan
Wagin
Lake King
Lake Tay
Lake Dundas
Duns-borough
Capel
Donnybrook
Arthur River
Dumbleyung
Lake King
Yallingup
Busselton
Highway
Nyabing
Lake Magenta
Cowaramup
Balingup
Pyramid Lake
Margaret River
Boyup Brook
Katanning
Ravensthorpe
LEEUWIN-NATURA-LISTE NP
Nannup
Bridgetown
Kojonup
Gnowangerup
Coast
Augusta
Manjimup
Ongerup
South
Munglinup
Cape Leeuwin
Pemberton
Tambellup
Jerramungup
FITZGERALD RIVER NATIONAL PARK
Highway
Frankland
Hopetoun
GLOUCESTER NP und WARREN NP
SHANNON NP
Rocky Gully
Cranbrook
STIRLING RANGE NP
Esperance
D'ENTRECASTEAUX NP
Northcliffe
MOUNT FRANKLAND NP
Mount Barker
CAPE LE GRAND NP
Bremer Bay
Windy Harbour
WALPOLE-NORNALUP NATIONAL PARK
Walpole
Normalup
Denmark
PORONGURUP NP
King River
Two Peoples Bay
WILLIAM BAY NP
Albany
TORNDIRRUP NP

Radfahrweg Munda Biddi Trail

Die Naturvielfalt Südwestaustraliens kann man auch sehr gut mit dem Rad erkunden. 2013 wurden die letzten Abschnitte des Munda Biddi Trails eröffnet. Der Radweg verbindet die gesamte **Strecke zwischen Mundaring und Albany** – insgesamt über 1000 km. Der Name stammt aus der Sprache der Nyoongar und bedeutet „Pfad durch den Wald". Der Weg eignet sich für Radfahrer aller Erfahrungs- und Fitnessstufen. Auf der Website gibt es einige vorgefertigte Tourpläne unterschiedlicher Schwierigkeitsstufen und Vorschläge für Tagestouren sowie Infos über Übernachtungsmöglichkeiten und Touranbieter. Außerdem findet man hier Infos zum aktuellen Zustand des Tracks. 💻 www.mundabiddi.org.au.

te Wälder mit hohen, nur in dieser Ecke Australiens beheimateten Eukalypten und eine abwechslungsreiche Küstenlandschaft mit flachen, sandigen Buchten, Meeresarmen und küstennahen Haffs, von der Brandung umtosten Felsklippen und kleinen geschützten Buchten und Stränden.

Das Klima an der Südwestküste ist feucht und mild, weiter im Landesinnern warm und trocken. Die Orte in der Nähe der Südwestküste können im Winter oft nasskalten Winden aus der Antarktis ausgesetzt sein. Im Sommer ist das Klima angenehmer als im trocken-heißen Perth. Esperance hat das ganze Jahr über ein mildes Klima.

Bunbury

Auch als „Stadt der drei Wasser" bekannt, ist Bunburry ein idealer Wassersport-Urlaubsort – von Angeln, Segeln und Kajak fahren bis hin zu Tauchen und mit Delphinen schwimmen kann man hier alles. Bei Bunbury treffen der indische Ozean, die Koombana Bay und das Leschenault Inlet aufeinander. Die **Koombana Bay** wird regelmäßig von zutraulichen Delphinen aufgesucht, und „Schwimmen mit den Delphinen" ist eine Touristenattraktion. Das **Dolphin Discovery Centre** am Koombana Drive, 💻 www.dolphindiscovery.com.au, bietet zwischen Dezember und April Schwimmtouren inkl. Zutritt zum Info-Centre, Schnorchelausrüstung, Kaffee und Muffin für $220, Kind $95. Im Gegensatz zu Monkey Mia werden die Delphine hier nicht gefüttert. Es gibt auch Bootstouren, $65, Kind 45.

Gegenüber vom Dolphin Discovery Centre führt der **Mangrove Boardwalk** durch den am südlichsten gelegenen Mangrovenbestand von WA. Hier leben unzählige Wasservögel. Ein weiteres Paradies für Vögel und andere einheimische Tiere ist der **Big Swamp Wildlife Park** am Prince Phillip Drive. In den zugänglichen Gehegen kommt man direkt an die Tiere heran und kann sie auch füttern. Eintritt $16, Kind 3–16 J. $10 🕒 tgl. 10–16 Uhr.

Die *blue manna crabs,* eine Spezialität der hiesigen Gewässer, gelten als besonders schmackhaft. Und an der Ozeanseite gibt es einige ausgezeichnete Sandstrände.

ÜBERNACHTUNG

Dolphin Retreat YHA, 14 Wellington St, 💻 www.dolphinretreatbunbury.com.au. Kleines, älteres Hostel in Privathaus mit 3–4-Bett-Dorms (Bett $41), günstige EZ und DZ. 🕒 Rezeption 8–10 und 16–21 Uhr. Tourbuchungen. Kostenloser Fahrrad- und Boogie-Board-Verleih. Zentrale Lage. ❶

Mantra Bunbury, 2 Marlston Dr, 💻 https://mantrabunbury.com.au. In

Freicampen im Südwesten

€ Wer mit dem Camper unterwegs ist, kann auf den Campingplätzen in und um die Nationalparks des Südwestens viel Geld sparen. Einige sind kostenlos, für andere zahlt man eine Gebühr von $8–11 p. P. Fast alle sind toll gelegen: an einsamen Stränden, mitten im Wald oder an imposanten Schluchten. Einige der Zeltplätze sind im Folgenden beschrieben. Eine gute Infoquelle sind die App und Website von **Camps Australia**, 💻 www.campsaustraliawide.com.

© SHUTTERSTOCK.COM / P_SARANYA

An Wasseraktivitäten mangelt es in Bunbury nicht.

unmittelbarer Nähe zum Strand und zum Lighthouse hat man hier die Wahl zwischen bequemen Standardzimmern und Suiten mit Blick aufs Meer. Ab ❹

Camping

Bunbury Village Discovery Holiday Park, Koombana Dr, 💻 www.discoveryholidayparks.com.au. Zelt- und Stellplätze ($45/55, $65 mit Bad). Außerdem Cabins verschiedener Preisklassen sowie schlichte Motelzimmer. Pool, Tennisplatz, Hüpfkissen und große Campküche. ❷–❻

ESSEN

Auf dem sogenannten **Cappuccino Strip** entlang der Victoria St befinden sich diverse Restaurants und Bistros.

Nicola's, 62 Victoria St, 💻 https://nicolasristorante.com.au. Guter Italiener. 🕒 Mo–Sa Mittag- und Abendessen.

Simply Thai, 33 Victoria St, 💻 www.simplythaibunbury.com.au. Leckerer Thai, sehr beliebt. Am Wochenende reservieren. 🕒 tgl. 17.30–21.30 Uhr.

INFORMATIONEN

Bunbury Visitor Information Centre, Old Railway Station, Carmody Place, 💻 www.visitbunbury.com.au. Informationen und Buchungen aller Art. 🕒 Mo–Fr 9–16.30, Sa und So 10–15.30 Uhr.

NAHVERKEHR

TransBunburry, 💻 www.pta.wa.gov.au. Die innerstädtischen Busse verkehren tgl. zwischen 7.30 und 19.30 Uhr.

TRANSPORT

Busse

South West Coach Lines, Büro neben dem Visitor Centre, 💻 www.southwestcoachlines.com.au. Verkehrt 3x tgl. zwischen PERTH und Bunbury.

Eisenbahn

Transwa, 💻 www.transwa.wa.gov.au. *Australind* tgl. 1x morgens und 1x am Spätnachmittag von PERTH nach Bunbury, Fahrzeit 2 1/2 Std. Zurück ebenfalls 2x tgl.

Busselton

Das 1834 gegründete Busselton ist eine der ältesten Städte in WA. Heute ist der 40 000 Einwohner zählende Ort in erster Linie ein beliebtes Ferienziel. Busselton liegt an der Mündung des Vasse River und der sanft geschwungenen Ozeanbucht **Geographe Bay**. Das vorgelagerte Cape Naturaliste schützt vor Wind und Wetter, sodass man hier sicher baden kann. Ausgedehnte Sandstrände laden zum Sonnenbaden ein. Aus der Anfangszeit der Kolonie sind eine Kirche und einige andere Gebäude erhalten.

Der 1,8 km lange **Busselton Jetty** gilt als der längste Steg auf der Südhalbkugel. Ursprünglich gebaut, um das hier abgebaute Holz zu verschiffen, ist der Steg heute eine beliebte Angel-, Tauch- und Schnorchelstelle. Am ins Wasser ragenden Ende befindet sich das **Underwater Observatory**, von dem aus in 8 m Tiefe die faszinierende Unterwasserwelt beobachtet werden kann. Seit 2023 dient der Jetty auch als Unterwassermuseum. Taucher können einmal rings um den Steg schwimmen; im Interpretive Centre gibt es wasserfeste Karten ($15). Touren mit Swan Dive, s. u. Man kann zu Fuß den langen Steg entlanglaufen (Zutritt $4) oder den offenen Jetty-Zug nehmen (Hin- und Rückfahrt $16). Das Underwater Observatory kann nur während einer geführten Tour besichtigt werden, $38, Kind $23. 💻 www.busseltonjetty.com.au.

Busselton, aber auch **Dunsborough**, ca. 30 km weiter westlich an der Geographe Bay gelegen, sind gute Ausgangspunkte für Tagestouren zu den Weingütern, Höhlen und Kunsthandwerksgalerien des Südwestzipfels von WA.

ÜBERNACHTUNG

Busselton

Busselton Backpackers, 14 Peel Terrace, 💻 www.busseltonbackpackers.com.au. Kleines Hostel in der Nähe des Visitor Information Centre mit Dorms (Bett $40) und DZ. Jobvermittlung – der Manager hat gute Kontakte zu den Farmern in dieser Gegend. ❶

Esplanade Hotel, Lot 2 Marine Terrace, 💻 www.esplanadehotelbusselton.com.au. Zentral gelegene, beliebte Pub-Unterkunft in historischem Gebäude. Gute Countermeals. Am Wochenende Livemusik. Budget-Zimmer ❸ sowie Hotelzimmer verschiedener Standards 

Camping

Sandy Bay Holiday Park, 2 Norman Rd, 💻 www.sandybayholidaypark.com.au. Direkt am Wasser mit Zugang zum Strand. Zelt- und Stellplätze (ab $40). Außerdem Cabins mit 2 Schlafzimmern. Ab ❺

Dunsborough

€ **Dunsborough Beachhouse YHA**, 201-205 Geographe Bay Rd, 💻 www.dunsboroughbeachouse.com.au. Nur etwa 100 m trennen das beliebte Hostel vom Wasser. Ein großer Hof mit Tischen und Sitzgelegenheiten ist zum hin Meer gelegen und eröffnet einen erstklassigen Blick auf den Sonnenuntergang. Es gibt sehr einfache 4–6-Bett-Dorms (Bett ab $46) sowie DZ und EZ. Der Besitzer verleiht Fahrräder, Surfbretter und Kanus. Zwischen November und Ostern ist eine Reservierung unbedingt erforderlich. ❷

SONSTIGES

Informationen

Busselton Visitor Centre, am Strandende der Queen St, 💻 www.margaretriver.com. 🕒 tgl. 9–17 Uhr.

Tauchexkursionen und Touren

Alle Dive Shops bieten Tauchexkursionen; die große Attraktion sind die Schiffswracks am Cape Naturaliste und die Underwater Sculptures am Jetty.

Naturaliste Charters, 💻 https://naturalistecharters.com.au. Sep–Dez Walbeobachtungsfahrten ab Dunsborough, $95. Von Jan–März Eco Tours, u. a. zu einer Kolonie von Seelöwen.

Swan Dive, 💻 https://swandive.com.au. Tauchkurse sowie Tauchtouren u. a. von Dezember bis März zum Wrack der HMAS ($229) sowie 2-stündige Touren am Busselton Jetty und bei den Underwater Sculptures, mehrmals tgl., $200.

WESTERN AUSTRALIA

TRANSPORT

Busse / Eisenbahn

Transwa, 🖳 www.transwa.wa.gov.au. Mit dem *Australind*-Zug von PERTH nach BUNBURY, So–Fr geht es weiter mit dem Bus nach AUGUSTA via Busselton, YALLINGUP, MARGARET RIVER.
South West Coach Lines, 🖳 www.southwest coachlines.com.au. Busverbindung 3–4x tgl. zwischen Busselton und PERTH.

Cape Naturaliste – Cape Leeuwin

Nordwestlich von Dunsborough liegt Cape Naturaliste mit schönen Stränden, diversen Wanderpfaden und Leuchtturm. Die Wellen des Indischen Ozeans prallen mit voller Wucht auf den Landvorsprung zwischen Cape Naturaliste im Norden und Cape Leeuwin im Süden. Die Felsenküste ist zerklüftet, das Klima feucht und kühl, die Vegetation üppiger als im Rest des Staates. Eine Rundfahrt von Dunsborough über Margaret River nach Augusta und zurück lässt sich mit dem Auto an einem Tag unternehmen.

Es lohnt sich aber, mehr Zeit einzuplanen, denn die Fahrt geht durch herrliche Karri- und Jarrahwälder, im Sommer empfiehlt sich ein Abstecher zu den Stränden. Viele Weingüter laden zur Weinprobe ein. In dem Kalksteinmassiv sind Hunderte von **Höhlen** entstanden, von denen viele noch nicht erforscht worden sind. Vier Höhlen können besichtigt werden. Alle liegen an der Caves Rd, die parallel zum Bussell Highway von Yallingup nach Augusta führt.

12 HIGHLIGHT

Yallingup und Umgebung

In Surferkreisen ist **Yallingup Beach** wegen der perfekten Wellen gefragt. Auch Nicht-Surfer werden die Aussicht auf die atemberaubende Küstenlandschaft um das **Cape Naturaliste** genießen, z. B. vom Leuchtturm. Von hier führen Spazierwege zu den Buchten und Stränden des Kaps, und von einer Aussichtsplattform kann man Wale beobachten, die zwischen September und Dezember vorbeiziehen. Das ganze Jahr über können mit etwas Glück auch Delphine beobachtet werden. Ein langer, schmaler Küstenstreifen zwischen dem nördlichen und dem südlichen Kap dieses Teils des Südwestens wurde zum **Leeuwin-Naturaliste National Park** erklärt.

Ngilgi Cave

Für die Noongar ist die Höhle mit ihren prächtigen Stalagtiten und Stalagmiten Schauplatz einer Schöpfungsgeschichte. Auf der **Ngilgi Cave Cultural Tour** lernt man außerdem etwas über die heilenden Kräfte der Pflanzen und lauscht den Klängen des Didgeridoos (Tour ab $85 p. P.). Alternativ kann man die Höhle auch auf eigene Faust erkunden ($32, Kind 16). Die auskunftsfreudigen Guides im Inneren der Höhle beantworten Fragen. 🕒 tgl. 9–17 Uhr.

Galerien

Die prächtige Naturkulisse inspiriert Künstler von nah und fern. Sehenswerte Galerien in der Umgebung sind die **Yallingup Galleries**, 🖳 www.yallingupgalleries.com.au, an der Caves Rd, Ecke Gunyulgup Valley Rd, und **Yallingup Aboriginal ArtGunyulgup Galleries**, 🖳 www.gunyulgup galleries.com.au, 🕒 beide tgl. 10–17 Uhr, Caves Rd. Beide stellen Gemälde, Skulpturen, Keramik und andere Arbeiten australischer Künstler aus, auch herrliche, meist aus Jarrahholz gefertigte Möbel.

Im **Wardan Aborginal Cultural Centre** an der Injidup Springs Rd, ist Kunsthandwerk der Wardandi (Ureinwohner des Südwestens) zu sehen, zudem gibt es auf Anfrage Tanzdarbietungen, Workshops und dergleichen. 🕒 tgl. 10–16 Uhr, im Winter Di und Sa geschlossen, Eintritt frei, Workshops etc. ca. $25. 🖳 www.wardan.com.au. 6 km südlich von Yallingup muss man von der Caves Rd nach Westen in die Wyadup Rd abbiegen.

Bootleg Brewery

Die Brauerei , inmitten der vielen Weingüter des Cowaramup-Distrikts idyllisch an einem See

WESTERN AUSTRALIA

gelegen (Eigenwerbung: „A beer oasis in a desert of wine"), stellt preisgekrönte Biere her. Auch gutes Mittagessen (am Wochenende reservieren), 💻 www.bootlegbrewery.com.au. 🕒 Mi–So 11–16 Uhr.

ÜBERNACHTUNG

Sienna Lodge, 8 Canal Rocks Rd, 💻 www.siennaestate.com.au. Idyllisches Weingut mit geräumigen, bestens ausgestatteten DZ (teilweise mit Küchenzeile). Alle mit Bad. Hübscher Garten und freundlicher Service. Zum Wohlfühlen. Ab ❺

Yallingup Beach Holiday Park (Tasman Park), 186 Yallingup Beach Rd, 💻 https://tasmanholidayparks.com. Schöne Strandlage, man kann direkt aufs Meer blicken. Stellplätze ab $60. Cabins, teilweise mit Bad. Spielplatz, BBQ und viele Sitzgelegenheiten mit tollem Ausblick. Ab ❺

Caves House Hotel, Yallingup Beach Rd, 💻 www.caveshousehotelyallingup.com.au. 1930er-Jahre-Anwesen, beliebt bei Flitterwöchlern. Luxuriöse Suiten und DZ. ❹–❼

TRANSPORT

Busse

Transwa, 💻 www.transwa.wa.gov.au. Mit Bussen der Linie SW1 von PERTH nach Yallingup, ca. 4 1/2 Std. Von hier aus weiter nach MARGARET RIVER, AUGUSTA und PEMBERTON.

Margaret River

Margaret River ist in ganz Australien ein Synonym für hervorragende Qualitätsweine. Das mediterrane Klima und die entsprechende Erde sorgen für beste Bedingungen zum Weinanbau. Über 100 Weinproduzenten stellen hier rund 20 % der australischen Qualitätsweine her. Erst 1967 wurde hier mit dem Anbau begonnen. Als erste Rebsorten pflanzte man Riesling und Cabernet Sauvignon, später kamen Pinot Noir, Merlot, Shiraz, Chardonnay und weitere Sorten hinzu. Vor allem die Weißweine sind von sehr guter Qualität. Die meisten **Weingüter** liegen nordwestlich von **Cowaramup** und in der Nähe von Margaret River. Eine Liste und mehr Infos gibt es im **Wine Tourism Showroom**, 100 Bussell Hwy, oder im **Margaret River Regional Wine Centre** am Bussell Highway in Cowaramup.

Aber der Ort hat durchaus mehr zu bieten als schmackhafte Rebensäfte. Die spektakuläre Felsenküste mit den Surfstränden **Gracetown**, **Prevelly**, **Redgate** und **Hamelin Bay** ist nicht weit entfernt, ebenso die Tropfsteinhöhlen, S. 463. Längst hat auch die Kunstszene die Region für sich entdeckt, unter die pompösen Weingüter mischen sich elegante Kunstgalerien. Dazu gehören z. B. die **Jah Roc Galleries**, 83 Bussel Hwy, mit Möbeln und Gemälden.

ÜBERNACHTUNG

Margaret River Backpackers (YHA), 66 Town View Terrace, 💻 www.margaretriverbackpackers.com.au. Das saubere Hostel mit großen Gemeinschaftsräumen und Terrasse beherbergt hauptsächlich Saisonarbeiter. Daher auch nur Wochenpreise. 4–6-Bett-Dorms, alle mit AC. Jobvermittlung.

Edge of the Forest Motel, 25 Bussel Hwy, 💻 http://edgeoftheforest.com.au. Sehr gemütliche, individuell gestaltete Zimmer und Suiten mit kleiner Veranda samt Blick über den hübschen Garten. Frühstück gegen Aufpreis. Ab ❼

Surf Point Resort (VIP), 12 Riedle Drive, Gnarabup Beach, 💻 http://surfpoint.com.au. Ein in Strandnähe gelegenes, schön eingerichtetes Familienresort. DZ, teils mit Bad, sowie Cottages mit 2 Schlafzimmern und Küche. Gäste können die große Gemeinschaftsküche und den gemütlichen Ess- und Gemeinschaftsraum nutzen, außerdem gibt es einen Pool. Ab ❹

Caravanpark

Gracetown Caravan Park, Cowaramup Bay Rd, 💻 www.gracetowncaravanpark.com.au. Schöne, naturnahe Anlage, etwas außerhalb des Rummels. Zelt-/Stellplätze ($35/40) und Cabins ohne und mit Bad; dazu auch ein paar hübsche Glampingzelte. ❶–❹

ESSEN

Entlang des Bussell Hwy um das Visitor Information Centre findet man Restaurants und Cafés.

Leeuwin Estate, Gnarawary Rd, www.leeuwinestate.com.au, bietet neben ausgezeichneten Weinen (insbesondere Chardonnay und Pinot Noir) und Essen ein umfassendes Kunsterlebnis. Die Konzerte und Opern mit internationalen Stars (im Feb oder März) sind in ganz Australien bekannt. tgl. 10–17 Uhr, das Restaurant ist auch am Samstagabend geöffnet.

La Scarpetta, 73 Bussell Hwy, www.lascarpetta.com.au. Einer der besten Italiener der Region! Hausgemachte Pasta und Pizza mit lokalen Zutaten. Alles in entspanntem Ambiente. Mo–Sa 17–21.30 Uhr.

Normal Van, 117 Bussell Hwy, www.normalvan.com. Ein bisschen USA down under. An Biertischen werden Burger, Chicken Nuggets und Chips serviert. Dazu gibt's Cocktails, Bier und Wein. Do–Mo 16–20, Sa und So auch 12–14 Uhr.

SONSTIGES

Aktivitäten und Touren

Surfen, Windsurfen, Reiten, Kanufahren, Bushwalking und Abseilen sind beliebte Aktivitäten.

Bushtucker River & Wine Tours, www.bushtuckertours.com. Weingüter-Besichtigungen; Kanutrips auf dem Margaret River mit Kostprobe von „Bush Foods" und Mittagessen, $120. Zudem Kanutouren auf dem Margaret River ($120) und eine Tour durch die Craf Breweries ($160).

Margaret River Discovery Co., https://margaretriverdiscovery.com.au. Informativ und unterhaltsam sind die Touren mit diesem alteingesessenen Anbieter. Die beliebte Discovery Tour bietet etwas von allem: Kanufahren auf dem Margaret River, Weinverkostung, Ureinwohnergeschichte und einer Fahrt im Geländewagen entlang der Wilyabrup Cliffs ($218). Auch spezielle Wein- oder Kanutouren.

Informationen

Margaret River Visitor Centre, 100 Bussell Hwy, Ecke Tunbridge St, www.margaretriver.com. Informationen und Buchungen aller Art. tgl. 9–17 Uhr.

Weingüter

In der Südwest-Region gibt es über 100 Weingüter; eine Liste bekommt man im Wine Centre oder im Visitor Information Centre. Hier nur einige:

Xanadu Wines, Terry Rd, 3 km östlich des Ortes, www.xanaduwines.com. Das Weingut ist mit modernen Methoden der Weinherstellung zu internationalem Ansehen gekommen ist; tgl. 10–17 Uhr. Schönes Restaurant.

Vasse Felix, Harmans Rd, Ecke Caves Rd, Cowaramup, www.vassefelix.com.au. Ältestes Weingut in Margaret River. Restaurant. tgl. 10–16 Uhr.

Voyager Estate, Stevens Rd, www.voyagerestate.com.au. Ausgezeichneter Chardonnay und Sauvignon Blanc; exzellentes Restaurant. tgl. 10–16 Uhr.

TRANSPORT

Busse

Transwa, www.transwa.wa.gov.au. Tgl. mit dem Road Coach der Linie SW1 von PERTH nach Yallingup und Margaret River.

South West Coach Lines, www.southwestcoachlines.com.au. Busverbindung 2x tgl. zwischen PERTH und Margaret River.

Tropfsteinhöhlen

Zwei Höhlen liegen 2 km voneinander entfernt in der Nähe der Caves Rd, zwischen Augusta und Margaret River. In der **Mammoth Cave**, einer riesengroßen Höhle, fand man Knochen von heute z. T. ausgestorbenen Tieren. Die **Lake Cave** mit einem unterirdischen See ist die tiefste der Höhlen in der Umgebung.

Eine weitere der Öffentlichkeit zugängliche Höhle, die **Jewel Cave** mit interessanten Tropfsteinformationen, befindet sich 27 km weiter südlich in der Nähe von Augusta. Im **Ca-**

ve Works Eco Centre an der Lake Cave gibt es eine informative Ausstellung zu den Tropfsteinhöhlen der Region. ⏲ tgl. 9–17 Uhr. Von hier aus starten die geführten Touren durch die Höhlen Jewel Cave, Lake Cave und Mammoth Cave; ca. 1x stdl. zwischen 9.30–15.30 Uhr. Teilnahme $24 inkl. Eintritt zu Cave Works.

Augusta

Augusta, ein kleiner Fischerort 320 km südlich von Perth, liegt malerisch auf einer Anhöhe zwischen dem Hardy Inlet und dem Meer. Zwischen Mai und September kann man hier **Buckelwale** und **Südkaper** *(Southern Right Whales)* sehen. Zu dieser Zeit bieten Boote Walbeobachtungsfahrten, z. B. Adrenaline, 💻 www.adrenaline.com.au, $95.

Der Leuchtturm von **Cape Leeuwin**, 2 km südlich von Augusta, markiert den südwestlichsten Punkt des australischen Kontinents. ⏲ tgl. 9–17 Uhr, regelmäßige Führungen, $21, Kind $10. Weitere Auskünfte und Buchung unter 💻 www.margaretriverattractions.com. Ein Scenic Drive führt von Augusta durch die Jarrahwälder nach **Karridale**, eine Holzfällersiedlung 14 km nördlich von Augusta am Bussell Highway.

ÜBERNACHTUNG

Baywatch Manor, 9 Heppingstone View. 4–6-Bett-Dorms (Bett ab $38) und DZ, einige mit Bad. Modernes, geräumiges Hostel mit Blick auf das Hardy Inlet; sauber, hell und ruhig. Infos, Tourbuchung, Radverleih. In der Hauptsaison (Dez–April) reservieren. ❷

Augusta Escape, 78 Blackwood Ave, 💻 www.augustaescape.com.au. Sehr gemütliche Holiday Units mit 1–2 Zimmern sowie Küche, Bad und Sofa. Die Besitzer geben sehr gute Tipps für die Weiterreise. Ab ❹

INFORMATIONEN

Augusta Visitor Centre, 70 Blackwood Ave, 💻 www.margaretriver.com. ⏲ tgl. 9–17 Uhr.

TRANSPORT

Busse

Transwa, 💻 www.transwa.wa.gov.au. Mit dem Roadcoach von PERTH nach Augusta via Busselton, Yallingup, Margaret River.

Southern Forests

Zwischen dem kleinen Städtchen **Nannup** am Blackwood River und dem Küstenort **Walpole** erstrecken sich die sogenannten Southern Forests. Wahrzeichen dieser dichten Wälder sind sowohl Karri- und Red Tingle- als auch die niedriger wachsenden Jarrah- und Marri-Bäume, die im Südwesten von Western Australia endemisch sind. Viele von ihnen sind Hunderte von Jahren alt. Jahrzehnte des extensiven Holzeinschlags haben ihre Spuren hinterlassen, aber noch heute gilt die Holzwirtschaft als ökonomischer Motor der Region.

Pemberton

Das Herz der Southern Forests ist Pemberton. 1913 mit der Erbauung des ersten Sägewerks gegründet, ist das kleine Städtchen noch immer das Zentrum der Holzwirtschaft im Südwesten. Hauptattraktion von Pemberton ist der **Gloucester Tree**, mit einem Fire Lookout in schwindelerregenden 61 m Höhe. Der Blick über das grüne Dach des umgebenden **Gloucester National Park** auf ferne Sanddünen ist atemberaubend!

Das **Pemberton Visitors Centre** beherbergt ein kleines Museum über die Geschichte der Stadt und über die nur in Western Australia beheimateten Karribäume. Die **Pemberton Tramway Co** betreibt eine Art antike Straßenbahn, die Besucher gemächlich durch die Wälder zur Warren River Bridge befördert (Mo–Sa um 10.30 und 14 Uhr, 1 3/4 Std., $28, Kind $14). 💻 www.pemtram.com.au.

Östlich von Pemberton liegen der **Beedelup** und **Warren National Park**. Beide bieten kurze und auch längere Wanderungen durch jetzt wieder ungestörte Natur.

Westlich von Pemberton liegt der riesige **Shannon National Park** mit seinem **Great Forest Trees Drive**.

Für alle Nationalparks ist eine Eintrittsgebühr von $15 pro Auto und Tag zu bezahlen. Details unter 💻 https://exploreparks.dbca.wa.gov.au.

Walpole-Nornalup National Park

Bei der winzigen Küstensiedlung Walpole endet die Region der Southern Forests; weiter östlich erstreckt sich der Walpole-Nornalup National Park. Bei Nornalup bildet die Mündung des Frankland River das **Nornalup Inlet**. Die Hauptattraktion ist das **Valley of the Giants**, 💻 www.valleyofthegiants.com.au, die Heimat der vier seltenen Eukalyptusarten des Südwestens, von denen die **Tingle**-Bäume wegen ihres Umfangs besonders beeindruckend sind.

Auf dem **Tree Top Walk**, einer 600 m langen Konstruktion aus Stahlgeflecht, spaziert man in luftiger Höhe zwischen Baumwipfeln; zurück auf dem sicheren Erdboden lässt sich auf dem **Ancient Empire Walk** der Wald aus gewohnterer Perspektive betrachten. Die Baumriesen hier haben einen Umfang von bis zu 16 m. 🕒 tgl. 9–17 Uhr, Eintritt $21, Kind $10,50 (zusätzlich zum Eintritt in den NP); der Ancient Empire Walk ist kostenlos. Der Park verfügt über Zelt- und Campingplätze.

Ein schöner Strand ist **Conspicuous Beach**, 4 km östlich von Nornalup, der über in die Klippen gehauene Treppenstufen erreichbar ist. Zwei Scenic Drives, beide 3 km östlich von Nornalup, führen durch die Wälder der Umgebung.

ÜBERNACHTUNG

Pemberton und Umgebung

Forest Lodge Resort, 13626 Vasse Hwy, 💻 www.forestlodgeresort.com.au. Das idyllische Resort liegt umgeben von dichtem Wald direkt am See, angenehm ruhig und trotzdem nah am Geschehen. Von hier aus starten ein paar schöne Wanderungen. Restaurant mit großer Terrasse, Pool. Gemütliche Zimmer, teilweise mit Küche. Ab ❹

Carey Brooke Snottygobble Loop Campground, im D'Entrecasteaux NP, 2 km vom Hwy, 23 km westlich von Pemperton. 11 Campsites mit Feuerstelle und Picknicktischen idyllisch im Wald gelegen. $8 p. P.

Walpole

Tingle All Over YHA, 60 Nockolds St, Ecke Inlet St, 📞 9840 1041. Kleines, älteres Hostel mit 2 Dorms (4 Betten; Bett $31) und einigen DZ. Rezeption 🕒 8.30–11 und 15–20 Uhr. In der wärmeren Jahreszeit unbedingt reservieren.

Hawke Brook Chalets, Hawke Rd, 💻 www.hawkebrook.com.au. Guter Rastplatz für müde Wanderer. Zur Unterkunft gehören 4 Chalets, die am Old Bibbulman Track in unmittelbarer Nähe des Warren NP liegen. Die Chalets sind sehr gemütlich, mit je 2 Schlafzimmern, einer großen Veranda und TV. ❼

SONSTIGES

Aktivitäten und Touren

Pemberton Discovery Tours, 💻 www.pembertondiscoverytours.com.au. Großes Angebot an informativen Touren. U. a. im Geländewagen durch den D'Entrecasteaux National Park ($200) sowie Weintouren ($140).

WoW Wilderness Eco Cruises, 💻 www.wowwilderness.com.au. Empfehlenswerte Bootsfahrten durch die Gewässer um Walpole; 2 1/2 Std., $60. Der Betreiber leitet außerdem Projekte zum Schutz der örtlichen Flora und Fauna und klärt Schüler und Studenten der Region über die Natur und Geschichte der Umgebung auf.

Informationen

Pemberton Visitor Centre, Brockman St, 💻 www.pembertonvisitor.com.au, 🕒 tgl. 9–17 Uhr.

Walpole-Nornalup Visitor Centre, Pioneer Park, South Coast Highway, Walpole, 💻 www.walpole.com.au, 🕒 Mo–Fr 9–17, Sa und So 9–16 Uhr.

TRANSPORT

Busse

Transwa, 💻 www.transwa.wa.gov.au. Mit dem Road Coach tgl. vom East Perth Terminal über Bunbury, Pemberton, Walpole und Denmark nach ALBANY.

Denmark

Der Ort mit etwa 2700 Einwohnern liegt an einem kleinen Fluss gleichen Namens, dessen Mündung sich zum **Wilson Inlet** erweitert; die Öffnung zum Meer liegt im Westen bei Wilson Head. **Ocean Beach** und **William Bay National Park** bieten herrliche Sandstrände und wunderbare Aussichten über die Küste und die bewaldeten Hügel im Hinterland. Nachdem nahezu der gesamte Waldbestand um Denmark abgeholzt wurde, besannen sich die Bewohner auf ihre natürlichen Ressourcen und entwickelten ein ökologisches Bewusstsein. Heute findet man um Denmark Öko-Bauernhöfe und diverse Läden mit ökologischen Produkten. Informationen beim **Denmark Visitor Centre**, 73 South Coast Hwy, 💻 www.denmark.com.au. 🕒 tgl. 9–17 Uhr.

ÜBERNACHTUNG

€ **Blue Wren Travellers Rest YHA**, 17 Price St, 💻 www.denmarkbluewren.com.au. Das sehr kleine und freundliche Hostel befindet sich in einem umgebauten Wohnhaus. 2–6-Bett-Dorms (Bett ab $35) und 2 DZ. Der hilfreiche Besitzer gibt gute Tipps. Außerdem Fahrradverleih. Die Rezeption ist von 8–10 und 16–20 Uhr besetzt. Im Sommer unbedingt weit im Voraus reservieren. ❸

Denmark Rivermouth Caravan Park, East River Rd, Hollings Rd, Ecke Inlet Dr, 💻 www.denmarkrivermouthcaravanpark.com.au. Sehr schön am Fluss gelegen. Stellplätze ab $46. Außerdem Cabins verschiedener Preisklassen, darunter moderne „Villen" mit 1–3 Schlafzimmern. Spielplatz, Fahrrad- und Kajakverleih, WLAN. Ab ❹

Camping

Parry Beach Campsite, 💻 www.denmark.wa.gov.au, etwa 25 km westlich von Denmark zweigt in südlicher Richtung die Parry Rd zum gleichnamigen Strand ab. Hier gibt's einen einfachen, aber sehr hübsch gelegenen Campingplatz mit Toiletten und Duschen, $22 für 2 Pers.

TRANSPORT

Transwa, s. S. 465 (Southern Forests).

Albany

Albany, das Zentrum des Südens, zählt 39 000 Einwohner und erstreckt sich über mehrere Hügel in einzigartiger Lage an einer riesigen Bucht, Princess Royal Harbour, die sich zum King George Sound ausweitet. Die ersten Berichte über diese Bucht wurden auf dem holländischen Schiff *Leeuwin* im Jahre 1622 verfasst. Am 26. Dezember 1826 erreichte Major Edmund Lockyer mit einer Gruppe von Soldaten und Sträflingen auf der *Brigg Amity* den Hafen. Albany ist die älteste Siedlung in WA.

Erst um 1850, als eine Kohlenverladestation für Postschiffe von und nach England gebaut wurde, blühte die gottverlassene Siedlung etwas auf. Um 1890 erhielt Albany eine Eisenbahnverbindung nach Perth. Mit Beginn des 20. Jhs. steuerten die Postschiffe allerdings den neuen Hafen von Fremantle an – Albany versank wieder in einen Dornröschenschlaf. Da es hier im Durchschnitt um 5 °C kühler ist als in Perth, suchen im Sommer viele Großstädter an der Südküste Zuflucht vor der Hitze.

In der **York Street**, der Hauptstraße, befinden sich zahlreiche Läden, Cafés, Restaurants, Kneipen und nicht zuletzt die Post und die **Town Hall**. Sie führt hinab zum Wasser und endet an der Stirling Terrace am alten Hafen. Hier stehen noch viele Häuser aus viktorianischer Zeit. Auf keinen Fall versäumen sollte man den Besuch der spektakulären Küstenlandschaft des **Torndirrup National Park** auf der Halbinsel. Wer kein Auto hat, kann ein Fahrrad mieten. Man braucht zur Besichtigung mindestens einen halben Tag Zeit.

Eine Abzweigung von der Hauptstraße führt zu interessanten Felsformationen an der Küste. **The Gap** ist eine 24 m hohe Klippe, außerdem gibt es die **Natural Bridge** und etliche **Blow Holes**, Tunnel in den Felsen, durch die das Wasser der Brandung mit hohem Druck hindurchgepresst wird. Es empfiehlt sich, selbst bei anscheinend ruhigem Wetter nicht zu nahe an die Felslöcher in den Klippen heranzugehen. Manchmal werden mit ungeheurer Wucht sogenannte Freak-Wellen hochgepresst, die Besucher in Sekundenschnelle von den Felsen reißen können.

Die **Historic Whaling Station** an der French Bay Rd, 🖳 www.discoverybay.com.au/historic-whaling-station, dokumentiert die Geschichte der Waljagd in den hiesigen Gewässern. Die Cheynes Beach Whaling Company schloss erst 1978 ihren Betrieb. Während der Blütezeit des Walfangs erjagte jedes ihrer Walfängerschiffe in einer einzigen Saison bis zu 859 Wale. Eines dieser von der Firma bis zum Schluss zum Walfang benutzten Dampfschiffe, die *Cheynes IV*, liegt bei Whaleworld vor Anker und ist Besuchern zugänglich. Jede Stunde zwischen 10 und 16 Uhr beginnt eine 30-minütige, informative Führung. ⏲ 9–17 Uhr, Eintritt inkl. Führung $35, Kind $30.

ÜBERNACHTUNG

€ **1849 Backpackers Albany**, 45 Peels Place, 🖳 https://1849backpackers.com.au. Sehr freundliches und sauberes Hostel im Gebäude eines alten Hotels. Einladendes Ambiente, sehr gute Ausstattung. Kostenloses WLAN und Pfannkuchen zum Frühstück. Sonntags kostenloses BBQ. Dorms (Bett $35) sowie DZ, einige mit Bad. ❶

Albany Foreshore Guesthouse, 86 Stirling Terrace, 🖳 www.albanyforeshoreguesthouse.com.au. Zimmer teilweise etwas altmodisch, aber gemütlich und günstig. ❷

Emu Point Motel, Mermaid Ave, Ecke Medcalf Parade, 🖳 www.emupointmotel.com.au. Von Garten umgebene Motelunits in Strandnähe. ❸

Caravanparks

Albany Happy Days CP, 1584 Millbrook Rd, 🖳 www.albanycaravanpark.com. 10 km nordöstlich, Kiosk, Campküche. Zelt-/Stellplätze ($45/55 oder $65 mit Bad) sowie Cabins. Schöne Anlage am Fluss. ❸–❹

Kalgan River Chalets & Caravan Park, Nannup Rd, 11 km östlich, ✆ 9844 7937, 🖳 www.kalganrivercaravanpark.com.au. Zelt- und Stellplätze ab $40. Cabins, idyllische Lage. Campküche, Kanu- und Bootsverleih, Bootsrampe. ❸

ESSEN

Rund um die **Stirling Terrace** gibt es diverse Restaurants und Cafés.

Zu empfehlen ist **Dylans on the Terrace** für Frühstück; leichte Gerichte (gute Burger) und Abendessen, ⏲ Di–So 7 Uhr bis spät; So kein Abendessen.

WESTERN AUSTRALIA

Aus der Luft ebenso attraktiv wie von den Wanderpfaden aus: der Torndirrup National Park

Porongorups und Stirling Range – einzigartige Inseln der Vegetation

Eine Tour nach Mt Barker und zu den Weingütern lässt sich mit einem Besuch der **Porongorup Range**, ca. 40 km nördlich von Albany, oder des **Stirling Range National Park**, ca. 90 km nördlich von Albany, verbinden. Beides sind Bergketten, die bis zu 1000 m hoch abrupt aus der tellerflachen Ebene herausragen. Die kleine, aus Granitfelsen bestehende Bergkette der Porongorups soll 1100 Mio. Jahre alt sein. Beide Höhenzüge sind im Frühjahr mit blühenden Wildblumen übersät. Viele davon kommen nur in dieser Region vor, z. B. die Mountain Bells, die an den Hängen der höchsten Gipfel der Stirling Range, **Bluff Knoll** (1073 m) und **Toolbrunup** (1052 m), wachsen, oder die Stirling Banksia.

Die Berge der Stirling Ranges bilden eine klimatische Insel in der trockenwarmen Ebene: Mit zunehmender Höhe wird es deutlich kühler und feuchter. Oft sind die Berggipfel in Nebel gehüllt, im Winter können sie sogar von Schnee bedeckt sein.

Durch die Stirling Range gibt es viele Wanderwege – wegen der herrlichen Aussicht ist der Anstieg auf Bluff Knoll einer der schönsten – und den **Stirling Range Drive**, eine ungeteerte Straße in recht gutem Zustand.

Entlang der **York Street** gibt es einige gute Restaurants mit reellen Preisen, u. a. den Italiener **The Venice Restaurant**.

SONSTIGES

Fahrräder

Bicycle Hire, Middleton Beach, 💻 www.albanybicyclehire.com.au. Kostenloser Liefer- und Abholservice. Auch die Hostels verleihen Räder. Fahrrad $35 pro Tag.

Informationen

Albany Visitor Centre, im alten Bahnhof, Proudlove Parade, 💻 www.amazingalbany.com.au. 🕒 tgl. 9–17 Uhr.

Walbeobachtungen

All Sea Charters, 💻 www.whalewatchingaugusta.com.au. Zwischen Mai und Sep tgl. um 10.15 und 13.15 Uhr, 2 1/2 Std., $95, Kind $55.

TRANSPORT

Busse

Transwa, s. S. 465 (Southern Forests).

Flüge

Regional Express, 💻 www.rex.com.au. Fliegt tgl. nach PERTH.

Mount Barker und Umgebung

Mt Barker gilt als Tor zu den Porongorups, ist aber v. a. wegen der Weingüter in der Umgebung bekannt.

Vom **Mount Barker Lookout**, etwa 5 km südlich der Stadt, hat man einen schönen Panoramablick über die Region. Informationen erteilt das **Mount Barker Visitor Centre**, 💻 www.mountbarkertourismwa.com.au.

ÜBERNACHTUNG

Bolganup Homestead, Porongurup Rd, 💻 www.bolganup.com.au. 2 schöne Cottages mit Küche und Bad auf einer Farm am Rande des Porongurup NP. Mind. 2 Übernachtungen. ❻

Stirling Range Retreat, Chester Pass Rd über Borden, 💻 www.stirlingrange.com.au. Liegt mitten im Stirling Range National Park. Es gibt On-site-Vans ❶, Cabins ❸, Motelzimmer ❺, Chalets mit 2 Schlafzimmern ❼, moderne Motelzimmer ❻ sowie Zelt- und Caravanstellplätze ($36/45). An den Gasgrillstellen und in der Campküche kann fürs leibliche Wohl gesorgt werden. Zum Gelände gehört ein Pool. In den Schulferien und für lange Wochenenden unbedingt reservieren. Lebensmittelvorräte mitbringen!

Fitzgerald River National Park

Etwa auf halbem Wege zwischen Albany und Esperance liegt ein 340 000 ha großer, selten besuchter Nationalpark, der von der Unesco als Weltbiosphärenreservat eingestuft wurde. Viele Pflanzenarten, von denen einige nicht einmal von Botanikern eingeordnet und benannt worden sind, findet man nur hier. Der nördliche Teil des Nationalparks besteht aus einem leicht gewellten Plateau, durch das träge der Fitzgerald River und der Hamersley River fließen und das nach Süden hin steil abfällt. Von den Klippen bietet sich ein herrlicher Ausblick über die Küstenebene bis hin zur Bergkette der **Barren Ranges**.

Die Barren Ranges durchziehen den Park von Osten nach Westen. Westlich des Fitzgerald Inlet erstrecken sich weite Sandstrände. Die dem Park am nächsten gelegenen Ortschaften sind der Fischerort **Bremer Bay** (Südwesten), **Jerramungup** im Westen und **Hopetoun** im Osten. Für den Nationalparkbesuch braucht man ein Auto, am besten einen Geländewagen. Über Wege in den Park erteilen die Visitor Information Centres in Albany oder Esperance Auskunft.

ÜBERNACHTUNG

Die Unterkünfte befinden sich in Bremer Bay und Umgebung.

Im Winter zum Whale Watching

Ein Besuch des Fitzgerald National Park lohnt sich besonders im australischen Winter. Zwischen Juli und November kommen **Südkaper** *(Southern Right Whales)* in die geschützten Buchten dieses Küstenstrichs, um dort ihre Jungen zur Welt zu bringen. Am Point Ann befindet sich eine **Walbeobachtungsplattform** – „Loose-Reisende" waren dort aus 30 m Entfernung Zeugen einer Walgeburt.

Erst seit wenigen Jahren sieht man an der Küste auch immer wieder Orcas (Schwertwale). Tagestouren (mit Sichtungs-Garantie!) bietet **Naturalist Charters**, $385 p. P. 💻 https://bremerbaywa.com.au.

Bremer Bay B&B, 11 Point Henry Rd, 💻 www.bremerbaybedandbreakfast.com.au. Gemütliche Gästezimmer in freundlichem B&B. Frühstück inkl. ❼

Quaalup Homestead Wilderness Retreat, Qualup Rd, 💻 www.whalesandwildflowers.com.au. 16 km nordöstlich von Bremer Bay im Fitzgerald River NP. Units und Cottages, auch Zeltmöglichkeit ($28) vorhanden. Ab ❹

Im Nationalpark gibt es einige **Campingplätze**, darunter einen am hübschen St Mary Inlet. $10 p. P.

INFORMATIONEN

BP-Tankstelle, Gnombup Terrace, Bremer Bay.

Esperance

Die Stadt mit 14 000 Einwohnern, 720 km südöstlich von Perth gelegen, erhielt ihren Namen nach einer der beiden französischen Fregatten *L'Esperance* und *Recherche*, die 1792 in einer nahegelegenen Bucht vor einem Sturm Zuflucht suchten. Der Archipel in der Bucht von Esperance wurde nach dem zweiten Schiff benannt. Der Goldrausch bescherte dem Hafen Wachstum und Bedeutung. In den 1950er-Jahren wurde das bisher ertraglose Heideland durch chemische Düngemittel in fruchtbares Acker- und Weideland umgewandelt, heute ist die Region eine der produktivsten landwirtschaftlichen Gegenden von WA.

Sehr reizvoll ist die Küste in der Umgebung von Esperance mit ihren langen weißen Sandstränden, dem türkis schimmernden Wasser, den mehr als 200 Inseln und Inselchen des Recherche-Archipels – Refugium für zahlreiche Tiere – und den Felsklippen und sandigen Buchten des Cape Le Grand National Park im Osten.

Das **Esperance Museum** in einem alten Bahnhofsgebäude in der Dempster St enthält Gegenstände aus der Pionierzeit. Sein ganzer Stolz ist die **Skylab**-Ausstellung – das amerikanische Raumlaboratorium drang 1979 direkt über Esperance wieder in die Erdatmosphäre ein, 🕒 Mo–Fr 10–16, Sa 9–12 Uhr, Eintritt $9, Kind $7.

Ebenfalls in der Dempster St befindet sich das **Historic Museum Village**, eine Ansammlung

WESTERN AUSTRALIA

13 HIGHLIGHT Wandern im Cape Le Grand National Park

Der **Coastal Trail** in diesem Nationalpark führt durch eine herrliche Küstenlandschaft aus Heideland und einsamen, von Granitfelsen eingerahmten Buchten mit blendend weißen Sandstränden; immer wieder eröffnen sich hinreißende Ausblicke auf das türkis-azur-tintenblau schimmernde Meer und das Panorama der **Bay of Isles** (Recherche-Archipel). Die gesamte Strecke ist 15 km lang, aber man kann sie auch in Abschnitten begehen. Aus dem Heideland weiter landeinwärts ragen Felsen heraus; der 290 m hohe **Frenchmans Peak** lässt sich in etwa 50 Min. erklimmen (Anstieg vom Parkplatz an der Ostflanke). Campingmöglichkeiten gibt es in Lucky Bay und Cape Le Grand Beach, zu buchen unter 💻 https://parkstaybookings.dbca.wa.gov.au. Man erreicht den Nationalpark über eine 60 km lange, asphaltierte Straße von Esperance. Eintritt zum Nationalpark $15 pro Auto.

von alten Häusern, die mehrere Kunsthandwerksläden, eine Galerie und das Visitor Centre beherbergen.

Die Besichtigungsfahrt auf dem **Great Ocean Drive** beginnt in der Twilight Beach Rd. Es geht zunächst am gleichnamigen Strand entlang, wo es viele gute Stellen zum Schwimmen und Fischen gibt. Die Straße führt zum **Observatory Point**, einem guten Aussichtspunkt mit Blick über die Bucht, und weiter zum **Pink Lake**, dessen Wasser tatsächlich je nach Wetter rosa bis lila schimmert. Der See verdankt seine Färbung einer Algenart.

48 km von Esperance entfernt befindet sich der sehr sehenswerte 31 000 ha große **Cape Le Grand National Park**. Der 160 km weiter östlich gelegene **Cape Arid National Park** liegt bereits am Rande der Nullarbor-Wüste; dort beginnen die kahlen Felsklippen der Großen Australischen Bucht. Für die Fahrt in diesen Nationalpark ist ein Geländewagen erforderlich.

ÜBERNACHTUNG

Captain Huon Motel, 5 The Esplanade, 💻 https:// captainhuonmotel.com. Hübsche Anlage, DZ und Units mit Küche, Restaurant. ❺

RAC Esperance Holiday Park, Goldfields Rd, Ecke Norseman Rd, 💻 https://parksandresorts.rac.com.au/esperance. Große, saubere Anlage, direkt am Strand. Pool und Spielplatz sowie saubere, moderne Campingküche. Zelt-/Stellplätze ohne/mit Strom (ab $49) sowie Cabins mit Bad und Küche. ❼

Woody Island Eco Stays, 💻 www.woodyisland.com.au. Die 15 km von Esperance entfernte, 250 ha große Insel ist ein Naturreservat. Esperance Island Cruises (s. unten) betreibt das Eco-Resort und bietet einen tgl. Fährdienst dorthin. Unterkunft in Safari Huts ❺, fest installierten Zelten ❸ oder man bringt das eigene Zelt mit ($75 für 2 Pers.). Extrakomfort bieten die Glampingzelte mit Blick aufs Meer ❼. Campküche und gemeinschaftliche sanitäre Anlagen. Auch Tagestouren zur Insel (s. u.).

SONSTIGES

Informationen

Esperance Visitor Centre, Dempster St, 💻 www.visitesperance.com. Viele Infos, auch über die benachbarten Nationalparks. 🕒 tgl. 9–17 Uhr.

Tauchen

Die Gewässer um die Inseln sind ein Taucherparadies. **Esperance Diving & Fishing**, 72 The Esplanade, 💻 www.esperancediving andfishing.com.au. Bietet Tauchkurse, Tauchtrips, Geräteverleih und Bootscharter an.

Touren

Esperance Island Cruises, 💻 www.esperancecruises.com.au. Wildlife-Cruise zur Beobachtung von Delphinen, halber Tag $120.

Woody Island Eco Tours, 💻 www.woodyisland.com.au. Im Catamaran geht's in etwa einer Stunde zur abgelegenen Woody Island, wo Besucher die Wahl haben zwischen kurzen Wanderungen, Schnorcheln oder Angeln vom

Der Great Ocean Drive bei Esperance hält, was der Name verspricht.

Steg. Touren starten tgl. ab Esperance um 9 Uhr, zurück gegen 14 Uhr. $130.

TRANSPORT

Busse

Transwa, 💻 www.transwa.wa.gov.au. Road Coaches fahren tgl. von PERTH (East Perth Terminal)) über verschiedene Routen nach ESPERANCE. Fahrzeit 10 Std.
Auch Busverbindung zwischen KALGOORLIE und ESPERANCE. Fahrzeit ca. 5 Std.

Flüge

Rex, 💻 www.rex.com.au. Fliegt tgl. nach PERTH.

Weizengürtel und Goldfelder

Auf dem Weg zu den Goldfeldern lohnt der Umweg durch den Weizengürtel *(wheatbelt)*, um einen Stopp am **Wave Rock** bei Hyden zu machen. 600 km landeinwärts von Perth in der heißen, trockenen Halbwüste liegen die großen Goldfelder Western Australias. Sie erstrecken sich über nahezu 450 km von Leonara im Norden bis nach Norseman im Süden auf einer Breite von etwa 100 km. Das Zentrum bilden die Doppelstadt **Kalgoorlie-Boulder** und der kleinere Ort **Coolgardie**. Die Transkontinentalstraße von Perth nach Adelaide führt durch Coolgardie. Ab Norseman durchquert sie als Eyre Highway die Nullabor-Ebene.

Weizengürtel

Der **Wheatbelt**, die Kornkammer des Staates, ist – anders als sein Name es verspricht – kein reiches, fruchtbares Land: Periodisch auftretende Dürren und Buschbrände machen den Farmern seit jeher schwer zu schaffen. Allein die Buschbrände vom Februar 2022 zerstörten mehr als 60 000 ha Land. Die zunehmende Versalzung und Verarmung der Böden, Grundprobleme der Landwirtschaft in ganz Australien, bedrohen hier in besonders starkem Maße die bis Mitte der 1970er-Jahre noch so ertragreiche westaustralische Kornkammer.

Ab 1890 wurden große Flächen als Weideland an Schafzüchter verpachtet, und um die Jahrhundertwende entstanden riesige Weizenfarmen. Die Abholzung riesiger Flächen an Eukalyptuswäldern hatte fatale Folgen: Viele der hier beheimateten Pflanzen und Tiere (darunter das Thermometerhuhn, *malleefowl*) gelten heute als gefährdet.

Wave Rock

Die Hauptsehenswürdigkeit des Weizengürtels, Wave Rock bei Hyden, liegt abseits der Hauptstraßen und erfordert einen größeren Umweg. Von Perth aus führt der direkte Weg über Armadale und den Brookton Highway nach Brookton, dann weiter nach Corrigin, Kondinin und schließlich zum kleinen Ort Hyden, 350 km südöstlich von Perth. Für den Wave Rock gilt eine Gebühr von $12 pro Fahrzeug, zu entrichten am Parkeingang.

Wer kein eigenes Fahrzeug hat, schließt sich einer der von Perth aus veranstalteten Touren an. Am besten verbindet man den Besuch von Wave Rock mit einer Goldfelder-Tour und/oder einer Tour nach Albany – nur für diese Felsformation lohnen sich gut 700 km Fahrt nicht. Die 100 m lange Felsenwelle ist Teil einer Felsformation, die an dieser Stelle durch Erosion ihre merkwürdige Form erhielt.

In der Nähe gibt es weitere interessante Felsen, beispielsweise **Hippo's Yawn** (das gähnende Flusspferd), der nach einem 20-minütigen Spaziergang rund um die Basis des großen Felsens zu erreichen ist. 21 km außerhalb von Hyden bei den Humps-Felsen sind in der **Mulka's Cave** Handzeichnungen der Aborigines zu erkennen.

ÜBERNACHTUNG UND ESSEN

Hyden Wave Rock Motel, 2 Lynch St, 💻 https://waverock.com.au/. Motel mit 60 Units, Pool, Bar und Bistro-Restaurant. Ab ❹

Hyden Wave Rock Caravan Park, Wave Rock Rd, Hyden, 💻 https://waverock.com.au. Zelt-/Stellplätze ($35/40). Nahe dem Wave Rock; geräumige Cabins mit AC. Kiosk. ❸

INFORMATIONEN

Visitor Information Centre, 20 Marshall St, Hyden, 💻 https://waverock.com.au. Buchungen von Unterkunft und Touren. 🕒 tgl. 9–17 Uhr.

Goldfelder

Der Goldrausch um Kalgoorlie setzte Ende des 19. Jhs. ein und hinterließ nach seinem Abklingen einige Geisterstädte. Seit den 1990er-Jahren erlebt die Region einen erneuten Goldboom, wobei die alten Bergwerke durch riesige Tagebau-Krater ersetzt worden sind. Aber nicht nur Gold, sondern auch andere Bodenschätze tragen zum Reichtum der Region bei. Australien gilt als der drittgrößte Nickelproduzent der Welt, der Löwenanteil der Vorkommen befindet sich in einem 800 km langen und 100 km breiten Korridor von Mt Keith im Norden bis Norseman im Süden.

In den Goldfeldern herrscht kontinentales Wüstenklima. Die beste Reisezeit ist deshalb der Herbst und der frühe Winter (April/Mai) sowie das Frühjahr (Sep–Nov); tagsüber ist es dann angenehm warm, aber nicht zu heiß. Im Winter kühlt es nachts sehr stark ab, im Hochsommer hingegen (Ende Dez–März) herrscht tagsüber brütende Backofenhitze (bis zu 50 °C)!

Kalgoorlie-Boulder

Die Doppelstadt im Zentrum der Goldfelder, 580 km östlich von Perth, ist mit etwa 31 000 Einwohnern die größte Stadt weit und breit. Kalgoorlie ist ein idealer Ausgangspunkt für die Erforschung der Region. Spaziert man bei Sonnenuntergang die Hauptstraße der Stadt, **Hannan Street**, hinunter, fällt es nicht schwer, die turbulente, glorreiche Vergangenheit im Geiste wiederauferstehen zu lassen.

Von der untergehenden Sonne in karminrotes Licht getaucht, wirken die Hotels aus der ersten Goldrauschzeit wie eine Wildwestkulisse. Ein bisschen wildwestmäßig-frivol sind auch einige Bräuche hier. So locken einige Pubs in Kalgoorlie die Kundschaft mit *skimpies* (*skimpily dressed barmaids* – spärlich bekleideten Bardamen) an.

Die **Post** und das **Rathaus** sind im üblichen, bombastischen viktorianischen Baustil gehalten. Im Vorbeigehen kann man einen Blick auf die sehenswerte Treppe und die Decke des Rathauses werfen ⌚ Mo–Fr 9–16 Uhr.

Die Straßen sind im Schachbrettmuster angelegt. Die parallel zur Hauptstraße verlaufende **Hay Street** ist wegen der gefälligen Damen bekannt, die dort in alles andere als glamourösen Wellblechhütten ihrem Geschäft nachgehen. In illegalen **Two-up-Schulen** frönt man dem simplen, heiß geliebten Wettspiel des Outbacks.

Im Freilichtmuseum **Hannans North Tourist Mine** an der Eastern Bypass Rd, abgehend vom Goldfields Highway 5 km nördlich von Kalgoorlie (der Weg dorthin ist ausgeschildert), wird die glorreiche Vergangenheit zum Leben erweckt. Man erhält einen Eindruck von den herkömmlichen Arbeitsbedingungen und modernen Methoden des Goldbergbaus. Die Galerie enthält eine anschauliche Ausstellung mit vielen Fotos und Schaubildern, außerdem kann man sich beim „Goldwaschen" versuchen. ⌚ So–Fr 9–16 Uhr, Eintritt $16, Kind $9.

Sehenswert ist auch das **Museum of the Goldfields** in Kalgoorlie, 17 Hannan St, das die Geschichte des Goldrausches in Western Australia dokumentiert. ⌚ tgl. 10–15 Uhr, Spende (um $5) erwünscht.

In der Outridge Terrace in der Nähe des Museums steht **Paddy Hannan's Tree** – die Stelle, wo der Ire Paddy Hannan jenes Stück Gold gefunden haben soll, das den Zustrom der Glücksritter auslöste.

Der größte Tagebau Australiens, kurz und prosaisch **Super Pit** (Riesenloch) genannt, befindet sich in der historischen **Golden Mile**, die bereits kurz nach ihrer Entdeckung 1893 als die reichste goldhaltige Quadratmeile der Welt galt. Zurzeit ist der Tagebau 4 km lang, 1,5 km breit und 330 m tief. Allerdings sollen die Goldvorkommen in den nächsten Jahren erschöpft sein. Bis 2024 wurden aus dem Super Pit insgesamt 20 Millionen Unzen Gold gefördert. Der Aussichtspunkt über das Super Pit befindet sich nahe den Bahngleisen in Boulder an der Outram St, ⌚ tgl. 7–21 Uhr.

ÜBERNACHTUNG

Hostels

The Palace Hotel, 137 Hannan St, 💻 https://palacehotelkalgoorlie.com. Einfache Pubzimmer im 2. Stock über dem Irish Pub. ❻

The View On Hannans, 430 Hannan St, 💻 www.theviewonhannans.com.au. Nicht gerade modern, aber sauber und komfortabel. Große DZ und voll ausgestattete Units. ❼

Caravanparks

Kalgoorlie Caravan Park, 286 Burt St, Boulder, 💻 www.discoveryholidayparks.com.au. Cabins und Units, alle mit AC und Bad. Zelt-/Stellplätze ($37/50 oder $60 mit Bad), Campküche, Internet, Pool, Kiosk. ❻

ESSEN

In der Hannan St in Kalgoorlie gibt es viele Takeaways und Cafés.

Ruby's Rasoi, 340 Hannan St. Hervorragende indische Speisen. ⌚ Di–So 16.30–21.30 Uhr.

SONSTIGES

Fossicking

Wer sich unter die Goldsucher mischen möchte, muss ein Miner's Right beim **Mines Department** in der Brockman St in Kalgoorlie beantragen.

Informationen

Kalgoorlie Boulder Visitor Centre, 316 Hannan St, 💻 www.kalgoorlietourism.com. Informationen und Buchungen aller Art. ⌚ Mo–Fr 8.30–17, Sa und So 9–14 Uhr.

Touren

Das **Visitor Centre** organisiert geführte Stadtrundgänge mit Schwerpunkt auf der Vergangenheit der Goldgräbersiedlung sowie Bustouren. Anmeldung beim Visitor Centre (s. oben).

Goldrush Tours, 💻 www.goldrushtours.com.au. Ganztägige Touren zu den Hauptsehenswürdigkeiten und hinaus zu den Lake Ballard Inside Australia Sculptures.

Goldrush

Mit magnetischer Kraft zog es im 19. Jh. Abertausende von Menschen aus aller Welt nach Kalifornien, Südafrika und Australien. In New South Wales und Victoria wurden die Goldgräber schon in den 50er- und 60er-Jahren des 19. Jhs. fündig und begründeten den Aufstieg und Reichtum von Bendigo und Ballarat in Victoria. Die Kolonie Western Australia hatte damals einen wirtschaftlichen Aufschwung bitter nötig, denn sie stand in den 1880er-Jahren kurz vor dem Bankrott. Goldfunde im Nordwesten zogen 1886 viele Goldsucher aus den Oststaaten an, erwiesen sich aber als zu gering. Außerdem machten die Aborigines, die zäh ihr Land verteidigten, den Weißen das Leben schwer.

Die Goldfunde bei Southern Cross lockten dann ab 1887 viele Abenteurer in diese Gegend. Als die Goldgräber fünf bzw. sechs Jahre später bei Coolgardie und Kalgoorlie auf neue, riesige Goldvorkommen stießen, löste das einen ungeheuren Boom aus. Aus dem Wüstenflecken Coolgardie (ein Aboriginal-Name: „Baum beim Gnammaloch") wurde binnen eines Jahres eine Siedlung mit 15 000 Einwohnern, Kalgoorlie wuchs ähnlich rapide und zählte 1902 bereits 30 000 Einwohner und 93 Kneipen. Männer kamen mit dem Schiff in Fremantle und Albany an und machten sich von dort auf den Überlandtreck. Wer es sich leisten konnte, mietete ein Pferd mit Wagen oder ein Reittier, die weniger Betuchten legten die knapp 500 km zu Fuß zurück, ihre Habseligkeiten und Werkzeuge auf Schubkarren oder auf dem Rücken. Einige fuhren sogar mit dem Fahrrad, bei den damaligen Wegen und dem mörderischen Klima eine ungeheure Strapaze.

Wasser, knapp und wertvoller als Gold, war das größte Problem in den Goldfeldern. Die Männer hüteten ihre Wasserflasche daher sorgfältiger als ihr Gold. In den Kneipen kreisten Whiskyflaschen, den Wasserkrug aber rückte der Barmann nicht heraus. Viele verdursteten oder starben, weil sie verdorbenes Wasser getrunken hatten. Werkzeuge, Lebensmittel und Wasser wurden über mühevolle 100 km von Southern Cross nach Coolgardie transportiert, meist von sogenannten *camel trains*. Die an das trockene Klima hervorragend angepassten Tiere wurden mitsamt Führern aus Afghanistan und Belutschistan importiert. In Kalgoorlie und Coolgardie (und anderen Outback-Städten) wurden breite Straßen angelegt, damit ein Kamelzug wenden konnte, denn rückwärts konnte er sich nicht bewegen. Die Versorgung und Verbindung mit den Goldfeldern wurde wesentlich einfacher, als 1896 die erste Eisenbahn fuhr und Kalgoorlie und Coolgardie mit Perth verband. Die Kamelzüge wurden überflüssig; sodass die afghanischen Kameltreiber schließlich gezwungen waren, ihre Tiere laufen zu lassen – die Nachkommen der Lasttiere leben nun wild in den Wüsten Australiens. Viele Afghanen kehrten in ihre Heimat zurück. Die Orte wuchsen und entwickelten sich von staubigen Camps und schäbigen Hüttensiedlungen zu Städten mit prächtigen Gebäuden, allen voran Kalgoorlie-Boulder. Die Wasserknappheit blieb bestehen, bis der Ingenieur C.Y. O'Connor aus Perth auf die Idee kam, das Wasser in großen Staubecken in den Darling Ranges bei Perth zu sammeln und durch eine Pipeline zu den 600 km entfernten, 400 m höher gelegenen Goldfeldern zu pumpen, wofür er zunächst nur verspottet wurde. Im Januar 1903 erreichte das Wasser tatsächlich Kalgoorlie, und trotz niedriger Wasserpreise amortisierten sich die ungeheuren Ausgaben innerhalb von 25 Jahren. Tragischerweise war der Druck der Öffentlichkeit, der auf O'Connor lastete, so groß, dass er wenige Monate vor der Vollendung des Projekts Selbstmord beging. Als der Goldrausch nachließ, wurden Städte wie Gwalia, Leonara, Kanowna und Kookynie zu Geisterstädten. Die Kolonie WA aber hatte der Goldrausch vor dem Ruin gerettet.

TRANSPORT

Busse

Transwa, s. u., Busverbindung zwischen Kalgoorlie und ESPERANCE. Fahrzeit nach Esperance ca. 5 Std.

Eisenbahn

Transwa, 💻 www.transwa.wa.gov.au. Betreibt den *Prospector*-Zug zwischen PERTH und Kalgoorlie. Ab East Perth Railway Terminal 1x tgl., Fahrzeit etwa 6 1/2 Std.

Die transkontinentale Zugverbindung **Indian Pacific** untersteht Great Southern Railways, 💻 www.journeybeyondrail.com.au. Ankunft in Kalgoorlie: aus PERTH am So um Mitternacht; aus SYDNEY kommend Fr um 19.10 Uhr.

Flüge

Qantas bietet Verbindungen nach PERTH.
Virgin Australia fliegt nach MELBOURNE und PERTH.

Coolgardie

Mit seinen 800 Einwohnern lässt Coolgardie heute nur wenig von seiner einstigen Größe erahnen. Die Mine von Bayleys Reward war bis 1963 in Betrieb und zu ihrer Blütezeit belebten 15000 Menschen die Wüstenstadt. Coolgardie ist wesentlich ruhiger als Kalgoorlie.

Das **Goldfields Exhibition Museum** in der Bayley St zeigt eine ausgezeichnete Ausstellung zur Geschichte des Goldrauschs, 🕒 Mo–Fr 9–16, Sa und So 10–15 Uhr, Eintritt $4. Dazu gehört das Visitor Centre, 💻 www.coolgardie.wa.gov.au. Die Eintrittskarte für die Ausstellung gilt auch für das nur mäßig interessante **Railway Museum** in der Woodward St mit ein paar alten Eisenbahnwaggons und Loks.

TRANSPORT

Busse

Transwa, s. S. 474 (Kalgoorlie).

Eyre Highway

Bei Norseman beginnt der Eyre Highway, der entlang der Nullarbor-Ebene 1200 schnurgerade Kilometer lang über die südaustralische Grenze hinweg bis nach Ceduna führt. Hinter Norseman nähert sich die Straße der australischen Südküste und folgt ab Cocklebiddy der Großen Australischen Bucht (Great Australian Bight).

Die Straße erhielt ihren Namen nach John Eyre, der 1841 als erster Weißer auf dieser Route den Süden des Kontinents von Adelaide nach Albany durchquerte. Erst nach dem Zweiten Weltkrieg, der die Australier von der Notwendigkeit einer transkontinentalen Straßenverbindung überzeugt hatte, entstand eine Piste zwischen Perth und Adelaide, die 1970 endlich durchgehend asphaltiert war. Heute ist die Strecke nicht mehr so einsam wie früher. Lastwagen donnern die Straße entlang. Vor ihnen sollte man sich ebenso in Acht nehmen wie vor Kängurus, die eine große Unfallquelle darstellen.

Nördlich des Highways verläuft die Nullarbor-Ebene, deren poröser Kalkstein kein Regenwasser zu halten vermag (Weiteres dazu auf S. 578, South Australia). Bei der Ein- oder Ausreise nach/von WA gelten sehr strenge Quarantänebestimmungen (S. 514).

Von Norseman zum Border Village

Das erste Roadhouse der Strecke ist **Balladonia**, 193 km östlich von Norseman. Die **Afghan Rocks** 14 km weiter sind natürliche Wasserlöcher, die von den Tieren der Umgebung aufgesucht werden. Danach kommt der monotonste Abschnitt des Highways, 170 fast schnurgerade Kilometer bis nach **Caiguna**, 370 km östlich von Norseman. 20 km südlich von hier steht ein Denkmal für **John Baxter**, den Begleiter John Eyres, der an dieser Stelle am 29. April 1841 vor Erschöpfung starb. Von Caiguna bis zum Border Village gilt Central Western Standard Time; die Uhr muss um 45 Minuten vorgestellt werden.

Cocklebiddy liegt 438 km östlich von Norseman und war früher eine Aboriginal-Mission, von der noch ein paar Ruinen übrig geblieben sind. In der Nähe befinden sich viele Höhlen; in den **Cocklebiddy Caves** stieß ein französisches Forscherteam 1983 in bis dahin unerreichte Tauch-Tiefen vor.

Nach weiteren 91 km senkt sich beim **Madura Pass**, 528 km östlich von Norseman, der Highway vom Tafelland zum Küstentiefland hinab. Das **Mundrabilla Roadhouse** 116 km weiter östlich bietet eine willkommene Gelegenheit für eine Fahrtunterbrechung. Nach 66 km kommt man an einer alten Telegraphenstation aus dem

Jahr 1877 vorbei, die heute schon fast von den Wanderdünen verschlungen ist. Die Steilküste der Großen Australischen Bucht kann man von hier zu Fuß erreichen. Vom **Eucla Pass**, eine der einzigen Erhöhungen entlang der Großen Australischen Bucht, bietet sich ein fantastischer Ausblick über die Dünen und die Küste.

13 km weiter östlich von Eucla liegt die Grenze zwischen Western Australia und South Australia mit dem **Border Village Roadhouse**. Ab hier gilt südaustralische Zeit.

ÜBERNACHTUNG

Von West nach Ost:

Balladonia Hotel-Motel, Balladonia, 💻 www.balladoniahotelmotel.com.au. Motelunits mit AC; auch Dorms für Backpacker (Bett $35). Tankstelle, Laden, Restaurant und Bar. ❹

John Eyre Motel, Caiguna, 💻 www.gdaypubs.com.au. Zelt- und Stellplätze ($30). Einfache Motelunits mit AC, Tankstelle, Fast Food. ❹

Madura Pass Oasis Motel, ✆ 9039 3468. Units mit AC, Zelt- und Caravanstellplätze. Pool, Restaurant, Tankstelle. ❸–❹

Eucla Motor Hotel, 💻 www.euclastay.com.au. Eines der größten und modernsten Motels am Eyre Highway; Motelunits mit AC; Zelt- und Caravanstellplätze (ab $30). Pool, Tankstelle, Bar und Restaurant. Auch Touren mit Geländewagen. Ab ❸

Border Village Roadhouse, 💻 http://bordervillageroadhouse.com.au. Angenehmes Motel mit Pub und Bistro-Restaurant, Motelzimmer und Cabins ❹, alle mit AC, sowie Caravanpark (Stellplätze ab $18). Tankstelle. Ab ❹

In den Norden

Nördlich von Perth lockt Western Australia mit vielfältigen Naturerlebnissen, warmen bis heißen Temperaturen, ausgedehnter Wildnis und einer beeindruckenden Tier- und Pflanzenwelt. Wer die Distanzen zwischen den Orten nicht scheut und Buschland und Outback liebt, wird hier auf seine Kosten kommen. Grundsätzlich ist die Reiseplanung in Richtung Norden eine besondere Herausforderung. Es sind immerhin 3153 km von Perth bis zur nördlichen Grenze des Bundesstaates hinter Kununurra.

Die bekannte Reiseroute von WA führt entlang der Coral Coast: Die Höhepunkte sind die Pinnacles im **Nambung National Park**, der **Kalbarri National Park**, das Weltnaturerbe **Shark Bay** mit Monkey Mia sowie das **Ningaloo Reef**. Ebenso berühmt ist der weit im Osten von Exmouth gelegene **Karijini National Park** in der **Pilbara**. Die touristische Infrastruktur ist dort gut ausgebaut.

Viele Besucher zieht es in die weitläufige, wilde **Kimberley** im Norden mit dem zweiten Weltnaturerbe Bungle Bungle im **Purnululu National Park**. Im übrigen Outback trifft man nur wenige Reisende, z. B. bei Mt Augustus und Mt Magnet. Das Angebot für Touristen sowie die Versorgung mit Trinkwasser, Lebensmitteln und Treibstoff sind dort entsprechend knapper.

Die etablierten Straßen sind durchgehend asphaltiert und in einwandfreiem Zustand. Die Küstenstrecken nördlich von Coral Bay sowie die 50 km Zufahrt zu den Bungle Bungle sind (noch) unbefestigt und nur mit Geländewagen befahrbar. Der Straßenzustand sollte vorher erfragt werden (s. Einleitung Western Australia).

Die Korallenküste

Flaches Buschland zur einen, weiße Sandstrände vor türkisblauem Wasser zur anderen Seite: Die Korallenküste säumt den Indischen Ozean von Perth bis Exmouth über 1270 km. Die glutroten Nationalparks bei Kalbarri, Cape Peron und Cape Range bieten faszinierende Anblicke, ebenso die bis zu 150 m aufragenden Zuytdorp-Klippen. In dieser Region treffen drei Klimazonen aufeinander: die mediterrane des Südens, die tropische des Nordens und das Wüstenklima des Outback. Ständiger Begleiter des Reisenden sind die exotischen Lebenswelten des mediterranen bis tropischen Ozeans. Der warme Leeuwin-Strom fließt an der Westküste gen Süden und ist die Lebensader für eine artenreiche und farbenfrohe Wasserwelt.

Nambung National Park

Vom kleinen Küstenort Lancelin führt eine asphaltierte Straße in den Nambung National Park (12 km südlich von **Cervantes**). Hier ragen die bis zu 4 m hohen **Pinnacles** säulenartig aus dem wüstenhaften Gebiet. Der Nationalpark kann über einen 500 m langen Spazierpfad oder eine mit Pkw befahrbare Ringpiste erkundet werden – wunderschön am frühen Morgen oder späten Nachmittag, wenn die tiefstehende Sonne lange Schatten und strahlende Gelbtöne zaubert. Die Pinnacles bestehen aus Kalkstein. Der kalkhaltige Abrieb von Meeresmuscheln wurde von Wellen und Wind an Land getragen und bildete hohe Dünen. Regen zementierte den Sand – v. a. rund um vorhandene Wurzeln – und Wind und Regen formten später die bizarren Auswaschungen. Etwas weiter nördlich finden sich am Ufer des Lake Thetis Stromatoliten.

Bei Cervantes und **Jurien Bay** gibt es lange, weiße Sandstrände. Beste sommerliche Windverhältnisse locken viele **Surfer** und auf den schönen Inlanddünen wird **Sandboarding** angeboten. Daneben kann hier geschnorchelt und getaucht werden. Der 2003 geschaffene **Jurien Bay Marine Park** schützt eine besondere Mischung mediterraner und tropischer Pflanzen- und Tierarten, die sich hier aufgrund des warmen Leeuwin-Stroms ansiedeln.

Greenough

Diese historische Siedlung aus den 1850er-Jahren war zu ihrer Zeit die nördlichste Siedlung in Western Australia und genoss eine florierende Getreidewirtschaft. Nach einer Reihe von Naturkatastrophen mussten die Farmer um 1900 aufgeben. Heute wird die Stätte als Freilichtmuseum gepflegt.

Der Rundweg **Greenough River Nature** führt 17 km entlang des Flussufers. 20 km landeinwärts liegt **Ellendale Pool** am Fuße einer farbintensiven Sandsteinklippe. Typisch sind hier die **Leaning Trees** – der stetige Westwind lässt diese Flusseukalypten so schräg wachsen, dass ihre Krone sich teilweise bis zum Boden neigt.

ÜBERNACHTUNG

Lancelin

Lancelin Lodge, 10 Hopkins St, 💻 www.lancelinlodge.com.au. Angenehmes Hostel in modernem Haus; 6-Bett-Dorms (Bett ab $47), DZ. Pool, Fahrräder. 3x wöchentl. Bus von Perth direkt zum Hostel – muss beim Hostel reserviert werden. Strandnah. ❷

Cervantes

€ **Lobster Lodge**, 91 Seville St, 💻 www.lobsterlodge.com.au. Renovierte Hotel- und Familienzimmer mit Bad. Gutes Preis-Leistungsverhältnis. Ab ❸

RAC Cervantes Caravanpark, Aragon St, 💻 https://parksandresorts.rac.com.au/cervantes. Zelt-/Stellplätze ($39/46) sowie moderne Cabins mit 2–3 Schlafzimmern, strandnah. ❼

Jurien Bay

Jurien Bay Tourist Park, Roberts St, ✆ 9652 1595, 💻 https://summerstar.com.au/caravan-parks/jurien-bay. Schattige, strandnahe Anlage, Zelt-/Stellplätze ($36/40) sowie Holiday Units. Ab ❹

SONSTIGES

Informationen

Lancelin Tourist Information Centre, 102 Gingin Rd, 🕒 Mo–Fr 9–16, Sa und So 9–12 Uhr.

Pinnacles Visitor Centre, Cadiz St, 🕒 tgl. 9–17.30 Uhr.

Touren

Veranstalter aus Perth bieten Tagestouren zu den Pinnacles und New Norcia, s. Perth.

Geraldton und Umgebung

Geraldton ist mit rund 38 000 Einwohnern die fünftgrößte Stadt in WA und das Zentrum der Mid-West-Region. Aufgrund von durchschnittlich acht Sonnenstunden pro Tag erhielt sie den Beinamen „Sun City". Ihre Champion Bay liegt inmitten der historisch bedeutsamen Batavia

Paradies für Surfer

30 km nördlich von Geraldton liegt **Coronation Beach**. Eine 8 km lange Schotterpiste führt zu einem weiten Sandstrand mit schönem *campsite*. Alljährlich trifft sich hier ein Teil der Surfer-Gemeinschaft, viele sind Stammgäste, denn der Wind ist gesichert.

Coast. Die vorgelagerten Riffe wurden vielen Schiffen im 17. und 18. Jh. zum Verhängnis, u. a. dem holländischen Handelsschiff *Batavia*. Das HMAS Sydney Memorial soll an die 645 Männer auf der HMAS *Sydney* erinnern, die hier am 19.11.1941 nach einem Zusammenstoß mit einem deutschen Schiff kenterte. Die beiden Wracks wurden erst 2008 gefunden.

Eine moderne Strandpromenade mit Cafés, Restaurants und Hotels säumt die Küste. Der Hafen von Geraldton ist landesweit der zweitgrößte Getreideexporthafen. Daneben stellt v. a. der Langustenfang eine wichtige Erwerbsquelle dar (Fangsaison Nov–Mai).

WESTERN AUSTRALIA

Das **Western Australian Museum** an der Batavia Coast Marina dokumentiert die regionale Geschichte, zeigt Funde der Schiffswracks und ist vor allem spannend für alle, die hinaus zu den Abrolhos Islands reisen. 💻 www.museum.wa.gov.au. 🕒 tgl. 9.30–15 Uhr, Eintritt mit Spende ($5).

Die 1938 errichtete **St. Francis Xavier Cathedral** in der Cathedral Avenue imponiert mit ihrem byzantinischen Baustil. Der **Bill Sewell Complex** mit der Tourist Information war von 1887 bis 1966 das Krankenhaus und bis 1984 das Gefängnis der Stadt. Nebenan liegt das **Old Gaol Craft Centre** von 1858 mit vielerlei Kunst und Handwerk, 🕒 tgl. 10–16 Uhr.

Schwimmen kann man am Town Beach, Back Beach und Grey Beach.

Abrolhos Islands

Die 122 Inseln ca. 60 km vor der Küste von Geraldton wurden 2019 zum Nationalpark erklärt, dem **Houtman Abrolhols National Park**. In ihren flachen Küstenzonen beherbergen sie eine artenreiche Fisch- und Korallenwelt. Seelöwen, Delphine und Meeresschildkröten begleiten Schnorchler und Taucher. Für Letztere ist das Gebiet besonders spannend, liegen hier doch einige sagenumwobene Schiffwracks, darunter die *Batavia*, die 1629 am Morning Reef auf Grund lief und anschließend Schauplatz einer Meuterei wurde. Die Abrolhos Islands können nur per Schiff, Flugzeug oder Helikopter erreicht werden (s. Touren). Unterkünfte gibt es keine.

ÜBERNACHTUNG

€ **Geraldton Backpackers on the Foreshore**, 172 Marine Terrace, 💻 https://geraldtonbackpackers.com.au. Besser könnte die Lage zwischen Stadt und Strand kaum sein. Das Hostel ist ein Familienbetrieb, sauber und komfortabel. 4- 6-Bett-Dorms ($50) sowie DZ, alle mit Bad auf dem Gang. ❶

Zebras Guesthouse, 2 Glendinning Rd, Tarcoola Beach, 💻 www.zebrasgeraldton.com. Jedes der 6 Zimmer in diesem freundlichen Gästehaus ist nach einem afrikanischen Tier benannt und entsprechend eingerichtet. Alle Zimmer mit Bad, außerdem Gemeinschaftsküche und Ess-/Wohnzimmer. ❺

Caravanpark

Drummond Cove Holiday Park, 13 km nördlich, 💻 www.drummondcove.com. Stell-/Zeltplätze ($35/$40). Cabins mit AC und Bad und große Häuser für bis zu 12 Pers.; Pool, Kiosk, WLAN, schöner Meerblick. Ab ❹

ESSEN

Salt Dish, 35 Marine Tce, 💻 www.yelp.com/biz/salt-dish-cafe-geraldton. In dem beliebten kleinen Café ist immer was los. Saisonale Gerichte aus lokalen Produkten. 🕒 Mo–Fr 7–15, Fr und Sa auch 17.30–22 Uhr.

Gone Fishing, 547 Chapman Rd. Leckere Fish & Chips frisch aus den lokalen Gewässern. 🕒 tgl. 16–19.30 Uhr.

TOUREN

Kalbarri Scenic Flights, 💻 www.kalbarriscenicflights.com.au. Im Kleinflugzeug geht es über die traumhafte Küste hinweg zu den Abrolhos

Islands, wo Zeit zum Wandern und Schnorcheln bleibt, bevor es zurück nach Kalbarri geht, $420.

Shine Aviation Services, 💻 www.shineaviation.com.au. Schnorcheltour bei den Abrolhos Islands mit Anreise im Flugzeug ($490). Auch Tagestouren in den Kalbarri National Park, zu den Pink Lakes und Kalbarri (oder alles in einem).

Tauchen

Batavia Coast Dive Academy, 153 Marine Terrace, 💻 https://bataviacoastdive.com.au. Tauchkurse und -touren, Ausrüstungsverleih, Helikoptertouren zu den Inseln.

INFORMATIONEN

Geraldton Visitor Centre, 246 Marine Terrace, 💻 www.visitgeraldton.com.au. 🕒 Mo–Fr 9–16, Sa und So 9.30–13.30 Uhr.

TRANSPORT

Busse

Auf direktem Weg ist man mit dem Bus zwischen PERTH und Geraldton ca. 6 Std. unterwegs.

Integrity Coach Lines, 💻 www.integritycoachlines.com.au. Di, Do und So um 19 Uhr ab PERTH (Wellington St Terminal) via CERVANTES, JURIEN BAY, GREENHEAD und DONGARA nach Geraldton (Ankunft nächster Tag 1.50 Uhr). Bus fährt weiter an der Küste entlang via OVERLANDER ROADHOUSE (Abzweig nach Monkey Mia), CARNARVON, CORAL BAY, EXMOUTH, KARRATHA, PORT HEDLAND nach BROOME (Ankunft 6.55 Uhr). In südlicher Richtung hält der Bus Mo, Mi und Sa um 1.05 Uhr in Geraldton zur Weiterfahrt nach Perth.

Transwa-Bus, 💻 https://transwa.wa.gov.au, 1–2x tgl. ab PERTH (East Perth Terminal) über Jurien Bay und Eneabba nach Geraldton. Mo, Mi und Fr fährt der Bus weiter nach Kalbarri (2 1/2 Std. Fahrzeit ab Geraldton).

Flüge

Virgin Australia, 💻 www.virginaustralia.com, fliegt tgl. nach PERTH.

Kalbarri

An der Mündung des Murchison River liegt das malerische **Kalbarri** (rund 1500 Einwohner). Morgens werden am Flussufer **Pelikane gefüttert** (8.45 Uhr). Entlang des Flusses findet man eine umfassende touristische Infrastruktur mit entspannter Ferienatmosphäre. Während der Ferienzeiten verfünffacht sich die Zahl der Menschen allerdings. Die Preise für Lebensmittel sind hier bereits deutlich höher als in Geraldton.

Kalbarri ist ein junger Ort, dessen Fischer- und Feriengeschichte erst in den 1950er-Jahren mit Wellblechhütten begann. Im Tourist Information Centre hängen Fotos aus dieser Zeit. Am **Chinaman Lookout** kann man Flussmündung und Ortschaft überblicken oder Sonnenuntergänge genießen. Schwimmen kann man am **Chinamans Beach** im Fluss und am Strand **Blue Holes**, wo sich auch das Schnorcheln sehr lohnt. Zur anderen Seite des Flusses gelangt man schwimmend oder mit einem Taxiboot.

Rund 50 km vor Kalbarri liegt der **Pink Lake**. Die Alge *Dunaliella Salina* bestimmt diese Farbe. Die farblichen Pigmente zählen zu einer Gruppe natürlicher Farbstoffe, zu der auch Beta Carotin zählt, und die in der Lebensmittelindustrie genutzt wird.

Kalbarri National Park

Dieser uralte Nationalpark wirkt wie die Leinwand eines überirdischen Malers. Der Park umfasst 1830 km² hügeliges Land mit 80 km langen, bis zu 100 m tiefen Schluchten im rund 400 Mio. Jahre alten und ca. 3 km tiefen Sandstein. Die freiliegenden Schichten bieten ein beachtliches rot-braun-beiges Farbenspiel. Alle Aussichtspunkte sind mit Pkw erreichbar, allerdings können die unbefestigten Straßen in schlechtem Zustand sein. Das Parkticket ($17 pro Auto) ist am Parkeingang oder online unter 💻 https://exploreparks.dbca.wa.gov.au erhältlich. Trinkwasser sollte unbedingt mitgenommen werden. An heißen Tagen ist ein Besuch am frühen Morgen vor 10 Uhr ratsam.

Nördlich von Kalbarri führt ein Abzweig über eine 26 km lange Schotterpiste zu den Aussichtspunkten **The Loop** und **Z-Bend**. Hier sind die tiefsten Schluchten einsehbar. Die Attraktion

WESTERN AUSTRALIA

The Nature's Window kann vom Parkplatz bei The Loop erreicht werden. Hier beginnt der 8 km lange **Loop Walk**: zuerst Richtung Osten entlang der Klippen und nach der ersten Flussbiegung hinab ins Tal entlang des Flussbettes. Die Wasserstände des Flusses beeinflussen die Begehbarkeit einzelner Abschnitte. Vorher beim Tourist Information Centre informieren.

2020 eröffnete der spektakuläre **Skywalk Kaju Yatka**: zwei Aussichtsplattformen, die sich 100 m über dem Murchison River Gorge 25 m weit in die Lüfte recken. Die beiden Plattformen sind über einen Pfad miteinander verbunden.

Die Aussichtspunkte **Hawks Head** und **Ross Graham** lassen sich über asphaltierte, kürzere Straßen etwas leichter erreichen. Am zweiten führt auch ein einfacher Weg zum Fluss hinunter. Auf der Hauptstraße sind es bis dorthin noch 24 km.

Die malerischen Klippen südlich von Kalbarri gehören ebenfalls zum Nationalpark. Ortsnah gelegen ist **Red Bluff** mit Schwimm- und Angelmöglichkeiten und der höchsten Erhebung der Klippen. Dahinter folgt **Mushroom Rock** mit einem zweistündigen, beschilderten Wanderweg und **Rainbow Valley** mit wunderbaren Farbtönen. Bei **Pot Alley** eröffnet sich ein gewaltiger Blick über die Klippen und die tosende Brandung. Der kurze Abstieg durch einen schönen Canyon führt zu einem Sandstrand.

Als nächstes erreicht man die **Eagle Gorge** mit einer großen Aussichtsplattform, auch für Walbeobachtungen. Die folgenden Aussichtspunkte **Natural Bridge**, **Island Rock**, der früher Teil der heute ausgespülten Küste war, **Grandstand** und **Shellhouse** bieten Blicke auf die Steilküste mit gänzlich anderen Farbspielen. Entlang der Klippen südlich von Eagle Gorge führt ein rund 8 km langer, ausgeschilderter Wanderweg.

ÜBERNACHTUNG

Hostel

Kalbarri Backpackers YHA, 51 Mortimer St, ✉ kalbarri@yha.com.au. Freundliche Anlage in zentraler Lage. Pool, Fahrradverleih, Internet. Dorms (Bett $35), DZ teils mit eigenem Bad, Ventilator ❶

Andere

€ **Palm Resort**, 8 Porter St, 💻 www.palmresort.com.au. Die Zimmer sind zwar einfach, aber sauber und bequem und ganz in der Nähe des Strands. Pool mit Grillbereich. Ab ❷

Pelicans Nest, 45 Mortimer St, 💻 www.pelicansnestkalbarri.com.au. Units und Motelzimmer mit AC, Pool draußen. ❺

Caravanpark

Tasman Holiday Park - Kalbarri, Grey St, 💻 https://gdayparks.com.au. Zentrale Lage, gegenüber dem Strand. Zelt-/ Stellplätze ($55/60). Bootsverleih, Cabins mit AC. Manchmal füttern Ehrenamtliche am Strand vor dem Caravanpark morgens Pelikane. Ab ❺

ESSEN

Finlays Fresh Fish BBQ, 24 Magee Crescent. In einer gemütlichen Biergartenanlage mit Outback-Stimmung (inkl. Lagerfeuer) gibt es leckere Fish & Chips. 🕒 tgl. 12–20 Uhr.

TOUREN

Abseilen

Kalbarri Abseil in der Murchison Gorge, 💻 www.kalbarriabseil.com. Abseilen im Kalbarri NP. Auch Tages-Kajaktouren.

Bootstouren / Ausflüge

Kalbarri Adventure Tours, 💻 www.kalbarritours.com.au. Kanu- und Sightseeingtouren durch den National-park.

Reefwalker Adventure Tours, 💻 www.reefwalker.com.au. Sunset-Fahrten, Delphin- und Walbeobachtung sowie Angeltrips.

Rundflüge

Kalbarri Scenic Flights, 💻 www.kalbarriscenicflights.com.au. Flüge über Klippen, Schluchten, zum Pink Lake oder nach Monkey Mia.

SONSTIGES

Bootsverleih

Kalbarri Boat Hire, Grey St, 💻 www.kalbarriboathire.com. Motorboote, Paddelboote, Kanus,

Windsurfbretter. Auch Kanusafaris auf dem Murchison River ($100 pro halber Tag).

Informationen

Tourist Information Centre, 70 Grey St, ✆ 9937 1104, 💻 www.kalbarri.org.au, 🕒 Mo–Sa 9–17, So bis 13 Uhr.

TRANSPORT

Busse

Transwa, 💻 www.transwa.wa.gov.au, Di, Do, Sa und So ab PERTH (East Perth Terminal) über Jurien Bay, Eneabba und Geraldton nach KALBARRI. In umgekehrter Richtung an den gleichen Tagen.

Shark Bay Weltnaturerbe

Diese 1991 bestimmte Region des **Weltnaturerbes** (World Heritage) ist eine von wenigen weltweit, die gleich vier Kriterien dieses schützenswerten Status erfüllt: erdgeschichtliche Wichtigkeit, aktive evolutionäre Prozesse, natürliche Schönheit und Lebensraum bedrohter Arten. Ab 1995 startete CALM (heute Department of Parks and Wildlife) für die gesamte Shark Bay das Project Eden: Die Halbinseln wurden mit einem 3,5 km langen Zaun isoliert. Ziel ist die Schaffung eines geschützten Raumes für bedrohte, heimische Tierarten durch die Ausrottung eingeführter Tiere, v. a. Raubtiere, und Wiedereinrichtung natürlicher Frischwasseradern. Der Erfolg der Maßnahme zeigt sich auch anhand der beeindruckenden Erholung der zuvor abgegrasten Vegetation.

Shark Bay umfasst 22 000 km², zwei Drittel davon nimmt der **Shark Bay Marine Park** ein. Seine Gewässer beherbergen eine einmalige Meereswelt: Die weltgrößten und vielfältigsten Seegrasweiden ernähren 14 000 Dugongs, 10 % der Weltpopulation; neben Haien leben hier auch Meeresschildkröten (*green* und *loggerhead turtles*) und Delphine; die Salzkonzentration in den Buchten ist aufgrund der hohen Verdunstungsrate 1,5–2x so hoch wie im offenen Ozean – einzigartige Bedingungen, wie sie sonst nur noch in den Bahamas existieren.

Die **Stromatoliten** im flachen **Hamelin Pool** wurden von Millionen von Cyanobakterien geschaffen, die in diesem warmen Ozean leben und im hypersalinen Umfeld keine natürlichen Feinde haben (Fische, Schnecken). Diese ersten Lebensformen unserer Erde haben vor rund 3,5 Mrd. Jahren unsere Erdatmosphäre mitgeschaffen. Die Stromatoliten bestehen aus Sedimenten (Sand, Muscheln), verklebt durch Sekret der Bakterien, und wachsen nur 5 cm in 100 Jahren. WA ist einer von wenigen Orten auf Erden, an dem sie zu sehen sind. Vor der Bucht liegt die historische Telegraphenstation, die ab 1884 Wyndham mit Albany verband.

Der beeindruckende **Shell Beach** besteht ausschließlich aus kleinen weißen Herzmuscheln. Der Strand erstreckt sich über 120 km und ist bis zu 10 m tief. Sehr verdichtete Schichten wurden abgebaut und für den Häuserbau genutzt, z. B. Denham's Old Pearler Restaurant. Auf dem Weg nach Denham liegen lohnende Aussichtspunkte, v. a. Eagle Bluff. Von hier aus kann man den weißen Salzberg der Salzminen von Useless Loop erspähen.

Denham, mit rund 700 Einwohnern die einzige Ortschaft dieser Region, bietet Unterkünfte, Restaurants, Tankstelle, Supermarkt. Als westlichste Stadt Australiens begann ihre Geschichte 1898 mit Perlenfischern. Hinter dem Ort geht es in den wenig erschlossenen **Francois Peron National Park**. Ab dem Homestead, in dem die Geschichte der Farm und der Region plakatiert ist, kann er nur mit Allradantrieb und reduziertem Reifendruck erkundet werden (Kompressor für die Rückfahrt!). Der Park ist Teil des World-Heritage-Gebietes und verzaubert mit seinem Farbenspiel aus glutroten Klippen, weißen Stränden und türkisem Ozean. Charakteristisch sind auch die zahlreichen *birridas*, Salzwannen, die aufgrund ihrer mineralischen Komposition recht lehmig sind, eine besondere angepasste Vegetation zeigen und auf keinen Fall befahren werden dürfen. Den obligatorischen Park Pass ($17 pro Fahrzeug) erhält man online unter 💻 https://exploreparks.dbca.wa.gov.au

Monkey Mias geschäftiges Resort lebt von seinen **Delphinen**. Vor rund 50 Jahren begannen sie die hiesigen Fischer zu besuchen und etwas von ihrem Fang zu ergattern. Später gewannen

Forscher durch die entstandenen stetigen Beziehungen zu den Delphinen wesentliche Erkenntnisse über Leben und Sozialverhalten der Tiere. Heutzutage werden sie morgens in einer abgetrennten *Dolphin Interaction Area* gefüttert. Örtliche Ranger sichern ihr Wohlergehen u. a. durch Verhaltensregeln für Besucher: Füttern und Streicheln sind zum Schutz der Delphine zu unterlassen.

Die Bucht lädt zum Baden und Spazierengehen ein. Am Strand können außerdem Meeresschildkröten und Rochen gesichtet werden. Vorsicht vor den hochgiftigen Steinfischen und Blauringelkraken! Ein kurzer Rundweg hinter dem Resort führt an den Brutstätten einiger Wasservögel vorbei.

ÜBERNACHTUNG

Im **Francois Peron National Park** gibt es einige einfache Campingplätze, u. a. bei Big Lagoon, Herald Bight, Bottle Bay, Gregories und South Gregories. Alle haben Buschtoiletten und Grillstellen, es gibt kein fließendes Wasser. Weitere Campingplätze, die z. T. auch ohne Geländewagen erreichbar sind, liegen entlang der Westküste auf der Strecke nach Denham. In Denham erhält man ein Camping Permit ($15 p. P./Nacht).

Denham

Bay Lodge, 113 Knight Terrace, 💻 www.baylodgesharkbay.com.au. Die saubere, kleine Unterkunft (früher ein YHA Hostel) bietet kleine Apartments mit 1–3 DZ und Küche. Zentral und strandnah. Pool, Internet, kostenloser Bus nach Monkey Mia morgens und nachmittags. ❸

Denham Seaside Caravan Park (Tasman HP), Knights Terrace, 💻 https://tasmanholidayparks.com. Zelt- und Stellplätze, teilweise direkt am Strand (ab $60). Cabins am Strand, gegenüber Supermarkt. ❼

Monkey Mia

RAC Monkey Mia Dolphin Resort, 💻 https://parksandresorts.rac.com.au/monkeymia. Apartments, Villas und Zimmer mit AC, teils Meerblick, ab ❻, Backpackers Lodge, Bett ab $32, DZ ❷, Stellplätze ab $50. Pool, Laden, Tennisplatz, Restaurant, Bar, Bootsrampe.

ESSEN

Denham

Old Pearler Restaurant, Knight Terrace. Rustikales Ambiente in schönem Muschelhaus. Nebenan in der **Bakery** gibt es gutes Frühstück und Snacks.

Monkey Mia

The Boughshed Restaurant, im Monkey Mia Dolphin Resort, liegt direkt am Wasser und bietet saisonale Gerichte. 🕒 tgl. 7–20.30 Uhr.

SONSTIGES

Autovermietung

Shark Bay Car Hire, 65 Knight Terrace, 💻 www.carhire.net.au. Auch one-way von und nach Perth.

Informationen

Visitor Centre Denham, im Shark Bay Discovery Centre, 53 Knight Terrace, 💻 www.sharkbaywa.com.au, 🕒 Mo–Sa 9–16.30 Uhr.

Monkey Mia Reserve, 💻 https://exploreparks.dbca.wa.gov.au/, 🕒 tgl. 7–16 Uhr.

Tauchen / Schnorcheln

Shark Bay Eco Tours, 💻 https://sharkbayecotours.com. Tauch- bzw. Schnorchelexpeditionen und -kurse, Verleih von Ausrüstung. Aber auch Cruises und Touren im Geländewagen.

Touren

Touren von Perth nach Monkey Mia s. S. 447.

Wula Gura Nyinda Eco Adventures, 💻 www.wulagura.com.au. Sehr empfehlenswerte Touren mit Aboriginal-Guides. Unter anderem Bushwalking, Nachttouren mit Lagerfeuer und Didgeridoo-Vorführung ($90), ganztägige Kajak- und SUP-Touren (je $225), Touren im Geländewagen zum Hamelin Pool oder zum Francois Peron NP (je $225) sowie mehrtägige Kajaksafaris. Die Touren betonen die Bedeutung der Region für die einheimischen Nhada- und Malgana-Stämme.

Monkey Mia Wildsights, 💻 www.monkeymiawildsights.com.au. Delphin- und Dugongtouren mit einem Segelkatamaran (z. B. 90 Min. Cruise

$50) sowie Allradtouren in den Francois Peron NP (Tagestour $200).
Shark Bay Aviation, 💻 www.sharkbayaviation.com. Imposanter Blick auf das Farbenspiel der Küste. Verschiedene Touren ab $140 für 20 Min.

TRANSPORT

Busse

Integrity Coach Lines, 💻 www.integritycoachlines.com.au. Di, Do und So um 19 Uhr von PERTH (Beaufort St) via Geraldton nach EXMOUTH mit Stopp am OVERLANDER ROADHOUSE (Ankunft 4.25 Uhr, 130 km von Denham). Der Bus am Di und Do fährt weiter via Carnarvon, Coral Bay, Exmouth, Karratha und Port Headland nach BROOME. Am So fährt Bus weiter nach TOM PRICE. In südlicher Richtung fährt der Bus Do und Sa um 20 Uhr ab Broome, Di um 3.35 Uhr ab Port Hedland.
Ab dem Overlander Roadhouse operiert ein Shuttleservice nach Denham und Monkey Mia. $75 p. P einfach.

Carnarvon

Rund um Carnarvon am Gascoyne River dominiert der Obst- und Gemüseanbau – daher ist die ruhige Kleinstadt eine gute Anlaufstelle für Backpacker, die in den Plantagen arbeiten wollen. Angebaut werden hier Mangos, Ananas, Trauben, Papayas, Tomaten, Paprika und kleinere, sehr aromatische Bananen. In der Saison von Mai bis Oktober werden teils Führungen über die Plantagen angeboten und samstags findet vormittags am Visitor Centre ein Markt statt.

Die Robinson St säumen einige historische Gebäude wie das **Port Hotel** und das **Old Post Office**. Hinter **Babbage Island** ragt der fast 120 Jahre alte **One Mile Jetty** ins Meer hinaus. Täglich zwischen 9 und 16 Uhr zuckelt hier ein Bummelzug für $8 hin und zurück. **Pelican Point** am südlichen Zipfel der Babbage Island ist ein beliebter Ort zum Baden. Die Küste ist erst ab 73 km nördlich von Carnarvon zugänglich: zerklüftete Klippen mit den hohen Fontänen der **Blowholes** und guten Surfstränden bei **Gnaraloo** und **Red Bluff** (140 km nördlich von Carnarvon).

ÜBERNACHTUNG

Coral Coast Tourist Park, zentral in der Robinson St, 💻 www.coralcoasttouristpark.com.au. Zelt-/Stellplätze ab $59 oder $84 mit Bad. Cabins von einfach bis luxuriös, alle mit AC, teils mit eigenem Bad. Pool und Kiosk. ❷–❼
Wintersun Caravan Park (Top Tourist Parks), 546 Robinson St, 4 km zur Stadt, 💻 https://wintersun.com.au. Schöne, schattige Anlage. Gute Campküche, Kiosk, Pool. Zelt-/Stellplätze (ab $45), einfache Cabins und Vans ohne Bad ❷ sowie moderne Cabins mit Bad und AC. Ab ❸

INFORMATIONEN

Visitor Centre, 21 Robinson St, 💻 www.carnarvon.org.au. 🕒 Mo–Fr 9–15 Uhr.

TRANSPORT

Busse

Integrity Coach Lines, s. links (Shark Bay).

14 HIGHLIGHT

Cape Range Peninsula und Ningaloo Reef

Kilometerlange weiße Sandstrände ohne eine menschliche Fußspur, türkisblauer Ozean und ein sagenhaftes Korallenriff, das in wenigen Schwimmzügen vom Strand aus erreicht werden kann – das Weltnaturerbe Ningaloo Reef, das sich entlang der Cape Range Halbinsel erstreckt, gehört sicherlich zu den unvergesslichsten und beeindruckendsten Impressionen einer jeder Australienreise. Das Riff und die Cape-Range-Halbinsel bilden den nördlichsten Zipfel der Korallenküste. Beide stehen als Marine und National Park unter Naturschutz – das Ningaloo Reef gilt seit 2011 als Weltnaturerbe.

Das **Ningaloo-Korallenriff** erstreckt sich über 260 km Länge parallel zur Küste und ist teils nur 20 m von ihr entfernt. Sein nördlichster Punkt bei den Murion Islands liegt geografisch ungefähr auf der Höhe des südlichsten Punktes des Great Barrier Reef der australischen Ostküste. Es beherbergt 250 Korallen- (hauptsächlich Hartkorallen) und mehr als 500 Fischarten. Zu den saisonalen Höhepunkten zählt auch der **Whale Shark** (Walhai), der größte Fisch der Welt. Walhaie können bis auf 15 m Länge anwachsen und bis zu 40 Tonnen schwer werden. Sie gehören zur Haifischfamilie, ernähren sich allerdings nur von Plankton und kleinen Fischen wie Sardinen.

Das Ningaloo Reef ist einer der wenigen Orte auf der Welt, wo man Walhaien so regelmäßig und nahe bei der Küste begegnet. Etwa ab Ende März, kurz nach der Korallenblüte, bis Mitte/Ende Juni halten sie sich wegen der reichhaltigen Nahrung am Riff auf, dann kann mit ihnen geschwommen werden.

Auch **Delphine** und **Dugongs** (Seekühe) werden hier oft gesichtet. Zwischen Juni und November ziehen die außergewöhnlich zutraulichen, bis zu 15 m langen **Buckelwale** an der Küste vorbei, zwischen November und März legen **Meeresschildkröten** am Strand ihre Eier ab, bis März schlüpfen die kleinen Schildkröten aus und machen sich auf den Weg ins Wasser. Ab März hat man gute Chancen, **Mantarochen** *(manta rays)* zu sichten. Da sie im Gegensatz zu Stachelrochen *(stingrays)* harmlos sind, kann man ihnen sehr nahe kommen und ihr graziles Schweben im Meer bewundern. Die „Flügel"-Spannweite eines ausgewachsenen Tieres kann bis zu 7 m betragen, bei einem Gewicht von bis zu 2 Tonnen.

Schnorcheln am Riff

Die hübsche, populäre **Turquoise Bay** liegt nahe am Riff und lädt zum Schnorcheln entlang der Strömung oder in der Bucht ein. Auch sehr schön und weniger frequentiert sind **Sandy Bay**, 70 km südlich, und **Oyster Stacks**. Bei Letzterer sind die glitschigen, scharfkantigen Felsen mit Vorsicht zu genießen. Für Familien eignen sich die wunderbaren Badebuchten bei **Lakeside** und **Mesa Camp**. Im Milyering Visitor Centre kann man Taucherflossen leihen; Masken werden in Exmouth verkauft.

Abseits vom Weg

Die östliche Seite der Range kann über zwei lohnende Abzweigungen von der Exmouth–Minilya Rd südlich von Exmouth erkundet werden. Bei **Shothole Canyon** schlängelt sich die Schotterpiste durch einen landschaftlich vielseitigen Canyon. Nach 14 km gelangt man zu einer Picknickstelle mit Aussichtspunkt in Richtung Canyon. Bei **Charles Knife Road** führt eine Straße, später Schotterpiste, bergauf und bietet nach 21 km wunderbare Ausblicke über die Range zum Ozean.

Die Lebenswelt des Riffs ist auf eigene Faust am besten von Coral Bay aus oder im Cape Range National Park zu erkunden. Karten sowie Leihausrüstungen sind überall erhältlich. In Coral Bay und Exmouth werden diverse Tauch- und Schnorcheltouren angeboten. Während der Regenzeit des Nordens können Zyklone diese Region erreichen; man sollte die Wettervorhersage regelmäßig einsehen.

Am Fuß der Cape Range, inmitten des kargen Spinifex-Buschlands, zeugen die meterhohen **Termitenbauten** von den zahlreichen Bewohnern dieser Gegend. Diese bauen bis zu 50 m lange Tunnel, um an ihre Erntegründe für Gräser zu gelangen. Einmal pro Jahr gebärt die Königin geflügelte Nachkommen mit Seh- und Geschlechtsorganen. Diese fliegen aus, um wieder als Königinnen jeweils einen neuen Staat zu gründen.

Coral Bay und Exmouth

Das kleine Feriennest **Coral Bay** (250 Einw.) befindet sich an einer wundervoll geschützten Lagune des Ningaloo Riffs, das hier nur 100 m vor dem Strand liegt. Auch Anfänger können hier schnorchelnd die Korallen- und Tierwelt erleben. *Whitetip reef sharks* (Weißspitzenriffhaie) schwimmen bis vor den Strand. Sie sind nicht aggresiv und für den Menschen ungefährlich, trotzdem sollte man die Haie nicht provozieren und etwas Abstand halten. Eine Fahrt mit einem Glasbodenboot bietet einen lohnenden ersten

Wer am Ningaloo Reef schnorchelt, sammelt unvergessliche Erinnerungen.

Einblick in die wundervolle Unterwasserwelt des Riffs. Wer es sportlich mag, kann mit einem Seekajak auf Erkundung gehen. Details s. Touren S. 487.

Coral Bay besteht aus nicht viel mehr als einer kleinen Shopping Arcade, Ferienunterkünften und einer Tankstelle mit einer Handvoll Läden (Peoples Shopping Village). Der Ort lebt vom Tourismus und ist aufgrund der begrenzten Infrastruktur in der Feriensaison (April–Sep) oft überlaufen. Das Angebot für Selbstversorger ist sehr bescheiden.

Das größere **Exmouth** (2800 Einw.), am Rande des Cape Range NP, ursprünglich ein Funkstützpunkt der US-Marine und australischen Luftwaffe, bietet Tauchern und Sportfischern eine reizvolle Palette. Im Gegensatz zum Cape Range National Park bietet Exmouth alle Annehmlichkeiten der Zivilisation: Es gibt Restaurants, Cafés, Unterkünfte und Einkaufs- und Vergnügungsmöglichkeiten aller Art. Neueren Datums ist der moderne Marina-Komplex mit kanalartig angelegten Grundstücken; auf einem davon steht das hochpreisige Novotel. 1960 wurde für die Marine das **Navy Pier** errichtet, das heute zu den Top-Tauchgebieten der Welt zählt., ebenso wie die **Murion Islands**.

Cape Range National Park

Der wüstenhafte **Cape Range National Park** ist für seinen Reichtum an Wildblumen und Tieren bekannt; in den Schluchten leben u. a. schwarzfüßige Felsenwallabies, Fischadler und zahlreiche Papageienarten. Die westliche Seite der Range erreicht man über die Küstenstraße **Yardie Creek Street** von Exmouth aus. Der Eingang zum Nationalpark liegt im nördlichen Teil, Park Passes für den Nationalpark ($17 pro Auto) werden aber auch im Visitor Centre und online 💻 https://exploreparks.dbca.wa.gov.au verkauft.

Beim Leuchtturm **Vlamingh Head** von 1912 lassen sich herrliche Sonnenuntergänge betrachten. Die weißen Sandstrände im nördlichen Teil des Nationalparks sind wichtige Brutstätten für Meeresschildkröten. Zwischen November und Februar können Besucher nach Sonnenuntergang gegen 20 Uhr beim **Jurabi Turtle Centre** an Strandgängen zur Beobachtung von Meeresschildkröten beim Eierablegen bzw. von schlüpfenden Jungtieren teilnehmen, $25. Die hier vertretenen Arten sind: *green turtles* (Suppenschildkröten), *loggerhead turtles* (Unechte Karettschildkröten) und *hawksbill turtles* (Echte Karettschildkröten).

Vor dem Strandgang gibt es wertvolle Infos zu den Schildkröten und zum erforderlichen Verhalten bei Beobachtungen *(code of conduct)*. Wer eigenständig auf Beobachtungstour gehen möchte, sollte sich zuvor unbedingt die Informationsbroschüre hierzu in einem der Information Centres holen. Eine gute Informationsquelle ist auch 💻 www.ningalooturtles.org.au.

Am Ende der asphaltierten Yardie Creek Rd liegt 90 km südlich von Exmouth die **Yardie Creek Gorge**. Hier gibt es einen schönen Wanderweg entlang der Klippen und es wird eine einstündige Bootsfahrt angeboten, Buchung beim Milyering Visitors Centre.

ÜBERNACHTUNG UND ESSEN

Unterkünfte sollten während der australischen Oster- und Sommerferien im Voraus reserviert werden (leider nur sehr begrenzt möglich für Campsites im NP, hier am besten früh anreisen).

Coral Bay

Coral Bay Backpackers, Robinson St, 💻 www.ningaloocoralbay.com. Zweistöckiges Hostel im Resort-Stil. 4–10-Bett-Dorms (Bett ab $40), DZ ohne Bad ❸ und mit Bad ❹. Tischtennis, Billard, Pool, Bar, Tourbuchungen. Viele Aktivitäten.

Ningaloo Reef Resort, 💻 www.ningalooreefresort.com.au. An der Bucht mit dem örtlichen Pub in der Mitte der Anlage. Renovierte Units und Apartments mit AC und Kochnische, Pool, Bistro-Restaurant. ❼

Camping

Peoples Park Caravan Village, 💻 https://peoplesparkcoralbay.com.au. Schöne Stellplätze mit Meerblick (ab $65), Cabins und neue Villen, neben Shopping Village. ❼

Fins Café, Snacks und kreative, leckere Abendküche. 🕒 in der Saison tgl.

In der **Bakery** im Shopping Village gibt es köstliche Sandwiches.

Exmouth

RAC Exmouth Cape Holiday Park, 3 Truscott Crescent, Ecke Murat Rd, 💻 https://parksandresorts.rac.com.au/exmouth. Großzügige Anlage mit Pool und Cabins mit AC ab. Stellplätze ohne/mit Strom ($50/$66 oder $105 mit Bad). Ab ❺

Ningaloo Caravan and Holiday Resort, gegenüber Visitor Centre, 💻 www.exmouthresort.net.au. Große, saubere Anlage mit vielen Übernachtungsoptionen. Zelt- und Stellplätze (ab $48, die 4. Nacht gibt's kostenlos), sowie Motelzimmer und große Chalets. Ab ❷.

Ningaloo Lodge, Lefroy St, 💻 www.ningaloolodge.com.au. Gepflegte und zentral gelegene kleine Motelanlage, Units mit AC, Pool, Küche, Terrasse. ❻

Potshot Resort, 1 Murat Rd, 💻 www.potshotresort.com. Zentral gelegene, große Anlage mit Motelunits, Apartments und nebenan das Excape Backpackers mit Dorms (Bett $40) und DZ ❶, alle mit AC. Gemeinschaftsküche, Pool, Pub, Bistro-Restaurant. Ab ❺

Beim Shopping Centre am Maidstone Crescent gibt es Cafés, Restaurants und Pubs; das **Continental Café** serviert tgl. außer So ab 8.30 Uhr Frühstück und frische Focaccias.

Whaler's auf der Kennedy St ist bekannt für seinen gegrillten Fisch, 🕒 ab 17.30 Uhr.

Cape Range National Park

An der Küste findet man diverse Campsites mit sehr spärlicher Ausstattung – weder Strom noch fließend Wasser, Duschen oder Campküchen. Die meisten haben Plumpsklos und Picknick-Tische. Übernachtungsgebühr: $15 p. P. Sie können (und sollten!) im Voraus gebucht werden, 💻 https://exploreparks.dbca.wa.gov.au. Ansonsten empfiehlt es sich v. a. in der Hauptsaison, morgens früh anzureisen, um noch einen Platz zu bekommen. Unbedingt ausreichend Trinkwasser und Benzin von Exmouth mitnehmen!

Sal Salis, 💻 www.salsalis.com.au. Das Luxushotel mit seinen einmaligen Glampingzelten und der Lodge ist die einzige Unterkunft im Park. Preise inkl. aller Mahlzeiten und Transfer von und nach Exmouth. Ab $2300

Touren zu den Walhaien oder Buckelwalen gegen Aufpreis.

TOUREN

Coral Bay

Bootstouren / Tauchen / Kajak fahren
Ganz- (um $285) oder halbtägige Touren (um $150) zu Meeresschildkröten, Mantarochen. Schwimmen mit Walhaien (um $480) sowie zum Korallenriff (ab $225 für Schnorchler), auch mit Glasbodenboot, saisonal ab April.
Coral Bay Tours, 💻 www.coralbaytours.com.au. Zum Riff mit dem Glasbodenboot. Auch Quad-Touren zum Cape Range NP.
Ningaloo Reef Dive, 💻 www.ningalooreefdive.com. Touren mit dem Glasbodenboot (ab $140), Schnorcheltouren sowie Schwimmen mit Mantarochen und Walhaien (in der Saison). Auch PADI-Tauchkurse und Ausrüstungsverleih.

Exmouth

Bootstouren / Tauchen
Am Navy Pier, am Riff und bei den Murion Islands sowie saisonal Beobachtung von Walhaien und Walen.
Exmouth Dive Centre, Payne St, 💻 www.exmouthdiving.com.au. Auch Ausrüstungsverleih, Schnorchelexkursionen, PADI-Tauchkurse (Lehrgangsmaterial auch auf Deutsch).
Ningaloo Blue Dive, 💻 www.ningalooblue.com.au, und **Kings Ningaloo Reef Tours**, 💻 www.kingsningalooreeftours.com.au, bieten Tagestouren zum Schnorcheln/Tauchen mit Walhaien.
Ningaloo Ecology Cruises, 💻 www.glassbottomboat.com.au. Riff-Sightseeing mit Glasbodenboot, inkl.
Yardie Creek Cruise, 💻 www.yardiecreekboattours.com.au. 90-minütige Bootstour durch die Schlucht des Yardie Creek, $45.

Safaris / Rundflüge
Ningaloo Safari Tours, 💻 www.ningaloosafari.com. Informative Touren im Allradbus (Tagestour $220).
Norwest Airwork, 💻 www.norwestairwork.com.au. 30 und 60 Min. lange Flüge über die Ranges und das Ningaloo Reef, ab $175.

SONSTIGES

Informationen

Coral Bay
Es gibt kein Tourist Information Centre, vielmehr informieren diverse engagierte Stellen, z. B. **Coral Bay Tour & Information**, Shopping Arcade, 💻 www.coralbaytours.com.au, 🕒 Mo–So 8–18 Uhr. Fachliche Informationen zur Region auch in der **Parks and Wildlife Information Hut** gegenüber dem Campingplatz.

Exmouth
Tourist Information Centre, 2 Truscott Crescent, 💻 www.ningaloocentre.com.au. 🕒 tgl. 9–16.30 Uhr.

TRANSPORT

Busse

Integrity Coach Lines, s. S. 483 (Shark Bay).

Flüge

Qantas, 💻 www.qantas.com.au. Direktflüge von EXMOUTH nach PERTH und MELBOURNE.

Die Pilbara

Die Pilbara ist eine der geologisch interessantesten Regionen Australiens. In ihrem Gestein manifestiert sich der urzeitliche Pilbara-Block *(Craton):* eine Region, die Millionen Jahre keiner signifikanten Erdbewegung ausgesetzt war und deren Gestein über Millionen Jahre von den Flüssen modelliert, zu spektakulären Schluchten geschliffen wurde. Dies präsentiert sich in einem der faszinierendsten Nationalparks Australiens: dem **Karijini Nationalpark** mit seinen gelb-roten Schluchtensystemen mit teils mehrstufigen Wasserfällen und Pools. Nördlich hiervon vermittelt der kleinere, einfacher erreichbare **Millstream Chichester Nationalpark** einen wunderbaren Eindruck dieses Schauspiels.

In der Pilbara liegen die weltweit größten Eisenerzvorkommen, riesige Gasfelder, Ölfelder und diverse andere Mineralienlager. Die Pilbara ist die Schatzkammer Australiens; das selbst gewählte Motto ist „The Engine Room of the Nation". Australien ist der größte Eisenerzexporteur der Welt und der drittgrößte Eisenerzproduzent nach China und Brasilien. Bereits seit den 1970er-Jahren wird hier nach Mineralien geschürft. Die Städte der Region wurden infolge reichhaltiger Funde von den abbauenden Firmen für ihre Mitarbeiter errichtet: die Küstenorte **Dampier** und **Karratha** mit Salzminen und einem der weltweit größten Gasfelder, dem North West Shelf, im Landesinnern die Bergwerksstädte **Paraburdoo**, **Tom Price**, **Pannawonica** und **Newman**. Das Eisenerz wird mit gewaltiger Maschinerie in offenen Minen abgebaut und von firmeneigenen Güterzügen mit je über 200 Waggons und vier Loks an die Häfen in Dampier und Port Hedland transportiert.

Die Pilbara zählt zu den ariden Tropen. In der Regenzeit (Nov–April) kann es über 40 °C heiß werden mit hoher Luftfeuchtigkeit und Zyklonen. Ab April kühlt es merklich ab, in den Nächten ist dann sogar warme Kleidung ratsam. Tropische Meere bergen besondere Risiken: in der Regenzeit lebensgefährliche Quallen (Irukandji und *box jellyfishes,* S. 65, 105), giftige *stonefishes* (Steinfische, S. 106) und Krokodile. Am besten erkundigt man sich nach sicheren Bademöglichkeiten.

Karratha und Dampier

Karratha mit ca. 17 000 und Dampier mit rund 1300 Einwohnern sind *company towns*, die in den 1960er-Jahren für die Mitarbeiter der damals gerade aufblühenden Bergwerksindustrie gegründet wurden. Karratha ist Verwaltungssitz der Region und besitzt eine gute städtische Infrastruktur. Dampier wird oft als „Gateway to the Dampier Archipelago" bezeichnet, denn 42 teils korallengesäumte Inseln liegen hier vor der Küste.

Mit wunderschönen Stränden und einer Vielfalt an einheimischen Land- und Wassertierarten ist Dampier ein guter Zwischenstopp auf der langen Strecke zwischen Exmouth und Broome. Informationen gibt es bei den Information Centres in Karratha und Roebourne. Da die Städte der Pilbara für westaustralische Verhältnisse nah beisammen liegen, können Karratha oder Point Samson gut als Ausgangspunkte dienen.

Für Interessierte an der immensen Pilbara-Industrie lohnt ein Besuch der örtlichen Anlagen. Die in Dampier ansässigen Firmen Dampier Salt und Hamersley Iron (beides Töchter von Rio Tinto) bieten saisonal Bustouren durch die Salzfelder und den Hafen. Kontakt für eine zweistündige Hafentour unter ✆ 9183 1858 oder über das Visitor Centre.

Das **North West Shelf Gas Venture Visitors Centre**dokumentiert die Geschichte, den technischen Umfang und die Bedeutung des größten Ressourcenprojektes Australiens. Burrup Rd, neben der Onshore Treatment Plant (Verarbeitungsanlage), ⌚ April–Okt Mo–Fr 9–16, Nov–März 10–13 Uhr, Eintritt frei.

Von der Karratha-Dampier Road zweigt nach Nordosten die Burrup Road zur **Burrup Peninsula** ab. Hier können Reisende ein interessantes Kontrastprogramm erleben. Auf dem Weg zu den Industrieanlagen von North West Shelf Gas liegt **Hearson's Cove**, eine einladende, aber gezeitenabhängige Badebucht.

Auf dem Weg dorthin führt rechter Hand ein unscheinbarer Sandweg zu einer der landesweit bedeutendsten Aboriginal-Kunststätten mit über 10 000 Felsgravuren auf losen Steinen und Felsbrocken. Leider ist die Anlage nicht gepflegt. Auf dem unmarkierten, 1 km langen Rundweg muss man sich somit selbst bemühen, die Gravuren zu erspähen und von jüngeren Fälschungen zu unterscheiden. Die gegenüberliegenden Gastürme machen die politische Brisanz des Gebietes mehr als offensichtlich: Rund 20 % der Felsmalereien mussten bereits der Wirtschaft weichen.

ÜBERNACHTUNG

Unterkünfte sind hier relativ teuer und oft ausgebucht; unbedingt frühzeitig reservieren.

Best Western Plus The Ranges, 1090 De Witt Rd, 💻 https://therangeskarratha.com.au. Saubere, moderne Apartments mit Bad und Küche. Pool und Grillanlage. ❼

Discovery Park Karratha, Rosemary Rd, 4 km südwestlich, 💻 www.discoveryholidayparks.com.au. Stellplätze ohne/mit Strom ($42/50 oder

$70 mit Bad). Motelzimmer und Cabins mit AC und Bad. Kiosk und Pool. Ab ❹

SONSTIGES

Informationen

Karratha Visitor Centre, De Witt Rd, 💻 https://karratha.wa.gov.au, 🕒 tgl. 10–14 Uhr.

Touren

Die Tourangebote variieren je nach Saison beachtlich, aktuelle Infos beim Karratha Visitor Centre.

Ngurrangga Tours, 📞 63731440, 💻 www.ngurrangga.com.au. Mit Ureinwohner Vincent geht es durch die Heimat seiner Vorfahren. Auf dem Programm stehen Felsmalereien, Bush Tucker und tiefe Einblicke in die Aborigine-Kultur. Rock Art und Bush Tucker Tour $250. Auf Anfrage auch mehrtägige Touren.

TRANSPORT

Flüge

Qantas hat Verbindungen von Karratha nach BROOME, PERTH und PORT HEDLAND.

Millstream-Chichester National Park

Der 2000 km² umfassende Nationalpark südlich der Küstenroute bietet einen kleinen Einblick in die Chichester und Hamersley Ranges. Im nördlichen Teil des Parks mit sanften Spinifexhügeln, glutrotem Geröll und strahlend weißen Eukalypten *(snappy gums)* bietet sich der Aussichtspunkt am **Mount Herbert** an. Hier versteckt sich der schöne und beliebte **Python Pool** am Fuße einer glutroten Felswand. Vom Parkplatz aus sind es nur wenige Meter entlang eines meist trockenen Flussbettes. Nach langen Trockenzeiten wird aufgrund starker Algenwucherung vom Baden abgeraten. Zum Gipfel des Mt Herbert und zurück gelangt man in etwa 25 Minuten auf teils steiler Route.

Der südliche Teil des Parks ist gleichzeitig das nördliche Ende der uralten **Hamersley Ranges** (s. Karijini NP). Hier steht der Fortescue River im Mittelpunkt. Er ist gesäumt von dichtem Grün, u. a. der Millstream-Fächerpalme. Ihre Gattung *Livistonia* war hier früher weit verbreitet und überlebte das heute trockenere Klima nur an wenigen Oasen der Pilbara und der Kimberley. Hier liegt auch das alte **Homestead** der ehemaligen Schaffarm von 1920, heute ein informatives **Visitor Centre**. Ein Weg führt zum malerischen **Chinderwarriner Pool**.

Zeltplätze liegen am **Crossing Pool** (Stargazers Campground, Buschtoiletten und Gasgrills) und am **Deep Reach Pool** (Nhanggangunha/Buschtoiletten). Beide sind bei gutem Wetter auch mit dem Pkw erreichbar. Trinkwasservorräte mitbringen. Die Campinggebühr von $15 p. P. und der Parkeintritt von $17 pro Auto und Tag können am Parkeingang oder bei den Visitor Centres der umliegenden Ortschaften beglichen werden.

Karijini National Park

Der 6200 km² große Nationalpark umfasst einen Teil eines uralten Gebirgszugs, der von den Ureinwohnern den Namen Karijini erhielt. Nach dem Rudall River National Park östlich von Newman ist er der zweitgrößte Nationalpark von WA. Seine Hauptattraktion sind die fantastischen Schluchten, die Flüsse in das Gestein der **Hamersley Range** geschliffen haben. Die Range ist einer der längsten Höhenzüge der Pilbara, ein 320 km langes Felsmassiv mit durchschnittlich 500 m Höhe. Hier liegt der zweithöchste Berg von Western Australia: der Mt Bruce (1235 m). Er kann über einen 9 km langen Wanderweg erklommen werden (6 Std. hin und zurück, frühmorgens loslaufen), oder man genießt schon nach 2 km die tolle Weitsicht (Marandoo View, 30 Min. hin und zurück).

Die Range wurde bei einer Kollision des nördlichen Pilbara- und des südlichen Yilgarn-Blocks vor rund zwei Mrd. Jahren geboren. Das Gestein dieser seitdem herausragend stabilen Erdregion zählt zum ältesten der Welt. Es ist weitgehend horizontal strukturiert, genauso wie sich die verschiedenen mineralischen Sedimente nach der gewaltigen Kollision hier abgelagert haben. Die offensichtlich wenigen und sanften Erdbewegungen bzw. Anhebungen haben die Schichten kaum beeinflusst; nur kleinere „Falten", wie die im Gestein bei Kalamina Gorge, dokumentieren sie. Die schichtweise Ablagerung der farbintensiven, stark eisenhaltigen Sedimente (Sandstein, Lava, Granit) geschah in einem gewaltigen Ozean, der diese Gegend zu dieser Zeit bedeckte. In der noch sauerstofffreien Umgebung überdauerte das in den Sedimenten enthaltene Eisen und charakterisiert heute die glutroten Schluchten der Pilbara, Bändereisenerz genannt.

Die bis zu 150 m tiefen Schluchten durchziehen die nördliche Seite des mit Spinifex und *snappy gums* bewachsenen Plateaus der Range. Jede Schlucht hat in Millionen von Jahren ihren eigenen Charakter herausgebildet und präsentiert sich einzigartig mit teils engen, teils weiten und immer tiefen Schluchten, mit malerischen Wasserfällen und Pools und mit einem unglaublichen Farbenspiel des leuchtenden, mehrschichtigen Sandsteins.

Der Park ist ganzjährig geöffnet, und zum Visitor Centre, zum Zeltplatz und zu einigen Attraktionen führen asphaltierte Straßen. Je nach Wetterverhältnissen können auch die Schotterpisten teilweise mit dem Pkw befahren werden. Am besten erkundigt man sich im Vorfeld beim Visitor Centre in Karratha oder Tom Price. Während der Regenzeit kann der Park allerdings zeit- und teilweise gesperrt oder nur für 4WD-Fahrzeuge geöffnet sein. Wer vom Südwesten (aus Tom Price) anreist, nimmt hinter dem Parkeingang am besten zunächst die rechte Straße (Karijini Drive Richtung Visitor Centre), denn der Banjima Drive Richtung Norden ist nicht durchgängig asphaltiert und zeitweise nur mit Geländewagen zu passieren. Die Eintrittsgebühr ($15 pro Fahrzeug) ist online (💻 https://exploreparks.dbca.wa.gov.au) oder an den Parkzugängen per Selbstregistrierung zu entrichten.

Von Norden kommend gelangt man am einfachsten über den **Great Northern Highway** (Abzweig 32 km südwestlich von Port Hedland) zum NP. Alternativ kann die **Tom Price Railway Road** südlich des Millstream-Chichester NP bis Tom Price gefahren werden. Für diese Privatstraße (sie gehört Rio Tinto) benötigt man eine Genehmigung (Permit; erhältlich bei den Information Centres der Region). Nach 260 km auf dem Great Northern Highway zweigt der asphaltierte **Karijini Drive** ab. Er erstreckt sich über 120 km quer durch den Nationalpark bis nach Tom Price. 30 km nach dem Abzweig vom Great Northern Highway zweigt der größtenteils ungeteerte **Banjima Drive** nach Norden vom Karijini Drive ab. Er geht zum Besucherzentrum des Parks und in einem großen nordwestlichen Bogen wieder zum Karijini Drive.

Das **Karijini Visitor Centre** wird von Parks and Wildlife in Partnerschaft mit den Ureinwohnern verwaltet. Das kurvenreiche Design des Gebäudes stellt eine Goanna (große Eidechse) dar, die sich durch das rot-rostige Terrain schlängelt. Infotafeln erläutern die Landschaft sowie die Kultur der Ureinwohner des Nationalparks; Detailkarten zum Park und den Wanderwegen sind hier erhältlich. Außerdem kann hier der obligatorische Park Pass erworben werden.

Vom Banjima Drive führen vier Stichstraßen zu den Schluchten. Der Wasserstand bestimmt, inwieweit sie erkundet werden können. Bei Wanderungen entlang und durch die Schluchten sind zwei Dinge unerlässlich: feste Schuhe und Trinkwasser.

Am östlichen Ende des Banjima Drive liegen in der **Dales Gorge** die **Fortescue Falls** und der **Circular Pool**. Der 25 m hohe Fortescue-Wasserfall wird von einer Quelle gespeist und lässt daher das ganze Jahr hindurch Wasser über seine Terrassen plätschern. Der Abstieg vom Fortescue-Parkplatz ist leicht zu bewältigen. Am oberen Ende der Falls angelangt, kann man rechts dem Pfad entlang des Flusses folgen und kommt nach 300 m zu dem von Papierrindenbäumen und Baumfarnen gesäumten **Fern Pool**, in den sich gegenüber einer kleinen Badeplattform zwei kleine Wasserfälle ergießen – eine der idyllischsten Badestellen des Nationalparks. Ab den Fortescue Falls kann man linker Hand hinabsteigen zum Fuße der Falls und die Dales Gorge 2 km weit bis zum **Circular Pool** durchwandern (je nach Kondition 2–3 Std.). Der Circular Pool lässt sich auch vom gleichnamigen Parkplatz aus besuchen; der Abstieg birgt einige Schwierigkeiten, und Wanderer sollten trittsicher sein.

In westlicher Richtung verläuft der Banjima Drive vom Visitor Centre zu den **Kalamina Falls**.

Ein Pfad führt erst zu einem Aussichtspunkt über die relativ niedrige **Kalamina Gorge** und dann 100 m hinunter zum Wasserfall und zu diversen Pools. Links entlang führt die breite Schlucht bis zum **Rock Arch Pool**. Für die mittelschwere Wanderung sollten drei Stunden eingeplant werden.

Im weiteren Verlauf des Banjima Drive lohnt in jedem Fall ein Abstecher zum **Joffre** und **Knox Lookout**. Nach nur 1,5 km führt die Piste links zu Ersterem und nach 10 Min. Fußmarsch erreicht man die Aussichtsplattform in 50 m Höhe über der **Joffre Gorge**. Die Joffre Falls füllen den Pool, zu dem auch der 3 km lange, steinige Pfad führt (er ist anspruchsvoll, aber für trittsichere Leute machbar).

Fährt man die Joffre Road bis zum Ende, gelangt man zum **Knox Lookout** über der **Knox Gorge**. Eine Aussichtsplattform bietet einen famosen Blick auf ihre 100 m hohen Felswände. Klettert man den rund 500 m tiefen Abstieg hinunter, gelangt man zu einem kleinen Pool. Von dort aus lassen sich nach rechts die weiteren Pools in der Schlucht über breite Felsterrassen erkunden, nach links geht es zum engen Ende der Schlucht.

Die westlichste Sackgasse des Banjima Drives führt 14 km vorbei am Karijini Eco Retreat zum spektakulären **Oxer Lookout**. Hier vereinen sich vier schmale, über 100 m tiefe Schluchten: **Hancock Gorge**, **Joffre Gorge**, **Red Gorge** und **Weano Gorge**. Die herausfordernden Schluchten können entlang des einfacheren Handrail-Pool-Pfades oder auf dem steileren Hancock-Gorge-Pfad erforscht werden. Die jeweils ersten Abschnitte sind vergleichsweise einfach zu erwandern und sehr lohnend.

Der **Handrail Pool Walk** führt zunächst 1 km hinab in die Weano Gorge, danach nach rechts weiter zum **Handrail Pool**. Die Schlucht verengt sich bald, steile Felswände begrenzen einen Bach, und man balanciert auf Felskanten über dem Wasser. Der Pfad ist deutlich erkennbar und es gibt genug Halt; nach Regenfällen können die Steine allerdings sehr glatt sein. Schließlich gelangt man zu einem Metallgeländer (*hand rail* – daher der Name) und einem Seil, mit deren Hilfe man sich zu dem kreisrunden, von meterhohen Felswänden eingefassten Wasserbecken hinunterlässt. Im weiteren Verlauf nimmt der Schwierigkeitsgrad derart zu, dass dieser Abschnitt mit Führer geplant werden sollte. Dies gilt definitiv für den Abstieg in die Hancock Gorge. Er ist vergleichsweise kurz, aber deutlich schwieriger. Hinunter gelangt man nur über eine Leiter. Unten angekommen geht es links entlang durch teils tiefe, kalte Pools und enge Felsspalten.

Weiter Richtung Westen führt der Banjima Drive zur Mt Bruce Rd und zur **Hamersley Gorge** (60 km). Diese Schlucht kann ebenfalls durchwandert werden, die unterschiedlichen Gesteinsformationen bieten einen faszinierenden Anblick.

Die Bergwerksstadt **Tom Price** ist als Ausgangspunkt für eine Tagestour in den Karijini Nationalpark empfehlenswert, ein überraschend grüner Flecken mit guten Einkaufsmöglichkeiten. Der 747 m über dem Meeresspiegel gelegene Ort (der höchste Ort in WA) ist im Sommer eine frische Oase und kann im Winter nachts sehr abkühlen – warme Sachen mitnehmen! Die Besichtigung der riesigen **Hamersley Iron Mine** bietet Lestok Tours an, 💻 lestoktours.rezdy.com.

ÜBERNACHTUNG

Nationalpark

Dales Gorge Campground. Mit Trinkwassertank, Buschtoiletten, Gasgrills und Picknicktischen. Übernachtung $15 p. P. (zusätzlich zur Eintrittsgebühr in den NP, zu entrichten auf dem Zeltplatz oder beim Visitor Centre).

Karijini Eco Retreat, 10 km südlich der Weano Gorge (ehemals Savannah Campground), 💻 www.karijiniecoretreat.com.au. Safarizelte mit eigenem Bad und Stellplätze ($44), Restaurant, Kiosk, lokale Tourangebote. Das Resort wurde von der Gumala Aboriginal Corporation entwickelt und wird von einer australischen, auf Ökotourismus spezialisierten Firmengruppe gemanagt. ❼

Tom Price

Tom Price Tourist Park, abgehend von der Mine Rd, 4 km nordwestlich am Fuß von Mt Nameless, 💻 https://summerstar.com.au/caravan-parks/tom-price. Pool, Kiosk, Tankstelle. Zelt-/

WESTERN AUSTRALIA

Schlucht mit Unvergesslichkeitsgarantie: die Hamersley Gorge im Karjini National Park

Stellplätze (ab $40 oder $75 mit Bad) sowie Cabins und Chalets mit AC. ❻

SONSTIGES

Informationen

Karijini NP Visitor Centre, Banjima Drive, 8 km nördlich vom Karijini Drive und über eine asphaltierte Straße zu erreichen. Gute Dokumentation zur Geschichte der Region, Kultur der Ureinwohner, Geologie, Flora und Fauna des Nationalparks. Hier gibt es auch Duschen. ⌚ tgl. 9–16 Uhr.
Tom Price Visitor Centre, Central Rd, 💻 www.ashburton.wa.gov.au. ⌚ Mai–Okt Mo–Fr 8.30–17, Sa und So 8.30–12.30, Nov–April Mo–Fr 9.30–15.30, Sa 9–12 Uhr.

Touren

Go West, 💻 https://gowesttours.com.au. Tagestouren durch den Karjini National Park ab Tom Price (u. a. Weano Gorge, Handrail Pool, Joffre Falls Lookout, Circular Lookout, Fern Pool, Fortescue Falls), $250.

TRANSPORT

Zum Nationalpark und nach Tom Price gelangt man nur mit dem eigenen Fahrzeug.

Flüge

Qantas fliegt ab PERTH die Flughäfen in Paraburdoo und Newman an. **Virgin Australia** bietet Flüge zwischen GERALDTON, CARNAVON und Perth nach Paraburdoo. Ab Paraburdoo kann ein Auto gemietet werden (s. o.).

Port Hedland

Die 16 000 Einwohner zählende Stadt verdankt ihr rapides Wachstum sowie ihre rote Färbung dem Eisenerzboom. Sie stellt den größten Exporthafen für Eisenerz des Landes. Die Salzgewinnung ist ihr zweites wirtschaftliches Standbein. Ein Großteil der Bevölkerung lebt im angrenzenden South Hedland. Interessierte sollten den **Hafen** mit riesigen Frachtschiffen für Eisenerz besichtigen, vom **Maapikurrinya Park** die ablegenden Frachter beobachten oder vom **Redbank Bridge Lookout** die kilometerlangen

Eisenerzzüge aus dem Outback bestaunen. Außerdem gibt es den **Pioneer and Pearler's Cemetery**, der 1912 für die Opfer der gefährlichen Perlenfischerei angelegt wurde. Zwischen Juli und Oktober ziehen Buckelwale an der Küste entlang; zu dieser Zeit werden Whale Watching Touren angeboten.

Wie in Broome kann man auch in Port Hedland das Naturphänomen **Staircase to the Moon** beobachten, wenn sich das Mondlicht im Wasser in den Sandrillen widerspiegelt und die Illusion einer Treppe zum Mond erweckt. Das Naturschauspiel tritt nur in ruhigen Vollmondnächten auf; ein guter Aussichtspunkt ist die Plattform neben dem Cooke Point Holiday Park.

ÜBERNACHTUNG

Best Western Hospitality Inn, Webster St, 5 km nordöstlich, 💻 www.porthedland.wa.hospitalityinns.com.au. Pool, Meerblick. Ab ❻

Discovery Park Port Headland (Big 4), 2 Taylor St, 💻 www.discoveryholidayparks.com.au. Schöne Anlage umgeben vom Meer. Zelt- und Stellplätze (ab $57). Einfache Budget-Zimmer ohne Bad sowie Cabins mit AC und Bad, Pool, Internet. Ab ❻

SONSTIGES

Informationen

Tourist Information Centre, 13 Wedge St, 💻 www.visitporthedland.com. 🕒 Mo–Fr 9–17, Sa 9–14, So 10–14 Uhr; Nov–April So geschl.

Touren

Die **Port Hedland Sights Tour** wird vom Visitor Centre organisiert und vom BHP-Konzern durchgeführt. Die 45-minütige Tour startet Di und Do um 13 Uhr, $45, Abfahrt vom Visitor Centre.

TRANSPORT

Busse

Integrity Coach Lines, 💻 www.integritycoachlines.com.au. Di und Do fährt der Bus um 19 Uhr von PERTH ab nach Port Hedland über Exmouth, Ankunft in Port Hedland zwei Tage später um 00.30 Uhr. Zusätzlich So um 19 Uhr ab Perth über Tom Price (Abfahrt Mo 21.45 Uhr).

Alle Busse fahren weiter nach Broome. In Gegenrichtung Do und Sa um 20 Uhr ab Broome, Ankunft in Port Hedland um 2.30 Uhr am nächsten Tag, Weiterfahrt nach Perth.

Flüge

Qantas fliegt nach PERTH, MELBOURNE und BRISBANE.

Virgin Australia fliegt nach PERTH und BALI.

Kimberley

Die Kimberley ist mit etwa 420 000 km² größer als Deutschland. Hier leben rund 36 000 Menschen; etwa die Hälfte sind Ureinwohner. Weite Gebiete der Kimberley sind aufgrund des unwegsamen Terrains kaum erreichbar: Im Süden liegen immense Höhenzüge und Wüsten und im Norden eine 2000 km lange, fjordartige Küste mit Gezeitenunterschieden von bis zu 12 m. Die einzigen größeren Städte sind Broome und Derby im Westen sowie Kununurra im Osten. Neben dem Highway gibt es nur eine weitere Strecke, die 650 km lange Schotterpiste Gibb River Road. Sie führt östlich von Derby quer durch die Kimberley – ein atemberaubender Abenteuerpfad, auf den man allerdings gut vorbereitet sein sollte.

Im Norden der Kimberley liegt das 150 000 km² weite **Mitchell Plateau**, unter anderem mit dem 854 m hohen Mt Hann. Von diesem 370 m hoch liegenden Plateau aus sammeln sich die gewaltigen Flüsse Hann, Prince Regent, Mitchell, King Edward, Drysdale und Durack Rivers. Das Plateau besteht aus Sedimenten, die sich vor rund 1,5 Mrd. Jahren abgelagert haben. Diese Sedimente müssen jedoch von Bergen stammen, die weiter nördlich lagen. Die geologischen Geschehnisse im Detail sind unklar, grundsätzlich wird angenommen, dass die Kimberley zu dieser Zeit noch nicht Teil Australiens waren. Erst als Erdbewegungen dazu führten, dass diese Landmasse – mit ihren bis zu 4 km dicken Ablagerungen – von ihrer Bergkette im Norden abbrach, konnte die heutige Kimberley südöstlich driften

WESTERN AUSTRALIA

und mit dem dort liegenden Australien kollidieren. Die Kimberley wurden durch die Kollision kaum beeinträchtigt, nur entlang der Stoßkante entstanden Faltungen und Ranges.

Die im westlichen Teil der Kimberley gelegenen Nationalparks Geikie Gorge, Tunnel Creek und Windjana Gorge zeugen davon, dass der Nordwesten Australiens vor rund 350 Mio. Jahren von einem tropischen Ozean bedeckt war. Diese Schluchten und der Tunnel ziehen sich durch ein immenses Korallenriff (**Devonian Reef**), das zu jener Zeit im warmen Wasser entlang der Küste gedieh. Vor ca. 20 Mio. Jahren wurde die Landmasse angehoben. Mit der Erosion wurden das uralte Riff freigelegt und beeindruckende Schluchten geschaffen.

In den östlichen Kimberley liegen die gestreiften, bienenkorbartigen Sandsteinformationen von **Purnululu** (**Bungle Bungle**). Eine ähnliche Gesteinsstruktur liegt bei Kununurra: der **Mirima Nationalpark**. Südlich von Kununurra wurde der Ord River gestaut und bildet Australiens größten Stausee, den **Lake Argyle**. Entlang der Kimberleyküste liegen weite Flussmündungen und unzählige Inseln. Die hohen Gezeitenunterschiede zeichnen surreale Landschaftsbilder. Hier liegen auch die bei Tauchern bekannten **Rowley Shoals**. Dies sind drei Korallenatolle, die sich über 110 km erstrecken.

Klima

Die Kimberley bietet tropisches Klima mit der Regenzeit von November bis April und der Trockenzeit von Mai bis Oktober. Es herrschen extreme Wetterbedingungen: Tage mit 45 °C und 95 % Luftfeuchtigkeit während der Regenzeit und Nächte um 5 °C während der Trockenzeit. Die jährliche Niederschlagsmenge von 1200 mm an der Küste beim Mitchell Plateau verringert sich im Süden der Kimberley bis auf die Hälfte.

Während der Regenzeit gibt es kurze, heftige Monsunregenfälle. Die Flüsse können schnell zu heftigen Strömen werden, und es dauert Tage, bis das Wasser abgelaufen ist. Daneben bilden sich in dieser Zeit im nördlichen Ozean immer wieder Zyklone mit Windgeschwindigkeiten von 65 bis 250 km/h.

Die Trockenzeit bringt warme Tage und kühle Nächte. Die beste Reisezeit ist im Mai (kurz vor der Hauptsaison von Juni bis August). Die Be-

Wahrzeichen der Kimberley: ein Boab-Baum im El Questro Wilderness Park

sucherzahl ist dann noch erträglich und die Landschaft zeigt sich in all ihrer Pracht. Allerdings können einzelne Streckenabschnitte gesperrt sein! Es ist wichtig, die aktuellen Wetter- und Streckenmeldungen zu kennen! Gewitter können weite Gebiete überfluten und vielerorts finden Ausbesserungsarbeiten und kontrollierte Brände statt!

Flora und Fauna

Die Kimberley zeigt vorwiegend Savannenlandschaft und offene Baumlandschaft mit hügeliger Grasebene und überwiegend Eukalyptusbäumen. In den abgelegenen Schluchten wurden erst vor wenigen Jahren vereinzelte kleinere **Regenwaldgebiete** entdeckt. Diese Überreste einer früheren Vegetation haben in Nischen überlebt und sich isoliert voneinander entwickelt. Sie beherbergen zum Teil noch unerforschte Tier- und Pflanzenarten.

Wahrzeichen der Kimberley ist der eindrucksvolle **Boab**, ein treuer Reisebegleiter, der mal als kurzer breiter, mal als langer schlanker, mal als eleganter glatter und mal als knorriger Typ auftaucht. In der Trockenzeit ist er eher blattlos; so minimiert er seinen Feuchtigkeitsverlust. Zum Ende der Regenzeit trägt er dann seine teils mangogroßen, flauschigen Nüsse. Von den weltweit neun Affenbrotbaumarten lebt hier nur der Boab oder australische Affenbrotbaum *(Adansonia gregorii);* die anderen leben in ihrem Ursprungskontinent Afrika. Da Boabs sehr langsam wachsen, können sie mehrere 100 Jahre alt werden. Dann kann ihr Stamm bis zu 20 m Umfang haben. Den Aborigines lieferte der Boab Flüssigkeit und Nahrung. Ältere Nüsse verzieren sie mit Schnitzereien. Leider wurde der Boab in der dunklen Geschichte der Einwanderung missbraucht: Ausgehöhlte Bäume dienten als Gefängnis.

Dies ist bereits das Land der **Krokodile**, sowohl der maximal 3 m großen Süßwasserkrokodile (*freshwater crocodile*, „Freshy") als auch der gefährlichen, bis zu 8 m langen Leistenkrokodile (*saltwater* oder *estuarine crocodile*, „Salty"). „Freshies" gelten zwar als harmloser, sollten aber dennoch nicht gestört werden; v. a. zu den ab September brütenden Weibchen sollte man deutlich Abstand halten. Warnschilder müssen beachtet werden und man sollte genau wissen, wo man sich dem Wasser ohne Gefahr nähern kann. Andere Reptilien oder Amphibien wie Frösche, Eidechsen und Schlangen sind weit verbreitet. Wer Krokodile in freier Wildbahn sehen möchte, sollte Windjana Gorge einplanen. Während eines Spaziergangs entlang des Flusses können „Freshies" ganz aus der Nähe beobachtet werden.

Wertvolle Ökosysteme in Uferzonen

Mangroven wachsen an der gesamten Nordküste von Western Australia; am vielfältigsten sind sie an der Kimberley-Küste, wo knapp 20 Mangrovenarten unterschieden werden. Diese Wälder sind einzigartig an das Leben im Salzwasser angepasst und bieten für viele Tiere einen ganz besonderen Lebensraum am Meer. Mangroven stehen bei Flut teils bis zu ihrer Krone im salzhaltigen Meerwasser. Aufgenommenes Salz scheiden sie über ihre Blätter wieder aus; Sauerstoff nehmen sie über ihre Wurzeln auf, die senkrecht aus dem Boden herausragen.

In und um Schluchten kommen Vogelliebhaber auf ihre Kosten; das Lachen des **Blauflügelkookaburra** (Haubenliest) erfüllt die Dämmerung. In den Abendstunden zeigen sich schwarze **Flying Foxes** (schwarze Flughunde), die v. a. im Windjana Gorge zu Hause sind. Weitere Fledertiere leben in der Höhle von Tunnel Creek.

An der gesamten Küste finden sich alle sechs Arten von Meeresschildkröten und vor allem von November bis April neben Haien, Rochen und Seeschlangen auch hochgiftige **Quallen**. Das ist auch die Hauptzeit plagender **Moskitos**. Stiche sollten aufgrund möglicher Infektionskrankheiten vermieden werden (lange Kleidung und tropischer Mückenschutz).

Geschichte

Die Kimberley war eines der ersten besiedelten Gebiete Australiens: Aborigines-Völker leben hier seit mindestens 40 000 Jahren. Überall in der Kimberley gibt es ihre berühmten Felsmalereien: die **Wandjinas**, Felszeichnungen von den

spirituellen, lokalen Herrschern des Wassers mit großen Augen und ohne Mund. Ebenso bekannt sind die **Gwion Gwion Paintings**. Diese konzentrieren sich auf die nördliche Spitze der Kimberley.

Ende des 19 Jhs. wurden in der Kimberley die ersten Missionen gegründet: 1890 bei Beagle Bay, 1892 bei Lombadina und 1897 die heutige Kalumburu. Dort fanden viele Ureinwohner während des Zweiten Weltkrieges eine relativ sichere Umgebung. Nach dem Krieg zogen einige von ihnen auf die Farmen oder in die Städte. Seit 1972 war es ihnen erlaubt, ihre Ländereien und *communities* selbstständig zu führen; die ehemaligen Missionen unterstützen sie heutzutage dabei.

Als 1885 bei Halls Creek Gold gefunden wurde, kamen viele Europäer in die Kimberley. Weitere Bodenschatzfunde folgten: 1951 verschiffte eine neue Eisenerzmine auf Cockatoo Island ihre erste Ladung; Diamanten-, Zink- und Bleivorkommen wurden in den 1990er-Jahren entdeckt.

Gegenwart

Heute gibt es rund 200 Aboriginal-Siedlungen in der Region. Für einen Besuch ihrer Ländereien ist eine Genehmigung erforderlich (kostenlos erhältlich beim Department of Aboriginal Affairs (DAA), 💻 www.wa.gov.au/service/aboriginal-affairs.

Große Gebiete der Kimberley werden für die Viehzucht genutzt. Landpächter nutzen 250 000 km² mit rund 400 000 Rindern. Daneben wurde der Fremdenverkehr für viele dieser *cattle stations* eine zweite wichtige Erwerbsquelle; sie bieten Übernachtungsmöglichkeiten und geführte Wanderungen oder Touren.

Die Eindämmung des Ord River zu Bewässerungszwecken in den 1960er-Jahren war sehr erfolgreich. So entstand das größte Süßwasserreservoir Australiens, **Lake Argyle**. Es ist eins der effizientesten Stauprojekte weltweit: Mit nur 335 m Staumauer konnte ein Wasserreservoir über 1000 km² bzw. 10 800 m³ Wasser geschaffen werden; er ist fast so groß wie der Bodensee. Die gesicherte Bewässerung ist die Basis einer florierenden Landwirtschaft in der Ost-Kimberley. Neben der bedeutenden regionalen Fischereiflotte ist eine ergiebige Barramundi-Aquakultur in Broome und Kununurra entstanden. Broome ist außerdem das Zentrum einer bedeutenden Perlenindustrie.

Wirtschaftlich von Bedeutung ist v. a. die Förderung von Diamanten beim Lake Argyle südlich von Kununurra. Ein Drittel der Weltproduktion stammt aus den Argyle- und Ellendale-Diamantenminen. Ein besonderes Juwel sind die **pinkfarbenen Diamanten**: 80 % der weltweiten Funde stammen heute aus dem Lake Argyle. Aber auch diese Quelle könnte bald erschöpft sein, was die Preise in den letzten Jahren gewaltig in die Höhe getrieben hat.

Transport

Der **Great Northern Highway** ist die einzige asphaltierte Straße durch die Kimberley. Er führt östlich von Derby in einem Inlandsbogen durch die Orte Fitzroy Crossing und Halls Creek nach Kununurra. In der Regenzeit kann der Highway überflutet und unpassierbar sein; Messlatten zeigen die Wassertiefe an.

Das Unesco-Weltnaturerbe **Purnululu NP** mit der **Bungle-Bungle**-Formation erreicht man von diesem Highway abgehend nur per Geländewagen. Die Piste kann in schlechtem Zustand oder sogar unpassierbar sein; Straßenzustand vorher bei den Information Centres der Region erfragen.

Gleiches gilt für die **Gibb River Road**. Mit einem Geländewagen mit hohem Radstand ist sie gut befahrbar (Mietwagenfirmen schließen den Gebrauch normaler Fahrzeuge hier aus). In der Trockenzeit wird sie ausgebessert. Selbstfahrer sollten ihre Reise besonders gut vorbereiten, denn das Fahren ist eine Herausforderung: es erwarten einen zermürbende Querrillen *(corrugations)*, Auswaschungen und Wasserquerungen, über der Straße hängende Staubwolken anderer Fahrzeuge, Roadtrains und streunende Tiere, S. 438. Als Alternative zum Selbstfahren bieten zahlreiche Tourveranstalter ab Broome, Derby oder Kununurra interessante Alternativen an, zum Beispiel Safaritouren in Allradbussen sowie Schiffstouren und Rundflüge entlang der unberührten Küste.

Broome

Die quirlige Stadt ist mit knapp 15 000 Einwohnern die größte der Kimberley. Sie liegt inmitten einer tropischen, farbenfrohen Landschaft und hat – eher untypisch für den Norden von WA – ein einladendes Stadtzentrum mit ausgezeichneten Restaurants, Cafés und einer Brauerei; asiatisches Flair umgibt das Treiben, vor allem auf dem Thursday Night Market am Town Beach. Außerdem gibt es den viel beworbenen Cable Beach mit seinen Kamelkarawanen.

Nördlich von Broome liegt die weitgehend unberührte **Dampier Peninsula** (S. 503). Als

Buchtipps für die Reise durch die Kimberley

In ihrer Autobiografie **Diamanten im Staub** (2021) erzählt Frauke Bolten-Boshammer ihre mitreißende Lebensgeschichte: Die Frau eines Landwirts kam Anfang der 1970er-Jahre ins gottverlassene Kununurra; trotz mehrerer Schicksalsschläge wurde sie hier eine der erfolgreichsten Diamantenhändlerinnen Australiens.
Einblicke in die weiter zurückliegende Vergangenheit gewährt das Buch **Kings in Grass Castles** (1959) von Mary Durack, welches die lange Wanderung der Rinderhirten mit ihren Herden von Queensland in die Kimberley beschreibt.
Und noch ein Lesetipp: In seinem preisgekrönten Roman **Capricornia** (1938) schildert Xavier Herbert die Pioniergesellschaft des Nordwestens und die Beziehungen zwischen den *white fellas* und den *black fellas*.

Tagesausflug lohnen sich die Strände und Sanddünen bei **Coconut Wells** und **Willie Creek**. Man erreicht sie nur im Geländewagen über Schotter- und Sandpisten und sollte sich vorher im Information Centre nach dem aktuellen Zustand erkundigen.

Geschichte

Die Perlenfischer von WA waren bereits seit 1850 an dieser Küste im Einsatz. Nachdem sie in der Roebuck Bay auf reiche Fanggründe der weltweit größten Austernart *Pinctada Maxima* stießen, wurde Broome 1888 gegründet und stieg bis 1910 zum Perlenzentrum der Welt auf: Eine Flotte von rund 400 *pearl luggers* (Perlenfischerboote) lieferte drei Viertel des Weltbedarfs an Perlmutt – Perlen waren zu dieser Zeit eher ein Nebengeschäft. Die ersten Perlentaucher waren Aborigines, später auch Asiaten. Sie tauchten geradezu im Akkord und ohne hinreichende Ausrüstung oder Schulung. Zeugnisse dieser gefährlichen Taucharbeit liefern der gut erhaltene **Japanische** und der **Chinesische Friedhof** am Port Drive. Hier liegen über 900 Perlentaucher begraben. Sie wurden Opfer der Dekompressionskrankheit *(the bends)* durch zu langes Tauchen oder zu schnelles Auftauchen, oder auch eines Zyklons oder eines Haiangriffs.

Mit dem Ersten Weltkrieg brach der Absatz an Perlmutt zusammen und die Einführung der ersten synthetischen Knöpfe tat ein Übriges. In den 1960er-Jahren erlebte die Perlenfischerei dann mit Perlen ihren wirtschaftlichen Aufschwung. Zuchtfarmen wurden erfolgreich aufgebaut. Hier wird das Perlenwachstum angeregt, indem einer Auster ein winziges Gewebestück einer fremden Auster eingepflanzt wird. Neben der Perlenfischerindustrie sind Fischfang und Fleischverarbeitung wichtige Erwerbszweige. Sehr bedeutsam ist der stetig wachsende Tourismus.

Einfache Anreise mit Aussicht

Lokale Landebahnen *(airstrips)* bieten die Möglichkeit, die Homesteads der Farmen entlang der Gibb River Rd mit kleinen Flugzeugen anzufliegen und die Schluchten vor Ort zu erkunden. Weitere Informationen unter 💻 www.broomeair.com.au oder direkt bei den Unterkünften, z. B. bei den abgelegenen, luxuriösen „Buschcamps" an der nördlichen Küste – das Kimberley Coastal Camp und das Faraway Bay Bush Camp (Details auf S. 514).

Eine Treppe zum Mond

Die sogenannte **Staircase to the Moon**, ein natürliches Phänomen, tritt nur im Nordwesten Australiens (zwischen Port Hedland und Broome) auf: In windstillen Vollmondnächten wird das Mondlicht in kleinen Wasserrillen im Sand reflektiert, die beim Absinken des Meeresspiegels während der Ebbe übrigbleiben. So entsteht die Illusion einer Treppe zum Mond. Die Visitor Centres in Port Hedland und Broome informieren über Vollmondzeiten und gute Aussichtspunkte.

Das Zentrum

Broome liegt auf einer rund 5 km breiten Halbinsel, die sich südwestlich in den Ozean neigt und damit die **Roebuck Bay** bildet. Im Norden liegt, zur Roebuck Bay gewandt, das Stadtzentrum mit dem historischen **Chinatown**. Die Hauptstraße ist die **Carnarvon Street** mit Cafés, Restaurants, Geschäften und Perlenjuwelieren sowie **Sun Pictures**, dem ältesten Open-Air-Kino der Welt, 1916 eröffnet und noch immer in Betrieb. Parallel verläuft die ebenso geschäftige **Dampier Terrace**.

Vom historischen **Streeters Jetty**, der am Ende der Dampier Terrace in die Mangroven ragt, legten Ende der 1890er-Jahre Perlenfischerboote *(pearl luggers)* ab. Nach dem Zweiten Weltkrieg wurde er zweimal wieder aufgebaut und verwitterte mangels Wartung, bis das Shire of Broome 1998 das Eigentum von Paspaley Pearls übernahm und es seither als historisches Erbe pflegt. Am südlichen Ende der Dampier Terrace sind zwei restaurierte **Pearl Luggers** zu sehen.

Der **Town Beach** an der Roebuck Bay bietet bei Ebbe besondere Erlebnisse: Das Wasser enthüllt dann den Lebensraum der Mangroven und auch die Wracks niederländischer Flugboote aus dem Zweiten Weltkrieg; bei Voll-

Broome
N
0
2 km
ÜBERNACHTUNG
1 Beaches of Broome BP Resort
2 Cable Beach Backpackers
3 Broome Vacation Village
4 The Court House B&B
5 Moonlight Bay Suites
6 Oaks Hotel Broome
7 Discovery Park
Derby, Port Headland,
Malcolm Douglas Crocodile Park
Ind. Ozean
Cable Beach
Broome Hwy
Tanami Dr
Sanctuary Rd
Cable Beach Rd West
Jigal Dr
Sanderling Dr
Sandpiper Ave
Old Broome Rd
s. Detailplan unten
AIRPORT
Cable Beach Rd East
Frederick St
Kerr St
Japanischer und Chinesischer Friedhof
Reid Rd
Anne St
Hamersley St
Guy St
Hunter St
Pembroke Rd
Dora St
Port Dr
Clementson St
Gantheaume Point
Gantheaume Point Rd
LEUCHTTURM
RACE COURSE
Kavite Rd
Golfplatz
Roebuck Bay
Reddell Beach
McDaniel Rd
Reddell Point
DEEP WATER PORT
AIRPORT
Old Broome Rd
Short St
Broome Visitor Centre
Bagot St
Carnarvon St
Streeter's Jetty
Sun Pictures
Coghlan St
Napier Terrace
Dampier Terrace
Pearl Luggers
Courthouse Markets
Courthouse
Stewart St
Herbert St
Barker St
Walcott St
Robinson St
Weld St
Mary St
Haas St
Louis St
Saville St
Broome Museum
Hopton St
Town Beach
Robert St
0
300 m
ESSEN
1 Sunset Bar and Grill
2 Kichi Kichi
3 Wharf Restaurant
4 Green Mango Cafe
5 Mangrove Resort Hotel
6 Matso's Broome Brewery
SONSTIGES
1 Broome Camel Safaris
2 Kimberley Camping & Outback Supplies
3 Broome Broome Car Rentals
4 Short St Gallery
5 Broome Gallery
6 Willie Creek Pearls
7 Broome Cycles

mond findet das romantische Schauspiel **Staircase to the Moon** statt (s. Kasten S. 498). Schon ab Nachmittag stehen hier jeden Donnerstag die ersten Marktstände des *night markets*.

Das **Broome Museum** in der Robinson St beherbergt interessante und kuriose Zeugnisse der frühen Perlenfischerei. ⌚ Juni–Sep Mo–Fr 10–16, Sa und So 10–13, Okt–Mai tgl. 10–13 Uhr, Eintritt $12.

Beim historischen Gerichtsgebäude (**Courthouse**) in der Hamersley St finden am Samstagvormittag die quirligen **Courthouse Markets** statt.

Cable Beach und die südliche Halbinsel

Der 20 km lange **Cable Beach** erhielt seinen Namen, weil hier das Telefonkabel nach Java in Indonesien verlegt wurde. Er ist einer der wenigen Strände der Kimberley und deshalb sehr beliebt bei Spaziergängern, Schwimmern, Allradfahrern und besonders Kamelkarawanen. Schwimmen kann man auch am **Reddell Beach**. Vorsicht ist allerdings überall geboten: Der Gezeitenunterschied kann im Frühjahr bis zu 12 m betragen und von November bis einschließlich April gibt es vermehrt die lebensgefährlichen Quallen (Irukandji und *box jellyfish*, S. 65).

An den südlichen Spitzen der Landzunge liegen im Osten der Hafen und im Westen **Gantheaume Point**. Die zuführende Straße ist rund 2 km nicht asphaltiert und kann in schlechtem Zustand sein. Die Klippe belohnt mit einer grandiosen Farbenpracht: glutrote Sandsteinbrocken mit Formationen, die an Gaudí erinnern, führen ins türkisfarbene Meer. Nach ein wenig Kletterei lassen sich bei extremer Ebbe etwa 130 Mio. Jahre alte Fußabdrücke von **Dinosauriern** zu bestaunen. In Zement gegossene Abdrücke gibt's oberhalb der Felsklippe zu sehen.

Gezeitentermine und Lageplan können im Tourist Information Centre erfragt werden. Freunde australischer Farbenpracht sollten Gantheaume Point nachmittags besuchen und ein abendliches Picknick einplanen. Die Farben der Klippen variieren, bis sie als schwarze Silhouette vor dem blutroten Himmel aufragen.

Einblick in die Welt der Perlen

Willie Creek Pearls bietet Einblicke in die Historie der lokalen Perlenfischerei sowie in die moderne Perlenzucht. Außerdem informiert es über die Biologie und Züchtung der Naturschönheiten, ihre Qualitäten und Wertmaßstäbe. Auch in den Geschäften in Chinatown und Cable Beach kann Perlenschmuck bewundert sowie erstanden werden. Jeden Morgen fährt ein Bus zur Perlenfarm am 40 km entfernten Willie Creek. Busfahrt plus Besichtigung $149 ($95 für Selbstfahrer). Dampier Terrace und Challenor Drive, 💻 www.williecreekpearls.com.au.

ÜBERNACHTUNG

Während der Regenzeit sind die Preise stark reduziert. Das Angebot an Zimmern mit Meerblick ist rar in Broome.

Hostels

€ **Beaches of Broome Backpackers Resort**, 4 Sanctuary Rd, Cable Beach, 💻 www.beachesofbroome.com.au. Besonders ansprechende, stilvolle Anlage am Cable Beach mit tropischem Pool, Bar und Bistro. Dorms (Bett ab $38) sowie DZ mit AC, teilweise auch mit Bad. Zum Strand sind es rund 10 Min. zu Fuß. Frühstück inkl. Ab ❺

Cable Beach Backpackers, 12 Sanctuary Rd, 💻 www.cablebeachbackpackers.com. Zugeschnitten auf junge Backpacker; hier ist immer was los! Dorms (Bett ab $35), EZ und DZ mit AC. Schöner Garten mit Pool, Bar, Bistro, Fahrradverleih, ca. 10 Min. Fußweg zum Strand. ❷

Andere

Moonlight Bay Suites, Carnarvon Street, 💻 www.moonlightbaysuites.com.au. In der ansprechenden Anlage gibt es nette Apartments mit 1 oder 2 Schlafzimmern mit Balkon und einen großen Pool. Dieser liegt vor einer großzügigen BBQ-Wiese direkt an der mit Mangroven gesäumten Uferzone. Von vielen Zimmern hat man einen wunderbaren Blick über die Roebuck Bay und damit auch auf das Schauspiel Staircase to the Moon. ❼

The Courthouse B&B, 10 Stewart St, www.thecourthouse.com.au. Individuell gestaltete Gästezimmer mit AC, teilweise Balkon und Bad; schöner Pool. Sehr empfehlenswert, unbedingt reservieren. ❼
Oaks Hotel Broome, 99 Robinson St, www.oakshotels.com. Große, saubere Resortanlage mit stilvollen DZ und Apartments mit kleiner Terrasse oder Balkon, großer Pool. ❼

Caravanparks

Broome Vacation Village, 122 Port Drive, 4 km südwestlich, www.broomevillage.com.au. Zelt- und Stellplätze (ab $58) sowie Cabins mit AC und Bad und Chalets, Pool, Kiosk, WLAN. Ab ❺
Discovery Park, 91 Walcott St, www.discoveryholidayparks.com.au. Am Town Beach mit Blick über Roebuck Bay. Zelt- und Stellplätze (ab $55) und Cabins mit AC. ❼

ESSEN

Town Centre und Chinatown

Mangrove Resort Hotel, 47 Carnarvon St. Lohnend ist ein Besuch der Tides-Bar mit Blick auf Roebuck Bay und Staircase to the Moon. ⌚ tgl. ab 18 Uhr.
Matso's Broome Brewery, 60 Hamersley St. Leckere Mahlzeiten mit sehr guten indischen Currys und hausgebrautem Bier. Man darf auch besondere Brauerei-Erzeugnisse wie Mangobier verkosten. ⌚ tgl. 11–21 Uhr.
Green Mango Cafe, 12 Carnarvon St. Das Café serviert guten Kaffee und leckere Speisen aus frischen Zutaten. Z. B. lohnt der Mangosalat! ⌚ tgl. 7–14 Uhr.

Cable Beach und Umgebung

Sunset Bar and Grill, Cable Beach Rd. Die Lage direkt am Strand ist unschlagbar, auch die Cocktails sind gut. An der Bar gibt es Pizza, Burger und Fish & Chips. Oder man wählt von der Speisekarte des Restaurants (gehobene Preise). ⌚ tgl. 6.30–10.30 Uhr, Abendessen ab 16 Uhr (Bar) und ab 17.30 Uhr (Restaurant).
Kichi Kichi, im Cable Beach Club Resort. Gute Fusionsküche. Ideal für Familien, da man direkt am Pool sitzen kann. ⌚ tgl. 11–16, Do–Mo auch 17.30–21.30 Uhr.

© SHUTTERSTOCK.COM / PAULMICHAELNZ

Kamelreiten am Cable Beach gehört in Broome zum Programm.

Außerhalb

Wharf Restaurant, am Hafen. Gutes Seafood. ⌚ tgl. 11–21.30 Uhr.

FESTE

Staircase Markets, von März bis Okt. Mit Nachtmarkt am Town Beach, Terminplan beim Information Centre und zumeist auch bei den Unterkünften.
Shinju Matsuri Festival, Ende Aug/Anfang Sep. Perlenfestival zur Erinnerung an den Perlenboom. Der Zeitpunkt richtet sich nach Staircase to the Moon.

AKTIVITÄTEN

Kamelreiten

Broome Camel Safaris, www.broomecamelsafaris.com.au, Ausritte bei Sonnenauf- und -untergang entlang des Cable Beach, $85 (1 Std.). Tagsüber auch kürzere Touren, $45 (30 Min.).

Kajak fahren

Broome Adventure Company, 🖳 www.broomeadventure.com.au. Kajak-Touren, auch für Anfänger, mit Tierbeobachtungen (u. a. Schildkröten). $120 inkl. Abholung von der Unterkunft, Ausrüstung, Getränken und Snacks. Auch Fotografiekurse und -touren.

TOUREN

Astronomie

Astro Tours, 🖳 www.astrotours.net. In Begleitung eines enthusiastischen Hobby-Astronomen wird der Sternenhimmel mit Teleskopen erforscht. Zeiten auf der Website. Ab $110.

Bootstouren

Broome Adventure Cruises, 🖳 https://broomeadventurecruises.com.au. Touren in der Roebuck Bay mit historischen und natürlichen Highlights wie die Wracks der Flying Boats und Dinosaurierfußspuren, ab $126.

Kimberley-Touren

Adventure Wild, 🖳 www.adventurewild.com.au. 12-tägige Safaritour durch die Kimberley, Übernachtung im Zelt. $4800.
Australian Adventure Travel, 🖳 www.safaris.net.au. 2–10-tägige Rundreisen, darunter von Mai–Okt 10-tägige Kimberley-Rundreise ab Broome. Unterkunft im Zelt oder in einfachen Zimmern auf Farmen oder in Country Pubs. Max. 23 Pers.
Kimberley Wild Expeditions, 🖳 https://kimberleywild.com.au. 1–14-tägige Safaritouren zum Cape Leveque und in die Kimberley.

One-way-Touren

Nach Darwin, Kununurra und Perth mit interessanten Zwischenstopps. Fast alle sind Campingsafaris, meist einschließlich Transport, Übernachtung, Campingausrüstung, NP-Gebühren und Mahlzeiten.
Nach Kununurra/Darwin, normalerweise via Gibb River Road, El Questro, Lake Argyle, Litchfield NP und ggf. inkl. Bungle Bungles:
Adventure Tours Australia, 🖳 www.adventuretours.com.au. One-way-Touren in ganz Australien mit Schwerpunkt auf Backpacker. In 10 Tagen nach Darwin via Windjana Gorge und weitere Schluchten entlang der Gibb River Road, Purnululu NP, Kununurra (ab $2800), von April–März Abfahrt Mi und Sa.
Kimberley Adventure Tours (KAT), 🖳 www.kimberleyadventures.com.au. April–Nov 10-tägige Allradtour nach Darwin entlang der Gibb River Road, Purnululu NP, Lake Argyle, Edith Falls, Übernachtung in eigenen Zelten. Abfahrt ca. 2x monatlich, $3300 alles inkl., max. 9 Pers., viel Bushwalking, Schwimmen, Klettern. Der Veranstalter und die Guides sind beheimatet in der Kimberley (Derby).

Rundflüge

Flüge zum Cape Leveque (um $300), Buccaneer Archipelago und den Horizontal Waterfalls (halber Tag, um $875), Bungle Bungle (Tagestour, ab $1950) und in die Kimberley.
Broome Aviation, 🖳 www.broomeaviation.com.au. Auch Flug/4WD-Kombinationstouren.
Kas Helicopters, 🖳 https://kashelicopters.com.au. Flüge rund um Broome (ab $400, 30 Min.).

SONSTIGES

Autovermietungen

Während der Regenzeit günstigere Tarife, ebenso für Rückführungen von Fahrzeugen in

Tief ins Ureinwohnerland

Uptuyu Adventures heißen die Touren von und mit Neville Poelina vom Stamm der Nyikina, denn was er mit seinen Gästen unternimmt, ist „up to you". Dreitausend Hektar misst sein Land 150 km östlich von Broome, auf das er einige Safarizelte gestellt hat, um Besuchern tiefe Einblicke in seine Kultur, seine Jagdmethoden, seine Lieder und seine Kochkünste zu bieten. Je nach Vorlieben seiner Gäste geht es auf die Jagd, zum Fischen, auf Wanderungen oder zu den Highlights der Kimberley wie dem Tunnel Creek oder Windjana Gorge. Ein garantiert unvergessliches Erlebnis. Preise auf Anfrage. ✆ 0400 878 898, ✉ nev@uptuyu.com.au.

> **Krokodile im Fokus**
>
> Der **Malcolm Douglas Crocodile Park** befindet sich 16 km vor Broome, 🖳 www.malcolmdouglas.com.au. Gerade Europäer werden nicht so schnell vergessen, wie bis zu 5 m lange Salzwasserkrokodile aus einem friedlichen Tümpel emporschnellen. Während der Fütterungen, die man auf keinen Fall verpassen sollte, kann man sie hautnah erleben. ⌚ tgl. 14–17 Uhr. Die Fütterungen finden um 15 Uhr statt. Eintritt $40.

andere Staaten. Alle großen Mietwagenfirmen haben eine Niederlassung in Broome und/oder am Flughafen. Zum Preisvergleich: 🖳 www.vroomvroomvroom.com.au.
Broome Broome Car Rentals, 3/15 Napier Terrace, 🖳 www.broomebroome.com.au. Lokaler Anbieter. Auch Motorroller, Geländewagen.

Campingausrüstung

Kimberley Camping & Outback Supplies, Frederick St, Ecke Cable Beach Rd, 🖳 www.kimberleycamping.com.au. Wer nicht die ganze Ausrüstung von zu Hause mitschleppen möchte, kann sich hier Campingzubehör vom Zelt bis zum Satellitentelefon leihen. Dazu gibt's gute Infos und Beratung.

Fahrräder

Broome Cycles, 2 Hamersley St, an der Shell Tankstelle, 🖳 www.broomecycles.com.au. 1 Tag $30. ⌚ Mo–Fr 8.30–17, Sa bis 14, saisonal So 10–14 Uhr.

Galerien

Das Angebot in Broome ist groß; ein qualifiziertes Angebot regionaler Künstler bieten **Broome Gallery**, 1/23 Carnarvon St, sowie die sehr engagierte **Short St. Gallery** nebenan.

Informationen

Tourist Information Centre, 1 Hamersley St, 🖳 www.visitbroome.com.au, ⌚ tgl. 8–17 Uhr. In der Wet Season etwas kürzer.

NAHVERKEHR

Busse

Zwischen Chinatown und Cable Beach verkehrt ein Bus, 🖳 https://bebus.com.au. Stündlicher Busservice zwischen 7.10 und 18.15 Uhr (Mai–Okt halbstdl.).

TRANSPORT

Busse

Derby Bus Service, 🖳 www.derbybus.com.au. Mo, Mi und Fr morgens von DERBY nach Broome, zurück mittags ($70 einfach).
Greyhound, 🖳 www.greyhound.com.au. Mo–Fr um 6 Uhr nach DARWIN über KUNUNURRA und KATHERINE. Abfahrt vor dem Broome Tourist Bureau am Broome Hwy. Fahrzeit 26 1/2 Std. In umgekehrter Richtung fährt der Bus Sa–Mi um 15.20 Uhr in Darwin ab.
Integrity Coach Lines, 🖳 www.integritycoachlines.com.au. Do und Sa um 20 Uhr ab Broome Visitor Centre über PORT HEDLAND, KARRATHA, EXMOUTH, CORAL BAY, CARNARVON, OVERLANDER ROADHOUSE, GERALDTON und CERVANTES nach PERTH (Ankunft 2 Tage später um 6.30 Uhr). In umgekehrter Richtung s. S. 479 (Geraldton).

Flüge

Airnorth, 🖳 www.airnorth.com.au. Direktverbindungen KUNUNURRA und DARWIN.
Qantas, tgl. Flüge nach MELBOURNE, PERTH und SYDNEY.
Virgin Australia, tgl. Flüge nach PERTH.

Dampier Peninsula und Buccaneer Archipelago

Nördlich von Broome erstreckt sich die Dampier-Halbinsel (Bardi Jawi Country) in den Indischen Ozean, ein weitgehend unberührtes Abenteuerland, das vor allem durch seine knallroten Sandsteinfelsen entlang der Küste beeindruckt. Es sind rund 200 km bis zur Nordspitze, dem **Cape Leveque**, von den Aborigines *Kooljaman* genannt. Die in der ersten Hälfte

Romantik im Doppelpack

An der schmalen Landspitze **Cape Leveque** lassen sich sowohl der Sonnenaufgang am Oststrand als auch der Sonnenuntergang am Weststrand bestaunen. Der westliche Strand ist ein fantastischer Ort für ein Picknick bei Sonnenuntergang oder für leidenschaftliche Fotografen: Rote Sandsteinklippen ragen hoch aus dem weißen Sandstrand am blauen Ozean.

unbefestigte Sandpiste bis Beagle Bay kann in extrem schlechtem Zustand oder gesperrt sein; ein Geländewagen ist erforderlich und man kann u. U. mit insgesamt 3–4 Std. Fahrzeit rechnen. Mit dem Flugzeug ist das Kap in rund 45 Min. ab Broome erreichbar.

Das Land gehört zu einem großen Teil den dortigen Aboriginal-Communities. Hinweisschilder sollten entsprechend respektiert werden, und Besucher melden sich im Office der jeweiligen Community an. Dort ist auch eine Tagesgebühr zu entrichten, mit deren Hilfe die lokale Infrastruktur erhalten wird.

Auf dem Weg zum Cape Leveque passiert man die **Willie Creek Pearl Farm**, eine für Besucher etablierte Perlenzuchtfarm, 38 km nördlich von Broome, Führungen mehrmals tgl., s. Kasten S. 500. 84 km weiter nördlich befindet sich **Beagle Bay**. Die dortige Aboriginal-Community liegt bei der historisch bedeutsamen Mission, deren 1918 von Mönchen des Trappistenordens erbaute Sacred-Heart-Kirche einen märchenhaften, perlmuttgeschmückten Altar enthält. Neben dem Besucher-Office gibt es einen Laden mit Getränken, Snacks und Tankstelle, allerdings gibt es keine Übernachtungsmöglichkeit.

Nach weiteren etwa 35 km gelangt man an die Küste, zur **Middle Lagoon**. An dieser reizvollen Bucht kann man mit der üblichen Vorsicht in hiesigen Gewässern auch schwimmen, schnorcheln und angeln. Übernachtung in Log Cabins ❺ oder Camping (ab $25), 💻 www.middlelagoon.com.au.

Folgt man der Hauptroute gen Norden, erreicht man **Lombadina** (195 km ab Broome). Die wenigen Häuser des versteckten Örtchens liegen zwischen Palmen und Mangobäumen hinter den Sanddünen zum schönen Strand. Die Lombadina-Mission wurde 1892 ebenfalls von Trappistenmönchen aufgebaut. Die historische und immer noch aktive Missionskirche von 1934 ist ein interessantes Bauwerk. Lombadina war die erste Community mit touristischen Angeboten. Hier gibt es das Besucher-Office, einen Laden mit Tankstelle (🕒 Mo–Fr 8–11 und 13.30–15 Uhr), eine Bäckerei und eine kleine Galerie. Man kann in Units übernachten und mit den Einwohnern auf Krebsfang und zum Fischen gehen. 💻 www.lombadina.com.

Kurz vor Cape Leveque zweigt eine Piste zum **One Arm Point** ab. Bardi- und Jawi-Aborigines verkaufen hier Schmuck und Kunstgegenstände; die **Trochus-Muscheln** sind eine lokale Besonderheit, sie werden hier in großen Tanks eigens gezüchtet und künstlerisch veredelt. Außer dem Visitor Office gibt es einen Laden mit Tankstelle, allerdings keine Übernachtungsmöglichkeiten.

Cape Leveque flankiert die riesige Bucht **King George Sound**. Das von den Ureinwohnern Bardi Jawi betriebene, wildromantische **Kooljaman Resort** ist derzeit leider geschlossen – Wiedereröffnung ungewiss. Der Bucht vorgelagert ist das **Buccaneer-Archipel**, eine spektakuläre Landschaft aus unzähligen kleineren und größeren Inseln, deshalb auch als „Thousand Islands" bezeichnet. Highlight sind die **Horizontal Waterfalls**, ein Naturschauspiel, das weltweit seinesgleichen sucht: Die Strömung zwischen den Felsen sorgt für einen Tidenhub von bis zu zehn Metern; das Wasser fließt nicht einfach zwischen den Felsen hindurch, es wird mit solcher Wucht hindurchgeschossen, dass der Eindruck eines horizontalen Wasserfalls entsteht. Am beeindruckendsten ist das Schauspiel aus der Luft, Infos unter Rundflüge (s. S. 502).

ÜBERNACHTUNG UND TOUREN

Die Siedlungen auf der Dampier Peninsula liegen im Land der indigenen Bardi. Besucher sind willkommen, sollten jedoch deren Regeln – wenn auch oft nur als Bitte geäußert – unbedingt respektieren.

Kooljaman at Cape Leveque, 💻 www.kooljaman.com.au. Camp und Restaurant sind derzeit leider geschlossen,

aktuelle Infos auf der Website. Die Touren werden aber weiterhin angeboten und starten unterdessen vom Djarindjin Campground. Das Tourangebot umfasst u. a. Bootsverleih, Krebse fangen zwischen Mangroven, Allradtouren mit dem eigenen Fahrzeug, ganztägige Bootstouren im Buccaneer Archipelago; Rundflüge und Walbeobachtungsfahrten von Juli–Okt.
Die Campgrounds **Lombadina**, 🖳 www.lombadina.com, und **Djarindjin**, 🖳 https://djarindjin.com.au, gehören zum *Camping with Custodians*-Programm. Es gibt Zelt- und Stellplätze ($50) sowie Cabins und einfache Zimmer. Am Abend sitzt man beim Lagerfeuer mit den Einheimischen beisammen. ❹
Wunderschön gelegen sind die Campingplätze Whalesong in der **Pender Bay** und Nature's Hideaway in der **Middle Lagoon**.

Derby

Das unspektakuläre Städtchen ist das Tor zur Gibb River Rd. Der imposante Tidenhub von bis zu 11 m – der höchste Australiens – ist gut am Pier *(wharf)* von 1885 zu beobachten. Bei Höchststand der Flut verschwinden seine Stelzen beinahe vollständig im Wasser.

Derby nennt sich treffend „Home of the Boab Tree". Diese Bäume säumen die Straßen und 7 km südlich der Stadt steht der **Gefängnis-Boab** *(Boab Prison Tree)*. Der ausgehöhlte Boab-Baum mit einem Umfang von 14 m soll 1500 Jahre alt sein. Er wurde in Pionierzeiten für Gefangene genutzt, die nach Derby transportiert wurden. Da auch der legendäre Widerstandskämpfer **Jundumurra** (von seinen Widersachern Pigeon genannt) in diesem Gefängnis eingesessen haben soll, zählt der Boab zum Pigeon Heritage Trail. Dieser geschichtsträchtige Pfad führt zu den Schauplätzen der Auseinandersetzungen zwischen dem Anführer der Aborigine-Guerilla und den weißen Invasoren. Dazu zählen neben dem **Prison Tree** der **Pioneer Cemetery** und das **Old Derby Gaol** von 1880, bevor der Pfad zum Windjana Gorge und Tunnel Creek führt, wo Jundumurra 1897 bei seinem letzten Kampf erschossen wurde.

ÜBERNACHTUNG

Da Übernachtungsmöglichkeiten in Derby sehr beschränkt sind, sollte von Mai bis August frühzeitig gebucht werden.
Derby Lodge, 15 Clarendon St, 🖳 www.derbylodge.com.au. Zentrale Lage gegenüber dem Visitor Centre, Units teils mit eigenem Bad, und Familienzimmer, alle mit AC. ❼
King Sound Resort, 112 Loch St, 🖳 www.kingsoundresort.com.au. Resorthotel mit schönem Garten, Pool, Bar und Restaurant. Einige Zimmer wurden zu 6-Bett-Dorms umfunktioniert (Bett $50, Kaution $50). ❻
Kimberley Entrance Caravan Park, Rowan St, 🖳 www.kimberleyentrancecaravanpark.com.au. Zelt- und Stellplätze ($44/48), aber keine Cabins.

TOUREN

Unreel Adventure Safaris, 🖳 https://unreeladventures.com. 4–10-Tages-Touren zum Buccaneer Archipelago, besonders attraktiv für Angler.

SONSTIGES

Feste

Mitte Juli **Boab Festival**, u. a. mit Mud-Football (Australian Football im Schlamm);
26.12. **Boxing Day Sports** mit Kuriosem wie Frosch- und Kakerlakenrennen, Kerneweitspucken u. a.

Informationen

Derby Visitor Centre, 30 Loch St. ⌚ Mo–Fr 8.30–16 Uhr.

TRANSPORT

Busse

Derby Bus Service, 🖳 www.derbybus.com.au. Mo, Mi und Fr morgens von Derby nach BROOME und mittags zurück nach Derby ($60).
Greyhound, die Busse halten auf der BROOME–DARWIN-Route tgl. in Derby beim Visitor Centre. Details auf S. 503 (Broome).

Gibb River Road

Die etwa 650 km lange Schotterpiste **Gibb River Road** führt von Derby nach Kununurra quer durch die Kimberley, eine Abenteuerpiste durch atemberaubende Wildnis. Von Derby kommend sind die ersten rund 65 km noch asphaltiert. Von ihr führen einige Pisten zu den landschaftlichen Highlights der Kimberley bzw. zu Unterkünften. Es gibt sehr begrenzte Einkaufs- und Tankmöglichkeiten, daher sollte die Fahrt gut geplant sein.

In den 1960er-Jahren diente die Straße dem Viehtrieb; zunächst trieben *stockmen* riesige Rinderherden zu den Verladehäfen nach Derby und Wyndham, dann übernahmen Roadtrains den Viehtransport. Heutzutage wird sie von Tausenden von Outback-Touristen genutzt. Man nennt sie die „letzte Wildnis Australiens", doch entlang der Hauptrouten in der Hauptsaison (die Trockenzeit von Mai bis September) ist sie alles andere als abgelegen.

Die Straße wird kontinuierlich instandgehalten und ausgebessert, ist aber nur mit gut ausgestattetem Geländewagen sicher befahrbar (S. 497, Kimberley, Transport). Je nach Zustand ist sie abschnittsweise bzw. komplett gesperrt. Dann können die Schluchten im Westen – **Windjana Gorge** und **Tunnel Creek** (u. U. ab Derby oder Fitzroy Crossing mit konventionellem Auto erreichbar) – oder die im Osten – **El Questro Station** und **Emma Gorge** – dennoch erreichbar sein. Die Höchstgeschwindigkeit liegt bei 80 km/h. Der östliche Teil ist in notorisch schlechterem Zustand als westlich von Mt Barnett.

Infos über Zustand und Öffnung einzelner Strecken erhält man bei der Tourist Information (s. „Derby" und „Wyndham"). Allerdings ist es häufig viel effektiver, die lokalen Stations zu befragen (S. 508). Gute Infos vorab gibt es auch auf 💻 www.kimberleyaustralia.com/gibb-river-road.html. Von Westen kommend, führt nach 125 km eine Abzweigung nach Fitzroy Crossing. Auf ihr gelangt man zu den Nationalparks Windjana Gorge und Tunnel Creek.

Windjana Gorge National Park

Der 2134 ha große Nationalpark umfasst eine 3,5 km lange und bis zu 100 m tiefe Schlucht, die der Lennard River durch die 360–380 Mio. Jahre alten Kalksteinfelsen des urzeitlichen Korallenriffs Devonian Reef gegraben hat. Die eindrucksvollen, steil aus der Grasebene aufragenden Felswände sieht man bereits von weitem. Während der Regenzeit wird der Fluss für kurze Zeit zum reißenden Gewässer, danach trocknet er zu einzelnen Billabongs aus. Der Eingang zur Schlucht ist eine Spalte im Felsen. Dahinter eröffnen sich die grünen Uferzonen des Flusses. Hier liegen in der Sonne dösende Süßwasserkrokodile. An den Felsen wurden Fossilien und Felsmalereien der Ureinwohner gefunden.

In der Nähe des Parkplatzes befindet sich die **Pigeons Cave**, wo sich Jundumurra zwischen 1894 und 1897 versteckte. Durch die Schlucht führt ein 7 km langer, schattiger Trampelpfad am Fluss entlang.

Tunnel Creek National Park

Der **Tunnel Creek National Park** umfasst knapp 91 ha. Hier fließt der Tunnel Creek durch eine Höhle mit einer Länge von mehr als 700 m, die man komplett durchlaufen kann. Unterwegs durchquert man einige Pools, also unbedingt Taschenlampe, Riffschuhe oder wasserfeste Sandalen mitbringen. Am Ende des Tunnels verbergen sich uralte Felsmalereien.

Weitere Schluchten Richtung Osten

Lennard Gorge: Eine 5 km lange, sehr enge Schlucht, die der Lennard River in die King Leopold Ranges geschnitten hat. 196 km ab Derby; 8 km südlich der Gibb River Road; sehr holprige Zufahrt, das letzte Stück sollte lieber zu Fuß gegangen werden, keine Wegmarkierung, kein Camping; mind. 1 Std. für den Besuch einplanen.

Bell Gorge: Hier ergießt sich der Bell Creek in einer Kaskade in mehrere Becken. Ab dem Parkplatz führt ein schmaler Trampelpfad rund 1 km durch steinige Graslandschaft und über Bachläufe. Am breiten Creek angelangt, lassen sich die Wasserspiegelungen und die Sicht auf den Wasserfall von oben genießen. Man kann den Fluss über Steine durchqueren und auf der anderen Seite zum Fuß des Wasserfalls hinabklettern. Der Weg ist teils markiert und verlangt ein wenig Kletterei. Die Felsplateaus am Wasserfall eignen sich perfekt für ein Picknick, und der Badepool bietet Erfrischung. Wer dem Fluss-

Hinter den Tunneln des Tunnel Creeks offenbaren sich einzigartige Felsmalereien.

lauf hinab folgt, kann die weiteren Pools besuchen. 219 km ab Derby; 30 km nördlich der GRR, hinter Silent Grove; Camping Bell Creek und Silent Grove; für den Besuch ist ungefähr ein halber Tag einzuplanen.

Galvans Gorge: Eine idyllische Wasserstelle, die direkt nördlich der Gibb River Rd liegt und daher von vielen Leuten besucht wird. Es lohnt sich eher, morgens oder abends herzukommen. Nach 1 km Fußweg gelangt man zu den malerischen Felsterrassen am plätschernden Fluss, und nach weiteren 500 m Trampelpfad sind der herrliche Wasserfall und der relativ große Pool erreicht. Rechts neben dem Wasserfall, am Baum mit dem Springseil, blicken von einem Felsen einige mundlose Wandjina-Gesichter auf die Vorübergehenden. 292 km ab Derby, kein Camping; mindestens eine Stunde für den Besuch einplanen.

Manning River Gorge: Zum Wasserfall gelangt man, nachdem man den teils schulterhohen Manning River durchwatet hat. Dann führt ein unmarkierter Pfad etwa 3 km am Fluss entlang (aufgehäufte Steine markieren den Weg). Der Wasserfall belohnt die Mühe. 306 km ab Derby beim Mt Barnett Roadhouse, dort ist die Gebühr von $25 p. P. für das Aboriginal-Land zu entrichten, die auch für Camping gültig ist. Mindestens einen halben Tag für den Besuch einplanen.

El Questro Gorge, Zeebedee Springs und Emma Gorge

Diese wunderschönen Schluchten liegen im **El Questro Wilderness Park**, der auch von Kununurra aus leicht zu erreichen ist (ein Geländewagen kann auch in der Trockenzeit erforderlich sein). Die Wanderung zur **Emma Gorge** ist zwar steinig, aber die Mühe unbedingt wert. Nach etwa 45 Minuten ist der erste Pool erreicht, in dem man sich abkühlen kann. Kurz dahinter erreicht man die Schluchtenwände, von denen ein warmer Wasserfall plätschert.

Die warmen, idyllischen **Zeebedee Springs** liegen im Schatten riesiger Palmen und sind der Öffentlichkeit nur von 7–13 Uhr zugänglich. Die Bootsfahrt durch die prächtige **Chamberlain Gorge** stellt eine gemütliche Variante dar. Die z. T. steilen, glutroten Schluchten mit Palmen und verschiedensten Wasserfällen sind in ihrer Naturschönheit herausragend.

Für alle Schluchten benötigt man ein EL Questro Visitor Permit für $23 p. P. Detaillierte

Beschreibungen der einzelnen Tracks erhält man im El Questro Township. Sowohl Emma Gorge als auch El Questro bieten allerlei Übernachtungsmöglichkeiten.

Mitchell Plateau National Park

Ein großes Highlight der Kimberley liegt an der wahrscheinlich weltweit längsten Sackgasse: Die **Kalumburu Road** führt zum **Mitchell River National Park** und weiter zur **Kalumburu Aboriginal Community** an der Mündung von King Edward River und Carson River. Besucher der Community benötigen einen Unungu Visitor Pass, erhältlich unter 🖳 https://wunambalgaambera.org.au.

Als Zwischenstation Richtung Norden bietet sich die urige **Drysdale River Station** an. Hier kann man sich und das Fahrzeug nochmals rüsten oder an einem Rundflug teilnehmen. Selbstfahrer biegen ca. 100 km nördlich der Drysdale River Station von der Kalumburu Road nach Osten auf die holprige Warrender Road ab. Hier muss der King Edward River überquert werden, an dem der **Munurru Campground** liegt. Weitere 70 km führen auf das Plateau, zur Zufahrt zum **Punamii-unpuu** (Mitchell Falls) **Campground**.

Der etwa 3 km lange, rund einstündige Weg zu den **Mitchell Falls** führt vom Campground vorbei an den Little Mertens Falls und Big Mertens Falls, zum Teil über steiniges und felsiges Terrain. Über das Plateau verteilte Felsmalereien stellen sowohl die typischen, mundlosen Wandjina als auch die lang gestreckten Gwion-Gwion-Figuren dar (s. S. 495).

Schließlich ist das Highlight der Kimberley erreicht: In breiten Kaskaden ergießt sich der Mitchell River über drei Becken und insgesamt 150 m in die Tiefe. In der Schöpfungsmythologie der Wunambal-Ureinwohner ist Punamii-unpuu bedeutsam. Daher darf nur im Mitchell River oberhalb der Wasserfälle gebadet werden.

Ein weiterer spirituell wichtiger Ort ist der **Surveyors Pool** (Aunauyu), eine idyllische Wasserstelle weiter nördlich im Nationalpark; über einen 4 km langen, einfachen Bushwalk vom Parkplatz erreichbar. Baden in der Wasserstelle ist nicht erlaubt und wegen der Leistenkrokodile auch nicht ratsam.

ÜBERNACHTUNG UND ESSEN

Die Unterkünfte sind meist von April bis Nov offen (Gibb River Rd = GRR). Hier nur eine Auswahl, von Ost nach West. Mehr unter 🖳 https://www.kimberleyaustralia.com/gibb-river-road-accommodation.html.

Homesteads

Birdwood Downs, 16 km östlich von Derby, 🖳 www.birdwooddowns.com. Interessante Anlage mit prämiertem Landmanagement, bietet Buschcamping ($38) sowie Bungalows mit Gemeinschaftsbad. Homestead-Mahlzeiten nach Vereinbarung. Auch Touren. ❸

Home Valley Station, 593 km östlich von Derby, 125 km ab Kununurra, direkt an der GRR, 🖳 https://home-valley.com.au. Beeindruckende Lage an Cockburn Range und Pentecost River, Campen ab $100 sowie Zimmer im Guesthouse mit Bad und AC. Bar, Homestead-Mahlzeiten, Pool, Touren, Kiosk.

El Questro Wilderness Park, 626 km ab Derby, ca. 100 km ab Kununurra, 🖳 www.elquestro.com.au. Verschiedene Unterkünfte, für alle benötigt man ein Wilderness Park Permit ($23 für 7 Tage): **The Station**, 16 km südlich der GRR, Campingplatz am Pentecost River ($50), Bungalows mit AC und Bad ❼. Restaurant, Bar, Laden, Touren und Aktivitäten. **Emma Gorge Resort**, 2 km nördlich der GRR, 27 km von der Station. Luxus-Safarizelte mit Ventilator und Bad ❼; gutes, luftiges Restaurant, Bar, Laden, Pool.

Drysdale River Station, Kalumburu Rd, 59 km nördlich der GRR, 🖳 www.drysdaleriver.com.au. Restaurant, Bar, Laden, Tankstelle, Airstrip, Rundflüge, abendliches Lagerfeuer; DZ, Homestead-Camping mit sanitären Anlagen und Waschmaschinen, $20 p. P. ❸

Kalumburu Mission, 267 km ab Abzweig Kalumburu Rd von GRR, 🖳 www.kalumburumission.org.au. DZ mit AC und Gemeinschaftsbad, Camping $20 p. P. Laden, Tankstelle für bleifreies Benzin und Diesel. Alkohol ist in der Mission verboten. ❹

Camping

Neben Camping bei den o. g. Stations gibt es Campsites bei:

Windjana Gorge, 124 km ab Derby, 21 km von der GRR. Mit Ranger, Buschduschen und -WC, Wassertank, Gasgrills, $20 p. P.
Bell Gorge, 214 km ab Derby, 29 km von der GRR. Mit Ranger, **Silent Grove** mit WC, Duschen und Telefon, **Bell Creek** mit Buschtoiletten; idyllische, sehr begehrte Stellen direkt am Creek, jeweils $20 p. P.
Manning Gorge, 306 km ab Derby. Wird von der Kunpungari Aboriginal Community verwaltet. Mit Buschtoiletten; Duschen gibt es beim Mt Barnett Roadhouse; dort ist auch die Tagesgebühr ($25 p. P. inkl. Camping) zu zahlen.

Mitchell River NP
King Edward River (Munurru Campground) und **Punamii-unpuu (Mitchell Falls) Campground**. Beim Letztgenannten hält sich von Mai–Okt ein Ranger auf, ✆ 9161 4172; beide Plätze haben Buschtoiletten. Gebühr $20 p. P. Aus den Wasserläufen entnommenes Wasser sollte man abkochen oder entkeimen.

SONSTIGES

Touren

Siehe S. 502 (Broome).

Versorgung

Drysdale River Station, El Questro Township, S. 508, Tankstelle für Bleifrei und Diesel.
Imintji Store, 227 km ab Derby, Tankstelle für Diesel, Kfz-Werkstatt.
Kalumburu Mission. Laden, Tankstelle für Bleifrei und Diesel, ⌚ Mo–Fr 7–11.30 und 14–16 Uhr.
Mt Barnett Roadhouse, 306 km ab Derby, ⌚ April–Sep tgl. 7–17, Okt–März Mo–Sa 8–12 und 14–16 Uhr. Shop, Tankstelle für Bleifrei und Diesel.

TRANSPORT

Flüge

King Leopold Air, 💻 www.kingleopoldair.com.au. Bietet Flüge ab BROOME zu den Highlights der GRR.

Fitzroy Crossing und Halls Creek

Am Great Northern Highway liegen die Ortschaften Fitzroy Crossing (1000 Einwohner) und Halls Creek (3600 Einw.). Spätestens hier wird sichtbar, dass eine gesellschaftliche Integration der Ureinwohner Australiens bisher nicht überall erfolgreich war. Die Historie der lokalen Rinderfarmen spricht von Ausbeutung, Misshandlung und Massenentlassungen; die Wunden sind noch offen. Die Orte vermitteln eine verwahrloste und brisante Atmosphäre. Das Motto von Halls Creek „Oasis of the Kimberleys" kann in diesem Sinne als Zielvorstellung interpretiert werden. Die Regierung stellt den Ortschaften besondere Fördermittel zur Verfügung und hat mit Gesetzen den lokalen Alkoholverkauf eingedämmt.

Fitzroy Crossing entstand im späten 19. Jh. notgedrungenerweise: Im Crossing Inn Hotel von 1897 kehrten die Reisenden früher ein, wenn sie wegen Überflutung des Fitzroy River für einige Zeit nicht weiterkamen. Erst seit 1974 ermöglicht die heutige Brücke jederzeit eine Überfahrt. Fitzroy Crossing ist auch heute noch eine Zwischenstation für Reisende; eine kurze Übernachtung, einkaufen und auftanken. Die nächsten Tankstellen sind weit entfernt: 288 km (Halls Creek) oder 230 km (Willare Bridge Roadhouse bei Derby)! Der Ort ist ein guter Ausgangspunkt für einen Besuch der 21 km entfernten Geikie Gorge.

Halls Creek erlebte 1885 den ersten Goldrausch in Western Australia. Später wurde der Ort 15 km weiter nördlich verlegt und war dann der letzte Stopp der Viehtreiber vor der legendären, 2000 km langen Canning Stock Route. **Old Halls Creek** wurde 1956 zur Geisterstadt und kann heute über die unbefestigte Duncan Road besichtigt werden.

Von ihr führen Stichstraßen zu einigen Wasserstellen: **Caroline Pool**, **Sawpit Gorge Pool** und **Palm Springs**. Nach rund 5 km erreicht man die 5 m hohe und mehrere Kilometer lange **China Wall**. Ihr heller Quarz wurde von der Erosion freigelegt und sieht wirklich aus wie erbaut.

Danggu Geikie Gorge National Park

Der Nationalpark liegt im Land der Bunuba. In seinem Mittelpunkt liegen das urzeitliche Devonian Reef (s. Einleitung Kimberley) und der Fitzroy River. In den Riffkalkstein der Geikie und Oscar Range hat der Fluss die breite, 14 km lange Geiki Gorge gegraben. Entlang des sandigen Flussufers und der zerklüfteten, bis zu 30 m hohen Felswand führt der **Reef Walk** (3 km hin und zurück). An manchen Stellen sind fossile Muscheln und Skelette im Felsen erkennbar. Vom sandigen Flussufer aus kann man den Blick auch über den Fluss und die farblich interessante Felswand gegenüber streifen lassen. Die hellen Auswaschungen im Gestein markieren die Wasserhöhe. Der **Short Walk** führt nach wenigen Metern vom Reef Walk hoch auf den Kalksteinfelsen.

Im Fluss leben Süßwasserkrokodile und auch Salzwasserfische wie Sägefische, Barramundi und Stingrays. Sie sind Nachkommen der Fische, die im hiesigen urzeitlichen Ozean lebten und sich im Laufe der Zeit den veränderten Umweltbedingungen angepasst haben. Der Park ist nur während der Trockenzeit zugänglich, von April–Nov tgl. 6.30–18.30 Uhr, Eintritt frei. In dieser Zeit werden Bootsfahrten angeboten, zu buchen unter 💻 https://parksandwildlife.rezdy.com/154373/geikie-gorge-boat-tour. Camping ist nicht erlaubt.

Mimbi Caves

Von der Außenwelt weitgehend unbeachtet, verbergen diese Höhlen die weltweit größte Fossiliensammlung aus der Devon-Periode vor etwa 350–360 Mio Jahren. Damals befand sich hier ein Meer, das das riesige **Devonian Reef** beheimatete. Die versteinerten Korallen im roten Ocker und gelben Kalkstein bieten einen imposanten Einblick in diese längst vergangene Zeit. Für die einheimischen Gooiyandi sind sie der Schauplatz bedeutender Ereignisse ihrer Schöpfungsgeschichte. Auf den **Girloorloo Tours** mit Taschenlampen durch die dunklen Höhlen lernt man mehr über ihre Kultur und ihre starke Beziehung zu diesem Land ($90, Kind $45).

Unweit der Höhlen kann man auf dem Zeltplatz, der ebenfalls von den Gooiyandi betrieben wird, übernachten. Er ist Teil der „**Camping with Custodians**"-Initiative, man zeltet im Ureinwohnerland. Details, s. u.

Wolfe Creek Crater

Entlang der Tanami Rd gelangt man zum mit rund 900 m Durchmesser weltweit zweitgrößten Meteoritenkrater am Rand der Great Sandy Desert. Seine Ränder erheben sich 35 m hoch aus der Ebene und fallen innen sehr steil bis auf den ca. 55 m tiefer liegenden Boden ab. Ursprünglich war der Krater 120 m tief; sein Alter wird auf 300 000 Jahre geschätzt. Erst 2007 wurde auf einem Plateau in der Nähe von Newman ein Krater entdeckt: der Hickman Crater. Ein Mitarbeiter der geologischen Behörde WAs fand ihn zufällig mittels Google Earth.

ÜBERNACHTUNG UND ESSEN

Fitzroy River Lodge & Caravan Park, 💻 www.fitzroyriverlodge.com.au. Großes Areal mit Motelunits rund um einen Pool, Safarizelten mit Bad sowie einem großen Caravanpark mit Zelt-/Stellplätzen ($52/57). Ferner Tennisplatz, Bar und Restaurant sowie eine Tankstelle. Auch Tourangebote. ❼

Mimbi Caves Camp Ground, direkt bei den Höhlen, 💻 www.mimbicaves.com.au. Saubere, große Anlage, von Ureinwohnern betrieben. Am Abend sitzt man beim Lagerfeuer zusammen und lauscht den Geschichten und Gesängen der Gastgeber. Nur Zeltplätze, $22 p. P.

Wolfe Creek Crater Campsite, 500 m vom Krater entfernt, wenig Schatten. Trinkwasser mitbringen. $10 p. P.

INFORMATIONEN

Fitzroy Crossing Visitor Centre, Flynn Drive, 💻 www.fitzroycrossingtourism.com.au. 🕒 Mo–Fr 8.30–16.30, April–Okt auch Sa 9–13 Uhr.

Halls Creek Visitor Centre, 2 Hall St, 💻 www.hallscreektourism.com.au. 🕒 tgl. 7–17 Uhr, in der Regenzeit 8–14 Uhr.

TRANSPORT

Busse

Greyhound. Die Busse halten auf der BROOME–DARWIN-Route tgl. in Fitzroy Crossing und Halls Creek.

15 HIGHLIGHT

Purnululu National Park (Bungle Bungle)

In diesem Unesco-Weltnaturerbe erheben sich die bizarren grau-rot gestreiften Sandsteinfelsen bis zu 200 m hoch aus der Landschaft. Aus der Luft wirken die „Bienenstöcke" wie die Spielwiese eines überirdischen Imkers.

Vom Great Northern Highway führen 55 km Piste zu diesem einzigartigen Sandsteinmassiv. Die Piste ist erst nach der Regenzeit geöffnet und ausschließlich für Geländewagen geeignet. Selbst bei guten Straßenverhältnissen ist für die wunderschöne Fahrt ab Highway bis zum Parkeingang mit rund 90 Minuten zu rechnen. Alternativ parkt man den Pkw am Bungle Bungle Caravan Park und schließt sich einer Tagestour an. Besonders imposant ist der Nationalpark aus der Luft: Flüge starten ab Warmun, ca. 55 km vom Caravan Park (s. Kasten).

Das Volk der Gidja lebt hier seit 20 000 Jahren; sie nannten die Region Purnululu, d. h. Sandstein. Bungle Bungle wurde erstmals 1930 die nahe gelegene Farm genannt. Die Range wurde in den 1980er-Jahren durch ein Filmteam entdeckt, 1987 zum Nationalpark erklärt und zählt seit 2003 aufgrund ihrer herausragenden Schönheit zu den World Heritage Sites.

Aus der Vogelperspektive

Ein Hubschrauberflug ist sicher nicht in jedem Reisebudget vorgesehen, aber die Pracht von Purnululu ist aus der Luft einfach unschlagbar. In der Vogelperspektive kann man den Blick über die Gesamtformation der Kuppeln schweifen lassen und einen einzigartigen Überblick bekommen.
Helikopterflüge veranstaltet u. a. **HeliSpirit**, www.helispirit.com.au, Rundflüge werden von April–Okt ab $330 angeboten. Auch Tagestouren mit Stopp in Piccaninny ($1160). Flüge starten vom Warmun Airstrip 200 km südlich von Kununurra.

Kunst der Kimberley

Die künstlerische Vielseitigkeit innerhalb der Kimberley ist sehr imposant. Künstler um Fitzroy Crossing verarbeiten in ihren Werken ihre enge Beziehung zur Wüste. Kunstinteressierte sollten bei örtlichen Galerien auf ein qualifiziertes Herkunftszertifikat – z. B. von ACGA – zum Werk achten. Zu den empfehlenswerten Galerien in Kununurra zählen vor allem die **Waringarri Aboriginal Arts** in der Speargrass Road, ⌚ Mo–Fr 8.30–16.30, Sa 10–14 Uhr, und die **Artopia Gallery**, 144 Konkerberry Drive, ⌚ Mo–Fr 9–17, Sa 9–12 Uhr.

Das Sandsteinmassiv der Bungle Bungle ist 450 km² weit, bis zu 200 m hoch und 350 Mio. Jahre alt. In einem Flussbett haben sich die eisenhaltigen Sedimente schichtweise abgelagert und wurden komprimiert. Dieser immense Gesteinsblock wurde vor 70 Mio. Jahren aus der Ebene empor geschoben. Seither gestalten tropische Regengüsse sowie extreme Temperaturunterschiede seine Formationen, die gewaltigen Canyons und Pools. Bis kurz nach der Regenzeit ist das Gebiet sattgrün, die Büsche blühen und die Wasseradern sind gefüllt.

Verschiedene Schichten verleihen dem ursprünglich weißen Sandstein die roten und dunklen Streifen und den wichtigen Erosionsschutz. Die dunklen Streifen halten die Feuchtigkeit besser. Damit bieten sie beste Bedingungen für Flechten. Die roten Streifen zeigen oxidierten, eisenhaltigen Sandstein. Das ökologische Gleichgewicht des Sandsteins ist sehr labil, deshalb darf er nicht beklettert werden.

Die Nächte in der Trockenzeit können eiskalt werden, kälter als im Rest der Kimberley! Die Tagestemperaturen können ab Oktober in den Schluchten schnell mehr als 50 °C erreichen. Im Park gibt es kein Trinkwasser, es ist ausreichend mitzuführen. Abfall ist wieder mitzunehmen.

Wanderungen

Wanderwege liegen nördlich sowie südlich vom Visitor Centre. Nur im südlichen Gebiet des Parks reihen sich die orange-schwarzen Kuppeln auf, für die der Park berühmt wurde. Der einfachste Spazierweg führt durch die typischen Felsen hindurch zum **Dome** (Rundweg, ca. 1 km). Leicht zu erreichen ist auch die mächtige **Cathedral Gorge**, ein natürliches Amphitheater inmitten einer tiefen Schlucht mit steilen Wänden. Startpunkt für beide Tracks ist der Parkplatz Piccaninny Creek.

Der **Piccaninny Creek Walk** folgt dem Flussbett so weit die Füße tragen. Allerdings wird man schon auf den ersten Kilometern belohnt, denn das steinige Flussbett bietet einen fantastischen Kontrast zu den Kuppeln. Wer weiter will, läuft zum 10 km vom Parkplatz entfernten **Whip Snake Gorge**, einer weiteren eindrucksvollen Schlucht. Am besten startet man die Tour früh am Morgen, denn es kann schnell heiß werden.

Der nördliche Bereich des Parks bietet ein anderes Bild. Wanderwege führen in tiefe Schluchten: Der Pfad durch die **Mini Palms Gorge** verläuft durch ein enges, steiniges Flussbett voller Livistonia-Palmen, während der Weg zum **Echidna Chasm** sich auf eine Felsspalte von weniger als 1 m Breite verjüngt – ein eindrucksvoller Pfad! Vom **Osmond Lookout**, vom Parkplatz schnell zu erreichen, blickt man über die uralte Osmond Range.

ÜBERNACHTUNG UND ESSEN

Bungle Bungle Caravan Park, Great Northern Hwy, 💻 www.bunglebunglecaravanpark.com.au. Die große Anlage befindet sich auf einer ehemaligen Rinderfarm. Typisch-gemütliche Outback-Atmosphäre, am Abend sitzt man beim Lagerfeuer zusammen. Dazu gehört auch ein Freiluft-Busch-Restaurant, das von April–Okt geöffnet ist. Zelt- und Stellplätze ($40/55), außerdem Safarizelte ❻ und klimatisierte Busch-Cabins. ❼

Camping

Im Nationalpark liegen zwei Zeltplätze: Die **Walardi Camping Area** 13 km südlich des Visitor Centre ist mit Buschtoiletten, Wasser und Feuerstellen mit Brennholz ausgestattet. In der Nähe starten Rundflüge mit Hubschraubern. Die **Kurrajong Camping Area** liegt 7 km nördlich (gleiche Ausstattung wie Walardi). Camping $15 p. P.

INFORMATIONEN

Das **Purnululu Visitor Centre** im Park ist nur von April–Okt geöffnet. Hier erhält man auch den

Am eindrucksvollsten ist der Purnululu National Park aus der Luft.

© CORINNA MELVILLE

Park Pass, $17 pro Fahrzeug (auch online buchbar unter 💻 https://exploreparks.dbca.wa.gov.au. 🕒 April–Okt tgl. 8–16.30 Uhr.

TOUREN

Touren / Rundflüge

Der **Bungle Bungle Caravan Park** organisiert Tagestouren zu den Highlights von Purnululu ($360) sowie Rundflüge im Helikopter (ab 30 Min., $420).

Kununurra

Das Zentrum der Ost-Kimberley (7400 Einw.) liegt inmitten rostroter Felsen und grüner Fruchtfelder am tiefblauen Ord River. Kununurra wurde mit dem Ord River Irrigation Scheme der 1960er-Jahre geboren. Mit dem Diversion Dam wurde 1963 **Lake Kununurra** geschaffen. Dieses Bewässerungsbecken ermöglichte den Aufbau einer lokalen Landwirtschaft. 1972 wurde zusätzlich **Lake Argyle** gestaut, der größte Stausee der Südhalbkugel. Die Proteste der Ureinwohner verhallten ungehört. Für viele von ihnen bleibt der Lake Argyle als „sorry country" tabu.

Heute werden um Kununurra gewaltige Flächen Farmland bewässert, Backpacker mit Working Holiday Visum findet hier reichlich Arbeit. Die wichtigsten Feldfrüchte sind: Melonen, Kürbis, Bananen, Mangos und Zuckerrohr, ferner Sorghum, Sandelholz, Baumwolle und Kichererbsen. Der Felsen **Kelly's Knob** ist ein beliebter Aussichtspunkt bei Sonnenuntergang. Sobald das Ivanhoe Crossing nach der Regenzeit befahrbar ist, lohnt ein Besuch der 30 m hohen **Black Rock Falls**, **Valentine's Pool** und **Middle Springs**.

Galerien und Läden

Das **Waringarri Aboriginal Art Centre** ist eins der ältesten seiner Art in der Kimberley-Region und wird von Ureinwohnern betrieben. Mehr als 100 indigene Angehörige der Miriwoong-Kultur tragen zu seiner Sammlung bei. Das Zentrum bietet auch Touren durch die Galerie (90 Min., $65, Kind $25) sowie in den Mirima National Park (2 1/2 Std., $85, Kind $45). 16 Speargrass Rd, 💻 www.waringarriarts.com.au, 🕒 Mo–Fr 8.30–16.30, Sa 10–14 Uhr.

Rund 80 % aller pinkfarbenen Diamanten weltweit stammen aus dem Lake Argyle. Zu kaufen gibt es sie bei **Kimberley Fine Diamonds**, 93 Konkerberry Dr, 💻 https://kimberleyfinediamonds.com.au. Der Laden wird von der deutschen Einwandererin Frauke Bolten-Boshammer betrieben, deren eindrucksvolle Lebensgeschichte in ihrer Biografie nachzulesen ist (s. Kasten S. 497).

Und noch ein Stein ist dieser Region eigen: Der perfekt gestreifte Zebra Rock wird weltweit nur in den Minen östlich von Kununurra gefördert. Man findet ihn in der urigen Werkstadt **Rockalong Stonework**, 15 Bandicoot Dr.

Kununurra Museum

Vor allem für all diejenigen interessant, die mehr über das gigantische Bewässerungsprojekt erfahren wollen. Das Museum wird von Freiwilligen betrieben, die Öffnungszeiten können daher stark variieren. 72 Coolibah Dr. 💻 www.kununurra.org.au, 🕒 i. d. R. Mo–Fr 12.30–17.30 Uhr.

Mirima National Park

Der **Mirima National Park** umfasst 350 Mio. Jahre alte Felsformationen mit dem gleichen geologischen Hintergrund wie die Bungle Bungle. Der Park liegt 2 km östlich des Ortes und ist über eine asphaltierte Zufahrt erreichbar. Die Wanderwege beginnen beim Parkplatz. Eintritt in den Nationalpark $17 pro Fahrzeug; Tickets am Parkeingang oder online unter 💻 https://exploreparks.dbca.wa.gov.au erhältlich.

ÜBERNACHTUNG

Hostels

Kununurra Backpackers, 24 Nutwood Crescent, 💻 www.kununurrabackpackers.com.au. Auf Langzeitgäste ausgerichtet (Farmarbeiter). 4–10-Bett-Dorms (ab $45), alle mit AC, Pool, WLAN, Abholservice, Gratistour zum Kelly Knob zum Sonnenuntergang. Bei Buchungen ab 1 Woche erhebliche Rabatte. ❷

Andere

Hotel Kununurra, 37 Messmate Way, 💻 www.hotelkununurra.com.au. Pub, Bistro-Restaurant,

Biergarten und Bottle Shop, preiswerte Zimmer im Motelstil mit AC und Bad, Pool. Ab 5

Kimberley Croc Motel, River Fig Ave, www.kimberleycrocmotel.com.au. Renoviertes kleines Motel mit Pool und üppig grünem Innenhof, zentrale Lage unweit der Ladenstraße. Saubere, helle DZ und Familienzimmer mit Bad. Ab 5

Freshwater East Kimberley Apartments, Victoria Highway, www.freshwaterapartments.net.au. Die modernen und sehr geräumigen Apartments (vom Studio bis zum 3-DZ-Apartment) liegen um einen großen Pool. Alle mit Terrasse und gut ausgestatteter Küche. Kostenloser Transfer zum Flughafen. 7

Caravanparks

Discovery Holiday Parks Lake Kununurra, Lakeview Drive, www.discoveryholidayparks.com.au. Zelt- und Stellplätze ($48/58) sowie Cabins und Bungalows verschiedener Preisklassen. Pool, gute Campküche, Kiosk. Direkt am Wasser. Ab 5

Ivanhoe Village Caravan Resort, Coolibah Drive, www.ivanhoevillageresort.com. Zelt- und Stellplätze ($45/55 oder $70 mit Bad), Cabins ohne/mit Bad sowie Suites. Für alle gilt ein Mindestaufenthalt von 2 Nächten. Pool, Spielplatz, Kiosk. Ab 3

Safaricamps

Zwei exklusive Safaricamps sind nur per Flugzeug erreichbar. Beide bieten von April–Okt VP, Flugtransfer und Touren vor Ort an.

Faraway Bay, www.farawaybay.com.au. Safariresort an der nördlichen Kimberley-Küste, max. 12 Pers., z. B. für 3 Übernachtungen ab $1350 p. P. pro Nacht mit VP inkl. Anreise und aller Touren.

Kimberley Coastal Camp, www.kimberleycoastalcamp.com.au. Safaricamp am Admiralty Gulf im Nordosten der Kimberley-Küste. Auch hier sind die Preise inkl. Anreise, Touren und aller Mahlzeiten. $1350 p. P. pro Nacht.

ESSEN

Kimberley Asian Cuisine, 75 Coolibah Dr. Hervorragende asiatische Küche zu guten Preisen. tgl. 9–14.30 und 16.30–21 Uhr.

Wild Mango Cafe, Shop 1, 20 Messmate Way. Hat nicht nur frisches Eis, sondern auch leckere Sandwiches und Wraps und besonders guten Kaffee. Mo–Fr 7–16, So 7–13 Uhr.

In der **Hoochery Distillery**, Weaber Plains Rd, kann man selbstgebrannten Rum und andere Spirituosen kosten, tgl. 9–16 Uhr.

TOUREN

Aktivtouren

Go Wild Adventure Tours, www.gowild.com.au. Kanutrips auf dem Ord River, 1–3 Tage (ab $300) mit Übernachtung auf einem gut ausgestatteten Campground. Außerdem Abseilen und Höhlenerkundung *(caving)*.

Willis's Walkabouts, aus Darwin, www.bushwalkingholidays.com.au. Organisieren Aktivtouren mit vielen Wanderungen in kleinen Gruppen im Norden Australiens, auch in der Kimberley-Region, ab 3 Tagen bis zu mehreren Wochen.

One-way-Touren

APT Kimberley Wilderness Adventures, www.aptouring.com.au. April–Okt riesiges Angebot an Allradtouren von 2–26 Tagen.

Rundflüge

Aviair, 9169 1300, www.aviair.com.au.

Quarantäne

Western Australia ist frei von zahlreichen tierischen und pflanzlichen Schädlingen und schützt seine Landwirtschaft vor der Einschleppung solcher Schädlinge mittels einer Quarantäne. Es gelten **strenge Einfuhrvorschriften** (s. Grundlegendes hierzu im Einführungskapitel zu WA). Sogar Reisende, die aus WA kommen und in das Ord-River-Bewässerungsgebiet bei Kununurra fahren, dürfen kein Obst (und keine Palmen) mit sich führen. Vor Kununurra stehen Entsorgungscontainer bereit. Weiteres unter www.agric.wa.gov.au.

Flüge über die Bungle Bungle. Auch inkl. Touren bei der Argyle Diamond Mine.

SONSTIGES

Autovermietungen

Alle Anbieter vermieten auch Geländewagen.
Avis, Coolibah Drive, 💻 www.avis.com.au;
Budget, beim Flughafen, 💻 www.budget.com.au;
Hertz, Coolibah Drive, 💻 www.hertz.com.au.

Erntearbeit

In der Saison (Mai–Nov) gibt es für Erntehelfer meist genug Arbeit. Zu den Obst- und Gemüsesorten, die hier geerntet werden, zählen u. a. Melonen, Kürbisse, Mais und Mangos. Die Arbeit in der glühenden Hitze ohne Schatten kann jedoch sehr kräftezehrend sein. Etwas schonender ist das *tree planting* (v. a. Sandelholz), denn die Arbeit wird meist im Schatten verrichtet.

Feste

Ord Valley Muster, ein 14-tägiges Community Festival mit zahlreichen Veranstaltungen, u. a. Vollmondkonzert am Ord River, Kunstausstellungen, Rodeo und Bootsrennen zum Argyle Dam. 💻 https:// ordvalleymuster.com.au.

Informationen

Kununurra Visitors Centre, Coolibah Drive, 💻 www.kununurratourism.com. 🕒 April–Okt Mo–Fr 9–16, Sa 9–13, Nov–März eingeschränkte Öffnungszeiten.

TRANSPORT

Busse

Greyhound, 💻 www.greyhound.com.au.
Die Busse halten auf der BROOME–Darwin-Route in Kununurra beim BP Roadhouse.
Der Bus nach Darwin fährt Mo–Fr abends um 20.25 Uhr (Fahrzeit 12 1/2 Std.), der Bus nach Broome morgens um 1.40 Uhr (Fahrzeit 13 Std.).

> **Zeitzone**
>
> Wer von Western Australia ins Northern Territory fährt, muss seine Uhr um 1 1/2 Std. vorstellen.

Flüge

Air North hat Flüge nach PERTH, BROOME und DARWIN.
Virgin Australia fliegt nach PERTH.

Lake Argyle

Ob zum Abkühlen im klaren Wasser oder um tiefer in die Geschichte des Stausees einzutauchen – eine Bootsfahrt über den Lake Argyle rund 80 km südlich von Kununurra ist für viele ein Kimberley-Highlight. Besonders schön ist die Fahrt zum Sonnenuntergang, wenn der See den tiefroten Himmel widerspiegelt. Touren mit **Lake Argyle Cruises**, 💻 www.lakeargylecruises.com, z. B. Sunset-Tour ($95), auch Tagestouren ($175).

Süßwasserkrokodile und rund 250 Vogelarten bevölkern die etwa 80 Inseln und das Ufer des Sees. In der Nähe kann man das **Durack Homestead** besichtigen. Die ursprüngliche Anlage wurde 1895 von einer legendären Pionierfamilie errichtet. Das **Argyle Downs Homestead Museum** veranschaulicht das Leben der ersten Siedler dieser Region. Eintritt $7,50, 🕒 8–16 Uhr. Das **Lake Argyle Resort** besitzt ein Café, einen Laden und bietet Touren, 💻 www.discoveryholidayparks.com.au/lake-argyle.

ADELAIDE, SOUTHPORT; © CORINNA MELVILLE

South Australia

Der trockenste Staat Australiens wird von vielen Reisenden zu Unrecht links liegen gelassen. South Australia bietet faszinierende unberührte Natur mit erstklassigen Stränden und hervorragenden Wanderrouten, begehrte Edelsteine, vollmundige Weine und unzählige Begegnungen mit der Tierwelt.

Stefan Loose Traveltipps

Fleurieu Peninsula Traumstrände, perfekte Wellen, Wein, Gin und ganz viel Livemusik – auf der Landzunge südlich von Adelaide zelebriert man das gute Leben. S. 544

16 **Kangaroo Island** Schauplatz der unerschütterlichen Resilienz der Natur: Eine Insel erhob sich nach dem Black Summer aus der Asche. S. 548

17 **Ikara-Flinders Ranges National Park** Naturliebhaber und Wanderer kommen im natürlichen Amphitheater Wilpena Pound voll auf ihre Kosten. S. 568

Coober Pedy In der staubigen Opalgräbersiedlung mitten im Outback leben über 50 % der Einwohner im besser temperierten Untergrund. S. 572

Eyre Peninsula Das Paradies für Wasserratten – ob beim Schwimmen mit Seelöwen und Delphinen oder auf Tuchfühlung mit dem Weißen Hai. S. 575

Nullarbor Mehr als tausend Kilometer Monotonie – wo Eintönigkeit zur Faszination wird. S. 577

IKARA-FLINDERS RANGES NATIONAL PARK; © CORINNA MELVILLE

SEEHUNDE AUF KANGAROO ISLAND; © DUMONT BILDARCHIV / THOMAS P. WIDMANN

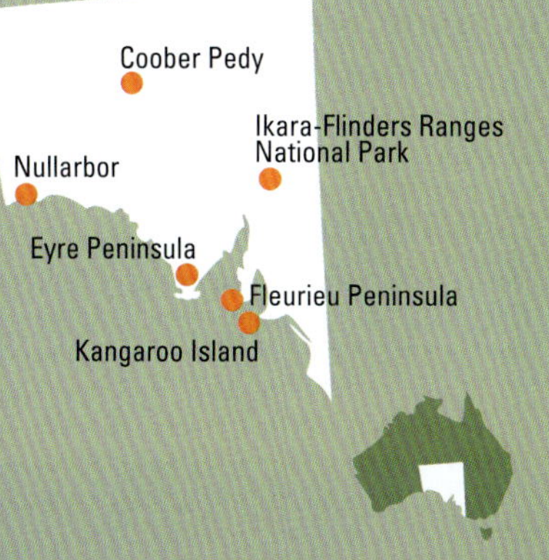

Wann fahren? Sep–Dez und Feb–Mai

Wie lange? 1–2 Wochen für Adelaide und den Süden; 2–4 Wochen für Adelaide bis Alice Springs; für Adelaide bis Perth 10–16 Tage

Bekannt für atemberaubende Strände, gute Weine, Begegnungen mit der Tierwelt

Unbedingt probieren Austern, Wein und Gin

Updates und eure **Kommentare** zu diesem Kapitel auf www.stefan-loose.de unter **eXTra [11518]**

Kein anderer Staat Australiens regt den inneren Entdeckergeist mehr an als South Australia (auch in der gesprochenen Sprache oft „SA" abgekürzt). So weit und kontrastreich wie seine Regionen, so vielfältig ist auch das Reiseprogramm: Ob beim Kosten lokaler Bioprodukte und Weine auf einem der bilderbuchreifen Weingüter, beim Wandern entlang schroffer Felshänge und menschenleerer Buchten oder in einer Nacht unter dem gewaltigen Firmament über dem Outback – Erlebnisse in SA werden stets mit der gewissen Portion Abenteuerkitzel serviert, die nur die unberührtesten und authentischsten Reiseziele der Welt noch liefern können.

Mit einer knappen Million Quadratkilometern ist South Australia so groß wie Deutschland, Frankreich und Österreich zusammen. Etwa zwei Drittel sind Wüste oder Halbwüste; SA ist der trockenste Staat des trockensten Kontinents. Rund 1,8 Mio. Menschen leben hier, davon etwa 1,4 Mio. im Großraum Adelaide.

Die gepflegte, übersichtliche Hauptstadt **Adelaide** liegt eingebettet zwischen den Mount Lofty Ranges, weltbekannten Weinregionen wie dem **Barossa** und **Clare Valley**, einer traumhaften Küste mit kilometerlangen Sandstränden und einigen erfreulich gesunden Riffen vor der Küste.

Südlich von Adelaide lohnt die **Fleurieu-Halbinsel** mit ihren traumhaften Stränden, einladenden Ferienorten und noblen Weingütern einen Besuch. Die vorgelagerte **Kangaroo Island** wurde während des Black Summers 2019/20 zu großen Teilen von den Flammen verschluckt. Heute ist die Natur zu neuem Leben erwacht, auch die Infrastruktur ist weitgehend erneuert.

An der Küste südlich von Adelaide trennt ein 145 km langer, schmaler Landstreifen die **Coorong**-Lagune vom Ozean. Die Coorong ist die Heimat zahlreicher Wasser- und Wattvögel. Entlang der Küste bis nach Mount Gambier, an der Grenze zu Victoria, liegen viele Seen, die nur durch schmale Landbrücken voneinander oder vom Meer getrennt sind – ein Paradies für Kajakfahrer.

Westlich geht die Küste in die stiefelförmige **Yorke Peninsula** über; ein Naturparadies, bislang wenig bekannt bei internationalen Touristen, bei Australiern aber umso beliebter wegen seiner unzähligen Gelegenheiten zum Surfen, Angeln, Wandern oder Kajak fahren. Noch abgelegener ist die **Eyre Peninsula**, an deren nördlichen Buchten man mit Delphinen und Seelöwen schwimmen kann. Port Lincoln an der südlichen Spitze der Halbinsel ist einer von wenigen Orten in der Welt, an denen man im Tauchkäfig mit dem Weißen Hai auf Tuchfühlung gehen kann.

Der größte Teil des äußersten Westens des Staates wird von Aboriginal-Gebieten eingenommen: dem Land der Pitjantjatjara im Nordwesten, der **Great Victoria Desert** und südlich davon dem Land der Maralinga. Die Reise durch die **Nullarbor-Ebene** – ob im Auto oder mit der transkontinentalen Eisenbahn – ist so eintönig wie faszinierend: hier kann man Hunderte von Kilometern zurücklegen, ohne das Lenkrad zu bewegen.

Der **Stuart Highway** verbindet Port Augusta mit Alice Springs und Darwin im Northern Territory und ist die einzige befestigte Straße in den Norden. In **Coober Pedy** mitten im Outback haben sich Opalgräber wie Maulwürfe in die Erde eingebuddelt. Im Landesinneren erstreckt sich ein System von meist ausgetrockneten Salzseen; die drei größten sind **Lake Eyre**, **Lake Torrens** und **Lake Gairdner**. Südöstlich von Lake Eyre liegen die **Flinders Ranges**, ein 800 km langer Höhenrücken von herber Schönheit und ein Paradies für Wanderer.

Vorwahl

Die Vorwahl für alle Orte in South Australia ist 08.

Klima

South Australia ist der trockendste Bundesstaat Australiens. Outbackorte wie Oodnadatta verzeichnen an nur etwa 15 Tagen im Jahr Niederschläge. Adelaide und angrenzende Gebiete erhalten durchschnittlich 520 mm Niederschlag jährlich, aber auch hier bleibt es im Schnitt an mehr als 300 Tagen im Jahr trocken. Die Win-

ter sind mild (max. 15 °C) und regnerisch, das Frühjahr und der Herbst sind mild-warm und die Sommer heiß (teils über 40 °C) und trocken. Im Norden und Westen herrscht Outback-Klima: heiß im Sommer, mild-warme Tage und eiskalte Nächte im Winter. Die Südostregion ist kühler und feuchter als die Gegend um Adelaide.

Flora und Fauna

Als Australiens trockenster Bundesstaat ist South Australia immer häufiger von Dürren, Hitzewellen und Buschbränden betroffen. Viele seiner einheimischen Eukalypten, Orchideenpflanzen, Farne, Gräser, Kräuter und Blumen sind bedroht. Im Frühjahr blüht in der Trockensteppe das Pflanzen-Wahrzeichen des Staates, die feuerrote **Sturts Desert Pea**. Die etwas feuchteren Zonen im Südosten sind von Gebüsch (oft eine *mallee* genannte Eukalyptusart), stellenweise auch lichten Eukalyptuswäldern bedeckt. Endlose Weizenfelder nehmen den größten Teil der Eyre Peninsula und der Yorke Peninsula ein.

Die Wale, die im 19. Jh. fast ausgerottet wurden, haben wieder Vertrauen gefasst. Immer mehr der Meeressäuger suchen im australischen Winter die südaustralische Küste zum Kalben auf. Delphine leben entlang der gesamten Küste, also auch im Saint Vincent Gulf vor Adelaide und im Spencer Gulf zwischen der Yorke und der Eyre Peninsula. Man bekommt sie mitunter an den Stränden von Adelaide zu Gesicht; wer sichergehen will, bucht eine Delfin-Kreuzfahrt. Rund um die Eyre Peninsula bekommt man auch Seelöwen vor die Schnorchelbrille. Diese sind auch an den Stränden entlang der Südküste von Kangaroo Island nicht zu verfehlen. Auf Kangaroo Island leben zudem u. a. Schnabeltiere, Koalas, Opposums und natürlich Kängurus. Letztere findet man in freier Wildbahn in ganz South Australia, z. T. auch in unmittelbarer Stadtnähe.

Geschichte

Als erster Europäer segelte 1627 der Holländer **Peter Nuyts** an der Küste vorbei und kartografierte ihren Verlauf. **Matthew Flinders** erforschte im Rahmen seiner Kontinentumsegelung 1802 die südaustralische Küste und beschrieb ihre landschaftlichen Merkmale. Amerikanische Wal- und Robbenfänger errichteten im folgenden Jahr den ersten Stützpunkt auf Kangaroo Island. 1836 wurde eine britische Niederlassung in Adelaide gegründet, teilweise basierend auf den Ideen des Engländers **Edward Gibbons Wakefield**. Um die Schwierigkeiten der anderen Kolonien (New South Wales und Van Diemen's Land) zu vermeiden, schlug er vor, das neue Land zu einem angemessenen Preis zu verkaufen, anstatt es zu verschleudern. Die dadurch erzielten Einkünfte sollten dazu verwendet werden, unbemittelten Arbeitern die Einwanderung zu ermöglichen. So könnte darauf verzichtet werden, Arbeitskräfte aus Sträflingstransporten zu rekrutieren. Ironischerweise formulierte Wakefield diese Idee in einem Gefängnis, wo er wegen Verführung einer Minderjährigen einsaß.

In der Tat ließen sich in South Australia nur freie Siedler nieder, worauf seine Bewohner heute noch stolz hinweisen. Zwischen 1838 und 1850 wanderten etwa 7000 deutsche Siedler in South Australia ein; zunächst Alt-Lutheraner aus der Gegend um Klemzig (50 km östlich von Berlin), die aus Glaubens- und wirtschaftlichen Gründen ihre Heimat verließen. Nach der Revolution im Jahr 1848 folgten viele politische Flüchtlinge. Die Deutschen ließen sich in geschlossenen Siedlungen in den Bergen von Adelaide und im Barossa Valley nieder. Zunächst hatte die Kolonie mit beträchtlichen wirtschaftlichen Schwierigkeiten zu kämpfen; die Entdeckung großer Kupfervorkommen in den 1840er-Jahren bei Kapunda, nördlich von Adelaide, und später bei Kadina auf der Yorke-Halbinsel, halfen der Kolonie auf die Beine. Im Jahre 1842 wurde South Australia zur britischen Kronkolonie erklärt. 1856 wählte man eine gesetzgebende Versammlung. South Australia war nach Neuseeland das zweite Land der Welt, in dem das Frauenwahlrecht eingeführt wurde und das erste, in dem sich Frauen zur Wahl aufstellen lassen durften.

Praktische Tipps

Übernachtung

In den Schulferien, insbesondere im Sommer, herrscht in den Feriengebieten, vor allem an der Küste, viel Betrieb und es ist ratsam, die Unterkunft lange im Voraus zu reservieren. Außerhalb von Adelaide sind Backpacker-Hostels dünn gesät. Camping bietet eine gute Alternative für alle, die mit kleinem Geldbeutel reisen, denn über den ganzen Staat verteilt liegen wunderschöne und oft recht gut ausgestattete Campingplätze (auch für Campervans), auf denen man günstig übernachten kann. Eine gute App für Camper ist WikiCamps. In höheren Preisklassen gibt es einige schön restaurierte Gebäude aus der Gründerzeit, die zu noblen Gästehäusern umfunktioniert wurden. Ferienwohnungen (z. B. über 💻 www.airbnb.com.au und 💻 www.stayz.com.au) sind eine gute Alternative für Selbstversorger.

Essen und Trinken

In den Weinanbaugebieten rings um Adelaide (Barossa Valley, Clare Valley und McLarenVale) hat sich eine Feinschmeckerkultur etabliert. Zusätzlich zu vielen guten Restaurants, Gin-Destillerien und Weingütern bieten Metzgereien, Bäckereien und kleine Läden regionale Spezialitäten an. Viele Weingüter betreiben hervorragende Restaurants, manche davon zählen zu den besten Adressen South Australias. Gute Informationen für Feinschmecker und Schlemmermäuler bietet 💻 www.agfg.com.au.

Nationalparks

Die Nationalparkbehörde erhebt eine Zutrittsgebühr für die meisten Naturreservate (National Parks, Conservation Parks, Conservation Reserves usw.) in South Australia. Pro Tag beträgt sie je nach Park bis zu $13 pro Auto. Für Reisende lohnt es sich, den zwei Monate gültigen Holiday Pass ($52 pro Auto) zu erwerben. Der Flinders Chase NP auf Kangaroo Island und die nördlichen Desert Parks sind in diesem allerdings nicht eingeschlossen.

In den Naturreservaten findet man viele einfache Zeltplätze, die je nach angebotenem Komfort (Warmwasserduschen, Kaltwasserduschen, Buschtoiletten oder gar nichts) zwischen $14 und $17 pro Auto kosten. Campinggebühren sind nicht in die Zutrittsgebühr eingeschlossen, das gilt auch für den Holiday Pass. Die Nationalparkgebühren zahlt man am besten online, hier kann man auch den Zeltplatz buchen: 💻 www.parks.sa.gov.au. Gute Tipps für Aktivitäten, Wanderungen und Campsites gibt's auf 💻 www.environment.sa.gov.au/goodliving.

Busse

Die Busse von **Greyhound Australia** verbinden Adelaide mit Alice Springs (Anschluss nach Darwin) via Port Augusta und Coober Pedy. Hinzu kommt die kleine Busgesellschaft **Firefly**, die Melbourne und Sydney anfährt. Beide durchqueren South Australia auf den großen Highways und lassen dabei fast alle landschaftlich und touristisch interessanten Gebiete links liegen. Die südaustralische Busgesellschaft **Stateliner** fährt weitere Destinationen in South Australia an, z. B. Robe, Port Lincoln und Streaky Bay. Weitere Buslinien und Details auf S. 532, Adelaide.

Eisenbahn

Die Hauptrouten der Bahn sind der *Ghan* zwischen Adelaide und Darwin, der *Indian Pacific* zwischen Sydney und Perth (via Adelaide) und der *Overland* zwischen Adelaide und Melbourne (S. 79).

Flüge

Der Flughafen von Adelaide ist der einzige internationale Flughafen des Staates. Qantas, Jetstar und Virgin Australia bieten mehrmals täglich Flugverbindungen zu anderen australischen Großstädten. Die regionale Fluggesellschaft Rex (Regional Express) fliegt regionale Zentren im ganzen Südosten Australiens an; in South Australia sind das Kingscote/Kangaroo Island, Ceduna, Whyalla, Port Lincoln, Port Augusta, Mount Gambier und Coober Pedy. Genaueres dazu auf S. 533, Adelaide.

Auto

Wie überall in Australien erlaubt auch in SA ein eigenes Auto die Erkundung von weitaus mehr interessanten Regionen als eine Reise per Bus oder Bahn. Die Straßen im Südosten, um Adelaide und in der Mid-North-Region sind asphaltiert, ebenfalls die Hauptrouten auf der Yorke und Eyre Peninsula. Für Fahrten über die entlegeneren Pisten im Outback bedarf es einer gründlichen Vorbereitung und guter Ausrüstung. Eine gute App für Autofahrer im Outback ist *Fuel Map Australia* von WikiCamps.

Adelaide

Adelaides Charme ist nicht so offensichtlich wie der anderer australischer Hauptstädte. Dafür findet man hinter der friedlichen, unaufdringlichen Kulisse eine Stadt, die die Freuden des

Lebens zu genießen weiß und deren Bewohner (noch) nicht von den andernorts üblichen astronomischen Lebenshaltungskosten geplagt sind. Die laut der britischen EIU dritt-lebenswerteste Stadt der Welt besticht mit hochklassigen Restaurants, einem prall gefüllten Eventkalender, traumhaften Stränden und den idyllischen, kultivierten Weinregionen vor der Haustür.

Ein Ring von gepflegten Parks umgibt die Innenstadt. Die Vororte erstrecken sich im Westen bis an die Küste, 30 km Sandstrände liegen direkt vor Adelaides Haustür. Radwege führen von der Innenstadt zu den Stränden. Im Osten und Südosten begrenzen die etwa 500–600 m hohen Ausläufer der Mt Lofty Ranges, Adelaide Hills genannt, die Stadt.

Bis in die 60er-Jahre galt Adelaide als spießige „Stadt der Kirchen". Von der rückschrittlichen, provinziellen Lebenseinstellung, die man Adelaide lange nachsagte, ist nichts mehr zu spüren. Die Stadt besitzt sowohl die Überschaubarkeit und behäbige Lebensart einer Kleinstadt als auch die weltoffene Atmosphäre und rege Kulturszene einer Großstadt. Sie ist lebendig, aber nicht hektisch; weltoffen, aber dennoch voller Wertschätzung für die Schätze im eigenen Hintergarten.

Geschichte

1836 wurde der Landvermesser Lieutenant-Colonel Light an den Gulf St. Vincent geschickt, um einen geeigneten Ort für eine Stadtgründung zu suchen und zu vermessen. Seine Zeitgenossen fochten die Wahl eines 10 km von der Küste entfernten Landes am Torrens River an, Light setzte sich aber durch. 1840 wurde die Stadt offiziell gegründet und nach der deutschen Gattin des damaligen britischen Königs William IV. Adelaide genannt.

Die Innenstadt

Orientierung

Der **Victoria Square** markiert die Mitte der City, ist aber nicht gerade Zentrum des Geschehens. Dieses spielt sich im nördlichen Teil der übersichtlichen, grünen Innenstadt ab – eine Quadratmeile mit der King William St als wichtigster Längsachse und der Shoppingmeile **Rundle Mall**. Entlang der 40 m breiten King William St stehen einige mächtige alte Gebäude, darunter das **GPO** (Hauptpostamt), das **Old Treasury** (ehemalige Stadtkasse, heute ein Hotel) und die **Town Hall** (Rathaus) im Renaissancestil mit Glockenturm.

Rund um die Rundle Mall

In der **Hindley Street** (sprich: Heindli), einst das Amüsierviertel der Stadt, hat die Kunstszene Fuß gefasst: Es gibt einige Galerien wie die **Jam Factory**, Ecke Morphett St, 💻 www.jamfactory.com.au, in der man den Künstlern beim Glasblasen zusehen kann, 🕒 tgl. 10–17 Uhr.

Imposant ist die Fassade des **Austral Stores**, das Anfang des 20. Jhs. von einem deutschen Einsiedler konstruiert wurde. Außerdem liegen hier unzählige hervorragende Restaurants.

Von der Fußgängerzone und Einkaufsstraße der Stadt **Rundle Mall** zweigen viele überdachte Ladenpassagen *(arcades)* ab. Insbesondere die 1885 eröffnete, liebevoll restaurierte **Adelaide Arcade** zwischen Rundle Mall und Grenfell St lohnt einen kurzen Abstecher. Die **Rundle Street** östlich der Fußgängerzone ist mit den dicht an dicht aneinandergereihten Restaurants und Cafés das trendige, quirlige Ausgehviertel der Stadt.

Das Aboriginal-Kulturinstitut **Tandanya**, 💻 www.tandanya.com.au, in einem schönen, alten Backsteinbau in der 253 Grenfell St untergebracht, hat sich durch seine Kunstausstellungen und Performances landesweit einen Namen gemacht. 🕒 tgl. 10–17 Uhr.

Entlang der North Terrace

North Terrace, die nördliche Begrenzung der Innenstadt, ist der Prachtboulevard der Stadt, der von einigen eindrucksvollen und einigen scheußlichen Gebäuden flankiert wird.

Hier steht das **Parlament** (erbaut 1883–1939) mit zehn korinthischen Säulen aus grauem Marmor. An Sitzungstagen des Parlaments ist die Öffentlichkeit jederzeit zugelassen; freitags finden um 10 und 14 Uhr Führungen statt, Buchung nicht erforderlich. Das ursprüngliche, der Öffentlichkeit nicht zugängliche Parlamentsgebäude, **Old Parliament House** (erbaut 1855–75),

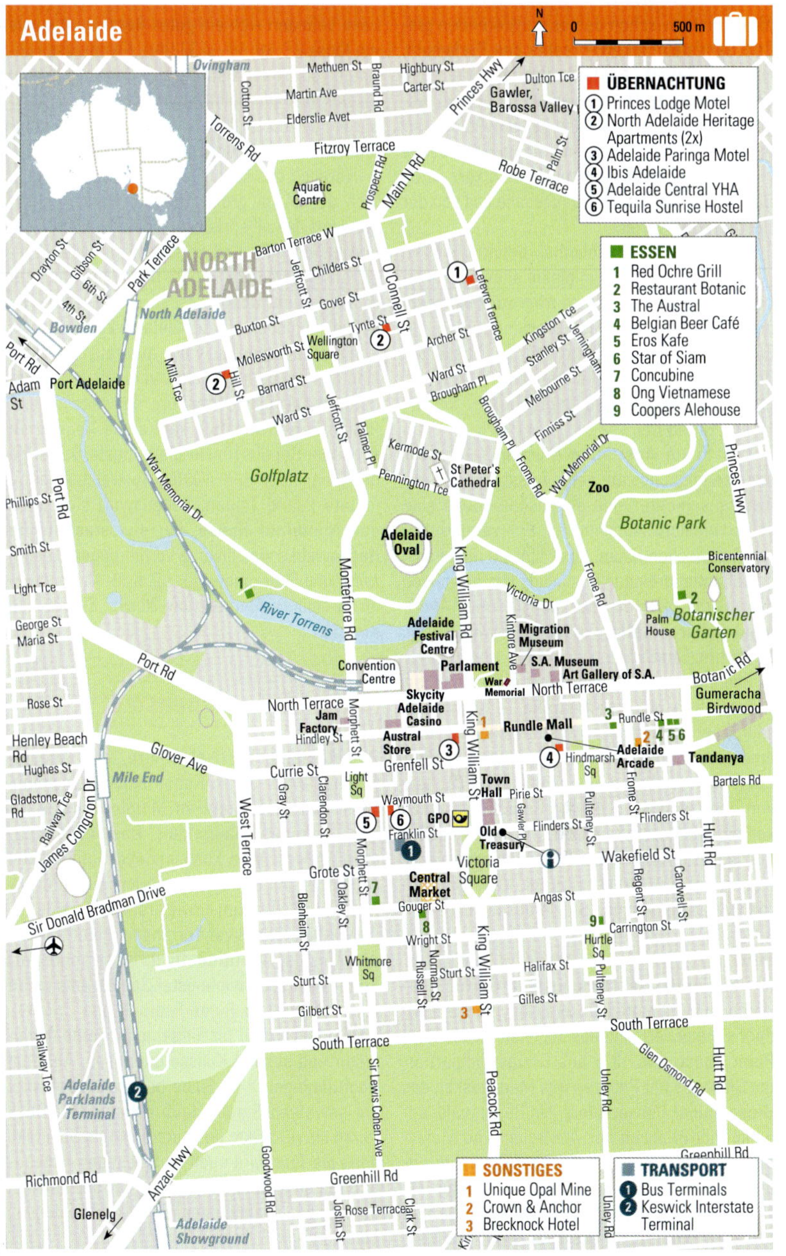
Adelaide
N
0
500 m
ÜBERNACHTUNG
1 Princes Lodge Motel
2 North Adelaide Heritage Apartments (2x)
3 Adelaide Paringa Motel
4 Ibis Adelaide
5 Adelaide Central YHA
6 Tequila Sunrise Hostel
ESSEN
1 Red Ochre Grill
2 Restaurant Botanic
3 The Austral
4 Belgian Beer Café
5 Eros Kafe
6 Star of Siam
7 Concubine
8 Ong Vietnamese
9 Coopers Alehouse
SONSTIGES
1 Unique Opal Mine
2 Crown & Anchor
3 Brecknock Hotel
TRANSPORT
1 Bus Terminals
2 Keswick Interstate Terminal
NORTH ADELAIDE
North Adelaide
Bowden
Ovingham
Aquatic Centre
Golfplatz
Adelaide Oval
St Peter's Cathedral
Zoo
Botanic Park
Bicentennial Conservatory
Palm House
Botanischer Garten
River Torrens
Adelaide Festival Centre
Convention Centre
Parlament
Migration Museum
S.A. Museum
Art Gallery of S.A.
War Memorial
Skycity Adelaide Casino
Jam Factory
Austral Store
Rundle Mall
Adelaide Arcade
Tandanya
Gumeracha Birdwood
Town Hall
GPO
Old Treasury
Victoria Square
Central Market
Light Sq
Hindmarsh Sq
Hurtle Sq
Whitmore Sq
Wellington Square
Mile End
Adelaide Parklands Terminal
Adelaide Showground
Glenelg
Port Adelaide
Gawler, Barossa Valley
Methuen St
Highbury St
Carter St
Martin Ave
Elderslie Avet
Cotton St
Braund Rd
Dulton Tce
Princes Hwy
Torrens Rd
Fitzroy Terrace
Prospect Rd
Main N Rd
Robe Terrace
Palm St
Barton Terrace W
Childers St
Jeffcott St
O'Connell St
Lefevre Terrace
Gover St
Buxton St
Tynte St
Archer St
Molesworth St
Hill St
Barnard St
Ward St
Brougham Pl
Kingston Tce
Stanley St
Jerningham
Melbourne St
Finniss St
Mills Tce
Drayton St
Gibson St
6th St
4th St
Park Terrace
Port Rd
Adam St
Palmer Pl
Kermode St
Pennington Tce
Frome Rd
War Memorial Dr
Phillips St
Smith St
Light Tce
George St
Maria St
Montefiore Rd
King William Rd
Victoria Dr
Kintore Ave
Botanic Rd
North Terrace
Rose St
Henley Beach Rd
Hughes St
Glover Ave
Gladstone Rd
Railway Tce
James Congdon Dr
West Terrace
Currie St
Gray St
Clarendon St
Morphett St
Hindley St
Grenfell St
King William St
Rundle St
Pirie St
Gawler Pl
Flinders St
Pulteney St
Bartels Rd
Waymouth St
Franklin St
Wakefield St
Hutt Rd
Grote St
Oakley St
Gouger St
Angas St
Regent St
Cardwell St
Carrington St
Sir Donald Bradman Drive
Blenheim St
Wright St
Norman St
Russell St
Halifax St
Sturt St
Gilbert St
Gilles St
South Terrace
Glen Osmond Rd
Sir Lewis Cohen Ave
Peacock Rd
Unley Rd
Railway Tce
Anzac Hwy
Goodwood Rd
Richmond Rd
Greenhill Rd
Rose Terrace
Joslin St
Clark St
SOUTH AUSTRALIA

nimmt sich zwischen den es flankierenden großen Sandsteinbauten – rechts das Parlament, links das **Skycity Adelaide Casino** – klein und bescheiden aus. Das Kasino ist in der edel restaurierten früheren Adelaide Railway Station untergebracht. Auch wenn man dem Glücksspiel nichts abgewinnen kann, sollte man kurz einen Blick in die grandiose Eingangshalle und von der Dachterasse werfen.

Hinter der Staatsbibliothek befindet sich in der 82 Kintore Avenue in einem ehemaligen Armenhaus das interessante **Migration Museum** mit einer audiovisuellen Dokumentation zur Einwanderungsgeschichte von SA. Zusätzlich finden Wanderausstellungen statt. 💻 www. https://history.sa.gov.au (migration), 🕒 tgl. 10–17 Uhr, Eintritt frei.

Das **South Australian Museum**, 💻 www.samuseum.sa.gov.au, zeigt Ausstellungen zur Naturgeschichte, eine ägyptische sowie eine völkerkundliche Abteilung mit Schwerpunkt auf dem pazifischen Raum. Das Museum rühmt sich seiner umfangreichen Sammlung von Artefakten der australischen Ureinwohner, die in der **Aboriginal Cultures Gallery** präsentiert wird. 🕒 tgl. 10–17 Uhr, Eintritt frei.

Ebenfalls einen Besuch lohnt die benachbarte **Art Gallery of South Australia**, 💻 www.agsa.sa.gov.au. Die Sammlung **australischer Kunst** ist eine der größten weltweit und umfasst zahlreiche wichtige Werke aus sämtlichen Epochen, von der Kolonialzeit bis zur Gegenwart. Hinzu kommt eine große Sammlung von **traditioneller und moderner Aboriginal-Kunst** aus verschiedenen Gebieten Australiens. 🕒 tgl. 10–17 Uhr, Eintritt frei, ausgenommen Sonderausstellungen.

Botanischer Garten und Zoo

Im 1857 eröffneten **Botanischen Garten** spaziert man im Schatten dicker Eukalypten. Besonders sehenswert sind das komplett restaurierte **Palm House**, ein 1875 aus Bremen importiertes Glashaus mit Pflanzen aus Madagaskar, das **Bicentennial Conservatory**, ein Regenwald, angelegt mit Pflanzen aus Australien und Malaysia, ebenfalls in einem riesigen Glashaus untergebracht (🕒 tgl. 10–16 Uhr, im Sommer bis 17 Uhr), sowie der **International Rose Garden** mit etwa 5000 Rosen aus aller Welt. Am Main Lake befinden sich ein gutes Restaurant sowie ein Kiosk (🕒 tgl. 10–16.30 Uhr). Kostenlose Führungen durch den Botanischen Garten beginnen tgl. um 10.30 Uhr beim Visitor Centre am Schomburgk Pavilion. 🕒 Mo–Fr ab 8, Sa, So und feiertags ab 9 Uhr bis Sonnenuntergang.

Nördlich des Botanischen Gartens erstreckt sich der 34 ha große **Botanic Park**, Austragungsort des alljährlichen Womadelaide (Weltmusik)-Festivals, und nordwestlich davon, zwischen Botanic Park und River Torrens, der relativ kleine, über 130 Jahre alte, aber von Grund auf modernisierte **Adelaide Zoo**, 💻 www.adelaidezoo.com.au. Viele australische Tiere sind hier zu sehen: Koalas, verschiedene Känguru- und Wallaby-Arten (u. a. das seltene gelbfüßige Felsenwallaby), zahlreiche Vogelarten sowie im Reptile House die giftigste Schlange der Welt, die in den Wüsten Australiens beheimatete Inland Taipan. Sehenswert sind auch das **Nocturnal House**, der **südostasiatische Regenwald** sowie diverse Vorführungen *(keeper talks)* und Fütterungen. 🕒 tgl. 9.30–17, im Januar an einigen Abenden bis 20 Uhr, Eintritt $43, Kind $23.

Nördlich der Innenstadt

Das **Adelaide Festival Centre**, eine geometrische 1970er-Jahre-Konstruktion aus Beton, Stahl und Glas, steht im Mittelpunkt des regen Adelaider Kulturlebens. Das Festivalzentrum umfasst eine kommerzielle Galerie (The Artspace), ein kleines Theatermuseum (Performing Arts Collection) sowie drei Theatersäle.

Nördlich des River Torrens leuchtet abends das riesige **Adelaide Oval**, Austragungsort South Australias wichtigster Sportevents (allen voran Australian Rules Football und Cricket). Das Stadium wird oft für seine moderne Architektur und schöne Kulisse gepriesen. Auf dem **RoofClimb** geht's an Sicherheitsseilen befestigt am gewellten Stadiondach entlang. Der Blick reicht bis zur Küste und natürlich aufs Spielfeld, denn die Tour wird auch an Spieltagen angeboten. Touren ab $109, 💻 https://roofclimb.com.au. Infos zu den Events unter 💻 www.adelaideoval.com.au.

Der beliebteste Strand-Vorort Adelaides: Glenelg

Im gehobenen Stadtteil **North Adelaide** konzentrieren sich teure Boutiquen, Antiquitätenlädchen und Restaurants vor allem entlang der Melbourne Street und der O'Connell Street. North Adelaide liegt umschlossen von Parkanlagen.

Südlich der Innenstadt

Windy Point an der Belair Road, am Anfang der Adelaide Hills ist ein nur etwa zehn Autominuten vom Zentrum entfernter, beliebter Aussichtspunkt und Fotospot. Hier liegt auch das gleichnamige Restaurant, kulinarisch wie auch preislich gehoben.

Zahlreiche Wander- und Radwege führen durch den **Belair National Park**, einem viel besuchten Ausflugsziel für Adelaider. In den Astgabeln schlummern Koalas, unter den Eukalypten wachsen Orchideen. Der 3 km lange Lorikeet Loop Walk bietet schöne Einblicke. Zum Park gehört auch ein großer Abenteuerspielplatz. Belair ist täglich mit dem Vorortzug zu erreichen (Belair Station, von hier aus ca. 10 Min. zu Fuß); eine Parkgebühr von $13 pro Auto wird erhoben.

Glenelg

Von den 32 km Strand rings um Adelaide ist keiner so bekannt wie dieser. Früher war Glenelg der Badeort der oberen Gesellschaftsschichten; einige alte Gebäude erinnern noch an jene Zeit. Heute findet man hier und im benachbarten **Brighton** viele Motels, Cafés, Restaurants und Bars, dazu kleine Geschäfte und Boutiquen.

Hier landeten 1836 die ersten Siedler Südaustraliens. Am historischen **Old Gum Tree** an der McFarlane St, Ecke Bagshaw St (vom Anzac Highway ausgeschildert), wurde von Gouverneur Hindmarsh die erste südaustralische Kolonie ausgerufen. Vom **Glenelg Jetty** werfen das ganze Jahr über Hobbyfischer die Angeln ins Wasser. Direkt davor wird im Sommer eine Beach Bar errichtet, von deren Strandkörben aus man cocktailschlürfend das Treiben beobachten kann. Vom Hafen in Glenelg starten Tourboote zum Schwimmen mit Delphinen (s. u.).

Von der City ist Glenelg in etwa 30 Min. mit der alten Straßenbahn ab Victoria Square oder mit dem Bus 263 ab King William St zu erreichen.

Port Adelaide

Die Aussies lieben oder hassen „Port" – wird der Ort doch mit dem hier beheimateten AFL-Football-Verein gleichgesetzt. Dem alten, beschaulichen Hafenviertel hängt noch immer der Ruf eines rauen Arbeiterviertels an. Trotzdem lohnen einige interessante Museen und besonders die nördlich gelegene Garden Island einen Besuch.

In einer alten Lagerhalle neben dem Leuchtturm wird sonntags der bunte **Fisherman's Wharf Market** abgehalten (Details s. u.). Es gibt auch ein paar nette Cafés und zahlreiche historische Kneipen: u. a. das Lipson Cafe in der Lipson St, 🕒 tgl. 7–16 Uhr. Das Lighthouse Wharf Hotel in der Commercial Road serviert hausgebraute Ales und verfügt über ein Bistro-Restaurant.

12 km von der City entfernt, ist Port Adelaide mit der Tram (Outer Harbour Line) sowie mit den Bussen Nr. 118, 230, 232, 252 und 254 zu erreichen.

South Australian Maritime Museum

Das lohnende Museum in der Lipson St, 💻 https://maritime.history.sa.gov.au, befasst sich mit der Geschichte South Australias, vornehmlich aus nautischer Sicht. Ein großer Teil der Ausstellung führt anschaulich die Reisebedingungen der Emigranten, von Mitte des 19. Jhs. bis zur jüngsten Vergangenheit, vor Augen. 🕒 tgl. 10–17 Uhr, Eintritt $23, Kind $9.

South Australian Aviation Museum

Das Luftfahrtmuseum, 💻 www.saam.org.au, stellt Flugzeugmodelle und eine Sammlung von Gegenständen und Dokumenten aus der Geschichte der Zivil- und Militärluftfahrt aus. 🕒 tgl. 10–16 Uhr, Eintritt $15, Kind $8.

Dolphin Sanctuary und Ships Graveyard

Über eine Brücke erreicht man **Garden Island**, deren Ufer man am besten im Kajak erkundet. Der Marinepark Dolphin Sanctuary ist die Heimat von etwa 30 Großen Tümmlern, die sich hier zum Spielen versammeln. Im Ships Graveyard liegen die Wracke aufgegebener Schiffe. Dreistündige Kajaktouren mit Guide starten am Angas Inlet ($79, Kind $49) oder man leiht sich ein Kajak und erkundet den Marinepark auf eigene Faust ($50 für 3 Std. im Einerkajak oder $80 im Zweierkajak).

Port River Cruises, 💻 https://portrivercruises.com.au, bietet Schifffahrten zu den beiden Attraktionen vom Queens Wharf. 90 Min. $88, Kind $55.

Strände und Strandvororte

Mehr als 30 km Strand trennen Adelaide vom Gulf St. Vincent – wer sich in die Wellen stürzen will, hat die Qual der Wahl. Im Sommer patrouillieren „shark watch" Helikopter über den Badestränden und schlagen Alarm, sollte ein Hai gesichtet werden. Viele Strände werden zudem von freiwilligen Surf Life Savers überwacht. Wer kein guter Schwimmer ist, bleibt am besten in den von diesen markierten Zonen zwischen den gelb/roten Flaggen. Im Sommer werden an Strand und Esplanaden offene Bars aufgebaut, wo man zu Livemusik lokalen Wein oder ein Bier aus den Mikrobrauereien genießt.

Henley ist ein etwas gehobeneres Glenelg mit hervorragenden Seafood Restaurants und einladenden, offenen Bars und Cafés. Richtung Norden könnte man zu Fuß am Strand entlang über Grange bis hoch ins hübsche **Semaphore** gehen.

Die Strände von **Brighton** und **Seacliff** etwas weiter südlich eignen sich auch gut für Familien, da starke Strömungen hier selten sind. Das hübsche Kai *(jetty)* bietet den perfekten Selfie-Hintergrund; entlang der Jetty Road gibt's gute Restaurants, Eisdielen und Bars.

Weiter Richtung Süden liegen die schönen Strände von **Christies Beach** und **Port Noarlunga**. Traumhaft ist der **Southport River Mouth**, wo der Onkaparina River ins Meer mündet. Der Fluss ist ideal zum Paddeln im Kajak oder auf dem SUP. Kajaks verleiht Easy Kayaks (ab $25), 22 Wearing St, Port Noarlunga, 💻 www.easykayaks.com.au.

Noch weiter Richtung Süden befindet sich der wunderschöne **Moana Beach**, der auch bei Surfern beliebt ist. Das südliche Ende des Strands darf auch mit dem Auto befahren werden.

ÜBERNACHTUNG

Wer mobil ist und nicht unbedingt in der City übernachten muss, findet in den Strandvororten wie Glenelg und Henley oder in den Adelaide Hills gute Alternativen. Zur Zeit des Adelaide-Festivals im März (nur in Jahren mit gerader Jahreszahl) sowie des Womadelaide-Festivals Mitte März ist die ganze Stadt praktisch ausgebucht. Für diese Saison muss man lange im Voraus ein Hotelzimmer oder Bett im Hostel reservieren.

Backpacker-Hostels

Adelaide Central YHA, 135 Waymouth St, www.yha.com.au. 4–6-Bett-Dorms (Bett ab $52) und DZ, einige mit eigenem Bad. Gepäckschließfächer (Rucksackgröße) für jeden Gast in den Dorms, große Küche und Aufenthaltsräume – alle mit Heizung und AC. Frühstück ($12). Fahrradvermietung (um $25 pro Tag). Die Herberge liegt zentral am Light Square und ist groß, hell und sauber. Fast jeden Abend gibt es Programm. ❺

Tequila Sunrise Hostel, 123 Waymouth St, https://tequilasunrisehostels.com. Altes, zweistöckiges, renoviertes Gebäude mit Balkon. 4–10-Bett-Dorms (Bett $48), auch nur für Frauen. Sehr hilfsbereites Personal. Ruhiger als die meisten anderen Hostels. ❶

Hotels und Motels

City

Adelaide Paringa Motel, 15 Hindley St (nahe King William St), www.adelaideparinga.com.au. Gepflegt, mit gutem Motelstandard in sehr zentraler Lage. Auch B&B. ❸–❺

Ibis Adelaide, 122 Grenfell St, www.ibisadelaide.com.au. Mittelklassehotel in zentraler Lage. Oft gibt's günstige Online-Angebote inkl. Frühstück. ❺

North Adelaide

Die Unterkünfte sind sehr zentral gelegen, nahe dem Ausgehzentrum in der O'Connell St.

North Adelaide Heritage Apartments, www.adelaideheritage.com. Bietet verschiedene außergewöhnliche Unterkünfte, allerdings nicht billig. Unter den mit Antiquitäten liebevoll einge-

Die „andere" Geschichte Adelaides

Die ursprünglichen Bewohner des Adelaider Flachlandes, die Kaurna (*Gana* ausgesprochen), nannten ihre Heimat Tarnda Kanya (Red Kangaroo Dreaming – die Stätte des Roten Kängurus). Ihr Land erstreckte sich vom heutigen Cape Jervis im Süden bis etwas nördlich des Clare Valley, von den Mt Lofty Ranges bis zum Gulf St. Vincent. 1837 wurden die Kaurna angewiesen, sich in einer Native Location anzusiedeln. Die Stelle, von den Kaurna „Piltawodli" genannt, befand sich nordwestlich der heutigen Innenstadt am Torrens Lake im Montefiore Park.

Zwei lutheranische Missionare aus Deutschland ließen sich ebenfalls dort nieder, lernten die Kaurna-Sprache und unterrichteten von 1839 bis 1845 Mathematik, Geografie und v. a. christliche Religion. Als gebildete Männer waren sie an der Kaurna-Sprache und deren Aufzeichnung interessiert und bewahrten sie auf diese Weise vor dem Aussterben. Andererseits waren die Missionare tief überzeugt von der Überlegenheit ihrer eigenen Religion und taten ihr Möglichstes, die Kinder vom „heidnischen Aberglauben" ihrer Eltern fernzuhalten und zu guten Christen zu erziehen. 1845 wurden die Schule und die Siedlung aufgelöst. Bis Ende der 1860er-Jahre campierten viele Kaurna in der Nähe des Torrens River auf dem Gelände des heutigen Botanischen Gartens und Botanic Park. 1870 lebten die meisten Kaurna schließlich weit entfernt von ihrer ursprünglichen Heimat auf der Point Pearce Mission auf der Yorke Peninsula oder auf der Point McLeay Mission am Lake Alexandrina. Laut dem Aboriginal Protection Act von 1911 durften Aborigines nur mit Genehmigung des „Chief Protector" nach Adelaide kommen. Regelmäßig durchsuchte die Polizei die Lager am Rande der Stadt – die sogenannten Fringe Camps – und schickte Ureinwohner ohne Genehmigung zurück zur Missionsstation.

richteten historischen Gebäuden befinden sich u. a. eine alte Feuerwehr, eine Kapelle und ein altes Herrenhaus. ❽
Princes Lodge Motel, 73 LeFevre Terrace, North Adelaide, 💻 www.princeslodge.com.au. B&B. Units in viktorianischem Haus in ruhiger Wohngegend, mit Blick ins Grüne sowie schlichte Budget-Zimmer. ❸–❺

Glenelg
Haven Marina, 6 Adelphi Terrace, 💻 www.haveninn.com.au. Wie der Name verspricht: komfortables Motel, gegenüber dem Bootshafen. Restaurant, Pool. ❸
Seawall Apartments, 21-25 South Esplanade, 💻 www.seawallapartments.com.au. Apartments mit 1–4 Schlafzimmern, gut ausgestatteter Küche und separatem Wohnzimmer. Sehr interessant dekorierter Outdoor-Bereich. ❼–❽
Taft Motor Inn, 18 Moseley St, 💻 www.taftmotorinn.com.au. Moderne und saubere Motelunits und Ferienapartments in zentraler Lage. Pool. ❺

Caravanparks

West Beach (8 km westlich)
BIG4 West Beach Park, 1 Military Rd, 💻 www.westbeachparks.com.au. Schöne Lage. Cabins und *eco tents* in allen Preisklassen, alle mit Bad, nur die günstigsten haben keine eigene Küche. Zelt- und Stellplätze (ab $45), Pool, Internetzugang, Kiosk.

Mitcham (8 km südlich)
Brownhill Creek CP, Brownhill Creek Road, 💻 www.brownhillcreekcaravanpark.com.au. Stellplätze ab $40 sowie Cabins, Pool, Tennisplatz. Schöne Lage neben einem Naturreservat. ❸–❹

ESSEN

Im Verhältnis zu Adelaides Größe gibt es eine riesige Auswahl an Essensmöglichkeiten. Die Preise sind etwas niedriger als in Sydney und Melbourne. In den Ausgehzentren Rundle Street im East End der City, O'Connell St in North Adelaide, Unley St (im Süden) reiht sich ein Restaurant und Café ans andere. Viele servieren lokale Weine und Biere aus den umliegenden Mikrobrauereien.

Central Market

Paella, Falafel, Burger oder auch Bircher-Müsli mit frischem Jogurt – auf dem Central Market (Details s. S. 529) hat man die Qual der Wahl.

Restaurants

Gouger Street
Concubine, 132 Gouger St. Ausgezeichnete chinesisch-australische Fusionküche. 🕒 Di–So 18–21.30 Uhr, Fr auch zum Mittagessen.
Star of Siam, 67 Gouger St. Seit vielen Jahren beliebtes Thai-Restaurant. 🕒 Mo–Fr 12–14.30 und 17.30–21.30 Uhr, Sa nur abends.

In / um die Rundle Street
Am Wochenende geht es im East End hoch her. **Eros Kafe** in der Nr. 275. Etwas versnobt, aber die griechischen Gerichte sind hervorragend. 🕒 tgl. 12–22 Uhr.
Ong Vietnamese, Nr. 287. Ausgezeichnete vietnamesische Küche. Auch viele vegetarische Optionen. 🕒 tgl. 17–22 Uhr.
Botanic Gardens Restaurant, am Main Lake im Botanischen Garten. Moderne australische Küche, gute Weinkarte. Der Kiosk nebenan bietet Kaffee und Erfrischungen, 🕒 tgl. 10–16 Uhr.
Belgian Beer Café, 27-29 Ebenezer Place (abgehend von der Rundle St). Nicht nur gute (wenn auch ziemlich teure) belgische Biere vom Fass, sondern auch gutes Kneipenessen.
The Austral, 205 Rundle St. Eins der typischen Pubs, in dem man aber auch ganz gut essen kann. Eine weitere gute Adresse ist das **Coopers Alehouse at the Earl**, 316 Pulteney St.

North Adelaide
Red Ochre Grill, War Memorial Dr. Moderne australische Küche aus lokalen Zutaten, gemischt mit Einflüssen aus der Aborigine-Kultur. Zu den gehobenen Speisen sitzt man „aussichtsreich" direkt über dem Torrens River. 🕒 Mo–Sa 18–21 Uhr.

UNTERHALTUNG UND KULTUR

Über aktuelle **Veranstaltungen** informieren 💻 http://whatsoninadelaide.net.au, 💻 www.cityofadelaide.com.au/whats-on und 💻 www.adelaidereview.com.au.

Feste und Feiertage

Dem Spitznamen „The Festival State" getreu, feiert South Australia gut und gern. Hier ein paar Highlights aus Adelaides prall gefülltem Event-Kalender:

Die **Santos Tour Down Under** im Januar ist Australiens größtes Radrennen.

Das **Adelaide Fringe Festival** füllt den ganzen März mit internationalen Acts aus Theater, Comedy und Musik.

Auf dem **WOMADelaide** im März spielen sowohl weltbekannte internationale Stars als auch lokale Newcomer-Bands im Botanic Garden.

Das **Adelaide Festival**, ebenfalls im März, ist eins der etabliertesten Kulturfeste Australiens und holt neben Musikern auch Schriftsteller und bildende Künstler in die Stadt.

Lichtkünstler lassen Adelaides Gebäude und Parklandschaften während des **Illuminate Adelaide** im Juli erstrahlen.

Abgesehen von den in ganz Australien geltenden Feiertagen gibt es in South Australia:

Adelaide Cup Day: 2. Mo im März.

Labour Day: 1. Mo im Okt.

Konzerte und Theater

Klassische Musik, Oper und Operette bekommt man im **Festival Centre** zu hören, das zugleich im Zentrum des Theaterlebens in Adelaide steht. Im Sommer gibt es öfter gratis Open-Air-Veranstaltungen im Amphitheater vor dem Festival Centre oder im Park in der Nähe. In der **Town Hall** werden ebenfalls ab und zu Konzerte (von klassischer Musik bis zu Jazz und Reggae) geboten. Hinzu kommen weitere Veranstaltungsorte, z. T. in historischen kleinen Theatern.

Livemusik und Nachtleben

In Adelaide gibt es praktisch an jeder Straßenecke eine Kneipe; in vielen spielen am Wochenende Bands. Einige haben im oberen Stockwerk oder in angrenzenden Räumen einen Danceclub etabliert; oft läuft so ein Danceclub unter einem separaten Namen. Der aktuelle Stand ist den oben aufgeführten Info-Magazinen zu entnehmen.

Einige bekannte **Pubs:**

The Austral, 205 Rundle St, coole Kneipe im East End zum Sehen und Gesehenwerden; oft Bands.

Brecknock Hotel, 401 King William St, irische Kneipe, Guinness vom Fass, Folkbands und viel Stimmung, v. a. am Freitag und Samstag.

Crown & Anchor, 196 Grenfell St, Bands spielen Di, Sa und So akustische Musik; die ganze Woche über DJs, die alternative Musik spielen (z. B. Rock, Punk, Psychobilly).

Newmarket Hotel, 132 Commercial Rd. Hier ist jeden Abend etwas los; Sports-Bar und Biergarten.

Norwood Hotel, 97 The Parade, Norwood. Der **Finn Mac Cool's Irish Pub** ist hier untergebracht, es finden oft Konzerte teilweise namhafter Künstler statt (Programm unter 💻 www.thenorwood.com.au). Jeden Do „Jam Night".

EINKAUFEN

Öffnungszeiten der größeren Geschäfte in der City: 🕒 Mo–Do 9–17.30, Fr bis 21, Sa 9–17, So 11–17 Uhr. In den Vororten sind Supermärkte bis 22 Uhr, einige sogar noch länger geöffnet. Sonntags sind Kaufhäuser und große Geschäfte in der City und in den Vororten geöffnet.

Märkte

Central Market, zwischen Grote und Gouger St; Markttage sind Di 7–17.30, Mi und Do 9–17.30, Fr 7–21 und Sa 7–15 Uhr. In den riesigen Markthallen werden hauptsächlich Lebensmittel, Blumen und Kleinkram verkauft. Freitags herrscht großer Andrang, Samstag morgens gute Stimmung, oft mit Livemusik.

Adelaide Farmers Market, auf dem Adelaide Showground. 🕒 So 8.30–12.30 Uhr.

Fishermen's Wharf Markets, in Port Adelaide neben dem Leuchtturm am Ende der Commercial Rd, 🕒 So und Mo 9–17 Uhr. Fisch, Obst, Gemüse, Krimskrams, Kunsthandwerk, usw.

Opale

In Coober Pedy sind die Preise u. U. günstiger, und die Auswahl ist größer. Die meisten Geschäfte liegen in der Gegend um die Rundle Mall und Hindley St. Hier nur eine Auswahl:
Unique Opal Mine, 5 Rundle Mall. Nachbau einer Opalmine.
The Australian Opal and Diamond Collection, 14 King William St.

Souvenirs

Wie überall, sind die Märkte eine Fundgrube für preiswerte Mitbringsel.
Die Läden im **South Australian Museum** und im **Tandanya Aboriginal Centre**, 253 Grenfell St, haben eine schöne Auswahl an Souvenirs.

TOUREN

Touren in der Stadt

Adelaide Sightseeing, www.adelaidesightseeing.com.au. City-Highlights-Tour im Tourbus, inkl. Besuch des National Wine Centres, $80. Viele weitere Touren, z. B. zum Cleland Wildlife Park.

Central Market Tours, www.ausfoodtours.com. Kulinarische Führungen über den Markt Di, Do, Fr und Sa ab 9.30 Uhr; 90 Min, $90.

Temptation Sailing, https://dolphinboat.com.au. Schwimmen mit Delfinen – und das direkt vor den Toren der Großstadt! Die Halbtagestouren starten ab Glenelg, $150 für Schnorchler, $88 für Zuschauer. Auch kürzere Cruises.

Touren in die Umgebung

Eine Tagestour von Adelaide nach Kangaroo Island ist nicht zu empfehlen. Um wirklich etwas von der Insel zu sehen, sollte man mindestens eine Übernachtung einplanen.
Adelaide Sightseeing, s. o. Riesiges Angebot an Touren in die Umgebung, z. T. mit Übernachtung. U. a. ins Barossa Valley, nach Hahndorf, Kangaroo Island, McLaren Vale (mit Besuch des Cubes), zum Murray River, nach Victor Harbour.
Sealink, www.sealink.com.au. Bietet 1–5-Tages- nach Kangaroo Island, jeweils inkl. aller Mahlzeiten.
Swagabout Tours, www.swagabouttours.com.au. 3–5-tägige Touren in Kleingruppen nach Kangaroo Island und Kombi-Touren Kangaroo Island/Fleurieu Peninsula. Übernachtung im Zelt. Preise auf Anfrage.

Flinders Ranges, Eyre Peninsula und Outback
Swagabout Tours, s. o. Geländewagentouren in sehr kleinen Gruppen, u. a. in die Flinders Ranges (3–4 Tage mit Übernachtung im Rawnsley Park), das nördliche Outback (9 Tage bis nach Arkaroola und weiter via Marree und Oodnadatta zu den Dalhousie Hot Springs und zurück via Coober Pedy), zur Eyre Peninsula und den Gawler Ranges, nach Innamincka inkl. Flinders Ranges, Birdsville Track, Arkaroola. Campingübernachtung, gegen Aufpreis im Motel. Max. 7 Pers.
Gekko Safari, www.gekkosafari.com.au. Auf Paare und Reisende ab etwa 30 Jahren zugeschnittene Touren. Übernachtung in komfortablen Hotels mit Bad. 5-Tagestour zum Lake Eyre inkl. 2-stündigem Flug über den See, Weinverkostung im Clare Valley und einigen geführten Wanderungen, $3200. Außerdem 8-Tagestour in die Flinders Ranges, zur Eyre und York Peninsula, $4300.

Radtouren
Bike About, 33 Onkaparinga Valley Rd, Woodside, www.bikeabout.com.au. Vermietung von Mountainbikes und E-Bikes (ab $80 pro Tag) und Zubehör (auf Anfrage wird in die City geliefert); organisiert auf Anfrage auch Rad- und Wandertouren für Gruppen.

One-way-Touren

Für Campingtrips ins Outback setzen Veranstalter ein gewisses Maß an Flexibilität, Anpassungsvermögen, Fitness und eine gute Portion Humor voraus.

Nach Alice Springs und Darwin
Adventure Tours Australia, www.adventuretours.com.au. Australienweites Netz an Touren, hauptsächlich für Backpacker. In 8 Tagen via Flinders Ranges (Wilpena Pound), Coober Pedy, Uluru/Kata Tjuta, Kings Canyon

nach Alice Springs. Ab $2000 inkl. Dorm- und Campingübernachtung (Zuschlag für Motelübernachtung) und Essen; NP-Eintrittsgebühren extra. Große Gruppen (Busse mit 24 oder 45 Sitzen). Von hier aus Touren nach Darwin.

Heading Bush, www.headingbush.com. Lang etablierter und sehr erfahrener Veranstalter. Die klassische 10-Tage-Campingtour verläuft auf einer Route, die sonst niemand befährt: mit kleinem Geländewagen via Flinders Ranges, Oodnadatta Track, Coober Pedy, mitten durch die Simpson Desert (Dalhousie Hot Springs), Finke-Aboriginal-Community, Uluru/Kata Tjuta, Kings Canyon und westliche MacDonnell Ranges. Ab $2000 für Buschcamping, Essen, NP-Eintrittsgebühren. Viele Wanderungen; sehr kleine Gruppen (max. 10 Pers.). Kontakt zu/Info über Aboriginal-Kultur. Abfahrt jeden Mo und Do. Rückfahrt nach Adelaide nach beiden Touren möglich (2 Tage, um $200).

Nach Melbourne und Perth

Autopia Tours, www.autopiatours.com.au. In 3 Tagen mit Kleinbus (22 Sitze) via Grampians und Great Ocean Road; ab $565 für Transport, Dorm-Übernachtung (gegen Aufpreis auch DZ), Essen und NP-Eintrittsgebühren. Außerdem in 10 Tagen nach Perth via Eyre Peninsula, Nullarbor/Great Australian Bight, Cape Le Grand National Park und die Südwestküste von WA; ab $2300.

Wildlife Tours Australia, https://wildlifetours.com.au. 3-Tagestour von Adelaide nach Melbourne via Grampians und Great Ocean Road mit Fokus auf Wildlife und Tageswanderungen, ab $565.

Adventure Tours Australia, s. o. In 10 Tagen via südliche Flinders Ranges, Nullarbor, Cape Le Grand, Esperance, Margret River, Wave Rock mit vielen Aktivitäten (Schwimmern mit Seelöwen und Delphinen, Surfen, Sandboarding und viele Wildlife-Beobachtungen). Max. 18 Pers. Die meisten Übernachtungen im Zelt, auch 2 Nächte Busch-Camping (keine Duschen, nur Plumpsklos); $2300.

Untamed Escapes, https://untamedescapes.com.au. Alteingesessener Tourveranstalter, der äußerst gutes Feedback von Reisenden bekommt. In 10 Tagen nach Perth via Gawler Ranges, Westküste der Eyre Peninsula, Nullarbor, Esperance, Fitzgerald River NP oder Stirling Range NP, Albany, Southern Forests/Pemberton. $2300 inkl. Nationalparkgebühren, Campingübernachtung, Mahlzeiten sowie 1 Übernachtung auf einer Farm. Auch in umgekehrter Richtung in 9 Tagen von Perth nach Adelaide möglich.

AKTIVITÄTEN

Surfen

Die Strände von Southport und Moana, beide ca. 30 Min. südlich vom Zentrum, eignen sich zum Surfen. Noch zuverlässiger ist die Brandung im Süden der Fleurieu Peninsula, zum Beispiel am Middleton Beach.

Surf & Sun, www.surfandsun.com.au, bietet Surfkurse für alle Altersklassen. Z. B. 2 Std. $59 oder 3x 2 Std. $154.

Tauchen

Diving Adelaide, http://divingadelaide.com.au. PADI-Tauchkurse ab $450. Außerdem Touren zu den Tauchrevieren in der Umgebung, an denen man u. a. die seltenen Leafy Sea Dragons zu sehen bekommt. Auch Ausrüstungsverleih.

Adelaide Scuba, www.adelaidescuba.com.au. PADI-Tauchkurse; alle Niveaus von Anfängern bis zu Fortgeschrittenen; Ausrüstungsverleih, Tauchexkursionen.

SONSTIGES

Autovermietungen

Fast alle Mietwagenfirmen bieten One-way-Vermietung in andere Staaten an. Neben den großen Firmen eine Auswahl preiswerter kleinere Firmen:

Access Rent-a-car, 464 Port Rd, West Hindmarsh (nördlich vom Zentrum), www.accessrentacar.com.

Koala Car Rentals, 41 Sir Donald Bradman Drive, Mile End, www.koalarentals.com.au.

East Coast Car Rentals, 237 Richmond Rd, Richmond, www.eastcoastcarrentals.com.au. Auch One-way-Vermietungen möglich, viele Verleihstellen entlang der Ostküste. Shuttle für Kunden vom/zum Flughafen.

Geländewagen, Campervans
Unter der Adresse 376-388 Sir Donald Bradman Drive, Brooklyn Park, sind drei Tochterfirmen derselben Firma zu erreichen:
Mighty Campers, 💻 www.mightycampers.com; **Britz**, 💻 www.britz.com.au, sowie **Maui**, 💻 www.maui.com.au, und **Wicked Campervans**, 86 Gibson St, Bowden, 💻 www.wickedcampers.com.au.

Informationen

Adelaide Visitor Information Centre, 25 Pirie St, 💻 www.experienceadelaide.com.au.
🕒 Mo–Fr 9–17, Sa und So 10–16 Uhr.
Glenelg Visitor Information Centre, Glenelg Townhall, 💻 www.glenelgsa.com.au.
🕒 tgl. 10–16 Uhr.

NAHVERKEHR

Die öffentlichen Verkehrsmittel sind unter dem Namen Adelaide Metro zusammengefasst, 💻 www.adelaidemetro.com.au. Die meisten Strecken werden von Bussen befahren. Es gibt aber auch einige Bahnlinien, eine Straßenbahn sowie eine O-Bahn (s. u.).
Die preiswertesten **Fahrkarten** sind die aufladbaren **Metrocards**, die sich aufgrund ihrer Anschaffungsgebühr von $5 aber erst ab einem Aufenthalt von mehr als 3 Tagen lohnen. Für Reisende bietet sich der **Visitor Pass** an. Er hat eine Gültigkeit von 3 Tagen, schließt das gesamte Netz ein ($27,20) und kann im Anschluss an die 3 Tage neu aufgeladen werden. Darüber hinaus erhält man beim Busfahrer oder an den Bahnhöfen und Tramstationen auch **Einzeltickets**. Das Singletrip Metroticket ($6,20) erlaubt beliebige Nutzung aller Verkehrsmittel innerhalb von 2 Stunden. Das Daytrip Metroticket mit einer Gültigkeit von 24 Std. gibt's für $11,70.

Busse

Die kostenlosen **Free City Connector Busse** fahren tgl. zwei Routen ab: 98A und 98C fährt um die Innenstadt herum (entlang der Hutt Street im Osten, der Halifax St im Süden und der Morphett St im Westen) sowie nach North Adelaide, sowohl im als auch gegen den Uhrzeigersinn. Route 99A und 99 C verkehren auf dem City Loop in beiden Richtungen (SA Museum, State Library, Art Gallery, Botanic Gardens, Rundle St, Tandanya, Central Markets, Hindley St Precinct, Adelaide University).

O-Bahn

Diese Busse fahren innerhalb der Stadt wie andere normale Busse, außerhalb der City aber „steigen" sie auf Schienen „um". Auf dem Schienennetz können diese Busse mit 100 km/h fahren. Auf diese Weise wurde die Fahrzeit von weiter entfernten Vororten in die Stadt erheblich verkürzt.

Straßenbahn

Die **FREE City Tram** verkehrt zwischen South und dem Entertainment Centre (Mo–Fr 8–18, Sa, So und feiertags 9–18 Uhr; wochentags ca. alle 8 Min., Sa und So ca. alle 15 Min.).
Die alte Tram fährt in etwa 30 Min. vom Victoria Square in der City nach Glenelg. Abfahrt alle 15–20 Min.

Vorortzüge

Von der Adelaide Railway Station, North Terrace, fahren Züge nach Outer Harbour via Woodville, Grange, Port Adelaide und Glanville; nach Gawler via Mawson, Salisbury, Elizabeth und Smithfield; nach Belair via Mitcham und Blackwood Interchange; nach Noarlunga via Tonsley und Brighton. Nach Glenelg mit der Tram ab Victoria Square. Wochentags 6–24 Uhr.

TRANSPORT

Busse

Alle **Busterminals** befinden sich in der 85 Franklin St.
Greyhound Australia, 💻 www.greyhound.com.au. Tgl. nach ALICE SPRINGS via PORT AUGUSTA und COOBER PEDY.
Firefly Express, 💻 www.fireflyexpress.com.au. Tgl. nach MELBOURNE über HORSHAM, von hier aus weiter nach SYDNEY.
Premier Stateliner, 💻 www.premierstateliner.com.au, deckt einen Großteil der Regionen in South Australia ab: MOUNT GAMBIER,

PORT LINCOLN auf der Eyre Peninsula; PORT AUGUSTA; STREAKY BAY auf der Eyre Peninsula und weiter nach CEDUNA; zum MURRAY RIVER (Waikerie, Barmera, Renmark, Berri, Loxton).

Eisenbahn

Die **transkontinentalen Züge** (Interstate Trains) halten im Keswick Interstate Terminal, auch Keswick Railway Station genannt. Auskünfte über die Züge unter www.journeybeyondrail.com.au.

Indian Pacific nach PERTH (Abfahrt Do um 21.40 Uhr, ca. 39 Std.) bzw. via Broken Hill nach SYDNEY (Abfahrt Di um 10.15 Uhr, ca. 24 Std.);
The Ghan nach ALICE SPRINGS (Abfahrt So 12.15 Uhr, ca. 19 Std.), der Zug fährt weiter nach Darwin (knapp 48 Std.);
The Overland nach MELBOURNE (Abfahrt So um 7.45 und Do um 5.55 Uhr, ca. 11 Std.).
Zusätzlich bietet die Transportgesellschaft V/Line aus Victoria tgl. tagsüber eine kombinierte Bus-Zugverbindung nach Melbourne (Daylink): V/Line-Bus morgens ab Franklin St nach Bendigo (Victoria), dann weiter mit dem Zug nach Melbourne (insgesamt ca. 12 Std.); Buchung unter www.vline.com.au.

Flüge

Der **Flughafen** befindet sich 6 km westlich der Innenstadt.
Der **Airport City Shuttle**, 0433 533 718, fährt vom Flughafen in die City bzw. umgekehrt, $10 einfach; Fahrzeit ca. 20 Min.

Inlandsflüge

Qantas, Jetstar und **Virgin Australia**, bieten Flüge zu allen australischen Hauptstädten sowie nach ALICE SPRINGS, CAIRNS, GOLD COAST, SUNSHINE COAST und PORT LINCOLN.
Rex (Regional Express), www.rex.com.au, fliegt von Adelaide u. a. nach Broken Hill (in NSW), CEDUNA, COOBER PEDY, KINGSCOTE/Kangaroo Island, MOUNT GAMBIER, MILDURA, PORT LINCOLN und WHYALLA. Auf günstige Internetangebote achten.
Virgin Australia, www.virginaustralia.com.au. Deckt ähnliche Strecken ab wie Qantas.

Die Umgebung von Adelaide

South Australia ist bekannt für seinen Weinanbau, und viele Weingüter liegen in einem Umkreis von weniger als 100 km von Adelaide. Kein Aufenthalt in South Australia ist komplett ohne die Besichtigung eines Weingutes. Das bekannteste und meistbesuchte Weinanbaugebiet ist das **Barossa Valley** im Nordosten.

Das etwas weniger bekannte **Clare Valley** im Norden bietet nicht weniger Flair und ist ebenfalls eine gute Adresse für Weinliebhaber und für Feinschmecker. Hier kann man vorbeischauen, wenn man auf dem Weg nach Norden ist. Die Kellereien von **McLaren Vale** – das älteste Weinanbaugebiet des Staates – liegen im Süden von Adelaide auf der Fleurieu Peninsula. Viele von ihnen beherbergen gute Restaurants und verfügen über idyllische Gärten, in denen im Sommer oft Livemusik geboten wird. Diese Halbinsel wird von einer spektakulären Küste mit unzähligen Stränden eingerahmt.

Das Naturparadies **Kangaroo Island** – *das* Aushängeschild des Tourismus in SA – wurde während des Black Summers 2019/20 zu großen Teilen von Flammen verschluckt. Praktisch die gesamte westliche Hälfte der Insel, inklusive dem beliebten Flinders Chase National Park, wurde nicht nur seiner Infrastruktur, sondern auch seiner reichen Flora und Fauna beraubt. Heute erwacht die Insel aus der Asche und veranschaulicht die erstaunliche Resilienz der Natur. Die Insel lohnt auch heute noch eine Tour von mindestens 2–3 Tagen.

Ein Ring von Naturreservaten umgibt Adelaide von Südwesten nach Nordosten. Die Dörfer und Täler der Adelaide Hills lohnen einen Ausflug. Wie im Barossa Valley wird auch in **Hahndorf** die deutsche Vergangenheit touristisch vermarktet. Oben in den Hügeln ist es meistens ein paar Grad kühler als in der Ebene von Adelaide – eine Erleichterung bei sommerlichen Temperaturen von bis zu 40 °C! Im Sommer besteht erhöhte Waldbrandgefahr und Warnmeldungen sind unbedingt ernst zu nehmen.

Barossa Valley

Colonel Light benannte das Barossa Valley, 50 km nordöstlich von Adelaide, nach dem andalusischen Valle del Bar Rosa (Tal des Rosenhügels). Über 150 Weingüter umfasst das Gebiet heute, mehr als die Hälfte davon bietet Verkostungen. Selbstfahrer können sich ein Verzeichnis der Weingüter des Barossa Valley beim Visitor Information Centre besorgen und das Tal auf eigene Faust erkunden. Eine Teilnahme an einer organisierten Tour hat den Vorteil, den Wein ohne Sorge um den Alkoholspiegel kosten zu können.

Jedes zweite (ungerade) Jahr findet um Ostern das **Barossa Valley Vintage Festival** statt. Eine Woche lang wird hier gefeiert, gegessen, getrunken und getanzt. Für „deutsche Gemütlichkeit" sorgen Blaskapellen, deren schmetternde Klänge von den Australiern lautmalerisch als *German oom-pah-pah music* bezeichnet werden. Liedertafeln rezitieren vertraute Weisen wie „Trink, trink, Brüderlein trink", und der als German Folk Dance geltende Schuhplattler begeistert das Publikum. Zu essen gibt es Wurst, Brezeln und Apfelkuchen.

SOUTH AUSTRALIA

Lyndoch

1847 ließ sich eine deutsche Gruppe in einem dem Barossa Valley nahegelegenen Tal nieder und nannte ihre Siedlung **Hoffnungsthal**. Trotz des Namens wurde das Dorf kurz darauf überflutet. Noch heute bildet sich im Tal nach heftigen Regengüssen ein See. Nur die Kirchenruine und eine Inschrift auf einer Gedenktafel weisen noch auf die einstige Siedlung hin.

In der Gegend um Lyndoch gibt es neben einigen kleinen Weingütern auch eines der größten der Region. Das **Chateau Yaldara** ist eine pompöse Anlage samt Herrenhaus. Weinproben inkl. Führung durch die Kellerei tgl. um 13 Uhr, $45. Das Hermann's Restaurant ist eine bekannte Feinschmeckeradresse.

Rowland Flat und Bethany

Die ersten Reben am Jacob's Creek wurden 1847 vom deutschen Siedler Johann Gramp angepflanzt. Der Weinkeller **Jacob's Creek Cellar Doors** in Rowland Flat, umfasst einen Raum für Weinverkostungen, ein Restaurant und eine Galerie, die dem Weinanbau und der Geschichte einer der bekanntesten australischen Weinmarken gewidmet ist. Außerdem werden verschiedene Touren angeboten, die Weinverkostung und teilweise auch Essen und Kochunterricht einschließen, 💻 www.jacobscreek.com. 🕒 tgl. 10–17 Uhr.

Das Dörfchen **Bethany**, etwa 2 km südöstlich von Tanunda, wurde 1842 gegründet und ist somit die älteste Siedlung der Region. Zu den Sehenswürdigkeiten gehört unter anderem der **Pioneer Cemetery**, ein Friedhof mit zum Teil deutschen Grabinschriften. Von hier führt eine kleine Straße zum Aussichtspunkt **Menglers Hill**.

Auf halbem Weg auf einem Hügel liegt das kleine Weingut **Bethany Wines**, 💻 www.bethany.com.au, mit einer Auswahl an guten Weinen und dem wahrscheinlich schönsten Blick auf das Barossa Valley. 🕒 tgl. 10–17 Uhr.

Tanunda

Das frühere **Langmeil** (ca. 4600 Einw.) ist die zweitälteste Siedlung der Gegend und der Ort im Barossa-Tal, in dem deutscher Einfluss noch am deutlichsten erkennbar ist. Im ersten und zweiten Stockwerk von 47 Murray St ist das **Barossa Museum** untergebracht. Anhand von zahlreichen historischen Fotos, alten Bibeln, Kleidungsstücken und Einrichtungsgegenständen wird die stark von den deutschen Siedlern geprägte Geschichte der Region dokumentiert. 🕒 Fr–Di 10–17 Uhr, Eintritt $4. Mit dem Visitor Centre und vielen Unterkünften eignet sich Tanunda sehr gut als Ausgangspunkt für Erkundungen des Barossa Valley.

Seppeltsfield

Die von Dattelpalmen gesäumte Auffahrt des Weinguts **Seppeltsfield** westlich von Nuriootpa ist ein beliebtes Fotomotiv. Bei Besuchern zählt das Weingut zu den beliebtesten, nicht zuletzt wegen des schönen Anwesens, auf dem sich oft Kängurus tummeln. Ausgeschenkt werden nicht nur Weine, sondern auch Bier und Likörweine (Verkostung $15).

Seppeltsfield lagert bereits seit 1878 durchgängig ein Fass jeden Jahrgangs ein und hat damit (nach eigenen Angaben) die älteste

SOUTH AUSTRALIA

Im Weinkeller des Seppeltsfield-Weinguts lagert ein Fass jeden Jahrgangs seit 1878.

kontinuierliche Weinkollektion aus eigener Produktion der Welt. Auf der Taste Your Birth Year Tour darf man einen kleinen Schluck des eigenen Geburtsjahrgangs kosten, auf der Centenary Tour einen 100 Jahre alten Tropfen (jeweils $129). Alle Touren sollten im Voraus gebucht werden. ⌚ 10.30–17 Uhr, 💻 www.seppeltsfield.com.au.

Nuriootpa

Die 1854 gegründete kleine Stadt wartet zwar mit zwei lutherischen Kirchen auf, hat ansonsten aber weniger Charakter als die anderen Orte im Barossa-Tal. Der Ortsname stammt aus einer Aboriginal-Sprache und bedeutet „Treffpunkt". Schon vor der europäischen Besiedlung trafen sich hier Aboriginal-Stämme, um Waren auszutauschen. Am Sturt Highway in Richtung Truro weiter nördlich befindet sich **Wolf Blass Wines**, eine erfolgreiche Kellerei, die preisgekrönte Weine produziert, ⌚ Mi–Mo 10–16.30 Uhr.

Südlich des Ortes (vom Barossa Valley Way rechts ab in die Seppeltsfield Road und dann gleich wieder rechts in die Samuel Rd) befindet sich **Maggie's Farm Shop**, 💻 www.maggiebeer.com.au. In dem netten Laden der Fernsehköchin Maggie Beer kann man Delikatessen kosten und kaufen oder tgl. um 14 Uhr einer Kochdemonstration beiwohnen. ⌚ tgl. 10–16.30 Uhr.

Angaston

Der vielleicht attraktivste Ort im Tal wurde nach George Fife Angas benannt, der große Ländereien im Barossa Valley besaß, auf denen er deutsche und englische Einwanderer siedeln ließ. **Collingrove**, eines der Herrenhäuser aus dem früheren Angas'schen Familienbesitz, wird heute vom National Trust verwaltet und dient als kleines, aber feines Guesthouse (S. 538, Übernachtung).

Im Ort selbst findet man einige Sehenswürdigkeiten in der **Murray Street**, der Hauptstraße des Ortes. In der **Barossa Valley Cheese Company**, 67b Murray St, 💻 www.barossacheese.com.au, kann man leckere Käsesorten kosten. ⌚ Mi–Mo 10–16 Uhr. Cafés und einige Restaurants vervollständigen das touristische Angebot.

In der Umgebung des Ortes findet man zwei der ältesten Weingüter des Barossa-Tals, **Salram** an der Straße zwischen Nuriootpa und

Angaston, 💻 www.saltramwines.com.au, 🕒 tgl. 10–17 Uhr; das **Salters-Restaurant**, 🕒 Do–Mo Mittagessen; und **Yalumba**, an der Eden Valley Rd, 💻 www.yalumba.com, 🕒 tgl. 10–17 Uhr. Von Angaston zweigt eine landschaftlich schöne Straße *(Scenic Drive)* nach Süden zum Aussichtspunkt **Menglers Hill** ab.

Stauseen um Williamstown

Das 1898 erbaute **Barossa Reservoir** zwischen Williamstown und Sandy Creek ist das größte in South Australia. Es wird auch Whispering Wall Reservoir genannt, denn die Staumauer hat eine ungewöhnliche Eigenschaft: Wenn man an einem Ende steht, kann man genau hören, was am anderen Ende geflüstert wird. Hier am Stausee gibt es schöne Picknickplätze, ebenso im **Para Wirra Recreation Park** und im **Hale Conservation Park**. Die Hügel **Mount Pleasant** und **Mount Crawford** südlich von Williamstown sind teilweise von Fichtenwald bedeckt. Durch dieses Gebiet führt z. B. der **Heysen Trail**.

Im trockenen South Australia sind Waldbrände in den heißen Monaten eine ständige Gefahr; an Tagen akuter Feuergefahr (Fire Risk Days) sind das Whispering Wall Reservoir, die Conservation Parks und der Heysen Trail gesperrt. Beim Visitor Information Centre in Tanunda nachfragen (S. 539).

Springton

In der Nähe von Springton kann man den **Herbig Family Tree** besichtigen. In diesem ausgehöhlten Baumstamm wohnten von 1855 bis 1860 die deutschen Siedler Anna Carolina und Johann Friedrich Herbig und bekamen dort

Deutsche in South Australia

Die Heimat der deutschen **Vorfahren der Barossa-Siedler** lag weit von South Australia entfernt. Es waren preußische Alt-Lutheraner aus Dörfern an der Oder im Südosten Brandenburgs, die in South Australia unbeeinträchtigt von staatlichen Autoritäten ihren Glauben ausüben wollten. König Friedrich Wilhelm III. von Preußen hatte 1817 eine Vereinigung der reformierten und lutherischen Kirchen zu einer einheitlichen Landeskirche vorangetrieben, die in verschiedenen Orten auf starken Widerstand der lutherischen Gemeinden stieß. Der Direktor der South Australian Land Company in England, George Fife Angas, selbst ein *dissenter*, da er nicht der anglikanischen Staatskirche angehörte, war bestrebt, völlige Religionsfreiheit in der Kolonie South Australia durchzusetzen. So betrachtete er das Anliegen der brandenburgischen Alt-Lutheraner mit Wohlwollen. Ihrer bäuerlichen Herkunft wegen hoffte er sicher auch, dass diese Einwanderer von Nutzen sein würden.

1838 und 1839 trafen auf drei Schiffen deutsche Einwanderer in South Australia ein. Sie gründeten Dörfer im Stil ihrer Heimat (Waldhufendörfer), zunächst um Adelaide und in den Adelaide Hills (Klemzig, Hahndorf) und später im Barossa-Tal. 1842 wurden die Siedlungen **Lobethal** und **Bethanien** (Bethany) gegründet, 1843 **Langmeil** (heute Tanunda), weitere folgten. Schon bald konnten die deutschen Dörfer die Bewohner der Hauptstadt Adelaide mit frischem Gemüse versorgen. Zum Gemüse- und Getreideanbau kam der Weinanbau hinzu. Das Barossa-Tal zählt heute zu den bedeutendsten Weinregionen Australiens. Nach der gescheiterten Revolution im Jahr 1848 gab es eine weitere deutsche Einwanderungswelle. Diesmal verließen die Leute aus politischen Gründen ihre Heimat; viele waren hochgebildete Städter.

Die Nachkommen der altlutheranischen Siedler hielten an der **deutschen Sprache** fest, denn sie war die Sprache Luthers und die Sprache, in der ihre Bibel geschrieben war. Der Erste Weltkrieg sollte dies ändern: Neben Reichsdeutschen wurden auch etliche Australier deutscher Abstammung in Internierungslager gesteckt. Alles, was mit Deutschtum und deutscher Sprache zu tun hatte, war verpönt. Deutschsprachige Vereine wurden verboten, Familien anglisierten ihre Namen, und deutsche Ortsnamen verschwanden von der Landkarte. Auf einen Besucher aus Mitteleuropa wirkt das Tal heutzutage kaum weniger „australisch" als andere Gegenden des Landes. Daran ändern auch vereinzelte deutsche Begriffe (z. B. Wurst Haus) und Namen oder der Folklorerummel nichts.

2 ihrer 16 Kinder. In der Nähe gibt es ein kleines Weingut.

ÜBERNACHTUNG

Neben Hotels und Motels gibt es hier zahlreiche Cottages, Guesthouses und B&Bs. Eine Übersicht gibt's hier: www.barossa.com/stay/bed_and_breakfast.

Lyndoch

Lyndoch Hill, Barossa Valley Way, Ecke Hermann Thumm Dr, www.lyndochhill.com. Hübsche Zimmer in den Weinbergen, einige mit Balkon. Pool, Grillstellen, Restaurant, schöner Park. ❸

Barossa Country Cottages, 55 Gilbert St, www.barossacountrycottages.com. Komplett ausgestattete, gemütliche Cottages mit jeweils 2 Schlafzimmern, Kamin und eigenem Jacuzzi. Gut für Paare, Familien oder kleine Gruppen. Den Gästen stehen Fahrräder zur Verfügung. Mind. 2 Übernachtungen. ❻

Tanunda

Barossa House, Barossa Valley Way, www.barossahouse.com.au. Traditionelles, sehr komfortables B&B mit 3 Gästezimmern mit Bad, AC und Heizung. ❼

Basedow Units, 47 Basedow Rd, www.basedowunits.com. Gemütliche Apartments mit 2–3 Schlafzimmern und großer Küche für 2–5 Pers. Manche mit Hintergarten. Sehr gutes Preis-Leistungs-Verhältnis. ❹

Tanunda Hotel, 51 Murray St, www.tanundahotel.com.au. Saubere Pub-Zimmer, teilweise mit Bad. Außerdem komfortable Apartments. Ab ❶

Discovery Park Barossa, Barossa Valley Way, www.discoveryholidayparks.com.au. Cottages und Cabins diverser Preisklassen. Auch Zelt- und Stellplätze ohne/mit Strom ($39/49), Campküche, Kiosk, Fahrradvermietung. Ab ❺

Nuriootpa

Barossa Tourist Park (BIG4), Penrice Rd, www.barossatouristpark.com.au. Cabins unterschiedlicher Preisklassen, viele mit eigenem Bad. Campküche, Kiosk, Tennisplatz. Zelt-/Stellplätze ($40/45). ❸–❺

Vine Inn Barossa, 14 Murray St, http://vineinn.com.au. Renovierte, geräumige Motelunits sowie kleine Apartments mit Küche. Sauber, modern und komfortabel. Dazu gehört auch ein gutes Restaurant. ❸

Angaston

Barossa Brauhaus Hotel, 41 Murray St, www.barossabrauhaus.com.au. Schlichte Pub-Unterkunft. ❷

Vineyards Motel (Budget Motel), Stockwell Rd, Ecke Nuriootpa Rd, www.vineyardsmotel.com.au. Units mit AC; solargeheizter Pool, Jacuzzi. ❶

ESSEN

Jeden Sa werden von 7.30–11.30 Uhr auf dem **Farmers Market** in Angaston Erzeugnisse aus der Region feilgeboten, in den Vintners Sheds an der Ecke von Nuriootpa Rd und Stockwell Rd. Die **Metzgereien** verkaufen u. a. Mettwurst und Räucherschinken: **Barossa Wursthaus & Bakery**, 86 Murray St, Tanunda; **Linke's Central Meat Store**, 27 Murray St, Nuriootpa.

Cafés

In folgenden Bäckereien und Cafés bekommt man neben Pies auch Streuselkuchen und Bienenstich:

Sunrise Bakery & Cafe, 26 Barossa Valley Highway, Lyndoch, 8.30–16.30 Uhr.

Apex Bakery, 1 Elizabeth St, Tanunda, Mo–Fr 7–16.30, Sa bis 14 Uhr.

Linke's Bakery, 40 Murray St, Nuriootpa, Mo–Fr 7–16.30, Sa bis 12 Uhr.

Tanunda Bakery, 181 Murray St, Mo–Fr 7–17.30, Sa bis 15 Uhr.

Restaurants

Die meisten Weingüter servieren Mittagessen, darunter auch preiswerte und recht authentische deutsche Hausmannskost.

Modern australisch, unter Verwendung regionaler Spezialitäten kocht man u. a. bei **The Cellar Kitchen**, im Novotel Barossa Valley Resort, Golf Links Rd, Rowland Flat, (teuer), tgl. 17.30–21 Uhr.

Salters Kitchen, in der **Saltram Winery**, Nuriootpa Rd, Angaston, ⌚ Do–Mo 17.30 bis 21 Uhr.
Maggie's Farm Shop, Pheasant Farm Rd, Nuriootpa. Gourmetspezialitäten und sehr gutes Mittagessen, ⌚ tgl. 10–16.30 Uhr.

SONSTIGES

Aktivitäten und Touren

Touren zu den Weingütern starten meist ab Adelaide (Details S. 530). Auf Wunsch können Gäste aber im Barossa abgeholt werden.
Balloon Adventures, 💻 www.balloonadventures.com.au. Mit einem Fesselballon gleitet man 1 Std. über das Tal. Inkl. Champagner $360 p. P. (mind. 4 Pers.). Bei Gruppenbuchungen Rabatt.

Fahrräder

Barossa Bike Hire, 5 South Terrace, Nuriootpa, 💻 https://barossabikehire.com. Ab $50 pro Tag. Auch Tandem- und E-Bikes.

Feste

Barossa Vintage Festival, in jedem Jahr mit ungerader Jahreszahl um Ostern; großes Besäufnis.
Barossa Valley Gourmet Weekend, jedes Jahr an einem Wochenende Ende August. Beteiligt sind etwa 20 Restaurants und Weinkellereien; zu einem ausgezeichneten Essen mit Wein wird Musik gemacht, Klassik, Jazz und Blues.

Informationen

Barossa Visitor Centre, 66-68 Murray St, Tanunda, 💻 www.barossa.com. ⌚ Mo–Fr 9–17, Sa und So 10–16 Uhr.

TRANSPORT

Link SA, 💻 www.linksa.com.au. Mit dem Zug von ADELAIDE nach Gawler; von hier aus Busverbindungen nach Lyndoch, Tanunda, Nuriootpa und Angaston.

Clare Valley

Das 1842 besiedelte, idyllische Weinanbaugebiet ist (noch) nicht ganz so touristisch wie das Barossa Valley. Neben den etwa 50 Kellereien locken einige Feinschmeckerrestaurants die Gäste an, und in kleinen Läden werden leckere Spezialitäten aus der Region verkauft, darunter Olivenöl, Apfelwein (Cider), Honig, Lammfleisch und Bushtucker.

Weingüter

1851 pflanzten Jesuiten in Sevenhill die ersten Weinstöcke an, um Altarwein herzustellen. Damit wurde der Grundstock zu den **Sevenhill Cellars** gelegt, 💻 www.sevenhill.com.au, die heute trockene Rot- und Weißweine sowie Dessertweine produzieren. Das Weingut liegt idyllisch auf einem Hügel, über dem die St. Aloysius Kirche thront. Weinproben tgl. 10–17 Uhr. Geführte Touren bieten einen tiefen Einblick in die Geschichte; Di und Do um 14 Uhr; $10.

Etwa 50 weitere Weingüter liegen im Dreieck zwischen **Auburn, Mintaro** und **Clare**. Zu den bekannten Namen gehören **Taylors** in der Taylors Road bei Auburn, ⌚ Mo–Fr 9–17, Sa und So 10–16 Uhr; das wunderschön gelegene **Pikes**, Polish Hill River Rd, ⌚ tgl. 10–16 Uhr, und **The Wilsons Vineyard**, in der Nähe von Sevenhill, ⌚ tgl. 10–16 Uhr; außerdem **Knappstein Wines**, 2 Pioneer Ave, ⌚ Mo–Fr 9–17, Sa 11–17, So 11–16 Uhr in Clare. Einen Überblick über alle Weingüter, die Weinproben anbieten, gibt das kostenlose Heft *Clare Valley*, erhältlich beim Visitor Information Centre.

Clare und Mintaro

Clare, ein hübsches Landstädtchen im Zentrum der Region, eignet sich gut als Ausgangspunkt für Erkundungen. Von hier aus lassen sich einige Weingüter am besten per Fahrrad erreichen. Die Broschüre *The Riesling Trail*, erhältlich beim Visitor Centre, beschreibt einige schöne Radwege, die an den Weingütern und anderen Sehenswürdigkeiten vorbeiführen.

Mintaro, am Rande des Tals, 15 km südöstlich von Clare, wirkt mit seinen alten Cottages aus Schiefer und Holz wie ein Museumsdorf. Es lohnt sich, im Städtchen eine Rast einzulegen und einen Devonshire Tea in einem der kleinen Teahouses zu bestellen. Das kleine Landschloss **Martindale Hall** erschien als Appleyard College in Peter Weirs Film *Picknick am Valentinstag*.

Man kann es tgl. von 11–16 Uhr besichtigen ($12).

ÜBERNACHTUNG

Im Tal gibt es zahlreiche, sehr hübsche B&B-Cottages; das Visitor Information Centre (s. u.) erteilt Auskunft und erledigt Buchungen.

Clare

Clare Valley Motel, 74a Main North Rd, ca. 1,5 km südlich, 💻 www.clarevalleymotel.com.au. Freundliches Hotel in schöner Lage auf einem Hügel. Gemütliche DZ und teurere King Rooms mit Spa. Alle Zimmer mit AC, Heizung, TV und Kühlschrank. Pool. ❹

Discovery Park Clare, Main North Rd, 4 km südlich, 💻 www.discoveryholidayparks.com.au. Cabins mit Bad und AC in verschiedenen Preisklassen. Sehr schöne Anlage mit vielen Bäumen. Schattige Zelt-/Stellplätze ($30/35); Campküche, Pool, Kiosk. Ab ❹

Auburn

The Rising Sun Hotel, Main North Rd, 💻 www.therisingsunhotel.com.au. Sehr schöne Pub-Unterkunft. 6 Standard-Hotelzimmer mit Bad sowie einige luxuriöse Executive Suites. Ab ❷

ESSEN

Magpie & Stump Hotel, Burra St, Mintaro, 💻 www.magpieandstump.com.au. Traditioneller und freundlicher „Aussie Country Pub". 🕒 tgl. ab 11 Uhr bis spät.

Mr. Mick, 7 Dominic St, 💻 www.mrmick.com.au. Auf diesem historischen Weingut experimentierten die Winzer schon im 19. Jhd. mit der Weintraube. Heute verkostet man im idyllischen Vorgarten Rosé, Grenache und Riesling. Dazu serviert werden hervorragende Fisch- und Fleischgericht sowie gute Salate und Vegetarisches. 🕒 tgl. Mittag- und Abendessen.

The Rising Sun Hotel, Main North Rd, Auburn. Pub mit moderner australischer Küche. Am Wochenende gibt's oft Livemusik. 🕒 tgl. Mittag- und Abendessen.

SONSTIGES

Fahrräder

Einige der besten Weingüter des Clare Valley sind durch den Wander- und Radweg **Riesling Trail** miteinander verbunden.

Riesling Trail Bike Hire, 10 Warenda Rd, Clare, 💻 www.rieslingtrailbikehire.com.au, halber/ganzer Tag $25/40. Auch Tandems, E-Bikes und kostenlose Baby-Sitze.

Feste

Clare Valley Gourmet Weekend: jedes Jahr im Mai; samstags kann man überall neue Weine kosten, sonntags bieten viele Weingüter zum Mittagessen besonders leckere Gerichte an.

Informationen

Clare Valley Visitor Information Centre, Main North, Ecke Spring Gully Rd, Clare, 💻 www.clarevalley.com.au, 🕒 Mo–Fr 9–17, Sa und So 10–16 Uhr.

TRANSPORT

Yorke Peninsula Coaches, 💻 www.ypcoaches.com.au. Ab ADELAIDE, 85 Franklin St, Mo, Mi und Fr um 16 Uhr nach Auburn und Clare, So um 15 Uhr ($40 einfach; ca. 2 3/4 Std.). Zurück nach Adelaide Mo, Mi und Fr um 8.55 Uhr sowie So um 11.30 Uhr ab Clare.

Adelaide Hills

Adelaide wird im Süden und Osten von den lieblichen Hügeln und Bergen der Adelaide Hills begrenzt. Sie werden von vielen Landstraßen, Spazier- und Wanderwegen durchzogen. Mt Lofty, nur eine halbe Autostunde von der City entfernt, ist mit 770 m der höchste Berg der Gegend. Die Straßen in die Berge bieten hervorragende Aussichtspunkte über die Stadt, den St. Vincents Gulf und die umliegenden Täler. Naturreservate und Wildlife Parks reihen sich von Nordosten nach Südwesten aneinander.

In Zeiten periodisch auftretender Dürre weicht das saftige Grün der Wiesen und Wälder einem staubigen Graubraun; die ausgedörrte

Vegetation ist wie ein Pulverfass – ein Funke, und alles geht in Flammen auf. 1983 kosteten die Ash Wednesday Bush Fires 72 Menschen das Leben. Während der Buschbrände des Black Summers 2019/20 stand in den Adelaide Hills eine Fläche von 152 km² in Flammen – 19 % des Gebiets. Menschen blieben diesmal glücklicherweise verschont.

Torrens River-Tal: Cudlee Creek, Gumeracha und Birdwood

Die Fahrt von Adelaide am Torrens River entlang ist eine landschaftlich reizvolle Strecke. Sie führt durch eine Schlucht nach **Cudlee Creek** mit dem **Gorge Wildlife Park**, 💻 www.gorgewildlifepark.com.au, einem 5 ha großen Privatzoo mit Koalas, Kängurus, Vögeln, einem Kinderzoo, Picknickplätzen und einem Kiosk. 🕒 tgl. 9–17 Uhr; Eintritt $24, Kind $14. Hier hat man auch die Gelegenheit einen Koala auf den Arm zu nehmen ($15).

In **Gumeracha**, 12 km weiter, wirbt ein etwa 20 m hohes Schaukelpferd aus Holz, das **Big Rocking Horse**, für die Toy Factory in der Mannum Rd, wo schönes Holzspielzeug hergestellt wird. Zur Anlage gehören auch ein kleiner Tierpark und ein schöner Picknickplatz. 🕒 tgl. 9–17 Uhr.

Die Hauptattraktion des 8 km entfernten Weilers **Birdwood** ist das in einer alten Mühle untergebrachte **National Motor Museum**, 💻 http://motor.history.sa.gov.au, mit mehr als 300 Ausstellungsstücken Australiens größte Sammlung von Motorfahrzeugen. 🕒 tgl. 10–17 Uhr, Eintritt $23.

Cleland Wildlife Park

Der **Cleland Wildlife Park** liegt im gleichnamigen Conservation Park an einem grünen Hang, vom dem aus sich ein toller Blick auf die City bietet. Der Tierpark ist einer der besten seiner Art in ganz Australien. Auf dem riesigen Freigehege kann man zwischen Emus, Kängurus und Bandicoots spazieren gehen und sie füttern, gleichzeitig haben die Tiere aber genügend Platz, um sich in Besucher-freien Zonen zurückzuziehen. Zu festgelegten Zeiten gibt es Vorführungen und Info-Sessions, man kann Koalas halten oder sich mit einem Reptil fotografieren lassen; zudem gibt es geführte Touren. Eintritt $33, Kind 4–15 J. $17. 💻 www.clelandwildlifepark.sa.gov.au, 🕒 tgl. 9.30–17 Uhr.

Mount Lofty und Morialta Conservation Park

Nicht weit vom Tierpark liegen an der Summit Rd der **Mount Lofty Botanic Garden**, 🕒 Mo–Fr 8.30–16, Sa und So 10–17 Uhr (im Sommer bis 18 Uhr), und der **Mount Lofty Summit Lookout** – an klaren Tagen ein schöner Fotospot. Ein Café mit Tischen auf der Aussichtsterrasse serviert Frühstück und Mittagessen, 🕒 tgl. 9–16 Uhr. Das Summit Restaurant gehört zur gehobenen Klasse. 🕒 tgl. ab 18 Uhr, reservieren unter 💻 www.mountloftysummit.com.

In Richtung Norden geht die Fahrt zum **Norton Summit**, wo sich von dem im 19. Jh. erbauten **Scenic Hotel** ebenfalls ein herrlicher Ausblick auf die Großstadt und den Gulf of St. Vincent bietet. Die Straße führt dann weiter am **Morialta Conservation Park** vorbei, in dem einer der größten Abenteuerspielplätze von Adelaide liegt. Gut ausgeschilderte Wanderwege führen durch den Park zu drei Wasserfällen und schönen Aussichtspunkten. In den Astgabeln schlummern Koalas.

Stirling

Einst war dieser von schottischen Siedlern gegründete Ort als Sommerfrische der wohlhabenden Adelaider beliebt, die mit Kutschen auf der alten Mt Barker Road hierherfuhren, um in den etwa 8 °C kühleren Bergen Zuflucht vor hohen sommerlichen Temperaturen zu suchen. Später schnaufte eine Dampflok die Hügel hinauf. Alte Hotels und Herrensitze erinnern an diese Zeit. Viele wurden renoviert und dienen heute als Guesthouses. Noch heute herrscht hier eine exklusive Atmosphäre: Es gibt teure Boutiquen und Galerien, Restaurants, Teahouses usw. Viele Wanderwege führen durch diese Gegend.

Hahndorf

Hahndorf wurde 1839 von preußischen Alt-Lutheranern gegründet. Sie stammten aus dem kleinen Dorf Kay in der Nähe von Züllichau an der Oder (heute Polen). Der Kapitän ihres Schiffes war Dirk Hahn, dessen Namen sie in ihrem Dorfnamen verewigten. Im Ersten Weltkrieg

Hans Heysen

Der berühmteste Bürger Hahndorfs ist der Maler Hans Heysen, am 8. Oktober 1877 in St. Pauli, Hamburg, geboren. Er kam im Alter von sechs Jahren nach Australien. 1910 ließ er sich in Hahndorf nieder und fertigte dort viele **Aquarelle** und Ölbilder an. Hans Heysens Hauptmotiv war die südaustralische Landschaft, v. a. die Flinders Ranges und das Outback. Während und nach dem Ersten Weltkrieg wurde er von einigen Leuten wegen seiner Herkunft angefeindet. Sein Beitrag zur Entwicklung einer eigenständigen australischen Malerei wurde aber bald von einer an Kunst interessierten Öffentlichkeit gewürdigt.

wurde der Name in Ambleside umgewandelt. Heute ist Hahndorf ein beliebtes, touristisches Ausflugsziel in den Hills, das seine deutsche Geschichte vermarktet. Die Gast- und Kaffeehäuser bieten u. a. Apfelstrudel, Bienenstich und Wurstplatten an. Im **Haus** z. B. stehen Bockwurst, Schnitzel und Schweinshaxe auf der Speisekarte, aber auch Pizza und Seafood. ⌚ tgl. 8–21 Uhr, 💻 https://haushahndorf.com.au.

Die **Hahndorf Academy** stellt Werke südaustralischer Künstler aus und hat ein kleines Heimatmuseum, ⌚ tgl. 10–17 Uhr, Eintritt frei. **The Cedars**, das ehemalige Wohnhaus des Künstlers Hans Heysen und seiner Familie, beheimatet einige seiner Werke. ⌚ Di–So 10–16.30 Uhr, Eintritt $17, Tour $22.

In der hügeligen Landschaft und bei verhältnismäßig viel Regen gedeihen in „The Hills" Weintrauben, die zu erstklassigen Weißweinen wie Chardonnay und Sauvignon Blanc verarbeitet werden. Bekannte Adressen sind **The Lane**, 5 Ravenswood Lane, 💻 www.thelane.com.au, mit Verkostungsraum und gehobenem Restaurant sowie **Shaw & Smith**, 136 Jones Rd, Balhannah, 💻 www.shawandsmith.com.

ÜBERNACHTUNG

Hahndorf Resort Tourist Park (Discovery Parks), 145 Mount Barker Rd, Hahndorf, 💻 www.discoveryholidayparks.com.au. Die schattigen Zelt- und Stellplätze (ab $45) und modernen, freundlichen Cabins liegen verteilt auf einer 13 ha großen grünen und hügeligen Parkanlage mit Teichen und Spazierwegen. Zum Campingplatz gehören moderne, saubere sanitäre Anlagen, eine große Gemeinschaftsküche und offene BBQ-Grills mit Picknicktischen. Spielzimmer und Hüpfkissen. Ab ❸

The Manna, 25 Mt Barker Rd, Hahndorf, 💻 www.themanna.com.au. Das gute Mittelklassehotel steht mitten in Hahndorf und bietet komfortable Zimmer mit bequemen Betten. Im kleinen Innenhof sitzt man gemütlich in der Sonne. ❹

INFORMATIONEN

Adelaide Hills Visitor Information Centre, 68 Mount Barker Rd, Hahndorf, 💻 www.adelaidehills.org.au. ⌚ tgl. 9–17 Uhr.

TRANSPORT

Für eine gemütliche **Rundfahrt** durch die Hills braucht man einen eigenen fahrbaren Untersatz.

Busse

Adelaide Metro, 💻 www.adelaidemetro.com.au. Häufige Verbindung nach Stirling, Hahndorf und Mt Barker mit Busen Nr. 860F, 864 und T843, ab Currie St. Fahrzeit von der City nach Hahndorf rund 60 Min. Bus 823 fährt von Crafers zum Cleland Wildlife Park und zurück.

Murray River

Der Murray ist mit über 2500 km Australiens längster Fluss. Im 19. Jh. war der Murray eine wichtige Verkehrsader ins Landesinnere. Große Gebiete von New South Wales konnten nur durch die Schiffbarmachung der Flüsse Murray, Darling (2450 km) und Murrumbidgee erschlossen werden. Baumaterial, Lebensmittel und Arbeitskräfte wurden auf Wasserwegen transportiert, denn Straßen und Eisenbahnlinien gab es noch nicht. Als 1853 der erste Raddampfer von Mannum am Lower Murray ablegte, war die große Zeit der Dampfschifffahrt angebrochen. Die erheblichen Schwankungen des Wasserspiegels bereiteten den Schiffern allerdings Probleme, und so manches Schiff blieb ein paar Jahre am oberen Flusslauf verschollen. Zu Beginn des 20. Jhs. löste die Eisenbahn den Raddampfer ab. Einige Schiffe aus der alten Zeit liegen heute in ehemaligen Häfen vor Anker und dienen als schwimmende Museen oder transportieren Touristen.

Bei Paringa, wo der Murray nach 1500 km die Grenze zu South Australia erreicht, wird er zur Bewässerung der vorher kargen Gegend genutzt und hat sie in Obst- und Weingärten, Getreidefelder und saftige Weiden verwandelt – die landwirtschaftlich ertragreichste Region von South Australia. Der Murray fließt westwärts durch das **Riverland**, bis er bei Morgan nach Süden abbiegt. In einem durch Bewässerung fruchtbar gemachten, 17 000 ha großen Gebiet gedeihen Obst und Weinreben; Konservenfabriken, Safthersteller und Winzereien verarbeiten die Früchte. Hier zeigt sich der Murray von seiner lieblichen Seite: River Red Gums und Weiden säumen das Flussufer.

Allerdings ist das Murray-Bewässerungsprojekt letzten Endes nicht so segensreich, wie man ursprünglich angenommen hatte. Australien muss einen hohen Preis für die Verwandlung von Steppen- und Savannenland in landwirtschaftliche Nutzflächen zahlen. Die Farmer in den bewässerten Gebieten kämpfen gegen Bodenerosion und den zunehmenden Salzgehalt im Boden. Infolge langanhaltender Dürren und der Entnahme des Flusswassers zur Bewässerung weiter stromaufwärts (bis zum Oberlauf des Murray in Nordost-Victoria) hat sich der Wasserspiegel stark abgesenkt. Abgesehen von dem Problem der Trinkwasserversorgung bahnen sich weitere Katastrophen an: das Absterben der River Red Gum-Wälder in den langsam austrocknenden Überschwemmungsgebieten *(flood plains)* des Murray (S. 681, Victoria) und die Versalzung der Coorong-Lagune (S. 556).

Da die Region nicht weit von Adelaide entfernt ist, bietet sich eventuell ein Ausflug von ein oder zwei Tagen an, vorzugsweise mit eigenem Fahrzeug. Das gemächliche Flussleben erschließt sich bei einer Fahrt mit einem der vielen Raddampfer oder – wenn man besonders viel Zeit hat – auf einem gemieteten Hausboot.

Renmark

1887 entstand auf Anregung der amerikanischen Brüder George und William Chaffey das erste Bewässerungssystem in dieser Gegend. In Renmark kann man im **Olivewood Historic Homestead & Museum** im früheren Haus der Gebrüder Chaffey in der Renmark Avenue eine handbetriebene Weinpresse und alte Bewässerungspumpen aus der Gründerzeit betrachten. ⌚ Do–Mo 10–16 Uhr, Eintritt $7.

Im selben Ort liegt der alte **Raddampfer PS Industry** aus dem Jahr 1911 vor Anker. An jedem ersten Sonntag im Monat tuckert er den Murray River auf und ab ($30).

In der Umgebung bieten viele **Kellereien** Weinproben. Bekannte Namen sind u. a. Angove, 2 km südlich vom Ortszentrum in der Bookmark Avenue, ⌚ Mo–Fr 10–17, Sa und So 11–16 Uhr, und Renmano, Sturt Hwy, ⌚ Mo–Fr 9–17, Sa 9–16, So und feiertags 10–14 Uhr.

Berri

Der Name des Ortes ist ein Synonym für Fruchtsäfte, die in der Berrivale Orchards-Fruchtsaftfabrik hergestellt werden. **Berri Estates** am Sturt Highway bei Glossop, 8 km östlich von Barmera, gilt als größte Kellerei Australiens. Pro Jahr werden hier durchschnittlich 7 Mio. Liter Wein produziert. Weinproben Mo–Fr 9–17, Sa 9–16 Uhr.

Loxton

Nahe dem Fluss wurde das **Loxton Historical Village**, ein Dorf im Stil der Pionierzeit, aufgebaut. Es besteht aus 30 Gebäuden: restaurierte Originale oder Nachbauten aus den 1880er-Jahren. ⌚ Di–So 10–16 Uhr, Eintritt $12. In der Nähe gibt es viele Läden, die Kunsthandwerk verkaufen, sowie einige Galerien.

Barmera

Der Ort liegt malerisch am **Lake Bonney** inmitten von Pfirsichplantagen, Zitrushainen und Weingärten. Im Städtchen lädt die **Bonneyview Winery** zum Besuch ein, ⌚ Di–So 10–17 Uhr.

Im **Banrock Station Wine and Wetland Centre** bei Kingston-on-Murray wurde ein riesiges Projekt zur Erhaltung und Wiederherstellung des umliegenden Feuchtgebietes verwirklicht. Ein Rundweg veranschaulicht die Tragweite des Projektes. Die Erlöse aus dem gleichnamigen Weingut tragen zu ähnlichen Projekten australienweit bei. ⌚ tgl. 10–17 Uhr.

ÜBERNACHTUNG

Jedes Jahr suchen Agrarbetriebe in South Australia Erntehelfer. Die Jobs sind anstrengend, aber einfach zu bekommen.

Berri Backpackers, Sturt Hwy, 💻 www.berribackpackers.com.au. Ausgezeichnet ausgestattetes gemütliches Hostel auf großem Grundstück mit vielen Sportanlagen, u. a. einem Fußball- und Tennisplatz; Pool. Ein Favorit unter Erntehelfern. Dorm-Bett $25.

Renmark Riverfront CP (Big4), 1 Patey Dr, Renmark, direkt am Fluss, 💻 https://big4renmark.com.au. Mit der Wasserparkanlage ist der Caravanpark vor allem für Familien interessant. Aber auch für Erwachsene werden viele Aktivitäten geboten: Tennisplatz, Fahrrad- und Tretbootverleih sowie zahlreiche Spazierwege in der Umgebung. Cabins von schlicht (ohne Bad) bis geräumig und modern, alle mit AC. Zelt-/Stellplätze $56/61 oder $78 mit Bad. Campküche. Kiosk. Ab ❺

SONSTIGES

Informationen

Renmark Paringa Visitor Centre, 84 Murray Ave, 💻 www.murrayriver.com.au. ⌚ Mo–Fr 9–16.30, Sa und So 10–14 Uhr.

Berri Visitor Information Centre, Riverview Drive, 💻 www.berribarmera.sa.gov.au. ⌚ Mo–Fr 9–17, Sa 9–14, So 10–14 Uhr.

Loxton Visitor Information Centre, 25 East Terrace, 💻 www.visitriverland.com.au. ⌚ Mo–Fr 9–17, Sa und So 10–14 Uhr.

Touren

Canoe the Riverland, 💻 http://canoetheriverland.com. Paddeltouren auf dem Murray bei Tag oder im Mondschein mit Schwerpunkt auf Wildlife, 2 Std. $70. Außerdem Touren im kleinen Motorboot *(dinghy)*, 2 Std. $70.

TRANSPORT

Premier Stateliner, 💻 www.premierstateliner.com.au. Ab ADELAIDE Central Bus Station, tgl. via Barossa Valley, Waikerie, Kingston-on-Murray, Barmera und Berri nach Renmark (Fahrzeit 4 Std.).

Fleurieu Peninsula

Kilometerlange Sandstrände, erstklassige Weingüter, verträumte Ferienörtchen und ganz viel Natur und Wildlife – kein Wunder, dass die Fleurieu-Halbinsel ein beliebtes Wochenendziel für die Anwohner Adelaides ist. Südlich der Großstadt gehen die Ausläufer der Mount Lofty Ranges in gewelltes Agrarland und Weinreben über. Westlich davon liegt eine abwechslungsreiche Küstenlandschaft mit Buchten, steilen Klippen und einigen vorgelagerten Riffen.

An der Südküste ist das Meer stürmischer, denn hier prallen die Wellen des Southern Ocean mit voller Wucht auf das Land. **Parsons Beach** und **Waitpinga Beach** sind beliebt bei erfahrenen Surfern und Fischern. Am **Middleton Beach** können sich auf Anfänger in die Wellen wagen. Ruhiger ist das Wasser vor dem idyllischen Strand des **Second Valley**, der sich gut für Schnorchelausflüge eignet. Von **Cape Jervis**, an der Spitze der Halbinsel, setzt die Fähre nach Kangaroo Island über.

Der Hauptort der Region ist **Victor Harbor** in der Encounter Bay. Unbemerkt von den frühen Entdeckern blieb Murray Mouth, die enge Mündung des größten Flusses Australiens im Osten der Encounter Bay. Das Wasser des Murray River staut sich dahinter zum riesigen **Lake Alexandrina**.

Auf der Halbinsel gibt es 20 Conservation Parks; wer richtig wandern will, kann dem **Heysen Trail** folgen, 💻 http://heysentrail.asn.au. Der 1200 km lange Wanderweg verbindet Cape Jervis mit den Flinders Ranges und führt durch einige der schönsten Landschaften South Australias.

McLaren Vale

Hier genießen die Adelaideans ihre Wochenenden: Mehr als 160 Weingüter schmücken die Region. Etwa die Hälfte bieten Weinproben in rustikalen Weinkellern *(cellar doors)* an, dazu gibt's oft Sitzgelegenheiten im Freien mit Blick über die idyllischen Reben, gutes Essen und im Sommer Livemusik. Produziert werden vorwiegend Shiraz, Cabernet Sauvignon und Grenache, aber auch mediterrane Weine wie Fiano und Tempranillo.

Nicht zu verfehlen ist „The Cube", der architektonische Zauberwürfel des **d'Arenberg**. Durch das unkonventionelle Kunstmuseum in den unteren Stockwerken geht's hinauf zum Verkostungssaal im obersten Stock, von dessen Balkon man über das Tal blickt. Eintritt zum Museum inkl. Weinverkostung $20, 🕒 tgl. 10.30–16.30 Uhr. Dazu gehören auch zwei Restaurants: Im **Eat@ Polly's** gibt's gute, leichte Snacks zum Wein, während man im **d'Arry's** feierlich schmaust (2 Gänge ca. $80). 💻 www.darenberg.com.au.

Eine der ältesten (1838) und bekanntesten Kellereien ist **Hardys Winery**, Main South Rd, 🕒 tgl. 11–16 Uhr. Andere gute Adressen sind u. a. **Angove**, 117 Chalk Hill Rd, 🕒 tgl. 10–17 Uhr, **Wirra Wirra**, 255 Strout Rd, 🕒 tgl. 10–17 Uhr und **Chalk Hill Wines/Never Never Distilling Co**, 56 Field St, 🕒 Sa–Do 11–18, Fr bis 22 Uhr.

INFORMATIONEN

McLaren Vale & Fleurieu Visitor Centre, Main Rd, McLaren Vale, 💻 www.mclarenvale.info. 🕒 tgl. So 10–16 Uhr.

Victor Harbor

Victor Harbor ist der größte und beliebteste Ferienort auf der Halbinsel und bietet genug Attraktionen, um mindestens einen ganzen Tag zu füllen. Das Highlight ist die kleine **Granite Island**, eine ehemalige Walfängerstation, die inzwischen einem Naturpark gewichen ist. Über eine Holzbrücke gelangt man zu Fuß auf die Insel, oder man lässt sich von der alten, doppelstöckigen, von Pferden gezogenen Tram hinüberbringen, 🕒 tgl. 10–16 Uhr. $15 einfach, $25 hin und zurück, Kinder bis 13 J. fahren umsonst mit.

Ein Spazierweg führt in etwa 30 Minuten rings um die unbewohnte, mit großen, runden Felsbrocken versetzte Insel. An vielen Stellen ergibt sich eine herrliche Aussicht auf die Bucht, in der sich oft **Delphine** tummeln. Manchmal bekommt man auch **Seelöwen** oder sogar **Wale** zu Gesicht. Letztere kommen zwischen Juni und September an diese Küste, um zu kalben und ihre Jungen großzuziehen. Eine weitere Naturattraktion sind die **Zwergpinguine**, die auf der Insel nisten.

Das **South Australian Whale Centre**, 💻 www.sawhalecentre.com.au, in einer ehemaligen Lagerhalle an der Railway Terrace informiert umfassend über die unrühmliche Geschichte des Walfangs sowie die Lebensweise von Walen und Delphinen. Darüber hinaus dient es als Beobachtungsstation zur Registrierung der Zahl der gesichteten Wale. 🕒 tgl. 10.30 bis 17 Uhr, Eintritt $5, Kind $4.

Schräg gegenüber bietet das **Encounter Coast Discovery Centre**, 2 Flinders Parade, eine Ausstellung über die Geschichte der Region von den Ureinwohnern bis zu den ersten europäischen Siedlern. 🕒 tgl. 13–16 Uhr, in den Ferien länger; Eintritt $5, Kind $3.

Im **Urimbirra Wildlife Experience**, 💻 www.urimbirra.com.au, einem Privatzoo 5 km nördlich von Victor Harbor an der Adelaide Road im Hindmarsh Valley, leben etwa 400 Beuteltiere, Reptilien und australische Vögel in Freigehegen und einem Feuchtgebiet. 🕒 tgl. 10–16 Uhr, Eintritt $14, Kind $7.

ÜBERNACHTUNG

In den Schulferien und am Wochenende sind die Unterkünfte in Victor Harbor oft ausgebucht. Ausweichmöglichkeit ist Port Elliot weiter östlich, etwa 10 Min. mit dem Auto.

Austiny B&B, 62 Glassenbury Dr, 💻 www.austinybedandbreakfast.com.au. Ein deutsch/niederländisches Paar betreibt dieses schön gelegene Gästehaus mit dem eindrucksvollen Garten, von dem aus man die Vögel beobachten kann. Ein Zimmer mit Blick über den Garten bis

SOUTH AUSTRALIA

© CORINNA MELVILLE

Zwergpinguine (nicht nur steinerne) nisten vor der Granite Island.

zur Küste. Frühstück wird auf der Terrasse serviert. ❻

€ **Port Elliot Beach House YHA**, 13 The Strand, ✉ portelliot@yhasa.org.au. Modernes, sauberes und unter Reisenden hochgelobtes Hostel in renoviertem historischem Gebäude in toller Lage. 4-Bett-Dorms (Bett ab $39) sowie DZ und Familienzimmer. Im Garten wird frisches Gemüse angebaut, das den Gästen kostenlos zur Verfügung steht. Surf- und Yoga-Sessions. Am Strand. Sehr empfehlenswert! ❸

Victor Harbour City Inn, 51 Ocean St, 🖳 www.victorharborcityinn.com.au. Das renovierte Motel aus den 70er-Jahren bietet alles, was man braucht: ein bequemes Bett, ein sauberes Bad, auskunftsfreudige Mitarbeiter und die Attraktionen der Stadt direkt vor der Tür. ❹

Caravanparks

Breeze Holiday Park Port Elliot (Big 4), 🖳 https://breezeholidayparks.com.au/park/port-elliot. In einer Bucht direkt am Strand, schöne Aussicht. Stellplätze ohne/mit Strom ($39/49) teilweise direkt am Strand; Cabins. Ab ❸

Victor Harbor Beachfront Caravan Park (Top Tourist Parks), 114 Victoria St, 🖳 www.nrmaparksandresorts.com.au/victor-harbor. Viele Zelt- und Stellplätze ($47/51 oder $64 mit Bad). Cabins und Safarizelte verschiedener Standards. Ab ❸

SONSTIGES

Informationen

Victor Harbor Visitor Information Centre, vor der Brücke nach Granite Island, 🖳 http://visitvictorharbor.com. 🕒 tgl. 10–16 Uhr.

Touristeneisenbahn

Der **Southern Encounter Train** fährt von Mai bis November an 2–3 Sonntagen im Monat mit Dampflok und alten Holzwaggons von Mount Barker über Strathalbyn, Goolwa und Port Elliot nach Victor Harbor (3 Std. Aufenthalt vor der Rückfahrt). $80 hin und zurück, Kind $20.

Der **Cockle Train** verkehrt 3–4x pro Woche (in den Schulferien häufiger) zwischen Victor Harbor und Goolwa, zwischen Ende April und Mitte Okt mit Dampflok. Fahrkarten werden in den Bahnhöfen am Schalter verkauft ($25 einfach, $38 hin und zurück).
Für beide Züge Auskunft und Buchung unter 💻 www.steamrangerheritagerailway.org oder beim Visitor Information Centre.

TRANSPORT

LinkSA, 💻 www.linksa.com.au. Busse ab Adelaide, 111 Franklin St, Mo–Fr um 15 Uhr von ADELAIDE nach Goolwa, mit Halt in Victor Harbor (Fahrzeit 1 3/4 Std.).

Cape Jervis

Der Ort ist das Sprungbrett nach Kangaroo Island. **Morgans Beach** und **Fisheries Beach** sind schöne Sandstrände. Der **Deep Creek Conservation Park**, südöstlich von Cape Jervis, ist bekannt für seine schattigen, feuchten Schluchten, in denen Farne und Orchideen gedeihen, und seine steil ins Meer abfallenden Felsklippen. Zahlreiche Wanderpfade, darunter der Heysen Trail – insgesamt etwa 30 km – führen durch den Park. Eintrittsgebühr $13 pro Auto, online buchen unter 💻 www.parks.sa.gov.au. Auf dem Deep Creek Cove Hike ab der Trig Picnic Area (ca. 2 1/2 Std.) bieten sich herrliche Ausblicke auf die Backstairs Passage nach Kangaroo Island.

ÜBERNACHTUNG UND ESSEN

Southern Ocean Retreats, Tapanappa Rd, Deep Creek Conservation Park, 💻 www.southernoceanretreats.com.au. 4 Cottages für 2–10 Pers. Alle komplett mit Kochgelegenheiten usw. ausgestattet. Toll gelegen. Frühstückszutaten sind im Preis inkl. Ab ❻

Camping

Fünf Campingplätze liegen im Nationalpark, alle mit Toiletten. Der **Stringybark Campground** ist am besten ausgestattet und bietet warme Duschen, $50 pro Auto. Die anderen kosten $25 pro Auto; der nur für Wanderer zugängliche Wuldi Krikin Ngawanthi entlang des Heysen Trails ist kostenlos. Alle bucht man am besten im Voraus unter 💻 www.parks.sa.gov.au.

TRANSPORT

Siehe Kangaroo Island, S. 555.

Goolwa

Goolwa am Ufer des Lake Alexandrina nahe der Murray-Mündung ist ruhiger und wesentlich weniger besucht als der Nachbarort Victor Harbour. Highlight ist die vorgelagerte **Hindmarsh Island**, eine flache und äußerst geruhsame Insel. Um die Brücke gab es Mitte der 90er-Jahre heftige Auseinandersetzungen: Nachkommen der Ngarrindjeri-Ureinwohner bekämpften den Brückenplan, da dadurch den Ngarrindjeri-Frauen heilige Stätten entweiht würden. Schließlich entschied das Bundesgericht in Canberra, dass die Existenz geheimer, heiliger Stätten frei erfunden sei und dem Bau der Brücke daher nichts im Wege stehe. Vom Coorong Lookout blickt man über den Murray Mouth; am Parkplatz bietet im Sommer und an Wochenenden ein mobiles Café Erfrischungen. Die Feuchtgebiete im Osten der Insel sind nun Teil des Coorong National Park (S. 556).

Lake Alexandrina wird durch unzählige Halbinseln, Inseln und durch eine Nehrung, die lang gestreckte Sandinsel Younghusband Peninsula, fast vollständig vom Meer abgeschlossen. An dem nur 600 m breiten Murray Mouth vermischt sich Süßwasser mit Brackwasser. Da der Wasserspiegel des Murray aufgrund von Dürren und Wasserentnahmen zu Bewässerungszwecken stark sinkt, versandet die Mündung und wird heute von automatisierten Baggern rund um die Uhr freigebaggert. Dies verhindert, dass sich die Mündung verschließt und das Wasser im Coorong National Park bedrohliche Temperaturen annimmt.

ÜBERNACHTUNG

Motel Goolwa, 30 Cadell St, 💻 www.goolwamotel.com.au. Freundliches Motel mit hellen Zimmern mit Bad. ❸

Goolwa Discovery Park, 40 Kessel Rd, 💻 www.discoveryholidayparks.com.au. Hübsche grüne Parkanlage mit Zelt-/Stellplätzen ($39/48 oder $68 mit Bad) sowie einigen Cabins mit Bad. Pool und Kiosk. Ab ❺

AKTIVITÄTEN

Boots- und Kajaktouren

Canoe the Coorong, 💻 http://canoethecoorong.com. Kajaktouren bieten einen Einblick in die einmalige Flora und Fauna des Coorong. Auf den Tagestouren dringt man bis zu den Dünen vor, kurze Spaziergänge und Lunch inbegriffen ($155). Schön sind auch die Sunset Tours mit Picknick auf den Dünen (3 Std., $115). Auch Kajakverleih.

Spirit of the Coorong Cruises, 💻 www.coorongcruises.com.au. 6-stündige Bootstour auf der flachbodigen *Spirit of the Coorong* zu den Gewässern der nördlichen Coorong und zurück über den Lake Alexandrina mit zwei kurzen Spaziergängen an Land; viele Wasservögel, Dünen und einsame Strände. ⌚ Mi und So, Juni–Sep nur So. $115 inkl. Mittagessen.

Touristeneisenbahn

Cockle Train zwischen Goolwa und Victor Harbor (S. 547).

INFORMATIONEN

Goolwa Visitor Information Centre, 4 Goolwa Terrace, 💻 www.visitalexandrina.com. ⌚ Mi–Fr 11.30–16.30 Uhr.

TRANSPORT

Siehe Victor Harbor, S. 547.

16 HIGHLIGHT

Kangaroo Island

Kangaroo Island ist das touristische Aushängeschild South Australias – daran vermochten auch die Buschbrände des Black Summers 2019/20 nichts zu ändern. Teile der touristischen Infrastruktur im Westen der Insel sind noch im Wiederaufbau begriffen. Die Natur aber malt heute ein eindrucksvolles Bild ihrer unermesslichen Resilienz.

Die hohen Anreisekosten (die Sealink-Fähre gilt als einer der teuersten kommerziellen Fährdienste der Welt) schreckt viele Besucher aus Übersee ab. Wer die Kosten in Kauf nimmt, findet hier eine einzigartige Landschaft, in der man auch heute noch Kängurus, Seelöwen, Koalas, Waranen und unzähligen Vogelarten begegnet.

Mit 150 km Länge, 40–60 km Breite und 4350 km^2 Fläche ist Kangaroo Island Australiens drittgrößte Insel nach Tasmanien und Melville Island bei Darwin. Die meisten Inselbewohner leben in den Hauptorten im Osten der Insel: Kingscote, American River, Penneshaw und Parndana. Der gesamte Westen und weitere Gebiete stehen als National Parks oder Conservation Parks unter Naturschutz.

Geschichte

Als die ersten weißen Siedler Kangaroo Island betraten, war die Insel unbewohnt. In den 1930er-Jahren wurden erste Funde gemacht, die belegen, dass Aborigines vor knapp 16 000 Jahren auf Kangaroo Island lebten. Zu dieser Zeit verband eine Landbrücke die Insel mit dem Festland. Vor gut 2000 Jahren verschwanden die Inselbewohner jedoch. Es ist wahrscheinlich, dass sie ausstarben. Aborigines nennen die Insel nämlich „Karta" – übersetzt: „Das Land der Toten".

Matthew Flinders, der 1802 die Insel benannte, und seinem französischen Rivalen Nicolas Baudin folgten Walfänger, Deserteure, entflohene Sträflinge und Schiffbrüchige. Erst nach dem Zweiten Weltkrieg konnte durch den Einsatz von Düngemitteln das Innere der Insel landwirtschaftlich nutzbar gemacht werden. Heute leben rund 4900 Menschen auf der Insel. Honig, Milchprodukte (v. a. Käse und Schafjoghurt), Freilandgeflügel und Marron (eine Art Flusskrebs) von Kangaroo Island genießen einen ausgezeichneten Ruf. Auch Wein wird seit den 1980er-Jahren angebaut.

Flora und Fauna

Die nach Australien eingeschleppten Dingos, Hasen und Füchse drangen nicht bis Kangaroo Island vor, sodass sich hier Tiere und Pflanzen ungestört in ihrem natürlichen Lebensraum entwickeln konnten. Auf dem Festland ausgestorbene Tiere wie das Tamar Wallaby haben hier überlebt. Daneben gibt es Schnabeltiere, 18 Eidechsenarten, darunter die bis zu 1,5 m langen Gould's Goannas, Wasservögel, Papageien, z. B. die beeindruckenden Black Cockatoos, und nicht zu vergessen die Stars der Insel, die Seelöwen *(Australian fur seals)* von Seal Bay.

An der Ostküste hingegen leben die Neuseeländischen Seebären *(Long-nosed fur seals)*, die im 20 Jh. fast bis zur Ausrottung gejagt wurden, deren Anzahl in den letzten Jahren aber wieder stark gestiegen ist. Heute sind die Seebären wieder so verbreitet, dass sie für die hier beheimateten, seltenen Zwergpinguine eine ernsthafte Bedrohung darstellen. Mit offiziell genehmigten, scharf kritisierten Abschlachtungen versuchte man dieser in den letzten Jahren Herr zu werden.

Die Koalas, die die Werbebroschüren füllen, wurden vom Festland eingeschleppt. Der Mangel an natürlichen Feinden ließ ihre Bevölkerung bis auf 50 000 Tiere anwachsen. Nach den Buschbrände des Black Summers soll sich ihre Zahl auf 5000–10 000 Koalas reduziert haben.

Transport und Planung

Die Hauptverbindungsstraßen sind alle asphaltiert: Die Straßen zwischen den drei Hauptorten im Osten; die South Coast Road zum Flinders Chase NP sowie die davon abgehende Seal Bay Road nach Seal Bay an der Südküste; der Playford Highway, der von Kingscote im Norden quer durch die Insel führt; sowie der West End Highway, der vom Playford Highway nach Süden zum Flinders Chase NP abzweigt. Auch die Straße innerhalb des Parks zu den Sehenswürdigkeiten an der Südwestküste, Admirals Arch/Cape du Couedic und Remarkable Rocks ist geteert. Der Rest sind *gravel roads*, die v. a. im Westen von vielen Querrillen durchsetzt sind und vorsichtig (max. 60 km/h) befahren werden sollten.

Für den Zutritt zum Flinders Chase National Park, zu den beiden Leuchttürmen Cape Willoughby und Cape Borda, den Kelly Hill Caves und dem Seelöwen-Boardwalk an der Seal Bay erhebt die Nationalparkbehörde eine **Gebühr** (s. u.), die man jeweils gesondert bezahlen kann. (Achtung: Der Holiday Pass gilt nicht für die Parks und Naturreservate auf Kangaroo Island). Wer alles sehen möchte, besorgt sich am besten den **Kangaroo Island Tour Pass**, der zusätzlich zum Zutritt zu den o. g. Attraktionen auch jeweils eine geführte Tour in den Leuchttürmen von Cape Borda und Cape Willoughby sowie am Seal Bay beinhaltet. Der Pass ist online sowie an allen Attraktionen erhältlich und 12 Monate gültig; $86, Kind 4–15 J. $54, Familie $245. 💻 www.parks.sa.gov.au.

Aufgrund der hohen Anreisekosten lohnt sich ein Abstecher auf eigene Faust erst ab einer Reisedauer von drei Tagen. Mietwagen, Benzin, Unterkünfte und Lebensmittel sind ebenfalls teuer auf der Insel; Budget-Reisende sollten sorgfältig im Voraus planen! Wer Lebensmittel mitbringt, sollte sich mit den Einführungsbeschränkungen vertraut machen.

Die Ostküste: Dudley Peninsula

Penneshaw

Die Fähren von Cape Jervis legen beim Fischerdorf Penneshaw auf der Dudley Peninsula an. Die einst zahlreich vorhandenen, bei Touristen beliebten Zwergpinguine sind heute leider nur noch spärlich vertreten. Neuseeländische Seebären attackieren die Elterntiere auf ihrer Heimkehr vom Meer, um ihre Jungen zu füttern – dabei sterben sowohl die ausgewachsenen Tiere als auch deren Nachwuchs. Eine kleine Kolonie hat sich aber gehalten, 2023 wurden 15 Pinguinpaare verzeichnet.

Kangaroo Island
N
0
20 km
ÜBERNACHTUNG
1 KI Dragonfly Guesthouse
2 Aurora Ozone Hotel
3 Seaview Motel
4 Kingscote Tourist Park
5 Kangaroo Island Seafront
6 Hanson Bay Cabins
Investigator Strait
Fleurieu Peninsula
Adelaide (103 km)
Cape Jervis
Backstairs Passage
FÄHRE (30 Min.)
Antechamber Bay
Leuchtturm
Cape Willoughby
Penneshaw
Christmas Cove
American Beach
CAPE HART CP
DUDLEY CP
PELICAN LAGOON CP
Mouth Flat Beach
Dudley Peninsula
Sapphiretown
Eastern Cove
American River
Muston
Kangaroo Head
Nepean Bay
Western Cove
Kingscote
Brownlow
Nepean Bay
Beatrice Point
BEATRICE IS. CP
BUSBY IS. CP
North Cape
Bay of Shoals
Boxing Bay
Emu Bay
Cape D'estaing
Smith Beach
Cape Cassini
Discovery Lagoon
Cygnet River
Hog Bay Rd
BEYERIA CP
Rush Lagoon
White Lagoon
Salt Lagoon
Salt Lake
Pennington Bay
Mt. Thisby Lookout
D'Estrees Bay
Point Tinline
CAPE GANTHEAUME CP
Cape Linois
Cape Gantheaume
CAPE GANTHEAUME WILDERNESS PROTECTION AREA
Murray Lagoon
Birchmore Rd
Stokes Bay
LANTHAMI CONSERVATION PARK
PARNDANA CP
Cygnet R.
Kangaroo Island Wildlife Park
Parndana
SEDDON CP
Little Sahara
SEAL BAY CP
Vivonne Bay
South Coast Rd
VIVONNE BAY CP
Cape Kersaint
MT. TAYLOR CP
Cape Dutton
Snelling Beach
Pebbly Beach
Middle R.
Edwards Lagoon
Gosse
Kangaroo Lagoon
Grainger Lagoon
FLINDERS CHASE NATIONAL PARK
Karatta
KELLY HILL CAVES CP
CAPE BOUGER WILDERNESS PROTECTION AREA
Hanson Bay
Remarkable Rocks
WESTERN RIVER WILDERNESS PROTECTION AREA
Western River Cove
Seal Beach
Cape Torrens
CAPE TORRENS CP
Playford
Hwy
West End Hwy
RAVINE DES CASOARS WILDERNESS PROTECTION AREA
Leuchtturm
Cape Borda
Vennachar Point
West Bay
Cape Bedout
Rocky River
Maupertuis Bay
FLINDERS CHASE NP
Admirals Arch
Cape Du Couedic
Leuchtturm
CASUARINA ISLETS (The Brothers)
Southern Ocean
ESSEN
1 Ozone Seafront Hotel
2 Kangaroo Island Brewery
SONSTIGES
1 Island Beehive
2 Dudley Wines
3 Emu Ridge Eucalyptus Distillery

Besucher sollten besonders in der Dämmerung vorsichtig fahren, nicht in direkten Kontakt mir den Pinguinen treten und sie nicht mit weißem Licht (Handy oder Taschenlampe) anstrahlen. Das **Penneshaw Penguin Centre**, Bay Terrace, 💻 https://penneshawpenguincentre.com, unternimmt weitere Maßnahmen zum Schutz der flugunfähigen Seevögel und betreibt die allabendlichen Penguin Tours, $28, Kind $17.

Ungefähr 15 Fahrminuten von Penneshaw kann man bei **Dudley Wines**, 1153 Willoughby Rd, Cuttlefish Bay, auf der Insel produzierten Wein kosten, 🕒 tgl. 10.30–16.30 Uhr.

Cape Willoughby

Von Penneshaw führt eine unbefestigte Straße zum östlichsten Punkt der Insel: dem wildschönen Cape Willoughby. Vom **Leuchtturm** (Eintritt $6) schaut man hinunter auf die brodelnde See, treffend **Devils Kitchen** genannt. Vor der Küste Kangaroo Islands liegen über 70 Schiffswracks auf dem Meeresgrund, die die gefährliche Brandung im 19. Jh. forderte. Der Leuchtturm von Cape Willoughby war der erste in ganz South Australia – ein lebensrettendes Licht am Ende einer ungewissen Schiffsreise ohne Rückkehr. Ein *self-guided walk* führt hinunter zu einer schönen Bucht, außerdem kann man an einer Leuchtturmbesichtigung teilnehmen, tgl. 11 und 14 Uhr, in den Schulferien öfter, $19, Kind $11. Man kann dort auch in den herrlich gelegenen ehemaligen Leuchtturmwärter-Cottages wohnen (S. 604).

Pennington Bay und American River

An der Landenge, die die Dudley Peninsula mit dem Rest der Insel verbindet, führt von der Hauptstraße eine nicht asphaltierte Abzweigung nach Süden zur schönen, weiten **Pennington Bay**, einem der besten Surfstrände der Insel. Unterströmungen und hohe Wellen sollten allerdings nicht unterschätzt werden, unerfahrene Surfer und Schwimmer sollten deshalb besser die **Hog Bay** bei Penneshaw oder die **Antechamber Bay** weiter südöstlich ansteuern. Das nette, sehr ruhige **American River** mit einigen Ferienwohnungen ist v. a. für Angler interessant. Eine lokale Spezialität sind Austern und King George Whiting, die man z. B. im Oyster Farm Shop, 44 Tangara Dr, findet.

Die Südküste

Die felsige Steilküste im Süden ist den rauen Winden und hohen Wellen des Southern Ocean ausgesetzt, die ungehindert aus dem arktischen Raum anrollen. Passionierte, erfahrene Taucher finden hier ein interessantes Revier mit Dutzenden versunkener Schiffswracks. Schwimmen ist überall wegen der tückischen Unterströmungen sehr gefährlich.

Cape Gantheaume Conservation Park

Das Naturschutzgebiet im Osten der Südküste beheimatet Kängurus, Wallabies, Warane, Echidnas, Seelöwen und unzählige Vogelarten. An der **D'Estrees Bay**, einer abgelegenen, kaum besuchten Bucht, kann man Muscheln sammeln und angeln. Dort gibt es auch einen Zeltplatz der Nationalparkbehörde ($18 pro Fahrzeug). Der ausgeschilderte, etwa 20-minütige **Tadpole Cove Walk** führt durch die dichte Vegetation zu einem Aussichtspunkt an der Küste.

Zur Felsenküste zwischen **Cape Linois** und **Cape Gantheaume** haben nur gut ausgerüstete Buschwanderer Zugang, die ihre Wanderung beim Parkranger anmelden müssen. Zugänglicher ist die Süßwasserlagune **Murray Lagoon**, wo viele Wasservögel Nahrung finden. Ein ausgeschilderter Weg führt von der South Coast Rd dorthin.

Seal Bay Conservation Park

Die Seelöwen dieser Bucht sind die Stars von Kangaroo Island und eine der wenigen Attraktionen der Insel, die praktisch immer gut besucht ist. Ein Holzsteg *(boardwalk)* führt zu zwei Aussichtsplattformen, von denen aus man die trägen Robben beobachten kann, Zutritt $19, Kind $12. Direkt zum Strand gelangt man nur auf einer geführten Tour ($41, Kind $23, im Kangaroo Island Pass inbegriffen, Touren zwischen 9–16 Uhr ca. alle 45 Min.). Man bekommt die Tiere aber auch an anderen Stellen der Südküste, z. B. Admirals Arch, zu sehen.

Raptor Domain und Little Sahara

Raptor Domain, 58 Seal Bay Rd, 💻 www.kangarooislandbirdsofprey.com.au, präsentiert mehrmals tgl. eine **Vogel-Flugshow** mit Adlern, Eulen und Kookaburras, die besonders für Kinder geeignet ist, Eintritt je nach Show $24–30.

Nicht weit davon entfernt eignen sich die großen Dünen der Little Sahara zum Sandboarden. Sandboards kann man bei **KI Outdoor Action** mieten, Details S. 605 (Aktivitäten).

Kelly Hill Caves

Der **Kelly Hill Conservation Park** mit Zeltplatz und Picknicktischen etwas weiter westlich wurde im Januar 2020 größtenteils von den Buschbränden zerstört. Die hier liegenden Tropfsteinhöhlen können heute wieder auf geführten Touren besucht werden, $28, 💻 www.parks.sa.gov.au/parks/kelly-hill-conservation-park.

Die Westküste

Der **Flinders Chase National Park** nimmt den ganzen Westen Kangaroo Islands ein und ist einer der größten Nationalparks in South Australia. Dieses Naturparadies – die Heimat unzähliger Koalas, Kängurus, *Cape barren geese*, Schnabeltiere, Wallabies und Emus – wurde von den Buschbränden im Januar 2020 praktisch komplett dem Erdboden gleichgemacht. Vom riesigen, früher stets gut besuchten **Visitor Information Centre** samt Café ist nichts geblieben. Ende 2024 soll ein Besuchszentrum eröffnet werden. Aber der Besuch lohnt sich auf jeden Fall, sei es wegen der faszinierenden Felsformationen an der Küste mit ihren verspielten Seelöwen oder um das satte Grün zu bestaunen, das heute aus den verkohlten Baumstämmen sprießt. Die Eintrittsgebühr zum Park von $13 pro Fahrzeug (im Kangaroo Island Pass inbegriffen) zahlt man online, 💻 www.parks.sa.gov.au.

Der Fernwanderweg **Kangaroo Island Wilderness Trail** verbindet die Attraktionen der Westküste. Die komplett durchorganisierte Wanderung führt in fünf Tagen über 66 km vom Rocky River im Flinders Chase National Park bis zu den Kelly Hill Caves. Leider wurde die Infrastruktur weitgehend von den Feuern zerstört und zur Zeit der Rechere waren nur Teile des Tracks zugänglich. Aktuelle Infos unter 💻 www.parks.sa.gov.au/experiences/kiwt.

Remarkable Rocks und Admirals Arch

Die Hauptattraktion des Parks sind die seltsam ausgewaschenen Felsformationen der **Remarkable Rocks** am Ende der Weirs Cove. Der neue Holzpfad (*boardwalk*) zu den Felsen wurde im Dezember 2021 eröffnet. Der **Admirals Arch**, an dem die Wellen höhlenartige Auskerbungen in die Felsen gefressen haben, ist nicht minder spektakulär. Seelöwen dösen auf den Felsen oder lassen sich spielerisch in der Strömung treiben. Am besten parkt man das Auto am **Cape du Couedic Lighthouse** und geht in etwa 20 Min. entlang des gleichnamigen Pfads an der Steilküste entlang bis zum Admirals Arch – ein wunderschöner Spazierweg.

Cape Borda

In der nordwestlichen Ecke des Parks warnt der Leuchtturm von Cape Borda seit 1858 die Seefahrer vor Gefahren. Den Leuchtturm kann man besichtigen, Eintritt frei. Der 30-minütige **Clifftop Hike** führt zum Cape Borda und zurück und eröffnet Einblicke in das Ausmaß der Zerstörungskraft der Flammen und die Rückkehr der Flora. Jegliches Leben hier ist nicht mehr als ein paar Jahre alt. Östlich vom Leuchtturm zweigt vom Playford Highway eine kleine, unbefestigte Straße nach Süden ab. Nach 7 km ist ein Parkplatz und der Ausgangspunkt für den 8 km langen Rundwanderweg **Ravine des Casoars Wilderness Trail** erreicht, kein einfacher Spaziergang, aber sehr lohnend (rund 3 Std.).

Die Nordküste und das Innere der Insel

Der Playford Hwy führt durch das Innere der Insel und ist durchgehend asphaltiert. Die Strände im Norden sind über die unbefestigte North Coast Road miteinander verbunden, die mit etwas Vorsicht auch mit einem normalen Pkw befahren werden kann.

Kingscote

Das Verwaltungszentrum und die Hauptstadt der Insel (2000 Einw.) ist nicht so reizvoll wie Penneshaw oder American River, dafür liegen im Umland einige besuchenswerte Feinschmeckeradressen. Der Ort selbst hat keinen Strand, zum Schwimmen fährt man am besten zum weißen, ruhigen Sandstrand von **Emu Bay**, etwa 18 km nördlich von Kingscote.

Bei **Island Beehive**, 59 Playford Hwy, www.island-beehive.com.au, kann man leckeren Honig, hausgemachte Eiscreme und Honigwein verkosten und erwerben. tgl. 9–17 Uhr.

An der Willsons Road MacGillivray, ca. 15 Minuten von Kingscote, befindet sich die **Emu Ridge Eucalyptus Destillery**, www.emuridge.com.au, tgl. 9–16 Uhr, Führungen in der Hochsaison (Schulferien) jede halbe Stunde, Eintritt frei.

Stokes Bay

Der beliebte Strand von Stokes Bay ist ringsherum von Klippen geschützt und nur durch einen engen Spalt zwischen Felsbrocken zu erreichen. Am Ende des Felsspalts bei der Stokes Bay kann der Wasserspiegel im Tunnel bei Flut ansteigen, sodass man durchs Wasser waten muss. Die Straße dorthin vom Playford Hwy ist asphaltiert. Das Rockpool Cafe verkauft tgl. Erfrischungen, es gibt Zeltplätze und Toiletten. 17 km weiter westlich liegt der schöne **Snellings Beach**.

Kangaroo Island Wildlife Park

Der Tierpark, 3 km westlich von Parndana am Playford Highway gelegen, www.kiwildlifepark.com, wurde 2020 zur Tierklinik, als viele verletzte Tiere hier abgegeben und verarztet wurden. Zu den permanenten Bewohnern zählen Vögel (Gelbschwanz-Kakadus, Papageien, Loris, Kookaburras, Cape Barren-Gänse u. a.) beheimatet, ferner Kängurus, Wallabies, Dingos und die seltenen Beuteltierarten Bettongs und Potoroos sowie Echidnas. tgl. 9–17 Uhr, Eintritt $33, Kind $20.

ÜBERNACHTUNG

Die meisten Unterkünfte liegen in den 3 Hauptorten der Insel. In der Feriensaison so früh wie möglich buchen!

Penneshaw

Kangaroo Island Seafront, 49 North Tce, http://seafront.com.au. Die vorderen Zimmer blicken alle auf die Küste, die hinteren Zimmer haben Zugang zum Garten. Komfortable Motelunits in unmittelbarer Nähe zur Fähre. ❻

Kingscote

€ **KI Dragonfly Guesthouse**, 19 Murray St, www.kidragonfly.com. Superfreundliches kleines Hostel mit einigen Dorms (Bett $33) sowie DZ und Familienzimmer. Sauberes Bad auf dem Flur; gut ausgestattete Küche. ❷

Aurora Ozone Hotel, 67 Chapman Terrace, www.ozonehotelki.com.au. Großes Hotel mit hellen, komfortablen Zimmern, alle mit TV, Bad, Kühlschrank. Auch moderne, komplett ausgestattete Apartments. Dazu gehört auch ein schöner Pub, in dem Frühstücksbuffet und tagsüber und abends Pubmeals serviert werden; Tourbuchungen. Sealink bietet Deals für Hin- und Rückreise plus Übernachtung. ❻

Seaview Motel, 51 Chapman Terrace, www.seaview.net.au. Schönes altes Gebäude direkt gegenüber der Bay. Motelzimmer sowie Units mit Kocher und Kühlschrank mit Bad auf dem Gang. Gemeinschaftsraum mit TV und Mikrowelle. Außerdem gibt es noch schönere Units mit Bad sowie ein Apartment. Ab ❺

Kingscote Tourist Park, 3 km südwestlich am Brownlow Beach, www.kingscotetouristpark.com.au. Einfache, günstige Cottages ❶ und Units mit Bad ❸. Kindersicherer Strand, schattige Zelt- und Stellplätze ohne/mit Strom ($36/46).

Südküste

Hanson Bay Cabins, www.hansonbay.com.au. 6 gemütliche Blockhütten mit Bullerofen im Wohnzimmer; herrlicher Meerblick. ❽

Flinders Chase NP

Die Unterkünfte im Nationalpark wurden fast alle von den Flammen zerstört.

Western K.I. Caravan Park, South Coast Rd, wenige km östlich vom NP, www.westernki.com.au. Zeltplätze ohne/mit Strom ($45/60), Cottages und Cabins, Kiosk; in Buschlandumgebung. Die Cabins werden zeitweise von Bauarbeitern belegt. Ab ❹

Die Remarkable Rocks im Flinders Chase National Park zählen zu den Highlights von Kangaroo Island.

Heritage-Unterkünfte

Beim Cape Willoughby kann man in fantastischer Lage in den Leuchtturmwärterhäuschen übernachten. Die Cottages beim Cape Borda und Cape Couedic bleiben bis auf Weiteres geschlossen. Buchung bei **Sealink**, www.sealink.com.au. 8

Camping

Die meisten Campingplätze im **Flinders Chase National Park**, in der **Ravine des Casoars Protection Area** und im **Cape Gantheaume Conservation Park** bleiben nach den Bränden weiterhin geschlossen, sollen aber wieder aufgebaut werden. Geöffnet ist derzeit nur der Harveys Return Campground nahe des Cape Borda ($18 pro Auto). Lagerfeuer sind im ganzen Nationalpark strikt verboten. Aktuelle Infos unter www.parks.sa.gov.au.

ESSEN

Ozone Seafront Hotel, 67 Chapman Tce, Kingscote. Der Pub verfügt über ein Restaurant mit toller Aussicht, in dem morgens Frühstücksbuffet, mittags und abends gute Pubmeals serviert werden. Leckeres Seafood, Bier vom Fass und eine prima Weinkarte.
tgl. 17–20.30 Uhr.

Kangaroo Island Brewery, 61 North Coast Rd, Kingscote, www.kibeer.com.au. Im gemütlichen Biergarten schlürft man hauseigene Biere, dazu werden Burger und Pizza serviert. Im Sommer gibt's manchmal Livemusik.
tgl. 12–18 Uhr, am Wochenende länger.

TOUREN

Von Adelaide

Siehe S. 530, Touren.

Auf der Insel

Genaue Preise orientieren sich an der Gruppengröße und werden nur auf Anfrage genannt. Tagestour ca. $460.
Exceptional Kangaroo Island, https://exceptionalkangarooisland.com. Die hervorragenden, preisgekrönten Touren von 1–6 Tagen mit erfahrenen Guides liegen im höheren Preissegment. Dafür nächtigt man in herausragenden Unterkünften und speist lokale Produkte von bester Qualität.

Kangaroo Island Odyssees, Kingscote, www.kiodysseys.com.au. 1–3-Tagestouren in kleinen Gruppen; Reiseziel und Aktivitäten nach Wunsch. Manche Touren auch auf Deutsch. Abholung in Adelaide möglich.

KI Wilderness Tours, www.wildernesstours.com.au. Auf persönlichen Bedarf zugeschnittene 1–4-Tages-Touren im Geländewagen mit Fokus auf Natur und Wildlife. Sehr kleine Gruppen. Auch Pauschalarrangements ab Adelaide sowie private Touren. Preis abhängig von der Unterkunft (man wählt zwischen 3–5 Sternen).

AKTIVITÄTEN

Angeln

KI Fishing Adventures, www.kangarooisland adventures.com.au. Erfahrener Fischer bietet Angeltouren für Gruppen (max. 6 Pers.) sowie Charter.

Kajak fahren, Sandboarding und Quadbikes

KI Outdoor Action, Jetty Rd, Vivonne Bay, www.kioutdooraction.com.au. Kajakverleih für je 4 Std. ($47 pro Einer- oder $77 pro Zweierkajak); außerdem 2-stündige Kajaktouren ($97). Die Quadbiketouren führen auch zu Gebieten, die sonst nur schwer zugänglich sind.

Tauchen

Erfahrene Taucher erwartet eine faszinierende Unterwasserwelt rings um die Klippen und Riffs von Kangaroo Island. Besondere Attraktion ist der **Große Fetzenfisch** *(Leafy Sea Dragon)*, der nur an der australischen Südküste vorkommt. Vor der Küste liegen außerdem über 70 Schiffswracks. Tauchtouren werden derzeit leider nicht geboten. Die Ausrüstung kann in Adelaide geliehen werden, s. S. 531 (Tauchen).

SONSTIGES

Auto- und Campervermietung

Hertz und Budget haben eine Niederlassung am Kingscote Airport; Miete ab ca. $175 pro Tag, https://vroomvroomvroom.com.au.
Bei den Urlaubspaketen von Sealink (Fähre, Übernachtung, Essen) kann z. T. auch ein Mietwagen dazu gebucht werden.

Informationen

Kangaroo Island Visitor Information Centre, Howard Drive, Penneshaw, https://kangaroo islandvisitorcentre.com.au. Mo–Fr 9–16, Sa und So 10–14 Uhr. Zahlreiche Informationsbroschüren. Gute Ausstellung über Geschichte, Flora und Fauna der Insel sowie Auskünfte über alle Parks und Naturreservate der Insel.

Die hier erhältliche Broschüre *Parks of Kangaroo Island* enthält gute Infos zu sämtlichen Campingplätzen und Wanderungen.

Tankstellen

In den Hauptorten Penneshaw, American River und Kingscote sowie in Parndana, Vivonne Bay.

TRANSPORT

Fähren

Sealink, www.sealink.com.au betreibt 2 **Autofähren**; sie fahren von Cape Jervis in ca. 40 Min. nach PENNESHAW und zurück, 3–8x tgl. Rückfahrkarte (bei Online-Buchung) $118 p. P., Kind $60, Pkw $236 (Passagiere extra!). Sealink bietet außerdem Tagestouren über die Insel sowie Pauschalangebote ab Adelaide inkl. Transport, Touren und Übernachtung.

Busanschlüsse mit Sealink Coach Connection
Von Adelaide ab Busterminal 111 Franklin St, via Aldinga Beach und Normanville, sowie von GOOLWA und VICTOR HARBOR nach Cape Jervis zur Fähre (ab Adelaide um 6.45 und 15.30 Uhr). Im Anschluss an die Fähre Zubringerservice mit dem Bus von Penneshaw nach Kingscote um 10 Uhr. Die Busse fahren auch in umgekehrter Richtung und sind ebenfalls jeweils an die erste und letzte bzw. nur die erste Fähre des Tages gekoppelt.

Flüge

Der Hauptflughafen befindet sich in der Nähe von Kingscote; der Airport Shuttle Bus bietet einen Zubringerservice nach Kingscote, Reservierung erforderlich, www.kangarooislandtransfers.com.au. Flugverbindungen nach ADELAIDE mit **Regional Express**, www.rex.com.au.

Der Südosten

Die 729 km lange, am meisten befahrene, direkte Route von Adelaide nach Melbourne, die auch von den Firefly Fernbussen benutzt wird, führt über den **Dukes Highway**, in Victoria Western Highway genannt. Hier gibt es nicht viel zu sehen: Hinter Tailem Bend geht es durch flaches Busch- und Weideland bis nach Victoria. **Bordertown** mit Café und kleinem Park mit Picknicktischen bietet sich für eine kurze Rast an. Im Bodertown Wildlife Park, Brown Tce, 💻 www.tatiara.sa.gov.au, leben u. a. seltene weiße Kängurus, die man durch den Zaun beobachten kann (Zutritt ist nicht möglich).

Der 918 km lange **Princes Highway** verläuft mehr oder weniger in der Nähe der Küste und ist wesentlich interessanter und abwechslungsreicher. Diese Region, die als **Limestone Coast** bezeichnet wird, bietet genug um ein paar Tage oder auch eine Woche zu füllen. Abstecher führen zu hübschen Küstenorten oder zu den Kellereien von Coonawarra nördlich von Mount Gambier, wo ausgezeichnete Weine produziert werden. In Victoria fährt man dann am besten weiter nach Warrnambool und entlang der Great Ocean Road nach Geelong, eine der schönsten Küstenrouten Australiens.

Coorong National Park

„The Coorong" bietet Naturfreunden ein einmaliges Revier für Tierbeobachtungen, zum Angeln, Kajak fahren, Spazieren oder Campen. Die 140 km lange, nur etwa 3 km breite Salzlagune wird durch einen ebenso langen, etwa 1 km breiten Landstreifen, die **Younghusband Peninsula**, vom Southern Ocean getrennt. Die seichten Gewässer der Coorong-Lagune sind ein Refugium für Riesenpelikane, Ibisse, Schwäne und über 200 weitere Vogelarten, darunter einige Zugvögel aus Sibirien, die hier überwintern. Auch Seelöwen sind in den Dünen heimisch. Auf einer Boots- oder Kajaktour ab Goolwa kann man die Tiere beobachten (S. 548). Der Fortbestand dieses einzigartigen Ökosystems ist durch die Versandung des Murray River Mouth stark bedroht: Da zu wenig Süßwasser vom Murray über den Lake Alexandrina zufließt, steigt der Salzgehalt der Lagune ständig an.

Der Name des Parks wurde von dem Aboriginal-Wort *karangh* abgeleitet und bedeutet „langer Wasserhals". Die Ngarrindjeri-Ureinwohner lebten in der Coorong wie in einer reich gefüllten Speisekammer, wovon zahlreiche *shell middens* (Muschelhaufen), Überreste von Feuerstellen, Lagerplätzen und Grabstätten zeugen.

Meningie, der nördliche Ausgangspunkt für einen Besuch des Parks, liegt am Süßwassersee **Lake Albert**, wo zahlreiche Pelikane leben. Am Princess Highway gibt es einige Aussichtspunkte über die Coorong. Die Loop Road auf der Festlandseite ab Salt Creek sowie die ersten 3 km Zufahrt zum Zeltplatz von 42 Mile Crossing sind für Pkw befahrbar. Von dort aus kann man die 1,5 km bis zum Strand zu Fuß zurücklegen. Der Strand ist wegen starker Unterströmungen nicht zum Schwimmen geeignet.

Ansonsten ist die Zufahrt zur Halbinsel und zum Strand nur mit einem Geländewagen möglich, u. a. beim **Tea Tree Crossing** (nur im Sommer) südlich von Salt Creek sowie ganzjährig weiter südlich beim **42 Mile Crossing, 32 Mile Crossing, Wreck Crossing** und **28 Mile Crossing**. Der Zutritt zum Nationalpark ist kostenlos.

ÜBERNACHTUNG

Alice's B&B, 75 Borrett Rd, Langhorne Creek, 💻 www.alicesbedandbreakfast.com.au. Idyllisch gelegenes Haus mit moderner und sauberer Ausstattung. 2 Schlafzimmer, Küche und Bad sowie Terrasse mit Blick auf das Weingut. Preis inkl. Frühstückszutaten. Gäste werden mit einer Flasche Wein vom hauseigenen Weingut begrüßt. Äußerst freundlich. ❻

Meningie's Waterfront Motel, Princess Highway, Meningie, 💻 www.meningiewaterfrontmotel.com. Am Wasser gelegen, wie der Name verspricht. Das Motel bietet auch ein Restaurant. Ab ❶

Camping

Die meisten Zeltplätze sind nur mit einem Geländewagen erreichbar, darunter die beim

Der Südosten
N
0
100 km
Clare
Bute
Auburn
Robertstown
Morgan
Cooltong
N.S.W.
Renmark
Paringa
Balaklava
Eudunda
Waikerie
Hwy
Barmera
Berri
Port Wakefield
Blanchetown
Sturt
River
Murray
Mildura
Kapunda
Maggea
Loxton
Ardrossan
Nuriootpa
Angaston
Gawler
Two Wells
Swan Reach
Paruna
Gulf St. Vincent
Elizabeth
Williamstown
Walkers Flat
Alawoona
Mount Pleasant
Mindarie
Peebinga
Adelaide
Lobethal
Mannum
Woodside
s. Detailplan Adelaide Umgebung S. 535
Hahndorf
Stirling
Murray Bridge
Karoonda
Echunga
Mt. Barker
Meadows
Port Noarlunga
Tailem Bend
Pinnaroo
McLaren Vale
Strathalbyn
Lameroo
Peake
Aldinga Beach
Willunga
Wellington
Lake Alexandrina
Normanville
Goolwa
Yumali
Rapid Bay
Yankalilla
VICTORIA
Second Valley
Encounter Bay
Lake Albert
Coonalpyn
Cape Jervis
DEEP CREEK CONSERVATION PARK
Victor Harbor
Meningie
Waitpinga Beach
Younghusband Peninsula
Penneshaw
Tintinara
Woods Well
Policeman's Point
KANGAROO ISLAND
HINDMARSH ISLAND
Keith
The Coorong
Salt Creek
Dukes Hwy
COORONG NATIONAL PARK
Bordertown
Princes Hwy
SOUTH AUSTRALIA
Frances
Naracoorte Caves World Heritage Site
Kingston S.E.
Naracoorte
Lucindale
BOOL LAGOON GAME RESERVE
Robe
Greenways
Princes Hwy
Coonawarra
Penola
Nangwarry
Beachport
Southend
Kalangadoo
Millicent
Tantanoola
Mount Gambier

Filmbühne Coorong

Das Filmdrama *Storm Boy* (1976 und 2019) zeichnet ein eindrückliches Bild von der verlassenen, wunderschönen Landschaft des Coorong National Parks. Ein Junge wächst hier allein mit seinem Vater auf und entwickelt eine tiefe Beziehung zu drei Pelikanen, deren Mutter von Wilderern erschossen wurde.

28 Mile Crossing und **32 Mile Crossing**. Für alle Fahrzeuge zugänglich ist de **42 Mile Crossing Camping Area** (auch wenn die letzten 1,3 km Sandpiste sind). Toiletten, Duschen und Picknicktische sind vorhanden, Trinkwasser sollte man jedoch mitbringen. Ein Pfad führt zum Strand. Gebühren für alle Zeltplätze $18, zu buchen unter 💻 www.parks.sa.gov.au.

INFORMATIONEN

Meningie Visitor Information Outlet, 14 Princes Highway, Meningie.

SOUTH AUSTRALIA

Robe

Im hübschen, gepflegten Fischerdorf Robe an der Guichen Bay machen Großstädter aus Adelaide und Melbourne gern Urlaub; zu Silvester und Ostern weilen bis zu 10 000 Gäste in der Ortschaft mit ihren rund 1200 Einwohnern. Das Zentrum des Ortes hat mit der baumbestandenen und von einigen historischen Gebäuden gesäumten Victoria Street ein hübsches dörfliches Flair. Es gibt gute Restaurants, alternative Cafés, einladende Boutiquen und Modeläden und im Caledonnian Inn sogar ein bisschen Nachtleben.

Zuerst ließen sich in der Guichen-Bucht Walfänger, Seehundjäger und Seeleute nieder. Der Hafen von Robe, 1847 eröffnet, diente vor allem dem Umschlag von Pferden und Wolle. 1856–58 landeten hier über 16 000 Chinesen, die auf dem Weg zu den Goldfeldern Victorias die Landesteuer umgehen wollten, die in den Häfen Victorias erhoben wurde, denn diese war ebenso teuer wie die Schiffspassage von China nach Australien. Ein chinesischer Torbogen und Gedenkstein an der Küste erinnern an diese Pioniere.

Die Obelisk Road führt zum neueren **Lighthouse** und dem **Obelisken**, der einst Orientierung bei der Einfahrt in die Guichen Bay verschuf. Ein schöner Spazierweg verbindet beide Aussichtspunkte.

Vom **Beacon Hill Lookout** (zu erreichen via Robe St) bietet sich ein fantastischer Ausblick auf Robe, die türkisfarbene Guichen Bay und den Southern Ocean. Der **Town Beach** ist kindersicher. Nordöstlich von Robe erstreckt sich der fantastische, 17 km lange, weiße Sandstrand **Long Beach**, laut Einheimischen der schönste Strand in ganz Australien. Die Bucht vor Long Beach eignet sich prima zum Windsurfen.

In der Umgebung gibt es Sanddünen, Lagunen und Salzseen. Südlich von Robe besteht die Küste aus zerklüfteten Felsen. Hier liegt auch der **Little Dip Conservation Park** mit Wanderpfaden und Zeltplätzen, der sich allerdings hauptsächlich für Geländewagen eignet. Zum 22 km entfernten Dörfchen **Nora Creina** mit seinem wunderschönen Strand hat man dagegen auch mit einem normalen Pkw Zugang.

ÜBERNACHTUNG UND ESSEN

In den Schulferien sind die Unterkünfte schnell ausgebucht.

€ **Caledonnian Inn**, 1 Victoria St, 💻 https://caledonianinnrobe.com.au. Der schön renovierte, immer gut besuchte Pub wurde zu großen Teilen aus dem Holz gekenterter Schiffe gebaut. Am Wochenende oft Livemusik. Die einfachen, gemütlichen und sauberen Zimmer über dem Pub sind ideal für Reisende mit kleinem Budget ❶–❸. Dahinter liegen direkt über dem Strand 4 Cottages mit Küche, Bad und Schlafzimmer für bis zu 4 Pers. Der dazugehörige Garten mit Ausblick über den Strand ist nur für Gäste der Cottages. ❽

Lakeview Motel, 2 Lakeside Terrace, 💻 www.robelakeviewmotel.com.au. Freundliches Motel mit großen, sauberen Zimmern und einigen Apartments – teilweise tatsächlich mit Blick auf den Lake Fellmongery. ❹

Caravanparks

Lakeside Tourist Park (Top Tourist Parks), 24 Main Rd, 1 km östlich, 🖳 www.lakesiderobe.com.au. Zelt-/Stellplätze ($35/40), Cabins, teilweise mit Bad und AC/Heizung; Kiosk. ❶–❹

Sea Vu CP, 1 Squire Drive, 1 km östl. am Strand, 🖳 www.seavucaravanpark.com.au. Zelt-/Stellplätze ($35/40) sowie Cabins mit Bad und Heizung. Campküche, Kiosk vorhanden. Ab ❸

ESSEN

Caledonnian Inn, s. o. Gute Pubmeals (ab $25). Am Wochenende gibt's Livemusik.

The Projekt, 4 Victoria St, 🖳 www.theprojectrobe.com. Das kleine Lokal serviert Pizza, Pasta, aber auch Fish & Chips und Currys zu günstigen Preisen. Auch Takeaway. ⌚ tgl. 11.30–20.30 Uhr.

West Beach Cantina, 42-46 Victoria St. An der Theke holt man sich Nachos, Burritos oder ein gutes Eis. ⌚ tgl. 11–20 Uhr.

INFORMATIONEN

Robe Visitor Information Centre,Mundy Terrace, 🖳 www.robe.com.au. Auskünfte und Buchungen. ⌚ Mo–Fr 9–17, Sa und So 10–16 Uhr.

TRANSPORT

Siehe Mount Gambier, S. 562.

Beachport

Wie viele Orte an der Küste verdankt das winzige Fischerdorf seine Existenz der Gründung einer Walfängerstation. Heute kommt dem Ferienort seine herrliche Lage am türkisblauen Meer in einer Küstenumgebung aus gelbroten Sandsteinfelsen, hohen Dünen und langen Sandstränden zugute. Beachport bietet weniger Gastronomie und Shopping als Robe 50 km weiter nördlich, ist dafür aber im Sommer auch weniger überlaufen.

Der ausgeschilderte **Bowman Scenic Drive** führt von der Mitte des Ortes zu einem Stück dieser Küstenszenerie und zum **Pool of Siloam**, einem kleinen Salzsee mit einem Salzgehalt, der siebenmal höher ist als der des Meeres, in dem man schwimmen kann. Den Binnensee **Lake George** sowie zwei kleinere Seen sieht man

Geheimtipp für South-Australia-Besucher: die traumhafte Küste von Beachport

schon auf der Fahrt von Robe nach Beachport grün zwischen den Feldern hervorblitzen.

Die hohen Dünen, die Lake George vom Meer trennen, stehen als **Beachport Conservation Park** unter Naturschutz. Markierte Wanderwege führen durch die Dünenlandschaft. Einige Muschelhaufen *(middens)* erinnern an die Anwesenheit der Ureinwohner in dieser Gegend.

ÜBERNACHTUNG

Beachport Motor Inn, Railway Terrace, 💻 www.beachportmotorinn.com.au. Freundliches Motel mit großen Zimmern und voll ausgestatteten Apartments, zentrale Lage. ❹

Bonnies of Beachport, 1 Railway Terrace, 💻 www.bonniesofbeachport.com. Helle, moderne und gut ausgestattete Apartments mit je 2 Schlafzimmern, Küche, Bad und Waschmaschine in perfekter Lage direkt gegenüber des Jettys. ❼

Caravanpark

€ **Beachport CP**, Beach Rd, 💻 www.beachportcaravanpark.com.au. Gepflegte Anlage mit Spielplatz, BBQ und Campküche. Zelt-/Stellplätze ab $38 sowie Cabins ❶–❸ und 1 Cottage mit 4 Schlafzimmern ❺ und moderne Apartments mit 1–2 Schlafzimmern ❻; am Strand, allerdings wenig Schatten.

TRANSPORT

Siehe Mount Gambier, S. 562.

Tantanoola Cave Conservation Park

Die Höhle von Tantanoola liegt 21 km südwestlich von Millicent am Highway One. Hier ragt eine ehemalige Meeresklippe nahe der Straße auf. Die Wege in der Tropfsteinhöhle ermöglichen auch Rollstuhlfahrern eine Besichtigung. Führungen werden tgl. zwischen 10 und 16 Uhr angeboten, $15.

Mount Gambier

Vor vielen Millionen Jahren war das Land um Mount Gambier von Meer bedeckt. Die durch maritime Ablagerungen entstandenen Kalkböden sind durchzogen von Höhlen und *sinkholes* – eingestürzte Hohlräume, die sich zum Teil mit Grundwasser gefüllt haben. Erloschene Vulkane und Kraterseen in der Umgebung der Stadt zeugen von früheren vulkanischen Aktivitäten. Mount Gambier ist nach dem erloschenen Vulkan benannt, an dessen Flanken es erbaut ist. Mit etwa 28 000 Einwohnern ist die Landstadt das Zentrum des Südostens.

Sinkholes und Höhlen

Gleich hinter der stattlichen **Town Hall** befinden sich die **Cave Gardens**, eine Art versunkener Garten in einer Höhle, der nun von Farnen und Gräsern begrünt ist. Weitaus beeindruckender ist das **Umpherston Sinkhole** am Jubilee Hwy, ein gut 20 m tiefes „Loch“, dessen Wände von Kletterpflanzen begrünt sind und auf dessen Boden Lilien blühen. Ein asphaltierter Spazierweg windet sich am Höhlenrand entlang bis in die Tiefe. Kurz nach Sonnenuntergang kommen hier zahlreiche zutrauliche Opossums aus den Felsspalten, die gefüttert werden können (Taschenlampe und Banane oder Apfel mitbringen).

Die **Engelbrecht Cave** am Stadtrand ist besonders bei Höhlentauchern beliebt. Führungen tgl. 10–14 Uhr zur vollen Stunde (40 Min., $15), im Januar und zu Ostern öfter. Im Winter ist an manchen Tagen kein Zugang – Auskunft erteilt das Visitor Centre.

Kraterseen

Der **Blue Lake** (S. 561) ist die Hauptattraktion Mount Gambiers und in den Sommermonaten besonders eindrucksvoll. Um den Kraterrand des Sees führt ein Scenic Drive (5 km) mit einigen Aussichtspunkten; parallel dazu verläuft ein Spazier- und Radweg (Radverleih s. Informationen). Stellenweise ragen die Kraterwände bis zu 76 m in die Höhe. Die Stadt bezieht übrigens ihr Trinkwasser aus dem See, zur Pumpstation gelangt man auf den **Aquifer Tours**, Bay Rd, Ecke John Watson Dr, Touren tgl. 9–14 Uhr zur vollen Stunde, im Sommer länger, $12.

Blau-graues Wechselspiel

Der 197 m tiefe **Blue Lake** in Mount Gambier, die Hauptattraktion des Ortes, wechselt jedes Jahr pünktlich zur Feriensaison im November seine Farbe von einem dumpfen Grau zu einem leuchtenden Kobaltblau. Ende März nimmt er dann wieder seine stumpf-graue Farbe an. Lange Zeit war dieses Phänomen ungeklärt. Heute nimmt man an, dass Algen in Kombination mit der Ausbildung einer warmen Oberflächenschicht sowie kleinste Kalziumkarbonatteilchen, die die blauen Lichtanteile stark reflektieren, für den Farbwechsel verantwortlich sind.

Am benachbarten **Valley Lake** liegt ein schöner Stadtgarten mit Abenteuerspielplatz und einem kleinen Tierpark mit Koalas und Kängurus, Eintritt frei. Vom **Cenenary Tower** überblickt man den Kratersee.

Port MacDonnell und Piccaninnie Ponds

Ein Ausflug führt zum 28 km südlich gelegenen **Port MacDonnell**, dessen 1000 Einwohner vom Hummerfang leben (Saison etwa Okt–April). Die Anfahrt lohnt sich wegen der herrlichen Ausblicke, wenn man weiter die Küste entlangfährt: entweder in westlicher Richtung zum Leuchtturm von **Cape Northumberland** oder östlich in Richtung Nelson und Great Ocean Road im Bundesstaat Victoria. Auf halbem Weg zwischen Mount Gambier und Port MacDonnell ragt unübersehbar **Mount Schank** aus der Ebene in die Höhe. Auf den erloschenen Vulkan führt ein Walking Trail (ab dem Autoparkplatz am Fuß des Berges).

Die bis zu 100 m tiefen Wasserlöcher im **Piccaninnie Ponds Conservation Park** sind für Schnorchler und Taucher interessant. Für beide Aktivitäten braucht man eine Genehmigung (schnorcheln $32, tauchen $85), erhältlich bei der Nationalparkbehörde, 💻 www.parks.sa.gov.au. Zur Zeit der Recherche war Baden aufgrund hoher Algendichte untersagt.

ÜBERNACHTUNG

Mid City Motel, 15 Helen St, 💻 www.midcitymotel.com. Gutes Motel mit Zimmern und voll ausgestatteten Apartments. Ab ❸

The Barn, 747 Glenelg River Rd, 9 km südlich vom Stadtzentrum, 💻 www.barn.com.au.

Die geräumigen Hotelzimmer, Suiten und Apartments liegen auf einem schönen, gepflegten Anwesen mit großem Garten. Zur Anlage gehört auch das namhafte Barn Steakhouse (s. u). Ab ❹

€ **The Old Mount Gambier Gaol**, 25 Margaret St, 💻 https://theoldmountgambiergaol.com.au. Das ehemalige Gefängnis bietet sehr einfache 3–6-Bett-Dorms (Bett ab $45) sowie EZ und DZ in den ehemaligen Gefängniszellen und eine Gemeinschaftsküche. Nicht modern, aber sehr gepflegt und äußerst freundlich und persönlich. Günstiges Restaurant. Ab ❷

Caravanparks

Blue Lake Holiday Park (BIG4), Bay Rd, 2 km südlich, 💻 www.bluelakeholidaypark.com.au. Zelt-/Stellplätze ohne/mit Strom ($40/45 oder $58 mit Bad). Holidayunits und Cabins verschiedener Größen und Preisklassen, Salzwasserpool, Tennis, Kiosk. Ab ❸

Kalganyi Holiday Park, Penola Rd, Ecke Bishop Rd, 3 km nördlich, 💻 www.kalganyi.com.au. Stellplätze ab $40. Cottages mit 1–3 Schlafzimmern (AC und Heizung), Cabins (AC) sowie schlichte Units, Campküche, Tennis und ein Kiosk. ❶–❺

ESSEN

Southern Thai Café, 53 Grey St. Gute Stir-Frys und Currys im Ecklokal mit kleiner Terrasse. Freundlich und preiswert. 🕒 Mo–Sa 11.30–14 und 17–20.30 Uhr.

The Barn Steakhouse, s. o. Ein über die Grenzen South Australias hinaus bekanntes Feinschmeckerrestaurant, das vor allem für seine Steaks von der hauseigenen Rinderfarm bekannt ist. Obere Preisklasse. 🕒 tgl. 18–22 Uhr.

INFORMATIONEN

Lady Nelson Visitor & Discovery Centre, 35 Jubilee Highway East, 💻 www.mountgambierpoint.com.au, 🕒 tgl. 9–17 Uhr. Teil der Anlage ist das sehenswerte Lady Nelson Interpretive Centre im Nachbau des Schiffes Lady Nelson, wo Wissenswertes über die Geologie, Fauna und Flora sowie die Geschichte und Gegenwart dieser Region audiovisuell vermittelt wird. Das Visitor Centre verleiht kostenlos Fahrräder. 🕒 tgl. Mo–Fr 9–17, Sa und So 10–16 Uhr.

TRANSPORT

Premier Stateliner, 💻 www.premierstateliner.com.au. Di, Do und Sa fährt ein Bus ab ADELAIDE entlang der Küstenroute über Meningie, Robe und Beachport nach Mount Gambier. In umgekehrter Richtung ab Mount Gambier Mo, Mi und Fr. An allen anderen Tagen verkehrt ein Bus über die Inlandsroute via NARACOORTE und MURRAY BRIDGE nach Mount Gambier.

Penola und das Coonawarra-Weinbaugebiet

Penola gilt als das Tor zum Coonawarra-Weinanbaugebiet. Die vielen gut erhaltenen Häuser aus der Mitte des 19. Jhs. vermitteln den Eindruck eines Freilichtmuseums. In der **Petticoat Lane** findet man die ältesten Häuser Penolas. Zum Visitor Information Centre gehört das Regionalmuseum **John Riddoch Centre**, wo eine Ausstellung mit audiovisuellen Mitteln über Penolas Vergangenheit informiert, 🕒 Mo–Fr 9–17, Sa, So und feiertags 10–16 Uhr, kleine Spende erwünscht.

Berühmteste Bewohnerin der Stadt ist Schwester Mary MacKillop, die sich besonders

Coonawarra-Weinanbaugebiet

Bereits vor über 100 Jahren wurden hier die ersten Reben angepflanzt. Heute gilt dieser nur 12 km lange und 2 km breite Landstreifen als wichtiges Anbauzentrum von Qualitätsweinen. Besonders bekannt sind die **Weingüter** Katnook Estate, Wynns Coonawarra und Zema Estate. 🕒 in der Regel tgl. 10–17 Uhr. Genauere Infos im Visitor Information Centre von Penola.

um Kinder aus ärmeren Familien kümmerte, aber gegen Widerstände aus der katholischen Kirche kämpfen musste. Sie wurde 2010 – mehr als 100 Jahre nach ihrem Tod – vom Papst heiliggesprochen. Die Ausstellung im **Mary MacKillop Centre** Petticoat Lane, Ecke Portland St, informiert über ihr Leben und ihre Verbindung zu Penola. ◷ Di–Sa 10–16 Uhr, Eintritt $8.

Penola gilt als ein Zentrum des Kunsthandwerks, es gibt viele kleine Läden, die Bilder, handgewebtes Leinen, Spitzen, Keramik und Kinderspielzeug verkaufen. Im Juni wird in Penola ein Weinfest, das **Penola Coonawarra Arts Festival**, gefeiert.

ÜBERNACHTUNG UND ESSEN

Royal Oak Hotel, 31 Church St, 🖳 https://royaloakpenola.com.au. Renovierte Pub-Unterkunft, Zimmer mit Bad über den Flur; Bistro-Restaurant. ❷

Pipers of Penola, 58 Riddoch St, Penola, 🖳 www.pipersofpenola.com.au. Elegantes Restaurant, serviert regionale Spezialitäten und Coonawarra-Weine. ◷ Mi–Sa ab 18 Uhr. So Frühstück ab 8.30 Uhr.

Hollick Wines, Ravenswood Lane, Coonawarra, 🖳 www.hollick.com. Das zum Weingut gehörende Restaurant bietet moderne australische Küche. ◷ Mo–Fr 9–17 Uhr.

INFORMATIONEN

Penola & Coonawarra Visitor Information Centre, 27 Arthur St, 🖳 www.wattlerange.sa.gov.au. ◷ Mo–Fr 9–17, Sa und So 10–16 Uhr.

TRANSPORT

Siehe Mount Gambier, S. 562.

Naracoorte Caves

12 km südöstlich von Naracoorte liegen aneinandergereiht in einem 25 km langen Höhenzug des **Naracoorte Caves National Parks** etwa 26 Tropfsteinhöhlen. In der **Victoria Fossil Cave** wurden 1969 Überreste von 93 Spezies eiszeitlicher Tiere gefunden, die wichtige Aufschlüsse über die Frühgeschichte Australiens ergaben: von einem Wombat so groß wie ein Nilpferd, einem Riesenkänguru und einem Riesenschnabeligel. Aufgrund der Bedeutung dieser Funde wurden die Höhlen von Naracoorte von der Unesco in die Liste des Weltnaturerbes aufgenommen.

Im **Wonambi Fossil Centre** gibt es eine Nachbildung der Landschaft, wie sie vor etwa 200 000 Jahren hier ausgesehen haben muss, mit lebensgroßen, beweglichen Modellen der frühzeitlichen Monsterkängurus und -wombats. Ein kurzer Besuch vor oder nach einer Höhlentour lohnt sich. Zutritt zum Infozentrum in Verbindung mit dem Besuch der **Stick-Tomato Cave**, die man auf eigene Faust erkundet; $18. ◷ tgl. 9–17 Uhr.

Durch einige Höhlen werden tagsüber Führungen geboten, beispielsweise durch die **Victoria Fossil Cave** (10.15 und 14.15 Uhr; $37), das Kammernsystem der **Alexandra Cave** mit ihren grazilen Tropfsteinformationen (9.30 und 13.30 Uhr; $26) oder der **Blanche Cave**, in der eine bis zu 50 000 Tiere zählende Kolonie vom Aussterben bedrohter **Southern Bentwing Bats** lebt (11.30 und 15.30 Uhr; $30). Durch in der Höhle installierte Infrarotkameras (Bat Cave Teleview Centre) kann man beobachten, was die Fledermäuse in der Dunkelheit treiben.

Das Vogelparadies **Bool Lagoon Game Reserve**, etwa 23 km südlich von Naracoorte auf der westlichen Seite der Penola–Naracoorte Road gelegen, gilt als eines der größten und bedeutendsten Feuchtgebiete im Süden des Kontinents. Eine ungeteerte Straße verläuft vom Haupteingang zum Reservat am Wasser entlang und führt zu Aussichtspunkten und ausgeschilderten Plankenwegen.

ÜBERNACHTUNG

Country Roads Motor Inn, 20 Smith St, 🖳 www.countryroadsnaracoorte.com.au. Sauberes Motel mit Zimmern verschiedener Preisklassen. ❹

TRANSPORT

Siehe Mount Gambier, S. 562.

Flinders Ranges

Der gewaltige Höhenzug, der sich von den Ufern des Spencer Gulf über 400 km bis ins aride Outback im Norden erstreckt, ist die vielleicht spektakulärste Naturkulisse in South Australia. Das Herz der Flinders Ranges schlägt im Ikara-Flinders Ranges National Park, aber die Ausläufer dieser herb-schönen Berglandschaft mit ihren uralten Schluchten, verwitterten Felsrücken und weiten, wüstenhaften Tälern reicht in Richtung Süden bis nach Melrose und in Richtung Norden bis hin zu den Salzseen des Outbacks. Dazwischen erheben sich geheimnisvoll anmutende rot und lila leuchtende Felsen, seit zig Jahrtausenden Heimat der Adnyamathanha. Wanderer finden hier ein Paradies mit wechselnden Landschaftsbildern, das unerschöpfliche Möglichkeiten für Erkundungen bietet.

Nach den Winterregen sind im Frühjahr die Täler und Berghänge mit Wildblumen bedeckt, deren leuchtende Farben sich von dem purpurblauen Hintergrund entfernter Höhenzüge abheben. Viele australische Maler und Fotografen fanden in den Flinders Ranges Inspiration; der berühmteste war der gebürtige Hamburger Hans Heysen (S. 542).

Vier Gebiete wurden zum Nationalpark erklärt: **Mount Remarkable NP**, eine kleine Region im Süden mit verwachsenen Schluchten und einer reichen Vogelwelt, **Ikara-Flinders Ranges NP** sowie **Nilpena Ediacara NP** und der wüstenhafte **Vulkathunha-Gammon Ranges NP** im Norden. In den zentralen Flinders Ranges liegen gut erhaltene Fossilien, Hinterlassenschaften aus dem Präkambrium und damit mehr als 500 Mio. Jahre alt.

Geschichte

Verschiedene Aboriginal-Völker lebten an den Wasserstellen der Täler, v. a. im östlichen Teil der Ranges. Die Siedler der neu gegründeten Kolonie South Australia breiteten sich zunächst in den fruchtbaren Gebieten südlich und östlich von Adelaide aus, dann wandten sie sich nach Norden. 1858 waren die landhungrigen Schafzüchter bis nach Wilpena vorgedrungen. Da der Transport der Wolle nach Port Adelaide zu zeitraubend und mühevoll war, wurde Ende der 1850er-Jahre der Hafenort Port Augusta an der Nordspitze des Spencer Gulf gegründet. Den Schafzüchtern folgte die zweite Welle der Siedler – Weizenfarmer, die in einer fruchtbaren

SOUTH AUSTRALIA

Der 400 km lange Höhenzug der Flinders Ranges zählt zu den spektakulärsten Naturkulissen South Australias.

Periode Anfang der 1970er-Jahre immer weiter nach Norden vordrangen – bis eine Dürre ihre Kornfelder in Staub verwandelte. Heute leben in den Flinders etwa 300 Nachkommen der früheren Aboriginal-Völker. Sie bezeichnen sich als Adnyamathanha (Adnjamatnja ausgesprochen); der Name bedeutet „Leute vom Berg".

Praktische Tipps

Die besten **Reisezeiten** für die Flinders sind der Spätherbst, Winter und Frühlingsanfang (Wildflowers!). Im Sommer wird es v. a. im Norden unerträglich heiß, außerdem besteht Buschfeuergefahr. Eine asphaltierte **Straße** führt von Port Augusta über Quorn und Hawker bis nach Lyndhurst. Die Strecke von Hawker nach Wilpena, dem Ausgangspunkt des bekanntesten Teils der Flinders Ranges Wilpena Pound, ist ebenfalls befestigt. Alle anderen Strecken sind nicht geteert. Normalerweise benötigt man zwar keinen Geländewagen für die Straße durch den Nationalpark nach Blinman, weiter nach Arkaroola und Leigh Creek, aber es ist angenehmer. Nach Regenfällen oder wenn man entlegene Pisten befahren will, sollte man sich beim Visitor Centre nach dem Zustand der Straßen erkundigen.

Außerhalb der Nationalparks kann man in Caravanparks oder auf Zeltplätzen **campen**. Zelten in den Nationalparks und Conservation Parks kostet $25 pro Fahrzeug und Tag; 💻 www.parks.sa.gov.au. Der Wilpena Camp Ground im Flinders Ranges NP wurde an eine private Organisation verpachtet. Wegen Buschfeuergefahr sind offene Feuer während der Fire Ban Season (1. Nov–30. April) nicht gestattet. Gasgrills sind erlaubt, außer es herrscht ein Total Fire Ban.

Südliche Flinders Ranges

Mount Remarkable National Park

Eine spektakuläre Landschaft, ein reiches kulturelles Erbe und eine außergewöhnliche Vielfalt an Flora und Fauna machen diesen Park zu einem beliebten Ausflugsziel. Tiefe Schluchten spalten die Landschaft, Kookaburras und andere einheimische Vögel zwitschern in dichten Eukalyptuswäldern. Mit etwas Glück entdecken Wanderer gelbfüßige Felsen-Wallabies.

Zum 1000 m hohen **Mount Remarkable** führt ein Wanderweg ab Melrose. Die Tour dauert etwa vier Stunden hin und zurück und eignet sich gut für Vogel- und andere Wildlife-Beobachtungen; vom Gipfel selbst bieten sich allerdings kaum Aussichten. Von Wilmington aus führt eine unbefestigte Straße (24 km, nicht für Caravans geeignet) zur **Alligator Gorge**. Zwei kurze Spazierwege führen vom Parkplatz aus zu Aussichtspunkten oder man entscheidet sich für den knapp vierstündigen Aligator Gorge Ring Route Hike.

Am **Mambray Creek**, zu erreichen nur vom westlich verlaufenden Highway 1, gibt es Picknick- und Campingplätze (mit Duschen und Toiletten) und ausgeschilderte Wanderwege für weitere Wanderungen. Die Nationalparkgebühr von $13 pro Fahrzeug und Tag bezahlt man am besten online unter 💻 www.parks.sa.gov.au.

SOUTH AUSTRALIA

Melrose

Der hübsche kleine Ort ist die älteste Siedlung der Flinders Ranges. Da es hier regelmäßig regnet, ist das Umland sehr fruchtbar. Heute werden hierzulande nicht nur Schafzucht und Weizenanbau betrieben, sondern es werden auch Trauben, Oliven und Raps (Canola) geerntet. Als erstes Hotel der Gegend erhielt das **North Star Hotel** 1857 eine Schanklizenz, weitere historische Gebäude sind das Postamt, die ehemalige Public School sowie das **Melrose Courthouse** mit Heimatmuseum. 🕒 tgl. 10–16 Uhr, Eintritt $5.

ÜBERNACHTUNG, ESSEN, INFOS

North Star Hotel, Nott St, Melrose, 💻 www.northstarhotel.com.au. Der renovierte historische Pub bietet traditionelle Pub-Zimmer sowie „Truck Chalets" (ein komfortables Holzhaus, das um einen großen Lkw herum gebaut wurde) mit AC und Bad sowie einige Units für Rollstuhlfahrer. Bistro-Restaurant und Pool. ❸

Camping und Caravanparks

Melrose Caravan & Tourist Park, Joes Rd. Cabins mit Bad und AC. BBQ und Campküche. Zeltplatz ab $32. Dient auch als **Visitor Information Centre**. ❶–❺

Mt Remarkable NP Camping, bei Mambray Creek. $31 pro Fahrzeug/Tag. Außerdem einfache Cabins für bis zu 4 Pers. ❶

Port Augusta

Industrie beherrscht das Stadtbild Port Augustas: Die riesigen Kohlekraftwerke der Stadt deckten einst ein Drittel des Energiebedarfs von South Australia ab. Heute putzt sich die Stadt für die steigenden Besucherzahlen heraus – insbesondere das Zentrum am Spencer Gulf mit einigen Cafés und Geschäften ist heute sehr ansehnlich. Port Augusta ist noch immer ein zentraler Knotenpunkt: Autofahrer, die von Alice Springs im Norden oder von der langen Fahrt durch die Nullarbor kommen, werden hier eine Rast begrüßen.

Die Stadt mit ihren 14 000 Einwohnern ist das Versorgungszentrum für Outback-Regionen und das Tor zu den **Flinders Ranges**. Für Reisende bietet *Port Augusta* die beste Möglichkeit, sich für Touren ins Outback zu rüsten (einkaufen, auftanken, informieren).

Wadlata Outback Centre

Das multimediale, hervorragend gemachte Museumrechtfertigt schon allein einen Besuch in Port Augusta. Etwa zwei Stunden sollte man dafür einplanen. Man spaziert durch die geologische Geschichte der Flinders Ranges; parallel dazu erfährt man die Version der Aborigines anhand von Erzählungen aus der *Dreamtime*. Außerdem werden die wichtigsten Pioniere wie Flinders, Sturt, Gilles und Stuart vorgestellt und die uralte, aber bis heute ungebrochene Faszination des Outbacks auf unterhaltsame Weise vermittelt. 💻 www.wadlata.sa.gov.au, 🕒 Mo–Fr 9–16, Sa und So 10–15 Uhr, Eintritt $24.

Australian Arid Lands Botanic Garden

Der 250 ha große Botanische Garten am Stuart Highway in Richtung Alice Springs, 1,5 km nördlich des Ortes, umfasst verschiedene Ökosysteme der ariden Zone Australiens. Insgesamt 12 km Spazierwege führen durch das Gelände. Von zahlreichen Lookouts bietet sich ein toller Panoramablick auf die Flinders Ranges. Die Ausstellung im **Visitor Centre** bietet zusätzliche Informationen über die Bedeutung der ariden Zone für Australien und über die Behebung der durch Landdegradation verursachten Schäden. 🕒 Park 7.30 Uhr bis Sonnenuntergang, Visitor Centre Mo–Fr 9–17, Sa und So 10–16 Uhr, Eintritt frei. 💻 www.aalbg.org.

ÜBERNACHTUNG

Majestic Oasis Apartments, Marryatt St, 💻 https://majesticoasisapartments.com.au. Einige der modernen 4-Sterne-Apartments für 2–5 Pers. überblicken den Spencer Gulf. Sehr zentral, sehr gute Ausstattung. Pool und BBQ. ❺

€ **Poinsettia Motel**, 24 Burgoyne St, 💻 www.motelpoinsettia.com. Ordentliche Budget-Unterkunft. Zimmer mit Mikro, Kühlschrank und AC. Frühstück inkl. ❷

Discovery Parks Port Augusta, Stokes Tce, 💻 www.discoveryholidayparks.com.au. Schöne, moderne Anlage am Spencer Gulf. Zelt-/Stellplätze ($32/40), günstige Motelzimmer ❷ sowie Cabins sämtlicher Preisklassen. Gut ausgestattete Küche und Pool.

SONSTIGES

Informationen

Information Centre, im Wadlata Outback Centre, 41 Flinders Terrace, 🕒 Mo–Fr 9–16, Sa und So 10–15 Uhr.

Touren

Pindan Tours, 💻 www.pindantours.com.au. Ganztägige Touren im Geländewagen zum Wilpena Pound. Max. 4 Pers.

TRANSPORT

Busse

Greyhound Australia, 💻 www.greyhound.com.au. Fährt tgl. von Adelaide via Port

Augusta nach COOBER PEDY und ALICE SPRINGS.

Premier Stateliner, 🖳 www.premierstateliner.com.au. Ab ADELAIDE, 85 Franklin St, mehrmals tgl. über den Highway One via Port Pirie nach Port Augusta.

Eisenbahn

Der *Ghan* (von Adelaide nach Alice Springs und Darwin) und der *Indian Pacific* (Adelaide–Perth) halten in Port Augusta. Details S. 79.

Zentrale Flinders Ranges

Quorn

Das freundliche Quorn (1200 Einw.) – der größte Ort in den zentralen Flinders Ranges – hat sich den Charme des 19. Jhs. bewahrt. Rund 200 000 Touristen besuchen das Städtchen jährlich; die meisten jedoch nur auf der Durchreise. Der **Quorn Heritage Walk** führt an sehenswerten Gebäuden und Parks vorbei. Der gesamte Spaziergang dauert etwa 90 Minuten, kann aber abgekürzt werden. Eine Broschüre mit Karte ist im Visitor Centre erhältlich. Im **Pioneer Garden** wurden viele Bäume und Sträucher gepflanzt, die Besuchern in den Flinders Ranges immer wieder begegnen; an den meisten befinden sich Namenstafeln.

Pichi Richi Railway

Quorn wurde 1878 als Eisenbahnstadt gegründet; zwischen 1917 und 1937 war hier der Knotenpunkt der transkontinentalen Eisenbahnlinien. Die Great Northern Railway von Port Augusta nach Marree wurde 1956 schließlich stillgelegt. Heute operiert (meist) die originale Dampflok wieder auf der Strecke und fährt als **Pichi Richi Railway** Touristen von Quorn nach Woolshed Flat und zurück ($74 hin und zurück, ca. 2 1/2 Std.). Man reist in Waggons des ersten *Ghan*-Zuges. Unregelmäßige Abfahrten; Fahrplan unter 🖳 www.pichirichirailway.org.au.

Parks und Wanderungen

Aus dem Städtchen heraus, schnürt man erst mal die Wanderstiefel. Highlight ist die Wanderung zum **Devil's Peak** im Süden, dessen Felsplateau in knapp zwei Stunden hin und zurück erklommen werden kann. Der Weg ist steil (auf den letzten Metern muss geklettert werden), wird aber mit atemberaubenden Aussichten belohnt.

Über eine unbefestigte Straße gelangt man zu den **Waukarie Falls** im **Mount Brown Conservation Park**. Von hier aus beginnt die Wanderung zum Gipfel des **Mount Brown** (ca. 6 Std.).

Richtung Norden führt eine unbefestigte Straße zu den reizvollen Schluchten **Warren Gorge** (toll für Kletterfans, mit Glück sieht man gelbfüßige Felsenwallabies), **Buckaringa Gorge** (schöne Picknickplätze) und **Middle Gorge**. Auch hier gibt es einige eindrucksvolle Wanderwege, darunter der **Buckaringa Loop**.

Schöne Wanderpfade durchziehen auch den **Dutchmans Stern Conservation Park**. Einer davon führt auf den Dutchmann Bluff (ca. 800 m), von wo sich ein herrlicher Ausblick bis auf den Spencer Gulf bietet. Hin- und Rückweg dauern ca. fünf Stunden.

Ein Schornstein und Steinhaufen, etwa 17 km nördlich von Quorn an der Straße nach Hawker, ist alles, was von der Siedlung **Willochra** übriggeblieben ist. Auf derselben Straße kommt man 37 km weiter nördlich an den Ruinen des **Kanyaka Homestead** vorbei, einer Schaffarm, die im 19. Jh. 70 Familien versorgte. Südlich der Ruinen führt vom Autoparkplatz ein Pfad zum **Death Rock**, der sich über einem permanenten Wasserloch erhebt. Früher soll dies ein Sterbeort der Ureinwohner gewesen sein.

ÜBERNACHTUNG UND ESSEN

Pichi Richi Park, 🖳 www.pichirichipark.com.au. Ein bisschen Luxus im Busch. Die zwei Cabins für je bis zu 6 Gäste liegen inmitten der Hügellandschaft. Oft besuchen Kängurus das Gelände. Es gibt aber auch Dorms ($40) und Zeltplätze ($15 p. P.) ❺

Quandong Cafe und Appartments, 31 First St, 🖳 https://quandongapartments.com. Sehr schöne 1- und 2-Zimmer-Apartments mit guter

Ausstattung. Frühstück inkl. Dazu gehört auch ein Café, in dem Frühstück und Mittagessen serviert wird. ❹

Caravanpark

Quorn Caravan Park, Silo Rd, www.quorn caravanpark.com.au. Schattige Zelt- und Stellplätze ohne/mit Strom ($25/42) und Cabins mit AC und Bad. Campküche, Kiosk. ❸

SONSTIGES

Informationen

Flinders Ranges Visitors Information Centre, 3 Seventh St, www.frc.sa.gov.au/tourism. tgl. 10–16 Uhr.

Touren

Wallaby Tracks Adventure Tours, www.wal labytracks.com. Großes Angebot an Halbtages-, Tages- und 2–7-Tagestouren nach Wilpena Pound und in die Flinders Ranges im Geländewagen. Ab $250/halber Tag oder $315/Tagestour. Die längeren Touren starten in Adelaide.

SOUTH AUSTRALIA

Hawker

Einst war Hawker ein boomendes Eisenbahnzentrum. Einige historische Gebäude erinnern noch immer an die alten Zeiten; heute ist der Ort allerdings sehr überschaubar und dient in erster Linie als Tor zu den Central Flinders Ranges. Es gibt einen kleinen, überteuerten Supermarkt. Vom **Jarvis Hill Lookout**, vom gleichnamigen Parkplatz aus in etwa 20 Minuten Fußmarsch bergauf zu erreichen, bietet sich ein toller Ausblick über die Region; eine ausgeschilderte Straße führt abgehend von der Creek Rd (Richtung Quorn) nach Westen zum Parkplatz.

11 km südlich an der Straße nach Quorn befinden sich die **Yourambulla Caves**, ausgehöhlte Felsen mit Aboriginal-Malereien. Der erste Fels kann vom Parkplatz aus in etwa 20 Minuten (hin und zurück) besichtigt werden. Der gesamte Rundweg, der auch Fels 2 und 3 einschließt, dauert etwa eine Stunde. Im Frühling blühen hier wunderschöne Wildblumen zwischen den Grasbäumen.

ÜBERNACHTUNG

Hawker Hotel Motel, 80 Elder Terrace, https://hawkerhotel.com.au. Typischer Country-Pub. Sehr einfache Zimmer mit AC und Bad im alten Hotel. Zusätzlich Motelunits mit AC. Countermeals. ❷

€ **Merna Mora Station**, Parachilna Rd, 46 km nördlich, www.mernamora.com.au. Schön gelegen auf einer Schaffarm. Holidayunits mit 1–2 Schlafzimmern, gut ausgestatteter Küche, Wohnzimmer und Bad, AC ❷. Auch einfache Backpacker-Zimmer mit je 2 Einzelbetten ($45) und Camping ($20). Bettlaken mitbringen.

Caravanpark

Hawker Caravan Park, Chace View Tce, www.hawkercaravanpark.com.au. Cabins mit Bad und AC. Schattige Zelt- und Stellplätze mit Strom ($39 oder $45 mit Bad). Campküche. Pool. Ab ❹

INFORMATIONEN

Hawker Information Centre, Wilpena Rd, Ecke Cradock Rd. Visitor Information Centre, Tankstelle, Ausrüstungs- und Souvenirladen.

17 HIGHLIGHT

Ikara-Flinders Ranges National Park

Einer der beliebtesten Nationalparks South Australias liegt umrahmt von geschwungenen Felswänden und uralten Kratern, durchschlängelt von Straßen aus rotem Staub unter einem strahlenden Firmament, das nachts den den Himmel erleuchtet. **Wilpena Pound** ist die bekannteste Landschaft des 92 746 ha großen Nationalparks. Aus der Luft sieht sie aus wie eine längliche, riesige Schüssel mit gebogenen Rand. Der Name

Wilpena kommt aus einer Aboriginal-Sprache und bedeutet „gebogene Hand".

Die beste Aussicht auf Wilpena Pound hat man auf einem Rundflug: Von außen gesehen ragen die Berge des Wilpena Pound wie eine Wand bis zu 1000 m hoch steil empor, zum inneren, etwa 60 km² großen Tal hin fallen sie sanft ab. Der einzige Zugang zu diesem natürlichen Amphitheater ist ein Wanderpfad vom Wilpena Visitor Centre. Die kürzeste Wanderung führt entlang eines (meist trockenen) Bachs zu einem alten Farmhaus und zum **Wangarra Lookout**, von wo aus sich ein fantastischer Ausblick über den Pound bietet: drei Stunden hin und zurück, ein Shuttlebus operiert auf der ersten Teilstrecke. Ein absolutes Muss für einen Flinders Ranges-Besuch!

Zum **Tanderra Saddle** auf dem „Schüsselrand" gelangt man auf einer Rundwanderung von etwa sechs Stunden. Wer diese Tour wählt, sollte sich gut vorbereiten und die Ranger über sein Vorhaben informieren.

Andere Ziele sind nur mit fahrbarem Untersatz zu erreichen: Zu den Felsmalereien des **Arkaroo Rock** gelangt man auf einer schönen zweistündigen Rundwanderung, vom Parkplatz ca. 17 km südlich von Wilpena auf der Straße nach Hawker. Auch im **Sacred Canyon**, östlich von Arkaroo, findet man Felsgravuren; die Tour hierher dauert nur etwa eine Stunde. Weiter nördlich lohnen zudem die Schluchten **Brachina Gorge** und **Bunyeroo Gorge** sowie die **Wilkawillana Gorge**. Die Fahrt zu diesen drei Schluchten kann ohne Geländewagen allerdings sehr mühsam sein. Es empfiehlt sich eine Tour (s. u.).

Für den NP wird eine Eintrittsgebühr von $13 pro Fahrzeug erhoben; am einfachsten online zu entrichten: 💻 www.parks.sa.gov.au.

ÜBERNACHTUNG

Rawnsley Park Station, 💻 www.rawnsleypark.com.au. 21 km südlich von Wilpena Pound in der Nähe der Straße nach Hawker; malerisch am Fuß des Felsens Rawnsley Bluff gelegen. Holidayunits mit 1–3 Schlafzimmern und AC ❻. Außerdem moderne, luxuriös ausgestattete und energiesparend angelegte „Eco Villas" mit großem Dachfenster über den Betten ❼. Auf dem Caravanpark gibt es auch einfache Cabins mit AC ❸, ein Bunkhouse (Bett $40) sowie Campingplätze ohne/mit Strom ($30/43). Campküche, Pool und Bistro-Restaurant. Über die Farm verlaufen mehrere Wanderwege. Rabatt für YHA-Mitglieder. Sehr zu empfehlen!

Wilpena Pound Resort, 💻 www.wilpenapound.com.au, direkt am Rand von Wilpena Pound gelegen und somit Ausgangspunkt für viele Wanderungen. Unterschiedliche, recht teure Units. Außerdem gemütliche Safarizelte in Buschlandumgebung (Glamping). Pool. ❼

Gegenüber liegt der dazugehörige **Wilpena Pound Camping & Caravan Park**, Zeltplätze ($32–51). Zur Anlage gehören ein Kiosk und ein gutes Restaurant sowie eine Tankstelle.

SONSTIGES

In Wilpena gibt es Supermarkt, Tankstelle, Info Centre und Internetzugang.

Aktivitäten und Touren

Das **Wilpena Pound Resort** organisiert Touren mit Bus und Geländewagen, viele davon mit Ureinwohner-Guide. Auch Rundflüge über Wilpena Pound sowie nach Arkaroola und Andamooka.

Die **Rawnsley Park Station** vermietet Mountainbikes, bietet Ausritte von 1 Std. bis zu einem halben Tag; Geländewagentouren sowie Rundflüge über die Flinders Ranges, auch längere Ausflüge nach Arkaroola und Lake Eyre.

Informationen

Wilpena Pound Information Centre, 💻 www.wilpenapound.com.au. 🕒 tgl. 9–17 Uhr.

TRANSPORT

Es gibt keine öffentlichen Transportmittel in die Flinders Ranges und nach Wilpena Pound.

Nördliche Flinders Ranges

Iga Warta

Ein Ziel für Reisende, die ein tieferes Verständnis für die Kultur der Ureinwohner suchen: In **Iga Warta**, 50 km östlich von Copley, bieten Adnyamathanya-Ureinwohner auf geführten Wanderungen durch den Busch und zu Felsmalereien Einblicke in ihre Kultur sowie ihre traditionelle und gegenwärtige Lebensweise. In der Community gibt es einen Campingplatz (Zeltmiete möglich) mit Duschen und Toiletten und sogar einen kleinen Pool. Am Abend sitzt man am Lagerfeuer beisammen und lauscht den Geschichten und Gesängen der Adnyamathanya. Der General Store verkauft sowohl Lebensmittel als auch Kunsthandwerk. Nach Voranmeldung können Geländewagentrips und Reittouren organisiert werden. 💻 www.igawarta.com.

ÜBERNACHTUNG UND ESSEN

Iga Warta. Man hat die Wahl zwischen modernen Safarizelten mit Bad ❸, Cabins mit Bad und Küche ❷ sowie einfachen Backpacker-Zelten ($36) und einem Bunkhouse (Bett $18) – wird von Ureinwohnern betrieben.

Copley Caravan Park, 💻 www.copleycaravan.com.au. Camping.

TOUREN

Camel Treks Australia, 💻 www.cameltreksaustralia.com.au. 4–8-tägige Kamelsafaris ab Beltana Station mit ökologischem Schwerpunkt. Nur in den kühleren Monaten April–Okt. Preis für 4 Tage um $2000.

Vulkatunha-Gammon Ranges National Park und Arkaroola

Das private Naturreservat **Arkaroola Wilderness Sanctuary** eignet sich bestens als Ausgangspunkt für Wanderungen in den wüstenhaften Bergzügen und Schluchten der umgebenden **Gammon Ranges** sowie für spektakuläre Geländewagentouren und Rundflüge. Sehenswert in der Gegend sind Wasserlöcher und Schluchten, interessante geologische Formationen, vulkanische Quellen, Salzseen und Überreste alter Minen sowie eine seltene Fauna und Flora. Bei Nacht erstrahlt über der Region ein atemberaubender Sternenhimmel; 2023 wurde Arkaroola zum **Internation Dark Sky Park** benannt. Für den Nationalpark wird keine Eintrittsgebühr erhoben.

ÜBERNACHTUNG

Arkaroola Wilderness Sanctuary, 💻 www.arkaroola.com.au. Gehört zum 610 km² großen, privaten Naturreservat. Mehrere Lodges, Motelzimmer sowie Cottages mit 2 Schlafzimmern. Man kann auch zelten bzw. den Campervan abstellen ($27/35); zu der Anlage gehören Pool, Kinderspielplatz, ein Laden, eine Tankstelle sowie ein Restaurant mit Schanklizenz. Das Sanctuary setzt sich seit vielen Jahren erfolgreich für den Schutz der Region ein und erreichte 2012 das Verbot jeglicher Bergbauaktivitäten. Für seine Vorreiterrolle im Bereich nachhaltiger Tourismus und Schutz der lokalen Flora und Fauna erhielt das Reservat schon mehrere Auszeichnungen. ❷–❼

Camping

Im Vulkathunha Gammon NP liegen einige Campingplätze ($14). Im Balcanoona Shearers Quarter mit Gemeinschaftsküche und -bad kann man in einem der einfachen Zimmer übernachten. ❶

SONSTIGES

Informationen

Visitor Information Centre Arkaroola, im Arkaroola Wilderness Sanctuary. Hier liegt ein Bushwalking Register aus, in das man sich beim Abmarsch und nach der Rückkehr eintragen sollte. Man bekommt auch Karten zu den Wanderwegen, die durch sehr unterschiedliche Landschaften führen.

Rundflüge und Touren

Das **Arkaroola Wilderness Sanctuary** bietet viele Touren, darunter die abenteuerliche Ridgetop Tour (s. Kasten rechts). Der Blick von oben über Salzseen und Wüste ist ebenfalls sehr imposant, Rundflüge ab $210. Außerdem gibt es verschiedene Guided Walks, 4WD-Touren und allabendliche Astronomietouren.
Ab Adelaide: **Aussie Heritage Adventures**, 💻 www.aussieheritagetours.com.au. 4-tägige Touren von Adelaide in die Flinders Ranges bis nach Arkaroola, inkl. Rundflug, Observatory Tour und vielem mehr; $3670.

Transport

Es gibt keine regelmäßige Verbindung nach Arkaroola. Das Arkaroola Wilderness Sanctuary bietet Charterflüge an. 💻 www.arkaroola.com.au.

Spektakuläre Geländetour

Die gewagte Geländewagentour **Ridgetop Tour** gilt als eine der Top-Attraktionen der nördlichen Flinders Ranges und führt über einen steilen Bergkamm. $195 für ca. 4 1/2 Stunden. Buchung im Arkaroola Wilderness Sancuary. Privatfahrzeuge sind auf dieser Route nicht erlaubt.

Outback

Nördlich des 32. Breitengrades lebt nur 1 % der Bevölkerung von South Australia. Eine Kette von Salzseen in einem riesigen Becken nimmt den Nordosten des Staates ein, der größte der Seen ist Lake Eyre. Diese Seen enttäuschten die Erwartungen der ersten weißen Forscher, die mutmaßten, dass das Innere Australiens von einem riesigen Binnensee bedeckt sein müsse. Die Vermutung war nicht ganz falsch, nur kamen die Forscher rund 120 Mio. Jahre zu spät: Das Sammelbecken der zentralaustralischen Seen liegt unter dem Meeresspiegel und war damals in der Tat der Boden eines gewaltigen Meeres. Flüsse und Bäche aus dem Westen Queenslands und aus Zentral-Australien (NT) münden heute in dieses Becken. Nach ungewöhnlich heftigen und andauernden Regenfällen, wie zuletzt während des *triple-dip* La Niña von 2020–2022, führen sie Wasser und verwandeln die Salzkruste des Kati Thanda–Lake Eyre, so weit das Auge reicht, in eine wogende Wasserfläche.

Die Gegend ist keineswegs so tot, wie sie auf den ersten Blick erscheint. Die Lebewesen haben sich den extremen Bedingungen der Wüste angepasst. Sie überstehen jahrzehntelange Trockenperioden, indem sie in ihrem Lebenszyklus innehalten und in einer Art Schwebezustand verharren. Die Ankunft des Lebens spendenden Wassers versetzt sie in hektische Aktivität: Jetzt keimt, wächst und blüht alles, die Tiere paaren sich und brüten so intensiv und schnell es geht. Bereits nach einigen Tagen leben Fische im Lake Eyre. Erst kommen die kleinen Vögel, dann machen sich die großen Wasservögel, wie Pelikane, Kormorane, Ibisse von weit her auf den Weg, und die Wüste ist plötzlich mit blühenden Sträuchern und Gräsern bedeckt – ein einmaliges Erlebnis. In der Regel führt Lake Eyre nur alle acht Jahre Wasser; seine volle Kapazität erreicht er im Jahrhundert nur ein paar wenige Male.

Zwei asphaltierte Fernstraßen führen durch dieses Riesengebiet: der Eyre Highway und der Stuart Highway. Tankstellen und Roadhouses unterbrechen etwa alle 150 km die eintönige Strecke des Stuart Highways von Port Augusta über Coober Pedy und Alice Springs bis Darwin (NT). Abzweigungen führen zur Opalsiedlung Andamooka, zur früheren Raketenbasis Woomera, nach Tarcoola, in die Bergbausiedlung Roxby Downs und zur winzigen Opalsiedlung Mintabie westlich von Marla (nur Zelten möglich; Besuchspermit bei der Polizeistation in Marla besorgen).

Der Stuart Highway wird von der Busgesellschaft Greyhound Australia befahren. Drei andere Überlandverbindungen werden als Tracks bezeichnet; das heißt, es sind Sand- und Staubpisten. Nach Regenfällen, die selten, aber urplötzlich vorkommen können, verwandeln sie sich in unpassierbaren Schlamm. Diese Tracks sind der Oodnadatta Track (617 km) zwischen Marree und Marla, der Birdsville Track zwischen Marree und Birdsville, auf der anderen Seite der Grenze zu Queensland (514 km), und die einsamste Strecke von allen, der Strzelecki Track (466 km) von Lyndhurst nach Innamincka. Für das Befahren des Oodnadatta Track benötigt man gewöhnlich kein 4WD-Fahrzeug, vorausgesetzt, man lässt beim Fahren gebührende Vorsicht walten.

Auf halbem Wege zwischen Marree und Oodnadatta liegt William Creek, eine urige Buschkneipe, die versucht, Kapital aus ihrer abgelegenen Lage zu schlagen: Sie bietet Möglichkeiten zum Auftanken, Essen und Übernachten. Eine kleine Piste, die 7 km südlich vom Oodnadatta Track abgeht, führt von hier aus zum Lake Eyre.

Die National und Conservation Parks im äußersten Norden (u. a. Witjira NP, Simpson Desert Regional Reserve) sind gebührenpflichtig ($13 pro Park). Der Desert Parks Pass ist zwei Monate gültig und schließt auch Camping ein ($52 pro Fahrzeug, zu buchen unter 💻 www.parks.sa.gov.au).

Die Zugverbindung mit dem *Ghan* (Adelaide–Darwin) verläuft von Port Augusta mehr oder weniger parallel zum Stuart Highway.

SOUTH AUSTRALIA

Woomera

Woomera wurde 1947 als Startplatz für britische Experimentalraketen etabliert, zwischen 1964 und 1972 diente Woomera für die europäische Organisation ELDO (European Launcher Development Organisation) als Ort für Tests und die Entwicklung von Raketen; zwei Satelliten wurden in diesem Zeitraum von Woomera aus in den Weltraum geschossen. Etwa zur gleichen Zeit wurde eine Weltraumspähstation (Space Satellite Tracking Station) von Nurrungar (25 km südlich von Woomera) aus betrieben, einem vom australischen und US-amerikanischen Militär gemeinsam betriebenen Militärstützpunkt. Bis 1982 war Woomera der Öffentlichkeit nicht zugänglich.

Die Vorgänge auf dem Testplatz und die Rolle Australiens im amerikanischen Verteidigungsprogramm stehen nicht mehr unter dem Siegel der strengsten Verschwiegenheit. Im **Woomera Heritage and Visitor Information Centre** wird anhand von (früher streng geheimen) Fotos, Karten, Modellen und einem Video die Geschichte der Zusammenarbeit des australisch-amerikanischen Militärs dokumentiert. Ergänzend dazu sind im **Missile Park** bunt bemalte Flieger und Raketen aufgestellt. Im Juni 2010 tauchte Woomera erneut in den internationalen Medien auf, als eine japanische Raumsonde mit Staubpartikeln von einem Kleinplaneten nach jahrelanger Reise durchs Weltall hier landete.

Woomera Township besteht aus ein paar Wellblechbaracken, in den 1950er-Jahren schnell hochgezogene Unterkünfte für die Familien der Soldaten, sowie einem Einkaufszentrum mit Supermarkt, Apotheke, Postamt, Takeaway und einem Krankenhaus.

ÜBERNACHTUNG

Woomera Traveller's Village & Caravan Park, Pimba Road, 💻 www.woomera.com. Bietet Cabins und Backpacker-Unterkünfte sowie enge Stellplätze ohne/mit Strom ($20/25). ❶–❷

Coober Pedy

Der Ort mit rund 1600 Einwohnern befindet sich auf halbem Wege zwischen Adelaide und Alice Springs und ist ein idealer, wenn auch nicht gerade einladender Rastort. Die Menschen leben teilweise in unterirdischen Höhlen, um dem extremen Klima zu entgehen, das grelle Tageslicht schmerzt in den Augen, überall sind Krater, alles ist staubig und trocken. Nur den Millionen von Fliegen scheint diese Umgebung gut zu bekommen. Wer den Film *Mad Max – Jenseits der Donnerkuppel* gesehen hat, dem wird diese Gegend vertraut vorkommen, denn viele Szenen wurden hier gedreht – eine natürliche Kulisse für einen Film über das Leben nach dem Abwurf der Bombe. Auch für den Film *Priscilla – Queen of the Desert* (dt. *Priscilla – Königin der Wüste*) diente der Ort als Schauplatz für bizarres Outback-Treiben.

Seit 1915 strömen Opalsucher – eine Mischung aus Neugierigen, Wurzellosen, Abenteuerlustigen und Geldhungrigen aus aller Welt – nach Cooper Pedy. 96 % aller in der Welt

Opalgraben

© SHUTTERSTOCK.COM / VOLODYMYR DVORNYK

In Coober Pedy werden überall Opale in allen Preislagen, Farben und Qualitätsklassen verkauft. Um Souvenirs zu kaufen, ist dies der geeignete Ort. Es lohnt auch, sich einer Tour anzuschließen. Man wird zu den Opalfeldern und verschiedenen Sehenswürdigkeiten gefahren, hat Gelegenheit zum **Opal Fossicking**, d. h. mit den Händen in den aufgeworfenen Erdhaufen neben den Schächten nach Opal zu wühlen. Dazu braucht man keine Lizenz, Voraussetzung ist, dass man keinerlei Werkzeug benutzt und eventuelle Besitzer eines Claims um Erlaubnis fragt. Das echte *opal mining*, also das Graben nach Opalen unter Tage, ist nur mit Lizenz erlaubt. Diese wiederum erhalten nur Besucher mit unbeschränkter Arbeitsgenehmigung.

geschürften Opale kommen aus Australien, 85 % stammen aus Coober Pedy und den „benachbarten" Opalfeldern Andamooka und Mintabie. Coober Pedy gilt als der mengenmäßig größte Opalproduzent der Welt. Der größte nicht zerstückelte Opal der Welt, der Olympic Australis, wurde hier 1956 gefunden. Der Wert des 5,2 kg schweren Steins wird auf Mio $2,5 geschätzt.

Der Name Coober Pedy ist eine Verballhornung von „Kupa Piti" (aus einer Aboriginal-Sprache), was mit „weißer Mann im Loch" übersetzt wird. Die Wohnhöhlen sehen von außen wie Löcher aus, innen befinden sich komfortable, geräumige und fast gemütliche Wohnstätten. Die Sandsteinwände dienen als natürliche Isolierung. Kirchen, ein Restaurant, Hotels und Museen befinden sich unter der Erde. Selbst ein Underground Bookshop ist nicht das, was man andernorts darunter versteht. Die Wasserversorgung hat sich etwas verbessert, seitdem Coober Pedy mit Wasser aus einem artesischen Brunnen versorgt wird. Trotzdem gilt die Devise: „Save Water!"

Die meisten Touren dauern nur einen halben Tag – es bleibt genug Zeit, sich ein paar Sehenswürdigkeiten im Ort anzusehen, die nicht immer auf dem Tourprogramm stehen. Unter anderem die **Old Timer's Mine**, Crowders Gully Rd, 💻 https://oldtimersmine.com.au, eine 1916 eingerichtete und 1987 wiedereröffnete Opalmine, die in ein Museum umgewandelt wurde. Das Museum vermittelt ein anschauliches Bild der früheren Arbeitsbedingungen beim Opalgraben. Man kann Streifen von Opal in den Wänden sehen sowie ein paar Zimmer eines *dugout home*, einer Wohnhöhle. 🕒 tgl. 9–18.30 Uhr, Eintritt $15.

Ein weiteres interessantes Museum ist das unterirdische **Umoona Opal Mine & Museum** in der Hutchison St, 💻 www.umoonaopalmine.com.au, das der Geschichte der Ureinwohner und der europäischen Besiedlung dieser Gegend sowie dem Opalschürfen gewidmet ist. Eintritt frei. 🕒 Mi–Mo 8.30–17.30 Uhr, einstündige Touren um 10, 14 und 16 Uhr, $14, Kind $8.

Im **Desert Cave Resort** befindet sich eine Kellergalerie (Underground Visual Display), die über Opale informiert, 🕒 tgl. 8–20 Uhr, Eintritt frei. Aussichtspunkt und Fotospot, v. a. bei Sonnenauf- und -untergang, ist **The Big Winch**, eine riesige Seilwinde.

Ein Ausflugsziel weiter draußen sind die **Breakaways**, eine Bergkette aus Sandstein, die je nach Tageszeit und Sonnenstand in den unglaublichsten Farben schimmert – von braun über orange bis violett. Nach weiteren 4 km Fahrt gelangt man zum **Dog Fence**, einem 9600 km langen Zaun, der sich von der Großen Australischen Bucht bis zur Grenze zwischen New South Wales, Queensland und South Australia erstreckt und Dingos von den Schafweiden fernhalten soll.

ÜBERNACHTUNG

Desert Cave Resort, 💻 www.desertcave.com.au. Luxushotel. Soweit sie nicht tatsächlich

© SHUTTERSTOCK.COM / TODD POWELL

Die Opalminen von Coober Pedy brachten schon so manchen Schatz ans Tageslicht.

unter der Erde liegen, sind die Zimmer im Höhlenstil gehalten. Behindertengerecht. Restaurant. ❹

Opal Inn Hotel Motel, Hutchison St, 💻 www.opalinn.com.au. Motelzimmer sowie Budget-Zimmer mit AC; angrenzender Caravanpark (Top Tourist) mit Zelt-/Stellplätzen ($25/35), Restaurant. ❸

Eine Badewanne in der Wüste

Inmitten der kargen, steinigen Wüste South Australias liegt eine grüne Oase: die **Dalhousie Mound Springs im Witjira National Park**. Die Thermalquellen sind Bestandteil des Großen Artesischen Beckens in Zentralaustralien. Man kann dort baden – in kalten Winternächten ist das badewannenwarme Wasser eine Wohltat. Aber Vorsicht – ebenso wie unzählige Vögel ziehen die kleinen Seen leider auch Schwärme von Stechmücken an.

Bei den Dalhousie Mound Springs gibt es einen einfachen Buschzeltplatz (Buschtoiletten, Duschen – auf keinen Fall Seife, Duschgel oder Shampoo benutzen).

Radeka's Downunder Motel & Backpackers Inn, Hutchison St, Ecke Oliver St, Große Dorms mit bis zu 20 Betten (Bett ab $30), Budget-Zimmer ❷ und Motelunits mit AC ❹, alle unterirdisch.

Underground Motel, Catacomb Rd, 💻 www.theundergroundmotel.com.au. Units mit AC, in den Hang gebautes B&B mit Underground-Zimmern, inkl. Frühstück. ❸

Caravanparks

Oasis Tourist Park, Hutchison St, 💻 www.oasiscooberpedy.com.au. Budget-Zimmer ❶ sowie Cabins verschiedener Preisklassen, teilweise mit Bad ❷–❺. Zelt-/Stellplätze ($32/40 oder $60 mit Bad), Campküche, Pool.

In **Riba's Underground Camping & Caravan Park**, 💻 www.camp-underground.com.au, William Creek Rd, 5 km südlich von Coober Pedy kann man, wie der Name schon sagt, tatsächlich unterirdisch zelten. Wem das nicht zusagt, der kann sein Zelt auch auf einem konventionellen, oberirdischen Platz aufstellen. Außerdem gibt es einfache Zimmer. Abends werden preiswerte, aber eher oberflächliche Besichtigungstouren durch die hauseigene Opalmine angeboten. Wer die Tour bucht ($28), bekommt die erste Zelt-Übernachtung gratis, sonst $18 p. P. ❶

ESSEN

John's Pizza Bar & Restaurant, 💻 https://johnspizzabar.com.au. Günstige Pizzen und Pastagerichte. Dazu gibt's kühles Bier. 🕒 tgl. 10–21 Uhr.
Opal Inn Hotel, Hutchison St, gibt es ein Bistro-Restaurant mit Schanklizenz. Wer eine gehobenere Atmosphäre schätzt, kann in **Umbertos** im Desert Cave Resort dinieren.

SONSTIGES

Feste

Opal Festival am Osterwochenende (Straßenumzug, Sportveranstaltungen, Wettbewerbe, Musik, Tanz und ein Feuerwerk).

Informationen

Tourist Information Centre, in den District Council Offices, Hutchison St, Ecke Nicholas St. Viele Infos, z. B. auch über Stellen, an denen man ohne Permit *noodling* betreiben darf. 🕒 tgl. 9–17 Uhr.

Opalgeschäfte

Im **Opal Cave Shop**, Hutchison St, kann man zusehen, wie Opale geschliffen werden.

Touren

Eine Reihe von Halbtagstouren führt zu den Attraktionen des Ortes und schließt meist *fossicking* oder *noodling* ein; längere Touren steuern zusätzlich noch die Breakaways und den Dog Fence an.
Coober Pedy Mail Run Tour, 💻 www.mailruntour.com.au. Auf der 846 km langen Tour mit max. 4 Teilnehmern begleitet man den Postboten auf seiner rund 12-stündigen Tour nach Oodnadatta und William Creek (Mo und Do bzw. wenn diese auf einen Feiertag fallen, einen Tag später, $340 p. P. ohne Mahlzeiten). Auch *drop-off* in Oodnadatta möglich. Recht beliebt, deshalb vor allem in der kühleren Jahreszeit vorbuchen.
Der **Oasis Tourist Park** (s. o.) bietet 2-stündige Touren zu Sonnenuntergang zu den Breakaways und anderen Orten im Outback, $60.

TRANSPORT

Busse

Greyhound-Australia, 💻 www.greyhound.com.au. Verkehrt 1x tgl. auf der Route ADELAIDE–ALICE SPRINGS (ab Adelaide ca. 10 Std., ab Alice Springs ca. 6 Std.).

Flüge

Rex (Regional Express), 💻 www.rex.com.au. Fliegt tgl. außer Sa von und nach ADELAIDE.

Eyre Peninsula

Von der Eyre Peninsula im Südwesten von South Australia wissen selbst viele Australier nur wenig. Dabei bietet die Halbinsel, knapp halb so groß wie Deutschland, einzigartige Erlebnisse – sei's auf den Austernfarmen vor Coffin Bay, beim Schwimmen mit Delfinen und Seelöwen oder beim Käfigtauchen mit dem Weißen Hai. Überhaupt lebt die Eyre Peninsula von ihren ungeheuren Reichtümern unter Wasser: Mehr als 65 % des australischen Seafoods wird hier aus dem Meer gezogen und die Meeresfrüchte und Tunfischsteaks, die die hiesigen Lokale servieren, sind nirgends köstlicher.

Der Eyre Highway (auch National Highway A1) führt von Port Augusta bis nach Ceduna und streift dabei die Outback-Berglandschaft der **Gawler Ranges** mit den kerzengeraden Organ Pipes – die Hinterlassenschaft eines Vulkans, der hier vor 1500 Mio. Jahren ausbrach. Der Nationalpark ist vor allem für Wanderer und Naturfreunde interessant, zu sehen gibt's nicht nur Emus und Kängurus, sondern auch Wombats, Warane und Echsen. Die Parkgebühr von $13 zahlt man am besten online unter 💻 www.parks.sa.gov.au. Mehrere einfache Zeltplätze liegen über den Park verteilt, Camping $21 pro Auto per Online-Buchung.

Port Lincoln

Die größte Stadt der Eyre Peninsula (14 500 Einw.) ist die Ausgangsbasis für Ausflüge zu den **Neptune Islands**, einem der wenigen Orte auf Erden, an denen man mit dem Weißen Hai auf Tuchfühlung gehen kann (s. Touren). Mit ihrer idyllischen Lage in der Boston Bay rühmt sich Port Lincoln nicht nur des Titels „Australian Seafood Capital", sondern soll auch mehr Millionäre pro Einwohner zu beheimaten als jede andere australische Stadt.

Vor den Stadttoren liegt der **Lincoln National Park**, eine flache Dünenlandschaft mit traumhaften, einsamen Stränden (Parkgebühr $13, 💻 www.parks.sa.gov.au). Im Park gibt es ein paar Campingplätze.

ÜBERNACHTUNG

Port Lincoln Hotel, 1 Lincoln Hwy, 💻 www.portlincolnhotel.com.au. Große, komfortable Hotelanlage mit hellen Zimmern und Pool. Aufpreis für die Zimmer mit Meerblick. Ab ❻

Port Lincoln Tourist Park, 11 Hindmarsh St, 💻 www.portlincolntouristpark.com.au. Die große Anlage mit Zelt-/Stellplätzen ($34/40 oder $85 mit Bad) und Cabins liegt etwas außerhalb des Stadtzentrums direkt an der Bucht, die gerne von Pelikanen besucht wird. Offene, überdachte Campküche und Spielplatz. Ab ❺

ESSEN

Del Giorno's, 80 Tasman Terrace, 💻 https://delgiornos.com.au. Das Restaurant wurde schon mehrfach ausgezeichnet, denn das Seafood hier ist einfach unschlagbar. Praktisch alle Zutaten stammen aus der Region. 🕒 tgl. 7–21 Uhr.

Fumo 28 Oyster Bar & Seafood, 28 Tasman Terrace, 💻 https://fumooysterbar.com.au. Hier kostet man die leckeren Austern (und anderes Seafood), für die Port Lincoln berühmt ist. 🕒 tgl. 17–20.30, Di–So auch 11–14.30 Uhr.

TOUREN

Calypso Star Charters, 💻 https://sharkcagediving.com.au. Auf der Seelöwentour springt man u. a. vor der Blyth Island ins kühle Wasser, hier lebt eine große Kolonie australischer Seelöwen. 5 Std., inkl. Frühstück oder Nachmittagssnacks sowie Schnorchelausrüstung und Neoprenanzug, $215. Für die Shark Tour ist keine Taucherfahrung nötig. Der Tauchkäfig treibt direkt unter der Wasseroberfläche, man kann jederzeit rausklettern. Tagestour $535 (falls kein Hai gesichtet wird, gibt es eine Rückerstattung von $100), inkl. Essen und Ausrüstung.

Rodney Fox Shark Exhibition, 💻 https://rodneyfox.com.au. Das Tourunternehmen geht auf einen in Australien bekannten Hobbyfischer zurück, der 1963 von einem Hai attackiert wurde, sich seitdem aber vehement für deren Schutz einsetzt. Die mehrtägigen Touren (ab $1700) sind auf Taucher ausgerichtet, der Tauchkäfig wird hier bis zum Meeresboden in 20 m Tiefe hinabgelassen. Ein unvergessliches Erlebnis.

INFORMATIONEN

Port Lincoln Visitor Information, 60 Tasman Terrace, 💻 https://portlincoln.com.au. 🕒 Mo–Fr 9–17, Sa und So 9.30–14 Uhr.

TRANSPORT

Flüge ab ADELAIDE mehrmals tgl. mit **Rex (Regional Express)** und **Qantas**.

Coffin Bay

Das idyllische Ferienörtchen Coffin Bay liegt nur eine halbe Stunde von Port Lincoln entfernt. Hauptattraktion sind die **Austernfarmen** direkt vor seiner Küste, zu denen man eine Bootstour unternehmen kann. Unterwegs werden die Austern aus dem Wasser gezogen und serviert – frischer geht's nicht. Touren z. B. mit Experience Coffin Bay, 💻 https://experiencecoffinbay.com.au, ab $75.

Von Talia nach Streaky Bay

An der Westküste der Eyre Peninsula liegen kilometerlange weiße Sandstrände, steile Klippen und Felshöhlen, die die Brandung in den Felsen gegraben hat. Nördlich von Elliston erstreckt sich der **Talia Beach** über 20 km die Küste hinauf. Nur ein paar Kilometer weiter liegen entlang der Talia Caves Road zwei einmalige Attraktionen: **The Tub** ist ein kleiner Krater (Durchmesser ca. 50 m). Bei Flut schießt das Wasser durch einen Tunnel in den Krater hinein. Noch eindrucksvoller ist **The Woolshed**, eine tiefe, begehbare Höhle.

Die **Venus Bay** ist vor allem bei Surfern beliebt, nicht selten aber findet man keine einzige Fußspur am Strand. Unweit von diesem liegen die **Murphy's Haystacks**, domförmige, bemooste Granitfelsen, die völlig unerwartet aus der Landschaft ragen. Der Legende nach soll ein Vorbeireisender bewundernd gefragt haben, wie der hier wohnende Bauer Murphy es bloß schaffe, diesem trockenen Land solch gewaltige Heuhaufen abzugewinnen.

ÜBERNACHTUNG UND ESSEN

Streaky Bay Hotel, 33 Alfred St, 💻 http://streakybayhotel.com.au. Das historische Pub ist das Zentrum des sozialen Geschehens im kleinen Streaky Bay. Typische Pubmeals (Schnitzel, Fish & Chips, dazu eine Salatbar) für $20–30. Im oberen Stockwerk befinden sich ein paar altmodischen, aber saubere Gästezimmer, Frühstück inkl. ❷–❻

Schwimmen mit Seelöwen

Für Tierliebhaber ist der Abstecher ins entlegene Örtchen **Baird Bay**, etwa 60 km südöstlich von Streaky Bay, unverzichtbar. Hier bietet **Baird Bay Eco Experience**, 💻 www.bairdbay.com, die Möglichkeit, mit Seelöwen und Delphinen zu schwimmen. Die Seelöwen sind so verspielt, dass sie Schwimmern bis vor die Taucherbrille schwimmen. Halbtagestour $200. Der Veranstalter hat auch ein paar Ferienhäuser zu vermieten. ❺

Nullarbor-Ebene

Ceduna

An der tiefblauen Denial Bay, 480 km von der Grenze zu Western Australia und 793 km von Adelaide entfernt, ist Ceduna der Startpunkt der Durchquerung der **Nullarbor-Ebene**, aber auch ein Ferienort. Hier finden sich Sandstrände, kleine Buchten und Inselchen. Die Gegend entlang der Großen Australischen Bucht wurde zum **Great Australian Bight Marine Park** erklärt.

Zwischen Juni und Oktober kann man **Wale** erspähen, die mit ihren Jungen an der Küste vorbeiziehen. Fischerei und Aquakultur sind die Haupteinnahmequellen der Gegend; das kleine **Denial Bay** 14 km westlich von Ceduna ist ein Zentrum für Austernzucht.

ÜBERNACHTUNG

Ceduna Foreshore Hotel Motel, 32 O'Loughlin Terrace, in Strandnähe, mit Blick auf Murat Bay, 💻 www.cedunahotel.com.au. Moderne und gut ausgestattete Zimmer und Motelunits mit AC. Ab ❹

Highway One Motel, 35 Eyre Highway, 💻 www.highwayone.com.au. Motelunits verschiedener Preisklassen; Restaurant, Tankstelle. ❷–❹

Caravanparks

Ceduna Foreshore CP, 25 Poynton St, Ecke South Terrace, 💻 www.cedunaforeshorecaravanpark.com.au. Campingplätze mit Strom ($38) sowie Cabins mit Bad und AC. Kiosk. Ab ❸

Ceduna Tourist Park (Big4), 29 McKenzie St, 💻 www.cedunatouristpark.com. Cabins mit AC. Caravanstellplätze ohne/mit Strom ($35/43). Campküche. Ab ❸

INFORMATIONEN

Ceduna Visitor Information Centre, 58 Poynton St. Internetzugang. U. a. Infos über Bootsfahrten zur Tierbeobachtung auf Inseln in der Nähe sowie zum Fischen. 🕒 tgl. 9–17 Uhr.

TRANSPORT

Busse

Premier Stateliner, 💻 www.premierstateliner.com.au. Ab ADELAIDE, 85 Franklin St. Mo und Do nach Ceduna mit Halt u. a. in PORT PIRIE, PORT AUGUSTA und STREAKY BAY; in umgekehrter Richtung Di und Fr (ca. 11 1/2 Std.).

Flüge

Rex (Regional Express), 💻 www.rex.com.au, tgl. von und nach ADELAIDE.

Nullarbor

Westlich von Ceduna erstreckt sich die trockene Nullarbor-Ebene bis weit in den Staat Western Australia hinein. Es ist eine typische Karstlandschaft: Im porösen Kalkstein versickert das spärliche Regenwasser sofort und sammelt sich in der Tiefe. Im Untergrund verlaufende Wasserstellen und Ströme schufen im Laufe der Zeit komplexe Höhlensysteme. Im Süden endet die Ebene abrupt in den Kalksteinklippen der Großen Australischen Bucht (Great Australian Bight), die an manchen Stellen bis zu 80 m tief geradewegs zum Meer abfallen.

Der Eyre Highway verläuft in Küstennähe am südlichen Rand der Nullarbor-Ebene; Abzweigungen zu Aussichtspunkten unterbrechen die Monotonie der Strecke. Gute Infos findet man auf 💻 www.nullarbornet.com.au.

Point Sinclair

Point Sinclair bei Penong, 74 km westlich von Ceduna, ist bekannt für seine großartigen Sanddünen; v. a. **Cactus Beach** ist aufgrund der regelmäßig anrollenden Wellen ein Mekka für australische Surfer. Von historischer Bedeutung sind einige Ruinen in **Fowlers Bay**. Von hier aus startete Edward John Eyre zu seiner legendären Expedition nach Westen. Die angrenzenden Dünen wandern immer weiter nach Osten und drohen die kleine Gemeinde unter sich zu begraben.

Yalata

129 km weiter westlich von Penong erreicht man via Nundroo (78 km) das Yalata Roadhouse, wo sich wegen der Ausstellung von Aboriginal-

SOUTH AUSTRALIA

Geparkt für die Ewigkeit: Die Reise durch die Nullarbor-Ebene will gut geplant sein.

Head of Bight

Am Head of Bight, 78 km westlich von Yalata, bietet sich eines der spektakulärsten Küstenpanoramen Australiens: Von hier erstrecken sich die senkrecht abfallenden, 80 m hohen **Bunda Cliffs** über 200 km nach Westen. Zwischen Mai und Oktober kommen Wale (Südkaper; engl. *Southern Right Whales*) aus der Antarktis zum Head of Bight, um zu kalben und ihre Jungen großzuziehen, weshalb die Gewässer zum **Head of Bight Marine Park** erklärt wurden.

Eine Abzweigung (78 km westlich vom Yalata Roadhouse, 12 km östlich vom Nullarbor Roadhouse) führt zum Aussichtspunkt und **Whale Interpretive Centre**, wo Schautafeln über die Ureinwohner, Flora und Fauna der Region und natürlich über die Wale informieren. Dort muss man eine Zutrittsgebühr von $16 p. P. entrichten, denn Aussichtspunkt und Zentrum befinden sich auf Aboriginal-Land. Es gibt Toiletten; die Ranger erteilen weitere Informationen, ⌚ tgl. 8–17 Uhr, 💻 www.headofbight.com.au.

Kunst das Anhalten lohnt. Im Caravan Park gibt es Zeltplätze und einige Cabins. Es liegt auf **Yalata Aboriginal Land**. Heute siedeln hier Angehörige des Anangu-Volkes, die wegen der britischen Atomtests der 1950er-Jahre von dem Land ihrer Vorfahren im weiter nördlich gelegenen Maralinga vertrieben wurden.

Zwischen Nullarbor Roadhouse und Border Village

Nördlich vom **Nullarbor Roadhouse** sind die **Murrawijinie Caves** der Öffentlichkeit zugänglich. Abzweigung vom Eyre Highway; bis zu den Höhlen sind es ca. 10 km auf einer ungeteerten Straße. Die 184 km lange Strecke vom Nullarbor Roadhouse bis zum **Border Village** verläuft in der Nähe der Küstenklippen. Dieser Teil der Nullarbor-Ebene ist Nationalpark; Abzweigungen vom Highway führen zu sieben Aussichtspunkten.

ÜBERNACHTUNG UND ESSEN

Von Osten nach Westen

Fowlers Bay Caravan Park, Fowlers Bay, 150 km westlich von Ceduna. Eine kleine grüne Oase zwischen Wüste und Meer. Zelt- und Stellplätze ohne/mit Strom ($25/35), einfache Zimmer ❸ und moderne Cabins mit Blick aufs Meer ❺, 💻 https://fowlerscaravanpark.com.

Nundroo Roadhouse, 78 km westlich von Penong, 💻 https://nundrooaccommodation.com. Motelunits mit AC, auch Caravanpark. Pool, Laden, Restaurant, Takeaway und Tankstelle. ⌚ tgl. 7–22 Uhr. ❸

Yalata Roadhouse, Ausstellung und Verkauf von gutem Aboriginal-Kunsthandwerk und Kunst. Man kann auch hier die Zutrittsgebühr zum Head of Bight entrichten; auf Anfrage gibt es Angel- und Walbeobachtungstouren. ⌚ tgl. 6.30–20 Uhr. ❸

Nullarbor Roadhouse, 💻 www.nullarborroadhouse.com.au. Gute Motelunits mit AC, auch Caravanpark (Stellplätze ohne/mit Strom $21/32) und Cabins für Backpacker. Außerdem: Laden, Restaurant, Takeaway und Tankstelle. ⌚ tgl. 7–23 Uhr. ❷–❹

Border Village Roadhouse. Zelt- und Stellplätze ohne/mit Strom ($16/27), Motelunits mit AC, Zimmer für Backpacker, Motelzimmer und Caravanpark. Pool, Laden, Restaurant, Takeaway und Tankstelle. ⌚ 24 Std. Ab ❷

TOUREN

Untamed Escapes fährt in 10 Tagen von Adelaide über die Flinders Ranges, die Eyre Peninsula, das Nullarbor und die Südwestküste von Western Australia nach Perth. Details s. Adelaide, S. 531.

GREAT OCEAN ROAD; © JAN DÜKER

Victoria

Jahr für Jahr sichert sich Melbourne einen der obersten Plätze auf der Rangliste der lebenswertesten Städte der Welt. Klarer Vorteil der Multikulti-Metropole ist ihre Lage zwischen so unverzichtbaren Highlights wie der Great Ocean Road, den Grampians und dem Wilsons Promontory National Park sowie der Mornington Peninsula.

Stefan Loose Traveltipps

18 **Melbourne** Australiens Kulturhauptstadt bietet europäisches Flair und einen prall gefüllten Veranstaltungskalender mit vielen Kulturfestivals und großen Sportereignissen. S. 587

Mornington Peninsula Schnorcheln mit Delphinen und Seehunden sowie Wein- und Käseverkostungen. S. 624

19 **Grampians National Park** Durch den Gebirgsnationalpark im Westen Victorias führt ein ausgedehntes Netz an ausgezeichneten Wanderwegen. S. 642

20 **Great Ocean Road** Eine der schönsten Autostrecken der Welt führt vorbei an dramatischer Küste, weltbekannten Surfstränden und uralten Regenwäldern. S. 648

Wilsons Promontory National Park Ein herrlicher Küstennationalpark mit Granitfelsen, Badebuchten und Eukalyptuswäldern. S. 663

Lakes Entrance Raus aus dem Auto, rein ins Boot auf Victorias größtem Seensystem. S. 672

DOWNTOWN MELBOURNE; © DUMONT BILDARCHIV / CLEMENS EMMLER

GRAMPIANS NATIONAL PARK; © FOTOLIA / ALFOTOKUNST

Wann fahren? Nov–Dez und Ende Feb–April. Im Hochsommer wird es bis zu 40 °C heiß.

Wie lange? 3–4 Tage für Melbourne; eine Woche für Great Ocean Road und Grampians; eine Woche für East Gippsland

Bekannt für eine der schönsten Küstenstraßen der Welt und perfekte Cappuccinos

Updates und eure **Kommentare** zu diesem Kapitel auf www.stefan-loose.de unter **eXTra [11427]**

Morgens schwimmen mit Delphinen, mittags surfen am Bells Beach, zum Sonnenuntergang per Helikopter über die ikonischen Twelve Apostles, abends Gourmet-Dinner auf einem Weingut. So könnte sich ein (wenn auch sehr vollgepackter) Tag in Victoria gestalten. Im kleinsten Bundesstaat des Festlands kommen auch Besucher mit engem Zeit-Budget auf ihre Kosten. Denn Victoria bietet viel mehr als die lebhafte Metropole **Melbourne** und die weltbekannte Steilküste mit den **Twelve Apostles**. Mit mehr als 100 Nationalparks und Naturreservaten ist der Staat von etwa der Größe Großbritanniens ein Paradies für Wanderer und Outdoor-Freunde, für Tierbeobachter und Naturschützer. Victoria bietet jahrtausendealten Regenwald und indigene Felsmalereien, die darauf hinweisen, dass Menschen bereits vor mindestens 40 000 Jahren hier lebten.

Mit 6,7 Mio. Einwohnern ist Victoria der am dichtesten bevölkerte Staat. Etwa ein Viertel aller Australier lebt in Victoria, dessen Fläche nur etwa 3 % der Gesamtfläche Australiens einnimmt. Ungefähr drei Viertel der Bevölkerung von Victoria wiederum, knapp 5,1 Mio. Menschen, leben im Großraum Melbourne. Die einzigen weiteren Großstädte sind die Hafenstadt Geelong, die ehemaligen Goldgräber-Städte Ballarat und Bendigo sowie die Doppelstadt Albury-Wodonga an der Grenze zu NSW.

Victoria umfasst auf verhältnismäßig engem Raum verschiedenartige Landschaftsformen. Der **Murray River** bildet die Nordgrenze zu New South Wales. Ein umfangreiches Bewässerungssystem hat diese trocken-heiße Landschaft in ein ertragreiches Gebiet mit Obstgärten, Weingütern und Farmen verwandelt. Das Küstengebirge **Great Dividing Range** bildet mit den **Grampians** den letzten zusammenhängenden Höhenzug. Westlich und nördlich der Grampians beginnt die typisch australische, endlos weite, flache, trocken-heiße Savannen- und Steppenlandschaft, in Victoria nach den dort vorherrschenden, niedrig wachsenden Eukalyptusarten Mallee benannt.

Die **Victorian Alps** im Nordosten bestehen aus sanft gerundeten, bis zu 2000 m hohen Bergen und Hochebenen. Hier werden im Winter die Skilifte in Betrieb gesetzt. Wälder bedecken große Teile von **Ost-Gippsland**, dem Südosten von Victoria. Die **Gippsland Lakes**, ein System von Haffs, verleihen der Küste rund um Lakes Entrance ihr besonderes Flair.

Westlich von Melbourne erstreckt sich eine der spektakulärsten Küstenlandschaften Australiens – die Steilküste entlang der **Great Ocean Road** zwischen Anglesea und Port Campbell. Das Hinterland nördlich davon ist Teil einer alten vulkanischen Ebene, die sich von Mount Gambier in South Australia bis nach Colac in Victoria erstreckt. Das Weide- und Buschland von **Zentral-Victoria** ist von attraktiven Kleinstädten und Dörfern übersät, die ihre Entstehung dem Goldrausch verdanken.

Vorwahl

Die Vorwahl für ganz Victoria ist ✆ 03.

Klima und Reisezeit

Im Januar/Februar kommt es selbst an der Küste zu Hitzewellen mit Temperaturen von über 40 °C. Jeder sehnt sich dann nach den feuchten, kühlen Winden aus dem Süden *(cool change)*. Sie können einen warmen, sonnigen Tag in Melbourne im Handumdrehen in einen nasskalten Regentag verwandeln. Mit einer durchschnittlichen Tageshöchsttemperatur von 13 °C im australischen Winter steht Melbourne gar nicht schlecht da, wären nicht die kühlen Winde. Nachts sinken die Temperaturen dort auf durchschnittlich 6 °C, im Juli und August in der höher gelegenen Umgebung Melbournes abseits der Küste zuweilen unter den Gefrierpunkt.

Regen fällt meist im Winter und Frühjahr, die Sommerhitze bringt eine erhöhte Buschfeuergefahr mit sich. Feuerwarnungen sollte man ernst nehmen, v. a. einen „Total Fire Ban", wenn jede Art von offenem Feuer verboten ist. Auf den Hochplateaus der australischen Alpen muss man auch im Sommer mit plötzlichen Wetterumschwüngen und eiskalten Niederschlägen rechnen; im Winter sind die Berge schneebedeckt.

Die Südostküste zwischen Lakes Entrance und Mallacoota ist mit einem milden,

Victoria
N
0
100 km
NEW SOUTH WALES
SOUTH AUSTRALIA
A.C.T.
CANBERRA
s. Detailplan West-Victoria S. 635
s. Detailplan Ost-Victoria S. 665
s. Detailplan Umg. Melbourne S. 613
Renmark
Berri
Loxton
Pinaroo
Wentworth
Mildura
Red Cliffs
Robinvale
Balranald
Hay
Griffith
Leeton
Narrandera
West Wyalong
Temora
Grenfell
Cowra
Wagga Wagga
Gundagai
Tumut
Jerilderie
Deniliquin
Moulamein
Finley
Cobram
Swan Hill
Ouyen
Hopetoun
Kerang
Charlton
Birchip
Warracknabeal
Murray River
MURRAY SUNSET (YANGA-NYAWI) NP
HATTAH KULKYNE NP
Pink Lakes
WYPERFELD NP
BIG DESERT WILDERNESS PARK
LITTLE DESERT NP
Bordertown
Nhill
Jeparit
Dimboola
Horsham
Naracoorte
Edenhope
Penola
Casterton
Coleraine
Mount Gambier
Nelson
MT. RICHMOND NP
LOWER GLENELG NP
Portland
MT. ECCLES NP
Port Fairy
Warrnambool
Hamilton
Dunkeld
Halls Gap
GRAMPIANS NP
Stawell
Ararat
Saint Arnaud
Maryborough
Ballarat
Daylesford
Creswick
Maldon
Bendigo
Castlemaine
Kyneton
Echuca
Moama
Barmah
BARMAH NP
Shepparton
Yarrawonga
Rutherglen
Wahgunyah
Chiltern
Wodonga
Albury
Lake Hume
BURROWA
Corryong
Wangaratta
Benalla
Euroa
Seymour
Broadford
Mansfield
Lake Eildon
Alexandra
Marysville
Lake Mountain
Healesville
Toolangi
Mt. Macedon
1445
Melbourne
Geelong
Queenscliff
Torquay
Lorne
Apollo Bay
Winchelsea
Colac
GREAT OTWAY NP
Lake Corangamite
Camperdown
Port Campbell
Peterborough
Twelve Apostles
PT. CAMPBELL NP
BRISBANE RANGES NP
Mornington Peninsula
PHILLIP ISLD.
FRENCH ISLD.
Wonthaggi
Korumburra
Leongatha
Foster
Tidal River
WILSONS PROMONTORY NATIONAL PARK
Warragul
Moe
Morwell
Traralgon
Yarram
Walhalla
BAW BAW NP
Sale
Bairnsdale
MITCHELL RIVER NP
THE LAKES NP
Lakes Entrance
Orbost
Buchan
Omeo
Mt. Hotham
Mt. Buller
1804
Mt. Buffalo
Bright
Mount Beauty
Mt. Bogong
1986
ALPINE NATIONAL PARK
Mt. Kosciuszko
2228
Jindabyne
SNOWY RIVER NP
ERRINUNDRA NP
Gelantipy
Cann River
COOPRACAMBRA NP
CROAJINGOLONG NP
Mallacoota
Cooma
Bega
Bombala
Eden

VICTORIA

beständigen Klima gesegnet. Im äußersten Westen und Norden des Staates hingegen, wo es in der Regel um 5–10 °C wärmer als in Melbourne ist, fühlt man sich im Sommer wie im Backofen.

Die ideale Reisezeit für Victoria ist der Frühling bis zum Frühsommer (Mitte September bis Weihnachten) oder der Spätsommer und Herbst (Ende Februar bis Mitte Mai). April bis Oktober ist die günstigste Zeit für einen Besuch des Nordwestens (Mildura).

Flora und Fauna

Der landschaftlichen und klimatischen Vielfalt des Staates entsprechend umfassen Fauna und Flora viele Spezies. Der Nordwesten ist das Land der **Mallee**, einer mehrstämmigen, 3–8 m hohen Eukalyptusart, die aus einer Stammknolle *(lignotuber)* wächst. Die Mallee ist das einzige Gebiet in Victoria, wo außer dem **Grauen Känguru** auch das seltenere **Rote Känguru** vorkommt.

Die Tümpel und Feuchtgebiete um den Murray River sind ein Refugium für Wasservögel. Typisch sind die eindrucksvollen **Fluss-Eukalypten** *(river red gums)* mit ihren weitverzweigten Kronen. In den südöstlichen Wäldern wachsen **Königseukalypten** *(mountain ash, lat. Eucalyptus regnans)*, die bis zu 100 m hoch werden können. Die Baum- und Buschfarne in den unteren Lagen geben den Wäldern ein urzeitliches Gepräge. An einigen Küstenabschnitten bauen **Zwergpinguine** *(little penguins)* ihre Nester.

VICTORIA

Geschichte

Die kleine Sträflingskolonie auf der Mornington-Halbinsel wurde 1804 nach nur sechs Monaten wieder aufgegeben, da das Gebiet zur Besiedlung ungeeignet erschien. 1835 „kaufte" **John Batman** – ein selbstgerechter Viehzüchter aus Tasmanien, der sich durch seine brutale, heimtückische Natur bei der Jagd auf Aborigines einen Namen gemacht hatte – den Aborigines aus dem Dougatalla-Volk für einige Decken, Tomahawks und Mehl 240 000 ha Land in der Port Phillip Bay ab. Der Kolonialregierung in New South Wales blieb nichts anderes übrig, als die **Niederlassung** zu legitimieren. 1837 wurde die Siedlung nach dem damaligen britischen Premierminister **Lord Melbourne** benannt. In den folgenden Jahren kamen *squatters*, landhungrige Rinder- und Schaffarmer, auf Überlandrouten aus South Australia und vom Murray River und eigneten sich Weideland an. 1840 zählte Victoria 10 000 Einwohner westlicher Herkunft (die Ureinwohner ließ der Zensus noch lange Zeit außen vor) und 800 000 Schafe. Bei der Besiedlung waren kommerzielle Interessen die treibende Kraft.

Von Anfang an strebten die Siedler eine Trennung von der „Mutterkolonie" New South Wales an, Sträflinge waren nicht erwünscht. Am 1. Juli 1851 wurde die Trennung des Port-Phillip-Bay-Distrikts von New South Wales amtlich. Zu Ehren der damaligen britischen Königin nannte man die neue Kolonie Victoria. Im gleichen Jahr wurde bei Ballarat **Gold** entdeckt, später bei Bendigo. Die Funde lösten die erste Welle des australischen Goldrausches aus. Die Goldfelder waren die ergiebigsten Australiens und machten die junge Kolonie im Handumdrehen reich. Die Bevölkerung verzehnfachte sich in den 1850er-Jahren auf 600 000 Einwohner.

Nachdem die Minen erschöpft waren, blieben viele Goldgräber in der Kolonie und gründeten Farmen oder suchten Arbeit im schnell wachsenden Melbourne. Gold war die Basis für die **industrielle Entwicklung**. Nach der Gründung des Commonwealth of Australia 1901 war Melbourne bis zur Fertigstellung des Parlaments in Canberra die **provisorische Hauptstadt** Australiens.

Während der **Corona-Pandemie** mussten Melbournes Einwohner einen der strengsten Lockdowns weltweit erdulden und durften ihre Häuser monatelang nur für sehr begrenzte Zeit verlassen. Unter Einsatz des Militärs wurde Victoria damals vom restlichen Australien abgeriegelt.

Wirtschaft

Victoria hat nach New South Wales die zweitstärkste Wirtschaft des Landes. Abgesehen vom Gold, ist Victoria an **Bodenschätzen** nicht

Ein Kontinent in Flammen

Wald- und Buschbrände sind in Australien seit Millionen von Jahren Teil des natürlichen Zyklus. Im Lauf der Evolution passten sich Tiere und Pflanzen den regelmäßigen Feuern auf dem Kontinent an – einige Pflanzen wie Eukalypten und Banksien können ihre Samen zum Beispiel nur abgeben, nachdem ihre Kapseln vom Feuer geschmolzen wurden.

Die ersten Menschen, die Australien besiedelten, stellten das Feuer ins Zentrum ihrer Kultur. Mit **kontrollierten Bränden** kultivierten die Aborigines das Land, schafften Freiräume, die die Jagd ermöglichten und schützten ihren Lebensraum so vor großen unkontrollierten Bränden. Die ersten weißen Einsiedler verkannten die **sorgfältige Landespflege der Ureinwohner** völlig: Sie blickten auf ein Land, das keine sichtbaren Zeugnisse einer Bewirtschaftung aufwies, dessen riesige freie Flächen aber schwindelerregendes Potenzial für die Viehzucht und Landwirtschaft bereithielten.

In kürzester Zeit wurden die Ureinwohner aus ihrer Heimat vertrieben und das Brandlegen untersagt. Mit den Konsequenzen sahen sich die Siedler in ganz großem Ausmaß zum ersten Mal am **„Black Thursday"** im Jahr 1851 konfrontiert, als große Teile der Kolonie Victoria verheerenden Buschbränden zum Opfer fielen. Fast 90 Jahre später gingen im Januar 1939 erneut riesige Flächen Victorias in Flammen auf, fast alle Wälder der Great Dividing Range brannten nieder, 71 Menschen und unzählige Tiere verloren ihr Leben.

Am 7. Februar 2009, der als **„Black Saturday"** in die australische Geschichte einging, erreichte das Thermometer in Melbourne nachmittags den **Rekordwert von 46,4 °C**; eine **Feuerwand** von bis zu 50 m Höhe raste in der Region um Kinglake, Flowerdale und Marysville auf die Ortschaften zu, vernichtete Häuser, Schuppen, Ställe, Fahrzeuge, Tiere und Menschen. Mehr als 2000 Häuser brannten nieder, zahllose Tiere waren tot oder schwer verletzt und 173 Menschen verloren ihr Leben – mehr als zwei Drittel davon in ihren eigenen Häusern.

Die **Buschbrände im Frühling und Sommer 2019/20** sprengten flächenmäßig das Ausmaß aller bislang überstandenen Infernos. Australienweit schlossen die Buschbrände, von denen jeder einzelne Bundesstaat betroffen war, eine Fläche von fast 19 Millionen ha ein; 33 Menschen verloren ihr Leben, über 3500 Häuser wurden vernichtet und eine wohl nie ganz erfassbare Menge an Tieren fiel den Flammen zum Opfer. Im Bundesstaat Victoria brannte eine Fläche von 1,5 Mio. ha nieder, große Teile von East Gippsland wurden praktisch dem Erdboden gleichgemacht. Der aus den Bränden resultierende Mangel an Nahrung und Lebensraum stellt die überlebenden Tiere vor eine weitere große Bedrohung: viele Arten sind seit dem „Black Summer" vom Aussterben bedroht.

Im Kontext der globalen Erwärmung erwarten Australien auch in Zukunft Buschbrände von ähnlich katastrophalem Ausmaß: Den Studien der australischen Forschungsbehörde CSIRO und dem Bureau of Meteorology zufolge muss man selbst bei geringer globaler Erwärmung in einigen Gebieten Victorias alle drei bis vier Jahre mit gewaltigen Bränden rechnen.

Heute berufen sich Umweltämter mehr und mehr auf die **jahrtausendelang bewährten Methoden der Landespflege**, wie sie einst von den Ureinwohnern betrieben wurden.

so reich wie andere Bundesstaaten. In der Bass Strait werden Erdgas und Erdöl gefördert, und unter dem Latrobe-Tal befindet sich eines der größten Braunkohlevorkommen der Erde, das seit 1920 abgebaut wird.

Nach wie vor nehmen **landwirtschaftliche Erzeugnisse** einen wichtigen Stellenwert ein. Rund 60 % aller australischen Milchkühe leben auf den Farmen Victorias. Schwankende Nachfrage nach Weizen und Wolle, sinkende Rindfleischpreise sowie sporadisch auftretende Überflutungen, Dürren oder unzeitgemäßer Frost machen den Farmern das Leben schwer. Viele kleine, über den ganzen Staat verstreute Weingüter produzieren ausgezeichnete Tafelweine. Die **Wälder** im Südosten werden abgeholzt und zum Teil in Form von Holzchips zur Papierherstellung nach Japan verschifft. Die kommerzielle **Fischerei** konzentriert sich auf *scallops* (Jakobsmuscheln), *abalone* (Seeohren) und Austern.

Praktische Tipps

Übernachtung

Besonders zahlreich vertreten sind in Victoria Bed & Breakfast-Unterkünfte, viele davon in edlen Herrenhäusern oder gemütlichen Cottages, oft in herrlicher Lage. In der Hochsaison zwischen Weihnachten und Ende Januar sind die meisten Unterkünfte und Zeltplätze ausgebucht, oft Monate im Voraus. Dies gilt auch für das Labour-Day-Wochenende im März, Ostern und die Schulferien.

Essen und Trinken

Victoria ist besonders stolz auf seine Kulinarik und beheimatet einige bekannte Adressen für Feinschmecker. Melbournes Küchen spiegeln das multikulurelle Gesicht der Metropole wider: In Vierteln wie Carlton und Fitzroy findet sich alles vom Pho bis zur Schweinshaxe. Ein besonderer Tipp zum Essengehen sind die Weingüter in bekannten Weingebieten wie die Mornington Peninsula, das Yarra Valley und Rutherglen. Viele dieser Weingüter haben hervorragende Restaurants.

Nationalparks

Anders als in anderen Bundesstaaten wird für Victorias Nationalparks keine Gebühr erhoben. In allen findet man Zeltplätze unterschiedlicher Ausstattung; nicht alle haben sanitäre Anlagen. Die Campinggebühren betragen i. d. R. $15–$30, zu buchen unter 💻 https://bookings.parks.vic.gov.au/book.

Achtung: Feuerverbote sind unbedingt zu beachten!

Busse

Greyhound Australia, 💻 www.greyhound.com.au, und **Firefly Express**, 💻 www.fireflyexpress.com.au, fahren tgl. von Melbourne nach Sydney auf dem Highway 31 (Hume Highway) – die direkteste, aber landschaftlich wenig interessante Strecke. Wer mit Greyhound reist, muss auf dieser Strecke in Canberra umsteigen. Firefly Express fährt außerdem über Horsham nach Adelaide. Eine Alternative zum Linienbus ist eine One-way-Tour. Näheres S. 608, Melbourne.

Eisenbahn

Victorias Transportgesellschaft **V/Line**, 💻 www.vline.com.au, ist für die Verkehrsverbindungen innerhalb von Victoria zuständig. Das Verkehrsnetz von Eisenbahn und Bahnbussen ist für australische Verhältnisse relativ gut und deckt auch einige Orte ab, die man mit Greyhound Australia nicht erreichen kann.

Von Melbourne gibt es täglich direkte Zugverbindungen nach Sydney und Adelaide, von dort weiter nach Alice Springs und Darwin (1–2x wöchentl.) oder Perth (1x wöchentl.) beziehungsweise Brisbane und Nord-Queensland (1x tgl.). Nach Canberra gibt es eine Bahn/Bus-Verbindung (2x tgl.). Die längeren Strecken nach Western Australia, ins Northern Territory und nach Queensland sollte man so früh wie möglich reservieren.

Flüge

Der Melbourne International Airport in Tullamarine ist einer der wichtigsten Flughäfen Australiens. **Qantas** und **Virgin Australia** verbinden Melbourne mit vielen anderen australischen Städten und einigen Inseln Queenslands sowie internationalen Destinationen. Der Discounter **Jetstar** nutzt neben dem Tullamarine Airport auch Avalon, einen kleinen Flughafen 55 km südwestlich von Melbourne nahe Geelong, als Basis für Flüge zu einigen australischen Zielen; ab Tullamarine fliegt Jetstar zu weiteren Destinationen.

Fähren

Zwischen Geelong und Tasmanien (Devonport) verkehrt das ganze Jahr über die Autofähre **Spirit of Tasmania**, 💻 www.spiritoftasmania.com.au. Die Bass Strait kann sehr stürmisch sein – wer zur Seekrankheit neigt, sollte besser fliegen.

Auto

Etliche Firmen bieten One-way-Arrangements von Melbourne nach Adelaide, Sydney, Brisbane und Nord-Queensland an, Preisvergleich auf 💻 www.vroomvroomvroom.com.au. Infos zum Autokauf s. S. 609. Victorias Straßennetz ist ausgedehnt; die Hauptrouten sind in sehr gutem Zustand. Der sehr dicht befahrene Hume Highway (Nr. 31) nach Sydney ist über weite Strecken eine vierspurige Autobahn mit Tempolimit 100 oder 110 km/h; in geringerem Ausmaß auch der Highway Nr. 8 nach Adelaide.

Informationen

Praktisch jede Stadt oder Region von touristischem Interesse hat ein oder mehrere Visitor Centres mit gutem Informationsmaterial und freundlichen Beratern, die auch Buchungen übernehmen. Auskünfte über Nationalparks und State Forests erteilt **Parks Victoria**, 💻 www.parkweb.vic.gov.au. Kostenlose Infoblätter zu den Parks und State Forests mit Informationen zu Wanderwegen, Campingmöglichkeiten, etc. sowie einer Karte gibt es in den Informationszentren der Region sowie online.

18 HIGHLIGHT

Melbourne

Kaum eine andere Großstadt zelebriert ihr multikulturelles Erbe so hemmungslos wie Melbourne. „Multikulti" ist hier viel mehr als ein Modewort – die Vielfalt an Denkweisen, Religionen, Modestilen, Küchen und kulturellen Veranstaltungen, die hier aufeinandertrifft, verleiht Melbourne seinen urbanen Charakter. Mit jeder neuen Einwanderungswelle wurde dieses städtische Mosaik erweitert – heute feiern *Melburnians* indische Kulturfestivals genauso wie das deutsche Oktoberfest (das hier in vielen Kneipen feuchtfröhlich zelebriert wird). Islamische Moscheen und hinduistische Tempel gehören ebenso ins Stadtbild wie katholische und orthodoxe Kirchen.

Melbourne gilt mit den vielen gepflegten Parkanlagen als „Garden City". Zur Mittagszeit füllen sich die Parks mit sonnenhungrigen Büroangestellten, bei denen ausgedehnte Mittagspausen zur Lebensphilosophie gehören. In der City, die nur rund eine Quadratmeile groß ist, verstecken sich viele enge, autofreie Gassen und Ladenpassagen *(laneways)* – die gemütlichsten und interessantesten Ecken der Stadt. Hier finden sich stimmungsvolle Cafés, authentische Restaurants, Boutiquen und kleine Galerien. Die Inner Suburbs, Vororte in einem 4-km-Umkreis, bilden kleine Zentren von eigenem Charakter. Mit ihrem lebendigen, kosmopolitischen Straßenleben gleichen sie eher europäischen Stadtvierteln als typisch australischen Vorstädten.

Dem Wachstum von Melbourne stehen kaum natürliche Grenzen wie Bergketten oder breite Flüsse im Wege, so wuchert die Großstadt unaufhaltsam weiter. Rund 5 Mio. Einwohner (mehr als ein Viertel davon Einwanderer aus Übersee) leben auf einer fast 10 000 km² großen Fläche (zum Vergleich: Hamburg umfasst 755 km², Berlin 884 km²). Damit dürfte Melbourne eine der flächenmäßig größten Städte der Welt sein.

Die Innenstadt

Die Innenstadt sowie das Kulturviertel Southbank lassen sich bequem zu Fuß erkunden; wem die Füße wehtun, nimmt einfach die nächste Straßenbahn. Alle „Trams" sind im Viereck zwischen Flinders Street, Harbour Esplanade (und bis zur Harbour City), La Trobe Street (und bis zum Queen Victoria Market) und Spring Street kostenlos. Die kostenlose **City Circle Tram** umfährt täglich von etwa 9.15–17.30 Uhr (Do bis 20.30 Uhr) alle 15 Minuten in beiden Richtungen das Areal der Innenstadt. Die Haltestellen, an denen auch andere Straßenbahnen halten, sind durch ein braunes Schild mit der Aufschrift „City Circle Tram Stop" markiert.

Flinders Street Station und Federation Square

Die viel abgebildete **Flinders Street Station**, der Bahnhof am Yarra River, ist ein guter Ausgangspunkt für Stadttouren. Der palastartige Bau mit dem großen Kuppeldach über dem Haupteingang und dem lang gestreckten „Seitenflügel" ist mit rund 120 Jahren der älteste Bahnhof Australiens. Die Uhren am Haupteingang sind ein

VICTORIA

Melbourne Zentrum

ÜBERNACHTUNG

1. The Nunnery
2. Melbourne Metro YHA
3. Space Hotel
4. Jasper Hotel
5. City Tempo
6. City Centre Budget Hotel
7. Causeway Inn
8. Melbourne City Backpackers
9. City Square Motel
10. Lanbruk Richmond Hill
11. The Motley Hotel
12. Melbourne Central YHA

TRANSPORT

1. Southern Cross Station Terminal

ESSEN

1. Bimbo
2. Babka
3. The Fitz
4. Mario's
5. Jimmy Watson's Wine Bar
6. Brunetti
7. Tiamo 1 und 2
8. Blackcat
9. Warung Agus
10. Shark Fin Inn
11. Hofbräuhaus
12. Flower Drum Restaurant
13. Grossi Florentino
14. Pellegrini Cafe
15. Gopals
16. All Nations Hotel
17. Kingston Hotel
18. Cafe Segovia
19. Tofu Shop
20. Southgate Food Court, the deck, Bluetrain, P.J. O'Brien's

SONSTIGES
1 Royal Derby
2 Evelyn Hotel
3 La Mama Theatre
4 The Comics Lounge
5 Peel
6 RMIT Gallery
7 Her Majesty's Theatre
8 East Coast Car Rentals
9 Princess Theatre
10 Paddy Pallin
11 The Elephant & Wheelbarrow Pub
12 Brown Alley
13 Halftix
14 Kathmandu
15 Max Watt's
16 National Opal Collection
17 Australian by Design
18 Athenaeum
19 Fortyfivedownstairs
20 Melbourne by Bike
21 Alcaston Gallery
22 Transport
23 Koorie Heritage Trust
24 Melbourne River Cruises
25 Corner Hotel
26 Rent A Bomb
FITZROY
EAST MELBOURNE
JOLIMONT
RICHMOND
SOUTH MELBOURNE
Melbourne Museum
Royal Exhibition Building
IMAX-KINO
Parliament House
St. Patrick's Cathedral
Fitzroy Gardens
Tudor Village
Conservatory
National Sports Museum
MCG
Yarra Park
Rod Laver Arena
John Cain Arena
Melbourne Park
Olympic Park
AAMI Park Stadium
Sidney Myer Music Bowl
Domain Parklands
Government House
Royal Botanic Gardens
Botanic Gardens Visitor Centre
Shrine of Remembrance
Ian Potter Centre
Birrarung Marr
Alexandra Gardens
Queen Victoria Gardens
Yarra River
North Richmond
West Richmond
Richmond
East Richmond
Parliament
The Vaucluse
Eastern Hwy
Victoria Parade
Wellington Parade
Wellington Parade S
Flinders St
Alexandra Ave
Batman Ave
Brunton Ave
Swan St
Bridge Rd
Punt Rd
St Kilda Rd
Johnston St
Gertrude St
Victoria St
Albert St
Spring St
Nicholson St
Brunswick St
Smith St
Hoddle St
Church St
Lennox St
VICTORIA

beliebter Treffpunkt für Melburnians *(„meet under the clocks")*.

Der Bahnhof kontrastiert mit dem hypermodernen Gebäudeensemble des **Federation Square** gegenüber. Quaderähnliche Gebäude, deren Wucht durch Fassaden aus schimmernden Oberflächen, schrägen Fensterschlitzen, Panelen und schiefen Winkeln gebrochen wird, begrenzen den Platz und fassen eine hügelige Plaza ein, die mit einem Kopfsteinpflaster aus beige-ockerfarbenem Sandstein bedeckt ist. Hier ragt der Eingang zum unterirdischen **Visitor Information Centre** auf.

Einige (überteuerte) Bars, Cafés und Restaurants umgeben den „Fed Square". Die Plaza ist Schauplatz vieler Kulturevents und viele große Sportereignisse – wie die Australian Open Finale oder die Fußball-WM – werden auf der riesigen Leinwand übertragen. Außerdem befinden sich hier einige von Melbournes bekanntesten Museen: Das **Ian Potter Centre**: **NGV Australia**, 💻 www.ngv.vic.gov.au, beheimatet die umfassendste Sammlung australischer Kunst weltweit. Kostenlose Führungen vermitteln einen ausgezeichneten Überblick. Auf drei Stockwerken und 20 Galerien verteilt, umfasst die Ausstellung traditionelle und zeitgenössische Kunstwerke der Ureinwohner *(indigenous art)* sowie australische Kunst; hinzu kommen besondere wechselnde Ausstellungen. 🕒 tgl. 10–17 Uhr, Eintritt frei, ausgenommen Sonderausstellungen.

Der **Australian Centre for the Moving Image** (ACMI) nebenan ist – wie der Name sagt – dem „sich bewegenden Bild" in jeder Form gewidmet: Film, Fernsehen, Videospiele, digitale Medien. Der allgemeine Zutritt ist kostenlos, ebenso viele Ausstellungen, Vorträge und Präsentationen. Das ganze Jahr über gibt es internationale Sonderausstellungen, Filme, Festivals und kreative Workshops; Details unter 💻 www.acmi.net.au. 🕒 tgl. 10–17 Uhr, Kinos und die Lobby auch abends.

Birrarung Marr und Melbourne Park

Über einen breiten Treppendurchgang an der Südseite des Federation Square gelangt man zu den Uferanlagen des Yarra River. Hier starten einige River Cruises; Details S. 608. Nach Osten führt ein breiter Spazierweg am Fluss entlang zur Parkanlage **Birrarung Marr**, einem weiteren Schauplatz auf Melbournes prall gefülltem Eventkalender. Die drei Anhöhen *(terraces)* bieten einen guten Blick auf die natürliche Bühne am Yarra. Neben der Fußgängerbrücke, die zum Melbourne Park führt, sollen die 39 auf dem Kopf stehenden Glocken – die **Federation Bells** – an den Zusammenschluss der australischen Kolonien *(Federation)* 1901 erinnern.

Von der Brücke und den Anhöhen bietet sich ein schöner Ausblick auf die Skyline der City nebst Princes Bridge und gen Osten auf die großen Sportarenen des Melbourne Park: die **Rod Laver Arena** und die **John Cain Arena**, wo jedes Jahr im Januar die Tennismeisterschaften Australian Open ausgetragen werden, sowie das **Aami Park Stadium**, das die bedeutendsten Rugby- und Fußballspiele beherbergt. Der Melbourne Cricket Ground – kurz **MCG** – nordöstlich der Hisense Arena hat im Herzen der sportverrückten Melburnians einen zentralen Platz inne: Es war der Hauptaustragungsort der Olympischen Spiele von 1956 und danach nationaler und internationaler Cricket-Meisterschaften sowie wichtiger Aussie-Rules-Spiele.

Sportfreunde können dem **National Sports Museum** im MCG (💻 www.australiansportsmuseum.org.au) einen Besuch abstatten. Es beleuchtet Australiens beliebteste Sportarten und sportliche Errungenschaften. In der interaktiven Ausstellung „Game On!" können Besucher gegen nationale Champions in verschiedenen Sportarten antreten – natürlich virtuell. 🕒 tgl. 10–17 Uhr, Eintritt $35, Kind $16.

City-Quadratmeile

Einkaufsstraßen und Gassen

Im Zentrum der City liegt die Fußgängerzone **Bourke Street Mall** mit Kaufhäusern und unzähligen kleinen, oft in Ladenpassagen versteckten Läden. Die **Royal Arcade** ist Melbournes älteste Ladenpassage; sie wurde schon 1869 im klassischen Stil erbaut.

Das riesige Shopping-Centre **Melbourne Central** nimmt mit fünf Stockwerken und über 300 Läden einen gesamten Block ein. Ein riesiges Kegeldach aus Glas wölbt sich über dem alten **Shot Tower** von 1889, in dem früher Bleikugeln hergestellt wurden: Man goss im Innern

Melbourne: Die Millionen-Metropole am Yarra River bildet ein urbanes Mosaik verschiedenster Kulturen.

des Turms flüssiges Blei hinunter, das sich im freien Fall zu Kugeln formte und unten von Wasser aufgefangen wurde.

Schräg gegenüber von Melbourne Central steht an der Ecke von Swanston St und Londsdale St der Gebäudekomplex **QV (Queen Victoria Village)**. Durch den Komplex verlaufen nach oben offene Gassen – ein architektonischer Anklang an die Ladenpassagen und Gassen zwischen Bourke und Collins, Swanston und Elizabeth Street.

Die **Collins Street** gilt als die feinste Straße der Stadt. Auch von ihr zweigen etliche Gassen und Ladenpassagen nach Norden und Süden ab, darunter die L-förmige **Block Arcade**, eine Schönheit aus den 1890er-Jahren mit einem Fußboden aus schwarz-weißen Mosaiksteinen und einem gewölbten Glasdach. Die zum viktorianischen Ambiente der Ladenpassage passenden Geschäfte kontrastieren mit den hippen Cafés und Lädchen von **Block Place**, einer Gasse, die die Block Arcade mit der Little Collins St verbindet. Auch die Gassen **Centre Way**, **Centre Place** und **Manchester Lane** sowie die **Degraves Street** lohnen einen kurzen Spaziergang. Im Westen wird die Grenze der Innenstadt von der **Southern Cross Railway Station** mit ihrem markanten gewellten Dach markiert.

Immigration Museum

Das sehenswerte **Immigration Museum**, 💻 https://museumsvictoria.com.au/ImmigrationMuseum/, befasst sich mit einem Zentralthema der australischen Geschichte: Mithilfe Multimedia-Technologien versetzt die Ausstellung Besucher in die Situation von Einwanderern, die in den letzten rund 200 Jahren nach Victoria kamen. Dargestellt werden die Gefahren der Überfahrt, die persönlichen Geschichten der Einwanderer, ihre Hoffnungen, Enttäuschungen und Erfolge. In einem Innenhof befindet sich der **Tribute Garden**; auf einem Marmorblock sind dort Namen von Einwanderern nach Victoria eingraviert. Die Namen der Ureinwohner, die Victoria vor der Ankunft der europäischen Siedler bewohnten, sind am Eingang zum Tribute Garden festgehalten. 🕒 tgl. 10–17 Uhr, Eintritt $15, Studenten und Kinder frei.

Melbourne Aquarium

In den Becken des Aquariums, 💻 www.melbourneaquarium.com.au, leben hauptsächlich

Meeresbewohner aus den Gewässern um Australien, aber auch Tiere aus Mangrovensümpfen und den weiter landeinwärts gelegenen Wasserstellen (Billabongs): Stachelrochen, Haie, Tintenfische, Quallen, Seepferdchen, Murray Cod. Das Oceanarium ist in den Yarra eingelassen und fasst mehr als 2 Mio. Liter Wasser. Hinzu kommen viele kleinere Becken, ein künstliches Korallenatoll, Mangroven, ein flacher Rockpool und vieles mehr. Ähnlich wie in den Aquarien von Sydney und Perth kann man in einem Fiberglastunnel durch ein mit Haien gefülltes Wasserbecken gehen und die Fische an und über sich vorbeigleiten sehen. 🕒 tgl. 9.30–18 Uhr. Für einen Besuch sollte man 2–3 Std. veranschlagen. Eintritt $42, Kind $28, online günstiger.

Chinatown

Chinesische Torbögen vor der Little Bourke St, zwischen Swanston St und Exhibition St, markieren den Eingang zur Chinatown – einer Aneinanderreihung von chinesischen und asiatischen Restaurants und Lebensmittelläden entlang der Little Bourke St und in den davon abgehenden engen Seitengassen. Ende Januar/Anfang Februar ist Chinatown der Schauplatz des chinesischen Neujahrsfests mit Löwentänzen und Food Festivals. Das sehenswerte kleine **Chinese Museum**, 22 Cohen Place, 💻 www.chinesemuseum.com.au, vermittelt einen guten Überblick über die Geschichte der chinesischen Einwanderer in Melbourne. 🕒 tgl. 10–16 Uhr, Eintritt $13.

Staatsbibliothek

Die stattliche **State Library**, 💻 www.slv.vic.gov.au, an der Swanston St, Ecke La Trobe St, beherbergt die größte allgemeine Referenzbibliothek des Staates Victoria. Das imposante Gebäude aus der Goldrauschzeit (1856) lässt keinen Zweifel daran, dass ihre Gründer nicht damit rechneten, in naher oder fernerer Zukunft in Finanznöte zu geraten. Ein kurzer Blick ins Innere lohnt. Von Interesse sind die **Cowen Gallery**, eine Gemäldesammlung, die die Entwicklung Melbournes von einer kleinen Kolonialsiedlung zur stolzen Metropole dokumentiert, und der **La Trobe Reading Room** mit seinen sechsstöckigen Buchregalen und 32 000 Büchern, überwölbt von einem gewaltigen Kuppeldach. Hier findet sich eine Sammlung von Karten, Büchern und Dokumenten über Australien. Als aktuelle

Street Art in Melbournes Hosier Lane

© TOURISM AUSTRALIA

deutschsprachige Nachrichtenpublikation liegt *Der Spiegel* vor. ⌚ tgl. 10–18 Uhr.

Die Treppenstufen und der Rasen vor der Bibliothek sind ein bei Besuchern und Einheimischen gleichermaßen beliebter Rastplatz. Hier finden auch viele Demonstrationen statt.

Old Melbourne Gaol

Das zwischen 1841 und 1864 erbaute Old Melbourne Gaol, Russell St, 💻 www.oldmelbourne gaol.com.au, ist Victorias ältestes Gefängnis. Australiens bekanntester *bush ranger* und heimlicher Volksheld Ned Kelly wurde 1880 in diesem Gefängnis erhängt. ⌚ tgl. 9.30–17 Uhr, Eintritt $35, Kind $22. Abendliche Führungen bei Kerzenlicht legen es darauf an, die Teilnehmer zum Gruseln zu bringen (aktuelle Zeiten online, $40). Buchung erforderlich.

Queen Victoria Market

Auf dem beliebten Markt trifft sich samstags halb Melbourne beim Lebensmitteleinkauf. Die 140 Jahre alte Anlage wird an der Victoria St und der Elizabeth St von renovierten Läden und Cafés begrenzt; dahinter erstrecken sich die Markthallen. Ein besonderer Vorteil des Marktes: Man findet hier – sozusagen unter einem Dach – Spezialitäten, für die man sonst quer durch Melbourne fahren müsste: polnische Wurst, italienisches Pan Forte, hausgemachte Gewürzsoßen und vieles mehr. Markttage sind Di, Do und Fr 6–15, Sa bis 16 Uhr. Sonntags (9–16 Uhr) werden hauptsächlich Kleidung, Schuhe, Modeschmuck und dergleichen verkauft.

Südlich des Yarra River

Southbank

Über die Princes Bridge hinter der Flinders Street Station erreicht man den inneren Stadtbezirk Southbank. Der Stadtteil wurde in den letzten Jahren von einem vernachlässigten Industrieviertel in eine moderne Freizeit-, Ausgeh- und Kulturmeile verwandelt. Das städtische Facelifting demonstriert Melbournes Leidenschaft für Kunst und Kultur – und seine Bereitschaft, viel Geld dafür auszugeben.

Kunst- und Kulturstätten

Die **Southbank Arts Precinct** umfasst eine Reihe an renommierten Kunst- und Kulturzentren: Das **Arts Centre Melbourne**, 💻 www.artscentre melbourne.com.au, schließt die runde Konzerthalle **Hamer Hall** und das **Theatres Building** ein, von Weitem erkennbar an seinem spitz zulaufenden, abends angestrahlten Turm über dem gewellten Dach. Das Theatres Building beherbergt drei Theatersäle, wo das ganze Jahr über weltbekannte Musicals, Oper- und Ballettaufführungen stattfinden. Auf dem Rasen hinter dem Arts Centre findet jeden Sonntag von 10–16 Uhr ein Kunsthandwerkermarkt statt.

In der **National Gallery of Victoria**, 💻 www.ngv.vic.gov.au, sind internationale Werke sowie große Sonderausstellungen zu sehen; daher auch der Name: NGV International. ⌚ tgl. 10–17 Uhr. Eintritt frei, ausgenommen Sonderausstellungen. Kostenlose Führungen tgl. 11, 12, 13 und 14 Uhr.

Wenige Minuten entfernt steht das moderne, auffällige **Melbourne Recital Centre & MTC Theatre**, Sturt St Ecke Southbank Ave. Das preisgekrönte Gebäude beherbergt zwei Säle und dient als permanente Spielstätte der Melbourne Theatre Company; Termine online unter 💻 www.melbournerecital.com.au.

Weiter südlich liegt in der Sturt St das **Malthouse**, Heimstatt der gleichnamigen Theatergruppe und Austragungsort des Melbourne Writers Festivals. Nebenan bietet das **Australian Centre for Contemporary Art** (ACCA), 💻 https:/acca.melbourne, in einer architektonisch interessant gestalteten Behausung regelmäßig wechselnde Ausstellungen zeitgenössischer australischer und internationaler Kunst. ⌚ Di bis So 10–17 Uhr, Eintritt auf Spendenbasis.

Southgate

Entlang der Uferpromenade reihen sich zahlreiche Restaurants und Cafés aneinander. Im Erdgeschoss des **Southgate**-Gebäudekomplexes befindet sich ein Food Court, in dem man zur Mittagszeit gut und günstig essen kann. Die oberen Etagen beherbergen teure Restaurants, darunter einige von Melbournes exklusivsten Feinschmecker-Adressen. Alle bieten einen guten Ausblick über den Yarra auf die City.

VICTORIA

Ein Bummel entlang der Promenade lohnt sich vor allem abends, wenn die Lichter der City vom Wasser reflektiert werden. Zur szenischen Atmosphäre tragen dann acht Granittürme vor dem Kasino bei, die nach Anbruch der Nacht zur vollen Stunde Feuer speien.

Eine Fußgängerbrücke, die **Sandridge Bridge**, verbindet Southbank mit der Flinders Street Station. Die großen Stahlfiguren auf der Brücke heißen *The Travellers* und sollen die verschiedenen Einwanderergruppen repräsentieren, die Melbourne zu der boomenden Großstadt gemacht haben, die sie heute ist.

Eureka Tower

Der riesige Eureka Tower ist mit 300 m Melbournes höchstes Gebäude. Von der Aussichtsplattform Skydeck 88, 💻 www.eurekaskydeck.com.au (Eintritt $28, Kind $19), bietet sich ein großartiger Blick über die Innenstadt und die gesamte Region. Wer schwindelfrei ist, kann sich auch in die Glaskabine The Edge ($15 extra) wagen. In luftiger Höhe schiebt sich diese zu einem Soundtrack aus berstendem Glas 3 m aus dem Gebäude heraus; Decken, Wände und Fußboden sind durchsichtig. Von der Straße 285 m weiter unten trennen den Betrachter nichts als ein paar Stahlträger und eine dicke Glasplatte. Im dazugehörigen Voyager Theatre erlebt man eine Virtual Reality Tour durch Melbourne ($21 extra). 🕒 tgl. 10–22 Uhr.

VICTORIA

South Wharf und Yarra Promenade

Ein Bummel am Ufer entlang Richtung Westen führt zu einer weiteren Restaurant- und Amüsiermeile: Früher ein schmutziger Hafendistrikt, beheimatet die **South Wharf Promenade** heute prominente kulinarische Adressen – alle mit Blick über den Yarra und Sitzgelegenheiten draußen, daher perfekt geeignet für ein gemütliches Bier in der Sonne. Dahinter befindet sich das **South Wharf DFO**, ein Einkaufszentrum mit bekannten internationalen Labels.

Das Ufer entlang der Marina mit ihren Luxus-Jachten und weiteren (teuren) Restaurants ist die **Yarra Promenade**. Von hier aus führt die **Webb Bridge** zu den Docklands nördlich des Yarra (S. 595).

Domain Parklands

Die ausgedehnten Parkanlagen südlich des Yarra River machen Melbourne zur „Garden City". In den **Alexandra Gardens**, gleich auf der anderen Seite der Brücke gegenüber des Federation Square, befinden sich die alten Bootsschuppen für Ruderer und am Wochenende wird kräftig gepaddelt.

Die **Sidney Myer Music Bowl** ist im Sommer Schauplatz vieler Konzerte, darunter Rockevents und kostenlose klassische Konzerte. Das strahlend weiße Gebäude mit der australischen Flagge ist das **Government House**, seit Mitte der 1870er-Jahre die palastartige Residenz des Gouverneurs von Victoria.

Durch das Observatory Gate geht es zu den **Royal Botanic Gardens** mit großem Café und Visitor Centre. Diese herrliche grüne Oase erstreckt sich über 36 ha. Kinder kommen im **Children's Garden** auf ihre Kosten. Das National Herbarium ist eine der ältesten wissenschaftlichen Institutionen Victorias. 🕒 tgl. 7.30–Sonnenuntergang. Im Sommer werden im Moonlight Cinema Filme gezeigt: 💻 www.moonlight.com.au.

Shrine of Rememberance

Das klotzige Kriegsdenkmal, 💻 www.shrine.org.au, ist eine von Melbournes Ikonen. Es thront auf einer Anhöhe über der St. Kilda Rd und soll die Erinnerung an die verehrten Anzacs wachhalten – australische (und neuseeländische) Soldaten, die ihr Leben in verschiedenen Kriegen rund um die Welt ließen (S. 223, Canberra). Jedes Jahr am 25. April – dem sogenannten ANZAC Day – wird hier der *Dawn Service* zu Ehren der Gefallenen abgehalten. Im Inneren des Monuments erläutert eine Ausstellung Australiens Kriegsvergangenheit. Die Statuen zweier Soldaten sollen die beiden Generationen an Militärs präsentieren, die im Ersten und Zweiten Weltkrieg dienten. 🕒 tgl. 10–17 Uhr, Eintritt frei. Führungen tgl. zwischen 10 und 16 Uhr zur vollen Stunde, $20.

Interessante Vororte

Die Inner Suburbs rings um die City bilden kleine Zentren für sich, jeder Stadtteil hat seinen eigenen Charakter.

Docklands

Der Docklands-Bezirk – ehemals ein Gebiet ungenutzter Freiflächen, alter Lagerhallen und Docks – hat im letzten Jahrzehnt eine gravierende und sündhaft teure Umgestaltung erfahren. Am **New Quay** (schräg gegenüber der Verlängerung der Latrobe St) erheben sich neue Apartmentblöcke – einer wie der Bug eines Schiffes gestaltet. Man kann hier direkt am Wasser entlangflanieren, in einem der Cafés oder Restaurants einkehren und den Blick auf die Skyline der City im Osten und die Bolte Bridge im Westen genießen.

Waterfront City und das dahinter liegende **Harbour Town Shopping Centre** bieten unerschöpfliche Möglichkeiten, die Kreditkarte zu belasten. Straßenbahn Nr. 86 fährt von der Bourke St über Spencer St bis zur Waterfront City, ebenso die City Circle Tram.

Das **Melbourne Star Observation Wheel** gilt gemeinhin als Melbournes bekanntester Satz mit x. Mit jahrelanger Verzögerung wurde das Riesenrad im Dezember 2008 feierlich eröffnet, aber nur wenige Wochen später aufgrund von Strukturfehlern wieder geschlossen. Ende 2013 drehte es endlich seine Runden, bis die Pandemie es 2021 endgültig in den Ruhestand versetzte.

Carlton

In den 1960er-Jahren war Carlton Melbournes Bohèmeviertel. Italienische Einwanderer hatten Espressobars und Restaurants eröffnet – zur damaligen Zeit umwälzende Neuheiten. Diese waren bald der beliebteste Treffpunkt von Immigranten, Studenten und Künstlern.

Heute wird die multikulturelle Landschaft durch Einwanderer bereichert, die hauptsächlich aus Asien und England stammen. Eine mediterrane Tradition wird aber noch immer hochgehalten: Man trifft sich nach dem Abendessen an Carltons Hauptstraße, der **Lygon Street**, zum Flanieren, auf ein Gelato oder einen Espresso. Mit den Straßenbahnen Nr. 1 und 22 kommt man von der Swanston St über die Elgin St zur Lygon St nördlich der Kaffeemeile.

Melbourne Museum

Das schräg aufragende „Zugbrückendach" des **Melbourne Museum**, 💻 https://museumvictoria.com.au/MelbourneMuseum, fängt zuerst den Blick. Das Museum ist Themen aus Naturkunde, Geschichte und Sozialgeschichte gewidmet und in Galerien aufgeteilt. Es umfasst permanente und wechselnde Ausstellungen; besonders sehenswert ist die Aboriginal-Ausstellung. Für einen Besuch sollte man sich mindestens zwei bis drei Stunden Zeit nehmen. 🕒 tgl. 10–17 Uhr, Eintritt $15, Studenten und Kinder frei.

Zur Anlage gehört auch das **IMAX-Kino**, 💻 www.imaxmelbourne.com.au. Filme laufen von 10 bis 21 Uhr, einige davon in 3D. Ab Bourke St mit Straßenbahn Nr. 86 oder 96 in Richtung East Brunswick via Nicholson St oder kostenlose City Circle bis Victoria Parade.

North Melbourne und Parkville

Den größten Teil von Parkville nehmen die Gebäude der **Melbourne University** und das riesige Parkgelände des **Royal Park** mit dem **Royal Melbourne Zoo** in seiner Mitte ein, 💻 www.zoo.org.au. Der 22 ha große Tierpark, der drittälteste der Welt, ist im ornamentalen viktorianischen Stil angelegt. Beim Bau der riesigen Anlage orientierte man sich am natürlichen Lebensraum ihrer Bewohner. 🕒 tgl. 9–17 Uhr, Eintritt $46, Kinder bis 15 J. am Wochenende und in den Schulferien kostenlos, sonst $23. Von Januar bis Anfang März finden hier am Samstag und Sonntag Konzerte statt.

Anfahrt mit Straßenbahn Nr. 55 ab William St. Der Zoo liegt auch auf der Route des Melbourne Visitor Shuttle. Nach North Melbourne fahren Straßenbahnen Nr. 57 und 59 ab Elizabeth St.

Fitzroy und Collingwood

Fitzroy und Collingwood sind alte Arbeiterviertel. Entlang der **Brunswick Street** befinden sich Restaurants, trendy Bars und Cafés, Läden mit schräger Secondhand-Kleidung sowie Lifestyle-Geschäfte mit Kosmetika, Dekorationsgegenständen und Möbeln – alles schick und ein bisschen schräg.

In Collingwood ist die **Smith Street** der Ort des Geschehens. Dort und in den von ihr abgehenden Straßen **Gertrude Street** und **Johnston Street** gibt es quirlige Pubs, Cafés, Galerien und Buchläden. Anfahrt mit den Straßenbahnen Nr. 96 von der Bourke St in Richtung East Brunswick via

Handgreiflichkeiten erlaubt: Australian („Aussie") Rules Football

Kein Melbournebesuch ist komplett, ohne einmal Zeuge eines **AFL-Spiels** *(Australian Football League)* gewesen zu sein. „Footy" ist ein integraler **Teil australischer Alltagskultur**, ganz besonders in Victoria, und entsprechend breit und detailliert ist die Berichterstattung in den Medien. Die Begeisterung für „Footy" zieht sich übrigens durch alle sozialen Schichten, kulturelle Hintergründe und Geschlechter. Wer sich länger in Australien aufhält, ist gut beraten, sich mit dem Sport vertraut zu machen.

Geschichte

Australian Rules Football, kurz: **„Footy"**, nahm 1859 in Melbourne seinen Anfang. Die Wurundjeri, Ureinwohner aus Victoria, sollen eine ähnliche Art von Fußballspiel gekannt haben, von ihnen *marngrook* genannt, das möglicherweise als Inspiration diente. Die prägenden Wurzeln des Spiels liegen jedoch unbestritten im englischen Rugbyspiel und im irischen Football. Ursprüngliches Ziel war es, ein Wettkampfspiel **für Cricketspieler im Winter** zu schaffen, denn Cricket wurde nur im Sommer gespielt. Die ersten „Footy"-Clubs entstanden als Ableger von Cricketclubs, und die Spiele wurden auf Cricketfeldern ausgetragen.

Die ersten zwölf Vereine traten in der 1897 gegründeten **Victorian Football League** gegeneinander an. Diese Footy Clubs waren jeweils in einem bestimmten Stadtteil von Melbourne beheimatet und mit dieser *Suburb* eng verwoben. Bis heute sind zehn der 18 AFL-Vereine in Victoria beheimatet, neun davon in Melbourne. Erst in den 1980er-Jahren kamen Vereine aus Perth, Sydney, Adelaide und Brisbane dazu und schlossen sich zu einer Bundesliga, der **Australian Football League**, zusammen. Im Jahr 2028 stößt erstmals ein Team aus Tasmanien – die „Tasmania Devils" – zur Liga hinzu.

Der Ablauf

Das Spielfeld für Aussie Rules Football ist oval und wesentlich größer als ein europäischer Fußballplatz *(soccer pitch)*. Eine Mannschaft besteht aus **18 Spielern**, darunter Verteidiger, Mittelfeldspieler und Stürmer. Ziel des Spiels ist es, den ovalen Ball ins gegnerische Tor zu schießen. Außer Kicken

VICTORIA

Nicholson St, Nr. 86 und 87 von Bourke St in Richtung Bundoora oder Latrobe Uni via Gertrude St und Smith St, Nr. 10 und 11 von Collins St in Richtung West Preston via Brunswick St.

East Melbourne

East Melbourne ist eine grüne Oase in unmittelbarer Nachbarschaft zur City mit einigen Straßenzügen eleganter, zweistöckiger Reihenhäuser aus dem 19. Jh. An zwei Seiten wird der Stadtteil von Parkanlagen gesäumt. Hier erhebt sich das helle Sandsteingebäude des **Parliament House** von Victoria. Mit dem Bau wurde 1856 – in der Goldrauschzeit – begonnen; der Reichtum dieser Zeit manifestiert sich in einer opulenten Innenausstattung. Bei Parlamentssitzungen ist die Public Viewing Gallery der Öffentlichkeit zugänglich. Termine unter 💻 www.parliament.vic.gov.au/visit. Wenn das Parlament nicht tagt, steht das Gebäude auch Besuchern offen.

In den **Fitzroy Gardens** posieren oft Brautpaare für Hochzeitsfotos. Es gibt hier auch ein Visitor Centre sowie ein nettes Café. Schön sind die Blumenarrangements im **Conservatory** (Wintergarten). Die **Tudor Village**, ein englisches Miniaturdorf, steht im Zentrum des Gartens. Abends und nachts treiben sich in den Bäumen und auf den Rasenflächen in den Treasury und Fitzroy Gardens Possums herum; die meisten sind so zutraulich, dass sich Spaziergänger ihnen auf wenige Meter nähern können.

East Melbourne erreicht man zu Fuß, mit den Zügen via City Loop bis Parliament Station oder mit allen Straßenbahnen von der Collins St in Richtung Osten.

Richmond

Richmond lohnt den Besuch vor allem zum ungebremsten Marathon-Shopping in den unzähligen Factory Outlets, Secondhandläden und

mit dem Fuß dürfen dabei auch die Hände benutzt werden. Die zwei Tore bestehen aus jeweils zwei hohen Torpfosten, neben denen sich zwei kürzere *point*-Pfosten befinden. Wird der Ball ungehindert durch die zwei hohen Pfosten geschossen, gilt dies als Tor *(goal)* und ergibt sechs Punkte. Wird der Ball ungehindert zwischen einen hohen und einen kürzeren Pfosten hindurch geschossen, ergibt dies einen Punkt *(point)*.

Ein Spiel hat vier Quartale von je 20 Minuten. Im Unterschied zum *soccer* gibt es im Footie kein Abseits. Wird ein mit dem Fuß gekickter Ball in der Luft aufgefangen, bevor er auf dem Rasen landet, nennt man dies *mark*. Für ein *mark* in luftiger Höhe nehmen die Spieler gelegentlich viel Anlauf und stoßen sich beim Sprung auf dem Rücken eines Gegenspielers ab – ein **eindrucksvoller Anblick**, besonders für Neulinge. Ein *marked ball* bedeutet ein Freistoß. Das Landen eines *unmarkierten* Balls auf dem Rasen hat ein **intensives Gerangel** der Spieler zur Folge.

Im Umgang mit den gegnerischen Spielern sind **Handgreiflichkeiten** *(tackling)* erlaubt – innerhalb festgelegter Grenzen. Der Gegner darf in der Körperzone zwischen Hüfte und den Schultern festgehalten werden, um ihn dazu zu bringen, den Ball entweder loszulassen oder zu lange festzuhalten, und auf diese Weise einen Freistoß zu erhalten. Wird jedoch der Spieler mit dem Ball am Hals festgehalten, in den Rücken gestoßen oder ihm wird ein Bein gestellt, dann bekommt er einen Freistoß.

Die Saison

In der „Footy"-Saison im Herbst und Winter werden zunächst 24 **AFL-Spielrunden** ausgetragen. Die acht Gewinner spielen danach in einer „Finals"-Serie gegeneinander, bis nur noch zwei Teams übrigbleiben. Zum **„Grand Final"** im September, dem Spiel um den Meistertitel *(Premiership)*, strömen etwa 100 000 Zuschauer zum Melbourne Cricket Ground. Mehr oder weniger der Rest der Nation folgt der Übertragung des Spiels in Radio oder Fernsehen. In Victoria ist der Freitag vor dem Grand Final sogar ein Feiertag.

Designer-Boutiquen entlang der Bridge Road. Die Kreuzung von Swan St und Church St ist Richmonds **griechisches Viertel**; das Nordende, die Victoria St zwischen Hoddle St und Church St, ist das ständig wachsende **vietnamesische Viertel**. Der Bezirk ist auch bekannt für seine renovierten, alten Pubs mit gutem Essen und guten Bands. Die Straßenbahn Nr. 48 in Richtung North Balwyn fährt von der Collins St entlang der Bridge Road.

South Yarra, Toorak und Prahran

South Yarra und Toorak zählen zu den teuersten Adressen in Melbourne. „Man" residiert in viktorianischen Anwesen oder Luxusapartments und lässt sich im exklusiven **Toorak Village** in der Toorak Rd, Ecke Grange Rd, beim Einkaufen oder Lunchen sehen. Die Toorak Rd in South Yarra zwischen Chapel St und Punt Rd ist etwas bunter gemischt.

In den Geschäften, Cafés und Nightclubs der **Chapel Street** in **South Yarra**, zwischen Toorak Rd und Commercial Rd, trifft sich die junge Schickeria. In Chapel St Prahran, südlich der Commercial Rd und in der Seitenstraße **Greville Street**, mischen sich ein paar relaxtere Läden unter die Designer-Outlets.

Die **LGBTQIA+-Szene** in Melbourne konzentriert sich nicht so sehr auf einen einzigen Stadtteil; im Abschnitt der Commercial Rd um den **Prahran Market** (S. 603; Märkte) hat sich jedoch so etwas wie ein kleiner Szenetreff herausgebildet. Rings um den Markt liegen gemütliche Cafés und alternative Läden.

Straßenbahnen fahren ab Swanston St: Nr. 8 in Richtung Toorak via Toorak Rd, Nr. 72 in Richtung Camberwell via Commercial und Malvern Rd, Nr. 6 in Richtung Glen Iris via High St, Nr. 5 in Richtung Malvern via St. Kilda Rd und Dandenong Rd. In Nord-Süd-Richtung fahren die

Straßenbahnen Nr. 78 und 79 die gesamte Chapel und Church St entlang nach St. Kilda.

South Melbourne und Albert Park

Die sauberen und freundlichen Stadtteile South Melbourne und Albert Park strahlen eine beinahe dörfliche Atmosphäre aus. Kein Wunder, dass sich hier viele junge Familien, aber auch reiche Geschäftsleute ansiedeln. Die alten zweistöckigen viktorianischen Häuschen wurden größtenteils sorgfältig renoviert; verwobene Kletterpflanzen dekorieren ihre Fassaden.

Das Gebiet um den **Albert Park Lake**, eine der grünen Lungen nahe der Innenstadt, ist der Austragungsort des Formel-1-Autorennens. Jedes Jahr Anfang März herrscht hier ein Riesenlärm, und Besucherscharen füllen die Tribünen rund um den See. Zu anderen Zeiten trainieren auf dem Albert Park Lake Ruderer und Segler, Jogger laufen um den See. Wenn nicht gerade der Grand Prix stattfindet, sind die Einkaufs- und Bummelstraßen, wie zum Beispiel die **Bridport Street** und die **Clarendon Street** angenehm ruhig und friedlich.

Auf dem **South Melbourne Market** (seit 1864), einer großen Halle im Block zwischen Cecil, York und Coventry St, werden Lebensmittel, Textilien und einige Souvenirs verkauft. Markttage sind Mi, Fr, Sa und So 8–16, Fr bis 17 Uhr.

Straßenbahn Nr. 1 fährt ab Swanston St in Richtung South Melbourne Beach (Victoria Ave) via Sturt St; oder Straßenbahn Nr. 12 ab Collins St via Clarendon St, South Melbourne, in Richtung St. Kilda Beach.

St. Kilda

Melbournes bekannteste Vorstadt am Wasser bietet einen interessanten Mix: Retro und modern, traditionell und exzentrisch, schlampig und fein treffen hier aufeinander und vereinen sich zu einer schillernden Vorstadt mit einem Hang zur Überheblichkeit.

Die geschäftige **Acland Street** ist wie eine kulinarische Zusammenfassung Melbournes zu einer Shopping- und Fressmeile: In wenigen Schritten durchstreift man den einladenden Duft mediterraner Kochkünste, den fettigen Geruch brutzelnder Fish & Chips und das unwiderstehliche Aroma frisch gebackener Kuchen und Pasteten, die künstlerisch aufgetürmt im Schaufenster locken. Designer-Boutiquen konkurrieren mit Secondhandläden. Kunstliebhaber können im **Linden Centre for Contemporary Arts**, 26 Acland Street, vorbeischauen, das hervorragend den schillernden Charakter dieses Vororts widerspiegelt. ⌚ Di–So 11–16 Uhr, Eintritt frei.

An der Bucht teilen sich Spaziergänger, Radfahrer und Skateboarder die palmenbestandene Esplanade; der Strand wird von Sonnenbadenden und Kitesurfern eingenommen. An Sonntagen findet man an den Ständen des **Esplanade Market** Kunsthandwerk und Souvenirs.

Nicht verpassen sollte man einen Spaziergang auf dem **St. Kilda Pier** zu dem Café im ikonischen **Little Blue Restaurant**. Der kleine Damm dahinter beheimatet eine Kolonie von Zwergpinguinen, die sich hier bei Sonnenuntergang blicken lassen.

In St. Kilda und den angrenzenden Bezirken Elsternwick, Ripponlea und Caulfield ließen sich während des Zweiten Weltkriegs und danach viele jüdische Einwanderer nieder. Das **Jewish Museum of Australia**, 26 Alma Rd, East St. Kilda, 💻 www.jewishmuseum.com.au, erzählt die außergewöhnlichen Lebensgeschichten dieser jüdischen Siedler. ⌚ Di–Fr und So 10–17 Uhr, Eintritt $20, Student/Kind $12. Straßenbahn-Stopp Nr. 32 mit den Trams Nr. 3 oder 67.

St. Kilda gilt außerdem als Vergnügungs- und Party-Zentrum, und tatsächlich mangelt es nicht an vollen Kneipen, lebhaften Bars und schrillen Nachtclubs. Die legendäre **Fitzroy Street** entwickelte sich von einem feinen Boulevard für Melbournes Oberklasse über ein sündiges Pflaster für Prostituierte und ihre Klientel sowie Drogensüchtige und Obdachlose bis hin zu einer angesagten Ausgehmeile.

Das **Esplanade Hotel** um die Ecke an der Esplanade, *„The Espy"*, ist schon seit 1878 *die* Adresse für Livemusik und feucht-fröhliche Abende.

Der historische **Luna Park** mischt Vergnügungspark mit Nostalgie. Die Anlage wurde bereits 1912 eröffnet und steht Besuchern noch immer offen. Das markante Eingangstor (der offene Mund des Mr Moon) hat seitdem seinen Weg auf unzählige Tourismusbroschüren gefunden. Ruhig geht es dagegen in den idyllischen

Botanic Gardens zu, einem guten Ort für ein gemütliches Picknick in der Sonne abseits der Menschenmassen.

Von der City fahren die Straßenbahnen Nr. 3, 16, 67 und 79 via St. Kilda Rd in Richtung St. Kilda Beach.

Williamstown

Aufgrund seiner isolierten Lage hat sich Williamstown bis heute den Charakter eines eigenständigen Dorfes bewahrt. Der Vorort liegt 10 km westlich der City auf einer Halbinsel. Von den Piers vor der Hauptstraße Nelson Place betrachtet, erscheint die Skyline der City Welten entfernt von diesem intakten kleinen Hafenviertel. Freitagabends und an Wochenenden ist Nelson Place proppenvoll mit Besuchern aus anderen Stadtvierteln, die hier die Straße entlangbummeln und die Cafés und Restaurants bevölkern.

Am Wochenende kann man einen Ausflug mit der Fähre von St. Kilda oder Southgate hierher unternehmen (Details S. 608, Bootstouren und Fähren); jeden dritten Sonntag im Monat findet von 10–16 Uhr auf dem Rasen vor Nelson Place der **Williamstown Crafts Market** statt.

Der **Timeball Tower** am südöstlichen Ende der Nelson Bay erleichterteeinst Schiffen die Navigation. Von hier aus führt ein Weg am Ufer entlang durch den Botanischen Garten bis zum **Williamstown Beach**, wo man gut baden kann.

Zu erreichen mit dem Zug ab Flinders St nach Williamstown (Strand: Williamstown Beach aussteigen) oder mit der Fähre.

Western Suburbs

Footscray liegt im Schatten des Port of Melbourne, wo rund um die Uhr gewaltige Container verladen werden. Diese geografische Lage und seine geschichtliche Rolle als Arbeiterviertel verleihen Footscray noch immer den Ruf eines Industriebezirks, der einen eher rauen Menschenschlag beheimatet. Doch die zentrale Lage und wohl auch der Umbau der Docklands zu einem modernen Einkaufs- und Freizeitzentrum machen Footscray immer begehrter bei jungen Leuten, die aufgrund der hohen Immobilienpreise aus der City verdrängt werden. Diese neuen Einwohner und die oft asiatischstämmigen Alteingesessenen haben Footscray in eine multiethnische, wenig versnobte Gemeinde mit authentischen Esslokalen und guten Einkaufsmöglichkeiten verwandelt.

Unverkennbar asiatisch geht es noch immer auf den **Footscray Markets** zu, wo man preiswert Obst und Gemüse, aber auch allerlei asiatische Lebensmittel erstehen kann. 🕒 Di und Mi 7–16, Do–Sa bis 17 Uhr; zu erreichen mit den Vorortzügen Richtung Westen, Ausstieg Footscray Station.

Der **Maribyrnong River** – früher Lieferkanal für die Schwerindustrie – ist heute ein Erholungsgebiet. Ein Fahrradweg führt fast den gesamten Fluss entlang. **Yarraville** weiter südlich präsentiert sich angenehm locker und alternativ und beheimatet gute Cafés, Restaurants und Bars. Eine Institution ist das **Sun Theatre**, 8 Ballarat St, 💻 www.suntheatre.com.au, von 1938 mit seinen gemütlichen Sofasitzen und nostalgischem Flair.

Das Technologiemuseum **Scienceworks**, 💻 https://museumsvictoria.com.au/scienceworks, in einer ehemaligen Pumpstation in der Nähe der West Gate Bridge, 2 Booker St, Spotswood, ist ein weiterer Grund, sich in den Westen vorzuwagen. Themen sind u. a. Energie, Meteorologie, technische Erfindungen; man kann Hand anlegen, Maschinen bedienen und Experimente machen. Zur Anlage gehört das **Melbourne Planetarium**, dort werden Besucher mithilfe von 3D-Digital-Technologie auf eine (virtuelle) Reise durchs Universum geschickt. Scienceworks 🕒 tgl. 10–16.30 Uhr, Eintritt $15, Kinder bis 16 J. und Studenten frei.

Einen der Vorortzüge in Richtung Williamstown oder Werribee nehmen, an der Spotswood Station aussteigen, dann ca. zehn Minuten zu Fuß, einfach den Schildern an der Hudson St folgen.

ÜBERNACHTUNG

Auch in Melbourne richten sich die Backpacker-Unterkünfte immer mehr auf die gehobenen Ansprüche der Flashpacker-Generation ein: Die guten Hostels der Stadt sind sauber, sicher, bequem und bieten allerlei Extras. Die Preise liegen (noch) leicht unter denen in

Sydney, im Vergleich zu anderen Hostels in Victoria sind sie dennoch sehr hoch. Im Winter gibt es oft günstigere Angebote. Bei längerem Aufenthalt wird es ebenfalls billiger, meist ist die 7. Nacht kostenlos. Dorms sind in der Regel m/w-gemischt, aber jedes Hostel hat mindestens ein für Frauen reserviertes Dorm. Übliche Serviceleistungen sind Bettzeug und Decken, Gepäckaufbewahrung, ein Safe für Wertsachen, Tourbuchungen, Internet; sie sind deshalb unten nicht extra erwähnt. Einige größere Hostels haben hauseigene Bars oder ein Pub nebenan.

City

Hostels

Melbourne City Backpackers, 197 King St, https://melbournecitybackpackers.com.au. Rundum freundliches, gemütliches und sauberes, wenn auch schlichtes, Hostel. Die hellen Zimmer sind alle mit AC und Heizung ausgestattet; 4–16-Bett-Dorms (Bett ab $40) und einige DZ. Im Souterrain befindet sich neben der rund um die Uhr besetzten Rezeption eine gut ausgestattete Küche und ein Aufenthaltsraum mit TV; auf jeder Etage gibt es kleine Sitzecken, ebenfalls mit TV. Magnetkartenzugang sorgt für gute Security. Nur wenige Gehminuten von Southern Cross Station und Queen Victoria Market. Preise inkl. Frühstück. Die Hostelbetreiber bieten viele Aktivitäten. ❷

Melbourne Central YHA, 562 Flinders St, www.yha.com.au. Modernes Hostel in guter Lage zwischen Southern Cross Station und dem Yarra River mit sehr hilfsbereitem Personal. Große Dachterrasse mit vielen Sitzgelegenheiten. Kleine, aber saubere Küche. 3–8-Bett-Dorms (Bett $58) und DZ, teilweise mit eigenem Bad; alle sehr sauber. Unten Bar. Tourbuchungen. ❸

Space Hotel, 380 Russell St, www.spacehotel.com.au. Das moderne Luxus-Hostel bietet Hotelkomfort mit allen Extras: Von der Dachterrasse mit Whirlpool und Sitzbänken überblickt man die ganze City. Heimkino, Fitnessstudio, eigenes Internetcafé und große komfortable Gemeinschaftsräume wie Essbereich und Küche. Die 4–8-Bett-Dorms (ab $49) haben äußerst komfortable Betten, außerdem große Schließfächer mit Lampen und Steckdosen. Die sehr gut ausgestatteten EZ und DZ, z. T. mit Bad, gehören zum Hotelbereich. ❷–❸

Hotels und Motels

Causeway Inn, 327 Bourke St, www.causeway.com.au. Das frisch renovierte Mittelklassehotel versteckt sich in einer kleinen Passage, die von der Bourke Street Mall abgeht (nur ein paar Schritte östliche der Royal Arcade). Saubere, wenn auch kleine Zimmer mit bequemen Betten, modernem Design, Wasserkocher, Bad und Safe. Frühstücksbuffet inkl. Ab ❹

City Centre Budget Hotel, 22 Little Collins St, www.citycentrebudgethotel.com.au. Einfaches, renoviertes kleines Privathotel in zentraler Lage nahe dem Parlament. Preiswerte EZ und DZ, Bad auf dem Gang. Sehr schöne Dachterrasse und kleine Gemeinschaftsküche. ❷

City Square Motel, 67 Swanston St, www.citysquaremotel.com.au. Die superzentrale Lage macht dieses saubere Mittelklasse-Hotel so begehrt. Alle Zimmer sind mit Kühlschrank, Mikrowelle und Bad ausgestattet; kleines Frühstück inbegriffen. EZ, DZ sowie 3- und 4-Bett-Zimmer. ❺

City Tempo, 353 Queen St, www.citytempo.com.au. Moderne, zentrale und freundliche Apartments mit sehr gutem Preis-Leistungs-Verhältnis. Die Zimmer haben alle AC, Küchenzeile, bequeme Betten, Bad und WLAN (gratis), einige auch Balkon, Waschmaschine und Sofa. Zur Hotelausstattung gehören außerdem Konferenzraum, Fitnessstudio und Sauna. Minimum 2 Nächte. ❺

Jasper Hotel, 489 Elizabeth St, www.jasperhotel.com.au. Modernisiertes Boutique-Hotel mit Zimmern und Units in unterschiedlichen Kategorien. Zeitgemäße Ausstattung mit minimalistischem Design. Die Gäste können kostenlos Pool und Fitnesszentrum der nahen City Baths benutzen. Zum Hotel gehört ein Restaurant. Ab ❹

Nördlich der City

North Melbourne

Melbourne Metro YHA, 78 Howard St, www.yha.com.au. Großes und modernes Hostel: Dorms mit Schließfächern (Bett ab $44), EZ, DZ, auch mit Bad, alle Familienzimmer mit Bad. Behindertengerecht; Zentralheizung, mehrere TV-Lounges, Dachgarten mit Grillstelle, Café, Internet-Lounge, Reisebüro, Geldwechsel, Fahrradvermietung; viele Aktivitäten. Rezeption ⌚ 24 Std. Straßenbahn Nr. 19 oder 59 ab Elizabeth St, in der Flemington Rd, Ecke Blackwood St, aussteigen, die Blackwood St entlang und schräg nach links in die Howard St einbiegen. ❷

Fitzroy

The Nunnery, 116 Nicholson St, 💻 https://nunnery.com.au. Hostel in einem alten viktorianischen Haus; teils etwas beengte Dorms (4 bis 12 Betten, Bett $43–47), einige einfache EZ und DZ ❸, kleiner Innenhof, gemütlicher Aufenthaltsraum mit offenem Kamin. Im Guesthouse (separates Gebäude nebenan) gibt's mehr Platz: alles EZ und DZ ❹, Bad auf dem Flur, eigene Küche und Aufenthaltsraum. Alle Preise inkl. Frühstück. Viele Infos und Aktivitäten. Straßenbahn Nr. 96 in Richtung Brunswick von Bourke St, Haltestelle 11 aussteigen.

Östlich der City

Richmond

Lanbruk Richmond Hill, 79 Bridge Rd, 💻 https://lanbruk.com. Die Zimmer sind nicht sehr groß, aber modern und sauber und für ihre Lage sehr erschwinglich. Besser noch sind die Apartments mit kleiner Küche und Waschmaschine. Die Betreiber sind äußerst hilfsbereit und auskunftsfreudig. ❺

The Motley Hotel, 203 Bridge Rd, 💻 www.themotleyhotel.com.au. Das moderne Hotel hat stilvoll eingerichtete Zimmer sowie Restaurant/Bar und Fitnessstudio. Die Tram hält direkt vor der Tür. ❺

St. Kilda

Nomads St Kilda, 17 Carlisle St, 💻 https://nomadsworld.com. Das Party-Hostel im Süden! Die Designerherberge war die erste, die in Melbourne in puncto Ausstattung, Dienstleistungen und Sauberkeit neue Standards setzte. Alle Dorms und DZ haben eigene Bäder, AC und abschließbaren Gepäckstauraum unter den Betten. Zahlreiche Computer, eine angenehme Bar, die gutes und preiswertes Essen serviert. Einziger Nachteil: Küche/TV-Lounge im Keller. Direkt um die Ecke der Acland St; Straßenbahn Nr. 96 von der City nehmen und eine Haltestelle vor Endstation aussteigen. Dorm-Bett ab $45. ❷

Boutique Hotel Tolarno, 42 Fitzroy St, 💻 https://hoteltolarno.com.au. Stilvolles Boutique-Hotel mit schönen Zimmern und Suiten in zentraler Lage. Jeder Raum ist mit Werken australischer Künstler ausgestattet. Ab ❸

Caravanpark

Melbourne Big4 Holiday Park, 265 Elizabeth St, Coburg, 10 km nördl., 💻 https://melbournebig4.com.au. Zelt- und Stellplätze ($49/57 oder $69 mit Bad) sowie viele Cabins verschiedener Preisklassen. Gute überdachte Campküche, Pool, TV-Zimmer, Spielplatz und Spielzimmer. ❸–❼

ESSEN

Es empfiehlt sich, einen Tisch zu reservieren, besonders an Wochenenden.

City

City-Angestellte besorgen sich ihr Frühstück und Mittagessen in den zahlreichen Cafés und Take-aways. Besonders viele befinden sich in der Flinders Lane und Little Collins St westlich der Swanston St, ebenso entlang der Elizabeth und Swanston St sowie in den Ladenpassagen zwischen Collins und Bourke St.

€ **Gopals**, 139 Swanston St, 1. und 2. Stock. Sehr preiswertes vegetarisches Essen im indischen Stil (z. B. Buffet für etwa $12). Das Restaurant wird von Hare-Krishna-Leuten geführt, kein Alkohol. ⌚ Mo–Sa 11.30–20 Uhr.

In **Block Place**, einer versteckt gelegenen kleinen Gasse, die von der Little Collins St zwischen Elizabeth und Swanston St abgeht, gibt es eine Konzentration an trendy Cafés: **Cafe Segovia**, mit spanisch angehauchtem Dekor. Super Kaffee, Kuchen und leichte Speisen; gut zum Frühstücken. ⌚ tgl. 7.30–16 Uhr.

Pellegrini Cafe, 66 Bourke St, eins der ersten italienischen Cafés in Melbourne und deshalb heute eine Institution. Zur Straße hin eine

VICTORIA

Espressobar (guter Kaffee und Kuchen), im hinteren Raum preiswerte italienische Speisen. ⌚ tgl. 7–24 Uhr.
Grossi Florentino, 80 Bourke St, 💻 www.grossiflorentino.com. Ähnlich traditionsreiches Lokal wie das Pellegrini und ein Treffpunkt der Hautevolee von Melbourne; Schanklizenz. Die preiswerten Tellergerichte gibt es nur in der legeren Cellar Bar, das Restaurant oben ist teuer. ⌚ Mo–Sa 7–24 Uhr.
In der **griechischen** Ecke in der Lonsdale St, zwischen Swanston und Russell St, gibt's etliche Kafenions und Souvlaki-Bars, die Kuchen in Sirup verkaufen.
Chinatown ist das Synonym für eine Anhäufung asiatischer Restaurants – entlang der Little Bourke St und in den Seitenstraßen und -gassen gibt es sie in allen Preisklassen. Chinesische und australische Familien treffen sich am Sonntagmittag gern zum **Yum Cha** (kantonesisches Wort für Dim Sum) – z. B. im **Shark Fin Inn**, 50 Little Bourke St ⌚ tgl. 11 bis 15 und 17.30–22 Uhr.
Zur gehobeneren bis teuren Preisklasse zählen u. a. das **Flower Drum Restaurant**, Market Lane, welches seit vielen Jahren den Ruf als das beste unter vielen ausgezeichneten chinesischen Restaurants in Melbourne genießt. Die Qualität hat ihren Preis (Menü mit 5 Gängen $150). Reservierung erforderlich. ⌚ Mittagessen Mo–Sa 12–15, Abendessen tgl. 18–23 Uhr.
Heimwehkranke gehen gegenüber in das **Hofbräuhaus**, 24 Market Lane. Im Stil einer bayerischen Gastwirtschaft eingerichtet; deutsche Küche, Hauptgerichte ab $30. ⌚ Di–So ab 12 Uhr bis spät.
Am Federation Square gibt es ebenfalls einige Cafés und Restaurants. Der große Publikumsmagnet am Platz ist die große Kneipe **Transport**.

Südufer des Yarra River

In den Cafés, Bars und Restaurants von **Southgate** sitzt es sich angenehm mit Blick auf den Yarra und die City-Skyline. Wer nur schnell einen Happen zu sich nehmen will, kann im **Food Court** im Erdgeschoss zwischen vielen Essenständen wählen. Im 1. Stock sitzt man gemütlicher bei **the deck** oder im **Bluetrain**; Letzteres bietet preiswerte kleine Speisen; deshalb wird es hier abends und um die Mittagszeit i. d. R. ziemlich voll.
Im Pub **P.J. O'Brien's** im Erdgeschoss kann man auch gut essen; abends gibt's Livemusik.
Die anderen Restaurants in Southgate zählen zur gehobenen bis teuren Preisklasse. Am Wochenende sollte man bei allen Southgate-Restaurants einen Tisch reservieren.

Carlton

Zu den italienischen Restaurants und Espresso-Bars der **Lygon Street** haben sich auch andere Küchen gesellt. Das Preisgefälle ist groß, einige Etablissements sind Touristenfallen, in anderen essen und trinken Studenten der nahegelegenen Melbourne-Uni. Die Café-Bars der Lygon St sind gut zum Frühstücken.
Brunetti, 380 Lygon St. Eine Institution in Carlton. Riesige Auswahl an himmlischen Törtchen, Kuchen, Eis und Sandwiches, dazu ausgezeichneter Kaffee. ⌚ tgl. 6–22, Fr und Sa bis 24 Uhr.
Das **Tiamo** gehört zu den Oldtimern unter den unzähligen italienischen Restaurants in Carlton. Noch immer stehen simple, günstige Gerichte wie Gnocchi oder Pizza auf der Speisekarte. Besonders am Wochenende empfiehlt es sich, rechtzeitig zu kommen, da spätestens um 20 Uhr alle Tische besetzt sind. Gleich nebenan haben die Besitzer **Tiamo 2** eröffnet. Im Gegensatz zu den einfachen Gerichten des Originalrestaurants werden hier in schicker Atmosphäre modernere und auch etwas teurere Gourmetspeisen serviert. Beide ⌚ tgl. 7–22 Uhr.
Jimmy Watson's Wine Bar, 333 Lygon St, mit Schanklizenz. Ausgezeichnete Auswahl an Weinen aus hauseigenem Weinkeller und gehobene Küche. ⌚ tgl. 11–21 Uhr.

Brunswick

Die Präsenz von Einwanderern aus dem Mittelmeerraum und Nordafrika hat den Stadtteil geprägt; **Sydney Road** war schon immer eine gute Adresse für türkisch-orientalische Restaurants und italienische Pasticcerias (Konditoreien) mit anspruchslosem Kitschdekor und spottbilligen Preisen. Aber schon reihen sich trendige Café-Restaurants und hippe Kneipen in die Straße ein.

Kao Thai, Nr. 347. Gutes Thai-Essen zu sehr günstigen Preisen. Daher ist es oft schwer, einen Tisch zu bekommen. ⌚ Mi–Mo 17–22, Mi–Fr auch 12–16 Uhr.
Adanali, Nr. 835, und **Golden Terrace**, Nr. 803. Türkische Restaurants: beide ⌚ tgl.; samstags treten in beiden abends Bauchtänzerinnen auf.

North Melbourne

Warung Agus, 305 Victoria St, nicht weit vom Victoria Market. Lang etabliertes, von einem australisch-balinesischen Paar geführtes Restaurant. Auf der kleinen Speisekarte stehen leckere indonesisch-balinesische Gerichte. ⌚ Do–So 6.30–22.30 Uhr.

Fitzroy und Collingwood

In der **Brunswick Street**, **Fitzroy**, befinden sich Tür an Tür Restaurants und angesagte Café-Bars zum Essen, Kaffeetrinken und Leute beobachten; immer wieder neue kommen hinzu. Auch in den Kneipen und Pubs in der Umgebung isst man gut (The Rainbow, The Provincial).
Zur Szene gehören die noch immer beliebten Cafés **Blackcat**, Nr. 252, **Mario's**, Nr. 303 und **The Fitz**, Nr. 347.
Das Bäckerei-Café **Babka**, Nr. 358, bietet Di–So zwischen 7 und 18 Uhr Frühstück und andere Mahlzeiten (internationale, leicht russisch angehauchte Küche); ausgezeichnetes Brot und Kuchen. **Bimbo**, Nr. 376, ist eine laute Kneipe, aber die hier servierten Pizzen ($5) gehören zu den besten der Stadt.
Die **Smith Street** in Collingwood sowie die **Gertrude Street** um die Ecke bestehen aus einem Gemisch aus billigen „ethnischen" Obst- und Gemüseläden, Supermärkten, Kramläden, dazwischen eingesprenkelt australische Eckkneipen und Café-Restaurants.

Richmond

In der **Bridge Rd** befinden sich einige interessante kleine Cafés; u. a. **Tofu Shop**, Nr. 78, mit leckeren Snacks, ⌚ Mo–Fr 11–16 Uhr.
Viele Pubs in Richmond servieren Countermeals von Restaurant-Standard; u. a. das **All Nations Hotel**, 64 Lennox St, ⌚ tgl. 12–23 Uhr; sowie das **Kingston Hotel**, 55 Highett St, ⌚ Di–Sa 12–23 Uhr. Beide mit Biergarten.

South Yarra, Toorak, Prahran, Windsor

Entlang der Toorak Rd gibt es zahlreiche Restaurants, da aber die meisten auf die South Yarra-Schickeria zugeschnitten sind, ist die Chapel St eine bessere Fundgrube für preiswertes und keineswegs schlechteres Essen. Am oberen (South Yarra) Ende beherrschen Designerlabels das Bild; je weiter man nach Süden kommt, besonders nach dem Überqueren der High St (Windsor), desto bunt gemischt-alternativer wird die Szene.
An den Markttagen Di, Do, Fr, Sa und So kann man im **Prahran Market** in der Commercial Rd frühstücken oder zu Mittag essen.

St. Kilda

In St. Kildas **Acland Street** reihen sich dicht an dicht zahlreiche Cakeshops, Delis und Restaurants aneinander. Man kann an Ort und Stelle frühstücken und Kaffee trinken, Tellergerichte verzehren oder Roggen- und Vollkornbrot, Streuselkuchen, Stollen, und jede Menge andere „kontinentale" Delikatessen einkaufen.
Claypots Seafood Bar, 213 Barkley St. Das spartanisch eingerichtete Lokal macht von außen betrachtet wenig her. Umso überzeugender ist jedoch, was in dem Fischrestaurant auf den Teller kommt. Die Küche, in der tgl. fangfrische Meeresspezialitäten zubereitet werden, wurde mehrfach von Lesern empfohlen. Wer einen Platz ergattern will, sollte unbedingt vor 19 Uhr herkommen, da keine Reservierungen angenommen werden. Das Restaurant erlaubt BYO, hat aber auch eine Schanklizenz. ⌚ tgl. 13–22 Uhr.
Stokehouse, Jacka Boulevard, am Strand hinter dem Luna Park, wegen seines Blicks aufs Wasser beliebt. Im Restaurant im Erdgeschoss hat man die Wahl zwischen ungewöhnlichen Pizzen und Nudelgerichten oder Kaffee und leckerem Kuchen; bei gutem Wetter ist es hier sehr voll. ⌚ 12–24 Uhr. Vom Restaurant im 1. Stock ist der Ausblick zwar besser, man bezahlt aber auch dafür.
Im Amüsierstrip **Fitzroy Street** herrschen Restaurants (manche sehr exklusiv), aufgepeppte Bars sowie billige Take-aways und Cafés vor.
Banff, Nr. 145. Gemütliche italienische Ess-Kneipe, serviert preiswerte und überdurch-

schnittlich gute Pizzen und Foccacias, Schanklizenz. ⌚ 15–22 Uhr.

UNTERHALTUNG UND KULTUR

Informationen über das aktuelle Angebot unter 🖳 www.onlymelbourne.com.au oder 🖳 http://whatson.melbourne.vic.gov.au. Infos über die Melbourner LGBTQIA+-Szene sind der wöchentlichen Zeitung *Star Observer Magazine*, 🖳 www.starobserver.com.au, zu entnehmen.

Halftix, 208 Little Collins St, 🖳 www.halftix melbourne.com, verkauft Eintrittskarten zum halben Preis für Veranstaltungen (Theater, Konzerte, Festivals, aber auch Bustouren), die meist am gleichen Tag stattfinden; samstags sind Karten für Sa und So erhältlich – mit viel Glück erwischt man sogar einen halbwegs guten Platz. ⌚ Mo 10–14, Di–Do 11–18, Fr 11 bis 18.30, Sa 10–16 Uhr. Es gibt auch eine App.

Im Sommer (Dez–Feb) finden in den **Parkanlagen der Stadt** und an anderen Orten zahlreiche Konzerte, Open-Air-Filmvorführungen, Straßentheater, Kleinkunstdarbietungen und viele weitere Veranstaltungen statt; einige sind umsonst. Besonders beliebt sind die kostenlosen Konzerte des Melbourner Symphonieorchesters in der Sidney Myer Music Bowl (Anfang Feb). Zusätzlich werden abends Open-Air-Veranstaltungen im Melbourne und Werribee Zoo geboten.

Galerien

Staatliche Kunstgalerien (Ian Potter Centre, NGV International und ACCA), S. 590, 593.

Heide Museum of Modern Art, 7 Templestowe Rd, Bulleen, 🖳 www.heide.com.au. Ursprünglich befand sich auf dem schön gelegenen Anwesen das Farmhaus der Melbourner Kunstmäzene John und Sunday Reed, um die sich ein Zirkel moderner Maler gruppierte: (heute) bekannte Namen wie Albert Tucker, Sidney Nolan, John Perceval und Arthur Boyd. „Heide" war in jener Zeit (1934–1967) ihr Treffpunkt. Im heutigen Kunstmuseum sind Werke bekannter australischer Künstler der Moderne zu sehen. Dazu gehören auch ein Skulpturengarten und ein angenehmes Café. ⌚ Di–So 10–17 Uhr, Eintritt $25, Student $20. Mit dem Zug auf der Hurstbridge Line bis Heidelberg, von dort Bus Nr. 903 zur Templestowe Rd nehmen.

RMIT Gallery, 344 Swanston St, City, 🖳 www.rmit.edu.au/rmitgallery. Interessantes Programm mit wechselnden Ausstellungen zu verschiedenen Themen; u. a. zeitgenössische australische und internationale Kunst, Design, Architektur und neue Medien. ⌚ Mo–Fr 11–17, Do bis 19, Sa 12–17 Uhr, Eintritt frei.

Sehenswerte Privatgalerien findet man in der Flinders Lane zwischen Swanston und Spring St. Viele Galerien sind auf **Werke von Aboriginal-Künstlern** spezialisiert.

Von Koories (lokaler Name für die Ureinwohner) betrieben wird das Kulturzentrum des **Koorie Heritage Trust** am Federation Square, 🖳 www.koorieheritage trust.com. Ausstellungen, ein Laden, der authentisches Kunsthandwerk und Souvenirs verkauft, sowie eine Referenzbibliothek. Das Programm wird ergänzt durch Workshops. ⌚ tgl. 10–17 Uhr, Eintritt: Spende.

Aboriginal-Kunst aus Zentral- und Nordaustralien zeigen und verkaufen folgende kommerzielle Galerien:

Alcaston Gallery, 11 Brunswick St, Fitzroy, 🖳 www.alcastongallery.com.au. ⌚ Mo–Fr 11–17 Uhr.

Linden Gallery, S. 598, St. Kilda.

Klassische Musik, Musicals

Klassische Musik wird in der **Hamer Hall** des Arts Centre gespielt, Opern und Operetten nebenan im **State Theatre**.

Musicals werden in den prächtigen viktorianischen Theatern **Her Majesty's**, 219 Exhibition St, **Athenaeum**, 188 Collins St, und **Princess**, 163 Spring St, aufgeführt.

Komödie und Kabarett

Ein ganzes Festival im April ist diesem Genre gewidmet, 🖳 www.comedyfestival.com.au. Ein ständiger Veranstaltungsort ist unter anderem **The Comics Lounge**, 26 Erroll St, North Melbourne, 🖳 www.thecomicslounge.com.au.

Livemusik in Bars, Clubs und Pubs

Melbourne ist sehr stolz auf sein musikalisches Erbe, hat es doch so große Namen wie AC/DC,

John Farnham, Crowded House, Men at Work, Nick Cave und Olivia Newton John hervorgebracht. Das Angebot an **Livemusik** in Melbourne ist riesig und reicht von Rock und Reggae bis Jazz und Blues. Einen guten Überblick erhält man unter 🖳 www.timeout.com/melbourne/music oder 🖳 www.onlymelbourne.com.au/whats-on-melbourne-gig-guide.php.

City und Richmond

Im **Brown Alley** im Colonial Hotel, 585 Lonsdale St, 🖳 www.brownalley.com, gibt es viele Musik-Events, auch deutsche DJs.

Corner Hotel, 57 Swan St, Richmond, 🖳 www.cornerhotel.com. Mehrmals die Woche lokale und internationale Live-Acts. Auf der Dachterrasse kann man gut essen.

Fortyfivedownstairs, 45 Flinders Lane, 🖳 www.fortyfivedownstairs.com. Kunstausstellungen, aber auch viele Veranstaltungen wie Theater, Konzerte und Cabaret.

Max Watt's, 125 Swanston St, 🖳 www.maxwatts.com.au/melbourne. Konzerte meist lokaler, aber teils auch internationaler Bands.

The Elephant & Wheelbarrow Pub, 94-96 Bourke St, 🖳 http://bourkest.elephantandwheelbarrow.com.au. Traditionelles, britisches Pub mit Countermeals und zahlreichen Bieren vom Fass. Viele Backpacker, aber auch Einheimische. Do, Fr und Sa Livemusik und DJs.

Transport, Federation Square, 🖳 www.transportpublicbar.com.au. In der zentral gelegenen Bar ist immer was los. Man kann auch draußen sitzen und das Treiben am Fed Square beobachten. Do, Fr und Sa legen DJs auf, So nachmittags Livemusik.

Fitzroy und Collingwood

Evelyn Hotel, 351 Brunswick St, 🖳 www.evelynhotel.com.au. Alteingesessenes Pub mit Band-Room, in dem oft lokale, aber auch internationale Bands spielen.

Peel, Peel St, Ecke Wellington St, 🖳 www.thepeel.com.au. Schwulenbar.

Royal Derby, Brunswick St, Ecke Alexandra Parade, 🖳 www.royalderbyhotel.com.au. Altbewährtes Pub mit schönem Biergarten.

Prahran

Chapel off Chapel, 12 Little Chapel St, (Nähe Malvern Rd, Ecke Commercial Rd), 🖳 www.chapeloffchapel.com.au, kleine Galerie, Jazz-Gigs und lateinamerikanische Tanzpartys.

Chasers, 386 Chapel St, 🖳 www.chasersnightclub.com.au. Sehr junges, schickes Publikum.

Revolver Upstairs, 229 Chapel St, 🖳 www.revolverupstairs.com.au. Spielt elektronische Musik bis in die Morgenstunden und ist die Anlaufstelle, wenn alle anderen Clubs bereits geschlossen haben. Oben befindet sich das sehr gute Colonel Tan's Thai Restaurant.

St. Kilda

Second ACT, 37 Fitzroy St, 🖳 http://secondactstkilda.com. Tapas- und Weinbar mit gemütlichem Ambiente. Auch Burger, Bier und Cider. Wer möchte, kann draußen sitzen. Livemusik (akustisch) Mi–So.

Palais Theatre, neben dem Luna Park, 🖳 http://palaistheatre.com.au. Bunt gemischtes Programm, typisch St. Kilda.

The Local Taphouse, 184 Carlisle St, 🖳 https://thelocal.com.au. Eines der beliebtesten Pubs in St. Kilda. Unzählige gute Biersorten vom Fass. Dazu gibt's ein umfangreiches Programm (Mo Comedy, Fr und Sa Livemusik).

Theater

Außer den drei Bühnen im Arts Centre gibt es kleinere, unabhängige Theater:

La Mama Theatre, 205 Faraday St, Carlton, 🖳 www.lamama.com.au. Leitete in den späten 1960er-Jahren eine Renaissance des australischen Theaters ein. Theateraufführungen, Gastspiele, Lesungen von Theaterstücken und Lyrik.

Malthouse, 113 Sturt St, in der Nähe des Arts Centre, South Melbourne, 🖳 www.malthousetheatre.com.au. Produziert zeitgenössisches australisches Theater – sehenswert.

The Space, 318 Chapel St, (Eingang in der Carlton St), Prahran, 🖳 www.thespace.com.au. Alternatives Theater, Kleinkunst.

VICTORIA

EINKAUFEN

Die meisten Geschäfte in der City öffnen Mo–Mi 9–18 Uhr, Do und Fr Late-night-Shopping bis 21 Uhr, Sa und So 9–16 Uhr.

Campingzubehör

Im Häuserblock zwischen Bourke St, Hardware St und Little Bourke St befinden sich etliche Camping- und Ski-Ausrüster; darunter **Paddy Pallin**, 152 Bourke St, und **Kathmandu**, 385 Bourke St.

Märkte

Die Märkte sind eine wahre Fundgrube für Souvenirs.

Prahran Market, 163 Commercial Rd. Großer Lebensmittelmarkt, gutes Salami-, Käse- und Brotangebot. Markttage: Di, Do, Fr und Sa 7–17, So 10–15 Uhr.

Queen Victoria Market, Elizabeth St, Ecke Victoria St. 🕒 Di, Do und Fr 6–15, Sa 6–16 Uhr. Sonntags sind die meisten Lebensmittelstände geschlossen, verkauft werden von 9–15 Uhr hauptsächlich Souvenirs und Klamotten (S. 593).

South Melbourne Market, Cecil St, Ecke Coventry St. Markttage Mi, Sa und So 8–16, Fr bis 17 Uhr, auch viele billige Klamotten.

Sonntag ist in Melbourne ein wichtiger Markttag für Kunsthandwerk, Trödel und Bücher. Hinter dem Art Centre findet dann ein Kunsthandwerkermarkt statt; im Atrium-Gebäude des **Federation Square** gibt es einen Markt für neue und Secondhand-Bücher, in der **Greville Street** in Prahran einen Trödelmarkt mit alternativem Touch und entlang der **Esplanade** in **St. Kilda** einen weiteren Kunsthandwerksmarkt.

Souvenirs

In QV, Melbourne Central, der Bourke St Mall und den umliegenden Ladenpassagen kann man sich ebenso umsehen wie bei Southgate, weitere Fundgruben sind die Märkte sowie der Koorie Heritage Trust für Aboriginal-Kunsthandwerk, s. „Galerien".

Australian by Design, 282 Collins St. Handgemachte Souvenirs aus Australien, z. B. Boomerangs, Schmuck, Aboriginal-Kunst und Seidenschals.

Ein typisch australisches Mitbringsel sind **Opale**. Zu den bekanntesten Adressen gehört die **National Opal Collection**, 119 Swanston St, 💻 www.nationalopal.com. Hier erhält man auch gute Beratung.

SPORT

Melbourner sind Sportfanatiker, entsprechend riesig ist das Angebot.

Fußball und Football

Der raubeinige **Australian Rules Football** stammt ursprünglich aus Melbourne. Während der Saison von April bis September grassiert das Footy-Fieber. Austragungsorte sind der MCG und das Marvel Stadium. Das Endspiel (Grand Final) im MCG ist nach dem Melbourne Cup das zweitwichtigste Sportereignis in Melbourne und geht mit Paraden und einem bundesstaatweiten Feiertag einher. Ein Footy-Match sollte man sich nicht entgehen lassen, Spielorte und -zeiten auf 💻 www.afl.com.au. Mehr Infos zum Spielverlauf s. Kasten S. 596/597.

Pferderennen

Pferderennen finden das ganze Jahr über auf dem Flemington Racecourse und dem Caulfield Racecourse statt. Das berühmteste Rennen Australiens ist der Melbourne Cup am ersten Dienstag im November auf dem Flemington Racecourse. Ganz Australien kommt für einige Minuten zum Stillstand („The race that stops the nation"), wenn jeder gebannt dem Verlauf des Rennens folgt, das um 14.40 Uhr live im Radio und Fernsehen übertragen wird (S. 77).

Schwimmen

Es ist unter Melburnians umstritten, ob man an den Stränden der Port Phillip Bay baden kann oder nicht – viele tun's. Das Wasser ist relativ sauber, aber in die Bucht werden Abwässer eingeleitet. Nach heftigen Regenfällen ist das Wasser dort dann stärker verschmutzt. Die Ozeanstrände an der Mornington Peninsula oder westlich von Geelong (z. B. Torquay, Anglesea) sind sauberer, allerdings wegen starker Strömungen und hoher Wellen auch gefährlich.

Versteckte Gassen mit Cafés und kleinen Läden sind Melbournes interessanteste Ecken.

Segeln

The Boatshed, Albert Park, 🖳 www.theboatshed.net.au. Verleiht kleine Segelschiffe sowie Kajaks und Tretboote für Fahrten auf dem ruhigen Albert Park Lake. Zum Club gehört auch eine Segelschule für Anfänger und Fortgeschrittene.
Yachtmaster Sailing School, Brighton und Sandringham, 🖳 www.yachtmaster.com.au. Für Anfänger und Fortgeschrittene.

Wind- und Kitesurfen

Sandy Beach HQ, Jetty Rd, Sandringham, 🖳 www.shq.com.au. Unterricht im Stand-Up-Paddle, Wind- und Kitesurfen.

TOUREN

Stadtführungen

Kostenlose Stadtführungen starten tgl. um 10.30 Uhr bei der Statue des Sir Redmond Barry vor der State Library, die Tourguides sind an den neongrünen T-Shirts zu erkennen; Tour ca. 3 Std., 🖳 www.imfree.com.au/melbourne.
Melbourne City Tour, 🖳 https://melbournecitytour.com.au. Halbtägige Führungen durch die Innenstadt inkl. Queen Victoria Market, $85. Auch längere Touren inkl. Flusskreuzfahrt.
Oceania Tours, 🖳 www.oceaniatours.com.au. Dreistündiger Spaziergang durch Melbournes versteckte Gassen und Arkaden in kleinen Gruppen, Touren auch auf Deutsch. $89.

Bustouren

Klassische Ziele sind Phillip Island mit der Pinguinparade, die Dandenong Ranges, die Weingüter im Yarra Valley, das Museumsdorf Sovereign Hill in Ballarat und die Great Ocean Road.
Autopia Tours, 🖳 www.autopiatours.com.au. Etablierter, auf den Backpackermarkt spezialisierter Veranstalter. Preiswerte 1–3-tägige Touren im 22-sitzigen Kleinbus, u. a. 1 Tag Phillip Island, 1 Tag Great Ocean Road, 1 Tag Grampians (jeweils $145), 2- und 3-Tage-Kombination Grampians und Great Ocean Road, ab $500. Auch One-way-Touren Melbourne–Adelaide sowie Melbourne–Sydney (S. 531). Immer wieder gutes Feedback, sehr beliebt.
Bunyip Tours, 🖳 www.bunyiptours.com. Großes Angebot an günstigen Tagestouren, darunter Great Ocean Road, Phillip Island und Wilsons Promontory, ab $145.

Touren ins wilde australische Tierreich

Für seinen Einsatz zum Schutz von Koalas und anderen australischen Tieren wurde der Touranbieter **Echidna Walkabout** 2014 mit den World Responsible Tourism Awards ausgezeichnet. Ein Teil der Tourkosten fließt in die eigenen Koalaforschungsprojekte und Wildlife-Kartografie. Außerdem werden Teilnehmer eingeladen, sich an Projekten zum Umweltschutz zu beteiligen, z. B. beim Jäten Koala-schädlichen Unkrauts.

Die naturkundlichen Touren zeichnen sich v. a. durch die engagierten und gut informierten Guides aus; u. a. gibt's Touren in die East Gippsland und entlang der Great Ocean Road in die Grampians. Sehr kleine Gruppen, 2–8 Pers.; das Programm wird auf die Bedürfnisse der Teilnehmer zugeschnitten. Preise auf Anfrage je nach Gruppengröße. 💻 www.echidnawalkabout.com.au.

Go West, 💻 www.gowest.com.au. Hauptsächlich auf den Backpacker-Markt zugeschnittene Tagestrips in einem 21-sitzigen Bus, zur Great Ocean Rd, nach Phillip Island inkl. Pinguinparade und ins Yarra Valley inkl. Weinproben (jeweils $155). Von Lesern empfohlen.

Oceania Tours, 💻 www.oceaniatours.com.au. Großer Anbieter von Touren, z. T. auch in deutscher Sprache. U. a. Tagestouren zur Great Ocean Road ($245) und nach Phillip Island ($220).

Otway Discovery Tours, 💻 www.greatoceanroadtour.com.au. 1–3-Tagestouren zur Great Ocean Road, die längeren Touren zurück via Phillip Island oder Grampians. Tagestour $120.

Bootstouren und Fähren

Melbourne River Cruises, 💻 www.melbcruises.com.au. Fahrkartenverkauf an den blauen Kiosks bei der Anlegestelle Princes Bridge am Südende des Federation Square oder bei Southgate. Kreuzfahrten von 1–3 Std. auf dem Yarra River, ab $38. Außerdem Fährfahrten nach Williamstown; an sonnigen Tagen eine schöne Tour, $35 oder $48 hin und zurück.

One-way-Touren

Autopia Tours, 💻 www.autopiatours.com.au. S. o., Bustouren. 2-Tagestouren nach Adelaide entlang der Great Ocean Road und durch die Grampians (ab $575).

Wildlife Tours Australia, 💻 https://wildlifetours.com.au. In drei Tagen von Melbourne entlang der Great Ocean Road und durch den Grampians National Park nach Adelaide, $565.

Radtouren

Melbourne by Bike, 💻 https://melbournebybike.com. Eine 4-stündige Erkundungstour durch Melbourne per Rad; $120, Kind $89, inkl. Rad, Mittagessen und Kaffee und Kuchen in Carlton. Dort auch Fahrradverleih.

Wanderungen und Aktivitäten in der Natur

Balloon Man, 💻 https://balloonman.com.au. Bietet einen exklusiven Panoramablick auf die Stadt bei einer Fesselballonfahrt in den Sonnenaufgang. Treffpunkt in der Lobby des Grand Hyatt Foyers, Lansdowne St, Abfahrtszeit bei Buchung (Treffpunkt ca. 1 Std. vor Sonnenaufgang), ab $500 p. P.

Weinproben

Chillout Travel Winery Tours, 💻 www.chilloutwinetours.com.au. Individuell zugeschnittene Touren in sehr kleinen Gruppen zu 4 verschiedenen Weingütern. Preis $180 inkl. Mittagessen. Der Touranbieter wurde von Lesern mehrfach wegen der sehr persönlichen Atmosphäre empfohlen.

Wine Tours Victoria, 💻 www.winetours.com.au. Tagestouren im Minibus zu Weinregionen in der Umgebung von Melbourne: Mornington Peninsula, Macedon Ranges. Jeweils $250.

Yarra Valley Wine Tasting Tours, 💻 www.yarravalleywinetastingtours.com.au. Sehr breites Angebot, zugeschnitten auf die individuellen Bedürfnisse der Teilnehmer. Touren zu den Weingütern im Yarra Valley. Ab $145.

SONSTIGES

Autokauf

Eine gute Anlaufstelle sind Anschlagbretter in Backpacker-Hostels. Die Manager haben manchmal auch Adressen von Gebrauchtwagenhändlern zur Hand und wissen, mit wem Traveller gute Erfahrungen gemacht haben.

Travellers Auto Barn, 55 King St, Airport West, 💻 www.travellers-autobarn.com.au. Gebrauchtwagen mit Roadworthy Certificate (RWC) und 12 Monaten Garantie. Zusätzlich kann eine Rückkaufgarantie sowie eine Third Party Insurance arrangiert werden. Auch Vermietungen von Autos und Campervans. Filialen in Sydney, Brisbane, Cairns und Perth.

Automobilclub

RACV (Royal Automobile Association of Victoria), 💻 www.racv.com.au. Großes Angebot und Reiseservice wie Unterkünfte, Mietwagen, Touren etc.

Autovermietungen

Hier nur eine Auswahl lokaler Anbieter. Billig-Vermieter zeigen sich im Schadensfall oft weniger kulant; man sollte abwägen, ob man nicht lieber etwas mehr bei einem etablierten Autovermieter ausgibt. Angebote der großen Firmen (Avis, Budget, Europcar, Hertz, Thrifty) findet man unter 💻 www.vroomvroomvroom.com.au.

East Coast Car Rentals, 💻 https://eastcoastcarrentals.com.au. Filialen am Flughafen und in der City (128 A'Beckett St). Außerdem entlang der Ostküste zwischen Sydney und Cairns sowie in Adelaide. Sehr günstig, allerdings haben Leser den schlechten Service beklagt.

Rent a Bomb, 149 Clarendon St, South Melbourne, 💻 www.rentabomb.com.au. Neue und ältere Modelle. Filialen in Sydney, Brisbane und Cairns.

Campervans und Geländewagen

Apollo, 💻 www.apollocamper.com, **Britz Campervan Rentals**, 💻 www.britz.com.au, **Maui**, 💻 www.maui-rentals.com, und **Mighty Campers**, 💻 www.mightycampers.com.au, finden sich alle unter einer Adresse: 40 Hume Highway, Somerton.

Wicked Campers, 195-199 Kensington Rd, West Melbourne, 💻 www.wickedcampers.com.au. Alle vermieten Campervans und Geländewagen und haben zahlreiche weitere Filialen in Australien für One-way-Vermietungen.

Bootsverleih

Die Boathouses am Yarra vermieten Kanus, Kajaks und Ruderboote, mit denen sich ein schöner Nachmittag auf dem Fluss verbringen lässt. Danach kann man im Boathouse Café Kaffee oder Bier trinken: **Fairfield Boathouse**, im Fairfield Park, 4 km nordöstl. der City, 💻 www.fairfieldboathouse.com.

Studley Park Boathouse, Kew, 3 km östl. der City, 💻 https://studleyparkboathousekew.com.au.

Fahrrad- und Motorradverleih

Bicycle Network, 💻 www.bicyclenetwork.com.au. Infos über Fahrradwege im Großraum Melbourne und über organisierte Massen-Radtouren in Victoria (Great Victorian Bike Ride).

Bike Now, 240 Kings Way, Ecke Park St, South Melbourne, 💻 www.bikenow.com.au. Radverleih ab $55 pro Tag oder $250 pro Woche. Auch Touren.

Melbourne by Bike, Federation Square, 💻 www.rentabike.net.au. $20 pro 2 Std., $40 pro Tag, auch geführte Touren (S. 608). 🕒 tgl. 10–17 Uhr.

Festivals und Feiertage

In Melbourne ist immer etwas los. Von den vielen Festen und Festivals seien hier nur die bekanntesten und/oder interessantesten erwähnt. Aktuelle Auskunft beim Visitor Centre.

Australian Open: weltbekanntes Grand Slam Tennisturnier. In der Rod Laver Arena und der Hisense Arena von Melbourne Park, 14 Tage Mitte Januar.

Midsumma Festival: LGBTQIA+-Festival mit Straßenparade und vielen sportlichen und kulturellen Veranstaltungen. 2 Wochen, meist Mitte Januar bis Anfang Februar.

Australian International Air Show: Flugzeuge führen Stunts und Kunststücke vor, ab Avalon Airport in Geelong, Wochenende Mitte Februar.

White Night Melbourne: Farben- und Lichterfest in einer Samstagnacht im Februar. Tolles Erlebnis!
Moomba: Festzug, Rummel und zahlreiche verschiedene Aktivitäten für Familien; 10 Tage ab Labour Day im März.
Stadtteilfeste: u. a. in St. Kilda und Williamstown, Ende Januar bis Mitte März.
Brunswick Music Festival: Folk, Blues und World Music, verschiedene Veranstaltungsorte in Brunswick und Northcote, 2 Wochen, Mitte bis Ende März.
Melbourne Comedy Festival: Kabarett- und Komödienfestival, 3 Wochen ab Anfang April.
Melbourne International Jazz Festival: zwei Wochen im Mai oder Juni.
Melbourne Film Festival: internationales Filmfestival im Juli.
Melbourne Writers' Festival: Lesungen und Diskussionen mit Autoren aus Australien und Übersee. Meistens im Malthouse in der Nähe des Arts Centre. 2 Wochen ab Mitte August.
Royal Melbourne Show: traditionelle Landwirtschaftsausstellung, Ende September.
Melbourne Fringe Festival: von Ende September bis Anfang Oktober treten unbekanntere lokale und internationale Gruppen oder Einzeldarsteller auf; am Ende ein Umzug und Straßenfest in der Brunswick St, Fitzroy.
Melbourne International Arts Festival: großes etabliertes Kunstfestival (Tanz, Theater, Oper, Konzerte), im Oktober.
Melbourne Cup: Pferderennen am 1. Di im November; für viele Melbourner und Victorianer wohl der „heiligste" Feiertag des Jahres.
Lygon St Fiesta: über die Grenzen von Carlton hinaus bekanntes Stadtteil- und Kulturfest im November mit italienischem Akzent.
Cricket: eine Serie von Cricket Matches im Melbourne Cricket Ground von Ende Dezember bis Mitte Februar; u. a. Battle for the Ashes-Test Match zwischen Australien und England Ende Dezember sowie eintägige Matches.
Folgende Feiertage in Victoria weichen von den australienweiten ab: **Labour Day**: 2. Mo im März; **Melbourne Cup Day**: 1. Dienstag im November.

Informationen

Melbourne Visitor Information Centre, Federation Square, direkt gegenüber von Flinders St Station, 💻 https://whatson.melbourne.vic.gov.au. Zusätzlich zu unzähligen Faltblättern und Prospekten über Melbournes und Victorias Sehenswürdigkeiten, Informationen über öffentliche Verkehrsmittel und aktuelle Veranstaltungen gibt es auch interaktive Videos zu sehen. 🕒 tgl. 9–18 Uhr.

Melbourne Greeter Service bietet nach Voranmeldung beim Visitor Information Centre (mind. 3 Tage) Touristen die reizvolle Möglichkeit, sich kostenlos von einem/r Einheimischen, der ihre Sprache spricht, etwas von ihrer Stadt zeigen zu lassen. Was man genau unternimmt, hängt von den Beteiligten ab.

Internet

In den Unterkünften ist der Internetzugang meist kostenlos. Zusätzlich gibt es zahlreiche kostenlose WLAN-Hotspots, z. B. am Federation Square, an allen Bahnhöfen in der City und in allen Büchereien und Museen. Weitere WLAN-Spots unter 💻 www.visitvictoria.com/Information/WiFi-hotspots.

NAHVERKEHR

Alle „Trams" (Straßenbahnen) sind im Viereck zwischen Flinders Street, Harbour Esplanade (und bis zur Harbour City und Observation Wheel), La Trobe Street (und bis zum Queen Victoria Market) und Spring Street kostenlos. Infos zu den Sightseeing Bussen s. S. 607.

City Circle Tram

Melbourne City Circle Tram, 💻 www.ptv.vic.gov.au/route/1112/35. Die kostenlose Tram 35 verkehrt tgl. 9.30–17.50, Do bis 20.30 Uhr, ca. alle 20 Min. im CBD in beiden Richtungen (Flinders St, Aquarium, Harbour Esplanade, Docklands Drive, La Trobe St, Victoria Parade (Carlton), Nicholson St (Fitzroy), Spring St, Flinders St). Eine Runde dauert eine knappe Stunde.

Public Transport Victoria (PTV)

Im Großraum Melbourne gilt das (nicht sehr besucherfreundliche) **Ticketsystem myki**.

Langzeitnutzer sparen mit diesem System; für Reisende, die nur ein paar Tage in Melbourne verbringen, ist es allerdings umständlich und teuer. Wer mehr als nur die Innenstadt sehen will, die im kostenlosen City-Tram-Bereich liegt, und z. B. mal nach St. Kilda fahren möchte, kommt um eine myki-Karte leider nicht herum. (Wer nur für einen Tag nach St. Kilda möchte und mindestens zu zweit reist, zahlt für ein Taxi u. U. nicht mehr).
Die Karte erhält man am Schalter sowie in den 7-Eleven Shops oder man kann sie als Bezahlmethode auf Google Wallet einrichten.
Für $16 erhält man eine myki-Fahrkarte mit $10 Guthaben. Kinder von 4–16 J. zahlen $9 und erhalten ein Guthaben von $6.
Anschließend kann die Karte beliebig aufgeladen werden. Vor und nach jeder Fahrt muss man durch kurzes Berühren der Karte an einem der Kontaktpunkte elektronisch „abstempeln" *(touch on and touch off)*. Myki gilt für alle Vorortzügen, Trams und Bussen der Zone 1 (Melbourne City inkl. eines Radius von ca. 15 km) und Zone 2 (gesamter Großraum Melbourne). Fahrpreise für Zone 1 und 2 (Zone 1 allein kostet genauso viel): 2 Std.: $4,50; ganzer Tag: $9 (Sa und So $6,40).
Achtung: Die Ermäßigungen für Studenten und Senioren gelten nur für Einheimische mit den entsprechenden Ausweisen. Kinder von 4–16 J. fahren zum halben Preis. Überschüssige Beträge zwischen $5–50 können an den PTV Hubs am Southern Cross und in den Docklands ausgezahlt werden, die $6 Kartengebühr wird allerdings nicht erstattet. Myki-Karten sind übertragbar.
Vorortzüge und Straßenbahnen verkehren Mo–Sa von 5 Uhr bis etwa Mitternacht, So 8–23 Uhr. Der Busverkehr ist eingeschränkter. Die meisten Vorortzüge starten an der Flinder St Station und fahren dann ganz oder teilweise durch den **City Loop** (Flinders St Station, Parliament, Melbourne Central, Flagstaff, Southern Cross Station) zu ihren Destinationen.
NightRider-Nachtbusse fahren, wenn keine Vorortzüge mehr verkehren, von der City in die Vororte.
Weitere Informationen finden sich unter 🖳 www.ptv.vic.gov.au.

TRANSPORT

Busse

Alle Fernbusse fahren vom **Southern Cross Station Terminal** in der Spencer St: **Firefly Express**, 🖳 www.fireflyexpress.com.au. Nach ADELAIDE und SYDNEY; jeweils ein Busservice tagsüber und nachts, genauso in umgekehrter Richtung.
Greyhound, 🖳 www.greyhound.com.au. Verbindungen nach CANBERRA, von dort aus weitere Verbindungen nach SYDNEY.
Skybus Shuttle, 🖳 www.skybus.com.au. Expressbus zum Melbourne Airport. Details s. Flüge.
Bahnbusse von **V/Line**, die innerhalb von Victoria verkehren, s. Eisenbahn.

Eisenbahn

Von **Southern Cross Station** fahren sowohl transaustralische Züge als auch die innerhalb Victorias verkehrenden Bahnbusse und Züge ab, die von V/Line betrieben werden. Die Plätze sind im Voraus zu buchen.
Infos und Platzreservierung innerhalb von Victoria unter 🖳 www.vline.com.au, oder im Booking Office in der Southern Cross Station.
Traveller's Aid, am Southern Cross, 🖳 www.travellersaid.org.au, bietet Dienstleistungen für Behinderte.
Die wichtigsten Hauptverbindungen in andere Bundesstaaten s. S. 79 (Travelinfos).
V/line betreibt eine Zug/Bus-Verbindung entlang der Küste bis in den Süden von NSW: **Zug/Bus-Verbindung nach** NAROOMA/ BATEMANS BAY: Tagsüber mit dem Zug nach BAIRNSDALE, weiter per Bus via Lakes Entrance und Eden nach NAROOMA. Mo, Do und Sa fährt der Bus weiter nach BATEMANS BAY. Ab Eden kann man auf den Bus von Premier Motor Service (S. 756/757) umsteigen.

Flüge

Skybus Shuttle, 🖳 www.skybus.com.au, verkehrt zwischen dem **Melbourne Airport** im Vorort Tullamarine und Southern Cross Station rund um die Uhr alle 10–20 Min.; Fahrzeit in die City ca. 20 Min., Fahrpreise bei Online-Buchung (vor Ort etwas teurer): $24 einfach, $40 hin und zurück; Kind $4 einfach. Skybus gehört nicht zum myki-System.

Inlandsflüge

Die Gesellschaften **Qantas**, 🖳 www.qantas.com.au, **Jetstar**, 🖳 www.jetstar.com.au, und **Virgin Australia**, 🖳 www.virginaustralia.com, fliegen tgl. in die meisten australischen Großstädte.

Rex (Regional Express), 🖳 www.rex.com.au. Direkte Verbindungen u. a. nach PORT MACQUARIE, COFFS HARBOUR, ARMIDALE, DUBBO, BROKEN HILL, ORANGE, ALBURY und MERIMBULA.

Schiffe

Fähre nach TASMANIEN, s. S. 696.

Die Umgebung von Melbourne

Die nahe Umgebung von Melbourne bietet weiße Sandstrände, schattige Wanderpfade, Begegnungen mit der endemischen Tierwelt, schrille Alternativkultur, Chardonnay and Pinot Noir. Man kann mit Seelöwen und Delphinen auf Tuchfühlung gehen, im Heißluftballon über die Täler schweben, durch uralte Eukalyptuswälder wandern oder im „Spa Country" Körper und Seele entspannen. Und das Beste an diesen Zielen: Man muss noch nicht einmal morgens die Koffer packen und auf Unterkunftssuche gehen – vieles lässt sich auf Tagesausflügen besuchen.

Im Osten von Melbourne locken die dichten Wälder der **Dandenong Ranges** und etwas weiter nordwestlich das **Yarra Valley**. Wenn in Melbourne die Sonne glüht, findet man in den Dandenongs angenehme Abkühlung.

Die idyllisch gelegenen Städtchen **Warburton**, **Healesville** und **Marysville** im Norden sind von dicht bewaldeten Bergen, Flüsschen, Wasserfällen und Stauseen umgeben. **Lake Mountain** in der Nähe von Marysville ist das Melbourne am nächsten gelegene Skigebiet Victorias. Im Kur- und Erholungsgebiet um **Daylesford** und **Hepburn Springs** ticken die Uhren merklich langsamer. Hier liegen 72 natürliche Mineralquellen, dazu kommen etwa 30 Thermalbäder. Von der Hafenstadt **Geelong** im Südwesten ist in einer halben Stunde Fahrt das Feriengebiet der **Bellarine Peninsula** erreicht.

Mit Delphinen und Seelöwen schwimmen, Weine, Käse und Schokolade verkosten, wandern und Rad fahren kann man auf der gegenüberliegenden **Mornington Peninsula**, im Sommer ein beliebter Fluchtort für gestresste Großstädter. Auf **Phillip Island**, südwestlich von Melbourne in der Western Port Bay, fallen im Sommer Busladungen von Touristen ein, um die „Pinguinparade" zu sehen.

Wie überall in Australien lohnt sich ein eigener fahrbarer Untersatz, wenn man besonders mobil sein will. Es gibt aber auch Touren zu all diesen Zielen (S. 607).

Nach Osten

Dandenong Ranges

Eukalyptuswälder mit *peppermint gums* und *grey gums*, *messmate* und v. a. den eindrucksvollen, hochwachsenden Königseukalypten *(mountain ash)* sowie schattige, von Baumfarnen bestandene kleine Schluchten *(ferntree gullies)* laden im **Dandenong Ranges National Park** zum Spazierengehen ein. Besonders schön ist das Gebiet des Sherbrooke Forest, mit etwas Glück bekommt man die bunten Pennantsittiche *(crimson rosellas)* zu Gesicht, die hier und in den anderen Waldgebieten zu Hause sind. Die Leierschwänze *(lyrebirds)*, die in diesen Wäldern die Rufe anderer Vögel imitierten, hört man in den Dandenongs glücklicherweise wieder häufiger. Anderswo in Victoria sind die Singvögel leider seit geraumer Zeit eine Seltenheit.

Eigenheime, einige wunderschöne Parks sowie kleine Dörfer mit Galerien und Antiquitätenläden liegen über die lieblichen Hänge verteilt. Im Winter sind die Hänge oft nebelverhangen; vielleicht sogar mit Schnee, der aber nicht liegen bleibt.

Umgebung Melbourne

Im Sherbrooke Forest lädt dichter Regenwald zu Spaziergängen ein.

Puffing Billy Railway

Eine kleine Dampfeisenbahn zuckelt auf Schmalspurschienen 13 km von Belgrave nach Lakeside am Lake Emerald (50 Min.) und mindestens einmal täglich 9 km weiter nach Gembrook (105 Min.) und wieder zurück. Von einigen Lichtungen im Wald hat man einen schönen Ausblick auf die Landschaft südlich der Dandenongs – in der Ferne blinkt das **Cardinia Reservoir**, einer der zahlreichen großen Stauseen im Nordosten Melbournes.

Abfahrt 10.30, 12.30 und 14.30 Uhr, am Wochenende und im Sommer auch um 11.10 Uhr, ab Puffing Billy Station, etwa fünf Minuten zu Fuß von der Belgrave Station. Fahrkarte bis Gembrook und zurück $80, Kind $40 (oder $62 bis Emerald oder Lakeside, hin und zurück, Kind $31). 🖳 www.puffingbilly.com.au.

Mount Dandenong Tourist Road

Die Mt Dandenong Tourist Road windet sich von Upper Ferntree Gully in Serpentinen den Berg hinauf. Die beiden kleinen Ortschaften **Sassafras** und vor allem **Olinda** laden zum Bummeln ein – hier gibt es zahlreiche kleine Souvenirläden, Cafés, Restaurants und Kunstgalerien.

In der Nähe lohnen v. a. die **National Rhododendron Gardens**, Georgian Rd, ein schöner, 42 ha großer Park mit leuchtend blühenden Rhododendren, Azaleen und Kamelien und schönen Ausblicken auf das **Silvan Reservoir** und die Hügel im Nordosten, einen Besuch – besonders wenn der Park für das Spring oder Autumn Festival hergerichtet ist. Der Park ist von der Mt Dandenong Tourist Rd ausgeschildert. 🕒 tgl. 10–17 Uhr.

Kurz hinter Olinda kann man im **William Ricketts Sanctuary** einen Stopp einlegen, s. u. Hinter **Mount Dandenong**, dem nächsten Ort, biegt links die Ridge Rd von der Mt Dandenong Tourist Rd ab und führt zur **Aussichtsplattform** auf dem 663 m hohen **Mount Dandenong**. Bei klarem Wetter hat man von hier einen weiten Blick über die östlichen Vororte bis zu den Hochhaustürmen der Melbourner City und der Port Phillip Bay.

William Ricketts Sanctuary

Der 1993 verstorbene Bildhauer William Ricketts lebte einige Jahre mit Pitjatjantjara-Aborigines in Zentral-Australien, die ihn als ihren spirituellen Bruder anerkannten. Mit den Skulpturen in seinem Waldheiligtum in den Dandenongs setzte der Künstler der Naturnähe und spirituellen Kraft der australischen Aborigines ein bewegendes Denkmal. Der Eingang zum Sanctuary liegt an der Mt Dandenong Tourist Rd zwischen Mt Dandenong und Kalorama. ⌚ tgl. 10–16.30 Uhr.

Sherbrooke Forest und Parks an der Sherbrooke Road

Kurz vor der Ortschaft Sassafras biegt von der Mt Dandenong Tourist Rd die Sherbrooke Rd in Richtung **Kallista** ab. Von dort führt eine schöne Fahrt über die Monbulk Rd in südlicher Richtung direkt durch den **Sherbrooke Forest** nach **Belgrave**. Wanderer und Spaziergänger können ihr Auto zum Beispiel auf dem Parkplatz beim Main Entrance Picnic Ground in der Sherbrooke Rd abstellen. Von hier führen Spazierwege durch den Wald, u. a. zu den **Sherbrooke Falls**.

Zwei herrliche Parks liegen ebenfalls an der Sherbrooke Rd auf dem Weg nach Kallista. **Alfred Nicholas Memorial Gardens** ist an einem Hang im Stile einer britischen Hill Station aus dem 19. Jh. angelegt. Spazierwege führen im Zickzack-Kurs hinunter zu einem kleinen, von Baumfarnen umringten Teich und einem verwunschen wirkenden hölzernen Bootshaus. ⌚ tgl. 10–17 Uhr.

Den kleineren, 2 ha umfassenden **George Tindale Memorial Gardens** weiter östlich durchziehen gewundene Spazierwege. Je nach Jahreszeit bieten hier unter anderem Fuchsien, Rhododendren, Hortensien, Lilien, Kamelien und Chrysanthemen einen farbenfrohen Anblick. ⌚ tgl. 10–17 Uhr.

ESSEN

Pig & Whistle Tavern, 1429 Mt Dandenong Rd, Olinda, 💻 https://pigandwhistletavern.com. Gute Countermeals. Man kann auch draußen sitzen. ⌚ tgl. 11–23 Uhr.
SkyHigh, bei der Aussichtsplattform, 💻 www.skyhighmtdandenong.com.au. Preisgekröntes Restaurant der gehobenen Preisklasse. Frühstück, Mittag- und Abendessen im Restaurant oder Imbiss vom Kiosk. ⌚ Mo–Do 10.15–21.30, Fr–So bis 22.30 Uhr.

INFORMATIONEN

Bei Puffing Billy und SkyHigh gibt es jeweils einen **Informationskiosk**, 💻 http://visitdandenongranges.com.au.

TRANSPORT

Mit dem Zug gelangt man nach HURSTBRIDGE, LILYDALE oder BELGRAVE. Von hier aus verkehren einige Busse in die kleineren Ortschaften. Um die Umgebung richtig auf eigene Faust zu erkunden, ist ein eigenes Transportmittel erforderlich.

Nach Nordosten

Yarra Valley

Die gewellte Hügellandschaft des Yarra Valley offenbart ihre Schönheit am meisten aus der Luft – kein Wunder also, dass Fahrten im Heißluftballon das bevorzugte Transportmittel der Region sind. Nach dem Schwebeflug in den Sonnenaufgang über den Reben kehrt man zum Mittagessen in einem der über 100 Weingüter ein. Die meisten bieten Weinproben und -verkauf in den *cellar doors*, viele betreiben auch ein Restaurant; einige davon zählen zu den bekanntesten Gourmet-Adressen im Großraum Melbourne. Die Gegend bringt typische *Cool-climate*-Weine hervor; die lokalen Spezialitäten sind Chardonnay, Pinot Noir, Cabernet Sauvignon und Sekt.

ESSEN UND WEINPROBEN

De Bortoli, 58 Pinnacle Lane, Dixon's Creek, 💻 www.debortoli.com.au. Sehr schön gelegenes Restaurant mit toller Aussicht auf das Tal und ausgezeichneter norditalienischer Küche. ⌚ Do–Mo Mittagessen, Sa auch Abendessen, Reservierung erforderlich. Direktverkauf und Weinproben tgl. 10–17 Uhr.
Domaine Chandon, 727 Maroondah Highway, Coldstream, 💻 www.chandon.com.au. Von dem Champagnerhersteller Moët et Chandon

aufgebaut. Im Green Point Room kann man sitzen und Sekt oder Wein bestellen, dazu gibt es Käseplatten. Schöne Aussicht auf die Reben. ◷ tgl. 11–16.30 Uhr.

Fergusson Winery & Restaurant, 82 Wills Rd, Yarra Glen, 💻 https://fergussonwinery.com.au. Etabliertes Restaurant, australische Küche. ◷ Mittagessen tgl., Abendessen Sa, Reservierung erforderlich. Weinprobe tgl. 11–16.30 Uhr.

Yering Station, 38-42 Melba Highway, Yering, 💻 www.yering.com. Auf dem Grundstück befand sich Victorias erstes Weingut, 1838 gegründet. Vom Glasfenster des Weinbar-Restaurants bietet sich ein herrlicher Panoramablick über das Yarra-Tal. Zu der Anlage gehören eine kleine Galerie und ein Laden, der Spezialitäten aus der Umgebung verkauft. ◷ Mo–Fr 10–17, Sa und So bis 18 Uhr.

Yarra Valley Dairy, 70 McMeikans Rd (geht vom Melba Highway ab), Yering. Haus-gemachte Käsesorten im europäischen Stil (u. a. Mascarpone, Chevre, Fromage Frais) und Brot, zum Verkauf oder Verzehr mit einem Glas Wein. Schöne Lage. ◷ tgl. 10.30–17 Uhr.

TOUREN

Ideal für Leute, die ohne Sorge **Weinproben** machen möchten, sind Touren ab Melbourne, Infos S. 608.

Bei Sonnenaufgang einstündige Fahrten mit dem **Fesselballon** über dem Tal ab $345 p. P. inkl. Champagnerfrühstück auf einem Weingut bieten:

Go Wild Ballooning, 💻 www.gowildballooning.com.au.

Blue Skies Ballooning, 💻 http://blueskiesballooning.com.au.

INFORMATIONEN

Siehe Healesville.

Healesville

Der von Bergen und Stauseen umgebene Ausflugsort ist vor allem für seinen Tierpark **Healesville Sanctuary**, 💻 www.zoo.org.au/healesville, bekannt, ein wunderschöner Zoo in Buschlandumgebung an der Badger Creek Rd, am Fuß des Mt Ridell. Sein Gründer Colin MacKenzie plante den Tiergarten in den 1930er-Jahren als Refugium für australische Tiere. Heute leben hier über 200 australische Tierarten. Besonders interessant sind das Nocturnal House, in dem man nachtaktive Tiere beobachten kann, das Platypus House mit Schnabeltieren sowie die verschiedenen Meet-the-keeper-Vorführungen, insbesondere die Greifvogelshow *(Birds of prey)* um 12 und 14.30 Uhr. Am Wochenende kann es voll werden. ◷ tgl. 9–17 Uhr, Eintritt $46, Kinder am Wochenende und während der Schulferien frei, sonst $23.

In der Umgebung von Healesville gibt es einige sehr schöne Naturreservate, die Teil des **Yarra Ranges National Park** sind: der **Badger Weir Park** an einem Bach in der Nähe des Sanctuary, der herrliche Park am **Maroondah Reservoir** und das **Fernshaw Reserve** mitten im Wald – die beiden Letzteren liegen am Maroondah Highway in Richtung Alexandra/Marysville. Diese Straße führt über die **Black Spur Range**, 11 km lang durch einen dichten Wald mit riesigen Königseukalypten *(mountain ash)* und romantischen Farntälern – eine der schönsten Strecken von Victoria.

ÜBERNACHTUNG

Enclave, 322 Don Rd, Healesville, in Buschlandumgebung nicht weit vom Healesville Sanctuary, 💻 www.enclavelifestylevillage.com.au. Zelt-/Stellplätze ($45/55 oder $75 mit Bad) sowie Cabins mit Bad und Heizung. Solarbeheizter Pool, Spielplatz. Kiosk. Ab ❹

Sanctuary House, Badger Creek Rd, 💻 http://sanctuaryhouse.com.au. Gemütliches Motel, im Buschland in der Nähe des Sanctuary gelegen, Tennisplatz, Pool, Spielplatz, im Winter Kaminfeuer. Ab ❷

ESSEN

Healesville Hotel, 256 Maroondah Highway, 💻 www.healesvillehotel.com.au. Das Haus ist für seine gute Küche und die ausgezeichnet bestückte Bar mit guter Weinkarte sogar in Melbourne bekannt. Viele der Weine sind auch glasweise zu haben. Das Pub ist tgl. zum Mittag- und Abendessen geöffnet. Im angrenzenden Harvest Cafe ist auch Frühstück zu haben.

Mocha and Lime, 11 Green St. Leckeres Frühstück, Kuchen, Kaffee und kleine Mittagsgerichte. ⌚ Do–Fo 8–17 Uhr.

INFORMATIONEN

Karten und Infos erhält man u. a. im Healesville Sanctuary oder online unter 💻 www.visityarravalley.com.au.

TRANSPORT

Nach Healesville: tgl. Vorortzug von MELBOURNE bis LILYDALE, von dort weiter mit Bus Nr. 685.

Zum HEALESVILLE SANCTUARY: Von Healesville mit Bus Nr. 686 Richtung Badger Creek. Weitere Auskünfte: 💻 www.ptv.vic.gov.au.

King Lake Ranges

Die Hochebene der King Lake Ranges erstreckt sich von Healesville im Osten über Toolangi und Kinglake bis nach Whittlesea im Westen. In der Gegend haben sich einige Aussteiger und Kunsthandwerker niedergelassen; sie verleihen dem **Markt von St. Andrews** (⌚ Sa 9–14 Uhr) ein bunt-alternatives Flair. Die kleine Ortschaft **Toolangi**, östlich des Melba Highway, ist ein weiterer Sammelpunkt für Künstler; sehenswert sind z. B. die **Toolangi Pottery**, wo Keramik mit einer ungewöhnlichen Kristallglasur hergestellt wird. ⌚ tgl. 10–17 Uhr.

Der **Kinglake National Park** zählt zu Melbournes beliebtesten Naherholungsgebieten. Über 23 000 ha hohe Eukalyptus-Wälder und von dichtem Farn umgebene Schluchten stehen hier unter Naturschutz. Einer der schönsten Wanderwege führt zu den **Mason Falls**, nur einen kurzen Spaziergang vom Parkplatz entfernt. Im Februar 2009 brannte fast der gesamte Park nieder. An Tagen mit hoher Brandgefahr wird der Park oft geschlossen.

Am **Jehosaphat Gully** nahe der Ortschaft Kinglake gibt es ebenfalls Picknicktische, BBQs und Toiletten. Von hier aus führt der einfache **Lavers Circuit** (850 m) durch den Wald. Den Gipfel des **Mount Sugarloaf** – der höchsten Erhebung des Parks – erreicht man mit dem Auto am Ende der Sugarloaf Road. Von hier aus bietet sich ein fantastischer Ausblick bis nach Melbourne.

ÜBERNACHTUNG UND ESSEN

Flowerdale Hotel, Whittlesea–Yea Rd, 💻 www.flowerdalehotel.com.au. Uriges Land-Pub; Units, Countermeals, am Wochenende Livemusik. Schlichte, aber saubere DZ mit Bad. ❷

Die **Gums Camping Area** wurde nach den Bränden von 2009 komplett neu gebaut. Man erreicht sie über die Glenburn Rd von Kinglake kommend, später geht die Straße in die

Wandern und Wintersport in der Umgebung von Melbourne

Der 1432 m hohe **Lake Mountain**, 24 km östlich von Marysville, ist das Melbourne am nächsten gelegene Skigebiet (120 km entfernt). Die Langlauftrails sind in Schwierigkeitsgrade eingeteilt und umfassen etwa 40 km. Im Sommer ist Lake Mountain ein herrliches Wandergebiet, das von Melbourne schnell erreicht ist.

Das **Lake Mountain Alpine Resort** verleiht Skier und Schlitten und betreibt zwei ganzjährig geöffnete Bistros. Übernachtungsmöglichkeiten gibt es allerdings keine. Im Sommer ist das Tor zum Resort rund um die Uhr geöffnet, der Eintritt ist dann kostenlos. Im Winter ⌚ 7.30–18.30 Uhr, Eintritt $64 pro Auto, zu zahlen direkt am Eingang oder online. Die Skisaison geht je nach Wetterlage von Juni bis September. Weitere Auskünfte, insbesondere über die Wetterbedingungen, unter: 💻 www.lakemountainresort.com.au.

Eucalyptus Rd über. Sanitäre Anlagen sind vorhanden, Trinkwasser sollte man aber mitbringen. $16 pro Zelt oder Campervan. Reservieren unter www.parkstay.vic.gov.au/kinglake-national-park.

Kaffee und Snacks in inspirierender Atmosphäre gibt es im **Singing Gardens of C.J. Dennis Café**, Main Rd, Toolangi, https://thesinginggardens.com.au. Das BYO-Café befindet sich auf dem Gartengrundstück von C. J. Dennis, einem bekannten australischen Dichter, der hier von 1915–1938 lebte. *The Sentimental Bloke* gilt bis heute als das herausragendste Werk des Künstlers. Sa und So 11–16 Uhr.

TRANSPORT

Mit dem Zug nach SOUTH MORANG. Von hier geht es weiter mit dem Bus Nr. 382 nach WHITTLESEA und weiter mit Bus Nr. 384 nach KINGLAKE. Die Fahrt von der City dauert knapp 2 1/2 Std. Genaue Auskunft unter www.ptv.vic.gov.au.

Nach Nordwesten

Mount Macedon und Umgebung

Gegen Ende des 19. Jhs. war Mt Macedon eine beliebte Sommerfrische für Melbournes Upper Class, die sich an der Westflanke des erloschenen Vulkans ein Stück Klein-England mit Cottages, Blumengärten und Parks schuf. Die gepflegten Anlagen machen noch heute die besondere Idylle der Gegend aus. Von der kleinen Ortschaft aus schlängelt sich die Straße den Berg hinauf durch dichte Farn- und Eukalyptuswälder. Auf dem Gipfel thront das imposante **Memorial Cross**, das an Australiens gefallene Soldaten des Ersten und Zweiten Weltkriegs erinnern soll. Von hier aus blickt man an klaren Tagen über die gesamte Port Phillip Bay.

Im Norden ragt die Felsgruppe **Hanging Rock**, die Überreste eines ehemaligen Vulkans, aus der Ebene. Im Roman *Picnic at Hanging Rock* und im gleichnamigen Film von Peter Weir (deutscher Titel: *Picknick am Valentinstag*) wird der Felsgruppe eine unheimliche Aura verliehen. Die (erfundene) Geschichte erzählt vom spurlosen Verschwinden einiger Mädchen und einer Lehrerin während des jährlichen Ausflugs eines Mädchenpensionats zu diesem Felsen.

Von dieser gruseligen Geschichte abgesehen, ist das **Hanging Rock Reserve** ein beliebtes Ausflugsziel mit Picknickstellen und einem kleinen Informationszentrum, dem **Hanging Rock Discovery Centre** mit Informationen über die Geschichte und die Geologie von Hanging Rock. Naturreservat und Infozentrum 9–17 Uhr, im Sommer länger. Am 1. Januar und am Australia Day (26.1.) kommen besonders viele Leute wegen der **Hanging Rock Picnic Races** (Pferderennen) hierher. Es gibt auch ein kleines Café mit gutem Mittagessen.

Eine Anzahl von **Weingütern** schart sich um Sunbury; das relativ trocken-warme Klima bringt gute Tafelweine hervor (Chardonnay, Cabernet Sauvignon, Shiraz). Eine weitere Anhäufung findet man in den höheren, feuchteren und windigeren Lagen um Mt Macedon und Lancefield – die kühlste Weinanbauregion auf dem australischen Festland. Besonders der Sekt aus dieser Gegend genießt einen guten Ruf.

Das kleine **Trentham**, umgeben vom Wombat State Forest, hat sich bis heute einen angenehm langsamen Lebensstil bewahrt. In der Gegend liegen die Trentham Falls, mit 32 m Victorias höchster Wasserfall. **Woodend** hat ein kleines Zentrum mit Antiquitätengeschäften, Bäckereien und Cafés. In **Kyneton** ist die Piper Street von den für diese Gegend typischen Bluestone-Gebäuden aus dem 19. Jh. gesäumt. Dort laden etliche Cafés zur kurzen Rast ein.

ESSEN UND UNTERHALTUNG

Mount Macedon Trading Post, 686 Mt Macedon Rd, Mt Macedon Village. Frühstück, Mittagessen, Kaffee und Kuchen. Dient gleichzeitig als General Store, Bottle Shop und Zeitungsladen. Mo–Sa 7–17, So 8–16 Uhr.

Holgate Brewhouse, 79 High St, Woodend, https://holgatebrewhouse.com. An das alteingesessene Pub schließen sich eine moderne Schankstube und ein Besucherinformationszentrum an. Am Wochenende Brauereitouren ($25). Unbedingt ein hausgemachtes Ale probieren! ⌚ tgl. 12–22 Uhr.

SONSTIGES

Informationen

Kyneton Visitor Information Centre, 127 High St, Kyneton. ⌚ Fr–So 10–16 Uhr.
Woodend Visitor Information Centre, High St, Woodend. ⌚ tgl. 9–17 Uhr. Im Web: 💻 www.visitmacedonranges.com.

Weingüter

Nur eine Auswahl:
Knight Granite Hills, 1481 Burke and Wills Track, Baynton, östl. von Kyneton, 💻 www.granitehills.com.au. Shiraz, Cabernet Sauvignon und Pinot Noir, der Riesling ist preisgekrönt. ⌚ tgl. 10–18 Uhr.
Zig Zag Wines, 201 Zig Zag Rd, Drummond North, 💻 www.zigzagwines.com.au. Eins der ältesten Weingüter der Region produziert Riesling, Cabernet Sauvignon, Pinot Noir, Shiraz und Sekt. ⌚ Fr–So 12–17 Uhr.

TRANSPORT

V/Line, 💻 www.vline.com.au. Die Züge nach BENDIGO, ECHUCA und SWAN HILL halten teilweise in Macedon, Woodend und Kyneton. Um die Umgebung zu erkunden, ist man allerdings auf ein eigenes Fahrzeug angewiesen.

Daylesford und Hepburn Springs

Die Gegend um Daylesford und Hepburn Springs ist Victorias Kurgebiet. 72 Mineralquellen verteilen sich über die Region, alle sind öffentlich zugänglich und das Wasser kann über Pumpen abgefüllt werden. Der Charme eines kleinen Kurorts nach europäischem Vobild ist Daylesford und dem 2 km nördlich gelegenen Nachbarort Hepburn Springs erhalten geblieben; dazu kommen eine Prise Esoterik und Alternativkultur sowie eine *trendy* Café- und Restaurantszene. Etablierte Badehäuser wie das **Hepburn Spa Resort** sowie viele kleine Therapiezentren bieten Massagen und andere Wellness-Behandlungen an.

Ein Bummel entlang der **Vincent Street** in Daylesford offenbart die künstlerische Ader des Örtchens. Zwischen zahlreichen Galerien verstreut liegen gemütliche Cafés und Bistros, die oft auf die frühen schweizerischen und italienischen Einwanderer zurückgehen.

In Daylesford erstreckt sich an einer Flanke des erloschenen Vulkans **Wombat Hill** ein kleiner **Botanischer Garten**. Ein Aussichtsturm gewährt schöne Ausblicke auf den Ort und die Umgebung. An der Ecke von Hill St und Daly St im Nordwesten des Botanischen Gartens steht **The Convent**, ein ansehnliches, von einem kleinen Park umgebenes Herrenhaus (erbaut 1963), das heute eine bekannte Privatgalerie, die **Convent Gallery**, sowie ein Café beherbergt. ⌚ Do–Mo 10–16 Uhr, Eintritt $10.

In ca. einer Stunde kann man den **Lake Daylesford** zu Fuß umrunden (oder den Spaziergang über die Brücke abkürzen). Der Weg führt auch an einigen Naturquellen vorbei, darunter die **Central Springs**, also Wasserflaschen für Kostproben mitnehmen!

Fast unmerklich geht Daylesford nach Norden in den ruhigeren Nachbarort **Hepburn Springs** über. Idyllisch in einem schattigen Tal liegt das **Mineral Springs Reserve** mit Mineralquellen und dem **Hepburn Bathhouse**, 💻 www.hepburnbathhouse.com, dessen Angebot Heilbäder (im öffentlichen Pool oder privat), Sauna, Massagen und viele weitere Wellness- und Schönheitsbehandlungen umfasst. Voranmeldung für Massagen und Anwendungen erforderlich, fürs Wochenende bis zu sechs Wochen im Voraus. ⌚ So–Do 9–19, Fr und Sa bis 21 Uhr.

ÜBERNACHTUNG

Es gibt viele, recht teure B&B- und Cottage-Unterkünfte. Am Wochenende akzeptieren fast alle nur Buchungen für 2 Nächte; unter der Woche ist es etwas preiswerter.
Ein gutes Verzeichnis bietet 💻 www.dayget.com.au.

Daylesford

Daylesford Central Motor Inn, 54 Albert St, 💻 www.daylesfordcentralmotorinn.com. Das Beste, was Daylesford im mittleren Preisbereich zu bieten hat. Kleines Motel mit sauberen, komfortablen Zimmern. Ab ❸

Hepburn Springs

Continental House, 9 Lone Pine Ave, 💻 www.continentalhouse.com.au. Schönes altes, komplett renoviertes Haus mit 12 individuell eingerichteten DZ, alle mit Bad. Zur Anlage gehören auch ein schöner Garten sowie mehrere gemütliche Gemeinschaftsräume. Tolle Lage, etwas außerhalb auf einer Anhöhe oberhalb des Springs Reserve. Es gibt auch Yoga-Unterricht. ❺

The Peppers Springs Retreat, Main Rd, 💻 www.peppers.com.au/springs. Kleines Resorthotel aus den 1930er-Jahren, sehr geschmackvoll im Art-déco-Stil renoviert. B&B. Alle Zimmer mit Bad, die teureren mit Jacuzzi und Zugang zu einer breiten Terrasse. Über den Hof gibt es kleine Units mit Gartenblick. Weiterhin: Restaurant und ein preiswerteres Café; im dazugehörigen Spa House Dampfbäder und diverse Wellness- und Schönheitsbehandlungen. ❼

Camping

Im Mount Franklin Reserve, etwa 13 km nördl. von Daylesford am Midland Hwy, gibt es **kostenlose Campingplätze**, auch für Campervans. Superidyllische Lage. Die Plätze haben Toiletten, Feuerstellen und fließend Wasser, das allerdings nicht zum Trinken geeignet ist. Keine Reservierung möglich.

Daylesford Holiday Park, Ballan Rd, 💻 http://daylesfordholidaypark.com.au; 2 km südl. in Richtung Ballan. Zelt-/Stellplätze ($35/40) sowie Cabins und Glampingzelte in schöner Parkumgebung. Ab ❸

ESSEN

Daylesford

Farmers Arms Hotel, 1 East St. Generalüberholtes Pub; ein guter Ort für ein Bier oder zum Mittag- oder Abendessen.

Lunch zwischen Lavendelfeldern

Etwas außerhalb des Ortes befindet sich die **Lavandula Swiss Italian Farm**. Das lizenzierte Café liegt inmitten schön angelegter Gärten und Lavendelfelder, Zutritt $5. Neben sehr leckerem Essen gibt es in der Trattoria ständig wechselnde Kunstausstellungen. Übers Jahr verteilt finden hier sonntags kleine Feiern statt, z. B. das Erntedankfest, Primavera Festa und Swiss-Italian Festa. Details zu den Gärten und zum Restaurant unter 💻 www.lavandula.com.au. Hepburn–Newsstead Rd, Shepherd's Flat, 5 km nördlich von Hepburn Springs, 💻 www.lavandula.com.au. 🕒 tgl. 10.30–16 Uhr.

Himalaya Bakery, 73 Vincent St. Vollkornbäckerei und Fair-Trade-Café, leckeres Schwarzbrot und Vollwert-Backwaren. Auch Frühstück und Mittagessen, hauptsächlich aus lokalen Bio-Zutaten, sowie guter Kaffee. Tische und Theke aus Recycling-Holz. 🕒 tgl. 9.30–15 Uhr.

Lake House, 4 King St, am Lake Daylesford, 💻 www.lakehouse.com.au. Ein etabliertes Feinschmecker-Restaurant. 🕒 tgl. Mittagessen und Abendessen, 3–4 Gänge ab $210 p. P. Feine australische Küche unter Verwendung regionaler Zutaten, gute Weinkarte. 🕒 Mittagessen Fr–Mo, Abendessen tgl.

Hepburn Springs

Rubens @ Hepburn, 70 Main Rd, 💻 www.rubensrestaurant.com. Mediterrane Küche, Fisch- und Fleischgerichte sowie Pizza. 🕒 tgl. 18–21, Mi–So auch 12–15 Uhr.

INFORMATIONEN

Daylesford Regional Visitor Information Centre, 98 Vincent St, Daylesford, 💻 https://visithepburnshire.com.au. 🕒 tgl. 10–16 Uhr.

TRANSPORT

V/Line, 💻 www.vline.com.au. Ab MELBOURNE mit Zug bis WOODEND; ab dort mit Bus nach Daylesford.

Nach Südwesten

Südwestlich von Melbourne ragt die Bellarine Peninsula in die Port Phillip Bay, eine ruhige, idyllische Landzunge, auf der sich die Melburnians vom Großstadttrubel erholen. Die Hafenstadt Geelong bildet das Tor zum Besuchermagnet Great Ocean Road.

Werribee Open Range Zoo

Nicht weit vom Highway entfernt vermitteln die Tiere (Nashörner, Giraffen, Zebras, Meerkatzen, Geparden *(cheetahs)* die Illusion eines afrikanischen Safariparks, selbst die Landschaft hier gleicht ein wenig der afrikanischen Steppe. An Wochenenden, feiertags und in den Schulferien transportieren „Safaribusse" zwischen 10.30 und 15.40, im Sommer bis 16.30 Uhr, Besucher über das Zoogelände. Die 50-minütige Fahrt ist im Eintrittspreis von $46 eingeschlossen (Kinder am Wochenende und während der Schulferien kostenlos, sonst $23). 💻 www.zoo.org.au. 🕒 tgl. 9–17 Uhr.

Serendip Sanctuary

Das **Serendip Sanctuary**, Windermere Rd, Lara, weiter im Südwesten, ist sehr untouristisch und bietet einheimischen Tieren, vor allem Wasservögeln, ein Refugium. In den umzäunten, riesigen Freigehegen tummeln sich Kängurus, Wallabies und Emus, von den verborgenen Beobachtungsstationen am Wasser *(bird hides)* kann man vielerlei Wasservögel in quasi freier Wildbahn beobachten – mehr als 100 Spezies wurden hier gesichtet. 🕒 tgl. 8–16 Uhr, Eintritt frei.

Der Besuch des Sanctuary lässt sich gut mit einem Abstecher zu den **You Yangs** verbinden. Dort gibt es zahlreiche Picknickstellen und einen Pfad zum **Flinders Peak** (ca. 1 Std. hin und zurück), von wo sich eine gute Aussicht über die Western Plains von Victoria bietet.

Geelong

Die Hafenstadt an der Corio Bay, einer Bucht im Westen von Port Phillip Bay, ist mit rund 320 000 Einwohnern Victorias zweitgrößte Stadt. Während der Goldrauschzeit konkurrierten Geelong und Melbourne heftig miteinander. Melbourne gewann die Oberhand, da sich neue Firmen lieber in Melbourne niederließen, wo sich die Ämter der Kolonialregierung befanden. Geelong blieb ein kleiner Hafenort, von dem aus weiterhin Wolle nach Großbritannien verschifft wurde – damals ein sehr lukratives Geschäft. Vom Wollverkauf reich gewordene Schaffarmer aus dem Westen Victorias errichteten in Geelong ihre Herrenhäuser. In den 1920er-Jahren begann mit der Niederlassung einer Filiale der Ford-Werke die Industrialisierung Geelongs, die ein weiteres Wachstum einleitete.

Im Stadtzentrum blieben einige alte Kirchen, historische öffentliche Gebäude und alte Herrenhäuser vor der Abrissbirne bewahrt und verleihen der Stadt etwas Charakter. Geelong ist zu Recht stolz auf ihre „Waterfront" mit einem großen Pier und einer ausgebauten und mit Statuen geschmückten Strandpromenade. Der Block zwischen Brougham St, Yarra St, Ryrie St und Gheringap St ist das **Einkaufszentrum** Geelongs, die Little Mallop St ist zum Teil Fußgängerzone.

National Wool Museum

Das sehenswerte Museum in einem umgebauten Wollspeicherhaus aus dem 19. Jh. in der Nähe der Uferanlagen, Brougham St, Ecke Moorabool St, informiert anschaulich über die Geschichte und alle Aspekte der Schafzucht und des Wollhandels in Australien. 💻 www.geelongaustralia.com.au/nwm, 🕒 tgl. 10–17 Uhr, Eintritt $10, Student $8.

Geelong Botanic Gardens

Ein Spaziergang von etwa zehn Minuten entlang der Strandpromenade nach Osten führt zum Botanischen Garten, u. a. mit seinen widerstandsfähigen Pflanzen aus ariden Zonen – hauptsächlich Kakteen und Sukkulenten. Dahinter erstreckt sich der historische Botanische Garten aus den 1850er-Jahren, der ganz im Stil jener Zeit gehalten ist. 🕒 tgl. 7.30–17, im Sommer bis 19 Uhr, Eintritt frei.

Auf dem Weg zu den Gärten begegnet man mehr als 100 überlebensgroßen Skulpturen des Künstlers Jan Mitchell. Die **Bollards** waren ursprünglich einmal Pier-Pylonen. Sie wurden

1995 vom Künstler umfunktioniert und stellen nun Menschen der australischen Geschichte dar.

Geelong Gallery

Die Galerie im Johnstone Park am westlichen Ende der Little Malop St lohnt ebenfalls einen kurzen Besuch. Ihre Sammlung umfasst 3000 Gemälde australischer Künstler des 19. und 20. Jhs. Eines der in Australien bekanntesten ist *A Bush Burial* („Das Buschbegräbnis") von Frederick McCubbin. 🖳 www.geelonggallery.org.au. 🕒 tgl. 10–17 Uhr.

ESSEN

Shiraaz Innovative Indian Restaurant, 48 Malop St. Sehr gute indische Küche in großem, lizensiertem Restaurant. 🕒 Mi–Mo 17–22 Uhr.
Wah Wah Gee, auf dem Cunningham Pier. Asian-Fusion der mittleren Preisklasse, natürlich mit tollem Blick aufs Wasser. 🕒 tgl. 12–14.30 und 17.30–20.30 Uhr.

SONSTIGES

Informationen

Geelong & Great Ocean Road Visitor Information Centre, 30 Gheringhap St, 🖳 www.visitgeelongbellarine.com.au. 🕒 tgl. 10–16 Uhr.

Weingüter

Ende des 19. Jhs. befand sich hier Victorias größtes Weinanbaugebiet, das jedoch von der importierten Reblaus völlig zerstört wurde. Erst Mitte der 1960er-Jahre pflanzten experimentierfreudige Winzer wieder Weinreben an.
Del Rios of Mt Anakie, 2290 Ballan Rd, 🖳 https://delrios.com.au. 30 km nordwestl. bei Anakie. 🕒 Weinprobe und Mittagessen Fr und Sa 17.30–22, Sa und So 11.30–17 Uhr.
Nicol's Paddock, 35 Waurn Ponds Drive, Waurn Ponds. Nach der ersten Lese im Jahr 2001 hat sich das Weingut mit seinem Shiraz, Pinot Noir und Chardonnay schnell einen Namen gemacht. Der Weinkeller mit angeschlossenem Restaurant und großem Vorhof liegt idyllisch zwischen den Weinstöcken. 🕒 Do und So 11–16, Fr und Sa 11–22 Uhr.

TRANSPORT

Busse

Gull Airport Service, 🖳 www.gull.com.au. 11–13x tgl. Transport ab Geelong zum MELBOURNE AIRPORT und in die City ($39 einfach).
McHarrys Buslines, 🖳 www.mcharrys.com.au. Betreibt einen Busservice im Großraum Geelong und zu allen Orten auf der BELLARINE PENINSULA. Abfahrt ab Malop St. Sonntags ist der Busverkehr stark eingeschränkt.
V/Line-Busse fahren tgl. ab Geelong die Great Ocean Road entlang nach APOLLO BAY, von hier aus Anschluss nach WARRNAMBOOL, Details S. 648.

Eisenbahn

V/Line-Züge verkehren häufig zwischen MELBOURNE und Geelong. Fahrzeit etwa 1 Std.; Reservierung nicht nötig.

Bellarine Peninsula

Die Bellarine-Halbinsel am südwestlichen Ende der Port Phillip Bay ist ein ruhiges, ländliches Gebiet, das an drei Seiten von Wasser umgeben ist. Familien machen gern an den Stränden der Port Phillip Bay bei Portarlington, Indented Head und St. Leonards Badeferien. Die südliche Ozeanküste ist sauberer als Port Phillip Bay; hier treffen sich viele Surfer. Der Strand beim hügeligen Ferienort **Ocean Grove** gilt als der sicherste Surfstrand von Victoria.

Bei **Barwon Heads** mündet der Barwon River in die Bass Strait. Queenscliff mit seinen imposanten alten Grandhotels und Cottages zieht wie ehedem viele Besucher aus Geelong und Melbourne an. Die kleine Touristenbahn **Bellarine Railway** zuckelt an einigen Wochenenden über die kurze Strecke vom alten Bahnhof in Queenscliff nach Lakers Siding und zurück (ca. 45 Min.); Fahrkarte $17, Kind $13. Auskunft und Buchung unter 🖳 www.bellarinerailway.com.au.

Queenscliff

Der Ort liegt auf einer schmalen Landzunge im Südosten der Halbinsel. Vom **Ocean View Lookout** beim weißen Leuchtturm am Südende der

Hesse St hat man die beste Aussicht über **The Rip**. Diese schmale Passage von der Meeresstraße Bass Strait zur Port Phillip Bay wird von Point Lonsdale auf der Bellarine Peninsula und Point Nepean an der gegenüberliegenden Mornington Peninsula begrenzt. Mit ihrem Unterwasserriff, ihren Strömungen, Strudeln und Sandbänken zählt sie zu den zehn gefährlichsten Schiffspassagen der Welt. Einst war Queenscliff die Spielwiese wohlbetuchter Melbourner, die sich am Wochenende in einem der Grandhotels einquartierten. Veteranen aus jener Zeit sind das **Ozone Hotel**, **Circa 1902 Queenscliff** und **Vue Grand Hotel**.

Queenscliff war im 19. Jh. auch eine Garnisonsstadt. Das 1882 erbaute **Fort Queenscliff**, 💻 www.fortqueenscliff.com.au, gehörte zu den Befestigungsanlagen rund um die Einfahrt zur Port Phillip Bay, die errichtet wurden, weil die Briten nach dem Krimkrieg eine russische Invasion in Australien befürchteten. 1884 war Port Phillip Heads der am stärksten befestigte Ort des britischen Empire südlich des Äquators. Man kann das Fort und das dazugehörige Museum am Sa und So im Rahmen einer Führung um 11 und 13.45 Uhr besichtigen ($22).

Die Ausstellung des **Maritime Museums**, 💻 www.maritimequeenscliffe.org.au, an der Weerona Parade befasst sich mit den vielen Schiffsunglücken, die die tückische Strömung bei The Rip verursachte, und zeigt ein Modell des Meeresbodens. 🕒 tgl. 11–16 Uhr, Eintritt $12, Kind $6.

Am letzten Novemberwochenende stellen sich zum **Queenscliff Music Festival** etwa 25 000 Zuhörer ein. Das Festival ist ein Schaufenster der zeitgenössischen australischen Musikszene: Nur in Australien ansässige Künstler treten auf; das Spektrum umfasst Folk, Liedermacher, Jazz, Latin und Rock. 💻 www.qmf.net.au.

ÜBERNACHTUNG

Seaview House, Hesse St, Ecke Stoke St, 💻 www.seaviewhouse.com.au. Ein historisches Haus, altmodisch möbliert, aber komfortabel, mit 14 Gästezimmern, alle mit Bad. Wohnzimmer mit offenem Kamin; Bibliothek. Gutes französisches Restaurant (s. u.). ❻

Vue Grand, 46 Hesse St, 💻 www.vuegrand.com.au. Eines der opulenten historischen Grandhotels. Beheizter Pool, Cocktailbar, luxuriöses Feinschmecker-Restaurant. B&B ab ❻

Big 4 Beacon Resort, 78 Bellarine Highway, 💻 www.beaconresort.com.au. Riesige Auswahl an Übernachtungsmöglichkeiten, von Zelt- und Stellplätzen (ab $42) bis zu Cabins, Motelunits und Ferienwohnungen mit 2–3 Schlafzimmern. Etwa 4 km außerhalb des Ortszentrums. Hallenbad, Hüpfkissen, Spielplatz, Tennisplatz und vieles mehr. ❸–❼

ESSEN

Lombardys On Hesse, 38 Hesse St, 💻 https://lombardys.com.au. In diesem freundlichen italienischen Restaurant wird hausgemachte Pasta serviert. 🕒 Di–Sa 17–20.30 Uhr.

360Q, 2 Wharf Street, direkt am Wasser, 💻 http://360q.com.au. Die Lage des gehobenen Seafoodlokals ist natürlich unschlagbar. Man sitzt mit Blick auf Hafen und Wasser bei mundwässernden Austern oder Schweinebauch, vielleicht auch indonesischem Curry. Hauptgerichte $30–40. 🕒 Fr–So 8–21.30, So–Do ab 11.30 Uhr.

Das oben genannte Feinschmecker-Restaurant im **Vue Grand Hotel** ist im viktorianischen Stil des Hauses gehalten. 🕒 Mi–Sa Abendessen (bis 21 Uhr).

AKTIVITÄTEN

Exkursionen und Bootsfahrten

Sea All Dolphin Swims, 💻 www.dolphinswims.com.au. Schwimmen mit Delphinen und Seelöwen! 3 1/2-stündige Kreuzfahrt mit Schnorcheltour von Okt–April in der Port Phillip Bay zu einer Seelöwenkolonie *(Australian fur seals)*. Die Seelöwen sind sehr verspielt und kommen hautnah an ihre Besucher ran. Schnorchler $200, Kind $165; Beobachter $120, Kind $90.

Informationen

Queenscliff Visitor Information Centre, 55 Hesse St, 💻 www.queenscliff.org. 🕒 tgl. 9–17 Uhr.

VICTORIA

Tauchen

Queenscliff Dive Centre, 💻 https://dive.scubabo.com. Dreitägige Open-Water-Kurse ab $729.

TRANSPORT

Busse

Von und nach GEELONG geht es mit **McHarry's Buslines**, 💻 www.mcharrys.com.au.

Fähren

Eine Autofähre verkehrt das ganze Jahr über zwischen Queenscliff und SORRENTO auf der gegenüberliegenden Mornington Peninsula. Man sollte ca. 30 Min. vor der Abfahrt beim Terminal sein.

Searoad Queenscliff–Sorrento Ferry, 💻 www.searoad.com.au. Abfahrt in beide Richtungen tgl. von 7–18 Uhr zur vollen Stunde; vom 26.12. bis Ende der Sommerzeit letzte Fähre um 19 Uhr; Fahrzeit 40 Min.; Fahrpreise: Auto inkl. Fahrer $79 einfach, $149 hin und zurück; jeder zusätzliche Passagier (oder Fußgänger) $17 einfach, $34 hin und zurück (oder $35/70 pro Familie).

Nach Süden

VICTORIA

Mornington Peninsula

Die stiefelförmige Halbinsel, nur eine Fahrtstunde südöstlich von Melbourne, ist die Spielwiese erholungsbedürftiger Großstädter. Aber die Umgebung hat auch für Besucher aus dem Ausland erstaunlich viel zu bieten. Gerade deshalb empfiehlt es sich trotz der Nähe zu Melbourne, hier wenigsten eine Nacht zu verbringen. Neben den hübschen Ferienorten wie Sorrento und Portsea warten zwei schöne Küstennationalparks, weiße Sandstrände sowohl zum Meer als auch zur Bucht hin, eine berauschende Unterwasserwelt, an die man hier ganz nah herankommen kann, sowie ein dichtes Netz aus Wein- und Gourmetadressen, die über den **Wine Food Farmgate** miteinander verbunden sind.

Der Peninsula Link (M11), der sich im Norden an Eastlink (M3) anschließt, verbindet die Halbinsel mit der City. Ab Mornington kann man auch die landschaftlich attraktivere Küstenstraße bis nach Portsea nehmen. Nur 10 km Luftlinie trennen Portsea an der „Stiefelspitze" von Queenscliff auf der gegenüberliegenden Bellarine Peninsula. Dazwischen liegt die schmale Passage von der Bass Strait zur Port Phillip Bay mit dem bezeichnenden Namen **The Rip** (s. Bellarine Peninsula S. 622).

Sorrento und Portsea

Die Orte auf der Bayseite zwischen **Dromana** und **Portsea** sind beliebte, im Sommer überfüllte Ferienorte. Zwischen Rye und Portsea hat man die Wahl zwischen den sicheren Stränden an den ruhigen Wassern der Port Phillip Bay und der Brandung an den von hohen Dünen und Felsklippen eingerahmten Ozeanstränden auf der anderen Seite.

Sorrento und **Portsea** sind die anziehendsten der Ferienorte an der Bucht, entsprechend hoch sind auch die Preise. Günstiger übernachtet man in Rosebud und Dromana. Einen Bummel entlang der Ocean Beach Road in Sorrento mit ihren Cafés und hübschen Boutiquen sollte man sich dennoch gönnen. Vom Sorrento Pier starten die Boote zum Beobachten oder Schwimmen mit Delphinen und Seelöwen, ein Erlebnis, das man sich auf keinen Fall entgehen lassen sollte (Details S. 629).

Point Nepean National Park

Das gesamte Gebiet um **Point Nepean** steht im Point Nepean National Park unter Naturschutz. Für Radfahrer und Fußgänger ist er rund um die Uhr geöffnet, Autos können das Gate tgl. von 8–17 Uhr passieren.

Der **Cheviot Hill** im Süden markiert die höchste Erhebung des Parks. Von hier blickt man auf den **Cheviot Beach**, an dem der ehemalige Premierminister Harold Holt im Dezember 1967 spurlos in den Wellen verschwand. Eine Gedenktafel an der Defence Road erinnert an den verunglückten Politiker.

Fort Nepean an der „Stiefelspitze" der Halbinsel war Teil der Befestigungsanlagen am Eingang zur Port Phillip Bay, die Melbourne gegen Ende des 19. Jhs. vor einer damals befürchteten russischen Invasion schützen sollten. Der erste

Mornington Peninsula
10 km
TRANSPORT
1 Searoad Ferry Terminal
ÜBERNACHTUNG
1 Sorrento Beach Motel
2 Sorrento Foreshore Camping
3 Kanasta Caravan Park
4 Rye Foreshore Camping
5 Admiral Motor Inn
6 Rosebud Foreshore Campground
ESSEN
1 Buckley Sorrento
2 Sorrento Thai
3 Spitfire Restaurant & Grill
4 Rosebud Thai Restaurant
5 Flinders Hotel
6 Mornington Peninsula Chocolates
SONSTIGES
1 Moonraker Charters, Polperro Dolphin Swim
2 Crittenden Winery
3 Enchanted Adventure Garden
4 Montalto Vineyard & Olive Grove
5 Ashcombe Maze & Lavender Gardens
6 Gunnamatta Trail Rides
Fort Nepean
Gunners Cottage
Quarantine Station
Point Nepean Information Centre
Cheviot Beach
Cheviot Hill
Defence Rd
ENTRY GATE
Portsea
POINT NEPEAN NATIONAL PARK
Hotham Rd
Sorrento
Blairgowrie
Melbourne Rd
Rye
Tootgarook
Rosebud
McCrae
Dromana
Mornington Peninsula Visitor Information Centre
Safety Beach
Mornington
Mornington Peninsula Freeway
Old Moorooduc Rd
Boundary Rd
Arthurs Seat
Seawinds Gardens
Red Hill
Red Hill Market
Red Hill South
Merricks North
Merricks
Tubbarubba Rd
Micks Rd
Stony Point, Hastings
Point Leo
Shoreham
Westernport Bay
Flinders
Flinders Golf Club
West Head
Dundas St
Browns Rd
Purvers Rd
Stanley Rd
Mornington Flinders Rd
Peninsula Hot Springs
St. Andrews Beach
MORNINGTON PENINSULA NATIONAL PARK
Boneo Rd
Cape Schanck
Cape Schanck Lighthouse
Bushrangers Bay

VICTORIA

Ein Refugium für bedrohte Tierarten

Der **Moonlit Sanctuary Conservation Park**, 550 Tyabb-Tooradin Rd, Pearcedale, http://moonlitsanctuary.com.au, hat sich dem Schutz gefährdeter Tierarten verschrieben. Bedrohte Arten wie der Tasmanische Teufel (s. Foto) und das Bürstenkänguru *(Southern Bettong)* werden hier gezüchtet mit dem Ziel, sie anschließend auszuwildern. Tagsüber kann man auf dem Wallaby Walk die kleinen Beuteltiere füttern. Besonders schön ist der Park bei Nacht, wenn Eulen, Opossums und Beutelmarder zum Leben erwachen. tgl. 10–17 Uhr, Eintritt $32, Kind $16. Abendtouren je nach Saison kurz nach Sonnenuntergang, im Voraus buchen; $60, Kind $36.

Schuss zur „Verteidigung" wurde hier jedoch auf den deutschen Frachter *Pfalz* abgefeuert, der am 5. August 1914, Minuten nach der Kriegserklärung an das deutsche Kaiserreich, noch schnell durch die Passage fahren wollte. Die Besatzung des Frachters wurde festgenommen.

Vom Visitor Centre bei der historischen **Quarantine Station** am Parkeingang aus fährt zwischen 10.30 und 16 Uhr ein Shuttlebus etwa alle 30 Min. zum Fort; man kann an den Sehenswürdigkeiten entlang der Strecke beliebig oft aus- und einsteigen, $12 hin und zurück. Oder man geht zu Fuß: Ab Info Centre z. B. entlang des Bay Beach Walking Tracks und weiter bis zum Fort.

Mornington Peninsula National Park

Der Nationalpark schließt die gesamte Ozeanküste bis Flinders sowie die Region um Greens Bush mit ein. Der Felsvorsprung **Cape Schanck** ist der südlichste Zipfel der Halbinsel und eine der schönsten Stellen der Küste. Der Blick schweift nach Osten entlang der zerklüfteten Küste bis nach Phillip Island. Im Westen sieht man an klaren Tagen die Umrisse der Steilküste an der Great Ocean Road.

Vom Parkplatz gelangt man über einen kurzen Bretterweg zu den Felsklippen des Kaps. In der Nähe des Parkplatzes beginnt auch ein schöner, 3 km langer Pfad an der Steilküste entlang und hinunter zu einem kleinen Strand an der **Bushrangers Bay**.

Der Leuchtturm **Cape Schanck Lightstation** sendet seine Signale seit 1857. tgl. 10–16 Uhr. Am Wochenende gibt's Leuchtturmtouren für $14, Kind $8.

Etwas weiter östlich liegt das Dörfchen **Flinders** mit seinen netten Cafés und dem besuchenswerten Schokoladengeschäft **Mornington**

Peninsula Chocolates, wo unwiderstehliche Pralinen und einfallsreiche Schokoladenkreationen verkauft werden. ⏲ tgl. 9–17 Uhr.

Flinders rühmt sich auch eines der landschaftlich reizvollsten **Golfplätze**, 💻 www.flindersgolfclub.com.au, in ganz Australien, von dem sich eine herrliche Aussicht aufs Wasser und Phillip Island bietet. Gäste sind willkommen.

Peninsula Hot Springs

Die Wellnessoase nahe Fingal speist ihre Heilbäder aus natürlichen Mineralquellen, 637 m unter der Erde. Besuchern stehen zwei Kur-Einrichtungen zur Verfügung: Im **Bath House** sorgen 20 Bäder, vom Höhlenbad bis zum türkischen Dampfbad, für Entspannung. Das **Spa Dreaming Centre**, 30 Springs Lane, Fingal, 💻 www.peninsulahotsprings.com, bietet Anwendungen wie Massage und kosmetische Behandlungen. Eintritt zum Bath House tagsüber $55. Die Behandlungen im Spa Dreaming Centre kosten extra. ⏲ 7.30–22 Uhr.

Arthurs Seat

Wegen der herrlichen Aussicht über die Bucht und bei klarem Wetter weit über das Wasser bis zur City von Melbourne lohnt sich ein Abstecher auf den kleinen Berg. An zwei Aussichtspunkten gibt es Parkplätze. Der Sessellift **Eagle Arthurs Seat**, 💻 https://aseagle.com.au, befördert Passagiere von der Bodenstation an der Arthurs Seat Rd in Dromana auf den knapp 300 m hohen Aussichtspunkt und zurück. ⏲ tgl. 10–17 Uhr, im Sommer länger, Rückfahrkarte $31, Kind $20.

Im idyllischen **Seawinds Garden**, nur 500 m südlich, fügen sich die Skulpturen des Bildhauers William Ricketts elegant in die Landschaft ein. Der **Enchanted Adventure Garden**, 💻 www.enchantedmaze.com.au, in der Nähe ist eine kommerzielle Attraktion für die ganze Familie, mit verschiedenen Irrgärten, Rutschen, einem Kletterpark und einer Seilrutsche. Dazu gehört ein Café-Restaurant. ⏲ tgl. 10–18 Uhr, Eintritt $40, Kind $30.

Wine Food Farmgate

Die Fahrt über das hügelige Land um **Red Hill** und **Merricks** zum Cape Schanck und zur Westernport Bay ist landschaftlich sehr reizvoll. Aber nicht nur die optischen Sinne werden gereizt. Im Binnenland bieten zahllose Weingüter und Feinschmeckeradressen Grund zum Anhalten. Sie alle liegen auf dem *Wine Food Farmgate Trail*, der Weinkeller (s. u.), Brauereien, Käsehersteller, Oliven- und Erdbeerplantagen und viele weitere Gourmetdestinationen miteinander verbindet. Eine Karte mit sämtlichen Adressen und Beschreibungen erhält man im Visitor Centre in Sorrento oder unter 💻 www.visitmorningtonpeninsula.org/Things-To-Do/Trails/Wine-Food-Farmgate.

Westernport Bay

West Head bei Flinders markiert die Grenze zwischen der dramatischen Felsklippenküste, die der Bass Strait zugewandt ist, und den stillen Buchten und Sandstränden der flachen Westernport-Bay-Küste, die die „Fußsohle" der Mornington Peninsula bildet. Weiter nordwestlich, zwischen Red Hill und Shoreham, befindet sich ein großer Irrgarten in einer Parkanlage mit

Geburtsort des „weißen" Victoria

Die erste britische Niederlassung im Gebiet des heutigen Staates Victoria wurde mit der Absicht gegründet, den Franzosen, die zur gleichen Zeit den Südpazifik erforschten und kolonisierten, zuvorzukommen. Leutnant Collins etablierte daher 1803 in der **Sullivan Bay**, 3 km südöstlich vom heutigen Sorrento, eine kleine Siedlung mit 299 Sträflingen, 50 Soldaten und einigen freien Siedlern. Wegen Problemen mit der Trinkwasserbeschaffung wurde die Niederlassung jedoch einige Monate später wieder aufgegeben und nach Van Diemen's Land (Tasmanien) umgesiedelt. Einem der Sträflinge, **William Buckley**, gelang jedoch die Flucht. Er lebte 32 Jahre lang mit einheimischen Aborigines. Als europäische Siedler Jahrzehnte später den „verwilderten" Weißen trafen, hatte er sich so an sein neues Leben gewöhnt, dass er kaum mehr des Englischen mächtig war. Der australische Ausdruck „Buckley's Chance", oder kurz „Buckley's", mit dem eine ziemlich aussichtslose Sache bezeichnet wird, geht auf diese Begebenheit zurück.

Wasserfällen und Springbrunnen: **Ashcombe Maze & Lavender Gardens**, 15 Red Hill-Shoreham Rd in Shoreham, www.ashcombemaze.com.au. Dazu gehört auch ein gemütliches Café. tgl. 10–17 Uhr, Eintritt $19, Kind $10.

ÜBERNACHTUNG

Unterkünfte sind recht teuer an der Mornington Peninsula. Einen guten Überblick gibt es bei www.visitmorningtonpeninsula.org. Reisende mit engem Budget nutzen am besten einen der u. g. öffentlichen Campingplätze oder suchen sich eine Ferienwohnung oder ein Zimmer von Privat. Gute Angebote in diesem Bereich hat wie immer **Airbnb**, www.airbnb.com.

Rosebud

Admiral Motor Inn, 799 Point Nepean Rd, www.admiralmotorinn.com.au. Eins der schöneren Motels entlang der Hauptstraße mit Parkplätzen direkt vor dem Zimmer. Guter Motelstandard. Viele Restaurants sind von hier zu Fuß zu erreichen. 5

Sorrento

Sorrento Beach Motel, 780 Melbourne Rd, www.sorrentobeachmotel.com.au. Moderne Motelzimmer, alle mit Terrasse. 6

Camping und Caravanparks

€ In Rosebud, McCrae, Rye und Sorrento gibt es **Foreshore Camping Areas**, die von der Gemeinde verwaltet werden. Alle drei liegen direkt am Wasser. Es gibt sanitäre Anlagen und Waschmaschinen. In den Sommerferien sind alle Zeltplätze 6 Monate und mehr im Voraus ausgebucht; zu allen anderen Zeiten findet man aber meist einen Platz. Ab $50 mit oder $36 ohne Strom (in den Ferien teurer) für bis zu 4 Pers. im Zelt oder Campervan. Buchung unter camping@mornpen.vic.gov.au, www.mornpen.vic.gov.au.

Kanasta Caravan Park, 1-9 Sinclair Ave, Rye, https://kanastacaravanpark.com.au. Große Auswahl an modernen Cabins und Glampingzelten, alle mit Bad. Schöne Parkanlage in guter Lage, nicht weit von Stadt und Strand. Beach Volleyball, Tischtennis und Spielplatz. 5

Camping mit Stil

„Glamping" *(Glamorous Camping)* ist besonders in Victoria beliebt. Man „kampiert" in meist fest installierten Zelten oder zeltähnlichen Hütten, direkt in der Natur, aber doch mit allen Annehmlichkeiten eines Hotelzimmers.

Happy Glamper, www.happyglamper.com.au, bietet an der Mornington Peninsula Campingerlebnisse mit Luxusbeigabe: Das hübsche Safarizelt wird samt Inneneinrichtung am Ort der Wahl aufgestellt, mit bequemen Matratzen, Kissen und Fußabstreifer, versteht sich.

Man hat die Wahl zwischen runden Lotuszelten, Glockenzelten oder einem auf modern gemachten Retro-Caravan. Extras wie Kühlschrank oder Tisch und Stühle können dazu gebucht werden. Sicherlich ein unvergessliches Erlebnis, allerdings nicht günstig: 2 Nächte im kleinsten Zelt $360 (die 3. Nacht ist zeitweise kostenlos, sonst weitere Nacht $60), dazu kommt die Gebühr am ausgewählten Campingplatz.

ESSEN UND UNTERHALTUNG

Ein guter Tipp zum Essen mit Stil – meistens in idyllischer Lage – sind die Winery Restaurants (s. Weingüter S. 630). Auch gibt es hier einige Luxus- und Feinschmecker-Restaurants.

Sorrento

Viele Lokale in der Ocean Beach Rd, der Hauptstraße des Ortes.

Sorrento Thai, Hurley St. Gut und günstig isst man in diesem kleinen Thai-Restaurant im Sorrento Portsea RSL Club. Auch Take-away. Mi–So 17–20 Uhr.

Buckley Sorrento, 174 Ocean Beach Rd. Große Frühstückskarte, auch Mittagessen. Leckere amerikanische Pfannkuchen. tgl. 7.30–15.30 Uhr.

Rosebud

Rosebud Thai Restaurant, 883 Point Nepean Rd. Schmackhafte Currys und Stir Fries, es kann allerdings sehr voll werden. Besser reservieren. Di–So Abendessen.

Spitfire Restaurant & Grill, 1181 Point Nepean Rd, 🖳 www.spitfirerestaurantandgrill.com.au. Leckere Burger, auch für Vegetarier, zu günstigen Preisen. 🕒 Mo, Do und Fr 11–20.30, Sa und So ab 9 Uhr.

Flinders

Flinders Hotel, Cook St. Tgl. gute Countermeals in gemütlichem Pub; Biergarten, am Wochenende Livemusik (Jazz und Blues).

AKTIVITÄTEN

Reiten

Gunnamatta Trail Rides, Truemans Rd, Ecke Sandy Rd, Fingal, 🖳 www.gunnamatta.com.au. Ausritte durch Buschland oder am Strand, ab 2 Std., für Anfänger bis Fortgeschrittene. Auch Reitstunden.

Surfen

East Coast Surf School, 226 Balnarring Rd, Merricks North, 🖳 https://eastcoastsurfschool.net.au. Verschiedene Treffpunkte; Unterricht 90 Min. um $75 inkl. Ausrüstung.

Wandern und Radfahren

Es gibt zahlreiche schöne und gut ausgebaute Wander- und Radwege. Der 100 km lange **Mornington Peninsula Walk** zählt zu den schönsten Wanderwegen in ganz Victoria. Er kombiniert 4 Wanderungen: den **Two Bays Walk**, der durch das Hinterland von Dromana und Cape Schank führt, den **Coastal Walk** durch den Mornington Peninsula National Park von Cape Schank nach Portsea, den **Point Nepean Walk** und den **Bay Trail** von Portsea zurück nach Dromana. Infos im Visitor Centre oder unter 🖳 www.visitmorningtonpeninsula.org/PlacesToGo/Walks.aspx. Dort sind auch zahlreiche Radwege beschrieben.

Bayplay, 🖳 www.bayplay.com.au, organisiert Radtouren und hat viele Infos zu den Wanderungen.

TOUREN

Die Port Phillip Bay birgt unter der Oberfläche ein verborgenes Eldorado für Taucher und Schnorchler. Man kann hier nicht nur mit Seelöwen und Delphinen schwimmen, sondern sogar den seltenen und äußerst skurrilen Großen Fetzenfisch *(Sea Dragon)* vor die Taucherbrille bekommen. Erlebnisse, für die Australienreisende sonst viele Stunden oder sogar Tage im Auto oder auf dem Schiff verbringen, liegen hier eng beeinander direkt vor der Haustür Melbournes. Besuchern der Mornington Peninsula sei geraten, sich wenigstens einer der angebotenen Touren anzuschließen, denn sie alle bieten schlicht unvergessliche Erlebnisse.

Bayplay, 🖳 www.bayplay.com.au. Renommierter Anbieter verschiedener Aktivitäten auf und im Wasser. Bestseller sind die Schnorcheltouren „Snorkeling with Sea Dragons“, die auch für Anfänger geeignet sind ($110 für 2 Std.). Des Weiteren werden Kajaktouren, Segeltouren, Taucherlebnisse (auch Schnuppertauchgänge) und Stehpaddeltouren angeboten, allesamt sehr empfehlenswert. Auch Verleih von Kajaks und Schnorchelausrüstung.

Moonraker Charters, 🖳 www.moonrakercharters.com.au. Preisgekrönte Bootstouren ab Sorrento Pier, während derer man Große Tümmler und Seelöwen vom Boot aus beobachten oder mit ihnen schwimmen kann – ein Erlebnis, das es selbst in Australien nicht oft gibt. 3-stündige „Dolphin and Seal Swim“-Tour $210 inkl. Schnorchelausrüstung und Neoprenanzug; für Passagiere, die nicht schwimmen $95.

Peninsula Paddle Co, 🖳 www.peninsulapaddleco.com.au. Stehpaddelverleih mit kurzer Einführung, $25 pro Std.

Polperro Dolphin Swims, 🖳 https://polperro.com.au. Ebenfalls ein mehrfach ausgezeichneter Anbieter. Ähnliches Angebot wie Moonraker (Cruise $80, schwimmen mit Delphinen $175). Unterwegs werden hausgemachte Scones serviert. Für ihren Einsatz zum Schutz der Tierwelt in der Port Phillip Bay erhielt die Firma das Öko-Siegel von Ecotourism Australia. Durch Beobachtung und spezielle Studien macht Polperro auf Umweltprobleme aufmerksam und unterstützt lokale Tierschutzkampagnen.

SONSTIGES

Informationen

Peninsula Visitor Information Centre, Point Nepean Rd, Dromana Park, Dromana, 🖳 www.visitmorningtonpeninsula.org. 🕒 tgl. 9–17 Uhr.

Märkte

Hier nur zwei von zahlreichen Märkten:
Farmers Market beim **Dromana Estate Tuerong**, 555 Old Moorooduc Rd, Tuerong. 🕒 jeden 4. So im Monat 8–13 Uhr (im Winter 8–12 Uhr). Das ganze Jahr über Lebensmittel, Obst und Gemüse.
Red Hill Market, Red Hill Rd, südöstlich von Dromana. 🕒 jeden 1. Sa im Monat Sep–Mai 8–13 Uhr. Lebensmittel und Kunstgewerbe; der erste und bekannteste von allen Märkten.

Weingüter

Diese Region bringt v. a. typische Cool-climate-Weine mit frischem, fruchtigem Geschmack hervor. Die meisten Weingüter liegen in und um Red Hill und Merricks und bieten eine wundervolle Aussicht auf grüne Hügel und Weingärten, mit gelegentlichen Ausblicken aufs Wasser. Zu vielen gehören Restaurants oder Bistros, in denen man ausgezeichnet essen kann. Nachstehend nur eine Auswahl.
Crittenden Winery, 25 Harrisons Rd, Ecke Bittern-Dromana Rd, Dromana, 🖳 www.crittendenwines.com.au. Weinprobe und leichte Speisen; schöner Ausblick von der Terrasse. Weinprobe tgl. 10.30–16.30 Uhr (außer den üblichen auch einige ungewöhnliche Weine, u. a. Barbera, Nessolo, Dolcetto). 🕒 tgl. Mittagessen, Fr und Sa Mittag- und Abendessen.
Montalto Vineyard & Olive Grove, 33 Shoreham Rd, Red Hill South, 🖳 www.montalto.com.au. Im Restaurant tgl. Mittagessen, Abendessen Fr und Sa. Moderne australische Küche; auch Kochkurse. Zum Anwesen gehören ein ausgedehntes Feuchtgebiet und ein Olivenhain. 🕒 tgl. Weinproben 11–17 Uhr, $5.

TRANSPORT

Busse und Eisenbahn

Ab MELBOURNE geht es mit dem Zug bis FRANKSTON, dort besteht Anschluss an den Bus nach Portsea: Der **Portsea Passenger Service Bus** Nr. 788 fährt vom S-Bahnhof in FRANKSTON via MORNINGTON entlang der Küstenstraße nach SORRENTO und PORTSEA (1 Std. 40 Min.). Weitere Auskünfte auf 🖳 www.ptv.vic.gov.au.

Fähren

Zur **Bellarine Peninsula**: Eine Autofähre verkehrt das ganze Jahr über zwischen SORRENTO und QUEENSCLIFF. **Searoad Sorrento–Queenscliff Ferry**, 🖳 www.searoad.com.au. Details S. 624, Queenscliff.
Zur **Phillip Island**: Ab Stony Point nach TANKERTON (French Island) und weiter nach COWES (Phillip Island) mit **Western Port Ferries**, $15 einfach (egal ob man auf French oder Phillip Island aussteigt). 🖳 http://westernportferries.com.au. Zwischen Stony Point und MELBOURNE gibt es eine Vorortzug-Verbindung von **PTV**, 🖳 www.ptv.vic.gov.au.

Phillip Island

Die meisten der etwa 2 Mio. Besucher pro Jahr sind Tagesausflügler, die von Melbourne auf dem Landweg die 140 km zurücklegen, um sich eine von Victorias bekanntesten Touristenattraktionen anzusehen: die drollige **Pinguinparade**, die hier allabendlich am Strand vorbeizieht. Zwischen Weihnachten und Ende Januar herrscht auf der Insel Hochbetrieb; zu den 14 000 Einwohnern gesellen sich über 40 000 Urlauber. Das **Grand-Prix**-Rennen für 500-ccm-Motorräder im Oktober ist ebenfalls ein Besuchermagnet.

Phillip Island umfasst 10 300 ha Fläche, die größte Ausdehnung von Osten nach Westen beträgt 22 km, von Norden nach Süden 10 km. Die flache Insel ist von Gras und Buschland bewachsen, Bäume gibt es wenig. Eine Brücke im Osten verbindet den Fischerort **Newhaven** mit San Remo auf dem Festland. Südöstlich davon ragt die felsige Landzunge **Cape Woolamai** mit Klippen ins Meer.

Ende September kehren Heerscharen von **Mutton Birds** (*Shearwater*, Sturmtaucher) von ihrer jährlichen Reise nach Alaska und Kanada zu ihren Nistplätzen in den Felsen und

Philip Island
N
0
2 km
Stony Point, Mornington Peninsula (via French Island)
s. Detailplan unten
Koala-Schutzgebiete
Wildtier- und Küstenschutzgebiete
Cowes
Silverleaves
Ventnor
Rhyll
Newhaven
San Remo
Melbourne
Cape Woolamai
Churchill Island
Western Port
Bass Strait
Red Rocks
Angelina Reef
Woolshed Bight
Tyro Reef
Flynn Reef
Cat Bay
Pt. Sambell
Pt. Grant
Blow Hole
The Nobbies
Seal Rocks
The Penguin Reserve
Summerland Beach
Kitty Miller Bay
Berrys Beach
Reef World
Pyramid Rock
Jessie Island
Smiths Beach
Grand Prix Circuit
Surf Beach
Phillip Island Wildlife Park
Ventnor Reserve (Res. Area)
Oswin Roberts Reserve
Koala Conservation Centre
Conservation Hill Lookout
Rhyll Inlet
Rhyll Swamp (Res. Area)
Observation Pt.
Fishermans Pt.
Denne Bight
Long Pt.
Pleasant Pt.
Swan Corner
Woolamai Surf Beach
Visitor Information Centre
The Narrows
Cleeland Bight
Griffiths Pt.
Old Granite Quarry Site
The Pinnacles
Church St
Settlement Rd
Ventnor Rd
Thompson Ave
Cowes Rhyll Rd
Ventnor Beach Rd
Berrys Beach Rd
(C478)
Pyramid Rd
Back Beach Rd
Ventnor Rd (C473)
Rhyll Newhaven Rd
Phillip Island Rd (C420)
JETTY
The Esplanade
Beach St
Osborne Ave
Genesta St
Chapel St
Steele St
Roy Crt
Park St
Church St
Civic Centre
McKenzie Rd
Alexander Ave
Douglas Rd
Thompson Ave
Shamrock Rd
Monash Ave
Settlement Rd
ÜBERNACHTUNG
1 Anchor Belle Holiday Park
2 Arthur Phillip Motor Inn
3 Phillip Island YHA
4 Coachman Motel & Holiday Units
5 Seahorse Motel
6 Amaroo Park
ESSEN
1 Rusty Water Brewery
2 Mad Cowes Cafe
3 Pino's Trattoria
SONSTIGES
1 Super Cruzer

VICTORIA

Sanddünen von Cape Woolamai zurück. Die Südküste von Phillip Island ist der Brandung der oft stürmischen Bass Strait ausgesetzt; die Strände dort (Cape Woolamai Beach, Smiths Beach, Summerland Beach) sind deshalb bei Surfern sehr beliebt. Zum Schwimmen und Baden sind sie aus dem gleichen Grund weniger geeignet.

Eine **Sammelkarte** (*Three Parks Pass*, $55, Kind $23) gilt für die Pinguinparade, das Koala Conservation Centre, Churchill Island und die Multimedia-Showcentre Antarctic Journey, die alle von Phillip Island Nature Parks verwaltet werden. Man erhält sie beim Phillip Island Visitor Information Centre in Newhaven oder online: www.penguins.org.au.

Churchill Island

Nördlich von Newhaven gelangt man über eine Holzbrücke zur **Churchill Island**, einer 1,5 km langen und knapp 1 km breiten Insel mit einem alten Herrensitz, umgeben von einer Parkanlage. Vom Spazierweg, der um die Insel führt, eröffnen sich schöne Ausblicke auf die Küstenlandschaft der Western Port Bay. Da die Insel noch als Farm genutzt wird, gibt es dort Rinder, Schafe, Hühner und Kaltblutpferde. ⌚ tgl. 10–17 Uhr, Eintritt $16, Kind $8, Familie $40.

Die Sandbänke zwischen Churchill Island und dem Fischerort **Rhyll** sowie die Feuchtgebiete um Rhyll sind ein Paradies für unzählige Wasservögel. Vom **Conservation Hill Lookout** kurz vor Rhyll (die Abzweigung von der Cowes-Rhyll Rd ist ausgeschildert) bietet sich ein guter Ausblick auf das **Rhyll Inlet**. Diese seichte Bucht ist ein wichtiger Nistplatz für zahlreiche Wandervogelarten; einige reisen aus dem fernen Sibirien an. Ein Bretterweg führt vom Autoparkplatz mitten in das Rhyll Inlet.

Im Gegensatz zu **Cowes**, dem betriebsamen und touristischen Hauptort der Insel, hat sich Rhyll noch einen gewissen verschlafenen Charme bewahrt. An klaren Tagen bietet sich von hier ein herrlicher Ausblick über das ruhige Gewässer der Westernport Bay und die Küste von Süd-Gippsland.

Koala Conservation Centre

In der Mitte der Insel befindet sich an der Phillip Island Rd das **Koala Conservation Centre**, wo man von einem durch das Gelände führenden Brettersteg einen Blick auf die in den Astgabeln sitzenden Koalas werfen kann. ⌚ tgl. ab 10 Uhr, Eintritt $16, Kind $8, Familie $40.

Penguin Parade

Eine Kolonie von **Little Penguins** (Zwergpinguinen) nistet in den Dünen von **Summerland Beach** im Südwesten der Insel. Während der Brut- und Nistzeit im Sommer kehren die kleinen Kerlchen jeden Tag pünktlich zum Sonnenuntergang vom Fischfang im Meer zurück und watscheln über den Strand zu ihren Nestern in den Dünen, scheinbar unbeeindruckt von den Touristenscharen. Vor dem Betrachten der „Pinguinparade" lohnt ein Besuch der Ausstellung des Visitor Centre, die anschaulich über die Zwergpinguine und ihre Lebensweise informiert. ⌚ im Sommer tgl. 10–20.15 Uhr.

Anschließend geht man zu den Sitzplätzen in den Dünen, die zum Schutz der Pinguine eingezäunt sind. Wenn man auf den letzten Drücker kommt, sind die besten Sitzplätze unten oder an der Seite besetzt – in der Feriensaison kommt man daher am besten eine Stunde vor Sonnenuntergang. Ebenfalls zum Schutz der Tiere ist es verboten, Kameras zu benutzen – die Blitzlichter führen zum Erblinden der Pinguine. Selbst im Sommer kann es hier am Wasser abends elendig kalt und windig werden!

In den Sommer- und Osterferien sollte man die Karten so früh wie möglich vorbestellen, am besten online. Das Phillip Island Visitor Information Centre in Newhaven sowie das Koala Conservation Centre in der Inselmitte verkaufen ebenfalls Karten: $32, Kind $16, Familie $80 inkl. Eintritt zur Ausstellung.

Alternativ kann man sich auch der Ultimate Adventure Tour, die von Rangern geführt wird, anschließen. Auf der von Eco Tourism Australia zertifizierten Tour kommt man den Zwergpinguinen ganz nahe. Tickets kosten $120 in Verbindung mit dem Besuch des Koala Conservation Centre und Churchill Island.

Nobbies

Vom Landvorsprung **Point Grant** im Südwesten blickt man auf die **Nobbies**, zwei stark erodierte Basaltfelsen, und die **Seal Rocks**, Felseninseln, die Australiens größte Kolonie von

© SHUTTERSTOCK.COM/LEONARD ZHUKOVSKY

Das Highlight von Phillip Island sind die putzigen Zwergpinguine.

Australischen Seelöwen *(Australian fur seals)* beherbergen. Die meisten Tiere zählt man zwischen Oktober und Dezember, wenn die Robben die Felsen zum Paaren und zur Aufzucht ihrer Jungen aufsuchen. Die Robbenbabys werden Mitte Januar geboren, Ende des Sommers verlassen sie die Inseln.

In der Nähe von Point Grant befindet sich das **Blowhole**, wo bei Flut das hereinströmende Wasser durch eine Felsspalte nach oben gepresst wird und als Wasserfontäne in die Höhe schießt. Ein Netzwerk von Bretterwegen führt über die Klippen und gewährt Ausblicke auf die Küstenlandschaft bis hin zum Cape Schanck weiter westlich an der Mornington Peninsula. Vom **Nobbies Centre** aus können die Seelöwen beobachtet werden; eine interaktive Ausstellung informiert über diese und weitere Meerestiere. ⏲ 11 Uhr bis kurz vor Sonnenuntergang. Eintritt frei. Hier gibt es auch einen Kiosk, der Kaffee und Erfrischungen verkauft, ein Spielezimmer und einen Souvenirshop.

ÜBERNACHTUNG

In den Sommer- und Osterferien schnellen die Preise nach oben. Auskunft und Buchung beim Visitor Centre in Newhaven (siehe „Sonstiges").

Hostel

Phillip Island YHA, 10-12 Phillip Island Tourist Rd, Newhaven, ✉ phillipisland@yha.com.au. Moderne Flashpacker-Unterkunft mit allem Komfort: bequeme Sofas, topmoderne Küche, großer Balkon und Dachterrasse. Die 4–12-Bett-Dorms (Bett ab $40) sind alle mit AC und Schließfächern ausgestattet, die kleineren haben sogar ein eigenes Bad. Auch DZ und Familienzimmer mit eigenem Bad. Im Café nebenan gibt's Frühstück und Mittagessen. ❸

Motels und B&Bs

Arthur Phillip Motor Inn, 2 Redwood Dr, Cowes, 💻 www.arthurphillipmotorinn.com.au. Eins der angenehmsten Motels auf Phillip Island. Trotz zentraler Lage sehr ruhig und sauber. Kostenloses WLAN. Auch Familienzimmer. ❹

Coachman Motel & Holiday Units, 51 Chapel St, Cowes, 💻 www.coachmanmotel.com.au. Einfache kleine Zimmer, aber auch Units und Suiten, einige mit Jacuzzi. Alle Räume mit AC. Beheizter Pool. Ab ❷

Seahorse Motel, 29 Chapel St, Cowes, 💻 http://seahorsemotel.com.au. Motelunits von Standard- bis Luxusausstattung sowie kleine Ferienapartments mit 1–2 Schlafzimmern. Zentrale Lage, Pool. Ab ❸

Caravanparks

Amaroo Park, 97 Church St, Cowes, 💻 https://amaroopark.com. Caravanpark mit ein paar Stellplätzen (ab $47, im Sommer $67) in Strandnähe, aber auch renovierte Zimmer mit Bad, Kühlschrank, Heizung und AC; man kann alle Einrichtungen des Parks (u. a. Bar, Grillstellen, schöner beheizter Pool) mitbenutzen. Außerdem moderne Cabins mit 2 Schlafzimmern und Küche, Bad, AC. Ab ❹

Anchor Belle Holiday Park, 272 Church St, Cowes, in Strandnähe, 💻 www.anchorbelle.com.au. Zelt- und Stellplätze ab $45. Cabins verschiedener Preisklassen, 2 Cottages mit Heizung und Ventilator und komplett ausgestattete Cottages mit 3 Schlafzimmern. Beheiztes Hallenbad (nur Okt–Juni), Sauna, Kiosk. Ab ❹

ESSEN

Mad Cowes Cafe, 17 The Esplanade, Cowes. Sehr empfehlenswertes Mittagessen/Brunch, auch Frühstück und Kaffee. 🕒 tgl. 6.30–16 Uhr.

Pino's Trattoria, 29 Thompson Ave, Cowes. Italiener. Leckere hausgemachte Gnocchi. 🕒 tgl. 16–22 Uhr.

Rusty Water Brewery, 1821 Phillip Island Rd, Cowes. Gute Countermeals, selbstgebrautes Bier. 🕒 Mi–So 16–20 Uhr, Do–So auch mittags.

SONSTIGES

Informationen

Visitor Information Centre, 895 Phillip Island Rd, Newhaven, 💻 www.visitphillipisland.com. Auskunft und Buchung von Unterkunft, Fähre, Bootstouren und Verkauf von Eintrittskarten für die Pinguinparade, Churchill Island und Koala Conservation Centre. 🕒 tgl. 9–17 Uhr, im Sommer länger.

Kreuzfahrten

Western Port Ferries, 💻 https://westernportferries.com.au. Bietet neben einer Fährverbindung (Personen und Fahrräder) zur French Island und Mornington Peninsula (S. 630) auch preiswerte Seal Rocks Cruises in den Sommer- und Osterferien.

Wildlife Coast Cruises, 💻 www.wildlifecoastcruises.com.au. Ab Cowes Jetty. Kreuzfahrten von Okt–April: Seal Watch Cruises zu den Seal Rocks, 2 Std. $100, Kind $72, Familie $285; Twilight Cruises inkl. Snacks, 90 Min. $75, Kind $52.

NAHVERKEHR

Am besten erkundet man die Insel mit dem Fahrzeug oder schließt sich einer Tour an (s. Melbourne S. 607). Auf der Insel gibt es keine öffentlichen Verkehrsmittel, aber man kann ein Fahrrad oder Auto mieten.

Fahrräder

Super Cruzer, 💻 www.phillipislandebikehire.com.au. Verleiht E-Bikes zu festen 4-stündigen Zeitfenstern, $75.

TRANSPORT

Busse und Eisenbahn

V/Line: Ab MELBOURNE mit dem Zug nach DANDENONG. Von dort weiter mit dem Bus ab Bay 10/11 nach COWES.
Oder mit dem Zug über FRANKSTON nach STONEY POINT und von dort weiter mit der Fähre.

Fähren

Western Port Ferries, 💻 https://westernportferries.com.au. Fährverbindung (Personen und Fahrräder) zwischen COWES, TANKERTON (French Island) und STONY POINT (Mornington Peninsula). Details s. Mornington Peninsula S. 630.

Zentral- und West-Victoria

Während des Goldbooms zwischen 1850 und 1870 war Zentral-Victoria die am dichtesten besiedelte Region des Staates. Aber längst ersetzen nun Viehzucht und Landwirtschaft den Abbau von Gold als Haupteinkommensquelle. Die Zentren des Goldbooms, **Ballarat** und **Bendigo**,

West-Victoria
N
0
100 km
WYPERFELD NP
Lake Albacutya
Lake Hindmarsh
Lascelles
Hopetown
Sea Lake
Deniliquin
Barham
New South Wales
Kerang
Cohuna
Wycheproof
Finley
Tocumwal
Cobram
Lake Hume
Birchip
Jeparit
Murray R.
Avoca R.
Yarra-wonga
Nhill
Kaniva
Wimmera R.
Warracknabeal
Charlton
Echuca
Numurkah
Donald
Wedderburn
Goulburn R.
Dimboola
LITTLE DESERT NATIONAL PARK
Shepparton
Murtoa
Horsham
Saint Arnaud
Bendigo
Benalla
South Australia
Mt. Arapiles
Natimuk
Loddon R.
Heathcote
Euroa
Naracoorte
Maldon
Stawell
Maryborough
Mans-field
Edenhope
Glenelg R.
Halls Gap
Castlemaine
Seymour
Brambuk Centre
Coonawarra
Avoca
Alexandra
Lake Eildon
Ararat
Kyneton
Kilmore
Yea
Penola
Rocklands Reservoir
GRAMPIANS NATIONAL PARK
Daylesford
1001
Eildon
FRASER NP
Creswick
Mt. Macedon
KING LAKE NP
Millicent
Casterton
Marysville
Dunkeld
Ballarat
Ballan
Mount Gambier
Coleraine
Healesville
Melton
Yarra Glen
Hamilton
Skipton
LOWER GLENELG NP
Melbourne
Warburton
Yarra R.
Hopkins
Princess Margaret Rose Cave
Werribee
DANDENONG RANGES NP
Noojee
Macarthur
Nelson
Dandenong
Mortlake
DISCOVERY BAY COASTAL PARK
Heywood
Geelong
MT. ECCLES NP
TOWER HILL WILDLIFE RES.
Terang
Winchelsea
Bellarine Penins.
Frankston
Queens-cliff
MT. RICHMOND NP
Portland
Camper-down
Warragul
Moe
Cape Bridgewater
Cape Nelson
Port Fairy
Colac
Torquay
Mornington Peninsula
Warrnambool
Great Ocean Rd
Anglesea
Korumburra
Port Campbell
Cowes
Lorne
Cape Schanck
Peterborough
Leongatha
Princetown
PHILLIP ISLD.
PORT CAMPBELL NATIONAL PARK
Apollo Bay
Wonthaggi
Foster
s. Detailplan Great Ocean Rd S. 649
GREAT OTWAY NP
Toora
Cape Otway

sind heute mittelgroße, attraktive Landstädte. Dazwischen liegen viele kleinere, verschlafene Städtchen, deren prachtvolle Gebäude vom längst zerronnenen Reichtum vergangener Zeiten zeugen. Die bedeutenderen der Region sind **Maryborough**, **Castlemaine** und das Dorf **Maldon**, das wie ein Freilichtmuseum einer Siedlung aus dem 19. Jh. wirkt.

Den größten Teil des Western District nimmt eine Ebene vulkanischen Ursprungs ein, aus der vereinzelt die abgeflachten Kegel erloschener Vulkane ragen. Ein Drittel aller Rinder und Schafe Victorias grasen heute im Western District und liefern Fleisch und Merinowolle bester Qualität. Im Osten, zwischen **Camperdown** und **Colac**, liegen zahlreiche Seen vulkanischen Ursprungs.

Zwischen Dunkeld und dem 100 km weiter nördlich gelegenen Horsham ragen die bis zu 1000 m hohen Felsrücken des **Grampians-Massivs** aus der Ebene empor. **Mount Arapiles** mit seinen Felswänden und Überhängen, etwa 35 km westlich von Horsham bei Natimuk, ist ein Mekka für Bergsteiger.

Westlich der Grampians erstreckt sich das flache Weizenland der **Wimmera**, das nach Norden hin in die **Mallee** übergeht – eine flache, trockene, heiße Steppenlandschaft, durchsetzt mit einigen Seen und Feuchtgebieten. Eine erstaunliche Vielfalt an Pflanzen und Tieren lebt in diesem auf den ersten Blick öde wirkenden Landstrich; Nationalparks wie **Little Desert**, **Big Desert**, **Wyperfeld**, **Pink Lakes** und **Hattah-Kulkyne** sollen die Umwelt schützen.

Die **Great Ocean Road** zwischen Torquay und Warrnambool ist die schönste Küstenstrecke Victorias, wenn nicht ganz Australiens. Der Bau dieser 320 km langen Küstenstraße in den 1920er-Jahren war eine Arbeitsbeschaffungsmaßnahme für heimgekehrte Soldaten aus dem Ersten Weltkrieg.

Die Goldstädte

Bendigo

In keiner anderen Stadt der Welt wurde zwischen 1850 und 1900 so viel Gold gefunden wie in Bendigo. Die imposantesten, prächtigsten Gebäude aller Goldstädte Australiens stehen hier – die Zeugen dieses beispiellosen Goldrausches. Schon die Namen der Hauptstraße, Pall Mall, und der zentralen Kreuzung, Charing Cross, weisen darauf hin, wie sehr man sich damals als Metropole begriff – quasi als das antipodische Gegenstück zur Weltstadt London. Schließlich war man steinreich. Die Goldvorkommen in der Gegend um Bendigo erstreckten sich über ein Gebiet von 360 km² und bestanden aus 35 parallel verlaufenden Flözen, die sich von Westen nach Osten erstreckten.

In den 1880er-Jahren, als die meisten Goldvorkommen in Victoria schon erschöpft waren, war das Bendigo-Goldfeld noch immer eines der reichsten der Welt. Gerüchten zufolge wurde damals jeden Abend nach Zapfenstreich der Fußboden in der Bar des **Shamrock Hotels** mit dem Wasserschlauch abgespritzt, um auf diese Weise den Goldstaub aufzufangen, der den Stiefeln der Goldgräber anhaftete. Das pompöse Gebäude thront über der Pall Mall und stellt selbst das stattliche ehemalige **Post Office** (heutzutage das Visitor Information Centre) und die **Law Courts** (Gerichtsgebäude) in den Schatten.

Die Touristenstraßenbahn **Bendigo Tramways** beginnt bei der Deborah Gold Mine ihre Stadtrundfahrt durch das Stadtzentrum nach North-Bendigo und zurück. Kommentare vom Band weisen auf die wichtigsten Sehenswürdigkeiten hin. Abfahrt zwischen 10 und 16.30 Uhr jede halbe Stunde (häufiger während der Schulferien); $15; Kind $13 (die Fahrkarte gilt für zwei Tage). Die Bahnen sind für Rollstuhlfahrer geeignet.

Weinliebhaber sollten sich etwas Zeit für eine Weinprobe in den **Weingütern** der Zentralregion nehmen. Diese Gegend ist besonders für kräftige, vollmundige Rotweine, v. a. Shiraz, bekannt.

Central Deborah Goldmine

Die Hauptattraktion Bendigos ist eine Goldmine, die 1954 als letzte des Bendigo-Goldfelds geschlossen wurde. Innerhalb der knapp 15-jährigen Betriebszeit produzierte die Central Deborah Goldmine, 76 Violet St, 💻 www.central-deborah.com, etwa eine Tonne Gold. Die Tunnel

VICTORIA

reichen bis zu einer Tiefe von 422 m. Beim zweieinhalbstündigen **Underground Adventure** kraxelt man bis 85 m in die Tiefe, tgl. 11 und 14 Uhr; $35, Kind $25. Man kann auch auf eigene Faust das Bergwerksgelände über Tage erkunden und die Ausstellung im kleinen Museum besichtigen; $5, Kinder kostenlos. ⌚ tgl. 9–17 Uhr.

Joss House und Golden Dragon Museum

Die Kunde von den Goldfunden in Victoria verbreitete sich in Südchina wie ein Lauffeuer, sodass binnen Kurzem viele Chinesen beim **Großen Goldenen Berg** *(Dai Gum San)*, wie sie die Goldgebiete nannten, eintrafen. Eine Zeit lang war jeder fünfte Goldschürfer Chinese. Als der Ertrag der Goldfelder zurückging, brachen die meisten von ihnen zu erfolgversprechenderen Gefilden auf. Die Bridge St war einst Bendigos Chinatown mit Läden, Fleischereien, Spielsalons und Opiumhäusern.

Die chinesische Verbindung der Region manifestiert sich im **Joss House**, dem chinesischen Tempel in der Finn St, Emu Point (die Talking Tram fährt daran vorbei; ⌚ Sa und So 11–15 Uhr, Eintritt Spende, 💻 www.bendigojosshouse.com), in dem der Gott General Kwan Gung verehrt wird.

Im **Golden Dragon Museum**, 1-11 Bridge St, 💻 www.goldendragonmuseum.org, informiert eine gute Ausstellung über die Geschichte der chinesisch-stämmigen Bürger Bendigos; zum Museum gehört auch ein kleiner Chinesischer Garten. ⌚ tgl. 9.30–16.30 Uhr, Eintritt $16, Kind $10.

View Street

Die View St, die von der Charing-Cross-Kreuzung gegenüber dem Shamrock Hotel den Hügel hinaufführt, säumen schöne klassizistische Fassaden aus der Goldrauschzeit. Die **Bendigo Art Gallery** in der Nr. 42 zählt zu Australiens ältesten und größten Provinzgalerien und lohnt einen Besuch. ⌚ tgl. 10–17 Uhr, Eintritt gegen eine freiwillige Spende ($2–4).

Weiter den Hügel hinauf befindet sich auf der gleichen Straßenseite in einem kolossalen Gebäude das **Bendigo Regional Arts Centre** und nebenan in einer ehemaligen Feuerwache das **Community Arts Centre**. In beiden finden ab und zu Theateraufführungen, Ausstellungen, Konzerte und dergleichen statt.

ÜBERNACHTUNG

Wer sich etwas Besonderes gönnen möchte, kann unter zahlreichen, meist sehr schön gelegenen B&B-Unterkünften auswählen, um $160–250 für 2 Pers. Beratung und Buchung beim Visitor Information Centre.

Hostels, Hotels und B&Bs

Bendigo Backpacker, 33 Creek St South, 💻 www.bendigobackpackers.com.au. Kleines Holzhaus mit 4–7-Bett-Dorms (Bett $35) sowie DZ und Familienzimmern, alle mit Gemeinschaftsbad. Familiär, zentrale Lage, Sitzgelegenheiten im Garten. ❶

Goldfields Motor Inn, 308 High St, 💻 www.Bendigo Goldfields Motor Inn Home. Sauberes, freundliches Motel. Einige Zimmer mit großer Badewanne. Sehr gutes Preis-Leistungs-Verhältnis. ❸

Langley Hall B&B, 484 Napier St, White Hills, knapp 5 km vom Zentrum, ☎ 5443 3693. Edle Unterkunft in Herrenhaus von 1903 mit schönem großem Garten. Hier bekommt man ein Gespür für das Bendigo der Goldrauschzeit. Frühstück $15 p. P. ❼

Camping und Caravanparks

€ Im Greater Bendigo National Park, der sich nördlich und südlich der Stadt erstreckt, gibt es einige schlichte, kostenlose Zeltplätze. Bendigo am nächsten liegt die **Notley Camping Area**, die auch für Campervans geeignet ist. Es gibt Buschtoiletten, offene Feuerstellen, aber kein Trinkwasser. Von der Eaglehawk-Neilborough Rd in die Nuggety Rd abbiegen, dann ausgeschildert.

Gold Nugget Tourist Park, 293 Midland Highway, Epsom, 8 km nördl., 💻 https://goldnugget.com.au. Schön gelegen mit großem Pool-Bereich. Zelt-/Stellplätze ohne/mit Strom ($40/44 oder $63 mit Bad) und Cabins mit Heizung, z. T. auch AC. Kiosk, Tennisplatz, viel Schatten. Ab ❷

ESSEN

Das Angebot an guten Restaurants und Pubs ist groß. An der Pall Mall im Zentrum reihen sich einige Lokale aneinander.

Corner Store Cafe, 305 View St. Von außen eher unscheinbar, innen aber werden köstlichstes Frühstück und Lunch serviert. ⌚ tgl 7.30–15 Uhr.

 **Piyawat Thai**, 136 Mollison St. Gute Thai-Küche zu günstigen Preisen. ⌚ Di–So 17–21 Uhr.

Wine Bank, 45 View St. Gemütliche Weinbar, Restaurant und Café in einem alten Bankgebäude. Serviert preiswerte und sehr gute italienische Küche (wöchentlich wechselnde Speisekarte). ⌚ Mo–Sa 11–23 Uhr.

INFORMATIONEN

Bendigo Visitor Information Centre, Old Bendigo Post Office, 51-67 Pall Mall, 💻 www.bendigoregion.com.au. ⌚ tgl. 9–17 Uhr.

TRANSPORT

Bendigo liegt im myki-Verbund, 💻 www.ptv.vic.gov.au. Von MELBOURNE (Southern Cross Station) fahren tgl. mehrere **Züge** über CASTLEMAINE nach BENDIGO und von hier aus weiter nach ECHUCA. Außerdem gibt es ab BENDIGO Bahn-/Busverbindungen nach MILDURA, MARYBOROUGH (2–3x tgl.), BALLARAT (1–2x tgl.) und ALBURY via SHEPPARTON, WANGARATTA und WODONGA.

Castlemaine

Die Gründung von Castlemaine geht auf den glücklichen Fund eines Schafhirten zurück, der 1851 Gold beim **Specimen Gully** entdeckte. Bald darauf errichtete der Goldbeauftragte Wright etwa 5 km südlich vom Fundort ein Camp. Heute befindet sich auf der alten Lagerstelle die Stadt Castlemaine (rund 10 000 Einw.), der noch immer der alte Goldrauschcharme anhaftet. Zur Unterhaltung der ansteigenden Zahl von Minenarbeitern errichtete man 1856 das **Theatre Royal**, 30 Hargroves St. Das Gebäude dient heute als Programmkino und Restaurant und ist damit weiterhin ein wichtiger Bestandteil der lebhaften Kulturszene der Kleinstadt.

Eine Dampflok der **Victorian Goldfields Railway** verbindet Castlemaine mit dem nordwestlich gelegenen Maldon. Abfahrten Mi und So. Fahrkarte $52 hin und zurück (Kind $21). 💻 www.vgr.com.au.

Castlemaine State Festival

Die Gegend um Castlemaine zieht schon seit Jahren viele kreative Typen an. Ein Magnet ist u. a. das Castlemaine State Festival, Victorias bedeutendstes Kulturfestival außerhalb von Melbourne. An zehn Tagen im März oder April wird an über den gesamten Landkreis verteilten Orten ein buntes Programm aus Theateraufführungen, Konzerten, Opern, Rezitationen, Kunstausstellungen und Installationen geboten; eine große Zahl davon ist kostenlos oder sehr preiswert. Es findet immer in Jahren mit ungerader Jahreszahl statt, 💻 www.castlemainefestival.com.au.

Castlemaine Art Museum

In dem schönen Art-déco-Gebäude hängen vor allem Werke australischer Künstler aus dem 19. Jh. sowie einige zeitgenössische Gemälde. Außerdem gibt es eine umfangreiche Sammlung von Journalen und Zeitschriften aus der Goldrauschzeit. 14 Lyttleton St, ⌚ Do–So 12–16 Uhr, Eintritt frei, Sonderausstellungen ausgenommen. 💻 https://castlemaineartmuseum.org.au.

Buda Historic Home & Gardens

Einmal Reichtum schnuppern: Die stolze Villa am Rand des Stadtparks gibt einen Einblick in das Leben einer wohlhabenden Familie zur Zeit des Goldbooms. Zum Haus gehören ein sehr schöner „viktorianischer" Garten und eine Schmucksammlung aus dem Privatbesitz der ehemaligen Hausherren. Im November werden während der **Traditional Art Fair** Kunstgemälde, aber auch Kochkünste gefeiert. 42 Hunter St, 💻 www.budacastlemaine.org. ⌚ tgl. 12–16 Uhr, Eintritt $12, Kind $5.

ÜBERNACHTUNG

The Albion Motel, 152 Duke St, www.thealbioncastlemaine.com.au. Das im Mai 2024 renovierte Motel bietet nicht nur saubere Zimmer mit Kühlschrank, AC und Bad, sondern auch beste Gastfreundschaft. ❺

Big4 Holiday Park Castlemaine, 1 Doran Ave, www.big4.com.au. Auf der Anlage gibt es Übernachtungsgelegenheiten vom Zelt- und Stellplatz ($49/54 oder $100 mit Bad), einfachen Cabins ohne Bad k, modenen Cabins mit Bad und Küchenzeile l bis hin zum Glampingzelt x. Spielplatz, Campküche und Waschküche.

ESSEN

Coffee Basics, 9 Walker St, www.coffeebasics.com. Urgemütliches „Kaffeehaus" mit eigener Rösterei und empfehlenswertem Gugelhupf. tgl. 8–16 Uhr.

INFORMATIONEN

Castlemaine Visitor Information Centre, 44 Mostyn St, www.maldoncastlemaine.com.au. tgl. 9–17 Uhr.

TRANSPORT

Siehe S. 638 (Bendigo). Zwischen Castlemaine und Maldon verkehrt eine Eisenbahn.

Ballarat

Ballarat (118 000 Einw.) ist eine attraktive Stadt mit breiten, von Bäumen gesäumten Straßen und stattlichen historischen Gebäuden im Zentrum. Die meisten befinden sich in der Hauptstraße Sturt St und in der Lydiard St. Die 1884 gegründete **Art Gallery**, 40 Lydiard St, ist die älteste und größte Regionalgalerie Australiens und lohnt aufgrund der umfangreichen Sammlung australischer Gemälde einen Besuch. Das historische Gebäude wurde später um einen architektonisch innovativen Annex aus Zink, Stahl und Glas erweitert. Das alte Backsteingebäude ist eine ehemalige Polizeistation (1884 erbaut), in der sich jetzt das Gallery Café befindet. tgl. 10–17 Uhr, Eintritt frei. www.artgalleryofballarat.com.au.

In der Sturt St erhebt sich die eindrucksvolle **Town Hall**, ein Bau aus der Goldrauschzeit. Der **Botanische Garten** am Westrand vom Lake Wendouree hat einen prächtigen Wintergarten (Conservatory), ein Glashaus, dessen komplizierte Struktur von der japanischen Origami-Papierfaltkunst inspiriert worden sein soll. Während des **Begonia Festivals** im März ist hier eine farbenprächtige Ausstellung mit Begonien zu sehen.

Sovereign Hill

Die Hauptsehenswürdigkeit ist das Museumsdorf **Sovereign Hill**, 3 km südlich des Stadtzentrums, www.sovereignhill.com.au, die gelungene Rekonstruktion einer typisch viktorianischen Goldgräbersiedlung aus den 1850er-Jahren. In historische Kostüme gekleidete Schulkinder, die auf diese Weise „Projektunterricht" in Geschichte erhalten, und erwachsene Freiwillige verrichten verschiedene Beschäftigungen und spielen Szenen aus dem damaligen Alltag nach. Das Museumsdorf besteht aus dem eigentlichen Dorf, einem „Goldgräbercamp" an einem Bachbett, in dem man selbst Gold waschen kann, und dem Mining Museum, von dem aus Führungen durch die Tunnel eines ehemaligen Goldbergwerks beginnen. Für den Besuch sollte man sich einen ganzen Tag Zeit nehmen. tgl. 10–17 Uhr; Eintritt $49, Kind ab 5 J. $29.

Am Abend verzaubert das Licht- und Sound-Festspiel **Aura** die Besucher. Sie werden entlang mehrerer Bühnen von der Dreamtime durch die Goldrauschzeit bis in die Gegenwart geführt – ein eindrucksvolles Schauspiel. Das Programm startet allabendlich nach Sonnenuntergang; $45, Kind $24. Am besten bucht man im Voraus unter www.sovereignhill.com.au.

Das **Gold Museum** gegenüber dem Eingang von Sovereign Hill erzählt mit seiner beeindruckenden Sammlung von Goldnuggets und Münzen die Geschichte des Goldes und die historische Entwicklung des Geldes. tgl. 9.30–17 Uhr, Eintritt im Ticket für Sovereign Hills inbegriffen.

Sovereign Hill wird regelmäßig von Reisebustouren angefahren. V/Line hat einen Zubringer-

© JAN DÜKER

Prunkvolles Erbe aus der Goldrauschzeit: das Rathaus von Ballarat

service von Ballarat, Goldrush Special, der sich an die Züge von Melbourne anschließt.

VICTORIA

Wildlife Park und Bird World

Weiter außerhalb gibt es zwei Privatzoos: In dem 15 ha großen **Ballarat Wildlife Park** in Ballarat East, Fussell St, abgehend vom Western Highway, leben in Buschlandumgebung Kängurus, Koalas, Wombats sowie viele australische Vögel und Reptilien. Der Zoo wird von zahlreichen Tourbussen angefahren. 🕒 tgl. 9–17 Uhr, Eintritt $40, Kind ab 5 J. $20, 💻 www.wildlifepark.com.au.

7 km südlich von Sovereign Hill findet man den schön angelegten, von Vogelnarren geführten **Ballarat Bird World**, wo man Papageien, Sittiche und Loris in großen Volieren bewundern kann – die meisten davon australischer Herkunft: Inka-Kakadus *(major mitchell cockatoo)*, Schwefelhauben-Kakadus *(sulphur crested cockatoo)* und viele mehr. Einige wurden von den Besitzern großgezogen und sind handzahm. Es gibt auch einen Kiosk. Die Anlage befindet sich in Mt Helen (auf dem Weg von Ballarat nach Buningyong), 408 Eddy Ave, 💻 www.ballaratbirdworld.com.au. 🕒 tgl. 10–17 Uhr, Eintritt $17, Kind $10.

ÜBERNACHTUNG

Ballarat Central City Motor Inn, 16 Victoria St, 💻 www.ccmotorinn.com.au. Saubere, komfortable Unterkunft in Zentrumsnähe. Zimmer mit Balkon, Kühlschrank und Mikrowelle. ❸

The Eastern Hotel, 81 Humffray St North, 💻 www.easternhotelaccommodation.com.au. In einem der alten Pubs in Ballarat East. 8 Gästezimmer (auch ein EZ), kleine Küche. In der „The Station"-Bar im EG gibt es Fr und Sa abends Livemusik. Keine Luxusherberge, aber für den Preis sehr gut. ❶

NRMA Ballarat Holiday Park, 108 Clayton St, 💻 www.nrmaparksandresorts.com.au/ballarat. Caravan Park, sehr zentral. Geschlossene Küche/Essbereich. Stellplätze $40 oder $60 mit Bad. Außerdem Cabins verschiedener Ausstattung. Ab ❸

ESSEN

L'Espresso, 417 Sturt St. Hier ist immer was los. Gutes Frühstück und Mittagessen.
🕒 tgl. 7–18 Uhr.
The Forge Pizzeria, 14 Armstrong St Nth. Sehr leckere Pizzen aus dem Holzofen.
🕒 tgl. 12–22 Uhr.

INFORMATIONEN

Ballarat Visitor Information Centre, 225 Sturt St, 💻 www.visitballarat.com.au.
🕒 tgl. 9–17 Uhr.

Eureka Stockade

Ballarat war 1854 Schauplatz der Eureka Stockade, des einzigen organisierten Bürgeraufstands gegen die britischen Kolonialherren in Australien. Das Gold lag zu diesem Zeitpunkt schon lange nicht mehr „auf der Straße", sondern musste in harter, monatelanger Arbeit aus tieferen Erd- und Gesteinsschichten geholt werden. Trotzdem wurde von den Goldgräbern im Voraus eine Lizenzgebühr von 30 Shilling verlangt, unabhängig davon, ob sie fündig wurden oder nicht. Der Zwang zur Gebührenzahlung, den brutale Polizisten in fast täglichen Eintreibungshetzjagden durchsetzten, sowie die Tatsache, dass sie kein Wahlrecht und somit überhaupt keinen Einfluss auf die Entscheidungen der Kolonialherren hatten, trieb die Goldgräber buchstäblich auf die Barrikaden.

Ihr Aufstand wurde blutig niedergeschlagen; Soldaten schossen auf die nur mit Äxten bewaffneten Männer, und nach 15 Minuten war alles vorbei. 30 Goldgräber und fünf Soldaten hatten ihr Leben verloren. Der Aufstand war trotzdem nicht vergeblich: Kurz darauf wurde die Lizenzgebühr durch ein Schürfrecht *(miners' right)* ersetzt, das mit dem Wahlrecht verbunden war. Die Flagge der Rebellen – das Southern Cross, eine blaue Fahne mit einem weißen Kreuz und fünf Sternen – gilt seitdem als Symbol des Aufstands und taucht immer wieder bei Protestkundgebungen auf.

NAHVERKEHR

CDC Victoria, 💻 www.cdcvictoria.com.au. Verkehrt in Ballarat und Umgebung – das Netz erstreckt sich bis Buninyong, 10 km südl., und Creswick, 18 km nördl. Ballarat liegt im myki-Verbund.

TRANSPORT

V/Line: Tgl. viele Verbindungen mit Zügen und Bussen von und nach MELBOURNE. Bahn/Busverbindung nach MILDURA via SWAN HILL, BENDIGO und CASTLEMAINE (1–2x tgl.), nach HALLS GAP (1x tgl.) und MT GAMBIER (Sa, 2x tgl.).
Firefly Express, 💻 www.fireflyexpress.com.au, hält auf der Route zwischen MELBOURNE und ADELAIDE in Ballarat. Abfahrt in Melbourne tgl. 20.15 Uhr, Ankunft in Ballarat 22 Uhr. In umgekehrter Richtung ab Ballarat Hbf. um 5 Uhr.

Das Hinterland von West-Victoria

Ararat

Die kleine Landstadt von etwa 8500 Einwohnern am Fuße der Pyrenees-Berge verdankt ihre Entstehung den Goldfunden chinesischer Goldgräber. Sie stammten aus Taishan in der Provinz Guangdong in Südchina, landeten 1857 im Hafen von Robe in South Australia und machten sich auf den Überlandweg zu den Goldfeldern in Zentral-Victoria. Auf der Rast bei einer Quelle stießen sie auf Gold. Das nach den Chinesen Canton Lead genannte Goldfeld war das größte alluviale Goldfeld der Welt, drei Tonnen Gold wurden hier gewonnen. Taishan ist heutzutage eine Partnerstadt von Ararat. Das **Gum San Chinese Heritage Centre** am Westende des Ortes am Western Highway, 💻 www.gumsan.com.au, widmet sich diesem wichtigen, aber lange vernachlässigten Kapitel der Regionalgeschichte. 🕒 Do–So 10–16 Uhr, Eintritt $14, Kind $7.

Von früherem Reichtum zeugen die für den kleinen Ort viel zu imposante **Town Hall** und einige alte Kolonialgebäude. Eine „Touristenattraktion" eher düsterer Art ist das **J Ward** in der Girdlestone St, 🖳 www.jward.org.au. Von 1859 bis in die späten 1880er-Jahre diente der Bau als Gefängnis. Noch weitere hundert Jahre ließ man hier psychisch gestörte, als hochgefährlich geltende Verbrecher vor sich hindämmern. J Ward wurde erst 1991 geschlossen. Führungen tgl. um 10 und 13, Sa und So zusätzlich um 11 und 14 Uhr, $17, Kind $5. Fr und Sa geht's abends mit Laternen bewaffnet auf Ghost Tour ($39).

Die hübschen **Alexandra Gardens** mit ihrem Orchideenhaus eignen sich gut für ein Picknick auf dem Weg in die Grampians.

INFORMATIONEN

Ararat & Grampians Visitor Information Centre, neben dem Bahnhof, 🖳 www.ararat.vic.gov.au; 🕒 tgl. 9–17 Uhr, Internetzugang.

Weingüter

Die bekanntesten Namen in Victoria sind Seppelt und Best's, beide im Ort **Great Western**, 6 km nördlich von Ararat; beide wurden schon in den 1950er-Jahren des 19. Jh. gegründet und sind sowohl für ihren Sekt als auch für eine Vielzahl an Weinen, u. a. Shiraz und Riesling, bekannt.

Best's Great Western, 111 Best's Rd, 🖳 www.bestswines.com. Historischer Keller. 🕒 Mo–Sa 10–17, So 11–16 Uhr.

Montara Vineyards, Chalambar Rd, 3 km südl. von Ararat, 🖳 www.montarawines.com.au. Riesling, Chardonnay, Pinot Noir, Shiraz und Cabernet Sauvignon. Picknicktische; schöne Lage. 🕒 Fr–Mo 10–17 Uhr.

Seppelt, 36 Cemetary Rd, 🖳 www.seppelt.com. Die Weine werden in langen, in den 1860er-Jahren von arbeitslosen Goldgräbern in die Erde gegrabenen Tunnels gelagert; Führungen durch diese „Underground Drives" werden 2x tgl. angeboten, $15, Weinprobe tgl. 10–17 Uhr.

TRANSPORT

Firefly Express fährt tgl. von MELBOURNE um 20.15 Uhr über Ararat (Ankunft 23.45 Uhr) und STAWELL (Ankunft 00.05) nach ADELAIDE; in umgekehrter Richtung ab Ararat um 3.20 Uhr morgens.

V/Line: Mehrmals tgl. Zug/Bus-Verbindung von MELBOURNE nach ARARAT und STAWELL.

Stawell

Der Ort (ausgesprochen wie Englisch *stall)* bezeichnet sich als das „Tor zu den Grampians"; das Zentrum der hübschen kleinen Provinzstadt liegt abseits vom Highway. Auf dem Weg in die Grampians kann man **Bunjil's Shelter**, einen leicht zugänglichen Überhang mit Aboriginal-Felsmalereien der Grampians-Region, besuchen. Er liegt 11 km westlich des Ortes, in der Nähe der Straße nach Pomonal; die Zufahrt über eine ungeteerte Straße ist ausgeschildert. Wegen mutwilliger Beschädigung der Malereien kann man diese jedoch nur durch einen Drahtzaun betrachten.

INFORMATIONEN

Stawell and Grampians Visitor Information Centre, 62 Longfield St, 🕒 tgl. 9–17 Uhr.

TRANSPORT

Siehe Ararat.

19 HIGHLIGHT

Grampians National Park

Das Sandsteingebirge der Grampians, der zweitgrößte Nationalpark Victorias, ist ein Paradies für Wanderer und Naturfreunde. Die Gebirgskämme erstrecken sich über 100 km von Norden nach Süden und 50 km von Osten nach Westen. In diesem Gebiet findet sich eine Landschaft voller Kontraste: Bizarre Felsformationen, Canyons, jähe Abgründe und felsige Plateaus umrahmen weite, grüne Täler mit Feucht- und Sumpfgebieten, Bächen, Wasserfällen und Stauseen.

Quer durch den Park: Der Grampians Peaks Trail

Ein Wanderpfad verbindet den Mt Zero im Norden der Grampians mit Dunkelt im äußersten Süden: Auf dem 164 km langen **Grampians Peaks Trail** durchwandert man die vielfältige Landschaft Gariwerds. Für die gesamte Strecke sollten Wanderer 13 Tage/12 Nächte veranschlagen. Entlang der Route liegen Zeltplätze mit sanitären Anlagen und Wassertanks. Die Wanderung sollte gut vorbereitet sein: Teile der Strecke sind äußerst anspruchsvoll, das Essen im Gepäck muss oft für mehrere Tage reichen und im Sommer kann es Brandgefahr geben. **Grampians Peaks Walking Co.** bietet Gruppentouren, Transport von/zum Wanderpfad und Essenslieferung entlang der Route. 💻 https://grampianspeaks.com.au.
Alternativ kann man auch nur eine Teilstrecke laufen. 💻 www.parks.vic.gov.au/places-to-see/parks/grampians-national-park/things-to-do/grampians-peaks-trail

Vielfältig ist auch die Pflanzen- und Tierwelt. Botaniker zählten mehr als 900 endemische Pflanzenarten – Spezies, die nur hier vorkommen. Am schönsten sind die Grampians zwischen August und November, wenn die zahlreichen Wildblumen blühen. Verheerende Buschbrände sorgen in immer kürzeren Abständen für große Zerstörungen. Das Gebiet erholt sich zwar relativ schnell, dennoch sollte man sich vor einem Besuch über die aktuellen Bedingungen erkundigen, zum Beispiel unter 💻 http://parkweb.vic.gov.au/explore/parks/grampians-national-park.

Vor der Ankunft der Europäer lebten hier Aborigines 5000 Jahre lang wie in einer natürlichen Speisekammer; sie hatten genug Zeit, um neben der Jagd und Nahrungsmittelbeschaffung auch künstlerisch-religiösen Aktivitäten nachzugehen. In den Grampians befinden sich 80 % aller bekannten Aboriginal-Felsmalereien Victorias.

Brambuk Centre

Das **Brambuk The National Park and Cultural Centre** arbeitet dieses kulturelle Erbe auf und lohnt einen Besuch. Es liegt etwa 3 km südlich von Halls Gap an der Dunkeld Road, 💻 www.parks.vic.gov.au; 🕒 tgl. 9–17 Uhr, Eintritt frei. Eine anschauliche Ausstellung über Fauna, Flora und Geologie der Region und Ureinwohner wird durch eine Video-Show ergänzt. Man bekommt hier auch Wanderkarten und Auskünfte über die zahlreichen Wanderwege und Zeltplätze im Nationalpark. Der Eintritt in den Nationalpark ist frei. Rund um das Centre grasen vor allem morgens und abends häufig Kängurus.

Das Design des **Brambuk Aboriginal Cultural Centre** nebenan greift viele wichtige Symbole der Koorie-Kultur des Western District auf: Das sanft geschwungene Dach zum Beispiel soll an die Flügel eines Cockatoo erinnern. Schaukästen und Exponate informieren über die traditionelle Lebensweise der Ureinwohner, eine Fotoausstellung führt ihr deprimierendes Schicksal nach Ankunft der europäischen Siedler vor Augen, und Interviews mit heutigen Koories werden über Video abgespielt.

Im dazugehörigen **Gariwerd Dreaming Theatre** werden zwei Multimedia-Shows gezeigt: „Gariwerd Creation Story" erzählt die Schöpfungsgeschichte der von den Koories „Gariwerd" genannten Region. „Gariwerd a Cultural Landscape" beschäftigt sich mit der Geologie, Flora und Fauna. 🕒 tgl. stdl. 9–17 Uhr, Eintritt frei, mit Ausnahme des Gariwerd Dreaming Theatre ($5 für beide Präsentationen).

Wanderungen

Ein guter Ausgangspunkt für Wanderungen und Erkundungen ist das kleine idyllische **Halls Gap**. Mit 350 Einwohnern und 6500 Betten ist der Ort sehr touristisch orientiert, Lebensmittel und Benzin sind hier teurer. Vom Ende des Campingplatzes aus führt ein kurzer, einfacher Rundweg zu den Quellen der **Venus Baths**.

Die Mt Victory Road windet sich von **Halls Gap** in Serpentinen durch dichten Eukalyptuswald in nordwestlicher Richtung über einen Pass zum kleinen Ort mit dem deutschen Namen **Zumstein**. Abzweige führen zu Aussichtspunkten und Wasserfällen. Schön sind die **MacKenzie Falls**, allerdings kann es hier v. a. am Wochenende sehr voll werden.

Weniger überlaufen sind die **Beehive Falls**, zu denen man vom Beehive Car Park in 20 bis 30 Minuten gelangt. Ein steiler Weg führt von den Wasserfällen aus zu einigen schönen Lookouts. Vom **Boroka Lookout** bietet sich ein herrlicher Ausblick auf Halls Gap, das Fyans-Tal und die Mount William Range. Vom **Reed Lookout** blickt man über das weite Victoria Valley, Mount Victory und die Victoria Range auf der anderen Seite. Ein 1 km langer Pfad führt zu den viel fotografierten **Balconies** (manchmal auch Jaws of Death genannt). Alle Stellen sind besonders bei Sonnenauf- und Sonnenuntergang ideale Fotospots.

Eine der spektakulärsten Kurzwanderungen in den Grampians führt vom Wonderland Car Park zum **Pinnacle Lookout** und zurück (etwa 2 1/2 Std.). Die Vegetation ändert sich unterwegs ständig; das letzte Stück führt durch eine Felsspalte, der sogenannten **Street of Silence**. Der Aufstieg wird mit einem sagenhaften Ausblick auf das Tal und den Lake Bellfield belohnt. Wanderkarten gibt's im Visitor Centre.

VICTORIA

ÜBERNACHTUNG

In den Schulferien und an langen Wochenenden strömen zahlreiche Großstädter in die Grampians und belegen die Unterkünfte und Zeltplätze. Die größte Auswahl an Unterkünften gibt's in **Halls Gap**. Eine Alternative ist **Dunkeld** am südlichen Ende der Grampians. Einen guten Überblick bietet 🖳 www.grampiansvictoria.com.au.

Hostel

Grampians Eco YHA, Buckler St, Ecke Grampians Rd, Halls Gap. 🖳 www.yha.com.au. Großes und modernes Hostel, nach umweltfreundlichen Kriterien erbaut. Eigenes Wasser-Recycle-System, Solarpanele produzieren den Strom für den Eigenbedarf. Die Hühner im Hof sorgen für kostenlose Eier für Gäste. Helle, gemütliche Zimmer mit Schließfächern. 4-Bett-Dorms (Bett ab $38) und DZ, viele mit Balkon. Buchung von Aktivitäten. Ab ❷

Andere

€ **Halls Gap Motel (Budget Motel)**, 154 Grampians Rd, 🖳 www.hallsgapmotel.com.au. Sehr schönes Anwesen mit Kängurus, Hasen, Emus und Rehen. Einige Zimmer überblicken den Mt William, andere das Pinnacle. ❹

Halls Haven Holiday Units, Stawell Rd (2 km außerhalb von Halls Gap), 🖳 www.hallshaven.com.au. Verfügt über mehrere Units mit einem Schlafzimmer und 2 separate, geräumigere Cottages mit 2 Schlafzimmern. Die Gebäude sind von einer schönen Gartenanlage mit Teich umgeben. Es gibt Grillstellen sowie einen kleinen Pool und Tennisplatz. Gutes Preis-Leistungs-Verhältnis. ❹

Meringa Springs, 2974 Northern Grampians Rd, Wartook Valley, 🖳 www.meringasprings.com.au. Die kleine Luxuslodge 30 Min. nordwestl. von Halls Gap liegt traumhaft schön am Rande der Grampians. Zum Sonnenauf- und -untergang stellen sich Kängurus, Emus und Papageien im Vorgarten ein. Pool. Alle Zimmer sind stilvoll und komfortabel eingerichtet. Sehr gutes Restaurant. ❼

Camping und Caravanparks

Die Nationalparkbehörde betreibt 13 gut ausgestattete **Campingplätze** im Nationalpark, alle haben Toiletten, einige auch Duschen; bis auf die „Bush Camps" sind alle auch für Campervans geeignet. Eine *Camping Permit* ist erforderlich, erhältlich beim National Park and Cultural Centre oder online buchbar

Gepflegt speisen und übernachten

In Dunkeld wartet das historische **Royal Mail Hotel**, 98 Parker St, 🖳 www.royalmail.com.au, mit einem weit über die Grampians hinaus bekannten Feinschmeckerrestaurant auf. Gekocht wird modern australisch, wobei hauptsächlich Produkte aus West-Victoria verwendet werden. Im modernen Anbau gibt es sehr schöne, helle Zimmer oder Apartments mit Ausblick auf Garten oder Berge ❼. Das Hotel betreibt noch eine weitere Unterkunft auf einer Schaffarm. ⌚ tgl. 18–22 Uhr.

Wanderfreunde sollten einen Besuch der Grampians auf keinen Fall auslassen.

unter 💻 www.parkstay.vic.gov.au. Die **Gebühren** betragen je nach Saison $45–50. Die Kalymna und Wannon Crossing Campgrounds im Süden sowie die Camps, die nur zu Fuß zu erreichen sind, sind kostenlos. Oft werden die Campingplätze von Kängurus besucht. Alle Campsites haben **Feuerstellen**, die allerdings strengen Regeln unterliegen: Das Feuer muss klein gehalten werden und darf niemals unbeaufsichtigt sein. Im Sommer gilt häufig ein „Total Fire Ban", bei dem auch Gas-Campingkocher verboten sind. Unbedingt an die Regeln halten!

Breeze Holiday Park Halls Gap, sehr zentral in Halls Gap, 💻 https://breezeholidayparks.com.au/parks/halls-gap. Zeltplätze mit eigener Feuerstelle ($41 oder $55 mit Strom); die Kängurus kommen hier bisweilen direkt vor das Zelt. Cabins, Units und Vans. ❷–❼

Lakeside Tourist Park, 27 Tymna Dr, Halls Gap, 💻 www.hallsgaplakeside.com. Sehr schön gelegener Park mit Zeltplätzen ($40 oder $45 mit Strom) sowie gemütlichen Cabins und Glampingzelten. Pool und Kiosk. Auch dieser Park wird abends oft von Kängurus besucht. ❷–❼

ESSEN

In Halls Gap gibt es nur einen überteuerten Supermarkt. Selbstversorger sollten deshalb Lebensmittel mitbringen.

Kookaburra Bar and Bistro, 125 Grampians Rd, 💻 www.kookaburrahotel.com.au. Ein solider Dauerbrenner. Einige Gerichte können auch als kleine Portion bestellt werden, was gut ist, denn man sollte unbedingt Platz für eins der köstlichen Desserts lassen. 🕒 Mi–So Abendessen, Sa und So auch Mittagessen.

Livefast Lifestyle Cafe, Stoney Creek Stores, 💻 www.livefast.com.au. Ebenfalls sehr beliebt. 🕒 tgl. 7–16 Uhr.

Spirit of Punjab, 161 Halls Gap Rd, 💻 https://spiritofpunjabrestaurant.com. Authentisches indisches Essen. 🕒 tgl. 12–14.30 und 17–22 Uhr.

AKTIVITÄTEN UND TOUREN

Aboriginal-Kultur

Im **Brambuk National Park und Cultural Centre** (S. 643) werden häufig kulturelle Workshops wie Boomerang werfen, Didgeridoo

VICTORIA

spielen, Aboriginal-Kunst oder auch Bushfood Walks geboten.

Abseilen, Klettern und Kanu fahren

Absolute Outdoors, 105 Main Rd, www.absoluteoutdoors.com.au. Klettern und Abseilen für Anfänger und Fortgeschrittene. Außerdem Radtouren, Kanu fahren und Naturerkundungen.

Hangin' Out in the Grampians, www.hanginout.com.au. Klettern in der Gruppe mit Guide ($100 für 4 Std., $140 pro Tag).

Fahrräder

Fast alle Hostels verleihen Fahrräder, für Gäste meist kostenlos.

Halls Gap E-Bike Hire, 109 Grampians Rd, https://hallsgapebikehire.com, verleiht Räder ($20 pro 2 Std.) und E-Bikes ($60 pro Std.)

Geländewagentouren und Wanderungen

Grampians Tours & Adventures, Main St, www.grampianstours.com. Große Auswahl an Aktivitäten: von verschiedenen Geländewagentouren zu Gebieten, die sonst nur schwer zu erreichen sind (Tagestour $175, halber Tag $100), über nächtliche Wanderungen mit Fokus auf Tierbeobachtungen ($40) bis hin zur geführten Wanderung auf dem Grampians Peaks Trail. Gute Organisation und sehr gut informierte Tour-Guides.

Reiten

Grampians Horseriding Centre, Brimpaen im Wartook Valley an der Westflanke der Grampians, www.grampianshorseriding.com.au. Ausritte 2x tgl. um 10 und 14 Uhr ($150 für 2 1/2 Std.). Sehr guter Anbieter, kleine Gruppen und folgsame Pferde.

Rundflüge

A.Kube Aviation, www.akubeaviation.com.au. Rundflug über die Grampians ab Horsham. Kleine, 6-sitzige Maschinen, ab $200 für 45 Min.

INFORMATIONEN

Grampians & Halls Gap Visitor Information Centre, 117 Grampians Rd, www.visitgrampians.com.au. tgl. 9–17 Uhr.

TRANSPORT

V/Line: **Grampians Link**, 1–2x tgl. Zug/Bus-Verbindung zwischen MELBOURNE und Halls Gap: Mo–Fr um 9.16 Uhr ab Southern Cross Station mit Umstieg in BALLARAT und STAWELL. In umgekehrter Richtung ab Halls Gap um 9.30 Uhr. Fahrzeit ca. 5 Std.

Horsham

Vor der europäischen Kolonialisierung bewohnten die Jardwa- und Wodjobaluk-Völker diese Region, die sie „Wopetbungundilar" – Ort der Blumen – nannten. Vor allem Besuchern im Frühling wird dieser Name schnell verständlich: Entlang des Wimmera Rivers blühen dann die Wildblumen in den kräftigsten Farben. In der Region wird auch feine Wolle produziert.

Am nördlichen Ende der Grampians gelegen, eignet sich Horsham zum Auftanken und Einkaufen. An der Firebrace St im Zentrum reihen sich Cafés, Restaurants und kleine Läden aneinander. Am Ende der Straße steht die Church of St John the Devine. Der hübsche Botanische Garten lohnt einen kurzen Besuch.

ÜBERNACHTUNG UND ESSEN

Royal Hotel, 132 Firebrace St. Typische Pub-Unterkunft mit gemütlichen Zimmern. Unten in der Bar gibt es Countermeals. Am Wochenende kann es laut werden, dann wird hier Musik aufgelegt und getanzt. ❶

INFORMATIONEN

Horsham Visitor Information Centre, O'Callaghan Parade, https://visithorsham.com.au. tgl. 9–17 Uhr.

Mount Arapiles und Little Desert National Park

Der anmutige **Mount Arapiles** (Aussprache mit Betonung auf der zweiten Silbe: a-RA-piles) ist

Brüten mit Präzision

Die Little Desert beheimatet das seltene **Thermometerhuhn** *(mallee fowl)*, dessen Brutmethode Naturforscher bereits im 19. Jh. faszinierte. Mit beachtlichem Aufwand errichten die Hühnervögel kraterartige Erdhügel mit einem Durchmesser von etwa 5 m. In monatelanger Arbeit werden unter diesen Erdhaufen exakt temperierte Eierkammern angelegt, in die das Weibchen seine Eier legt. Mit ständigem Auf- und Abdecken der Eier während der gesamten Brutzeit halten die Tiere die Temperatur in der Eierkammer konstant auf 32 °C.

Frisch geschlüpft müssen sich die Jungen zunächst durch eine etwa 1 m dicke Erdmasse kämpfen, bevor sie das Licht der Welt erblicken. Für die aufwendige Brutzeit erhalten die Eltern allerdings wenig Gegenliebe: Nach kurzer Erholung ziehen die Küken alleine davon.

in der Kletterszene international bekannt und in Australien der beliebteste Treffpunkt für Kletterfans. Auf dem Campingplatz am Fuße des Berges trifft sich ein kontaktfreudiges, internationales Publikum – lebensfrohe Zeitgenossen, die das einfache Leben zwischen Steilhang, Lagerfeuer und Zelt genießen. Viele bleiben gleich für mehrere Wochen. Die Mt Arapiles Summit Rd führt zu einem Lookout mit Picknickplatz am Gipfel; am schönsten zeigt sich der Berg allerdings von unten, entlang der Centenary Rd.

Anders als der Name suggeriert, ist der **Little Desert National Park** keine Wüste. Tatsächlich fällt hier dreimal so viel Regen wie in der Wüste üblich. Nach langem Kampf von Umweltschützern wurde das Gebiet 1968 zum Nationalpark deklariert und damit die landwirtschaftliche Nutzung verhindert. Die Little Desert beheimatet 670 australische Pflanzenarten, darunter zahlreiche Eukalypten und Orchideen. Außerdem ist sie Heimat des faszinierenden Thermometerhuhns (*mallee fowl*, s. Kasten oben). Die Besonderheiten des Parks mögen dem Laien allerdings zunächst verborgen bleiben; einen tiefen Einblick in die Tier- und Pflanzenwelt bieten Botaniker im Rahmen einer organisierten Tour.

ÜBERNACHTUNG UND SONSTIGES

Little Desert Lodge, 💻 www.littledesertlodge.com.au. Die einzige Unterkunft in der Little Desert ist eigentlich eher ein

Naturpark. Die Betreiber sind engagierte Umweltschützer, die sich speziell für den Schutz des Thermometerhuhns und der speziellen Flora und Fauna der Little Desert einsetzen. Übernachten kann man in gemütlichen Motelzimmern ❸, in 4-Bett-Dorms ($110 für 1–2 Pers.) oder auf dem Campingplatz ($25 p. P.).

The Climbing Company, https://climbco.com.au. Klettern und Abseilen am Mt Arapiles.

Küste von West-Victoria mit Great Ocean Road

Die B100 – besser bekannt als **Great Ocean Road** – windet sich entlang einer spektakulären Küste, durch satten Regenwald und unter riesigen Eukalypten hindurch und ist unbestreitbar eine der eindrucksvollsten Küstenrouten weltweit. Im Osten macht die **Surf Coast** zwischen Torquay und Lorne ihrem Namen alle Ehre: Die perfekte Gegend, um sich ganz dem Bann der Wellen hinzugeben. Das Überangebot an Surfschulen wird jeden zufriedenstellen – vom Anfänger bis zum Fortgeschrittenen.

Weiter westlich entlang der B100 verzaubern die uralten Regenwälder, die tosenden Wasserfälle und die haushohen Eukalypten des **Great Otway National Parks** die Besucher. Die **Shipwreck Coast** am westlichen Ende der Great Ocean Road birgt faszinierende Felsformationen, darunter die weltberühmten **Twelve Apostles**. Dieses Stückchen Küste wurde von Generationen von Seeleuten für seine gnadenlose Strömung gefürchtet. Mehr als 160 Schiffe sollen hier verschwunden sein – noch heute erzählt man sich Gruselgeschichten über die Geister der Ertrunkenen.

Die Great Ocean Road wurde zwischen 1919 und 1932 gebaut und war eigentlich eine Arbeitsbeschaffungsmaßnahme für ca. 3000 Soldaten, die von den Schlachtfeldern des Ersten Weltkriegs zurückgekehrt waren. Noch heute ist die Küstenstraße ein Denkmal für deren gefallene Kameraden.

Starke Winde und heftige Strömungen sorgen für eine kontinuierliche Veränderung der Küstenlandschaft. Im Juni 2009 brach die sogenannte London Bridge zusammen, nachdem sie bereits 1990 ihre Verbindung zum Festland verloren hatte. Bei den Twelve Apostles handelt es sich heute genaugenommen nur noch um acht Sandsteinfelsen. Zwei Tage sollte man sich für die Strecke zwischen Torquay und Warnambool mindestens nehmen, besser mehr. Weiter westlich erreicht man eine wilde, im Gegensatz zur Great Ocean Road viel weniger bekannte und kaum besuchte Küste, die in die noch einsameren Gefilde der **Discovery Bay** übergeht.

TRANSPORT

V/Line, www.vline.com.au. Tgl. mit dem Zug ab Melbourne (Southern Cross) nach GEELONG. Von hier Anschluss an den Bus nach APOLLO BAY über TORQUAY, ANGLESEA, AIREYS INLET, LORNE, WYE RIVER und KENNET RIVER. Mo–Fr 3x tgl., Sa und So 2x tgl. In Apollo Bay hat man Mo, Mi und Fr Anschluss an den Bus nach WARRNAMBOOL (Abfahrt Apollo Bay 13.25 Uhr). Dieser hält an den wichtigsten Sehenswürdigkeiten (Twelve Apostles, Loch-Ard Gorge, Port Campbell, London Bridge, Peterborough, Bay of Islands) für 10–30 Min. und trifft um 16.55 Uhr in Warrnambool ein. In umgekehrter Richtung Mo, Mi und Fr ab Warrnambool um 8.30 Uhr (Ankunft Apollo Bay 12 Uhr, von hier aus Anschluss nach Geelong und weiter nach Melbourne).

Torquay

Torquay markiert das östliche Ende der Great Ocean Road und den Beginn der Surf Coast. Das ruhige Städtchen ist das Herz der australischen Surfindustrie: Einige weltbekannte Surfstrände liegen hier, darunter der legendäre **Bells Beach**. Jedes Jahr zu Ostern treffen hier die weltbesten Surfer beim **Rip Curl Pro** aufeinander, dem

Great Ocean Road
N
0
25 km
Geelong
Grovedale
Winchelsea
Terang
Camperdown
Lake Corangamite
Cobden
Lake Colac
Colac
Birregurra
Torquay
JanJuc
Bells Beach
Point Addis
Warrnambool
Allansford
Barongarook
Deans Marsh
Anglesea
Angahook - Lorne State Park
Moggs Creek
Aireys Inlet
Fairhaven
Timboon
Simpson
ANGAHOOK - LORNE STATE PARK
Erskine Falls
Forrest
Lorne
Teddy's Lookout
Bay of Islands Coastal Park
Great Ocean Rd
CARLISLE STATE PARK
Barramunga
GREAT OTWAY NATIONAL PARK
Pieterborough
Port Campbell
PORT CAMPBELL N.P.
The Grotto
London Bridge
Loch Ard Gorge
Twelve Apostles
Gibson Steps
Princetown
Beech Forrest
Beauchamp Falls
Otway Fly Treetop Walk
Hopetoun Falls
Triplet Falls
Koalas
Kennett River
Great Ocean Rd
Separation Creek
Wye River
Lavers Hill
Wongarra
Skenes Creek
Barham River Valley
MELBA GULLY STATE PARK
Maits Rest Rainforest Walk
Marriner's Lookout
Apollo Bay
Marengo
Wreck Beach
Moonlight Head
Johanna Beach
Wildlife Wonders
Koalas
Cape Otway
s. Detailplan Great Ocean Walk S. 654/655
A1
B100
B120
C134
C151
C154
C155
C156
C161
C164

VICTORIA

prestigeträchtigsten Surf-Event Australiens. Torquay ist auch der Geburtsort einiger renommierter Surfmarken, darunter Quicksilver und Rip Curl, die hier in den 1960er- und 1970er-Jahren gegründet wurden.

Das **Australian National Surfing Museum**, 💻 https://australiannationalsurfingmuseum.com.au hinter der Surf Coast Plaza in der Geelong Rd hat sich ganz und gar der Faszination für die Welle verschrieben: Interaktive Videos erklären, wie eine Welle entsteht, und die Hall of Fame porträtiert Surflegenden vergangener Tage. 🕒 tgl. 9–17 Uhr, Eintritt $12, Kind $8.

Familien und Touristen überschwemmen im Sommer die ruhigen Strände **Fisherman's Beach** und **Front Beach**. Nur 1 km weiter südlich liegt Point Danger, von wo aus sich ein guter Ausblick auf den **Surf Beach** bietet: Hier sind an jedem Tag mit einigermaßen gutem Wetter Wellenreiter im Wasser zu sehen. Am **Surf City Plaza** am Surf Coast Highway bekommt man Surfausrüstung und Kleidung. Kleine Boutiquen, Cafés und Restaurants reihen sich entlang der Gilbert Street im Zentrum aneinander.

Weiter südlich, hinter Jan Juc, befinden sich Bells Beach und die ebenfalls bekannten Surfstrände **Winkipopp** und **Jan Juc Beach**. Im Sommer werden die meisten Strände von Rettungsschwimmern patrouilliert. Die **Point Addis Road** zweigt hinter Jan Juc von der Great Ocean Road nach links (Süden) zum gleichnamigen Aussichtspunkt ab, mit schönem Ausblick auf die sich an den Felsklippen brechende Brandung.

Ein Autoparkplatz nördlich des Aussichtspunktes ist der Ausgangspunkt für den etwa 1 km langen, ausgeschilderten **Point Addis Koori Cultural Walk** entlang der Steilküste. Tafeln erklären Aspekte der traditionellen Lebensweise (u. a. die Nutzung bestimmter Pflanzen) der in der Geelong-Region beheimateten Ureinwohner, der Wathaurong. Der 46 km lange **Surf Coast Walk** führt hier durch und kann am westlichen Ende des Jan Juc Car Park begonnen werden.

ÜBERNACHTUNG

Torquay Tropicana Motel, 2 Grossmans Rd, 💻 www.torquaytropicana.com.au. Das freundliche Motel hat die günstigsten Zimmer der Stadt; nicht modern, aber sauber und großräumig. DZ und Familienzimmer. Pool. Ab ❷

Torquay Foreshore CP, 35 Bell St, 💻 www.torquaycaravanpark.com.au. Schattiger Campingplatz (ab $53), Glampingzelte, Glampingpods und Cabins von schlicht bis Luxus. In den Sommerferien doppelte Preise! Gut geeignet für Reisende mit Kindern; zur Anlage gehören Spielplatz, Spielzimmer und Sportplätze. ❷–❼

AKTIVITÄTEN

Go Ride a Wave, 143 B Great Ocean Rd, 💻 www.gorideawave.com.au. Surfunterricht: $79 pro 2 Std. inkl. Ausrüstung oder Unterrichtspakete. Auch Unterricht im Seekajakfahren und Stehpaddeln entlang der Küste. Weitere Niederlassungen in Lorne und Anglesea.

Torquay Surf Academy, 💻 www.torquaysurf.com.au. Verleiht Surfbretter, Body Boards, Kajaks, SUPs sowie Neoprenanzüge. Außerdem Surfunterricht privat oder in der Gruppe ($70 für 2 Std.).

INFORMATIONEN

Torquay Visitor Information Centre, Surf City Plaza, Beach Rd, 💻 https://visitgreatoceanroad.org.au. 🕒 tgl. 9–17 Uhr.

TRANSPORT

McHarry's Busline, 💻 www.mcharrys.com.au. Fährt von GEELONG nach TORQUAY und JAN JUC. Weitere Verbindungen S. 648 („Transport" Great Ocean Road).

Anglesea

Der beliebte, von Heide- und Buschland umgebene Ferienort liegt am Fuße der Otway Ranges, wo sich der Anglesea River ausweitet und in die Bass Strait mündet. Die quasi zahmen Kängurus, die den hiesigen Golfplatz bevölkern, schmücken viele Werbeprospekte für den Ort. Der Strand liegt versteckt hinter Sanddünen und erstreckt sich in einem sanft geschwungenen Bogen bis Point Roadknight. Das obere Ende des Strandes in der Nähe des Ortes ist im Sommer bewacht. Spazierwege an der Küste führen nach Jan Juc im Nordosten und Fairhaven Beach im Südwesten.

Hinter Anglesea verläuft die Great Ocean Road dicht an der Küste durch die Ferienorte **Aireys Inlet** und **Fairhaven**, danach entlang eines herrlichen, 6 km langen Sandstrandes bis **Eastern View**. Hier erinnert der die Straße überspannende Gedenkbogen **Memorial Arch** an die Erbauer der Great Ocean Road und markiert den Beginn eines der landschaftlich eindrucksvollsten Abschnitte dieser spektakulären Küstenstraße.

Bei Aireys Inlet beginnt der **Angahook-Lorne State Park**. Auskunft über Spazier- und Wanderwege erteilt das Visitor Centre in Lorne.

ÜBERNACHTUNG

Anglesea Backpackers, 40 Noble St, 🖳 www.angleseabackpackers.com. Kleines Hostel mit 3 einfachen DZ mit Bad. BBQ im kleinen Hinterhof. Frühstück auf Anfrage. ❸
Anglesea Family Caravan Park, 35 Cameron Rd, 🖳 http://angleseafamilycaravanpark.com.au. Tolle Lage an der Flussmündung. Zelt- und Stellplätze ab $50, außerdem Cabins und Cottages verschiedener Größe mit AC, Heizung, Bad. Kiosk, Hüpfkissen, Minigolf, Spielzimmer. In Strandnähe. Während der Sommerferien und an langen Wochenende doppelte Preise! Ab ❺

AKTIVITÄTEN

Reiten

Spring Creek Horse Rides, 🖳 www.springcreekhorserides.com.au. Ausritte durch die Parks um Bellbrae sowie im Great Otway National Park; auch Ponys für Kinder.

Surfen

Siehe „Aktivitäten" Torquay S. 650.

TRANSPORT

Siehe S. 648 (Great Ocean Road).

Lorne

Lorne ist ein sehr hübsch gelegener Ferienort an der Mündung des Erskine River in der von bewaldeten Bergen umrahmten Louttit Bay. In den 1960er-Jahren gesellten sich zu erholungsbedürftigen Melbourner Mittelklassebürgern Künstler und Bohemiens. Eine Hinterlassenschaft dieser Entwicklung ist eine rege Café- und Restaurantszene und das kultivierte Flair eines Badeortes. Diese Annehmlichkeiten sowie die geringe Entfernung von Melbourne (nur 2 Std. mit dem Auto) führen allerdings dazu, dass in den Ferien und an den Sommerwochenenden ungeheuer viel Betrieb herrscht und alle Unterkünfte – auch Campingplätze – absolut ausgebucht sind. Seit den 1990er-Jahren treffen sich regelmäßig zu Silvester Tausende junger Leute zum Falls Festival, einem Open-Air-Rockkonzert in der Nähe der Erskine Falls.

Die Wälder des Hinterlandes mit ihren Wasserfällen, von Baumfarnen bewachsenen, kühlen dunklen Schluchten und zahlreichen Wanderwegen sind Teil des **Angahook-Lorne State Park**. Kleine Landstraßen (unbefestigt, aber normalerweise in gutem Zustand; Vorsicht nach längeren Regenperioden) führen von Lorne aus dorthin. Die Straße zu den sehenswerten **Erskine Falls** ist bis auf die letzten 800 m asphaltiert. Vom Parkplatz aus führen steile Treppen runter zum Wasserfall; von hier aus kann man weiterspazieren und etwas Regenwaldluft schnuppern.

Von **Teddy's Lookout** in Queens Park bietet sich ein schöner Ausblick auf die herrliche Küstenlandschaft und die Great Ocean Road – von der Great Ocean Road die Otway St hochfahren und dann weiter über die George St.

ÜBERNACHTUNG

Great Ocean Road Cottages & Backpackers, 10 Erskine Ave, 🖳 http://greatoceanroadcottages.com. Dorms (ab $60) und Cottages mit Küchenzeile in 2 Holzhäusern. Gemeinschaftsküche. ❹
Lorne Surf Apartments, 4 Howard St, 🖳 www.lornesurfapartments.au. Geräumige, gut ausgestattete Ferienwohnungen

mit Bad, Küchenzeile und Terrasse/Balkon. Von manchen blickt man über den idyllischen Garten, von anderen genießt man den Blick aufs Meer. Ab ❹

Camping und Caravanparks

Kostenlos zelten kann man in der **Wye River Road Camping Area**, nur 2 km von Wye River entlang der Wye Road. Es gibt keine Toiletten oder sonstige Einrichtungen, was durch die Nähe zum Ort aber verkraftbar sein dürfte.

Kennet River Caravan Park, direkt an der Great Ocean Road, Kennet River, ca. 22 km südl. von Lorne, 🖳 https://greatoceanroadparks.com.au. Sehr gepflegter, ruhiger Campingplatz, der regelmäßig von Koalas besucht wird. Spielplatz und Kiosk. Camping $42 oder $54 mit Strom; außerdem gemütliche Cabins. Im Sommer erheblich höhere Preise. Der Koala-Walk beginnt direkt hier. Ab ❸

ESSEN

Zahlreiche Cafés und Restaurants, alle an der Mountjoy Parade aufgereiht, werben um Kundschaft.

HAH Lorne Beach, 89 Cypress Ave. Das gemütliche Café mit großer Terrasse liegt direkt vorm Strand und serviert Frühstück und Lunch. 🕒 tgl. 8–15.30 Uhr.

Gute und günstige Pizzen gibt es bei **Pizza Pizza** in der Nr. 2b.

The Bottle of Milk, Nr. 52. Hat Burger, Pommes und warmes Frühstück.

INFORMATIONEN

Lorne Tourist Information Centre, 15 Mountjoy Parade, 🖳 www.lornevictoria.com.au. 🕒 tgl. 9–17 Uhr.

TRANSPORT

Siehe S. 648 (Great Ocean Road).

Apollo Bay

Ein gemütlicher Ferienort, in dem es nur in den Sommerferien etwas geschäftiger zugeht. Der Ort liegt in einer weiten, geschützten Bucht mit einem schönen Sandstrand – ideal zum

Eine der eindrucksvollsten Küstenstraßen der Welt: die Great Ocean Road

Schwimmen und Windsurfen. Vor allem im Sommer sind Ausflüge durch die Wälder und zu den kühlen Wasserfällen der Umgebung ideal (wenn nicht gerade Buschfeuergefahr besteht). Die Winter sind in der Regel kühl und sehr feucht, und die wolkenverhangenen Täler und von Nebelschwaden umwallten Farnbäume und Eukalypten muten an wie ein verwunschenes, manchmal auch etwas unheimliches Zauberland.

Schöne Strecken sind z. B. das **Barham River Valley** nordwestlich des Ortes sowie die **Wild Dog Creek Rd**, die **Skenes Creek Rd** ab Skenes Creek und die **Sunnyside Rd** ab Wongarra, die zu Farmen und dem Weideland auf den Bergrücken hinter Apollo Bay führen. Von dort hat man eine herrliche Aussicht auf das Meer. Sehr schön sind die **Beauchamps Falls** und die **Hopetoun Falls** in der Nähe der Binns Rd. Nicht weit davon entfernt liegen die **Triplet Falls**. Schön ist die Aussicht vom **Marriner's Lookout**. Das Visitor Information Centre informiert über Routen.

In den 1990er-Jahren etablierte sich in und um Apollo Bay eine kleine Musiker- und Künstlerkolonie, die dem Ort noch stets einen Hauch von Alternativkultur verleiht. Ende März geben sich beim **Apollo Bay Music Festival** Jazz-, Blues-, Folk- und Rockmusiker im Ort ein Stelldichein.

Wandern

Für Wanderer gibt es den 91 km langen **Great Ocean Walk** (S. 654/655), der auch in Teilstrecken (1–2 Std.) begehbar ist. Der Pfad führt von Apollo Bay zum Glenample Homestead (nahe der Twelve Apostles) durch Wälder und entlang einem herrlich wilden, kaum berührten Küstenabschnitt – die Great Ocean Road verläuft hier viel weiter landeinwärts. Man muss die Wanderung genau planen und zu einer bestimmten Zeit losgehen, da einige Abschnitte an der Küste bei Flut und schlechtem Wetter unpassierbar sind. Wanderer finden alle relevanten Informationen beim Visitor Centre oder unter 💻 www.greatoceanwalk.info.

Wildlife Wonders

Koalas in den hohen Eukalypten, Beuteldachse, Bürstenkängurus, Emus und Wallabies im üppigen Buschland – ein Stückchen Australien, wie man sich es vorstellt. Das war hier am Rande des Great Otway National Parks allerdings nicht immer so, hatten doch eingeschleppte Tierarten wie Füchse und Katzen die australischen Tiere verdrängt; die Wälder waren Brombeerfeldern gewichen. Dann erwarb eine Umweltschutzorganisation das Land, legte einen Zaun um die 30 ha große Anlage, jätete das Unkraut, entfernte die nicht-einheimischen Tiere vom Land und besiedelte es wieder mit seinen ursprünglichen Bewohnern.

Das Ergebnis ist dieser 2021 eröffnete Naturpark – ein umgekrempeltes Zooerlebnis: die Zäune dienen nicht dazu, die einheimischen Tiere drinnen (die Koalas können ganz leicht über die Äste die Zäune überqueren), sondern die eingeschleppten Tiere draußen zu halten. Auf den interessanten Touren erfährt man mehr. 🕒 Touren starten regelmäßig tgl. von 9.30 bis 14.30 Uhr; $57, Kind $24. 475 Great Ocean Rd, 💻 https://wildlifewonders.org.au.

ÜBERNACHTUNG

In der Umgebung gibt es zahlreiche Unterkünfte, viele wunderschön auf den Hängen an der Küste und in den Tälern des Hinterlandes gelegen. Die Motels im Ort sind weniger attraktiv. Während der Sommerferien und an langen Wochenenden gelten überall stark erhöhte Preise.

Hostel

Apollo Bay Eco YHA, 5 Pascoe St, 💻 www.yha.com.au. Das nach umweltfreundlichen Kriterien erbaute Gebäude in Bestlage beherbergt ein wahres Luxushostel. Supermoderne Gemeinschaftsräume (große, gut ausgestattete Küche, Dachterrasse mit Meerblick und viele gemütliche Sitzgelegenheiten), 4-Bett-Dorms (Bett ab $50) und zahlreiche DZ. Gäste dürfen fürs Kochen Gemüse aus dem hauseigenen Garten verwenden. ❸

Andere

A Room with a View B&B, 280 Sunnyside Rd, bei Wongarra, 12 km östl. von Apollo Bay, 💻 www.roomwithaview.com.au.

Highlights des Great Ocean Walk

- **Start:** Johanna Beach
- **Ziel:** 12 Apostle Visitor Centre
- **Dauer:** 3 Tage
- **Schwierigkeitsgrad:** gemischt
- **Anreise und Planung:** Great Ocean Road Shuttle, 💻 www.greatoceanroadshuttle.com.au/, betreibt einen Zubringer-/Abholservice entlang des Great Ocean Walk. Ab Melbourne ca. $85 einfach.
- **Weitere Infos:** 💻 www.greatoceanwalk.info

Australiens berühmteste Küste ist nicht nur für Autofahrer imposant: Der 2006 eröffnete Great Ocean Walk mäandert von Apollo Bay entlang der Küste des Great Otway National Park (die Great Ocean Road dagegen verläuft hier im Landesinneren) bis zum 12 Apostle Visitor Centre. Wer die gesamte Strecke ablaufen möchte, sollte sechs bis sieben Übernachtungen einplanen. Sie ist sehr gut ausgeschildert. Ungeübte Wanderer können die Strecke auch auf einer geführten Tour laufen oder das Gepäck von Station zu Station transportieren lassen. Einige Abschnitte des Great Ocean Walks sind auch für Rollstuhlfahrer zugänglich. Einige Zeltplätze liegen direkt an der Strecke; sie sollten im Voraus online gebucht werden ($32 für bis zu 3 Pers. pro Nacht, 💻 http://parkweb.vic.gov.au). Hier gibt's auch Wasser, das allerdings unbedingt abgekocht oder sterilisiert werden muss. Essen ist auf der unten beschriebenen

VICTORIA

Route nur in Princetown und am 12 Apostle Visitor Centre erhältlich. Zelt und Schlafsack sowie festes Schuhwerk (Schlangen!) sind für diese Strecke unverzichtbar.

Tag 1: Johanna Beach – Ryan's Den Camp Site

■ 14 km, 4–6 Std.

Vom Parkplatz des abgelegenen **Johanna Beach** klettert der Pfad in westlicher Richtung die Felsküste entlang und wendet sich am **Lion Headland** von der Küste ab entlang des Old Coach Tracks. Von der Old Coach Road zweigt der Milanesia Track ab, der schließlich runter zum gleichnamigen Strand führt. Die letzten 5 km zur **Ryan's Den** führen über unzählige Hügel. Der Zeltplatz liegt idyllisch auf einem Landvorsprung, von dessen Ende sich ein herrlicher Ausblick bietet.

Tag 2: Ryan's Den – Devil's Kitchen

■ 14,4 km, 5–6 Std.

Das endlos scheinende Auf und Ab der letzten Kilometer des Vortags setzt sich heute fort. Über das Cape Volney geht es zum **Moonlight Head** und weiter durchs Landesinnere zum **Gables Lookout** – mit etwas Glück bekommt man zwischen Juni und September Wale zu Gesicht. Ein paar Kilometer weiter entscheiden die Gezeiten über die Route: Bei Ebbe kann man am **Wreck Beach** entlang bis zur **Devil's Kitchen** wandern. Vor der Küste liegen zwei Schiffswracks. Ansonsten verläuft die „High Tide Route" etwas weiter landeinwärts.

Tag 3: Devil's Kitchen – Twelve Apostles

■ 15 km, 4–6 Std.

An der Küste entlang und durch die **Wetlands** geht es nach **Princetown**. Die Old Coach Road führt weiter auf die Dünen. Immer wieder erhascht man Blicke auf die näher rückenden **Twelve Apostles** – dafür hat man die Aussichtspunkte hier oft für sich allein. Von der Great Ocean Walk Viewing Platform kann man der Straße zum Visitor Centre folgen oder über die **Gibson Steps** am Strand entlang spazieren.

VICTORIA

2 gemütliche Gästezimmer mit Bad (Jacuzzi), Heizung und kleinem Balkon. Es bietet sich ein herrlicher Ausblick über die Hügel aufs Meer. Frühstück inkl. ❼

Beachfront Motel, 163 Great Ocean Rd, www.beachfrontmotel.com.au. Einfach, aber sauber und günstig. Vermietet werden Units und kleine Studioapartments. Ab ❸

Caravanparks

BIG4 Apollo Bay Pisces Holiday Park, 311 Great Ocean Rd, 2 km nordöstl. vom Zentrum, www.big4.com.au. Sehr schön gelegene Anlage, direkt am Meer. Zelt- und Stellplätze ab $49 ($61 mit Strom, $79 mit Bad) sowie Cabins mit Heizung. Im Sommer 2 Nächte Minimum. Kiosk. Ab ❻

ESSEN

Apollo Bay Bakery, 125 Great Ocean Rd, www.apollobaybakery.com.au. Besonders beliebt sind die leckeren Pies (auch mit etwas ausgefallenen Zutaten wie Jakobsmuscheln). Außerdem gutes Brot und Kuchen. ◷ 6–16 Uhr.

Selbstversorger können bei der **Fishermen's CoOp** an der Bootsanlegestelle in der Breakwater Rd frischen Fisch und Seafood erstehen; es gibt auch Fish & Chips. ◷ tgl. 9–19 Uhr.

AKTIVITÄTEN

Aktivitäten auf dem Wasser

Apollo Bay Fishing & Adventure Tours, www.apollobayfishing.net.au. Bootsfahrten zu einer Seelöwenkolonie, $50, Kind $35. Auch Fishing Cruises; $140, 4 Std.

Apollo Bay Surf & Kayak, apollobaysurfkayak.com.au. Surfunterricht $70 pro 2 Std. Geführte 2-stündige Kajaktouren zur Seelöwenkolonie $75. Unterricht im Stehpaddeln $70 p. P. für 90 Min.

Rundflüge

Apollo Bay Aviation, https://apollobayaviation.com.au. Rundflüge im Helikopter über die Great Ocean Road.

INFORMATIONEN

Great Ocean Road Visitor Information Centre, 100 Great Ocean Rd, 297, www.visitapollobay.com. ◷ tgl. 9–17 Uhr, im Sommer länger.

TRANSPORT

Siehe S. 648 (Great Ocean Road).

Great Otway National Park

Der Nationalpark umfasst das gesamte Gebiet zwischen Anglesea bis zum Cape Otway im Südwesten der früher dicht bewaldeten Otway Ranges. Die Great Ocean Road wendet sich hinter Apollo Bay landeinwärts und führt durch das nördliche Ende des Parks.

Maits Rest ist ein unbedingt lohnender Haltepunkt. Vom Parkplatz führt ein kurzer Spazier- und Bretterweg von etwa 800 m durch einen Überrest des Urwaldes, der einst die hiesigen Hänge bedeckte. Diese Region erhält durchschnittlich 2000 mm Niederschlag im Jahr und ist damit eine der feuchtesten Gegenden Victorias. Hier gedeihen Bäume und Pflanzen des Regenwaldes der gemäßigten Zone – *Myrtle-beech*- und *Blackwood*-Bäume, viele Baumfarne und Moose. In Victoria gibt es nur noch zwei Reste solchen Regenwaldes, hier in den Otways und in Ost-Gippsland. Die Vegetation bei Maits Rest reicht von Baumfarnen und dichtem Untergehölz bis hin zu hohen Eukalypten, am eindrucksvollsten ist eine gewaltige Südbuche *(Nothofagus cunninghamii)*, deren Alter auf rund 300 Jahre geschätzt wird.

Augen auf während der Fahrt entlang der Otway Lighthouse Road zum **Cape Otway**: hier bekommt man eigentlich immer Koalas zu Gesicht. Das Gebiet um den Leuchtturm ist täglich 9–17 Uhr, im Januar bis 18 Uhr zugänglich (Zutritt $18,50), mehrmals täglich werden kurze Führungen über die Anlage und in den Turm geboten (11, 14 und 15 Uhr). Zudem steht eine kurze Präsentation zum traditionellen Bush Tucker (Nahrung und Medizin der Aborigines) auf dem Prgramm (12 und 15 Uhr). Diese Touren sind im Eintrittspreis enthalten. In den ehemaligen

Unterkünften für die Leuchtturmwärter kann man übernachten.

Schön ist ein Abstecher zum **Johanna Beach**, einem langen, von Felsklippen und steil abfallenden Hügeln eingerahmten Surfstrand – zum Schwimmen ist das Meer hier wegen gefährlicher Unterströmungen nicht geeignet. Blue Johanna ist eine teilweise unbefestigte Straße, Red Johanna ist asphaltiert.

Hinter Lavers Hill führt ein kurzer, streckenweise steiler Weg zum Parkplatz des **Melba Gully State Park**. Auf dem **Madsens Nature Track** – einem Rundweg von 40 Minuten – bekommt man hier einen Eindruck davon, wie der Wald in den Otways aussah, bevor die Abholzung begann. Die Hauptattraktion des Parks, die **Glühwürmchen**, sieht man nur nachts.

Weiter in Richtung Princetown zweigt eine ausgeschilderte, enge, kurvenreiche und unbefestigte Straße zur eindrucksvollen Küstenlandschaft von **Moonlight Head** ab, wo 130 m hohe Felsklippen zur See hin abfallen. Vom ersten Parkplatz kann man auf einem steilen Treppenpfad (350 Stufen!) zum **Wreck Beach** hinuntergehen, wo die Anker der gestrandeten Schiffe *Marie Gabrielle* und *Fiji* in Felsen und Zement verankert sind. Der zweite Parkplatz befindet sich am Ende der Moonlight Head Rd. Von dort führt ein 500 m langer Pfad zum Aussichtspunkt **Gable Lookout**.

Otway Fly

Der **Otway Fly Treetop Walk**, eine luftige Stahlkonstruktion, ermöglicht es, in 20–25 m Höhe zwischen den Baumwipfeln des kühl-gemäßigten Regenwalds spazieren zu gehen. Wer nach mehr Adrenalinkick sucht, bucht die 3 1/2-stündige Zipline Tour und schießt an Seilrutschen durch den Regenwald. Zum Visitor Centre gehören ein Café-Restaurant und ein Souvenirshop. 💻 www.otwayfly.com.au, 🕒 tgl. 9–17 Uhr, Eintritt $28, Kind $22. Zipline Tour $120, Eintritt inkl. Bei Online-Buchung günstiger.

ÜBERNACHTUNG

Bimbi Park Cape Otway, Manna Gum Drive (abgehend von der Cape Otway Lighthouse Rd), 27 km westl. von Apollo Bay, 💻 www.bimbipark.com.au. Der einzige direkt im Nationalpark gelegene CP wird häufig von Koalas besucht. Sie schlummern in den Bäumen oder spazieren gelegentlich von Baum zu Baum. Viele schöne Spaziergänge starten von hier, eine Karte gibt es an der Rezeption. Kiosk. Ausritte durch das Buschland und am Strand entlang. Zelt-/Stellplätze 40/49, Bunkrooms (Bett ab $59), sogenannte Camping Pods (Mini-Cabins) ❶, Vans ❷ und Cabins sämtlicher Größen und Preisklassen. Ab ❹

Zeltplätze verteilen sich über den gesamten Otway National Park. Unbedingt im Voraus frühzeitig buchen unter 💻 www.parks.vic.gov.au/stay. Hier findet man auch genaue Infos zur Ausstattung der Campingplätze. Campinggebühren je nach Park und Saison ca. $29 für bis zu 6 Pers. Besonders schön sind die Zeltplätze bei Blanket Bay und Johanna Beach. Kostenlos sind die Zeltplätze Beauchamp Falls, Dando's, Stevensons Falls und Meredith Park.

Paddeln mit dem Platypus

Schnabeltiere zählen nicht nur zu den ältesten, sondern auch zu den sonderbarsten Tieren der Welt. Im Great Otway National Park bekommt man die eierlegenden Säugetiere mit etwas Glück im Morgengrauen oder in der Abenddämmerung zu Gesicht.

Otway Eco Tours, 💻 www.platypustours.net.au, hilft Besuchern, die Lebensweise der seltenen Tiere zu verstehen und deren Lebensraum zu schützen. Ein Teil der Einnahmen kommt der Erforschung und dem Schutz der bedrohten Tierart zugute. Die informativen Paddle with the Platypus-Touren ($95, Kind $60) starten tgl. bei Sonnenauf- bzw. -untergang und schließen eine kleine Mahlzeit ein. Des Weiteren werden 6-stündige geführte Wanderungen entlang des Great Ocean Walks geboten ($180).

Port Campbell National Park

Zwischen Princetown und Peterborough verläuft die Great Ocean Road direkt am Rand der dramatischen Steilküste. Die hufeisenförmige

Bucht von Port Campbell ist die einzige geschützte Stelle an der „Schiffswrack-Küste" zwischen Apollo Bay und Warrnambool, an deren Klippen so manches Schiff zerschellte.

Bei der kleinen Ortschaft Princetown an der Mündung des Gellibrand River erreicht die Great Ocean Road wieder die Küste. Gleich hinter der Ortschaft liegen die **Gibsons Steps**: Steile, in die Klippen gehauene und wegen der Feuchtigkeit meist glatte Treppen führen zu einem kleinen Strand. Von hier aus kann man bei Ebbe direkt bis zu zwei Felsen der Twelve Apostles hinlaufen. Von der Straße und den Aussichtspunkten bietet sich das immer wieder überwältigende Panorama der **Zwölf Apostel** – aus dem Meer emporragende, von der Brandung umtoste hohe Felsnadeln, die zu einem Wahrzeichen Australiens geworden sind.

Tatsächlich waren es nur neun „Apostel", und seit 2005 einer dieser Felsen in sich zusammenstürzte, sind es nur noch acht. Langsam erobert sich das Meer die Küste zurück. Beim Twelve-Apostles-Parkplatz bietet das **Twelve Apostles Centre** Schutz vor Regen und eisigem Wind; es gibt auch Toiletten. Der Weg führt durch eine Unterführung unter der Great Ocean Road zu den Aussichtspunkten. In der Nähe des Centres starten Hubschrauber zu kurzen Rundflügen.

Nicht weit von der **Loch Ard Gorge** lief 1878 der Schoner Loch Ard, der englische Einwanderer nach Australien bringen sollte, bei der Mutton Bird Island auf Grund und kenterte. Von den 51 Menschen an Bord überlebten nur zwei, die das Glück hatten, von der See in diese lang gezogene Schlucht gespült zu werden. Fotografen sollten sich am besten am Vormittag auf den Weg zu den Twelve Apostles und Loch Ard Gorge machen. Ein Pfad führt hinunter zu dem kleinen Strand am Ende der Schlucht. Mit dem Auto erreicht man die in der Nähe gelegenen Formationen **Blowhole** und **Thundercave**.

Weitere Formationen sind der **Sentinel Rock** vor Port Campbell, die Felsklippen **The Lace Curtains** sowie **The Arch** jenseits des Ortes. Im Januar 1990 kamen zwei Leute auf der **London Bridge** mit dem Schrecken davon, als die Verbindung zwischen ihnen und dem Festland ohne Vorwarnung ins Meer donnerte. Sie wurden mit dem Hubschrauber in Sicherheit gebracht.

Vor Peterborough führt bei **The Grotto** ein Pfad zu einem kleinen Wasserloch, über das sich ein höhlenartiger Felsbogen wölbt. Bei Peterborough wird die Landschaft flacher. Die geschützte kleine **Wild Dog Cove** eignet sich gut zum Schwimmen. Die **Bay of Martyrs** und die **Bay of Islands** sind die letzten Küstenattraktionen vor Warrnambool, die Great Ocean Road verläuft dann durch leicht hügeliges Weideland weiter landeinwärts.

Port Campbell

Der Ort liegt an der hufeisenförmigen Campbell Bay, der einzigen geschützten Stelle der gesamten Küste. Durch seine Nähe zu den Twelve Apostles hat er sich von einem verschlafenen Fischerdorf und Sommerausflugsziel für Familien in ein Touristenzentrum verwandelt. Die Unterkünfte sowie Cafés und Restaurants sind in Sachen Design und Ausstattung auf ein verwöhntes großstädtisches Publikum zugeschnitten.

Der **Port Campbell Discovery Walk** führt in 90 Min. auf Felsklippen zu einem Aussichtspunkt über die Bucht. Beim **Port Campbell Beach** kann man baden; im Sommer ist der Strand bewacht.

ÜBERNACHTUNG

Im Ort selbst sind viele Unterkünfte recht teuer. Wer mit dem Auto unterwegs ist, kann auf die kleineren Orte in der Umgebung ausweichen.

€ **Sow & Piglets Guest House**, 18 Tregea St, 💻 https://sowandpigletsguesthouse.com.au. Das freundliche Gästehaus gehört zu einer Brauerei. 4–10-Bett-Dorms (Bett $55), DZ und Familienzimmer. ❺

Portside Motel, 62 Great Ocean Rd, 💻 www.portsidemotel.com.au. Eins der besten Motels im Ort; große saubere Zimmer mit Kühlschrank, Mikrowelle. Ab ❹

NRMA Port Campbell Holiday Park, Morris St, 💻 www.nrmaparksandresorts.com.au. Zelt-/Stellplätze ($37/40), Cabins mit Heizung, teilweise mit Terrasse und Grill. Ab ❸

VICTORIA

© JAN DÜKER

Der unablässige Einfluss von Wind und Wellen schuf so bizarre Formationen wie The Grotto.

ESSEN

Nico's Pizza and Pasta, 25 Lord St. Viele „Gourmet"-Pizzas, z. T. mit ungewöhnlichem Belag. ⌚ tgl. Abendessen. Das Bistro im **Port Campbell Hotel** hat gute Countermeals.

SONSTIGES

Informationen

Port Campbell Information Centre, 26 Morris St, 💻 http://visit12apostles.com.au. ⌚ tgl. 9–17 Uhr.

Rundflüge

12 Apostles Helicopters, 💻 www.12apostles helicopters.com.au. Entlang der Küste; 15 Min. $175, mind. 2 Pers.

Tauchen

Port Campbell Boat Charters, 💻 www.port campbellboatcharters.com.au. Tauchfahrten zu einigen der Schiffswracks sowie Angeltrips.

TRANSPORT

Siehe S. 648 (Great Ocean Road).

Warrnambool

Die angenehme Landstadt bietet einige Attraktionen und viele Unterkünfte; das 30 km entfernte historische Fischerdorf Port Fairy hat jedoch mehr Flair und ist u. U. als Übernachtungsort vorzuziehen. **Südkaper** *(southern right whales)* suchen zum Kalben im Winter wieder Buchten der australischen Südküste auf, an der sie im 19. Jh. von Walfängern fast ausgerottet wurden. Von der Aussichtsplattform am **Logans Beach** kann man die 15–18 m langen und 60–80 t schweren Tiere mit Glück zwischen Mai und Oktober beobachten.

Flagstaff Hill

Das Freilichtmuseum auf dem Flagstaff Hill ist der gelungene Nachbau eines typischen australischen Hafenstädtchens aus der zweiten Hälfte des 19. Jhs., errichtet um das Fort von 1887, das (wie ähnliche Befestigungen an der Küste Südost-Australiens) eine befürchtete russische Invasion abwehren sollte. Eine Multimedia-Präsentation veranschaulicht die Gefahren, die Mitte des 19. Jhs. mit einer Schiffsreise von England nach Australien verbunden waren.

Nebenan informiert eine gut kuratierte Ausstellung über Schiffsbau und Navigation im 19. und 20. Jh. Tagsüber spaziert man dann den Hügel hinunter durch das Freilichtmuseum. Hauptattraktion ist jedoch die eindrucksvolle **Sound und Laser Show**, die allabendlich nach Anbruch der Dämmerung die Geschichte der Shipwreck Coast erzählt. 💻 www.flagstaffhill.com, 🕒 tgl. 9–17 Uhr, Eintritt tagsüber $20 (2 Tage gültig); Show abends $32, Kombiticket $46; mind. zwei Tage im Voraus buchen. Genaue Anfangszeiten erfragen, da sie das Jahr über variieren.

Tower Hill Wildlife Reserve

Westlich von Warrnambool lohnt sich der kurze Schlenker von der Great Ocean Road zu diesem Tierreservat, das auf einer Halbinsel im Krater eines erloschenen Vulkans liegt. Im 19. Jh. rodeten die Pioniere Tower Hill und benutzten den Krater als Viehweide. In den 1960er-Jahren wurden wieder Bäume gepflanzt, und viele der dort einst beheimateten Tiere kehrten in das Naturreservat zurück.

Das Reservat ist durchgehend geöffnet – am besten besucht man es frühmorgens oder in der Abenddämmerung, wenn die Kängurus und Wallabies scharenweise auf den Grasflächen herumtollen. An einigen Stellen des Reservats sitzen Koalas in den Astgabeln. Die Emus haben ihre Scheu verloren und rücken beim Picknickplatz den Besuchern auf die Pelle – trotzdem die Tiere auf keinen Fall füttern!

Der Vulkankrater ist auch ein Vogelparadies; von einem Versteck *(bird hide)* in der Nähe des Natural History Centre lassen sich zahlreiche verschiedene Wasservögel beobachten. Und auf einer **Worn Gundidj Guided Tour**, 💻 https://worngundidj.org.au/, durchs Reservat erhält man Einblicke in die Kultur der Ureinwohner und deren Traditionen. Tgl. 10 und 13 Uhr, $85, Kind $20.

ÜBERNACHTUNG

€ **Eight Spence**, 8 Spence St, 💻 https://eightspence.com.au. Komfortable Hotelzimmer mit AC, Kühlschrank, Mikrowelle und Fön – ausgezeichnetes Preis-Leistungs-Verhältnis. Ab ❸

Warrnambool Riverside Holiday Park, 125 Jubilee Park Rd, 💻 www.nrmaparksandresorts.com.au/warrnambool-riverside. Moderne Anlage mit beeindruckender Ausstattung: beheiztes Schwimmbad mit Whirlpool, Hüpfkissen, Spielplatz, Spielzimmer, Tennisplatz, Minigolf sowie ein Fitnessraum. In der Hauptsaison gibt es Programm für Kinder. Küche und Bäder sehr sauber. Große Zelt- und Stellplätze (ab $46, mit Bad $58) sowie Cabins verschiedener Größe und Preisklasse. Ab ❷

ESSEN

In der Hauptstraße Liebig St findet man zahlreiche Cafés, Bars und Restaurants. **Brightbird Espresso**, Nr. 157. Gutes Frühstück und Mittagessen, v. a. frische Sandwiches. Weiter draußen am Südende der Pertobe St beim Pier gibt es ein Tea House und Bistro-Restaurant in einem renovierten viktorianischen Bootshaus: **Proudfoots Boathouse**, 2 Simpson St, an der Mündung des Hopkins River (Flaxman St und Otway Rd in Richtung Logans Beach entlangfahren, dann geradeaus zum Bootshaus).

AKTIVITÄTEN

Surfen und Tauchen

Daktari Surf & Dive, 453 Raglan Parade, 💻 www.daktarisport.com.au. Surfstunden am Main Beach. Außerdem Tauchkurse sowie Verleih von Schnorchelausrüstung.

INFORMATIONEN

Warrnambool Visitor Information Centre, 89 Merri St, im Flagstaff Hill Complex, 💻 www.visitwarrnambool.com.au. 🕒 tgl. 9–17 Uhr.

TRANSPORT

V/Line: Zug von MELBOURNE via GEELONG, COLAC, CAMPERDOWN nach WARRNAMBOOL, mehrmals tgl. Verbindung entlang der Great Ocean Road S. 648.

Port Fairy

Von hohen Norfolk-Tannen gesäumte, schattige Straßen führen ins Zentrum des rund 3500 Einwohner zählenden, gemütlichen Fischerdorfes, in dem Cottages, Hotels und andere Gebäude aus der Goldrauschzeit mit Bauten jüngeren Datums harmonieren. An den Bootsanlegestellen an der Mündung des **Moyne River** liegen alte Fischkutter vor Anker.

Die **Griffith Island** mit Leuchtturm, die durch einen Damm mit dem Festland verbunden ist, trennt den ruhigen, weiten Sandstrand **East Beach** vom **South Beach** am Southern Ocean. Die Insel ist, genau wie Phillip Island südwestlich von Melbourne, ein bevorzugter Nistplatz der **Muttonbirds** (*shearwater*, deutsch: Sturmtaucher) – mit etwa 40 000 Vögeln gilt Griffith Island als Victorias größte Sturmtaucherkolonie. Ende September kehren sie von ihrer weiten Reise aus Sibirien und Kanada zurück, um an der Südostküste Australiens ihre Jungen großzuziehen. Mitte April lassen die Eltern ihre Jungen dann allein und ziehen dem Sommer entgegen in die nördliche Hemisphäre. Der Hunger treibt die verlassenen Jungen schließlich aus dem Nest, und nach einigen Flugversuchen folgen sie 14 Tage später ihren Eltern auf derselben Route.

Port Fairy hat – gemessen an seiner Größe – eine Unmenge an Festivals zu bieten. In ganz Australien bekannt ist das **Port Fairy Folk Festival** am Labour-Day-Wochenende Mitte März, das 2027 sein 50-jähriges Bestehen feiert. Neben (hauptsächlich irischer) Folklore gibt es auf dem umzäunten Festivalgelände auch Blues, Country, Didgeridoo-Spieler und World Music zu hören, dazu werden Workshops angeboten. Bei Interesse gleich im November in Melbourne Karten reservieren – gewöhnlich sind sie innerhalb kurzer Zeit ausverkauft; 💻 www.portfairyfolkfestival.com.

Auf Port Fairys Straßen spielen viele Gruppen zur gleichen Zeit umsonst, und in den Pubs finden eine Menge spontaner Jam Sessions statt. Weitere Festivals sind unter anderem das **Spring Music Festival** (klassische Musik, Ende Oktober) sowie das **Moneyana Festival**, ein vierwöchiges Spektakel im Sommer mit Straßenumzügen und buntem Unterhaltungsprogramm.

ÜBERNACHTUNG

Aufgrund seiner Dorfatmosphäre, der zahlreichen verschiedenartigen Unterkunftsmöglichkeiten und wegen der Lage auf halbem Wege zwischen Adelaide und Melbourne bietet sich Port Fairy für einen Zwischenhalt geradezu an. In den Sommer- und Osterferien, an langen Wochenenden und während des Folkfestivals ist es jedoch fast unmöglich, im Ort selbst eine Unterkunft zu finden – für diese Zeit sollte man so früh wie möglich reservieren oder aber auf andere Ortschaften ausweichen.

€ **Port Fairy YHA**, 8 Cox St, 💻 www.portfairyhostel.com.au. Gemütliches und sauberes Hostel in einem renovierten historischen Gebäude. Dorms (Bett ab $42) sowie einige DZ und Familienzimmer, z. T. mit Bad, auf ein Haupt- und ein Nebengebäude verteilt. Alle Zimmer mit Heizung. Zum Entspannen eignet sich der Gemeinschaftsraum mit offenem Kamin oder bei gutem Wetter der schöne Innenhof zum Draußensitzen. ❶–❷

Central Motel Port Fairy, 56 Sackville St, 💻 https://portfairymotel.com.au. Motelunits in 2-stöckigem Gebäude, sehr zentrale Lage. ❺

Caravanparks

BIG4 Port Fairy, 115 Princes Highway, 💻 www.big4portfairy.com.au. Prima Ausstattung, u. a. Minigolf, Hüpfkissen, beheiztes Schwimmbad, Go-Karts sowie Tennis- und Basketballplatz. Schattige Stellplätze ($49 oder $75 mit Bad), gute Campküche sowie Cabins verschiedener Preisklassen. Ab ❸

Gardens CP, 111 Griffith St, 💻 www.portfairycaravanparks.com. In Strandnähe. Zur Ausstattung gehören Tennisplatz und Spielplatz. Zelt- und Stellplätze ($33/40) sowie einige Cabins. ❸

ESSEN

Das kleine Dorf hat eine große Auswahl an guten Cafés und Restaurants.

Alexo, 45 Sackville St. Der Laden ist eigentlich immer voll. Es gibt hervorragende Pizza, aber auch Leckeres aus dem Wok. ⌚ Di–So 16–22 Uhr.

Coffin Sally, 33 Sackville St, www.coffin-sally.squarespace.com. Beste Pizzen im Ort. Man kann auch im Freien sitzen. ⌚ tgl. ab 16.30 Uhr.

Lemon Grass, 55 Bank St, www.lemongrassthaiportfairy.com.au. Die besten Currys und Stir Frys der Stadt gibt's in diesem kleinen, gemütlichen Thairestaurant. Wein nicht vergessen (BYO)! ⌚ Mi–Mo Abendessen.

Rebecca's, 72 Sackville St, www.rebeccascafe.shop. Beliebtes Café. Leckere Kuchen und kleine Speisen. ⌚ tgl. 7–18 Uhr.

INFORMATIONEN

Port Fairy Visitor Information Centre, Bank St, http://port-fairy.com. ⌚ tgl. 9–17 Uhr.

TRANSPORT

War Bus, www.warbus.com.au.
Tgl. Busservice von WARRNAMBOOL nach Port Fairy; am Wochenende nur 1–2x tgl. Von Warrnambool Anschluss nach MELBOURNE.

VICTORIA

Von Portland bis Nelson

Getreidesilos und Berge von hellbraunen Kiefernholzchips weisen auf die Bedeutung des Hafens von Portland für die 10 000 Einwohner zählende Stadt hin. **Portland** ist der einzige Tiefseehafen zwischen Adelaide und Melbourne. Die Stadt begann als Walfängersiedlung in den ersten Jahrzehnten des 19. Jhs. und bezeichnet sich daher stolz als erste permanente Siedlung Victorias. In der Bentinck St und der Cliff St nahe dem Hafen sind einige der historischen Cottages und öffentlichen Gebäude zu sehen.

Eine restaurierte historische **Portland Cable Tram**, jetzt mit Diesel angetrieben, transportiert Touristen am Wasser entlang; die Route führt vom Henty Park zum Powerhouse Vintage Car Museum (⌚ tgl. 10–16 Uhr, Eintritt $8), dann durch den Botanischen Garten und am Maritime Discovery Centre vorbei zu einem alten Wasserturm, der inzwischen als Aussichtspunkt dient, und zurück (tgl. 10–15 Uhr, $22, Kind $10), www.portlandcabletrams.com.au

Ein Muss ist der Besuch des 12 km entfernten **Cape Nelson** mit seinem Leuchtturm, wo es ab und zu Führungen gibt. Man kann auch in dem Häuschen des Leuchtturmwärters übernachten. Vom 3 km langen **Seacliff Nature Walk** entlang der Felsklippen hat man eine herrliche Aussicht über die wilde Küstenlandschaft. Anschließend geht es nach Portland zurück und weiter zum 24 km entfernten **Cape Bridgewater**. Man kommt am **Shelly Beach** und **Bridgewater Beach** vorbei, der Letztere ist der beste Strand der Gegend und sicher zum Schwimmen.

Die Straße führt weiter zum Parkplatz, von dem aus man die **Blowholes** und bizarren Felsformationen des **Petrified Forest** erreicht. Der **Mount Richmond National Park**, ein Nationalpark rund um einen erloschenen Vulkan, 20 km nordwestlich von Portland, ist bekannt für seine Wildblumen im Frühling.

Am Ende der herrlichen Küstenlandschaft der Discovery Bay liegt 70 km westlich von Portland das verschlafene Fischerdorf **Nelson**. Von Portland führt der **South West Walk** durch den **Discovery Bay Coastal Park** und **Lower Glenelg National Park** bis nach Nelson und zurück entlang der Küste – insgesamt 250 km.

Von **Nelson** kann man mit einem Ausflugsschiff oder gemieteten Kanu auf dem teils von Kalksteinklippen gesäumten **Glenelg River** die Tropfsteinhöhlen der **Princess Margret Rose Cave** ansteuern. Die Tropfsteinhöhlen sind auch mit dem Auto erreichbar. Führungen tgl. zwischen 10 und 16.30 Uhr. Eintritt $22, Kind $15.

ÜBERNACHTUNG

Cape Nelson Lightstation, www.capenelsonlighthouse.com.au. 4 Zimmer im Haus des ehemaligen Leuchtturmwärters. Außerdem gibt es eine separate Unit. ❼

Lorelei B&B, 53 Gawler St, Portland, www.lorelei.com.au. Gemütliche und sehr komfortable Gästezimmer mit Bad in gepflegtem Gästehaus. Viele Extras wie kostenlose Getränke (auch Bier und Wein) und kleine Snacks für Gäste. Zentrale Lage. ❺

Caravanpark

Narrawong Holiday Park (Big4), 💻 www.big4.com.au. 16 km östl. von Portland auf einer Halbinsel zwischen Strand und Mündung des Surrey River gelegen; Zelt- und Stellplätze ($32/37) sowie Cabins von Standard bis Deluxe. Zur Anlage gehören eine überdachte Campküche, Spielzimmer (Billard, Computerspiele, TV), Tennisplätze, Spielplätze und ein Kiosk. ❶–❹

AKTIVITÄTEN UND TOUREN

Angeln und Bootfahren in Nelson

Zum Angeln benötigt man eine Lizenz, erhältlich beim **Nelson Kiosk**, 🕒 tgl. 7–17 Uhr, bei der Tankstelle oder bei der Post.
Nelson Boat & Canoe Hire, Kellet St, 💻 www.nelsonboathire.com.au. Boots- sowie Kanu- oder Kajakvermietung. 🕒 tgl. 9–18 Uhr, im Winter geschl.

Bootstouren

Seals by Sea Tours, 💻 www.sealsbysea tours.com.au. Ab Cape Bridgewater bei Portland zu einer Kolonie von etwa 800 Seelöwen *(Australian* und *New Zealand fur seals)* in der Nähe der Jetty. 45 Min., $50, Kind $25.

SONSTIGES

Informationen

Nelson Parks Victoria Information Centre, Leake St. 🕒 tgl. 9–17 Uhr.
Portland Visitor Information Centre, Lee Breakwater Rd, Portland. 🕒 tgl. 9–17 Uhr.

Vorwahl

Für **Nelson** gilt die Vorwahl von South und Western Australia: 08.

TRANSPORT

Nach Nelson fahren keine öffentlichen Verkehrsmittel.

Ost-Victoria

Gippsland umfasst das Hochland und die Berge der Great Dividing Range im Norden und die Küste an der Bass Strait im Süden. Zwischen den waldbedeckten Bergen des Baw-Baw-Plateaus im Norden und den Strzelecki Ranges bildet das Latrobe-Tal einen schmalen industrialisierten Korridor, in dem die größten Braunkohlevorkommen Australiens abgetragen und in sehr großen Kraftwerken verfeuert werden.

Die Strzelecki Ranges trennen das Latrobe-Tal von **Süd-Gippsland** – grünes, hügeliges Weideland mit einigen Überresten des dichten Regenwaldes, der einst ganz Süd-Gippsland bedeckte. Der Landvorsprung Wilsons Promontory ist der südlichste Punkt des australischen Festlandes; **Wilsons Promontory National Park** ist Victorias beliebtester Nationalpark. Wegen seiner herrlichen Küstenlandschaft ist er ein Muss auch für Besucher aus Übersee.

Ein weiteres populäres Feriengebiet ist das ausgedehnte Seensystem der **Gippsland Lakes** zwischen Sale und Lakes Entrance. Die direkteste Verbindung zu den Seen und weiter nach Ost-Gippsland ist der Princes Highway.

Ost-Gippsland zwischen Lakes Entrance und der Grenze zu New South Wales ist ein abgelegener, von dichten Wäldern bedeckter Landstrich. Die einzigen Badeorte dort sind die Weiler Cape Conran, Bemm River und das Fischer- und Feriendorf Mallacoota, versteckt an einem Meeresarm im Croajingolong National Park gelegen.

Weitere Informationen: 💻 www.visitvictoria.com/Regions/Gippsland.

Süd-Gippsland

Wilsons Promontory National Park

Der Landvorsprung „The Prom", wie die Locals ihn nennen, ist der Überrest einer ehemaligen Landbrücke, die Australien mit Tasmanien verband und die überflutet wurde, als gegen Ende der letzten Eiszeit vor etwa 10 000 Jahren der Meeresspiegel anstieg. Ein großer Teil der „Prom" wird von Bergen mit Eukalyptuswäldern und Granitfelsen eingenommen, dazwischen erstrecken sich feuchte Baumfarn-Schluchten, herrliche, weite Buchten und Sandstrände, im Nordwesten zur Landbrücke mit dem Festland hin flaches Heide- und Sumpfland. Über 80 km Wanderwege führen kreuz und quer durch den Nationalpark.

Vom Hauptort **Tidal River** und von Parkplätzen entlang der Hauptstraße kann man kurze Wanderungen von ein bis vier Stunden zu verschiedenen Aussichtspunkten und zu den benachbarten Buchten unternehmen. Von hier aus starten auch die beliebten mehrtägigen Wanderungen der südlichen Prom. Begegnungen mit der einheimischen Fauna – Koalas, Wallabies, Emus, Wombats, vielleicht auch Schlangen, sind hier geradezu unausweichlich.

Vom 558 m hohen **Mount Oberon** in der Nähe von Tidal River bietet sich ein fantastischer Ausblick auf die Küste. Fluten und Buschbrände sorgen immer wieder für große Schäden: 2009 zerstörten Buschbrände etwa die Hälfte des Parks. 2011 dann wurde Tidal River überschwemmt. Auch die Brände im Black Summer 2019/20 richteten gewaltige Schäden an; heute ist die Infrastruktur wieder intakt.

Zu abgelegenen Orten wie **Sealers Cove** und zum **Leuchtturm**, wo man auch übernachten kann, gelangt man nur auf Schusters Rappen. Für diese mindestens zweitägigen Wanderungen muss man sich voranmelden, da immer nur eine bestimmte Anzahl von Wanderern auf die Pfade (und die Buschzeltplätze) gelassen wird; für lange Wochenenden (Australia Day, Labour Day, Anzac Day, Melbourne Cup) und die Sommer- und Osterferien mehrere Monate im Voraus buchen.

Das Information Centre in Tidal River informiert mit Schaukästen und Flugblättern umfassend und anschaulich über den Nationalpark. Dort kann man auch Wanderungen und Übernachtungen für alle Bush Camps und die Übernachtungsmöglichkeiten in Tidal River buchen (Details S. 667).

Die Unterkünfte in der Nähe sind für Weihnachten, Januar und Ostern schon auf ein Jahr im Voraus (!) ausgebucht. Der General Store (🕒 tgl. 9–19 Uhr, im Januar länger, im Winter bis ca. 17.30 Uhr) verkauft (teure) Lebensmittel und Essen zum Mitnehmen; Restaurants gibt es keine. Am besten deckt man sich vor der Anreise mit Lebensmitteln ein. Die Menschenmassen verteilen sich zwar ein wenig, sobald man Tidal River verlässt, trotzdem gilt: Außerhalb der Hochsaison hat man mehr von der Prom.

ÜBERNACHTUNG

Foster

Prom Country Lodge, 3800 Gippsland Highway, 💻 https://promcountrylodge.com.au. Saubere, geräumige Motelzimmer mit Bad. Restaurant und Außenpool. ❹

Prom Central CP, 38 Nelson St, 💻 www.promcentral.com.au. Zelt- und Stellplätze ($40 oder $45 mit Strom) sowie Cabins mit Bad. ❷–❸

Yanakie

Top of the Prom Cottage, 💻 https://topofthe prom.com.au, Wilsons Promontory Rd, nur

Den Snowy River im Sattel entdecken

Einmalige Naturerlebnisse gibt es bei **Snowy Range Horseback Tours**. Der Anbieter führt mehrtägige Ausritte im High Country über abgelegenes Terrain mit spektakulärer Landschaft durch. Übernachtet wird in einer Cattlemen's Hut, die der Familie des Veranstalters gehört, oder in Zelten. Die Reittouren eignen sich für Anfänger und Fortgeschrittene. Ein Wochenende auf dem Pferderücken kostet $520, 4 Tage $1120, alles inklusive. Licola liegt weitab von allem mitten in den Bergen.
Der Veranstalter bietet einen Abholservice von den Bahnhöfen entlang der Route Melbourne–Bainsdale (u. a. Warragul, Moe, Morwell, Traralgon) – unbedingt reservieren! Snowy Range Horseback Tours, Licola, 💻 www.snowyrivertours.com.

Ost-Victoria
N
0
100 km
New South Wales
Great Dividing Range
ALPINE NATIONAL PARK
SNOWY RIVER NP
ERRINUNDRA NP
COOPRACAMBRA NP
ALFRED NP
LIND NP
CROAJINGOLONG NATIONAL PARK
MITCHELL RIVER NP
THE LAKES NP
MOUNT BUFFALO NP
FRASER NP
BAW BAW NP
YARRA RANGES NP
DANDENONG RANGES NP
KING LAKE NP
TARRA-BULGA NP
WILSONS PROMONTORY NATIONAL PARK
s. Detailplan Wilsons Promontory NP S. 666
Echuca
Elmore
Shepparton
Albury
Wodonga
Lake Hume
Chiltern
Rutherglen
Tallangatta
Corryong
Adaminaby
Wangaratta
Beechworth
Yackandandah
Mitta Mitta
Myrtleford
Bright
Mt. Beauty
Bogong
Mt. Bogong 1986
Falls Creek
Mt. Hotham 1862
Bogong High Plains
Dinner Plain
Alpine Rd.
Omeo
Dartmouth Reservoir
Mt. Kosciuszko 2228
Thredbo
Jindabyne
Cooma
Bega
Delegate River
Bombala
Merimbula
Eden
Boydtown
Gelantipy
Snowy River
Bonang
Buchan Caves
Buchan
Benalla
King Valley
1723
Euroa
Heathcote
Seymour
Mansfield
Hwy
Mt Stirling
Lake Eildon
1804
Mt. Buller
Kilmore
Yea
Alexandra
Maroondah
Eildon
Jamieson
Taggerty
Lake Mountain
Toolangi
Marysville
Licola
Macalister River
Mitchell River
Yarra Glen
Healesville
Warburton
Melbourne
Emerald
Gembrook
Mt. Baw Baw
1566
Walhalla
Noojee
Erica
Heyfield
Maffra
Bruthen
Bairnsdale
Orbost
Marlo
Cape Conran
Bemm River
Cann River
Genoa
Mallacoota
Lakes Entrance
Metung
RAYMOND ISLAND
Paynesville
Loch Sport
Marlay Point
Lake Wellington
Sale
Latrobe River
Moe
Traralgon
Warragul
Morwell
Princes Hwy
Grand Ridge Rd.
Mirboo-North
Carrajung
Strzelecki Ranges
Ninety Mile Beach
Seaspray
Dandenong
Frankston
Mornington
Portsea
Mornington Peninsula
FRENCH ISLD.
Cowes
Cape Schanck
PHILLIP ISLAND
Korumburra
South Gippsland Hwy
Leongatha
Wonthaggi
Inverloch
Meeniyan
Toora
Yarram
Foster
Port Albert
Yanakie
Port Welshpool
Waratah Bay
Sandy Point
Tidal River

VICTORIA

Wilsons Promontory National Park
N
0
5 km
Melbourne
C444
Yanakie
Duck Point
Corner Inlet
GRANITE ISLAND
Tin Mine Cove
347
Mt. Hunter
Chinaman Long Beach
Foster Promontory Rd
Millar Rd
LONG ISLAND
BENNISON ISLAND
Shallow Inlet
EINGANG
Big Drift
Lower Barry Creek
Mt. Roundback
316
Barry Creek
Millers Landing
Barry Creek Camp
Five Miles Rd
Vereker Outlook
Cotters Lake
Wilsons Promontory Rd
Prom Wildlife Walk
Mt. Vereker
586
Vereker Range
SHELLBACK ISLAND
BRÜCKE
Darby River
Fairy Cove
Darby Saddle
Tongue Point
Latrobe Range
754
Mt. Latrobe
319
Mt. Bishop
s. Detailplan Wandern am rauen Südzipfel S. 668
Whisky Bay
Picnic Bay
Lilly Pilly Gully
Tidal River
NORMAN ISLAND
Squeaky Beach
Telegraph Saddle
679
Mt. Ramsay
Sealers Cove
Tidal River
453
Mt. McAlister
Refuge Cove
Norman Bay
558
Mt. Oberon
Wilson Range
Telegraph Track
705
Mt. Wilson
Kersops Peak
Little Oberon Bay
Oberon Bay
Little Waterloo Bay
Cape Wellington
GREAT GLENNIE ISLAND
Telegraph Junction
Halfway Hut
Waterloo Bay
419
Mt. Norgate
Boulder Range
Roaring Meg
LEUCHTTURM
South East Point
South Point
KANOWNA ISLAND
ANSER ISLAND
WATTLE ISLAND
VICTORIA

500 m vom Park. Cottage mit 2 Schlafzimmern und Küche auf einer Rinderfarm. Nicht gerade modern, aber gemütlich. ❺

Shallow Inlet CP, 350 Lester Rd, 💻 www.sicp.com.au. Zelt-/Stellplätze ($40/47) sowie einfache Cabins. Guter, kindersicherer Strand. Spielplatz. ❷

Im Nationalpark

Für längere Wanderungen stehen in beiden Teilen des Parks einfache Zeltplätze zu Verfügung. Für alle Unterkünfte Buchungen unter 💻 http://parkweb.vic.gov.au/explore/parks/wilsons-promontory-national-park.

Tidal River Accommodation, 484 Zeltplätze ab $34 (davon nur 20 mit Strom), gemütliche und komplett ausgestattete Cabins mit 1–2 Schlafzimmern (max. 6 Pers.) ❼, einfache Hütten mit 4–6 Stockbetten ❸ sowie 4 sehr gemütliche „Wilderness Retreats" (permanente Luxuszelte in Buschlandumgebung) ❼, alle mit Heizung. Zwischen Weihnachten und Ende Januar übersteigt die Nachfrage das Angebot derart, dass per Losverfahren entschieden wird, wer einen Zeltplatz oder eine Unterkunft erhält.

Die Anmeldung für das Losverfahren beginnt bereits im Juni.

Lighthouse Cottage, 19 km von Tidal River, nur zu Fuß erreichbar. Cottages mit je 2 oder 3 Schlafzimmern. ❼

INFORMATIONEN

Tidal River Park Office, 💻 www.parkweb.vic.gov.au. Informative Ausstellung über die Geologie, Flora und Fauna des Nationalparks. Kostenlose Wanderkarten. Buchung von Unterkunft und Ausstellung von Hiking Permits für die mehrtägigen Wanderungen – telefonische Buchung per Kreditkarte möglich. 🕒 tgl. 8–16.30 Uhr.

Von September bis Ende April darf man nur eine Nacht auf einem der Buschzeltplätze verbringen; 2 Nächte auf dem Roaring Meg Campsite. Nur Campingkocher mit Gaskartuschen erlaubt; offene Feuer sind verboten.

TRANSPORT

Keine öffentlichen Verkehrsmittel fahren zum Wilsons Promontory NP. Wer keinen fahrbaren Untersatz hat, ist auf eine Tour angewiesen. Verbindungen nach FOSTER siehe Tarra-Bulga National Park.

Tarra-Bulga National Park und Umgebung

Die schönste Route durch Süd-Gippsland, die **Grand Ridge Road**, verläuft südlich von Warragul und Traralgon auf dem Kamm der Strzelecki-Ranges. Die schmale, kurvenreiche, teilweise nicht asphaltierte Straße mit herrlichen Ausblicken auf die umliegenden Täler geht vom Midland Highway ab, der Princes und South Gippsland Highway miteinander verbindet.

Zumindest der Abstecher von **Carrajung** (südlich von Traralgon) entlang der Grand Ridge Road zum **Tarra-Bulga National Park** lohnt sich. Im Nationalpark steht ein kleiner Überrest der einst üppigen kühl-gemäßigten Regenwälder von Süd-Gippsland unter Naturschutz.

Das 150 Jahre alte Fischerdorf **Port Albert** 14 km südlich von Yarram war im 19. Jh. das Tor zum unwegsamen Gippsland. Heute machen hier v. a. Hobbyfischer Urlaub und tuckern zwischen den vielen vorgelagerten Inseln umher.

ÜBERNACHTUNG

Tarra Motel, 387 Commercial Rd, Yarram, 💻 www.tarramotel.com. Renovierte Motelzimmer mit Bad und Kühlschrank. Schöne Lage nahe dem Nationalpark. Ab ❷

TRANSPORT

V/Line: mehrmals tgl. mit dem Zug ab MELBOURNE bis DANDENONG Station. Von hier Busverbindung nach KOO-WEE-RUB. Dann umsteigen in einen Bus nach YARRAM über FISH CREEK und FOSTER. Fahrzeit etwa 4 1/2 Std.

Wandern am rauen Südzipfel

- **Start:** Telegraph Saddle
- **Ziel:** Tidal River
- **Länge:** 40,4 km
- **Dauer:** 2 Tage
- **Schwierigkeitsgrad**: mittelschwer
- **Anreise und Planung:** Im Sommer und an langen Wochenenden fährt ein Shuttlebus von Tidal River zum Telegraph Saddle. Zu anderen Zeiten muss man zu Fuß gehen (ca. 1 Std.). Zeltplätze müssen unbedingt im Voraus gebucht und bezahlt werden, entweder bei Parks Victoria, www.parkstay.vic.gov.au, oder beim Visitor Centre in Tidal River.

Die Wanderung deckt die Highlights der Ost- und Westküste im Süden des beliebten **Wilsons Promontory National Park** ab. Zelt, Schlafsack und Isomatte sowie Gaskocher, Essen und am besten auch Wasser sind für die gesamte Strecke mitzuführen. Teilweise gibt es Wasser an den Zeltplätzen, das aber unbedingt abgekocht werden muss. Vor allem für die Wochenenden sollten die Zeltplätze so früh wie möglich im Voraus gebucht werden. 2009 wurde fast der gesamte Nationalpark von Buschbränden in Schutt und Asche gelegt; 2011 kam es zur Überflutung riesiger Gebiete, die ebenfalls viel Zerstörung anrichteten. Auch kleinere Naturkatastrophen richten immer wieder Schäden an; man sollte sich also im Voraus erkundigen, ob Pfade oder Zeltplätze eventuell gesperrt sind. Ein Total Fire Ban schließt auch die Benutzung von Gaskochern aus.

Tag 1: Telegraph Saddle – Refuge Cove

- 16,6 km, 4–5 Std.

Vom Parkplatz am Telegraph Saddle ist der Weg nach Sealers Cove ausgeschildert. Durch Eukalyptuswald geht es aufwärts bis zum **Windy**

VICTORIA

© ISTOCK / SAMVALTENBERGS

Saddle zwischen dem Mt Ramsay und Mt Wilson. Von hier aus fällt der Pfad ab bis nach **Sealers Cove**. Die letzten 1,8 km führen durch ein Sumpfgebiet – den größten Teil davon geht man auf Holzplanken *(boardwalk)*. Am Strand von Sealers Cove muss der Sealers Creek überquert werden; am besten man informiert sich im Vorfeld über die Gezeiten. Hinter dem Zeltplatz beginnt der etwa 45-minütige Aufstieg zum **Horn Point**, der oben mit einer tollen Aussicht auf den Five Mile Beach im Norden und der Seal Island im Osten belohnt wird. Hier verlässt der Pfad die Küste und steigt langsam zum **Refuge Beach** hinab. Der Zeltplatz für Wanderer (ca. $7 p. P.) hat ein Plumpsklo und fließend Wasser.

Tag 2:
Refuge Cove – Tidal River

■ 23,8 km, 6–7 Std.

Gleich zu Beginn dieses Tages geht es steil aufwärts auf eine offene Granitplatte, von der aus sich sensationelle Aussichten über den Park bieten, und anschließend durch ein kleines Waldgebiet. Ein kurzer, lohnender Abstecher (0,6 km hin und zurück) führt zum **Kersops Peak**, einem weiteren spektakulären Aussichtspunkt. Von hier blickt man an klaren Tagen bis zum Lighthouse. Zurück auf der Hauptroute, fällt der Weg langsam zum **Waterloo Beach** ab. Das Wasser sieht einladend aus, ist aber meist eisig kalt. Vom Strand aus führt ein ausgeschilderter Pfad hinter dem Freshwater Creek ins Landesinnere und über Dünen und Sümpfe zur **Telegraph Track Junction**. Hier hat man die Wahl: Man kann in etwa zwei Stunden Telegraph Saddle erreichen oder dem recht flachen Weg bis zum **Oberon Bay** (ca. 1 Std. von der Kreuzung) folgen. Am Wasser geht's rechts (nördlich) am Strand entlang zur **Little Oberon Bay**. Ein letzter kurzer Aufstieg führt zum **Norman Point**, nur wenig dahinter fällt der Pfad allmählich ab bis zum **Norman Beach** und führt zurück nach Tidal River (2–3 Std. von Oberon Bay).

Zentral- und Ost-Gippsland

Östlich von Port Albert beschreibt die Küste einen sanften Bogen nach Norden. Hier beginnt **Ninety Mile Beach**, eine schmale Nehrung, die das ausgedehnteste Wasserstraßensystem Australiens vom Meer trennt. Dahinter liegen **Lake Reeve**, **Coleman**, **Wellington**, **Victoria** und **King**, die durch Kanäle und Flüsse miteinander verbunden sind und zusammen eine Wasserfläche von rund 400 km² bilden: den Lake's District. Kleine, verschlafene Ortschaften wie Loch Sport und Paynesville bieten urlaubshungrigen Großstädtern im Sommer Zuflucht; außerhalb der Sommerferien herrscht eine paradiesische Stille.

Die einzige Öffnung zum Meer ist der künstlich ausgebaggerte Zugang bei **Lakes Entrance**. Westlich davon liegt **Lake Tyers**, eigentlich ein Meeresarm, der weit ins Binnenland reicht. Am Lake Tyers befindet sich eine Koorie-Siedlung. Die Küste rückt in Zentral- und Ost-Gippsland dicht an die Berge der Great Dividing Range. Die dort entspringenden Flüsse wie der **Avon**, **Mitchell** und **Tambo River** speisen das Seensystem.

Im Sommer 2019/20 fegten gewaltige Feuer durch die Region: Drei Monate lang loderten die Flammen zwischen Sale, Omeo und Mallacoota. Eine Fläche von 320 000 ha wurde von der Feuerwalze erfasst, ein Mann verlor sein Leben, Tausende von Einwohnern und Besuchern mussten evakuiert und in Sicherheit gebracht werden.

VICTORIA

Sale und Umgebung

Abgesehen von ein paar hübschen historischen Gebäuden gibt es in Sale wenig, das einen Zwischenstopp lohnt. Sale war einst das Verwaltungszentrum der Firma Esso-BHP. Öl und Gas werden von den Bohrinseln zu einer Verarbeitungsanlage bei Longford, ca. 12 km südlich von Sale, gepumpt und dann über eine 190 km lange Pipeline nach Westernport und Melbourne weitergeleitet.

Von der Bootsrampe bei **Marlay Point** am Lake Wellington sind es 113 km auf dem Wasserweg bis nach Lakes Entrance. Die Straßen von Sale zu den Ferienorten **Seaspray**, **Golden Beach**, **Letts Beach** und **Loch Sport** sind die einzigen Landzugänge für den **Lakes National Park**. Der **Ninety Mile Beach** wird bei Seaspray von November bis April bewacht.

ÜBERNACHTUNG

Cambrai Backpackers, 117 Johnston St, Maffra, 💻 www.cambraihostel.com.au. Das freundliche Hostel ist speziell auf internationale Backpacker ausgerichtet, die Arbeit auf den umliegenden Farmen suchen. Dorms (Bett $180 pro Woche) und DZ ($230 p. P./Woche); offener Kamin im Wohnzimmer. Die Besitzer helfen bei der Jobsuche.

Seaspray CP, 1 Futcher Rd, Seaspray, 💻 www.seaspraycaravanpark.com.au. Direkt am Strand. Zelt- und Stellplätze ($35/40). Außerdem moderne Cabins. Ab ❹

90 Mile Beach Holiday Retreat, Track 10, Seacombe Rd, 💻 www.90milebeachholidayretreat.com. Schattige Zeltplätze $40. Ein Cottage (max. 6 Pers.) sowie Cabins, komplett ausgestattet. Kiosk. Ab ❸

INFORMATIONEN

Central Gippsland Visitor Centre, 70 Foster St, 💻 www.centralgippsland.com.au. 🕒 tgl. 9–17 Uhr.

TRANSPORT

V/Line: Züge 2–3x tgl. von MELBOURNE über SALE nach BAIRNSDALE (Fahrzeit 4 Std.) In Bairnsdale Anschluss an Busse nach LAKES ENTRANCE.

Außerdem Coach-Service ab Bairnsdale:

Capital Link: Mo, Do und Sa (in umgekehrter Richtung Di, Fr und So) nach CANBERRA über ORBOST, CANN RIVER und COOMA.

Sapphire Coast Link: tgl. über Orbost, Cann River und GENOA (von hier Anschluss nach MALLACOOTA) nach NSW (EDEN, MERIMBULA, BERMAGUI, NAROOMA; Mo, Do und So bis BATEMANS BAY).

Bairnsdale und Umgebung

Die angenehme kleine Landstadt mit 14 000 Einwohnern ist ein idealer Ausgangspunkt für Ausflüge an die Seen und in die Berge. Da der Ort nicht direkt am Wasser liegt, ist er weniger touristisch als Lakes Entrance oder Paynesville.

Im Ort selbst haben im **Krowathunkooloong Keeping Place**, 37-53 Dalmahoy St, die Nachfahren der Gunai (manchmal auch Kurnai geschrieben) ein Kulturzentrum errichtet, das ihre Geschichte und frühere Lebensweise dokumentiert; immer wieder finden authentische Tänze und andere Events statt. Mo–Fr 9–17 Uhr, Eintritt $6, https://gegac.org.au/keepingplace.

Das Zentrum liegt auf dem **Bataluk Cultural Trail**, www.batalukculturaltrail.com.au, der sich von Sale bis Cape Conran erstreckt und bedeutende Stätten der Ureinwohner miteinander verbindet. Dazu gehören eine Höhle im **Mitchell River National Park**, 45 km nordöstlich von Bairnsdale, die **Den of Nargun**, in der nach der Überlieferung der Gunai das menschenfressende Monster Nargun lebte, sowie die **Buchan Caves** (S. 672), in denen Spuren menschlichen Lebens von vor 18 000 Jahren gefunden wurden. Für die Straßen im Mitchell River NP ist ein 4WD von Vorteil.

Das 18 km von Bairnsdale entfernte **Paynesville** ist der wichtigste Bootshafen der Gippsland Lakes. Eine Fähre setzt zur **Raymond Island** über, Fußgänger fahren kostenlos mit. Von der Anlegestelle auf der Insel startet der 1,2 km lange Koala Walk, auf dem man tatsächlich bestimmt eins der schläfrigen Geschöpfe in den Astgabeln erspäht. Die etwa 6 km lange und 2 km breite Insel ist außerdem ein Vogelparadies. Moskitos fühlen sich hier genauso wohl – unbedingt Insektenschutz mitbringen!

Bei der Fähranlegestelle kann man im Sommer auch Fahrrad-Trolleys für bis zu vier Personen mieten. In Richtung Lakes Entrance führt bei Swan Reach eine Abzweigung vom Princes Highway nach **Metung**, einem idyllisch gelegenen Ferienort mit einem weiteren Bootshafen.

Zur Zeit der *Wattle*-Blüte (Akazien) im Frühjahr ist eine Fahrt ab Bruthen (24 km östlich von Bairnsdale) auf der Great Alpine Road (Omeo Highway) durch das Tal des **Tambo River** in Richtung **Omeo**, eine 120 km nördlich gelegene ehemalige Goldgräbersiedlung im Hochland, besonders schön.

ÜBERNACHTUNG

Einen guten Überblick findet man auf www.gippslandlakesescapes.com.au.

Bairnsdale

Bairnsdale Motel, 42 Great Alpine Rd, www.bairnsdalemotel.com.au. Modernes, sauberes und sehr freundliches Motel mit Zimmern und luxuriösen Apartments. Ab ❹

€ **Bairnsdale Holiday Park** (BIG4), 139 Princes Highway, www.nrmaparksandresorts.com.au. Stellplätze ohne/mit Strom ($30/38) sowie Cabins mit 1–2 Schlafzimmern, nur teilweise mit AC, Heizung und Bad. Pool, Kiosk. ❶–❸

Paynesville

Lake Gallery B&B, 2A Backwater Court, www.lakegallerybedandbreakfast.com, ist ein am Wasser gelegenes Ferienhaus. Zum Haus gehören 2 Designer-Gästesuiten, jeweils mit Jacuzzi und Balkon. Beide sind über einen separaten Eingang zu erreichen. Zur Unterkunft gehört eine eigene Bootsanlegestelle. Die ausgestellten Kunstwerke und Kunsthandwerksgegenstände (Vasen usw.) stehen z. T. zum Verkauf. Auch B&B. ❹

Paynesville Holiday Park, 4 Gilsenan St, www.paynesvilleholidaypark.com. Stellplätze ab $35, auch mit eigenem Bad (ab $50) sowie Cabins mit 1–3 Schlafzimmern. Kiosk und solargeheizter Salzwasserpool, außerdem Hüpfkissen, Spielplatz und Bootsrampe. Ab ❹

SONSTIGES

Informationen

Bairnsdale Visitor Information Centre, 240 Main St, www.eastgippsland.vic.gov.au. tgl. 10–16 Uhr.

VICTORIA

Weingüter

Nicholson River Winery, Nicholson, 10 km östl., 🖳 www.nicholsonriverwinery.com.au. Ausgezeichnete Weiß- und Rotweine. ⏲ tgl. 10–16 Uhr.

NAHVERKEHR

Busse

Paynesville Buslines, 🖳 www.gillicksbuslines.com.au. Mo–Fr 4x tgl., Sa 1x tgl. zwischen Paynesville und Bairnsdale.

Fähre von Paynesville zur Raymond Island

Jede halbe Stunde Mo–Do 7–22.30, Fr und Sa bis 24, So 8–22.30 Uhr. Passagiere kostenlos; Autos $14 hin und zurück.

TRANSPORT

Siehe S. 670 (Sale).

Lakes Entrance und nördliches Hinterland

Lakes Entrance ist ein gemütliches Ferienzentrum am östlichen Ende der Gippsland Lakes – eines Seensystems, das sich über eine Fläche von mehr als 400 km² erstreckt. Im Sommer verzehnfacht sich die Bevölkerung von 5500 Einwohnern. Alle Campingplätze und anderen Unterkünfte sind dann ausgebucht. Man kann es den Scharen nicht verübeln: Der Ort ist hinreißend schön.

Am Ende der Myer Street direkt im Zentrum führt eine Fußgängerbrücke über den Meeresarm hinüber zum **Ninety Mile Beach** am Ozean. Im Sommer wird der Strand von Rettungsschwimmern patrouilliert. Von hier startet ein 5 km langer Rundweg zum eigentlichen „Entrance", der Landöffnung zum Meer, die dem Ort seinen Namen verleiht.

Entlang der Marine Parade reiht sich ein Bootsverleih an den nächsten (rund $45 pro Std.). Für die kleinen Motorboote braucht man nur einen Pkw-Führerschein, und so eine Bootsfahrt durch die verzweigten Wasseradern dieses riesigen Seensystems ist das Gippsland-Erlebnis schlechthin. In Kalimna auf der anderen Seite des North Arm lohnen der Lookout oder der 1,6 km lange **Kalimna Jetty Walk** von der Brücke bis zum Steg.

Umland

Bei **Lake Tyers Beach** am **Lake Tyers**, einem mit vielen Verästelungen weit ins Land hineinreichenden Meeresarm, geht es ruhiger zu als in Lakes Entrance.

Die **Buchan Caves**, 55 km nördlich von Lakes Entrance, sind Victorias eindrucksvollstes Tropfsteinhöhlensystem. Zwei Höhlen – beide gleichermaßen beeindruckend – sind Besuchern zugänglich, die **Royal Cave** und die **Fairy Cave**. In den Sommer- und Osterferien finden etwa alle 30 Minuten zwischen 10 und 15.30 Uhr Führungen statt, außerhalb dieser Zeiten nur zwei- bis viermal tgl.; jeweils $25. Buchung unter 🖳 www.parkstay.vic.gov.au/buchan-caves-cave-tours.

Zu den Höhlen gehört das schattige **Buchan Caves Reserve** mit Picknicktischen und einem von einer unterirdischen Quelle gespeisten Swimmingpool; man kann dort auch gut campen oder im Cabin oder Wilderness Retreat übernachten (Details s. u.).

Von Buchan bietet sich eine herrliche Rundfahrt durch das bergige Hinterland mit seiner faszinierenden Landschaft an – ein entlegener Teil von Ost-Gippsland. Die Fahrt geht via **Gelantipy** durch den Snowy River NP, weiter via **Bonang** durch den **Errinundra NP** und zurück via Orbost. Die Straßen sind zum größten Teil nicht befestigt, oben auf dem Hochplateau ist es oft windig, feucht und kalt, die Straßen sind nicht immer zugänglich. Routenbeschreibung S. 674, Orbost.

ÜBERNACHTUNG

Lakes Entrance

Coastal Waters Motel (Best Western), 635 Esplanade, 🖳 https://coastalwatersmotorinn.com.au. Das Motel ist nicht ganz so kitschig wie die übrigen. Units mit AC, geheizter Salzwasserpool. Ab ❹

Wein, Kunst und frisches Brot

Auf dem Gut der **Wyanga Park Winery**, 246 Baades Rd, www.wyangapark.com.au, gibt es nicht nur hervorragenden Chardonnay, Riesling, Cabernet Sauvignon, Sauvignon Blanc, Pinot Noir und Muscat zur Verkostung – im hauseigenen Café wird auch täglich Mittagessen serviert, hauptsächlich mit Zutaten aus dem eigenen Anbau.
Sehr beliebt ist die Winery Cruise ab dem Post Office Jetty an der Esplanade zum Weingut. In den Ferien tgl., sonst nur Mi und Sa 11 Uhr; $95 inkl. Mittagessen auf dem Weingut. Über das Weingut verteilt sind Kunstwerke lokaler Künstler ausgestellt. Weinproben tgl. 9–17 Uhr.

Goat and Goose B&B, 16 Gay St, www.goatandgoose.com. Das B&B ist ein verwinkeltes Holzhaus mit vielen Balkonen und bietet eine schöne Aussicht aufs Meer, da es auf einem Hügel im Westen des Ortes steht. Es hat 4 geräumige Gästezimmer mit Bad und Jacuzzi. Frühstück inkl. ❹

Lakes Waterfront Motel, 10 Princess Hwy, www.lakeswaterfrontmotel.com. Schönes Motel mit großem Pool und Garten. Motelunits mit Bad, AC und kleiner Küche ❸ sowie Cottages mit Schlafzimmer, Wohnzimmer, Küche und Bad, direkt am Wasser ❹. Frühstück kann aufs Zimmer gebracht werden. Sehr gutes Preis-Leistungs-Verhältnis!

Caravanpark

Eastern Beach Holiday Park, 24 Eastern Beach Rd, www.nrmaparksandresorts.com.au/eastern-beach. Tolle Lage am Wasser. Moderne und gepflegte Anlage mit schattigen Zelt-/Stellplätzen ohne/mit Strom ($35/45 oder $65 mit Bad). Solarbeheizter Pool, Hüpfkissen, Spielplatz und gut ausgestatteter Campküche. Im Sommer gibt es ein Programm für Kinder. Moderne Cabins mit Bad. Ab ❹

Buchan

Buchan Caves Reserve, www.parkstay.vic.gov.au/buchan-caves. Zelt- oder Caravanstellplätze ab $27 (bis zu 6 Pers.), 2 preiswerte, gut ausgestattete Cabins ❸ (Bettzeug mitbringen, max. 5 Pers.). Warme Duschen, Campküche und Grillstellen, Kiosk, Spielplatz, Pool. Toll sind die Wilderness Retreats (permanent aufgebaute Luxuszelte) mit kleiner Veranda; mind. 2 Nächte ❼

ESSEN

Footbridge Fish & Chips, 19 Myer St. Die besten Fish & Chips in der Stadt. Empfehlenswert sind auch die Fisch-Burger. Do–Di 11–19.30 Uhr.

Funkey Monkey Cafe, 26 Myer St. Perfekt für ein genüssliches Brunch zu gutem Kaffee. Mo–Sa 7–15.30 Uhr.

AKTIVITÄTEN

Bootfahren

Portside Boat Hire, 259 Marine Parade, http://portsideboathire.batodoo.com. Verleih von kleinen Motorbooten.

Reiten und andere Aktivitäten

Snowy River Expeditions, gehört zur Karoonda Farm, Gelantipy, www.karoondapark.com. Ausritte von einem oder mehreren Tagen, Wanderungen, Rafting etc.

INFORMATIONEN

Lakes Entrance Visitors Centre, Marine Parade, Ecke Princess Hwy, www.eastgippsland.vic.gov.au. tgl. 9–17 Uhr.

TRANSPORT

Siehe S. 670 (Sale).

Orbost und Umgebung

Das fruchtbare Schwemmland des Snowy-River-Tals um Orbost wird zum Gemüseanbau und als Weideland genutzt. Östlich von Orbost beginnt der einsamste Abschnitt des Princes Highway in Victoria. Die Fahrt geht durch tiefe Wälder, unterbrochen von Weilern, die meist nur aus einem Postamt und einigen Häusern bestehen, bis nach Eden in New South Wales.

Rundfahrten oder Forest Drives von Orbost erschließen die Wälder und Berge des Hinterlands nördlich von Orbost. Zum Beispiel die Yalmy Rd zu den Raymond Falls im **Snowy River NP** (40 km) oder die 300 km lange Rundfahrt über die Bonang Road nach Bonang, einer ehemaligen Goldgräbersiedlung, dann weiter über Berg und Tal via McKillops Bridge nach Gelantipy und via Buchan (die Höhlen besuchen!) zurück nach Orbost oder Lakes Entrance bzw. Bruthen/ Bairnsdale. Oder von Orbost über die Bonang Road hinauf zum **Errinundra NP** – der Abzweig befindet sich 10 km südlich von Bonang. Die gesamte Region lag nach den Buschbränden im Sommer 2019/20 in Schutt und Asche und ist noch immer in Regeneration.

Der größte Teil dieses Nationalparks gehört zur Monaro-Hochebene (1000 m), die sich nach Bombala in NSW fortsetzt. Alte Eukalyptuswälder aus hochwachsenden *shining gums* und *cut-tails* sowie Victorias größter Bestand an Regenwald der kühl-gemäßigten Zone stehen hier unter Naturschutz. Aufgrund der Hochlage ist es hier oben selbst im Sommer kühl, zu anderen Jahreszeiten kalt, meist nebelverhangen und feucht.

Zurück führt die Straße an den Bergflanken hinunter in spürbar wärmeres Klima im Tal des Bemm River bis zum Weiler Club Terrace und weiter auf dem **Euchre Valley Nature Drive** durch den Lind National Park, in dem einige Hektar warm-gemäßigten Regenwaldes unter Naturschutz stehen, zum Princes Highway. Im Frühjahr blüht hier die leuchtend rote Gippsland Waratah, die nur in dieser Region vorkommt.

Der größte Teil dieser Strecken ist unbefestigt, stellenweise steil und holperig, aber – bei trockenem Wetter und umsichtiger Fahrweise – durchaus mit normalen Fahrzeugen zu bewältigen. Vorsicht: Vor allem auf der Bonang Rd und in der Umgebung des Errinundra NP brettern Holzfällertrucks die Pisten entlang! Nach heftigen Regen- oder Schneefällen sind die meisten Strecken unpassierbar – auf dem Errinundra Plateau ist dies im Winter fast immer der Fall. Auskunft über den aktuellen Straßenzustand bekommt man beim Orbost Visitor Information Centre oder beim RACV.

Die Küstenroute führt von Orbost zum 14 km entfernten kleinen Fischerort **Marlo**, wo der Snowy River ins Meer mündet. Von dort führt die Straße 18 km weit hinter hohen Dünen zum **Cape Conran** mit seinen schönen Surfstränden, wo man zelten oder in Cabins und einladenden Wilderness Retreats übernachten kann.

ÜBERNACHTUNG

Marlo

Marlo Hotel, 19 Argyle Parade, 💻 https://marlohotel.com.au. B&B in renoviertem, historischem Guesthouse/Pub; 3 schön möblierte Gästezimmer, 2 davon mit eigenem Bad. Ab ❸

Marlo Ocean View CP, 21 Marine Parade, 💻 www.marlocamping.com.au. Schattige Zelt- und Stellplätze (ab $43) sowie Cabins verschiedener Standards. ❶–❹

Cape Conran

Cape Conran Coastal Park, Yeerung, 💻 www.parks.vic.gov.au/places-to-see/parks/cape-conran-coastal-park. Einfache Cabins für bis zu 8 Pers. in Buschland-Umgebung und Strandnähe (Bettzeug und Handtücher mitbringen). Auch einfache Zeltplätze, $23. Für die Sommer- und Osterferien schon fast ein Jahr vorher ausgebucht. ❼

INFORMATIONEN

Orbost Visitors Information Centre, 35 Nicholson St. Buchung von Unterkunft und Touren. 🕒 tgl. 9–17 Uhr.

TRANSPORT

Siehe S. 670 (Sale).

Croajingolong National Park

Der Küstennationalpark Croajingolong erstreckt sich über 100 km zwischen **Bemm River** und dem Fischerort **Mallacoota**. Das Naturparadies von Wäldern, Heide, hohen Sanddünen, Flussmündungen und ins Land reichenden Meeresarmen nahm während der Buschfeuer im Sommer 2019/20 gewaltigen Schaden und die Natur ist noch immer in Regenerierung.

Von **Cann River**, das nur aus ein paar Häusern an der Kreuzung von Princes Highway und Cann Valley Highway besteht, führt ein (stellenweise versandeter) Dry Weather Track zu den einfachen Buschzeltplätzen am Mueller River und Thurra River im Nationalpark.

Vom Thurra River Campground kann man zu Fuß am Strand entlang zum **Point Hicks Lighthouse** am Point Everard gehen. Wie bei allen anderen Leuchttürmen Victorias stehen auch hier die Häuschen des Leuchtturmwärters als Unterkunft zur Verfügung (s. u.). 💻 www.parks.vic.gov/places-to-see/parks/croajingolong-national-park.

ÜBERNACHTUNG

Auskunft und Buchung von Zeltplätzen beim Rangerbüro von **Parks Victoria** in Cann River oder online unter 💻 www.parks.vic.gov.au/bookings/place/point-hicks-lighthouse.

Point Hicks Lighthouse. 2 Cottages für max. 8 Pers. ❼, und 1 Bungalow für 2 Pers. ❹ Die Zeltplätze ($15) am Lighthouse sind im Sommer Monate im Voraus ausgebucht.

TOUREN

Echidna Walkabout, 💻 www.echidnawalkabout.com.au. Ökotourveranstalter aus Melbourne. Bushwalking Tours im Croajingolong NP sowie eine Kombination mehrerer Nationalparks in Gippsland (Snowy River NP, Errinundra NP, Croajin-golong NP) mit Fokus auf Wandern und Naturerkundung. Nicht billig, aber die Ausgabe lohnt sich; Details s. Kasten S. 76, 608.

TRANSPORT

Siehe S. 670 (Sale).

Mallacoota

Bilder des beschaulichen Ferienorts Mallacoota gingen in den letzten Tagen des Jahres 2019 um die Welt: Das Küstendorf am Ende einer langen Sackgasse war durch schwelende Buschfeuer vom Rest des Landes abgetrennt, der Strom fiel aus und hinter der Dorfkulisse leuchtete der Himmel in grellen Rottönen. Am Morgen des 31. Dezembers drohte der Wind die Flammen durch den Ort bis zur Küste zu treiben. Die rund 4000 Urlauber und Einwohner, die sich zu dieser Zeit in Mallacoota befanden, sammelten sich an den Bootstegen entlang des Ufers – bereit, sich in letzter Not in den Ozean zu retten. Als sich am Nachmittag der Wind drehte, wurde der Ort mit Rettungsbooten der Navy evakuiert.

Heerscharen von Wasservögeln wie Ibisse, Pelikane, Kormorane, Eisvögel *(kingfisher)* und viele andere bevölkern heute wieder dieses Naturparadies, leider allerings zu stark reduzierten Zahlen. Zu den ungewöhnlicheren Trockenlandbewohnern zählen die **Tree Goannas**, Warane, die bis zu 2 m lang werden können. Die Wald- und Wasserlandschaft um Mallacoota gehört zum herrlichen Küstenpark **Croajingolong National Park**.

ÜBERNACHTUNG UND ESSEN

Mallacoota

Shady Gully CP, Genoa Rd, 💻 www.mallacootacaravanpark.com. Großer Park direkt am Inlet. Günstige Zelt- und Stellplätze ($28/40 oder $50 mit Bad). Alle Cabins mit Heizung, aber nur teilweise mit Bad. Solargeheizter Pool, Kiosk. Ab ❷

Gipsy Point

Gipsy Point Lodge, MacDonald Rd, 💻 https://gipsypointlodge.com.au. Die Motelunits und Ferienwohnungen wurden nach den Bränden komplett renoviert. Zur Anlage gerhört auch ein gutes Restaurant. Die Lodge verleiht Kajaks und organisiert Trips zur Vogelbeobachtung. Paradiesische Lage an See und Wald mit vielen Wandermöglichkeiten direkt vor der Unterkunft. ❺

VICTORIA

© JAN DÜKER

Das Mallacoota Inlet wird von Tausenden von Wasservögeln wie Pelikanen bewohnt.

INFORMATIONEN

Mallacoota Service Centre, Alan Dr, Ecke Maurice Ave, 💻 www.visiteastgippsland.com.au.

TRANSPORT

Siehe S. 670 (Sale).

Der Nordosten mit den Victorian Alps

Die Höhenzüge der Great Dividing Range nehmen den größten Teil des Nordostens von Victoria ein. Ihr Rückgrat bilden die **Victorian Alps**, die sich von Mt Bogong im Nordosten über Mt Buffalo und Mt Buller bis zum Mt Baw Baw nördlich des Latrobe Valley erstrecken. Die höchsten Erhebungen befinden sich in der Nähe von Bright: Der **Mt Bogong** ist mit 1986 m der höchste Berg Victorias, dicht gefolgt vom **Mt Feathertop** mit 1922 m.

Der größte Teil dieser Bergregion wird vom **Alpine National Park** eingenommen, der sich wie ein Flickenteppich von Zentral-Gippsland bis zur Grenze zu New South Wales im Nordosten erstreckt. Mit 646 000 ha ist er Victorias größter. Die Buschfeuer 2019/20 zerstörten riesige Teile der dichten Wälder und dezimierten einige (teils endemische) Tierarten wie die Corroboree-Kröte. Zuchtprogramme in den umliegenden Zoos und Tierparks sollen nun ihr Aussterben verhindern.

Die Berge und Hochplateaus sind Victorias **Skigebiete**. Langlauf und Snowboarding erfreuen sich zunehmender Beliebtheit. Die Skisaison dauert ungefähr von Anfang Juni bis Ende September. Australiens Berge sind jedoch zu niedrig bzw. liegen zu weit nördlich, als dass mit guten Schneeverhältnissen gerechnet werden kann (fast alle Skiresorts setzen deshalb Schneemaschinen ein); hinzu kommen sündhaft teure Preise bei den meisten Skilodges – alles Faktoren, die die australischen Skigebiete nicht allzu attraktiv für Europäer machen.

Der Sommer ist die beste Zeit für Wanderungen oder Reit- und Campingsafaris durch das Hochland. Nach alter Tradition treiben berittene

Hirten die Rinderherden im Sommer von den Tälern auf die Weiden im Hochland. Diese *mountain cattlemen* verkörpern im urbanisierten Australien das romantische Ideal vom harten, ungebundenen Leben im Busch.

Im Winter gibt es Busverbindungen zu allen Skiresorts, im Sommer ist man meist auf ein eigenes Fahrzeug angewiesen.

Mansfield und Umgebung

Seine Nähe zum Mt-Buller-Skiresort (50 km) und zu anderen Bergen hat den rund 5500 Einwohner zählenden Ort zu einem ganzjährig besuchten Ferienzentrum gemacht. Einige Reitsafari-Veranstalter sind hier ansässig. Eine landschaftlich attraktive Route nach Wangaratta führt über Tolmie, Whitfield und das **King Valley**. Vom Powers Lookout bereitet sich der weite Ausblick über das Tal. Mit einem eigenen Fahrzeug und etwas Zeit kann man das bewaldete Goldcountry um den **Jamieson** und **Upper Goulburn River** südlich von Mansfield besuchen.

ÜBERNACHTUNG UND ESSEN

Die Preise steigen zur Skisaison stark an.

Alzburg Inn Resort, 39 Malcolm St, 💻 www.alzburg.com.au. B&B in Motelunits, Luxussuiten oder Penthouse-Apartments in einem umgebauten und renovierten ehemaligen Konvent. Alle Annehmlichkeiten eines Resorthotels: Restaurant, Bar, beheizter Pool, Jacuzzi, Sauna, Tennis- und Volleyballplätze. Pauschalangebote ab Melbourne, während der Skisaison, außerdem preiswerte Tagestouren ab Melbourne auf den Mt Buller sowie Skiverleih. ❺

Mansfield Travellers Lodge, 116 High St, 💻 www.mansfieldtravellerslodge.com.au. Motelunits ❸, 1–2-Zimmer-Apartments ❹ und in separatem Haus ein Backpacker-Hostel mit Dorms (Bett ab $50).

Der **Mansfield Regional Produce Store**, 68 High St, 💻 theproducestore.com.au, ist die beste Adresse für frischen Fair-Trade-Kaffee sowie leckeres Frühstück und Mittagessen aus hauptsächlich lokal angebauten Zutaten. Zum Café gehört auch ein kleiner Shop, in dem Weine aus der Region und Lebensmittel verkauft werden. 🕒 tgl. 8.30–17 Uhr; an jedem 3. Freitagabend des Monats gibt es Livemusik und Abendessen, unbedingt reservieren.

AKTIVITÄTEN UND TOUREN

Zahlreiche sportliche Betätigungsmöglichkeiten, z. B. Abseilen, Drachenfliegen, Kanufahren, Bergsteigen, Wandern, Reitsafaris im Hochland und Skifahren.

Stirling Experience, 💻 www.stirlingexperience.com.au. Touren mit Geländewagen in die Berge. Außerdem werden viele weitere Aktivitäten wie Ski-Trips und Schneeschuhwanderungen angeboten und Ausrüstung verliehen.

Watsons Trail Rides, 💻 https://watsonstrailrides.com.au. Ausritte von 1 Std. ($75) bis zu mehreren Tagen; für Anfänger bis Fortgeschrittene.

FESTIVALS

Mountain High Country Festival, am Wochenende vor dem Melbourne Cup Anfang November. Hierzulande das wichtigste Ereignis des Jahres; viele verschiedene Angebote, u. a. ein Pferderennen, auch als „Melbourne Cup of the Bush" bekannt.

King Valley Balloon Festival, jedes 2. Jahr im Juni. Hunderte von Fesselballons steigen in die Luft.

INFORMATIONEN

Mansfield Visitor Information Centre, 175 High St, 💻 www.mansfieldmtbuller.com.au. 🕒 tgl. 10–17 Uhr.

TRANSPORT

V/Line: Bus von MELBOURNE via BONNIE DOON nach Mansfield: Mo–Sa um 8.30 Uhr und 18.01 Uhr ab Southern Cross Bus Terminal, So um 13 Uhr; Fahrzeit 3 Std. In umgekehrter Richtung Mo–Sa ab Mansfield um 7.30 Uhr und 13.15 Uhr, So um 18 Uhr. In Mansfield erhält man im Winter Anschluss an den Bus nach Mt Buller.

Mount Buller

Von allen ausgebauten Skiresorts ist Mt Buller das am schnellsten von der Großstadt zu erreichende – je nach Wetterverhältnissen in drei bis vier Stunden. Lake Mountain und Mt Baw Baw sind zwar näher, bieten aber nicht annähernd die gleichen Skimöglichkeiten (Lake Mountain z. B. ist nur Langlaufgebiet) oder die gleiche Auswahl an Unterkünften, Essen und Unterhaltung.

Ein Besuch des 1800 m hoch gelegenen Dorfes lohnt sich zu jeder Jahreszeit. Vom Gipfel und einigen anderen Aussichtspunkten bietet sich ein herrliches Rundumpanorama über die umliegenden Berge und tiefen Täler. Im Sommer werden zahlreiche Aktivitäten angeboten, man kann wandern, und die Unterkünfte sind erschwinglich. Das 400 ha große Skigebiet umfasst u. a. Abfahrtspisten für Anfänger und Fortgeschrittene, Langlaufloipen und Terrain für Snowboarding.

Bei Mirimbah muss im Winter die Resort-Gebühr von $64 pro Auto und Tag bezahlt werden, buchbar online unter 💻 www.mtbuller.com.au. Hier zweigt von der Mansfield–Mt Buller Rd eine Straße zum **Mt Stirling** ab, im Winter ein gutes Langlaufgebiet mit etwa 60 km Langlaufloipen (von einfach bis nur für erfahrene Skiläufer). Das 9 km vom Abzweig entfernte **Mount Stirling Alpine Resort** an der Telephone Box Junction ist nur im Winter und nur tagsüber geöffnet; es gibt ein Visitor Centre, Umkleidekabinen, Ski- und Ausrüstungsverleih, eine Skischule sowie ein Bistro. 💻 www.mtstirling.com.au.

Im Sommer kann man auf dem 48 km langen Circuit Track um den Mt Stirling fahren, wegen des stellenweise schwierigen Terrains vorzugsweise mit einem Geländewagen. Abgehend davon gibt es einen Track (definitiv nur für Geländewagen) zur **Craigs Hut**, die im Film *The Man from Snowy River* als Kulisse diente und ein beliebtes Fotomotiv ist.

Australis 4WD Adventures bietet Tagestouren im Geländewagen, u. a. zur Craigs Hut, 💻 www.australis4wdadventures.com.au.

ÜBERNACHTUNG

Arlberg Hotel, 45 Summit Rd, 💻 www.arlberg.com.au. Verleih von Skiausrüstung. Zimmer und Ferienwohnungen – im Winter mind. doppelt so teuer. ❼

Amber Lodge, 8 Goal Post Rd, 💻 www.amberlodgemtbuller.com.au. 🕒 nur im Winter (Juni–Okt). DZ mit und ohne Bad. ❼

EINTRITTSGEBÜHR

Im Winter (Mitte Juni–Ende Sep) $64 pro Fahrzeug/Tag, zu buchen unter 💻 www.mtbuller.com.au. Im Sommer keine Gebühr.

TRANSPORT

Auto

Die Fahrzeugreifen müssen im Winter mit Schneeketten versehen werden; Vermietung in Mansfield, Merrijig und Mirimbah. Man kann das Auto auch in Mansfield oder Mirimbah parken und den Bus zum Mt Buller nehmen.

Busse

Im Winter gibt es an die **V/Line**-Busse aus MELBOURNE in MANSFIELD (S. 677) einen direkten Anschluss nach Mt Buller mit **Mansfield–Mount Buller Bus Lines**; reservieren unter 💻 www.mmbl.com.au. Fahrpreis $51 einfach. **Im Sommer** gibt es keinen Transport auf den Berg.

Bright

Wegen seiner idealen Lage in der Nähe der Berge und der Murray-River-Region ist Bright das Ferienzentrum des Nordostens. Ein Spazierweg, der **Canyon Walk**, führt durch das Wäldchen am Ufer des Ovens River; in der Nähe gibt es auch einen schönen, schattigen Park mit Grillstellen. Schön ist auch ein Spaziergang in ein Seitental zum 4 km entfernten Dörfchen **Wandiligong**. Die Gegend um Bright ist bei Drachenfliegern und Paragleitern sehr beliebt; zwischen Dezember und März werden hier Drachenflieger- und Paragleiter-Meisterschaften ausgetragen.

ÜBERNACHTUNG UND ESSEN

BIG 4 Bright, 1-11 Mountbatten Ave, 💻 https://tasmanholidayparks.com. Viele Cabins von

Standard bis Luxus. Viele schattige Zelt- und Stellplätze ($60 oder $80 mit Bad) vorhanden. Ab ❻

Bright Brewery, 121 Great Alpine Rd. Gute Countermeals. Empfehlenswert sind die Calamari. 🕒 11.30–22 Uhr.

Cherry Walk Cafe, 6 Anderson St. Guter Kaffee, leckeres Essen. 🕒 Do–Di 7.30–14 Uhr.

AKTIVITÄTEN

Außer Paragleiten und Drachenfliegen kann man wandern, Rad-, Kanu- und Kajak fahren.

Absolute Outdoors, 6879 Great Alpine Rd, Porepunkah, 💻 www.absoluteoutdoors.com.au. Wildwasserrafting, Klettern, Abseilen und Verleih von Mountainbikes. Im Winter verleiht der Anbieter auch Skiausrüstung, Schlitten, Snowboards und Schneeschuhen.

Bright Flight, 💻 https://brightflight.com.au. Tandemflüge ab $225.

INFORMATIONEN

Alpine Visitor Information Centre, 119 Gavan St, Bright, 💻 www.greatalpinevalleys.com.au. 🕒 tgl. 9–17 Uhr.

Myrtleford Visitor Centre, Clyde St, Myrtleford. 🕒 tgl. 9–16 Uhr.

TRANSPORT

V/Line: Zug von MELBOURNE nach WANGARATTA, weiter mit dem Bus nach Bright über BEECHWORTH, 1–3x tgl., Fahrzeit ca. 4 Std.

Mount Buffalo National Park

Das 35 km² große Granitplateau von Mount Buffalo ragt wie eine Insel aus den Tälern der Umgebung auf. Nach den Schon vor über 100 Jahren suchten Winter- und Sommerurlauber das Hochplateau auf. 1910 wurde am Ostrand das **Mount Buffalo Chalet** erbaut. Es fiel jedoch im Sommer 2006/07 verheerenden Buschbränden zum Opfer. Der Wiederaufbau ist bereits seit 2010 im Gange, die Neueröffnung allerdings noch immer nicht absehbar. Die Aussichtsplattform **The Gorge** gewährt fantastische Blicke über die Victorian Alps.

Wanderwege im Mt Buffalo National Park führen zu idyllischen Naturkulissen wie den Ladies Bath Falls.

In der Nähe des Chalets starten Drachenflieger und Paragleiter von einer der senkrecht abfallenden Felsklippen ihren Flug – sicher nichts für Anfänger. Schon die Aussichtspunkte am Felsenrand in der Nähe des Chalets sind Leuten mit Höhenangst nicht zu empfehlen. 90 km Wanderwege bieten im Sommer sowohl Gelegenheit zu kurzen Spaziergängen als auch zu anstrengenderen, langen Bushwalks.

ÜBERNACHTUNG

Mt Buffalo Caravan Park, Harrison Lane, Porepunkah, 🖳 www.mtbuffalocaravanpark.com.au. Zeltplätze mit/ohne Strom ($32/45) sowie einfache und moderne Cabins, zum Teil mit Bad. ❸–❺

Zelten auf dem **Lake Catani Campground** (Stausee) nur vom 1. Nov bis 30. April. $29 pro Zeltplatz/Nacht; max. 6 Pers. Nur mit Buchung unter 🖳 www.parkstay.vic.gov.au. In den Sommer- und Osterferien sowie am langen Labour-Day-Wochenende im März ist der Zeltplatz lange im Voraus ausgebucht.

INFORMATIONEN

Rangerbüro von **Parks Victoria** auf dem Plateau. Hier gibt es auch Informationen über den Zustand der Wanderwege und die Regeneration der Region nach den Buschbränden im Sommer 2019/2020. 🕒 tgl. 8–16 Uhr.

Bogong High Plains

Die Bogong High Plains, Bestandteil des Alpine National Park, umfassen die höchsten Berge der Victorian Alps sowie die Skiresorts **Mount Hotham**, **Dinner Plain** und **Falls Creek**. Im Sommer bietet sich eine Rundfahrt von Bright über Mt Hotham, Dinner Plain, Omeo, Falls Creek und Mt Beauty an. Die rund 260 km lange Strecke lässt sich bei guten Straßen und Wetterverhältnissen an einem Tag bewältigen, wenn man frühmorgens startet. Von Bright kommend, erreicht man bei Mt Hotham (10 km) die Baumgrenze, und ein herrliches Rundum-Panorama über die Bergketten erfreut das Auge.

Das Skigebiet um **Mount Hotham** ist mit rund 1860 m das höchste in Victoria und für seinen Pulverschnee bekannt. Notfalls wird der Schnee künstlich erzeugt. Neben einer Skischule und Verleihservice gibt es einige Restaurants und Bars sowie eine gute Auswahl an Unterkünften. Der Sessellift ist auch in den Sommer- und Osterferien in Betrieb.

Im 13 km von Mt Hotham entfernten **Dinner Plain** bilden ein- bis zweistöckige Häuser, vom Baustil der Schutzhütten für *cattlemen* inspiriert, ein Dorf, das sich harmonisch in die von knorrigen Snowgums bewachsene Hochebene einfügt. Vom **Mount Kosciuszko Lookout** kurz vor Omeo kann man an klaren Tagen bis zum Mt Kosciuszko und zu anderen Bergen in New South Wales sehen.

Omeo gehört schon zum Bezirk Gippsland. Der kleine Ort mit 250 Einwohnern zehrt heute noch von seiner Goldgräbervergangenheit. Damals galt er als das wildeste Goldfeld Victorias, denn nach den Goldfunden von 1851 herrschte sieben Jahre lang das Faustrecht, bis schließlich ein Polizeiposten zur Wahrung von „Recht und Ordnung" in den entlegenen Ort geschickt wurde.

Nach Süden führt die Straße über 121 km durch das reizvolle Tal des Tambo River nach Bairnsdale und zu den Seen und Meeresarmen an der Küste von Ost-Gippsland (S. 670). Die Rundfahrt durch das Hochland führt hingegen nach Norden, am Mitta Mitta River entlang bis 10 km hinter Anglers Rest. Dort zweigt links die Bogong High Plains Rd ab und steigt langsam zum Hochland hin an. 18–20 km weiter auf der Hochebene gibt es bei **Raspberry Hill** Zelt- und Picknickplätze mit Toiletten.

Die Fahrt von Falls Creek durch das Pretty Valley bietet nicht so spektakuläre Aussichten wie die Bright–Mt Hotham Rd. Auf halbem Weg nach Mt Beauty kommt man an **Bogong** vorbei, einem hübschen Dörfchen am tiefblauen See **Lake Guy**.

Mount Beauty liegt im Kiewa-Tal am Fuße des Mt Bogong. Der Ort entstand in den 1940er-Jahren als Schlafstadt für die Arbeiter, die am Kiewa Hydro-Electric Project beschäftigt waren. Mt Beauty kann zwar nicht mit der gemütlichen Dorfatmosphäre von Bright konkurrieren, eignet sich aber ebenfalls gut als Basis für Ausflüge ins Umland.

ÜBERNACHTUNG

Mount Hotham

Snowline Hotel, Great Alpine Rd, 💻 https://snowlinehotel.com.au. Einfache Pub-Unterkunft mit günstigen DZ und Familienzimmern mit Bad. ❷

Dinner Plain

Buchung für alle Unterkünfte bei **Dinner Plain Accommodation**, 💻 www.dinnerplainaccommodation.com.au. Allgemeine Infos über Dinner Plain unter 💻 www.visitdinnerplain.com.

Falls Creek

Reservierungen für Falls Creek über **Falls Creek Visitor Information**, 💻 www.fallscreek.com.au.

Die Ski Lodges in Falls Creek sind sehr teuer. Im Winter kommt man billiger weg, wenn man in Mount Beauty bzw. im Nachbarort Tawonga übernachtet und dann den Bus nach Falls Creek nimmt.

Mount Beauty

Informationen und Buchung von Unterkunft beim **Mount Beauty Visitor Information Centre**, 31 Bogong High Plains Rd, 💻 www.visitmountbeauty.com.au, oder **Alpine Link**, 💻 www.alpinelink.com.au.

AKTIVITÄTEN

Spring Spur, Tawonga bei Mount Beauty, 💻 www.springspur.com.au. Von Dez–April mehrtägige Packhorse Tours in entlegene Ecken des Alpine NP, mit Camping. Zusätzlich zu den Reitpferden werden Pferde zum Transport der Ausrüstung mitgenommen. Auch kürzere Ausritte von einem halben oder ganzen Tag durchs Kiewa Valley und Umgebung. Kompetent, gut organisiert und freundlich.

INFORMATIONEN

Falls Creek Information Centre, Slalom St, Ecke Bogong High Plains Rd, 💻 www.fallscreek.com.au.

Mt Beauty Visitor Information Centre, 31 Bogong High Plains Rd, 💻 www.visitmountbeauty.com.au.

Mt Hotham Resort Management, 40 Great Alpine Rd, 💻 www.mthotham.com.au.

Omeo Visitor Information, 188 Day Ave, 💻 www.omeoregion.com.au.

TRANSPORT

Hotham Bus, 💻 www.hothambus.com.au.

Im Winter fährt Fr–Mo ein Bus vom Southern Cross in Melbourne über BRIGHT und HOTHAM HEIGHTS bis DINNER PLAIN.

Im Sommer braucht man für die oben beschriebene Rundfahrt und die Anreise zu den Resorts ein eigenes Fahrzeug.

Murray River

Für die ersten knapp 1900 km seines Verlaufs bildet der Murray River die Grenze zwischen New South Wales und Victoria. Der Fluss entspringt in den Australischen Alpen, südlich von Australiens höchstem Berg, Mount Kosciuszko, und fließt zunächst als kleiner Gebirgsbach nach Norden. Bei Tintaldra (nördlich von Corryong) biegt er nach Westen ab. Lake Hume östlich von Albury-Wodonga und Lake Mulwala bei Mulwala-Yarrawonga, 130 km westlich von Albury-Wodonga, stauen den Fluss zu Bewässerungszwecken.

Westlich von Albury fließt der Murray durch flaches Land; eine trockene Steppenlandschaft, in der die sandigen, von majestätischen River-Red-Gum-Eukalypten gesäumten Flussufer und einige Feuchtgebiete (u. a. Barmah State Forest bei Echuca) eine grüne Oase bilden. Die ehemaligen Flusshafenstädtchen Echuca, Swan Hill und Wentworth (NSW) sonnen sich im Abglanz ihrer bedeutenden Vergangenheit.

Einige der Murray-River-Ortschaften liegen an wichtigen Reiserouten und eignen sich gut für einen Zwischenstopp, z. B. Albury-Wodonga am Hume Highway zwischen Adelaide oder Melbourne und Sydney, Echuca auf dem Weg zwi-

Weingüter in der Umgebung von Rutherglen

© SHUTTERSTOCK.COM/LISA HOLMEN PHOTOGRAPHY

Die Weine von den Weingütern des flachen, heißen Gebiets um Rutherglen sind meist schwer und erdig; von hier stammen auch süße Dessertweine, u. a. Muscat und Portwein. Bei vielen *wineries* kann man auch essen. Zwei erwähnenswerte liegen in **Wahgunya** bei Rutherglen: **St Leonards**, St Leonards Rd, 💻 www.stleonardswine.com.au, mit Café (gute Kuchen sowie Mittagessen). Hinter dem Café erstreckt sich ein Rasen bis zu einem Seitenarm des Murray River, wo oft Events jeglicher Art stattfinden, siehe Website. Weinproben Do–So 10–17 Uhr.

In der Nähe befindet sich das alte Weingut **All Saints Estate**, All Saints Rd, 💻 www.allsaintswine.com.au mit dem Terrace-Restaurant, 🕒 Mi–So Mittagessen, Sa auch Abendessen. Weinproben tgl. 10–17 Uhr. Beim Visitor Information Centre in Albury oder Rutherglen bekommt man ein komplettes Verzeichnis der Weingüter der Region.

schen Melbourne und Brisbane, und Mildura/Wentworth auf dem Weg von Melbourne nach Broken Hill und weiter ins Outback. Die beste Reisezeit in dieser Gegend ist Herbst bis Frühjahr, im Sommer kann es (v. a. in der Umgebung von Mildura) unangenehm heiß werden – tagelang anhaltende Temperaturen von 40 °C und höher sind keine Seltenheit.

Albury-Wodonga

Die Doppelstadt (Wodonga südlich des Murray gehört zu Victoria, Albury auf der anderen Flussseite zu New South Wales) sollte zur Entlastung der Ballungsräume von Melbourne und Sydney zu einer Metropole im Binnenland ausgebaut werden. In den 1970er-Jahren hatte man für das Jahr 2000 eine Einwohnerzahl von 300 000 anvisiert. Die Entwicklung ist anders verlaufen: Bei der letzten Volkszählung 2021 zählte die Doppelstadt nur 98 000 Einwohner.

Albury-Wodonga eignet sich vor allem als Ausgangspunkt für Ausflüge in landschaftlich sehr verschiedenartige Gebiete. Der östlich gelegene Stausee **Lake Hume** bietet Gelegenheit zum Angeln und für Wassersport; auf dem Murray River kann man gut Kanu fahren.

Im Westen, im flachen Land südlich des Murray River, liegt das **Weinanbaugebiet Rutherglen**, eines der bekanntesten in Victoria. Es wurde in den 1850er-Jahren von deutschstämmigen

Winzern aus dem Barossa-Tal in South Australia etabliert.

Das historische Dorf **Chiltern** (in der Nähe des Hume Highway) sowie die Goldgräberstädtchen **Yackanandah** und **Beechworth** südwestlich der Stadt lohnen ebenfalls einen Abstecher. In östlicher Richtung befinden sich die Victorian Alps, die mit den Snowy Mountains von New South Wales eine Einheit bilden.

Die Doppelstadt kann man gut per Fahrrad erkunden, denn es gibt viele Radwege.

ÜBERNACHTUNG

Albury Tourist Park (BIG4), 372 Wagga Rd (Hume Highway), Lavington, 💻 www.alburytouristpark.com.au. Stellplätze mit Strom ab $51. Außerdem gibt es Cabins in verschiedenen Preisklassen, einen Pool und einen Kiosk. Ab ❹

Lake Hume Tourist Park, 37 Murray St, Lake Hume Village, 14 km östl. von Albury, 💻 www.discoveryholidayparks.com.au. Es gibt Zelt- und Stellplätze ohne/mit Strom ($30/40 oder $55 mit Bad) sowie Cabins mit AC. Tennis-, Golfplatz, Bootsverleih, Bootsrampe. Ab ❹

ESSEN

Chao Thai, 163 High St, Wodonga. Zuverlässig gutes Thai-Food. 🕒 tgl. 17–20, Mi–Fr auch 12–14 Uhr.

Deli Bean, 237 Beechworth Rd, Wodonga. Frühstück und Mittagessen in gemütlichem Café oder im Hintergarten. 🕒 Mo–Sa 7.30–15 Uhr.

INFORMATIONEN

Rutherglen Wine Experience and Visitor Information Centre, Main St, Rutherglen, 💻 www.explorerutherglen.com.au. Kleine historische Ausstellung, Buchung von Unterkunft, Café. 🕒 tgl. 9–16.30 Uhr.

TRANSPORT

Busse

Firefly, 💻 www.fireflyexpress.com.au. Hält auf der Route zwischen MELBOURNE und SYDNEY in beiden Richtungen tgl. in Albury.

Greyhound, 💻 www.greyhound.com.au. Hält auf der Route zwischen MELBOURNE und CANBERRA 2x tgl. in Albury.

V/Line, 💻 www.vline.com.au. Nach MILDURA: tgl. ab Albury über RUTHERGLEN, SHEPPARTON und ECHUCA, Umstieg in KERANG.

Eisenbahn

Speedlink: tgl. um 8 Uhr ab ADELAIDE über Echuca und Albury nach SYDNEY (Fahrzeit Adelaide–Albury ca. 14 1/2 Std.).
In umgekehrter Richtung ab Sydney um 20.42 Uhr (Fahrzeit 7 1/2 Std. bis Albury).
Zusätzlich Züge zwischen Melbourne und Albury.
Infos unter 💻 www.vline.com.au.

Echuca und Umgebung

Das knapp 15 000 Einwohner zählende Städtchen in der Nähe der Mündungen des Campaspe River und des Goulburn River in den Murray war Ende des 19. Jhs. der bedeutendste und betriebsamste **Flusshafen** Australiens. In seiner wirtschaftlichen Blütezeit in den 1870er-Jahren wurde Wolle von den *sheep stations* in der Umgebung nach Echuca transportiert und von dort auf 240 Booten flussabwärts verschifft. Der Ausbau der Eisenbahn zu anderen Städtchen am Murray River leitete jedoch den Niedergang des Flusshandels ein. Der Schienenweg erwies sich als eine rentablere und verlässlichere Transportalternative und ab den 1890er-Jahren nahm der Handelsverkehr auf dem Fluss rapide ab.

Echuca rühmt sich der größten Sammlung von **Raddampfern** der Welt; einige sind restaurierte, über hundert Jahre alte Veteranen der Murray-Schifffahrt, andere wurden eigens für den wachsenden Fremdenverkehr erbaut.

Port of Echuca

Im Zentrum liegt die historischen Hafenanlagen **Port of Echuca**, 🕒 tgl. 9–17 Uhr, 💻 www.portofechuca.org.au; das Ticket für einen Spaziergang durch das Viertel ($13) gibt's beim Visitor Information Centre; es gibt auch Kombinationstickets, die auch eine Kreuzfahrt beinhalten ($30). Beim Port of Echuca Souvenir Shop in der

Murray Esplanade befindet sich der Eingang zur **Echuca Wharf**, einer 12 m hohen, ganz aus Red-Gum-Planken und Pfeilern gebauten, dreistöckigen Schiffsanlegestelle. Die drei Stockwerke ermöglichten das Ent- und Beladen der Schiffe unabhängig von der Höhe des Wasserspiegels.

Von der obersten Plattform bietet sich ein schöner Ausblick über eine Biegung des Flusses. Der große Schuppen dort beherbergt das **Cargo Shed Museum** mit einem detailgetreuen Modell der Hafenanlagen sowie Fotos und anderen Memorabilia; fortlaufend wird ein sehenswertes ca. zehnminütiges Video über die Geschichte Echucas und des Hafens abgespielt. Danach kann man die Treppen hinunter gehen, zwischen den massiven Holzpfeilern herumspazieren und zur Anlegestelle gehen, wo die alten Raddampfer **Pevensey**, **Adelaide** und **Arbuthnot** vor Anker liegen.

Barmah National Park

Ein Besuch von Echuca sollte unbedingt einen Ausflug zu diesem etwa 30 km nordöstlich gelegenen Nationalpark einschließen, ein 25 000 ha großes Wald- und Feuchtgebiet mit mächtigen **River-Red-Gum-Eukalypten** (einige von ihnen sind über 500 Jahre alt). Normalerweise wird es jedes Jahr im Winter und Frühjahr (etwa von Juli bis Nov/Dez) vom Murray River überflutet. Das riesige Feuchtgebiet ist ein Vogelparadies; mehr als 200 Arten von Wasservögeln nisten hier, weshalb es auch – in Analogie zum bekannten Nationalpark im Northern Territory – „The Kakadu of the South" genannt wird.

Archäologische Funde wie Muschelhaufen und Einkerbungen an Bäumen, die zum Kanubau benutzt wurden, weisen darauf hin, dass Ureinwohner über 40 000 Jahre lang in dieser Gegend lebten. Die Ausstellung des **Dharnya Centre**, 9 km nördlich der Ortschaft Barmah in der Sandridge Rd, das von Parks Victoria mit Unterstützung der lokalen Yorta-Yorta-Ureinwohner verwaltet wird, dokumentiert das frühere Leben der Ureinwohner und das Ökosystem des Barmah Forest. ⌚ tgl. 10.30–16 Uhr, Eintritt frei.

ÜBERNACHTUNG

Campaspe Lodge, 571 High St, 💻 https://echucahotel.com.au. Wird vom historischen Echuca Hotel betrieben. Einfache Pub-Zimmer und Motelunits, mitten im Zentrum, schöne Lage

VICTORIA

In Echuca spielt sich das Leben noch immer im und am Wasser herum ab.

am Campaspe River, ca. 300 m vom Murray River und Port of Echuca. ❸–❺

Echuca Gardens, 103 Mitchell St, 💻 www.echucagardens.com. Restaurierte, alte Cottages mit 3 Schlafzimmern für bis zu 10 Pers. ❼. Außerdem nachgebaute Schlafwagen aus dem 19. Jh. ❹ sowie 2 DZ mit Bad im Guesthouse ❼

Morning Glory River Resort, Gilmore Rd, 💻 www.morninggloryriverresort.com.au. Auf einer Farm direkt am Murray bietet das Gasthaus ausgezeichneten Komfort und viele Extras. Die schöne Anlage verfügt über Campintplätze ohne und mit Strom ($48/54), mehrere Cabins, einen solargeheizten Pool sowie einen Tennis- und Volleyballplatz. Auf dem Gelände gibt es außerdem einen Kiosk und eine Bootsrampe. ❻

Echuca Holiday Park, 8 Crofton St, 💻 www.nrmaparksandresorts.com.au/echuca. Zeltplätze ohne/mit Strom ($28/36) sowie viele Cabins mit AC; solargeheizter Pool, zentrale Lage im Victoria Park in der Nähe des Murray River. Ab ❷

ESSEN

The Black Pudding, 525 High St. Guter Kaffee, leckeres Frühstück und Mittagessen (Quiche, Törtchen, Salat, Sandwich). 🕒 7–15 Uhr.

The Mill, 2 Nish St, 💻 www.themillechuca.com. Moderne australische Küche in nostalgischer Atmosphäre: Das Lokal befindet sich in einer alten Getreidemühle. Gute Stimmung, am Wochenende oft Livemusik. 🕒 Mo–Do 16–23, Fr–So 12–23 Uhr.

AKTIVITÄTEN

Echuca Boat & Canoe Hire, Victoria Park Boat Ramp, 💻 www.echucaboatcanoehire.com. Verleih von Motorbooten, Kajaks und Kanus, auch Transport zum Barmah Forest sowie Campingsafaris möglich.

INFORMATIONEN

Echuca Moama Visitor Information Centre, 2 Heygarth St, in der Nähe des Port of Echuca, 💻 www.echucamoama.com. Buchung von Bootstouren mit den historischen Raddampfern und andere Touren. 🕒 tgl. 9–17 Uhr.

TRANSPORT

Speedlink-Bus verkehrt zwischen ALBURY und ADELAIDE via Echuca, Abfahrt in Echuca in Richtung Adelaide tgl. um 8.15 Uhr, in Richtung Albury tgl. um 19.20 Uhr; Fahrzeit 3 Std. in Albury hat man Anschluss an den XPT-Nachtzug nach SYDNEY.

V/Line: Bus- oder Zug/Bus-Verbindungen von/nach MELBOURNE Mo–Sa 3–5x tgl., So 3x tgl.

Mildura und Umgebung

Mildura liegt, von Gärten, Zitrusplantagen und Weingütern umgeben, wie eine Oase in der trockenen Landschaft. Dank des Bewässerungssystems der kanadischen Gebrüder Chaffey produziert die Gegend jährlich 60 000 Tonnen Trockenfrüchte und Rosinen, 120 000 Tonnen Zitrusfrüchte und 40 Mio. Liter Wein. Der Zitrusfrüchteanbau wurde jedoch von ausländischen Billigprodukten in eine schwere Krise gestürzt. Der Tourismus dagegen scheint eine sicherere Einkommensquelle zu sein. Der Murray River steht natürlich im Zentrum des Interesses: Der Raddampfer PS *Melbourne* tuckert auf dem Fluss auf und ab, 2x tgl. um 10.50 und 13.50 Uhr, Start an der Wharf; Fahrzeit 2 Std., $40, Kind $20.

Das **Rio Vista** ist das ehemalige Zuhause von William B. Chaffey, einem der Stadtgründer, der sich mit dem Bau des Hauses einen Traum erfüllte. Die Zimmer sind heute als Museum eingerichtet. Im **Arts Centre** nebenan gibt es ständig wechselnde Kunstausstellungen. 🕒 tgl. 10 bis 17 Uhr, Eintritt gegen Spende.

Den **Apex Beach** am Murray im Tocumwal Regional Park bezeichnen die Einheimischen als schönsten Strand im australischen Outback. Im Sommer patrouillieren hier sogar Lifeguards. Zum Spazieren lohnt sich das **King's Billabong** mit zahlreichen einheimischen Vögeln.

Wer etwas Zeit übrig hat, sollte einen Abstecher ins etwa 20 Minuten entfernte **Wentworth** machen, ein altes Landstädtchen. Hier treffen der Murray und der Darling River aufeinander, die beiden größten Flüsse Australiens. Der kleine Park an der Flusskreuzung eignet sich gut zur Vogelbeobachtung. Etwas weiter westlich befinden sich die **Perry Sandhills**, rot leuchtende Sanddünen, die an die wüstenartige Landschaft erinnern, in der Mildura einst errichtet wurde.

Die Hauptattraktion des **Hattah-Kulkyne National Park** sind die **Hattah Lakes**, 4 km westlich der Ortschaft Hattah und 70 km südlich von Mildura, die sich im Winter, falls der Wasserspiegel des Murray hoch genug ist, mit Wasser füllen und ein bevorzugter Nistplatz von Wasservögeln sind. Dies ist der beste Ort in Victoria, um Rote Kängurus in freier Wildbahn zu sehen.

Der **Murray Sunset (Yanga-Nyawi) National Park** ist mit 63 000 ha der zweitgrößte Nationalpark Victorias, mit Sanddünen, Mallee-Heide, einigen Salzseen und Billabongs um den Murray. Durch den Park führen Geländewagen-Pisten. Nur die Salzseen **Pink Lakes** im Südwesten sind auch mit normalen Fahrzeugen zu erreichen. Dort befinden sich ein Buschzeltplatz und einige Wanderwege. Die Straße zweigt bei Linga, 70 km westlich von Oyen, vom Murray Highway ab (Oyen liegt 104 km südlich von Mildura).

Zum **Mungo National Park**, 100 km nordöstlich von Mildura in New South Wales gelegen, gelangt man am besten von Mildura über die Arumpo Rd (Details s. S. 214, New South Wales).

Kein Obst auf der Reise

Die großen Obstanbaugebiete in NSW, South Australia und Victoria sind in der **Fruit Fly Free Zone** vor der Fruchtfliege geschützt, die in Australien jährlich Ernteschäden von über $100 Millionen verursacht. Es ist unter hohen Strafen untersagt, frisches Obst sowie einige Gemüsesorten in die Zone einzuführen. Große Schilder auf den Highways warnen; am Wegrand stehen Mülltonnen bereit, in denen das Obst entsorgt werden kann. In der Zone liegen u. a. Echuca, Swan Hill, Mildura, Renmark, Broken Hill und Griffith. Infos unter 💻 www.murrayriver.com.au/fruit-fly-free-zone.

ÜBERNACHTUNG

Die zahlreichen Hostels vermieten v. a. an Backpacker, die länger bleiben und bei den Erntearbeiten mithelfen; sie vermitteln Arbeit in den Obstplantagen und Weingütern. Besondere Übernachtungsgelegenheiten auf dem Murray bieten Hausboote – meist luxuriöse, fahrbare Villen, komplett mit Whirlpool und Hausbar. Die älteren Modelle gibt es ab etwa $350 pro Nacht. Das Visitor Information Centre informiert und bucht.

Comfort Inn Deakin Palms, 413 Deakin Ave, 💻 www.deakinpalms.com.au. Saubere, moderne Zimmer um einen großen Pool und Innenhof mit BBQ und Sitzgelegenheiten. Dazu gehört auch ein Restaurant mit Bar. Ab ❹

Mildura Backpackers, 5 Cedar Ave, 💻 www.mildurabackpackers.com.au. Einfaches Hostel für Backpacker mit Working Holiday Visum, die bei der Ernte helfen wollen. Das Hostel vermittelt Jobs. 2–4-Bett Dorms, Wochenpreise je nach Saison.

Mildura Grand Hotel, Seventh St, 💻 https://milduragrand.com.au. Renoviertes Hotel, B&B in DZ und teureren Suiten. Dazu gehören ein Café, ein Bistro und das in ganz Victoria bekannte Restaurant Stefano's, s. Kasten S. 687. Ab ❹

Caravanpark

All Seasons Holiday Park (Top Tourist), 818 Calder Hwy, 💻 https://allseasonsholidaypark.com.au. Spaß für die ganze Familie. Der schön angelegte Park hat einen Spielplatz, Hüpfkissen, Pool und sogar einen eigenen Wasserpark. Zudem gut ausgestattete Campküche. Cabins sämtlicher Preisklassen und Zeltplätze (ab $50 oder $60 mit Bad). Ab ❹

ESSEN

Hudaks Bakery, 848 Fifteenth St. Gute Bäckerei. Unbedingt probieren: das Vanilla Slice. 🕒 tgl. 7.30–16 Uhr.

In der **Mildura Brewery**, 20 Langtree Ave, kann man sehr gut essen und außerdem mit

Essen bei Starkoch Stefano

Für Gourmets gehört das **The Grand** (kurz für: Mildura Grand Hotel) gegenüber dem Bahnhof bei einem Besuch in Mildura zum absoluten Pflichtprogramm. Das Grand umfasst das Grand Pizza Café, wo Kaffee, Kuchen, Pizza und Pasta serviert werden, den Spanish Grill (Di–So Abendessen), das Seasons mit seinem Büffet aus regionalen Speisen (Mi–Sa Mittagessen) und das preisgekrönte Stefano's Restaurant. Im Stefano's wird Mo–Sa Abendessen mit Gerichten aus der norditalienischen Küche zubereitet. Der Koch, Stefano De Pieri, ist durch seine Kochprogramme im Fernsehsender ABC australienweit bekannt. ◷ Di–Sa ab 18.30 Uhr. In allen Restaurants unbedingt einen Tisch reservieren: ✆ 5022 0881.

einem „Tasting Tray" sämtliche hauseigenen Biersorten probieren. ◷ tgl. 11–22 Uhr.

SONSTIGES

Informationen

Mildura Visitors Information Centre, 180-190 Deakin Ave. Buchungen von Unterkünften, Bootstouren mit den historischen Raddampfern auf dem Murray und anderen Touren. 💻 www.mildura.vic.gov.au, ◷ tgl. 9–17 Uhr.

Weingüter

Unter vielen anderen: **Lindemans Karadoc Winery**, nah bei Red Cliffs, 20 km südl. von Mildura, ◷ tgl. 10–16.30 Uhr, und **Trentham Estate**, Trentham Cliffs, 10 km südl. von Mildura, 💻 www.trenthamestate.com.au. Schöne Lage am Fluss. ◷ tgl. 10–17 Uhr. Restaurant: Di–So Mittagessen.

TRANSPORT

Busse und Eisenbahn

V/Line: Zug/Bus-Verbindung mehrmals tgl. von und nach MELBOURNE, via BENDIGO und SWAN HILL.
Busverbindung nach ALBURY via ECHUCA und SWAN HILL Mo–Fr um 9.40 Uhr ab Mildura, Sa um 10 und So um 9.05 Uhr, Fahrzeit 10 1/2 Std.

Flüge

Qantas, **Virgin Australia** und **REX** fliegen nach MELBOURNE, ADELAIDE, SYDNEY und BROKEN HILL.

MT. WELLINGTON, HOBART; © CORINNA MELVILLE

Tasmanien

Geradezu unaustralisch klein vereint „Tassie“ auf wenigen Quadratkilometern einen ungeheuren Reichtum an natürlichen Schätzen und ist damit vor allem bei Outdoorfreunden beliebt. Man kann die Insel in einer Woche umrunden oder sich zwei Monate lang in ihrer faszinierenden Wildnis verlieren.

Stefan Loose Traveltipps

Hobart Wer von der bildschönen historischen Hafenstadt in See sticht und Richtung Süden fährt, steuert geradewegs auf die Antarktis zu. S. 698

21 **Tasman Peninsula** Wandern entlang des Three Capes Track von der geschichtsträchtigen Sträflingssiedlung Port Arthur bis hin zu den Felssäulen, die hier majestätisch aus dem Ozean ragen. S. 716

Maria Island Auf Tuchfühlung mit Wombats, Kängurus und Tasmanischen Teufeln. S. 723

Freycinet National Park Granitfelsen rahmen den perfekten Sandstrand der sanft geschwungenen Bucht Wineglass Bay ein. S. 724

Cradle Mountain–Lake St Clair National Park Ein Wanderparadies, das seinesgleichen sucht: urwüchsige Gebirgslandschaft von einzigartiger Schönheit, tief ausgeschliffene Täler und schroff aufragende Berggipfel. S. 745

HOBART; © FOTOLIA / STEVE LOVEGROVE

ST. CLAIR NATIONAL PARK; © DUMONT BILDARCHIV / CLEMENS EMMLER

Wann fahren? Sommer (Nov–März)

Wie lange? 1–2 Wochen

Bekannt für grandiose Nationalparks, beste Gastronomie

Outdoor-Tipp Wanderungen zu den Kaps auf der Tasman Peninsula

Unbedingt machen Seafood kosten, wandern

Updates und eure **Kommentare** zu diesem Kapitel auf www.stefan-loose.de unter **eXTra [11519]**

Ganz unten – *under down under* – verbirgt sich ein ganz einzigartiges Stückchen Australien: Der Inselstaat Tasmanien. Es kommt durchaus vor, dass die Australier vom Festland Tasmanien vergessen, wenn sie die australischen Staaten aufzählen, während die Tasmanier das restliche Australien selbstbewusst und augenzwinkernd als die „Nordinsel" bezeichnen. Tasmanien hat viel zu bieten, nicht zuletzt seine unaustralisch handliche Größe: weiße Sandstrände, steil abfallende Felsküsten, sanft gewelltes Weideland, alpine Gebirgslandschaften, breite Flüsse, viele, zum Teil noch immer nahezu undurchdringliche Urwälder, Seen, Moore und Fjorde.

Das Leben auf der Insel verläuft in gemächlicheren Bahnen als auf dem Festland. Hektik, Verkehrschaos und Satellitenstädte gibt es hier nicht, stattdessen dürfen Besucher die unaufgeregte Freundlichkeit, Aufgeschlossenheit und Hilfsbereitschaft der Tasmanier genießen. Nur etwa 2,1 % der australischen Gesamtbevölkerung leben hier.

Tasmanien ist ein Paradies für Wanderer und Naturfreunde. Zahlreiche **Wanderpfade** führen entlang seiner spektakulären Küsten, über seine abgelegenen Inseln, entlang der Flüsse und über das Gebirgsplateau im westlichen und zentralen Tasmanien. Highlight dieser Region ist der beliebte **Cradle Mountain–Lake St Clair National Park** mit seinen im Winter schneebedeckten ikonischen Gipfeln, moosbedeckten Mooren und glänzenden Gletscherseen. Der Nationalpark liegt inmitten der **Tasmanian Wilderness World Heritage Area**, eines Weltnaturerbes, das sich selbst stolz als maßgebende Zentrale des australischen Öko-Tourismus betrachtet. Mit einer Fläche von fast 19 000 km^2 ist es das größte Naturschutzgebiet Australiens und umfasst etwa ein Fünftel der tasmanischen Insel.

Viele der längeren Wanderungen – darunter der Overland Track im Cradle Mountain–Lake St. Clair National Park, der Three Capes Track auf der Tasman Peninsula, der Bay of Fires Lodge Walk oder der South Coast Track – sollten gut im Voraus geplant werden. Die meisten lassen nur eine bestimmte Anzahl von Wanderern zu und in den Sommermonaten können die Plätze frühzeitig ausgebucht sein.

Im Winter verwandeln sich manche Nationalparks in stark frequentierte **Skigebiete**, allen voran der Ben Lemond National Park im Nordosten der Insel, aber auch Teile des Franklin-Gordon Wild Rivers National Park.

Tasmanischer **Gin** wird immer beliebter und vielfältiger. Die meisten Brennereien liegen im Südosten Tasmaniens und bieten Verkostungen an.

Vorwahl

Die Vorwahl für Tasmanien lautet 03.

Routenvorschläge

Wer auf öffentliche Verkehrsmittel angewiesen ist, wird sich hauptsächlich auf den östlichen Teil der Insel (Hobart und Umgebung, Tasman Halbinsel, Ostküste, Launceston, Nordküste) und das Cradle Valley konzentrieren müssen. In Tasmanien verkehren keine Züge, und einige Busse fahren nur zwei- bis dreimal pro Woche – eine gute Vorausplanung ist also wichtig. Selbstfahrer können hingegen auch die entlegeneren Gebiete an der Westküste, die Stauseen Lake Pedder und Lake Gordon sowie die vielen beeindruckenden Nationalparks erreichen.

Tasmanien lässt sich bequem in **zehn Tagen bis drei Wochen** bereisen – je nachdem, wie viele Wanderungen oder ähnliche Aktivitäten geplant sind. Hobart eignet sich perfekt zum Einstieg. Ein Tagesausflug von hier ist für einen Besuch der Hauptattraktionen im Süden – der **Tahune Air Walk** bei Geeveston und die **Tropfsteinhöhlen Hastings Caves** – völlig ausreichend. Ein weiterer Tagesauflug führt von hier aus in den Süden von **Bruny Island**, wo ab Adventure Bay ein Boot entlang der Felsklippen zu einer Seelöwenkolonie fährt – eine der eindrucksvollsten Bootstouren in ganz Australien.

Von Hobart aus führt der landschaftlich sehr reizvolle **Lyell Highway** zur Westküste. Unterwegs kann man bei den Russell-Falls im **Mount Field National Park** vorbeischauen. Der weite Weg bis zum Ende der Straße in Strathgordon lohnt aber nur, wenn man genügend Zeit für Wanderungen in der Gegend um **Lake Pedder**

Tasmanien
N
0
50 km
Melbourne
„Spirit of Tasmania"
KING ISLD.
FLINDERS ISLD.
Whitemark
Lady Barron
STRZELECKI NP
THREE HUMMOCK ISLD.
CAPE BARREN ISLD.
s. Detailplan Der Norden S. 728
HUNTER ISLD.
ROBBINS ISLD.
CLARKE ISLD.
Bass Strait
Stanley
Marrawah
Smithton
Togari
Wynyard
Somerset
Burnie
Penguin
Ulverstone
Devonport
Pt. Sorell
Georgetown
Pipers River
Bridport
Gladstone
MT. WILLIAM NP
Arthur River
Arthur R.
Fort Latrobe
Latrobe
Beacons-field
Scottsdale
Lilydale
Derby
Herrick
Bay of Fires
THE TARKINE
Wilmot
Exeter
Targa
Mt. Victoria 1208
St. Helens
Savage River
Waratah
Sheffield
Launceston
BEN LOMOND NP
Moina
R. Forth
Deloraine
Perth
Evandale
Falmouth
L. Macintosh
Cradle Valley
1458 Mt. Jerusalem
Mole Creek
Westbury
St. Marys
Tullah
Cressy
Esk R.
Fingal
Corinna
Poatina
DOUGLAS APSLEY NP
Roseberry
WALLS OF JERUSALEM NP
Great Lake
Avoca
Zeehan
CRADLE MT. LAKE ST. CLAIR NP
1617 Mt. Ossa
Arthur Lake
Campbell Town
Bicheno
Lake St. Clair
Cranbrook
Queenstown
Miena
Mt. Franklin 1102
Ross
1447
Bronte
River Ouse
Lake Sorell
Swansea
Strahan
Derwent Bridge
Coles Bay
FRANKLIN-GORDON WILD RIVERS NATIONAL PARK
Little Swanport
Macquarie Harbour
Franklin R.
Tarraleah
Bothwell
Oatlands
FREYCINET NP
Ouse
Triabunna
Lake Gordon
Kempton
Southern Ocean
Gordon R.
Ellendale
Orford
Mt. Field NP 1434
Westerway
Bridgewater
MARIA ISLD.
MARIA ISLAND NP
New Norfolk
Richmond
Sorell
Strathgordon
Maydena
Hobart
Dunalley
Lake Pedder
Huonville
Kingston
SOUTHWEST NATIONAL PARK
Geeveston
Dennes Port
Port Arthur
Cygnet
Nubeena
NORTH BRUNY ISLD.
Dover
Southport
SOUTH BRUNY ISLD.
Cockle Creek
Tasman Sea
s. Detailplan Der Süden S. 710

TASMANIEN

und **Lake Gordon** mitbringt. Der schönste Teil des Lyell Highways beginnt westlich von Derwernt Bridge. Hier lohnt ein Abstecher zum Gletschersee **Lake St Clair**. An der Westküste ist bei schönem Wetter eine Bootstour von **Strahan**, dem einzigen Hafenort der Westküste, zum **Gordon River** eine tolle Option. Echte Wildnis findet man an der Westküste zwischen Zeehan und Arthur River, v. a. in den urigen Regenwäldern des **Tarkine**.

An der Nordwestküste lohnt das hübsche **Stanley** einen kurzen Abstecher. Traumhafte Sandstrände findet man in **Boat Harbour Beach** und **Sisters Beach**. Südlich davon, in der alpinen Landschaft des zentralen Hochlands, liegt das gut zugängliche **Cradle Valley**. Von hier aus starten der bekannte Overland Track sowie viele kürzere Wanderungen. **Launceston** mit seiner spektakulären Cataract Gorge ist ein guter Ausgangspunkt für einen Ausflug zu den Weingütern und Naturattraktionen (Zwergpinguine) in der Nähe des Tamar River sowie zu den Höhlen um Mole Creek.

An der bei Touristen sehr beliebten Ostküste ist die **Bay of Fires** nördlich von St. Helens besonders reizvoll, ebenso der **Freycinet NP** an der gleichnamigen Halbinsel mit malerischen, von Granitfelsen eingerahmten Buchten, Buschland und Eukalyptuswäldern.

Die eindrucksvolle Tasman Peninsula hat weit mehr zu bieten als die ehemalige Sträflingskolonie **Port Arthur**, die heute als Freilichtmuseum ein touristisches Highlight darstellt. Der Three Capes Track – einer der schönsten Wanderpfade Australiens – verbindet die Kaps dieser imposanten Küste miteinander.

Klima und Reisezeit

Selbst im Sommer muss man auf kühle Temperaturen und Regen eingestellt sein. Die Westküste wird von den stürmischen Westwinden der „Brüllenden Vierziger" (*Roaring Fourties*) und den Wellen des Südlichen Ozeans gepeitscht. Entsprechend feucht und kühl ist das Klima: In den Bergen um Queenstown beträgt die durchschnittliche jährliche **Niederschlagsmenge** 3680 mm.

Der späte Frühling, der Sommer und frühe Herbst (d. h. Nov–April) sind die besten **Reisezeiten**. Die Sommer sind mild bis warm; das schönste, sonnige Badewetter hat die Ostküste. Um Hobart liegen die Temperaturen im Sommer meist zwischen 11 °C und 22 °C und im Winter zwischen 4 °C und 11 °C, im Westen und im Hochland ist es entsprechend kühler. In den Bergregionen, insbesondere auf dem Zentralplateau, ist auch im Hochsommer mit plötzlichen Kälteeinbrüchen und Schneefall zu rechnen. Die Winter sind feucht und kalt, mit stärkeren Regenfällen im Norden und Nordwesten. In höheren Lagen fällt Schnee oder Graupelregen.

Flora und Fauna

Naturschutz ist im tasmanischen Bewusstsein tiefer verwurzelt als irgendwo sonst in Australien. Dem war allerdings nicht immer so. Vor allem die frühen Siedler trieben auf der Insel einen derart bedenkenlosen Raubbau, dass sie einige natürliche Ressourcen fast oder gar komplett ausrotteten. Ob das heutige starke Umweltbewusstsein nun eine Reaktion auf diese frühe Ausrottung der Natur ist oder ob die Schönheit der Insel für sich allein spricht – jedenfalls betreibt Tasmanien heute einen vorbildlichen Schutz seiner Naturschätze. In keinem anderen Bundesstaat wird ein so großer Teil des Landes geschützt: 21 % von Tasmanien sind Nationalpark. Rechnet man die State Reserves und Conservation Areas dazu, kommt man gar auf fast 40 %.

Nationalparks und Naturreservate

Die staatlich organisierten Parks & Wildlife Services (💻 www.parks.tas.gov.au) kümmern sich um die Nationalparks, State Reserves und Conservation Areas. In vielen Parks gibt es auskunftsfreudige Ranger, die bei Wanderplanungen helfen oder interessante geführte Touren anbieten. Insgesamt gibt es in Tasmanien und den vorgelagerten Inseln 19 Nationalparks. Einige davon sind Teil der *Tasmanian Wilderness World Heritage Area*. Dieses von Unesco gelistete Gebiet deckt mehr als ein Fünftel der tasmanischen Inselmasse ab und gilt als eine der letzten echten Wildnisregionen der Welt.

Rettet den Teufel

Beutelteufel sind ungeschickte Jäger, dafür aber äußerst anspruchslose Aasfresser: Fleisch, Organe, Knochen – die Beute wird bis zum letzten Fellhaar verputzt. Was könnte da gelegener kommen als *road kill*, überfahrene Tiere wie Wallabies, Filander (Pademelons) und Beutelmarder? So enden die Teufel jedoch viel zu oft selbst am Straßenrand. „Jeder von der Straße geräumte Kadaver rettet einen Teufel", lautet das Motto. Wer es wagt, sollte Plastikhandschuhe im Auto griffbereit haben – aber nur dort anhalten, wo es wirklich sicher ist.

Für den Besuch der Nationalparks wird eine **Eintrittsgebühr** (**Park Pass**) erhoben. Sie beträgt pro Auto und maximal acht Passagiere für einen 24 Hour Pass $28–45, Holiday Vehicle Pass (2 Monate gültig) $90. Der Pass ist online erhältlich unter 🖳 https://passes.parks.tas.gov.au.

Im Westen Tasmaniens befindet sich **The Tarkine**, eins der letzten Wildnisgebiete der gemäßigten Zone weltweit. Der **Urwald** besteht aus einem Gemisch aus Eukalypten und Pflanzen des Regenwaldes der gemäßigten Zone, direkte Nachkommen der einmaligen Flora des einstigen Ur-Kontinents Gondwana. Der bis zu 100 m hoch aufragende **Königseukalyptus** *(Eucalyptus regnans)*, in Victoria unter dem Namen *Mountain Ash* bekannt, heißt in Tasmanien **Swamp Gum**.

Allein acht Nadelbaumarten kommen nur in Tasmanien vor. Zwei davon, **Huon Pine** und **King Billy Pine**, wurden von den Kolonisten fast gänzlich abgeholzt, da sie sich hervorragend zum Schiffbau eigneten. Diese Nadelbäume wachsen langsam und können bis zu 1500 Jahre alt werden (s. Kasten S. 742). **Myrtle Beech** und **Sassafras**, mächtige, moosbedeckte Baumriesen mit einem Stammesumfang von mehreren Metern, dominieren den Regenwald. Ein Holzgestrüpp, dessen quer wachsende Äste ein fest verbundenes Geflecht bilden (**Horizontal Scrub**), macht den Urwald an manchen Stellen fast undurchdringlich. **Farne** gedeihen im feuchten Klima Südwest-Tasmaniens hervorragend. In den Tundrengebieten und Hochmooren des zentralen Berglands trifft man auf das **Buttongrass**, das von fern einem weichen, moosähnlichen Kissen ähnelt, aber schwer zu überqueren ist.

Beuteltiere

In der Fauna Tasmaniens gab es vor der Ankunft der Europäer zwei Tiere, die auf dem Festland ausgestorben waren, vermutlich wegen der Einführung des Dingo durch die Aborigines: den Tasmanischen Tiger und den Tasmanischen Beutelteufel (Letzterer hat auf Tasmanien bis heute überlebt).

Der Körperbau des **Tasmanischen Tigers** (*thylacine*, auf Deutsch auch Beutelwolf genannt) ähnelt eigentlich eher dem eines großen, braungelben Wolfs – aber die schwarzen Streifen auf dem Rücken waren namensgebend. Er wurde von den weißen Siedlern derart intensiv gejagt, dass er etwa 80 Jahre nach Ankunft der Europäer als ausgerottet galt. Das Gerücht, dass in den tiefen Wäldern des Westens noch ein paar Tiere überlebt haben, hält sich hartnäckig, bestätigen ließ es sich allerdings bislang nicht.

Der **Tasmanian Devil** (Beutelteufel) verdankt seinen Namen dem höllischen Gebrüll, das er bevorzugt nachts beim Kampf ums Futter von sich gibt. Im Verhältnis zu ihrer Körpergröße haben Beutelteufel die stärksten Kiefer der Welt. Sie fressen alles; da sie allerdings keine guten Jäger sind, ernähren sie sich vorwiegend von den Kadavern, die andere wilde Tiere übriggelassen haben, oder von *road kill* (von Autos überfahrenen Tieren am Straßenrand). Dabei enden sie oft selbst als *road kill.* Verheerender noch ist eine ansteckende Krebskrankheit, die das Überleben dieser Tierart bedroht*: Devil Facial Tumor Disease* (DFTD). Um das Maul und im Gesicht bilden sich dabei Tumore aus; die Krankheit führt zwei bis acht Monate später zum Tod. DFTD befällt nur Beutelteufel und wird durch Bisse übertragen. Laut aktuellen Studien hat DFTD die Zahl der Tiere um 80 % dezimiert. Ein Impfstoff zeigt mäßigen Erfolg. Zudem wurden bereits Dutzende Tiere in Wildlife Parks in Tasmanien und auf dem Festland verfrachtet, wo sie vor einer Ansteckung geschützt sind und sich ungefährdet vermehren sollen. Aktuelle Infos unter 🖳 https://nre.tas.gov.au.

Neben dem Beutelteufel gibt es das **Forester Kangaroo**, in freier Wildbahn hauptsächlich in entlegeneren Nationalparks wie dem Mount William National Park an der Ostküste anzutreffen, das einzige einheimische Känguru. An weiteren Beuteltieren sind Wallabies, Wombats und die kleinen **Bettongs** sowie das **Pademelon** auf der Insel heimisch.

Geschichte

Vor Ankunft der Europäer

Während der letzten, mehr als 12000 Jahre zurückliegenden Eiszeit war Tasmanien mit dem australischen Festland verbunden. Eine Erwärmung des Klimas bewirkte um 10000 v. Chr. ein Ansteigen des Meeresspiegels, sodass Tasmanien durch die Bass Strait vom Festland abgeschnitten wurde. Die tasmanischen **Aborigines** müssen vor diesem Ereignis in den Landzipfel im äußersten Südosten Australiens eingewandert sein. Radiokarbon-Analysen archäologischer Funde weisen eine Besiedlung Tasmaniens zwischen 29000 und 18000 v. Chr. nach, aber genau wie der Rest des einstigen Großkontinents Sahul, der Australien, das heutige Neuguinea und Tasmanien umfasste, könnte Tasmanien auch schon 100000 Jahre vor der letzten Eiszeit besiedelt gewesen sein.

Der ansteigende Wasserspiegel vor 12000 Jahren isolierte die Tasmanier von der Entwicklung auf dem australischen Kontinent. Eines der wichtigsten Ereignisse war die Einführung des **Dingos**, der auf dem Festland um 6000 v. Chr. auftauchte und von den Aborigines als Jagdhund benutzt wurde. Daraufhin verschwanden auf dem Festland der Tasmanische Tiger und der Tasmanische Teufel.

Auch technologische Innovationen erreichten die Tasmanier nicht. Auf dem Festland wurden die Werkzeuge verkleinert und verfeinert, Jagdinstrumente wie Bumerangs, Speere, Speerspitzen aus Knochen entstanden, die beim Eintreffen der **Europäer** in Tasmanien unbekannt waren. Die Tasmanier waren von allen Aboriginal-Völkern mit den schlechtesten Waffen ausgerüstet, um den weißen Eindringlingen zu begegnen. Nach heutigen Schätzungen lebten zur Zeit der Ankunft der ersten britischen Kolonisten im Jahre 1803 etwa 4000–5000 Tasmanier auf der Insel. Innerhalb eines Menschenlebens hatten die britischen Siedler die ursprünglichen Einwohner praktisch ausgerottet; im Jahr 1876 starb die letzte Tasmanierin mit ausschließlich Aboriginal-Vorfahren, Truganini von Bruny Island. Nach Ankunft der Weißen hatte sie die Ermordung ihrer Mutter, ihres Onkels und ihres Verlobten sowie die Entführung ihrer Schwestern und ihrer Stiefmutter miterleben müssen.

Kolonialisierung

Der Holländer **Abel Tasman** entdeckte 1642 als erster Europäer die Insel, die er nach einem holländischen Gouverneur **Van Diemen's Land** nannte. Lange Zeit blieb unklar, ob die neu entdeckte Küste mit „Neu-Holland", wie die Holländer das Land hinter der westaustralischen Küste nannten, verbunden war. Erst gegen Ende des 18. Jhs. landeten dann wieder eine Reihe von europäischen Expeditionen an Tasmaniens Küsten, darunter etliche Franzosen. Bald hatten auch vorbeifahrende Seeleute das kommerzielle Potenzial der Robben und Wale in der Bass Strait und an Tasmaniens Küsten erkannt. **Wal- und Robbenfänger** errichteten ihre Camps und entführten Aboriginal-Frauen der Küstenstämme, die sie als Sklavinnen hielten. Die für ihre Geschicklichkeit bei der Seehundjagd bekannten Frauen erledigten die meiste Arbeit und retteten ihre Zwangsehemänner manchmal sogar vor dem Ertrinken oder vor dem Angriff anderer Aboriginal-Stämme.

Im Jahre 1798 umsegelten **Matthew Flinders** und **George Bass** Van Diemen's Land, womit sie den Beweis erbrachten, dass es sich um eine Insel handelte. 1802 versetzte die französische Australienexpedition unter der Führung von **Nicholas Baudin** die britischen Kolonisten in Sydney in Panik. Leutnant **David Collins** wurde von England losgeschickt, um eine Kolonie in der Bass Strait zu gründen. Am 20. Februar 1804 etablierte er die erste Siedlung an der Sullivans Cove. Nach dem damaligen Staatssekretär für die Kolonien, Lord Hobart, nannte er sie Hobart Town.

Bis 1825 befand sich Van Diemen's Land unter der Oberhoheit von New South Wales. 1856 wurde die erste verantwortliche Regierung gewählt, und die Kolonie änderte offiziell ihren Namen in Tasmania.

In den 20er- bis 50er-Jahren des 19. Jhs. war der Name Van Diemen's Land bei **Sträflingen** in Großbritannien und New South Wales gleichbedeutend mit der Hölle auf Erden. Je mehr sich New South Wales entwickelte, desto dringender suchte man nach anderen, möglichst weit entfernten und isolierten Orten, zu denen man Gefangene schicken konnte. Van Diemen's Land schien für diesen Zweck ideal. An der unzugänglichen, stürmischen Westküste wurde 1822 die Sträflingssiedlung Macquarie Harbour gegründet, die neben der Gefängnisinsel Norfolk Island, weit entfernt von der NSW-Küste im Pazifischen Ozean, als das unmenschlichste Gefängnis Australiens galt. Manche Sträflinge zogen den Freitod der Verbannung in diese Gegend vor.

1830 gründete Tasmaniens Gouverneur **Sir George Arthur** zur Aufnahme „unbekehrbarer" Gefangener die Niederlassung Port Arthur auf der Tasman-Halbinsel, die sich innerhalb eines Jahrzehnts von einer Holzfällerstation zu einer äußerst produktiven Gefängnisstadt entwickelte. Erst 1877 wurde Port Arthur offiziell geschlossen, 25 Jahre nachdem die Briten die Sträflingstransporte nach Australien gestoppt hatten.

Neben der Sträflingsvergangenheit ist die europäische Geschichte Tasmaniens mit einem weiteren dunklen Fleck belastet: der fast gänzlichen Ausrottung der Ureinwohner. Die freien Siedler schufen Farmland und Weiden, auf denen Rinder und Schafe weideten, jagten Kängurus und Possums. Die Ureinwohner verloren ihre traditionellen Jagdgründe, setzten sich zur Wehr und überfielen die Eindringlinge. Die Siedler rächten sich aufs Brutalste. Die meisten Aborigines wurden schon in den ersten Jahren der Besiedlung ermordet; 1830 waren noch schätzungsweise 300 am Leben. 1833 scharte der in australischen Geschichtsbüchern als „Versöhner" gepriesene **G. A. Robinson** 135 Aborigines um sich, die zum Wybalenna Settlement auf Flinders Island gebracht wurden, wo sie christianisiert und „zivilisiert" werden sollten. Viele starben infolge schlechter Ernährung, oder hatten vor Heimweh und Verzweiflung den letzten Lebenswillen verloren. 1847 brachte man 47 Überlebende nach Hobart zum Oyster Cove, wo sie alle nach und nach starben.

Nachkommen der tasmanischen Ureinwohner haben trotz allem bis heute überlebt, eine Tatsache, die erst spät zur Kenntnis genommen wurde. Die Enkel und Urenkel der Walfänger und der von ihnen verschleppten Aboriginal-Frauen lebten auf den Bass-Strait-Inseln. Ihre Nachfahren vermischten europäische und einheimische Lebensweisen, sie bauten Getreide und Kartoffeln an, hielten Schweine und Ziegen, jagten *muttonbirds* und Kängurus. Sie sprachen Englisch, hatten sich aber auch einige Wörter aus den Aboriginal-Sprachen bewahrt. Heute leben etwa 4000 Nachkommen der tasmanischen Aborigines in Tasmanien und auf den Bass-Strait-Inseln. 1995 erließ das tasmanische Parlament ein Aboriginal-Land-Rights-Gesetz, das den tasmanischen Aborigines zwölf Orte von historischer, kultureller und ökonomischer Bedeutung (u. a. Wybalenna Settlement, Oyster Cove bei Hobart) übereignete, die vom Aboriginal Land Council treuhänderisch verwaltet werden.

Umweltschutz

In der jüngeren Geschichte tat sich Tasmanien als Vorreiter einer **grünen politischen Bewegung** hervor. Die Insel sorgte in den 80er-Jahren weltweit für Schlagzeilen, als engagierte und gut organisierte Umweltschützer den Franklin River vor der künstlichen Überflutung retteten, da in der Region ein Wasserkraftwerk gebaut werden sollte. In Sachen Naturschutz ist Tasmanien dem restlichen Australien heute Meilen voraus: Rund 40 % der Insel – eine Fläche fast so groß wie Belgien – liegen in mehr als 800 Reservaten und 19 Nationalparks. Die Baumrodung wurde in den letzten Jahrzehnten um mehr als die Hälfte reduziert; neue Wälder wachsen heute auf den gerodeten Flächen. Das Resultat ist eine bemerkenswerte Klimabilanz: Tasmanien vermeldet negative Treibhausgasemissionen – die Insel entzieht der Atmosphäre mehr CO_2 als sie ausstößt.

Praktische Tipps

Informationen

Einen guten Überblick verschafft das Portal von **Tourism Tasmania**, 💻 www.discovertasmania.com. Die Website der Nationalparkbehörde

Parks & Wildlife Services enthält alle Infos zu Wanderungen und anderen Aktivitäten, Übernachtung und Gebühren für die Nationalparks und Reservate sowie Karten, 💻 www.parks.sa.gov.au. Wie in ganz Australien ist die App **WikiCamps Australia** sehr zu empfehlen. Sie enthält ausführliche Infos zu Campsites und Attraktionen inklusive aktueller Preise.

Übernachtung

Im Budgetbereich gibt es nur sehr wenige YHA-Herbergen und andere Backpacker-Hostels. Es empfiehlt sich also, ein Dorm-Bett oder Budget-Zimmer zu reservieren. Im Gegensatz zum australischen Festland sind die Rezeptionen mancher Hostels in Tasmanien nur morgens (meist 8–10 Uhr) und abends (meist 17–19 Uhr) geöffnet.

Caravanparks sind, wie auf dem Festland, eine günstige Alternative. Wer zelten will, sollte auch im Sommer auf Regen und kühle Nächte eingestellt sein. Paare und Gruppen kommen auch in Pub-Unterkünften preiswert unter. Ferienwohnungen oder Zimmer von privat finden sich auf der ganzen Insel – eine gute Gelegenheit Einheimische zu treffen; 💻 www.irbnb.com. Eine Spezialität Tasmaniens sind Bed-and-Breakfast-Unterkünfte in historischen Cottages und Herrenhäusern.

Essen und Trinken

Tasmanien gilt in Schlemmerkreisen als Herkunftsland frischer Lebensmittel von höchster Qualität. Tasmanische Austern, Muscheln, Garnelen, Hummer und *Atlantic Salmon* (eine Kreuzung zwischen Regenbogenforelle und Lachs) schmecken hervorragend und sind auch als Importartikel hochbegehrt. Einige Gourmet-Restaurants auf der Insel haben sich speziell der lokalen Produkte angenommen, oft findet man sie in den bekannten Weingebieten wie dem Tamar Valley. In Hobart und Launceston gibt es eine große Auswahl an guten Lokalen, darunter auch exzellente Seafood-Restaurants. Auf dem Land schließen die Restaurants im Winter teilweise schon gegen 20 Uhr.

Fähren

Die Autofähre *Spirit of Tasmania* verkehrt das ganze Jahr über zwischen Geelong in Victoria und Devonport in Tasmanien. Auskunft und Buchung bei **TT Line**, 📞 1800 634 906, 💻 www.spiritoftasmania.com.au. Verbindung in beide Richtungen 1–2x tgl., einfache Fahrt ab $168 p. P., Pkw zusätzlich $180; Fahrzeit 9–11 Stunden. **Redline Coaches**, 💻 www.tasredline.com.au, und **Tassielink Coaches**, 💻 www.tassielink.com.au, bieten einen Bus-Zubringerservice zwischen Devonport, Launceston und Hobart.

Flüge

Es gibt vier Flughäfen auf Tasmanien: Launceston und Hobart sind die zwei wichtigsten. **Jetstar, Qantas, Rex** und **Virgin Australia** fliegen mehrmals tgl. von Melbourne, Sydney, Brisbane, Perth und Adelaide nach Hobart.

King Island Airlines, 💻 www.kingislandair.com.au, verkehrt mit kleinen Maschinen zwischen King Island und dem Moorabbin Airport in Melbourne; Sharp Airlines, 💻 http://sharpairlines.com, zwischen King Island und Burnie sowie Launceston, außerdem zwischen Flinders Island und Launceston sowie Melbourne (Essendon). **Par-Avion Airlines**, 💻 https://paravion.com.au, bietet Flugtouren in die Wildnis des Südwestens.

Auto

Ein Auto ist das ideale Transportmittel für die Insel, denn es sind keine langen Strecken zu bewältigen und man kommt wirklich überall hin. Die meisten Straßen in Tasmanien sind in gutem Zustand. Tasmanischen Autovermietungen bieten neuere Kleinwagen ab etwa $65 pro Tag ohne Versicherung. Ältere Autos sind bei kleineren Discount-Verleihfirmen günstiger zu haben.

Busse

Außer entlang der Hauptstrecke zwischen Hobart, Launceston und Devonport verkehren die meisten Busse nicht allzu häufig; viele Orte werden überhaupt nicht angefahren. **Redline** operiert zwischen Derby, Scottsdale, Bridport und Launceston und fährt dabei auch einige kleinere Städte an. Außerdem betreibt Redline einen Airport-Shuttle. 💻 www.tasredline.com.au.

Tassielink Transit unterhält ein größeres Netz: Mo–Sa fahren Busse fünfmal täglich von Hobart aus über den Midlands Highway

Freicampen in Tassie

Tasmanien ist auch mit engem Budget die Reise wert. Über die ganze Insel verteilt liegen **Camping Reserves**, die von der jeweiligen Gemeinde betrieben werden. Meist darf man hier für eine oder zwei Nächte kostenlos campen. I. d. R. gibt es Buschtoiletten und Picknicktische sowie offene Feuerstellen. Falls Wasser vorhanden ist, sollte es vor dem Verzehr abgekocht werden. Einige dieser Zeltplätze sind in diesem Buch beschrieben. Ausführliche Infos zu sämtlichen Campsites findet man auf www.campingtasmania.com sowie www.findacamp.com.au.

nach Launceston und zur Fähre nach Devonport. Außerdem fünf- bis sechsmal wöchentlich von Hobart nach Bicheno an der Ostküste, von wo aus man Anschluss nach St. Helens erhält; viermal wöchentlich an die Westküste nach Queenstown/Strahan mit Stopp in Derwent Bridge und drei- bis viermal wöchentlich von Queenstown/Strahan nach Launceston über Zeehan, Cradle Valley und Devonport.

Zudem gibt es einen Service von Hobart nach Port Arthur und tägliche Busse von Hobart in den Süden ins Huon-Gebiet bis nach Dover. Im Sommer kommt ein Zubringer- und Abholservice für Wanderer ab Hobart, Devonport und Launceston dazu. www.tassielink.com.au.

Eisenbahn

Zugverkehr gibt es auf Tasmanien nicht. Die West Coast Wilderness Railway für Touristen verkehrt jeden Tag zwischen Queenstown und Strahan (S. 742, Queenstown).

Fahrrad

Tasmanien ist eine bergige Insel; selbst die Plateaus und Ebenen sind zumindest leicht gewellt. Es gibt aber Möglichkeiten für ein- oder mehrtägige Ausflüge in relativ flachem Gelände (z. B. im Norden um Deloraine oder im Huon Valley, südlich von Hobart). Das Wetter ist ein Unsicherheitsfaktor, auf den man sich mit seiner Ausrüstung unbedingt einstellen sollte. In den größeren Städten Tasmaniens gibt es Fahrradvermietungen. **Green Island Tours** in St. Helens, www.cycling-tasmania.com, vermietet nicht nur Fahrräder, sondern bietet auch das ganze Jahr über ein- und mehrtägige Radtouren zu den schönsten Stellen der Insel, die man auf eigene Faust oder in der Gruppe unternehmen kann (s. Organisierte Touren).

Wandern

Tasmanien ist ein Paradies für Outdoor- und Wanderfans. Durch die 19 Nationalparks und vielen Naturreservate führen meist gut beschilderte Wanderwege – von kurzen Spaziergängen bis zu mehrtägigen Wildnistouren. Abseits der bekanntesten Strecken ist man auf den Wegen meist für sich. Die Sommer sind optimal für Wanderungen, da es in Tasmanien nicht ganz so heiß wird wie auf dem Festland; im Hochland können aber selbst dann Schneestürme aufkommen.

Einer der schönsten, aber auch bekanntesten und deshalb am meisten überlaufene Wanderwege Australiens, der **Overland Track**, führt durch den Cradle Mountain/Lake St Clair National Park: Vom Lake Dove im Cradle Valley wandert man an den höchsten Bergen Tasmaniens vorbei und gelangt nach etwa einer Woche beim Lake St Clair zum Südende des Nationalparks (Näheres S. 747). Ebenfalls beliebt ist der **South Coast Track** von Cockle Creek entlang der Südküste nach Port Davey und weiter nach Scotts Peak im South West National Park – insgesamt 10–14 Tage. Zum „Reinschnuppern" lässt sich der Anfang dieser Tracks gut auf einer halben oder ganzen Tageswanderung begehen.

Der **Three Capes Track** verbindet die drei Kaps der Tasman Peninsula und ist einer der beliebtesten Fernwanderwege Tasmaniens. Wie auf dem Overland Track wird auch hier jeden Tag nur eine kleine Anzahl an Wanderern zugelassen, Voranmeldung ist also unabdingbar.

Organisierte Touren

Das landesweite Netz des Veranstalters **Adventure Tours Australia**, www.adventuretours.com.au, umfasst auch Tasmanien; angeboten werden derzeit nur 6-tägige Aktivtouren für Backpacker und junge Leute. Die anderen Firmen, die Touren für aktive Individualreisende anbieten, gehören Tasmaniern, die ihre Insel lieben und sich entsprechend auskennen.

Under Down Under, www.underdownunder.com.au, bietet preiswerte Touren von ein bis sieben Tagen ab Launceston, Devonport und Hobart; die Betonung liegt auf Bushwalks, Naturerkundung und sportlichen Aktivitäten. Kleine Gruppen, gute Atmosphäre.

Tours Tasmania, www.tourstas.com.au, bietet gute und recht preiswerte Tagestouren ab Hobart und Launceston, z. B. nach Port Arthur, zur Maria Island, zur Wineglass Bay oder nach Bruny Island.

Premier Travel Tasmania, www.premiertraveltasmania.com, hingegen bewegt sich am anderen Ende der Preisskala und setzt auf Exklusivität. Das Angebot des aus der Schweiz stammenden Veranstalters umfasst Tagestouren ab Hobart mit Fokus auf Gourmet und Wein, Regenwald, Tierleben und Geschichte. Außerdem gibt es verschiedene 4–8-tägige Touren; auf äußerst fachkundige Reiseleitung wird besonderen Wert gelegt. Man kann sich auch sein individuelles Programm zusammenstellen lassen. Mindestens zwei, maximal neun Teilnehmer.

Green Island Tours, www.cycling-tasmania.com, bietet drei mehrtägige Radtouren durch Tasmanien, unter anderem entlang der Westküste.

Hobart

Mit seiner einzigartigen Lage zwischen Berghängen und Wasser gehört Hobart zu den schönsten Städten Australiens. An klaren Tagen ist der Anflug auf Hobart sensationell, also unbedingt einen Fensterplatz reservieren. Hobart ist die südlichste Hauptstadt Australiens und einer von nur wenigen Orten weltweit, von dem aus man zur Antarktis reisen kann. In der gut erhaltenen Altstadt findet man noch viele alte Sandsteingebäude aus dem frühen und mittleren 19. Jh., die meisten von Sträflingen erbaut, sowie Cottages der einstigen Seeleute und Villen der Oberschicht.

Die graziös geschwungene Tasman Bridge verbindet die an den Ufern des breiten Derwent River gelegenen Stadtteile. Hinter dem Stadtzentrum erheben sich die Hügel des **Mount Nelson** (340 m) und des **Knocklofty** (250 m), die der oft wolkenverhangene, im Winter schneebedeckte Gipfel des 1250 m hohen **Mount Wellington** überragt. An klaren Tagen ist die Fahrt auf letzteren Gipfel ein absolutes Muss – die Aussicht ist unschlagbar.

Mit etwa 224 000 Einwohnern im Großraum ist Hobart gut überschaubar. Selbst zur Rush Hour geht es hier wesentlich ruhiger und gemütlicher zu als in anderen Hauptstädten. Überall eröffnen sich hinreißende Ausblicke auf Mt Wellington und die benachbarten Berge sowie auf den Fluss, der allmählich in eine weite Bucht übergeht. Die Innenstadt und Battery Point erkundet man am besten zu Fuß. Andere Teile der Stadt sind dafür zu weit entfernt. Wer kein Auto hat, kann die meisten interessanten Orte bequem mit dem Bus erreichen. Außerdem gibt es einige gute Radwege (S. 708, Fahrradverleih).

Geschichte

1804 legte die **Lady Nelson** in der Sullivans Cove an. An Bord befanden sich fünf freie Siedlerfamilien, einige Kolonialherren und eine Gruppe von Sträflingen, die als Wiederholungstäter von Sydney hierher verbannt worden waren. Sydney war in dieser Zeit stark bemüht, den Ruf einer Sträflingskolonie abzuschütteln und wollte auf diese Weise seine hartnäckigsten Verbrecher loswerden. Erstaunlich schnell errichteten diese Zwangsarbeiter am Sullivans Cove die ersten Siedlungen, schon bald wurden prächtige Kolonialhäuser in die widerspenstige Wildnis gebaut. Ein geführter historischer Stadtrundgang vermittelt einen Eindruck von den Bedingungen in dieser Zeit (Buchungen über das Tasmanian Travel & Information Centre, S. 708, Sonstiges).

Die Innenstadt

Das Herz Hobarts schlägt im **Naturhafen Sullivans Cove**. Dieser ist Schauplatz zahlreicher Festivals und anderer Veranstaltungen. Besonders lebendig wird's am Neujahrstag, wenn hier die Teilnehmer des **Sydney to Hobart Yacht Race** eintreffen. Die Jachten dieser traditionsreichen

Regatta stechen alljährlich am 26. Dezember in Sydney in See. Aber frischen Fisch, Meeresfrüchte und guten Wein gibt's das ganze Jahr über.

Vom **Brooke St. Pier** legen Kreuzfahrtschiffe ab sowie die Fähren nach Bruny Island, zur Tasman Peninsula oder zum MONA. Mit dem Bau eines schmucken, auf dem Wasser treibenden Terminals wurde das alte Pier 2015 erweitert. In diesem gläsernen Komplex findet man kleine Souvenirläden, Cafés, Verkostungstheken für lokalen Gin und Wein.

Viele historische Gebäude schmücken die **Macquarie Street**, darunter das protzige, 1905 eingeweihte **GPO** (Hauptpostamt) und die 1864 erbaute **Town Hall** (Rathaus). Das Haupteinkaufsviertel der Stadt mit der Fußgängerzone **Elizabeth Mall** ist voller kleiner Cafés, Boutiquen, Reisebüros und Banken.

Die **State Library** etwas außerhalb dieses Einkaufsviertels beheimatet das **Allport Library and Museum of Fine Arts** mit einer ehemaligen Privatsammlung von seltenen Büchern, Gemälden, Drucken und Möbeln aus dem 18. und 19. Jh. ⌚ Mo–Fr 9.30–17, Sa bis 14 Uhr, Eintritt frei. In der Campbell St steht das älteste Theater Australiens, das 1837 erbaute **Theatre Royal**. Gegenüber dem Customs House Hotel ist das **Parlament** zu sehen, 1840 als Customs House (Zollhaus) erbaut. Wenn das Parlament tagt, kann man von der Gallery aus zuschauen.

Salamanca Place

Als der Salamanca Place am Kai zwischen 1835 und 1860 erbaut wurde, war Hobart noch ein hartes Pflaster. Matrosen, Robben- und Walfänger auf Landgang vergnügten sich zusammen mit Siedlern und freigelassenen Sträflingen in den Hafenkaschemmen um die Docks. Von rauer Seebärenatmosphäre ist nichts mehr zu spüren. Die ehemaligen Lagerhäuser sind restauriert; Galerien, Künstlerwerkstätten, Büros, Läden, teure Restaurants, Cafés und Bars hielten hier und auf dem **Salamanca Square** Einzug.

Nicht verpassen sollte man den berühmten **Salamanca Market**, einen Lebensmittel- und Trödelmarkt entlang des gesamten Salamanca Place, bei dem sich ganz Hobart trifft. ⌚ Jeden Samstag von 8.30–15 Uhr.

Mawson's Huts Replica Museum

1911 stach die Australasian Antarctic Expedition mit dem Geologen Douglas Mawson in See. Es war die erste von Australien selbst geleitete

Im Naturhafen Sullivans Cove schlägt das Herz von Hobart.

Expedition zur Antarktis – eine erstaunliche Leistung für eine so junge Nation. In einem Nachbau der Hütten, die Mawson und sein Team zwischen 1911 und 1914 unter den unwirtlichsten Bedingungen ins Eis bauten, gewinnt man heute einen Einblick in die Geschichte der ersten Antarktis-Forschungsreisen. Ecke Morrison St und Arglye St, 🖳 www.mawsons-huts.org.au, 🕒 tgl. 10–17 Uhr, Eintritt $15, Kind $5.

Maritime Museum

Das kleine **Maritime Museum of Tasmania** präsentiert mit alten Landkarten, Schiffsmodellen und anderen Ausstellungsgegenständen die Seefahrtgeschichte Tasmaniens, die für die Geschichte nach der Kolonialisierung prägend war. Ecke Argyle St und Davey St, 🖳 www.maritimetas.org, 🕒 tgl. 9–17 Uhr, Eintritt $15.

Tasmanian Museum and Art Gallery

Das Tasmanian Museum and Art Gallery ist Hobarts gutbürgerliches, traditionelles Gegenstück zum provokanten MONA. Es erstreckt sich über mehrere alte Gebäude, darunter das älteste noch bestehende Bauwerk Tasmaniens, das Commissariat Store von 1810. Der Gebäudekomplex enthält eine Sammlung zur Naturgeschichte Tasmaniens, eine Abteilung über die tasmanischen Ureinwohner, Gemälde und Zeichnungen aus der frühen Kolonialzeit, australische Kunst des 20. Jhs. sowie eine Darstellung der Kolonialgeschichte Tasmaniens. 40 Macquarie St, 🖳 www.tmag.tas.gov.au, 🕒 tgl. 10–16 Uhr, Eintritt frei.

Battery Point

Hinter den Lagerhäusern des Salamanca Place erhebt sich auf einer Anhöhe der Stadtteil Battery Point. Um 1850 war Battery Point ein lebendiges Hafenviertel. Hier standen prächtige Villen, aber auch bescheidene Cottages, Geschäfte, Kirchen und Kneipen mit bedeutungsvollen Namen wie The Whalers Return oder Neptune Inn. Das Dorf blieb fast unverändert erhalten und lädt heute zu einem gemütlichen Bummel ein. In vielen Cottages und Villen sind Antiquitätengeschäfte, Teahouses oder Restaurants untergebracht.

Auf dem Landvorsprung zwischen Sullivans Cove und Sandy Bay wurde 1818 ein Kanonendepot (Battery of Guns) und Waffenmagazin etabliert und ein kleines Wachhaus errichtet. Das Kanonendepot gab der Stelle ihren Namen – Battery Point. 1828 wurde das Wachhaus zur **Signalstation** umgebaut. Sie war Teil eines Netzwerkes, das es ermöglichte, Hobart innerhalb von 15 Minuten über einen Sträflingsausbruch aus Port Arthur (eine Entfernung von immerhin etwa 50 km Luftlinie) zu informieren – im Postkutschenzeitalter keine schlechte Leistung!

Zwischen den Lagerhäusern von Salamanca Place führt die schmale Treppe **Kellys Steps** direkt hinauf nach Battery Point. Den ehemaligen Dorfplatz **Arthurs Circus** umgeben gut erhaltene, alte Häuschen. In der Hauptstraße **Hampden Road** befinden sich die meisten Restaurants, Teestuben, Antiquitätenläden und Galerien von Battery Point und das **Narryna Heritage Museum**, dessen Ausstellungsgegenstände alte Möbel, altes Porzellan, Glas- und Silberwaren sowie Kinderspielzeug umfassen. 🕒 Di–Sa 10–16 Uhr, Eintritt $10, Kind $5.

Von der Anhöhe des kleinen **Princes Parks** bietet sich an klaren Tagen eine wundervolle Aussicht über die Bucht der Derwent-Mündung.

Nach Süden

Sandy Bay

Im gehobenen Stadtteil Sandy Bay befindet sich der Campus der University of Tasmania. Nicht zuletzt deshalb gibt es hier einige interessante Cafés, Kneipen und Buchläden. Am Wasser befinden sich die Esplanade und der Jachthafen des Royal Yacht Club of Tasmania. Auf einem Landvorsprung ragt der runde Turm des **Wrest Point Casino** in die Höhe.

Vom 60 m hohen **Shot Tower** bei Taroona, der von Sträflingen erbaut wurde, hat man einen herrlichen Ausblick über die Mündung des Derwent. In diesem Turm wurden Bleikugeln hergestellt, indem man im Inneren des Turms flüssiges Blei hinuntergoss, das sich im freien Fall zu Kugeln formte und unten von Wasser aufgefangen wurde. 🕒 Do–Di 10–17 Uhr, Eintritt $10.

Hobart

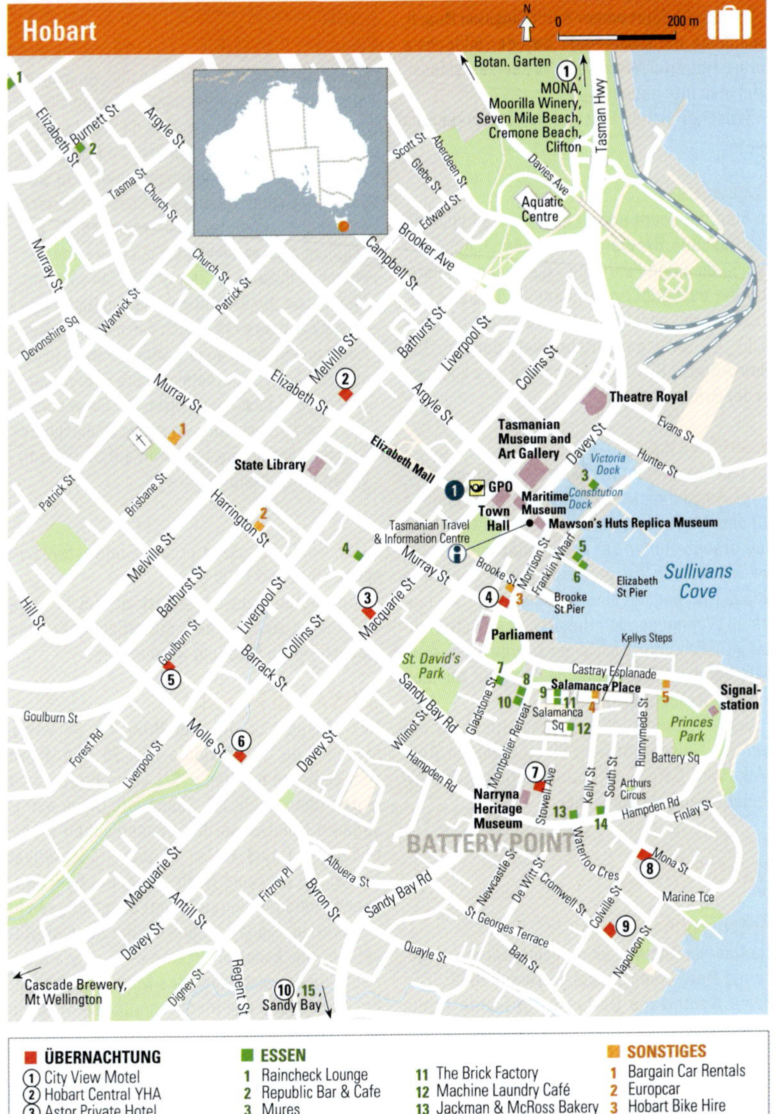

ÜBERNACHTUNG
1. City View Motel
2. Hobart Central YHA
3. Astor Private Hotel
4. Customs House Hotel
5. Narrara Backpackers
6. Edinburgh Gallery B&B
7. Montacute Boutique Bunkhouse
8. Shipwright's Arms Hotel
9. Battery Point Manor
10. Wrest Point Casino

ESSEN
1. Raincheck Lounge
2. Republic Bar & Cafe
3. Mures
4. Dier Makr
5. Fish Frenzy
6. Tavern 42 Degrees South
7. Irish Murphy's
8. Retro Cafe
9. Grape Food & Wine Bar
10. Wursthaus Kitchen
11. The Brick Factory
12. Machine Laundry Café
13. Jackman & McRoss Bakery
14. Ristorante Da Angelo
15. Seagrass (Long Point)

SONSTIGES
1. Bargain Car Rentals
2. Europcar
3. Hobart Bike Hire
4. Handmark Gallery
5. Despard Gallery

TRANSPORT
1. Hobart City Bus Station

Die Straße führt weiter nach **Kingston Beach**, zusammen mit **Blackmans Bay** der südlichste Vorort Hobarts. Wenn das Wetter es zulässt, kann man hier baden.

Zwischen Sandy Bay und der City verkehren Busse.

Cascades

Im Stadtteil South Hobart liegt die traditionsreiche **Cascade Brewery**. Mehrmals täglich werden 90-minütige Führungen durch die Brauerei und die dazugehörigen Cascade Gardens veranstaltet, mit anschließendem kleinem Umtrunk ($35). www.cascadebrewery.com.au. Die Metro-Busse Richtung Strickland Ave kommen an der Brauerei vorbei.

Mount Nelson

Ein beliebter, leicht mit Metro-Bussen erreichbarer Aussichtspunkt ist die alte Signalstation auf dem Mt Nelson, der sich direkt hinter Sandy Bay erhebt. Hinter der Universität windet sich die Mt Nelson Rd in Serpentinen den Berg hinauf. Hier beginnt eine der schönsten und teuersten Wohngegenden Hobarts. Man wohnt mitten im Wald, meist mit einer traumhaften Aussicht auf das Wasser, und ist doch nur Minuten von der Stadt entfernt.

Vom Picknickplatz am Aussichtspunkt auf dem Mt Nelson hat man einen schönen Ausblick. Vom Café aus (Mittagsgerichte $30–36) genießt man die tolle Sicht.

Nach Norden

Botanischer Garten

Die **Queens Domain**, eine riesige Gartenanlage, trennt Nord-Hobart vom Derwent River. Der kleine **Botanische Garten** darin wurde schon 1818 gegründet und ist er der zweitälteste Botanische Garten in Australien: ein Park nach britischem Vorbild mit Lilienteich und einer hügeligen Rasenlandschaft, die sich gut zum Picknicken eignet. Ungewöhnlich ist das **Subantarctic Plant House**, das Pflanzengemeinschaften beherbergt, die im nasskalten Klima der subantarktischen Macquarie Island, 1500 km südlich von Tasmanien, gedeihen. ◷ tgl. ab 8 Uhr, Schließungszeit je nach Jahreszeit zwischen 16.45 und 18.30 Uhr.

Der Botanische Garten ist zu Fuß in etwa 20 Minuten zu erreichen, außerdem halten die meisten Busse Richtung Norden hier.

Das Südlicht (Aurora australis)

Das Südlicht ist das „antipodische" Äquivalent zum Nordlicht *(Aurora borealis)*, dem Polarlicht der Nordhalbkugel. Das nächtliche Südlicht kann meistens im Frühjahr und Herbst im südlichen Tasmanien beobachtet werden. Von der Sonne geht ständig ein Strom elektrisch geladener, subatomarer Partikel aus – der sogenannte Solarwind, dem auch unser blauer Planet ausgesetzt ist. Der größte Teil wird vom Magnetfeld der Erde abgelenkt. Ein Strom dieser Teilchen erreicht jedoch den magnetischen Nord- und Südpol, wo er beim Eindringen in die oberen Lagen der Erdatmosphäre eine *farbenprächtige* Lightshow bewirkt. Die Farben sind auf verschiedene Gase in der Erdatmosphäre zurückzuführen: Rot und Grün auf Sauerstoff, Violett auf Stickstoff.

MONA und Moorilla

Das **Museum of Old and New Art**, www.mona.net.au, in Berridale (ca. 20 Min. Fahrt vom Zentrum) eröffnete 2011 seine Pforten und wurde über Nacht zur Sensation. Diese extravagante Spielwiese des tasmanischen Multi-Millionärs David Walsh ist das größte privat finanzierte Museum Australiens. Die beeindruckende (und teils verstörende) Sammlung reicht von Werken Sidney Nolans bis hin zu einer Maschine, die Essen in Exkremente umwandelt. Kein Wunder also, dass das Museum regelmäßig für Furore in den Medien sorgt. Das Museum ist Mitorganisator des größten Musikfestivals der Stadt, dem **Mona Foma** im Januar und Organisator des **Dark Mofo**, das sich zur Wintersonnwende im Juni den dunklen Seiten der Kunst zuwendet (S. 706). ◷ Fr–Mo 10–17 Uhr; Eintritt $38, Kind $15.

Die **Moorilla Winery** direkt nebenan, www.moorilla.com.au, das älteste kommerzielle Weingut Tasmaniens, produziert nicht nur eine Reihe von Qualitätsweinen, sondern schenkt unter dem „Moo Brew"-Etikett auch Pale Ale, Hefeweizen und Pilsener aus. ⌚ tgl. 10–17 Uhr.

Im Restaurant **The Source** speist man sehr gut, mit Panoramablick auf den Derwent River. ⌚ tgl. 7.30–15 Uhr.

Anfahrt: Die Mona Roma Fast Ferry (wie alles, bei dem das MONA seine Finger im Spiel hat, kein gewöhnliches Erlebnis ...) fährt vom Brooke St Ferry Terminal in Hobart etwa alle 1 1/2 Std. zum Museum (30 Min.; $28 hin und zurück). Metrobusse halten ebenfalls hier am Museum.

Ein **schöner Radweg** führt am Derwent River entlang zum MONA. Eine Karte erhält man im Visitor Centre, Fahrradverleih s. S. 708).

Kunanyi (Mount Wellington)

Vom 1270 m hohen **Mount Wellington** – *Kunanyi* in der Sprache der Ureinwohner – bieten sich an sonnigen Tagen fantastische Ausblicke bis nach Bruny Island. Viele schöne Wanderpfade führen durch den **Wellington Park**, teilweise hinauf bis zum Gipfel. Auch für Radfahrer ist der Berg äußerst attraktiv. Infos zu Radwegen unter www.wellingtonpark.org.au sowie www.cyclingsouth.org.

Man erreicht die Spitze aber auch mit dem Auto oder mit dem Hobart Shuttle Bus (S. 707). Der Aussichtspunkt liegt 20 km von Hobart entfernt. Während es in Hobart warm und sonnig ist, kann dort oben ein kalter Wind pfeifen, oft kommen blitzschnell Wolken auf, und man steht in dichtem Nebel. Im Winter liegt hier Schnee.

Strände

Südlich der Innenstadt, an der Westseite des Derwent River, findet man bei Taroona, Kingston und Blackmans Bay kleine Strände. Schöner sind jedoch die Strände an der Ostseite, z. B. in den Vororten Bellerive und Howrah. **Seven Mile Beach** nördlich von Lauderdale ist ein lang gestreckter Sandstrand mit herrlichem Blick über die Frederick Henry Bay auf die gegenüberliegende Tasman Peninsula. Dieser sowie **Clifton** und **Cremorne Beach** südlich von Lauderdale gelten als die besten Strände Hobarts.

ÜBERNACHTUNG

Viele Rezeptionen sind nur morgens (ca. 8–10 Uhr) und abends (ca. 16–19 Uhr) besetzt. Wer außerhalb dieser Zeiten einchecken möchte, ruft am besten vorher an.

Hostels

Hobart Central YHA, 9 Argyle St, www.yha.com.au. Hotelzimmer mit und ohne Bad in sehr zentraler Lage. Auch der Hostel-Bereich hat eher Hotelcharakter. Die 5–12-Bett-Dorms (Bett ab $45) sind komfortabel und äußerst sauber; es fehlt jedoch der Hostel-Charme. Die Küche und der Gemeinschaftsraum sind sehr klein. Tourbuchungen. ❹

Montacute Boutique Bunkhouse, 1 Stowell Ave, Battery Point, http://montacute.com.au. Das kleine Hostel in einem renovierten historischen Gebäude hält, was der Name verspricht. Die 4- und 6-Bett-Dorms (Bett ab $46), manche davon nur für Frauen, sind geräumig und hübsch eingerichtet mit bequemen Betten, Bettlampe und Steckdose. Außerdem gibt es einige DZ, alle mit Bad auf dem Gang. Zu den Gemeinschaftsräumen zählen eine perfekt ausgestattete Küche, Wohnzimmer mit offenem Kamin und gemütlichen Sofas und ein idyllischer Garten mit Sitzgelegenheiten. Fahrradverleih. ❷

Narrara Backpackers, 88 Goulburn St, www.narrarabackpackers.com. Klein, freundlich und dazu sehr günstig: Das Hostel in Familienbetrieb bietet nicht nur ein bequemes Bett, sondern auch gute Infos und ein herzliches Ambiente. 3–8-Bett-Dorms (Bett $32–37), EZ, DZ und ein Familienzimmer mit Bad. Zwei Gemeinschaftszimmer sowie Küche und Infoschalter. ❶

B&Bs

Eine Spezialität Hobarts sind B&B-Unterkünfte in liebevoll restaurierten alten Cottages. Viele davon befinden sich im historischen Stadtteil Battery Point, nur ein paar Minuten zu Fuß vom Salamanca Market. Alle Zimmer haben ein Bad und sind mit (mehr oder weniger) antiken

Möbeln eingerichtet, z. T. mit Himmelbett und offenem Kamin.
Battery Point Manor, 13 Cromwell St, Battery Point, www.batterypointmanor.com.au. Manche der geräumigen, etwas altmodisch eingerichteten Zimmer bieten einen herrlichen Blick auf den Hafen. Frühstück ist nicht inbegriffen. ❷ Im Hinterhof befinden sich ein voll ausgestattetes Cottage sowie moderne Apartments. ❼
Edinburgh Gallery B&B, 211 Macquarie St, www.artaccom.com.au. Traditionelles B&B mit sehr freundlichem Gastgeber. Große, renovierte Zimmer in urigem Gebäude. ❹

Hotels und Motels

City und Newtown

Astor Private Hotel, 157 Macquarie St, www.astorprivatehotel.com.au. Sehr freundliches, altes Privathotel mit gemütlichen und sauberen EZ, DZ und 3BZ mit und ohne Bad; B&B. Sehr gutes Preis-Leistungs-Verhältnis. ❶
Customs House Hotel, 1 Murray St, Ecke Morrison St, www.customshousehotel.com. Renovierte, freundliche Zimmer und 1 Apartment über der gemütlichen historischen Kneipe. Frühstück inkl. ❽
Shipwright's Arms Hotel, 29 Trumpeter St, Battery Point, www.shipwrightsarms.com.au. Das historische, renovierte Pub hat einfache, saubere Zimmer ❷ sowie moderne Hotelzimmer mit Bad, TV und Heizung. ❻

TASMANIEN

Sandy Bay

Wrest Point Casino, 410 Sandy Bay Rd, www.wrestpoint.com.au. Wer sich mal was gönnen möchte, ist hier richtig. Sehr schöne Zimmer und Suiten mit allem Luxus, teilweise mit tollem Blick auf die City. Ab ❹

Montagu Bay

City View Motel, 30 Tasman Highway, www.cityviewmotel.com.au. Nett eingerichtete Motelunits, B&B. Blick auf den Derwent River und die Stadt. Die Frühstückszutaten sind im Preis inbegriffen. Ab ❹

Caravanpark

Discovery Holiday Park, 673 East Derwent Hwy, Risdon, www.discoveryholidayparks.com.au. Großes Angebot an Cabins und Cottages; saubere Anlage mit Beachvolleyball und Spielplatz. Stellplätze ($45). Schöne Lage zwischen Derwent River und Mt Wellington. Ab ❸

ESSEN

Tasmanien hat sich in den letzten Jahrzehnten zu einer Feinschmecker-Destination entwickelt, die besonders stolz auf ihre lokalen Frischprodukte ist.

Cafés und Takeaway

Jackman & McRoss Bakery, 57 Hampden Rd, Battery Point. Leckeres Brot (z. T. Bio) und andere Backwaren wie Pies frisch aus dem Ofen; außerdem leichte Speisen. Hohe Qualität, allerdings kämpfen Gäste oft um die wenigen Tische. ◷ tgl. 7–18 Uhr.
Machine Laundry Café, Shop 12, Salamanca Square. Das stets gut besuchte Café serviert Frühstück und Brunch. Auch bei den Locals sehr beliebt. ◷ tgl. 7.30–15 Uhr.
Retro Cafe, 33 Salamanca Place, Ecke Montpelier St. Cappuccino und leichte Speisen. Bei schönem Wetter gut zum Draußensitzen. ◷ Mo–Fr 7.30–18, Sa und So ab 8 Uhr.
Wursthaus Kitchen, 1 Montpelier Retreat, Battery Point, www.wursthauskitchen.com.au. Der erstklassige Laden ist Fleischerei, Bäckerei, Deli und Weinshop in einem; spezialisiert auf tasmanische Produkte, auch organisch. Leckere Takeaways. ◷ Mo–Fr 8.30–18, Sa 9–17, So 10–17 Uhr.

Seafood

Hobart ist der ideale Ort, um Fisch oder Meeresfrüchte zu schlemmen – beides wird fangfrisch serviert und erstklassig zubereitet.
Mures am Victoria Dock, www.mures.com.au. Im **Lower Deck** befindet sich ein preiswertes Bistro, das frisches Seafood serviert. Darüber ist das lang etablierte **Upper Deck**, ein ausgezeichnetes Restaurant. ◷ Lower Deck tgl. 8–21 Uhr, Upper Deck tgl. 11–21 Uhr.
Fish Frenzy, ebenfalls am Victoria Dock, mit Tischen direkt am Wasser. Man munkelt, hier gäbe es die besten Fish & Chips in

Zu Fuß zum Mount Wellington

- **Start und Ziel:** Fern Tree
- **Dauer:** 5–6 Std.
- **Schwierigkeitsgrad:** mittel
- **An- und Abreise:** Die Busse Nr. 448 und 449 verkehren zwischen Franklin Square in Hobart (Haltestelle N) und Fern Tree, am Fuß des Mt Wellington.

In Fern Tree führen etwa 50 m nördlich der Bushaltestelle Steintreppen in den Wald hinein. Hier beginnt der Fern Glade Track, von dem zahlreiche weitere Wanderwege abzweigen. Das **Radford Monument** ist George Radford gewidmet, der hier 1903 im Schneesturm sein Leben verlor. Etwa zwei Minuten später ist die Pinnacle Road erreicht. Von der gegenüberliegenden Straßenseite führt der Woods Track ab, von dem aus nach weiteren zwei Minuten links der Betts Vale Track abzweigt. Dieser führt vorbei an den hübschen **O'Gradys Falls**.
Jetzt geht es bergauf bis zur Kreuzung mit dem Circle Track, auf den wir rechts abbiegen. Kurz darauf biegen wir rechts ab auf den Shoobridge Track, der am imposanten **Octopus Tree** mit seinen tentakelhaften Wurzeln vorbeiführt. Nicht weit dahinter zweigt links der Sawmill Track ab, der uns über die Pinnacle Road bis zum Organ Pipes Track führt.
Vor allem an klaren Tagen lohnt es sich, diesem in nördlicher Richtung (nach rechts) ein Stück weit zu folgen. Zur Linken liegen die imposanten, kerzengeraden **Organ Pipes**, nach rechts eröffnen sich atemberaubende Blick auf die City und den Derwent. Wer sich satt gesehen hat, macht kehrt und folgt dem Organ Pipes Track in südlicher Richtung. Nach etwa 15 Minuten geht es rechts auf den Zig Zag Track. Der letzte Teil der Wanderung bis zum **Gipfel** ist der steilste, wird aber mit sensationellen Aussichten belohnt. Oben gibt es Toiletten, aber kein Kiosk.

Auf dem Rückweg folgen wir wieder dem Zig Zag Track, der weiter unten in den Pinnacle Track übergeht und bis zur **Springs Picnic Area** führt (etwa 1 Std. vom Gipfel). Von hier aus folgen wir dem Radfords Track und biegen rechts auf den Reids Track ab. Der Reids Track führt uns auf den **Silver Falls** Track, auf den wir rechts zu den kleinen Wasserfällen abbiegen. Nach weiteren 20 Minuten entlang des Pipeline Tracks ist Fern Tree erreicht.
Die Route kann nach Belieben abgekürzt oder verlängert werden. Gutes Kartenmaterial erhält man im Visitor Centre in der City.

ganz Australien. Außerdem Salate, Garnelen und Muscheln. ⌚ tgl. 11–20 Uhr.

Seagrass, 19 Beach Rd, Long Point, Sandy Bay, 💻 https://seagrasstasmania.com. Das gehobene Restaurant liegt direkt am Derwent River und serviert hervorragendes Seafood sowie andere Gerichte aus lokalen Produkten. ⌚ tgl. 8.30–15 Uhr.

Restaurants und Bars

Dier Makr, 123 Collins St, 💻 www.diermakr.com. Eine Feinschmeckeradresse so untypisch, dass sie dann doch wiederum typisch Hobart ist. Die Zutaten der außergewöhnlichen Gerichte stammen ausschließlich aus dem lokalen Anbau. ⌚ Mi–So 17–23 Uhr. Menü ohne Getränke $150 p. P.

Grape Food & Wine Bar, 55 Salamanca Sq. Zählt zu den besten Adressen am Salamanca Square, deshalb sollte man besser reservieren. Sehr leckere europäisch-orientierte Speisen und gute Weine. ⌚ tgl. 11.30–23 Uhr, Fr und Sa länger.

Raincheck Lounge, 392-394 Elizabeth St, North Hobart. Gemütliches Café mit günstigen Speisen. ⌚ So–Mi 7–15, Do–Sa bis 21 Uhr.

Republic Bar & Cafe, 299 Elizabeth St, North Hobart. Trendige Bar, häufig Livemusik. ⌚ tgl. ab 15 Uhr.

Ristorante Da Angelo, 47 Hampden Rd, Battery Point. Gute Pizzen und Pastagerichte in lockerem italienischem Ambiente. ⌚ tgl. ab 17 Uhr.

Tavern 42 Degrees South, Elizabeth St Pier, 💻 www.tav42.com.au. Edle Bar und Café-Restaurant im Minimallook; im Sommer kann man draußen sitzen und bei tasmanischem Bier oder Wein den Blick aufs Wasser genießen. ⌚ tgl. ab 11 Uhr.

UNTERHALTUNG UND KULTUR

Festivals

Mona Foma Festival (MOFO), im Januar. Das größte Festival der Musik und Darstellenden Künste Hobarts wird vom MONA (mit)organisiert und von Brian Ritchie von der Band Violent Femmes kuratiert.

Das kontroverse **Dark Mofo** im Juni ist das winterliche Gegenstück zum Mona Foma Festival. Neben Lichtshows und Musik macht es vor allem durch den traditionellen *Nude Solstice Swim* auf sich aufmerksam, wenn zur Sonnwende am frühen Morgen Hunderte von Teilnehmern splitternackt in den eiskalten Derwent River springen.

The Taste of Tasmania, zwischen Weihnachten und Anfang Februar. Musik, Theater, Performances. An der Princes Wharf No. 1 werden in einer Halle an viele Ständen tasmanische Spezialitäten angeboten. Programmauskunft beim Hobart City Council, 💻 www.hobartsummerfestival.com.au.

Sydney to Hobart Yacht Race, Ende Dezember. Eine der prestigeträchtigsten Hochseeregatten der Welt geht in Hobart mit einer feuchtfröhlichen Party einher, wenn die Jachten an Silvester in den Hafen von Hobart einlaufen.

Galerien

Das MONA (S. 702) zählt zu den wichtigsten Kunstmuseen in Tasmanien, wenn nicht gar ganz Australiens.

Hobarts Künstler und Kunsthandwerker stellen ihre Produkte vor allem in Battery Point aus, u. a. in der **Handmark Gallery**, im **Salamanca Arts Centre** und in der **Despard Gallery**, 15 Castray Esplanade.

Kneipen und Musik

In einigen Cafés und Kneipen gibt es Livemusik (Folk, Jazz, Blues, Rock) – meist lokale Bands. Große Namen treten im **Derwent Entertainment Centre** auf, 💻 www.mystatebankarena.com.au.

Irish Murphys, 21 Salamanca Place. Irische Kneipe. Livemusik Di–So.

Republic Bar & Cafe, 299 Elizabeth St, North Hobart. Fast tgl. Livemusik; außerdem Jazz und Blues.

The Brick Factory, 55 Salamanca Place. Hier ist fast jeden Abend was los.

Ab und zu gibt es Konzerte mit **klassischer Musik**, z. B. vom Tasmanian Symphony Orchestra.

AKTIVITÄTEN UND TOUREN

Mehrtägige Touren durch ganz Tasmanien auf S. 697.

Nach Mitbringseln stöbern

© TOURISM AUSTRALIA / GRAHAM FREEMAN

Typisch tasmanische Souvenirs sind kleine Gegenstände aus einheimischen Hölzern wie Huon Pine oder Sassafras sowie Wollprodukte wie Decken, Schals und handgestrickte Pullover, aber auch seltene Fossilien wie versteinerter Farn aus Lune River. Der **Salamanca Market** jeden Samstag am Salamanca Place bietet die beste Gelegenheit, ein schönes Mitbringsel zu erstehen.

Tagestouren

Bruny Island Cruises, www.brunycruises.com.au. Eine heiß empfohlene und mehrfach preisgekrönte Tagestour nach Bruny Island inkl. 3 Std. Bootsfahrt entlang der Ostküste von South Bruny Island. Okt–Mai tgl. 8–17 Uhr, $235 inkl. Seafood-Mittagessen.

Experience Tasmania, www.experiencetas.com.au. Großes Angebot an Halbtages- und Tagestouren. Unter anderem Hobart City im Doppeldeckerbus (ca. 3 Std., $44), Mt Wellington (ca. 2 Std., $50); Port Arthur ($142) und zur Maria Island ($180).

Hobart Shuttle Bus, www.hobartshuttlebus.com. U. a. Mt Wellington (ca. 2 Std., $40), Richmond (ca. 4 Std., $40).

Stadtführungen

Hobart Historic Walking Tours, Buchung beim Tasmanian Travel & Information Centre, www.hobarthistorictours.com.au. Die Guides geben Anekdoten aus Hobarts Anfangsjahren zum Besten. Tgl. verschiedene Routen, auch eine Pub-Tour; ca. 90 Min., $36.

Aktivtouren

Shutterbug Walkabouts, www.shutterbugwalkabouts.com.au. Halb- und Ganztagestouren mit Schwerpunkt auf Fotografie (für Anfänger und erfahrene Fotografen). Z. B. in den Mt Field NP, Hartz Mountains NP oder zum Mount Wellington. Preise orientieren sich an der Gruppengröße.

Tours Tasmania, www.tourstas.com.au. Tagesausflüge in Kleingruppen zum Mt Wellington/Mt Field NP/Russell Falls, in den Freycinet NP/Wineglass Bay, nach Maria Island, zum Tahune Airwalk und den Hasting Caves sowie nach Port Arthur und zur Tasman Peninsula. Viele Spaziergänge und andere Unternehmungen. Touren $130–170.

Under Down Under, www.underdownunder.com.au. Viele Aktivtouren von 5–10 Tagen. Die

Wasserspaß: Paddeln, Segeln und Rafting in den Gewässern des Südens

Die Raftingtrips auf dem Picton River sind auch für Anfänger geeignet, buchbar unter 🖳 www.rafting.com.au. Erfahrenen Raftern ist der wilde Franklin River im Südwesten ein Begriff. **Franklin River Rafting** bietet 8–10-tägige Expeditionen dorthin an, Details s. 🖳 www.franklinriverrafting.com. Südlich von Hobart erteilt in Kettering die Kajakschule **Roaring 40's Ocean Kayaking** Paddelunterricht (Details auf S. 712).

10-Tagestour rund um Tasmanien deckt alle Highlights der Insel ab ($3000).
Tasmanian Walking Company, 🖳 www.taswalkingco.com.au. Auf den mehrtägigen Wanderungen z. B. am Cradle Mountain, auf Bruny Island oder auf der Tasman Peninsula ist für allen Komfort gesorgt. Sämtliche Touren inkl. Essen und Übernachtung in privaten Unterkünften oder im Glamping-Zelt.

Bootstouren

Peppermint Bay Cruise, 🖳 www.peppermintbay.com.au. Tageskreuzfahrt ab Brooke St Pier mit luxuriösem Katamaran zum Peppermint Bay (S. 711). Je nach Sitzplatz auf dem Schiff $130, leckeres Mittagessen inkl.
East Coast Cruises, Bootstouren nach Maria Island mit Shuttleservice ab Hobart. Details auf S. 724.

Rundflüge

Par Avion Wilderness Tours, 🖳 www.paravion.com.au. Mit kleinen Maschinen von Hobart in das entlegene Melaleuca im Südwesten (Tagestour, $700 p. P., inkl. 2 Mahlzeiten). Auch weitere Fly-and-Cruise-Touren, z. B. nach Maria Island über die Wineglass Bay.

SONSTIGES

Autovermietungen

Zahlreiche bekannte Namen befinden sich in der Bathhurst Street sowie am Flughafen. Am besten online buchen, z. B. über 🖳 www.vroomvroomvroom.com.au.

Campervans

Die meisten Firmen verleihen ihre Campervans von Launceston oder Devonport aus (siehe dort). Für Vermietung und Abgabe an anderen Orten Aufschlag. Zwei günstige Anbieter:
Tasmania Campers, 32 Kennedy Drive, Cambridge. 🖳 www.tasmaniacampers.com.au.
Tasmanian Campervan Hire, 🖳 www.tascamper.com.

Fahrradverleih

Im Vergleich zu anderen australischen Städten hat Hobart ein ausgezeichnetes Netz an Radwegen. Z. B. kann man bequem von der City zum MONA radeln (12 km Radweg) oder am Mount Wellington Mountainbiken (s. Aktivtouren S. 707). Mehr Infos zu Radwegen unter 🖳 www.greaterhobarttrails.com.au sowie 🖳 www.cyclingsouth.org.
Hobart Bike Hire, 35 Hunter St, 🖳 www.hobartbikehire.com.au. Ab $30 pro Tag. Auch Verleih von E-Bikes ($50 pro Tag) und Anhängern für Kinder ($15 pro Tag).

Informationen

Tasmanian Travel & Information Centre, Elizabeth St, Ecke Davey St, 🖳 www.hobarttravelcentre.com.au. 🕒 Mo–Fr 9–17, Sa 9–15 Uhr.

NAHVERKEHR

Stadtbusse

Metro betreibt die Stadtbusse in Hobart, Launceston und Burnie, 🖳 www.metrotas.com.au.
Fahrkarten: Der Großraum Hobart ist in 3 Zonen aufgeteilt; Zone 1 umfasst die gesamte Innenstadt bis zum Mount Nelson und der Cascade Brewery im Süden und bis nach Moonah im Norden. Eine Fahrt innerhalb einer Zone kostet als Einzelticket $3,50, 2 Zonen $4,80; erhältlich beim Busfahrer. Eine Greencard (aufladbares

Ticket als Scheckkarte) lohnt sich nur bei längerem Aufenthalt.
Die **Hobart City Bus Station** befindet sich in der Elizabeth St, zwischen Collins St und Macquarie St. Busse fahren in der Woche von etwa 6–24 Uhr; am Wochenende eingeschränkter Fahrplan.
Red Decker, 💻 www.reddecker.com.au. City-Loop-Touren mit beliebigem Ein- und Aussteigen; So–Fr, Sa eingeschränkter Service, $35. Zusätzliche Busse fahren zur Cascade Brewery, zum Mt Wellington und zur Richmond Village.

TRANSPORT

Busse

Die Fahrpreise sind bei den beiden Busgesellschaften etwa gleich: nach LAUNCESTON $44, nach DEVONPORT $64, nach STRAHAN $78.
Redline Coaches, ab Hobart Transit Centre, 💻 www.tasredline.com.au.
Nach LAUNCESTON via Midland Highway mehrmals tgl.; 3x tgl. weiter nach BURNIE. Ein Fähren-Zubringerbus („Shipside Service") fährt von Hobart via Launceston zur Fähranlegestelle in Devonport.
Tassielink Coaches, ab Hobart Bus Terminal, 💻 www.tassielink.com.au. Tgl. Busse über Swansea und Bicheno nach COLES BAY, zu TASMAN PENINSULA, nach GEEVESTON und nach RICHMOND.

Flüge

Der Flughafen liegt 26 km östlich der Innenstadt nahe dem Seven Mile Beach. Transfer vom Flughafen in die Stadt (Hobart Transit Centre) oder zur Unterkunft mit **SkyBus**, 💻 www.skybus.com.au., $20 einfach. Flüge s. S. 696.

Hobart zu Fuß oder mit dem Rad

Wer die Stadt zu Fuß oder mit dem Fahrrad erkunden möchte, informiert sich am besten auf der sehr gut gemachten Website des Hobart City Councils, 💻 www.greaterhobarttrails.com.au. Hier sind viele Spaziergänge in und um Hobart beschrieben, dazu kommen Radwege und Mountainbiketracks.

Der Süden

Viele Attraktionen des Südens lassen sich in verschiedenen Tagesausflügen von Hobart aus besichtigen, darunter die ehemalige Sträflingssiedlung **Port Arthur** sowie die Inselwildnis von **Bruny Island**. Den Süden prägen eine dramatische Küstenlandschaft, Wildblumen, dichte Wälder sowie von Wind und Wetter gezeichnete Klippen.

Das Derwent-Tal nordwestlich von Hobart wurde von den ersten Siedlern nach dem Vorbild ihrer Heimat umgestaltet. Die einheimische Vegetation musste englischen Bäumen und Sträuchern weichen; es entstanden kleine Dörfer, bestehend aus ein paar Cottages und einem Landgasthaus, bei dem die Postkutschen hielten. Diese Idylle ist fast unverändert erhalten geblieben. Entlang des Huon Rivers wächst eine wertvolle Rarität: die alten **Huon Pines**, deren ungezieferresistentes Weichholz sich gut zum Schiffbau eignet. Im 19. und 20. Jhd. wurden sie bis kurz vor die Ausrottung gerodet. Einige dieser Bäume sind über 2000 Jahre alt (S. 742). Kunsthandwerker verarbeiten das edle Holz heute zu teuren, aber geschmackvollen Souvenirs.

Schön ist die Rundfahrt ab Hobart auf dem Channel Highway (Straße B68) auf der hügeligen Huon-Halbinsel über Kettering, Woodbridge und Cygnet. Die Straße nach Süden ist nur bis Southport asphaltiert, danach führt eine nicht asphaltierte Straße über Hastings, Lune River und Ida Bay bis nach Cockle Creek.

Huon-Halbinsel

Huonville und Umgebung

Die Gegend um Huonville gilt als Früchtekorb Tasmaniens – neben Kirschen, Birnen, Pflaumen und Beeren wächst hier die Hälfte der Gesamtproduktion tasmanischer Äpfel. Das **Apple Shed** (Museum und Restaurant) in Grove, 💻 www.williesmiths.com.au, lohnt einen Stopp. Das Museum informiert über den Apfelanbau und Apfelsorten; toll ist aber vor allem das rustikale Restaurant, in dem es nicht nur leckeren

Tasmanien Der Süden
N
0
50 km
Granville Harbour
Roseberry
Zeehan
Mt. Ossa
1617
WALLS OF JERUSALEM NP
CRADLE MTN. LAKE ST. CLAIR NATIONAL PARK
Lake Saint Clair
Queenstown
Strahan
A10
1447
1416
Derwent Bridge
Lake Burbury
Lake King William
Tarraleah
Macquarie Harbour
Gordon River Cruise
Franklin River
FRANKLIN-GORDON WILD RIVERS NATIONAL PARK
Gordon R.
Gordon River
Lake Gordon
Strathgordon
Lake Pedder
1059
Frodshams Pass
1417
Mt. Anne
SOUTHWEST NATIONAL PARK
Southwest Cape
South Cape
Great Lake
Lianwenee
Miena
Bronte Park
Dee
Poatina
Arthur Lake
Woods Lake
Lake Sorell
Interlaken
Ross
Midland Hwy
Oatlands
Bothwell
River Derwent
Ouse
Hamilton
Ellendale
Kempton
MT. FIELD NP
1434
Mt. Field
Russell Falls
Bushy Park
Westerway
Maydena
New Norfolk
Pontville
Brighton
Bridge-water
Glenorchy
Hobart
Ranelagh
Margate
Kingston
Huonville
Snug
Air Walk
Franklin
Kettering
Huon River
Geeveston
Cygnet
Woddbridge
1326
Waratah Lookout
HARTZ MTS. NP
Dover
Hastings Caves
Hastings
Ida Bay
1251
Southport
Alonnah
Adventure Bay
Cockle Creek
Southeast Cape
NORTH BRUNY ISLD.
SOUTH BRUNY ISLD.
Sea & Wildlife Cruises
Storm Bay
Nubeena
Port Arthur
Tasman Island Cruise
Tasman Peninsula
Eaglehawk Neck
Forestier Peninsula
Lauderdale
Dunalley
Copping
Sorell
Richmond
s. Stadtplan Hobart S. 701
Colebrook
Buckland
Orford
Triabunna
Darlington
MARIA ISLD. NATIONAL PARK
Campbell Town
Cranbrook
Lake Leake
Swansea
Little Swanport
A3
Great Oyster Bay
Bicheno
Coles Bay
Wineglass Bay
FREYCINET PENINSULA NATIONAL PARK
SCHOUTEN ISLD.

Apfelstrudel und andere kleine Speisen, sondern auch verschiedene Cider-Sorten zum Probieren gibt. ⏲ tgl. 10–18 Uhr.

Die **Home Hill Winery**, 🖳 www.homehillwines.com.au, im idyllischen **Ranelagh** ist eine ausgezeichnete Adresse zur Weinverkostung und zum Essen. Vom Restaurant in einem hellen Glas-Lehm-Gebäude hat man einen Panoramablick auf die Berge. ⏲ Weinprobe tgl. 10–17 Uhr, Restaurant tgl. 10–16.30 Uhr.

In Huonville fährt **Huon Jet**, 🖳 www.huonjet.com, vom Anleger an der Esplanade mit einem Jetboat den Huon River flussaufwärts bis Glen Huon und zurück. 35-minütige Fahrten tgl. um 10, 12 und 14 Uhr, $95, Kind $67. Am Fluss finden sich die heute seltenen **Huon Pines**.

Cygnet, Kettering und Umgebung

Von Huonville führt der Channel Highway nach Süden um die Huon-Halbinsel, via Cygnet, Woodbridge und Kettering. Im kleinen **Cygnet** an der Bucht Port Cygnet wird in der zweiten Januarwoche das **Huon Folk and Music Festival** gefeiert. Tasmanische Weine und Liköre zum Kosten und Kaufen gibt's im **Hartzview Vineyard**, 🖳 www.hartzview.com.au. ⏲ Mo–Sa 10–16 Uhr.

Das **Woodbridge Hill Handweaving Studio** (Zufahrt ausgeschildert), 🖳 http://woodbridgeweaving.com.au, verkauft wunderschöne, farbenfrohe handgewebte Teppiche, Schals und dergleichen. ⏲ So–Fr 9–13 Uhr.

Weiter nördlich legt vom winzigen Ort **Kettering** die Autofähre nach Roberts Point auf North Bruny Island ab.

ÜBERNACHTUNG

In den B&Bs gelten ab 2 Nächten oft wesentlich günstigere Tarife.

Huonville, Cygnet und Umgebung

€ **Little Devil Backpackers**, 201 Main Rd, Huonville, 🖳 www.littledevilbackpackers.com.au. Kleines Hostel für Leute, die hier auf den Feldern jobben möchten. Mindestaufenthalt 1 Woche. 4-Bett-Dorms (Bett $165 pro Woche), alle mit Bad auf dem Gang. Camping möglich ($95 pro Woche). Die Betreiber helfen bei der Jobsuche.

Huon Bush Retreats, 300 Browns Rd, Ranelagh, 🖳 www.huonbushretreats.com. Nach umweltfreundlichen Kriterien gestaltete Busch-Cabins ❼, Tipis ❺ und Caravan- und Zeltplätze ($27), alle im Wald.

Huon Valley Caravan Park, 177 Wilmot Rd, Huonville, 🖳 http://huonvalleycaravanpark.com.au. Idyllisch auf einer Farm gelegene Zelt- und Stellplätze ohne/mit Strom ($40/45). Die Betreiber leben praktisch autark; Gäste dürfen sich beim Füttern, Melken oder Scheren der Farmtiere beteiligen und Früchte von der Plantage essen. Tgl. um 16 Uhr werden die Tasmanischen Teufel gefüttert.

Kettering und Umgebung

Oyster Cove Chalets, 42 Manuka Rd, Oyster Cove, 🖳 www.oystercovechalet.com.au. Nette Units mit Heizung, von Garten umgeben. Inkl. Frühstückszutaten. Nicht weit von der Fähre nach Bruny Island. ❺

Snug Beach CP, 35 Beach Rd, nördlich von Kettering, 🖳 www.snugpark.com.au. Zelt- und Stellplätze ohne/mit Strom ($40/50) sowie schöne Holzcabins, zum Teil direkt am Wasser gelegen. Große Campküche. ❷–❹

€ Kostenlos campen (max. 1 Nacht) darf man in der **Gordon Foreshore Camping Area** direkt am Channel Hwy in Gordon, 17 km südlich von Kettering. Der Zeltplatz liegt direkt am Wasser; es gibt Toiletten und Picknicktische, aber kein Trinkwasser.

ESSEN

Die lokalen Erzeugnisse verkostet man am besten in den o. g. Wineries oder im Apple Shed in Huonville. Nachstehend weitere empfehlenswerte Lokale.

Huonville

The Local, 3/17 Wilmot Rd. Kaffee, Kuchen und Sandwiches. Die Spieleecke macht das Café besonders für Familien attraktiv. ⏲ tgl. 8–15 Uhr.

Woodbridge

Peppermint Bay, 🖳 www.peppermintbay.com.au. Die Ostseite der Huon-Halbinsel ist die Heimat des renommierten Restaurants in schöner

Durch die Wildnis paddeln

In Kettering erteilt **Roaring 40's Ocean Kayaking** Unterricht im Paddeln und veranstaltet kurze bis mehrtägige Seekajaktouren, unter anderem im ruhigen D'Entrecasteaux Channel zur Bruny Island. Das Programm-Highlight: Kajak- und Wandertouren in der abgelegenen Wildnis des Südwestens. Die Fotos auf der Website vermitteln einen Eindruck von der wilden Schönheit dieser Region. 💻 www.roaring40skayaking.com.au.

Lage auf einem Landvorsprung, das auch von Hobart mit einem Katamaran angesteuert wird. Ferner befinden sich dort auch eine Kunstgalerie, eine Bar und der Laden **The Providore** (tasmanische Produkte). Dining Room 🕒 Mittagessen tgl., Abendessen Do–Sa. Sehr beliebt; reservieren – besonders am Wochenende!

Kettering

Oyster Cove Inn, 1 Ferry Rd. Gute Pub-Mahlzeiten drinnen oder auf der schönen Terrasse mit Blick über den Hafen. 🕒 tgl. 12–13.30, Mo–Sa auch 17.30–19.30 Uhr.

TRANSPORT

Tassielink Coaches, 💻 www.tassielink.com.au. Häufige Verbindungen von Hobart nach GROVE und HUONVILLE. 2x tgl. nach CYGNET.

TASMANIEN

Geeveston und Tahune Forest Reserve

Geeveston am Rande der Hartz Mountains gilt als das Tor zur weiten Wildnis des Südwestens. Der kleine Ort mit rund 600 Einwohnern verdankt seine Existenz zweier ebenso ertragreichen wie rücksichtslosen Einkommensquellen: Walfang und Holzwirtschaft. Entlang der School Road liegen einige Boutiquen mit lokalen Produkten – ein kurzer Bummel lohnt sich.

Der **Tahune Airwalk** befindet sich 29 km westlich im **Tahune Forest Reserve**, einem 350 ha großen Naturschutzgebiet an der Mündung des Picton River in den Huon River. Dort geht man auf einer Rampe aus Stahlgeflecht etwa 500 m weit auf luftiger Baumwipfelhöhe (zwischen 25 und 47 m) zum Aussichtspunkt über die Flussmündung. Trotz der soliden Konstruktion ist der Air Walk nichts für Leute mit Höhenangst, da man sowohl durch die Rampe als auch die Seitengeländer sehen kann. Der Air Walk ist Rollstuhlfahrern zugänglich. Eintritt $32, Kind 5–16 J. $16, 💻 https://tahuneadventures.com.au.

Wer den Nervenkitzel liebt, unternimmt einen Drachenflug im **Cable Eagle Glider**. Der Drache an einer Seilrutsche befördert Passagiere 250 m weit hinaus über den Huon River. Ticket $22, Kind $20.

Ein Rundwanderweg durch das Tahune Forest Reserve folgt teilweise einem 1830 durch den dichten Regenwald gehauenen Pfad (McKay's Track) und führt über zwei Schwingbrücken über den Picton und den Huon River. Dieser **Circuit Walk** beginnt beim Visitor Centre, wo man weitere Informationen über Spazier- und Wanderwege in der Umgebung bekommt.

Entlang der Arve Rd gibt's noch ein paar lohnende Abstecher: u. a. am **Keoghs Creek** in der Nähe des Arve River, beim **Big Tree**, einem 87 m hohen *swamp gum (Eucalyptus regnans)*, und beim **West Creek Lookout**. Die kühl-gemäßigten Regenwälder der Southern Forests, die diese alten Baumgiganten überschatten, sind noch immer von Holzeinschlag bedroht.

Dover und Southport

Südlich von Geeveston wird die Region immer verlassener. Dover und das 21 km weiter südlich gelegene Southport sind beliebte kleine Ferienorte, außerhalb der Ferien und Sommerwochenenden geht es hier aber äußerst ruhig zu. Auf dem Weg nach Süden hat man in Dover die letzte Gelegenheit, Lebensmittelvorräte aufzustocken und den Tank zu füllen. Die Fahrt führt durch eine idyllische Landschaft mit Wäldern, Wiesen und gelegentlichen Ausblicken aufs Wasser. Über allem thront der 1226 m hohe **Adamsons Peak**.

Tropfsteinhöhlen

Die Tropfsteinhöhlen der **Hastings Caves** im Hinterland sind die Hauptattraktion der Gegend. Die Höhlentouren schließen den Zugang zu den Thermalquellen in der Nähe ein ($24, Kind $12; $5 nur für den Pool). Die Thermalquellen liegen hinter dem Parkplatz in einer Waldlichtung – ein idyllischer Platz zum Verweilen, wenn nicht gerade Schulferien sind. Das Wasser hat eine konstante Temperatur von 28 °C. An der Waldlichtung stehen Tische und Bänke für ein Picknick, sogar Umkleidekabinen gibt es. Ein rund zweistündiger Spazierweg führt von der Chesterton Rd zum Wasserfall **Adamsons Falls**.

Nach weiteren 5 km ist der Parkplatz der für Besucher freigegebenen Tropfsteinhöhle **Newdegate Cave** erreicht. Drinnen sind in mehreren „Hallen" verschiedene Stalagmiten- und Stalaktitenformationen zu sehen. Im Gegensatz zu allen anderen der Öffentlichkeit zugänglichen Höhlen in Australien besteht diese nicht aus Kalkstein, sondern aus Dolomit. ⌚ Pool und Visitor Centre 10–16 Uhr, Höhlenführungen um 11, 12, 13, 14 und 15 Uhr, im Winter seltener.

Die Südküste

Von Ida Bay führt eine unbefestigte Straße nach **Cockle Creek**, dem südlichsten Punkt Tasmaniens, von dem aus es nur noch zu Fuß weitergeht. Hier beginnt der **South Coast Track** via Melaleuca nach Port Davey (85 km, 6–8 Tage). Etwa 1000 Personen pro Jahr wandern auf diesem Track; die meisten zwischen Dez und März. Weitere Auskünfte beim Parks and Wildlife Service, 💻 https://parks.tas.gov.au/explore-our-parks/southwest-national-park/south-coast-track.

Der Anfang des South Coast Track eignet sich gut für kürzere Wanderungen, gewissermaßen zum Reinschnuppern, z. B. nach Fishers Point an der Rocky Bay (ca. 1 Std. retour) oder weiter, teilweise auf Holzstegen, zur South Cape Bay (ca. 4 Std. retour), mit herrlichen Ausblicken auf die unberührte Küstenlandschaft.

ÜBERNACHTUNG

Geeveston und Port Huon

Tahune Airwalk Lodge, 💻 https://tahuneadventures.com.au. Wer ein Ticket für das Tahune Adventure bucht, darf eine Nacht kostenlos auf dem Campingplatz übernachten (nur für Caravan, kein Zeltplatz). Auch komfortable Cabins. ❼

Traveller mit kleinem Campervan oder Zelt dürfen am **Arve River Picnic Area Campground**, 14 km westlich von Geeveston direkt an der Straße zum Tahune Forest Reserve, kostenlos kampieren. Die 10 Plätze sind im Sommer allerdings schnell belegt. Picknicktische und Buschtoiletten vorhanden.

Dover und Southport

Southern Forest B&B, 30 Jager Rd, Southport, 💻 www.southernforest.com.au. Ein separates, komplett ausgestattetes Cottage mit Küche und 2 Schlafzimmern hat Platz für Familien und kleine Gruppen. Zum Frühstück gibt es Müsli, selbst gebackenes Brot, Freilandeier und Zutaten aus dem organischen Garten. Mind. 2 Nächte. ❸–❺

Dover Beachside Tourist Park, 27 Kent Beach Rd, 💻 www.dovertouristpark.com.au. Moderne, gut ausgestattete Cabins und Zeltplätze (ab $25). Ab ❸

Kostenlose Zeltplätze gibt es auf dem Hasting Forest Campground. Knapp 5 km südlich von Dover geht die ungeteerte Esperance River Rd ab. Nach 700 m den rechten Abzweig nehmen, nach weiteren 7 km ist der hübsche Zeltplatz erreicht. Buschtoiletten.

TRANSPORT

Tassielink Coaches, 💻 www.tassielink.com.au. Häufige Verbindung von Hobart nach HUONVILLE (ca. 1 Std.) und Geeveston. Mo–Fr 2x tgl. weiter nach Dover (ca. 2 Std.).

Bruny Island

Die schnelle Autofähre von Kettering macht Bruny Island zu einem leicht erreichbaren, attraktiven Ausflugsziel. Von Dennes Point im Norden bis zu Cape Bruny im Süden ist Bruny Island ca. 65 km lang. Genau betrachtet sind es zwei Inseln, durch **The Neck**, eine schmale Landzunge, miteinander verbunden. Die Fähre legt an der Nordinsel an, deren Landschaft von leicht hügeligem Weideland geprägt ist, im Gegensatz zur bergigen, zum Teil dicht bewaldeten Südinsel.

North Bruny

Im Norden der Insel lohnt **Dennes Point** einen Halt. Hier liegen einige ruhige, geschützte Strände. Auf dem Weg Richtung Süden gibt es kurz vor The Neck einen Parkplatz, von wo aus man in etwa drei Stunden zum **Cape Queen Elisabeth** mit seinen schrägen Felsen und zurück wandern kann.

South Bruny

Die Südinsel ist mit zahlreichen tief eingeschnittenen Buchten, Landvorsprüngen und steil aufragenden Felsklippen die eindrucksvollere der beiden Inselhälften. Am **Neck** gelangt man auf einer Holztreppe zu einem Aussichtspunkt, von dem aus sich fantastische Ausblicke entlang der Landbrücke und über South Bruny bieten. Abends kann man hier die kleinen **Zwergpinguine** an Land gehen und ihre Nester aufsuchen sehen. Nach Anbruch der Dunkelheit sollte man hier deshalb langsam und vorsichtig fahren. Wer die Pinguine beobachten möchte, sollte seine Taschenlampe mit roter Folie abkleben, so dass die Tiere nicht gestört werden. Westlich des Necks erstreckt sich der schöne **Ocean Beach**; zum Baden ist es jedoch fast immer zu kalt.

Von etwa April bis Juli ziehen an der Ostküste **Wale** *(Southern Right Whales)* vorbei; **Adventure Bay** ist wahrscheinlich der beste Ort, sie zu Gesicht zu bekommen. Von hier aus starten die sensationellen Bootstouren von Bruny Island Cruises, s. Touren.

Historisch Interessierte können im **Bligh Museum** vorbeischauen. Das altmodische Sammelsurium-Museum ist vornehmlich den europäischen „Entdeckern" gewidmet, die zwischen 1642 und 1800 in dieser entlegenen Ecke der Welt auftauchten, dazu gibt es einige Artefakte der tasmanischen Ureinwohner zu sehen. ⌚ tgl. 10–17, im Winter bis 16 Uhr, Eintritt $4.

Von Grass Point kann man in etwa zweieinhalb Stunden zum **Fluted Cape** und zurück laufen. Unterwegs eröffnen sich spektakuläre Aussichten.

Ein großer Teil South Brunys ist Naturreservat: Der **South Bruny National Park** umfasst die Südküste sowie die Labilladiere-Halbinsel im Südwesten. Wer in den Nationalpark fährt, braucht einen Park Pass, erhältlich online: 💻 https://passes.parks.tas.gov.au ($40 pro Auto für einen Tag). Vom **Cape Bruny Lighthouse** im äußersten Südwesten blickt man auf das Südkap von Tasmanien, den südlichsten Zipfel Australiens. Den Leuchtturm erreicht man über eine 18 km lange unbefestigte Straße von Lunawanna; das Reservat direkt um den Leuchtturm ist für Autos von 9.30–16.30 Uhr geöffnet.

Nördlich des Lighthouse liegen der geschützte kleine **Jetty Beach** und ein idyllischer Campingplatz. Von hier aus starten einige tolle Wanderungen, darunter der sechs- bis siebenstündige **Labillardiere Peninsula Walk**, auf dem man die gesamte Halbinsel umrundet.

Eine Schotterpiste führt von Lunawanna zur **Cloudy Bay**. Hier befinden sich ein Campingplatz und einer der schönsten Strände der Insel. Wind und Wetter sorgen für gute Surfbedingungen.

Fossilien aus dem Regenwald

Ein Andenken besonderer Art sind **versteinerte Farne** *(petrified fern)* aus der Region um Lune River. Im **Lunaris Gemstones Showroom** in Lune River liegen einige Exemplare zum Kauf bereit (die Betreiber sind manchmal auch auf dem Salamanca Market in Hobart anzutreffen). Wer sich selbst auf die Suche nach dem seltenen Fossil machen will, erhält hier genaue Anweisungen.

ÜBERNACHTUNG

43 Degrees, 1 Lumeah Rd, Adventure Bay, 💻 www.43degrees.com.au. Die 5 Studio-Apartments liegen in einer idyllischen Grünanlage ganz nah am Strand. Der Strom wird zu 100 % aus den Solarpanelen gewonnen, das Regenwasser wird ins System gespeist. Alle Apartments mit Spabad, kleiner Küche und Terrasse. Frühstück inkl. ❼

Hotel Bruny, Bruny Main Rd, Alonnah, 🖳 www.hotelbruny.com.au. Pub-Unterkunft: Zimmer mit Bad sowie Heizung. Sehr gute Countermeals. ❻

Captain Cook Caravan Park, 786 Adventure Bay Rd, Adventure Bay, 🖳 https://captaincookpark.com. Zelt- und Stellplätze ohne/mit Strom ($30/45), außerdem Caravans ❷ und moderne Cabins. ❺

Schlichte, aber idyllisch gelegene **Zeltplätze** befinden sich an der Cloudy Bay und am Jetty Beach, jeweils mit Buschtoiletten. Die Gebühr von $10 pro 2 Pers. wird per *self registration* bezahlt (d. h. das Geld in eine dafür vorgesehene Box geworfen).

SONSTIGES

Informationen

Bruny D'Entrecasteaux Visitor Centre, bei der Fähranlegestelle in Kettering, 🖳 www.brunyisland.com.au, 🕒 tgl. 9–17 Uhr.

Touren

Bruny Island Cruises, 🖳 www.brunycruises.com.au. Preisgekrönte Tagestour inkl. 3-stündigem Wildnis-Cruise zur Seelöwenkolonie. Ab Hobart $245, ab Adventure Bay (tgl. um 10, 11 und 13.30 Uhr) $155.

Inala Nature Tours, Cloudy Bay, 🖳 www.inalanaturetours.com.au. Auf persönliche Interessen zugeschnittene Wanderungen und Naturtouren mit Fokus auf Fauna, mind. 2 Pers. Preise auf Anfrage.

TRANSPORT

Die Autofähre von **Sealink**, 🖳 www.sealinkbrunyisland.com.au, verkehrt von 6.10–19 Uhr alle 20–30 Min. zwischen KETTERING (30 km südlich von Hobart) und ROBERTS POINT auf der Nordinsel. Überfahrt 20 Min. Fahrkarte hin und zurück für ein Auto mit Insassen $46, Fußgänger kostenlos. Reservierung nicht erforderlich; 30 Min. vor der Abfahrt da sein.

Richmond

Richmond ist mit seinen zahlreichen gut erhaltenen alten Häusern, ehemaligen öffentlichen Gebäuden, alten Kirchen und der alten Steinbrücke über den **Coal River** praktisch ein Freilichtmuseum aus der Kolonialzeit – ebenso wie auch

Die schmale Landbrücke „The Neck" verbindet North und South Bruny Island miteinander.

TASMANIEN

die anderen in den Midlands gelegenen Städtchen. Zu den öffentlichen Gebäuden zählt das Gefängnis **Richmond Gaol**. Nach der Gründung von Port Arthur übernachteten hier die Sträflinge auf dem Weg zur Gefängnissiedlung auf der Tasman-Halbinsel. ⌚ tgl. 9–17 Uhr, Eintritt $12, Kind $6.

Das Lebensmittelgeschäft (General Store), das ehemalige Postamt, die katholische St. Johns Church und die Steinbrücke, die bereits 1825 eröffnet wurde, gehören zu den ältesten in Australien.

21 HIGHLIGHT

Tasman Peninsula

Die **Port Arthur Historic Site**, Ruinen aus der Sträflingszeit, sind das Sinnbild der Tasman-Halbinsel. Die Relikte sind eingebettet in eine herrliche Küstenlandschaft – ein Paradies für Wanderer und Outdoorfreunde. Die drei atemberaubenden Kaps Cape Raoul, Cape Pillar und Cape Hauy sind über den beliebten **Three Capes Track** miteinander verbunden. Obwohl **Port Arthur** auf Landkarten dick eingezeichnet ist, sucht man hier vergeblich nach einer Stadt. Außer der **Port Arthur Historic Site** gibt es hier nur ein paar Unterkünfte, ein Café, ein kleines Lebensmittelgeschäft und eine Post.

Geschichte

Nur eine schmale Landenge verbindet die Tasman-Halbinsel mit dem äußersten Südosten Tasmaniens. Aus der Perspektive der damaligen Kolonialverwaltung eignete sich die Tasman-Halbinsel aufgrund dieser Lage hervorragend als natürliches Gefängnis. Hobart war nicht allzu weit entfernt, schnell und einfach über Land und auf dem Seeweg zu erreichen, und doch für Sträflinge so gut wie unerreichbar. Dafür sorgten am schmalen Eaglehawk Neck bissige Hunde und Wachleute, die die Tasman-Halbinsel sehr effektiv vom Rest Tasmaniens abriegelten, aber auch das von der Gefängnisleitung in die Welt gesetzte Gerücht, in den umliegenden Gewässern wimmele es von Haien. Von den Sträflingen, die dennoch einen riskanten Ausbruch versuchten, wurden fast alle wieder gefasst.

Nach seiner Gründung 1830 entwickelte sich Port Arthur innerhalb eines Jahrzehnts zu einer Gefängnissiedlung, in der bis zu 1200 Sträflinge und etwa 1000 freie Siedler lebten. Etwa 12 700 Verurteilte saßen während der fast 50-jährigen Existenz des Gefängnisses in Port Arthur ein, ungefähr ein Sechstel der 73 500 nach Van Diemen's Land transportierten Sträflinge. Harte Arbeit, strenge Disziplin (u. a. erzwungen durch Auspeitschung und Anlegen von schmiedeeisernen Beinfesseln) und Religion galten damals als die besten Mittel, die Sträflinge zu „ehrlichen Menschen" zu erziehen. Mit den Früchten harter Fronarbeit, d. h. mit den in Port Arthur hergestellten Erzeugnissen, wurde nicht nur die Siedlung, sondern auch die Außenwelt versorgt.

Unverbesserliche, bei denen die Besserungsversuche fehlschlugen, steckte man in ein nach „neuzeitlichen" Erkenntnissen geführtes Modellgefängnis. Kein Laut drang durch die Mauern des Gefängnisses, in dem die Unglücklichen in isolierten Einzelzellen in völliger Anonymität vor sich hinarbeiteten. Die Gefangenen bekamen einander niemals zu Gesicht. Dieses System erreichte, was die brutalsten Auspeitschungen nicht geschafft hatten: Viele Gefangene zerbrachen innerlich, manche wurden sogar verrückt.

1853 wurden die Sträflingstransporte nach Tasmanien eingestellt. In der Folge änderte sich die Altersstruktur der Insassen. Die Gebäude verfielen langsam, die ehemals produktive Siedlung entwickelte sich zum Alters- und Obdachlosenasyl und wurde zu einer finanziellen Belastung. 1877 wurde die Sträflingssiedlung geschlossen, und ein paar Jahre später verkaufte man das Land an freie Siedler. Buschfeuer zerstörten in den folgenden zwei Jahrzehnten, was von den großen Gebäuden aus der Sträflingszeit übriggeblieben war. Erinnerungen an jene Zeit waren ohnedies nicht sehr gefragt; Port Arthur wurde umbenannt. Die Vergangenheit war aber zu mächtig, als dass man sie so einfach hätte abstreifen können. In den 1930er-Jahren trug die Siedlung wieder ihren ursprünglichen Namen und 1979 erkannten die australische Bundesregierung und die Regierung Tasmaniens Port Arthur als historische Stätte von nationaler Bedeutung an.

Im April 1996 lief ein stark verhaltensgestörter junger Tasmanier auf der Port Arthur Historic Site Amok, tötete 35 Menschen und sorgte dafür, dass dieser idyllisch anmutende Ort erneut mit Gewalt und Brutalität assoziiert wurde. Das Broad Arrow Café, wo der größte Teil des Massakers stattgefunden hatte, wurde abgerissen. An dieser Stelle erinnert nun der Port Arthur Memorial Garden an die Bluttat.

Port Arthur Historic Site

Die Überreste der ehemaligen Sträflingssiedlung liegen eingebettet in eine englische Parklandschaft mit gepflegtem Rasen, in die sich die Cottages der Offiziere und die Ruinen aus blassgelbem Sandstein harmonisch einfügen. Im **Visitor Centre**, ⌚ tgl. 8.30–Sonnenuntergang, 💻 www.portarthur.org.au, mit Café und Bistro (auch abends geöffnet), wird die Geschichte von Port Arthur dokumentiert.

Das **Site Entry Ticket** für $47 schließt den Eintritt zur Ausstellung und allen Gebäuden und Ruinen auf dem großen Gelände der ehemaligen Sträflingssiedlung ein; ebenfalls eine kurze Führung und eine Bootsfahrt (im August nur geführter Spaziergang am Wasser). Jeder Besucher erhält eine Spielkarte, der eine fiktive Sträflingsidentität zugeordnet ist. Mithilfe der Markierungen auf der Karte folgt man beim Gang durch die Ausstellung dem Schicksal „seiner" Person, vom früheren Leben in Irland oder England bis zu den Arbeits- und Wohnbedingungen in der Sträflingssiedlung.

Des Weiteren gibt es Touren mit verschiedenen Schwerpunkten. Die gewalttätige Vergangenheit lässt einige Geister noch immer nicht zur Ruhe kommen; in mehreren Häusern soll es spuken. Die **Geistertour** startet 1–2-mal abendlich, Dauer 1 1/2–2 Stunden, $35.

Ergänzend dazu führen eine ältere, ebenfalls sehr informative Ausstellung des **Museums** im ehemaligen **Asylum** (Altenasyl) sowie das **Model Prison** (Modellgefängnis) die damaligen Lebensbedingungen der Gefangenen anschaulich vor Augen. Sehenswerte Ruinen sind das **Penitentiary**, ursprünglich eine Getreidemühle mit riesiger Kornkammer, später umgebaut zur Gefangenenunterkunft mit Küche, Wäscherei und einer Schmiedewerkstatt, sowie die **Kirche**, die zu einem inoffiziellen Wahrzeichen Port Arthurs wurde.

Im Sommer sollte man unbedingt die in den Tages-Eintrittskarten inbegriffene Fahrt über den Naturhafen Port Arthur mitmachen, die u. a. an der **Isle of the Dead** vorbeikommt. Auf dieser Insel in nahe Point Puer befand sich der Friedhof der Siedlung, ein Sträfling hob die Gräber aus. Bei der einstündigen Bootstour wird deutlich, wie idyllisch dieser einst bei so vielen Menschen verhasste Ort eigentlich gelegen ist: in dicht bewaldete Hügel eingebettet, am Ufer eines weit ins Land hineinreichenden Meeresarms. Abfahrt mehrmals täglich von der Jetty.

Wanderungen

Ein Paradies für Outdoorfreunde! Zahlreiche Pfade führen an der schroffen Küste entlang und bieten atemberaubende Ausblicke über die steilen Felswände und Säulen hinaus auf das Südpolarmeer. Entlang des gut organisierten **Three Capes Track** (4 Tage) übernachtet man in beheizten Hütten mit Küche. Start und Ziel ist die **Port Arthur Historic Site** (Eintritt inbegriffen), von hier aus geht's mit dem Boot vorbei an Seelöwenkolonien zur Denmans Cove, wo die Wanderung beginnt. Anders als der Name suggeriert, führt die Wanderung nur zu zwei der Kaps: Cape Pillar und Cape Hauy. Wer die Tour bucht, muss die Route genau einhalten und sich rechtzeitig anmelden, da täglich maximal 48 Personen zugelassen sind, $600 p. P.

Alternativ sind zwei der drei Kaps auch auf Tageswanderungen zu besuchen, für die man sich nicht anmelden muss: Zum schroffen, windgeblasenen **Cape Raoul** mit seinen spektakulären, dünnen Felsnadeln gelangt man auf einer etwa fünfstündigen, mittelschweren Wanderung (14 km).

Für den Weg von der Fortescue Bay zum **Cape Hauy** und zurück sollte man etwa 4 Stunden einplanen (9,4 km). Vom Kap bietet sich ein schwindelerregender Ausblick auf den **Totem Pole**. Wer auf eigene Faust zum **Cape Pillar** wandern will, muss Zelt, Wasser und Nahrung in den Rucksack packen und eine Nacht entlang der Route kampieren (ab/bis Fortescue Bay 29 km).

Im **Tessellated Pavement** an der Ostküste ist erkaltete Lava zu einem regelmäßigen Pflastersteinmuster erstarrt. **Tasman Blowhole**, **Tasman Arch** und **Devils Kitchen** demonstrieren anschaulich, wie sich die hiesigen Klippen unter dem Einfluss von Wind und Wetter ständig verändern. Sie alle liegen dicht nebeneinander südlich von Eaglehawk Neck nahe Pirates Bay. Südlich von Port Arthur liegt die **Remarkable Cave**, eine von der wilden See ausgewaschene Felsformation.

Tasmanian Devil Unzoo

Das Freigehege in Taranna hat sich dem Schutz der von Devil Facial Tumor Disease (DFTD) bedrohten Beutelteufel verschrieben (S. 693). Konzept ist es, die Tiere so weit wie möglich in einer natürlichen Umgebung leben zu lassen und nicht bloß zur Belustigung der Besucher „auszustellen". Neben Teufeln haben hier auch andere Beuteltiere wie Kängurus, Wallabies, Pademelons und Potoroos, Greifvögel, Papageien und andere Vogelarten eine Heimstatt. Fast stündlich kann man zusehen, wie Teufel gefüttert werden, zweimal am Tag andere Beuteltiere, und zweimal täglich gibt es eine sehenswerte Greifvogelshow. 🖳 https://tasmaniandevilunzoo.com.au. 🕒 tgl. 9–17 Uhr, im Sommer länger. Eintritt $38, Kind $22.

TASMANIEN

ÜBERNACHTUNG

Eaglehawk Neck

Lufra Hotel, 380 Pirates Bay Dr, 🖳 www.lufrahotel.com. Besonders schön gelegen an der Pirates Bay. Einfache Budgetzimmer ❸, hübsche Hotelzimmer ❹ und grandiose Units mit herrlichem Panorama-Ausblick ❼. Zum Hotel gehört auch ein Restaurant.

White Beach

Storm Bay B&B, 91 White Beach Road, 🖳 www.stormbay.com.au. Beste Gastfreundschaft in erstklassiger Lage! Die fünf geräumigen Gästezimmer bieten alle Terrasse oder Balkon mit Blick über die Bucht. Die Gastgeber bereiten ein leckeres Frühstück zu und wissen genau, welches die schönsten Ecken auf der Halbinsel sind. ❻

Port Arthur

Port Arthur Motor Inn, 29 Safety Cove Rd. Restaurant und Bar. Blick von der Terrasse auf die Historic Site. ❺

Port Arthur Holiday Park, Garden Point, 🖳 www.nrmaparksandresorts.com.au/portarthur. Unschlagbar sind die Glampingzelte samt Badewanne auf der Terrasse, über der des Nachts die Sterne funkeln ❻. Außerdem gibt's moderne Cabins mit 1–2 Schlafzimmern und Bad ❸–❻, gemütliche Safarizelte mit Bad und TV ❺ sowie Bunkrooms (Bett $31) in Buschland. Außerdem Stellplätze ohne/mit Strom ($44/53 oder $66 mit Bad). Campküche, Kiosk. Ein Spazierweg führt zur Port Arthur Historic Site.

Frischer Fisch aus der Umgebung

In dem am Wasser gelegenen Café und Restaurant **Dunalley Fish Market**, Fullham Rd, Southport, werden tgl. von 9–17 Uhr (in den Sommermonaten bis 18 Uhr) frische Fish & Chips und andere Seafood-Gerichte serviert; von Nov–Juni auch Langusten und Austern. Ein lohnender Stopp auf dem Weg zwischen Hobart und Port Arthur.

ESSEN

Eucalypt, Arthur Hwy. Serviert Kaffee und leckere Kuchen. 🕒 tgl. 8–16 Uhr.

Port Arthur Motor Inn, Port Arthur. Gute Pubmeals zu angemessenen Preisen. Blick auf die Ruinen. 🕒 tgl. 12–21 Uhr.

SONSTIGES

Informationen

Visitor Centre der Port Arthur Historic Site, 🖳 www.portarthur.org.au; www.tasmanregion.com.au.

Touren und Aktivitäten

Eaglehawk Dive Centre, 🖳 www.eaglehawkdive.com.au. Das 5-Sterne-PADI-Zentrum

Gewaltiges Naturschauspiel – Bootstouren vor der Tasman Peninsula

Auf einer Kreuzfahrt zur Südspitze der Tasman Peninsula und der ihr vorgelagerten Tasman Island blicken Passagiere auf eine atemberaubende Küstenlandschaft mit steilen Felsklippen und hoch aufragenden Felsnadeln. Man sieht Delphine, Robben *(Australian fur seals)* und Tausende von Seevögeln – Falken, Sturmtaucher, Seeadler, Albatrosse sowie in der Saison (Aug/Sep und Dez/Jan) an der Küste vorbeiziehende Wale.

Tasman Island Cruises, 💻 www.tasmancruises.com.au, bietet dreistündige Wilderness Cruises zum Fortescue Bay, Totem Pole und (bei günstigem Seegang) bis zum Cape Pillar um die Tasman Island. Tgl. 9.15 Uhr ab Tour-Büro in Port Arthur; im Sommer zusätzlich um 13.15 Uhr, $155 p. P. Sehr empfehlenswert! Auch ganztägige Touren ab Hobart inkl. Cruise, Mittagessen und Eintritt zur Port Arthur Historic Site, $270.

bietet Kurse und fantastische Tauchtrips zu Schiffswracks und den Seetangwiesen. Übernachtung für Kursteilnehmer in einer Lodge.

TRANSPORT

Tassielink Coaches, 💻 www.tassielink.com.au. Busse ab HOBART nur 1x tgl. Halt in EAGLEHAWK NECK, TARANNA, NUBEENA und PORT ARTHUR. Fahrzeit ca. 2 1/4 Std., $16 einfach. Wer von Port Arthur entlang der Ostküste in den Norden reisen möchte, kann in Sorell aussteigen und erhält hier Anschluss nach SWANSEA und BICHENO.

Mount Field National Park

Der älteste Nationalpark Tasmaniens beherbergt einige der höchsten Eukalyptus-Bäume der Welt. Wanderer erwartet eine schöne, urtümliche Landschaft aus Gletscherseen, Hochmooren, felsigen Berghängen, Wasserfällen und dichten Wäldern. Der höchste Gipfel ist mit knapp 1440 m der Mt Field. Die niedrigeren Regionen sind von dichten Regenwäldern und hohen Eukalypten bedeckt, während man in höheren Regionen Nadelhölzer und niedrig wachsende alpine Vegetation antrifft.

Der Nationalpark bietet **Wanderpfade** verschiedener Schwierigkeitsgrade. Darüber hinaus ist er auch als Süd-Tasmaniens **Skigebiet** bekannt; das Hochland eignet sich v. a. zum Langlauf. Infos und Karten erhält man beim Visitor Centre, 🕒 9–16 Uhr, hier gibt's auch Picknicktische und einen schönen Zelt- und Caravanstellplatz. Wer eine größere Wanderung vorhat, muss sich im Visitor Centre anmelden. Ein Rundweg, der auch für Rollstuhlfahrer und Kinderwagen geeignet ist, führt in 20 Minuten zu den eindrucksvollen **Russell Falls** und zurück.

Eine längere Wanderung vermittelt einen Eindruck vom tasmanischen Urwald: **Der Three Falls Circuit** führt von den Russell Falls weiter zu den **Horseshoe Falls**, vorbei an den höchsten Bäumen des Parks und weiter zu den **Lady Barron Falls** – eine sehr empfehlenswerte Strecke, die man leicht in zwei bis zweieinhalb Stunden schaffen kann.

Eine schmale, unbefestigte Straße führt vom Visitor Centre tiefer in den Park bis zum 15 km entfernten **Lake Dobson** im Hochland. Von hier startet der **Pandani Grove Nature Walk**, der am See entlang durch Fichtenwälder *(pencil pine)* und vorbei an hohen Pandani-Bäumen *(giant grass tree)* führt; Rundwanderung 40 Minuten.

ÜBERNACHTUNG UND ESSEN

Während mehrtägiger Wanderungen kann man in den von der Nationalparkbehörde verwalteten Hütten übernachten. Sie befinden sich am Lake Dobson und entlang der Wanderrouten im Hochland. $45 für bis zu 6 Pers. Genauere Informationen und Anmeldung am Visitor Centre oder auf 💻 www.parks.tas.gov.au. Camping ohne/mit Strom auf dem Zeltplatz am Visitor Centre, $16/20 für 2 Pers.

Russell Falls Cottages, 40 Lake Dobson Rd, am Eingang vom Mt Field National Park,

Wanderrouten zu den Capes

- **Start und Ziel:** Parkplatz am Fortescue Bay Camping Ground
- **Länge:** 33 km
- **Dauer:** 2–3 Tage
- **Schwierigkeitsgrad:** mittel

Nur wenige Kilometer vor den Ruinen von Port Arthurs befinden sich die höchsten Klippen Australiens. Wer die spektakuläre Küstenlandschaft in ihrer ganzen Pracht sehen will, unternimmt eine Wanderung entlang der Küstenhänge. Den erforderlichen Park Pass erhält man unter 💻 https://parks.tas.gov.au für 1 Tag und einen Park ($40) oder für 2 Monate und alle Nationalparks in Tasmanien ($90), gültig jeweils für nur einen Nationalpark. Alternativ wählt man den Jahrespass ($90), der alle Nationalparks Tasmaniens einschließt. Die höchsten Klippen (fast 300 m) liegen am **Cape Pillar** und können auf der hier beschriebenen Wanderung besichtigt werden. Campingausrüstung und -kocher sind für diese Tour unbedingt erforderlich, Trinkwasser ist nur an wenigen Stellen erhältlich und sollte vorher abgekocht werden. Wer weniger Zeit hat und sich die Küste dennoch nicht entgehen lassen will, sollte folgende eindrucksvollen Wanderungen in Betracht ziehen:

Zum **Cape Hauy** gelangt man bequem in ca. vier Stunden hin und zurück. Von hier bietet sich ein schwindelerregender Ausblick auf den Totem Pole. Ausgangspunkt ist der Parkplatz am Fortescue Bay Camping Ground.

Zum **Cape Raoul** – für viele die schönste Küste der Tasman Peninsula – führt eine etwa fünfstündige, mittelschwere Wanderung (hin und zurück) mit einigen steileren Abschnitten. Zum Ausgangspunkt gelangt man über eine unbefestigte Straße, die etwa 3 km südlich von Nubeena Richtung Highcroft abbiegt.

Tag1

Von der Fortescue Bay aus folgen wir dem Cape Hauy Track, bis nach ca. einer Stunde die Abzweigung zum Cape Pillar über den Old Cape Pillar Track erreicht ist. Über den Gipfel des Mt Fortescue erreicht man nach etwa fünf Stunden (vom Parkplatz aus) den Campingplatz bei Bare Knoll.

Tag 2

Heute kann die Ausrüstung getrost am Campingplatz warten, während wir uns in etwa zweieinhalb Stunden entlang der Klippen bis zum Cape vorarbeiten. Die Strapazen werden nicht nur am Chasm Lookout, 280 m über dem tosenden Meer, belohnt. Auf dem Rückweg kann man eine weitere Nacht in Bare Knoll verbringen oder entlang des Cape Pillar Tracks in zwei bis drei Stunden zurück zum Ausgangspunkt wandern.

Anmerkung:
Parallel zu den alten Pfaden verläuft der **Three Capes Track**, ein gut ausgebauter und sehr beliebter Fernwanderweg mit bequemen Hütten, die allerdings entsprechend kostspielig sind. Infos und Buchung unter 💻 www.threecapestrack.com.au.

© SHUTTERSTOCK.COM / MANDY CREIGHTON

🖳 https://russellfallscottages.com.au. 4 Cottages mit 1–2 Schlafzimmern, jeweils max. 6 Pers. Frühstückszutaten auf Anfrage. ❼

TOUREN

Tours Tasmania, 🖳 www.tourstas.com.au. Tagesausflug ab Hobart in Kleingruppen mit Stopp am Mt Wellington. Wanderungen zu den Russell Falls, Tall Trees und am Lake Dobson. $150 inkl. aller Eintrittspreise.

Gordon River Road

1964 wurde die Gordon River Road vom tasmanischen Energiekonzern Hydro-Electric Commission (jetzt: Hydro Tasmania) im Rahmen seines Riesenvorhabens gebaut, die Stromproduktion der Insel durch Wasserkraft drastisch zu steigern. In den folgenden Jahren wurden in dieser Region durch Dämme die riesigen Stauseen Lake Gordon und Lake Pedder geschaffen. Energischer Protest von Umweltschützern verhinderte 1983, dass durch die Eindämmung des Gordon/Franklin River ein weiteres Flusstal, Wälder und Höhlen unter Wasser gesetzt wurden, womit noch mehr Wildnis verloren gegangen wäre.

Mit mehr als 500 km² Fläche bilden **Lake Pedder** und **Lake Gordon** Australiens größtes Wasserspeichersystem. Die Straße dringt tief in die felsige Bergwelt des Südwestens vor. Die empfohlene Geschwindigkeit ist 65 km/h, für den Weg von Maydena nach Strathgordon und zurück sollte man mindestens vier Stunden einkalkulieren. Die Fahrt führt in Tasmaniens regenreichstes Gebiet (durchschnittliche jährliche Niederschlagsmenge 3800 mm), Regen- und Schneestürme können hier unvermutet schnell aufziehen. Bei gutem Wetter ist es eine der beeindruckendsten Fahrten, die man in Tasmanien unternehmen kann.

Eine Abzweigung von der Gordon River Road, 2,5 km hinter Maydena, führt über 16 km zur **Styx Valley Tall Tree Conservation Area**, wo einige bis zu 87 m hohe und 400 Jahre alte **Swamp Gums** vor dem Holzeinschlag verschont blieben. Diese hier wachsenden Eukalypten zählen zu den höchsten Hartholzbäumen der Welt. Kurze Wanderungen führen durch uralten, dichten Regenwald. In manche der Baumgiganten kann man sogar hineingehen. 75 km vor Strathgordon biegt am **Frodshams Pass** eine ungeteerte Straße Richtung Süden zum **Scotts Peak Dam** ab, von wo aus man fantastische Wanderungen rund um den schönen Lake Peddar starten kann.

Strathgordon, ursprünglich als Unterkunft für die Bauarbeiter der Dämme errichtet, ist heute eine Geisterstadt. Eine Metalltreppe mit knapp 200 Stufen führt von der Gordon River Road zur dicken Staumauer des 12 km entfernten **Gordon Dam**, der den Gordon River zum Lake Gordon staut. Auf der Mauer kann man entlanggehen, zur linken Seite fließt in der Tiefe der Schlucht der schmale Gordon River – kein Ausblick für Menschen mit Höhenangst!

ÜBERNACHTUNG

Die **Pedder Wilderness Lodge**, Strathgordon, 🖳 www.pedderwildernesslodge.com.au, ist die einzige Unterkunft der Umgebung. Sie wurde einst für die Bauarbeiter des Gordon Dam gebaut und ist bis heute im Besitz von Hydro Tasmania. Kleine Zimmer und Apartments mit Küche und Waschmaschine sowie ein Restaurant. ❸–❻

Teds Beach Campground kurz vor Strathgordon sowie **Edgar Campground** und **Huon Campground** bei Scotts Peak sind die einzigen Übernachtungsgelegenheiten bei den Stauseen. Alle haben Toiletten und Wasser (vor dem Trinken abkochen!); alle kostenlos.

TRANSPORT

Auf der Gordon River Road verkehren keine Linienbusse.

Der Osten

Obwohl sich entlang der Ostküste beliebte Ferienziele entwickelt haben, ist den meisten Orten der Charakter kleiner verschlafener Fischerdörfer (noch) nicht abhandengekommen. Die relative Abgeschiedenheit bedeutet aber auch, dass es nur ein paar kleine Läden, Cafés, Restaurants und Kneipen gibt, und dass die Busverbindungen nicht sehr häufig sind. Die Orte der Ostküste erfreuen sich des mildesten, trockensten und sonnigsten Klimas Tasmaniens. Bergige und felsige Küstenabschnitte wechseln sich ab mit weiten Buchten und vielen geschützten Sandstränden. Neben der Küste bieten sich Wanderungen im grünen, bergigen Hinterland oder in den Nationalparks an.

Maria Island National Park

Unbewohnt und frei von motorisierten Fahrzeugen, ist Maria Island ein friedliches Naturparadies mit ruhigen Stränden, schroffen Klippen, einsamen Bergen und einem großen Reichtum an freilebenden Tieren. Die Begegnung mit Kängurus, Wallabies und Wombats ist nicht bloß wahrscheinlich, sondern praktisch unvermeidlich.

Die Insel ist ideal für alle, die einige Tage auf einem abgelegenen Flecken, weitab von Stress und Hektik, aber auch von allen Annehmlichkeiten der Zivilisation verbringen wollen. Man sollte den Aufenthalt gut vorbereiten, denn es gibt weder Läden noch Restaurants. Trinkwasser ist meistens vorhanden, besser aber vorher genau informieren.

Geschichte

Fährschiffe legen in **Darlington** an, wo einige wenige historische Ruinen und gut erhaltene Gebäude dieser ehemaligen Sträflingssiedlung aus der Landschaft ragen. 1825 gegründet, schickte man sieben Jahre lang Sträflinge nach Darlington, bis sich herausstellte, dass die Insel zu viele gute Fluchtmöglichkeiten bot.

Später dann, in den 1880er-Jahren, ließ ein italienischer Geschäftsmann hier seinen visionären Fantasien freien Lauf. Bald schon florierte der Weinbau und die Insel produzierte feinste Seide. Maria Island erhielt den Spitznamen „Tasmanian Eden". Dann aber kam die Finanzkrise, Maria Island Co. wurde liquidiert, die Insel geriet in Vergessenheit bis abenteuerlustige Naturfreunde sie Jahrzehnte später wiederentdeckten1972 wurde Maria Island zum Nationalpark erklärt.

Tiere und Pflanzen

Maria Island ist ein Vogelparadies und ein Refugium für viele Tiere, u. a. Östliche Graue Riesenkängurus *(Eastern grey kangaroo)* und Hühnergänse *(Cape barren geese)*. Nachdem die übertragbare Krebskrankheit Facial Tumor Disease den Bestand der Tasmanian Devils auf Tasmanien bedrohlich reduziert hatte, setzte man 2012 einige gesunde Tiere auf Maria Island aus. Diese vermehrten sich deutlich, allerdings nicht ohne Kehrseite: inzwischen sind die Beutelteufel eine Bedrohung für die hier beheimateten Zwergpinguine und Hühnergänse geworden. Auch die drei tasmanischen Schlangenarten, alle giftig, fühlen sich auf der Insel sehr wohl. Deshalb sollte man Wanderungen nur in langen Hosen und mit festen Schuhen unternehmen!

Aktivitäten

Wanderwege führen über die gesamte Insel. Außerdem vermieten die Ranger im kleinen Infozentrum am Bootssteg eine begrenzte Anzahl von Fahrrädern ($33 pro Tag, inkl. Helm, Kind $20, 💻 https://encountermaria.com.au). Der Bootssteg bei Darlington eignet sich gut zum Schnorcheln. Eine Schnorchelausrüstung muss man allerdings selbst mitbringen.

Eigentlich besteht „Maria" aus zwei durch eine sandige Landbrücke verbundenen Inseln. Die Küste säumen einige Strände und interessante Sandstein- und Kalksteinklippen, u. a. die **Painted Cliffs** an der Westküste, zu denen man von Darlington aus wandern kann (etwa 90 Min. hin und zurück). Im Innern erstreckt sich ein Höhenzug mit dem 726 m hohen Mt Maria als höchster Erhebung. Die Vegetation reicht von dichten Urwäldern, feuchten, mit Baumfarnen bewachsenen Schluchten bis zu offenem Grasland.

TASMANIEN

ÜBERNACHTUNG

Im ehemaligen Gefängnis (Penitentiary) in Darlington kann man in sehr einfachen Schlafsälen übernachten ($44 für 1–2 Pers., jede weitere Pers. $10). Zeltplätze gibt's in Darlington und an zwei Stellen im Süden der Insel ($7 p. P./ $12 für 2 Pers.), mit Buschtoiletten und Duschen. Geheizt und gekocht wird mit Holz oder den wenigen Gasgrills. Besucher müssen

Lebensmittel und Wasser selbst mitbringen! 💻 www.parks.tas.gov.au.

TRANSPORT UND TOUREN

Busse

Nach Triabunna mit dem Bus. Von hier aus Anschluss an die Fähre.

Tassielink Coaches, 💻 www.tassielink.com.au. Ab HOBART tgl. um 16 Uhr via Orford nach TRIABUNNA (ca. 1 1/2 Std.) und weiter nach COLES BAY. Rückfahrt tgl. um 10.05 Uhr ab Triabunna nach Hobart.

Fähre

Encounter Maria, Triabunna Jetty, 💻 https://encountermaria.com.au. Transfer-Service von Triabunna nach Darlington; Sep–April tgl. um 8.30, 10, 11.30, 13.45 und 15.15 Uhr; zurück um 9.15, 10.45, 13, 14.30 und 16.15 Uhr. In den kälteren Monaten eingeschränkter Service. $47 (Kind $28) hin und zurück, inkl. Nationalparkgebühr, Fahrrad $10.

Touren

East Coast Cruises, 💻 www.mariacruises.com.au. Sehr informative Tagestouren in kleinen Gruppen rund um und nach Maria Island sowie zur Isle de Phoques, die eine große Kolonie von Seelöwen beheimatet. Touren ab Triabunna Marina, $270. Auch Shuttleservice ab Hobart ($55 hin und zurück).

Freycinet Peninsula

An der ruhigen Ostküste ragt die traumhafte Freycinet-Halbinsel ins Meer. Der zauberhaft geschwungene Sandstrand von Wineglass Bay ist längst zu einem inoffiziellen Wahrzeichen Tasmaniens geworden. Die Halbinsel besteht aus zwei Granitmassiven – den **Hazards** im Norden sowie den Bergen **Mount Graham** und **Mount Freycinet** im Süden. Der **Freycinet National Park** ermöglicht fantastische kurze und längere Wanderungen durch die Berge und entlang der weißen Sandstrände. Ausgangspunkt ist die ruhige kleine Ortschaft **Coles Bay** im Norden der Halbinsel.

Coles Bay

Die Lage des winzigen, beliebten Ferienorts ist malerisch: in einer Bucht mit weißem Sandstrand und Blick auf die gegenüberliegenden roten Granitfelsen der **Hazards**. Der ruhige **Muirs Beach** eignet sich gut für Familien mit kleinen Kindern.

Freycinet National Park

Der Nationalpark ist eines der beliebtesten Ferienziele Tasmaniens – und das nicht ohne Grund: Hinter kilometerlangen weißen Sandstränden ragen dicht bewachsene Berge empor, die einen optimalen Lebensraum für Vögel, Wallabies, Echidna, Wombats, Pademelons und Eidechsen bieten. Die Halbinsel lädt zu Wanderungen und zum Klettern oder Kajakfahren ein. Die Freycinet-Halbinsel sowie die zum Park gehörende **Schouten Island**, die nur per Boot zu erreichen ist, sind unbewohnt.

Die Küste besteht aus schroffen, hoch aufragenden Felsen, die häufig steil zum Meer abfallen, sowie Sandbuchten mit kristallklarem, blauem Wasser. Die geschwungene **Wineglass Bay** ist die bekannteste dieser Bilderbuch-Buchten und am einfachsten zugänglich. Vom Parkplatz aus ist der Lookout in ca. 30 Minuten erreicht, kurze Zeit später ist man am Strand.

Anspruchsvoller ist die Wanderung zum Gipfel des **Mt Amos** (ca. 3 Std. hin und zurück), wird aber mit atemberaubenden Aussichten belohnt. Die **Sleepy Bay** ist auch sehr schön und weitaus weniger besucht. Die Straße führt knapp. 2 km in den Park hinein. Danach gibt's nur noch Wanderpfade, die an den Stränden der Westküste entlang bis nach **Bryans Beach** im Süden führen.

ÜBERNACHTUNG

Im Park

Die einzige feste Unterkunft im Nationalpark ist die luxuriöse **Freycinet Lodge**, 💻 www.freycinetlodge.com.au. Ansprechend gestaltete Cabins (1 oder 2 Schlafzimmer), Restaurant und preiswerteres Bistro. Tennisplatz. Es werden zahlreiche Aktivitäten geboten, von Abseilen über Klettern bis hin zu Wandern und Seekajakfahren. ❼

Rundwanderung zur Wineglass Bay und zum Hazards Beach

Wer mehr als die Standardroute zum Wineglass Bay Lookout laufen möchte, sollte den **Wineglass Bay/Hazards Beach Circuit** einschlagen, der in etwa fünf Stunden passiert werden kann. Vom Walking Tracks Car Park folgen Wanderer den Massen hinauf zum Wineglass Bay Lookout (30–40 Min.), Tasmaniens wohl berühmtestem Ausblick. Der Weg fällt danach ab bis zur Wineglass Bay, wo man sich im kühlen Wasser kurz erfrischen kann. Noch bevor man zum Strand kommt, geht rechts der Isthmus Track ab, der durch die bergige Landenge hinüber zur Westküste der Halbinsel führt. Nach etwa 30 Minuten auf dem Isthmus Track ist der Hazards Beach erreicht, dem man in nördlicher Richtung bis zu seinem Ende folgt. Das letzte Stück der Strecke führt entlang der Küste am Fuße des Mt Mayson bis zum Parkplatz.

Camping
Die Campingplätze im Nationalpark sind kostenlos, aber alle nur zu Fuß zu erreichen. 🖳 www.parks.tas.gov.au.

Coles Bay

Abgesehen vom Holiday Park und ein paar Luxusresorts beschränkt sich das Angebot auf Ferienwohnungen, die meist privat vermietet werden. Einen guten Überblick bieten 🖳 www.freycinetrentals.com, 🖳 https://eastcoasttasmania.com und www.wineglassbay.com.
BIG 4 Iluka on Freycinet Holiday Park, Esplanade, Muirs Beach, 1 km westlich, 🖳 www.ilukaholidaycentre.com.au. Die große Anlage umfasst Zelt- und Caravanstellplätze (ab $48) und Cabins ab ❹, ferner eine Kneipe mit **Bistro**-Restaurant, einen **Supermarkt**, eine Bäckerei mit Coffeeshop sowie das **Coles Bay Esplanade YHA** mit 4-Bett-Dorms (Bett $40) und 2 DZ. Rezeption 🕒 8–18 Uhr; spätere Ankunft voranmelden. ❶

TOUREN UND RUNDFLÜGE

Freycinet Adventures, 🖳 www.freycinetadventures.com.au. 3-stündige Kajaktouren morgens und nachmittags, $135 inkl. einer Mahlzeit. Auch mehrtägige Camping-Expeditionen durch den Nationalpark sowie Kajakverleih.
Freycinet Air, 🖳 www.freycinetair.com.au. 30 Min. Rundflüge über Wineglass Bay, ab $325 p. P. (mind. 2 Pers.).
Freycinet Experience Walk, 🖳 www.freycinet.com.au. Geführte 4-tägige Wanderungen im Nationalpark, $3200 p. P. inkl. 3 Übernachtungen (zwei in komfortablen Camps mit Betten, eine in der Friendly Beaches Lodge – alle den Teilnehmern dieser Tour vorbehalten), Ausrüstung, alle Mahlzeiten und Wein sowie Bootsfahrt nach Schouten Island, Transport von und nach Hobart. Mind. 4 Teilnehmer.
Wineglass Bay Cruises, 🖳 www.wineglassbaycruises.com. Kreuzfahrt ab Coles Bay zum Wineglass Bay, 4 Std. inkl. Mittagessen und Champagner ($175).

INFORMATIONEN

Das **Visitor Centre** am Parkeingang erhält eine informative Ausstellung zum Natur- und Kultur-Erbe Freycinets. Hier kann auch die Parkgebühr von $40 pro Fahrzeug und Tag bezahlt werden. 🕒 tgl. 8–17, im Winter 9–16 Uhr.

TRANSPORT

Zwischen BICHENO und Coles Bay verkehrt tgl. 1x ein Bus von **Calows Coaches**, 🖳 www.calowscoaches.com.au.

Bicheno

Die langen Strände, hübsche Küste und die kleine, hier beheimatete Kolonie von **Zwergpinguinen** machen Bicheno (Bi-scheno ausgesprochen) im Sommer zu einem beliebten Ferienziel. Angler und Sportfischer strömen der fischreichen Gewässer wegen hierher. Auch Taucher finden hier ein interessantes Revier vor. **Bicheno**

TASMANIEN

Beach ist ein für Kinder geeigneter Strand. Ein Fußweg führt vom **Redbill Beach** am nördlichen Ende der Gordon Street an der Küste entlang zum **Blowhole** – dem Wahrzeichen des Ortes – und weiter bis zum **Rice Pebble Beach** an der Südostküste.

In **East Coast Nature World**, 🖳 www.natureworld.com.au, leben auf 32 ha Park- und Buschland in der Nähe des Wassers Wallabies, Kängurus, Wombats, Tasmanische Beutelteufel und zahlreiche andere australische Tierarten sowie viele einheimische Vögel. Es gibt ein Nocturnal House sowie viele Aktivitäten, insbesondere für Kinder. ◷ tgl. 9.30–16 Uhr, Eintritt $32, Kind 2–15 J. $19.

ÜBERNACHTUNG

Wintersun Gardens Motel (Budget Motel), 35 Gordon St, 🖳 www.wintersunbicheno.com.au. Umgeben von einem gepflegten Garten und Pool, nicht weit vom Strand. Zwei moderne 2-Zimmer-Apartments mit guter Ausstattung für bis zu 6 Pers. ❼. Außerdem gemütliche Motelzimmer mit großem Bad, TV und Kühlschrank ❹

Bicheno East Coast Holiday Park, 4 Champ St, 🖳 www.bichenoholidaypark.com.au. Cabins und Units unterschiedlicher Preisklassen. Zelt- und Stellplätze ($38/43). Campküche, Kiosk. Ab ❸

ESSEN

Blue Edge Bakery, 55 Burgess St. Die Bäckerei hat nicht nur frisches Brot, sondern auch leckeres Frühstück und Mittagessen sowie Kaffee. ◷ tgl. 6–16 Uhr.

Tasmanian Coastal Seafood, 48 Waubs Esplanade. Fangfrischer Fisch und Meeresfrüchte. Bei den Locals sehr beliebt. ◷ Fr–Di 11–19 Uhr.

TOUREN

Bicheno Penguin Tours, 🖳 www.bichenopenguintours.com.au. Tgl. abends Penguin Walk, $67, Kind $27. Im Sommer frühzeitig buchen!

TRANSPORT

Tassielink Coaches, 🖳 www.tassielink.com.au. Ab HOBART tgl. um 16 Uhr via ORFORD, TRIABUNNA und SWANSEA nach Bicheno. Rückfahrt tgl. um 8.55 Uhr. Fahrzeit ca. 3 Std.

Calow's Coaches, 🖳 www.calowscoaches.com.au. Tgl. Verbindungen nach ST. HELENS, COLES BAY und HOBART. Wer nach LAUNCESTON will, steigt in St Marys um.

St. Helens und Umgebung

Der hübsche ruhige Ferienort liegt in der tief ins Land hineinreichenden Bucht Gorges Bay. Für seine Größe (2000 Einwohner) findet man hier eine erstaunliche Anzahl an Cafés, Restaurants und kleinen Läden. Der **History Room** im Visitor Centre gibt Einblicke in die Geschichte des Städtchens, 🖳 www.sthelenshistoryroom.com. Während die **Georges Bay** auch für Kinder geeignet ist, sind die Strände an der Küste Surfern vorbehalten.

Vor allem die Umgebung ist wunderschön: Die **Bay of Fires** weiter nördlich verdankt ihren Namen den von orangeroten Flechten bewachsenen Felsbrocken, die sich eingerahmt von grünen Hängen im Hintergrund und türkisblauem Wasser davor zu einem eindrucksvollen Farbdreiklang fügen.

ÜBERNACHTUNG

€ **Kellraine Units**, 72 Tully St, 🖳 www.kellraineunits.com.au. Schlichte, aber saubere und voll ausgestattete Units mit 1–3 Schlafzimmern. Alle mit Bad, Küche und Waschmaschine. ❷

Georges Bay Apartments, 22 Tasman Hwy, 🖳 www.georgesbayapartments.com.au. Saubere Apartments mit komfortablen Betten vom Studio bis zum 4-Zimmer-Apartment, alle mit Küche und Bad. Gute Lage, nur 15 Min. von der Binalong Bay. ❹

Bay of Fires Bush Retreat, Binalong Bay. Auf einer Lichtung eingerahmt von dichtem Buschland übernachtet man hier im stilvollen, geräumigen Tipizelt. In der offenen, gut ausgestatteten Gemeinschaftsküche können Gäste ihr eigenes Essen zubereiten oder eine der schon vorbereiteten, abgepackten Mahlzeiten aufwärmen. ❻

Caravanpark

St. Helens HP (Big 4), 2 Penelope St., 💻 www.big4sthelens.com.au. Schöner Park mit vielen Cabins, Zelt- und Stellplätzen ($38/52), auch Stellplätze mit eigenem Bad ($85). Hüpfkissen, Spielzimmer und Campküche, Kiosk. Ab ❺

ESSEN

Furneaux Restaurant, 2 Taman Hwy, 💻 www.furneauxrestaurant.com.au. Erstklassige französische Küche! Das gehobene Lokal in diesem kleinen Ort unterstreicht den Gourmet-Charakter Tasmaniens. 🕒 Di–Sa 18–22 Uhr.

The Social, 32 Quail St. St. Helens beliebtester Biergarten serviert bestes Street Food (Nachos, Burrito, Burger…) zu lokalen Bieren in bester Atmosphäre. 🕒 Do–Sa 15–20 Uhr.

INFORMATIONEN

Visitor Information Centre, 61 Cecilia St. 🕒 tgl. 9–16 Uhr.
Ein kostenloser WLAN-Spot befindet sich am Jachthafen.

TRANSPORT

Calow's Coaches, 💻 www.calowscoaches.com.au. Über Bicheno nach COLES BAY Mo–Fr um 14.35 Uhr; zurück ab Coles Bay Mo–Fr um 16.30 Uhr. Von Bicheno Anschluss nach LAUNCESTON und HOBART.

Der Norden

Der **Nordosten** Tasmaniens ist ein ländlicher Distrikt mit einsamen Sandstränden an der Küste, grünen Weiden, Wiesen und hohen, zum Teil dicht bewaldeten Bergen. Das Skigebiet um **Ben Lomond** gilt als das beste Tasmaniens. Im äußersten **Nordwesten** besteht die Küstenregion aus einem zum Meer abfallenden, fruchtbaren vulkanischen Plateau, dem **Cape Country** von Smithton bis Wynyard. An der Küste gibt es einige gute Strände. Weiter südlich steigt das Land auf 800–1500 m an. Im Zentrum gehen die Berge in die alpine Landschaft des **Cradle Valley** und der **Great Western Tiers** über. Im Hinterland sind Tropfsteinhöhlen, Schluchten und Täler, Wasserfälle sowie einige Waldgebiete lohnende Ausflugsziele.

Geschichte

Bevor 1804 der militärische Posten Port Dalrymple am Tamar River gegründet wurde, trieben Wal- und Robbenfänger ihr Unwesen an der Küste. Die Erschließung des dicht bewaldeten, gebirgigen Landesinneren wurde erst durch eine Expedition des Regierungs-Landvermessers Scott eingeleitet. Danach wurde das Land verteilt, und die Siedler begannen mit den Rodungen. Goldfunde bei Fingal, Mt Victoria und anderen Stellen lösten nach 1850 einen kurzlebigen Goldrausch aus. Zwischen 1874 und 1877 wurde Zinn gefunden; in manchen Gegenden waren die Zinnminen bis Ende der 1920er-Jahre in Betrieb.

Wie überall in Australien befanden sich unter den Goldsuchern und Bergleuten, die nach Tasmanien gekommen waren, auch einige Chinesen. Chinesische Arbeitskräfte waren in den tasmanischen Zinnminen gefragt, da die Arbeitsbedingungen sehr hart waren und die Chinesen als geduldige und versierte Bergmänner galten. Weldborough war um die Jahrhundertwende praktisch ein chinesisches Dorf.

Von St. Helens nach Launceston

Pyengana auf dem Weg von St. Helens in Richtung Derby lohnt einen kurzen Abstecher: Im Café der **Pyengana Dairy Company** kann man die einheimischen Käseprodukte kosten und kaufen. St. Columba Falls Rd, Pyengana. 🕒 tgl. 9–17 Uhr.

Kurz dahinter liegt das **Columba Falls State Reserve**, wo sich die **Columba Falls**, die höchsten Fälle Tasmaniens, fast 90 m den Hang

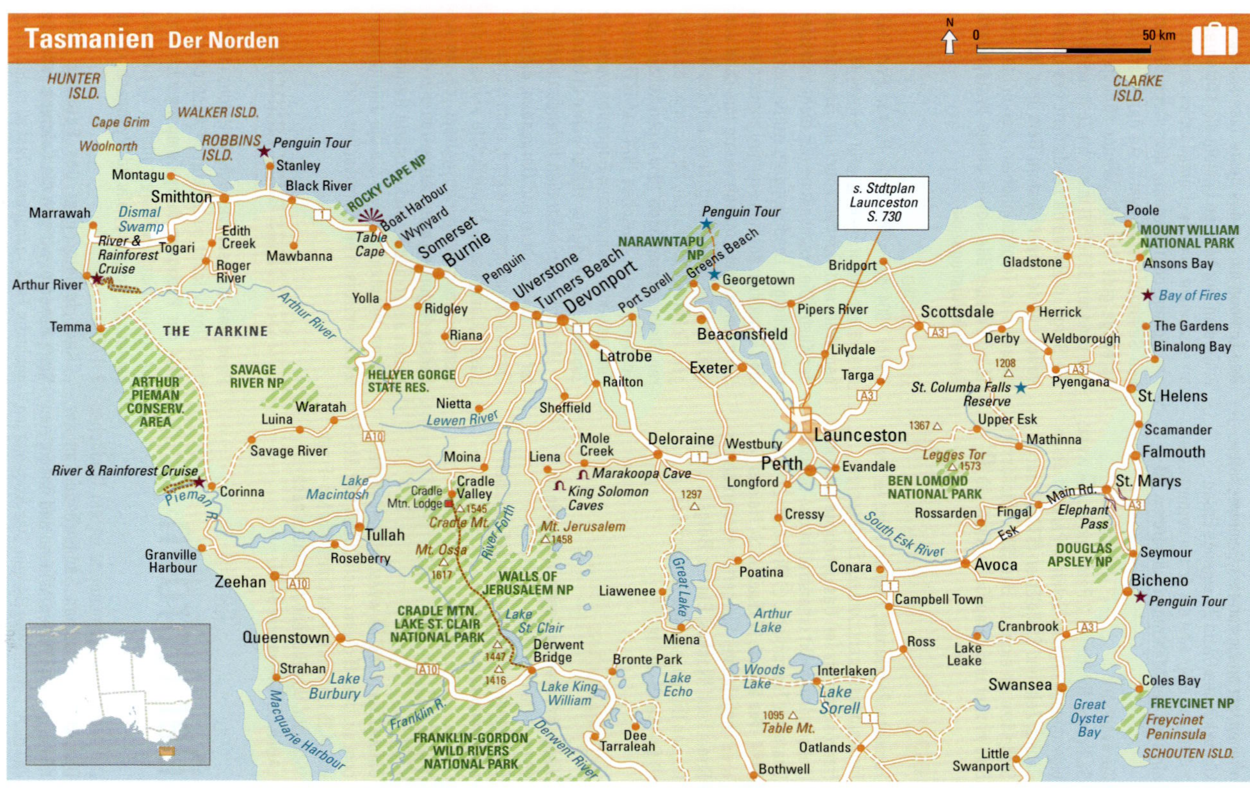
Tasmanien Der Norden
N
0
50 km
HUNTER ISLD.
WALKER ISLD.
Cape Grim
Woolnorth
ROBBINS ISLD.
Penguin Tour
Stanley
Montagu
Black River
Smithton
Marrawah
Dismal Swamp
River & Rainforest Cruise
Togari
Edith Creek
Roger River
Mawbanna
Arthur River
Temma
THE TARKINE
Arthur River
ARTHUR PIEMAN CONSERV. AREA
SAVAGE RIVER NP
Waratah
Luina
Savage River
River & Rainforest Cruise
Corinna
Pieman R.
Granville Harbour
Zeehan
Queenstown
Strahan
Lake Burbury
Macquarie Harbour
ROCKY CAPE NP
Boat Harbour
Wynyard
Table Cape
Somerset
Burnie
Yolla
Ridgley
Riana
Penguin
Ulverstone
Turners Beach
Devonport
Port Sorell
HELLYER GORGE STATE RES.
Nietta
Lewen River
Moina
Lake Macintosh
Cradle Mtn. Lodge
Cradle Valley
1545
Cradle Mt.
Tullah
Roseberry
Mt. Ossa
1617
River Forth
WALLS OF JERUSALEM NP
CRADLE MTN. LAKE ST. CLAIR NATIONAL PARK
Lake St. Clair
Derwent Bridge
1447
1416
Franklin R.
FRANKLIN-GORDON WILD RIVERS NATIONAL PARK
Lake King William
Derwent River
Latrobe
Railton
Sheffield
Mole Creek
Liena
Marakoopa Cave
King Solomon Caves
Mt. Jerusalem
1458
Deloraine
1297
Liawenee
Great Lake
Miena
Bronte Park
Lake Echo
Dee
Tarraleah
NARAWNTAPU NP
Penguin Tour
Greens Beach
Georgetown
Beaconsfield
Exeter
Westbury
Perth
Longford
Cressy
Poatina
Arthur Lake
Woods Lake
Interlaken
Lake Sorell
1095
Table Mt.
Oatlands
Bothwell
s. Stdtplan Launceston S. 730
Bridport
Pipers River
Lilydale
Targa
Launceston
Evandale
Scottsdale
Derby
1208
St. Columba Falls Reserve
1367
Upper Esk
Mathinna
Legges Tor
1573
BEN LOMOND NATIONAL PARK
Rossarden
South Esk River
Conara
Campbell Town
Ross
Lake Leake
Cranbrook
Swansea
Little Swanport
Avoca
Esk
Fingal
Main Rd.
Elephant Pass
DOUGLAS APSLEY NP
Gladstone
Herrick
Weldborough
Pyengana
Poole
MOUNT WILLIAM NATIONAL PARK
Ansons Bay
Bay of Fires
The Gardens
Binalong Bay
St. Helens
Scamander
Falmouth
St. Marys
Seymour
Bicheno
Penguin Tour
Coles Bay
Great Oyster Bay
FREYCINET NP
Freycinet Peninsula
SCHOUTEN ISLD.
CLARKE ISLD.
A3
A10
1

hinabstürzen. Ein kurzer Spazierweg führt durch einen Regenwald (Farne, Myrtle und Blackwood-Bäume) zu einem Aussichtspunkt. Auf der Hauptstraße geht es weiter durch die reizvolle Berglandschaft um den **Weldborough Pass**, danach ist das kleine Dorf **Weldborough** mit einem urigen kleinen Pub (s. u.) erreicht.

ÜBERNACHTUNG UND ESSEN

Weldborough Hotel, 12 Main Hwy, Weldborough. Unterkunft in kleinen, etwas muffigen Zimmern in originellem Pub. Auch Campingplätze ($10 p. P.). Gutes Pub-Essen mittags und abends. Bei Übernachtung Frühstück inbegriffen. ❸
Das **Pub in the Paddock** mitten auf der Wiese in Pyengana hat einfache, aber nette Zimmer und herzhafte Countermeals. Columba Falls Rd. ❷

Mount William National Park

Wer auf der Suche nach einem Stück naturbelassener Idylle ist, ist hier genau richtig. Die Gegend wurde einst zum Nationalpark deklariert, um dem einheimischen *Forester kangaroo* und anderen Tier- und Vogelarten ein Refugium zu bieten. Heute sorgt die Artenvielfalt dafür, dass der Park ein beliebtes Ausflugsziel für Tierbeobachtungen ist. Wer zu Sonnenauf- oder -untergang durch den Park spaziert, bekommt mit hoher Sicherheit Kängurus, Wallabies und Wombats zu sehen. Mit etwas Glück lassen sich auch *echidnas* und *pademelons* (Filander) beobachten.

Der Nationalpark eignet sich gut für Wanderungen, allerdings müssen Wasser und Lebensmittel mit in den Park gebracht werden. Vom Parkplatz aus kann man in 1 1/2 Stunden die Spitze des **Mount William** erreichen. Oben bietet sich eine tolle Aussicht auf die Küste und den Park. Um das **Eddystone Point Lighthouse** im Süden herum gibt es einige einfache Zeltplätze (kein Trinkwasser).

Durch die Abgeschiedenheit ist der Park bislang trotz seiner Schönheit ein „Geheimtipp" geblieben.

Launceston

Ein Ziel für Genießer: Tasmaniens zweitgrößte Stadt zählt gerade mal 77 000 Einwohner, unterhält aber eine Gastronomie, die die Küchen so mancher Großstädte in den Schatten stellt. Kaum waren die Grenzen Tasmaniens 2021 neu eröffnet, schlemmten sich zigtausend Besucher durch Launcestons Lokale und die UNESCO ernannte das Städtchen zur „Creative City of Gastronomy". Eine Kostprobe findet man auf dem **Harvest Market** (Cimitiere Street, Samstag 8.30–12.30 Uhr), wo nur verkauft wird, was selbst angebaut, gebacken, eingelegt oder aus tasmanischen Produkten gebraut wurde. Trotzdem hat sich Launceston das entspannte Tempo eines Landstädtchens bewahrt. Für Ausflüge ins nördliche Tamar Valley ist es die beste Ausgangsbasis.

Queen Victoria Museum & Art Gallery

Launcestons wichtigste kulturelle Sehenswürdigkeit, Queen Victoria Museum & Art Gallery, ist an zwei separaten Standorten untergebracht: zum einen im ursprünglichen Museum in der Nähe des Royal Park, zum anderen in einem Neubau in der Invermay Rd auf der Nordseite des Tamar River im Stadtteil Inveresk. Im alten Gebäude befinden sich u. a. eine Ausstellung über Metallfunde, Tiere und Pflanzen in Tasmanien, ein naturwissenschaftlich orientiertes Kindermuseum und ein chinesischer Tempel. Der luftige Neubau in Inveresk beheimatet v. a. Kunstwerke, einige Galerien zu Sonderaspekten der Geschichte Tasmaniens, eine Schmiedewerkstatt und Railway Workshops mit alten Loks. ⏲ beide tgl. 10–17 Uhr, Eintritt frei. Das **Planetarium** befindet sich ebenfalls im Museumskomplex in Inveresk. Weiteres unter 💻 www.qvmag.tas.gov.au.

James Boag's Brewery

Boag's heißt das Bier der Wahl der meisten Nordtasmanier. Gebraut wird es seit 1881 in der William Street, noch immer nach dem ursprünglichen Rezept. In der Brauerei, 💻 www.boags.com.au, sind der Braukunst drei Stockwerke gewidmet; hier kann man auch Führungen mit Verköstigung buchen, $35.

TASMANIEN

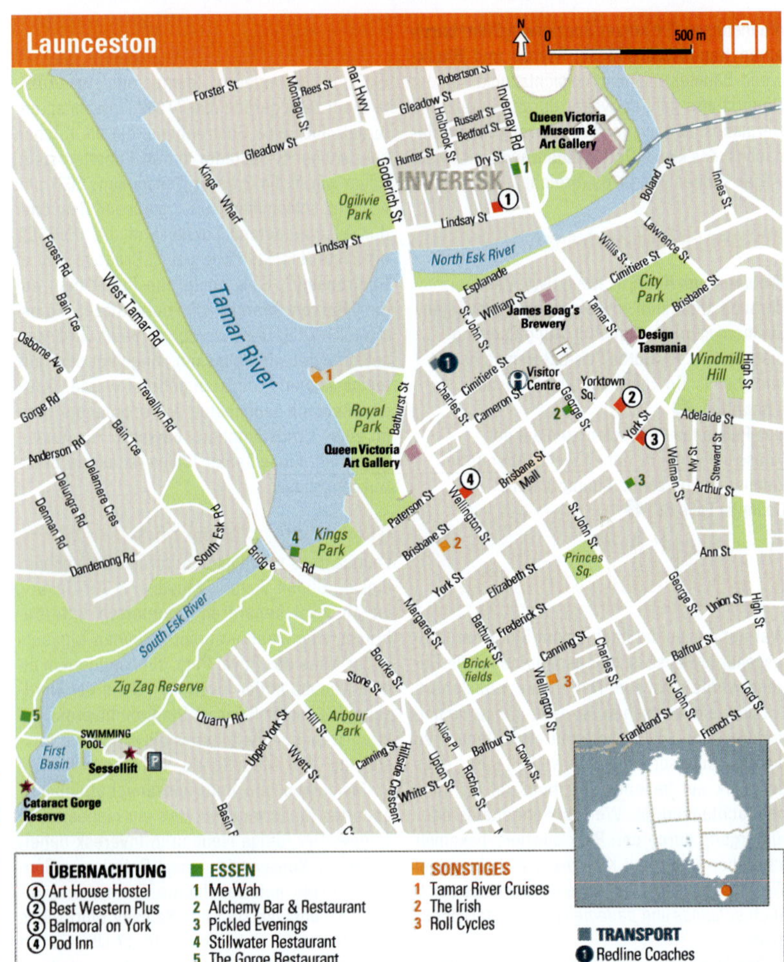

Cataract Gorge

Die beeindruckendste Attraktion Launcestons – die Cataract Gorge – ist ein Naturreservat, nur wenige Fußminuten vom Zentrum entfernt. Der South Esk River hat sich hier einen Weg in das Gestein gegraben; das Ergebnis ist eine felsige Schlucht mit fast senkrechten Klippen.

Wanderwege verlaufen beiderseits des Flusses; die Pfade sind in steile Felsklippen eingegraben, die im Herbst und Winter schon nachmittags in dämmrigem Halbdunkel liegen. Die Schlucht öffnet sich zum **First Basin**, in dem der South Esk River einen kleinen See bildet. Auf der Nordwestseite befindet sich **The Gorge Restaurant**.

Von dieser Seite führt auch ein **Sessellift** (🕒 tgl. 9–16.30 Uhr, im Sommer länger, $15 einfach oder $20 hin und zurück, Kind bis 15 J. $10/12) zum weiter unten gelegenen Park. Fußgänger gelangen über eine Hängebrücke zur anderen Seite der Schlucht. Im Park gibt es auch ein

© ISTOCK / SHANE_PEDERSEN

Im Cataract Gorge in Launceston gibt es keine Spur von städtischer Hektik.

Schwimmbad und einen Kiosk. Wer gern wandert, kann dem Fußweg an der Ostseite der Schlucht weiter zum **Second Basin** folgen.

ÜBERNACHTUNG

Hostels

Art House Hostel, 20 Lindsay St, www.arthousehostel.com.au. Gute Atmosphäre; die Zimmer sind schlicht und sauber, die gemeinsamen Badezimmer modern. Im Hintergarten gibt's BBQ. 4–8-Bett-Dorms (Bett $25–29) und DZ, alle mit Bad auf dem Flur. Vermietung von Fahrrädern; Tourbuchungen. 1

Pod Inn, 17-19 Wellington St, www.podinn.com.au. Privatsphäre im Dorm: Hier nächtigt man in Schlafkapseln mit Schiebetür im Einzel- ($54) oder Doppelbett ($73). Die Gemeinschaftsküche hat allerdings nur eine Mikrowelle.

Hotels

Balmoral on York, 19 York St, www.balmoralonyork.com.au. Modernes, zentrales Mittelklassehotel mit gutem Preis-Leistungs-Verhältnis. Bequeme Betten, Couch, TV und Zimmerservice. Hervorragendes Frühstück (kostet extra). 4

Best Western Plus Launceston, www.bestwestern.com. Zentral, komfortabel und recht günstig. Dazu gehört ein gutes Restaurant mit Frühstücksbuffet. 4

ESSEN

Me Wah, 39/41 Invermay Rd. Nicht ganz günstig, aber sehr empfehlenswert. Hier stehen kantonesische Gerichte auf der Speisekarte. Di–So 17–21 Uhr. Schanklizenz.

Pickled Evenings, 135 George St. Hervorragende indische Küche im stilvollen Restaurant (auch mit Außenbereich oder als Takeaway). Viele vegetarische Optionen. Di–So 17–21 Uhr.

Stillwater Restaurant, 2 Bridge Rd. In einer restaurierten alten Mühle direkt am Fluss werden tagsüber preiswertere Gerichte von der Café-Speisekarte serviert; abends verwandelt es sich in ein Gourmet-Restaurant. Mo–Sa Mittag- und Abendessen.

The Gorge Restaurant, Cataract Gorge. Tasmanische Spezialitäten, gute Weinkarte mit

Edles Kunsthandwerk

Das **Design Tasmania** an der Ecke von Tamar St und Brisbane St enthält eine permanente Sammlung von Holzgegenständen in modernem Design und präsentiert wechselnde Ausstellungen von Kunsthandwerk. Alles ist von hohem künstlerischem Niveau, ein Besuch lohnt sich. 💻 https://designtasmania.com.au. 🕒 Mi–Sa 10–15, So 10–14 Uhr.

Weinen der Region. 🕒 Mi–So Mittag- und Abendessen.

UNTERHALTUNG UND KULTUR

Bars und Nachtclubs

Alchemy Bar & Restaurant, 90 George St. Gute tasmanische Weine. Fr und Sa Livemusik.
The Irish, 211 Brisbane St, 💻 http://theirish1835.com.au. Fast jeden Abend Livemusik.

TOUREN

Green Island Tours, 💻 www.cycling-tasmania.com. Organisiert mehrtägige Radtouren. Z. B. von Launceston nach Hobart in 7 oder 9 Tagen entlang der Ostküste oder in 11 Tagen entlang der Westküste. Man kann die Touren in der Gruppe oder als „self-guided tour" buchen.
Tamar River Cruises, 💻 www.tamarrivercruises.com.au. Ab Home Point; verschiedene Touren vom einstündigen Cruise zum Cataract Gorge ($40) bis zur 4-stündigen Luncheon-Tour auf dem Tamar River ($160). 🕒 tgl. Sep–Mai.
Tasmanian Expeditions, 💻 www.tasmanianexpeditions.com.au. Rad- und Klettertouren in ganz Tasmanien, außerdem geführte Wanderungen von 3–9 Tagen; u. a. in der Cradle-Mountain-Region, sowie Seekajak- und Wildwasserfahrten. Alle Touren folgen strengen „minimal impact"-Regeln, die dazu beitragen sollen, die fragile Umwelt so zu hinterlassen, wie sie betreten wurde.

SONSTIGES

Fahrrad- und Ausrüstungsverleih

Roll Cycles, 145 Wellington St. Vermietung von Mountainbikes und E-Bikes.

Informationen

Tasmanian Visitor Information Centre, 68-72 Cameron St. 🕒 Mo–Fr 9–17 Uhr.

NAHVERKEHR

Metro-Busse verkehren zwischen Launceston und den Vororten, Fahrplanauskunft unter 💻 www.metrotas.com.au. Preise $3,50–7,20. Eine Greencard (aufladbare Fahrkarte) lohnt sich nur bei längerem Aufenthalt.
Der **Free Tiger Bus** verkehrt tgl. alle 15 Min. Kostenlos sind auch die **City Explorer** und **River Explorer**, die tgl. 10–15 Uhr ihre Runden drehen. 💻 www.launceston.tas.gov.au/Built-Environment-and-Parking/Parking/Tiger-Bus.

TRANSPORT

Busse

Calows Coaches, 💻 www.calowscoaches.com. 1x tgl. nach ST HELENS (Fahrzeit 2 1/4 Std.) über St Marys, von hier Anschluss nach COLES BAY. Außerdem tgl. nach HOBART.
Redline Coaches, 💻 www.tasredline.com.au. Mehrmals tgl. nach HOBART via Midlands Highway. Außerdem mehrmals tgl. nach DEVONPORT über MOLE CREEK.

Flüge

Der Flughafen liegt 13 km südlich der Stadt. Der **Airport Shuttle Service**, 📞 0488 200 700, verbindet Flughafen und Stadt, mehrmals tgl. Abholservice vom Hotel oder ab Busterminal von Redline Coaches. Ca. 20 Min., $20 einfach.

Die Umgebung von Launceston

Ben Lomond National Park

Der beliebte Ben Lomond National Park ist Tasmaniens bestes Skigebiet, aber der Park hat auch im Sommer einiges zu bieten. Schneemasten markieren im Winter zwei Langlaufpisten, die im Frühling und Herbst als Wanderwege dienen, wenn Wildblumen den Park mit einer bunten Decke überwerfen.

Legges Tor ist mit 1572 m die höchste Erhebung im Park. Als zweithöchster Gipfel Tasmaniens ist er aus der ganzen Umgebung sichtbar. Das südliche Ende des Plateaus überragt der 1527 m hohe Stacks Bluff, von dem sich eine schöne Aussicht über das Fingal-Tal eröffnet. Ben Lomond erreicht man über eine unbefestigte Straße. Die steil ansteigenden Serpentinen auf dem Weg zum Gipfel sind unter dem Namen **Jacobs Ladder** bekannt.

Tamar Valley

Von Launceston fließt der zunehmend breiter werdende Tamar River noch etwa 60 km durch grünes, fruchtbares Land, an Obstgärten und Weingütern vorbei. Seit Ende des letzten Jahrhunderts hat der Weinanbau stark zugenommen; das Tamar Valley und die Gegend um Pipers River und j733Pipers Brook im Nordosten ist das größte Weinanbaugebiet des Inselstaates. Die gelb-blau ausgeschilderte **Tamar Valley Wine Route** führt in einer Rundfahrt von Launceston zu 32 Weingütern. Je nach Zeit kann man das Tamar Valley mit eigenem Fahrzeug in einem Halb- oder Ganztagsausflug erkunden.

Am Westufer liegen bei **Rosevears** mehrere Weingüter, darunter **Tamar Ridge**, 💻 www.tamarridge.com.au; am Wochenende kann man hier auch gut zu Mittag essen. 🕒 tgl. 10–17 Uhr.

Im gemütlichen, 150 Jahre alten **Rosevears Hotel**, 215 Rosevears Drive, sitzt man mit Blick auf den Tamar River; serviert werden Ales und tasmanische Weine sowie gutes Mittag- und Abendessen.

Ein weiteres bekanntes Weingut befindet sich in der Nähe von **Deviot**: **Marion's Vineyard**, 335 Deviot Drive. Weinproben tgl. 10–17 Uhr, von Nov–März auch Mittagessen; italienische Küche.

Das Städtchen **Beaconsfield**, 45 km von Launceston, war gegen Ende des 19. Jhs. Schauplatz eines Goldbooms. Das gut ausgestattete **Beaconsfield Mine & Heritage Centre**, West St, widmet sich diesem Thema und der Geschichte der Region. 🕒 tgl. 10–16 Uhr, Eintritt $21.

Die von 1879–1914 betriebene Beaconsfield Mine zählte zu den ergiebigsten Goldminen Australiens. 1999 wurde die Mine kurzfristig wiedereröffnet, doch ihre Geschichte nahm am 25. April 2006 ein tragisches Ende, als ein leichtes Erdbeben einen Steinschlag auslöste. Die meisten Arbeiter konnten schnell gerettet werden, zwei andere mussten 14 Tage lang auf Rettung warten, ein weiterer verlor bei dem Unglück sein Leben.

Beim 5 km weiter entfernten **Beauty Point** wurden die ersten Tiefseehafen-Anlegestellen im Tamar River errichtet. Dort befindet sich **Seahorse World**, 💻 www.seahorseworld.com.au, wo Seepferdchen gezüchtet werden. Die Ausstellung informiert über den Lebenszyklus der Seepferdchen und deren Zucht; im Aquarium sind Seepferdchen und andere Lebewesen aus tasmanischen Gewässern zu sehen. 🕒 tgl. 9.30–16.30 Uhr, Führungen 9.30–15.30 Uhr, Eintritt $25, Kind $11.

Nebenan im **Platypus House**, 💻 www.platypushouse.com.au, sind in abgedunkelten Aquarien Schnabeltiere zu sehen, dazu gibt es viele Informationstafeln, einen Film und Führungen (halbstdl. im Sommer, ansonsten stdl.); im Garten leben Echidnas. 🕒 tgl. 9.30–16 Uhr, Eintritt $26, Kind $11. **Greens Beach** ist ein beliebter Badeort und Strand in der Nähe.

Um zum Ostufer des Tamar Rives zu gelangen, fährt man zurück über Beaconsfield und überquert auf der Batman Bridge in der Nähe von Sidmouth den Fluss. Hinter der Brücke biegt man links auf den East Tamar Highway nach Georgetown und Bell Bay ab. **Lagoon Beach** bei Low Head ist ein sicherer Badestrand. Nun geht es Richtung Osten zu den Weingütern des East-Tamar-Gebietes um **Pipers Brook**. Eines der bekanntesten ist **Pipers Brook Vineyard**,

Heimkehr der Pinguine

Abends watscheln bei Low Head **Zwergpinguine** vom Meer zu ihren Behausungen in den Dünen zurück. Von Juli–April findet hier täglich in der Abenddämmerung eine Führung statt, Dauer 1–1 1/2 Std.; $26. **Low Head Penguin Tours**, 💻 www.penguintourstasmania.com.au.

Pipers Brook Rd, 🖳 http://kreglingerwineestates.com, im Sommer auch Mittagessen.

Im Dezember und Januar sind die leuchtend lilafarbenen Felder der **Bridestowe Lavender Farm** bei Nabowla ein beliebtes Fotomotiv. Die Blüten werden auf der Farm zu reinem Lavendelöl destilliert. Das meiste davon wird exportiert und als Basis für Parfüms benutzt. Während der Blütezeit werden Führungen angeboten. Ein Souvenirshop verkauft alles Mögliche, was mit Lavendel zu tun hat. 🕒 Nov–April tgl. 9–17, Mai, Sep und Okt Mo–Fr 10–16 Uhr.

Zurück nach Launceston geht es über **Lilydale**, ein hübsches Landstädtchen am Fuße des Mt Arthur.

Westbury und Deloraine

Westbury und Deloraine sind reizvolle kleine Städtchen in ländlicher Umgebung mit einigen gut erhaltenen Gebäuden aus der Kolonialzeit, die heute Museen und Kunstgewerbeläden beherbergen. Westbury zählt rund 2200 Einwohner, Deloraine ist mit etwa 3000 Einwohnern etwas größer.

In der Ferne hinter den Weiden und Feldern ragen der **Quamby Bluff** und andere Plateauberge der **Great Western Tiers** in die Höhe. Beide sind ruhige Orte, die sich gut als Basis für Ausflüge an die Küste und in die Berge, zur Seenplatte des zentralen Hochlands oder zu den Tropfsteinhöhlen in der Umgebung von Mole Creek eignen. **Westbury** wartet am Bass Highway mit einem großen **Maze** (Irrgarten) aus übermannsgroßen Buchsbaumhecken auf. 🕒 Anfang Okt–Ende Juni tgl. 9.30–16.30 Uhr, Eintritt $7, Kind $6.

Spaziergang zur Schlucht

Zwischen Mole Creek und Chudleigh führt ein Schotterweg zur **Tulampanga/Alum Cliff Gorge**. Nach einem kurzen Spaziergang (etwa 20 Minuten einfach) kommt man zu einem spektakulären Aussichtspunkt, dem Tulampanga Lookout, von dem aus man in eine tiefe Schlucht blickt. Unten im Tal fließt der Mersey River.

Deloraine wirkt weniger konservativ als die meisten tasmanischen Landstädtchen; die zahlreichen kleinen Galerien, Bio- und Trödelläden sind alternativer und weniger am sonst üblichen, althergebrachten Kolonialstil orientiert.

Im **Visitors Centre**, 100 Emu Bay Rd, ist auf vier großen Wandbildern aus Seide das Leben im Städtchen und der Umgebung dargestellt – an dem „**Yarns**" genannten Projekt (Doppelbedeutung: „Fäden" und „Erzählungen") waren in den 1990er-Jahren etwa 300 Frauen aus dem Landkreis beteiligt.

Der **Great Western Tiers Sculpture Trail** ist ein weiteres Zeugnis der künstlerischen Orientierung der Leute hier: An verschiedenen Orten zwischen Deloraine und Mole Creek sind Skulpturen aufgestellt.

In den Bergen der **Great Western Tiers** südlich von Deloraine gibt es drei Wasserfälle, **Montana Falls**, **Meander Falls** und **Liffey Falls**, deren Besuch man mit einem Tagesausflug zum **Great Lake** auf dem Zentralplateau kombinieren kann.

ÜBERNACHTUNG

Westbury

Fitzpatricks Inn B&B, 56 Meander Valley Rd, 🖳 www.fitzpatricksinn.com.au. Gästezimmer und Units mit Bad in altem Herrenhaus. Restaurant. ❹

Westbury Gingerbread Cottages, 52 William St, 🖳 www.westburycottages.com.au. Gemütliche, restaurierte historische Cottages mit 1–4 Schlafzimmern, voll ausgestattet. Inkl. Frühstückszutaten. ❺

Deloraine

Empire Hotel, 19 Emu Bay Rd, 🖳 www.empirehoteldeloraine.com.au. Altes, schön renoviertes Pub mit DZ und EZ, alle mit Bad auf dem Flur. Auch geschmackvolle „Themenzimmer" (Thai, Japanisch etc.) und Fernsehraum. Preise inkl. Frühstück. Ein gutes Restaurant gehört dazu. ❸

ESSEN

Westbury

Westbury Hotel, 107 Meander Valley Rd. Das typische Pub serviert gute Countermeals in gemütlichem Ambiente. ⌚ tgl. Mittag- und Abendessen.

Deloraine

Deloraine Deli, 36 Emu Bay Rd. Frühstück, Mittag- und (Fr und Sa) Abendessen aus frischen, meist lokalen Zutaten. ⌚ Mo–Fr 8–16, Sa und So 10–16 Uhr.
Empire Hotel, s. o.

INFORMATIONEN

Great Western Tiers Visitor Centre, 98-100 Emu Bay Rd, Deloraine. Umfassende Informationen über die Region. Dazu gehören ein Folk Museum und „Yarns" (s. o.). ⌚ tgl. 8–20 Uhr.

TRANSPORT

Redline Coaches, 💻 www.transport.tas.gov.au. 3x tgl. nach DEVONPORT.

Mole Creek

Die kleine Ortschaft Mole Creek bietet selbst keine Sehenswürdigkeiten, ist aber umgeben von vielen herausragenden natürlichen Highlights. Etwa 20 km westlich des Orts liegen zwei Tropfsteinhöhlen in einem Naturreservat: die King Solomon Cave und die Marakoopa Cave.

Durch die **Marakoopa Cave** fließen zwei kleine Bäche; die Feuchtigkeit macht die Höhle zum idealen Lebensraum für Glühwürmchen. Außerdem kann man hier die faszinierenden Stalagmit- und Stalaktit-Formationen bewundern.

Die **King Solomon Cave** ist eine „trockene" Höhle, die für ihre besonders schönen Gesteinsformationen bekannt ist. Führungen finden in beiden Höhlen regelmäßig zwischen 10 und 15.30 Uhr statt. Eintritt jeweils $19; Ermäßigung gibt es, wenn man beide besucht.

In der **Melita Honey Farm**, 💻 www.melitahoneyfarm.com.au, ein paar Kilometer östlich von Mole Creek in Chudleigh, können unterschiedliche Honigsorten gekostet und gekauft werden. Zu den Highlights gehört die hausgemachte Honigeiscreme. ⌚ tgl. 9–17 Uhr.

Refugium für tasmanische Tiere

Im **Trowunna Wildlife Park** leben ausschließlich tasmanische Tiere. Eine der Hauptaufgaben des Privatzoos ist die Betreuung kranker oder verletzter Tiere, die auf ihre Auswilderung vorbereitet werden. Bevorzugt kümmert sich der Zoo um den vom Aussterben bedrohten Tasmanischen Teufel (S. 103, Flora und Fauna). Eintritt $30, Kind $18. 1892 Mole Creek Rd, Mole Creek. ⌚ tgl. 9–17 Uhr, interaktive Touren tgl. um 11, 13 und 15 Uhr. 💻 www.trowunna.com.au.

ÜBERNACHTUNG UND ESSEN

Mole Creek Cabins, 1876 Mole Creek Rd, 4 km östlich, 💻 www.molecreekcabins.com.au. Holzchalets mit 1–2 Schlafzimmern und Balkon, umgeben von schöner Gartenanlage. Blick auf Tal und Berge. ❹

Devonport

Mit der Anlegestelle für die Fähre **Spirit of Tasmania** aus Melbourne stellt Devonport (25 000 Einw.) das Tor zu Tasmanien dar. Die Stadt ist durchaus nicht hässlich, aber die Sehenswürdigkeiten sind schnell besichtigt. Das Fährterminal liegt auf der Ostseite des Mersey River, etwas nördlich davon an der Murray St setzt eine Fähre ins Stadtzentrum auf der Westseite des Flusses über (tgl. auf Anfrage 8–18 Uhr).

Die **Devonport Regional Gallery**, 💻 www.devonportgallery.com, eine ehemalige Kirche in 45-47 Stewart St am Südende der Mall, stellt Gemälde und schönes Kunsthandwerk aus. ⌚ Mo–Fr 9–17, Sa 9–14 Uhr, Eintritt frei.

Von hier ist in einem etwa 20-minütigen Spaziergang am Flussufer entlang der Victoria Parade der Felsvorsprung Mersey Bluff erreicht. Zuvor passiert man das **Bass Strait Maritime Centre**, 6 Gloucester Ave, 💻 www.bassstraitmaritimecentre.com.au, im ehemaligen Haus des Hafenmeisters, in dem unter anderem einige Schiffsmodelle und andere Ausstellungsstücke zur Geschichte der Seefahrt zu sehen sind. ⌚ tgl. 9–17 Uhr, Eintritt $10, Kind $5.

Vom **Mersey Bluff** neben dem Leuchtturm bietet sich bei klarem Wetter ein schöner Blick auf die Küste bis nach Burnie – die Bluff Rd, die zum Aussichtspunkt führt, ⌚ tgl. 7.30–21.30 Uhr.

Das **Tiagarra Aboriginal Cultural Centre & Museum**, das über die Lebensweise der ersten Tasmanier informiert, öffnet derzeit nur für Gruppen. Ein Pfad führt zu Felsgravuren.

ÜBERNACHTUNG

Alice beside the Sea, 1 Wright St, East Devonport, 💻 www.alicebesidethesea.com. 3 gemütliche und komfortable Apartments mit 1, 2 oder 4 Schlafzimmern, Terrasse bzw. Balkon. Rabatt bei längeren Aufenthalten. ❸–❺

The Edgewater, 4 Thomas St, East Devonport, 💻 www.edgewaterhotel.com.au. Das moderne Pub gegenüber dem Fährterminal hat Zimmer und Suiten verschiedener Kategorien, alle mit Bad. Im Restaurant gibt's Frühstück und Abendessen. Ab ❶

Caravanpark

Discovery Holiday Park, 13-19 Tarleton St, East Devonport, 💻 www.discoveryholidayparks.com.au. Sauberer Park mit modernen Cabins und vielen Spielanlagen direkt am Wasser. Stellplätze mit/ohne eigenem Bad ($53/65) sowie Cabins. Saubere, gut ausgestattete Campküche. Ab ❸

ESSEN

In dem Gebiet um die Rooke St Mall befinden sich mehrere Cafés und Bäckereien.

Playfish, 53 Forbes St. Guter Kaffee, Frühstück und Mittagessen in quirligem Café. ⌚ Mo–Fr 7–14, Sa 8–12 Uhr.

Molly Malones Irish Pub, 34 Best St. Das typische alte Pub serviert herzhafte Gerichte. ⌚ tgl. Mittag- und Abendessen.

SONSTIGES

Autovermietungen

Die meisten Anbieter haben Zentralen in der Nähe des Hafens, z. B.

Tassie Car Rentals, 1 Murray St, 💻 www.tassiecarrentals.com.au. Auch Filialen in Hobart und Launceston.

Informationen

Visitor Information Centre, 145 Rooke St. ⌚ Mo–Fr 9–17, Sa 9–14 Uhr.

NAHVERKEHR

Stadtbusse

Merseylink Coaches, 💻 www.merseylink.com.au. Innerhalb der Stadt verkehren Stadtbusse mehrmals am Tag, Auskunft im Visitor Information Centre (s. o.). Zubringerservice zur Fähre.

TRANSPORT

Busse

Redline Coaches, 💻 www.tasredline.com.au. Der Busfahrplan ist auf die Ankunfts- bzw. Abfahrtszeiten der Fähren abgestimmt. Nach LAUNCESTON und BURNIE jeweils 2x tgl.

Fähren

Siehe S. 696.

Flüge

Der Flughafen liegt etwa 7 km östlich in der Nähe von Wesley Vale.

Die Umgebung von Devonport

Narawntapu National Park

Auf den Wiesen im Flachland dieses 4281 ha großen Parks fühlen sich viele Wallabies, Pademelons und andere Beuteltiere wohl. Der Park erstreckt sich von Greens Beach an der Mündung des Tamar River bis zum Bakers Beach im Westen über Heideland, Feuchtgebiete und Wälder. Viele Vogelarten fühlen sich hier wohl, z. B. Rosellas, schwarze Kakadus und Honigfresser. Eine 15 km lange, unbefestigte Straße führt durch den Park von der Frankford Rd (B71) nach Norden Richtung **Bakers Beach**, wo es auch Zeltplätze gibt.

Penguin

Ein 3 m großer Pinguin (**The Big Penguin**) ist das meistfotografierte Motiv in diesem hübschen kleinen Küstendorf 10 km westlich von Ulverstone. Mit etwas Geduld bekommt man aber auch das echte Pendant vor die Linse: Nov–März watscheln allabendlich zu Sonnenuntergang Zwergpinguine über den Strand zurück zu ihren Brutstätten, um die Jungen zu füttern. Entlang des **Heritage Trails** erfährt man mehr zur Geschichte Penguins, 💻 http://penguinheritagetrail.com.au. Schöne **Strände** gibt es in der Preservation Bay, bei Blythe Heads und Sulphur Creek.

Gunns Plains Cave / Leven Canyon

Ausflugsziele im Hinterland sind die **Gunns Plains Cave**, eine Tropfsteinhöhle, durch die tgl. jede Stunde von 10–15.30 Uhr eine Führung veranstaltet wird ($19), und der **Canyon** (eigentlich nur ein enges Tal) des **Leven River** nahe **Nietta**.

ÜBERNACHTUNG

Kaydale Lodge B&B, 250 Loongana Rd, 💻 www.kaydalelodge.com.au. Etwa 4 km vom Leven Canyon entfernt bietet in Nietta diese gemütliche Lodge Übernachtungsmöglichkeit in 3 Gästezimmern mit Bad. Die Besitzer sind stolz auf ihren wunderschönen, parkähnlichen Garten. Preis inkl. Frühstück; Mittag- und/oder Abendessen gegen Aufpreis. ❺

Burnie

Mit seiner günstigen Lage an den Ufern des Emu River konnte sich Burnie im 20. Jahrhundert zum fünftgrößten Containerhafen in Australien entwickeln. Während früher hauptsächlich Zinn und Holz verschifft wurden, exportiert Burnie heute auch Mineralien und Nahrungsmittel. Die Schwerindustrie, wie z. B. die Papierherstellung, ist heute größtenteils dem kreativen Handwerk gewichen, Burnie nennt sich stolz „The City of Makers".

Burnie Regional Museum

Hauptattraktion dieses hervorragenden Museums ist die **Federation Street**, die clever gestaltete Nachbildung einer typischen Straße im Burnie von 1900. Besucher schlendern durch die Wohnungen und Läden der Pioniere. Alle

Das gemütliche Burnie lädt an der Nordküste zu einem Zwischenstopp ein.

TASMANIEN

Gewerberäumlichkeiten, von Schmiede und Schuhmacher bis zum Fotografen und Zahnarzt, sind originalgetreue Nachbildungen der einstigen Betriebe. 🕒 Mi–Fr 10–16 Uhr. Eintritt frei. 💻 www.burniearts.net/Venues/Burnie-Regional-Museum.

Hellyers Road Whiskey Distillery

Whiskey-Liebhaber kommen hier voll auf ihre Kosten. In den ganzen Genuss kommt man auf dem geführten Whisky Walk (Dauer 30 bis 40 Min., $25), der die Verkostung des *Matured Single Malt Whiskey* einschließt. 153 Old Surrey Rd, 🕒 tgl. 10–16.30 Uhr. 💻 https://hellyersroaddistillery.com.au.

Penguin Observation Centre

Von Oktober bis März bieten die **Friends of Burnie Penguins** kostenlose Touren an. Wer teilnehmen möchte, sollte gegen Sonnenuntergang zum Penguin Observation Centre am westlichen Ende des West Beach gehen. 💻 www.burniepenguins.com.

ÜBERNACHTUNG

Menai Hotel Motel, 20 Edwardes St, 💻 https://themenaihotel.weebly.com. Einfache, saubere Hotelzimmer. Großes Frühstücksbuffet gegen Aufpreis. ❸

Burnie Ocean View Motel & Holiday CP, 253 Bass Hwy, 💻 www.burniebeachaccommodation.com.au. Die große Anlage verfügt über einfache und luxuriösere Cabins ab ❷, freundliche Motelunits mit Küche ab ❸, Zelt- und Stellplätze ($32/40) sowie ein Bunkhouse (Bett $35). Hallenbad, Kiosk und Campküche.

ESSEN

Bayviews Restaurant, 2 North Tce. Moderne australische Küche. Es werden u. a. tasmanische Austern serviert. Hauptgerichte $35–40. 🕒 Mo–Mi 17–24, Do–Sa 12–24 Uhr.

Cafe Europa, 23 Cattley St. Eins der beliebtesten Cafés in Burnie. Kaffee und Kuchen, aber auch Herzhaftes. Schanklizenz. 🕒 Mo–Do 8–17, Fr und Sa 8–20, So 10–14 Uhr.

TRANSPORT

Busse

Redline Coaches, 💻 www.tasredline.com.au. Nach DEVONPORT und von dort weiter nach LAUNCESTON, 2x tgl. Außerdem über WYNYARD nach SMITHTON 1x tgl. Auch Verbindungen nach WYNYARD.

Wynyard

Der 6000 Einwohner zählende Ort liegt an der Mündung des kleinen Inglis River, überragt vom felsigen **Table Cape** im Hintergrund. Er ist das Verwaltungszentrum eines landwirtschaftlich sehr produktiven Distrikts. Zudem wird hier Mohn für medizinische Zwecke angebaut. So kommt man bei der Fahrt durch den Landkreis immer wieder an riesigen, von hohen Zäunen und Warnschildern umgebenen Mohnfeldern vorbei. Im Oktober wird hier das jährliche **Bloomin' Tulips Festival** zelebriert.

Von touristischem Interesse ist vor allem die attraktive Küstenlandschaft westlich von Wynyard mit ihren zum Meer abfallenden Felsplateaus und den Badestränden aus feinstem weißem Sand. Lohnend ist die Fahrt zum **Fossil Bluff**, einem Felsvorsprung an der Küste direkt bei Wynyard, bei dem das älteste bis jetzt bekannte Fossil eines Beuteltiers in Australien gefunden wurde, und weiter zum **Leuchtturm** an der Spitze des **Table Cape**.

ÜBERNACHTUNG

🧳 **The Wharf Hotel**, 10 Goldie St, 💻 www.wharfhotelwynyard.com.au. Saubere Zimmer in typischem Country-Pub. Alle mit Bad, TV, Kühlschrank. Gute Budget-Unterkunft. ❷

🧳 **Seascape Deck**, 444 Tollymore Rd, Table Cape, etwa 10 km westlich von Wynard. Zwei schöne Cottages an einem Steilhang mit tollem Blick aufs Meer, direkt am Table Cape. Frühstückszutaten inkl. ❻

Caravanpark

Leisure Ville Holiday Park (Family Parks), 145 Old Bass Highway, East Wynyard, am

Strand 3 km östlich, 💻 www.leisureville.com.au. Cabins und Units verschiedener Preisklassen, außerdem Zelt- und Stellplätze ($32/37 oder $47 mit Bad). Tennis- und Basketballplatz, Spielplatz und Hallenbad. Ab ❸

SONSTIGES

Informationen

Wynyard Visitor Centre, 8 Exhibition Link, 💻 www.warwyn.tas.gov.au. 🕒 tgl. 9–17 Uhr.

Touren

Wynyard Little Penguin Tours, 📞 0417 153 244. Abendlicher Spaziergang mit Pinguin-Sichtungen. Nov und Dez; Spende.

TRANSPORT

Redline Coaches, 💻 www.tasredline.com.au. Tgl. nach BURNIE und SMITHTON.

Boat Harbour Beach und Sisters Beach

Die beiden wunderschönen Ferienorte am Rande des Rocky Cape National Parks sind im Sommer vor allem bei Tasmaniern äußerst beliebt. Boat Harbour Beach, 14 km westlich von Wynyard, gilt als Tasmaniens „best kept secret": ein kleiner, weißer Sandstrand, von Felsen umrahmt, mit türkisfarbenem Wasser. Sisters Beach weiter westlich erstreckt sich über eine Länge von 5 km. So verlockend das Meer hier auch aussieht, selbst im Sommer ist das Wasser meist eisig kalt.

Der kleine **Rocky Cape National Park** (3050 ha) 31 km westlich von Wynyard ist mit dem Auto über eine unbefestigte Straße vom Bass Highway aus zu erreichen. Er zeichnet sich durch seine vielfarbigen Wildblumen im Frühjahr und Sommer sowie durch seinen Vogelreichtum aus. Zahlreiche Funde in den Höhlen der Küstenklippen lassen darauf schließen, dass hier in den letzten 8000 Jahren tasmanische Ureinwohner Zuflucht suchten. Wanderwege führen zum Leuchtturm, zu den Höhlen und nach Sisters Beach. Zelten ist im Nationalpark nicht erlaubt.

ÜBERNACHTUNG

Es gibt hauptsächlich Ferienwohnungen. Man findet sie u. a. auf 💻 www.stayz.com.au sowie 💻 www.airbnb.com.au.

Sisters Beach Retreat, 126 Irby Boulevard, Sisters Beach, 💻 https://sistersbeachretreat.com.au. Modernes Ferienhaus mit 3 DZ und guter Ausstattung, ganz in der Nähe der schönen Küste. Perfekt für Familien und alle, die etwas mehr Zeit mitbringen. ❺

Boat Harbour Garden Cottages, 15 Port Rd, Boat Harbour Beach, 💻 www.boatharbourcottages.com. Cottages mit 1–3 Schlafzimmern. ❸

Stanley

Stanley erweckt den Eindruck, als wollte sich das Fischerdorf vor der Welt verstecken: Das Städtchen befindet sich auf einer kleinen Halbinsel, die vom rauen Nordwesten Tasmaniens ins Meer hinausragt, im Schatten eines 150 m hohen Felsbrockens namens **The Nut**.

Gegenüber dem Postamt beginnt ein steiler Fußweg auf den Felsen hinauf (10–20 Min.),

Mit dem Boot ins Herz der Wildnis

Von der Anlegestelle in Arthur River fahren das alte Holzschiff MV *George Robinson* sowie ein moderneres kleines Boot den von dichtem kühl-gemäßigten **Regenwald** gesäumten Arthur River hinauf:

Arthur River Cruises, 💻 www.arthurrivercruises.com.au. Die Halbtagestour schließt einen zweistündigen Spaziergang bei Turks Landing durch den Regenwald ein. Touren von Nov bis März tgl. ab 9.40 Uhr, im Winter seltener, $110 (im Holzboot) oder $160 mit dem Deluxe Cruiseship, jeweils inkl. Picknick-Mittagessen. Eine wunderschöne Fahrt!

Kanus gibt's bei **Arthur River Canoe Hire**, 💻 https://arthurrivercanoe.wordpress.com, für $16 pro Std. oder $75 pro Tag.

oben führt ein 30–45-minütiger Rundweg über The Nut. Wem der Aufstieg zu steil ist, kann auch ab Browns Rd den Sessellift nehmen, tgl. von 9.30–16.30 Uhr in Betrieb (im Sommer bis 17.30 Uhr), $12 einfach, $19 hin und zurück (Kind $7/12), 💻 https://thenutchairlift.com.au.

Die Van Diemen's Land Company errichtete hier 1826 ihr Hauptquartier, Stanley war somit die erste englische Siedlung im Nordwesten. Das alte Lagerhaus der Firma in der Wharf Rd beherbergt jetzt ein elegantes Hotel. Weitere historische Gebäude sind unter anderem das **Union Hotel** von 1849 und **Plough Inn** von 1843, ein ehemaliges Landgasthaus in der Church St. Nebenan befindet sich ein Heimatkundemuseum, das **Discovery Museum**. 🕒 Sep–Juni tgl. 10–16 Uhr, Eintritt $4.

In der Abenddämmerung watscheln an einer bestimmten Stelle an **Godfrey's Beach** Zwergpinguine an Land, und von der Wharf fährt mindestens einmal täglich ein kleines Boot zu einer Kolonie von Seelöwen *(Australian fur seals)*.

ÜBERNACHTUNG

Stanley Seaview Inn, 58 Dovecote Rd, 💻 www.stanleyseaviewinn.com.au. Wenn man nicht unbedingt zentral übernachten muss, ist dieses Hotel eine hervorragende Alternative zu all den (teuren) Cottages. Preiswerte, gemütliche Zimmer und Apartments ab. ❸

Stamps of Stanley, 11-13 Church St, 💻 www.stampsofstanley.com.au. Hier nächtigt man mitten im Ort. Zwei Apartments mit 1–2 DZ, Küche, Bad und Meerblick. ❺

Bootsfahrt zu einer Robbeninsel

Stanley Seal Cruises tuckert mit einem kleinen Boot von der Wharf zu einer vorgelagerten Insel, wo sich eine Kolonie australischer Seelöwen *(Australian fur seals)* befindet. Man sieht auch zahlreiche Vögel (darunter Seeadler), Delphine und während der Saison Wale. Okt–April 10 und 14 Uhr, ca. 75 Min., $55. 💻 www.stanleysealcruises.com.au.

Caravanpark

Stanley Cabin & Tourist Park, Wharf Rd, direkt am Strand, 💻 www.stanleycabinpark.com.au. Viele Unterkunftsmöglichkeiten: gut ausgestattete Cabins ❹, saubere und schlichte Motelzimmer ❸. Außerdem Zelt-/Stellplätze ($38/45).

ESSEN

Nut Rock Café, neben dem Chairlift. Serviert die üblichen australischen Imbisse (Pies, Pasties usw.), aber auch guten Kaffee. 🕒 tgl. 10–17 Uhr. Das gemütliche Bistro-Restaurant im **Stanley Hotel**, 19 Church St, hat leckere Gerichte mit Zutaten aus der Region. Viele Weine aus Tasmanien und vom Festland. 🕒 Mo–Fr 11.30–21, Sa und So bis 22 Uhr.

SONSTIGES

Informationen und Internet

Stanley Visitor Information Centre, 45 Main Rd, 💻 www.stanley.com.au. 🕒 Mo–Fr 9–17 Uhr.

Touren

Woolnorth Tours, 💻 www.woolnorthtours.com.au. 2-stündige Touren im 4WD zur Woolnorth Wind Farm und dem Cape Grim ($90).

TRANSPORT

Redline Coaches, 💻 www.tasredline.com.au. Ab BURNIE 1x tgl. nach SMITHTON via Stanley und zurück.

Smithton und Umgebung

Smithton ist das Verwaltungs- und Handelszentrum des Circular-Head-Distrikts, eine touristisch wenig attraktive Stadt, jedoch mit einigen guten Einkaufsmöglichkeiten (günstiger als in Stanley).

Cape Grim und Marrawah

Der Nordwestzipfel Tasmaniens um **Cape Grim** ist Woolnorth, ein riesiges Grundstück in Besitz von Hydro Tasmania. Seit 2007 verwandelt dort eine Windfarm die ständig wehenden Winde in Strom. Die **Woolnorth Windfarm**, mit 75 Megawatt Australiens größte, liefert ca. 12 % des tasmanischen Energiebedarfs. Woolnorth Tours (s. o.) bietet Führungen zur Windfarm und einigen historischen Cottages auf dem Grundstück, entweder ab Smithton, oder für Selbstfahrer ab dem Eingang. Details s. o. unter Smithton. In Marrawah endet der Bass Highway. **Greens Beach** in der Nähe ist ein bekannter und bei Wellenreitern beliebter **Surfstrand**.

Arthur River und Westküste

Im kleinen Fischerdorf Arthur River endet die geteerte Straße – der letzte Stopp vor der Grenze zu Tasmaniens Wildem Westen. Nur ein paar wenige Hartgesottene leben hier, aber das Dorf ist ein beliebtes Ausflugsziel für Hobbyfischer. Man kann per Schiff den Arthur River erkunden oder ein Kanu mieten, um einen Eindruck von der rauen Tarkine-Region zu bekommen (s. Kasten S. 739).

ÜBERNACHTUNG

Tall Timbers Hotel, Scotchtown Rd, Smithton, 💻 www.talltimbershotel.com.au. Schönes, modernes Hotel; Zimmer und Apartments verschiedener Größe. Pool, Spa, Sportraum, BBQ, tgl. geöffnetes Bistro-Restaurant. Das Hotel bietet auch halb- und ganztägige Touren in die Umgebung, u. a. Tasmanian Tiger 4WD Tour (das Gerücht, dass in den Wäldern des Tarkine noch immer Tasmanische Tiger leben, hält sich hartnäckig) und Geländewagentouren ins Tarkine-Gebiet. ❼

Camping und Hütten

Ann Bay Cabins, 99 Greenpoint Rd, Marrawah, 💻 https://annbaycabins.com. Eine herrlich gelegene Unterkunft; komfortabel eingerichtete Cabins mit Blick bis aufs Meer. Frühzeitig reservieren! ❺

Arthur River Cabin Park, Arthur River, 💻 www.arthurrivercabinpark.com. Cabins verschiedener Standards, alle mit Bad und Kühlschrank, die teureren auch mit Mikrowelle und elektrischer Pfanne ❷–❸. Zelt- und Stellplätze ($30/35). Reservieren!

Das Landesinnere und der Westen

Weite Teile des Westens stehen heute als **Tasmanian Wilderness World Heritage Area** unter Naturschutz. Als letzte Wildnis der gemäßigten Zone wurde das Gebiet 1982 zum Weltnaturerbe ernannt und seitdem ständig erweitert: Heute deckt die Tasmanian Wilderness fast ein Fünftel des Inselstaates ab. Schon vor mindestens 35 000 Jahren lebten die Ureinwohner in dieser reichhaltigen Speisekammer. Die Region rühmt sich als eine von nur zwei Welterbestätten gleich sieben der insgesamt zehn Statuskriterien der Unesco zu erfüllen. Der Öko-Tourismus nimmt einen immer höheren Stellenwert ein.

Gefördert durch das nasskalte Klima wuchsen hier Regenwälder mit unglaublich dichtem, fast undurchdringlichem Unterholz – dem gefürchteten „Horizontal Scrub“ – heran, die einen Großteil der Schluchten, Senken und Berge bis zur Schneegrenze hinauf bedecken. Die felsigen, 800–1200 m hohen Berge sind fast immer in Wolken gehüllt.

Im Landesinneren liegt einer der schönsten Nationalparks von ganz Australien, der **Cradle Mountain–Lake St Clair National Park**. Nach Süden geht er in den Franklin/Lower Gordon Wild Rivers National Park mit seinen Wildwasserflüssen und dem weißen Quarzgipfel des Frenchman's Cap über.

Weiter östlich erstreckt sich eine Seenplatte mit 4000 Seen. Hier liegt einer der schönsten Parks Tasmaniens: der **Walls of Jerusalem National Park**. Fünf Bergrücken formen dort die „Mauern“, die eine hügelige, mit einigen Seen durchsetzte Grasebene einschließen.

Geschichte

Die erste koloniale Niederlassung der Westküste am Macquarie Harbour (in der Nähe des heutigen Strahan) verband zwei Absichten miteinander: Erstens wurde so ein Verbannungsort

Derwent Bridge bis Queenstown

Auf der reizvollen Fahrt von Derwent Bridge nach Queenstown lohnen die **Nelson Falls**, ca. 23 km vor Queenstown, einen kurzen Stopp. Vom Parkplatz aus sind es gut zehn Minuten zu den Fällen. Die beiden Geisterstädte **Gormaston** und **Linda** – heute fast nur noch Ruinen – weiter westlich waren früher intakte Städte, in denen die Minenarbeiter mit ihren Familien lebten.

für die Renitentesten und Hartgesottensten unter den Sträflingen von Hobart geschaffen, zweitens wuchsen hier die begehrten Huon Pines, aus deren widerstandsfähigem, ungezieferresistentem Holz die Sträflinge in Fronarbeit Schiffe bauten. Der nächste größere Vorstoß in die Region wurde durch das Goldfieber ausgelöst. Vorkommen von Gold, Silber, Blei, Zinn und Iridosmium zogen in den 1890er-Jahren viele Bergleute an, die der Kälte, Feuchtigkeit und Unwegsamkeit trotzten.

Vor der Fertigstellung des Murchison Highway 1962 war eine (inzwischen stillgelegte) Eisenbahn die einzige direkte Verbindung zwischen den Bergwerksstädtchen des Westens und den Hafenorten im Nordwesten. Noch heute ist der Westen nur dünn besiedelt. 1987 wurde in dieser Gegend ein weiteres Großprojekt der Hydro Electric Commission (jetzt: Hydro Tasmania) fertiggestellt. Mit fünf Dämmen wurden der Mackintosh, Murchison und Pieman River gestaut und deren Täler überflutet, um billigen Strom zu erzeugen.

Queenstown

Auf den ersten Blick macht es einen etwas trostlosen Eindruck: Queenstown ist vom Bergbau geprägt, rings herum liegen teils verlassene Bergwerke. Aus der Nähe betrachtet zeigt das Städtchen aber durchaus ein freundlicheres Gesicht; viele schön hergerichtete alte Gebäude prägen das Stadtbild. Queenstown kann zwar nicht mit dem Flair und Charme seiner Nachbarstadt Strahan mithalten, ist dafür aber wesentlich authentischer und weniger touristisch.

Von 1888 bis 2014 wurden in der riesigen **Mount Lyell Mine** Gold, Silber und Kupfer gefördert. Zu ihrer Blütezeit Anfang des 20. Jhs. beschäftigte die Mine rund 1500 Menschen. Das Bergwerk kann besucht werden (s. u., Touren).

Vom Lyell Highway bietet sich eine gute Aussicht auf Queenstown. Hinter Gormanston windet sich die Straße in engen Serpentinen hinunter in die Stadt, die inmitten einer Mondlandschaft aus kahlen, zum Teil durch die Mineralien bunt schimmernden Bergen liegt. Die dichten Wälder, die einst auch hier wuchsen, wurden für den Schiffbau und als Feuerholz für die Schmelzöfen der Stadt abgeholzt. Die verbliebene Vegetation zerstörten Buschfeuer, intensive Regenfälle und die schwefelhaltigen Dämpfe der Kupferschmelzereien. Die unteren Bergregionen werden jetzt langsam wieder aufgeforstet.

Eric Thomas Gallery Museum

Im ehemaligen Imperial Hotel (1897 erbaut) sind die historischen Fotos sehenswert, die Zeugnis vom Pionierleben an der Westküste ablegen. Das Museum dient auch als **Visitor Information Centre**. ⌚ tgl. 9–17 Uhr, Eintritt $5.

West Coast Wilderness Railway

Die alte Bahnstrecke folgt von der Queenstown Station in der Driffield St dem Verlauf des

Edles Holz aus Tasmaniens Wäldern

Das Edelholz **Huon Pine** wächst nur auf Tasmanien und wurde hier in den letzten 200 Jahren stark abgeholzt. Der älteste bekannte Huon Pine wurde 1975 nahe des Pierce Rivers gefällt; er soll mindestens 2200 Jahre alt gewesen sein. Huon Pine ist v. a. im Schiffsbau ein begehrtes Material. Der Baum wächst nur in sehr feuchtem Klima wie hier, mit einer Niederschlagsmenge von ca. 2500 mm pro Jahr. Heute werden neue Bäume gepflanzt, die Säge kann aber noch getrost im Schuppen warten: Huon Pine braucht mindestens 500 Jahre, um zu einer nutzbaren Größe heranzuwachsen.

King und Queen River nach Strahan. Die Schienen wurden 1896 gelegt, um das Bergwerk von Queenstown mit dem Hafen in Strahan zu verbinden. Mit primitiven Werkzeugen und unter harten klimatischen Bedingungen trieben Arbeiter eine Bahntrasse in die Felsen der Schlucht. Die Bahn galt seinerzeit als eine Glanzleistung der Ingenieurskunst – der Entwurf stammte übrigens von einem deutschen Ingenieur. Ab Queenstown fahren Dampflokomotiven bis zur Lynchford Station, wo man nach Gold graben kann, bevor es zurück geht; $45, Kind $25, 💻 www.wcwr.com.au.

ÜBERNACHTUNG UND ESSEN

Empire Hotel, 2 Orr St, 💻 www.empirehotel.net.au. Historischer Pub gegenüber der Abt Railway, 🕒 tgl. Mittag- und Abendessen; renovierte Zimmer, z. T. mit eigenem Bad. Preise inkl. einfachem Frühstück. ❶–❷

Penghana B&B, 32 The Esplanade, 💻 https://penghana.com.au. Das edle Herrenhaus war einst Wohnsitz der Manager der Mt Lyell Mine. Die schön möblierten Gästezimmer haben alle ein Bad, die größeren auch Wohnzimmer mit offenem Kamin. ❹–❼

INFORMATIONEN

Visitor Information im Gallery Museum, Sticht St, Ecke Driffield St, 🕒 tgl. 9–17 Uhr.

TOUREN

Roam Wild Tasmania, ✆ 0407 049 612, 💻 www.roamwild.com.au. Auf der Lost Mines-Ancient Times Tour erhält man einen Einblick in den harten Alltag der Bergarbeiter und Baumfäller (3 Std., $75). Außerdem gibt es eine Tour zur Hydro Power Station (3 Std., $75) und ins Hochland im Geländewagen.

TRANSPORT

Tassielink Coaches, 💻 www.tassielink.com.au. Tgl. Verbindungen nach STRAHAN und BURNIE.

Strahan

Die idyllische Hafenstadt Strahan (ausgesprochen *straw-n*) liegt von Wind und Wetter geschützt im riesigen Naturhafen Macquarie Harbour. Seine Lage „am Ende der Welt" hat sich längst zum kommerziellen Vorteil entwickelt. Der 700-Seelen-Ort wird in den Sommermonaten von Tausenden Besuchern überrollt. Entsprechend gut (und teuer) ist die touristische Infrastruktur.

West Coast Reflection

Die sehenswerte Ausstellung im Visitor Centre widmet sich der Besiedlung dieser entlegenen Gegend: den Ureinwohnern, Sträflingen, Holzfällern, Bergleuten und Umweltschützern der 1970er-Jahre. 🕒 Mo–Fr 10–17, im Sommer bis 20 Uhr, $3, 💻 https://westcoasttas.com.au.

Im Theater nebenan wird seit Beginn der 1990er-Jahre das lustige Theaterstück **„The Ship That Never Was"** gespielt. Es handelt von einer dramatischen Flucht von der Sträflingsinsel Sarah Island. Achtung: Zuschauerbeteiligung! 🕒 Sep–Mai um 17.30 Uhr, Eintritt $20.

Morrison's Huon Pine Saw Mill

Neben dem Visitor Centre gibt es wunderschöne, aus dem Holz der Huon Pine gefertigte Gegenstände zu sehen und zu kaufen – nur Abfälle werden verwendet. Dazu gehört auch eine Kunstgalerie. 🕒 tgl. 8–17 Uhr, 💻 https://morrisonshuonpine.com.au.

Gordon River Cruise

Eine Kreuzfahrt über den 285 km² großen Naturhafen Macquarie Harbour zum **Gordon River** zählt zu den Highlights eines Westküstenbesuchs – wenn das Wetter es zulässt. Das Gebiet um den Gordon River befindet sich auf der Unesco-Liste des Weltnaturerbes. Die Ausflugsschiffe halten auf **Sarah Island**, wo sich zwischen 1821 und 1833 eine berüchtigte Sträflingsniederlassung befand, und fahren vorbei an der von den Sträflingen **Hells Gates** genannten engen Einfahrt in den Naturhafen (S. 744, Bootstouren).

In der Umgebung

Den Sonnenuntergang kann man am besten von den Sanddünen des 6 km westlich von Strahan gelegenen **Ocean Beach** genießen, an dessen 33 km langem Sandstrand sich die Wellen brechen. Von September bis März lohnt es sich, in der Abenddämmerung vom **Muttonbird Lookout** am Strand die Riesenschwärme heimkehrender Sturmtaucher *(muttonbirds)* zu beobachten. Freiwillige Umweltschützer geben hier dann Auskünfte zu den Tieren. Baden ist zu gefährlich. Der **West Strahan Beach** im Macquarie Harbour eignet sich wegen des sanft abfallenden Sandbodens hingegen auch für Kinder.

Auf dem Weg von Strahan nach Zeehan auf der B27 nähert man sich etwa 15 km hinter Strahan den Sanddünen **Henty Dunes**, die teilweise 30–40 m hoch hinter Ocean Beach aufragen.

ÜBERNACHTUNG

Hostel

Strahan Backpackers, 43 Harvey St, 🖳 https://strahanbackpackers.com.au. Die Dorms (Bett $49) und DZ befinden sich in einfachen Holzhütten mit Heizung in einem kleinen Park. Freundlich und ruhig. ❷

Andere

Gateway to the Gordon, 4 Grining St, 🖳 www.gatewaytothegordon.com.au. Moderne Hotelzimmer und schöne kleine Apartments sowie gemütliche Holzcabins umgeben von einem großen idyllischen Garten. Ab ❹
Risby Cove, Esplanade, 🖳 www.risbycove.com.au. Hat kleine, hell und freundlich möblierte Apartments mit 1–2 Schlafzimmern. Die Anlage liegt direkt am Wasser; dazu gehört auch ein Restaurant. ❼
Strahan Village, The Esplanade, 🖳 www.strahanvillage.com.au. Eine ganze Straßenzeile mit vielen verschiedenen Restaurants und Unterkünften, darunter das **Hamers Hotel** von 1880. Schöne Zimmer unterschiedlicher Preisklassen. ❺–❼

ESSEN

Bushman's Thai,1 Harold St. Hervorragende thailändische Küche. 🕒 tgl. 12–15, 17–20.30 Uhr.
Hamers Bar & Grill im Hamers Hotel, Esplanade. Die üblichen Countermeals. 🕒 Sep–April.
Risby Cove, bei der gleichnamigen Unterkunft (s. o.). Gutes Essen, vor allem Fisch und Seafood. Schöne Lage direkt am Wasser. 🕒 tgl. Abendessen.
View 42° Restaurant and Bar, 41 Esplande. Auf einer Anhöhe gelegen, schöner Blick auf Dorf und Wasser. Spezialität: frisches Seafood. 🕒 tgl. Frühstück und Abendessen.

INFORMATIONEN

West Coast Visitor Centre, The Esplanade, 🖳 https://westcoasttas.com.au. 🕒 Mo–Fr 10–17 Uhr.

TOUREN

Bootstouren

Die zwei Gordon-River-Kreuzfahrten steuern die Macquarie Heads an, besuchen die ehemalige Sträflingsniederlassung Sarah Island und kreuzen auf dem Gordon.
Gordon River Cruises, 🖳 www.gordonrivercruises.com.au. Tgl. ab Strahan Wharf 8.30–14 Uhr, im Sommer auch 14.45 bis 20.15 Uhr. $160 oder $200 für einen Fensterplatz; Sitzplatz im Upper Deck $350, jeweils inkl. Mittagessen. Schanklizenz. Bei Heritage Landing am Gordon River kurzer Spaziergang auf einem Bretterweg durch den Regenwald.
World Heritage Cruises, 🖳 www.worldheritagecruises.com.au. Lang etablierter Familienbetrieb. Mit eigens für den Gordon River entworfenen Katamaran, tgl. ab Strahan Wharf 9–15 Uhr, ab $150 inkl. Mittagessen. Im Sommer auch Afternoon Cruise 15–20.30 Uhr. Schanklizenz.

TRANSPORT

Siehe S. 743, Queenstown.

Zeehan

Die Wiedereröffnung der Zinnmine beim etwa 30 km entfernten Renison Bell bewahrte Zeehan davor, eine Geisterstadt zu werden. Es verdankte seine kurze Blütezeit um die Jahrhundertwende den ergiebigen Blei- und Silberminen der Gegend. Wie in anderen kurzfristig reich gewordenen australischen Bergwerksstädtchen entstanden prächtige Gebäude mit häufig großspurigen Namen, zum Beispiel das **Grand Hotel** oder das **Gaiety Theatre**.

In der 1908 etwa 8000 Einwohner zählenden Stadt gab es 26 Kneipen, von denen noch zwei übrig sind. 1909 waren die Minen erschöpft, und Zeehan fiel in einen Dämmerschlaf. Mit den viel zu großen Gebäuden aus seiner Blütezeit und den verstaubten Läden wirkt der 600-Seelen-Ort wie die Kulisse zu einem Wildwestfilm.

Das **West Coast Heritage Centre** in der ehemaligen School of Mines (Bergbauschule) von 1894, ist ein Bergbaumuseum mit einer bemerkenswert umfassenden Mineraliensammlung. ⌚ tgl. 9–17 Uhr, Eintritt $25, inkl. Zutritt zum Gaiety Theatre, in dem einige interessante Dokumentationen laufen.

Tarkine

The Tarkine, Australiens ausgedehntestes Gebiet kühl-gemäßigten Regenwaldes und das zweitgrößte weltweit, umschließt eine Wildnis von 447 000 ha. Die Region erstreckt sich vom Arthur River im Norden bis zum Pieman River im Süden, von der Westküste bis zum Murchison Highway. Hier liegen zahlreiche Kulturstätten der Aborigines.

Der **Tarkine Drive** von Marrawah nach Roger River führt auf geteerter Straße quer durch diese noch weitgehend unberührte Wildnis. Entlang der Route liegen Aussichtsplattformen, Picknickplätze und vor allem sagenhafte Wanderungen durch dichten Regenwald. Infos und Karte unter 💻 https://discoverthetarkine.com.au.

Tarkine Trails bietet hervorragende, mehrtägige Touren durch die Tarkine Wildnis. 4 Tage $2000, 💻 www.tarkinetrails.com.au.

Corinna

Kein Handy-Empfang, kein Internet, kein Fernsehen, keine Zeitung – das winzige ehemalige Goldgräberstädtchen Corinna vermarktet sich heute als Wilderness Village. Gerade mal 14 Einwohner zählt der Weiler (im Winter sind es sogar nur 7). Im Sommer beherbergt er jedoch stets um die 70 Besucher. Als begehrtes Ökotourismus-Reiseziel sind die modernen, nach umweltfreundlichen Kriterien gestalteten Cottages mit ein bis zwei Schlafzimmern in den Sommermonaten meist ausgebucht ❽. Genügsame Reisende können ihre Zelte auf einem kleinen Zeltplatz aufschlagen.

Direkt vor **Corinna** überquert man mit der „Fatman" Fähre den hier von dichtem Regenwald gesäumten **Pieman River** (Fährbetrieb im Sommer 9–19, im Winter 9–17 Uhr; $28–33).

Am Flussufer lassen sich schöne kurze und lange Spaziergänge unternehmen. Bei Sonnenauf- und untergang hat man dabei die besten Chancen, Schnabeltiere zu entdecken. Außerdem besteht Gelegenheit zu Kanufahrten (halber Tag $40, ganzer Tag 65) und zu einer **Bootstour** auf der kleinen MV *Arcadia II* flussabwärts zur Mündung des Pieman River. Die Fahrt ist genauso eindrucksvoll wie die Kreuzfahrt auf dem Gordon River, aber es geht hier familiärer zu (tgl. um 10 Uhr, im Winter auf Anfrage; Fahrt 4 Std., $105 inkl. Lunch). Alles unbedingt im Voraus reservieren, 💻 www.corinna.com.au.

Der General Store verkauft Grundnahrungsmittel, Wein und Bier, es gibt auch ein Pub mit Bistro-Restaurant. Man verwendet Solarstrom.

Cradle Mountain–Lake St Clair National Park

Einer der schönsten Nationalparks von ganz Australien umfasst 130 000 ha wilder Gebirgslandschaft mit Tasmaniens höchsten Bergen, Tälern, Hochmooren und Gletscherseen wie dem 160 m tiefen Lake St Clair.

Wanderer und Spaziergänger sollten *immer* warme Sachen und Regenschutz bei sich tragen – auch bei Sonnenschein, denn das Wetter kann unglaublich schnell umschlagen. Im Cradle Valley betragen die durchschnittlichen jährlichen Niederschläge 2600 mm. Selbst im Sommer kann es schneien und hageln.

Cradle Mountain

Ausgangsbasis für Wanderungen am Nordende ist das **Cradle Mountain Visitor Centre**, von wo aus ein Shuttle-Bus Besucher zum Startpunkt der vielen Wanderpfade im Park bringt. Hier erhält man auch den Park Pass ($28 pro Tag oder $90 für 2 Monate, Ticket für den Shuttle-Bus jeweils inbegriffen).

Am Ronny Creek beginnt die Wanderung rund um den **Dove Lake** (ca. 2 Std.), der ganz nach Wanderlust ausgebaut werden kann. Beim Abstecher zum **Marions Lookout** z. B. kommt man fast auf Augenhöhe mit dem Gipfel des **Cradle Mountain**. Wer diesen erreichen will, sollte sechs bis acht Stunden einplanen; das letzte Stück ist eine anspruchsvolle Kraxelpartie, die dafür aber mit atemberaubenden Ausblicken über Seen und Berge belohnt wird. Wunderschön ist auch der Weg zurück nach Ronny Creek entlang des **Crater Lake**.

Am Ronny Creek beginnt auch Australiens bekanntester Wanderweg, der **Overland Track** von Cradle Mountain nach Lake St Clair. Für die Strecke benötigt man etwa sechs Tage (S. 747) und muss sich rechtzeitig anmelden.

Lake St Clair

Die touristische Infrastruktur bei Lake St Clair am südlichen Ende des Nationalparks ist (noch) nicht so ausgebaut wie im Cradle Valley. Eine Fähre kurvt täglich über den Lake St Clair von Cynthia Bay zum Echo Point ($45 einfach) und weiter nach Narcissus ($55 einfach ab Cynthia Bay).

Besuch beim Teufel

In freier Wildnis ist der Tasmanische Beutelteufel rar geworden (S. 693). Zuchtprogramme in Wildreservaten sind darum bemüht eine gesunde Bevölkerung zu bewahren, bis das Beuteltier hoffentlich eines Tages zurück in die Wildnis entlassen werden kann. Auf den hervorragenden „After Dark Tours" im **Devils @ Cradle** in Cradle Mountain können Besucher die allabendliche Fütterung miterleben. Wenn wütendes Gebrüll die Schlacht ums Fleisch einleitet, wird klar wie der Beutler seinen Namen erhielt. Im Park leben zudem die ebenfalls gefährdeten Beutelmarder. Eintritt $25, Kind $15. Touren (inkl. After Dark Feeding Tour) $38, Kind $20), 💻 https://devilsatcradle.com.

The Wall am Lyell Highway bei Derwent Bridge ist das Ergebnis eines ehrgeizigen Projekts eines Holzschnitzers. Der Autodidakt schuf hier in seiner Buschwerkstatt 3 m hohe und 1 m breite Holzfresken aus Huon Pine, die Szenen aus dem Hochland darstellen. Zu den Motiven gehören Arbeiter bei den Dämmen und in der Forstwirtschaft, Wombats und der tasmanische Tiger. Aneinandergereiht ergeben die Fresken eine 100 m lange Wand. 2 km östlich von Derwent Bridge; ausgeschildert. 💻 https://thewalltasmania.com.au, 🕒 Touren von Sep–Mai tgl. 9–17 Uhr, Eintritt $18.

ÜBERNACHTUNG UND ESSEN

Im Cradle Valley

Unterkunft unbedingt reservieren! Die Preise sind sehr hoch, besonders im Sommer. Meist mind. 2 Nächte.

Cradle Mountain Highlanders, 💻 www.cradlehighlander.com.au. Holzcabins mit 1–2 Schlafzimmern, offenem Kamin und Küchenzeile. Frühstückszutaten. ❼

Cradle Mountain Hotel, 2,5 km nördlich des Visitor Centre an der Cradle Valley Rd, 💻 www.cradlemountainhotel.com.au. Das größte Hotel im Park verfügt über ein Restaurant und Bar. Im modernen Gebäudekomplex – im Gegensatz zu den anderen nicht aus Holz – gibt es gut ausgestattete Zimmer und Suiten. ❼

Discovery Holiday Parks Cradle Mountain, 💻 www.discoveryholidayparks.com.au. Zelt- und Caravanstellplätze ohne/mit Stromanschluss ($48/58), Cabins, alle mit Heizung, ab ❼; Campküche. Aufenthaltsraum mit offenem Kamin. Internetzugang. Kiosk verkauft Grundnahrungsmittel, teures Restaurant mit Schanklizenz.

Waldheim Cabins, 💻 https://parks.tas.gov.au. Einfache Cabins mit Etagenbetten (max. 8 Pers.), schön gelegen in der Nähe von Waldheim. Bettzeug und Lebensmittel mitbringen. Ab ❸

Derwent Bridge

Derwent Bridge Wilderness Hotel, 💻 www.derwentbridgewildernesshotel.com.au.

Schönes rustikales Pub mit guten Countermeals. DZ und EZ mit Heizung, mit ❺ und ohne Bad. Frühstück inkl. ❹.
Derwent Bridge Chalets, Lyell Highway, 💻 www.derwent-bridge.com. Komfortable Chalets mit 1–3 Schlafzimmern, Heizung. Eins behindertengerecht. Inkl. Frühstückszutaten. ❼
Lake St Clair Lodge, am Ende des Overland Track an der Cynthia Bay, 💻 www.lakestclairpark.com.au. Große Anlage mit Unterkünften aller Art. Zeltplätze mit/ohne Strom ($40/48), Cabins und Backpackerunterkunft mit 4-Bett-Dorms, Bett $70 inkl. Frühstück. Auch DZ im Backpacker-Stil ❹ sowie Gästezimmer und Cabins ab $300. Bootsvermietung, Kiosk, Café und Restaurant mit Schanklizenz, 🕒 tgl. tagsüber; im Sommer auch Abendessen. Vom Lyell Highway über die Lake St Clair Rd zu erreichen. ❼

SONSTIGES

Informationen

Visitor Information Centre und **Ranger Station**, Cradle Mountain, am Eingang zum Nationalpark sowie bei Lake St Clair Wilderness Holidays am Lake St Clair, Cynthia Bay; 🕒 tgl. 8–17 Uhr. Informative Ausstellung bei beiden über die Entstehungsgeschichte der Region, die Ureinwohner und die europäischen Siedler sowie Flora und Fauna. Informationen über Spazier- und Wanderwege im Park. Alle Wanderer müssen sich in die beim Ranger ausliegenden Bücher ein- und wieder austragen.

Wandertouren

Overland Track: in 5–8 Tagen, Gebühr $285 p. P., fällt nur zwischen 1. Okt und 31. Mai an (zusätzlich zur Eintrittsgebühr in Nationalparks). Die Wanderung muss von Norden nach Süden erfolgen und so früh wie möglich im Voraus gebucht werden (ab Juli für die nächste Sommer-/Herbstsaison). Weiteres unter 💻 www.overlandtrack.com.au.

Viele unterschätzen die Anforderungen, zudem kann das Wetter schnell umschlagen. Die meisten Rettungsaktionen müssen wegen Unterkühlung eingeleitet werden. Die Hütten bieten nicht genügend Platz für alle zum Track zugelassenen Wanderer, sodass es bei schlechtem Wetter ungemütlich werden kann. Geführte Wanderungen bieten mehr Komfort – für einen gewissen Preis.

Alteingesessene Anbieter sind:
Cradle Huts, Launceston, 💻 www.cradlehuts.com.au. In 6 Tagen als „Soft Adventure“: Übernachtung in beheizten Hütten, Tourguides bereiten warme Mahlzeiten zu, $4400; inkl. Transport von und nach Launceston, Führung, Mahlzeiten und Unterkunft. Mind. 2, max. 10 Teilnehmer; Ausrüstungsverleih.
Tasmanian Expeditions, 💻 www.tasmanianexpeditions.com.au. Viele geführte Wanderungen, unter anderem Overland Track in 6 Tagen inkl. Übernachtung im Zelt ($3000). Außerdem 4- oder 6-tägige Wanderung zur Walls of Jerusalem ($2200/2700).

Rundflüge

Cradle Mountain Helicopters, 💻 www.cradlemountainhelicopters.com.au. 20-minütige Rundflüge $300.

TRANSPORT

Der Norden und der Süden des Nationalparks sind gut mit dem Auto oder mit öffentlichen Transportmitteln zu erreichen.
Cradle Mountain Coaches, 💻 http://cradlemountaincoaches.com.au. Ist auf Wanderer spezialisiert und organisiert An- und Abfahrt vom Hotel (auch in Launceston und Hobart) zur Wanderroute. Preise abhängig von der Anzahl der Passagiere.
McDermotts Coaches, 💻 www.mcdermotts.com.au. Shuttleservice zwischen Cradle Mountain und Launceston ($80). Auch Tagestouren.

Anhang

Sprachführer 748
Bücher 753
Busfahrpläne 756
Index 766
Danksagung 777
Bildnachweis 778
Impressum 779
Kartenverzeichnis 780

Sprachführer

In Australien wird eine eigenwillige Variante des Englischen gesprochen, die sich sowohl vom British English als auch vom amerikanischen Englisch vor allem in der Aussprache, aber auch im Wortschatz, unterscheidet. Bemerkungen von Ausländern über den starken australischen Akzent (oder schlimmer noch: Dialekt) kommen allerdings bei den Australiern gar nicht gut an. Diese Haltung sind sie nämlich schon seit etwa zwei Jahrhunderten von den Engländern gewohnt, die den breiten Austral-Akzent mit Naserümpfen quittieren.

Da in Australien ebenso lange alles Englische als Maßstab aller Dinge galt, fühlen sie sich noch heute durch diese Verachtung tief getroffen und kompensieren dies durch einen ausgeprägten Stolz. Wenn jemand komisch spricht, dann sind es die anderen, die *Pommies* (Engländer), die *Yanks* (Amerikaner) oder die *Kiwis* (Neuseeländer).

Für die, die sich neu in die fremd klingende Englisch-Variante einhören müssen, gibt es immerhin einen Trost: Ins Gewicht fallende regionale Varianten gibt es praktisch nicht. *Dance, chance* usw. wird in manchen Gegenden britisch ausgesprochen (mit einem langen „a"), in anderen amerikanisch (wie „dänce, chänce"), in ländlichen Gebieten sprechen die Leute wohl langsamer, gedehnter, aber im Allgemeinen gilt: In Cairns spricht man (fast) genauso wie in Sydney oder Wagga Wagga.

Ein paar Grundregeln

Um dem Schulenglisch eine australische Färbung zu verleihen, sollte man einige Grundregeln beherzigen:

- Den Mund möglichst wenig aufmachen – waschechtes Australisch ist genuschelt. Böse Zungen behaupten, diese Sprechweise habe sich aufgrund der australischen Landplage der Fliegen entwickelt.
- Alle Vokale möglichst breit und gedehnt aussprechen, z. B. *card, market* mit langem „a", das kurze „i" und „e", z. B. in Tim oder *bed*, dehnen.
- Wörter wie *place, race, mate, hay* sprechen die Australier nicht, wie wir im Englischunterricht gelernt haben, wie Pleys, Reys, Meyt und Hey aus, sondern Plais, Rais, Mait und Hai. Wenn ein Australier von einem „horse rice" erzählt, beschreibt er kein merkwürdiges Gericht, sondern ein Pferderennen!
- Die Australier lieben Abkürzungen. Wörter mit mehr als drei Silben werden zusammengezogen. So erhält zum Beispiel ein Einwohner von Brissie (Brisbane) morgens Post vom *postie* (postman), Milch vom *milko*, und der *garbo* (garbage man) holt den Müll ab. Am Saturday *arvo* (afternoon) trotzt man den *blowies* (blowfly – Fliegen) und *mozzies* (Moskitos), wirft im Garten den *barbie* (barbecue) an und trinkt dazu ein paar *stubbies* (kleine Flaschen Bier).

Strine-Wörterliste

Strine ist die in Australien inoffiziell gebräuchliche Bezeichnung des australischen Englisch. Wenn die Australier das Wort Australian aussprechen, hört es sich wie *Strine* an. Sowohl Worte aus Aboriginal-Sprachen als auch eigene Wortschöpfungen hielten im australischen Englisch Einzug. Besonders reich und kreativ ist *Strine* im Bereich idiomatischer Redewendungen. Wie in jeder Sprache sind viele davon sehr zeitgebunden und klingen nach kurzer Zeit veraltet.

Einige „klassische" sind hier aufgeführt. Wer danach fragt, wird von den Aussies die neuesten Ausdrücke erfahren.

A

Abo rassistische Abkürzung von Aborigine, kommt vom Ton her fast „Nigger" gleich
Ankle biter Kleinkind
Arvo Nachmittag
Aussie (sprich: Ossi) Australier
Aussie salute australischer Gruß: Wedelbewegung vor dem Gesicht, um Fliegen zu verscheuchen

B

Back of beyond Outback, Gegend, „wo sich Fuchs und Hase gute Nacht sagen"
Banana bender Queenslander
Barbie Barbecue; Grill
Beanie Pudelmütze
Beaut *beautiful*
Beef road Straße im Outback, die von den Farmern zum Viehtransport genutzt wird.
Billabong Wasserloch im Outback, oft in einem ausgetrockneten Flussbett
Billy tea Art der Teezubereitung im *Bush*
Bitumen (road) geteerte Straße im Outback
Bloke Typ
Blowie kurz für *blowfly*, die überaus lästigen australischen Fliegen, die vor allem im Frühjahr in allen Landstrichen außerhalb der Städte zur Landplage werden können
Bludger Parasit, Absahner. Oft: *dole bludger*, Person, die Arbeitslosen-/Sozialhilfe einkassiert, obwohl sie in der Lage wäre, zu arbeiten und einen Job zu finden
Bogan Proll
Boong rassistisch: Schimpfwort für die Aborigines
Bottle Shop oder Bottle O Laden mit Alkoholverkaufslizenz, gehört meist zu einer Kneipe
Bull dust feiner, alles durchdringender Staub im Outback
Bunkhouse Haus mit einem oder mehreren Räumen, die mit Etagenbetten *(bunks)* ausgestattet sind
Bunyip mythisches Buschungeheuer
Bush alle Gebiete außerhalb der Zivilisation, egal ob sie bewaldet, mit Sträuchern bewachsen oder ohne Vegetation sind
Bushwalking kurzer Spaziergang oder lange Wanderung im *Bush*
BYO (sprich bi-wei-o) Abkürzung für *bring your own* (Alkohol oder andere Sachen)

C

Cattleman wörtlich: Viehtreiber, Rinderhirte. Das australische Äquivalent zum amerikanischen Cowboy und ähnlich stark mythologisiert.
Cattle Station Rinderfarm; oft von der Größe eines kleinen europäischen Landes
Chook Huhn
Cocky Besitzer einer kleinen Farm
Comprehensive Insurance oder: *Fully Comprehensive Insurance;* Vollkaskoversicherung
Coo-ee Ruf, wenn man sich im Busch verlaufen hat (wie: huhuh!). Angeblich von den Aborigines übernommen
CTP *Compulsory Third Party Insurance*; obligatorische Personenschadenversicherung, die bei der Zulassung *(registration)* eines Autos automatisch mit eingeschlossen ist.
Corroboree früher: Versammlung und zeremonielle Zusammenkunft der Aborigines, heute: Fest
Countermeal Essen in der Kneipe, das man sich vom Tresen abholt
Cozzies Badeanzug oder Bikini
Crook wie in: *I feel a bit crook* – krank sein
Cut lunch Sandwich

D

Daggy hausbacken, spießig, uncool – das genaue Gegenteil von hip. Auch als Nomen: ein *dag* ist ein Spießer

Damper Art der Brotzubereitung im *Bush*
Derro Obdachloser; Landstreicher (von: *derelict person*)
Dickhead Idiot
Didgeridoo (andere Schreibweise: Didjeridu); Musikinstrument der Aborigines des Nordens, langes Blasrohr
Digger Soldat
Dill Idiot
Dinkum echt, wahr. Ein Dinkum Aussie ist ein waschechter Australier
Down under Australien ist down under oder liegt down under – weit weg am anderen Ende der Welt
Drover Viehtreiber
Dunny Plumpsklo

E

Esky Kühltasche. Mit das wichtigste Zubehör eines australischen Picknicks

F

Fair dinkum echt wahr; nicht gelogen
Fair go *everybody should have a fair go* – Jeder sollte eine Chance haben
Flake Haifischfilet
Footy Australian Rules Football. Hat nichts mit *soccer*, dem europäischen Fußball, zu tun
Fossick nach Edelsteinen schürfen, wofür man meist eine *Fossicking Licence* benötigt
Four Wheel-Drive auch 4 WD abgekürzt. Wagen mit Allradantrieb, Geländewagen

G

Galah kreischender Papagei; Schimpfwort für dumme Schwätzer
Garbo *garbage collector*, Müllmann
Globe Glühbirne (brit. Bezeichnung: *light bulb*)
Good on ya na, is' ja gut, oder: haste gut gemacht. Wie schön für dich. (Oft ironische Verwendung)
Grazier Besitzer von riesigen *stations* mit Weideland
Gripe wie in: *I have no gripes* – Ich habe nichts zu bemängeln
Grog Alkohol
Grub Essen (*pub grub* = Kneipenessen)
Gum Tree jede Art von Eukalyptusbaum (kein Gummibaum!)

H

Hoon wird meist für fahrlässige Autorfahrer gebraucht.
Hotel Kneipe, mit oder ohne Unterkunft

I / J

Interstate *to travel interstate*; in einen anderen Bundesstaat fahren
Jackeroo Cowboy
Jilleroo Cowgirl
Joey Känguru- oder Koalajunges
Journo Journalist
Jumbuck Schaf

K

Kickback Provision für eine Vermittlung o. Ä.
Kiwi Bezeichnung für Neuseeländer
Koorie Kollektivbezeichnung für Ureinwohner aus dem Südosten Australiens
Knock *to knock politicians* oder *to knock the boss*; über jemanden herziehen, mit vernichtender Kritik niedermachen
Knock back (ein Angebot) ablehnen
Kraut Person deutscher Herkunft (mit ironisch-verächtlichem Unterton)

L

Lamington mit Schokolade und Kokosraspeln überzogene Plätzchen
Larrikin Rebell, aber auch Radaubruder, Schläger
Lollies Süßigkeiten

M

Mate Kumpel. Übliche vertrauliche Anrede unter Männern
Middie kleines Glas Bier (in NSW)
Milk Bar Tante-Emma-Läden in den Vorstädten
Moleskins Hose aus dicker Baumwolle mit verstärkten Nähten, für „Bushmen"
Mozzie Moskito

N

Never-Never tiefstes Outback, dem man entweder entfliehen möchte, um *never-never* zurückzukehren, oder das man so ins Herz geschlossen hat, dass man es *never-never* verlassen möchte

New Australian offizielle Bezeichnung für Neueinwanderer; kann einen verächtlichen Unterton haben

No hoper Taugenichts. Aus dem/der wird nichts

No worries! Kein Problem. Standardfloskel als Antwort auf eine Anfrage oder Bitte, wird manchmal auch im Sinne des hispanischen *mañana* gebraucht

O

Opp Shop kurz für: *Opportunity Shop;* von Wohltätigkeitsvereinen betriebener Secondhand-Laden, in dem u. a. Kleidung, Geschirr und Hausrat verkauft wird.

Outback im Prinzip alle unbewohnten Gegenden, insbesondere aber die Steppen und Wüsten im Landesinnern

P

Paddock Acker

Piss Bier; *pissed* – betrunken/blau

Pollie Politiker, meist in verächtlichem Ton ausgesprochen

Pom, Pommie verächtliche Bezeichnung für Engländer

Poofter Schwuler; sehr verächtlich

Postie Briefträger

Pot kleines Glas Bier in Melbourne, großes Glas in Sydney

Pub Kneipe

R

Rage wie in: *we raged all night* – wild feiern, tanzen

Rapt wie in: *she was rapt about the present* – total begeistert, entzückt

Ratbag gebräuchliches Schimpfwort, etwa wie Idiot, Dreckskerl, A...loch

Rego kurz für *Certificate of Registration,* Kfz-Zulassung

Road Train Sattelschlepper mit mehreren Anhängern

Roadworthiness das *Certificate of Roadworthiness* – das australische Äquivalent zur TÜV-Plakette – benötigt man beim Autokauf; es ist eine der Bedingungen für die Neuzulassung. Man bekommt das Papier von einer zur Ausstellung autorisierten Werkstatt.

Roo Bar weitere Stoßstange vorm Auto, die den Aufprall beim Zusammenstoß mit Kängurus dämpfen soll

Root; to root vulgärer Ausdruck für Geschlechtsverkehr (im Gegensatz zum nordamerikanischen: *to root for a (baseball) team* = ein Team unterstützen)

Rooted völlig kaputt sein

RSL Abkürzung für *Returned Soldiers' League;* Verein heimgekehrter Soldaten. Konservative Vereinigung, die vor allem in New South Wales viele gut gehende Clubs mit Spielautomaten, preiswerten Restaurants und anderen Annehmlichkeiten betreibt

Rubbish *to rubbish the teacher.* Jemanden kritisieren, heruntermachen, kommt v. a. im Zusammenhang mit *tall poppies* vor (S. 752)

S

Schooner großes Glas Bier (in NSW)

Sealed Road asphaltierte Straße

Sheila allgemeine Bezeichnung für junge Frauen; wie „Mädels", zuweilen mit verächtlichem Unterton

She'll be right wird schon gut gehen. Grundsätzliche Haltung der Australier gegenüber der Zukunft. Ebenfalls Standardantwort, wenn jemand von persönlichen Problemen erzählen will.

Shout wie in: *It's your shout, mate!* oder *I'll shout you a beer* – eine Runde werfen, einen ausgeben. Man bestellt niemals für sich allein, sondern es werden abwechselnd von allen Runden ausgegeben.

Sickie bezahlter Krankheitstag

Skinnydipping nackt baden

Slab of Beer Karton mit 24 Dosen Bier

Smoko Teepause

Snag (Brat-)Wurst

Spit the dummy wie in: *... and then he spat the dummy* – die Geduld verlieren; einem platzt der Kragen (wörtlich: „den Schnuller ausspucken")

Spunk attraktive Person (beiderlei Geschlechts); auch Adjektiv: *spunky*

Station riesige Farm

sticky beak neugierige Person (auch: *I just wanted to have a sticky beak* – Ich wollte mal neugierig sein)

Stockman Cowboy

Stubbie kleine Flasche Bier, im Norden auch Bezeichnung für extrem kurze Männershorts

Swag Schlafrolle; wie ein Schlafsack, aber mit losen Enden (ohne Reißverschluss) und mit einer eingearbeiteten Unterlage – man braucht also keine Isomatte.

Swagman war bis in die Nachkriegszeit ein Gelegenheitsarbeiter, der auf der Suche nach Arbeit mit seinem *swag* durchs Outback zog. Heute gibt es die *swagmen* so gut wie nicht mehr.

T

Tall poppy wörtlich: hochwachsende Mohnblume, im übertragenen Sinne jeder, der sich irgendwie hervortut, ein Wichtigtuer, den man auf das „richtige" Durchschnittsmaß zurückstutzen muss. Auf Australisch heißt das *to cut down tall poppies.* Wenn in der Presse ein erfolgreicher Politiker, Geschäftsmann oder angesehener Intellektueller erbarmungslos niedergemacht wird, ist das „hohe Mohnblumen-Syndrom" mit im Spiel.

Tassie Tasmania

Third Party Property Cover in Australien nicht obligatorische Versicherung, die bei einem Autounfall Sachschäden am anderen Fahrzeug abdeckt (also keine Vollkaskoversicherung = *fully comprehensive insurance!*). Ein Abschluss ist dennoch sehr zu empfehlen, ein (unversicherter) Schaden an einem neuen Holden oder gar BMW kann riesige Scherereien verursachen, von den Kosten ganz zu schweigen.

Thongs Flipflops

Throw a wobbly eine Szene machen; einen Wutanfall bekommen

Togs queensländische Bezeichnung für Badeanzug

Troppo *to go troppo* – einen Tropenkoller kriegen

Tucker Essen

V

Vegemite Brotaufstrich, ohne den Australier auch im Ausland nicht existieren können; ein Hefeextrakt

W

Walkabout *to go walkabout.* Ursprünglich für Aborigines benutzt, die sich periodisch von ihrer Arbeit auf den *cattle stations* entfernten, um für eine Weile ein traditionelles Leben zu führen oder religiös-spirituelle Verpflichtungen zu erfüllen. Jetzt: Bezeichnung für einen Ausflug, um neue Energien zu tanken.

Wattle australische Akazie

Weatherboad House Holzhaus

Wet Regenzeit im tropischen Norden

Whinge wie in: *he whinged a lot about the weather* – herumnörgeln. Als *whingeing Pom* (bzw. anderer Ausländer) gilt jeder, der Australien nicht in den glühendsten Farben schildert.

Whitefella wörtlich: Weißer. Gewöhnlich ist damit ein Australier europäischer Herkunft gemeint. Hat keine grundsätzlich rassistisch gemeinte Bedeutung, sondern ist einfach nur das Gegenteil zu *blackfella.*

Willy-Willy kleiner Sandwirbelwind

Wog Schimpfwort für Leute südeuropäischer Herkunft

Wowser puritanischer Spielverderber, Spaßbremse

Y

Yakka wie in: *hard yakka* – schwere Arbeit. Es gibt auch ein Kleiderlabel mit dem Namen Yakka, das Shorts, Jeans, T-Shirts und dergleichen herstellt.

Bücher

Geschichte, Politik, Gesellschaft

Australien: Ein Länderporträt, Esther Blank; Ch. Links, Berlin 2014. Für ihre ausführliche Erörterung der Geschichte, Politik, Wirtschaft und Gesellschaft Australiens, aufgelockert durch individuelle Erlebnisse, wurde die Autorin mit dem ITB-Bookaward 2014 ausgezeichnet.

Die erste Durchquerung Australiens, 1844–1846, Ludwig Leichhardt; Edition Erdmann, Thienemann Verlag, Stuttgart 1983. Das Tagebuch Leichhardts mit zeitgenössischen Illustrationen, einer Einführung und einem hilfreichen Anhang.

Girt, The Unauthorized History of Australia, David Hunt, Black Inc. 2013. Eine humorvollere Zusammenfassung der australischen Geschichte dürfte schwer zu finden sein. Hunts Schilderungen beruhen auf gründlichen Recherchen und sparen nicht an zynischer Kritik am Umgang der weißen Einsiedler mit der indigenen Bevölkerung. Sehr zu empfehlen!

Fauna und Flora

Australien. Natur-Reiseführer: Mit Neuseeland. Tiere und Pflanzen am touristischen Wegesrand, Dr. Lutz Fehling; Edition Fehling bei Hupe, München 2015. In Australien und Neuseeland vorkommende Tiere und Pflanzen werden jeweils mit einer Kurzbeschreibung und Zeichnung vorgestellt. Dazu kommen Überblicksinformationen im Kasten. Empfehlenswert.

Aborigines

Aborigines – Gestern und Heute: Gesellschaft und Kultur im Wandel der Zeiten, Sabine und Burkhard Koch; 360° Medien, Mettmann 2013. Tiefgründige Erörterung der Geschichte der Ureinwohner, v. a. seit der Ankunft der Weißen, bis in die Gegenwart.

Bringing them Home. National Inqiry into the Separation of Aboriginal and Torres Straits Islander Children from their Families, Commonwealth of Australia, 1997. Dieses 689 Seiten starke Buch, auch unter dem Namen *The Stolen Children Report* bekannt, dokumentiert die Geschichte von Kindern gemischtrassiger Herkunft, die ihren Aboriginal-Familien entrissen und in Waisenhäuser gesteckt oder zur Adoption an weiße Familien freigegeben wurden – eine damals völlig legale Praxis, die bis in die 60er-Jahre betrieben wurde, gemäß dem zu der Zeit vorherrschenden Denken „im besten Interesse der Kinder". Ein erschütternder Bericht.

Broken Song. T.G.H. Strehlow and Aboriginal Possession, Barry Hill; Random House Australia, Milson's Point 2003. Neuauflage 2012. Sachkundige Biografie über Theodor Georg Heinrich Strehlow, der die Kultur der Arrernte erforschte und aufzeichnete. Im Gegensatz zu den meisten seiner Zeitgenossen war er mit ihrer Sprache sowie mit ihrer Denk- und Lebensweise tief vertraut und seine Haltung von Zuneigung und Achtung geprägt. Er gewann das Vertrauen der „weisen" Männer, die ihm Zugang zu geheimen Zeremonien, Liedern, Tänzen und heiligen Objekten gewährten. Seine Kenntnisse sind in dem Monumentalwerk *Songs of Central Australia* zusammengefasst, dem in Australien nur wenig Beachtung geschenkt wurde. Hill setzt sich insbesondere auch mit diesem Buch auseinander. Gegen Strehlow wird allerdings auch der Vorwurf erhoben, er habe heilige Überlieferungen und Objekte einem Publikum zugänglich gemacht, für dessen Augen und Ohren es nicht bestimmt gewesen sei. Ein lesenswertes Buch.

Dark Emu, Bruce Pascoe, Magabala Books, 2018. Der australische Bestseller stellt eine grundlegende Annahme in Frage: Dass die Ureinwohner als reine Jäger und Sammler praktisch nicht auf ihr Land einwirkten. Er belegt, dass die Aborigines vor der Ankunft der Weißen ausgeklügelte Systeme zur Landverwaltung und -bewirtschaftung hatten. In Australien ein heiß diskutiertes Thema.

Long Walk Home. Die wahre Geschichte einer Flucht quer durch die Wüste Australiens. Das Buch zum Film, Doris Pilkington; 1998 Rowohlt Taschenbuch, 2003. 1998 (engl.: *Rabbit-Proof Fence. The True Story of One of the Greatest Escapes of all Time*, 2002). In den 1930er-Jahren trennten australische Behörden, die für die Ureinwohner zuständig waren, die Kinder weißer Väter von ihren Aboriginal-Müttern und steckten sie in Erziehungslager, weit entfernt von ihrer Heimat. Der Misshandlungen überdrüssig und getrieben von Heimweh rissen drei Mädchen aus und machten sich auf den Heimweg. Der verlief mitten durchs Outback entlang dem Kaninchenzaun. Die Tochter eines der Mädchen erzählt die bewegende Geschichte ihrer Flucht.

Shadow Child. A Memoir of the Stolen Generation, Rosalie Fraser; Hale & Ironmonger, Maryborough 1998. Taschenbuch. Erschütternde Autobiografie einer Ureinwohnerin, die als Kind ihrer Mutter entrissen und von ihrer Pflegemutter misshandelt wurde.

The White Girl, Tony Birch, University of Queensland Press, 2020. In seinem dritten Roman taucht der indigene Autor in die Geschichte einer von Gewalt und Unterdrückung zerrissenen Familie im australischen Outback der 1960er ein.

Romane, Reiseberichte und Impressionen

Diamanten im Staub, Frauke Bolten-Boshammer; DuMont, Ostfildern 2021. Die deutsche Autorin kam 1981 ins westaustralische Kununurra, wo ihr Mann neue landwirtschaftliche Herausforderungen suchte. Nur drei Jahre später fand sie sich alleine mit vier Kindern in einem der abgelegensten Winkel der Erde wieder; ihr Mann hatte sich das Leben genommen. Heute betreibt Bolten-Boshammer ein funkelndes Juweliergeschäft in Kununurra, das eine der größten Sammlungen der prächtigen pinkfarbenen Diamanten birgt. Ein sehr eindrucksvoller Lebensbericht.

Frühstück mit Kängurus, Bill Bryson (engl.: *Down Under,* 2001). Der amerikanische Journalist berichtet mit trockenem Humor über seine Australienreise, wobei er die Pose des „ignoranten Amerikaners" manchmal ein bisschen überzieht.

Gebrauchsanweisung für Australien, Joscha Remus; Piper, München 2014. Mit einer ordentlichen Portion Humor greift der Autor australische Themen von Ureinwohnern über Kängurus bis hin zur Sonnencreme auf.

Gebrauchsanweisung für Sydney, Peter Carey; Piper, München 2002 (engl.: *Thirty Days in Sydney. A Wildly Distorted Account,* London 2001). Der erfolgreiche australische Autor, der in Victoria aufwuchs und seit den 90er-Jahren in New York lebt, berichtet von einem vierwöchigen Besuch in Sydney 1998/99. Lesenswert.

Spuren, Robyn Davidson; Rowohlt, Reinbek 1998 (engl.: *Tracks,* 1980). Bericht über eine Kamelexpedition von Alice Springs nach Carnarvon an der westaustralischen Küste im Jahre 1975, gleichzeitig eine Momentaufnahme von Outback-Australien.

Traumfänger. Die Reise einer Frau in die Welt der Aborigines, Marlo Morgan; Goldmann, München 1998 (engl.: *Mutant Message Down Under. A Woman's Journey into Dreamtime,* Australia 1994). Ursprünglich als „wahrer Bericht" veröffentlicht, stieß das Werk der US-Autorin auf kontroverse Kritiken, woraufhin es unter der Überschrift „fiktive Erzählung" neu aufgelegt wurde. So oder so: Dieses Sammelsurium plattester New-Age-Klischees sollte man links liegen lassen.

UPDATE club

Stefan Loose Traveltipps

New South Wales

Sydney ist für viele Traveller das Tor zu Australien. Aber New South Wales hat noch viel mehr zu bieten: die touristisch gut ausgebaute Nordküste mit dem Surfer-Mekka Byron Bay; die ruhige, bildhübsche Südküste oder auch das weite Outback mit seinen faszinierenden Landschaften wie im Mungo National Park.

Updates und eure **Kommentare** zu diesem Kapitel auf www. stefan-loose.de unter eXTra [11414]

Inspirieren – Recherchieren – Mitmachen

stefan-loose.de/australien

Busse Sydney ➔ Eden

Premier Motor Service, ✆ 13 34 10, 🖳 www.premierms.com.au, fährt 2x tgl. die Küste zwischen Sydney und Eden runter bzw. rauf entlang des Princes Highways/M1.
Aufgeführt sind nur die wichtigsten Stopps. Genaue Infos findet man online.
„Hop on hop off"-Ticket, gültig für 6 Monate, eine Fahrtrichtung, beliebig viele Stopps, $92.

Stop	Adresse	Abfahrt
Sydney Central	Bay 17	09.00
Sydney Intern. Airport	Coach Bays 7-11, vor Ankunftshalle	09.25
Wollongong	Bahnhof, Station St	11.00
Kiama	Hbf. Bombo	11.35
Berry	Berry Boutique Motel	11.50
Nowra	Coach Terminal Stewart Pl	13.15
Sussex Inlet (Abzweig)	Bus Bay, Abzweig Sussex Inlet	13.45
Milton	Gegenüber Milton Tyre Service	14.10
Ulladulla	Marlin Hotel	14.20
Batemans Bay	Promenade Plaza, Orient St	15.45
Mogo	Bushaltestelle Southbound	15.50
Bodalla	Matilda-Tankstelle	16.30
Narooma	Lynch's Hotel	16.45
Mystery Bay (Abzweig)	Abzweig zum Mystery Bay	16.50
Tilba Tilba	Gegenüber Pam's Store	17.00
Bermagui	Village Store, Lamont St.	17.20
Bega	Bus Zone, Gipps St	18.10
Merimbula	Caltex-Tankstelle	18.35
Pambula	Post	18.40
Eden	Caltex-Tankstelle	19.00

Busse Eden ➲ Sydney

Premier Motor Service, ✆ 13 34 10, 💻 www.premierms.com.au, fährt 2x tgl. die Küste zwischen Sydney und Eden runter bzw. rauf entlang des Princes Highways/M1.
Aufgeführt sind nur die wichtigsten Stopps. Genaue Infos findet man online.
„Hop on hop off"-Ticket, gültig für 6 Monate, eine Fahrtrichtung, beliebig viele Stopps, $92.

Stop	Adresse	Abfahrt
Eden	Gegenüber Caltex-Tankstelle	06.05
Pambula	Gegenüber Post	06.20
Merimbula	Gegenüber Caltex-Tankstelle	06.30
Bega	Bushaltestelle Gipps St	07.00
Bermagui	Village Store, Lamont St	07.50
Tilba Tilba	Pam's Store	08.05
Mystery Bay (Abzweig)	250 m nördl. Mystery-Bay-Abzweig	08.25
Narooma	Gegenüber Lynch's Hotel	08.30
Bodalla	Bushaltestelle, gegenüber Polizei	08.40
Mogo	Bushaltestelle Northbound	09.15
Batemans Bay	Promenade Plaza, Orient St	10.15
Ulladulla	Haltestelle bei Ulladulla Travel	11.05
Milton	Milton Tyre Service	11.15
Sussex Inlet (Abzweig)	Bus Bay, Abzweig Sussex Inlet	11.35
Nowra	Coach Terminal Stewart Pl	13.05
Berry	Shell-Tankstelle	13.15
Kiama	Clearly Bros Quarry	09.00
Wollongong	Bhf. Station St	14.20
Sydney Intern. Airport	Abflug Level 1	15.45
Sydney Central	Bay 17	16.15

Busse Sydney Central ➔ Brisbane

Premier Motor Service, 💻 www.premierms.com.au, fährt tgl. die Küstenroute zwischen Sydney und Brisbane und andersrum ab. Nachstehend sind nur die wichtigsten Bus Stops gelistet. Den vollen Fahrplan gibt's online. Achtung: Im Winter fahren die Busse in Queensland jeweils eine Stunde später, da Queensland nicht auf Sommerzeit umstellt.
„Hop on hop off"-Ticket, gültig für 6 Monate, eine Fahrtrichtung, beliebig viele Stopps, $92.

Stop	Adresse	Abfahrt
Sydney Central	Bay 17, 490 Pitt St	18.45
Tuggerah	Westfield Plaza, am Kino	20.30
Newcastle	Hbf., Watt St	21.45
Bulahdelah	Vor Mobil-Tankstelle	23.40
Taree	Gegenüber United-Tankstelle, Victoria St	00.30
Port Macquarie	Busbahnhof, Gordon St	01.30
Nambucca Heads	Info Centre, Riverside Dr	03.05
Coffs Harbour	Busbahnhof, Elizabeth St	03.45
South Grafton	Hbf., Trough St	04.45
Iluka (Abzweig)	Woombah Woods Caravan Park	05.30
Lismore	Transit Centre, Molesworth St	07.15
Ballina	Bushaltestelle, Tamar St	07.50
Lennox Head	Bushaltestelle vor Vet Clinic	08.15
Byron Bay	Info Centre Haltestelle Jonson St	08.55
Murwillumbah	Vor Hbf.	09.45
Tweed Heads/Coolangatta	Bushaltestelle Wharf St, gegenüber Info Centre	10.15
Palm Beach	Intercity Stop 7, Gold Coast Hwy	09.30
Burleigh Heads	Bushaltestelle bei Park & Bowl Green	09.45
Surfers Paradise	Bushaltestelle Beach Rd	10.00
Brisbane	Transit Centre, Roma St, Level 3	11.20

Busse Brisbane ➔ Sydney Central

Premier Motor Service, 💻 www.premierms.com.au, fährt tgl. die Küstenroute zwischen Sydney und Brisbane und andersrum ab. Nachstehend sind nur die wichtigsten Bus Stops gelistet. Den vollen Fahrplan gibt's online. Achtung: Im Winter fahren die Busse in Queensland jeweils eine Stunde später, da Queensland nicht auf Sommerzeit umstellt.
„Hop on hop off"-Ticket, gültig für 6 Monate, eine Fahrtrichtung, beliebig viele Stopps, $92.

Stop	Adresse	Abfahrt
Brisbane	Transit Centre, Roma St, Level 3	13.00
Surfers Paradise	Bushaltestelle Beach Road	14.25
Burleigh Heads	Bushaltestelle vor BWS Bottle Shop	14.40
Bilinga (am Gold Coast Flughafen)	Bushaltestelle, Golden Four Dr	15.00
Tweed Heads/ Coolangatta	Bushaltestelle Wharf St, vor Centro	16.10
Murwillumbah	Vor Hbf.	16.40
Byron Bay	Info Centre Haltestelle Jonson St	17.35
Lennox Head	Bushaltestelle, nördl. Ende der Ballina St	17.50
Ballina	Bushaltestelle, Tamar St	18.15
Lismore	Transit Centre, Molesworth St	19.00
Iluka (Abzweig)	Woombah Woods Caravan Park	21.00
South Grafton	Hbf., Trough St	21.50
Coffs Harbour	Busbahnhof, Elizabeth St	22.50
Nambucca Heads	Info Centre, Riverside Dr	23.30
Port Macquarie	Busbahnhof, Gordon St	01.10
Taree	United-Tankstelle, Victoria St	02.05
Bulahdelah	Haltestelle an Mobil-Tankstelle	02.55
Newcastle	Hbf., Watt St	04.50
Tuggerah	Westfield Plaza, am Kino	05.45
Sydney Central	Bay 17	07.45

Busse Sydney Central ➔ Brisbane

Greyhound Australia, ✆ 1300-47 39 46, 💻 www.greyhound.com.au, befährt eine ähnliche Strecke wie Premier. Auch hier nur die wichtigsten Stopps. Achtung: Durch die Zeitumstellung zwischen NSW und Queensland können im Sommer andere Zeiten gelten.
Der East Coast Whimit Pass deckt die gesamte Strecke von Melbourne bis Cairns ab (15 Tage $299, 30 Tage $369).

Stop	Adresse	Abfahrt
Sydney Central	Bay 5, 6	22.00
Newcastle	Bushaltestelle am Hbf., Bay 5	00.30
Bulahdelah	BP-Tankstelle, Bulahdelah Way	01.40
Port Macquarie	Bus-Terminal, Gordon St	04.00
Nambucca Heads	Info Centre, Riverside Dr	05.15
Coffs Harbour	Busbahnhof, Elizabeth St	06.25
Grafton	BP-Tankstelle, Pacific Hwy	07.35
Yamba	Haltestelle River St, Ecke Coldstream Street	08.30
Ballina	Bushaltestelle, Tamar St	10.25
Byron Bay	84 Jonson St	11.05
Coolangatta	Bushaltestelle Warner St	11.20
Surfers Paradise	Busbahnhof	12.10
Brisbane	Transit Centre, Roma St, Level 3	13.30

Busse Brisbane ➔ Sydney Central

Greyhound Australia, ✆ 1300-47 39 46, 💻 www.greyhound.com.au, befährt eine ähnliche Strecke wie Premier. Auch hier nur die wichtigsten Stopps. Achtung: Durch die Zeitumstellung zwischen NSW und Queensland können im Sommer andere Zeiten gelten.
Der East Coast Whimit Pass deckt die gesamte Strecke von Melbourne bis Cairns ab (15 Tage $299, 30 Tage $369).

Stop	Adresse	Abfahrt
Brisbane	Transit Centre, Roma St, Level 3	13.00
Surfers Paradise	Busbahnhof	14.20
Coolangatta	Bushaltestelle Warner St	15.10
Byron Bay	84 Jonson St	17.30
Ballina	Bushaltestelle, Tamar St	18.00
Yamba	Haltestelle River St, Ecke Coldstream St	19.55
Grafton	BP-Tankstelle, Pacific Hwy	21.00
Coffs Harbour	Busbahnhof, Elizabeth St	22.10
Nambucca Heads	Info Centre, Riverside Dr	23.20
Port Macquarie	Bus-Terminal, Gordon St	00.45
Bulahdelah	BP-Tankstelle, Bulahdelah Way	02.20
Newcastle	Bushaltestelle am Hbf., Bay 5	04.40
Sydney Central	Bay 5, 6	06.50

Busse Brisbane ➔ Cairns

Mit **Greyhound Australia,** ✆ 1300 473 946, 💻 www.greyhound.com.au.
Aufgeführt sind nur die wichtigsten Stopps. Genaue Infos findet man online.

Stop	Adresse	Abfahrt
Brisbane Busbahnhof	Parkland Crescent	14.00
Sunshine Coast –Mooloolaba	Bushaltestelle, 66 Brisbane Rd	15.20*
Sunshine Coast – Maroochydore	Bushaltestelle, 83 Sixth Ave	15.30
Sunshine Coast – Noosa	Platform 2 Stop C, 38 Sunshine Beach Rd	16.10
Sunshine Coast – Cooroy	Bushaltestelle, 32 Elm St	16.40*
Traveston	Puma Tankstelle, 2028 Old Bruce Hwy, Kybong	17.10
Gympie	Bushaltestelle, 13 River Rd	18.00*
Wallu	Rastplatz Tin Can Bay & Rainbow Beach Rd	18.35
Rainbow Beach	Bushaltestelle, 19 Spectrum St	18.55
Maryborough	Busbahnhof, 220-228 Lennox St	20.00
Hervey Bay	Stocklands Hervey Bay, 6 Central Ave	20.35
Childers	Bushaltestelle, 16 Crescent St	21.25*
Apple Tree Creek	Tankstelle, 29444 Bruce Hwy	21.45
Bundaberg	Bushaltestelle, 3 Barolin St	23.00
Taunton	Rest Area Center, Tableland Rd & Fingerboard Rd	00.00
Miriam Vale	Rückseite des Tourist Info Centers, 1 Dougall St	00.20*
Gladstone	Bushaltestelle, 3 Dawson Highway	01.10
Rockhampton	Puma Tankstelle, 93-101 George St	02.50
Marlborough Turnoff	Bruce Hwy & Glenprairie Bypass Rd	04.05*
St Lawrence Turn Off	Bushaltestelle, Cnr Bruce Hwy & Croydon St	04.50*
Sarina	Bushaltestelle, 59 Broad St	06.00
Mackay Meal Break	BP-Tankstelle, 313 Bruce Hwy	07.05
Mackay	Bushaltestelle, 30 Victoria St	07.25
Proserpine	Bushaltestelle, 21 Blair S	08.50
Airlie Beach	Transit Terminal, 26 The Cove Road	09.30
Longford Creek Meal Break	Tankstelle, Cnr Bruce Hwy & Bridsons Rd	10.45
Bowen	Bushaltestelle, 40 Williams St	11.10
Delta	Puma Tankstelle, 19038 Bruce Highway	11.15*
Home Hill	Bahnhof, 12 Railway Ave	12.20
Ayr	Bushaltestelle, 86 Graham St	12.35
Townshille	Sealink Terminal, 2 Sir Leslie Thiess Dr	13.45
Ingham	Bushaltestelle, Cnr Townsville Rd & Shire Hall Ln	15.15
Cardwell	Bushaltestelle, 2 Brasenose St	16.30
Tully	Transit Centre, 76 Butler St	17.00
Mission Beach (Wongaling)	Transit Centre, 2002 Tully Mission Beach Rd	17.25
Innisfail	Bushaltestelle, 116 Edith St	18.05
Babinda	Railway Station Bus Stop, 93 Howard Kennedy Dr	18.35*
Gordonvale	Bushaltestelle, 51 Norman St	19.05*
Cairns	Bay 16 und 17, 17 Pier Point Rd	19.25

*Bedarfshalt, Voranmeldung erforderlich

ANHANG

Busse Cairns ➔ Brisbane

Mit **Greyhound Australia**, ✆ 1300 473 946, 💻 www.greyhound.com.au.
Aufgeführt sind nur die wichtigsten Stopps. Genaue Infos findet man online.

Stop	Adresse	Abfahrt
Cairns	Bay 16 und 17, 17 Pier Point Rd	07.00
Gordonvale	Bushaltestelle, 51 Norman Stt	07.25*
Babinda	Haltestelle am Bahnhof, 93 Howard Kennedy Dr	07.50*
Innisfail	Bushaltestelle, 103 Edith S	08.20
Mission Beach (Wongaling)	Transit Centre, 2002 Tully Mission Beach R	09.00
Tully	Transit Centre, 76 Butler St	09.25
Cardwell	Bushaltestelle, 2 Brasenose St	10.35
Ingham	Bus Stop, 76 Townsville Rd	11.15
Townsville	Sealink Terminal, 2 Sir Leslie Thiess Dr	13.10
Ayr	Bushaltestelle, 86 Graham St	14.25
Home Hill	Bus Zone, 13 Railway Ave	14.35
Delta	Puma Tankstelle, 19038 Bruce Highway	15.30
Bowen	Bushaltestelle, 40 Williams St	15.45
Longford Creek Meal Break	Tankstelle, Cnr Bruce Hwy & Bridsons Rd	16.10
Airlie Beach	Transit Terminal, 26 The Cove Road76	17.25
Proserpine	Bushaltestelle, 21 Blair S	17.50
Mackay	Bushaltestelle, 30 Victoria St	19.20
Mackay Meal Break	BP-Tankstelle, 313 Bruce Hwy	20.05
Sarina	Bushaltestelle, 48 Broad S	20.35
St Lawrence Turn Off	Bushaltestelle, Cnr Bruce Hwy & Croydon St	21.40
Marlborough Turnoff	Bruce Hwy & Marlborough	22.25*
Rockhampton	Puma Tankstelle, 93-101 George St	00.20
Gladstone	Bushaltestelle, 3 Dawson Highway	01.40
Miriam Vale	Shell Tankstelle, 30 Roe St	02.30
Taunton	Rest Area Center, Tableland Rd & Fingerboard Rd	03.00
Bundaberg	Bushaltestelle, 3 Barolin St	04.05
Apple Tree Creek	Tankstelle, 29444 Bruce Hwy	05.15
Childers	Bushaltestelle, 16 Crescent St	05.25*
Hervey Bay	Stocklands Hervey Bay, 6 Central Ave	06.20
Maryborough	Busbahnhof, 220-228 Lennox St	06.50
Wallu	Rastplatz Tin Can Bay & Rainbow Beach Rd	07.35
Rainbow Beach	Bushaltestelle, 19 Spectrum St	08.00
Gympie	Bushaltestelle, 13 River Rd	08.55
Traveston	Puma Tankstelle, 2028 Old Bruce Hwy, Kybong	09.45
Sunshine Coast – Cooroy	Bushaltestelle, 32 Elm St	10.05*
Sunshine Coast – Noosa	Platform 2 Stop C, 38 Sunshine Beach Rd	10.25
Sunshine Coast – Maroochydore	Bushaltestelle, 83 Sixth Ave	11.05
Sunshine Coast –Mooloolaba	Bushaltestelle, 73 Brisbane Road	11.15*
Brisbane Busbahnhof	Parkland Crescent	12.30

*Bedarfshalt, Voranmeldung erforderlich

Busse Brisbane ➔ Cairns

Mit **Premier Motor Service,** ✆ 133 410, 💻 www.premierms.com.au.
Aufgeführt sind nur die wichtigsten Stopps. Genaue Infos findet man online.

Stop	Adresse	Abfahrt
Brisbane Busbahnhof	Parkland Crescent	14.00
Sunshine Coast –Mooloolaba	Haltestelle ggü. Bowlsclub, 75 Brisbane Rd	15.25
Sunshine Coast – Maroochydore	Tourist Information Centre, 6th Ave	15.30
Sunshine Coast – Noosa Junction	Busbahnhof, Sunshine Beach Rd	16.20
Sunshine Coast – Tewantin	Haltestelle ggü. Shell Station, Poinciana Ave	16.30
Gympie	13 River Rd	17.50
Rainbow Beach	Spectrum St, zwischen Fraser und Dingo Backpacker	19.00
Maryborough	Busbahnhof, Lennox St	20.10
Hervey Bay	Transit Centre, Central Ave	20.50
Bundaberg	Arts Centre, Barolin St	23.05
Agnes Water Turn off	25 km von Agnes Water	00.10
Rockhampton	Puma Couch Terminal, George St	03.00
Mackay	Vor Ozcare, Victoria St	07.20
Proserpine	Haltestelle Blair St bei BP	08.45
Airlie Beach	Bus Terminal, Port of Airlie	09.30
Bowen	Bus Zone, William St	11.10
Townsville	Sealink Terminal, Leslie Thiess Dr	13.50
Ingham	Kelly's Theatre, 76 Townsville Rd	15.10
Cardwell	Haltestelle, Brasnose St	16.25
Tully	Transit Centre, Banyan Park	17.00
Mission Beach	Bus Terminal, Big Cassowary	17.20
Innisfail	Anzac Park, Edith St	18.00
Gordonvale	Ecke Norman St und Gordon St	19.05
Cairns	Hauptbahnhof	19.30

Busse Cairns ➲ Brisbane

Mit **Premier Motor Service,** ✆ 133 410, 💻 www.premierms.com.au.
Aufgeführt sind nur die wichtigsten Stopps. Genaue Infos findet man online.

Stop	Adresse	Abfahrt
Cairns	Hauptbahnhof	07.25
Gordonvale	Ecke Norman St und Gordon St	07.50
Innisfail	Anzac Park, Edith St	08.40
Mission Beach	Bus Terminal, Big Cassowary	09.25
Tully	Transit Centre, Banyan Park	09.50
Cardwell	Haltestelle, Brasnose St	10.55
Ingham	Kelly's Theatre, 76 Townsville Rd	11.35
Townsville	Sealink Terminal, Leslie Thiess Dr	13.20
Bowen	Bus Zone, William St	15.40
Airlie Beach	Bus Terminal, Port of Airlie	17.35
Proserpine	Haltestelle Blair St bei BP	18.00
Mackay	Vor Ozcare, Victoria St	20.00
Rockhampton	Puma Couch Terminal, George St	00.15
Agnes Water Turn off	25 km von Agnes Water	02.15
Bundaberg	Arts Centre, Barolin St	03.30
Hervey Bay	Transit Centre, Central Ave	05.50
Maryborough	Busbahnhof, Lennox St	06.25
Rainbow Beach	Spectrum St, zwischen Fraser und Dingo Backpacker	07.40
Gympie	13 River Rd	08.40
Sunshine Coast – Tewantin	Haltestelle ggü. Shell Station, Poinciana Ave	09.55
Sunshine Coast – Noosa Junction	Busbahnhof, Sunshine Beach Rd	10.10
Sunshine Coast – Maroochydore	Tourist Information Centre, 6th Ave	10.45
Sunshine Coast –Mooloolaba	Haltestelle ggü. Bowlsclub, 75 Brisbane Rd	10.55
Brisbane Busbahnhof	Parkland Crescent	12.30

Index

4WD 83

A

Aboriginals 502, 504, 508
Aboriginal Centre and Keeping Place 201
Aboriginal Cultures Gallery 524
Bataluk Cultural Trail 671
Blue Mountains 158
Brambuk The National Park and Cultural Centre 643
Geschichte 114
Karrke Aboriginal Cultural Experience & Tour 421
Krowathunkooloong Keeping Place 671
Kunst 56, 145
Mt Grenfell Historic Site 210
Mutawintji National Park 214
Native Title Act 118
Tandanya 522
Tent Embassy 226
Uluru 427
Webseiten 68
Abseilen 37
Blue Mountains 159
Brisbane 245
Grampians National Park 646
Adelaide 521
Essen 528
Geschichte 522
Glenelg 525
Innenstadt 522
Kultur 529
Nahverkehr 532
Port Adelaide 526
Transport 532
Übernachtung 527
Unterhaltung 529
Adelaide Hills 540
Admirals Arch 552
Agakröte 107, 232
Agamen 106
Agnes Water 285
Aireys Inlet 651
Airlie Beach 298
Aktivitäten 75
Akubra-Hut 54
Albany 466
Albury-Wodonga 682
Alice Springs 400
Aktivitäten und Touren 408
Araluen Cultural Precinct 404
Essen 407
Innenstadt 401
Unterhaltung 407
Women's Museum of Australia 403
Alice Springs Desert Park 404
Alkohol 57
Allradfahrer 437
Anangu 427
Angahook-Lorne State Park 651
Angaston 536
Angeln 75
Kakadu National Park 391
Kangaroo Island 555
Top End 378
Anglesea 650
Anna Bay 182
Anreise 51
Antechamber Bay 551
Apollo Bay 652
Apotheken 64
Aquarien
Canberra 222
Sea World, Gold Coast 259
Ararat 641
Arbeiten auf Farmen 91
Arkaroola 570
Arltunga Historical Reserve 419
Armidale 201
Arthur River 741
Arthurs Seat 627
Atherton 341
Atherton Tableland 337
Augusta 464
Aurora australis 702
Ausrüstung 62
Außenpolitik 113
Australia and New Zealand Army Corps (Anzac) 223
Australia Day 226
Australian Alps 98
Australian Capital Territory (ALP) 216
Australian Labor Party (ALP) 121
Australian Outback Spectacular, Gold Coast 259
Australian Rules Football 77, 596
Australian Standing Stones 202
Australian Youth Hostels Association 87
Autofahren 82
Gebrauchtwagenkauf 84, 149
Höchstgeschwindigkeit 85
Kfz-Versicherung 86
Mietwagen 82
New South Wales 127
Northern Territory 371
South Australia 521
Tasmanien 696
Victoria 586
Western Australia 438, 447
Automobilclubs 82
Ayers Rock Resort 422

B

Bairnsdale 671
Ballarat 639
Ballonfahrten
Alice Springs 409
Cairns 324
Canberra 225
Melbourne 608
Bankkarten 61
Barbecue-Etikette 92
Barmera 543
Barossa Valley 534
Barren Ranges 469
Barrierefreise Reisen 52
Barrington Tops National Park 186

Batemans Bay 170
Bathurst 205
Bathurst Island 380
Bay of Islands 658
Bay of Martyrs 658
B&Bs 88
Beachport 559
Beagle Bay 504
Beauchamps Falls 653
Beedelup National Park 464
Bega 174
Belair National Park 525
Bellarine Peninsula 622
Bellbirds 104
Bell Gorge 506
Bendigo 636
Ben Lomond National Park 732
Bermagui 172
Berri 543
Berry 167
Berry Springs 382
Bethany 534
Beutelteufel 693, 718
Beuteltiere 33, 103
Beutelwolf 693
Bicheno 725
Bill Allen Lookout 399
Billy 55
Billy Tea 59
Birdwood 541
Blackdown Tablelands 292
Black Mountain 354
Blauringelkrake 106, 331
Bloomfield Track 354
Blue Mountains 11, 154
Boat Harbour Beach 739
Bodenversalzung 101
Bogong High Plains 680
Booderee National Park 168
Booti Booti National Park 185
Bootleg Brewery 461
Bootstouren
  Perth 447
Border Village 475, 579
Botschaften 54
  Canberra 225
Bourke 208
Bournda National Park 174
Brauereien 58
  Cascade Brewery 702
  XXXX-Brauerei 241
Bright 678
Brisbane 12, 236
  Essen 243
  Fortitude Valley 239
  Geschichte 236
  Informationen 246
  Innenstadt 236
  King George Square 236
  Kultur 244
  Mt Coot-tha 241
  Nahverkehr 247
  New Farm 240
  Paddington 241
  South Bank 237
  Touren 245
  Transport 248
  Übernachtung 242
  Unterhaltung 244
Broadbeach 255
Broken Bay 152
Broken Hill 12, 210
Broome 497
Bruce Highway 269
Bruny Island 713
Buccaneer Archipelago 503
Buchan Caves 672
Buley Rockhole 384
Bullants 105
Bunbury 458
Bundaberg 283
Bundesstaaten 120
Bungee Jumping, Cairns 324
Bungle Bungle 511
Burleigh Head National Park 255
Burnie 737
Buschbrände 101, 585
Busse 80
  New South Wales 126
  Northern Territory 370
  Queensland 235
  South Australia 521
  Tasmanien 696
  Victoria 586
  Webseiten 68
  Western Australia 436
Busselton 460
BYO 57
Byron Bay 12, 195

C

Caiguna 475
Cairns 319
  Aktivitäten 324
  Bootstouren 326
  Essen 323
  Nahverkehr 327
  Touren 325
  Transport 327
  Übernachtung 321
Caloundra 263
Camping 89
  Ausrüstung 63
  Freicampen 458
Canberra 219
  Essen 224
  Informationen 225
  Innenstadt 219
  Kultur 225
  Nahverkehr 225
  Regierungsviertel 221
  Touren 224
  Transport 226
  Umgebung 227
  Unterhaltung 225
  Zentrumsnähe 222
Canberra Wine Region 227
Cape Borda 552
Cape Byron 195
Cape Gantheaume Conservation Park 551
Cape Grim 740
Cape Hillsborough National Park 296
Cape Jervis 547
Cape Leeuwin 461, 464
Cape Le Grand National Park 21, 470
Cape Naturaliste 461
Cape Otway 656
Cape Range National Park 485
Cape Range Peninsula 483

ANHANG

Cape Schanck 626
Cape Tribulation 350
Cape Willoughby 551
Cape York Peninsula 353
Capricorn Coast 289
Caravanparks 89
Cardwell 315
Carnarvon 483
Carnarvon National Park 291, 292
Castlemaine 638
Cataract Gorge 730
Cathedral Gorge 512
Ceduna 577
Central Coast 177
Central Tilba 172
Chamberlain Gorge 507
Chambers Pillar 419
Charters Towers 313
Chillagoe 340
Clare 539
Clare Valley 539
Cleland Conservation Park 541
Cobar 209
Cobbold Gorge 345
Cocklebiddy 475
Coffin Bay 576
Coffs Harbour 190
Coles Bay 724
Commonwealth of Australia 110
Commonwealth of Nations 120
Coneshell 106, 331
Coober Pedy 572
Cook, James 108
Cooktown 356
Coolangatta 256
Coolgardie 475
Cooma 203
Coonawarra-Weinbaugebiet 562
Coorabakh National Park 187
Coorong National Park 556
Coral Bay 484
Corinna 745
Corroborree Rock Conservation Reserve 417
Cotter Reserve 227
Countermeals 58
Cradle Mountain-Lake St Clair National Park 745
Crater Lakes National Park 341
Cricket 77
Croajingolong National Park 674
Crowdy Bay National Park 187
Cudlee Creek 541
Cygnet 711

D

Daintree National Park 17, 349, 350
Daintree Village 349
Damper 59
Dampier 488
Dampier Peninsula 497
Dampier, William 108
Dandenong Ranges 612
Darwin 372
  Außenbezirke 375
  Essen 377
  Geschichte 372
  Innenstadt 374
  Nahverkehr 381
  Touren 379
  Transport 382
  Übernachtung 376
Davies Creek National Park 337
Daydream Island 304
Daylesford 619
Deloraine 734
Delphine 35, 740
  Baird Bay 577
  Byron Bay 195
  Francois Peron National Park 481
  Moreton Bay 251
  Port Stephens 184
  Tin Can Bay 274
Dengue Fieber 65
Denham 481
Denmark 466
Derby 505
Deutsche in Australien 537
Devil's Marbles (heute: Karlu Karlu) 399
Devonport 735
Devonshire Teas 57
Didgeridoo 454
Didjeridus 56
Dingo 103
Dorms 87
Dover 712
Drachenfliegen 75
  Royal National Park 162
Dreamtime 115, 427
Dreamworld 259
Drizabone-Jacken 54
Drogerien 64
Dubbo 206
Dudley Peninsula 549
Dunk Island 318
Dürren 98, 101

E

Echuca 683
Edelsteinfelder 291
Eden 175
  Killer Whale Museum 175
Einkaufen 54
Einwanderung 111
Eisenbahn 80
  New South Wales 127
  Queensland 235
  South Australia 521
  Tasmanien 697
  Victoria 586
  Western Australia 437
Elektrizität 71
Ellenborough Falls 187
Ellery Creek Big Hole 412
Ellis Beach 336
El Niño 100
El Questro Gorge 507
Elsey National Park 398
Emerald 292
Emily Gaps Nature Park 417
Emma Gorge 507
Emu 55, 104
Englischkurse
  Airlie Beach 302
  Cairns 327

ANHANG

Gold Coast 259
Sydney 149
Entkorkungsgebühr 57
Errinundra National Park 674
Erster Weltkrieg 111
Esky 55
Esperance 469
Essen 56
Northern Territory 370
South Australia 521
Tasmanien 696
Victoria 586
Western Australia 435
Eukalyptus 101
Eumundi 269
Eungella National Park 294
Eureka Stockade 641, 643
Ewaninga Rock Carvings 419
Exmouth 484
Eyre Highway 475
Eyre Peninsula 575
E-Zines 72

F

Fahne 121
Fairhaven 651
Fair reisen 59
Fallschirmspringen
Byron Bay 197
Cairns 324
Familien 70
Faulconbridge 155
Fauna 98
Kimberley 495
New South Wales 125
Northern Territory 366
Queensland 231
South Australia 519
Tasmanien 692
Victoria 584
Western Australia 434
Featherdale Wildlife Park 154
Feiertage 60
New South Wales 143
Queensland 246
South Australia 529
Victoria 609
Ferienwohnungen 90
Fernsehen 72
Feste 60
New South Wales 143
Finke Gorge National Park 416
Fitzgerald River National Park 469
Fitzroy Crossing 509
Fitzroy Island National Park 329
Fleurieu Peninsula 544
Flinders Ranges 23, 564
Geschichte 564
National Park 568
Nördliche 570
Praktische Tipps 565
Südliche 565
Zentrale 567
Flora 98
Kimberley 495
New South Wales 125
Northern Territory 366
Queensland 231
South Australia 519
Tasmanien 692
Victoria 584
Western Australia 434
Florence Falls 384
Flüchtlingspolitik 112
Flüge 51
Inlandsflüge 81
New South Wales 127
Northern Territory 370
Queensland 235
South Australia 521
Tasmanien 696
Victoria 586
Western Australia 438
Fluggesellschaften 68
Fogg Dam 385
Forster-Tuncurry 186
Francois Peron National Park 481
Frankland Islands National Park 328
Fraser Coast 272
Frauen 60
Freiwilligenarbeit 91
Fremantle 449
Fremdenverkehrsamt 67
Freycinet National Park 724
Führerschein 82

G

Galvans Gorge 507
Geelong 621
Geeveston 712
Geikie Gorge National Park 510
Geländetouren
Fraser Island 282
Stockton Beach 184
Sunshine Coast 268
Geländewagen 83
Geld 61
Ermäßigungen 49
Geldautomaten 61
Geografie 97
Gepäck 62
Geraldton 477
Geschichte 108
Kimberley 495
New South Wales 126
Northern Territory 368
Queensland 233
South Australia 520
Tasmanien 694
Victoria 584
Geschwindigkeitsbegrenzung 85
Gesundheit 64
Gibb River Road 506
Gibsons Steps 658
Giftschlangen 67
Ginger Factory 269
Gippsland 670
Glass House Mountains 263
Glenbrook 155
Glen Helen Gorge 412
Glen Innes 202
Gloucester 186
Gloucester Falls 186
Gloucester National Park 464
Goannas 106
Gold 368
Gold Coast 254
Goldfelder 471, 472

Goldrausch 109, 474
Goldschürfen 400
Goldstädte 636
Golf 75
Goolwa 547
Gordon River Road 722
Grafton 193
Grampians National Park 26, 642
Grand Pacific Drive 163
Great Barrier Reef 15, 330
Great Dividing Range 98
Great Keppel Island 291
Great Lakes 185
Great Ocean Road 26, 648
Great Ocean Walk 653
Great Otway National Park 656
Great Sandy National Park 271
Greenough 477
Gregory National Park 397
Griffith Island 661
Gumeracha 541
Gunns Plains Cave 737

H

Hahndorf 541
Haie 66, 106
Halls Creek 509
Halls Gap 643
Hamersley Gorge 491
Hamersley Iron Mine 491
Hamilton Island 303
Handy 79
Hanging Rock 618
Hasen 107
Hattah-Kulkyne NP 686
Haustausch 91
Hawker 568
Healesville 616
Henbury Meteorites Conservation Reserve 420
Hepburn Springs 619
Herberton 342
Hermannsburg 415
Heron Island 288
Hervey Bay 275
Heysen, Hans 542
Hill End 206
Hinchinbrook Island NP 316
Hindmarsh Island 547
Hobart 698
  Aktivitäten und Touren 706
  Battery Point 700
  Essen 704
  Geschichte 698
  Innenstadt 698
  Kultur 706
  Nahverkehr 708
  Sandy Bay 700
  Strände 703
  Transport 709
  Übernachtung 703
  Unterhaltung 706
Hochwasser 100
Homestay 91
Hook Island 304
Hopetoun Falls 653
Horizontal Waterfalls 504
Horsham 646
Hostels 87
  Verbände 87
  Webseiten 69
Howard Springs 382
Hubschrauberflüge
  Whitsunday Islands 301
Hunter Valley 180
Huon-Halbinsel 709
Huon Pine 742
Huonville 709

I

Ibisse 104
Informationen 67
  Queensland 236
  Tasmanien 695
  Victoria 587
  Western Australia 438
Ingham 315
Innisfail 318
Internet 78, 79
Inverell 202
Irukandji-Qualle 66, 106, 331

J

Jabiru-Storch 104
Jägerspinnen 104
Japanische Enzephalitis 65
Jenolan Caves 161
Jervis Bay 11, 168
  Huskisson 168
Jessie Gaps Nature Park 417
Jewel Cave 463
Jobben 69
Jugendherbergen 87

K

Kajaktouren
  Byron Bay 197
  Perth 446
  Tully River 317
Kakadu National Park 17, 387
Kalbarri 479
Kalbarri National Park 479
Kalender 95
Kalgoorlie-Boulder 472
Kamele 368
Kamelreiten 425
Kanangra Boyd National Park 161
Kangaroo Island 23, 548
  Essen 554
  Flora und Fauna 549
  Geschichte 548
  Inselinneres 552
  Nordküste 552
  Ostküste 549
  Südküste 551
  Übernachtung 553
  Westküste 552
  Wildlife Park 553
Kängurus 103
Kaninchen 107
Kanutouren
  Katherine Gorge 397
Karijini National Park 489
Karlu Karlu (Devil's Marbles) 399
Karratha 488
Karridale 464
Kasuar 104
Kata Tjuta 429
Katherine 393
Katoomba 155
Kaurna 527
Keep River National Park 397

Kelly Hill Conservation Park 552
Kettering 711
Kfz-Meldeämter 84
Kfz-Versicherung 86
K'gari (früher Fraser Island) 280
Kiama 164
Kimberley 493
Kinder 70
King Lake Ranges 617
Kings Canyon (heute: Watarrka National Park) 420
Kingscote 552
Kleidung 62
Klettern 37
  Blue Mountains 159
  Grampians National Park 646
Klima 45
  Kimberley 494
  Klimatische Belastungen 64
  Klimawandel 51, 100
  New South Wales 125
  Northern Territory 364
  Queensland 230
  South Australia 518
  Tasmanien 692
  Victoria 582
  Western Australia 432
Kneipen 58
Koalas 103
Kompasstermiten 105
Konsulate 54
  Brisbane 246
  Sydney 150
Kookaburra 104
Korallenküste 476
Kosciuszko National Park 204
Kreditkarten 61
  Verlust 61
Krokodil 367
Krokodile 66, 105, 289, 503
Kröten 367
Kununurra 513
Kununurra Museum 513
Kuranda 333
Kuranda Scenic Railway 335
Ku-ring-gai Chase NP 154

L

Lady Elliot Island 287
Lady Musgrave Island 288
Lake Argyle 515
Lake Cave 463
Lake Hume 682
Lake Illawarra 164
Lakeland 354
Lakes Entrance 672
Lake Tinaroo 341
Lake Tyers 672
Lamington National Park 262
Lamingtons 57
Larapinta Drive, der 411
Larapinta Trail 415
Lasseter Highway 422
Latrobe Valley 663
Laubenvögel 104
Launceston 729
Laura 359
Leierschwanz 104
Leigh Creek 570
Leistenkrokodile 35
Lennard Gorge 506
Leura 155
Leven Canyon 737
LGBTQIA+ 597
Liberal Party (LP) 121
Lightning Ridge 209
Lismore 193
Litchfield National Park 383
Little Sahara 551
Lizard Island 359
Loch Ard Gorge 658
Lombadina 504
London Bridge 658
Lone Pine Koala Sanctuary 241
Long Island 303
Lorne 651
Loxton 543
Lyndoch 534

M

MacDonnell Ranges 98, 410
  die östlichen 417
  die westlichen 411
Mackay 293
Magnetic Island 311
Maits Rest 656
Malanda 343
Malaria 65
Mallacoota 675
Mammoth Cave 463
Mangroven 495
Mangrovenwälder 99
Manjal Jimalji Trail 349
Manning River Gorge 507
Mansfield 677
Mareeba 340
Margaret River 462
Maria Island National Park 723
Marlo 674
Maroochydore 263
Marrawah 740
Maryborough 274
Maße 71
Mataranka 398
McLaren Vale 545
Medien 71
Meeresschildkröten 35, 283
Melbourne 26, 587
  Albert Park 598
  Bootstouren 608
  Carlton 595
  Collingwood 595
  Docklands 595
  Domain Parklands 594
  East Melbourne 596
  Essen 601
  Fitzroy 595
  Informationen 610
  Innenstadt 587
  Kultur 604
  Nahverkehr 610
  North Melbourne 595
  Parkville 595
  Prahran 597
  Richmond 596
  Southbank 593
  South Melbourne 598
  South Wharf 594
  South Yarra 597
  Sport 606
  St. Kilda 598
  Südlich des Yarra River 593
  Toorak 597

Touren 607
Transport 611
Übernachtung 599
Unterhaltung 604
Western Suburbs 599
Williamstown 599
Melrose 565
Memorial Arch 651
Mereenie Loop Road 415
Merimbula 174
Middle Brother State Forest 187
Mildura 685
Millaa Millaa 343
Millstream-Chichester National Park 489
Milton 170
Mintaro 539
Mirima National Park 513
Mission Beach 316
Mitchell Falls 508
Mitchell Plateau National Park 508
Mitfahrgelegenheiten 83
Mode 55
Mole Creek 735
MONA (Museum) 702
Monkey Mia 481
Monotremata 103
Montague Island 171
Mooloolaba 263
Moonlight Head 657
Moreton Bay 249
Moreton Island 251
Morialta Conservation Park 541
Mornington Peninsula National Park 626
Moskitos 65
Mossman 349
Motels 89
Mount Annan Botanic Garden 161
Mount Dandenong Tourist Road 614
Mount Gambier 560
Mount Isa 360
Mount Remarkable National Park 565
Mount Wellington 705
Mount William National Park 729
Movieworld 259
Mt Barker 468
Mt Bartle Frere 332
Mt Beauty 680
Mt Buffalo National Park 679
Mt Buller 678
Mt Field National Park 719
Mt Grenfell Historic Site 210
Mt Isa 360
Mt Macedon 618
Mt Olga 429
Mt Tamborine 261
Mt Wellington 703
Munda Biddi Trail 458
Mungo National Park 214, 686
Murdoch, Rupert 71
Murray River 542, 681
Murray Sunset (Yanga-Nyawi) National Park 686
Murwillumbah 199
Mutawintji National Park 214
Muttonbird Island 192

N

Namatjira, Albert 418
Nambour 269
Nambucca Heads 189
Nambung National Park 477
Naracoorte Caves 563
Narawntapu National Park 736
Narooma 171
Nationalhymne 121
Nationalparks 72
Barmah National Park 684
Ben Boyd 175
D'Aguilar National Park 241
Dorrigo National Park 189
Mary River National Park 386
Myall Lakes National Park 185
Namagdi National Park 227
Worimi National Park 185
Zelten 91
National Party (NP) 121
Native Title Act 118
Naturreservate 72
Nelson 662
Nelson Bay 182
Newcastle 178
New England National Park 202
New England Plateau 200
New South Wales 122
Ngaro Sea Trail 304
N'Dhala Gorge Nature Park 419
Nightcap National Park 194
Nimbin 194
Ningaloo Reef 21, 483
Nitmiluk (Katherine Gorge) National Park 395
Noosa 265
Nördlich von Cairns 336
Nördlich von Canberra 227
Norseman 475
Northern Territory 362
Notruf 79
Kreditkartenverlust 61
Nullarbor-Ebene 577, 578
Nuriootpa 536

O

Opale 56, 530, 573, 606
Op Shops 62
Orbost 673
Ormiston Gorge 412
Otway National Park 656
Outback 97, 208
Queensland 359
South Australia 571
Oxley Wild Rivers National Park 201

P

Palm Beach 255
Palm Cove 336
Palmer River 357
Paluma Range National Park 314
Papageien 104
Paragleiten 75
Royal National Park 162
Parlament 120

Paronella Park 318
Parteien 121
Pässe
Nationalparks 73
Rail Passes 80
Pavlova 57
Pebbles (Kundjarra) 399
Pelikane 104
Pemberton 464
Penguin 737
Peninsula Hot Springs 627
Penneshaw 549
Pennington Bay 551
Perth 438
Aktivitäten 446
East Perth 441
Essen 444
Kultur 445
Nahverkehr 448
Northbridge 441
South Perth 442
Strände 442
Subiaco 442
Touren 447
Transport 449
Übernachtung 443
Unterhaltung 445
West Perth 442
Zentrum 439
Pferderennen 77
Melbourne 606
Phillip Island 630
Pichi Richi Railway 567
Pigeons Cave 506
Pilbara 487
Pinguine 35
Bruny Island 714
Low Head 733
Phillip Island 630
Victor Harbour 545
Pioneer Valley 294
Point Nepean National Park 624
Point Sinclair 578
Politik 120
Porongorup Range 468
Port Arthur
Geschichte 716
Historic Site 717
Port Augusta 566
Wadlata Outback Centre 566
Port Campbell 658
Port Campbell National Park 657
Port Douglas 345
Port Fairy 661
Port Hedland 492
Port Jackson 109
Portland 662
Port Lincoln 576
Port Macquarie 188
Port Stephens 182
Possum 103
Post 73
Pound 412
Proserpine 297
Pubs 58
Pubunterkünfte 88
Purnululu National Park 23, 511

Q

Quallen 65, 105, 367
Quarantäne
Western Australia 514
Queenscliff 622
Queensland 228
Amphibien 232
Beuteltiere 231
Hochwasser 232
Meeresbewohner 232
Reptilien 232
Vögel 232
Queenstown 742
Quinkan Rock Art 359
Quorn 567

R

Radfahren 75
Munda Biddi Trail 458
Sydney 146
Radio 72
Radsport 38
Rafting, Cairns 325
Rainbow Beach 272
Rainbow Valley Nature Park 419
Raptor Domain 551
Ravenshoe 342
Reconciliation 118
Redbank Gorge 413
Reefworld 304
Regenwald 99
Regierung 120
Reisegepäckversicherung 94
Reisekosten 48
Reisekrankenversicherung 93
Reiserouten 38
Reiserücktritts-versicherung 94
Reiseveranstalter 74
Reisezeit
Northern Territory 364
Queensland 230
Victoria 582
Tasmanien 692
Reiten 37, 76
Blue Mountains 159
Bogong High Plains 681
Grampians National Park 646
Mornington Peninsula 629
Snowy River 664, 673
Umgebung Sydney 178
Remarkable Rocks 552
Renmark 543
Richmond 715
Robe 558
Rockhampton 288
Ross River Fever 65
Ross River Resort 418
Rotrückenspinne 67, 104
Rottnest Island 454
Rowland Flat 534
Royal Flying Doctor Service 64
Broken Hill 213
Royal National Park 162
Ruby Gap Nature Park 419
Rugby 77
Rundflüge
Cooktown 357
Cradle Mountain 747
Fraser Island 277
Grampians National Park 646

Great Barrier Riff 327
Great Ocean Road 656
Kakadu National Park 392
Uluru 425
Whitsunday Islands 302
Rundfunk 68

S

Sale 670
Sanddünen 185
Savannah Way 344
Schanklizenz 57, 88
Schlafsack 63
Schlangen 67, 106, 367
Schnabeligel 104
Schnabeltiere 104, 296
Schnorcheln 77
School of the Air 213, 403
Schwimmen 77
Seal Bay Conservation Park 551
Seekajaktouren
Freycinet National Park 725
Kettering 712
Sydney 146
Whitsunday Islands 302
Seelöwen 577, 633, 740
Segeln 77
Melbourne 607
Sydney 146, 148
Sentinel Rock 658
Seppeltsfield 534
Serpentine Gorge 412
Shannon National Park 464
Shark Bay Marine Park 481
Shark Bay Weltnaturerbe 481
Sherbrooke Forest 615
Shothole Canyon 484
Sicherheit 74
Silverton 214
SIM-Karte 79
Simpsons Gap 411
Skifahren
Mt Buller 678
Mt Hotham 680
Victorian Alps 676
Skorpion 67
Small Talk 92
Snowy Mountains 202
Snowy River National Park 674
Soccer 77
Sofala 206
Sommerzeit 95
Sonnenschutz 65
South Australia 516
Southern Forests 464
Southern Highlands 166
Berry 167
Carrington Falls 166
Fitzroy Falls und Morton National Park 167
Illawarra Fly 166
Kangaroo Valley 167
Minnamurra Rainforest 166
Saddleback Mountain Lookout 166
South Molle Island 304
Southport 712
Sovereign Hill 639
Spinnen 67
Sport 75
Sprachkurse 78
Springbrook National Park 261
Springbrook Plateau 261
Springton 537
Springwood 155
Stachelrochen 106, 331
Standley Chasm 412
Stanley 739
Stawell 642
Steckdosen 71
Steinfisch 66, 106, 331
St. Helens 726
Stirling 541
Stirling Range 468
Stockton Beach 182
Stokes Bay 553
Stradbroke Island 252
Strahan 743
Strehlow, Theodor Heinrich Gustav 404
Strömungen 77
Studentenausweis 49
Styx River State Forest 202
Südlicht 702
Südlich von Cairns 332
Südlich von Canberra 227
Sunshine Coast 263
Surfen
Angourie 193
Byron Bay 197
Cold Coast 259
Geraldton 478
Gold Coast 256
Mornington Peninsula 629
Sydney 146
Warrnambool 660
Surfers Paradise 254
Swan Valley 456
Sydney 11, 127
Aktivitäten 146
Balmain 134
Bondi Beach 137
Circular Quay 128
Coogee 137
Darling Harbour 134
Darlinghurst 135
Essen 141
Glebe 134
Informationen 150
Innenstadt 130
Kings Cross 135
Manly 138
Märkte 145
Mrs Macquaries Chair 130
Nahverkehr 150
Newtown 135
Northern Beaches 152
Paddington 135
Potts Point 137
Redfern 135
Southhead 137
Surry Hills 134
Taronga Zoo 138
The Rocks 128
Touren 147
Transport 151
Übernachtung 139
Unterhaltung 143, 145
Woolloomooloo 137
Sydney to Hobart Yacht Race 706

T

Talaroo Hot Springs 344

ANHANG

Talia 577
Tamar Valley 733
Tamworth 200
Tantanoola Cave Conservation Park 560
Tanunda 534
Taree 187
Tarra-Bulga National Park 667
Tasman, Abel 108
Tasmanian Devil 693
Tasmanien 688
  Beuteltiere 693
  Nationalparks und Naturreservate 692
Tasmanischer Teufel 103
Tasmanischer Tiger 693
Tasman Peninsula 26, 716
Tathra 174
Tauchen 77
  Byron Bay 198
  Great Barrier Reef 330
  Great Keppel Island 291
  Hervey Bay 277
  Kangaroo Island 555
  Lady Elliot Island 288
  Magnetic Island 313
  Mornington Peninsula 629
  Perth 446
  Port Douglas 348
  Sydney 146
  Tasman Peninsula 719
  Townsville 310
  Whitsunday Islands 301, 302
Teebaum 102
Teebaumöl 55
Telefon 78
Tennant Creek 399
Tennis 75, 77
Termiten 367
The Arch 658
The Channon 194
The Grotto 658
The Lace Curtains 658
Thredbo 203
Three Sisters 157
Tidal River 664
Tidbinbilla Nature Reserve 227
Tiere 33
  gefährliche 65
  giftige 65
Tilba Tilba 172
Tin Can Bay 274
Tomaree Peninsula 182
Tom Price 491
Top End 372
Torndirrup National Park 466
Torquay 648
Torrens River 541
Touen, Aboriginals 32
Touren
  Bundaberg 285
  One-way-Touren 74
Town of 1770 285
Townsville 306
Trampen 75
Transport 79
  Kimberley 497
  One-way-Touren 147
  Webseiten 68
Trephina Gorge Nature Park 417
Trichterspinne 67, 104
Trinity Beach 336
Trinken 56
Trinkgeld 93
Triplet Falls 653
Tunnel Creek National Park 506
Tweed Heads 256

U

Übernachtung 86
  Familienzimmer 70
  New South Wales 126
  Northern Territory 369
  Queensland 233
  South Australia 520
  Tasmanien 696
  Victoria 586
  Webverzeichnisse 68
Überweisungen 62
Ugg-Boots 54
Ulladulla 170
Uluru 17, 426
Uluru-Kata Tjuta National Park 426
Undara Lava Tubes 344
Uranminen 391
Ureinwohner 114

V

Vegetationszonen 99
Verfassung 120
Verhaltenstipps 92
Versicherungen 86, 93
Victor Harbor 545
Victoria 580
Victoria Highway 397
Victorian Alps 676
Visa 94
  Working Holiday Visa 69
Vögel 35, 104
Vorwahlen 78
Vulkatunha-Gammon Ranges National Park 570

W

Wahlen 120
Währung 62
Wale 35
  Bruny Island 714
  Byron Bay 195
  Moreton Bay 251
  Queensland 232
  Stanley 740
Wallabies 103
Walpole-Nornalup National Park 465
Wandern 37, 76
  Ausrüstung 63
  Cape Le Grand National Park 470
  Kangaroo Island Wilderness Trail 552
  Sydney 147
  Tasmanien 697
  Veranstalter 76
Wanderrouten zu den Capes 720
Warren National Park 464
Warrnambool 659
Warrumbungle National Park 207
Wassermangel 98
Wassersport 38, 77

Watarrka National Park (Kings Canyon) 420
Watego's Beach 195
Wave Rock 472
Wein 58
Clare Valley 539
Dudley Wines 551
Tamar Valley Wine Route 733
Weingüter 545, 562, 733
Ararat 642
Barossa Valley 534
Berri Estates 543
Canberra Wine Region 227
Clare Valley 539
Coonawarra 562
Geelong 622
Hastings River 189
Hunter Valley 181, 184
Melbourne 608
Mildura 687
Mornington Peninsula 630
Mr. Mick 540
Rutherglen 682
Yarra Valley 615
Weizengürtel 471
Wentworth Falls 155
Westbury 734
Western Australia 430
Übernachtung 435
Westernport Bay 627
Westlich von Cairns 333
Wet 'n' Wild, Gold Coast 259
Whalewatching 579
Eden 176
Fitzgerald River National Park 469
Hervey Bay 278
Sydney 147
White Cliffs 210
Whitsunday Coast 293
Whitsunday Islands 15, 303
Wilcannia 210
Wildlife Parks & Zoos
Billabong Sanctuary 309
David Fleay's Wildlife Park 255
Featherdale Wildlife Park 154
Mogo Zoo, Batemans Bay 172
Taronga Zoo, Sydney 138
Territory Wildlife Park 382
Western Plains Zoo 207
Willandra Lakes 215
William Bay National Park 466
Williamstown 537
Wilsons Promontory National Park 663
Windjana Gorge 506
Windjana Gorge National Park 506
Windsurfen, Melbourne 607
Wine Food Farmgate 627
Wintjiri Wiru 422
Wirtschaft 113
Northern Territory 368
Queensland 233
Victoria 584
Western Australia 434
Wohnungstausch 91
Wollomombi Falls 201
Wollongong 163
Nan Tien Temple 163
Wombat 103
Woodford Folk Festival 270
Woomera 572
Wooroonooran National Park 332
Working Holiday Visa 69, 95
Würfelquallen 66, 105, 331
Wynyard 738

Y

Yalata 578
Yallingup 21, 461
Yamba 193
Yanchep National Park 443
Yarrangobilly Caves 204
Yarra Valley 615
Yoga, Byron Bay 197
Yorkeys Knob 336
Yulara 422
Yungaburra 341

Z

Zeebedee Springs 507
Zeehan 744
Zeitschriften 71
Zeitungen 71
Zeitzonen 213
Zentral-Australien 400
Zoll 95
Zoos 36
Züge 68
Zweiter Weltkrieg 111
Zwölf Apostel 658

Danksagung

Für die kompetente und unkomplizierte Zusammenarbeit möchte ich mich beim **Bintang-Team** in Berlin ganz herzlich bedanken, das keine Mühen scheut, um den Loose Travel Handbüchern Farbe und Form zu verleihen. Herzlichen Dank besonders auch an die Lektorin **Silvia Mayer** für ihr scharfes Auge und die reibungslose Zusammenarbeit.
Dieses Buch basiert auch in seiner 14. Auflage noch immer auf der hervorragenden Pionierarbeit von **Anne Dehne**, die über 20 Jahre lang jeden Winkel dieses gigantischen Kontinents erforschte und ihre Einblicke in vorherigen Auflagen dieses Buchs festhielt. Ihr gilt mein ganz besonderer Dank.
Viele hilfsbereite Vertreter der Tourismusbranche haben meine Reisen für dieses Buch sehr bereichert und mir die Recherche enorm erleichtert oder gar erst ermöglicht. Mein besonderer Dank gilt den Mitarbeitern der zahlreichen **Informationszentren** und **Tourismusbehörden**, die mir mit Hintergrundinformationen beiseite standen, mir Zugang zu vielen Attraktionen, Touren und Informationsquellen verschafften und mich auf meinen Reisen unterstützten. Hier seien besonders hervorgehoben: Cornelia Behringer, Tanja Maruschke, Claudia McFadden, Peter Mierzwiak, Viola Munzar, Kai Ostermann, Naomi Pedlow, Tracey Vince und Karen Webster.

Bildnachweis

Umschlag

Titelfoto Shutterstock.com, Amsterdam (NL)/iacomino FRiMAGES, Francois Peron National Park, Shark Bay
Umschlagklappe vorn Mauritius Images, Mittenwald/Greg Balfour Evans/Alamy/Alamy Stock Photos; Didgeridoos
Umschlagklappe hinten DuMont Bildarchiv, Ostfildern/Clemens Emmler; Federation Square, Melbourne

Highlights

S. 10 picture-alliance, Frankfurt a. M./Oliver Multhaup
S. 11 Mauritius Images, Mittenwald/Rene Truffy (oben); Fotolia, New York (USA)/pawel (unten)
S. 12 laif, Köln/Gerald Haenel (oben); Shutterstock.com, Amsterdam (NL)/Robert Baldwin (unten)
S. 13 Shutterstock.com, Amsterdam (NL)/MagSpace (oben); Fotolia, New York (USA)/Guiseppe (unten)
S. 14 Shutterstock.com, Amsterdam (NL)/T.Visual
S. 15 Shutterstock.com, Amsterdam (NL)/Aaronejbull87 (oben); Mauritius Images, Mittenwald/Cavan Images (unten)
S. 16/17 Mauritius Images, Mittenwald/Travelscape Images/Alamy (oben)
S. 16 iStock.com, Calgary (CA)/JohnCarnemolla (unten)
S. 17 iStock.com, Calgary (CA)/EcoPic (unten)
S. 18/19 Huber-Images, Garmisch-Partenkirchen/Hans-Peter Huber
S. 20 Shutterstock.com, Amsterdam (NL)/Ric Jacyno (oben); Shutterstock.com, Amsterdam (NL)/Hide's Edoventure (unten)
S. 21 Corinna Melville (oben); laif, Köln/Gallery Stock/Mark Gamba (unten)
S. 22 Shutterstock.com, Amsterdam (NL)/Janelle Lugge
S. 23 DuMont Bildarchiv, Ostfildern/Clemens Emmler (oben); Corinna Melville (unten)
S. 24/25 DuMont Bildarchiv, Ostfildern/Thomas P. Widmann
S. 26 Corinna Melville (oben); Lookphotos, München/Robert Harding (unten)
S. 27 Corinna Melville
S. 28 Corinna Melville

Regionalteil

Anne Dehne S. 120
Jan Düker 33, 50, 105, 106, 123, 148, 217, 240, 247, 525, 580, 640, 659, 676
DuMont Bildarchiv, Ostfildern Clemens Emmler S. 42, 408, 554, 581, 591, 652, 689, 699; Toma Babovic S. 34, 36, 47; Thomas P. Widmann S. 102, 216, 471, 517, 614, 684; Holger Leue S. 325, 403
Fotolia, New York (USA) alfotokunst S. 581, S. Andrea Izzotti S. 363, Evgeny Vostrikov S. 334, Greg Brave S. 679, miwa S. 366, Steve Lovegrove S. 689, zstock S. 258
iStock.com, Calgary (CA) bennymarty S. 176; samvaltenbergs S. 669; Shane_Pedersen S. 731
Corinna Melville S. 2, 49, 73, 76, 81, 90, 115, 119, 138, 215, 253, 269, 271, 280, 287, 29, 297, 300, 345, 362, 363, 374, 384, 413, 417, 428, 430, 431, 431, 443, 453, 507, 512, 516, 517, 536, 546, 559, 561, 564, 607, 626, 645, 688, 715
Getty Images, München David Gray / Kontributor S. 426
Joseph Oh/123rf.com S. 160
Shutterstock.com, Amsterdam (NL) Reid Dalland S. 55; Alf Manciagli S. 173; Taras Vyshnya S. 191; Yicai S. 217; Martin Valigursky S. 275; Elmo Lee S. 318; Tunatura S. 331; Uwe Bergwitz S. 339; FiledIMAGE S. 339; Danita Delmont S. 358; julian drestes S. 390s; totajla S. 395, 578; Benny Marty S. 415; Maurizio De Mattei S. 423; p_saranya S. 459; Philip Schubert S. 467; iacomino FRiMAGES S. 492; paulmichaelNZ S. 501; Volodymyr Dvornyk S. 573; Todd Powell S. 574; Leonard Zhukovsky S. 633; Jurgen & Christine Sohns S. 647; Lisa Holmen Photography S. 682; Mandy Creighton S. 721; RUBEN M RAMOS S. 737
The Kangaroo Sanctuary Alice Springs S. 405
Tourism Australia S. 198, 361, 592; Adrian Brown S. 322, Andrew Smith S. 122, Andrew Smith S. 123, Ellenor Argyropoulos S. 96, graham freeman S. 707, Jeff Drewitz S. 159, Oliver Strewe S. 437, Rich Keam S. 494, Sal Salis Ningaloo Reef S. 485, World Expeditions / Great Walks of Australia S. 63

Impressum

Australien
Stefan Loose Travel Handbücher
14., vollständig überarbeitete Auflage **2025**

Die in diesem Buch enthaltenen Angaben wurden von den Autoren nach bestem Wissen erstellt und vom Lektorat im Verlag mit großer Sorgfalt auf ihre Richtigkeit überprüft. Trotzdem sind, wie der Verlag nach dem Produkthaftungsrecht betonen muss, inhaltliche und sachliche Fehler nicht vollständig auszuschließen.
Deshalb erfolgen alle Angaben ohne Garantie des Verlags oder der Autoren. Der Verlag und die Autoren übernehmen keinerlei Verantwortung und Haftung für inhaltliche und sachliche Fehler. Alle Landkarten und Stadtpläne in diesem Buch sind von den Autoren erstellt worden und werden ständig überarbeitet.

Gesamtredaktion und -herstellung
Bintang Buchservice GmbH
Tempelhofer Ufer 1A, 10961 Berlin
www.bintang-berlin.de
Redaktion: Jan Düker
Lektorat: Silvia Mayer
Satz: Britta Dieterle
Bildredaktion: Britta Dieterle, Gritta Deutschmann
Karten: Klaus Schindler
Reiseatlas: © 2025 KOMPASS-Karten GmbH, A-6020 Innsbruck unter Verwendung von Kartendaten: © MairDumont, D-73751 Ostfildern.

Printed in China

Kartenverzeichnis

Reiserouten
Klassisch 39
Routen-Baukasten 41

Touren
Atherton Tablelands 338
Great Ocean Walk 654/655
Mount Wellington 705
Wilsons Promontory National Park 668
Tasman Peninsula 720/721
Wentworth Falls 160

Regionalteil
Adelaide 523
  Umgebung 535
Airlie Beach 299
Alice Springs 402
Blue Mountains 156
Bowen nach Cairns 307
Brisbane 238/239
Broken Hill 212
Broome 499
Byron Bay 196
Cairns 320
  Umgebung 329
Canberra 220
Cape York Peninsula 355
Daintree National Park 351
Darwin 373
  Umgebung 383
Fraser Coast 273
Fremantle 451
Gold Coast und Hinterland 257
Great Ocean Road 649
Hervey Bay 276/277
Hervey Bay bis Rockhampton 284
Hobart 701
Kakadu National Park 389
Kangoroo Island 550
Kimberley 496
Launceston 730
Magnetic Island 312
Melbourne 588/589
  Umgebung 613
Moreton Bay 250
Mornington Peninsula 625
New South Wales 124
  Nordosten 179
  Südosten 165
Noosa 267
Northern Territory 365
Perth 440
Phillip Island 631
Port Douglas 346
Port Stephens 183
Queensland 234
Rotes Zentrum 414
South Australia 519
  Südosten 557
Sunshine Coast und Hinterland 264
Sydney
  Großraum 136
  Umgebung 153
  Zentrum 132/133
Tasmanien 691
  Norden 728
  Süden 710
Townsville 308
Victoria 583
  Ost-Victoria 665
  West-Victoria 635
Western Australia 433
  Südwesten 457
Whitsunday Coast 295
Whitsundays 305
Wilsons Promontory National Park 666

Autobahn
Schnellstraße
Fernverkehrsstraße
Hauptstraße
Nebenstraße
Straße in Bau
Tunnel
E49 49 B6 Straßennummern
Schiffahrtslinie
Eisenbahn
Staatsgrenze
Internationaler Flughafen
Nationaler Flughafen
National-, Naturpark
Sehenswürdigkeit (Natur - Kultur)
Berggipfel
Vulkan
Wasserfall
Korallenriff

Sumba
1225
Baing
Laut Savu
P. Sawu
P. Roti
OSTTIMOR
(TIMOR-LESTE)
Ashmore
Reef
Cartier
INDIAN OCEAN
Scott
Reef
7450
Heywood Is
Arch.
Sunday Strait
C. Leveque
Beagle-Bay
Abor. Ld.
Rowley Shoals
Broome
La Grange
Wallal
Downs
Sandfire Flat
Roadhouse
820
Larrey Pt.
Port
Hedland
Dampier
Archipelago
Montebello Is.
De Grey Riv.
Dampier
Roebourne
Marble Bar
Barrow I.
Mary Anne Passage
Millstream
Chichester
N. P.
Yandeearra
Abor. Land
Onslow
Nullagine
Telfer
Hamersley Range
Wittenoom
Pilbara
Karlamilyi
Nat. P.
L. Dora
L. Blanche
Exmouth
Nanutarra
Roadhouse
1235
Mt. Frederick
Hamersley
Range Nat. P.
Walagunya
Abor. Land
Newman
Jiggalong
Abor. Land
Mt. Palgrave

786

Timor
Arafura Sea
Timor Sea
Melville Island
Tiwi Abor. Land
Bathurst I.
Cobourg Pen.
Garig-Gunak-Barlu- N. P.
North Goulburn I.
Van Diemen Gulf
Darwin
Mary Riv.
Jabiru
Kakadu Nat. P.
Arnhem
Arnhem Aboriginal Land
Land
Adelaide River
Pine Creek
N.P.
C. Londonderry
Joseph Bonaparte Gulf
Daly Riv. Abor. Ld.
Katherine
Abor. Ld.
Roper Riv.
Roper Bar
Mataranka
Kalumburu
Drysdale Riv. N.P.
Forrest Riv. Abor. Ld.
Wyndham
Kununurra
Timber Creek
Larrimah
Limmen N.P.
Mt. Hann 779
Drysdale Riv.
Durack Riv.
L. Argyle
Gregory N.P.
Top Springs
Daly Waters
Kimberley
Barkly Tableland
Mt. Ord 937
Purnululu N.P.
Mt. Bedford 914
Ord Riv.
Kalkaringi
Newcastle Waters
Leopold Ras.
Nicholson
Elliott
Fitzroy Crossing
Halls Creek
Karlantijpa North Abor. Land
Tanami Desert
Central Desert Abor. Land
Sandy Desert
Sturt Cr.
Tennant Creek
Northern Territory
Western Australia
Balwina Abor. Land
Lander Riv.
Abor. Land
Wauchope
L. White
L. Mackay Abor. Land
Mt. Leichhardt 1140
Mt. Octy 694
L. Mackay
Yuendumu
1006
Mt. Brassey 1216
Central
L. MacDonald
Haasts Bluff Abor. Land
Mt. Liebig 1525
Mt. Zeil 1511
Glen Helen
Alice Springs

784
787

Wasur Nat. P.
Daru
Arafura Sea
Torres Strait
Moa I.
Warrior Reefs
Prince of Wales I.
Cape York
Bamaga
Jardine River Nat. P.
C. Wessel
Marchinbar I.
69
Shelburne Bay
Goulburn I.
Wessel Is.
Gulf of Carpentaria
Cape York Pen.
Albatross Bay
Weipa
Nhulunbuy
Lockhart River
Arnhem Land
Arnhem Aboriginal Land
820
Mungkan Kandju N.P.
Bickerton I.
Groote Eylandt
Abor. Land
Limmen Bight
Maria I.
Roper Riv.
Roper Bar
Limmen N.P.
Limmen Bight Riv.
Edward River
Sir Edward Pellew Group
Mitchell Riv.
Borroloola
Mc Arthur Riv.
Abor. Ld.
Calvert Riv.
Mornington I.
Gununa
Wellesley Is.
Staaten Riv. N. P.
Cape Crawford
Barkly Tableland
Karumba
Normanton
Gilbert Riv.
Gilbert River
Burketown
Croyden
Forsayth
Elliott
Northern Territory
Norman Riv.
Queensland
Barkly Homestead Roadhouse
Camooweal
Tennant Creek
Flinders River
Quamby
Cloncurry
Richm
Mount Isa
Black Mtn. 568
Julia Creek
Arruwurra Abor. Land
Wauchope
McKinlay
Duchess
Dajarra
Sandover Riv.
Middleton
Winton
Mt. Octy 694
Hamilton Hotel
Boulia
Diamantina
Mt.Brassey

783
799

Port Moresby
Owen Stanley Ra.
Tufi
Kupiano
Eastern Fields
PAPUA NIUGINI
1582
Goodenough I.
Fergusson I.
D'Entrecasteaux Is.
Salamo
Alotau
Normanby I.
Woodlark I.
Misima I.
The Calvados Chain
Louisiade Archip.
Yela
Tagula I.
Great Barrier Reef
Osprey Reef
3200
Melville
Marine Park
Cape Flattery
1148
Wet Tropics of Queensland
Cairns
Babinda
Innisfail
Mount Garnet
Coral Sea Islands Territory
Coral Sea
4716
1397
42
867
Holmes Reefs
Willis Group
Lihou Reefs and Cays
Flinders Reef
Hinchinbrook Island
Palm Islands
Ingham
Halifax Bay
Townsville
Charters Towers
Homestead
Ayr
Inkerman
Great Barrier Reef Marine Park
Bowen
Proserpine
Marion Reef
Dalrymple Lake
Mackay
Eungella
Sarina
Mount Coolon
Nebo
Broad Sound
Moranbah
Clermont
St. Lawrence
Marlborough
Yeppoon
Aramac
Frederick Reef
Swain Reefs
Saumarez Reef

797

Ningaloo
Marine
Park
782
Nanutarra
Roadhouse
Hamersley Range
1235
Mt. Frederick
Karlamilyi
Nat. P.
L. Dora
Walagunya
Abor. Land
Mt. Palgrave
700
Paraburdoo
Hamersley
Range Nat. P.
Newman
Jiggalong
Abor. Land
North
West
Basin
Kennedy
Range
N.P.
L. MacLeod
Ashburton Riv.
Mt. Augustus
1105
Collier Ra.
Nat. P.
Kumarina
Roadhouse
Gascoyne Riv.
Mt. Gascoyne
789
Carnarvon
Gascoyne
Junction
Francois
Peron
N.P.
Shark Bay
Wooramel
Roadhouse
Denham
Steep Pt.
Overlander
Roadhouse
Mt. Hale
732
Murchison Riv.
Hope Riv.
L. King
L. Carnegie
Meekatharra
Wiluna
L. Way
Zuytdorp Cliffs
Twin Peaks
Dalgaranga
Hill
652
L. Austin
Kalbarri Nat.P.
Ajana
Northampton
Mount
Magnet
Sandstone
Agnew
Cosmo
Newbery
Mission
Geelvink Chan.
Geraldton
Mullewa
Yalgoo
L. Barlee
Leonora
Mongers L.
Morawa
Paynes
Find
L. Moore
Dongara
Menzies
Eneabba
Wubin
Pithara
Badgingarra
Cervantes
Moora
Koolyanobbing
Kalgoorli-
Boulder
Coolgardie
Goomalling
Southern
Cross
L. Lefroy
Merredin
PERTH
Northam
Darling Ra.
L. Cowan
Fremantle
The Johnston
Lakes
Norseman
L. Dundas
Mandurah
Kulin
Williams
Narrogin
F. Hann
N. P.
Dundas
Wagin
Salmon
Gums
Lake Grace
Bunbury
Geographe Bay
Collie
Ravensthorpe
C. Naturaliste
Busselton
Kojonup
Jerramungup
Esperance
Bridgetown
Esperance
Bay
Augusta
C. Leeuwin
1110
Manjimup
Mount
Barker
Stirling Ra.
N. P.
Fitzgerald River
Nat.P.
C. Knob
Flinders Bay
D'Entrecasteaux
Nat. P.
Walpole
Bald
Head
Albany

783
Mt. Leichhardt
1140
Yuendumu
Mt. Octy
694
Northern
1006
Central
L. Mackay
L. MacDonald
Haasts Bluff
Abor. Land
Mt. Liebig
1525
Mt. Zeil
1511
Glen Helen
Alice Spr
Macdonnel Ranges
Territory
n Desert
Gibson Desert
Nat. Res.
Austr
L. Hopkins
Petermann
Abor. Land
L. Amadeus
Katiti Abor.
Land
Uluru-Kata Tjuta N. P.
Yulara
Erldunda
Aboriginal
L. Gillen
Mt. Talbot
Warburton
623
Stevensons
Peak
1319
Mt. Cockburn
1138
868
Uluru
Ayers Rock
Kulgera
Finke
Mt. Squires
705
Land
Amata
Musgrave Ras.
1440
Mt. Woodroffe
Tomkinson Ras.
1070
Mt. Kintore
Mt. Sir Thomas
772
Pitjantjatjara
Aboriginal Land
Mt. Illbillee
917
South
Neale Junction
Nat. Res.
Great
Marla
Australia
794
Victoria
Desert
Plumridge
Lakes
Jubilee L.
Great Victoria
Desert
Nat. Res.
Maralinga - Tjarutja
Abor. Lands
L. Maurice
Coober
Nullarbor Plain
Maralinga
Military
Training Area
Woomera
Prohibited Area
Rawlinna
Deakin
Loongana
Wynbring
Tarcoola
Nullarbor N. P.
Yalata
Abor.
Land
Kingoonya
Basin
Eucla
Motels
Head
of Bight
Lake Everard
L. Gairdner
N. P.
Twilight
Cove
Penong
Coorabie
Ceduna
Fowlers
Bay
Nuyts Archipelago
Nuytsland Nat. Res.
Pt. Culver
Streaky Bay
Kyancutta
Great
Anxious Bay
Port Kenny
Flinders I.
Elliston
Eyre Pen.
Australian Bight
Mount Hope
Coffin Bay N. P.
Lincoln N. P.
788

794
787
South Australia
Ceduna
Smoky Bay
Wirrulla
Poochera
Minnipa
Streaky Bay
Port Kenny
Kyancutta
Kimba
Whyalla
Iron Knob
Port Augusta
Waddikee
Darke Peak
Cleve
Cowell
Lucky Bay
Lock
Mt. Wedge
Elliston
Sheringa
Rudall
Butler
Arno Bay
Port Neill
Yeelanna
Ungarra
Cummins
Tumby Bay
Mount Hope
Coulta
Edillilie
Wangary
Port Lincoln
Eyre Peninsula
Spencer Gulf
Gawler Ranges
Coffin Bay Nat. P.
Lincoln Nat. P.
Innes Nat. P.
Flinders Chase Nat. P.
Kangaroo I.
Parndana
Cape Borda
C. Du Couedic
Maitland
Port Victoria
Minlaton
Warooka
Inneston
Wallaroo
Moonta Bay
Tickera
INDIAN OCEAN

New South Wales
Victoria
Murray River
Basin
Big Desert
Little Desert
Wimmera
Broken Hill
Mildura
Wentworth
Horsham
Ballarat
Bendigo
GEELONG
Portland
Mount Gambier
Warrnambool
Swan Hill
Hamilton
+9h30 Gr.Time
+10h Gr.Time

795
790
792

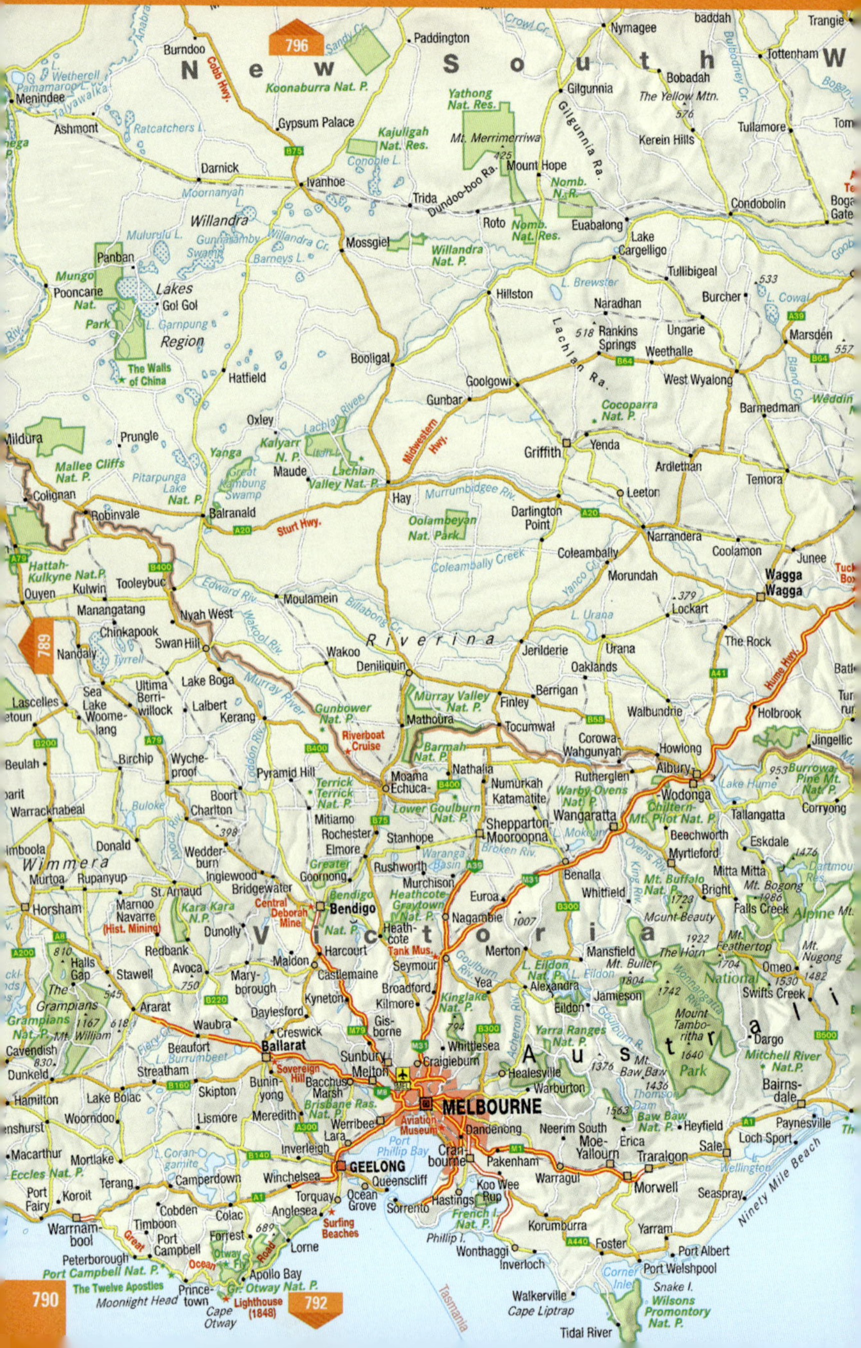

796

New South Wales

Burndoo
Cobb Hwy.
Wetherell
Pamamaroo L.
Menindee
Talyawalka
Ashmont
Ratcatchers L.
Koonaburra Nat. P.
Paddington
Crowl Cr.
Nymagee
baddah
Trangie
Tottenham
Bobadah
The Yellow Mtn.
576
Bulbodney Cr.
Bogan
Gilgunnia
Gilgunnia Ra.
Yathong Nat. Res.
Kajuligah Nat. Res.
Gypsum Palace
Mt. Merrimerriwa
425
Kerein Hills
Tullamore
Tom
B75
Conoble L.
Mount Hope
Dundoo-boo Ra.
Darnick
Ivanhoe
Nomb. N. R.
Trida
Condobolin
Boga Gate
Moornanyah L.
Willandra
Roto
Nomb. Nat. Res.
Euabalong
Lake Cargelligo
Mulurulu L.
Gunnaramby Swamp
Willandra Cr.
Mossgiel
Willandra Nat. P.
Barneys L.
Panban
Mungo
Pooncarie
Nat. Park
Lakes
Gol Gol
L. Garnpung
Region
Tullibigeal
L. Brewster
533
Burcher
L. Cowal
Hillston
Naradhan
Lachlan Ra.
A39
518
Rankins Springs
Ungarie
Marsden
B64
Weethalle
557
Booligal
The Walls of China
Hatfield
Goolgowi
West Wyalong
Bland Cr.
Gunbar
Weddin
Barmedman
Oxley
Lachlan River
Cocoparra Nat. P.
Midwestern Hwy.
Mildura
Prungle
Kalyarr N. P.
Griffith
Yenda
Mallee Cliffs Nat. P.
Yanga
Maude
Lachlan Valley Nat. P.
Ardlethan
Temora
Pitarpunga Lake
Great Kambung Swamp
Leeton
Colignan
Nat. P.
Hay
Murrumbidgee Riv.
Robinvale
Balranald
Darlington Point
A20
Sturt Hwy.
Oolambeyan Nat. Park
Narrandera
Coolamon
Coleambally
Coleambally Creek
Junee
A79
B400
Hattah-Kulkyne Nat. P.
Kulwin
Tooleybuc
Yanco Cr.
Morundah
Wagga Wagga
Tuck Box
Ouyen
Edward Riv.
Moulamein
379
Lockart
Manangatang
Billabong Cr.
L. Urana
Nyah West
Wakool Riv.
Chinkapook
Swan Hill
Riverina
The Rock
Hume Hwy.
Nandaly
Tyrrell
Wakoo
Jerilderie
Urana
Deniliquin
Oaklands
A41
Batl
Ultima
Lake Boga
Sea Lake
Berri-willock
Murray River
Murray Valley Nat. P.
Berrigan
Lascelles
Woomelang
Lalbert
Kerang
Gunbower Nat. P.
Finley
Walbundrie
Tur
etoun
Mathoura
Holbrook
B58
Tocumwal
Jingellic
Riverboat Cruise
Corowa-Wahgunyah
Barmah Nat. P.
Beulah
Birchip
B200
Wycheproof
Pyramid Hill
Howlong
Loddon Riv.
Nathalia
Albury
953
Burrowa-Pine Mt. Nat. P.
Terrick Terrick Nat. P.
Moama
Echuca
Numurkah
Rutherglen
Lake Hume
B400
Katamatite
Warby-Ovens Nat. P.
Wodonga
Boort
Buloke
Chiltern-Mt. Pilot Nat. P.
Tallangatta
Corryong
Warracknabeal
Charlton
Lower Goulburn Nat. P.
Wangaratta
Mitiamo
Shepparton-Mooroopna
Mokoan
Beechworth
Eskdale
398
Rochester
Stanhope
Broken Riv.
Elmore
Waranga Basin
Myrtleford
1476
Donald
Wedderburn
Dartmouth Res.
Wimmera
Greater
Rushworth
Benalla
Mitta Mitta
Murtoa
Rupanyup
Inglewood
Goornong
A39
Murchison
M31
Ovens Riv.
Mt. Buffalo Nat. P.
Bright
Mt. Bogong 1986
St. Arnaud
Bridgewater
Bendigo
Heathcote-Graytown Nat. P.
Euroa
Whitfield
B300
Horsham
Marnoo
Kara Kara N.P.
Central Deborah Mine
Falls Creek
Navarre (Hist. Mining)
Dunolly
Nagambie
King Riv.
1723
Alpine Nat.
Nat. P.
1007
Mount Beauty
Victoria
A8
Heathcote
Mt. Feathertop
A200
810
Redbank
Harcourt
1922
Halls Gap
Avoca
Maldon
Tank Mus.
Mansfield
The Horn
Mt. Nugong
Seymour
Merton
Mt. Buller
1704
Omeo
Stawell
750
Marybrough
Castlemaine
Goulburn Riv.
L. Eildon Nat. P.
1804
National
1530
1482
The Grampians
545
Broadford
Yea
Eildon
Alexandra
Jamieson
Swifts Creek
Kyneton
1742
Ararat
B220
Kilmore
Kinglake Nat. P.
Eildon
Grampians Nat. P.
1167
618
Mt. William
Daylesford
Gisborne
Goulburn R.
Acheron Riv.
Mount Tamboritha
Waubra
794
B300
Yarra Ranges Nat. P.
Dargo
B500
Creswick
M79
Whittlesea
Australia
Cavendish
Beaufort
L. Burrumbeet
Ballarat
Sunbury
M31
Craigieburn
1640
Mitchell River Nat. P.
Fiery Cr.
Park
830
Dunkeld
Streatham
Sovereign Hill
Melton
Healesville
1376
Mt. Baw Baw
Bacchus Marsh
1436
Bairnsdale
B160
Buninyong
M8
Hamilton
Lake Bolac
Skipton
Brisbane Ras. Nat. P.
Warburton
Thomson Dam
Melbourne
Woorndoo
Lismore
Meredith
Werribee
Aviation Museum
1563
Baw Baw Nat. P.
Heyfield
Paynesville
Dandenong
Neerim South
A1
nshurst
Lara
Moe-Yallourn
Erica
Loch Sport
A300
Port Phillip Bay
Cranbourne
M1
Macarthur
Mortlake
Corangamite
B140
Inverleigh
Traralgon
Sale
Ninety Mile Beach
Geelong
Pakenham
Eccles Nat. P.
Terang
Camperdown
Winchelsea
Queenscliff
Koo Wee Rup
Warragul
Morwell
Wellington
Port Fairy
Koroit
Torquay
Ocean Grove
Seaspray
A1
Hastings
Cobden
Colac
Anglesea
Sorrento
French I. Nat. P.
Warrnambool
Timboon
689
Surfing Beaches
Korumburra
Yarram
Phillip I.
Port Campbell
Forrest
Lorne
A440
Foster
Great Ocean Road
Peterborough
Otway Fly
Wonthaggi
Port Albert
Port Campbell Nat. P.
Inverloch
Port Welshpool
The Twelve Apostles
Princetown
Apollo Bay
Gr. Otway Nat. P.
Corner Inlet
Snake I.
Moonlight Head
Lighthouse (1848)
Walkerville
Wilsons Promontory Nat. P.
Cape Otway
Tasmania
Cape Liptrap
Tidal River

789

792

Taree
Forster-Tuncurry
Gloucester
Mt. Barrington
Barrington Tops Nat. P.
C. Hawke
Booti Booti Nat. P.
Merriwa
Scone
Muswellbrook
Goulburn River Nat. P.
Talbragar Riv.
Mt. Bodangora 742
Gulgong
Wellington
Burrendong Res.
Wineries
Mudgee
Bylong
Denman
Stroud
Dungog
Bulahdelah
Singleton
Wallaroo Nat. P.
Myall Lakes Nat. P.
Wollemi
Maitland
Tomaree Nat. P.
Worimi Nat. P.
Raymond Terrace
NEWCASTLE
Cessnock
Watagans Nat. P.
Mount Coricudgy
Rylstone
Kandos
Central West Goldfields
L. Windamere
Macquarie Riv.
Bell Riv.
Putty
Yengo Nat. P.
Belmont
Macquarie
Newness
Gardens of Stone Nat. P.
Hill End
Turon Nat. P.
Orange
Zig-Zag Steam Railw.
Lithgow
Wisemans Ferry
Gosford
Woy Woy
Broken Bay
Brooklyn (River cruises)
Ku-Ring-Gai Chase Nat. P.
Bathurst
Hist. Site
Marrangaroo Nat. P.
Greater
Katoomba
Wentworth Falls
Blayney
Mount Ryan 1058
Oberon
Hornsby
PARRAMATTA
Trunkey
Jenolan Caves
Kanangra-Boyd
Liverpool
Port Jackson
SYDNEY
Abercrombie Caves
Blue Mountains Nat. P.
Campbelltown
Botany Bay
Darling
Tuena
Keverstone Nat. P.
Picton
Nattai Nat. P.
Royal Nat. P.
Bulli
WOLLONGONG
Taralga
Bowral
Crookwell
L. Illawarra
Shellharbour
Moss Vale
Kiama
Tarlo River Nat. P.
Kangaroo Valley
Gunning
Goulburn
Collector
Nowra - Bomaderry
Falls Creek
Morton Nat. P.
L. George
Jervis Bay
Jervis Bay Territory
CANBERRA
Queanbeyan
Braidwood
Ulladulla
Budawang Ra.
Tallaganda Nat. P.
Tinderry Ra.
Namadgi Nat. P.
A.C.T. = Australian Capital Territory
Captains Flat
Batemans Bay
Michelago
Jerangle
Bredbo
Moruya
Deua Nat. P.
Bodalla
Cooma
Narooma
Montague I.
C. Dromedary
Kybeyan Ra.
Cobargo
Wadbilliga Nat. P.
Bermagui
Nimmitabel
Bega
Hist. Cheese Factory
Tathra
Bournda Nat. P.
Bombala
South Coast Ra.
Merimbula
Old School Museum
South East Forests Nat. P.
Eden
Twofold Bay
Rockton
Ben Boyd
Green Cape
Nat. P.
Mt. Kaye 1002
Coopracambra Nat. P.
Genoa
C. Howe
Gabo I.
Mallacoota
Mallacoota Inlet
Croajingolong Nat. P.
Rame Head
Pt. Hicks
Tasman Sea

797

793

Otway
789
Tidal River
Melbourne
Bass S
Cape Wickham
Yambacoona
86
King I.
Currie
130
Grassy
Stokes Pt.
Three Hummock I.
Three Humm. I. Nat. Res.
Hunter I.
Robbins I.
Woolnorth Pt.
Stanley
Circular Head
Smithton
Marrawah
West Pt.
A2
Bass Hwy.
Wynyard
Somerset
Burnie
Yolla
Richardson Pt.
Balfour
Savage River Nat. P.
Ulverstone
Latrobe
Sheffield
Mt. Norfolk
759
Waratah
Savage River
Corinna
A10
Cradle Valley
Rosebery
Pieman Riv.
Cradle Mtn.-L. St Clair Nat. P.
Mt. Ossa
1617
Zeehan
Copper Mines
Queenstown
Strahan
A10
I N D I A N O C E A N
Macquarie Harbour
Pillinger
Franklin Gordon Wild Rivers Nat.P.
L. Gordon
Southwest Cons. Area
Pt. Hibbs
Strathgordon
L. Pedder
Low Rocky Pt.
Southwest Nat.
745
Tasmanian Wilderness
South West Cape
Maatsuyke

790

Hogan Group
Kent Group
i t
Palana
Flinders I.
Tasman Sea
Furneaux Group
Whitemark
Strzelecki Nat. P.
Lady Barron
Mount Munro
687
Cape Barren Island
Banks Strait
Clarke I.
Cape Portland
Cape Naturaliste
Bridport
Gladstone
Mt. William Nat. P.
Scottsdale
Derby
A3
Lilydale
St. Helens
Launceston
Tasman Hwy.
Ben Lomond N.P.
Tasmania
1572
Perth
Ben Lomond
St. Marys
endon-
lmers"
A4
Fingal
Douglas-Apsley Nat. Park
oatina
Avoca
Midland Hwy.
Campbell Town
Bicheno
1212
Freycinet Pen.
C. Forestier
Swansea
1
A3
Freycinet Nat. P.
Oatlands
Schouten I.
Kempton
Triabunna
on
Darlington
Maria I.
Bridgewater
Glenorchy
Sorell
Maria I. Nat. Park
lk
BART
Dunalley
Kingston
Coal Mines
1271
Nubeena
Tasman Pen.
Wood-bridge
Port Arthur
Storm Bay
Bruny I.
Lighthouse (1836)
Tasman Head
way
East Cape

799
Finke
Northern Territory
Simpson
Finke Aboriginal Land
Kulgera
Mt. Cecil 551
Goyder Cr.
Railway
Finke Riv.
A87
Abminga
Tieyon
Witjira Nat. P.
Emery Ra.
Desert
Simpson Desert Regional Reserve
Stevenson Cr.
Hamilton Cr.
305
Bagot Ra.
Pedirka
Mabel Ra.
Lake Eyre
Indulkana
551
Mt. Chandler
250
Alberga Cr.
285
Mt. Illbillee
917
Mimili (Everard Park)
(Aboriginal Community)
Todmorden
Marla
Mintabie
Macumba Riv.
Oodnadatta
245
359
Ammaroodinna Hill
Arckaringa Cr.
Arckaringa
Neales Cr.
San Marino
Peake Cr.
Neales Riv.
Kati Thanda-Lake Eyre North
L. Conway
Lora Cr.
Oodnadatta Track
Mount Margaret
412
Davenport Cr.
(Lowest point in Austra
-16
Elliot Price Con. P.
787
South
Tallaringa Conservation Park
A87
Stuart Ranges
L. Cadibarra-wirracanna
Douglas Cr.
Belt Bay
William Creek
(Opal Mininig Town)
Coober Pedy
Mabel Creek
L. Callara
L. Eyre South
Warriner Cr.
Stuart Hwy.
Engenina Cr.
Wattiwarriganna Cr.
Coward Springs
North Cr.
Margaret Cr.
Curdimurka
Garford
Comet Outstation
Indooroopilly Outstation
Wilkinson Lakes
Stuart Cr.
230
Mc Douall Peak
Millers Cr.
Half Moon L.
Mount Eba
Gemstone Deposit (Opal)
Carnes
Australia
Durkin Outstation
Parakylia
Olympic Dam
Andamooka
Gemstone Deposit
Roxby Downs
Bates
Wynbring
L. Labyrinth
Gosses
Malbooma
Tarcoola
L. Younghusband
Ifould L.
Glendambo
Kingoonya
Lake Hanson
Lake Harris
L. Hart
Woomera
Pimba
Yellabinna Regional Reserve
Kokatha
US Space Research Station
Island Lagoon
Lake Gairdner Nat. Park
Lake Gairdner
Pernatty Lagoon
Windabout L.
Lake Everard
264
Land
Yumbarra Con. P.
L. Dutton
OTC International Satellite Earth Station
348
322
Moonaree
Penong
Bookaloo
Coorabie
Fowlers Bay
Maltee
Pureba Con. Res.
Fowlers Bay
Ceduna
Mt. Hiltaba
L. Acraman
Lake Macfarlane
Denial Bay
465
788
St. Peter I.
Smoky Bay
Smoky Bay
Nuyts Archipelago
Mt. Nott
Mt. Kolendo
488
A87
Augusta

The Channel Country
Great Artesian Basin
Queensland
New South Wales
Grey Range
Birdsville
Betoota
Windorah
South Galway
Haddon Corner
Stoney Pt.
Sturt Stony Desert
Coongie Lakes Nat. P.
Innamincka Regional Reserve
Nappa Merrie
Innamincka
Moomba
Burke and Wills Dig Tree
Tirrawarra Oil Field
Moorari Oil Field
Gidgealpa Gas Field
Moomba Gas Field
Strzelecki Oil Field
Burke Gas Field
Dullingari Gas and Oil Field
Durham Downs
Bundeena
Nockatunga
Jackson South Oil Field
Eromanga
Kyabra
Plevna Downs
Santos
Naryilco
Strzelecki Regional Reserve
Merty Merty
Cameron Corner
Sturt Nat. P.
Tibbooburra
Mt. Sturt
Poole's Monument
Milparinka
Callabonna (Ruin)
Mt. Hopeless
Lake Frome Regional Reserve
Vulkathunha-Gammon Ranges Nat. P.
Adnyamath. Abor. Land
Arkaroola Village
Freeling Heights
Leigh Creek
Lyndhurst
Coal Mine
Beltana
Arrowie
Flinders Ranges Nat. P.
Wilpena Pound
Hawker
Wilson (Aband.)
Cradock
Carrieton
Frome Downs
Benagerie
Mulyungarie
Curnamona
Waukaringa
Manna Hill Gold Field
Olary
Mingary
Cockburn
Broken Hill
Silverton
Thackaringa Mining (Amphibolite)
Silver City School of the Air Royal Flying Doctor Service
Yanco Glen
Mt. Robe
Barrier Ra.
Euriowie
Fowlers Gap
Mining (Amethyst)
Mootwingee Hist. Site (Aboriginal Rock Art)
Mutawintji Nat. P.
Packsaddle
Kayrunnera
Noonthorangee Ra.
White Cliffs
Mining (Opal)
Yancannia
Monolon
Wilcannia
Menindee
Burndoo
Barrier Hwy
Paroo-Darling
Clifton Hills
Mirra Mitta Bore
Mungeranie
Kopperamanna Bore
Dulkaninna
New Alton Downs
Strzelecki Track
Cooper Cr.
L. Blanche
Lake Frome
Callabonna
Mt. Collins
Thylungra
Retreat
784
789
796

785

Retreat
Cheviot Ra.
Powell Cr.
Hell Hole Gorge N.P.
Bulloo Riv.
Blackwater Cr.
Langlo Riv.
Warrego Riv.
Lorne
Chesterton Ra.
Nive Riv.
Great Artesian Basin
Mount Morris
Augathella
Adavale
Mariala Nat. P.
Dartmouth
Langlo Crossing P.O.
Angellala Cr.
Chesterton Range Nat. P.
Mc Gregor Ra.
Thylungra
Kyabra
Charleville
Morven
Mungallala
Queensland
A2
Warrego Hwy.
Mitchell
Boothulla
Quilpie
Cheepie
Westgate
216
Eromanga
Gemstone Deposit (Opal)
Cooladdi
Mangalore
Yarronvale
Cytherea
Albany Downs
Wilson Riv.
Grey Range
Bulloo Riv.
Beechal Riv.
Paroo Riv.
A71
Wyandra
Boatman
Toompine
300
Abbieglassie
Gumbo Gumbo Cr.
Gemstone Deposit (Opal)
Boobare
Neabul Cr.
Warrego Riv.
Yowah Cr.
Coongoola
Thrushton Nat. P.
Nockatunga
Gemstone Deposit (Opal)
Jackson South Oil Field
L. Bindegolly Nat. P.
Ballone Hwy.
49
Thargomindah
Cunnamulla (Hist. Mining)
Murra Murra
Narkoola N. P.
Bollon
L. Bindegolly
Eulo
Widgeegoara Cr.
Nebine Cr.
Wallam Cr.
Wombil Downs
Mungallala Cr.
795
Bulloo Riv.
L. Numalla
L. Wyara
Cuttaburra Cr.
Culgoa Riv.
Currawinya
Currawinya Nat. P.
Culgoa Floodplain N.P.
Hebel
Bokhara
Hungerford
A55
Goodooga
Kichimiloo Claypan
A71
Cardenyabba Cr.
Weilmoringle
Culgoa Nat. P.
Gemstone Deposit (Opal)
Lightning Ridge
Enngonia
Culgoa Riv.
Narran Riv.
Coocoran L.
Paroo Riv.
Warrego Riv.
Collerina
Cumborah
Wanaaring
L. Burkanoko
Narran L.
Barwon Riv.
Brewarrina
Nocoleche Nat. Res.
Cuttaburra Cr.
Kulkyne Cr.
Bourke
Barwon Riv.
Yancannia Ra.
Monolon
Bogan Riv.
Yancannia
Utah L.
Gongolgon
Yanda Cr.
Mulga Cr.
Carinda
Louth
Gundabooka N.P.
498
Byrock
Mitchell Hwy.
Kayrunnera
Macqu. Marshes Nat. Res.
Mining (Opal)
Peri L.
Quambone
White Cliffs
Paroo-Darling
Tilpa
Darling River
B71
Coolabah
275
Mt. Booroondara
441
Mulga Cr.
Marthaguy
493
Mutawintji Nat. P.
New South Wales
Nat. P.
Mt. Grenfell Nat. P.
Mt. Grenfell (Hist. Site)
Mining Area
Bogan Riv.
Girilambone
Canonba
Commonwealth Meteorological Stat.
Cobar
A32
Hermidale
Nyngan
Wongalarroo L.
Poopelloe L.
Mining Area
Wilcannia
Barnato
A32
Warren
Macquarie
Barrier Hwy.
Mac Cullochs Ra.
Neckarboo Ra.
Buckambool Mtn. 407
Nevertire
Crowl Cr.
Budda-baddah
Cobb Hwy.
Anabranch
Nymagee
Trangie
Sandy Cr.
Paddington
Bulbodney
Burndoo
B75
Tottenham
Bobadah
Bogan

790

Cracow
Eidsvold
Cynthia
Childers
Heads
Hervey Bay
Torbanlea
Fraser I.
Expedition Nat. P.
Woowoonga N. P.
Biggenden
Mt. Walsh N. P.
Wongi N. P.
Maryborough
National
Taroom
Leichhardt Hwy
Dawson Riv.
Auburn Ra.
Great
Auburn Riv.
Mundubbera
Grongah Nat. P.
Coast Ra.
Canal P.O.
Auburn
Brovinia
Boondooma Res.
Inskip Point
Rainbow Beach
Double Island Pt.
Park
Cooloola section
Wandoan
Island
Turkey Mtn.
Durong South
Murgon
Widgee Mtn.
Goomeri
Wrattens Nat. P.
Gympie
Tewantin
Noosa Heads
Cooroy
Roma
Wallumbilla
Miles
(Romaville Winery)
Yuleba
Jackson
Chinchilla
Kingaroy
Kumbia
Mt. Kiangarow
Nanango
Nambour
Sunshine Coast
Maroochydore-Mooloolaba
Jandowae
Warra
Yarraman
Conondale Nat. P.
Beerwah
Caloundra
Condamine
Condamine Riv.
Bunya Mountains Nat. P.
Kilcoy
Woodford
Bribie I.
Harlin
C. Moreton
Moreton I.
Surat
Balonne Riv.
Dogwood
Caboolture
Glenmorgan
Tara
Kumbarilla
Dalby
Bowenville
Crows Nest
Esk
Moreton I. Nat. P.
Billenbach
The Gums
Darling
Moonie Hwy.
Bald Hill No. 2
Lockyer Nat. P.
D'Aguilar Nat. P.
BRISBANE
Oakey
Gatton
Cecil Plains
Toowoomba
Pittsworth
Ipswich
North Stradbroke I.
Naree Budjong Djara
BEENLEIGH
Thomby Creek Oil Field
Moonie
Flinders Peak
South Stradbroke I.
Alton Oil Field
Westmar
Moonie Riv.
Western Cr.
Millmerran
Bare Rock
Dreamworld
COOMERA
GOLD
SOUTHPORT
SURFERS PARADISE
Leyburn
Boonah
Beaudesert
Downs
Main Ra. Nat. P.
CURRUMBIN
COAST
MUDGEERABA
COOLANGATTA
Karara
Warwick
Mc Pherson
Nindigully
Bungunya
Weir Riv.
Commoron Cr.
Inglewood
Herries Ra.
Lamington Nat. P.
Mt. Barney Nat. P.
Tweed Heads
Murwillumbah
Brunswick Heads
(Most easterly Point of mainland Australia)
Cape Byron
Byron Bay
Goondiwindi
Talwood
Coolmunda Res.
Woodenbong
Mt. Warning
Thallon
Macintyre Riv.
Boggabilla
Nimbin
Kyogle
Bomi
Dumaresq Riv.
Mount Gunyan
Stanthorpe
Sundown Nat. P.
Lismore
Ballina
Mungindi
North Star
Texas
Casino
Yetman
Glenlyon Dam
Alice
Aboriginal Bora Ring
Garah
Kwiambal N.P.
Bonshaw
Tenterfield
Woodburn
Gil Gil Cr.
Mt. Bajimba
Artesian Bore Baths
Mastermans Ra.
Ashford
Bundjalung Nat. P.
Gwydir Hwy.
Gwydir Riv.
Warialda
Deepwater
Washpool Nat. P.
Maclean
Yamba
Moree
Delungra
Gondwana
Gravesend
Glen Innes
Gibraltar Range Nat. P.
Brooms Head
Millie
Terry Hie Hie
Bingara
Inverell
Grafton
Yuraygir Nat. P.
Wooli
Bellata
Jelly Bean Crystals
Copeton Res.
New England
North Solitary I.
Namoi Cotton Co-op and Ginnery
Gemstone Deposit (Sapphire)
Wee Waa
Indwarra Nat. P.
Bundarra
Guy Fawkes River Nat. P.
Clouds Creek
Woolgoolga
Rainforests
South Solitary I.
Pilliga
Guyra
Nandewar Ra.
Dorrigo Nat. P.
Narrabri
Solar Observatory
Dorrigo
Coffs Harbour
Mount Kaputar Nat. P.
Barraba
Armidale
Gwabegar
Split Rock Dam
Warrabah N. P.
Round Mtn.
New England Nat. P.
Bellingen
Wollomombi
Uralla
Boggabri
Moonbi Ra.
Dangar Falls
Nambucca Heads
Macksville
Newell Hwy.
L. Keepit
Manilla
Bendemeer
of
South West Rocks
Baradine
Gunnedah
Walcha
Oxley Wild
Yarrahapinni Wetlands Nat. P.
Smoky Cape
Hat Head Nat. P.
Oxley Hwy.
Mt. Banda Banda
Kempsey
Tamworth
Mullaley
Coonabarabran
Rivers N. P.
Crescent Head
Limeburners Creek Nat. Res.
Warrumbungle Nat. P.
Tambar Springs
L. Goran
Werris Creek
Yarrowitch
Nundle
Timbertown
Port Macquarie
Binnaway
Mining Area (Gold)
Nowendoc
Blue Knob
Wauchope
Quirindi
Australia
Blackville
Coolah Tops Nat. P.
Murrurundi
Liverpool Ra.
Moonan Flat
Woko Nat. P.
Wingham
Crowdy Bay Nat. P.
Coolah
Dunedoo
Cassilis
Gloucester
Mt. Barrington
Taree
Scone
Merriwa
Goulburn River Nat. P.
Barrington Tops Nat. P.
Forster-Tuncurry
C. Hawke
Muswellbrook

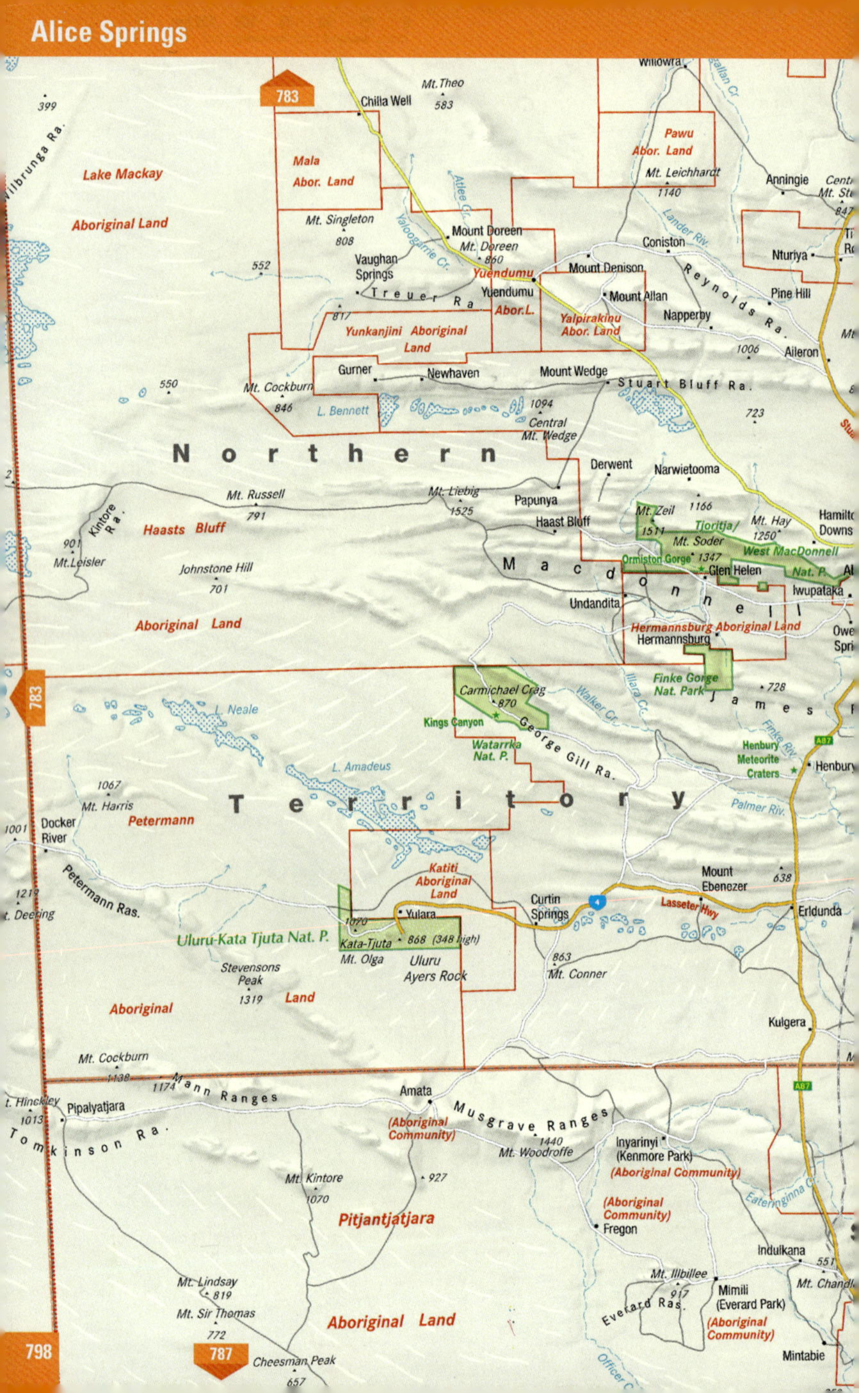
783
Chilla Well
Mt. Theo
583
Willowra
Pawu
Abor. Land
Mala
Abor. Land
Lake Mackay
Aboriginal Land
Wilbrunga Ra.
399
Mt. Leichhardt
1140
Anningie
Mt. Singleton
808
Mount Doreen
Mt. Doreen
860
Coniston
Lander Riv.
Nturiya
Vaughan
Springs
Yuendumu
Mount Denison
Reynolds Ra.
Treuer Ra.
Yuendumu
Abor. L.
Mount Allan
Pine Hill
552
817
Yunkanjini Aboriginal
Land
Yalpirakinu
Abor. Land
Napperby
1006
Aileron
Gurner
Newhaven
Mount Wedge
Stuart Bluff Ra.
550
Mt. Cockburn
846
L. Bennett
1094
Central
Mt. Wedge
723
Northern
Derwent
Narwietooma
Mt. Russell
791
Mt. Liebig
1525
Papunya
1166
Kintore Ra.
Haasts Bluff
Haast Bluff
Mt. Zeil
1511
Tjoritja /
Mt. Hay
1250
Hamilton
Downs
901
Mt. Leisler
Mt. Soder
1347
West MacDonnell
Nat. P.
Ormiston Gorge
Glen Helen
Johnstone Hill
701
Macdonnell
Undandita
Iwupataka
Aboriginal Land
Hermannsburg Aboriginal Land
Hermannsburg
Finke Gorge
Nat. Park
783
Carmichael Crag
870
728
James
L. Neale
Kings Canyon
Walker Cr.
Illara Cr.
Watarrka
Nat. P.
George Gill Ra.
Finke Riv.
Henbury
Meteorite
Craters
Henbury
A87
L. Amadeus
1067
Mt. Harris
Territory
Palmer Riv.
1001
Docker
River
Petermann
Peterman Ras.
Katiti
Aboriginal
Land
Mount
Ebenezer
638
1219
Yulara
Curtin
Springs
Lasseter Hwy
Erldunda
1070
Uluru-Kata Tjuta Nat. P.
Kata-Tjuta
868 (348 high)
Mt. Olga
Uluru
Ayers Rock
863
Mt. Conner
Stevensons
Peak
1319
Aboriginal
Land
Kulgera
Mt. Cockburn
1138
1174
Mann Ranges
Amata
Musgrave Ranges
A87
Pipalyatjara
1013
(Aboriginal
Community)
1440
Mt. Woodroffe
Inyarinyi
(Kenmore Park)
(Aboriginal Community)
Tomkinson Ra.
Mt. Kintore
1070
927
(Aboriginal
Community)
Fregon
Pitjantjatjara
Indulkana
551
Mt. Lindsay
819
Mt. Illbillee
917
Mimili
(Everard Park)
(Aboriginal
Community)
Everard Ras.
Mt. Sir Thomas
772
Aboriginal Land
787
Cheesman Peak
657
Officer Cr.
Mintabie